FORTUNE 500 COMPANIES
FINANCIAL MANAGEMENT
ENCYClOPEDIA

世界500强企业
财务管理
制度·流程·表格·文本大全

2020年版

李建军 ◎ 主编

为企业财务人员、财务主管、财务经理、财务总监、财经类高校等从事财务资源管理工作的专业人士精心打造的财务管理和财务控制实务操作范本和工具书。

管好财务、消除隐患、防范风险、规范经营
让企业成为最优质的企业

企业财务管理制度、流程、表格、文本——一本就通

立信会计出版社
LIXIN ACCOUNTING PUBLISHING HOUSE

图书在版编目（CIP）数据

世界500强企业财务管理制度·流程·表格·文本大全/李建军主编．—上海：立信会计出版社，2020.1

ISBN 978-7-5429-6311-6

Ⅰ．①世… Ⅱ．①李… Ⅲ．①企业管理—财务管理
Ⅳ．①F275

中国版本图书馆CIP数据核字（2019）第232994号

责任编辑　蔡伟莉

世界500强企业财务管理制度·流程·表格·文本大全

出版发行	立信会计出版社		
地　　址	上海市中山西路2230号	邮政编码	200235
电　　话	（021）64411389	传　　真	（021）64411325
网　　址	www.lixinaph.com	电子邮箱	lxaph@sh163.net
网上书店	www.shlx.net	电　　话	（021）64411071
经　　销	各地新华书店		

印　　刷	三河市同力彩印有限公司
开　　本	787毫米×1092毫米　1/16
印　　张	63.5
字　　数	1348千字
版　　次	2020年1月第1版
印　　次	2020年1月第1次
书　　号	ISBN 978-7-5429-6311-6/F
定　　价	399.00元

PREFACE 前言

任何企业的管理都是一个系统工程，要使这个系统正常运转，实现高效、优质、高产、低耗，就必须运用科学的方法、手段和原理，按照一定的运营框架，对企业的各项管理要素进行规范化、程序化、标准化设计，形成有效的管理运营机制，即实现企业的规范化管理。

规范化管理的4E控制标准是：企业的每一个岗位、每一个活动、每一份资产、每一个时刻，都处于受控之中。企业管理规范化的行为标准则是决策程序化、考核定量化、组织系统化、权责明晰化、奖惩有据化、目标计划化、业务流程化、措施具体化、行为标准化、控制过程化。

财务管理是企业管理的核心内容，财务管理水平的高低直接影响到企业管理，进而影响企业发展。要使得企业资金做到合理分配及有效运用，就必须规范企业财务行为，加强财务管理和经济核算，才能不断地提高企业经济效益。

财务管理是在一定的整体目标下，关于资产的购置（投资）、资本的融通（筹资）和经营中现金流量（营运资金），以及利润分配的管理。财务管理是企业管理的一个组成部分，它是根据财经法规制度，按照财务管理的原则，组织企业财务活动，处理财务关系的一项经济管理工作。简单地说，财务管理是组织企业财务活动、处理财务关系的一项经济管理工作。

财务管理从机制角度分析，财务控制要以致力于消除隐患、防范风险、规范经营和提高效率为宗旨和目标，建立全方位的财务控制、采取多元的财务监控措施和设立顺序递进的多道财务控制防线。所谓全方位的财务控制，是指财务控制必须渗透到企业的法人治理结构与组织管理的各个层次、生产业务全过程、各个经营环节，覆盖企业所有的部门、岗位和员工。所谓多元的财务监控措施，是指既有事后的监控措施，更有事前、事中的监控手段、策略；既有约束手段，也有激励安排；既有财务上资金流量、存量预算指标的设定、会计报告反馈信息的跟踪，也有采用人事委派、生产经营一体化、转移价格、资金融通的策略。

《世界500强企业财务管理制度·流程·表格·文本大全》一书就是根据《中华人民共和国会计法》《企业会计制度》《企业财务通则》《企业会计准则》，结合成熟企业的财务管理制度、管理流程和管理要求编制而成。本书采取模块化设置，主要由财务岗位管理、财务预算管理、筹资与投资管理、资产管理、成本费用管理、会计核算管理、分账款管理、企业内部审计管理、财务分析管理九个部分组成，涵盖了财务管理的各个方面。

本书的制度、流程、表格、文本根据本企业实际需要，稍经修改即可以使用，是企业财务管理人员极具参考价值的管理范本，具有很强的实用性和可操作性。其中所提供的范本均来自世界500强企业和国内知名企业，已经在企业中实施并经验证非常有效。本书完全可以作为企业的财务人员、财务主管、财务经理、财务总监等从事财务资源管理工作的人士进行财务管理和财务控制实务操作的参照范本和工具书，也可作为财经类高校教师、专家学者实务类参考指南。

CONTENTS 目录

PART 1

世界500强企业财务管理制度

PART 2

世界500强企业财务管理流程

PART 3

世界500强企业财务管理表格

PART 3
世界500强企业财务管理文本

PART 1

世界500强企业财务管理制度

第1章 财务岗位管理制度

1.1 集团财会人员管理制度

集团财会人员管理制度

第一章 总 则

第一条 为了加强集团公司财务管理和会计监督，规范财务行为，明确财务人员的职责，根据《中华人民共和国会计法》《会计基础工作规范》《公司法》，以及相关法律、法规，结合本集团的实际情况，制定本制度。

第二条 本制度使用范围：光宇投资集团及全资、控股二级公司。

第二章 管 理 原 则

第三条 统一管理，分级负责原则：集团财务机构及财务人员实行垂直管理，各层级、各岗位按照相应的职责和权限履行财务管理职责，承担相应的责任。

第四条 内部牵制管理原则：通过职责分工和作业程序的适当安排，使各项业务活动能够自动地被其他作业人员查证核对。

第五条 约束与激励原则：全面准确落实集团财务政策和制度，明确各级财会人员的岗位职责，建立科学规范的绩效评估体系。

第三章 机构设置及职责

第六条 财金中心机构职能图如下图所示。

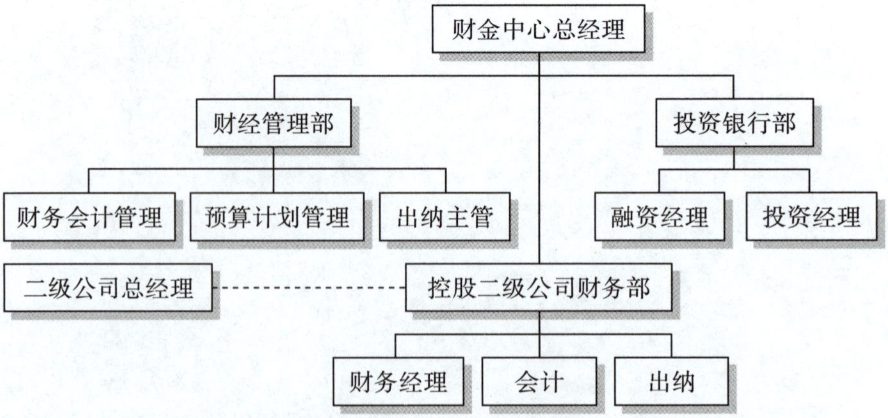

财金中心机构职能图

1. 以上财金中心机构职能图根据集团发展战略的规范化管理设置，具体岗位定编，需要根据集团各阶段的经营规模、经营管理要求、会计工作内容和业务量等情况从严确定，逐步到位。

2. 集团实行财会机构委派制，即各二级公司财务部为集团财金中心的派出机构，直属集团财金中心总经理领导，同时接受各二级公司总经理日常工作方面的领导和管理。

3. 以上图例，实线“——”表示直接管理关系，“--------”表示间接管理关系。

第七条　集团财金中心职责：

1. 制订和完善集团公司财务管理制度、会计核算制度及其他财会规章制度，并负责组织实施。

2. 负责集团总部会计核算、报表合并和财务分析，对所属各二级公司财会业务进行指导、检查、考核。对发现违反财务会计制度有关规定的应予以纠正。

3. 建立和完善集团预算管理体系，组织集团所属各二级公司年度预算的编制，负责预算执行情况的跟踪、分析并提出建议。

4. 负责集团及各二级公司投资权益的管理，参与投资项目效益论证，实施过程的财务监督，并向集团提供投资收益分析报告。

5. 根据集团经营战略，协调各所属二级公司之间的资金分配和资金调拨，策划集团融资方案并实施，提出财务风险防范措施。

6. 如实反映集团公司的财务状况和经营成果；负责集团授权经营考核及奖励方案的实施与跟踪。

第八条　财金中心总经理岗位职责：

1. 按照国家财经法规和公司制度的规定监督和审批集团公司财务收支行为，对违反国家财经法规和公司财务管理制度的行为以及其他有可能损害集团公司经济利益的行为，有权予以制止和纠正。

2. 负责建立和完善各项财务基础工作制度，采取有效措施确保各项财务制度有效执行，提高财务工作的规范化水平。

3. 负责组织集团公司会计核算，对财务会计基础工作的规范性，会计信息和会计资料的真实性、合法性负直接管理责任。

4. 负责集团公司的税务工作，与税务机关建立良好的税务关系，按照国家税务法规的规定及时足额申报缴纳各项税费；做好各开发项目的税务筹划，合法降低项目的税务成本。

5. 组织编制财务预算和各项财务收支计划草案，具体组织落实和监督执行集团公司制定的相关财务预算、计划、方案等。对偏离预算、计划和既定方案的经济事项有权予以纠正或提请集团公司按规定进行处理。

6. 负责集团公司资金的筹集、回收和管理，确保资金的安全，保障公司项目开发和日常经营管理的资金需要，有效降低资金成本，提高资金的使用效率。

7. 负责集团公司的资产管理，确保公司资产的安全与完整，促进资产的保值增值。

8. 参与集团公司的经营计划和项目投资、重要经济合同签订、资产购置和重组，拟订集团的利润分配方案和弥补亏损方案等重大经济事项的讨论和研究，为公司的重大经济决策提供财务依据和专业意见。

9. 负责内部审计工作，接受和配合集团公司的内部审计以及有关主管部门的检查和监督。

10. 负责集团公司范围内的资本运作工作，引进战略投资者，策划集团公司上市，做好上市前期财务重组的准备工作。

11. 全面负责集团范围内和工商、税务、合作银行、评估机构、会计师事务所财务的外联工作，并保持良好的工作关系。

12. 负责对集团公司财务部门和财务人员的管理，定期对财务人员进行考核，审批本中心及各二级公司财务人员的任免、晋升、调动、奖惩事项；根据实际情况提出合理配置财务人员的方案，支持财务人员依法履行职责。

13. 根据集团公司制度规定履行与财务管理相关的其他职责。

第九条 财经管理部总监岗位职责：

1. 负责财务制度的建设工作，建立、健全集团的财务管理制度。

2. 参与企业管理，为公司领导班子的经营管理、企业战略出谋划策，为公司管理层提供财务专业决策支持。

3. 做好资金的调配、全部资产的管理及结算工作，推行和落实集团范围内的资金预算和全面预算管理体系，审核各二级公司的资金报表，合理安排各二级公司的收支计划。

4. 负责集团整体的财务状况、经营业绩、财务分析工作，指导各二级公司的会计核算和财务管理工作。

5. 组织实施成本费用控制方案，不断地降低项目成本和营运费用。

6. 制定税务策划方案，对各二级公司的税务进行有效的管理。

7. 组织对各二级公司财务审计，检查财经纪律的执行情况，对经营效率、资产利用率进行检查，出具审计报告，并提出改善措施。

8. 组织和实施财务部门的培训、举行财务系统内的工作会议，提高集团范围内财务人员的专业能力，不断提高其理论和实践操作水平，改善绩效，做好财务系统的绩效考核工作。

9. 承办公司领导交办的其他工作。

第十条　投资银行部总监岗位职责：

1. 负责全面开展融资工作，广辟融资渠道、策划多种融资方案、制定融资策略，组织编制信贷计划、还款计划，确保集团范围内的资金需求，为顺利实施的投资项目做好资金安排。

2. 负责集团范围内财务的外联工作，和合作银行、评估机构、会计师事务所等外部单位保持良好的工作关系，增进沟通和协调。

3. 指导和监督各二级公司参与融资工作，全面的统筹和规划。

4. 引进战略投资者，进行集团范围内的资本运营，制定资本运作方案，报董事局和总裁作决策参考。

5. 策划公司上市，做好公司上市的前期准备工作。

6. 承办公司领导安排的其他工作。

第十一条　融资经理岗位职责：

1. 负责编制集团公司融资计划，公司融资制度的制订和修改；积极开拓新的银行合作伙伴，不断对银行关系进行拓展和优化。

2. 密切跟踪融资项目，参与公司的具体融资项目，跟踪公司存量贷款，及时归还，保持公司在银行系统的良好信用记录；向银行报送融资所需资料。

3. 提高融资效率，降低融资成本；评价各银行对公司融资的贡献度，确定与各银行关系发展方向。

4. 积极开拓银行以外的融资渠道，联系基金、信托等融资机构；收集金融政策和金融信息等各项财经信息供领导参考。

5. 完成领导交办的其他工作。

第十二条　投资经理岗位职责：

1. 参与集团中长期投资规划、集团资本运作方案的拟订。

2. 负责与外部战略投资人的沟通、协调，维护公司股东利益，草拟合作框架。

3. 在引入战略投资过程中，参与对公司的尽职调查、公司的规范化改造工作。

4. 参与集团上市的前期筹备工作，包括与境内外投资银行、会计师事务所、律师事务所、资产评估事务所的对接联系。

5. 完成领导交代的其他工作。

第十三条　财务会计岗位职责：

1. 严格遵守集团的财务管理制度，做好集团工资表及费用报销单据的复核等工作。

2. 负责集团本部财务会计核算工作，每月与各二级公司核对往来；对各二级公司会计在账务上给予指导和监督。

3. 负责本中心月工作计划及工作完成情况进行编报；完成集团本部月度、季度、半年度、年度财务报表及集团合并报表的编制、财务分析工作。

4. 定期检查《用友财务软件操作规定》执行情况，及时解决软件应用中存在的问题；负责财务软件管理工作，指导各二级公司会计对财务软件的应用。

5. 规范会计档案，保证会计资料的安全完整。

6. 完成领导临时安排的其他工作。

第十四条 预算会计岗位职责：

1. 负责编制审查集团本部资金计划及各二级公司资金计划汇总编制工作。

2. 参与集团公司各职能部门对集团各中心、各二级公司进行月度考核，负责对集团各二级公司资产盘点的汇总核对工作及盈亏分析工作。

3. 负责编制次年集团本部财务预算及各二级公司财务预算汇总编制工作，按规定时间对财务预算执行情况进行监督和检查并对预算进行预警分析。

4. 完成领导临时安排的其他工作。

第十五条 出纳主管岗位职责：

1. 认真执行集团的财务管理制度，特别是现金及银行存款的管理制度，严格审核现金和银行收付款凭证，做好货币资金的收支工作。

2. 根据需要开立或注销银行存款账户，并进行有效的管理。

3. 现金和银行存款日清月结，及时登记现金和银行存款日记账，每月及时做好各个银行账户的银行存款调节表。

4. 保管好需要由出纳保管的有价证券及各种支票、本票、汇票等。

5. 每月按时发放员工工资，做到准确无误。

6. 完成领导下达的临时工作任务。

第十六条 二级公司财务经理岗位职责：

1. 负责贯彻执行国家财经法规和集团统一财务制度，及各项管理制度和实施细则。

2. 严格按照集团统一制定财务岗位职责，对本部财务人员进行岗位考核，保证公司财务工作落到实处。

3. 严格执行集团收支两条线管理，负责组织编制财务预算，实行预算控制，进行预算分析，使预算管理落到实处。

4. 按集团规定时间及时报送会计报表、财务预算报表及各种辅助报表，对会计信息的真实性和各报表及时性承担直接责任。

5. 依据经营授权书及相关管理制度，对经营活动进行财务监督；对超权限事项，在得到上级授权单位的书面批准文件后，方可办理财务手续。

6. 负责组织资产的盘点清查工作，不定期对现金进行盘点，加强客户信用和应收账款管理，确保授信安全。

7. 配合集团总部及相关机构部门的审计、检查工作，及时纠正违规事项；对公司重大的投资、融资、并购等经营活动提供建议和决策支持，参与风险评估、指导、跟踪和控制。

8. 加强与当地税务机关的沟通和协调，依法妥善处理本单位各项税务事宜。

9. 规范会计档案，保证会计资料的安全完整。

第十七条　二级公司会计岗位职责：

1. 贯彻执行国家会计法规和集团公司制定的会计制度及实施细则，负责公司的会计核算工作，承担相应的财务管理职责。

2. 据经营授权书和其他管理制度实施财务监督，对超权限的，在得到相应授权单位书面批准后方可办理财务手续。

3. 规范会计基础工作和核算流程，认真审核原始凭证，正确编制记账凭证，协助工程、采购、营销等其他部门建立必要的台账。

4. 规范费用业务的账务处理，开展费用分析；负责往来款项的对账并加强欠款的催收工作。

5. 依法进行税务事项的会计处理和纳税申报工作，严格发票的管理；准确、及时编制会计报表、财务预算报表及各种辅助报表。

6. 完成领导下达的临时工作任务。

第十八条　二级公司出纳岗位职责：

1. 认真贯彻国家现金管理条例、银行结算管理制度和总部收支两条线货币资金管理制度，规范资金流向和流量，不得坐支现金。

2. 负责办理现金、银行收、付款业务，坚持见票付款、收款开票的原则，妥善保管现金及收据、支票等资金往来票证。

3. 严格执行支票使用管理制度，设立支票备查簿，完善支票使用审批手续；及时准确地传递收付款单据，由核算会计进行账务处理，签章确认收付款凭证。

4. 期末进行现金盘点和编制银行存款余额调节表；编制现金支出旬报表，并报送给公司财务经理及集团财金中心。

5. 完成领导下达的临时工作任务。

第四章　培 训 管 理

第十九条　培训组织体系：

1. 集团财金中心统一负责培训工作，集团财金中心组织一级培训，集团人资行政中心、各二级公司组织二级培训，两个层次组成并协同运作。

2. 一级培训由集团财金中心主办，针对中心财务人员和二级公司财务人员，由集团统一安排财务管理、税务筹划和管理艺术等方面的培训。

3. 二级培训由集团人资行政中心及各二级公司财务部组织，针对实际需要开展本公司财务人员，重点在入职培训、内部管理制度、会计基本技能辅导、企业文化培训。

第二十条 培训要求：

参加培训人员，非特殊原因，未经部门负责人以上领导批准者，不得拒绝参加。因故未能参加者，应事先请假，并转报财金中心；应参加而无特殊原因未参加者，以旷工论处。

第二十一条 培训方式：

1. 参加国家、税务等部门财务审计类各种证书考试、各种专业培训。

2. 集团财金中心组织入职培训，内部培训、授课讲座、推荐材料自学、组织座谈讨论，外聘专家进行内训等。

3. 进行岗位带教和轮岗学习。

第二十二条 培训内容：

1. 入职培训

（1）培训对象：新进财务人员。

（2）培训内容：集团统一会计核算制度、财务管理制度的培训由集团财金中心安排，所在公司已有财务经理的，由财务经理对其进行为期两个月的带教辅导。新开办二级公司新进财务人员统一到财金中心培训或由财金中心指定相关二级公司安排实习和带教辅导。

2. 岗位培训

（1）培训对象：全体财务人员。

（2）培训内容：基本技能培训、专业技能培训、管理技能培训和创新技能培训及最新法规、科技、经济等知识培训，由集团领导、财金中心领导或外聘专家授课。

3. 资格和职称证书教育培训

（1）资格和职称证书教育培训的对象为尚未达到任职岗位必备的资格或相关等级职称证书的财务人员。

（2）资格和职称证书教育培训的内容主要包括资格考试、职称考试等，由财务人员根据自身发展需要自行选择。

第二十三条 培训费用：

1. 财务人员年度培训计划由集团财金中心根据会计人员队伍建设和集团业务拓展计划在每年年初制定，报经集团领导批准后实施。

2. 申请公费或部分公费的研修或培训，需经财金中心总经理同意后，经集团董事会批准后可实施培训。

3. 公司全额负担费用的培训包括：财金中心统一组织安排的具有综合性和共同性知识的培训或讲座；作为公司专门人才培养，由公司指定的国内受训；经集团董事会特准的培训。

4. 因工作需要的专业或业务能力提高培训包括：职位说明书要求的岗位基本能力达标培训、岗位所需的资格达标考试、岗位所需的职称达标考试、进一步职称深造等，培训费用由个人自理。

第二十四条　赴外埠参加培训，按出差规定办理。

第二十五条　建立财金中心内部讲师制度，财金中心领导、优秀二级公司财务经理、财金中心资深员工是内部培训师的主要力量，受聘讲师培训工作业绩纳入其本人绩效考核。

第五章　考 核 管 理

第二十六条　为了员工考核工作的连续性和统一性，财会人员的考核管理按集团公司的考核办法执行。

第六章　交 接 管 理

第二十七条　交接原则：

1. 为明确经济责任，保持会计工作的连续性，会计人员工作调动或因故离职时，应该与接替人员办理交接手续。

2. 没有办理交接手续的，不得离职。

第二十八条　交接前的准备工作：

1. 已经受理的经济业务尚未填制会计凭证的，应当填制完毕。

2. 尚未登记的账目，应当登记完毕，并在最后一笔余额后加盖经办人员印章。

3. 整理应该移交的各项资料，对未了事项写出书面材料。

4. 编制移交清册，列明应当移交的会计凭证、会计账簿、会计报表、印章、现金、有价证券、支票簿、发票、文件、其他会计资料和物品等内容；实行电算化的单位，移交人员还应当在移交清册中列明会计软件及密码、会计软件数据磁盘及有关资料、实物等内容。

第二十九条　交接过程：

1. 财会人员办理交接手续时，必须由监交人负责监交；财务经理级以下人员交接，由财务经理监交；财务经理交接，由集团财金中心派人监交；集团财金中心人员交接，由财金中心总经理监交或派人监交。

2. 移接交人员须按移交清册，逐项移交，核对总账，做到账证、账表、账实一致，不一致的由移交人负责，书面说明原因。

3. 现金、有价证券要根据会计账簿有关记录进行点交；库存现金、有价证券必须与会计账簿记录保持一致，不一致时，移交人员必须限期查清。

4. 会计凭证、会计账簿、会计报表和其他会计资料必须完整无缺，如有短缺，必须查清原因，并在移交清册中注明，由移交人负责。

5. 银行存款账户余额要与银行对账单核对，如不一致，应当编制银行存款余额调节表调节相符，并注明未达账项形成原因。

6. 各种财产物资和债权债务的明细余额要与总账有关余额核对相符；必要时，要抽查个别账户的余额，与实物核对相符，或者与往来单位、个人核对清楚。

7. 移交人员经管的票据、印章和其他实物等，必须交接清楚；移交人员从事电算化工作的，要对有关电子数据在实际操作状态下进行交接。

8. 公司财务机构负责人、财务主管人员移交时，还必须将全部财务会计工作、重大财务收支和会计人员的情况等，向接替人员详细介绍；对需要移交的遗留问题，应当写出书面材料。

9. 移交人员对所移交的会计凭证、会计账簿、会计报表和其他有关资料的合法性、真实性承担法律责任。

10. 交接完毕，交接双方和监交者要在移交清册上签名，并注明清册页数、各自职务、移交接日期，移交清册一式三份，交接双方各执一份，一份留公司集团财金中心存档。

11. 凡移交时存在未了事项或遗留问题的，在问题解决清楚或解决之前移交者不得离任；在以上事项未解决之前，人资行政中心不予办理调离手续。

12. 会计手续移交后，接替人应继续使用移交的账簿，不得另立新账簿，以保持会计核算的连续性。

13. 会计人员临时离职或者因病不能工作且需要接替或者代理的，财务部负责人、财务会计人员必须指定有关人员接替或者代理，并办理交接手续；临时离职或者因病不能工作的会计人员恢复工作的，应当与接替或者代理人员办理交接手续；离职人员必须遵守职业道德，严守原单位的商业秘密，包括公司的经营决策和重大举措，否则，应承担相应的责任，严重的需承担法律责任。

第七章 附 则

第三十条 本制度自颁布之日起试运行三个月，三个月后正式实行，制度自试运行之日起生效。

第三十一条 本制度属第三级制度，所有财务人员必须掌握。

第三十二条 本制度从开始试运行之日起，原相关制度作废。

1.2　财务部组织架构及岗位职责

财务部组织架构及岗位职责

第一条　财务部基本任务是：做好各项财务收支的计划、控制、核算、分析和考核工作；参与经营投资决策；有效利用公司各项资产；努力提高经济效益。

第二条　本制度适用于××科技有限公司的全体财务部员工。

第三条　财务部门组织结构图如下图所示。

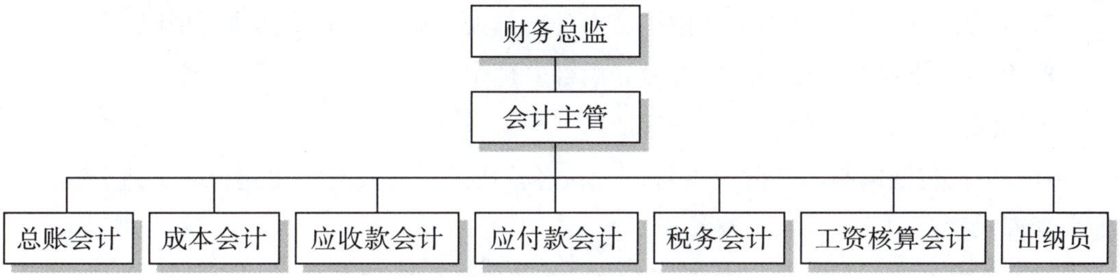

财务部门组织结构图

第四条　财务部工作职责：

1. 负责公司资金的筹措运用、资本营运、会计核算和成本核算工作。
2. 负责编制并执行公司年度、月度财务收支计划。
3. 负责各类经济合同的审核，按规定的程序和条件核付各类款项。
4. 负责内部费用的支出报销，及时办理职工各类社会保险。
5. 负责组织财产清查工作，建立各类财务辅助台账。
6. 负责组织债权债务的清理和催收工作。
7. 负责与银行、审计、税务及社保等相关部门的业务联系工作。
8. 定期整理、装订、备份会计凭证和报表等资料并妥善保管。
9. 定期分析、比较有关资料，及时编制月份、季度、年度分析报告。
10. 参与公司投资项目的可行性研究。
11. 参与制定公司中长期发展计划、项目开发计划，参与编制年度、季度、月度经营工作计划。
12. 完成公司领导交办的其他工作。

第五条　财务经理岗位职责：

1. 在公司董事会领导下，负责主持财务部的全面工作，组织并督促部门人员全面完成本部职责范围内的各项工作任务。
2. 贯彻落实本部门岗位责任制和工作标准，密切与生产、业务、采购、仓库等部门的工作联系，加强与有关部门的协作配合工作。

3. 负责组织公司财务管理制度、会计成本核算规程、成本管理会计监督及其有关的财务专项管理制度的拟定、修改、补充和实施。

4. 组织领导编制公司财务计划、审查财务计划；拟定资金筹措和使用方案，全面平衡资金，开辟财源，加速资金周转，提高资金使用效果。

5. 组织领导本部门按上级规定和要求编制财务决算工作。

6. 负责组织公司的成本管理工作，进行成本预测、控制、核算、分析和考核，降低消耗、节约费用，提高监利水平，确保公司利润指标的完成。

7. 负责建立和完善公司财务稽核、审计内部控制制度，监督其执行情况。

8. 负责并指导及督促仓库主管做好内部管理工作。

9. 负责审核公司的报表、记账凭证。

10. 负责定期编制财务分析报告，考核经营成果，并及时提出建议，促进公司不断提高管理水平。

11. 负责审核上报财政、税务、工商、海关等部门的税务资料。

12. 负责协助各部门制定考核指标，分析各考核指标的执行情况，并及时提出改进措施。

13. 审查公司经营计划及各项经济合同，并认真监督其执行，参与公司技术、经营以及产品开发、基本建设、技术改造和其他项目的经济效益的决议。

14. 参与审查调整价格、工资、奖金及其涉及财务收支的各种方案。

15. 组织考核、分析公司经营成果，提出可行的建议和措施。

16. 负责财会人员的业务培训，规划会计机构、会计专业职务的设置和会计人员的配备，组织会计人员培训和考核，坚持会计人员依法行使职权。

17. 负责向公司董事会汇报财务状况和经营成果，定期或不定期汇报各项财务收支和盈亏情况，以便管理层及时进行决策。

18. 有权向主管领导提议下属人选，并对其工作考核评价。

19. 完成公司领导交办的其他工作任务。

第六条 税务会计岗位职责：

1. 根据国家财务会计法规和行业会计规定，结合公司特点，负责拟订公司会计核算的有关工作细则和具体规定，报经领导批准后组织实施。

2. 根据国家会计法规规定，准确、及时地做好账务和结算工作，正确进行会计核算，填制和审核会计凭证，登记明细账和总账；对款项和有价证券的收付，财物的收发、增减和使用，资产基金增减和经费收支进行核算。

3. 负责编制公司月度、年度会计报表、年度会计决算及附注说明和利润分配核算工作，并按时提交相关报表给公司董事会审核。

4. 负责公司税金的计算、申报和解缴工作，协助有关部门开展财务审计和年检。

5. 负责会计监督；根据规定的成本、费用开支范围和标准，审核原始凭证的合法性、合理性和真实性，审核费用发生的审批手续是否符合公司规定。

6. 及时做好会计凭证、账册、报表等财会资料的收集、汇编、归档等会计档案管理工作。

7. 主动进行财会资讯分析和评价，向领导提供及时、可靠的财务信息和有关工作建议。

8. 协助做好部门内务工作，负责指导及安排税务会计助理的日常工作，完成财务经理安排的其他工作。

第七条　总账会计岗位职责：

1. 负责审核出纳现金及银行存款余额是否账实相符，并与ERP系统核对。

2. 负责现金收支单据的审查：审查单据是否符合相关规定，项目是否填写齐全，数字计算是否正确，大小写金额是否相符，有关签名和盖章是否齐全等。

3. 负责复核仓库实物账务的准确性以及存货盘点表的准确性，保证账实相符、保证仓库实物账与总账、明细账数据、金额一致。每月审核成本会计编制的盘盈盘亏报告表，盘盈、盘亏报财务经理和总经理审批后，按规定进行账务处理。

4. 负责定期对已审核的原始凭证进行会计凭证处理，并定期传递给财务经理审核，经审核无误后，将其作为正式会计凭证登账；填制记账凭证应做到数字真实、内容完整、账物相符。

5. 负责公司费用的核算，认真审核相关费用单据，并按部门归集、分配各项管理费用，编制各部门费用明细表，定期进行纵向分析；对公司费用开支异常情况及时汇报给财务经理或董事会，促使各部门杜绝浪费，自觉节约。

6. 负责公司往来债权债务账目的定期检查，包括与集团公司往来账务的检查核对，按时与往来应付、应收会计核对明细账目，发现呆账及账实不符情况，及时上报财务经理或董事会处理。

7. 负责公司日常财务核算，负责公司各项固定资产的登记、核对，按规定计提折旧，建立固定资产台账。

8. 负责编制和登记各类明细账、总账并定期结账。

9. 负责编制会计报表以及编制报表明细表，并进行财务报告分析；应在每月15日之前提交上月份的相关报表给公司财务经理、董事会审核。

10. 负责整理会计资料：对会计资料及有关经济资料，应按月进行整理，装订，做到单据完整、凭证整洁、美观、易查。

11. 监督月末、年末存货的盘点工作。

12. 负责指导及安排总账助理人员日常工作；完成财务经理安排的其他工作。

第八条　成本会计岗位职责：

1. 在财务经理领导下，按照国家财会法规、公司财会制度和成本管理有关规定，负责拟订公司各处成本核算实施细则，在上级批准后组织执行。

2. 主动与有关人员对公司重大项目、产品等进行成本预算、编制项目成本计划，提供有关的成本资料。

3. 负责公司产品成本核算、成本分析工作，按时编制相关产品成本核算、成本分析报表；应在每月15日之前提交相关报表给公司财务经理、董事会审核。

4. 负责每月检查、核实材料仓及成品仓的发出物品及物料统计是否完整无误；负责仓库提供的盘点报告表与仓库存货明细账的核对，以确定存货的盘盈、盘亏，并编制相关的盘盈、盘亏报表。

5. 负责检查车间补料的单据，发现异常及时反馈给上级主管，促使各部门及时改进。

6. 负责对车间维修用品申请领用、各部门办公用品申请领用的情况进行监控，发现异常及时反馈给上级主管，并提出各部门用品的领用标准。

7. 负责公司采购物料、实际入库物料、实际领料的数据统计及分析，并按时编制相关的报表提交给董事会、财务经理、审计人员，并提出物料控制的相关建议。

8. 不断监督、调查各部门执行成本计划情况，并就出现问题及时上报；按时提出降低成本的控制措施和建议。

9. 做好相关成本资料的整理、归档、数据库建立、查询、更新工作。

10. 负责指导及安排财务输单员日常工作；完成财务经理安排的其他工作。

第九条　往来应付会计岗位职责：

1. 负责每月与往来客户对账；要求每月20日前核对完所有客户的往来对账单，并将往来对账单妥善保管，并定期按客户装订成册，以备查询。

2. 负责审核采购部出具的订购单、客户送货单、仓库每日进仓明细表是否一致，包括单价、金额、数量等明细项目；及时提醒仓库提交有关的入库单据。

3. 负责审核仓库提交的有关单据与财务输单员在ERP系统的入仓单的有关项目是否一致，如不一致，应及时知会财务输单员更改ERP数据。

4. 负责公司外发加工单的审核，并及时输入ERP系统调整应付余额。

5. 负责定期与总账会计的总账、明细账的往来账科目核对，做到账账相符。

6. 负责及时与采购部门、供应商沟通，保证往来账目清晰、准确。

7. 定期进行往来账的清查核对工作，在清查过程中，若发现确实无法收回的往来款项，应查明原因，分清责任，并按规定程序上报有关部门及董事会批示。

8. 定期编制应付账款结余明细表，并交给董事会及出纳人员，以便公司安排付款事宜。

9. 负责及时将物料采购进仓单据整理好，月末时交总账会计进行账务处理。

10. 完成财务经理安排的其他工作。

第十条　工资核算会计岗位职责：

1. 负责每月及时向人事部、车间管理部门、后勤部及相关部门索取有关资料，每月按时核算公司员工工资；要求在每月20日之前能够完成上月工资明细表的编制工作。

2. 负责结算辞工人员工资。

3. 及时清查人事部门提供的员工考勤记录及加班工时记录，并要求相关人员配合。

4. 保管公司领导关于公司员工工资调整批示。

5. 按月对已计算但未被领取的工资进行清理，以便出纳人员办理相关手续交总账人员处理。

6. 完成财务经理安排的其他工作

第十一条　出纳岗位职责：

1. 负责管理公司日常备用现金：严格遵守公司资金管理办法等相关制度，做到现金日清月结。并应每日清查盘点现金，保证账证相符、账款相符，发现差错应及时清查更正。

2. 负责公司日常现金收付业务：每日及时登记现金日记账，审核现金支付单据是否符合相关规定，包括审查报销手续、发票单据、金额是否准确无误，临时借支的用途、使用期限和报销期限等。

3. 负责管理公司银行存款账户及办理银行款项收付工作：每月按时到银行取得银行对账单，并与银行账相互核对，如有差异应及时编制银行余额调节表。

4. 严格审查临时借支的用途、报销控制使用限额和报销期限。

5. 负责保管及整理公司资金收付的有关单据，并及时交与总账助理人员进行账务处理。

6. 负责公司的资金预算工作，按时编制公司资金使用报表，并报送相关领导。

7. 负责公司工资的发放。

8. 完成财务经理安排的其他工作。

1.3　公司财务人员外派管理办法

公司财务人员外派管理办法

第一章　总　　则

第一条　为了规范公司的财务人员外派管理，明确财务一体化管理后外派财务人员的产生、外派、轮岗、职责及权利，规范外派财务人员的流动机制，特制定本办法。

第二条　定义：

1. 外派是指按照财务一体化管理的要求，经公司领导同意，由集团公司财务管理部向各下属子公司及其他需要实施财务统一管理的经营单位派出财务负责人、财务总监、财务经理或其他相应职务的行为。

2. 财务外派人员是指按照公司规定，由财务管理部统一管理，经公司审批同意，在一定时间内到下属子公司担任该单位财务负责人、财务总监、财务经理或其他相应职务的公司员工。

第二章　权责部门及职责

第三条　财务管理部职责：

1. 负责财务外派人员管理，监督管理财务外派人员日常工作。

2. 制定和落实财务外派人员各项管理政策和规范。

3. 协调人力资源部等各方面力量组织安排财务外派人员竞聘工作，审核财务外派人员任职资格、安排外派人员轮岗调动、协助办理外派、外派期间工作调动、结束外派手续。

4. 协助子公司相关职能部门实施财务外派人员职能管理。

5. 记录子公司相关财务工作质量和工作效率作为对外派人员的考核依据。

6. 培训子公司财务人员，指导子公司财务工作的开展。

第四条　人力资源部职责：

1. 按照公司规定和财务管理部的要求组织财务外派人员竞聘、资格审核、外派信息发布、轮岗等工作。

2. 协助财务管理部组织实施日常的外派财务人员管理。

3. 协助财务管理部建立外派财务人员的管理体系与业绩记录档案。

4. 协助财务管理部制定外派财务人员的薪资管理和职称管理有关实施细则。

第三章　外派人员的管理

第五条　外派资格：

1. 遵循公司核心价值观要求，富有工作热情，坚守诚信准则，将公司利益放在第一位，勇于承担责任。

2. 具有3年以上财务相关工作经验，在集团公司至少1年以上工作经验。

3. 近两次半年考核记录良好（考核等级“A”及以上）。

4. 职称和技能认证等级达到外派财务人员的最低要求，即具备集团公司业务中级职称，并达到财务专业技能认证三级以上的水平。

5. 具有较丰富的企业管理、财务管理、财务会计、金融、法律等方面的专业知识，至少在其中一方面有比较全面的职业技能与较深厚的专业功底。

6. 具备较强的统筹策划能力、组织协调能力、应变能力，决策能力和沟通能力。

7. 因违规违纪行为被查处的人员，不得担任财务外派人员。

第六条　工作职责：

1. 工作定位

（1）外派财务人员在各子公司负责管理其财务体系工作，属子公司经营管理核心成员，全面参与子公司经营管理，直接对子公司总经理负责。

（2）具体管理职能包括对子公司财务体系人员的管理、业务规划与开展、组织架构管理等。

（3）外派人员在子公司工作1年后，由财务管理部按照外派财务人员的职称、资历、能力、业绩等综合因素，进行综合评估，决定是否向子公司董事会推荐其担任子公司副总经理职位。

2. 主要职责：领导和组织子公司财务工作，参与和支持子公司经营决策，构建和规范子公司内控流程，贯彻和执行集团公司总部财务管理部的管理要求。

3. 负责对象：子公司总经理、子公司董事会、子公司监事会、集团公司财务管理部部长。

4. 报告对象与内容

（1）定期向子公司总经理作业务决策支持汇报。

（2）定期向子公司董事会提供财务数据和财务分析报告。

（3）定期接受子公司监事会工作检查。

（4）定期向公司财务管理部提交财务报表和工作汇报。

5. 参与子公司经营管理活动，提供有效的建议和决策支持；根据子公司短、中、长期经营计划，组织编制相应的财务计划和控制标准并监督执行。

6. 维护集团公司利益，贯彻集团公司管理要求，确保子公司资产安全，保持负债和资本结构的相对合理，保证企业现金流，有效控制财务风险。

7. 配合集团公司各职能部门对子公司的管理，协调和处理好各项工作事务。

8. 其他企业需要的管理或业务工作。

第七条　编制管理：

1. 所有外派财务人员的编制隶属集团公司财务管理部。

2. 对外派财务人员采用矩阵化管理，即同时接受财务管理部和所在子公司总经理的双重管理。

第八条　薪酬管理：

1. 财务管理部按照公司对外派财务人员的职位评定确定职位薪资。

2. 财务管理部依据具体外派人员的能力与经验，为其确定相应的职称薪资。

3. 上述内容相加作为财务外派人员的薪资标准，由财务管理部在外派生效后将此薪资标准通知到拟任职的子公司，由子公司依照此标准按月进行核发。

4. 外派财务人员的薪资调整，由财务管理部负责发起，并征求所在子公司总经理的意见后进行确定，子公司总经理拥有建议权。

第九条　考核管理：

1. 外派财务人员的半年度考核，采用矩阵化考核的方式，由所在子公司的总经理以及总部财务管理部按照一定的权重（各50%的权重），从不同角度对其进行考核评估。

2. 最终的考核结果由财务管理部负责汇总，此考核结果直接作用于外派财务人员的职称评定、薪资调整。

3. 财务管理部有权按照外派财务人员的考核情况、结合各子公司同等人员的奖金均值，给出外派财务人员奖金额度的建议。

4. 外派财务经理在一个子公司任职原则上以3年为一个任期，任期届满后必须轮岗，即回流到总部财务管理部任职或者以重新竞聘的方式或去其他子公司任职。

第四章　外派操作流程

第一节　人 员 选 拔

第十条　财务外派人员的选拔采用公开竞聘方式；根据子公司岗位需求情况，由总部财务管理部在集团公司的财务体系内部公开组织竞聘活动。

第十一条　竞聘评委：公司总经理，公司财务总监，子公司总经理，公司总部人力资源部、财务管理部部长。

第十二条　竞聘人员范围：集团公司正式员工以及各个子公司正式员工。

第十三条　竞聘人员基本要求为外派财务人员的任职资格要求（参见第五条，第1款）。

第十四条　竞聘组织：

1. 按照财务管理部的要求，由公司人力资源部统一组织财务外派人员的竞聘。

2. 人力资源部在集团公司体系内部（含各个子公司）公开发布竞聘公告，通知内部招聘信息，规定报名截至日。

3. 人力资源部收集竞聘报名简历（规定模板），汇总人员信息。

4. 财务管理部对报名信息进行初步筛选，并向符合硬性条件的人员发出竞聘通知。

5. 人力资源部确定竞聘时间，邀请竞聘评委，并提前准备好相应的材料，做好竞聘活动的组织。

6. 在竞聘结束后，由人力资源部收回各个评委的打分表，进行分数统计，并将初步的得分情况通知财务管理部及公司有关领导。

第十五条　结果确认：

1. 财务管理部按照竞聘结果，提出初步的外派人选方案征求子公司意见后，报公司领导审批同意，最终确定财务外派人选。

2. 人力资源部与财务管理部共同通知竞聘胜出人员、子公司领导，公布竞聘结果。

第二节　人 员 外 派

第十六条　人员外派启动：

（1）财务管理部按照竞聘结果，填报《外派财务经理审批表》，经公司领导审核同意后，在人力资源部备案，并启动外派流程。

（2）若拟外派财务人员属于集团公司财务管理部编制人员，则直接与财务管理部签订新的《劳动合同》，由财务管理部确认其外派职位、薪资、职称，启动外派。

（3）若拟外派人员属于集团公司下属子公司人员，则按照集团公司体系内部人员流动的有关规定，在原单位办理离职手续并在集团公司按照社招方式办理正式入职手续后，由财务管理部确认其外派职位、职称、薪资，启动外派。

第十七条　待遇确认：

（1）外派人员的薪资待遇，由财务管理部确定，并填写《外派确认通知单》，通知到相应子公司。

（2）外派财务人员的福利待遇，按照所在子公司的福利待遇进行核发，原享有的权益暂时中止并保留，待外派结束且返回总部财务管理部任职以后恢复。

第十八条　财务人员外派流程如下图所示：

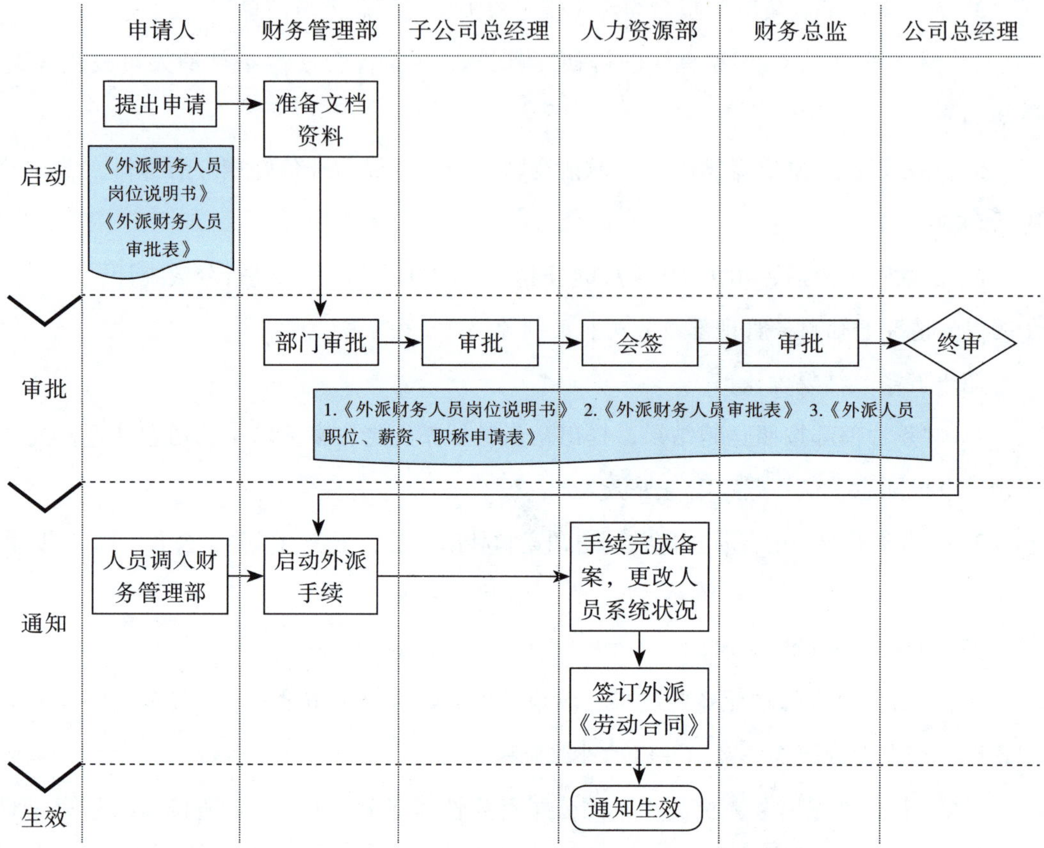

财务人员外派流程

财务人员外派流程说明

启动阶段	
裁剪说明	不可裁剪
入口准则	财务管理部依据外派人员竞聘结果，通知拟外派人员准备相关材料
输入	《外派财务人员审批表》《外派财务人员职位说明书》
活动说明	拟外派人员填写《外派财务人员审批表》，并提交财务管理部
输出	1. 《外派财务人员审批表》 2. 《外派财务人员职位说明书》
参与角色	拟外派人员，财务管理部手续办理人员、财务管理部部长
支持工具	《外派财务人员审批表》《外派财务人员职位说明书》
审批阶段	
裁剪说明	不可裁剪

（续表）

入口准则	财务管理部完成资料准备，开始逐级审批
输入	《外派财务人员审批表》《外派财务人员职位说明书》《外派财务人员职位、薪资、职称审批表》
活动说明	财务管理部发起，子公司总经理、公司财务总监、公司总经理逐一审批同意，人力资源部参与会签意见
输出	《外派财务人员审批表》获得总经理审批同意 《外派财务人员职位、薪资、职称审批表》获得总经理审批同意
参与角色	财务管理部部长、人力资源部部长、子公司总经理、公司财务总监、公司总经理
支持工具	《外派财务人员审批表》《外派财务人员职位说明书》《外派财务人员职位、薪资、职称审批表》等表格
通知阶段	
裁剪说明	不可裁剪
入口准则	拟外派人员签订《劳动合同》
输入	《外派财务人员审批表》《外派财务人员职位、薪资、职称审批表》《劳动合同》
活动说明	1. 拟外派人员为非财务管理部编制的集团公司正式员工，在人事在线上完成调动手续，调动至财务管理部 2. 拟外派人员为非集团公司员工（各子公司编制员工），需在原单位办理离职手续并在集团公司办理社招入职 3. 人力资源部安排拟外派人员签订新的《劳动合同》、明确职位、薪资、职称，并将签订的劳动合同与《外派财务人员审批表》《外派财务人员职位、薪资、职称审批表》备案 4. 人力资源部向子公司发出《人员变动通知单——外派通知单》
输出	《外派财务人员审批表》《外派财务人员职位、薪资、职称审批表》《劳动合同》《人员变动通知单——外派通知单》通知到相应人员并备案归档
参与角色	财务管理部部长、财务管理部办事人员、拟外派人员、人力资源部HR人员、子公司总经理
支持工具	《外派财务人员审批表》《外派财务人员职位、薪资、职称审批表》《劳动合同》《人员变动通知单——外派通知单》以及人事在线

第三节　正常结束外派

第十九条　外派任期期满轮岗到财务管理部安排工作的，属于正常结束外派。

第二十条　属于正常结束外派需要轮岗的人员应提前填写《外派财务人员结束外派审批表》，财务管理部组织相应材料后报上级领导审批同意，安排轮岗。

第二十一条 在外派财务人员即将任期期满前2个月，财务管理部即应考虑安排新的竞聘工作，以便选拔胜任的外派财务人员接任。

第二十二条 轮岗人员应认真按照《外派财务人员离任交接清单》的规定与继任人员进行工作交接，完成交接后方可到新的岗位任职。

第二十三条 离任后的3个月内为共同责任期，即轮岗人员应与继任人员一起对子公司财务管理工作承担共同责任，配合继任人员处理重大财务管理事项。

第二十四条 共同责任期后的3～6个月为连带责任期，即轮岗人员对子公司财务管理承担连带责任，在子公司财务遇到问题时协助继任人员妥善解决。

第二十五条 对于在紧密责任期和连带责任期履行责任不到位的人员，由财务管理部按照内部财经纪律给予一定的处分，包括降薪、降职等。

第二十六条 轮岗回流人员的薪资，由财务管理部按照拟聘任职位，重新进行核定，并报人力资源部核准后执行，同时该员工原暂时中止的各项权益恢复。

第二十七条 正常外派结束轮岗流程如下图所示。

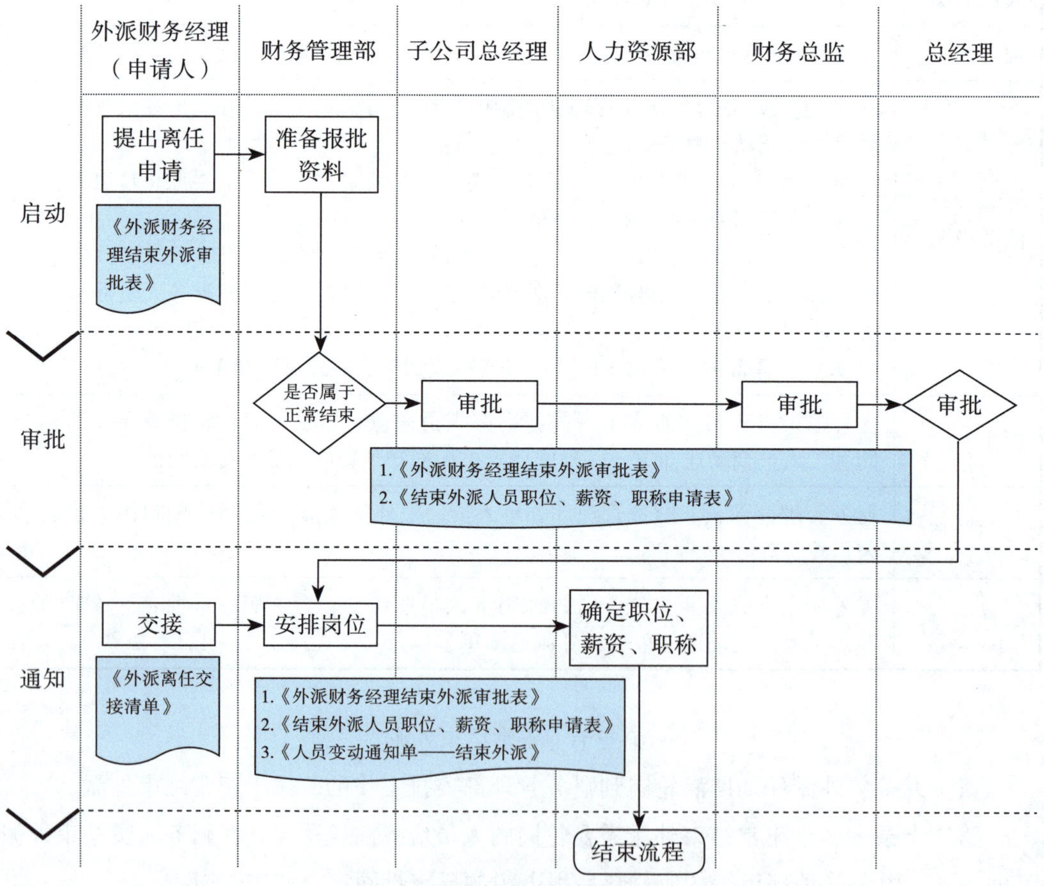

正常外派结束轮岗流程

正常外派结束轮岗流程说明

启动阶段	
裁剪说明	不可裁剪
入口准则	外派财务人员向财务管理部提交《外派财务人员结束外派轮岗审批表》
输入	《外派财务人员结束外派轮岗审批表》
活动说明	1. 在外派人员任期到期前2个月，外派人员向财务管理部提交《外派财务人员结束外派轮岗审批表》个人填报部分 2. 财务管理部具体办理人负责启动小管资料的准备
输出	《外派财务人员结束外派轮岗审批表》
参与角色	外派财务人员、财务管理部办事人员
支持工具	《外派财务人员结束外派轮岗审批表》
审批阶段	
裁剪说明	不可裁剪
入口准则	财务管理部起草《外派财务经理结束外派审批表》《结束外派人员职位、薪资、职称审批表》
输入	待审批的《外派财务经理结束外派审批表》《结束外派人员职位、薪资、职称审批表》
活动说明	财务管理部组织完成相应审批表格，按照财务管理部部长、子公司总经理、财务总监、公司总经理的审批顺序逐级完成审批
输出	审批完成的《外派财务经理结束外派审批表》《结束外派人员职位、薪资、职称审批表》
参与角色	财务管理部具体办事人员、财务管理部部长、财务总监、子公司总经理、公司总经理
支持工具	《外派财务经理结束外派审批表》《结束外派人员职位、薪资、职称审批表》
交接阶段	
裁剪说明	不可裁剪
入口准则	财务管理部确认继任人员，拟轮岗人员与其进行工作交接
输入	《外派离任交接清单》《外派财务经理结束外派审批表》《结束外派人员职位、薪资、职称审批表》《人员变动通知单：结束外派》
活动说明	1. 财务管理部确定继任人员后，拟轮岗人员按照《外派离任交接清单》的规定进行工作交接，并确保交接完成 2. 财务管理部为拟轮岗人员安排合适职位并通知具体轮岗到职时间

（续表）

活动说明	3. 人力资源部按照审批通过的《结束外派人员职位、薪资、职称审批表》确认拟轮岗人员的新的职位、薪资、职称，并在人事在线上修改有关人员信息 4. 拟轮岗人员在规定时间内上岗
输出	《外派离任交接清单》《人员变动通知单：结束外派》
参与角色	拟轮岗人员、继任人员、财务管理部部长、人力资源部部长
支持工具	《外派离任交接清单》《人员变动通知单：结束外派》、人事在线

第四节　非正常情况的结束外派

第二十八条　外派人员在外派期间发生如下情况，会导致非正常结束外派：

1. 按照工作需要由财务管理部安排到其他岗位工作。

2. 外派人员在外派期间提出工作调动或离职。

3. 外派人员在工作中出现不胜任工作状况、违规违纪问题被免职。

4. 其他导致外派无法正常持续的情况。

第二十九条　因工作需要，由财务管理部在正常外派未结束的情况下提前终止外派的，由财务管理部提出，并征得子公司总经理意见后，按照正常结束外派的有关流程操作。

第三十条　员工个人原因导致外派非正常终止的：

1. 员工本人应提前2个月通知财务管理部和子公司总经理，并由财务管理部启动新的竞聘程序选拔继任人选。

2. 在继任人员到位之前，员工应严格履行本人的工作职责。

3. 员工应按照规定，与继任人员进行工作交接并认真填写完成《外派财务人员离任交接清单》，并由继任人员确认交接的内容。

4. 交接工作完成后，总部财务管理部发出《结束外派轮岗确认通知单》，通知子公司总经理、公司人力资源部，员工返回总部财务管理部履行调离、离职手续。

5. 总部财务管理部可依情况对离任人员展开离任审计。

第三十一条　员工在任期内因不胜任工作或违规违纪受到处分而免职的：

1. 上述情况出现后，财务管理部应立即终止该员工的工作，发出《结束外派轮岗确认通知单》，并临时指派相应人员进行工作接替，同时启动竞聘程序选拔合格人选。

2. 财务管理部将该员工调回部门后，安排履行《外派财务人员离任交接清单》的内容，并进行人员处理。

3. 总部财务管理部可依情况对离任人员展开离任审计。

1.4　集团外派财务人员管理办法

集团外派财务人员管理办法

第一章　总　　则

第一条　目的。

为了加强××集团有限公司（以下简称“集团公司”）内部的财务监督，约束分子公司的财务行为，加强对全资、控股企业事前、事中、事后、经常性、普遍性的监控，确保会计信息真实、准确，降低风险，维护集团公司整体利益，特制定本管理办法。

第二条　财务人员外派的范围。

集团公司外派财务人员的范围为分子公司（全资、控股企业）。

第三条　财务人员外派的岗位类别。

需要集团对分子公司外派的财务岗位有出纳、财务管理人员二类岗位，财务管理人员按级别可分为财务总监、财务副总监、财务经理、财务副经理、财务主管。

第四条　财务人员的外派的原则。

1. 回避原则

外派人员与派往公司经营层有亲属关系（亲属关系指三代以内血亲和两代以内姻亲）的，不得派至该公司任职。

2. 属地招聘原则

为保证外派岗位的人员的工作稳定及便利性，外派的出纳人员必须招聘当地户籍的人员或能提供当地户籍担保的人员；财务负责人也尽量招聘当地户籍的人员（条件优秀且工作意愿强烈的则可不受此限制）。

3. 岗位轮换

基于更有效地进行财务监督的目的，对于外派的财务负责人在集团内部进行定期轮换。外派的财务负责人任期一般为2年，任期届满，经考核合格的，实行岗位轮换。离开任职公司后2年内不得再担任该公司的外派财务负责人。

第二章　外派财务人员的任职资格及职责权利

第五条　财务人员的任职资格要求：

1. 财务管理人员的任职资格要求

（1）具备良好的思想品德，具有正直、廉洁、守法、敬业、敢于坚持原则的品格。

（2）熟悉国家财经法律、法规、规章制度，具有扎实的财会知识、较强的业务处理能力，5年及以上财会工作经验。

（3）具有会计专业本科及以上学历。

（4）主管以下初级以上专业技术职称，副经理级别以上中级以上专业技术职称。

（5）具备组织协调能力。

（6）身体健康，能够适应本职工作。

2. 出纳的任职资格要求

（1）具备良好的思想品德，具有正直、廉洁、守法、敬业、敢于坚持原则的品格。

（2）熟悉国家财务政策、会计法规，银行结算业务和出纳流程，1年及以上出纳工作经验。

（3）具有会计上岗证，财务专业大专以上学历。

（4）良好的沟通能力、服务意识、学习能力、独立工作能力。

（6）精通OFFICE软件，如WORD、EXCEL；熟练操作财务软件。

（6）身体健康，能够适应本职工作。

第六条 财务人员的职责：

1. 财务管理人员的职责

财务管理人员的职责包括财务监督及财务管理两个方面：

（1）财务监督职责

①完善各项财务管理制度，建立科学的会计监督机制，健全对资金收付管理的内部牵制制度，提高监督管理水平，支持所在公司其他会计人员依法行使职权。

②监督所在公司执行国家财经法律、法规、财务会计制度，监督所在公司遵守集团制定的财务制度情况，对所在公司对外报送财务报告的真实性、完整性以及集团资产保值情况承担相应责任。

③按照权限对投资、融资、资金、资产、收益分配、重大担保等重大事项向集团公司报批。

④定期向集团公司报告所在公司管理及重大经营管理情况；及时报告所在公司经营负责人违反国家财经法律、法规、财经纪律事项。

⑤每月至少一次向集团公司财务总监当面报告当月的主要财务工作。

⑥集团公司规定的其他职责。

（2）财务管理职责

①负责组织会计核算工作，确保会计核算质量，提供准确真实的会计信息及数据。

②配合集团公司做好预算管理、财务分析工作，提高财务分析及预算管理水平。

③参与对所在公司的经济业务活动进行分析决策。

④负责组织各项财务报表和管理报表的编制和及时报送。

⑤组织企业财会机构的设置、会计人员配备，对所在单位会计人员进行业务考核。

⑥采取有效措施加强对费用、成本的控制，降低费用，节约成本。

⑦依法做好税收筹划工作，合理降低企业税负。

⑧其他财务管理职责。

2. 出纳的职责

（1）遵守集团公司及外派公司的规章制度，坚持原则，依法依制办事。

（2）有权对不符合规定或事项不清的收付业务拒绝办理。

（3）日清月结，及时做好出纳登账及资金收付、银行对账工作。

（4）保管好重要票证及相关资金收付单据、印章、密码等。

（5）对违规的收付事项有权查问并向财务负责人反映，重大的还需向集团财务总监反映。

（6）其他工作职责。

第七条　财务人员的权利及义务：

主要指财务管理人员的权利和义务。

（1）有权监督检查企业的各项财务会计活动及相关业务活动的真实性、合法性和有效性。

（2）有权审核企业的重要报告和财务报表、重大经济合同、不良资产处理方案、规定范围内的财务收支、提供贷款担保、债务担保、资产抵押、对外投资等事项的真实性、合法性和有效性。

（3）有权组织企业的经济核算、财务管理工作，有权参与财务决策等方面的工作。

（4）有权对所在单位会计人员进行业务考核，并对会计人员的任免、调动和奖惩提出方案。

（5）有权向集团公司报告所在公司及其负责人违反国家财经法律、法规、集团公司财经纪律的事项，并提出处理意见。

（6）集团公司规定的其他权限。

第三章　外派财务人员的选拔及人事管理

第八条　外派人员的产生：

外派财务人员可由集团公司直接任命，也可由集团公司在集团范围内通过竞聘的方式选拔，在无法满足条件和要求的情况下可面向社会公开招聘。

第九条　直接任命程序：

1. 根据财务人员的任职资格要求，由集团财务管理中心提出初步人选，报主管财务工作的副董事长初审、提名。

2. 集团人力资源部负责按相关规定对拟聘人选进行资格审查，提出聘任方案报集团公司总经办研究通过。

3. 董事长签发任命文件，由集团人力资源部专函向拟任职的企业传发任命文件，安排就任。

第十条 需要竞聘和公开招聘时，集团财务管理中心提出相关意见和建议，由集团公司人力资源部负责拟定竞聘方案或招聘方案，报总经办审定后，由集团人力资源部组织实施。

第十一条 子公司对外派财务人员的任免有建议权，同时子公司具有对人员任命的上诉权，若上诉无效，必须执行，不可以用其他人员替代财务人员的工作。

第十二条 派往公司发现外派的财务人员不能胜任本职工作时，可以书面形式报告集团公司财务管理中心，财务管理中心和集团人力资源部审查核实后，按任免程序进行调整。

第十三条 派驻的财务人员有下列情况之一的，应予解聘：

（1）因健康原因无法正常履行岗位职责的。

（2）年度考核为不称职的。

（3）工作中违法违纪，渎职失职，造成企业经营困难和经济重大损失的。

第十四条 经录用的财务人员由集团统一聘任，纳入集团人员编制，人事档案原件由集团公司人力资源部管理，外派公司的人力资源部留存其复印件备查。

第四章 外派财务人员的薪酬

第十五条 外派财务人员的薪酬待遇由集团公司财务管理中心提出初步建议，会同集团人力资源部拟定薪酬构成方案，上报主管财务工作的副董事长初审，再提交总经办审核，报董事长审批后执行，其工资、奖金由集团公司会同派往的公司根据考核结果确定（出纳的则由外派财务管理人员会同派往公司的相关部门根据考核结果确定），其他各项福利待遇享受派往公司同等职别的待遇。

第十六条 财务人员的薪酬及福利待遇由派往公司承担，派往公司需定期将工资及奖金汇入集团公司指定账户，由集团公司人力资源部根据考核结果统一发放。

第五章 外派财务人员的考核

第十七条 考核机构。

集团总经办是考核的领导机构，集团公司人力资源部是考核的组织机构，集团公司财务管理中心是考核的执行机构。

第十八条 考核内容。

包括所在公司业绩考核、财务管理和财务监管三部分内容（外派出纳不参与集团考核，直接由外派的财务管理人员会同外派公司相关部门进行考核，但需将考核结果上报集团财务管理中心及人力资源部备案）。

考 核 的 内 容

考核维度	公司业绩考核	财务监督	财务管理
考核主体	经营管理部	集团财务管理中心、集团人力资源部	所派往企业总经理
考核权重	5%	55%	40%
考核周期	年度	季度	季度

第十九条　公司业绩考核暂按利润指标完成情况分等级打分，具体由经营管理部负责解释。

第二十条　财务监管：

1. 主要考核财务人员对所在企业的财务监管效果（参见附录一：财务人员财务监管考核评分表）。每季度考核、年度考核结果由四个季度的考核结果算术平均计算得出。

2. 集团财务管理中心、人力资源部对财务监管维度进行考核，其中集团财务管理中心占90%，人力资源部考核占10%的权重。

3. 财务监管的考核在季度结束的次月10日内完成。

第二十一条　财务管理：

1. 主要考核财务人员对所在企业的财务管理工作效果（参见附录二：财务人员财务管理考核评分表）。每季度考核、年度考核结果由四个季度的考核结果算术平均计算得出。

2. 所在公司总经理对财务管理维度进行考核，占100%的权重。

3. 财务管理的考核在季度结束的次月10日内完成。

第二十二条　考核程序：

1. 季度结束10日内，集团公司人力资源部负责组织针对财务监督维度和财务管理维度对财务人员进行考核评分。

2. 年度结束后，人力资源部负责汇总业绩考核、财务监管和财务管理得分，由总经办确定最终考核结果。

第二十三条　考核评分：

1. 考核评分表中的所有考核指标均按照A、B、C、D四个等级评分，具体定义和对应关系如下表。

评分等级定义表

等级	A：绩优	B：称职	C：基本称职	D：不合格
得分	90～100分	80～89分	70～79分	70分以下

2. 考评的最后得分根据各考核指标的得分及权重加权平均而得（参见附录三：财务人员年度个人综合考核汇总表）。

附录一

财务人员财务监管考核评分表

考核部门（集团财务管理中心）：　　　　　　考核部门集团人力资源部：

被考核人：　　　　　　被考核人岗位：　　　　　　被考核人所在公司名称：

序号	指标项目	量化标准	指标权重	考核评分	考核加权得分	考评主体
1	财务信息的准确性	能够按照集团公司要求提供真实、详细的财务信息及财务数据，不隐瞒、虚报、乱报，未出现过差错，会计核算符合国家规定	10%			集团财务管理中心
2	财务信息提供的及时性	能够在规定时间内向集团提供有价值的预算报表、财务报表或分析报告等	10%			
3	财务信息提供的有效性	按照集团公司的要求，能够提供有价值的、反映受派单位经营业绩或趋势的财务报表及分析报告	20%			
4	对受派单位违规行为汇报的及时性	能够按照集团公司要求，对于受派单位违反国家或集团公司有关规定的行为予以及时制止，并及时向集团公司反馈违规信息	5%			
5	执行集团公司财务会计有关规定、制度的有效性	能够完全贯彻落实，有效地执行集团公司关于子公司财务会计相关规定、制度	5%			

（续表）

序号	指标项目	量化标准	指标权重	考核评分	考核加权得分	考评主体
6	预算组织及控制工作	预算组织得力、沟通充分、积极协调，在预期时间内完成了受派单位的预算；监控得力，一旦发生预算执行偏离的情况立即反馈给各方并采取适当措施，及时形成差异分析报告、提出解决方案	10%			集团财务管理中心
7	税务效果	认真研究相关税务政策、进行税务筹划，并提出了受派单位合理避税的方法，并为受派单位节约了较多的税金支出；未出现税务纠纷	10%			
8	成本费用监控	能坚持原则，积极主动地采取措施进行成本费用控制并取得成效，无明显的成本费用管控漏洞	10%			
9	财务风险防范及制度健全程度	能够迅速洞察受派单位财务管理中缺少制度规范的部分，尤其是资金管理方面，并快速组织建立健全相关制度且行之有效，有效防范财务风险	10%			
10	遵守纪律方面	能够遵守公司各项规章制度，无违规违纪记录	5%			
		按时每月递交月工作计划及总结	5%			

备注说明：考核评分满分为100分，指标权重×考核评分=考核加权得分。

附录二

财务人员财务管理考核评分表

序号	指标项目	量化标准	指标权重	考核评分	考核加权得分	考评主体
1	会计核算制度体系的完善及内控程度	制度较完善，无明显的财务管理漏洞，审计部审计时发现问题项不超过两项	10%			派往公司的总经理

（续表）

序号	指标项目	量化标准	指标权重	考核评分	考核加权得分	考评主体
2	会计监督工作的及时性及完善程度	能及时对资金的使用、资产物质的收发、重要票据的使用、费用成本开支情况进行监督并采取有效措施进行完善	15%			派往公司的总经理
3	会计核算的及时性及准确性	能及时准确地进行会计核算并纳税申报不出现误差，每月8日前结账并出具纳税报表及财务报表	20%			
4	组织性工作开展的有效性及执行力度	能合理分配并检查指导本部门员工的工作，每周提交有效的工作计划并在规定时间内完成	10%			
5	账务清理工作的积极性及主动性	每月能主动对历史旧账或不良账务进行清理并采取措施解决问题，规避财务风险	10%			
6	财务档案管理的科学性及规范化程度	财务档案、合同等管理规范有条理，当月凭证及报表等资料能及时装订，每月25日前能进行归档	5%			
7	部门服务满意度	每月合理投诉不超过两宗	5%			
8	财务信息提供及时准确有效	能按派出单位高层决策的要求，及时提供有价值、准确的会计数据及财务报表、分析报告等	10%			
9	及时合理安排财务资源	能在发现资金短缺时及时并合理地协调安排财务资源	5%			
10	领导交办的其他任务	能及时准确地完成领导交办的各类财务事项	10%			

备注说明：考核评分满分为100分，指标权重×考核评分=考核加权得分。

考核人：　　　　被考核人：

附录三

财务人员年度个人综合考核汇总表

________年度

<table>
<tr><td>所在企业</td><td colspan="6"></td><td colspan="3">被考核人</td><td colspan="3"></td><td colspan="2">被考核人岗位</td><td></td></tr>
<tr><td colspan="13">考核维度</td><td>得分</td><td>权重</td><td>加权得分</td></tr>
<tr><td>公司业绩考核</td><td colspan="12">根据经营层管理部的评分办法计算得出A</td><td>A</td><td>5%</td><td rowspan="6">D=A×10%+B×50%+C×40%</td></tr>
<tr><td rowspan="4">财务监管考核</td><td colspan="2">第一季度加权得分</td><td>B1</td><td colspan="2">第二季度加权得分</td><td>B2</td><td colspan="2">第三季度加权得分</td><td>B3</td><td colspan="2">第四季度加权得分</td><td>B4</td><td rowspan="4">B=∑Bn/4</td><td rowspan="4">55%</td></tr>
<tr><td>考核主体</td><td>权重</td><td>得分</td><td>考核主体</td><td>权重</td><td>得分</td><td>考核主体</td><td>权重</td><td>得分</td><td>考核主体</td><td>权重</td><td>得分</td></tr>
<tr><td>集团财务管理中心</td><td>90%</td><td></td><td>集团财务管理中心</td><td>90%</td><td></td><td>集团财务管理中心</td><td>90%</td><td></td><td>集团财务管理中心</td><td>90%</td><td></td></tr>
<tr><td>人力资源部</td><td>10%</td><td></td><td>人力资源部</td><td>10%</td><td></td><td>人力资源部</td><td>10%</td><td></td><td>人力资源部</td><td>10%</td><td></td></tr>
<tr><td>财务管理考核</td><td colspan="2">第一季度得分</td><td>C1</td><td colspan="2">第二季度得分</td><td>C2</td><td colspan="2">第三季度得分</td><td>C3</td><td colspan="2">第四季度得分</td><td>C4</td><td>C=∑Cn/4</td><td>40%</td></tr>
<tr><td>备注</td><td colspan="15"></td></tr>
</table>

集团总经办：　　　　　　　　　　　　集团经营管理部：

集团财务管理中心：　　　　　　　　　集团人力资源部：

1.5　财务部绩效考核管理制度

财务部绩效考核管理制度

第一章　总　　则

第一条　目的。

通过推行员工绩效管理制度，帮助员工加深理解自己的职责和目标，充分调动员工的积极性和创造性，在部门营造绩效导向的氛围，促进公司各项目标的实现，同时为绩效奖励、岗位轮换、职务、薪资调整等提供决策依据，特制定本制度。

第二条 原则：

1. 公开、公平、公正原则。

2. 客观原则。

3. 业绩改善原则。

绩效考核是一个管理手段而非最终目的，考核责任人将通过不断沟通帮助考核对象发现工作中存在的问题，找到改进的方向，从而使组织和员工达到更高的业绩水平。

第三条 适用范围：

1. 本制度适用于财务部的所有正式员工。

2. 试用期员工不参加绩效考核。

3. 集团财务职能分部负责人、项目公司财务部负责人按部门考核。

第二章 考 核 分 工

第四条 考核分级进行，由直接上级负责对下属进行考核。集团财务行政分部负责对上述考核结果进行审核、汇总与反馈。

第五条 考核对象及考核内容：

1. 对部门员工的考核包括考核分为季度考核和年度考核。季度考核包括季度工作计划考核（季度日常重点工作考核）、有效建议评价，年度考核包括年度重点工作计划考核、年度能力素质评价、360° 评估。

2. 对部门负责人（即部门）的考核包括季度考核和年度考核。季度考核包括季度部门工作计划考核（季度项目公司财务管理工作评估），年度考核包括年度部门重点工作计划考核、年度能力素质评价、年度工作总结、360° 评估。

3. 区域化管理的项目公司，区域财务经理作为项目公司财务负责人进行考核，其他财务人员作为部门员工进行考核。

4. 未实行区域化管理的项目公司，会计主管（财务经理）作为项目公司财务负责人进行考核。

5. 具体如下：

（1）集团财务职能分部负责人的考核包括季度工作计划考核、年度重点工作计划、年度能力素质评价、年度工作总结、360° 评估。

（2）集团财务职能分部员工的考核包括季度工作计划考核、有效建议评价、年度能力素质评价、360° 评估。

（3）项目公司财务负责人的考核包括季度项目公司财务管理工作评估、年度重点工作计划、年度能力素质评价、年度工作总结、360° 评估。

（4）项目公司财务部员工的考核包括季度日常重点工作考核、有效建议评价、年度能力素质评价、360° 评估。

第三章　考核内容解释

第六条　季度工作计划、年度重点工作计划、季度日常重点工作考核、季度项目公司财务管理工作评估：

1. 季度工作计划。根据部门年度重点计划分解到员工各季度工作计划、常规工作以及临时工作，反映部门目标的最关键、最具有影响力的季度需要努力实现的目标。

2. 年度重点工作计划。根据集团财务年度整体工作目标分解制定职能分部年度重点工作计划，年终由财务部总经理对各职能分部、项目公司财务部的年度重点工作计划完成情况进行考核。

3. 季度日常重点工作是反映部门目标的最关键、最具有影响力的季度需要努力实现的目标以及岗位职责最重要的部分。

4. 季度项目公司财务管理工作评估是指项目公司财务部对季度财务管理公司进行评估，按管理会计、财务会计、税务管理、资金管理、财务分析及上市报表五方面实施评估，分析财务管理工作中存在的问题，提出改善建议。

5. 对季度工作计划、年度重点工作计划、季度日常重点工作考核、季度项目公司财务管理工作评估进行考核，总分100分，采取自评和复评相结合方式，考核结果以复评为准。考核时，根据工作计划完成情况来计算考核分数，以确定考核等级，考核等级及对应分数见下表。

考核等级及对应分数

定义	等级评分描述	评分分数
卓越	持续超出期望，超额完成任务，业绩卓越	X≥90
优秀	部分超出期望，达成业绩目标（95%～100%），业绩优秀	80≤X≤89
称职	大部分达成业绩目标（85%以上），业绩正常	70≤X≤79
有待改进	相当部分（50%以上）业绩目标没有达成需要改进	60≤X≤69
不合格	大部分（70%以上）业绩目标没有达成	X≤59

6. 若季度/年度工作计划、日常重点工作变更，在评估打分前，员工可先进行修订计划、日常工作重点内容，经部门负责人审核通过后生效。

第七条　有效建议评价：

1. 有效建议评价为加分项目，主要指为公司提出合理化建议或方案对公司在经济指标、内部运营指标方面有显著的改善，并能提供详细数据支持这一结果，且对公司其他方面没有造成任何负面影响。创新能力主要是指在基础工作稳固的前提下，于工作中善于总结思考，提出新思路、新方法，扩大公司财务管理优势。

2. 有效建议评价主要由员工通过邮件方式发至集团财务行政分部；集团财务行政分部将定期收集到的建议分发到各项目公司财务负责人，1周内回复给集团财务行政分部，行政分部将项目公司加具意见后的有效建议分门别类发给各职能部门审核；职能部门按其有效性予以员工不同程度的加分。评分结果由集团财务行政分部在每季季末20日前统一公布。

3. 最后通过并采纳的有效建议为每条总分为20分，多条建议可以累加。

有效建议等级评分说明

等级评分描述	评分分数
创新的，有据可依的，可行性强，经济效益高	15～20
目的明确，可行性强，经济效益较高	10～15
一般性的，针对解决个别问题，内容清楚，可操作性强	5～10
对经营管理有所改善，但可操作性小，作用和效益相对较低	5以下

第八条 年度能力素质评价：

能力素质包括业务指导、沟通协调、执行能力、团队协作等，针对不同考核对象，考核内容和侧重点有所区别。总分100分，能力素质评价主要采用个人自评和上级复评相结合的方式，考核结果以复评为准。考核时，根据实际表现直接确定考核等级。考核等级及对应分数见下表。

能力素质评价等级及说明

定义	等级评分描述	评分分数
卓越	充分展现能力素质，持续超出期望	X≥90
优秀	基本展现能力素质，部分超出期望	80≤X≤89
称职	大部分达成期望（85%以上），合格	70≤X≤79
有待改进	相当部分（50%以上）没有达成期望，需要改进	60≤X≤69
不合格	基本没有达成期望	X≤59

第九条 年度工作总结：

1. 年度对部门负责人考核时的加分项目，根据述职材料准备、观点思路、表达能力、改进计划等，由财务部总经理酌情给予1～10分考核权重分。总分10分。

2. 集团职能部门对年度工作计划完成情况进行总结，分析存在的问题，提出改善方案，完成下一年度工作计划。

3. 季度工作总结由集团财务行政分部负责对部门负责人进行复核，季度工作总结考核结果只作为季度考核的评价参考，不作评分依据。

第十条　360° 评估。

360° 绩效评估指由各岗位员工的上司、直接部属、同仁同事等全方位的各个角度来了解员工个人的绩效：沟通技巧、人际关系、专业技术能力、行政能力等，被评估者不仅可以从上司、部属、同事获得多种角度的反馈，也可从这些不同的反馈评估员工的不足、长处与发展需求，使以后的职业发展更为顺畅。总分100分。

第十一条　季度考核及年度综合考核等级及考核分数如下表所示：

季度考核及年度综合考核等级及考核分数

等级	定义	等级描述	综合评分分数
S	卓越	持续超出期望，超额完成任务，业绩卓越。充分展现能力素质，持续超出期望	X≥90
A	优秀	部分超出期望，达成业绩目标（95%～100%），业绩优秀。基本展现能力素质，部分超出期望	80≤X≤89
B	称职	大部分达成业绩目标（85%以上），业绩正常	70≤X≤79
C	有待改进	相当部分（50%以上）业绩目标、能力素质没有达到期望，需要改进	60≤X≤69
D	不合格	大部分（70%以上）业绩目标、能力素质没有达成	X≤59

第四章　考 核 方 法

第十二条　对集团财务职能部门及部门负责人的考核：

1. 季度部门工作计划考核（40%）

根据部门年度工作计划分解制定部门季度重点工作计划，以各职能部门的季度重点工作计划报送考核为依据，财务部总经理进行复评。总分100分，由部门负责人确定各项工作计划的单项分值。

“季度工作计划”考核平均分=∑季度工作计划考核得分/4个季度

2. 年度重点工作计划（30%）

根据集团财务部年度整体工作目标分解制定各职能分部年度重点工作计划，年终由部门负责人的年度重点工作计划完成情况进行初评，由财务总经理完成复评。总分100分，由部门负责人确定各项重点工作计划的单项分值。

3. 年度能力素质评价（30%）

评价内容包括：业务指导、沟通协调、团队综效、辅助决策、管理创新、职业操守，采用部门负责人个人自评和上级复评相结合的方式评价。总分100分。

4. 年度工作总结

部门负责人对年度内财务管理工作的总结，工作总结为加分项目，根据材料准备、观点思路、表达能力、改进计划等，由总经理酌情给予10分的考核分。

5. 年度综合考核得分

“季度工作计划”考核平均分×40%+年度重点工作计划考核评分×30%+年度能力素质考核得分×30%+年度工作总结考核分数。

年终由集团财务行政分部负责对部门负责人（或高级经理）进行360°评估，360°评估结果只作为年度考核的评价参考，不作评分依据。

第十三条 对集团财务职能部门员工的考核：

1. 季度工作计划考核（60%）

根据部门年度重点工作计划分解制定部门季度工作计划，季度与部门负责人沟通制定工作计划，包括重点工作、常规工作、临时工作。部门负责人在自评的基础上对各员工的季度工作计划完成情况进行复评。总分100分，由部门负责人确定各项计划的单项分值。

2. 有效建议评价（20分）

为公司提出合理化建议或方案对公司在经济指标、内部运营指标方面有显著的改善，并能提供详细数据支持这一结果，且对公司其他方面没有造成任何负面影响。创新能力主要是指在基础工作稳固的前提下，于工作中善于总结思考，提出新思路、新方法，扩大公司财务管理优势。

有效建议及创新能力评价为加分项目，由评审部门对每条有效建议给予20分的考核分。

多条有效建议可以累计加分。

3. 季度考核得分

季度考核得分=季度工作计划考核得分+有效建议评分

季度考核平均得分=∑各季度考核得分/4个季度

4. 年度能力素质评价（30%）

评价内容包括：执行力、团队协作、工作态度、沟通协调、学习能力，采用个人自评和上级复评相结合的方式评价。总分100分。

5. 360° 评估（10%）

由项目公司财务负责人对各财务岗位相对应接口的岗位及业务部门进行360° 评估。总分100分。

6. 年度综合考核得分

季度考核平均得分 × 60%+年度能力素质评价得分 × 30%+360° 评估 × 10%

第十四条　对项目公司财务部及负责人的考核：

1. 季度财务管理工作评估（40%）

每季度从管理会计范畴（20分）、财务会计范畴（20分）、税务管理范畴（20分）、资金管理（20分）、财务分析及上市报表范畴（20分）五方面实施评估。总分100分。由部门负责人进行自评，各职能分部负责人初评后由财务总经理完成复评。

季度财务管理工作评估平均分=∑季度财务管理工作计划考评得分/4个季度

2. 年度重点工作计划（30%）

根据集团财务部年度整体工作目标分解制定各项目公司年度重点工作计划，年终由部门负责人的年度重点工作计划完成情况进行初评，由财务总经理完成复评。总分100分，由部门负责人确定各项计划的单项分值。

3. 年度能力素质评价（30%）

评价内容包括：业务指导、沟通协调、团队综效、辅助决策、管理创新、职业操守，采用个人自评和上级复评相结合的方式评价。总分100分。

4. 年度工作总结

部门负责人对年度内财务管理工作的总结，工作总结为加分项目，根据材料准备、观点思路、表达能力、改进计划等。年度工作总结为加分项目，由总经理酌情给予10分。

5. 年度综合考核得分

季度财务管理工作评估平均分 × 40%+年度重点工作计划 × 30%+年度能力素质评价 × 30%+工作总结考核分数

年终由集团财务行政分部对部门负责人进行360° 评估，360° 评估结果只作为年度考核的评价参考，不作评分依据。

第十五条　对项目公司财务部员工的考核：

1. 季度日常重点工作考核（60%）

根据项目公司财务各岗位日常重点工作KPI指标进行考核，如果一人多岗位的员工，员工日常工作重点由财务部负责人与员工根据工作业务性质，在《项目公司财务部各岗位考核KPI指标库》中挑选KPI指标，至少要选择5个及以上KPI指标，各项指标分值由部门负责人确定，总分100分，共同确认并上报集团财务行政分部备案。季度由部门负责人在员工自评的基础上对各岗位的季度重点工作完成情况进行复评。

2. 有效建议评价（20分）

有效建议评价为加分项目，按季度由评审部门给予每条有效建议20分的加分。

3. 季度考核

季度考核得分=季度日常重点工作考核得分+有效建议评分

季度考核平均分=∑各季度考核得分/4个季度

4. 年度能力素质评价（30%）

评价内容包括：执行力、团队协作、工作态度、沟通协调、学习能力，采用个人自评和上级复评相结合的方式评价。总分100分。

5. 360°评估（10%）

360°绩效评估指由各岗位员工的上司、直接部属、同仁同事等全方位的各个角度来了解员工个人的绩效：沟通技巧、人际关系、专业技术能力、行政能力等，被评估者不仅可以从上司、部属、同事获得多种角度的反馈，也可从这些不同的反馈评估员工的不足、长处与发展需求，使以后的职业发展更为顺畅。总分100分。

6. 年度综合考核得分

季度考核的平均分×60%+年度能力素质评价×30%+360°评估×10%

第五章　考核等级比例控制

第十六条　为了确保考核结果的客观和公平，体现绩效导向原则，各职能分部以及各项目公司财务部需对员工考核的等级进行比例控制，员工的考核等级遵循以下比例分布：

季度考核等级分布比例

考核等级	S	A	B	C	D
分布比例	≤5%	30%～35%	40%～45%	≥10%	1%～5%

年终考核等级分布比例

考核等级	S	A	B	C	D
分布比例	5%	30%	50%	10%	5%

第十七条　季度考核中，各考核等级人数由参加该季度考核的人数和相应考核等级的分布比例确定；年终考核中，各考核等级人数由参加年终考核的人数和相应考核等级的分布比例确定。

第十八条　季度考核为D且经过业绩改善期仍不能达到公司要求而被淘汰的人数，可以计入年终考核等级为D的人数。

第十九条　员工考核结果的控制比例每年由集团财务行政分部提出调整方案，报集团财务总经理审批。

第六章　绩效考核程序

第二十条　季度考核，下季度第1个月完成。工作计划制定于每季度最后1个月20日前，制定下季度工作计划，直接上级主管审核；自评及复评于每季度最后1个月30日前完成，次月5日上传到集团财务行政分部。

第二十一条　年终考核，第四季度结束（亦即该财年结束）后第1个月进行年终考核。年终考核及次年度工作计划各部门于次年1月20日前完成，1月22日将本部门《员工年度工作绩效考核汇总表》提交集团财务行政分部，集团财务行政分部于次年1月31日前完成各部门和部门员工上年度绩效等级最终评定。

第七章　考核结果反馈及申诉

第二十二条　绩效反馈。年度考核结束后15日内，直属上级应对年度考核等级为S和C、D级的员工进行反馈。年度绩效考核等级为D的员工以及部门负责人进行工作或职务调整，并自动进入业绩改善期，业绩改善期为3个月，上级主管帮助制定绩效改进计划，有针对性地开展绩效面谈，以帮助该等级员工改进工作以达到部门要求。员工在改善期满后仍不能达到部门要求，公司将做调动工作、降级和自动离职处理。

第二十三条　员工申诉。当员工对各个周期的评价、评定的结果有异议时，且无法与上级主管取得一致意见时，可向集团财务行政分部申诉，由该分部进行协调处理。

第八章　考核结果应用

第二十四条　季度奖金：

1. 计算方式：月基本工资×季度考核系数。

2. 考核期间休假、停职超过15个工作日的，取消季度奖金，15个工作日以下的，由各部门经理依其季度工作完成状况进行考核。

3. 发放：季度奖金依季度考核状况与工资一起于每季季末次月10日发放。

第二十五条　年度绩效奖金：

1. 部门绩效奖金总额的确定

部门绩效奖金总额=部门员工基本工资×部门绩效分数×公司系数

公司系数由集团财务行政分部每年根据公司情况确定并向员工公布。

2. 员工年度绩效考核的应用

财务部各部门绩效奖金分配，根据各员工的绩效分数确定年终奖金。

$$计算比例=\frac{员工月基本工资\times绩效分数}{\sum员工月基本工资\times绩效分数+负责人月基本工资\times部门绩效分数}$$

员工绩效奖金=财务部部门绩效总额×相应员工计算比例

3. 员工的考核结果将作为评选“优秀员工”“优秀管理干部”的主要依据，年度绩效考核平均分少于95分的原则上不能参与公司评优的评选。

4. 各单位的考核结果作为年度评选“先进部门”的主要依据，年度平均成绩少于95分的部门原则上不能参与评优的评选。

5. 绩效分数小于60分（即绩效考核等级为D级）的员工不参与分配年度绩效奖金，部门负责人绩效分数小于60分（即绩效考核等级为D级）的部门负责人不参与分配年度绩效奖金。

6. 当年考核周期不满1个月者，该年度无年度绩效奖金。

7. 员工在12月31日前任何形式离职，取消享有年度绩效奖金的资格。

第二十六条 集团财务行政分部对项目公司财务部上报的考核结果进行核实，如发现弄虚作假将从重处罚。

第二十七条 机动绩效奖励应用如下表所示：

机动绩效奖励应用

序号	奖励项目	适用对象	奖励标准及要求
1	优秀财务人员	除职能分部及项目公司财务负责人外的员工	为表彰优秀员工，激励全员，每年年末部门将从评选表现突出且年度绩效等级为S级以上的员工，授予“优秀财务人员”荣誉称号，颁发荣誉证书并每人给予2 000元现金奖励
2	突出贡献奖	符合条件的员工	对获得集团内外重大荣誉、参加集团内外各类重大专业竞赛并获奖的员工，经部门审议后给予相应奖励。由部门牵头组织的重大项目、关键事件或临时性重要安排（需要跨部门、跨产业集团协同、合作的项目）等，取得突出成效并具有一定创新性的，部门对项目组或作出突出贡献的员工给予相应奖励
3	职称晋升奖励	符合条件的员工	对通过会计、税务和金融专业初级、中级及以上技术职称考试的员工，凭有效成绩证明及发票在所在部门报销相应报名费用（不含教材费用） 对于参加注册会计师或注册税务师考试的员工，每通过一门可凭有效成绩证明及发票在所在部门报销单科报名费用（不含教材费用）。对通过全部科目的财务人员，凭全科合格成绩证明，财务部给予一次性500元现金奖励，每月工资增加相应职称补贴

第九章　附　　则

第二十八条　调动部门员工考核。在考核期内调动的员工，由该员工现任直属主管征求其前任直属主管意见后进行考核，前任主管将该员工调动前的绩效考核资料随员工变动表一起移交给后任主管。

第二十九条　考核档案管理。集团职能部门及项目公司财务部负责人指定专人整理、归档员工考核原始资料；记录并维护员工考核信息。考核审定后报集团财务行政分部备案。

附件　部门绩效考核表报送要求

部门绩效考核表报送要求

周期	项目	编报责任人	报送时间	报送形式	收报责任人	备注
季度	《集团员工季度工作计划》	集团全体员工	每季季末20日前	电子	各职能部门	
	《集团部门季度工作计划》	集团部门	每季季末20日前	电子	集团行政分部	
	《项目公司员工季度考核表》	项目公司全体员工	每季季末30日前	电子	各公司财务部	
	《项目公司财务部考核评价表》	项目公司财务部	每季季末30日前	电子	集团行政分部	
	《员工季度绩效考核结果汇总表》	各部门	每季季末30日前	电子	集团行政分部	
年度	《部门年度重点工作计划考核表》	集团部门	次年1月20日前	电子	集团行政分部	
	《年度工作总结》	部门负责人	次年1月15日前	电子	集团行政分部	
	《员工年度绩效考核结果汇总表》	各部门	次年1月20日前	电子	集团行政分部	

1.6 外派财务人员履职考核管理细则

外派财务人员履职考核管理细则

第一章 总 则

第一条 为规范××有限公司外派财务人员的工作程序和业务行为，促进财务管理工作规范化，建立外派财务人员工作的考核管理机制，客观全面评价外派财务人员工作表现，提高其绩效水平，鼓励财务人员积极做好本职工作，不断提升集团公司财务工作水平，特制定本细则。

第二条 本细则适用于××有限公司向全资及参、控股公司外派的所有财务人员。

第三条 本细则所称履职考核是集团财务部对集团派出的财务人员在所在企业承担的财务工作职责进行的内部考核。

第二章 考核的办法和内容

第四条 外派财务人员的履职考核主要采取集团公司及参、控股公司双重考核的办法，重点考核财务人员的财务监管和财务管理能力。具体考核主体、考核指标、考核权重、考核周期如下：

考核主体、考核指标、考核权重、考核周期

考核主体	集团公司财务部	所在公司负责人
考核指标	财务监管	财务管理
考核权重	60%	40%
考核周期	年度	年度

第五条 财务管理主要考核财务人员对所在企业财务管理效果，由所在公司负责人对财务管理指标进行考核；财务监管主要考核财务人员对所在企业财务监管效果，主要由集团公司党群人事部协同配合财务部进行考核；其中财务部考核占60%权重，所在公司负责人考核占40%权重，具体重点考核内容参见附件一。

第六条 集团公司本部可以依据实际情况对年度考核指标、考核重点内容进行适当调整。

第七条 有下列情形之一者，经集团公司财务部认定，对外派财务人员的考核实行一票否决，集团公司财务部直接认定外派财务人员为不称职：

（1）有重大违反职业道德，徇私舞弊、挪用贪污等行为。

（2）故意泄露公司商业机密或敏感信息给公司带来较大损失的行为。

（3）其他重大违反有关财经法律、法规的行为。

第八条　外派财务人员业绩考核结果以实际总分数高低，分四个级别：

实际总分数在85分以上，为优秀；70～84分为称职，55～69分为基本称职，55分以下为不称职。

第三章　考 核 程 序

第九条　外派财务人员工作考核主要采用分部门人员、分大类指标分别考核进行加权汇总的计分方法。依据年度考核指标及权重，各大类考核指标最高分为100分，考核部门或人员根据外派财务人员本年度的实际工作表现及能力打分。根据年度实际情况进行考核记分，考核结果作为岗位调整的主要依据。

考核部门或考核人员根据外派财务人员实际工作表现及能力，在各项指标分值范围内进行考核打分：

1. 所在公司负责人按外对派驻财务人员的财务管理能力及业绩进行考核计分，根据该大类指标所占权重（40%）计算分值。

2. 集团公司财务部对派出财务人员的履职能力考核计分，根据该大类指标所占权重（60%）计算分值。

3. 汇总前两项考核得分，计算出外派财务人员最终考核得分。

第十条　外派财务人员考核结果核定后由集团本部发放至本人，允许被考核人申诉，进行解释，提出自己的意见，促进考核工作及其他各项工作的改进。

第四章　附　　则

第十一条　本细则自20××年1月1日起实施。

第十二条　本细则由集团公司财务部负责解释。

附件一

序号	考核指标	考核重点内容	分值上限	考核部门或人员
一、	财务监管			
1	报送财务信息的准确性、及时性、有效性	能够按照集团公司的要求及时准确有效地提供真实详细的信息，不隐瞒、虚报、乱报	20	集团公司财务部
2	对派驻单位重大事项及违规行为汇报的报告	能够按照集团公司的要求及时汇报派驻单位的重大事项及违规行为，并对违规行为及时制止	20	
3	执行集团公司财务会计有关规定、制度的有效性	能够有效地执行集团公司关于子公司财务会计相关规定、制度	20	

（续表）

序号	考核指标	考核重点内容	分值上限	考核部门或人员
4	财务管理制度建立和健全	能够及时建立健全派驻公司的财务管理制度及办法，并且平稳有效地执行	10	集团公司财务部
5	财务风险控制	能够有效控制派驻公司的各项财务风险	20	
6	财务管理效果	预算执行情况、资金筹划及使用情况、成本控制及税务筹划情况	10	
二、	财务管理			
1	报送财务信息的准确性、及时性、有效性	能够按照派驻单位高层决策者要求，及时准确有效地提供经营业绩或趋势的财务报表或分析报告	20	所在公司负责人
2	财务管理制度建立和健全	能够及时建立健全派驻公司的财务管理制度及办法，并且平稳有效地执行	20	
3	财务风险控制	能够有效控制派驻公司的各项财务风险	20	所在公司负责人
4	预算组织与控制	能够按时完成派出单位的年度预算，并对派驻单位的预算监督与控制得力，及时反馈预算执行信息并采取适当措施	20	
5	及时安排财务资源	能够随着派驻单位业务的发展，及时预计资金短缺，合理调配安排财务资源	10	
6	税务效果	未发生税务纠纷，合理进行税务筹划	10	

1.7 财务部门负责人管理制度

财务部门负责人管理制度

第一章 总 则

第一条 为加强××科技有限公司（以下简称“公司”）财务负责人的管理，规范公司财务会计管理工作，充分发挥财务负责人在公司经营管理中的重要作用，加强财务监督，保证公司各项经济活动的规范运作，依据《会计法》《公司管理规章制度》等有关规定，特制定本制度。

第二条 公司的财务负责人是指具有相应专业技术资格和工作经验，负责公司财务会计相关管理工作，由总经理提名、董事会聘任的公司高级管理人员。财务部门负责人是依法对公司经营活动进行会计核算和监督的负责人。

第三条　公司设财务负责人一名，对公司财务、会计活动进行管理和监督，对公司所有财务数据、财务报告的真实性、合法性、完整性负责，接受监事会的监督。

第四条　财务负责人必须按照国家有关法律、法规和制度，认真履行职责，切实维护全体股东的利益。

第二章　任职资格

第五条　财务负责人不得在公司控股股东及其关联方中担任除董事、监事外的其他职务，不得在控股股东及其关联方领薪。

第六条　财务负责人任职资格和条件如下：

1. 具有高度的敬业精神，有良好的职业道德和职业操守，遵纪守法，具有高度的责任心和较强的领导组织能力。

2. 具有5年以上大中型企业全面财务管理工作经验。

3. 具有较强的经济分析、财务分析、财务计划和管理、外汇管理和资本运营能力，熟练掌握企业会计准则、税务法律法规、上市公司法律法规及其他相关法规制度。

4. 具备较强的业务敏感性和良好的判断决策能力、较强的沟通能力和文字表达能力。

第七条　凡有下列情形的，不得担任财务负责人或会计机构负责人：

1. 无民事行为能力或者限制民事行为能力的。

2. 曾违反法律、法规和公司财务制度，曾有弄虚作假、贪污受贿等违法违纪行为的。

3. 按照有关法律、法规规定不宜担任财务负责人或会计机构负责人的。

第三章　职责与权限

第八条　财务负责人主要履行以下工作职责：

1. 定期或不定期向总经理、董事会报告工作，提出财务运作、财务管理等方面的分析和建议，报告公司的经济情况和财务状况。

2. 参与公司战略规划和经营计划的制定、资产购置、对外投资、企业并购、重大经济合同签订等重大事项的研究、审议，协助管理层作出决策并负责财务资源调配。

3. 组织编制公司年度预算、决算方案，拟订利润分配方案或亏损弥补的建议方案。

4. 监控公司年度财务预算、经营计划和投资计划的执行情况，促使管理层及时掌握正确信息和作出决策，督促业务单位和部门完成年度预算和绩效目标。

5. 组织制定和完善公司财务管理制度及财务相关的内部控制制度，监督、检查公司财务运作和资金收支情况，保障公司财务活动的合法性，及时发现和制止可能造成公司重大损失的经营行为。

6. 组织编制公司财务报表和对外披露的财务信息，确保其真实、准确、完整以及符合相关规定。配合监管部门对公司财务报表的审计及其他鉴证工作。

7. 组织制定公司融资方案、担保方案以及开展税务筹划工作，并监控其执行情况。

8. 负责对公司会计部门的设置、会计人员的配备等提出建议方案。

9. 与金融机构、外部审计师、评级机构、财税外管等政府部门保持良好沟通关系，以有效开展相关工作。

10. 法律、行政法规、监管机构、《公司管理规章制度》和董事会规定的其他职责。

第九条 财务负责人主要具有以下权限：

1. 财务决策参与权：参与公司对外投资、营销策略、产权转让、资产重组、工程项目建设、筹资融资、抵押担保、资金调度、利润分配、预算、重大经济合同签订、业务流程再造等涉及财务收支的重要经济事项的决策和执行，从其合法性、真实性、效益性等方面进行审查，协助管理层做好决策分析。

2. 对财务管理制度及相关内控制度执行情况具有监督权，对董事会或管理层批准的重大决策的执行情况以及本公司内部控制制度的执行情况进行监督。

3. 会计机构设置的建议权和授权范围内的财务人员人事管理权。

4. 公司大额资金支出审批联签权。

5. 对违反会计法等国家财经法律、法规规定的经济事项，有权拒付、纠正和向上报告。

6. 法律、行政法规和公司制度规定的其他职责。

第三章 考核与任免

第十条 财务负责人由总经理提名经董事会决定聘任或解聘，会计机构负责人由公司管理层决定聘任或解聘。

第十一条 对财务负责人的考核按照公司绩效管理制度执行。考核结果作为续聘、解聘和奖惩的重要依据。考核内容包括专业胜任能力、组织协调能力、工作职责履行情况以及主管综合评价等方面。

第十二条 财务负责人可以在任期届满以前提出辞职，但应提前1个月向公司董事会提交书面辞职报告，经董事会批准后离任。

第十三条 财务负责人离任前，应与接管人员办清交接手续。财务负责人办理交接手续，由公司内审部门负责监交。财务负责人离任前，应当接受董事会离任审计。

第四章 责任追究

第十四条 财务负责人对下列事项负有主要责任：

1. 公司提供和披露的财务会计信息的真实性、准确性和完整性。

2. 公司会计核算规范性、合理性以及财务管理合规性、有效性。

3. 公司财务会计内部控制制度的完整性、有效性。

4. 国家金融经济类法规、税收法规、会计准则、财务制度在本公司的贯彻执行。

第十五条　公司财务负责人应严格遵守国家法律、法规，正确履行工作职责。对于公司财务负责人履职不到位、玩忽职守，造成公司出现财务会计信息严重失真、财务管理工作混乱、重大财务决策失误、内部控制制度失效、徇私舞弊等情况的，依照国家有关规定，公司应追究其相应责任，并根据情节轻重，给予通报批评、经济处罚、免职等处分，涉嫌犯罪的，依法移交司法机关处理。

第十六条　财务负责人有以下情形之一的，公司应当予以解聘：

1. 在履行职务时出现重大错误或疏漏，给公司造成重大损失。
2. 违反国家法律、政策法规、公司规章制度，给公司造成重大损失。

1.8　财务部内部工作管理条例

财务部内部工作管理条例

第一条　目的。

为了提高工作效率和质量，更好地完成部门的工作，特制定本管理条例。

第二条　适用范围。

本部门全体员工。

第三条　部长：

1. 每月28日前制定出本部门的下月工作计划，报送综合管理部。
2. 每月5日前写出上月的工作总结。
3. 每月14日前完成成本计算单的填制。
4. 每月15日审核财务报表。
5. 每日定时组织召开部门晚会并做好会议记录。
6. 月底完成费用归集使用情况报告。
7. 严格执行公司下达的各项规章制度及工作流程。
8. 按值日表打扫卫生，保持办公室整洁。

第四条　会计：

1. 及时准确录入记账凭证，对费用按使用部门进行核算。
2. 每月15日前完成国地税报表填制，并进行网上申报，并查询申报结果，发现问题及时解决。
3. 每月15日完成财务报表的编制，经部长审核报综合管理部。
4. 每月15日前将报税资料交给报税员进行税务申报。
5. 每月15日前确认应交税费的扣款情况。

6. 每月25日开始收集整理进项发票，30前完成进项发票认证。
7. 根据计划内容按时完成工作。
8. 严格执行公司下达的各项规章制度及工作流程。
9. 按值日表打扫卫生，保持办公室整洁。

第五条　材料会计兼报税员：

1. 及时准确地录入出入库单，对费用按使用部门进行核算。
2. 每月3日前完成抄税工作并及时打印出抄税资料。
3. 每月8日前完成个人所得税报表填制工作。
4. 每月15日前向财务会计索取报税资料，完成税务局报税工作。
5. 每月18日前完成销售发票填开工作。
6. 每月20日前完成购买增值税专用发票。
7. 每季度对库房进行一次物资清点，并上报盘点表。
8. 根据计划内容按时完成工作；严格执行公司下达的各项规章制度及工作流程。
9. 按值日表打扫卫生，保持办公室整洁。

第六条　出纳员：

1. 及时准确地填制现金银行票据和费用报销单。
2. 每日核对现金日记账和银行存款日记账，做到账实相符。
3. 每月15日前完成住房公积金缴存业务及报表打印。
4. 每月25日前完成工资表发放明细填制及发放工作。
5. 每月收到银行对账单及时进行银行存款对账。
6. 对于公司内部网络维护事宜必须及时处理。
7. 严格执行公司下达的各项规章制度及工作流程。
8. 按值日表打扫卫生，保持办公室整洁。

1.9　财务部会议管理制度

财务部会议管理制度

第一条　目的。

为了规范财务部会议制度，提高会议效率，使会议能真正达到分析问题、解决问题的目的。

第二条　适用范围。

本制度适用于财务部的正式会议，各分子公司可参照执行。

第三条 职责：

1. 组织者：负责会议的统筹协调。

2. 财务会计员（财务文员）：负责会议室的安排，会议执行力的统计、会议决议的督促、检查。

第四条 定义：

1. 决议型会议：财务部各层级就具体的方案、策略、工作进行商议，形成一致决议并在会后落实的会议。

2. 报告型会议：财务部各层级互相沟通、下级向上级汇报工作，提出问题，上级向下级宣传贯彻思想的会议。

3. 沟通型会议：财务部各岗位、人员之间就某项工作，互相协调，达成一致的行动计划，并于会后落实的会议。

4. 培训型会议：财务部各岗位、人员之间互相学习技能、交流经验、沟通思想的会议。

第五条 会议的分级、分类和审批：

1. 跨部门会议：由相关部门组织人员参加，并经财务总监批准和办公室核实后，由主管部门负责组织召开。

2. 财务部内部工作会议：如财务部周例会、季度述职会等，由相关岗位人员参加，经财务部长（必要时经财务总监批准）批准后由会议组织者负责组织召开。

第六条 会议的申请程序：

1. 会议召开前财务会计员应先向办公室确定会议室是否空闲，避免会议地点有冲突的现象。

2. 组织者应提前2天填写《会议申请/通知单》应写明会议名称、会议主题、需讨论项目、会议时间、地点、参会者名单及应准备的资料，经财务部长批准后将通知发放给参会人员。

3. 跨部门会议的组织者必须提前2个工作日填写《会议申请/通知单》，交财务总监批准并交办公室审核后，由办公室统一发放。

4. 财务部应减少临时会议的召开，因特殊情况临时召开的临时会议，需说明原因，并视紧急程度由财务部长批准后组织召开。

第七条 会议的组织与召开：

1. 凡涉及多个部门负责人或需要公司领导参加的各种会议，均须于会议召开前5天与相关领导确认后，方可召开。

2. 已提出申请的会议，如需改期，或遇特殊情况需要更改计划安排时，组织者应提前2天调整会议计划。未经财务总监或财务部长许可，任何人不得随意打乱正常会议计划。

3. 财务部部门会议不能安排在公司级会议相同时间召开（与会人员、地点不发生时间冲突除外），应坚持小会服从大会，局部服从整体的原则。

4. 所有会议的组织者和与会人员都应分别做好会议准备，如拟好会议议程、提案、汇报总结提纲、发言要点、工作计划草案、决议决定草案等，并及时通知与会人员。

5. 会议组织者在召开会议前应明确会议目的，并将会议目的在会前进行传达，避免召开会议时参会人员意见不一致和发生题外争论。

6. 会议应遵循“遵守时间，在原定的时间开始，在原定时间之内结束”的原则，如需延长会议时间，应征得与会人员同意并决定延长的时间。

7. 会议组织者应合理安排与会者的发言，有发言超时、偏离主题的现象应及时制止。

8. 会议得出的结论要给与会者确认。

第八条　会议程序：

1. 确定会议议题、参会人员，协调会议时间。

2. 提前2个工作日发出会议通知（述职会议应提前1周）。

3. 会务准备，如会场布置、座次安排、会场签到、会场设施配备等。

4. 做好会议记录，如需要时可摄像、录音、照相等。

5. 撰写会议纪要、决议。

6. 财务部长、财务总监阅改、签批。

7. 财务文员督办督促、检查会议决议落实情况，做好会议执行力的统计；会议记录及执行情况要向财务部长报告（特别是跨部门会议）。

8. 会议决议关闭后存档。

第九条　会议纪律：

1. 参会者无特殊情况一律不允许请假，避免在会议当天外出、出差或安排其他会议。

2. 对迟到第一次予以50元的负激励，第二次100元，第三次200元（以此类推，以年度累计，次年重新累计）的负激励。没请假缺席者予以200元/次的惩罚。

3. 参会者不允许在会场随便走动或者中途离场，对中途无故离场者予以200元/次的负激励。

4. 所有通信设备应调至关机或振动状态，否则第一次铃响予以50元/次的负激励，第二次100元，第三次200元/次的负激励。

5. 因特殊原因需在开会期间接打电话的应离开会场。

6. 所有会议的处罚情况于会后统计并进行通报。

第十条　会议注意事项：

1. 要严格遵守会议的开始与结束时间，组织者对参会人员进行考勤。

2. 组织者要在会议开始时就议题的要旨作一番简洁的说明。

3. 组织者要把会议事项的进行顺序与时间的分配预先告知与会者。

4. 组织者应当引导发言者在预定时间内作出结论。

5. 在必须延长会议时间时，应取得大家的同意才能延长时间。

6. 主持人在会议结束后应把整理出来的结论进行总结，由全体与会人员确认。

7. 会议结束后2个工作日内（如遇节假日可顺延），组织者或财务会计员应整理出会议决议，明确责任人、完成时间，经财务部长和财务总监签批后，将会议纪要交财务会计员督办，确保决议的有效实施。

第十一条 财务部述职会议：

1. 述职宗旨：相互学习，共同提高。

2. 述职采取互动形式，所有与会人员都应积极思考，踊跃发言，与述职人展开良性互动，把述职变成一个学习的机会，一个展示自我的舞台。

3. 如果互动期间冷场，由组织者点将，无法表达意见或文不对题的罚款50元/次。

4. 述职会不是声讨会，不能在会上相互责备，工作协调上的事情应于会前或会后协商解决。

5. 所有参会人员除公司领导外，不允许坐在最后一排。

1.10 财务管理中心奖罚条例

财务管理中心奖罚条例

第一章 总 则

第一条 为加强财务队伍的管理，保证各项制度及工作指令有效执行，奖励先进，处罚落后，激励财务人员敬业爱岗，调动财务人员工作积极性，保证公司目标实现，特制定本中心条例。

第二条 本条例是财务管理中心维护工作纪律、实施奖罚的基本依据，适用于本中心所有员工。

第三条 奖励和处罚是维护工作纪律的重要手段，奖罚原则是：奖优罚劣，奖勤罚懒，鼓励先进，鞭策落后。

第二章 奖 励

第四条 奖励旨在为维护公司利益、维护财务管理中心荣誉、工作勤奋、追求进步者创造宽松的成长环境。

第五条 奖励应坚持以下原则：

1. 依受奖者工作能力、工作态度、发挥的作用和工作成绩贡献的大小，全面衡量。

2. 以精神奖励为主，物质奖励为辅。

第六条 奖励方式：

奖励是成绩的体现、进取的动力、激励的措施。本中心奉行有功必奖的原则，鼓励财务人员爱岗敬业，中心设立通报表扬、嘉奖、特别奖励三种奖励方式。

第七条 奖励细则：

1. 财务管理中心员工有下列情形之一者，予以通报表扬，并报送集团公司行政人事中心备案

（1）积极维护公司和财务管理中心荣誉，在公司内外树立了良好形象和口碑，有具体事迹者。

（2）认真勤奋、承办、执行或督导工作得力，有具体事迹者。

（3）遵守公司各项规章制度，经常超额完成工作任务，全年工作无重大过失者。

（4）在工作以外，热心服务，受到公司领导或外单位的好评或表扬，有具体事迹者。

（5）对工作流程或管理制度积极提出合理化建议，被采纳者。

（6）对可能发生的意外事故能防患于未然，确保公司及财物安全者。

（7）其他行为或事件受到表扬者。

2. 财务部员工有下列情形之一者，予以嘉奖（金额为0～299元）

（1）积极研究改善工作方法提高工作效率或降低成本确有成效者。

（2）改进企业经营管理，提高经济效益，作出显著成绩，提出的合理化建议被采纳并取得经济效益者。

（3）保护公有财产，防止或者挽救事故有功，使企业免受意外人员伤残或经济损失者。

（4）为维护公司生产和工作秩序，挺身而出，同坏人坏事作斗争，有显著成绩者。

（5）检举揭发重大违规或损害公司利益事件被证实符合事实者。

（6）策划、承办、执行重要事务成绩显著者。

（7）有其他功绩，可作为其他员工楷模者。

（8）其他行为或事件值得奖励者。

3. 财务部员工有下列情形之一者，予以特别奖励（包括发放人民币300元以上的奖金、提请加薪、提请升职等方式）

（1）遇在意外事件或灾变，奋不顾身，极力抢救而减少损失者。

（2）维护公司安全，冒险执行任务，确有实际功绩者。

（3）维护公司重大利益，竭尽全力，避免重大损失者。

（4）1年内受到通报表扬3次以上者（含本数）。

（5）其他行为或事件值得特别奖励者。

第三章　处　　罚

第八条　处罚旨在维护公司利益，做到令行禁止，保证工作按时、按质、按量完成，达到所分配任务效率和效果之要求。

第九条　处罚的原则：惩教结合原则、公平原则、防微杜渐原则、及时原则、罚要分明原则。

第十条　处罚是威慑违规者的手段。本中心奉行有错必究、有究必改、重者必罚的原则，鞭策财务人员勤勉敬业、持续进步，中心设立口头警告、罚款、通报批评、特别处罚四种处罚方式。

第十一条　处罚细则：

1. 财务部员工有下列情形之一者，予以口头警告

（1）未经批准，私自调休、请假者。

（2）无故开会迟到、不遵守会议纪律者。

（3）不按时填写、上交各种报表、工作表单者。

（4）耽误工作进度，情节较轻微者。

（5）将公司下发的须保留的文件、资料遗失者。

（6）人员离职未办理交接手续，但情节较轻者。

（7）工作时间在工作场所或办公区域打闹、嬉笑、大声喧哗、互相追逐者。

（8）其他行为或事件须给予口头警告者。

2. 财务部员工有下列情形之一者，予以罚款（金额为0 ~ 299元）

（1）因报税人员未及时准确上报税务月报及其他报表，造成公司被罚款或缴纳滞纳金，金额在人民币5 000元以下（不含本数）者。

（2）发票的管理、审核以及有关合同中涉及发票和其他税务问题的审核出现问题，给公司造成损失，金额在人民币5 000元以下（不含本数）者。

（3）在应对税务稽查时，因个人失误或故意原因且未及时上报领导，而给公司造成损失，金额在人民币5 000元以下（不含本数）者。

（4）单据审核会计、复核财务人员及审批财务人员违反公司报销制度，在费用报销时对原始凭证审核不严，或者超过授权审批、超预算支付，而给公司造成损失，金额在人民币5 000元以下（不含本数）者。

（5）无故不及时收取款项者。

（6）未按公司规定和流程擅自退回投标保证金、退回货款及其他款项，未给公司造成损失者。

（7）未按公司规定和流程办理银行授信业务、投资业务、筹资业务，未给公司造成损失者。

（8）其他行为或事件须给予罚款者。

3. 财务部员工有下列情形之一者，予以通报批评

（1）因保管不周，遗失重要原始凭据、文件、资料、证照，无法弥补或须花费高昂代价才可弥补者。

（2）有本条第二款中（5）~（8）的情形，而给公司造成损失，金额在人民币5 000元以下（不含本数）者。

（3）未经允许，私自复印、下载公司重要资料、文件者。

（4）代人打卡者。

（5）对于上级有批示或有期限的命令，未申报正当理由而未能如期完成或处理不当，情节严重者。

（6）直接上级对所属人员明知舞弊有据，而隐瞒不报者。

（7）在公司的内部泄露有关的保密信息，造成不良影响者。

（8）擅自泄露本人工资或打听、散布他人收入情况者。

（9）因工作失误或主观所为，给财务管理中心和公司造成一定不良影响者。

（10）其他行为或事件须给予罚款者。

4. 财务部员工有下列情形之一者，予以特别处罚（包括罚款人民币300元以上、提请降薪、提请降职、提请辞退等方式）

（1）有第本条二款中（1）~（8）的情形给公司造成人民币5 000元以上（含本数）损失者。

（2）无理由不服从公司的工作安排和不服从上司的命令，情节严重者。

（3）因工作失误或主观所为，给财务管理中心和公司造成严重不良影响者。

（4）当月被处以口头警告/罚款/通报批评的次数相加达3次以上者。

（5）其他行为或事件须给予特别处罚者。

第四章　申　诉

第十二条　处罚责任人须有明确的事实和理由，不得徇私舞弊、打击报复。员工可在处罚决定之日起7日内以书面形式向公司提出申诉。申诉期维持处理结论。员工在受处罚之日起的一定时间内表现良好，可撤销处罚。

第五章　奖罚实施说明

第十三条　财务部门的罚款所得全部作为本部门的经费，专款专用，用于奖励部门表现优异的员工，有结余的用于部门活动。公司单独给予财务管理中心或部门人员的奖励或处以的罚款不列入内。

第十四条　当月同一个人的奖罚可以进行相互抵消，抵消标准如下：

1. 1次通报表扬等于1次通报批评。
2. 1次嘉奖等于1次罚款。
3. 1次特别奖励等于1次特别处罚。
4. 1次通报表扬等于3次口头警告。
5. 1次特别奖励等于3次通报批评。
6. 1次特别奖励等于4次罚款。

1.11　财务人员工作交接制度

财务人员工作交接制度

为规范公司财务人员的工作交接手续，保证财务工作的正常开展，根据国家有关法规和公司的实际情况，特制定本制度。

第一章　总　　则

第一条　本制度所指的财务人员，包括公司总部出纳、会计、财务负责人、财务总监、各项目部、子公司、分公司出纳、会计、财务负责人及其他所有从事财务工作的人员。

第二条　财务人员工作调动或者离职，必须与接管人办理交接手续，将本人所负责的财务会计工作全部移交给接替人员。财务人员临时离职或者因病暂时不能工作，需要有人接替或代理工作的。也应按照规定办理交接手续。没有办清交接手续的，不得调动和离职。

第三条　财务人员办理交接手续，必须有监交人员负责监交。交接完成后，交接人、接管人、监交人三方必须签字确认，否则，视为未办清交接手续。

第四条　会计工作交接的基本程序可分为交接前的准备、移交、监交、移交后事项处理四个阶段。

第二章　交接前的准备

第五条　财务人员工作调动或辞职，需要具备以下手续方可进行移交工作：

1. 财务人员因工作调动需要办理工作移交的，必须有公司人力资源管理部签发的内部工作调动通知单。

2. 财务人员因辞职需要办理工作移交的，必须有经主管领导、部门签字同意的书面辞职申请。

第六条　接管人员必须持公司人力资源管理部签发的内部工作调动通知单才能与移

交人员办理交接。

第七条　财务人员在办理工作交接前，应提前做好以下各项准备工作：

1. 对已受理的经济业务，尚未填制会计凭证的应当填制完毕。

2. 对尚未登记的账目，应登记完毕，并在最后一笔余额后加盖经办人员的印章。出纳人员交接工作的，还必须将出纳账与现金、银行存款总账核对相符，现金账面余额与实际库存现金核对一致，银行存款账面余额与银行对账单核对无误。

3. 整理应移交的各项资料，对未了事项和遗留问题，写出书面材料。

4. 编制移交清册，列明移交的凭证，账簿、报表、印章、现金、有价证券、支票簿、发票、文件、其他会计资料和物品等内容；实行电算化的单位，还应在移交清册中列明会计软件及密码，会计软件数据磁盘及有关资料，实物等内容。

第三章　移　　交

第八条　移交人员必须将本人经管的工作，在规定的期限内，全部向接管人员移交清楚。接管人员应认真按照移交清册逐项予以点收。

第九条　公司财务负责人、财务部副部长的工作移交：

1. 经管的保险柜、钥匙及其密码。

2. 办公室钥匙。

3. 保管的印鉴应逐一点收，同时应现场加盖印鉴章。

4. 银行资料，包括贷款卡及密码、网上银行支付卡及密码等。

5. 相关外部单位（如业主、银行、税务等）联系资料及其他资料。

6. 全部财务会计工作、重大财务收支和财务人员的情况资料。

7. 遗留问题和未完事项的书面材料。

8. 接管人认为需要移交、并经监交人认可的其他资料。

第十条　公司财务主管需移交的工作资料：

1. 办公室钥匙。

2. 经管的项目资料，包括项目财务报表、项目财务人员情况资料及其他项目财务资料。

3. 接管人认为需要移交、并经监交人认可的其他资料。

第十一条　公司主办会计、综合会计的工作移交：

1. 办公室钥匙或保管的保险柜钥匙、密码。

2. 经管的公司及项目账务资料，包括对会计凭证、会计账簿、会计报表进行逐一查收，必须完整无缺。如有短缺，要查明原因，并在移交清册中注明，由移交人员负责。现金银行总账要与出纳登记的日记账核对相符，明细账与总账核对相符，账本记录要与报表核对相符。如不符要在规定时间内查明原因。对从事会计电算化工作的，要对有关电子数据在实际操作状态下进行交接。

3. 公司纳税申报资料包括纳税申报表、税务检查报告等资料。

4. 公司银行资料。

5. 其他会计资料。

第十二条　公司出纳的工作移交：

1. 经管的保险柜、钥匙及其密码。

2. 办公室钥匙。

3. 库存现金、有价证券、银行支票及其他实物资料。现金、有价证券要根据会计账簿有关记录进行点收。库存现金、有价证券必须与会计账簿余额一致，不一致时，移交人应在规定期限内负责查清。银行支票交接时必须详细记录支票种类、张数、号码等。

4. 现金日记账、银行日记账及其他收支账本及资料。银行存款账户余额要与银行对账单核对相符；各种财产物资和债权、债务的明细账户余额，要与总账有关账户余额核对相符；对重要实物要实地盘点，对余额较大的往来账要与往来单位个人核对。

5. 公司开户资料，包括公司账户名称、账号、相关印鉴片、往来单位账户资料、公司开户许可证等。

第十三条　项目财务负责人和项目会计的工作移交：

1. 经管的保险柜、钥匙及其密码。

2. 办公室钥匙。

3. 保管的印鉴应逐一点收，同时应现场加盖印鉴章。

4. 经管的项目账务资料，包括对会计凭证、会计账簿、会计报表进行逐一查收，必须完整无缺，如有短缺，要查明原因，并在移交清册中注明，由移交人员负责。现金银行总账要与出纳登记的日记账核对相符，明细账与总账核对相符，材料账要与库管的材料明细账核对相符。账本记录要与报表核对相符，如不符要在规定时间内查明原因。对从事会计电算化工作的，要对有关电子数据在实际操作状态下进行交接。

5. 项目的债权、债务（包括潜在债务）情况如在报表中没有反映的，应予以单独说明并移交。

6. 相关外部单位（如业主、银行等）联系资料和其他资料。

7. 全部财务会计工作、重大财务收支和财务人员的情况资料。

8. 遗留问题、未完事项的书面材料。

9. 其他项目财务资料，如业主资料、项目财务分析、历次项目资金使用计划等。

10. 接管人认为需要移交、并经监交人认可的其他资料。

第十四条　项目出纳的工作移交：

1. 经管的保险柜、钥匙及其密码。

2. 办公室钥匙。

3. 库存现金、有价证券、银行支票及其他实物资料。现金、有价证券要根据会计账簿有关记录进行点收。库存现金、有价证券必须与会计账簿余额一致，不一致时，移交人应在规定期限内负责查清。银行支票交接时必须详细记录支票种类、张数、号码等。

4. 现金日记账、银行日记账及其他收支账本及资料。银行存款账户余额要与银行对账单核对相符；各种财产物资和债权、债务的明细账户余额，要与总账有关账户余额核对相符；对重要实物要实地盘点，对余额较大的往来账要与往来单位个人核对。

5. 项目开户资料，包括账户名称、账号、相关印鉴片、往来单位账户资料等。

第十五条　临时离职的工作交接：

1. 财务人员因病、休假或其他原因短期内临时离岗，需要将工作交接的，应将工作交由互不相容岗位的人员，具体由财务管理部、人力资源部指定接替人员，并办理相关交接手续。

2. 项目财务人员不得将其保管的财务印鉴交由本项目保管其他财务印鉴的财务人员管理。

3. 公司财务负责人不得将其保管的财务印鉴交由公司出纳保管。

第四章　专人负责监交

第十六条　为了明确责任，财务人员办理交接手续，必须有监交人员负责监交：

1. 项目会计、出纳办理交接手续，由项目财务负责人监交。

2. 项目经理部、子公司、分公司财务负责人办理交接手续，由财务管理部分管项目的副部长或财务主管监交。

3. 公司出纳、会计、会计主管办理交接手续，由财务管理部负责人或财务部负责人指定的其他人员监交。

4. 财务管理部负责人、财务管理部副部长办理交接手续，由总经理办公室负责人、人力资源管理部负责人监交，必要时总经理可以派人会同监交。

第五章　移交后的事项处理

第十七条　交接完毕后，交接双方和监交人员要在移交清册上签名，并在移交清册上注明：部门（项目部、子公司、分公司）名称、交接日期、交接双方和监交人员的职务、姓名，移交清册页数以及需要说明的问题和意见等。移交清册应当填制一式三份，交接双方各执一份、财务管理部部门存档一份。如财务管理部负责人交接，移交清册还应多填制一份交由总经理办公室存档。移交人员对所移交的会计凭证、会计账簿、会计报表和其他相关资料的合法性、真实性承担责任。

第十八条　接替人员应继续使用移交的账簿，不得自行另立新账，以保持会计记录的连续性和完整性。

第十九条　工作并行：为保证会计工作的连续性，交接人与接管人应并行一段时间才能予以办理辞职或调动手续，以便接管人能尽快熟悉岗位工作。

1. 项目财务负责人交接后，交接人应与接管人至少应并行20天时间。

2. 项目出纳交接后，至少应并行1周时间。

3. 公司财务负责人、财务部副部长、财务主管、主办会计、综合会计及出纳交接后，至少应并行1周时间。

4. 特殊情况需要缩短并行时间的，必须经公司财务管理部和人力资源部批准同意。

第二十条　移交结束后，对接管人员的相关问题，移交人员有义务予以解答，该义务并不因移交工作的结束而终止。

1.12　财务人员工作交接管理办法

财务人员工作交接管理办法

第一章　总　　则

第一条　目的。

为了规范财务人员工作交接，明确交接责任，保证财务、会计工作连续、稳定、合法、有序开展，依据《会计基础工作规范》要求，结合企业实际情况，特制定本办法。

第二条　适用范围。

本办法适用于××所有单位。

第三条　工作交接范围。

1. 符合下列情况之一，必须按照本办法办理工作交接手续

（1）财务人员调动工作单位、更换工作岗位以及因故离职等。

（2）财务人员因出差、培训、借调、产假、病假、事假等而临时离岗1个月以上的。

（3）合并、分立企业的财务人员重新上岗时。

2. 财务人员因出差、培训、借调、产假、病假、事假等而临时离岗，但在1个月内可恢复岗位工作状态的，须参照本办法规定，向指定替岗人员或者代理工作人员办理临时工作交接。

第二章　工作交接内容

第四条　所有财务人员工作移交，都须按照“交资产、交资料、交关系”的原则，移交本人实际承担的各项工作，并将待处理事项的内容、目标、关联部门或人员、联系

方式、目前的状态、提请注意的事项等进行说明。

第五条　出纳岗位工作交接内容：

（1）资产类：库存现金、有价证券、存折、存款卡、信用卡，保险柜、钥匙、电子钥匙，POS机、POS机操作密码卡、密码，网银操作IC卡、USBKey，以及掌管的其他资产及相关资料，如POS机、电子银行的操作规程等。

（2）票据、印章类：各种财务收据、其他票据、银行结算票据，银行账户管理协议书、银行基本户开户许可证，银行印鉴卡、开户行联系人资料，银行贷款资料、业务联系人情况，各种财务专用章、发票专用章、收款专用章、预留银行印鉴及其他财务用章。

（3）会计资料类：现金日记账、银行日记账，银行对账单，银行存款余额调节表，电子核算账套数据资料，以及掌管的其他会计资料。

（4）其他资料类：未完事项说明，以及掌管的其他资料。

第六条　纳税管理岗位工作交接内容：

（1）票据类：各种国税、地税发票，发票领购本、领购卡，各种发票、收据等票据，领用登记簿，业务联系人情况，以及其他与票据管理有关的信息资料。

（2）纳税登记类：国税、地税税务登记证正副本、一般纳税人资格证书、出口退税登记证，以及其他与纳税登记有关的资料。

（3）纳税申报类：电子缴税协议书、划缴税款授权委托书，金税税控IC卡、读卡器、电子报税系统操作密码，税控专用计算机、发票认证专用扫描仪，纳税申报资料，各项税款（退税）申报的时间节点要求，以及其他与纳税申报（含出口退税）相关资料（如与纳税申报相关的操作规程）、资产。

（4）其他资料：其他与纳税管理有关的企业内部文件、上报文件，税务机关给企业下发的相关文件，享受税收政策的文件，管理台账、记录等资料；办公设备、用具等资产。

第七条　其他会计岗位工作交接内容：

（1）会计资料类：各种纸质会计凭证，包括原始凭证、记账凭证；会计账簿，包括总账、明细账、备查账，会计报表，成本核算资料，电子会计核算账套数据资料包括记账凭证、会计账簿、会计报表等，其他会计资料及数据。

（2）实物类：各种钥匙、印章、票据、密码卡，办公设备、用具，以及保管的其他资产。

（3）其他资料类：各种合同、协议、管理台账，登记簿，未完事项说明，以及保管的其他资料。

第八条　财务主管人员工作交接内容：

（1）财务类：包括财务报告及分析、计划预算及执行分析、成本报表、各种管理台账，电子会计核算账套数据，财务审批权限，签字样本，各种财务印章、票据、密码，各种管理记录簿，财务稽核、凭证审核、票据管理、凭证借阅等登记簿，以及其他财务会计资料。

（2）合同类：包括销售、服务、采购、施工合同，合作协议，其他各种商务合同、协议，以及与合同、协议执行有关的结果文件、过程文件、信息沟通记录和收集的相关资料等。

（3）文件类：包括纸质和电子文档形式的银行、税务、财政、物价、工商等外部文件，制度、红头文件、绩效责任书等公司文件，部门会议记录、会议纪要、工作计划、绩效考核记录、培训资料、岗位说明书、工作规范、业务流程等部门文件及其他文件资料。

（4）联系类：银行、税务、财政、物价、工商等外部事项，办公室、HR、计划统计、工程、销售等内部事项及联系方式及必要的说明等。

（5）实物类：保管的办公室、办公桌、文件柜等各种钥匙，办公设备、用具、书刊等管理资料以及保管的其他资产。

第九条　财务信息化管理员工作交接内容：

（1）财务管理软件、与供应商（服务商）的有关协议、供应商联系方式。

（2）财务专用服务器及系统管理员密码。

（3）备份数据（光盘、磁带等）。

（4）系统运行与管理记录，以及与系统运行有关的其他资料。

第三章　工作交接流程

第十条　工作交接准备：

1. 财务人员办理工作交接手续前，必须及时做好以下工作交接准备，并认真编制《财务人员工作交接清册》，确保交接工作顺利完成：

（1）已经受理的经济业务尚未填制会计凭证的，必须填制完毕。

（2）尚未登记的账目，必须登记完毕，打印出总分类账或科目余额表，并在最后一笔余额后加盖经办人员印章。

（3）尚未编制完成的会计报表，必须及时编制完成，并对证、账、表进行核对，确保交接资料的准确性和一致性。

（4）移交人的工作职责和工作特性、工作中的未了事项、税务和投资等专项工作须写出详细的书面材料。

（5）按照本办法第三条“工作交接内容”规定的内容，整理必须交接的各项资料、实物等，编制交接清册。

（6）对于工作移交中的存续事项，需要进行必要的现场抽查核对，如：已发出票据，银行、税务相关资料的核对。监交人须对此类需核对事项进行必要的提示和要求。

2. 财务负责人、财务主管人员移交工作的，须将财务会计工作、重大财务收支事项和财务人员情况等相关问题，在交接前写成书面材料。

3. 移交人员已经完成的各项工作的档案资料，须按《××会计档案管理办法（试行）》规定向会计档案管理员办理资料归档，不得移交给工作接交人员。

第十一条 工作移交与接收：

1. 移交人员须亲自办理工作交接手续，因病或其他特殊原因不能亲自办理移交的，须填写《财务工作委托（指定）移交审批单》，经上级财务管理部门负责人批准后，由移交人员委托他人或上级财务管理部门指定的人员代办交接手续。

2. 移交人员在离职、离岗获得批准后3天内向接交人员移交本人经管的全部工作，没有办清交接手续的，不得调动或者离职。接交人员须认真按照移交清册逐项点收。

3. 临时离岗人员须在离岗前1天，将离岗期间必须继续的会计核算工作、其他必须延续完成的工作向替岗人员移交清楚。替岗人员必须依据工作交接清单接受所负责的工作。

4. 现金、有价证券要根据会计账簿有关记录进行当面点交。库存现金、有价证券必须与会计账簿记录保持一致，不一致时，移交人员必须在规定期限内负责查清处理。

5. 银行存款账户余额要与银行对账单核对一致，如不一致，须由移交人编制银行存款余额调节表并调节相符。

6. 会计凭证、会计账簿、会计报表和其他会计资料必须保证完整无缺，如有短缺，必须查清原因，并在移交清册中注明，由移交人员负责。

7. 各种财产物资和债权债务的明细账户余额要与总账有关账户余额核对相符。对重要的实物要实地盘点，保证账实相符，对余额较大的往来账户要与往来单位、个人核对清楚。

8. 各种支票、发票、收据等财务票据及各种财务印章和其他实物等，必须按照移交清册点收清楚。

9. 电子会计核算账务数据必须在计算机实际操作状态下，经确认相关数据正确无误，方可交接。

10. 各级财务主管移交时，必须将全部工作、重大财务收支和财务人员的基本情况、需要移交的遗留问题等，向接交人员详细介绍，还须对注意事项、重要工作建议，以及重要工作关系的联系、工作事项的衔接及其交接时的落实情况等进行说明，形成

《工作交接说明书》（作为独立文件保管）。

11. 交接完毕后，交接双方和监交人员要在移交清册上签名（不能以盖章代替），并在移交清册上注明单位名称、交接日期、交接双方和监交人员的姓名、职务，移交清册页数。

第十二条　工作交接监督：

1. 财务人员办理工作交接，必须有监交人负责监督，确保交接过程的公正性、真实性。

2. 一般财务人员工作交接，由本单位财务负责人、财务主管负责监交；财务负责人、财务主管工作交接，由本单位主管领导负责监交，上级财务部门派人会同监交。

3. 监交人员须关注移交人员工作交接准备情况，发现延迟或其他问题，及时给予督导。

4. 监交人员必须全程现场监督交接工作，对交接过程中存在的问题及时提出、予以纠正或在移交清册上注明处理意见，对达到交接标准的在移交清册封面签署“同意交接”并签名。

第十三条　交接后的工作管理：

1. 完成工作移交后，交接人员须进行有效的沟通、适度的交流，上级财务部门和监交人员须对交接工作进行必要的考评。

2. 移交人员须在3个月内对所移交工作承担工作衔接、支持等尽职责任。对于接交人提出的有关事项，属于工作移交不完整、不清晰引起的事项，须主动承担改正责任，并在第一时间向监交人汇报，然后采取有效措施消除不良影响，并补充工作交接手续。属于接交人员对后续工作的咨询，移交人员可视具体情况给予建议。

3. 接交人须以积极主动的态度、最合适的方式、快速完成接交工作的落实，对预计在3个月内不能有效落实的事项，须在工作交接后2个月内向监交人和部门主管提出（各级财务负责人、财务部门主管人员工作交接时，须向上级财务部门提出），清晰描述存在的问题、分析产生的具体原因、提出解决问题的措施、建议和自己应承担的职责。

4. 一般财务人员工作交接时，部门主管须在工作交接满3个月后10日内完成对交接效果的考评并填写《财务人员工作交接考评表》，并报上级财务部门备案。各级财务负责人、财务部门主管人员工作交接时，上级财务部门须在工作交接满3个月后10日内完成对交接效果的考评并填写《财务人员工作交接考评表》，并报事业部财务部门备案。

第十四条　工作交接资料管理：

1. 普通财务人员交接清册须填制一式三份，交接双方各执一份，本单位财务部门存档一份。

2. 各级财务负责人、财务部门主管人员交接清册须填制一式四份，交接双方各执一份，本级财务部门存档一份，并报上级财务部门存档一份。

3. 各级财务部门须妥善保管财务人员交接清册，及时登记《财务人员工作交接管理台账》，并按会计档案管理的要求及时归档。

第四章　工作交接责任

第十五条　移交人员对所移交的会计凭证、会计账簿、会计报表和其他有关资料的合法性、真实性承担法律责任。在移交后发现移交人经办处理的会计业务有违反会计制度和财经纪律的，其责任仍由原移交人负责。

第十六条　接交人员须认真接管移交的工作，并继续办理移交的未了事项，接交人员须继续使用移交的电子会计账套，不得自行另立新账。

第十七条　移交人员因故委托他人代办移交，受托人须承担本办法规定的相应责任。

第十八条　替岗或代理工作人员必须对替岗阶段所接交的工作负责，保证工作的连续性、及时性和准确性。由负责监交的主管人员对工作责任进行界定。

第十九条　公司撤销时，财务人员必须会同有关人员办理清理工作，编制决算，未移交前，不得离职。

第五章　罚　　则

第二十条　有下列情况和行为的，由上级财务部门按照××有关规定，视情节给予责令改正、罚款，直至降职、降级或撤职等处理：

（1）未按本办法规定的交接内容、程序、时间办理工作交接的。

（2）未按本办法规定履行工作监交职责的。

（3）未按本办法规定履行工作移交责任，造成后续工作损失的。

1.13　财务人员工作交接审计监督规定

财务人员工作交接审计监督规定

第一条　目的。

为了进一步规范和加强财务人员工作交接管理，保证离职时保密信息、工资资料、物料用品的顺利移交，确保会计核算与财务控制的正常工作秩序。根据财政部颁布实施的《会计基础工作规范》《内部会计控制规范》等规定，接合本公司的实际情况，特制定本办法。

第二条　适用范围。

适用于与公司财务中心内部调动和与公司脱离劳动关系的离职人员，包括员工在劳动合同期限内主动提出辞职、公司劝退或辞退、试用期内离职、合同期满不续签财务人员等。

第三条　为了确保财务工作的连续性，财务人员工作调动或者因故离职的，必须提前1个月时间提出申请，没有办清交接手续的，不得调动或者离职。否则行政人事部不得给予工资福利结算。

第四条　财务人员办理交接手续，必须有监交人负责监交，必要时可由监察审计部门派人会同监交：

1. 出纳交接，由资金部经理与财务负责人共同监交。

2. 一般会计人员交接，由财务部负责人监交。

3. 财务负责人交接，由公司分管领导和负责监交。

第五条　财会部门负责人调动或离职时，审计检查内容如下：

1. 月度、年度财务工作计划及其实施跟踪情况。

2. 公司文件、内部财务文件、财务及统计报表、分析资料、银行税收工商等相关政策文件。

3. 重大和关键财务收支业务。

4. 工商、税务、银行等重要外联络单位的交接，包括地址、主办人员联络电话情况等，如有必要需对重要的外联关系进行引见。

5. 其他需要移交的遗留问题。

第六条　会计人员办理移交手续前，按以下交接工作进行审计：

1. 处理未完业务事项。已经受理的经济业务尚未填制会计凭证的，应当填制完毕，并将负责管理的会计凭证按时间和号码顺序清理完毕；尚未登记的账目，应当登记完毕，并列明相应科目的余额，存在遗留的事项应附说明。

2. 整理应该移交的会计资料，对未了事项出具书面移交说明，并注明事项发生的原委，经领导批准，可留给下任会计处理。

3. 编制移交清册，逐项列明应当移交的会计凭证、会计账簿、管理（统计）台账、报表、分析资料、专用印章、发票、收据、财务文件、其他会计资料和物品等，以及会计软件、密码、数据磁盘等物品。

第七条　出纳人员调离本岗位时，应按以下交接事项办理：

1. 对库存现金、有价证券、各种票据、收据和银行存款、取款单据、汇款凭单、印鉴公章以及现金银行日记账簿、银行对账单、支票登记册、支票存根、网银软件、操作流程、口令、保险柜密码、钥匙等进行逐项移交，各种单据、发票应按编号一一清理，缺少、丢失的单据、发票要责成移交人追回。

2. 现金、有价证券、银行票据要根据会计账簿有关记录进行点交。银行存款要依据核查银行对账单是否与会计账簿记录保持一致，不一致时，移交人员必须限期查清。

3. 有价证券、银行票据移交时，应与接手出纳共同到销售部验证票据的真伪。

4. 会计账簿“银行存款”账户余额要与银行对账单和出纳银行日记账核对（不能仅限于电话核对），如不一致，应当编制银行存款余额调节表，会计人员必须确认。

5. 移交人需与接替出纳到相关银行作“变更结算人”手续。

6. 各公司开户银行地址、主办人员、银行业务负责人联络电话等应向接替人员详细交接。

第八条 移交人员在办理移交时，要按移交清册逐项移交，接管人员要逐项核对点收：

1. 会计凭证、会计账簿、会计报表和其他会计资料必须完整无缺，如有短缺，必须查清原因，并在移交清册中注明，由移交人员负责。

2. 财会部门所使用的公物应在移交前与财产登记簿核对清楚。

第九条 除以上专业工作的移交外，使用或占用的办公用品、设备等有形或无形资产，包括电脑、电话、打印机等各类办公用品设备，以及未用完的办公易耗品，也应按行政办公管理要求移交。

第十条 交接完毕后，交接双方和监交人员要在移交清册上签名或盖章，并应在移交清册上注明：单位名称，交接日期，交接双方和监交人的职务、姓名，移交清册页数以及需要说明的问题和意见等。交接工作完成，监交人签字后，移交人员才能离开原工作岗位。

第十一条 接替人员应认真接管移交的工作，继续办理移交的未了事项，并继续使用移交的账簿，应保持会计记录的完整性，不得自行另立新账。

第十二条 移交人员对所移交的会计凭证、会计账簿、会计报表和其他有关资料的真实性、合法性负责。

第十三条 移交人员因病或特殊原因不能亲自办理移交的，经财务负责人批准，可由移交人员委托他人办理移交。会计人员临时离职或因事因病不能到职的，财务部门负责人或单位领导必须指定人员接替或代理。

第十四条 移交后，如发现原经管的会计业务有违反财务制度和财经纪律等问题，仍由原移交人员负责，并应立即向监交负责人汇报处理。

第十五条 离职赔偿：

1. 财务人员没有提前1个月向公司提出离职，致使工作耽搁延误、没有找到合适的接班人，员工应向公司支付其1个月工资的补偿。

2. 对由公司出资培训、进修或由公司负担学费参加培训或业余学习的财务员工离职，服务期限未满的，全额对公司进行赔偿。

3. 员工离职时恶意删除公司机密信息或隐瞒信息不报，则应当赔偿公司相当于员工工资10倍的损失。经查实，员工离职前违反公司保密规定，私自泄露公司客户资料、泄露公司经营信息、转移订单业务的，需对公司进行赔偿，情节严重的，公司保留上诉的权利。

4. 离职员工没有完成工作交接，就不到公司上班的，延发其工资，直至完成交接。

5. 离职环节的各相关部门经办人、负责人，因个人疏忽或玩忽职守，没有把好关，给公司造成经济损失的，应代负赔偿责任。

第十六条　交接双方必须以书面形式移交，同时辅之以口头。

第十七条　离职员工按人事行政部要求办理辞职手续，报直接上司审核、部门负责人签字后，交公司分管财务副总、公司董事长批准。辞职手续批准前，不得提前向辞职人员出具离职证明。

第十八条　对财务人员的离职，需要进行专项离任审计的人员需向董事长请示同意，并提前7个工作日向审计部门发出工作联系单，进行离任审计。审计内容包含但不仅限于以上内容，具体按《离任审计工作实施细则》办理。

第十九条　提交审计部进行离任审计的人员，需出具审计报告后，由人力资源部确认方可办理离职手续。

第2章 财务预算管理制度

2.1 全面财务预算管理制度

全面财务预算管理制度

第一章 总 则

第一条 为推动××有限责任公司（以下简称公司）建立全面预算管理体系，防范经营风险，强化内部控制，优化资源配置，实现公司战略目标，按照财政部等五部委联合发布的《企业内部控制规范》以及《配套指引》第15号全面预算的规定，结合公司的实际情况，特制定本管理制度。

第二条 本制度适用于公司及下属公司的一切经济活动包括经营、投资、财务等各项活动，以及企业的人、财、物各个方面，供、产、销各个环节全部纳入全面预算管理，做到全员参与，全面覆盖，并进行事前预算、事中控制和事后分析相结合的全程监控。

第三条 本制度中所称全面预算是指在科学预测和决策的基础上制定的，以货币及其他数量形式反映的公司在未来一定期间内全部经营活动各项目标的行动计划和相应措施的数量说明。全面预算包括经营预算（也称业务预算）、投资预算、筹资预算、财务预算等。

第四条 全面预算管理贯穿于公司及下属公司经营管理活动的各个环节，预算管理包括预算编制、审批、执行、分析、调整、考核及监督等环节，是提升公司整体绩效和管理水平的重要途径，其主要任务是：

1. 推进战略目标管理，让战略落地，实现长期规划和短期计划相结合。
2. 加强公司内部信息沟通，使各部门和下属公司的目标与活动一致。
3. 明确公司内部各个层次的管理责任和权限，提高管理效率。
4. 通过对公司的经营活动进行控制、监督和分析以及对预算执行情况进行考核和评价，实现管理过程和管理目标相结合。

第二章 全面预算管理体系

第五条 公司实行统一规划、逐级管理的全面预算管理体制，确定以下管理原则：

1. 统一规划原则。全面预算目标由公司统一规划，并与公司经营目标相一致，各级预算必须服从于集团的战略目标和经营目标。

2. 分级管理原则。全面预算目标按逐级分解的原则实行分级管理，经下达的全面预算指标由公司各级部门负责落实，各单位对各自归口的业务做预算，并对预算执行负责，公司统一对各单位全面预算执行情况分析考核。

3. 全员参与原则。本着谁花钱，谁编预算，谁控制，谁负责的原则，全体员工共同参与预算的编制过程，而不是由财务部门一个部门、一个人来编制公司预算。

4. 实事求是原则。根据市场状况及本单位的实际需要，合理确定本单位的预算额度。

5. 上下结合原则。自上而下分解目标，自下而上编制预算。

6. 轻易不调整原则。预算一旦确定，没有审批，不予调整，以保证预算的严肃性与合法性。

第六条　全面预算管理在内容上实行经营预算、投资预算、筹资预算和财务预算相结合，在预算编制上实行零基预算、固定预算及弹性预算相结合的预算管理体系。经营预算既要有数量指标，又要有价值量指标。

第七条　经营预算是指与企业各项经营活动直接相关的，反映预算期内企业预计生产经营活动的预算，是其他预算的基础，主要包括营业收入预算、生产预算、制造费用预算、产品成本预算、营业成本预算、采购预算、期间费用预算等。

1. 营业收入预算是预算期内企业销售各种产品或提供各种劳务预计实现的销售量或者业务量及其收入的预算，主要依据年度目标利润、预计市场销量或劳务需求及提供的产品结构以及市场价格编制。

2. 生产预算是从事工业生产的企业在预算期内所要达到的生产规模及其产品结构的预算，主要是在营业收入预算的基础上，依据各种产品的生产能力、各项材料及人工的消耗定额及其物价水平和期末存货状况编制。在此基础上进一步编制直接人工预算和直接材料预算。

3. 制造费用预算是企业在预算期内为完成生产预算所需各种间接费用的预算，在生产预算基础上，按照费用项目及上年预算执行情况，根据预算期降低成本、费用的要求编制。

4. 产品成本预算是企业在预算期内生产产品所需的生产成本、单位成本的预算，主要生产预算、直接材料预算、直接人工预算、制造费用预算等汇总编制。

5. 营业成本预算是企业对预算期内为了实现营业预算而在人力、物力、财力方面必要的成本预算，主要依据企业产品成本预算、采购预算或提供各种劳务成本、年实际执行情况等资料编制。

6. 采购预算是企业在预算期内为保证生产或者经营的需要而从外部购买各类商品、各项材料、低值易耗品等存货的预算，主要根据营业预算、生产预算、期初存货情况和期末存货经济存量编制。

7. 期间费用预算是预算期内企业组织经营活动必要的管理费用、财务费用、营业费用等预算，应区分变动费用与固定费用、可控费用与不可控费用的性质，根据上年实际费用水平和预算期内的变化因素，结合费用开支标准和企业降低成本、费用的要求，分项目、分责任单位进行编制。

8. 企业非流动资产处置、取得的政府补助、对外捐赠、债务重组、非货币性资产交换等收入或支出，应根据实际情况和国家有关政策规定，编制营业外收支业务预算。

第八条 投资预算是公司在预算期内与资本性投资有关的业务安排，主要包括固定资产投资、权益性投资和金融工具投资预算。

1. 固定资产投资预算是企业在预算期内购建、改建、扩建、更新固定资产进行资本投资的预算，应根据企业有关投资决策资料和年度固定资产投资计划编制。

2. 权益性投资预算是企业在预算期内为了获得其他企业单位的股权而进行资本投资的预算，应根据企业有关投资决策资料和年度股权投资计划编制。

3. 金融工具投资预算是企业在预算期内为持有国债、企业债券、金融债券等债券投资，股票投资及其他股权投资，基金投资、期货、期权、认股证等衍生金融工具投资，委托贷款和委托理财等而进行的资本投资预算，应根据企业有关投资决策资料、市场行情和风险业务管理要求编制，一般按交易性金融资产、可供出售金融资产和持有至到期投资分类编制。

第九条 筹资预算是企业在预算期内预计吸收的投资、需要新借入的长短期借款、经批准发行的债券以及对原有借款、债券还本付息的预算，主要依据企业有关资金需求决策资料、发行债券审批文件、期初借款余额及利率等编制。企业经批准发行股票、配股和增发股票，应当根据股票发行计划、配股计划和增发股票计划等资料编制预算。股票发行费用，也应在筹资预算中分项作出安排。

第十条 财务预算是指在预测和决策的基础上，围绕企业发展战略目标，对一定时期内企业资金取得和投放、各项收入和支出、企业经营成果及其分配等资金运动所作的具体安排的最终成果体现，包括资产负债预算、利润预算和现金流量预算，形式上体现为预计资产负债表、预计利润表和预计现金流量表。

1. 预计资产负债表是综合反映企业期末财务状况的预算报表，根据预算期期初实际数和当期营业预算、生产预算、采购预算、资本预算、筹资预算等有关资料分析编制。

2. 预计利润表反映企业在预算期内利润目标的预算报表，根据营业预算、营业成本预算、产品成本预算、生产预算、期间费用预算、其他专项预算等有关资料分析编制。

3. 预计现金流量表是反映企业预算期内现金收支及其结果的预算报表，以业务预算、资本预算和筹资预算为基础，根据各项预算有关现金收支的预算汇总编制。

第三章　全面预算管理体制及职责

第十一条　公司全面预算管理的组织体系以全面预算管理委员会、全面预算管理办公室为主体，公司对下属公司的全面预算实行垂直式管理，各下属公司设立全面预算管理领导小组和全面预算管理工作小组，同时在本单位内部设立全面预算归口管理部门和全面预算责任部门。

第十二条　董事会是全面预算管理的最高决策机构，批准下属公司的年度全面预算及其调整方案，并通过董事会授权全面预算管理委员会组织制定，下达正式年度全面预算及其调整方案。其主要职责包括制定公司的发展战略和中长期经营目标：

1. 按照公司战略目标、中长期规划，审批确定公司年度经营目标。
2. 保持与全面预算管理委员会的沟通，提供预算政策指导。
3. 审议年度全面预算方案，审批预算。
4. 审批预算考核制度。
5. 审批预算调整申请。

第十三条　全面预算管理委员会是全面预算管理的领导、组织和协调机构，全面负责年度经营目标的拟定并分解到公司及下属公司等工作，承担全面预算管理领导及调控职能。全面预算管理委员会由董事长任主任，财务总监任常务副主任，各集团副总经理任副主任、集团各职能部门、各下属公司负责人为委员。预算管理委员会为非常设机构，通过定期、不定期召开预算工作会议开展工作。预算委员会在董事会的领导和授权下，决定和处理全面预算管理的重大事宜，主要行使以下职责：

1. 根据董事会审批的战略目标，确定公司及下属公司的具体年度经营目标，并上报董事会审批。
2. 将经董事会审批的年度经营目标下达到公司及下属公司。
3. 组织拟定和审议全面预算管理制度和流程操作规范。
4. 监督、协调预算编制工作的开展，以确保及时、准确地完成预算的编制。
5. 组织召开公司全面预算管理例会，对预算办公室提交的各单位预算草案和公司整体预算提出质询，并就必要的修改与调整提出建议。
6. 汇总、审查、平衡下属公司的初步预算，协调、处理内部机构间的预算矛盾和分歧。
7. 全面预算编制和执行中，对例外事项和突发事件进行协调。
8. 制定公司预算，上报董事会，履行相应批准程序。
9. 分解下达公司及下属公司的年度预算，并根据重大形势变化作适当的调整、修订。
10. 研究分析公司及下属公司的预算执行业绩报告，汇总上报董事会。
11. 确定预算考核的原则、依据、程序和指标体系，按照董事会批准的预算考核制度，兑现公司及下属公司的奖惩措施。

第十四条　全面预算管理办公室是全面预算管理委员会的执行机构，公司财务管理部担负全面预算管理办公室的职责，并且由财务总监担任全面预算管理办公室主任，组织和管理全面预算管理办公室工作。组员包括财务部、企业计划管理部，以及其他业务部门相关的预算人员。全面预算管理办公室在全面预算管理委员会的领导下行使以下职权：

1. 具体负责拟定和修改公司全面预算管理办法及相关制度、预算编制方针、预算编制程序、预算编制手册（编制说明、编制表格）、预算执行监控方法等，报全面预算管理委员会审议。

2. 协助全面预算管理委员会的工作，按照全面预算管理委员会下达的经营目标，具体指导并组织各责任部门编制预算，并对其编制的预算进行初步审查、协调和平衡，汇总后编制公司的全面预算方案，并报全面预算管理委员会审查。

3. 向下属公司下达经董事会批准的正式全面预算，监督各单位全面预算执行情况，定期进行全面预算执行情况的分析评价和反馈。

4. 组织全面预算管理的培训工作，向全面预算编制、执行单位提供技术支持，提出全面预算管理制度和流程操作规范的改进建议。

5. 负责全面预算日常管理工作，每月召开全面预算管理协调会，监控、总结预算执行情况，落实全面预算管理的要求，每季度向全面预算管理委员会汇报工作和预算执行情况。

6. 负责将经营业务状况发生改变或突发事项、预算内出现偏差较大或预算外的费用项目，及时报告公司全面预算管理委员会，并拟定预算调整方案。

7. 负责协调处理预算执行过程中出现的一些问题。

8. 按照预算考核指标体系为预算考核提供相关综合评价信息。

9. 完成全面预算管理委员会交办的其他工作。

第十五条　下属公司全面预算管理领导小组是本单位全面预算管理的决策和领导机构，承担本单位全面预算的管理及调控职能。下属公司全面预算管理领导小组由总经理、财务经理、各部门经理组成，其中总经理为领导小组组长。下属公司全面预算管理领导小组的主要职责是：

1. 根据全面预算管理委员会下达的年度经营目标，确定本公司各部门的预算目标。

2. 根据公司全面预算管理制度，组织拟定和审议本公司全面预算管理办法和流程操作规范。

3. 监督、协调本公司全面预算编制工作，监督全面预算编制流程的执行，以确保及时、准确地完成预算的编制。

4. 组织召开本单位预算管理例会，对本单位全面预算管理工作小组提交的各部门预算草案提出质询，并就必要的修改与调整提出建议。

5. 汇总、审查、平衡各部门的初步预算，协调、处理内部机构间的预算矛盾和分歧。

6. 负责本单位全面预算编制和执行，对例外事项和突发事件进行协调，对重大调整事项（超过审批后预算5%的影响事项）上报公司全面预算管理委员会。

7. 根据公司预算考核的要求，组织本公司的预算考核工作。

8. 各公司总经理是其公司的全面预算管理工作的第一责任人。

第十六条　下属公司全面预算管理工作小组是本单位全面预算管理领导小组的执行机构，由单位的财务部门负责工作小组的具体工作。在本单位全面预算管理领导小组的领导下行使以下职权：

1. 根据公司预算管理制度，具体负责拟定和修改本公司预算管理办法、预算编制方针、预算编制程序、全面预算编制手册（编制说明、编制表格）、预算执行监控方法等，报本公司全面预算管理领导小组审议。

2. 负责协助全面预算管理领导小组，具体指导并组织各责任部门编制预算，并对其编制的预算进行初步审查、协调和平衡，汇总后编制本单位的全面预算方案，并报本单位全面预算管理委员会审查。

3. 负责监督责任部门预算执行情况，定期进行预算执行情况的分析评价和反馈。

4. 组织预算管理的培训工作，向责任部门提供技术支持，提出预算管理制度和流程操作规范的改进建议。

5. 负责本单位全面预算日常管理工作，每月召开全面预算管理协调会，落实本单位全面预算管理的要求，每季度向全面预算管理领导小组汇报工作和预算执行情况。

6. 负责将经营业务状况发生改变或突发事项、预算内出现偏差较大或预算外的费用项目，及时报告全面预算管理领导小组，并拟定预算调整方案。

7. 负责协调、处理本单位预算执行过程中出现的一些问题。

8. 按照预算考核指标体系为预算考核提供相关综合评价信息。

9. 完成全面预算管理领导小组交办的其他工作。

10. 负责汇总经审批的本单位全面预算上报集团。

第十七条　责任部门是全面预算管理的编制、执行与反馈部门。责任部门即公司（包括下属公司）内各业务部门和职能部门，以部门为主体进行全面预算管理，其主要的职责包括：

1. 负责执行本单位全面预算管理制度。

2. 根据本单位全面预算管理领导小组或工作小组下发的经营目标，编制本部门年度预算草案。

3. 按照全面预算管理工作小组的要求，对预算差异形成的具体原因进行分析。

4. 确认预算的考核结果。

5. 提出预算调整与修正申请。

6. 负责提出本部门管理的预算指标变更申请报告。

7. 在预算整个过程中，就发现问题及时与全面预算管理领导小组或工作小组沟通，以促进预算工作的不断改进。

8. 完成全面预算管理工作小组交办的其他工作。

第十八条 为保证全面预算的有效编制，根据公司管理的实际情况，在责任部门中规定某一部门承担相应的归口管理工作。这些部门（又称归口管理部门）的主要职责是根据各责任部门提交的预算，测算金额，同时协助预算管理工作小组对相应归口业务范围内公司整体预算编制进行平衡，并提出相应调整建议。各责任部门将有归口管理的预算编制，应先报送到相应的归口管理部门，归口管理部门在审核后，对责任部门报送的预算进行平衡调整和测算金额，再上报全面预算管理办公室或工作小组进行汇总。

第四章 全面预算目标的确定与下达

第十九条 年度经营目标是制定预算目标的依据。公司全面预算管理中，年度经营目标即为年度预算目标。制定公司的年度经营目标，至少应依据以下条件：

1. 历史水平，包括历史平均水平与最好水平、行业平均水平与最好水平。

2. 各业务所在行业和市场的竞争状况、发展趋势等，尤其要注重研究所在行业的销售价格水平，努力达到同行业同条件的价格。

3. 外部环境变化，包括市场预测、国家相关行业的经济政策预测、产品生命周期预测等。

4. 内部资源评估，包括资源的利用能力、资金融通能力、自身的管理能力等，尤其关注自身的增长潜力。

第二十条 在确定年度预算目标后，公司及下属公司根据年度预算目标在本公司/责任部门和归口管理部门中进行分解，分解并审批通过后，各责任部门和归口管理部门依据分解的预算目标编制详细预算。

第五章 全面预算的编制

第二十一条 预算编制程序：

1. 预算编制遵循上下结合的编制原则。

2. 各下属公司根据全面预算管理委员会下达的年度预算目标和编制方针，组织本单位各责任部门编制本部门预算方案初稿。

3. 责任部门编制完成预算表后，将有归口管理的预算表递交相应归口管理部门进行汇总、审核，同时上交本单位全面预算管理工作小组进行审核。归口管理部门汇总并审核后，应提出调整意见，并测算金额，及时上报至全面预算管理工作小组。

4. 下属公司全面预算管理工作小组对各归口管理部门提交的预算进行汇总，提交本单位全面预算管理领导小组。

5. 下属公司全面预算管理领导小组审核预算初稿，平衡后发还相关部门进行预算方案修正，审核通过后提交公司全面预算管理办公室。

6. 全面预算管理办公室汇总后提交公司全面预算管理委员会审核平衡，审核不通过发还相关部门进行预算方案修正；审核通过后向董事会提交年度预算草案。

7. 董事会对全面预算管理委员会提交的预算草案进行审批，最终确定年度预算以文件形式正式下达。

第二十二条　预算编制依据：

1. 预算编制以收入（销售/劳务等）预测为起点。

2. 经营预算根据本行业的特点，结合本企业自身的业务情况确定预算的起点。相关责任部门在编制经营预算时应考虑以下因素：考虑在常规经济条件下的业务规模、竞争情况、季节性因素、稳定合同及潜在合同的进展情况等因素。

3. 投资预算应在公司经营目标和预算目标基础上进行编制。投资预算是在项目资本预算基础上，单独反映资本项目对年度经营的影响而形成的预算。相关责任部门根据项目资本预算编制年度资本预算。

4. 筹资预算应在经营预算和投资预算的基础上进行编制。根据各责任部门编制的经营预算和投资预算，预算管理办公室负责编制汇总经营预算和汇总资本预算，在此基础上，由资金管理部门编制资金预算。

5. 财务预算应在经营预算、投资预算和筹资预算基础上进行编制。根据各责任部门编制的经营预算、投资预算和筹资预算，预算管理办公室负责编制汇总经营预算、汇总资本预算和汇总资金预算，在此基础上，由财务部门编制财务预算。

第二十三条　预算编制方法：

按照预算项目与作业活动关系的紧密程度，对于不同预算项目，采用不同的编制方法，下面列举但不限于以下预算方法。

1. 零基预算是指在编制成本费用预算时，不考虑以往会计期间所发生的费用项目或费用数额，而是以所有的预算支出以“零”作为出发点，一切从实际需要与可能出发，逐项审议预算部门各项预算的内容及开支标准是否合理的预算方法。

2. 固定预算是以预算期内正常的，可能实现的某一业务量，如生产量、销售量水平为固定基础，不考虑可能发生的变动因素而编制预算的方法。

3. 弹性预算是在变动成本法的基础上，以未来不同业务水平为基础编制预算的方法，是固定预算的对称，是指以预算期间可能发生的多种业务量水平为基础，分别确定与之相应的费用数额而编制的、能适应多种业务量水平的费用预算，以便分别反映在各业务量的情况下所应开支（或取得）的费用（或利润）水平。

第六章　全面预算的执行与控制

第二十四条　全面预算的执行：

1. 下属公司各责任部门是本单位全面预算的执行机构。

2. 责任部门的第一负责人，即各部门的经理是责任部门预算执行的直接负责人。

3. 分管领导对其负责的责任部门的预算执行负有主要责任。

4. 下属公司的总经理对其公司的预算执行负最终责任。

第二十五条　全面预算的控制：

1. 下达的预算指标是与业绩考核挂钩的硬性指标，一般情况不得突破。预算指标是制定考核方案的重要依据，根据预算执行情况对责任人进行考核和奖惩。

2. 严格按照费用预算项目开支，不得相互替代；预算剩余可以跨月转入使用，但不能跨年度使用。

3. 成本、费用如遇预算控制不善确需突破时，必须由责任部门提出书面申请，说明原因。总经理批准后报集团全面预算管理办公室审批，超过5%报全面预算管理委员会审批，并纳入预算外资金控制。

4. 预算内资金控制。预算内资金是指经董事会审批通过后下达的正式预算，包括预算调整后的资金。预算内支出，按照本单位财务管理制度规定的审批流程进行审批。

5. 预算外资金控制。预算外资金是指由于责任部门预算控制不善或计划性不强等管理原因造成的，导致需要突破预算的资金，不包括预算调整的资金。预算外资金申请，须由责任部门根据业务的实际需要填写申请，该申请应该包括使用目的、使用的责任部门和责任人、使用目标、使用方式等内容。该申请经下属公司全面预算管理领导小组审批通过后报公司全面预算管理委员会审批，经全面预算管理委员会审批通过后执行。同时，该责任部门的预算外资金需备案。全面预算管理办公室及下属分、子公司全面预算管理工作小组应对各部门预算外资金的当期及后期的预算表中作出清晰的标志，预算外资金使用的考核按照申请中明确的使用目标单独进行。

第七章　全面预算的反馈与分析

第二十六条　全面预算执行信息反馈：

1. 预算执行过程中，各责任部门要及时检查、追踪预算的执行情况，以全面预算业绩报告和差异分析报告等书面报告的形式，全面系统地报告每个责任部门及整个公司预算执行的进度和结果。全面预算管理工作小组根据自己的记录与各责任部门的反馈报告形成总预算执行分析报告，在月度预算例会上对本月预算执行情况进行沟通，并及时解决执行过程中出现的问题。

2. 预算信息反馈的方式

（1）定期书面报告包括预算业绩报告和差异分析报告。业绩报告同预算编制表格一一对应，即对于各责任部门编制的每项预算，全面预算管理工作小组都向其提供相应实际经营情况与预算对比情况的书面报告。差异分析报告是对业绩报告的补充，只对发生重大差异的项目进行分析和报告。由全面预算管理工作小组要求产生重大差异的责任部门完成差异原因分析报告。

（2）为保证预算目标的顺利实现，全面预算管理委员会和下属公司全面预算管理领导小组在月度召开预算例会，对照业绩报告和差异分析报告及时总结预算执行情况，提出改进措施，并对今后预算工作做好部署。

第二十七条　全面预算的分析：

1. 全面预算差异分析的周期

下属公司每月制定差异分析报告，并召开月度预算例会，审议和讨论各责任部门预算的执行情况。同时，下属公司应将月度差异分析报告提交全面预算管理办公室备案。

2. 负责差异分析的责任部门

（1）公司全面预算管理委员会讨论通过全面预算办公室提交的重大差异分析报告；对全面预算管理办公室确定的预算执行差异原因及责任部门进行审议，并提出处理意见。

（2）集团公司全面预算管理办公室分析全面预算执行情况，汇总下属公司的差异分析报告，并加以综合分析，每月出具公司总的全面预算差异分析报告，并上报全面预算管理委员会；审议确认导致差异的原因；确认应对差异负责的责任单位，提出处理意见，并上报全面预算管理委员会。

（3）下属公司全面预算管理领导小组每月参与公司月度预算例会，讨论下属公司提交的重大差异分析报告；对下属公司全面预算管理工作小组确定的预算执行差异原因及责任部门进行审议，并提出处理意见。

（4）下属公司全面预算管理工作小组每月分析全面预算执行情况，汇总各责任部门的差异分析报告，并加以综合分析，出具下属公司总的全面预算差异分析报告，并上报下属公司全面预算管理领导小组审议确认导致差异的原因；确认应对差异负责的责任部门，提出处理意见，并上报下属公司全面预算管理领导小组；向有关责任部门提供业绩报告，协调差异分析工作。

（5）责任部门每月记录本部门全面预算执行情况，找出问题，分析本部门差异产生原因，提出改进建议；落实由本部门负责的改进措施。

3. 全面预算差异分析程序

（1）每月8日前，由下属公司各部门向责任部门提交业绩报告。

（2）各责任部门根据业绩报告中标注的重大差异进行解释和分析，形成部门差异分析报告，并于每月10日前提交全面预算管理工作小组。

（3）全面预算管理工作小组汇总各责任部门差异分析报告，并制定公司整体差异分析报告，于每月12日前提交全面预算管理领导小组审批。

（4）每月15日前，集团公司全面预算管理办公室召开月度预算例会，对前1月下属公司及各部门的全面预算目标完成情况进行分析、评价，为全面预算管理委员会对全面预算的执行进行动态控制提供依据。

第八章　全面预算的调整

第二十八条　全面预算调整的原则：

1. 全面预算一经批准，在公司内部即具有“法律效力”，不得随意更改与调整。

2. 当内外部环境向着劣势方向变化、影响预算的执行时，应首先挖掘与预算目标相关的其他因素的潜力，或采取其他措施来弥补。只有在无法弥补的情况下，才能提出预算调整申请。

3. 当内外部环境向着有利方向变化，而且具备中长期的稳定趋势，有明确证据表明经营预算目标可加以提高，公司内部应积极主动提出调整申请，或在与经营班子进行协商一致后，提出调整申请。

第二十九条　全面预算调整的分类：

1. 预算一般性调整是指各责任部门为完成年度预算目标，在预算执行过程中，以原来的预算为基础，结合预算执行进度和外部环境的变化，在不影响年度预算目标的前提下，对预算执行进度或个别预算项目进行调整。

2. 预算的重大性调整也可称为预算修正，是指在预算执行过程中，因预算制定时无法预见的重大外部环境改变或发生重大业务调整，按照实际情况的变化对年度预算目标进行修正。全面预算是公司年度经营的重要依据，应保持一定的稳定性，原则上，年度预算目标不允许修改，只有当外部环境发生重大变化，或公司战略决策发生重大调整时，才能考虑进行预算修正（预算重大性调整）。具体条件如下：

（1）董事会调整公司发展战略，重新制定公司经营计划。

（2）总经理办公会决定追加或缩减任务。

（3）市场形势发生重大变化，需要调整相应预算。

（4）国家政策发生重大变化。

（5）生产条件发生重大变化。

（6）外部市场环境发生重大变化。

（7）发生不可抗力的事件。

（8）其他造成预算调整的客观原因。

第三十条　全面预算调整权限：

1. 董事会对涉及年度经营目标的调整具有决定权。

2. 全面预算管理委员会在董事会授权内有权调整全面预算。

3. 集团公司全面预算管理办公室在保证公司年度经营总目标不变的情况下，对月度、季度预算及年度预算项目的内部结构调整具有决定权。

第三十一条　全面预算调整方式：

1. 由上而下的全面预算调整。当内外部环境发生变化，而且具备中长期的稳定趋势，有明确证据表明预算目标和现时情形差异重大时，董事会在与下属公司相关领导协商一致，可以在预算年度内进行公司经营目标的调整，同时下达全面预算调整要求，并最终确认全面预算调整方案。

2. 由下而上的全面预算调整。在预算执行过程中，当内外环境发生明显变化，且符合上述预算调整条件时，全面预算管理办公室和全面预算管理领导小组可以向全面预算管理委员会提出预算调整申请。

3. 全面预算调整申请包括的内容：

（1）导致无法实现全面预算的原因，并附相关文件（如市场价格变动情况说明，相关政策变化情况说明，变更后的经营计划、公司下达追加或缩减任务、项目可行性建议书等）。

（2）已经采取的其他弥补措施和效果。

（3）调整内容。

（4）调整后的预算方案。

第九章　全面预算的考核

第三十二条　预算考核是全面预算管理中承上启下的关键环节，在预算控制中发挥着重要作用。

第三十三条　公司内的考核暂以企业管理部出台的相关考核办法为准。

2.2 全面预算管理实施细则

××公司全面预算管理实施细则

第一章 总 则

第一条 目的：

为实现公司战略规划和年度目标，构建有效的管理体系，公司需要通过全面预算来贯彻、监控各企业战略目标的制定和实施，并为公司的生产经营活动提供控制、绩效评估标准，确保预算工作有效、有序地开展，特制定本管理制度。

第二条 原则：

1. 战略性原则

预算管理的思想要体现公司的发展战略，公司的全年预算要依据公司的中长期战略规划进行编制，服从公司的中长期战略发展目标，并符合公司总体的经营方针。

2. 效益优先原则

在以价值为导向的同时，充分考虑公司发展战略，追求利润最大化为目标。

3. 全员参与原则

预算编制需要全员参与，采取上下结合、分级编制、逐级汇总的程序进行。各部门要树立全局观念，搞好综合平衡。

4. 权责对等原则

公司要给予各级部门一定授权，被授权人对预算的执行、控制等承担相应的责任。

5. 实事求是的原则

各部门要根据市场状况及本单位的实际需要，合理确定本单位的预算额度。对预算编制过程中的收入、成本、费用等采取稳健谨慎、保守的原则，确保以收定支，不得高报预算。

6. 可行性原则

编制的预算要具有可操作性。

第二章 组织与职能

第三条 预算管理组织结构：

预算管理组织结构如下图所示。

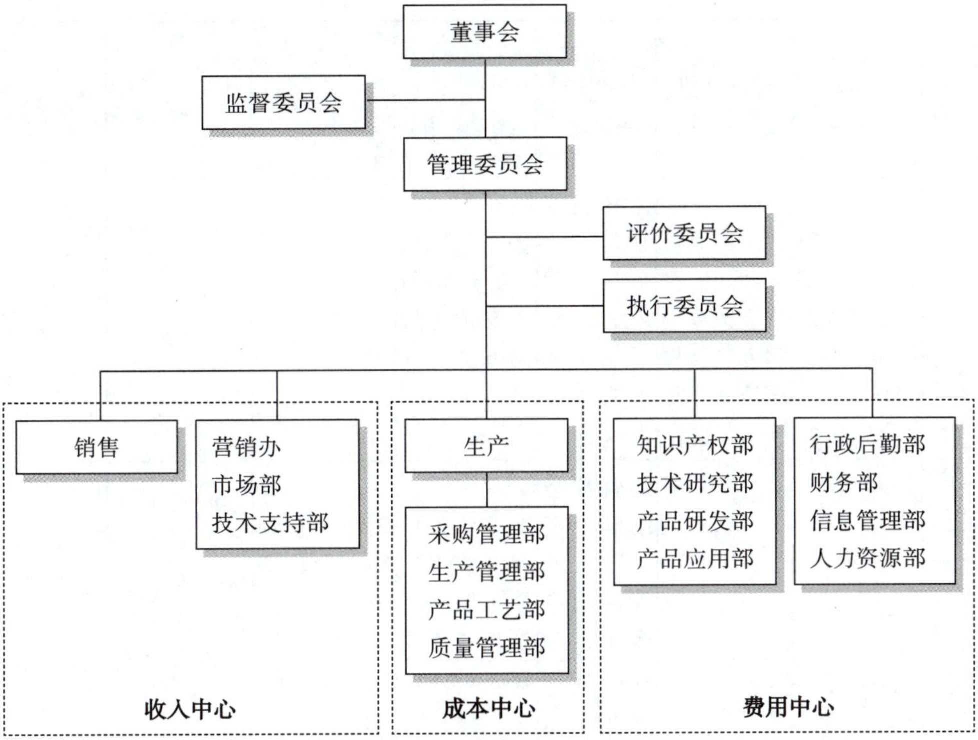

预算管理组织结构

第四条 预算组织及职能：

预算组织及职能如下表所示。

预算组织及职能表

预算阶段	时间	预算管理委员会	预算评价委员会	预算监督委员会	预算执行委员会	营销部门	生产、采购部门	职能部门
战略规划	9月中旬	讨论公司下一年的战略规划，制定策略目标与策略计划	从专业角度分析企业的能力，论证策略目标的可行性	监督战略规划过程是否按照规定的议事制度和表决规程去执行	提交本年度预算执行情况和分析建议报告、准备行业研究报告	对下一年度的销售收入和销售费用进行预测	对下一年度的生产能力和生产成本进行预测	对本部门的责任费用进行预测

（续表）

预算阶段	时间	预算管理委员会	预算评价委员会	预算监督委员会	预算执行委员会	营销部门	生产、采购部门	职能部门
预算启动	10月月初	分解策略目标给各部门、审议批准编制方法与程序	评价预算目标是否可行、预算编制方法与程序是否合理	监督目标制定过程是否按照规定的议事制度和表决规程去执行	传达预算目标、制定并下发预算编制方法与程序			
预算编制	10月至11月			监督预算编制过程是否按照规定的议事制度和表决规程去执行	汇总业务预算与费用预算，编制成本与财务预算	编制销售预算、销售费用预算、提交人力与固定资产需求	编制生产、采购与制造费用预算，提交人力与固定资产需求	编制部门责任费用，提交人力与固定资产需求
预算平衡	11月月初	审议预算初稿，平衡各部门预算。如有必要，调整预算目标	评价费用预算与业务预算					
预算审批下达	12月月初	审批并下达部门年度业务目标与业务计划、年度预算给各部门		下发预算给各部门并要求他们签字确认		签字确认本部门预算	签字确认本部门预算	签字确认本部门预算
预算执行	预算年度	审议批准超预算与预算外事项	对预算执行过程中出现的预算争议进行仲裁、对追加的预算进行评价	监督预算执行情况的合法性	按照费用预算管理办法审核费用支出	按审批权限设置要求，对本部门内部的预算内、预算外申请事项进行部门审批	按审批权限设置要求，对本部门内部的预算内、预算外申请事项进行部门审批	按审批权限设置要求，对本部门内部的预算内、预算外申请事项进行部门审批

（续表）

预算阶段	时间	预算管理委员会	预算评价委员会	预算监督委员会	预算执行委员会	营销部门	生产、采购部门	职能部门
预算分析	每月10至20日	听取预算执行委员会汇报上月执行情况和分析建议报告、听取各部门拟定的改善方案与行动计划	从专业角度评价分析差异分析报告与改善方案的可行性	监督预算分析的真实性	确认，计量预算执行情况、编制预算执行分析报告、汇报上月执行情况和分析建议报告	对本部门的预算执行情况进行分析和总结，并编制部门业务分析报告	对本部门的预算执行情况进行分析和总结，并编制部门业务分析报告	对本部门的预算执行情况进行分析和总结，并编制部门业务分析报告
预算调整	每季起始月10至20日	审批各部门的业务改善方案与行动计划、审议批准预算执行委员会提交季度预测、审议预算调整方案并报董事会批准	对预算调整进行评价		汇总各业务部门对下季度业务进行的预测、汇总各业务部门编制的滚动预算	参考部门实际运作及公司、部门计划变动情况，提交本部门预算调整申请与建议、编制季度销售、销售费用滚动预算	参考部门实际运作及公司、部门计划变动情况，提交本部门预算调整申请与建议、编制季度生产、采购与制造费用滚动预算	参考部门实际运作及公司、部门计划变动情况，提交本部门预算调整申请与建议、编制部门责任费用滚动预算
决算	次年一月	听取预算执行委员会就公司财政年度预算执行情况总结	准备公司财政年度预算执行情况汇总、准备财政年度财务决算报表					
预算审计	次年一月	配合预算监督委员会实施年度预算审计		对决算结果的真实性、完整性、合法性进行审计	配合预算监督委员会实施年度预算审计、根据审计报告作出相应的整改	配合预算监督委员会实施年度预算审计、根据审计报告作出相应的整改	配合预算监督委员会实施年度预算审计、根据审计报告作出相应的整改	配合预算监督委员会实施年度预算审计、根据审计报告作出相应的整改

第五条 预算管理委员会：

1. 人员构成

总经理、营销副总、生产和后勤副总、总会计师、营销总监、生产总监、产品研发总监、财务经理、各部门一级经理。

2. 主要职责

（1）年度工作

工作节点	时间	工作内容	流入文件	流出文件
战略规划	9月中旬	1. 听取公司预算执行委员（财会部经理）关于本年度预算执行情况和分析建议报告 2. 听取企划部的行业研究报告 3. 布置业务部门进行业务预测 4. 讨论公司来年的战略规划，确定策略目标 5. 制定年度策略计划 6. 审议批准年度策略目标	年度预算执行情况及分析建议报告、部门业务预测、	策略目标、年度策略计划、
预算启动	10月月初	1. 分解策略目标给各部门 2. 审议批准预算管理制度、预算编制方法及流程，预算编制工作完成期限	年度策略目标审议稿、预算编制指引审议稿	年度策略目标试行稿、部门目标分解方案试行稿、预算编制指引试行稿
预算平衡	11月月初	1. 审议各部门年度业务计划 2. 审议年度业务预算、财务预算及投资与融资预算 3. 召开跨部门的预算评审会，综合平衡各部门业务预算 4. 调整或修正年度策略目标 5. 下达部门目标分解方案调整通知	部门业务计划初稿、公司年度预算初稿	年度策略目标调整通知、部门目标分解方案调整通知、年度预算调整建议、年度投资与资本性支出预算初稿
预算审批下达	12月月初	1. 报董事会审批后确定公司年度策略目标、年度策略计划、年度业务预算、投融资预算及财务预算 2. 审批并下达部门年度业务目标与业务计划、年度预算给各部门	年度策略目标报批稿、年度策略计划报批稿、年度预算报批稿、部门年度业务目标报批稿、部门年度业务目标报批稿	公司年度策略目标、公司年度策略计划、部门年度业务目标、部门年度业务计划、各部门年度预算

（续表）

工作节点	时间	工作内容	流入文件	流出文件
决算	次年1月	1. 听取预算执行委员会就公司财政年度预算执行情况总结 2. 审议财政年度财务决算报表并报董事会批准	财政年度预算执行情况总结、财务决算报表、年度绩效奖金分配方案初稿	
审计	次年1月	1. 配合预算监督委员会实施年度预算审计 2. 根据审计报告作出相应的整改	年度预算审计报告	年度预算整改方案

（2）日常工作

工作节点	时间	工作内容	流入文件	流出文件
预算执行	预算年度	审议批准超预算与预算外事项		
预算分析	每月10日至20日	1. 听取预算执行委员会汇报上月执行情况和分析建议报告 2. 听取各部门拟定的改善方案与行动计划	月度预算执行情况和分析建议报告、业务改善方案与行动计划初稿	
预算调整	每季起始月10日到20日	1. 审批各部门的业务改善方案与行动计划 2. 审议批准预算执行委员会提交季度预测 3. 审议预算调整方案并报董事会批准	季度预测初稿、预算调整建议稿	季度预测通报、业务改善方案与行动计划、预算调整通报

第六条 预算评价委员会：

1. 人员构成

董事会成员、总会计师、财务经理、技术专家等企业业务所需的各类专业人才。

2. 主要职责

（1）年度工作

工作节点	时间	工作内容	流入文件	流出文件
战略规划	9月中旬	从财务、人力、设备及外部合作组织等角度分析企业的能力，论证战略目标的可行性		

（续表）

工作节点	时间	工作内容	流入文件	流出文件
预算启动	10月月初	评价预算目标是否可行、预算编制方法与程序是否合理		战略目标可行性分析报告
预算平衡	11月月初	1. 评价费用预算与业务预算的可行性 2. 对部门之间在预算编制过程出现的重大分歧进行协调		

（2）日常工作

工作节点	时间	工作内容	流入文件	流出文件
预算执行	执行期间	1. 对预算执行过程中出现的预算争议进行仲裁 2. 对追加的预算进行评价		
预算分析	每月10日至20日	1. 从专业角度评价分析差异分析报告的合理性 2. 从专业角度评价分析改善方案的可行性		
预算调整	每季起始月10日到20日	对预算调整进行评价	财务决算报表、月度预测初稿、预算调整建议稿	

第七条　预算监督委员会：

1. 人员构成

监事会成员、总会计师与监事会领导下的内部审计人员。

2. 主要职责

（1）年度工作

工作节点	时间	工作内容	流入文件	流出文件
战略规划	9月中旬	监督战略规划过程是否按照规定的议事制度和表决规程去执行		
预算启动	10月月初	监督目标制定过程是否按照规定的议事制度和表决规程去执行		
预算编制	11月月初	监督预算编制过程是否按照规定的议事制度和表决规程去执行		
审计	次年1月	对决算结果的真实性、完整性、合法性进行审计		绩效审计报告

（2）日常工作

工作节点	时间	工作内容
预算执行	执行期间	监督预算执行情况的合法性
预算分析	每月10日至20日	监督预算分析的真实性

第八条 预算执行委员会：

1. 部门构成

以财务部为主要执行机构，企划部、人力资源部配合财务部编制预算所需要的报告与制度。

2. 主要职责

（1）年度工作

工作节点	时间	工作内容	流入文件	流出文件
战略规划	9月中旬	1. 提交本年度预算执行情况和分析建议报告 2. 提交行业研究报告（企划部完成） 3. 分解细化公司策略目标（企划部完成）		策略目标试行稿、公司平衡记分卡试行稿
预算启动	10月月初	1. 下发预算目标 2. 设计预算期的预算编审方法和程序，设置预算编制工作完成期限，设计并下发年度业务计划模板和预算编制模板	年度策略目标试行稿、部门目标分解方案试行稿	年度策略目标试行稿、部门目标分解方案试行稿、预算编制指引试行稿
预算编制	10月至11月	1. 汇总各部门的业务计划与预算 2. 编制成本预算、财务预算、资本预算 3. 编制并下发年度策略目标调整通知 4. 编制并下发部门目标分解方案调整通知	部门业务计划初稿、部门年度预算初稿	年度策略目标调整通知、部门目标分解方案调整通知、年度预算调整建议、年度投资与资本性支出预算初稿
预算审批下达	12月月初	1. 下发部门年度业务目标与业务计划 2. 下发年度预算给各部门 3. 要求各部门签字确认业务目标、业务计划与预算	公司年度策略目标、公司年度策略计划、部门年度业务目标、部门年度业务计划、各部门年度预算	公司年度策略目标、公司年度策略计划、部门年度业务目标、部门年度业务计划、各部门年度预算

（续表）

工作节点	时间	工作内容	流入文件	流出文件
决算	次年1月	1. 准备公司财政年度预算执行情况总结 2. 准备财政年度财务决算报表		财政年度预算执行情况总结、财务决算报表
审计	次年1月	1. 配合预算监督委员会实施年度预算审计 2. 根据审计报告作出相应的整改	年度预算审计报告	年度预算整改方案

注：未注明职责单位的工作都由财务部负责完成

（2）日常工作

工作节点	时间	工作内容	流入文件	流出文件
预算执行	整个财年	按照费用预算管理办法审核费用支出		
预算分析	每月10日至20日	1. 确认，计量预算执行情况 2. 编制预算执行分析报告 3. 汇报上月执行情况和分析建议报告 4. 记录整理各部门拟定的改善方案与行动计划		月度预算执行情况和分析建议报告
预算调整	每季起始月10日至20日	1. 准备财务决算报表 2. 下发预算调整通报 3. 汇总各业务部门对下季度业务进行的预测 4. 汇总各业务部门编制的滚动预算	财务决算报表、月度预测初稿、预算调整建议稿、各部门下季度滚动业务预算	月度预测通报、业务改善方案与行动计划、预算调整通报、季度滚动预算

第九条 营销部门：

1. 部门构成

各办事处、服务部、营销办、市场部、技术支持部。

2. 主要职责

（1）年度工作

工作节点	时间	工作内容	流入文件	流出文件
战略规划	9月中旬	1. 年度预算正式启动前，对下一年度销售收入情况进行初步预测 2. 对下一年度营销费用、市场拓展费用情况进行初步预测	年度策略目标试行稿、部门目标分解方案试行稿、预算编制指引试行稿	
预算编制	10月至11月	1. 根据公司年度策略计划与目标、内外部统计分析数据和市场营销规划编制本部门年度业务计划，描述公司下年度在市场定位、价格、促销、产品和渠道等方面的主要规划 2. 根据部门业务计划和市场情况，进行产品销量、价格分析 3. 依据销售数量、销售价格预测情况、预算模型计算方法及其他相关资料，编制明细的本部门收入、费用预算以及必要的汇总预算，并按管理流程中的时限要求将相关预算资料送交相关部门 4. 每年10月底，完成并提交本部门下年度人力资源需求、部门一次性固定资产购置需求 5. 根据预算管理委员会预算平衡会、预算正式下达等会议决议，修改部门年度运作计划和预算方案		部门业务计划、销售收入预算、部门费用预算、回款预算、其他业务收入预算、其他业务支出预算、部门一次性固定资产购置需求、部门人力资源需求
审计	次年1月	1. 配合预算监督委员会实施年度预算审计 2. 根据审计报告作出相应的整改	年度预算审计报告	年度预算整改方案

（2）日常工作

工作节点	时间	工作内容	流入文件	流出文件
预算执行	整个财年	按审批权限设置要求，对本部门内部的预算内、预算外申请事项进行部门审批		超预算申请审批表
预算分析	每月10日至20日	对本部门的预算执行情况进行分析和总结，并编制部门业务分析报告，寻找产生预算与执行差异的原因，提出改善建议与行动方案		月度预算执行情况和分析建议报告、业务改善方案与行动计划

（续表）

工作节点	时间	工作内容	流入文件	流出文件
预算调整	每季起始月10日至20日	1. 参考部门实际运作及公司、部门计划变动情况，提交本部门预算调整申请与建议 2. 参考部门实际运作及公司、部门计划变动情况，提交未来3个月销量、价格以及销售费用预测 3. 参考实际运作变动情况，提出对相关预算编制方法和预算表格或预算管理流程的调整需求与建议 4. 编制季度销售、销售费用滚动预算		预算调整申请、预算管理建议、未来3个月收入、价格与销售费用预测、季度销售、销售费用滚动预算

第十条 生产、采购部门：

1. 部门构成

采购管理部、生产管理部、质量管理部、产品工艺部。

2. 主要职责

（1）年度工作

工作节点	时间	工作内容	流入文件	流出文件
战略规划	9月下旬	年度预算正式启动前，对下一年度生产能力与生产成本情况进行初步预测	年度策略目标试行稿、部门目标分解方案试行稿、预算编制指引试行稿	
预算编制	10月至11月	1. 根据公司年度策略计划与目标、内外部统计分析数据编制本部门年度业务计划 2. 依据销售数量、预算模型计算方法及其他相关资料，编制明细的生产数量预算 3. 依据生产数量预算、产品BOM、采购提前期和安全库存数量编制材料期末库存预算、材料订货预算和材料采购预算、预付款预算、采购付款预算，根据历史数据、业务计划编制制造费用预算以及必要的汇总预算，并按管理流程中的时限要求将相关预算资料送交相关部门		部门业务计划、生产数量预算、材料期末库存预算、材料订货预算、材料采购预算、预付款预算、采购付款预算、部门费用预算、部门固定资产购置需求、大修理及技术改造申请、部门人力资源需求

（续表）

工作节点	时间	工作内容	流入文件	流出文件
预算编制	10月至11月	4. 每年10月底，完成并提交本部门下年度人力资源需求、根据生产预算、设备使用状况提交固定资产购置需求、大修理及技术改造申请 5. 根据预算管理委员会预算平衡会、预算正式下达等会议决议，修改部门年度运作计划和预算方案		
审计	次年1月	1. 配合预算监督委员会实施年度预算审计 2. 根据审计报告作出相应的整改	年度预算审计报告	年度预算整改方案

（2）日常工作

工作节点	时间	工作内容	流入文件	流出文件
预算执行	整个财年	按审批权限设置要求，对本部门内部的预算内、预算外申请事项进行部门审批		超预算申请审批表
预算分析	每月10日至20日	对本部门的预算执行情况进行分析和总结，并编制部门业务分析报告，寻找产生预算与执行差异的原因，提出改善建议与行动方案		月度预算执行情况和分析建议报告、业务改善方案与行动计划
预算调整	每季起始月10日至20日	1. 参考部门实际运作及公司、部门计划变动情况，提交本部门预算调整申请与建议 2. 参考部门实际运作及公司、部门计划变动情况，提交未来3个月生产数量、库存、采购价格以及制造费用预测 3. 参考实际运作变动情况，提出对相关预算编制方法和预算表格或预算管理流程的调整需求与建议 4. 编制季度生产、采购与制造费用滚动预算		预算调整申请、预算管理建议、未来3个月生产量、库存、采购价格与制造费用预测、生产、采购与费用滚动预算

第十一条　职能部门：

1. 部门构成

总经理、营销领导、生产后勤领导、总会计师、总工程师；知识产权部、技术研究部、产品研发部（包括产品研发总监）、产品应用部（包括产品应用总监）、行政后勤部、财务部、信息管理部、人力资源部、企划部。

2. 主要职责

（1）研发部门：知识产权部、技术研究部、产品研发部、产品应用部年度工作。

工作节点	时间	工作内容	流入文件	流出文件
战略规划	9月下旬	年度预算正式启动前，对下一年度研发立项及投入进行初步预测	年度策略目标试行稿、部门目标分解方案试行稿、预算编制指引试行稿	
预算编制	10月至11月	1. 每年10月上旬前制定研发规划，描述公司下年度在产品研发、技术研究、产品应用和知识产权申报等方面的主要规划 2. 每年10月下旬依据公司策略计划，产品研发、技术研究和产品应用规划制定本部门下年度业务计划 3. 依据本部门运作计划、预算模型计算方法及销售部门提供的相关计划和预测资料，编制明细的本部门费用预算 4. 每年11月前，完成并提交本部门下年度人力资源需求、部门一次性固定资产购置需求 5. 根据公司总经理办公会（预算管理委员会）预审批与预下达、正式下达等会议决议，修改部门年度运作计划和预算方案		部门业务计划、部门费用预算、研发项目预算、部门一次性固定资产购置需求、部门人力资源需求
预算执行	整个财年	按审批权限设置要求，对本部门内部的预算内、预算外申请事项进行部门审批		
审计	次年1月	1. 配合预算监督委员会实施年度预算审计 2. 根据审计报告作出相应的整改	年度预算审计报告	年度预算整改方案

（2）研发部门：知识产权部、技术研究部、产品研发部、产品应用部日常工作。

工作节点	时间	工作内容	流入文件	流出文件
预算执行	整个财年	按审批权限设置要求，对本部门内部的预算内、预算外申请事项进行部门审批		超预算申请审批表

（续表）

工作节点	时间	工作内容	流入文件	流出文件
预算分析	每月10日至20日	对本部门的预算执行情况进行分析和总结，并编制部门业务分析报告，寻找产生预算与执行差异的原因，提出改善建议与行动方案		月度预算执行情况和分析建议报告、业务改善方案与行动计划
预算调整	每季起始月10日至20日	1. 参考部门实际运作及公司、部门计划变动情况，提交本部门预算调整申请与建议 2. 参考部门实际运作及公司、部门计划变动情况，提交未来3个月研发项目的工作进度与费用预测 3. 参考实际运作变动情况，提出对相关预算编制方法和预算表格或预算管理流程的调整需求与建议 4. 编制季度部门责任费用滚动预算		预算调整申请、预算管理建议、未来三个月研发项目工作进度与费用预测、季度部门责任费用滚动预算

（3）行政后勤部年度工作

工作节点	时间	工作内容	流入文件	流出文件
战略规划	9月下旬	年度预算正式启动前，对下一年度公司行政费用支出情况进行初步预测	年度策略目标试行稿、部门目标分解方案试行稿、预算编制指引试行稿	
预算编制	10月至11月	1. 每年10月下旬根据公司年度策略计划、预算启动会议纪要、固定资产投资部门投资安排及公司相关经营统计数据编制本部门年度业务计划 2. 依据本部门年度业务计划、预算模型计算方法及其他相关经营统计资料，编制明细的行政管理类费用预算及本部门费用预算，并在管理流程规定的时限内将相关预算资料送交相关部门 3. 每年11月前，完成并提交本部门下年度人力资源需求		部门业务计划、行政管理类费用、部门费用预算、部门人力资源需求、部门一次性固定资产购置需求

（续表）

工作节点	时间	工作内容	流入文件	流出文件
预算编制	10月至11月	4. 每年11月月初将汇总公司各部门需求的一次性固定资产购置预算表送交固定资产投资部门 5. 根据公司总经理办公会（预算管理委员会）预审批与预下达、正式下达等会议决议，修改部门年度运作计划和预算方案		
预算执行	整个财年	按审批权限设置要求，对本部门内部的预算内、预算外申请事项进行部门审批		
审计	次年1月	配合预算监督委员会实施年度预算审计；根据审计报告做出相应的整改。	年度预算审计报告	年度预算整改方案

（4）行政后勤部日常工作

工作节点	时间	工作内容	流入文件	流出文件
预算执行	整个财年	按审批权限设置要求，对本部门内部的预算内、预算外申请事项进行部门审批		超预算申请审批表
预算分析	每月10日至20日	对本部门的预算执行情况进行分析和总结，并编制部门业务分析报告，寻找产生预算与执行差异的原因，提出改善建议与行动方案		月度预算执行情况和分析建议报告、业务改善方案与行动计划
预算调整	每季起始月10日至20日	1. 参考部门实际运作及公司、部门计划变动情况，提交本部门预算调整申请与建议 2. 参考部门实际运作及公司、部门计划变动情况，提交未来3个月部门责任费用预测 3. 参考实际运作变动情况，提出对相关预算编制方法和预算表格或预算管理流程的调整需求与建议 4. 编制季度部门责任费用滚动预算		预算调整申请、预算管理建议、未来3个月部门责任费用预测、季度部门责任费用滚动预算

（5）人力资源部年度工作

工作节点	时间	工作内容	流入文件	流出文件
战略规划	9月下旬	年度预算正式启动前，对下一年度人力资源情况进行初步预测	年度策略目标试行稿、部门目标分解方案试行稿、预算编制指引试行稿	
预算编制	10月至11月	1. 依据公司年度策略计划和预算启动会议决议内容，对各部门（包括本部门）报送的部门人力资源需求计划，进行必要的部门间沟通和平衡，再据此编制本部门年度运作计划 2. 依据本部门年度运作计划、预算模型计算方法及其他相关资料，编制工资、福利费预算、工会经费、职教费和社会保险预算及本部门费用预算，并在管理流程规定的时限内将相关预算资料送交相关部门 3. 每年11月月初根据部门（初步）运作计划，编制部门一次性固定资产购置需求，经主管副总同意后送交行政部门 4. 根据公司总经理办公会（预算管理委员会）预审批与预下达、正式下达等会议决议，修改部门年度运作计划和预算方案		部门业务计划、部门费用预算、工资、福利费预算、工会经费、职教费和社会保险预算、部门人力资源需求、部门一次性固定资产购置需求
审计	次年1月	1. 配合预算监督委员会实施年度预算审计 2. 根据审计报告作出相应的整改	年度预算审计报告	年度预算整改方案

（6）人力资源部日常工作

工作节点	时间	工作内容	流入文件	流出文件
预算执行	整个财年	按审批权限设置要求，对本部门内部的预算内、预算外申请事项进行部门审批		超预算申请审批表
预算分析	每月10日至20日	对本部门的预算执行情况进行分析和总结，并编制部门业务分析报告，寻找产生预算与执行差异的原因，提出改善建议与行动方案		月度预算执行情况和分析建议报告、业务改善方案与行动计划

（续表）

工作节点	时间	工作内容	流入文件	流出文件
预算调整	每季起始月10日至20日	1. 参考部门实际运作及公司、部门计划变动情况，提交本部门预算调整申请与建议 2. 参考部门实际运作及公司、部门计划变动情况，提交未来3个月公司人工费用与部门责任费用预测 3. 参考实际运作变动情况，提出对相关预算编制方法和预算表格或预算管理流程的调整需求与建议 4. 编制季度公司工资、部门责任费用滚动预算		预算调整申请、预算管理建议、未来3个月公司人工费用与部门责任费用预测、公司工资与部门责任费用滚动预算

（7）企划部年度工作

工作节点	时间	工作内容	流入文件	流出文件
战略规划	9月中旬	1. 每年7月月初开始通过市场调研和信息搜集原始资料，出具关于行业数据和分析、竞争者分析、宏观经济指标等分析性报告 2. 负责收集和汇总各部门提交的下年度初步预测报告与相关资料，对公司战略落实、年度经营目标方案进行分析，提交预算管理委员会商议以确定公司年度战略目标与方案	年度策略目标试行稿、部门目标分解方案试行稿、预算编制指引试行稿	《行业分析报告》
预算编制	10月至11月	1. 每年10月月初根据公司年度运作计划，编制本部门年度运作计划 2. 依据本部门运作计划、预算模型计算方法及其他相关资料，编制明细的本部门费用 3. 每年11月前，完成并提交本部门下年度人力资源需求、部门一次性固定资产购置需求 4. 根据公司总经理办公会（预算管理委员会）预审批与预下达、正式下达等会议决议，修改部门年度运作计划和预算方案		部门业务计划、部门费用预算、部门人力资源需求、部门一次性固定资产购置需求
审计	次年1月	1. 配合预算监督委员会实施年度预算审计 2. 根据审计报告作出相应的整改	年度预算审计报告	年度预算整改方案

（8）企划部日常工作

工作节点	时间	工作内容	流入文件	流出文件
预算执行	整个财年	按审批权限设置要求，对本部门内部的预算内、预算外申请事项进行部门审批		超预算申请审批表
预算分析	每月10日至20日	对本部门的预算执行情况进行分析和总结，并编制部门业务分析报告，寻找产生预算与执行差异的原因，提出改善建议与行动方案		月度预算执行情况和分析建议报告、业务改善方案与行动计划
预算调整	每季起始月10日至20日	1. 参考部门实际运作及公司、部门计划变动情况，提交本部门预算调整申请与建议 2. 参考部门实际运作及公司、部门计划变动情况，提交未来3个月部门责任费用预测 3. 参考实际运作变动情况，提出对相关预算编制方法和预算表格或预算管理流程的调整需求与建议 4. 编制季度部门责任费用滚动预算		预算调整申请、预算管理建议、未来3个月部门责任费用预测、部门责任费用滚动预算

（9）信息管理部年度工作

工作节点	时间	工作内容	流入文件	流出文件
战略规划	9月下旬	年度预算正式启动前，对下一年度信息化建设支出情况进行初步预测	年度策略目标试行稿、部门目标分解方案试行稿、预算编制指引试行稿	《行业分析报告》
预算编制	10月至11月	1. 根据公司年度策略计划、各部门各类信息需求编制和调整本部门年度业务计划 2. 依据本部门及其他相关部门业务计划、公司投资安排、预算模型计算方法等资料，编制部门费用预算 3. 每年11月前，完成并提交本部门下年度人力资源需求、部门一次性固定资产购置需求 4. 根据公司总经理办公会（预算管理委员会）预审批与预下达、正式下达等会议决议，修改部门年度运作计划和预算方案		部门业务计划、部门费用预算、下年度人力资源需求、部门一次性固定资产购置需求

（续表）

工作节点	时间	工作内容	流入文件	流出文件
审计	次年1月	1. 配合预算监督委员会实施年度预算审计 2. 根据审计报告作出相应的整改	年度预算审计报告	年度预算整改方案

（10）信息管理部日常工作

工作节点	时间	工作内容	流入文件	流出文件
预算执行	整个财年	按审批权限设置要求，对本部门内部的预算内、预算外申请事项进行部门审批		超预算申请审批表
预算分析	每月10日至20日	对本部门的预算执行情况进行分析和总结，并编制部门业务分析报告，寻找产生预算与执行差异的原因，提出改善建议与行动方案		月度预算执行情况和分析建议报告、
预算调整	每季起始月10日至20日	1. 参考部门实际运作及公司、部门计划变动情况，提交本部门预算调整申请与建议 2. 参考部门实际运作及公司、部门计划变动情况，提交未来3个月部门责任费用预测 3. 参考实际运作变动情况，提出对相关预算编制方法和预算表格或预算管理流程的调整需求与建议 4. 编制季度部门责任费用滚动预算		业务改善方案与行动计划、预算调整申请、预算管理建议、未来3个月部门责任费用预测、季度责任费用滚动预算

（11）财务部年度工作（参见预算执行委员会职责中财务部工作）

（12）财务部日常工作（参见预算执行委员会职责中财务部工作）

（13）总经理、营销和工程副总、生产和后勤副总、总会计师、总工程师、各级领导费用经预算管理委员会确定后，由财务部代为编制。

第三章　全面预算的内容

第十一条　全面预算的内容如下图所示：

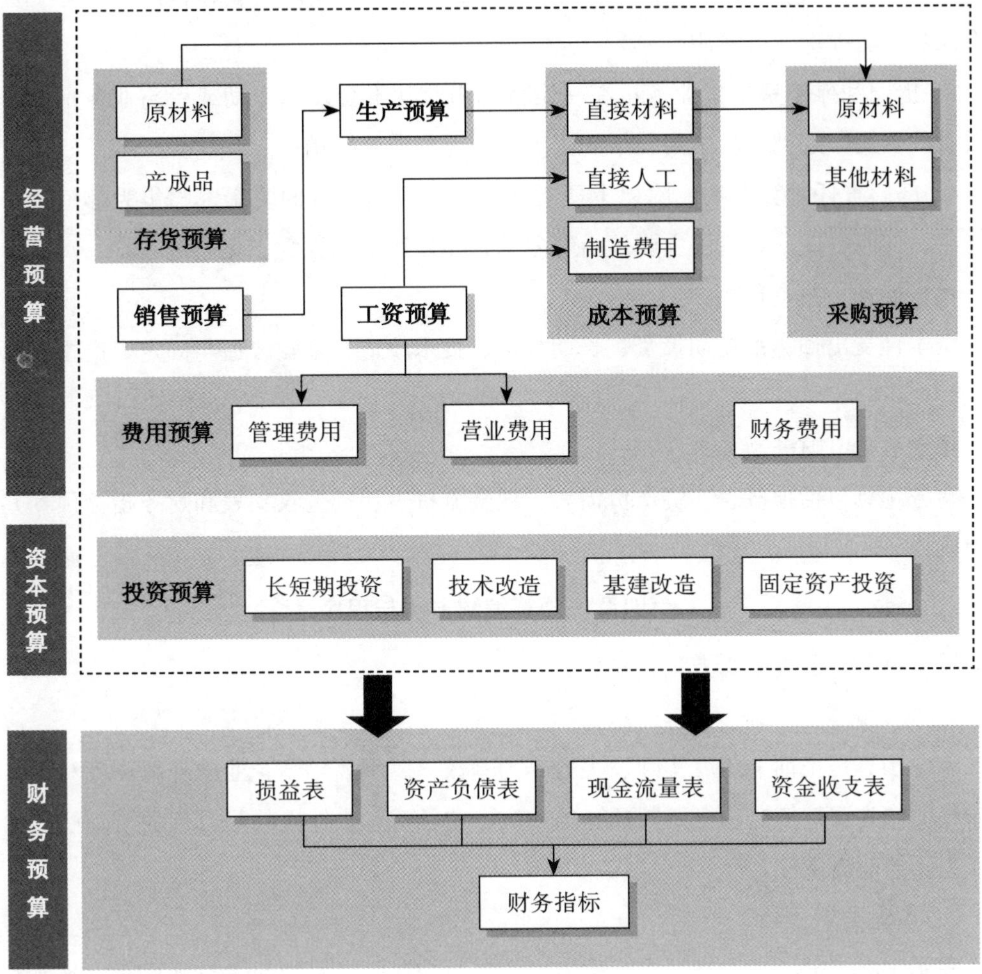

全面预算的内容

第十二条　业务预算：

业务预算由销售预算、生产预算、采购预算、工资预算和成本预算组成。销售需要预算的主要内容包括销量、价格、销售回款；生产需要预算的主要内容包括存货、生产量与投料量和物料单耗；采购需要预算的主要内容包括采购量、订货量、采购价格和采购付款；成本预算主要由生产成本—材料成本预算和生产成本—制造费用预算两部分组成。

第十三条　费用预算：

1. 费用预算包括管理费用预算、销售费用预算和制造费用预算。费用预算以所有的二级部门为基本的编制单位，每个部门的费用由人工费用、折旧与返销费用和部门责任预算费用组成。

2. 人工费用：该类费用指由于人员聘用而引发的费用。主要包括的内容有工资、社会保险、医疗保险等费用。

3. 折旧和摊销费用指业务量在一定范围内时就不会发生变动或者与业务量根本没有关系的费用。这类费用主要包括固定资产和无形资产摊销。

4. 部门责任预算费用：除以上两类费用外，部门发生的费用都归集为部门责任预算费用。部门责任预算费用主要包括的内容有办公费、差旅费、交通费等。

第十四条 投资预算：

资本性支出预算由短期投资、长期投资、技术改造、基建改造与固定资产投资预算构成。

第十五条 财务预算：

财务预算包括损益表、资产负债表、现金流量表、资金收支表和财务指标预算五部分组成。

第四章 预算编制方法与程序

第十六条 预算编制方法：

1. 增量预算

增量预算是把前一年度实际发生数作为基数，以预算年度企业内外部环境对业务的影响程度作为调整依据进行编制预算的方法。“承认过去发生的是合理的”是使用增量预算方法的前提条件。

2. 零基预算

零基预算“只考虑未来需求，不考虑历史惯性”，以零为起点对预算期内各项收支的可行性、必要性、合理性逐项审议予以确定收支水平的预算，一般适用于预算编制基础变化较大的预算项目。

3. 弹性预算

弹性预算是在按照成本（费用）习性分类的基础上，根据量、本、利之间的依存关系编制的预算，一般适用于与业务量有关的成本（费用）、利润等预算项目。

第十七条 预算编制程序：

1. 下达目标

预算管理委员会根据企业发展战略和预算期经济形势的初步预测，在决策的基础上，于每年9月底以前提出下一年度公司预算目标，包括业务销售目标、成本费用目标、利润目标和现金流量目标，并确定年度预算编制的政策。

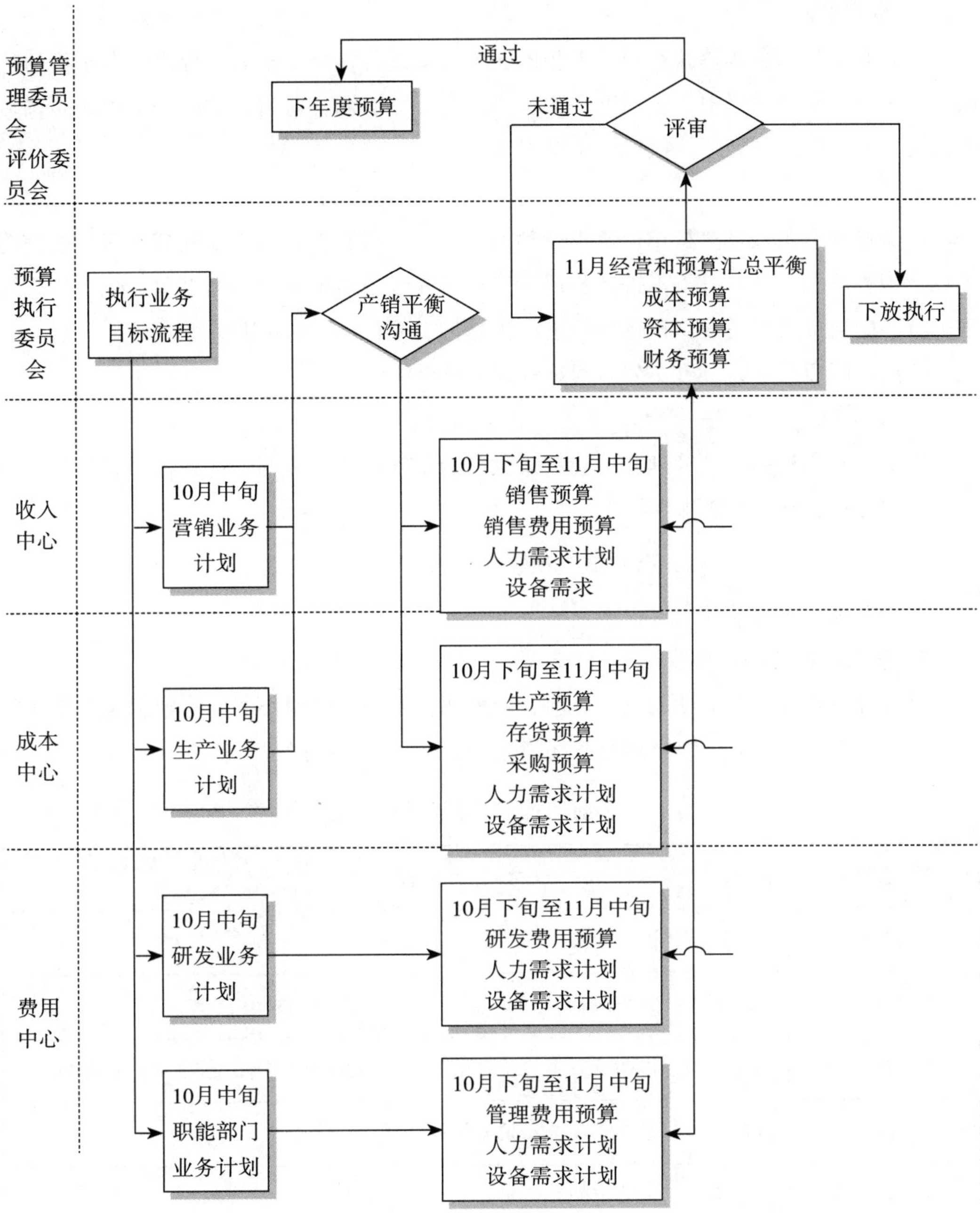

预算编制程序

2. 编制上报

各预算执行单位按照预算管理委员会下达的预算目标，结合自身实际提出详细的本单位预算方案，于10月底前上报预算执行委员会（财务部）。

3. 审查平衡

公司财务部对各预算执行单位上报的预算方案进行审查、汇总，提出综合平衡的建议。在审查、平衡过程中，公司财务部应当进行充分协调，对发现的问题提出初步调整的意见，并反馈给有关预算执行单位予以修正。

4. 审议批准

财务部在有关预算执行单位修正调整的基础上，编制出公司年度预算方案，报公司预算管理委员会讨论。对于不符合公司发展战略或者公司预算目标的事项，公司预算管理委员会应当责成有关预算执行单位进一步修订、调整。在讨论调整的基础上，财务部正式编制年度预算草案，提交公司预算管理委员会审议批准。

5. 下达执行

财务计划部根据预算管理委员会审议批准的年度预算，分解下达到各预算单位，各预算单位分解、落实并实施。

第五章　预算监控内容与程序

第十八条　预算监控内容：

1. 事前监控的项目与监控部门

事前监控指在业务活动未发生之前，业务执行人需要根据公司的管理制度和年度预算提交业务申请，由上级领导和业务部门进行审批和审核的过程。

事前监控的部门与项目

监控部门	监控项目
营销办公室	产品价格、回款政策
人力资源部	人力需求、人力成本
质量管理部	制成检验合格率、来料检验合格率、安装检验合格率、新产品开发质量
财务部	资金支出、投融资业务、采购价格
生产管理部	工艺标准与工艺定额

2. 事中监控的项目与监控部门

事中监控指在业务执行过程中，监控部门以公司的管理制度与年度预算为标准，对业务的执行情况进行的对比分析。

事中监控的项目与监控部门

监控部门	监控项目
营销部门	销量、产品价格、产品销售结构、部门费用、销售增长率、新产品市场份额、应收账款占销售收入比率、产成品占用资金
生产部门	材料消耗定额、部门费用、人均产出、制成检验合格率、材料库存资金占用、产品平均交货期、呆滞材料降低率
采购部门	采购资金占用额、采购价格、外协加工费、应付账款占存货金额比例、来料检验合格率
研发部门	新产品数量、新技术数量、部门费用
人力资源部门	人力需求与人力成本
财务部门	净资产收益率、销售净利率、总资产周转率、权益乘数、营运资金占流动资产比率、资产负债率、收现率、应收账款占销售收入比例、应付账款占存货金额比例、销售费用占收入比率、管理费用定额
其他部门	部门费用、非生产材料占用资金

第十九条　预算监控程序：

1. 预算监控流程如下图所示

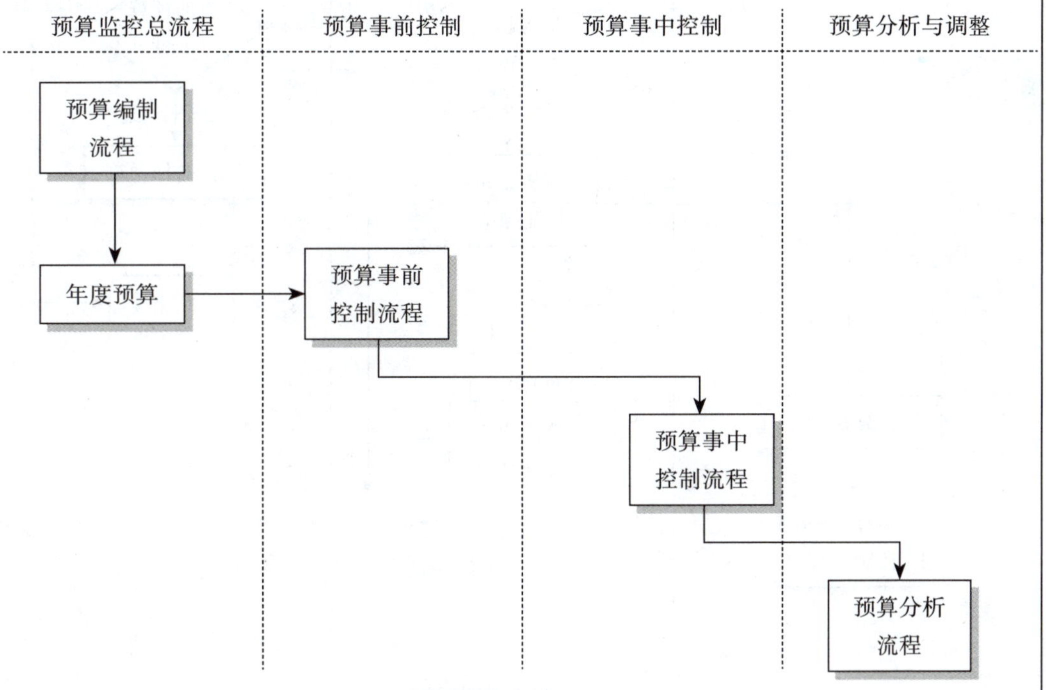

预算监控流程

2. 预算事前控制流程如下图所示

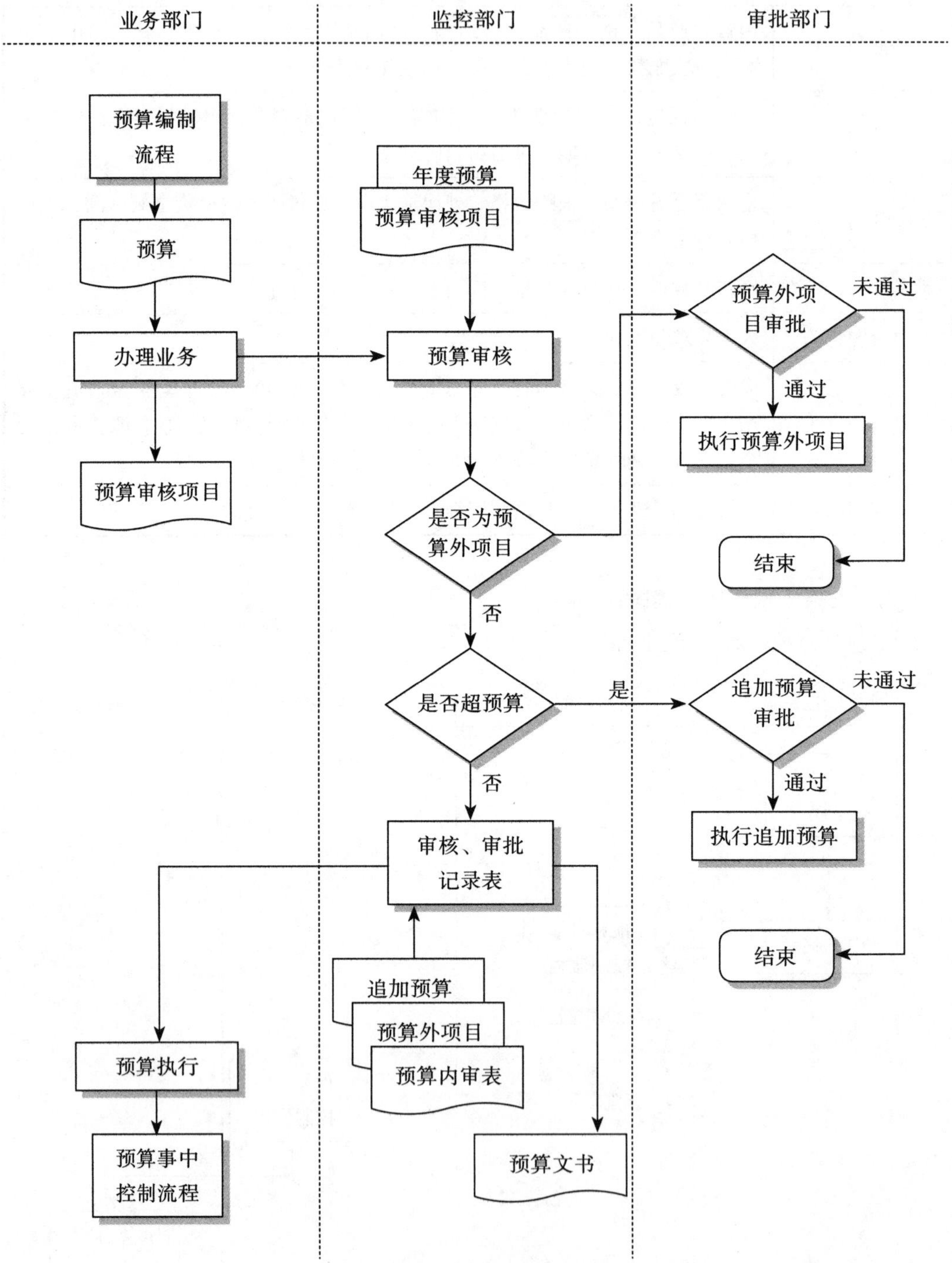

预算事前控制流程

3. 预算事中控制流程如下图所示

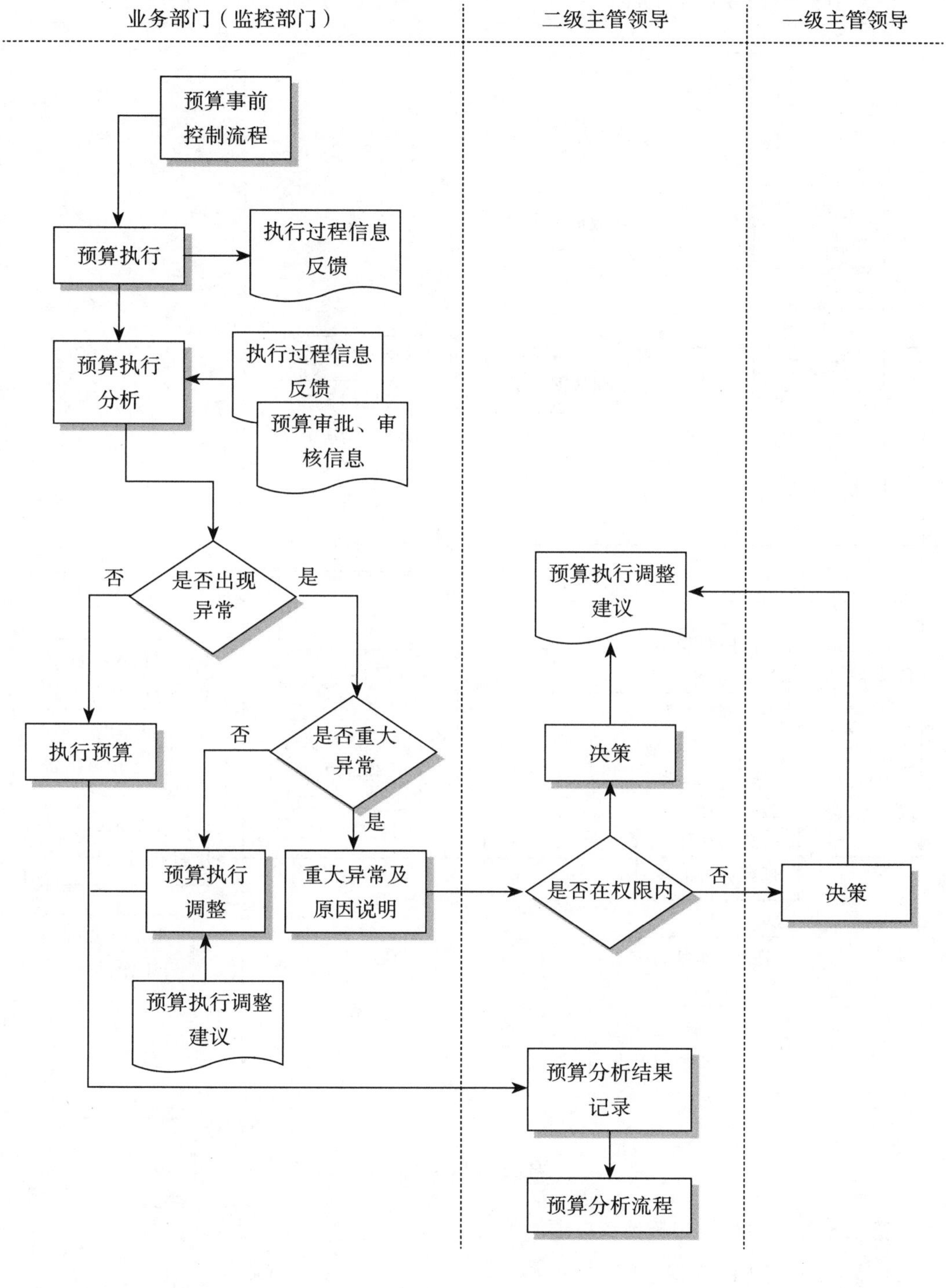

预算事中控制流程

4. 预算分析流程如下图所示

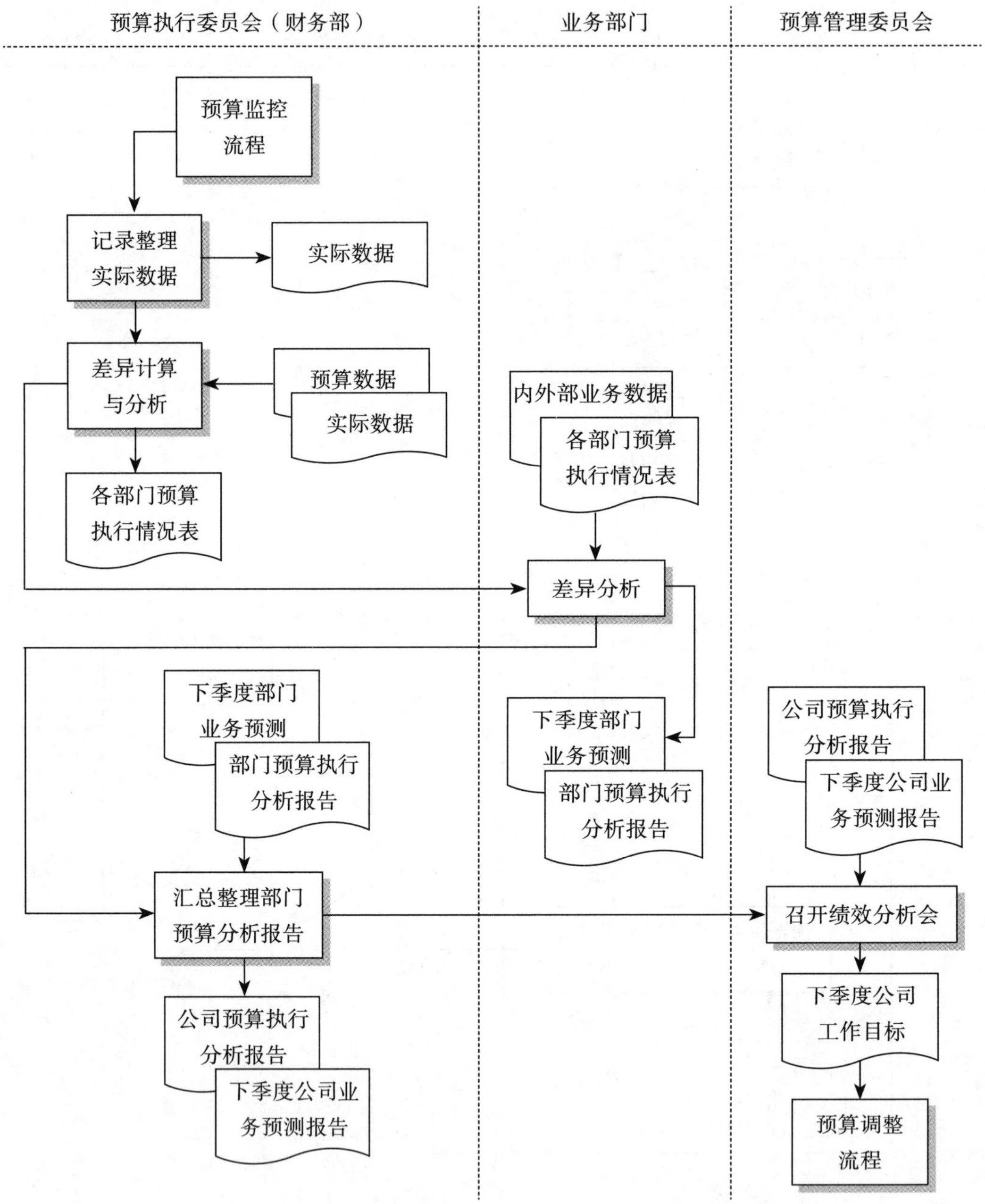

预算分析流程

第二十条　预算外与超预算事项的处理：

1. 预算外事项的处理程序

预算外事项即在期初预算方案中没有预计，而现在即将发生的业务活动。为预算外事项的发生，对该类事项加以严格控制。所有预算外事项都需要经过预算管理委员会审批后才能决定是否执行。预算外事项的处理程序如下图所示。

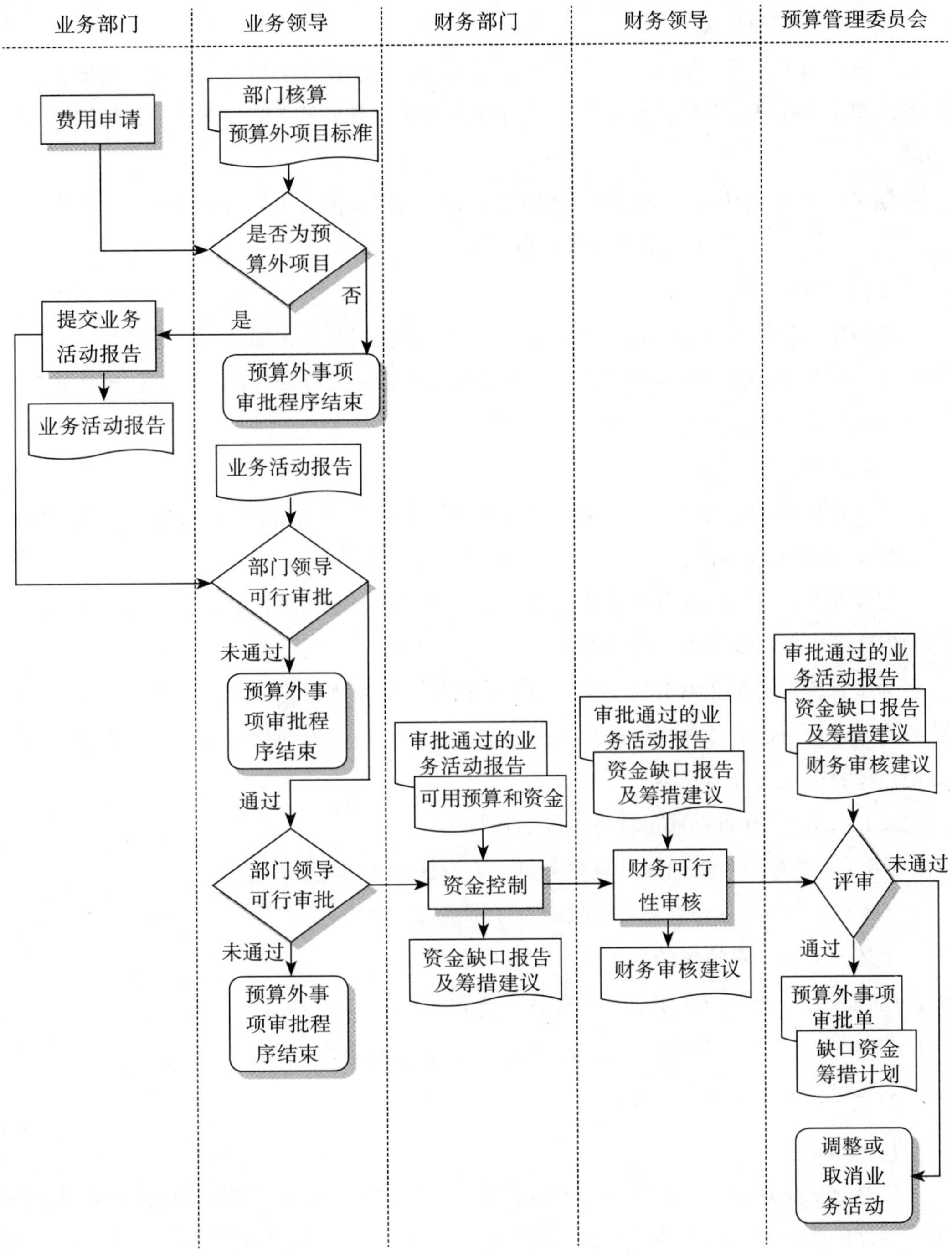

预算外事项审批程序

（1）提交业务活动报告

各个业务活动负责人对预算外事项，要编制详细的业务活动报告，其中一定包含资金需求，该报告是各级进行审批的基础资料。

（2）资金控制

财务部对照预算方案，比较当期可用资金与当期预算外事项所需资金，若前者小于后者，即企业在满足预算内事项后，已经没有足够的资金可支配，则取消或延期该业务活动。

当期可用资金=上期资金余额+当期预算方案中的资金流入（包括企业融资、筹资）

－当期预算方案中的资金流出。

（3）审批

部门依据该业务活动的可行性审批；主管领导依据从公司层次考虑业务活动的可行性审批；财务总监比较互斥业务活动方案的经济效益，选择最优活动方案；预算管理委员会依据预算管理委员会会议决策。

（4）财务核算

财务在核算的过程中，对业务活动原始单据的真实性、完整性、合法性予以监督。

2. 超预算事项的内容

超预算是指在实际业务活动中，某些事项是期初编制预算方案时已经考虑到，但实际发生数超出期初预算额度的情况。

为了保障业务的正常开展，对于由于公司生产经营规模扩大导致业务量增加或出现新的业务，可对已有预算项目的预算指标进行追加。根据追加预算项目的性质和金额，要把超预算事项划分为三类：

（1）部门领导审批通过就可追加的预算；

（2）主管领导审批通过并且财务负责人审核后才可追加的预算；

（3）需要预算管理委员会审批通过才可追加的预算；

上述三类超预算情形的具体内容要根据企业实际添加。

超预算事项的处理程序如下图所示（见下页）。

第六章　预算分析方法与程序

第二十一条　预算分析方法：

1. 比较分析法

将某特定企业的监控内容与比较标准进行横向对比，确定不同期间的差异额或差异率，以分析监控内容的变动情况及变动趋势。比较标准可以是预算数据、历史数据、预测数据或其他企业的数据。在进行比较分析时，除了可以针对单个项目研究其趋势，还

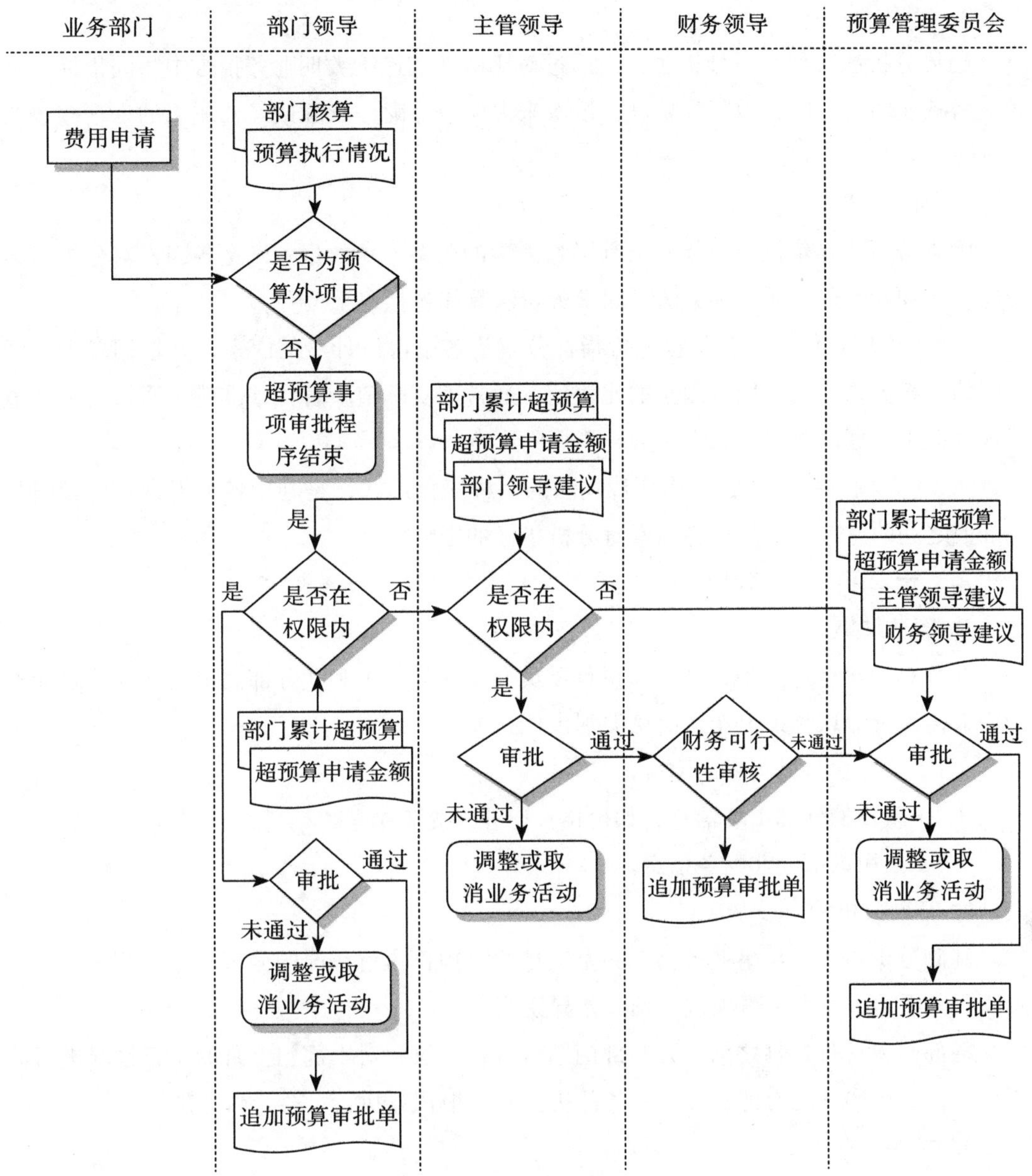

超预算事项的处理程序

可以针对特定项目之间的关系进行分析，以揭示出隐藏的问题。比如，如果发现销售增长10%时，销售成本增长了14%，也就是说，成本比收入增加得更快，这与我们通常的假设是相悖的，我们通常假设，在产品和原材料价格不变时，销售收入和销售成本同比例增长。现在出现了这种差异，一般有三种可能：一是产品价格下降，二是原材料价格上升，三是生产效率降低。要确定具体的原因，这就需要借助其他方法和资料作进一步的分析。

2. 趋势分析法

趋势分析法又称水平分析法，是通过对比两期或连续数期财务报告中相同指标，确定其增减变动的方向、数额和幅度，依次来说明企业财务状况或经营成果的变动趋势的一种方法。

3. 因素分析法

因素分析法是依据分析指标与其影响因素的关系，从数量上确定各因素对分析指标影响方向和影响程度的一种方法。因素分析法具体包括以下两种：

（1）连环替代法：它是将分析指标分解为各个可以计量的因素，并根据各个因素之间的依存关系，顺次用各因素的比较值（通常即实际值）替代基准值（通常为标准值或计划值），据以测定各因素对分析指标的影响。

（2）差额分析法：它是连环替代法的一种简化形式，是利用各个因素的比较值与基准值之间的差额，来计算各因素对分析指标的影响。

第二十二条　预算分析程序：

1. 信息收集

在预算的执行过程中，由预算执行委员会（财务部）和业务部门根据差异分解标准的要求，进行信息收集工作。信息类别包括：

（1）预算执行过程中的财务信息。

（2）重要的外部市场信息，如价格、行业领先者销量。

（3）公司内部的非财务信息。

2. 基础分析

基础分析指各个从事业务活动的基础单位对预算执行情况的分析，主要侧重于结合具体业务活动中所发生事项进行预算差异说明。

各部门在每月10日之前召开本部门绩效分析会议，对本部门上月的执行情况进行分析总结，并在10日之前把各部门业务分析报告上报预算执行员会（财务部）。

3. 综合分析

综合分析是指预算执行委员会（财务部）在对各基础单位的预算分析进行梳理之后，结合企业内外环境因素，分析公司预算执行差异的各种主客观因素。

预算执行委员会在每月13日前完成综合分析，预算管理委员会于每月____日召开公司绩效分析会议，所有的预算单位都必须列席参加。会议主要由各预算单位对本部门业务分析报告中的重大差异及特殊事项进行解释说明并陈述改善措施。

4. 分析报告内容

（1）预算执行进度分析

通过与业务计划中行动方案所规定的时间对比，确认目前公司或部门各项工作的完成情况。

（2）预算执行结果分析

通过实际数据与预算数据的对比，总结公司或部门工作所取得的成绩和存在的问题。

（3）分析与调整建议

针对进度分析和结果分析中所列示的重大差异，向预算管理委员会说明产生的原因和拟采取的行动方案。如果产生差异的原因符合预算调整的条件可申请调整预算。

第七章　预算调整方法与程序

第二十三条　预算调整的内容：

预算调整包括预算内指标之间的平衡和同一指标在不同期间的平衡。公司的年度策略目标不可以调整，但未完成的部分可以在余下的各期间内进行重新平衡、分解。部门的业务目标在不影响公司年度策略目标的情况下可以进行调整，其未完成的部分也可以在余下的各期间内进行重新平衡、分解。

第二十四条　预算调整方法：

预算调整的方法为滚动预算，在编制预算时，先按年度分季，并将其中第一季度按月划分，建立各月的明细预算，以便监督预算的执行。在第一季度末对第二季度的预算进行调整，然后将第二季度的预算数按月细分，以此类推。编制过程如下图所示。

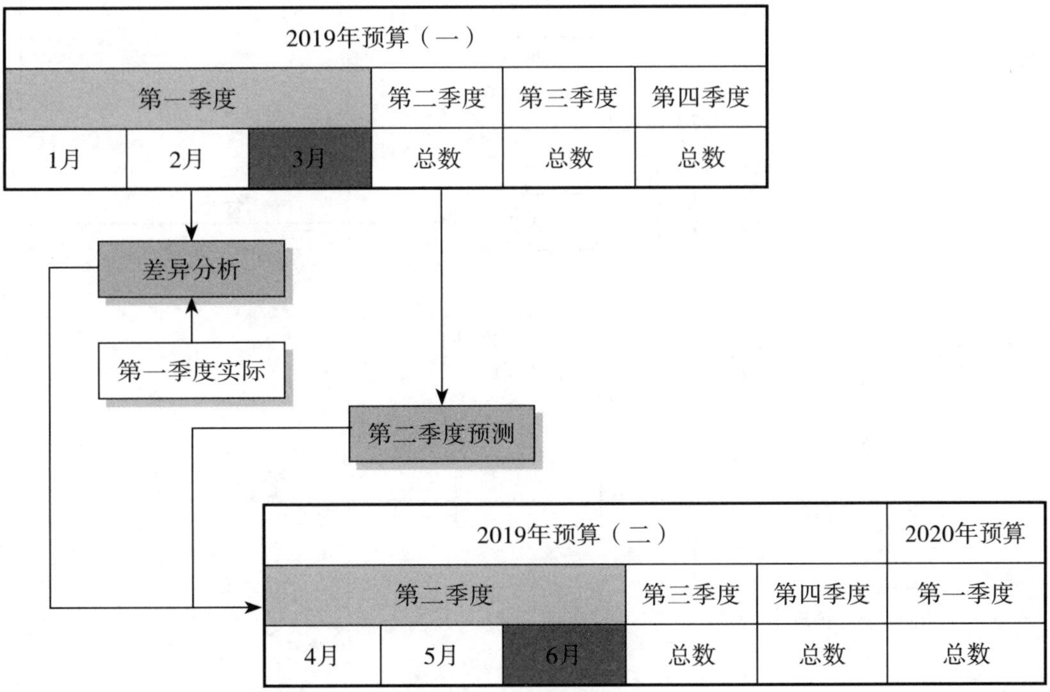

预算调整的编制过程

第二十五条 预算调整程序：

预算调整程序如下图所示。

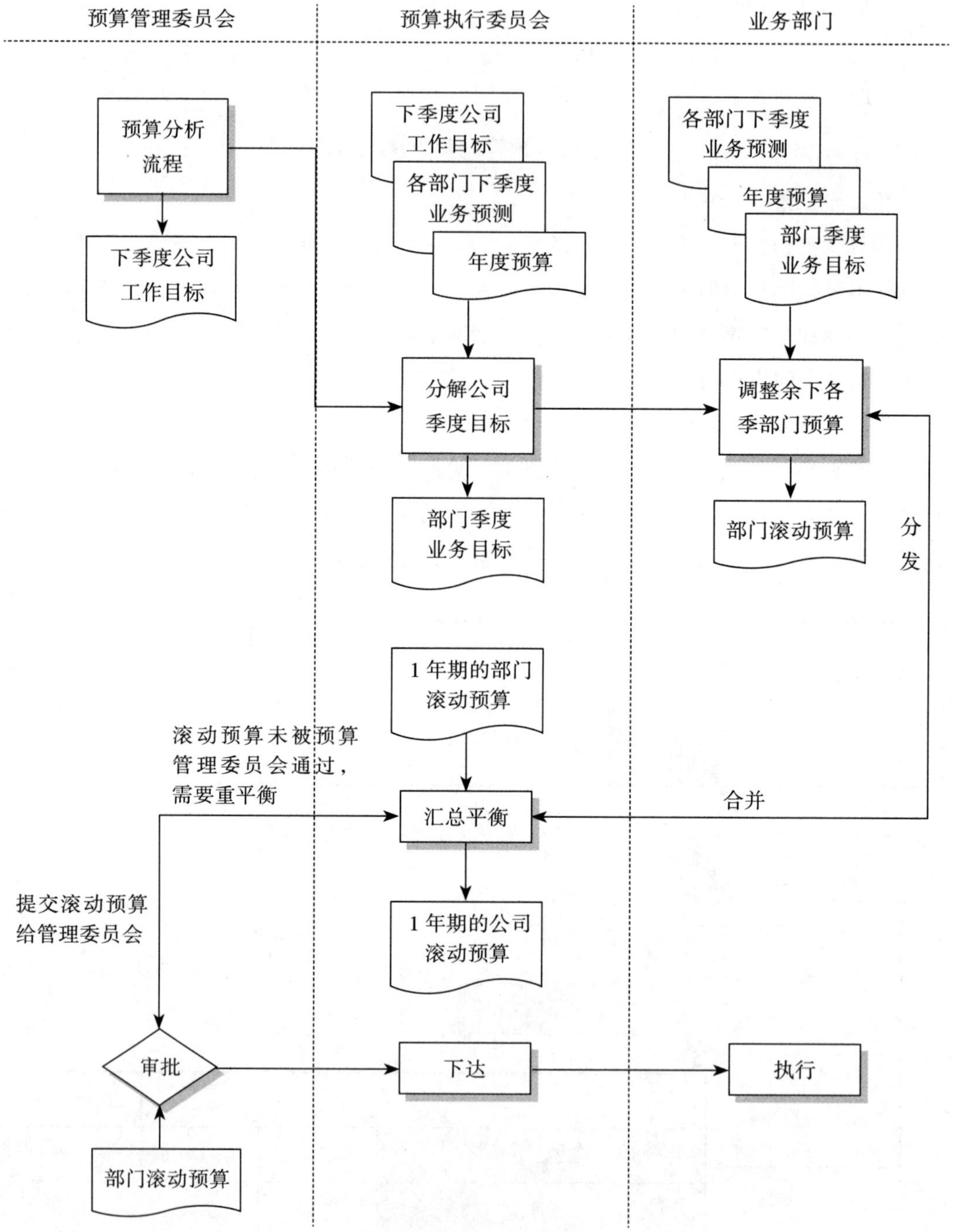

预算调整程序

2.3　资金预算管理细则

资金预算管理细则

第一章　总　　则

第一条　目的。

规划、控制、监督资金的运作，提高资金使用效率。

第二条　范围：

1. 部门范围：公司所有部门。

2. 资金收支预算范围：公司各部门预计单笔业务支出超过2 000元以上的，公司所有资金收入与支出。

3. 业务范围：公司所有收入业务；有资金支出的业务并符合上一条规定范围的才进行资金预算，不须资金支出的业务不纳入资金预算范围。

第二章　组 织 机 构

第三条　组织机构：

1. 资金预算管理的组织机构包括预算委员会、财务部。

2. 预算委员会是实施资金算管理的最高管理机构，组成成员包括总经理、副总经理、财务经理、办公室主任。

3. 财务部是资金预算管理的具体操作部门，由财务部综合组牵头，其他核算组协助完成。

第四条　职责：

1. 预算委员会职责

（1）全面指导资金预算过程中出现的新问题新现象。

（2）预测公司未来资金的收入情况，规划长期资金的支出情况。

（3）对每期的资金预算进行核准并下达核准后的资金支出报告。

（4）审阅每月的资金预算考核报告。

2. 财务部职责

（1）全面负责资金预算的日常操作和各部门进行预算过程中的问题解答。

（2）向预算委员会提交预算报告。

（3）每月编制预算执行报告。

第三章　预 算 流 程

第五条　预算流程如下图所示：

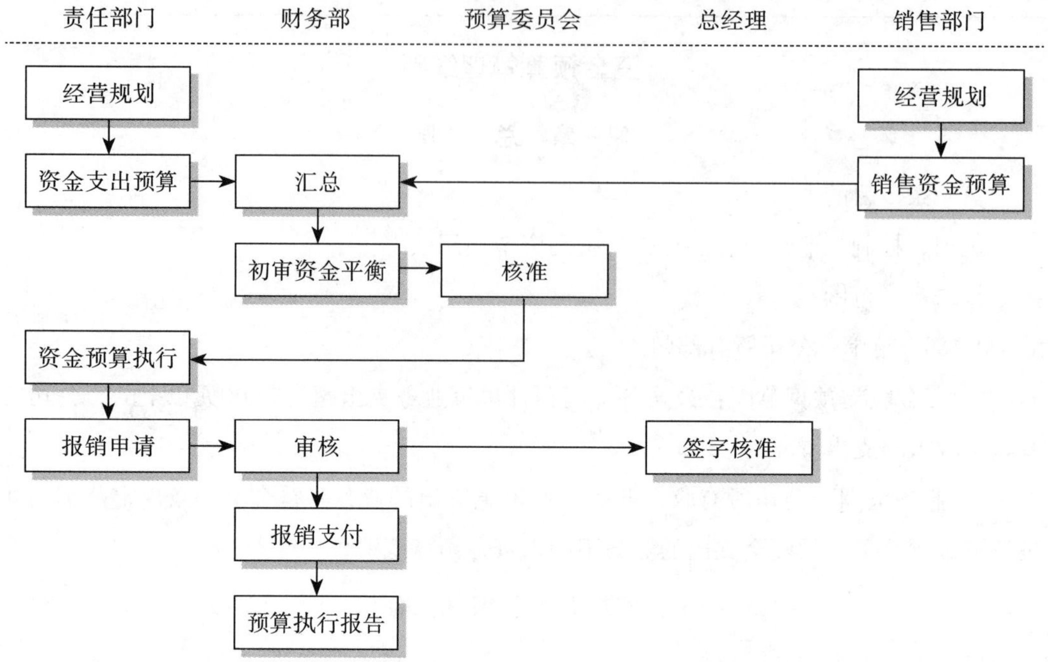

预算流程

第四章 资金预算管理体系

第六条 为了实现资金预算管理，资金预算体系构成包括：

1. 销售收入及销售现金收入预算。

2. 生产资金的预算，包括材料采购资金预算、外协加工资金预算、低值品采购资金预算。

3. 材料采购资金，指直接构成产品成本的材料所需的资金。

4. 外协加工资金，指委托其他厂家进行半成品加工所需的资金。

5. 低值品采购资金，指购买不属于长期投资范围但每次支出超过2 000元以上的辅料、低值品所需的资金。

6. 样品采购资金预算，指销售部对外采购的样品资金支出预算。

7. 人工工资预算，指生产人员、办公人员、销售人员的工资支出预算。

8. 销售费用预算，指销售部发生的费用预算。

9. 管理费用预算，指管理部门发生的各项费用支出预算。

10. 财务费用预算，指借款利息支出预算。

11. 税金费用预算，指所得税、增值税等各项税费的支出预算。

12. 职工福利预算，指为直接满足职工生活需求的支出，包括职工食堂支出、房租支出、车辆租金支出、职工医疗支出、职工服装支出等预算。

13. 长期投资资金预算，包括在建工程资金预算、固定资产资金预算、无形资产资金预算、项目投资预算。

14. 在建工程，指公司厂房、车间等投资在2 000元以上的基本建设。

15. 固定资产，指单价在2 000元以上，使用期限在1年以上的设备，如机床、电脑等。

16. 无形资产，指从外部单位购买的，单位价值在5 000元以上的软件、专利、商标等。

17. 项目投资，指为某个投资项目所发生的项目支出。

18. 其他支出预算，指除上述以外的其他不可预计的支出。

第五章　预 算 编 制

第七条　预算草案编制：

各部门根据历史月份的生产经营情况，对预算月份的经营情况进行周密的预测，并按财务部提供的规范表格编制资金预算表，于每月28日向财务部相关责任组提交。

预算编制内容及责任部门

<table>
<tr><th>序号</th><th colspan="2">项目</th><th>表名</th><th>编制部门</th><th>对应财务部责任组</th></tr>
<tr><td>1</td><td colspan="2">销售收入及销售资金预算</td><td>C01</td><td>销售部门</td><td>财务部销售核算组</td></tr>
<tr><td></td><td rowspan="5">生产资金支出</td><td>生产预算</td><td>C02</td><td>生产管理计划部门</td><td rowspan="5">财务部存货核算组</td></tr>
<tr><td>2</td><td>材料采购支出</td><td rowspan="3">C03-1</td><td>副总办、供应部、生管部</td></tr>
<tr><td>3</td><td>外协采购支出</td><td>供应部</td></tr>
<tr><td>4</td><td>低值品采购支出</td><td>供应部</td></tr>
<tr><td>5</td><td>直接人工支出</td><td>C04</td><td>生管部</td></tr>
<tr><td>6</td><td colspan="2">样品采购支出</td><td>C03-1</td><td>销售部</td><td rowspan="2">财务部存货核算组</td></tr>
<tr><td>7</td><td colspan="2">间接人工支出</td><td>B03</td><td>财务部</td></tr>
<tr><td>8</td><td colspan="2">销售费用支出</td><td>C05</td><td>销售部</td><td>财务部销售核算组</td></tr>
<tr><td>9</td><td colspan="2">管理费用支出</td><td>C06</td><td>各部门、财务部</td><td rowspan="4">财务部会计核算组</td></tr>
<tr><td>10</td><td colspan="2">财务费用支出</td><td>B06</td><td>财务部</td></tr>
<tr><td>11</td><td colspan="2">税金费用支出</td><td>C08</td><td>财务部</td></tr>
<tr><td>12</td><td colspan="2">职工福利支出</td><td>C09</td><td>总经办</td></tr>
<tr><td>13</td><td colspan="2">长期投资支出</td><td>C10～1
C10～3</td><td>有长期投资的部门，其中在建工程投资由办公室提供</td><td rowspan="3">财务部综合组</td></tr>
<tr><td></td><td colspan="2">新产品开发支出</td><td>C11</td><td>技术部</td></tr>
<tr><td>14</td><td colspan="2">其他支出</td><td>C11</td><td>总经办</td></tr>
</table>

第八条 财务部预审与汇总：

1. 财务部各责任组收到各部门预算草表后，应注意是否有异常支出预算，是否符合公司发展目标，是否与预测经营情况相符，是否与历史支出相近等例行性预审。

2. 各责任组预审完毕，于每月30日按有关表格进行初步汇总。

3. 财务部综合组根据各责任组提供的初步汇总数据，编制《资金预算表》，并进行初步的资金平衡，同时提出本月资金支出意见报告书。平衡后将有关表格在每月1日提交预算委员会进行核准。

第九条 预算委员会核准：

每月2日左右，由财务部经理负责召集预算委员会进行各项预算资金的核准。财务部应于每月2日将预算委员会的核准预算及时下达给各部门。

第十条 表单编制流程：

表单编制流程如下图所示。

项目	数据来源
销售资金收入	B01
材料采购支出	B02
外协采购支出	
低值品采购支出	
直接人工支出	B03
样品采购支出	B02
间接人工支出	B03
销售费用支出	B04
管理费用支出	B05
财务费用支出	B06
职工福利支出	
税金费用支出	
长期投资支出	B07
新品开发支出	C11
还银行借款	B08

表单编制流程

第六章　预算执行、控制与反馈

第十一条　部门资金支出：

1. 有预算项目的资金支出，各部门根据财务部下达的预算核准金额严格执行。对于实际支付与预算金额相差较大的，部门主管将承担相应的经济责任。

2. 对于不可预料的资金支出，部门主管在要求支付时应给予详尽的描述。

3. 一般费用如差旅费的支出由部门主管批准后可不受预算资金的约束。

4. 总经办已规定应由相关职能部门支出的，如办公用品采购与维护、电脑低值品的采购与维护，应由部门主管提出申请，由相关部门按规定进行支出，各部门不得自行资金支出。

第十二条　资金支出审核控制：

1. 时间要求

（1）公司各部门发生的费用支出在该业务发生后一周内向财务部提供相关支付凭证申请支付。

（2）在财务部有借款事项的，在业务处理完毕后一周内向财务部办理结算。

（3）申请支付2 000元以上的现金或带走的银行支票，应于支付日的前1日向财务部递交《付款申请单》。

2. 支付凭证要求

（1）所有资金支出报销时，均应附有关原始凭证。原始凭证应能真实反映该笔经济业务的性质，不得涂改、撕毁等。

（2）预付款没有原始凭证的，应填写《付款申请单》。

（3）差旅费报销时，应填写《差旅费报销单》，特殊支付的如乘飞机支出等，应按总经办有关规定附核准单。

（4）固定资产、无形资产、项目投资、在建工程等长期投资要求支付时，必须具备已核准的预算、相关协议合同、验收报告单和正式发票；正式发票当时不能提供的，经手人应提请对方开具预收款凭证。

（5）采购原材料、产成品、外协件、低值品等要求支付时，必须具备已核准的预算、相关协议合同、入库单、正式发票等。产成品采购支付时，还须另附采购订购单。

3. 签章要求

（1）所有将要支出的资金项目必须先由经手人、部门主管签字，经财务经理审核，总经理批准方可报销。

（2）经手人签字要求：在合法的原始凭证上的右边空白处用签字笔或钢笔签字，经手人对原始凭证的真实性、合法性负责。

（3）部门主管签章要求：在经手人签字的基础上进行审核，并在原始凭证上的右边空白处加盖部门或分部门印章，用签字笔或钢笔签字，部门主管对原始凭证的合法性与真实性负连带责任。

（4）财务经理签章要求

①原始凭证均应有经手人和部门主管签字或签章；

②对于预算内的资金和单笔业务支出在2 000元以下合理范围内的支出，在原始凭证上加盖“财务审核”字样的印章，并签字；

③对于预算外资金支出原则上财务经理不予签章。如对预算外资金附有合理的描述，财务经理在原始凭证上加盖“预算外资金审核”字样的印章并签字。

（5）总经理在财务经理签章的基础上对每笔资金进行签字确认，对于预算外资金，由总经理最终决定是否支付。

（6）出纳在审查支付凭证时，支付凭证应同时具有经手人、部门主管、财务经理、总经理签字，方可支付。支付完毕，在原始凭证上加盖“付讫”印章。

第十三条 预算执行反馈报告：

1. 预算编制提交时间考核

各部门应严格按预算编制时间要求进行编制并提交财务部相关责任组。财务部每月编制《预算报表提交时间考核表》并于每月6日公布。

2. 预算执行考核表

财务部详细记录各责任部门的资金收支情况，并编制《资金预算执行考核表》，于每月6日公布。

2.4 月度费用预算管理办法

月度费用预算管理办法

第一章 总 则

第一条 本司目前采用增量与零基预算相结合的方法。

第二章 预 算 方 法

第二条 公共预算费用：由归口管理部门进行统一预算后，提交财务进行审核，审核通过后反馈公共预算部门，公共预算部门再将相关预算信息以电子邮件形式传递给相应部门。传递信息只需提供相关部门本部门的信息。公共费用预算部门提交给财务部的预算表要同时提交电子版。

第三条 部门预算费用：由各部门先填预算工作底稿，然后汇总各费用项目的预算工作底稿的总额填具费用预算总表。对于公共费用部分，收到公共费用预算部门提交的信息后，直接做入《月度费用预算表》中，不用附《预算工作底稿》。

第四条　专项费用：对于公司统办的活动，如中秋、运动会以及规定须专项预算的费用由归口部门提交专项预算，经财务部审核后，由预算部门按费用归属将信息传递给相应部门，由相关部门做入本部门月度费用预算中。

第三章　预 算 科 目

第五条　公共预算费用：折旧、工资、提成、电话费、福利、保险、食堂费用、水费、电费、汽车费、摊销费用等。

第六条　部门预算费用：除第五条提到的预算表上其他费用科目。

第四章　预算提交时间

第七条　每月25日前提交下月（1–30日或31日）预算，次月10日前追加一次预算。超过10日则不能再追加预算。

第五章　预算对口人员管理

第八条　各部门须指定一名人员负责每月部门费用预算。

第九条　各部门月度费用预算在提交财务审核前，须经部门负责人审核。生产系统的预算，按公司人事安排，须经最终负责人审批。

第六章　费用预算方法

第十条　各部门必须严格根据预算工作底稿进行预算编制。

第十一条　对于难以预计是否发生的费用不能进行预算外，具体参见预算办法。

第十二条　各部门的相关费用可参照本部门的下月计划及历史费用水平进行预算。

第十三条　各部门提交财务审核预算前，必须同时提交预算的电子版。

第十四条　对于公共部门如行政部、采购部、品管部、财务部，原则上按工资表上的人员分配进行相应费用预算。如不能划分到具体人头的，须按财务部划分标准进行预算。

第十五条　各预算表格不能随便改动，如需更改，需提前知会财务。

第十六条　专项预算表格各部门可以在满足财务要求必须含有要素外，自行调整。

第十七条　财务审核各部门预算参照历史费用水平、公司费用规定、相关部门的费用开支计划原因进行审核。对于超支预算部门，直接在财务审核栏填写实审金额。

第十八条　财务部门审核各部门费用预算确认符合标准后，汇总各部门费用预算额，提交总经理审核。

第七章　预 算 控 制

第十九条　财务部根据各部门月度费用预算表进行审核控制。试行期间对超出预算发生的费用，相关费用报销部门必须提交原因说明。

第二十条 原则上当月预算费用如有剩余，不能移入下个月使用。

第二十一条 对属于由公共部门报销，但费用并非属于公共部门一个部门发生的费用，由公共部门平时进行登记，并共享给相关部门，便于及时监控。

第二十二条 对属于跨月费用，登记月份原则上要与财务入账时间保持一致。

第二十三条 各部门文员，根据本部门统计的费用，对“部门预算费用”进行初步统计对比，如有超出预算的费用，及时提醒本部门人员。

第二十四条 各部门负责人必须及时关注本部门费用开支情况，对于异常超支情况及时做出调整。

第二十五条 试行期间各部门费用预算准确率定为预算额的正负10%。超出或低于10%的，下月财务在审核各部门费用开支时，会相应考虑进行调整。

第二十六条 每月财务部统一导出各部门当月费用发生额给各个部门，由各个部门进行调整后，与当月预算进行对比。各部门需要调整的费用仅指跨月的费用部分。

第二十七条 基于存在跨月费用报销原因，各部门提交《月度费用预算表》时，要同时提交《累计费用预算表对比表》，对于跨月费用进行相应调整计入相应月份。

第八章 控制措施

第二十八条 每月每迟交一天预算表，预算员扣2点，部门直接负责人扣3点。

第二十九条 归口预算部门提交预算表每迟一天，预算员扣2点，部门直接负责人扣3点。

2.5 管理费用预算实施及管控制度

管理费用预算实施及管控制度

第一条 目的。

为促进公司建立、健全内部约束机制，推动企业加强费用预算控制管理，进一步合理降低各项费用，以实现企业利润的最大化，以及为推进公司全面预算管理奠定基础，结合公司目前的实际情况，特制定本制度。

第二条 适用范围。

本制度适用于公司所有涉及管理费用的部门和个人。

第三条 职责：

1. 行政部是公司管理费用预算的主要负责管控部门，其主要职责是：

（1）制定公司预算管理基本制度和预算编制、考核办法。

（2）组织、协调公司管理费用预算编制工作，审查、平衡公司管理费用预算，负责向公司提交预算草案，负责向公司报告预算编制情况。

（3）组织、协调公司管理费用预算执行工作，对预算执行情况进行控制和监督，负责向公司提交预算执行情况报告。

（4）审查、研究公司预算调整事项，负责向公司提交预算调整草案。

（5）对预算指标的完成情况进行考核，负责向公司提出考核建议。

（6）负责预算管理的其他工作。

2. 公司各相关职能部门是预算管理的管控部门，在行政部的指导下开展工作，其主要职责是：

（1）制订分管业务预算的管理细则。

（2）按照授权审批程序，严格执行批准的预算方案，对预算的执行、分析、控制和监督实行全过程管理。

（3）为预算调整和考核提供分管业务的基础数据。

（4）为预算管理提供本部门预算及预算执行、调整、分析、考核的基础资料等。

第四条　定义：

1. 为高效地控制、节约管理费用支出，提高经营效益，需对维持各部门正常运作而必须开支的非生产性支出实行预算管理、总额控制。这些支出统称管理费用。

2. 管理费用的范围具体包括：工资、福利费、修理费、招聘费、办公费、租赁费（指办公场地）、邮电费、社会保险费、住房公积金、劳动保护费、股东会费、培训费、咨询费、差旅费、税金、水电费、商业保险费（房屋）、招待费、车辆费、企业文化费、年检审计费、折旧费等。

3. 管理费用预算坚持以编定支，根据工作要求，实行总量控制。

4. 各单项管理费用原则上专款专用，任何单项费用原则上都不得超支。

5. 固定资产和低值易耗品的预算纳入管理费用预算范围，同时编制，其编制、执行按《固定资产管理办法》相关条款执行。

第五条　预算的编制及审批：

1. 每年11月15日前，公司各职能部门根据下一年度的工作安排，制定下一年度人员编制计划，上报行政部。

2. 每年11月30日前，行政部完成对公司的管理费用预算的组织编制、汇总工作。公司高层的业务费列入年度管理费用预算计划，由总经办负责编制并进行汇总。

3. 每年12月25日前，行政部组织公司高层完成对人员编制申请和行政费用预算总额的最终审定，将定编及管理费用预算方案发布。

第六条　预算调整：

1. 公司管理费用预算以年度为周期编制，年度预算与经营计划目标一致，为年度经营计划实现提供保障。年度预算制定、下达后必须严格遵照执行，原则上不得进行调整或变更。但确因环境或政策变化导致预算与实际出现较大差异，必须进行调整或变更的，须遵循如下原则：

（1）公司利润最大化原则。预算调整后要有利于实现公司的利润最大化。

（2）必要性及严谨性。调整预算必须由调整部门提供必要、合理的理由，提供专门的分析报告，同时填写《预算调整申请表》并对调整结果负责。

2. 遇特殊情况调增预算，需提报行政部审核，行政部每月月初进行预算调整并汇总（包括增加和调减），以及修正公司的年度预算。最终由总经理批准执行。

第七条　执行。

管理费用使用部门控制职责：各职能部门对经批准的涉及各自部门的《管理费用预算表》所列项目负控制职责。

第八条　预算内管理费用报销程序：

1. 控制目标

（1）确保所有费用报销均在费用预算内，严格控制费用支出。

（2）确保所有费用的列支均做到合理、合法、合规，并且得到及时准确的记录。

2. 管理费用报销流程

（1）各部门费用报销人员将原始票据整理粘贴好，并依据管理费用相关科目分项填写报销单，如有两个及以上管控人的必须分页填写，以利审核。

（2）部门主管审核费用的发生是否真实，并了解是否超出管理费用预算标准范围，确定是否同意报销。

（3）管控部门/管控人审核费用是否在资金计划内，是否在部门预算内，不在资金计划和部门预算内的费用予以退回，要求按照规定程序补充资金计划和（或）超预算计划。

（4）预算内管理费用由行政部经理负责审核，审核费用是否在资金计划内，将超出审批权限的报销单退回。

（5）财务主办审核费用内容及原始票据的真实性、合法性，报销单填写是否齐全，计算是否正确，是否已经过规定程序审核批准，各程序的审批是否在规定的审批权限内，对不合规的票据予以没收，或退回换合格票据。

（6）财务经理审核凭证科目使用是否正确，原始票据与报销单金额是否一致，数据计算是否正确。

（7）签批：签批程序参照公司财务管理相关程序。

第九条　超支处理：

1. 预算期内管理费用已实际超支，在预算计划尚未作出调整之前，原则上不允许超支部门再行发生管理费用，确因工作需要，超支部门应按本办法执行。

2. 调整预算后方可据实报销。

第十条　报销时间。

各项行政费用的报销时间截至当年的12月31日，逾期报销，费用计入下一年度。

第十一条　监控：

1. 各管控部门/管控人每月定期向行政部报送管理费用执行情况报表；行政部每月定期向财务部报送管理费用执行情况报表；财务部每月向公司提交管理费用预算执行情况报表。

2. 公司总经办审计专员每季度定期对各部门管理费用预算执行情况进行审计。对审计发现的超预算情况，审计专员及时进行审计，查明情况。

3. 管理费用预算执行的超额和节支情况与考核挂钩，作为奖金发放的考核标准之一。

第十二条　账务处理。

各管控部门根据实际情况需要，在会计核算制度规定的范围内设置科目，对各部门的各项管理费用进行登记。

第十三条　奖惩规定。

行政部将依据批准的年度《管理费用预算表》制定相应的奖励及处罚措施，具体的方案依据当年度的预算情况决定。

第3章 筹资与投资管理制度

3.1 企业融资管理办法

企业融资管理办法

第一章 总 则

第一条 目的。

为规范融资行为，降低资本成本，减少融资风险，提高资金利用效益，依据国家有关财经法规规定，并结合××有限公司（以下简称“公司”）具体情况，特制定本办法。

第二条 融资定义。

本制度所指的融资，包括权益资本融资和债务资本融资两种方式。权益性融资是指融资结束后增加了企业权益资本的融资，如增发及配股（上市之后）等；债务性融资是指融资结束后增加了企业负债的融资，如向银行或非银行金融机构借款、发行企业债券、融资租赁等。

短期债务性融资，是指负债期限不超过1年（含1年）的债务性融资。

长期债务性融资，是指负债期限超过1年（不含1年）的债务性融资。

第三条 融资的原则：

1. 适度负债，防范风险。

2. 遵守国家法律、法规规定。

3. 所有融资由公司统一筹措。

4. 根据公司战略和业务发展的需要以及资本市场的情况在不同时期采取不同的融资政策。

5. 综合权衡，降低成本，合理确定公司资本结构。

第四条 适用范围。

本办法适用于本公司的融资行为，公司所属控股子公司的融资参照本办法执行，公司所属参股公司的融资行为遵照该参股公司的公司章程规定办理。

第二章 融资组织与决策

第五条 根据融资方案的不同，按照公司章程的规定，在授权范围内，由公司财务部具体实施全公司的融资工作。

第六条 财务部负责公司短期负债融资和长期借款、融资租赁等长期负债融资管理，主要负责以下事项：

1. 制定公司融资事项的管理办法。

2. 提出融资事项具体方案，并负责落实。

3. 提出或审查公司重点项目的长期负债融资方案。

4. 负责对公司所有筹集资金的使用监督与管理。

第七条　融资的申请及审批权限：

1. 公司长短期借款、融资租赁的融资，由财务部提出具体融资方案，报财务总监审核同意后，数额在董事会授权范围以内的，经总经理办公会讨论后由总经理批准；董事会授权范围以外的，报董事会批准。

2. 重大经营项目的融资，由财务部提出融资方案，公司在审批该投资项目时一并审批其融资方案。项目实施阶段，融资方案或融资规模需要改变的，变动数额在董事会授权范围以内的，由公司总经理审批，超过授权范围的，报公司董事会批准后办理。

第八条　融资政策的选择：

融资政策应结合公司发展状况、资金需求、经营业绩、风险因素、外部资金市场供给情况、国家相关政策法规要求制定。

1. 公司调整时期，应采取保守的融资政策，尽可能减少银行借款等负债融资。

2. 公司发展时期，应采取稳健的融资政策，可通过增加融资租赁等方式融资，改善资本结构，降低资本成本。

3. 公司迅速成长扩张时期，可采取激进的融资政策，选择多种融资方式，通过金融机构贷款等方式积极筹措资金，充分利用财务杠杆作用适当增加负债比例。

第三章　权益资本融资

第九条　公司根据经营和发展的需要，依照法律、法规的规定，经董事会作出决议，可以采用下列方式增加权益资本：

1. 增加注册资本。

2. 增资扩股。

第十条　在注册或增资扩股时，财务部应督促所有股东遵照国家有关法规和董事会要求，及时、足额交付资本金，对未按时或足额交付资本金的，应提交董事会作股权调整等处理。

第四章　债务资本融资

第十一条　财务部统一负责公司债务资本的融资工作。

第十二条　债务资本融资方式：

1. 通过银行贷款获取短期借款、长期借款。

2. 发行企业债券。

第十三条　公司短期借款融资程序：

1. 财务部根据财务预算和资金计划确定公司短期内所需资金，编制融资计划表。

2. 按照融资规模大小，分别由财务总监、总经理和董事会审批融资计划。

3. 财务部负责签订借款合同，并监督资金的到位和使用，借款合同内容包括借款人、借款金额、利息率、借款期限、利息及本金的偿还方式、违约责任等。

4. 双方法人代表或授权人签字。

第十四条　短期借款的管理：

1. 财务部在短期借款到位当日按照借款类别在短期借款台账中登记。

2. 财务部负责监督借款资金的使用，原则上应按照借款计划使用该项资金，不得随意改变资金用途。

3. 财务部及时计提和支付借款利息。

4. 财务部应建立资金台账，详细记录各项资金的筹集、运用和本息归还情况。

第十五条　长期债务资本融资包括长期借款、发行公司债券等方式。

第十六条　长期借款融资程序及管理：

1. 长期借款必须编制长期借款计划使用书，包括项目可行性研究报告、项目批复、公司批准文件、借款金额、用款时间与计划、还款期限与计划等。

2. 财务总监、总经理和董事会依其职权范围审批该项长期借款计划。

3. 财务部负责签订长期借款合同，其主要内容包括贷款种类、用途、贷款金额、利息率、贷款期限、利息及本金的偿还方式和资金来源、违约责任等。

4. 长期借款利息的处理按照《企业会计制度》执行。

第十七条　债务性融资的报批材料，应包括以下内容：

1. 融资款项的用途及用款项目背景情况。

2. 用款与还款计划。

3. 融资数量与债权人。

4. 担保方式与内容。

5. 用款项目经济性与还款能力分析。

6. 其他需要说明的事项。

第十八条　如果某项筹资是直接为项目投资服务的，则此项目的投资效益率必须大于该项筹资的资本成本。如果某项筹资的直接效果是无法计量的，则应该选择资金成本最低的筹资方案。

第十九条　发行企业债券融资程序：

1. 根据公司业务发展和资金需求状况，由财务总监组织财务部拟订发行企业债券的意向书，递交公司总经理办公会审议，总经理最终审核。意向书应包括公司发行债券的条件、发行方式、发行价格、数量、筹集资金投向等。

2. 拟发行债券意向书经公司总经理办公会和总经理审核通过后，由财务部正式拟订申请发行债券方案，递交董事会批准。

3. 发行企业债券的相关程序按照国家有关规定执行。

第二十条　公司发行的债券必须载明公司名称、债券票面金额、利率、偿还期限等事项，并由董事长签名、公司盖章。

第二十一条　公司债券发行价格可以采用折价、溢价、平价三种方式，财务部对债券折、溢价采用直线法进行合理分摊。

第二十二条　公司对发行的债券应置备企业债券存根簿予以登记。

第二十三条　企业债券的管理：

1. 财务部在取得债券发行收入的当日将款项存入银行。

2. 财务部应指派专人负责保管债券持有人明细账并定期核对。

3. 按照债券契约的规定及时支付债券利息。

第五章　融资风险管理

第二十四条　融资风险的评价由计划财务部负责。

第二十五条　公司融资风险的评价原则：

1. 以投资和资金的需要决定融资的时机、规模和组合。

2. 充分考虑公司的偿还能力，全面地衡量收益情况和偿还能力，做到量力而行。

3. 负债率和还债率要控制在一定范围内。

4. 融资要考虑税款减免及社会条件的制约。

第二十六条　融资成本是决定公司融资效益的决定性因素，对于选择评价融资方式有重要意义。财务部应采用加权平均资本成本最小的融资组合评价公司资金成本，以确定合理的资本结构（长期资本的资金成本计算见附件）。

第二十七条　融资风险的评价方法采用财务杠杆系数法，财务杠杆系数越大，公司融资风险也越大。

财务杠杆系数DFL=每股税后利润变动率/息税前利润变动率

第二十八条　公司财务部依据公司经营状况、现金流量等因素合理安排借款的偿还期和归还借款的资金来源。

附件　资本成本计算

资本成本是为筹集和使用资金而付出的代价，包括筹资费用和资金占用费两部分。

加权平均资本成本是公司全部长期资金的总成本。它是以各种资本占全部资本的比重为权数，对个别资本成本进行加权平均确定的。

1. 长期借款成本

长期借款成本=长期借款年利息×（1−所得税税率）÷[借款本金×（1−筹资费用率）]

2. 债券成本

债券成本=债券年利息×（1−所得税税率）÷[债券筹资额×（1−筹资费用率）]

3. 全部长期资金的总成本—加权平均资本成本

$$加权平均资本成本KW=\sum_{j=1}^{n}K_jW_j$$

式中 KW——加权平均资本成本；K_j——第j种个别资本成本；W_j——第j种个别资本占全部资本的比重（权数）。

3.2 筹资管理制度

筹资管理制度

第一章 总 则

第一条 为规范公司筹资行为，降低资本成本，减少筹资风险，提高资金效益，依据国家有关财经法规规定，并结合公司具体情况制定本制度。

第二条 本制度所指的筹资，包括权益资本筹资和债务资本筹资两种方式。权益资本筹资是由公司所有者投入以及发行股票方式筹资，债务资本筹资指公司以负债方式借入并到期偿还的资金，包括短期借款、长期借款、应付债券、长期应付款等方式筹资。

第三条 筹资的原则：

1. 遵守国家法律、法规原则。
2. 统一筹措原则。
3. 综合权衡，降低成本原则。
4. 适度负债，防范风险原则。

第四条 公司财务部统一负责资金筹措的管理、协调和监督工作。分公司无权对外进行筹资，经营活动中所需资金向公司财务部申请。

第二章 权益资本筹资

第五条 权益资本筹资可以分为吸收直接投资和发行股票两种筹资方式：

1. 吸收直接投资是指公司以协议等形式吸收其他企业和个人投资的筹资方式。

2. 发行股票筹资是指公司以发行股票方式筹集资本的方式。

第六条　公司吸收直接投资程序：

1. 公司吸收直接投资必须经公司股东大会批准。

2. 公司与投资者签订投资协议，约定投资金额、所占股份、投资日期、投资收益与风险的分担等。

3. 公司财务部负责监督所筹集资金的到位和实物资产的评估工作，并请具有证券业资格的会计师事务所办理验资手续，公司据以向投资者签发出资报告。

4. 公司财务部在收到投资款后及时建立股东名册。

5. 公司财务部负责办理工商变更登记手续、企业章程修改手续。

第七条　公司不得吸收投资者已设立有担保物权及租赁资产的出资。

第八条　公司筹集的资本金，在生产经营期间内，除投资者依法转让外，不得以任何方式抽走。

第九条　公司发行股票筹资程序：

1. 公司发行股票筹资必须经过股东大会批准并拟订发行新股申请报告。

2. 公司董事会向国务院授权的部门或省级人民政府申请并经批准。

3. 公司公告招股说明书和财务会计报表及附属明细表，与证券经营机构签订承销协议，定向募集时向新股认购人发出认购公告或通知。

4. 招认股份，交纳股款。

5. 改组董事会、监事会，办理变更登记并向社会公告。

第十条　公司财务部建立股东名册，其内容包括股东的姓名或者名称及住所，各股东所持股份、股票编号、股东取得股票的日期。

第三章　债务资本筹资

第十一条　公司财务部统一负责债务资本的筹资工作。

第十二条　公司债务筹资审批权限：

财务总监审批限额：100万元（含100万元）。

总经理审批限额：500万元（含500万元）。

公司董事会的审批权限应不超出公司章程中有关规定，超出董事会审批权限的项目由股东大会审议。

第十三条　公司短期借款筹资程序：

1. 财务部根据财务预算和预测确定公司短期内所需资金，编制筹资计划表。

2. 按照筹资规模大小，分别由财务总监、总经理和董事会审批筹资计划。

3. 财务部负责签订借款合同并监督资金的到位和使用，借款合同内容包括借款人、借款金额、利息率、借款期限、利息及本金的偿还方式、违约责任等。

4. 双方法人代表或授权人签字。

第十四条 财务部在短期借款到位当日，按照借款类别在短期筹资登记簿中登记。

第十五条 公司按照借款计划使用该项资金，不得随意改变资金用途。

第十六条 财务部及时计提和支付借款利息。

第十七条 财务部建立资金台账以详细记录各项资金的筹集、运用和本息归还情况。

第十八条 长期债务资本筹资包括长期借款、发行公司债券、长期应付款等方式。

第十九条 长期借款必须编制长期借款计划使用书，包括项目可行性研究报告、项目批复、公司批准文件、借款金额、用款时间与计划、还款期限与计划等。

第二十条 财务总监、总经理和董事会、股东大会依其职权范围审批该项长期借款计划。

第二十一条 财务部负责签订长期借款合同，其主要内容包括贷款种类、用途、贷款金额、利息率、贷款期限、利息及本金的偿还方式和资金来源、违约责任等。

第二十二条 长期借款利息的处理按照《企业会计制度执行》。

第二十三条 发行公司债券筹资程序：

1. 发行债券筹资必须由股东大会作出决议。

2. 公司向国务院证券监督管理部门提出申请并提交公司登记证明、公司章程、公司债券募集办法、资产评估报告和验资报告等。

3. 公司制定公司债券募集办法，其主要内容包括公司名称、债券总额和票面金额、债券利率、还本付息的期限和方式、债券发行的起止日期、公司净资产、已发行尚未到期的债券总额、公司债券的承销机构等。

4. 公司同债券承销机构签订债券承销协议或包销合同。

第二十四条 公司发行的债券必须载明公司名称、债券票面金额、利率、偿还期限等事项，并由董事长签名、公司盖章。

第二十五条 公司债券发行价格可以采用折价、溢价、平价三种方式，财务部对债券折、溢价采用直线法进行合理分摊。

第二十六条 公司对发行的债券应置备公司债券存根簿予以登记。

1. 发行记名债券的，公司债券存根簿应记明债券持有人的姓名、或名称及住所、债券持有人取得债券的日期及债券编号、债券总额、票面金额、利率、还本付息的期限和方式、债券的发行日期。

2. 公司发行无记名债券，应在公司债券存根簿上登记债券的总额、利率、偿还期限和方式、发行日期和债券的编号等。

第二十七条 财务部在取得债券发行收入的当日将款项存入银行。

第二十八条　财务部指派专人负责保管债券持有人明细账并定期核对。

第二十九条　按照债券契约的规定及时支付债券利息。

第三十条　债券偿还和购回在董事会的授权下由财务部办理。

第三十一条　公司未发行的债券必须由专人负责保管。

第三十二条　其他长期负债筹资方式包括补充贸易引进设备价款和融资租入固定资产应付的租赁费等形成的长期应付款。

第三十三条　长期应付款由财务部统一办理。

第四章　筹资风险管理

第三十四条　公司每季度召开财务工作会议，并由财务部评价公司的筹资风险。

公司筹资风险的评价原则：

1. 以固定资产投资和流动资金的需要决定筹资的时机、规模和组合。

2. 充分考虑公司的偿还能力，全面地衡量收益情况和偿还能力，做到量力而行。

3. 对筹集来的资金、资产、技术具有吸收和消化的能力。

4. 筹资的期限要适当。

5. 负债率和还债率要控制在一定范围内。

6. 筹资要考虑税款减免及社会条件的制约。

第三十五条　筹资成本是决定公司筹资效益的决定性因素，对于选择评价筹资方式有重要意义。财务部采用加权平均资本成本最小的筹资组合评价公司资金成本以确定合理的资本结构（长期资本的资金成本计算见附件）。

第三十六条　筹资风险的评价方法采用财务杠杆系数法，财务杠杆系数越大（财务杠杆系数计算见附件），公司筹资风险也越大。

第三十七条　公司财务部依据公司经营状况、现金流量等因素合理安排借款的偿还期和归还借款的资金来源。

附件一　资金成本率计算

资金成本是为筹集和使用资金而付出的代价，包括筹资费用和资金占用费两部分。加权平均资本成本是公司全部长期资金的总成本。它是以各种资本占全部资本的比重为权数，对个别资本成本进行加权平均确定的。

1. 长期借款成本

长期借款成本=长期借款年利息×（1−所得税税率）÷[借款本金×（1−筹资费用率）]

2. 债券成本

债券成本=债券年利息×（1－所得税税率）÷[债券筹资额×（1－筹资费用率）]

3. 留存收益成本

计算留存收益成本的方法主要有以下三种：

（1）股利增长模型法

留存收益成本=预期年股利额/普通股市价+普通股利年增长率

（2）资本资产定价模型法

留存收益成本=无风险报酬率＋β×（平均风险必要报酬率－无风险报酬率）

（3）风险溢价法

留存收益成本=债券成本＋股东比债权人承担更大风险所需求的风险溢价

风险溢价可以凭经验估计。通常情况下，公司普通股风险溢价对其自己发行的债券来说，为3%～5%。

4. 普通股成本

普通股成本=预期年股利额÷[普通股市价×（1－普通股筹资费用率）]＋股利年增长率

5. 全部长期资金的总成本——加权平均资本成本

$$加权平均资本成本KW=\sum_{j=1}^{n} K_j W_j$$

式中 KW——加权平均资本成本；K_j——第j种个别资本成本；W_j——第j种个别资本占全部资本的比重（权数）。

附件二 财务杠杆系数计算

财务杠杆系数DFL=每股税后利润变动率÷息税前利润变动率

=1＋利息支出÷税前利润总额

3.3 筹资内部控制制度

筹资内部控制制度

第一章 总 则

第一条 为了加强对公司筹资活动的内部控制，控制筹资风险，降低筹资成本，防止筹资过程中的差错与舞弊，根据《中华人民共和国会计法》等相关法律、法规，结合本公司的实际情况，特制定本制度。

第二条 本制度所称筹资是指本公司通过借款、发行公司债券和股票三种方式取得货币资金的行为。

第三条　公司筹措资金应比较各种资金筹措方式的优劣和筹资成本的大小，要讲求最佳资本结构，确定所需资金如何筹措。

第四条　筹资内部控制制度的基本要求是不相容职务应当分离，其中包括：

1. 筹资方案的拟订与决策。

2. 筹资合同或协议的审批与订立。

3. 与筹资有关的各种款项偿付的审批、执行与相关会计记录。

4. 筹资业务的决策、执行与相关会计记录。

第五条　重大筹资活动必须由独立于审批人的人员审核并提出意见，必要时可聘请外部顾问。

第六条　公司筹资业务要严格按照本制度规定执行。

第二章　分 工 及 授 权

第七条　筹资内部控制制度相关岗位职责。

1. 财务总监

（1）组织实施公司融资策略，组织融资协议的谈判，参与公司信贷评级及授信管理工作。

（2）负责公司债务的管理工作，对公司债务的总量、结构进行分析，根据公司发展要求，研究制定债务优化调整方案并组织实施。

（3）结合资金预算，提出公司年度融资计划，平衡融资规模，对融资计划和执行情况进行逐笔审批和监控。

（4）负责安排公司贷款、借款及还本付息工作。

2. 董事会办公室

（1）负责协助财务总监拟定发行债券或股票的筹资方案，对重大筹资方案应当进行风险评估，形成评估报告，报董事会或股东大会审批。

（2）对在证券市场上所筹措资金使用的过程进行监督、控制。

3. 出纳，负责根据批准的利息、股息计算单支付利息、股息等。

4. 会计，根据银行进账单、借款合同、利息或股利计算单等填制记账凭证。

第八条　本公司的筹资额度超过公司最近一期经审计的净资产的10%（含10%）以上的长期借款或净资产的20%（含20%）以上的短期借款由董事会讨论并作出决议，待提请公司股东大会讨论并作出决议后方可实施；不超过公司最近一期经审计的净资产的10%（含20%）以上的长期借款或净资产的20%（含20%）以上的短期借款由董事会作出决议并实施；不超过200万元的借款可由公司总经理批准；发行公司债券或股票由公司董事会审议通过后，提请股东大会以特别决议的形式批准。债券或股票的回购必须获得董事会的授权和股东大会批准。

第九条 与借款有关的主要业务活动由公司财务部负责具体办理；与发行公司债券、股票有关的主要业务活动由公司财务部和董事会办公室分别在各自的职责范围内具体办理。

第三章 筹资业务流程控制

第十条 公司财务部根据企业经营范围、投资项目的未来效益、目标资本结构、可接受的资金成本水平和偿付能力制定借款计划，经公司财务总监、总经理审核后报董事会或股东大会批准后执行。

有价证券筹资由公司财务部与董事会办公室协同制定筹资方案，报股东大会批准后执行。

第十一条 公司拟订的筹资方案应当符合国家有关法律、法规、政策和企业筹资预算要求，明确筹资规模、筹资用途、筹资结构、筹资方式和筹资对象，并对筹资时机选择、预计筹资成本、潜在筹资风险和具体应对措施以及偿债计划等作出安排和说明。

第十二条 借款方案（包括贷款额、贷款方式、结构及可行性报告等资料）由财务部以书面的形式提出，经公司总经理或董事会或股东大会批准后，由财务部负责与金融机构联系、洽谈，达成借款意向，签订借款合同或协议，办理借款手续。所有借款合同或协议必须由公司法律事务部审核通过。

第十三条 发行公司债券或股票由董事会办公室和财务部协同起草方案，经董事会、股东大会授权并取得有关政府部门的批准文件后，董事会办公室和财务部在各自职责范围内整理发行材料，由董事会办公室负责联络中介机构，与券商签订债券承销协议或股票承销协议。在筹资决策前，公司应当聘请外部法律专家对有关筹资文件进行审核，提出专业意见，以备批准决策时参考。所有协议必须由公司法律事务部审核通过。

第十四条 发行公司债券，应设立公司债券存根簿，用于记载以下内容：如发行记名债券，应记载债券持有人的姓名或名称及住所；债券持有人取得债券的日期及债券的编号；债券总额、债券的票面金额、债券的利率、债券还本付息的期限和方式；债券的发行日期。如发行无记名债券，应记载债券总额、利率、偿还期限和方式、发行日期和债券编号。未发行的债券必须由专人负责保管。保存债券持有人的明细资料，应同总分类账核对相符，如由外部机构保存，需定期与外部机构核对。

第十五条 发行记名股票，股东名册应记载以下内容：股东的姓名或名称及住所，各股东所持股份数，各股东所持股票的编号，各股东取得其股份的日期；发行无记名股票，应记载股票数量、编号及发行日期。

第十六条　公司获授权人员在各自的批准权限内批准有关筹资合同、协议或决议等法律文件。

第十七条　财务部要按照有关会计制度的规定设置核算筹资业务的会计科目，通过设置规范的会计科目，按会计制度的规定对筹资业务进行核算，详尽记录筹资业务的整个过程，实施筹资业务的会计核算监督，从而有效地担负起核算和监督的会计责任。

第十八条　公司应当按照筹资方案所规定的用途使用对外筹集的资金。由于市场环境变化等特殊情况导致确需改变资金用途的，必须事先获得批准该筹资计划的批准机构或人员的批准后方能改变资金的用途或预算。对审批过程进行完整的书面记录，严禁擅自改变资金用途。

第十九条　财务部应当结合偿债能力、资金结构等，保持足够的现金流量，确保及时、足额偿还到期本金、利息或已宣告发放的现金股利等。

第二十条　会计严格按照筹资合同或协议规定的本金、利率、期限及币种计算利息和租金，经财务总监审核确认后，与债权人进行核对。本金与应付利息必须和债权人定期对账。如有不符，应查明原因，按权限及时处理。

第二十一条　财务部在办理筹资业务款项偿付过程中，发现已审批拟偿付的各种款项的支付方式、金额或币种等与有关合同或协议不符的，应当拒绝支付并及时向财务总监报告，财务总监应当查明原因，作出处理。

第二十二条　偿还公司债券应根据董事会的授权办理。发生借款或债券逾期不能归还的情况时，财务总监应报告不能按期归还借款的原因，必要时提请公司总经理关注资金状况，并及时与债权人协商，通报有关情况，申请展期。

第二十三条　以抵押、质押方式筹资的，应当对抵押物资进行登记。筹资业务终结后，应当对抵押或质押资产进行清理、结算、收缴，及时注销有关担保内容。

第二十四条　筹资业务控制流程：

1. 拟定筹资方案。根据公司发展战略、经营目标、可接受的资金成本水平和偿付能力拟定筹资方案。对借款的筹资方案由财务部拟定。对有价证券的筹资，由财务部与董事会办公室协同拟订方案，并经法律顾问审核出具意见。

2. 审批。根据授权，筹资方案由财务总监报送总经理、董事会、股东大会进行审批。

3. 审核。公司签订的所有筹资合同或协议必须由公司法律事务部审核出具意见。

4. 签订合同。实施借款方案的，由财务部负责与金融机构洽谈，办理借款手续。实施发行债券或股票业务的，由董事会办公室负责，财务部协助办理有关证券业务。

5. 收款。出纳按合同或协议的约定及时收取筹资款项。

6. 制单。会计根据银行进账单、借款合同、利息或股利计算单等填制记账凭证。

7. 记账。会计审核会计处理是否正确，生成凭证。

8. 还款付息。出纳按照合同、付息单等办理及时还款付息（还款付息按照资金流程执行）。

第四章　监 督 检 查

第二十五条　筹资活动由财务部、董事会办公室、审计部、法律顾问在各自职权范围内行使监督检查权。

第二十六条　筹资活动监督检查的内容主要包括：

1. 筹资业务相关岗位及人员的设置情况。重点检查是否存在一人办理筹资业务全过程的现象。

2. 筹资业务授权批准制度的执行情况。重点检查筹资业务的授权批准手续是否健全，是否存在越权审批行为。

3. 筹资计划的合法性。重点检查是否存在非法筹资的现象。

4. 筹资活动有关的批准文件、合同、契约、协议等相关法律文件的保管情况。重点检查相关法律文件的存放是否整齐有序以及是否完整无缺。

5. 筹资业务核算情况。重点检查原始凭证是否真实、合法、准确、完整，会计科目运用是否正确，会计核算是否准确、完整。

6. 所筹资金使用情况。重点检查是否按计划使用筹集资金，是否存在铺张浪费的现象。

7. 所筹资金归还的情况。重点检查批准归还所筹资金的权限是否恰当以及是否存在逾期不还又不及时办理展期手续的现象。

第二十七条　监督检查过程中发现的筹资活动内部控制中的薄弱环节，应要求加强和完善，发现重大问题应写出书面检查报告，向有关领导和部门汇报，以便及时采取措施，加以纠正和完善。

第二十八条　在筹资活动中玩忽职守，给公司造成重大损失的，予以开除，并承担赔偿责任。

第二十九条　对违反上述有关内部控制流程相关规定和岗位职责的人员，除有特别规定外，对直接责任人员发现一次扣罚奖金50元，并提出警告，累计3次以上者报总经理办公会决定予以处罚。

3.4　对外投资管理制度

对外投资管理制度

第一章　总　　则

第一条　为加强公司投资管理，规范公司投资行为，提高资金运作效率，保证资金运营的安全性、收益性，依据国家有关财经法规规定，并结合公司具体情况，特制定本制度。

第二条　本制度适用于公司对外投资行为，营销分公司和控股子公司的对外投资须经过公司的审核批准。

第三条　本制度所指的对外投资指将货币资金以及经资产评估后的房屋、机器、设备、物资等实物，以及专利权、商标权、土地使用权等无形资产作价出资，进行各种形式的投资活动。

第四条　投资的目的：

有效地利用闲置资金或其他资产，进行适度的资本扩张，以获取较好的收益，确保资产保值增值。

第五条　投资的原则：

1. 必须遵守国家法律、法规，符合国家产业政策。

2. 必须符合公司的发展战略。

3. 必须规模适度，量力而行，不能影响公司主营业务的发展。

4. 必须坚持效益原则，原则上长期投资收益率不应低于公司的净资产收益率。

第六条　对外投资的分类：

对外投资按投资期限分为短期投资和长期投资。

1. 短期投资一般包括购买国债、企业债券、金融债券以及股票等。

2. 长期投资一般包括：

（1）出资与公司外部企业及其他经济组织成立合资或合作制法人实体。

（2）与境外公司、企业和其他经济组织开办合资、合作项目。

（3）以参股的形式参与其他法人实体的生产经营。

第七条　公司累计对外投资不得超过公司净资产的50%。

第二章　投资组织管理

第八条　对外投资管理权限：

1. 公司长期投资由股东会授权董事会审批，其审批权限不应超出公司章程的有关规定，超出董事会审批权限的由股东会审批。重大投资应经董事会战略决策委员会审议、质询。

2. 公司短期投资账面余额在100万元以下（不含100万元）的，由总裁审批；短期投资账面余额在100万元以上（含100万元）的，由董事会审批；公司短期投资账面余额原则上不应超过500万元。短期投资账面余额是指投资完成后，“短期投资”科目的账面余额。

第九条 投资业务的职务分离：

1. 投资计划编制人员与审批人员分离。

2. 负责证券购入与出售的业务人员与会计记录人员分离。

3. 证券保管人员与会计记录人员分离。

4. 参与投资交易活动的人员不能同时负责有价证券的盘点工作。

5. 负责利息或股利计算及会计记录的人员应同支付利息或股利的人员分离，并尽可能由独立的金融机构代理支付。

第十条 公司计划财务部投资科为投资承办部门，根据公司发展战略的要求，综合平衡各种相关因素，对对外投资预选项目进行筛选、审查，确定基本符合对外投资条件的对象，具体负责投资项目的信息收集、项目建议书及可行性研究报告的编制、项目申报立项、项目实施过程中的监督、协调以及项目后评价工作。

第十一条 公司计划财务部财务科负责投资效益评估、经济可行性分析、资金筹措、办理出资手续以及对外投资资产评估结果的确认等。

第十二条 对专业性较强或较大型投资项目，其前期工作应组成专门项目可行性调研小组来完成。

第十三条 公司法律顾问、审计监察部负责对项目的事前效益审计、协议、合同、章程的法律审核。

第三章 短期投资管理

第十四条 短期投资程序：

1. 公司计划财务部定期编制现金流量状况表。

2. 投资分析人员根据证券市场上各种证券的情况和其他投资对象的盈利能力编报短期投资计划。

3. 依照短期投资规模大小按照职权审批该项投资计划。

第十五条 公司计划财务部按照短期证券类别、数量、单价、应计利息、购进日期等项目及时登记该项投资。

第十六条 公司建立严格的证券保管制度，至少由两名人员共同控制，不得一人单独接触有价证券，证券的存入和取出必须详细记录在证券登记簿内，并由在场的经手人员签名。

第十七条　公司购入的短期有价证券必须在购入当日记入公司名下。

第十八条　公司计划财务部负责定期组织有价证券的盘点（详见财物盘点制度）。

第十九条　公司计划财务部对每一种证券设立明细账加以反映，每月应编制证券投资、盈亏报表，对于债券应编制折、溢价摊销表。

第二十条　公司计划财务部应将投资收到的利息、股利及时入账。

第二十一条　公司短期投资分别由总裁、董事会按其职权批准处置。

第四章　长期投资管理

第二十二条　公司对外长期投资按投资项目的性质分为新项目和已有项目增资：

1. 新项目投资是指投资项目经批准立项后，按批准的投资额进行的投资。

2. 已有项目增资是指原有的投资项目根据经营的需要，需在原有投资的基础上增加投资的活动。

第二十三条　对外长期投资程序：

1. 公司计划财务部财务科协同计划财务部投资科确定投资目的并对投资环境进行考察。

2. 公司计划财务部投资科在充分调查研究的基础上编制投资意向书（立项报告）。

3. 公司计划财务部投资科编制项目投资可行性研究报告，报总裁办公室，在授权范围内总裁办公会负责审批，超出授权范围，上报董事会战略决策委员会审议，由董事会审批。

4. 公司计划财务部编制项目合作协议书（合同）。

5. 按国家有关规定和本办法规定的程序办理报批手续。

6. 公司计划财务部投资科制定有关章程和管理制度。

7. 公司计划财务部投资科负责项目实施运作及其经营管理。

第二十四条　对外长期投资项目一经批准，一律不得随意增加投资，如确需增资，必须重报投资意向书和可行性研究报告。

第二十五条　对外长期投资兴办合营企业对合营合作方的要求：

1. 有较好的商业信誉和经济实力。

2. 能够提供合法的资信证明。

3. 根据需要提供完整的财务状况、经营成果等相关资料。

第二十六条　对外长期投资项目必须编制投资意向书（立项报告）。项目投资意向书的主要内容包括：

1. 投资目的。

2. 投资项目的名称。

3. 项目的投资规模和资金来源。

4. 投资项目的经营方式。

5. 投资项目的效益预测。

6. 投资的风险预测（包括汇率风险、市场风险、经营风险、政治风险）。

7. 投资所在地（国家或地区）的市场情况、经济政策。

8. 投资所在地的外汇管理规定及税收法律、法规。

9. 投资合作方的资信情况。

第二十七条 投资意向书（立项报告）报总裁办公会批准后，计划财务部投资科应委托专业设计研究机构负责编制可行性研究报告。项目可行性研究报告的主要内容包括：

1. 总论

（1）项目提出的背景，项目投资的必要性和投资的经济意义。

（2）项目投资可行性研究的依据和范围。

2. 市场预测和项目投资规模

（1）国内外市场需求预测。

（2）国内现有类似企业的生产经营情况的统计。

（3）项目进入市场的生产经营条件及经销渠道。

（4）项目进入市场的竞争能力及前景分析。

3. 预算和资金的筹措

（1）该项目的注册资金及该项目生产经营所需资金。

（2）资金的来源渠道，筹集方式及贷款的偿还办法。

（3）资金回收期的预测。

（4）现金流量计划。

4. 项目的财务分析：

（1）项目前期开办费以及建设期间各年的经营性支出。

（2）项目运营后各年的收入、成本、利润、税金测算。可利用投资收益率、净现值、资产收益率等财务指标进行分析。

（3）项目敏感性分析及风险分析等。

第二十八条 项目可行性研究报告报董事会批准后，计划财务部编制项目合作协议书（合同）。项目合作协议书（合同）的主要内容包括：

1. 合作各方的名称、地址及法定代表人。

2. 合作项目的名称、地址、经济性质、注册资金及法定代表人。

3. 合作项目的经营范围和经营方式。

4. 合作项目的内部管理形式、管理人员的分配比例、机构设置及实行的财务会计制度。

5. 合作各方的出资数额、出资比例、出资方式及出资期限。

6. 合作各方的利润分成办法和亏损责任分担比例。

7. 合作各方违约时应承担的违约责任，以及违约金的计算方法。

8. 协议（合同）的生效条件。

9. 协议（合同）的变更、解除的条件和程序。

10. 出现争议时的解决方式以及选定的仲裁机构及所适用的法律。

11. 协议（合同）的有效期限。

12. 合作期满时财产清算办法及债权、债务的分担。

13. 协议各方认为需要制订的其他条款。

项目合作协议书（合同）由公司法人代表签字生效或由公司法人代表授权委托代理人签字生效。

第二十九条　长期投资的财务管理：

对外投资的财务管理由公司计划财务部负责，计划财务部根据分析和管理的需要，取得被投资单位的财务报告，以便对被投资单位的财务状况和投资回报状况进行分析，维护公司权益，确保公司利益不受损害。

第三十条　对外长期投资的转让与收回：

1. 出现或发生下列情况之一时，公司可以收回对外投资

（1）按照章程规定，该投资项目（企业）经营期满。

（2）由于投资项目（企业）经营不善，无法偿还到期债务依法实施破产。

（3）由于发生不可抗力而使项目（企业）无法继续经营。

（4）合同规定投资终止的其他情况出现或发生时。

2. 出现或发生下列情况之一时，可以转让对外长期投资

（1）投资项目已经明显有悖于公司经营方向的。

（2）投资项目出现连续亏损且扭亏无望没有市场前景的。

（3）由于自身经营资金不足急需补充资金时。

（4）公司认为有必要的其他情形。

投资转让应严格按照《公司法》和公司章程有关转让投资的规定办理。

3. 对外长期投资转让应由公司计划财务部提出投资转让书面分析报告，报公司批准。

4. 对外长期投资收回和转让时，相关责任人员必须尽职尽责，认真做好投资收回和转让中的资产评估等项工作，防止公司资产流失。

3.5 对外投资内部控制制度

对外投资内部控制制度

第一章 总 则

第一条 为了加强公司对外投资的内部控制，规范对外投资行为，防范对外投资风险，保证对外投资的安全，提高对外投资的效益，根据《中华人民共和国会计法》《上海证券交易所上市公司内部控制指引》和《企业内部控制具体规范——对外投资（征求意见稿）》等法律、法规，并结合公司的实际情况，特制定本制度。

第二条 本制度适用于××有限公司本部、分公司及所属全资子公司和控股子公司（以下简称各单位），参股子公司可参照执行。

第三条 释义。

对外投资是指企业以现金、实物、无形资产或购买股票、债券等有价证券方式向其他企业的投资。

第二章 对外投资管理的组织机构和职责

第四条 股份公司董事会的相关职责。

董事会负责权限范围内对外投资方案的审批。重大对外投资项目须经董事会审议通过后，报股东大会审批。

第五条 股份公司总经理办公会的相关职责。

总经理办公会负责对投资项目进行审议，经审议通过的对外投资方案提交董事会审批。

第六条 股份公司财务部的相关职责：

（1）根据股东大会决定的投资计划，拟订年度投资计划。

（2）负责对外投资资金的划拨、清算和记录。

第七条 股份公司投资管理部门的相关职责：

公司投资管理部门暂设在财务部，受公司委托可行使其管理职责。

（1）负责公司对外投资项目的立项审核、可行性论证、方案确定等工作。

（2）负责公司对外投资项目的实施和监管。

（3）负责公司对外投资项目的备案登记及上报工作。

（4）负责对外投资核算及报表编制等日常工作。

第八条 股份公司证券部的相关职责：

（1）经董事会授权，从事证券投资业务。负责提供投资依据，具体管理运作资金，定期向董事会汇报公司证券投资业务状况。

（2）负责协同财务部拟订年度投资计划。

（3）负责组织公司对外投资事项的相关信息披露。

第九条 对外投资管理岗位分工原则要求：

1. 为了达到对外投资内部控制规范的目标，公司建立对外投资业务的岗位责任制，明确相关部门和岗位的职责、权限，确保办理对外投资业务的不相容岗位相互分离、相互制约和相互监督。

2. 合法的对外投资业务应在业务的授权、执行、会计记录以及资产的保管方面有明确的分工，不得由一个人同时负责对外投资业务流程中两项或两项以上的工作。

3. 对外投资不相容岗位如下：

（1）对外投资项目的可行性研究人员与评估人员在职责上必须分离。

（2）对外投资计划的编制人员不能同时控制计划的审批权。

（3）对外投资的决策人员与对外投资的执行人员必须由不同的人员负责。

（4）负责证券购入或出售的人员不能同时担任会计记录工作。

（5）证券的保管人员必须同负责投资交易账务处理的职员在职责上分离。

（6）参与投资交易活动的职员不能同时负责有价证券的盘点工作。

（7）对外投资处置的审批与执行不能由相同的人员负责。

（8）对外投资项目进行投资绩效评估的人员与执行人员在职责上必须分离。

第三章 授权审批规定

第十条 各单位应建立对外投资业务的授权审批制度。对外投资业务的相关部门与经办人员应严格履行授权审批程序，审批人应严格遵守审批权限，不得超越权限审批。对审批人超越授权范围审批的对外投资业务，经办人员有权拒绝办理，并及时向审批人的上级授权部门报告。

第十一条 授权审批内容可以参见下表。

对外投资审批权力矩阵

审批部门及人员 / 审批事项	对外投资项目承办单位	外部专业机构/有关专家	股份公司本部				高管层	董事会		股东大会
			法律部门	投资管理部门	证券部	财务部	总经理办公会	董事长	全体成员	
年度投资计划					参与拟订	拟订	审议	组织拟订	审批	
一般投资项目决策	提出立项申请			初审、可行性论证、方案确定			组织审议		审批	
重大投资项目决策：单项运用资金≤净资产20%	提出立项申请	评审		初审、可行性论证、方案确定			组织审议		审批	
重大投资项目决策：单笔运用资金＞净资产50%	提出立项申请	评审		初审、可行性论证、方案确定			组织审议		审议	审批
对外投资实施方案及方案变更	按照授权审批程序重新进行审批									
对外投资业务合同			评审	经授权签订						
重大股票、债券交易行为		参与评定			业务操作		审议		审批	
投资处置						拟订方案	提出处置建议		审批	
重大投资处置						拟订方案	提出处置建议		审议	审批
对外投资转让						确定转让价格	审核		审批	
重大对外投资转让		审计评估				确定转让价格	审核		审议	审批

第四章　对外投资管理内控程序

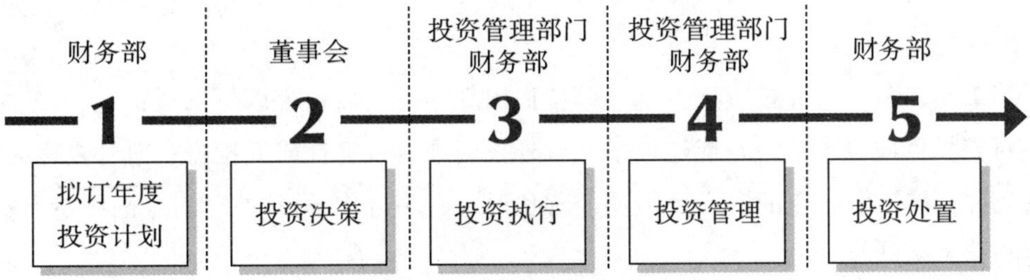

对外投资管理内控程序

第十二条　根据股东大会决定的投资计划，董事会委托总经理组织有关人员拟订年度投资计划，公司财务部拟订年度投资计划后，向董事长报告，提交董事会，形成决议后，交由总经理组织实施。

第十三条　对外投资项目承办单位提出立项申请，由投资管理部门上报总经理办公会，总经理办公会委托投资管理部或专业机构对投资项目进行可行性论证，并对投资项目进行审议，审议通过后，上报董事会决策审批。

第十四条　投资管理部门分别执行投资谈判和合同签订作业，财务部按照投资合同中投资双方协商确定的价格结算、支付投资款项，或者移交投资实物资产。

第十五条　投资管理部门及产权代表对投资项目全过程实行跟踪监管，掌握被投资企业的状况，及时发现并解决项目实施中存在的问题；公司财务部及时收取应获得的股利、利息及其他各项权益，定期与被投资企业核对有关账目。

第十六条　公司管理层提出投资处置建议，财务部会同投资管理部门拟订处置方案，报董事会审批，重大投资处置提交股东大会审批。

第五章　投资决策内控要求

第十七条　对外投资原则：公司的对外投资以形成主业突出、行业特点鲜明、多元化发展的产业体系为目标，同时符合国家产业政策以及公司的中长期发展规划。

第十八条　公司所有对外投资均由股份公司运作，公司所属分公司及其他单位不得作为投资主体进行对外投资业务。

第十九条　公司对外投资总量须与资产总量相适应，累计对外投资总规模不得超过其净资产的50%。

第二十条　对外投资审批程序：项目承办单位提出立项申请，由公司投资管理部门将项目报审资料上报总经理办公会；总经理办公会委托投资管理部门或专业机构对投资项目进行初审、可行性论证、方案确定等工作，并对投资项目进行审议，审议通过后，上报董事会决策审批。

第二十一条 公司所属参控股企业进行对外投资业务，由所在公司董事会决议。总经理委托公司投资管理部门或专业机构对其投资项目进行可行性论证，为参控股企业董事会决议提供专业意见。

第二十二条 对外投资项目承办单位提出立项申请需备齐以下资料：

对外投资项目申请报告或建议书；对外投资项目可行性研究报告；对外投资方式及资金来源；被投资企业的资产负债及经营状况；有关合作单位的资信情况；政府或主管部门的有关文件等。

第二十三条 由公司投资管理部门等相关部门对投资建议项目进行分析和论证时，应对被投资企业资信情况进行调查或实地考察，并关注被投资企业管理层或实际控制人的能力、资信等情况。对外投资项目如有其他投资者的，应根据情况对其他投资者的资信情况进行了解或调查。

第二十四条 公司投资管理部门或委托具有相应资质的专业机构对投资项目出具可行性研究报告，重点对投资项目的目标、规模、投资方式、投资的风险与收益等评价，形成评估报告。评估报告应当全面反映评估人员的意见，并由所有评估人员签章。

第二十五条 对重大对外投资项目，必须委托具有相应资质的专业机构对可行性研究报告进行独立评估。重大对外投资项目包括但不限于：

1. 单项运用资金超过500万元人民币（含）以上的对外投资项目，对同一投资对象的金额累计计算。

2. 公司新建项目。

3. 资本运营项目。

4. 其他应由董事会、股东大会决定的项目。

第二十六条 总经理办公会对投资项目的审议程序为：查询项目基本情况，比较选择不同的投资方案；对项目的疑点、隐患提出质询；提出项目最终决策方案、建议等；最后上报公司董事会决策审批。

第二十七条 总经理办公会对投资项目的审议内容包括：

1. 拟投资项目是否符合国家有关法律、法规和相关调控政策，是否符合公司主业发展方向和对外投资的总体要求，是否有利于公司的长远发展。

2. 拟订的投资方案是否可行，主要的风险是否可控，是否采取了相应的防范措施。

3. 公司是否具有相应的资金能力和项目监管能力。

4. 拟投资项目的预计经营目标、收益目标等是否能够实现，公司的投资利益能否确保，所投入的资金能否收回。

第二十八条 公司董事会在权限范围内根据总经理办公会对项目作出的审核建议，

经集体讨论后，签署审批意见。公司单项运用资金超过最近一期经审计净资产20%的对外投资项目须经董事会审议通过后，报股东大会决策审批。

第二十九条　公司对外投资实行集体决策，严禁任何个人擅自决定对外投资或者改变集体决策意见。

第三十条　公司投资管理部门对所有的投资决策进行完整的书面记录，包括投资项目的风险与收益的计算过程、投资决策层人员背景材料等，并对这些书面文件进行编号备查。

第六章　投资执行内控要求

第三十一条　根据董事会或股东大会的审批意见，公司投资管理部门会同项目承办单位制定对外投资实施方案，明确出资时间、金额、出资方式及责任人员等内容。

第三十二条　对外投资实施方案及方案的变更，应当按照授权审批程序重新进行审批。

第三十三条　总经理授权公司投资管理部门组织实施对外投资方案。投资管理部门分别执行投资谈判和合同签订作业；财务部按照投资合同中投资双方协商确定的价格结算、支付投资款项，或者移交投资实物资产。

第三十四条　对外投资业务合同需由公司法律部门或相关专家提出评审意见，并经公司法定代表人授权后签订。

第三十五条　以委托投资方式进行的对外投资，由公司投资管理部门对受托企业的资信情况和履约能力进行调查，签订委托投资合同，明确双方的权利、义务和责任，并采取相应的风险防范和控制措施。

第三十六条　公司可以用现金、实物资产、无形资产等向其他单位投资，但不得以国家规定不得用于对外投资的其他财产进行投资。

第三十七条　经批准实施后的对外投资项目应由产权代表或委托的承办人向公司投资管理部门报齐全部资料，投资管理部门应做好对外投资项目的备案工作。

第七章　投资（持有期间）管理内控要求

第三十八条　投资管理部门负责项目实施过程中的监督、检查工作，定期向总经理办公会和董事会提交报告。董事会认为必要时，可直接听取项目承办单位的汇报。

第三十九条　公司对外投资（证券投资除外）实行投资、经营、监管相结合的原则，在项目实施前派出产权代表，建立对外投资项目的产权代表责任制度，并建立产权代表适时报告、业绩考评与轮岗制度。

第四十条　公司对外投资项目产权代表应指定一人担任。可由公司董事会、监事会、经理层成员、承办单位负责人或其他人员担任。

第四十一条　产权代表对投资项目全过程实行跟踪监管，掌握被投资企业的财务状况、经营情况和现金流量，定期组织对外投资质量分析，及时发现和汇报项目实施过程中存在的问题，并提出解决的办法和建议。产权代表对子公司的利润分配向董事会提出建议。

第四十二条 公司投资的全资及控股子公司应按月编制财务报告，并按规定时间送交公司财务部，由财务部按规定编制合并会计报表。

第四十三条 除全资及控股子公司以外的对外投资项目（含股票、债券投资），由产权代表或具体承办单位每半年向公司财务部报送被投资企业的财务报表，同时对被投资企业的重大经营情况（如利润分配等股东大会决议）也应及时报送公司财务部备案。

第四十四条 证券投资业务：

1. 经董事会授权，公司证券部为从事证券投资业务的专门部门，公司其他单位和部门不得从事证券投资业务。

2. 公司证券投资范围仅限于国内依法公开发行上市的股票、债券和证券投资基金。

3. 证券部负责提供投资依据和具体管理运作资金。重大证券投资项目聘请中介机构或有关专业人员参与评定，经总经理办公会审议，董事会审批后执行。

4. 证券部对所发生的交易业务，办理相关手续后必须及时将有关资料移交财务部；财务部设库保管、专人负责、定期盘点。

5. 证券部在每季度结束后的15日内，向总经理办公会、董事会汇报公司证券投资业务状况，如遇重大事项及时向董事会作出汇报。

第四十五条 公司财务部负责对外投资有关权益证书的管理，指定专门人员保管权益证书，建立详细的记录。未经授权人员不得接触权益证书。财会部定期和不定期地与相关管理部门和人员清点核对有关权益证书。

第四十六条 公司财务部及时收取应获得的股利、利息及其他各项权益；定期与被投资企业核对有关账目，保证对外投资的安全、完整。

第四十七条 公司投资收益的核算符合国家统一的会计制度规定，对外投资取得的股利以及其他收益，均纳入公司会计核算体系。

第四十八条 被投资企业股权结构等发生变化的，公司财务部应及时取得被投资企业的相关文件，办理相关产权变更手续，反映股权变更对本企业的影响。

第四十九条 公司财务部加强对投资项目减值情况的定期检查和归口管理，减值准备的计提标准和审批程序，按照《××有限公司会计政策》的有关规定执行。

第八章 对外投资处置内控要求

第五十条 对外投资的处置包括对外投资的收回、转让、核销，由公司管理层提出处置建议，财务部会同投资管理部门拟订处置方案，报董事会审批；重大投资处置还应提交股东大会审议，经批准后方可实施。

第五十一条　公司财务部对应收回的对外投资资产，要及时足额收取并及时入账，收到的金额超过投资账面价值部分确认为处置收益。

第五十二条　公司对外转让投资时应由财务部会同投资管理部门合理确定转让价格，并报公司管理层、董事会及股东大会逐级批准；必要时，可委托具有相应资质的专门机构（会计师事务所或评估师事务所）进行审计评估后确认。

第五十三条　公司核销对外投资，应取得因被投资企业破产等原因不能收回投资的法律文书和证明文件。

第五十四条　公司财务部应当认真审核与对外投资处置有关的审批文件、会议记录、资产回收清单等相关资料，并按照规定及时进行对外投资处置的会计处理，确保资产处置真实、合法。

第五十五条　公司建立对外投资项目后续跟踪评价管理制度，由投资管理部门对公司和所属企业的重要投资项目，有重点地开展后续跟踪评价工作，并作为进行投资奖励和责任追究的基本依据。

第五十六条　公司建立对外投资业务的岗位责任制及对外投资责任追究制度，对在对外投资中出现重大决策失误，未按规定履行立项、论证、审批程序和不按规定执行对外投资各项管理规章的机构、部门及人员，追究相应的责任。

第五十七条　公司结合对外投资经济损失的程度，对投资主体负责人、其他责任人作出经济赔偿处罚；情节严重的给予行政处分；构成刑事责任的移交司法机关。对负有审核责任的单位负责人、其他责任人视情节轻重给予一定的处分。

第九章　监 督 检 查

第五十八条　公司审计部负责对外投资内部控制的监督检查制度，定期或不定期地进行检查。

第五十九条　对外投资内部控制监督检查的内容主要包括：

1. 对外投资业务相关岗位设置及人员配备情况。重点检查岗位设置是否科学、合理，是否存在不相容职务混岗的现象，以及人员配备是否合理。

2. 对外投资业务授权审批制度的执行情况。重点检查分级授权是否合理，对外投资的授权批准手续是否健全、是否存在越权审批等违反规定的行为。

3. 对外投资业务的决策情况。重点检查对外投资决策过程是否符合规定的程序。

4. 对外投资的执行情况。重点检查各项资产是否按照投资方案投出；投资期间获得的投资收益是否及时进行会计处理，以及对外投资权益证书和有关凭证的保管与记录情况。

5. 对外投资的处置情况。重点检查投资资产的处置是否经过集体决策并符合授权批准程序，资产的回收是否完整、及时，资产的作价是否合理。

6. 对外投资的会计处理情况。重点检查会计记录是否真实、完整。

第六十条　对在监督检查过程中发现的对外投资业务内部控制中的薄弱环节，审计部应当及时报告公司管理层，有关部门应当查明原因，采取措施加以纠正和完善。

第六十一条　审计部每年应当提交对外投资内部审计报告，说明公司对外投资业务内部控制监督检查情况和有关部门的整改情况。

3.6　对外担保决策管理制度

对外担保决策管理制度

第一章　总　　则

第一条　为了维护投资者的合法权益，规范××股份有限公司（以下简称“公司”）对外担保行为，有效控制公司资产运营风险，保证公司资产安全，促进公司健康稳定地发展，根据《中华人民共和国公司》（以下简称“《公司法》”）《中华人民共和国担保法》（以下简称“《担保法》”）《××股份有限公司章程》（以下简称“《公司章程》”）以及其他相关法律、法规和规范性文件的规定，特制定本制度。

第二条　本制度适用于本公司及本公司的全资、控股子公司和公司拥有实际控制权的参股公司（以下简称“子公司”）。子公司应在其董事会或股东（大）会作出决议后，及时通知公司按规定履行信息披露义务。

第三条　本制度所称对外担保（以下简称“担保”）是指公司以自有资产或信誉为任何其他单位或个人提供的保证、资产抵押、质押以及其他担保事宜。具体种类包括借款担保、银行开立信用证和银行承兑汇票担保、开具保函的担保等。

第四条　本公司为子公司提供的担保视同对外担保。

第五条　公司对外担保应遵守下列基本规定：

1. 遵守《公司法》《担保法》和其他相关法律、法规，并符合《公司章程》有关担保的规定。

2. 遵循平等、自愿、公平、诚信、互利的原则，拒绝强令为他人提供担保的行为。

3. 对外担保实行统一管理，公司的分支机构不得对外提供担保。未经公司批准，子公司不得对外提供担保，不得相互提供担保。

4. 对外担保必须要求被担保人提供反担保等必要的防范措施，且反担保的提供方应当具有实际承担能力。

5. 任何对外担保，应当取得股东大会或董事会的批准。

6. 公司对外担保的内部控制应遵循合法、审慎、互利、安全的原则，严格控制担保风险。

第六条　公司董事应审慎对待和严格控制担保产生的债务风险。

第二章　担 保 对 象

第七条　公司可以为具有独立资格且具有下列条件之一的单位担保：

（1）因公司业务需要的互保单位。

（2）与公司有现实或潜在重要业务关系的单位。

（3）公司所属全资公司、持股超过50%的子公司。

（4）董事会认为需担保的其他主体。

以上单位必须同时具有较强偿债能力，且具有3A级银行信用资质，公司对以上单位提供担保，必须经董事会或股东大会审议批准，担保方式应尽量采用一般保证担保，必须落实包括但不限于资产抵押、质押或公司认可的被担保人之外的第三人提供的保证等反担保措施，对以上单位实施债务担保后，其资产负债率不超过70%。

第八条　公司不得为任何非法人单位或者个人提供担保。

第三章　对外担保申请的受理与调查

第九条　公司在决定担保前，应首先掌握被担保人的资信状况，对该提保事项的收益和风险进行充分分析。公司应调查被担保人的经营和信誉情况。董事会应认真审议分析被担保方的财务状况、营运状况、行业前景和信用情况，审慎依法作出决定。公司可在必要时聘请外部专业机构对实施对外担保的风险进行评估，以作为董事会或股东大会进行决策的依据。

申请担保人需在签署担保合同之前向公司有关部门提交担保申请书，说明需担保的债务状况、对应的业务或项目、风险评估与防范，并提供以下资料：

（1）企业基本资料（包括企业名称、注册地址、法定代表人、关联关系、其他关系）。

（2）与借款有关的主要合同及与主合同相关的资料。

（3）反担保方案和基本资料。

（4）担保方式、期限、金额等。

（5）近期经审计的财务报告、还款资金来源及计划、还款能力分析。

（6）在主要开户银行有无不良贷款记录。

（7）不存在重大诉讼、仲裁或行政处罚的说明。

（8）公司认为需要的其他重要资料。

第十条 被担保对象同时具备以下资信条件的，公司方可为其提供担保：

（1）为依法设立并有效存续的独立企业法人，且不存在需要终止的情形。

（2）为公司持股50%以上的控股子公司或公司的互保单位或与公司有重要业务关系的单位。

（3）近3年连续盈利。

（4）产权关系明确。

（5）如公司曾为其提供担保，没有发生被债权人要求承担担保责任的情形。

（6）提供的财务资料真实、完整、有效。

（7）提供公司认可的反担保，且该反担保的提供方应当具有实际承担能力。

（8）没有其他法律风险。

第十一条 公司有关部门应根据申请担保人提供的基本资料，对申请担保人的财务状况、行业前景、经营状况和信用、信誉情况进行调查，确定资料是否真实，核查结果应当以书面形式提交财务部。财务部应审慎核查担保资料与主合同的真实性与有效性、未决及潜在的诉讼，防止被担保对象采取欺诈手段骗取公司担保，降低潜在的担保风险。

第十二条 公司财务部直接受理被担保人的担保申请或报其他部门转报的担保申请后，应当及时对被担保人的资信进行调查或复审，拟定调查报告，进行风险评估并提出担保是否可行意见。

第十三条 公司主管财务工作的负责人负责日常担保事项的审核。

第十四条 公司独立董事应在董事会审议对外担保事项时发表独立意见，必要时可聘请会计师事务所对公司累计和当期对外担保情况进行核查。如发现异常，应及时向董事会和监管部门报告并公告。

第四章 担保审查与决议权限

第十五条 对外担保事项经公司主管财务工作的负责人审核后由公司财务部递交董事会办公室以提醒董事会审议决定。财务部应当向董事会提交被担保人资信状况的调查报告，包括被担保人提供的资料以及公司其他承办担保事项部门的核查结果。

董事会应当结合公司上述调查报告与核查结果对被担保人的财务状况、发展前景、经营状况及资信状况进一步审查，对该担保事项的利益和风险进行充分分析。董事会认为需要提供其他补充资料时，公司财务部应当及时补充。

第十六条 董事会根据有关资料，认真审查担保人的情况。对于有以下情形之一的，不得为其提供担保：

（1）不符合国家法律、法规或国家产业政策的。

（2）不符合本办法规定的。

（3）产权不明，转制尚未完成或成立不符合国家法律、法规或国家产业政策的。

（4）提供虚假的财务报表或其他资料。

（5）公司前次为其担保，发生过银行借款逾期、拖欠利息等情况的。

（6）上年度亏损或上年度盈利甚少或本年度预计亏损的。

（7）经营状况已经恶化，商业信誉不良的企业。

（8）未能落实用于反担保的有效财产的。

（9）董事会认为不能提供担保的其他情形。

第十七条　公司下列对外担保行为，须经股东大会审议通过：

（1）本公司及本公司控股子公司的对外担保总额，达到或超过最近一期经审计净资产的50%以后提供的任何担保。

（2）公司的对外担保总额，达到或超过最近一期经审计总资产的30%以后提供的任何担保。

（3）为资产负债率超过70%的担保对象提供的担保。

（4）单笔担保额超过最近一期经审计净资产的10%的担保。

（5）连续12个月内担保金额超过公司最近一期经审计净资产的50%且绝对金额超过3 000万元。

（6）对股东、实际控制人及其关联方提供的担保。

上述由董事会审议后提出预案，提交公司股东大会批准；其他对外担保事宜应当由出席董事会会议的2/3以上董事同意并经2/3以上独立董事同意方可对外担保。

第十八条　股东大会或者董事会对担保事项作出决议，与该担保事项有利害关系的股东或者董事应当回避表决。

第五章　担 保 合 同

第十九条　对外担保经董事会或股东大会批准后，必须订立书面担保合同。

第二十条　担保合同必须符合有关法律、法规，约定事项明确。担保合同中下列条款应当明确：

（1）被担保的主债权的种类、金额。

（2）债权人履行的期限。

（3）担保的方式。

（4）保证的期间。

（5）保证担保的范围。

（6）各方的权利、义务和违约责任。

（7）双方认为需要约定其他事项。

第二十一条 董事会办公室必须对担保合同的合法性和完整性进行审核，重大担保合同的订立应征询法律顾问或专家的意见，必要时由公司聘请的律师事务所审阅或出具法律意见书。对于强制性条款或明显不利于公司利益的条款以及可能存在无法预料风险的条款，应当要求对方修改或拒绝为其提供担保。

第二十二条 合同订立前财务部应当落实反担保措施，董事会办公室检查落实情况。

第二十三条 公司董事长或其授权代表根据董事会或股东大会的决议代表公司签署担保公司。未经公司股东大会或者董事会决议通过，董事、经理以及公司的分支机构不得擅自代表公司签订担保合同，责任单位不得越权签订担保合同，也不得在主合同中以保证人的身份签字或盖章。

第二十四条 被担保人提供的反担保，一般不低于公司为其提供担保的数额。被担保人设定反担保的财产为法律、法规禁止流通或不可转让的财产的，公司应当拒绝提供担保。

第二十五条 签订互保协议时，责任单位应及时要求对方如实提供有关财务报告和其他能反映偿债能力的资料。互保应当实行等额原则，超出部分应要求对方提供相应的反担保。

第二十六条 公司接收抵押、质押形式的反担保时，由公司财务部会同董事会办公室，完善有关法律手续，及时办理登记。

第二十七条 法律规定必须办理担保登记的，公司财务部必须到有关登记机关办理担保登记；无须登记即可生效的担保合同是否登记，由财务部请示董事长意见办理。

第二十八条 签订互保协议时，应当实行等额原则，超出部分应要求对方提供相应的反担保。

第六章 对外担保的日常管理与风险管理

第二十九条 担保管理机构：

1. 公司财务部为对外担保的职能管理部门，根据分级授权和条线管理的原则，各部门管理范围内的被担保对象担保申请的受理、资信调查、担保风险等事项均由各部门负责初审与管理，并形成正式材料上报财务部复审。公司直接受理的对外担保事项由财务部负责受理、审查与管理。公司财务部负责组织履行董事会或股东大会的审批程序和对外担保额度的总量监控。

2. 董事会办公室为对外担保监管部门，负责有关文件的法律审查、核查反担保措施的落实、履行担保责任后的追偿、追究违反本办法部门或人员的责任。

第三十条 对外担保合同订立后，公司财务部应及时通报监事会和董事秘书，并向董事会办公室备案。

第三十一条 公司应妥善管理担保合同及相关原始资料，及时进行清理检查，并定期与银行等相关机构进行核对，保证存档资料的完整、准确、有效，关注担保的时效、期限。在合同管理过程中，一旦发现未经董事会或股东大会审议程序批准的异常合同，应及时向董事会、监事会及深圳证券交易所报告。

第三十二条 公司应指派专人持续关注被担保人的情况，收集被担保人最近一期的财务资料和审计报告，定期分析其财务状况及偿债能力，关注其生产经营、资产负债、对外担保以及分立合并、法定代表人变化等情况，建立相关财务档案，定期向董事会报告。

第三十三条 如发现被担保人经营状况严重恶化或发生公司解散、分立等重大事项的，有关责任人应及时报告董事会。董事会应采取有效措施，将损失降到最低程度。

第三十四条 对外担保的债务到期后，上市公司应督促被担保人在限定时间内履行偿债义务。若被担保人未能按时履行义务，公司应及时采取必要的补救措施。当出现被担保人债务到期后15个工作日内未履行还款义务，或是被担保人破产、清算、债权人主张担保人履行担保义务等情况时，公司有义务及时了解被担保人的债务偿还情况，并在知悉后及时披露相关信息。上市公司担保的债务到期后需展期并需继续由其提供担保的，应作为新的对外担保，重新履行担保审批程序和信息披露义务。

第三十五条 公司如需履行担保责任必须经董事会办公室审核并报董事会批准，在向债权人履行了担保责任后办公室应当立即启动反担保追偿等有效措施追偿。

第三十六条 债权人将债权转让给第三人的，除合同外另有约定的，公司应当拒绝对增加义务承担担保责任。

第三十七条 公司作为一般保证人时，在主合同纠纷未经审判或仲裁，并就债务人财产依法强制执行仍不能履行债务前，公司不得对债务人先行承担保证责任。

第三十八条 人民法院受理债务人破产案件后，债权人未申报债权的，责任人应当提请公司参加破产财产分配，预先行使追偿权。

第三十九条 保证合同中保证人为两人以上的且与债权人约定按份额承担责任的，公司应当拒绝承担超过公司份额外的保证责任。

第四十条 公司在收购和对方投资等资本运作过程中，应对被收购方的对外担保情况进行审查，作为董事会决议的重要依据。

第四十一条 公司为债务人履行担保义务时，责任单位应当采取有效措施向债务人追偿，并将追偿情况及时披露。

第七章 法 律 责 任

第四十二条 公司董事、总经理及其他高级管理人员、相关部门及人员违反法律、法规或本办法规定，擅自担保或怠于行使其职责，给公司造成损失的，依法承担责任或由公司视情节轻重给予处理。

第四十三条 公司董事、总经理及其他高级管理人员未按本办法规定程序擅自越权签订担保合同，应当追究当事人责任。

第四十四条 责任人违反法律规定或本办法规定，无视风险擅自对外担保造成损失的，应承担赔偿责任。

第四十五条 责任人怠于行使其职责，给公司造成损失的，视情节轻重给予经济处罚或行政处分。

第四十六条 责任人未经公司董事会同意承担保证责任就擅自承担的，应承担赔偿责任并给予相应的行政处罚。

第四十七条 担保过程中，责任人违反刑法规定的，依法追究刑事责任。

3.7 对外担保管理制度

对外担保管理制度

第一章 总 则

第一条 为规范××股份有限公司（以下简称“公司”）对外担保管理，规范公司担保行为，控制公司经营风险，根据《中华人民共和国公司法》（《公司法》）《中华人民共和国担保法》《关于规范上市公司对外担保行为的通知》等有关法律、法规、规范性文件及《××股份有限公司章程》（下称“《公司章程》”）的有关规定，特制订《××股份有限公司对外担保管理制度》（“本制度”）。

第二条 本制度所称对外担保，是指公司为他人提供的担保，包括公司对控股子公司（含全资子公司，以下简称“子公司”）的担保及公司控股子公司的对外担保。本制度所称“公司及子公司的对外担保总额”，是指包括公司对子公司担保在内的公司对外担保总额与子公司对外担保总额之和。

第三条 公司对外担保的内部控制应当遵循合法、审慎、互利、安全的原则，严格控制担保风险。

第四条 公司股东大会和董事会是对外担保的决策机构，公司一切对外担保行为，须按程序经公司股东大会或董事会批准。未经公司股东大会或董事会的批准，公司不得对外提供担保。

第五条 公司对外担保应当尽可能要求对方提供反担保，谨慎判断反担保提供方的实际担保能力和反担保的可执行性。

第二章　对外担保的审批权限

第六条　公司下列对外担保行为，应当在董事会审议通过后提交股东大会审议：

1. 本公司及子公司的对外担保总额，超过本公司最近一期经审计净资产的50%以后提供的任何担保。

2. 连续12个月内担保金额超过本公司最近一期经审计总资产的30%。

3. 为资产负债率超过70%的担保对象提供的担保。

4. 单笔担保额超过本公司最近一期经审计净资产10%的担保。

5. 对股东、实际控制人及其关联方（不包括公司及子公司，下同）提供的担保。

6. 连续12个月内担保金额超过本公司最近一期经审计净资产的50%且金额超过____万元的。

7. 深圳证券交易所和《公司章程》规定的其他担保情形。

股东大会审议本条第2项担保事项时，应经出席会议的股东所持表决权的2/3以上通过。

股东大会在审议为股东、实际控制人及其关联方提供的担保议案时，该股东或受该实际控制人支配的股东，不得参与该项表决，该项表决由出席股东大会的其他股东所持表决权的过半数以上通过。

第七条　本制度第四条所列情形以外的其他对外担保，由公司董事会审议批准后实施。应由董事会审批的对外担保，必须经出席董事会的2/3以上董事审议同意并作出决议。

第三章　对外担保申请的受理及审核程序

第八条　公司对外担保申请由财务部统一负责受理，被担保人应当至少提前30个工作日向财务部提交担保申请书及附件，担保申请书至少应包括以下内容：

1. 被担保人的基本情况。

2. 担保的主债务情况说明。

3. 担保类型及担保期限。

4. 担保协议的主要条款。

5. 被担保人对于担保债务的还款计划及来源的说明。

6. 反担保方案。

第九条　被担保人提交担保申请书的同时还应附上与担保相关的资料，应当包括：

1. 被担保人的企业法人营业执照复印件。

2. 被担保人最近经审计的上一年度及最近一期的财务报表。

3. 担保的主债务合同。

4. 债权人提供的担保合同格式文本。

5. 被担保人不存在重大诉讼、仲裁或行政处罚的说明。

6. 财务部认为必须提交的其他资料。

第十条 财务部在受理被担保人的申请后应及时对被担保人的资信状况进行调查并对向其提供担保的风险进行评估，在形成书面报告后（连同担保申请书及附件的复印件）送交董事会办公室。

第十一条 董事会办公室在收到财务部的书面报告及担保申请相关资料后应当进行合规性复核。

第十二条 董事会办公室应当在担保申请通过其合规性复核之后根据《公司章程》的相关规定组织履行董事会或股东大会的审批程序。

第十三条 公司董事会应当在审议对外担保议案前，充分调查被担保人的经营和信誉情况，认真审议分析被担保方的财务状况、营运状况、行业前景和信用情况，依法审慎作出决定。公司在必要时可聘请外部专业机构对实施对外担保的风险进行评估以作为董事会或股东大会作出决策的依据。

第十四条 公司董事会或股东大会对担保事项作出决议时，与该担保事项有利害关系的董事或股东应回避表决。

第十五条 公司独立董事应当在董事会审议对外担保事项（对合并范围内子公司提供担保除外）时发表独立意见，必要时可以聘请会计师事务所对公司累计和当期对外担保情况进行核查。如发现异常，应当及时向董事会和监管部门报告并公告。

第十六条 董秘办应当详细记录董事会会议以及股东大会审议担保事项的讨论及表决情况，并应及时履行信息披露的义务。

第四章 担保合同及反担保合同的订立

第十七条 公司对外提供担保或接受反担保时，应当订立书面合同（含担保函，下同）。

第十八条 担保合同、反担保合同应当由公司董事长或其授权的代理人签字，其他任何人不得擅自代表公司签订对外担保合同。未经公司董事会或者股东大会决议，任何人不得代表公司签订对外担保合同。

第十九条 担保合同、反担保合同的内容应当符合我国有关法律、法规的规定对外担保管理制度，主要条款明确且无歧义。

第二十条 担保合同、反担保合同中应当至少明确规定下列条款：

1. 被担保的债权种类、金额。

2. 债务人履行债务的期限。

3. 担保方式、担保金额、担保范围、担保期限。

4. 各方的权利、义务和违约责任。

5. 适用法律和解决争议的办法。

6. 各方认为需要约定的其他事项。

第二十一条　公司在对外担保（如抵押、质押）或接受反担保时，由公司财务部会同公司法务人员妥善办理有关法律手续，特别是接受反担保时必须及时向政府有关部门办理资产抵押或质押的登记手续。

第五章　担保的日常管理和风险控制

第二十二条　公司财务部负责担保事项的登记、注销以及日常管理。

财务部应设置台账，如实、准确、完整地记录对外担保情况。公司提供担保的债务到期前，财务部应积极督促被担保人按时清偿债务。

财务部应当妥善保存管理所有与公司对外担保事项相关的文件资料（包括但不限于担保申请书及其附件，财务部、法务人员、财务总监、董事会秘书及公司其他部门的审核意见，董事会或股东大会的决议，经签署的担保合同、反担保合同、抵押或质押登记证明文件等），及时进行清理检查，并定期与银行等相关机构进行核对，保证存档资料的完整、准确、有效，关注担保的时效、期限。财务部应按季度填报公司对外担保情况表并呈报公司董事会，同时抄送公司总经理以及董事会秘书。

财务部在合同管理过程中发现未经董事会或股东大会审议批准的异常担保合同的，应当及时向董事会、监事会及深圳证券交易所报告。

第二十三条　财务部应持续关注和及时收集被担保人最近一期的财务资料和审计报告，定期分析其财务状况及偿债能力，关注其生产经营情况、财务状况、资产、负债、或有负债、对外担保的重大变动情况、企业增减注册资本，分立、合并、破产、解散、清算、资产重组、法定代表人变动、股权变动、到期债务的清偿情况等相关信息，建立相关财务档案，及时发现担保风险，定期向董事会报告。对发现可能出现的风险进行分析，应及时提请公司处理。

如发现被担保人经营状况严重恶化或发生公司解散、分立等重大事项的，有关责任人应当及时报告董事会。董事会应当采取有效措施，将损失降低到最低程度。

第二十四条　对外担保的债务到期后，公司应督促被担保人在限定时间内履行偿债义务。若被担保人未能按时履行义务，公司应及时采取必要的补救措施。

如被担保人逾期未清偿债务的，或者发生被担保人破产、解散、清算、债权人主张由担保人承担担保责任等情况的，公司应及时了解被担保人的经营情况、财务状况、偿债情况，依法披露相关信息，准备启动追偿程序。

第二十五条　公司担保的债务到期后需展期并需继续由其提供担保的，应当作为新的对外担保，重新履行担保审批程序和信息披露义务。

第六章　担保信息的披露

第二十六条　公司应当按照有关法律、法规、规范性文件和《公司章程》等规定，履行对外担保情况的信息披露义务。

第二十七条　公司董事会或股东大会审议批准的对外担保，必须在公司指定的信息披露报刊和网站上及时披露，披露的内容包括董事会或股东大会决议、截至信息披露日公司及其子公司对外担保总额、公司对子公司提供担保的总额、上述数额分别占公司最近一期经审计净资产的比例等。

第二十八条　子公司应在其董事会或股东会作出决议后及时通知公司董事会秘书履行有关信息披露义务。

第二十九条　公司应当按规定如实向承办公司审计业务的注册会计师提供公司全部对外担保事项。

第三十条　对于已披露的担保事项，公司应当在出现以下情形之一时及时披露：

1. 被担保人于债务到期后15个交易日内未履行还款义务的。

2. 被担保人出现破产、清算及其他严重影响还款能力情形的。

第三十一条　公司应当采取必要措施，在担保信息尚未公开披露前将该等信息知情者控制在最小范围内。

任何知悉公司担保信息的人员，均负有保密义务，直至该等信息依法定程序予以公开披露之日止，否则应承担由此引致的法律责任。

第4章 资产管理制度

4.1 货币资金内部控制制度

货币资金内部控制制度

第一章 总 则

第一条 为加强对货币资金的内部控制，保证资金的安全，提高资金的使用效益，特制定本制度。

第二条 本制度所称货币资金是指公司所拥有的现金、银行存款和其他货币资金。货币资金业务主要包括：

1. 现金收支。
2. 银行存款收支。
3. 其他货币资金收支。
4. 现金盘点及银行存款余额对账调节。
5. 票据及印章管理。

第三条 本制度所要实现的控制目标包括：

1. 货币资金业务的职责分工与授权审批设置明确。
2. 货币资金业务流程合理、完整。
3. 货币资金业务都经过适当级别的批准。
4. 货币资金业务的确认、计量和报告符合相关会计准则的规定。
5. 货币资金业务的会计记录真实、完整和准确。
6. 保证货币资金的安全，账账相符，账实相符。

第二章 岗位职责及授权批准

第四条 货币资金业务不相容岗位应当相互分离、制约和监督，同一部门或个人不得办理货币资金业务的全过程。货币资金业务不相容的岗位包括：

1. 货币资金支付的审批与执行。
2. 货币资金的保管与盘点清查。
3. 货币资金的会计记录与稽核。
4. 票据的保管与印章的保管。
5. 出纳人员不得兼任稽核、会计档案保管和收入、支出、费用、债权债务账目的登记工作。

第五条　货币资金业务的相关岗位职责与授权审批。

货币资金业务的相关岗位职责与授权审批

部门或岗位	职责与权限
总裁	（1）《资金支出计划表》的审批 （2）对《资金支出计划表》以外的支出申请进行审批 （3）对用款金额在1万元以下的（含1万元）资金支付每月进行复核 （4）用款金额在1万元以上的资金支付申请的审批 （5）各公司银行账户的开立的批准 （6）销户申请的批准
总经理	（1）《资金支出计划表》的审核 （2）用款金额在1万元以下的（含1万元）资金支付申请的审批 （3）用款金额在1万元以上的资金支付申请的审核 （4）销户申请的审核 （5）长期未达账项或不符事项的处理批示
财务经理	（1）检查现金及支票按时交存银行 （2）《资金支出计划表》的编制 （3）资金支付申请的审核 （4）审核现金和银行存款收付凭证，审核无误点击“审核”签字 （5）对《货币资金周报表》复核并签字 （6）不定期地对库存现金进行监盘 （7）销户申请的审核 （8）对《银行存款余额调节表》进行复核并签字 （9）长期未达账项或不符事项的调查和报告，并根据总经理的批示进行处理 （10）审核对账调整分录及调账 （11）对财务人员离岗交接的监督 （12）预留银行印鉴的个人印章的保管
会计	（1）编制现金和银行存款收付凭证 （2）凭证经财务经理审核后，点击财务软件“记账”生成现金日记账和银行存款日记账 （3）保存《银行存款余额调节表》
出纳	（1）销售定价的审查 （2）付款审批的复核 （3）现金、票据的保管 （4）按规定办理款项、票据的审核收付及相关票据的开具 （5）与开户行对账并编制《货币资金周报表》

（续表）

部门或岗位	职责与权限
出纳	（6）检查会计编制的货币资金收款凭证，核对无误，点击“出纳签字” （7）《银行存款余额调节表》的编制 （8）编制对账调整分录 （9）空白票据及预留银行印鉴的公司财务章的保管

第三章　货币资金的收支控制

第六条　货币资金收支包括现金、银行存款及其他货币资金的收支。严禁未经授权的部门或人员办理货币资金业务或直接接触资金。

第七条　货币资金收款。

货币资金收款分为销售资金收款和其他资金收款，分别按照以下规定和流程办理：

1. 销售资金收款

（1）当发生现销业务时，销售部开具《销售出库单》。《销售出库单》一式三联，销售部留存根，客户持“财务记账联”“仓库联”前往财务部和仓库办理交款及提货。销售部开出《销售出库单》后应立即通知出纳向客户收款。

（2）出纳核对客户提交的《销售出库单》“财务记账联”“仓库联”，检查销售是否符合公司的销售及定价政策，各联次内容、数据是否一致，是否完整，检查无误后收取款项，并向客户开具收款收据或销售发票。

收款收据应载明客户名称、产品品名及规格、数量、单价、金额等，并加盖“现金收讫”或“银行收讫”印章及出纳个人印章。收款收据连续编号，一式三联，分别为存根联，客户联和财务记账联。

（3）客户持收款收据“客户联”或销售发票的相应联次，以及《销售出库单》“财务记账联”“仓库联”，前往仓库办理提货手续。

（4）收回应收账款时，销售部应及时通知财务部办理收款。出纳收取款项后，向客户开具收款收据。

（5）出纳将收到的现金（超出库存限额的部分）和支票于当日交存银行，财务经理每日下班前进行检查。

2. 其他资金收款

其他资金收款是指销售资金收款以外的各类款项的收取，如股东出资款、对外借款等。当发生其他资金收款时，相关部门应根据收款的业务性质，按照相应的内部控制制度办理相关审批手续，并向财务部说明相关情况。

出纳审核相关单据、凭证无误后办理收款，并向交款方开具收款收据。

第八条 货币资金付款。

各公司每月按照批准的月度《资金支出计划表》办理各项资金付款，发生《资金支出计划表》以外的支付事项时，应采取一事一议的原则，由公司总裁审批。货币资金付款的申请、审批和支付应按照以下程序进行：

1.《资金支出计划表》的编制与审批

（1）各部门于各期期末（月末、季度末、年末）向财务部提报下期（下月、下季度、下年）资金支出计划（包括支出事项、预计金额、预计用款时间等）。

（2）财务经理汇总编制各期（月度、季度、年度）《资金支出计划表》，报总经理审核。

（3）总经理审核各期（月度、季度、年度）《资金支出计划表》，签字后上报公司总裁审批。

（4）公司总裁审批各期（月度、季度、年度）《资金支出计划表》，同意后签批（年度《资金支出计划表》需经董事会审议批准）。

（5）签批后的《资金支出计划表》由财务部留存，财务部据此监督本公司的资金支出情况。

2. 用款申请与审批

（1）各部门按照批准的《资金支出计划表》用款时，由经办人提出资金支付申请，填制《费用报销单》或《用款通知单》，注明款项的用途、金额、支付方式等内容，并附有效经济合同协议、原始单据或其他相关支付证明等，用款部门负责人审核签字后报财务经理审核。

（2）财务经理审核各部门提出的资金支付申请，用款金额在1万元以下的（含1万元），由总经理签批，总裁每月复核并签字；用款金额在1万元以上的，总经理审核签字后，报总裁签批。

子公司各部门提出的资金支付申请，由各子公司总经理签批，季度结束后由总裁指定人员对该季度所有单据进行复核并签字。

（3）当发生已批准的《资金支出计划表》以外的支出申请时，无论金额大小，由公司总裁签批。

3. 复核与付款

（1）出纳应当对批准后的《费用报销单》或《用款通知单》进行复核，复核资金支付申请的批准范围、权限、程序是否正确，手续及相关单证是否齐备，金额计算是否准确，支付方式、付款单位是否妥当等。复核无误并签字后，办理款项支付，并加盖“现金付讫”或“银行付讫”印章及出纳个人印章。

（2）对不符合规定的现金付款，出纳员应拒绝办理，并将相关单据凭证交有关人员重新办理。对在现金结算中发现的重大问题，要及时向财务经理汇报。

第九条 登记现金或银行存款日记账：

出纳应根据当天发生的现金和银行存款收付业务，审核原始凭证并转交财务会计，会计及时按出纳提供的单据编制现金和银行存款收付凭证，经财务经理审核点击财务软件“审核”后，会计点击财务软件“记账”生成现金日记账和银行存款日记账。

第十条 编制《货币资金周报表》：

出纳应根据每周资金的收支及结余情况，编制《货币资金周报表》，经财务经理复核签字后，报送总经理。《货币资金周报表》一式两份，报总经理一份，财务部留存一份。

第四章 现 金 管 理

第十一条 现金开支范围及开支限额：

1. 备用金，通常不超过1万元。

2. 出差人员必须随身携带的差旅费。

3. 2 000元以内的采购用款及零星支出。

不属于上述现金开支范围或超过现金开支限额的业务应当通过银行办理转账结算。

第十二条 现金管理规定：

1. 出纳负责现金收付结算、现金收付相关原始凭证的审核以及现金保管工作，但不得兼管稽核工作。

2. 出纳必须将现金日清月结，及时审核财务会计编制的货币资金收付款凭证，并点击“出纳签字”，不得以白条抵顶现金库存，不得跨月处理账务。

3. 出纳必须将当天收到的现金（超出库存限额的部分）和支票及时存入银行，不得坐支现金。

4. 出纳从银行提取现金，必须履行相关程序，不得将签发的现金支票转交他人或异地保存。

5. 出纳应认真鉴别收取的现金，防止收取假币，对发现的假币，应予以没收，上交银行，并开具没收证明。

6. 现金使用或出借必须执行规定的审批程序，严禁出纳擅自挪用、借出现金。原则上，除必要的差旅费和小额支出外，不允许向个人借出现金。

7. 财务经理应不定期地对库存现金进行监盘，并与现金日记账、总账核对。对现金清查中发现的长款或短款，要认真核实，查清原因，并及时向公司总经理报告，必要时向公司董事会报告，经批准后处理，不得隐瞒不报或自行处理。

8. 出纳因故离开工作岗位需短期性替代或工作变动，必须办理交接手续。出纳请假1天或1天以上的，凭现金日记账清点库存现金，交接双方清点核对相符后，在清点核对表上签字。出纳员同时移交收、付讫图章，接替人在工作时使用自己的名章。财务经理负责安排交接人员，并监督交接双方的交接工作。

第五章 银行存款管理

第十三条 银行开户及账户管理：

1. 各公司的银行开户及账户管理应当符合相关法律、法规的规定。

2. 各公司银行账户的开立，由公司总经理批准。

3. 各公司银行账户只能用于各公司规定业务范围内的银行结算，不得出租、出借，不得用于个人结算。

4. 使用网上银行业务的，由财务经理和出纳员共同完成操作程序，不得有一人完成网上银行业务的全过程。

（1）出纳办理网上银行业务时输入操作密码并输入业务信息。

（2）财务经理输入授权密码，并审核业务信息，审核无误后付款。

5. 各公司严禁开设储蓄账户办理结算业务。

6. 各公司应每季度对银行账户进行清查、清理，非正常使用的账户要及时进行清理销户。撤销银行账户时，首先由出纳对该账户发生的所有账务事项进行核对清查，提交书面销户申请并注明缘由，依次经财务经理、总经理批准后，方可按银行规定办理销户手续。

第十四条 银行存款管理规定：

1. 出纳应按照开户银行及账号设置银行存款明细账户，以反映不同开户银行和不同存款账户银行存款的收入、支出和结存情况。

2. 会计应按照经济业务发生的先后顺序，审核相关原始单据，编制相关记账凭证。记账凭证经财务经理审核后，由财务会计点击“记账”生成银行存款日记账，以准确反映各银行存款账户当日的收支及结存情况。

3. 出纳应按月与开户银行对账，取得银行对账单的相关资料，编制《银行存款余额调节表》，并须经财务经理复核签字，签字后的《银行存款余额调节表》由会计保存。

4. 财务经理应认真复核出纳编制的《银行存款余额调节表》，对于长期未达账项或不符事项，财务经理应进行调查和报告，签字后，报公司总经理请示处理意见，财务经理根据批示意见对长期未达账项或不符事项进行处理。

5. 必要时会计应编制对账调整分录，经财务经理复核签字后调账。

6. 出纳因故离开工作岗位需短期性替代或工作变动，必须办理交接手续。出纳请假1天或1天以上的，应将银行存款日记账与银行存款余额核对，交接双方清点核对相符后，在清点核对表上签字。出纳员同时移交收、付讫图章，接替人在工作时使用自己的名章。财务经理负责安排交接人员，并监督交接双方的交接工作。

第十五条　票据结算业务：

1. 支票结算

（1）支票结算是付款单位签发支票，通知开户银行从其存款账户中支付款项的结算方式，分现金支票和转账支票两种。现金支票只可用于从银行提取现金，转账支票只能用于转账，不能提取现金。

（2）各公司收到支票时，出纳应审核支票签发是否规范，包括签发时间是否逾期，内容填写是否完整，字迹是否清晰，大小写是否相符，用途是否合理，支票签发单位是否与付款单位名称相符等；对背书转让的转账支票要审查背书是否符合规定，审核无误后，应将支票及时填写送存簿，送存银行。

（3）各公司签发支票时，出纳应按照以下规定签发支票：

①签发的支票一定要记名。

②签发的支票起点为100元，付款期限为10天，遇到法定节假日要顺延，不得签发远期支票。

③必须使用碳素墨水填写，双联式支票可以复写。

④签发支票必须由收款人在支票存根上签字。

⑤不得签发空头支票。

⑥不得由收款单位代签支票。

⑦使用支票打印机签发支票的，应按照规范的操作程序签发支票。

（4）出纳应建立《支票领用登记簿》，按支票编号顺序签发，并在登记簿上进行登记。对发出的支票要及时清查，督促支票领用人及时交回逾期支票或办理销账；对作废的支票要与支票存根一起妥善保管，不得任意撕毁或丢弃。

2. 电汇结算

（1）各公司可以根据需要选择使用电汇结算方式完成业务结算，电汇结算不受金额起点限制。

（2）各公司汇出款项，出纳要在“电汇”凭证上详细填明汇入地点、汇入银行、收款单位或收款人名称、银行开户账号等。

（3）各公司对收到的汇款，要认真查明款项来源和对应的业务活动。

（4）电汇业务结算应及时进行相关账务。

3. 银行承兑汇票

（1）商业汇票结算是付款人以商业汇票向收款人结清应付货款的一种结算方式，

商业汇票分为商业承兑汇票和银行承兑汇票两种。商业汇票的签发和接收必须按照银行票据法的相关规定办理。

（2）采用商业汇票结算时，必须注意以下问题：

①商业汇票的开具必须基于真实的交易，严禁签发没有真实交易的虚假商业汇票。

②采用商业汇票结算，只适用于根据购销合同进行的商品交易，签发、承兑和使用商业汇票的，必须是在银行开立账户的法人。

③商业汇票一律记名，可以背书转让和贴现，商业汇票的期限由双方商定，但最长不超过6个月，如属分期付款，必须一次签发多张不同期限的汇票。

④建立承兑汇票备查账簿，分别详细地登记签发或收到的承兑汇票的承兑人、收款人、承兑期限等内容。

⑤对于签发的承兑汇票，要在到期前核查其银行账户存款情况，积极筹措资金，以便到期承兑。

⑥对于收到的承兑汇票要妥善保管，并在到期日及时填写进账单，连同承兑汇票和解迄通知一起送交银行办理收款。

⑦承兑汇票贴现必须由总经理审批同意后按银行有关规定进行办理。

第十六条 其他货币资金业务：

1. 其他货币资金是指公司除现金、银行存款以外的其他各种货币资金。根据存放地点和用途不同分为外埠存款、银行汇票存款、银行本票存款、信用证存款和保函押金。

2. 其他货币资金业务应遵照银行存款业务的规定办理。

第六章 票据及印章的控制

第十七条 各种货币资金结算票据（支票、汇票委托书等）由出纳员向银行购买，并妥善保管。已签发的支票和空白支票如果遗失，应及时向开户银行挂失。

第十八条 货币资金结算票据和相关印鉴不能由一人兼管，应分别两人进行管理。货币资金结算票据及预留银行印鉴的公司财务章由出纳保管，个人印章由财务经理保管。

第十九条 各公司财务部门应建立严格的支票领用、注销手续，领用支票人必须在“支票领用登记簿”上签字。

第二十条 财务经理每月月末盘点一次承兑汇票的库存金额，查看支票、收据当月已使用的截至编号及其他有关单证，检查相关账务处理是否及时、准确和完整。

第七章 监督与检查

第二十一条 公司各级财务管理机构及人员，应当按照规定的职权范围，加强对货币资金业务的监督检查，监督检查的内容主要包括：

1. 货币资金业务的岗位分工是否合理，是否存在不相容职务混岗的现象。

2. 货币资金业务的业务流程及授权审批是否完整明确。

3. 货币资金业务的原始凭证和记账凭证审核是否严格。

4. 货币资金的管理是否安全，相关对账、清查措施是否充分、及时。

第二十二条　任何员工对本公司违反本制度规定的行为，应及时向总经理或总裁、董事会汇报。

4.2　资金支出审批管理制度

资金支出审批管理制度

第一章　总　　则

第一条　本制度主要为资金支出方面审批及审批权限管理规定与流程，其他未涉及规定均按相关制度执行，与其相配套的制度有本公司的《会计制度》《财务管理制度》《全面预算制度》《出差公出管理办法》《货币资金管理制度》等相关制度，本制度有规定的一律按本制度执行。

第二条　本制度适用于××电子有限公司。

第二章　预算内外资金管理规定

第三条　预算内资金支出管理规定：

1. 各级负责人应严格按照批准的年度费用预算编制的月份各项费用开支预算表进行费用开支；要严把审批关，掌握所管辖部门费用开支的实际情况，不得超预算开支，当月发生的费用必须在当月的30日之前及时报销，跨月原则不予报销，费用预算项目开支不能提前使用，只有在以前月份同一费用项目有节余的情况下，可调剂使用。

2. 财务部负责人负责具体的预算资金运用控制与核算管理。

3. 审批权限按照《资金审批权限管理规定》执行：

（1）按照《预算内资金开支的审批权限》执行。

（2）若一次性费用支出额超过1 000元的项目，事前需征得总经理的同意，方可发生。

（3）若为购置办公用品、办公用具，由各部门填制下月《物品申购单》提出申购要求，报主办会计、管理部经理审批后，方由公司统一购置、保管、领用。

（4）若为原材料、辅助材料、包装物、生产用具、设备、配件的具体采购办法，按照《物资管理制度》的相关条例执行。

4. 预算内费用申请、物品请购管理流程：

预算内费用申请、物品请购管理流程如下图所示。

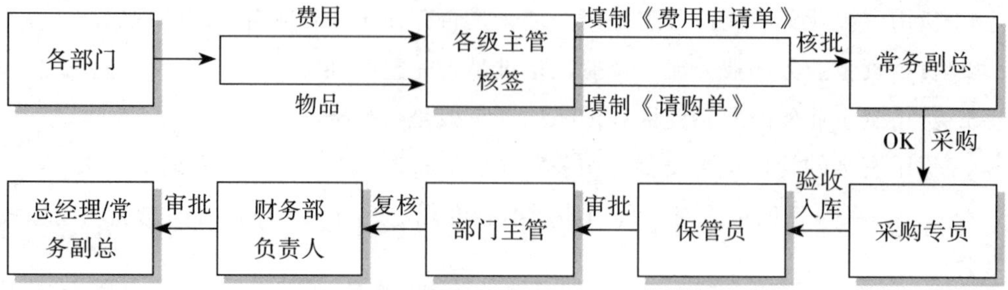

预算内费用申请、物品请购管理流程

第四条　预算外资金支出管理规定：

未列入年度费用预算内的开支，原则上一律不予开支。若确实需要开支的项目，必须事前以书面报告形式，上报财务部，经过调查研究，报总经理批准后，方可列支。若费用或购置物品、设备未列入在预算计划内，则由每个部门在每月15日前由每个部门填制《费用申请单》或填制下月设备配件及用具《请购单》提出申购要求：

1. 如为生产使用的设备由设备管理部门统一填制设备《申购单》，注明其用途、理由，由设备管理部门主管、财务部负责人审核签字后，报总经理批准后，待公司资金核准后，方可购买或发生。

2. 如为办公设备、其他设备或其他突发性的大项开支，每月15日前由各部门单项填制《签呈》，注明其请款开支事由及用途，由财务部负责人审核签字，报总经理批准后，方可购买或发生。

3. 如为费用由各部门统一填制《费用申请单》，注明其用途、理由，由其部门主管、财务部负责人审核签字后，报总经理批准后，方可购买或发生。

4. 预算外费用申请、物品请购管理流程，先以申请部门填制《签呈》，再按以下流程运作。

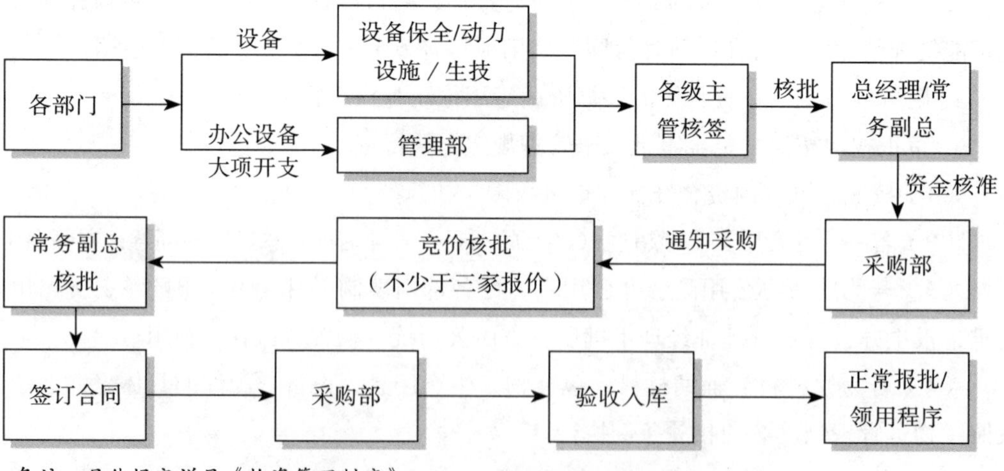

备注：具体规定详见《物资管理制度》。

预算外费用申请、物品请购管理流程

第三章 各项开支报销审批管理规定

第五条 公司各部门根据公司批准的年度费用预算编制的月份各项费用开支预算表进行费用开支控制；只有在没有编制年度预算的情况下，应编制月份预算。

第六条 财务部门按批准的预算进行控制，未列入费用预算内的开支，各级财务部门一律不予列支；确实需要开支的项目，由费用开支部门必须事前以书面报告形式申请资金开支追加计划报公司财务部，经过调查研究，报总经理批准后可开支。

第七条 生产经营所需的各项资金支付，按公司核准的价格和标准据实列支（按审定的合同协议、订单约定），如：运杂费、采购原辅材料、包装物、生产用具配件等。

第八条 投资项目资金的使用，根据公司批准的投资项目，由项目管理部门根据项目进度与投资项目合同（或协议）提出资金使用计划，经财务部审核，报常务副总、总经理批准后拨款。

第九条 在费用预算内，除工资、招待费［一次性开支超过1 000元的（包括1 000元）］必须经过总经理或其授权人审查批准外，其他费用开支实行归口管理，各部门所需费用开支，部门经办人申报，部门经理同意，财务负责人审核、常务副总批准则可。若一次性费用支出额超过10 000元的项目，必须经过总经理或其授权人批准。报销时，经办人填写报销手续，部门经理审核，再由财务负责人审核、常务副总经理审查签字后，到财务报销，如超过规定的额度必须经总经理或其授权人审批后方可报销。财务审查要切实把好财务关，财务负责人按照费用开支的管理规定逐项审查、核对、计算。如报销后发现由于审查监督不力而发生的问题，财务负责人要承担主要责任，并按照有关规定予以处罚。为严格控制业务招待费的开支，实行先申请后开支的办法，对招待费一次性开支在1 000元以下的由部门经理审核，常务副总核批；1 000元（包括1 000元）以上的由总经理或其授权人批准。具体执行标准与规定参照本制度第四章第十四条的相关条例执行。

第十条 公司各部门所需的各种物品，实行集中采购，由行政部门统一办理，未经常务副总批准各部门不得随意采购。物品领用发放归口核算。

第四章 主要费用报销标准

以下费用的报销标准，是编制预算与费用报销的标准，在日常经营管理过程中，各部门在列支以下费用时，是在各项费用项目月预算总额控制下，按以下标准执行。

第十一条 公差公出报销标准按照本公司制定的《公差公出管理办法》执行。

第十二条 市内交通费报销标准：

1．交通费按实际路程报销，报销表必须填写交通费明细表，填写时间、起讫地点、车种、票价、事由等项目。

2. 因公出外办事，在市区内的原则上公司能够派车，统一派车，若未派车可以按照职务级别乘坐公交车或的士；原则上部长级别（包括部长级别）因公外出公差可以乘坐的士，其他人员一律乘坐市内公交车。

3. 若职务级别不能乘的士，因业务需要确需乘的士，应事先经申请批准。否则，事后不予另行报批。

4. 公出的交通费均按公共汽车标准的原始凭据报销，严禁用其他交通工具的凭据或用其他项目的凭据代替。

第十三条　医疗费用管理规定：

按政府有关规定参加医疗保险，不再报销任何医疗费用。

第十四条　业务招待费管理规定：

1. 因工作或业务需要宴请、招待的标准，参照《预算内资金开支的审批权限》执行，在费用发生之前须提前填制《业务招待费申请单》报告批准。

2. 金额在人民币500元以下，应事先经总经理批准。

3. 金额在人民币500元（含500元）以上的，应事先经总经理批准，需要有总经理或委派人员陪同。

4. 金额在人民币1 000元（含1 000元）以上的，应事先经总经理批准，需要有总经理或委派人员陪同。

5. 业务招待费预算分入各部门支配及分担。

6. 员工不得收取公司有业务往来的外单位礼品、回扣、佣金等，无法推辞的，上缴处理。

7. 业务招待费申请内容包括对外需应酬的所有项目，主要包括用餐、赠礼及其他。

8. 在填制《费用报销单》时应该附《业务招待费申请单》，作为附件。

9. 接待标准：客户的用餐标准和住宿标准根据来客的身份、级别和与公司接洽业务的性质，由公司负责人确定具体陪同人员和接待费用标准。

第五章　项目立项/在建工程的资金支出管理规定

第十五条　凡是投资额在3 000元以上的项目，都属于本规定的范围。

第十六条　立项之前，申请部门要提出项目可行性报告，并附上资金预算方案。

第十七条　项目立项申请审批流程：

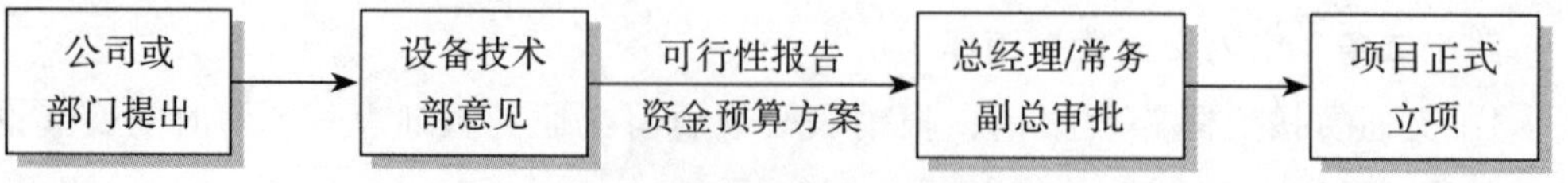

项目立项申请审批流程

第十八条　项目款项应专款专用，申请部门在实施当中要节省费用开支，造成浪费的要追究当事人责任。

第十九条　财务部和物资部跟踪实施过程，并进行监督，发现问题及时上报领导。

第二十条　在建工程相关的管理规定：

1. 在建工程包括内容：本公司所进行的基建工程、安装工程（包括安装价值）、技术改造工程、大修工程等。

2. 在建工程的资金支出依本处理程序办理。

3. 按《工程承包合同》《工程进度结算单》的工程进度80%确定预付款和付款时间。

4. 出包工程竣工验收后，按照承包单位转来的《工程竣工验收单》《工程竣工结算单》，并按《工程承包合同》结算款的80%确定付款和付款时间，待3个月后再付清除预留保证金外的余额。

5. 计算并结转已完工工程成本，将竣工验收的固定资产交付使用，按实际成本记账。

6. 如已完工程虽已交付使用但尚未办理竣工决算，应在交付使用时，按工程合同估价入账，并按规定计提折旧。待办理完竣工决算后，再按工程实际成本调整固定资产原估价值及计提的累计折旧。

第二十一条　在建工程的资金支出管理流程：

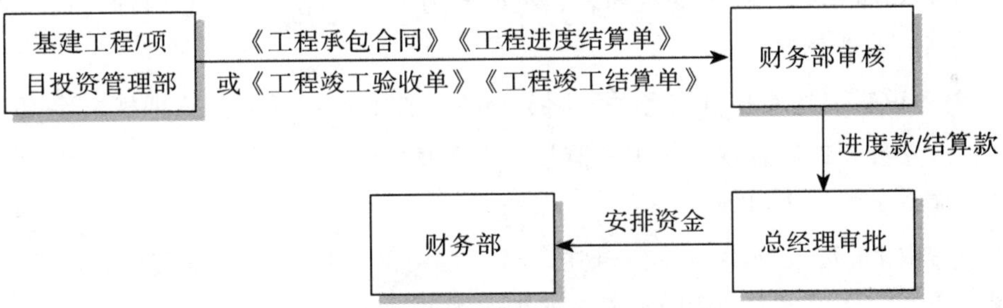

在建工程的资金支出管理流程

第六章　费用支出报销流程

第二十二条　费用支出基本报销流程：

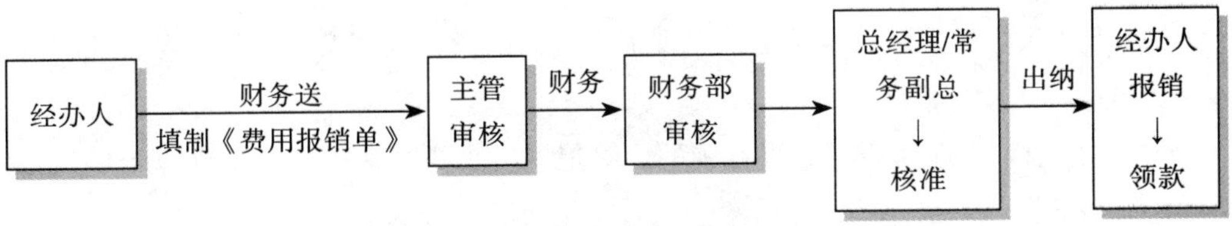

费用支出基本报销流程

第二十三条 费用支出报销相关规定：

1. 报销时必须取得正式的发票或收据，即有税务局发票监制章，并加盖清楚的公司发票印章。

2. 报销时应按费用的项目分别填制《费用支出报销凭证》《市内交通费报销单》《差旅费报销单》，由经办人签名、报部门主管、主办会计（负责专项费用审核）、财务部负责人审核，总经理审批；未填制或未按规定填制以上《报销单》或未经审批的《报销单》，一律不得予以报销。

3. 填制以上报销单时，参照预算费用项目，分别按照部门与责任人分费用项目填列各项《报销单》。

4. 白条或其他非正式收据不能报销，如因工作需要，须由经办人填制支出凭证，签注事由，经部门主管核实，由主办会计、财务部负责人确认签名后，方可办理报销手续。

5. 如为物品或设备采购，应同时附《物品（设备）申购单》（须注明品名、数量，以及货比三家的单价）、合同、《采购清单》（须列明品名、数量、单价）《验收单》（须附有验收人、保管人签收）。

6. 报销应及时，原则为：当月费用当月报销；在费用发生后的一星期内，到财务办理报销手续。

7. 报销审批时间：每周的星期一、星期五为报销票据统一呈总经理签批时间，其余时间原则上不予受理。

8. 财务审查要切实把好财务关，财务负责人按照费用开支的管理规定逐项审查、核对、计算。如报销后发现由于审查监督不力而发生的问题，财务负责人要承担主要责任，并按照有关规定予以处罚。

9. 如部门负责人外出不在公司驻地时，可由部门负责人指定其他临时负责人审核，在外出前，应将指定的临时负责人通报财务部。

10. 财务部门应当坚决抵制、及时汇报无视费用报销审批手续、支付手续的行为。同时应当提供良好的服务，在报销人符合规定的报销手续情况下，应当及时给予报销。

11. 任何部门和个人都应当自觉遵守费用报销的审批和支付手续，不得借故逃避、刁难财务的监督，更不得打击报复财务人员。

12. 费用报销时，违反本规定，出现下列行为的，一经查实，将处以经济罚款直至行政处罚：

（1）报销时弄虚作假、虚报冒领的，除退回所报销金额外，还要处以当事人报销金额1～3倍的罚款。情节严重的将给予警告、记过处分或除名。

（2）处罚：伪造、涂改发票，谋取私利以及假公济私者，一经查明，严厉处罚

（罚款或开除），处于以一罚十的罚款，当总金额达1 000元，处于开除处分和以一罚十的处罚。

第七章 备用金管理规定

第二十四条 备用金是指公司员工因出差、业务需要向公司财务部借用的现金。

第二十五条 备用金可分为以下两类方式进行管理：

1. 第一类备用金是针对公司员工因公购买物品、业务招待、预付费用、差旅费等需要向公司财务部借用的现金

（1）本项借款采用“一次报销制”进行管理，即使用后报销时一次结清，前账不清，后账不借。

（2）出差归来后7个工作日内报销或还款，未报销者不得再次借款。如有特殊情况，需再次借款的，须经公司常务副总经理审批。

（3）借款包括借用现金和支票。任何个人不得私用或私借公款。除购买物品、业务招待、预付费用、差旅费以外，公司不得发生任何借款（包括现金和支票）。

（4）购买物品、业务招待、预付费用性质的借款应当在借款之日 1周内报销或还款，特殊情况下，不得超过1个月。

2. 第二类备用金是公司员工因公司业务活动或经营过程中对一些频繁发生的日常小额零星支出，向公司财务部借用的现金

（1）本项借款可采用“定额备用金”进行管理；所谓定额备用金制度，是指企业的会计部门协同使用备用金的单位，根据日常零星开支的需要，事先核定备用金定额，由使用备用金单位填制借款单，一次领出现金（或现金支票），报销时由会计部门根据审核后的报销凭证，用现金（或现金支票）补足备用金定额。

（2）定额备用金按每笔核批，按照需要核定最高限额，其最高限额一般不得超过2 000元。超过2 000元者需常务副总经理或总经理批准方可。

（3）经营业务人员需周转备用金由业务人员提出申请，各部门经理签字批准，总经理审批，财务部核定后，可采用“定额周转制”使用后报销补足定额，不需用或每年终（春节放假）时收回。

（4）财务部每年对“定额周转制”的备用金使用者实行书面核定确认并备案。

（5）每年春节放假前，财务部应将所有备用金收回，节后再重新办理定额备用金借款审批手续。

（6）备用金的使用必须有发票等原始凭证来证实该笔支出。发票应由备用金使用者的审核人的签字。在某些情况下，备用金支付必须得到事先批准。

（7）各备用金余额应定期与控制该备用金的总账余额相核对。

第八章 资金审批权限管理规定

为了加强资金计划管理，提高资金使用效率，确保企业资金安全，特制订本规定以规范资金使用的审批权限。

第二十六条 固定资产购置审批权限：

1. 固定资产的购置必须做到事先有计划、有预算批准（须经总经理或其授权人批准）。在此基础上由财务对照采购管理制度进行审核，报常务副总签批后支付货款。

2. 不允许无计划随意购置固定资产。如因生产急需临时决定购置，应先报常务副总并取得常务副总与总经理（或其授权人）批准后方可购进。

第二十七条 货款的支付：

1. 各种预算内的原材料、辅助材料、工具设备配件、包装物等购进由公司财务对照采购订购单和资金预算安排，按照采购管理制度和合同管理制度进行审核后，30 000元以下由常务副总签批后支付，30 000元以上应报常务副总与总经理（或其授权人）批准后方可购进。

2. 预算外或无订购单的采购，如确因生产急需或增加采购的，必须取得常务副总与总经理（或其授权人）批准后方可购进。

第二十八条 预付定金：

1. 各种预付款项必须有经审批的预算及合同、协议书、订购单。原则上不预付定金，确因生产经营所需，定金总额不得超过合同总价款的30%，在此基础上由财务对照计划和合同按有关采购管理规定和合同管理制度审核，由常务副总与总经理（或其授权人）核准后，方可支付。

2. 不允许无计划、无合同支付定金。

第二十九条 担保贷款。

未经董事长签署书面许可，公司不允许为任何单位和个人担保贷款。

第三十条 管理费用的审批。

管理费用是指企业为管理企业生产经营所发生的期间费用。

1. 2 000元（单笔）以下由财务审核，常务副总签批后支付。

2. 2 001元（单笔）以上必须由公司财务审核，由常务副总与总经理（或其授权人）核准后，方可支付。

3. 对于临时性的预算外的各种支出应事先由常务副总与总经理（或其授权人）核准后方可发生与使用。

4. 各项行政开支应纳入预算管理，严格控制，并作为考核经营者的重要指标。

第三十一条 经营费用的审批。

经营费用是指企业在销售商品过程中发生的期间费用。

1. 对于与销售数量紧密相关的各项费用已纳入正常的预算管理，这部分费用按正常程序审批。即由公司财务对照预算或销售进度及相关合同审核，常务副总签批后方可支付。

2. 对于临时性的预算外的各种支出应事先由常务副总与总经理（或其授权人）核准后方可发生与使用。

第三十二条　所有预算外资金的使用，均需在事前经由常务副总与总经理（或其授权人）审核批准后方可发生与使用。

第三十三条　各单位必须严格按权限审批，严禁故意分拆，逃避审核。

附表《预算内资金开支的审批权限》

预算内资金开支的审批权限

工作事项		部门主管	经理/分管副总	财务部	常务副总	总经理/总经理授权人
固定资产购置	限额	审验(1)	审核(2)	审核(3)	核准(4)	审批(5)
货款支付	30 000元以下	审验(1)	审核(2)	审核(3)	核准(4)	
	30 000元以上	审验(1)	审核(2)	审核(3)	核准(4)	审批(5)
定金付款		审验(1)	审核(2)	审核(3)	核准(4)	审批(5)
借款	2 000元及以下	审核(1)	审核(2)	核准(3)		
	2 001元以上	审验(1)	审核(2)	审核(3)	核准(4)	
行政费用	2 000元及以下	审验(1)	审核(2)	审核(3)	核准(4)	
	2 001元以上	审验(1)	审核(2)	审核(3)	核准(4)	审批(5)
	预算外	审验(1)	审核(2)	审核(3)	核准(4)	审批(5)
业务费	预算内2 000以下	审验(1)	审核(2)	审核(3)	核准(4)	
	预算外	审验(1)	审核(2)	审核(3)	核准(4)	审批(5)
	贸易杂项费用	审验(1)	审核(2)	审核(3)	核准(4)	

4.3　资金付款流程及计划管理制度

资金付款流程及计划管理制度

第一章　总　　则

第一条　为进一步规范公司财务管理制度，提高资金使用率，加大资金的流转速度，同时避免公司各部门及客户之间产生不必要的误解，影响公司形象。根据公司实际情况，本着方便、可行、效率的原则，对付款流程及计划管理作出规定。

第二条 人员组织安排：

1. 财务总监及融资计划部从公司宏观角度负责公司资金运作和统筹调度，负责计划的审批和计划外资金的协调和有关批准事项。

2. 融资部负责资金的具体计划安排，具体落实公司资金管理政策，同时负责对资金使用情况进行监督。

3. 财务部具体实施各种批准的资金计划，办理具体付款事宜，向融资部提供当月的资金计划使用和客户欠款情况。

4. 各资金用款部门应积极配合财务部及融资计划部，按时将当月经总经理、董事长审批的资金计划单报财务部及融资计划部。

第二章 审批内容和审批权限

第三条 资金计划的审批：

1. 资金计划原则分为年度计划、季度计划（以年度计划为准则）、月度计划（以季度计划为准则）和周计划（以月度计划为准则）。年度计划、季度计划和月度计划是方向目标性计划，但周计划必须是严密可执行的计划。

2. 年度、季度、月度计划必须由各分管副总、财务总监、总经理书面签字并由总经理报董事长审批，周计划根据需要由分管副总按月计划报总经理签字后，由财务部负责支付（原则上所有按月计划支付项目在25日后支付）。财务部和相关用款部门依据批准的计划严格落实。

3. 付款审批单：计划内资金项目在落实过程中，对于各用款部门按计划提交的付款审批单，董事长不在具体审批单（周计划）上签字。但部门业务经办人和部门级负责人必须在付款审批单上签字。

财务总监或其授权人和融资计划部经理须在具体付款审批单上签字，特殊情况财务总监审批签字后，无融资计划部经理签字或者有融资计划部经理签字无财务总监签字审批，付款审批单可直接交出纳办理，事后业务经办人必须补办有关手续。

总之，付款审批单必须由部门的负责人和业务经办人签字，财务总监及其书面授权的人员和融资计划部经理或其授权的主管人员书面签字。出纳才能依据批准手续齐备的付款审批单办理付款。

4. 计划外的付款的审批：

（1）单笔计划外付款超过5万元以上（包括5万元），周累计超过10万元上的（包括10万元）必须由总经理报董事长并签字后、通知财务部和融资计划部按手续予以及时办理。

（2）特殊紧急付款的可以由总经理会同财务总监及其书面授权的其他人员安排付款，事后业务经办人必须及时补办手续，否则财务总监及其书面授权的其他人员和出纳承担相关责任。

第四条　出差借款（包括备用金）的审批：

1. 借款必须由分管副总和财务总监及其书面授权的其他人员及总经理在借款单签字审批后方可借款。但不得超过10 000元，超过后报董事长审批后方可办理。

2. 所有的借款必须经财务部主管根据制度进一步审核。

3. 特殊紧急借款的可以由财务总监及其书面授权的其他人员安排付款，事后业务经办人必须及时补办手续，否则财务总监及其书面授权的其他人员和出纳承担相关责任。

第五条　其他费用支付（非采购和工程性支出）的审批

费用审核人员首先按照公司制度和有关费用标准，审查单据合理性和合法性，由主管部门经理及主管副总签字审批，并由财务部审核签字后交总经理审批，出纳在审查以上手续齐全后再予以支付。

第三章　付款流程

按照以上审批权限，规定的付款流程如下。

第六条　付款审批单流程如下所示：

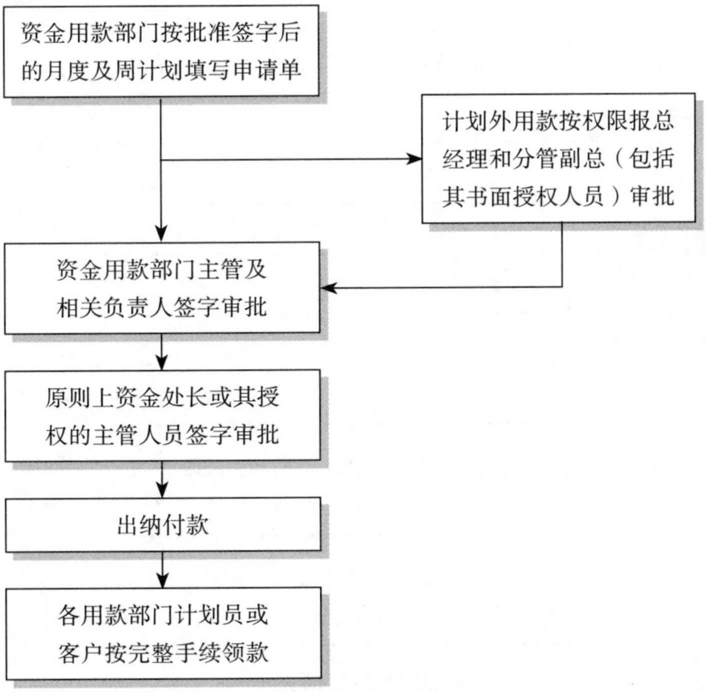

付款审批单流程

业务流程中每一步由资金使用部门资金计划员负责传递。

第七条 借款流程如下所示：

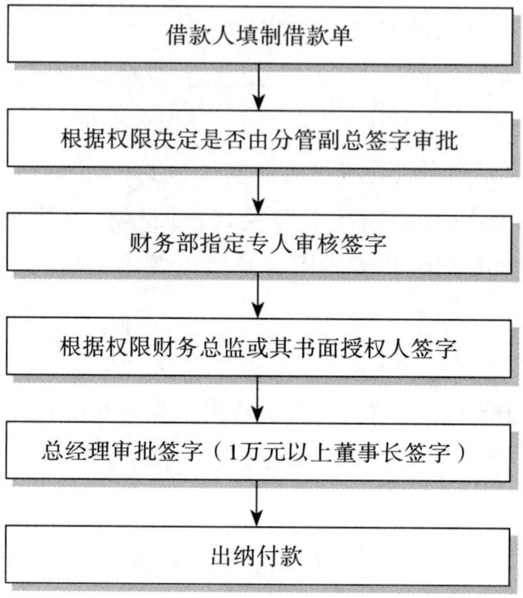

借款流程

第八条 其他费用流程如下所示：

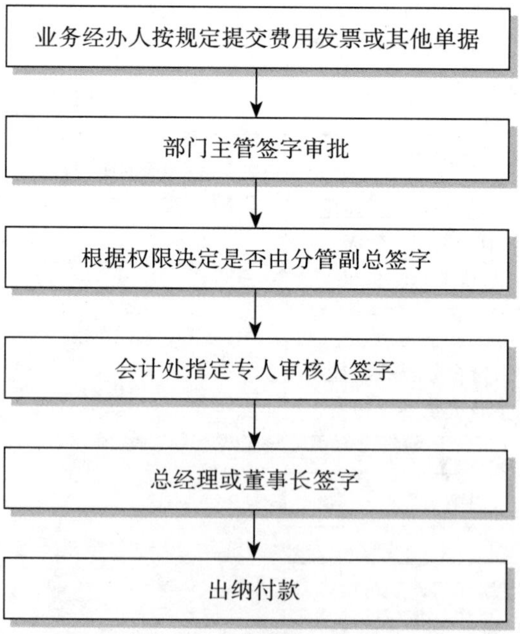

其他费用流程

第四章 资金付款计划的编制

第九条 编制依据：

1. 各资金用款部门根据本部门业务开展需要和项目用款紧急程度，编制资金用款计划，资金用款必须由主管副总、总经理、董事长审批签字后提交给融资计划部和财务部。

2. 根据以下资料编制资金付款计划：

（1）供应部必须负责专人提供工程客户和供应商的最新欠款余额。

（2）财务部出纳提供最新账户余额。

（3）销售部门提交收款计划。收款计划必须由部门负责人及主管副总审批签字后提交给总经理及融资计划部。

第十条 计划编制时间：

1. 年度计划：每年12月20日前，各资金用款部门提交下年度计划。

2. 季度计划：每季度末所在的当月25日前，各资金用款部门提交下季度计划。

3. 月度计划：每月27日，各资金用款部门提交下月计划。

4. 周计划：每周星期四前，各资金用款部门提交下周计划。

5. 相关资金用款部门必须按照合同及其他文件，结合下期业务开展情况，认真仔细编制付款计划并经批准后，在规定的期限内报送融资计划部。逾期引起的一切相关责任由资金付款部门承担。

6. 融资计划部会同财务部按计划安排偿还所用资金，同时和资金付款部门负责协调向客户办理付款安排事宜。

第五章 费用付款审批报销

第十一条 其他尚未涉及事项按公司借款管理制度、有关费用报销制度和资金管理制度执行。

第六章 责 任

第十二条 资金用款部门负责延报计划引起的一切责任，同时对数据填报质量负责，填报主观失误及部门审核失误，将追究部门负责人责任。

第十三条 融资计划部负责资金筹集和统筹调度，承担安排失误及反馈延误的责任。

第十四条 财务部对编制计划所需的并且由财务部负责提供的资料负责，并对准确性负责，同时出纳负责及时按计划付款。

4.4 集团公司资金计划管理制度

集团公司资金计划管理制度

第一条 目的。

资金计划是指企业货币资金收支计划，它是根据公司未来一定时期的销售、生产、开发、基本建设以及投资计划，预计这一时期内货币资金的收支状况，并进行货币资金综合平衡的计划。为了做好资金计划的编制，合理使用资金，特制定本制度。本制度中的公司总部是指××控股集团公司，子公司是指××集团下属的控（参）股公司。

第二条 适用范围：

1. 本管理规定适用公司总部以及所有下属公司资金计划的管理。

2. 公司总部其他子公司资金计划管理机构为公司总部财务中心，通过虚化其他子公司的董事会来实现公司总部的资金管控。

3. 作为上市公司的子公司，集团总部对其资金计划的管理要符合上市公司的有关规定，并通过集团外派专职董（监）事来实现。集团公司外派专职董（监）事必须及时将上市子公司资金计划的相关信息反馈到集团公司财务中心，集团公司形成意见后由外派专职董（监）事在子公司董事会出具。

第三条 职责：

1. 公司总部、子公司财务部门事先拟定资金计划并报总部财务中心。

2. 总部财务中心汇总平衡后制定统一资金计划。

第四条 资金计划编制程序。

编制资金收支计划实行自下而上编报，和自上而下下达执行的程序：

1. 子公司各部门按年、季、月编制本部门货币资金收支计划并报本公司财务部。

2. 子公司财务部审查、汇总各部门计划后经本公司领导批准上报公司总部财务中心。

3. 公司总部财务中心审核汇总所有子公司收支计划并综合平衡后上报分管财务副总裁批准，统一安排各子公司收支计划。

4. 公司总部、子公司财务部门层层下达本经营单位的年、季、月货币收支计划，直到各部门。

第五条 资金计划的内容：

1. 资金收入

（1）销售收入：子公司销售部门依据各种销售条件及收款期限，编列可收（兑）现计划数。

（2）劳务收入：子公司生产部门收受同业产品代为加工，依公司收款条件及合同规定编列可收（兑）现计划数。

（3）退税收入：子公司财务部门依据申请退税进度，编列可退税计划数。计划可退税虽非实际退现，但因能抵缴现金支出，得视同退现。

（4）其他收入：凡无法直接归属上项收入都属于其他收入，包括废料收入、营业外收入等。其计划数额在10万元以上者，均应加说明。

2. 资金支出

（1）资本支出

①土地：子公司依据购地支付计划编列资金开支计划。

②房屋建筑物：子公司基建部门依据兴建工程进度，预计所需支付资金编列资金支付计划。

③机器设备：子公司采购部门依据采购计划和进度，预计支付资金编列支付计划。

（2）偿还借款支出

子公司财务部门根据长期借款、短期借款的还款期限、利息支付方式以及新的融资的计划，预计归还的本金和利息编列支付计划。

（3）材料支出

子公司采购部门按照生产计划编列外购商品的资金使用计划。

（4）薪资支出

子公司工资管理部门依据工资、奖金制度及产销计划、最近实际发生数等资料，斟酌预计编列支付计划。

（5）制造费用支出

子公司生产管理部门依据生产计划，参照以往年度、月份制造费用占生产量的比例推算编列。

（6）税款支出

子公司财务部门依据销售计划，参照以往年度、月份税款支出占销售额的比例预计所需支付资金编列支付计划。

（7）期间费用

①销售费用：子公司销售部门依据销售、营业计划，参照以往年度、月份销售费用占销售额、营业额的比例推算编列。

②管理费用：子公司办公管理部门参照以往实际数及管理工作计划编列。

③财务费用：子公司财务部门依据资金融资情况，核算利息支付编列。

（8）其他支出

凡不属于上列各项的支出都属于“其他支出”，其计划数额在10万元以上者，均应加以说明。

第六条　银行借款及其他。

公司总部财务中心汇总所有子公司的收支计划、资本结构，合理计划安排融资包括短期借款、长期借款等，以保证公司经营所需资金。

第七条　资金计划的控制：

1. 各子公司于月、季、年末编制本公司的资金收支计划执行情况表，并根据资金收支计划执行情况表，检查本公司各部门资金计划执行情况，分析偏离计划的原因，提出解决问题的应对办法，报公司总部财务中心。

2. 公司总部财务中心审核汇总所属子公司的资金收支计划执行情况后上报总部财务副总裁。

3. 公司总部财务中心根据子公司财务部门上报的资金计划执行情况表汇总编制资金计划执行情况报告，并且分析计划偏离的原因，提出资金计划执行效果的建议。汇总报告集团公司分管财务副总裁。

4. 报告经集团公司分管财务副总裁批准后财务中心下达各子公司执行。

4.5　公司资金收支管理办法

公司资金收支管理办法

第一章　总　　则

第一条　为适应××股份有限公司（以下简称“公司”）财务管理的需要，建立健全以现金流量控制为中心的公司内部资金统一调控管理体系，加强资金的内部控制和日常管理，提高资金使用效率，降低财务费用，控制财务风险，实现公司内部资金管理的高度统一，特制定本办法。

第二条　本办法适用于公司及下属的各分公司、全资子公司、控股子公司（以下简称“各单位”）。

第三条　本办法所称的资金，包括全公司在生产经营中的所有人民币和外币资金、各类银行票证、有价证券。

第四条　公司采取“资金收支两条线”的办法，实行资金集中管理。公司以资金预算管理为抓手，实行“统一计划、统一调度、统一结算、控制风险”的预算资金管理体制，遵循“量入为出、确保重点、有偿占用、安全高效”的管理原则。

第五条　公司总经理为公司资金管理的第一责任人，财务总监是资金管理的直接分管领导，财务部是资金管理的日常工作机构，财务部下设内部结算中心。公司财务部在公司总经理、财务总监的领导下，负责办理公司与各单位之间的资金预算执行、考核及资金结算、调剂、管理等工作。

第二章　资金预算管理

第六条　资金预算是公司全面预算的重要组成部分，具体是指现金收支预算，以业务预算、资本预算和筹资预算为基础，按照现金流量表主要项目内容进行编制，是公司资金调控管理的主要依据。

第七条　公司各单位必须按照预算管理办法和公司财务部的相关要求编制资金收支预算。资金收支预算编制应坚持“量入为出、确保重点、安全高效”的管理原则；资金收支预算包括年度资金预算、季度资金预测、月度资金计划；各单位在年度资金预算的基础上，根据实际情况编制季度和月度等期间预算。

1. 年度资金预算

各单位应依据年度财务预算编制年度资金预算，在每年1月15日前向公司财务部提交年度资金预算草案，经公司财务部及相关部门审核，待公司财务总监及总经理办公会批准后方可执行。

2. 季度资金预测

各单位应依据经公司批准的年度资金预算，在每季度首月8日前向公司财务部提交季度资金预测，待公司财务总监批准后方可执行。

3. 月度资金计划

各单位应依据经公司批准的年度资金预算，结合季度资金预测，编制月度资金计划，于每月3日前向公司财务部提交，待公司财务总监批准后方可执行。

第八条　公司财务部对各单位上报的资金预算方案进行汇总、审查，提出综合平衡的意见，将其纳入公司整体预算管理范围。

第九条　公司各单位要严格按照批复后的资金预算执行。除特殊情况外，公司对无预算和超预算项目的资金一概不予拨付；因特殊情况需超当期预算的，各单位原则上应提前一周报公司审批，经核准同意后执行，并应将超当期预算金额在以后月度预算中予以调减。

第十条　各单位应按照月度资金收支计划，根据支出项目的轻重缓急来合理安排预算资金，将生产经营所需资金编制资金拨付申请表分次上报公司，由财务部按公司审定的意见进行拨付。

第十一条　各单位编制资金用款申请计划务求真实、准确，不能乱立名目或将公司拨付资金挪作他用、自留结余资金。财务部将对照预算进行不定期检查。

第十二条　各单位应于次月10日前将上月资金预算执行情况按公司统一格式上报公司财务部。财务部在对照检查后将提出核查意见，对资金预算执行过程中的偏差及时纠正。

第三章 资金结算管理

第十三条 为加强公司各单位资金收支及资金账户的管理，规范公司各单位资金结算行为，公司财务部下设内部结算中心，作为资金结算的日常管理专门机构。内部结算中心负责公司集中资金的具体收支结算和调配、监管、账户管理工作，以及指导、检查、监督各单位资金集中管理工作。

公司资金拨付的审批流程：财务部对下属单位上报的资金拨付申请计划严格按照规定和程序审核后，报公司财务总监审批，公司财务部根据财务总监审批后金额及时下拨。各单位的资金支付必须依据合法有效的经济合同、合法的发票或凭证等。

第十四条 内部结算中心和分、子公司都必须遵循以下原则办理结算和使用资金：

1. 恪守信用，履约付款。

2. 谁的钱进谁的账，由谁支配。

3. 现金流量付方启动，内部结算中心不透支付款。

4. 存贷计息，有偿使用。

第十五条 为尽可能发挥结算中心融通资金的功能，公司对各单位在内部结算中心的存款按外部银行同期存款利率执行；各单位在内部结算中心的贷款利息原则上按外部银行同期贷款利率计算。

第十六条 内部结算中心可根据内部存借款的实际情况，在必要的情况下提出利率浮动调整意见，经公司财务总监批准后执行。

第十七条 公司下属单位由于经营业务需要，临时资金困难，又有资金来源作保证，可向结算中心申请生产周转借款。

第十八条 结算中心借款实行限额分级审批制度。限额50万元以内由公司财务部门审核，公司财务总监审批；超限额由财务部门审核，财务总监审签后，报公司总经理审批。对内部借款实施跟踪检查，对不按规定用途使用的，结算中心有权提前收回。

第十九条 结算中心借款业务由结算中心与借款单位签订书面内部借款合同。合同应约定借款用途、金额、利率、还款期限、还款方式、违约责任等事项。

第二十条 内部借款实行规模控制，各单位原则上在现有借款基础上不予增加内部借款。各单位除技术改造、扩大产能及其他特殊情况，按程序经公司审批同意后可予以新增借款外，对生产经营盈利单位及资金回笼较好的单位应及时归还公司内部借款。项目借款规模视结算中心融资情况确定。

第二十一条 结算中心应及时监控公司各单位的资金流动情况，特别是资金的流出情况，发现问题及时报告。应严格按规定程序审查公司内部借款事项，认真评估内部借款的安全性，规避风险。

第二十二条 借款单位必须按期归还内部借款的本金和利息，对不及时偿付借款的单位在原有利率基础上加收罚息，并在1年内停止各种形式的资金支持。

第四章　资金收支管理

第二十三条　通过强化资金预算，公司实行“收支两条线”进行资金集中管理。

第二十四条　公司目前资金集中管理主要包括收支两条线管理和监控管理两种模式。

收支两条线管理是指该单位的资金收入和支出均通过内部结算中心统一归集和拨付的资金管理模式。资金收支两条线管理模式主要适用于公司对各分公司、全资子公司的资金管理。

监控管理是指目前该单位的资金收入和支出暂不通过内部结算中心办理的，公司财务部对其资金收支情况进行监控的资金管理模式。资金监控管理模式主要适用于公司对股权多元化的各股份制子公司的资金管理。

第二十五条　公司实行收支两条线管理单位，或实行监控管理单位的具体范围，由公司确定后另行通知。

第二十六条　公司按照中国人民银行《银行账户管理办法》的规定，根据公司实际需要确定办理收支两条线管理业务的银行账户体系，公司收支两条线管理的单位必须在公司确定的银行系统内开立银行账户，并开通网上银行业务，建立网上银行系统。

第二十七条　公司统一规范银行账户管理：

1. 规范银行账户的开立和撤销行为，各单位银行账户的开立和撤销，必须上报公司，经公司财务总监批准后方可实施。各单位银行开户、销户情况应报财务部结算中心备案。无特殊情况或未经批准，各单位不得在非经营所在地银行开立账户，严禁设置账外银行户头。

2. 银行账户只供本公司经营业务收支结算使用，严禁出借账户供外公司或个人使用，严禁为外公司或个人代收代支，转账套现。

3. 银行账户的账号必须保密，各公司财务、业务等人员不得将本公司支出账户，账号提供给外公司，非经同意不准外泄。

4. 银行账户印鉴的使用实行三章分管并用制，即财务公章由财务部（科）负责人保管，法人代表私章和财务专用章分由出纳及会计各自保管，不准由一人统一保管使用。印鉴保管人临时出差时由其委托他人代管。

5. 银行账户往来应逐笔登记入账，不准多笔汇总记账，也不准以收抵支记账。对账时，由非出纳人员或指定人员逐笔核对“银行存款日记账”和“银行对账单”，如有差错，应逐笔查明原因，分清错误与未达账项。

第二十八条　收支两条线管理的单位必须按要求在银行设置收入和支出结算户两个账户，并报公司财务部备案。资金收入必须全部进入收入账户，收入账户除向公司账户上划资金以及支出银行结算费用外，收入账户不允许有其他任何支出。支出结算户用于支付经公司批准的各项生产经营预算资金和银行结算费用，支出结算户除收到公司拨入的预算资金及利息收入外不得有其他任何收入，收入账户和支出账户不得交叉使用。

第二十九条 收支两条线管理的各单位应按时办理本单位的资金收入，包括营业收入、投资收入、营业外收入、其他收入等上交：

1. 货币资金要求每日下午5：00以前上交到内部结算中心规定的银行账户。

2. 银行汇票、商业汇票等票据要求于次日12：00以前上交到内部结算中心。

3. 各单位应不断加强应收款管理，保证资金安全回收，收到的货币资金必须全额及时入账，不得私设“小金库”，严禁账外设账。

4. 各单位财务部门按照审批的资金预算，根据内部结算中心有关办法和授权范围，负责本单位审批后的资金支付工作。

第三十条 收支两条线管理的各单位必须在每月的12日前，全额上交上月的各项应上缴款项，各种由公司代缴的税费、内部结算中心利息、各种应上缴的规费（基本养老保险金、基本医疗保险金、失业保险金、工伤保险金、住房公积金等）及计提的固定资产折旧。

第三十一条 收支两条线管理的各单位应以货币资金上缴上述款项，凡以商业汇票形式上缴应缴款项的单位，应承担上缴日至票据到期日的贴现息。公司拨付给各单位的商业汇票，其拨付日至票据到期日的贴现息由公司承担，原则上票据贴现率与外部银行同期票据贴现率一致。

第三十二条 实行资金集中管理后，由内部结算中心统一对外办理收支两条线管理单位生产经营过程中的银行贷款和还款。银行信贷额度由结算中心统一申请、统一掌握使用。

第三十三条 收支两条线管理单位，未经公司批准，一律不得自行向金融机构或其他外部单位借入资金，已申请取得的贷款授信额度不再使用。

第三十四条 监控管理单位的业务收支资金实行自主管理，自主安排流动资金总量，公司原则上不干预、不动用其资金，但必须有知情权。监控管理单位短期内不使用的闲置资金应存入公司内部结算中心。经公司财务总监及总经理审定后，在必要的情况下公司可调拨监控管理单位的资金。

第三十五条 公司可通过采用统一的网络财务软件、开通网上银行账户资金查询、监控系统来实时了解监控管理单位的资金来源与运用，也可采用定期调度资金状况、限定资金借贷规模和负债比率、不定期检查等手段对监控管理单位进行资金监督控制。监督控制管理单位的资金筹措，事先应向公司财务部提出资金筹措方案。

第三十六条 公司原则上只对收支两条线管理单位发放经营资金内部贷款，不对监控管理单位发放内部贷款。对监控管理单位提出资金筹措方案，结算中心认为可以提供内部贷款的，经公司财务总监批准后可使用内部贷款。

第五章　货币资金管理

第三十七条　货币资金管理是公司资金管理工作的核心，主要包括现金及现金等价物、银行存款及其他货币资金管理等内容。

第三十八条　库存现金管理：

1. 根据国家现金管理制度和结算制度的规定，公司收支的各种款项必须按照《现金结算暂行条例》的规定办理，在规定的范围内使用现金。公司使用现金结算的范围是：

（1）员工工资、奖金、津贴及各种劳保福利费用以及国家规定的对个人的其他支出。

（2）出差人员必须随身携带的差旅费。

（3）采购办公用品或其他物品，金额在使用支票结算起点1 000元以下的。

（4）零星支出。

（5）中国人民银行确定需要支付现金的其他支出。

不属于上述现金结算范围的款项支付一律通过银行进行转账结算。

2. 库存现金限额原则上以满足本单位3～5天日常零星开支为标准。库存限额一经核定，各单位必须严格遵守，不能任意超过，超过限额的现金应及时存入银行；库存现金低于限额时，可以签发现金支票从银行提取现金，补足限额。

3. 公司各单位的现金收入应于当日送存开户银行，送存有困难的，由开户银行确定送存时间。各单位支付现金，可以从本单位库存现金限额中支付或者从开户银行提取，不得从现金收入直接支付（即坐支）。

4. 严格审查采购物品化整为零，在结算起点以下的现金支付。

5. 公司各单位财务部门应按规定建立、健全现金账目，逐笔记载现金收付，账目日清月结，账款相符。

6. 严禁白条抵库、套取现金、公款私存以及私设小金库等违法违规行为。

7. 各单位会计月终应会同出纳员盘点现金库存一次，保证账实相符，盘点表应随同会计报表一起上报，并作为会计档案保存在本单位。

第三十九条　银行存款管理：

1. 公司各单位应严格遵守国家的有关法规和结算纪律，按照中国人民银行颁布的《支付结算办法》的规定：不得出租、出借账户；单位和个人办理支付结算，不得签发空头支票和远期支票，套取银行信用；不准无理由拒绝付款，任意占用他人资金；不准违反规定开立和使用账户等。

2. 公司各单位银行账号的开立和撤销须报内部结算中心审批。

3. 公司各单位应根据有关规定，按银行存款种类设置日记账，银行存款应按月与银行对账单进行核对，发现差错及时查明原因，属未达账项应及时编制银行存款余额调节表。

4. 所有空白支票及作废支票均必须存放在保险柜内，严禁空白支票在使用前先盖上印章。

第四十条 其他货币资金管理：

1. 其他货币资金包括存出投资款、外埠存款、银行汇票存款、银行本票存款、信用卡存款、信用保证金存款等。

2. 其他货币资金的管理必须严格遵守国家颁布的银行管理条例和人民银行支付结算办法的有关规定。

3. 公司发生涉及其他货币资金的经济业务，必须按规定办理结算手续，及时进行会计核算。对于逾期尚未办理结算的银行汇票等，应及时进行会计处理，以正确反映资金形态。

第四十一条 票据管理：

1. 票据包括支票、收到的银行汇票、银行本票、银行承兑汇票、商业承兑汇票（简称收到的汇票）等单据。

2. 票据应由专人妥善保管。

3. 逾期未用的支票及时收回注销；因填写错误而造成作废的支票，必须加盖“作废”戳记，与存根一并保存。

4. 不得签发空头支票、空白支票及远期支票。

5. 遗失支票，要及时与银行和收款人取得联系，协助防范丢失支票被冒领，并及时向财务部门负责人汇报，妥善处理。

6. 公司各单位应建立备查簿对收到的汇票进行管理；收到的汇票进行贴现、背书转让、到期结算、退票时，应及时进行会计核算，并在备查簿中登记。

7. 会计主管应定期检查本单位收到的汇票，检查要有记录，对检查中发现的问题要提出处理意见，并及时改进。

第六章 资金安全管理

第四十二条 确保资金安全是资金管理工作的首要任务，也是财务管理工作的基本职责和重要环节，公司各单位必须提高认识，明确责任，切实规避资金结算风险。

第四十三条 公司各单位必须严格按照五部委联合发布的《企业内部控制基本规范》和《企业内部控制应用指引第6号——资金活动》等有关规定，建立和健全适合自身业务特点和管理要求的资金安全管理内部控制制度并认真组织实施；要确保不相容岗位的相互分离、相互牵制。

第四十四条 公司各单位在资金结算过程中，必须严格按操作规程和审批制度办理各项业务。公司财务部定期或不定期对资金收、付的各项环节进行检查监督，确保资金安全运作，对大额资金和特殊资金结算业务进行审查。

第四十五条 公司各单位必须严格按国家有关规定加强货币资金、银行预留印鉴、结算系统电子支付密码及证书的管理工作，各单位的收入账户与支出账户均纳入总公司的监控范围，通过银电联网实现资金信息的实时反映、现金流量的实时监控，资金统一管理和调度。

第七章 奖 励 与 处 罚

第四十六条 公司资金管理工作实行定期考核和奖惩制度。公司财务部将定期对公司各单位的资金管理工作情况进行监督检查，发现错误及时纠正并提出考核意见。

第四十七条 各单位主要负责人是各项资金管理的第一责任人，分管财务领导负责人是主要负责人，负有重大责任，并与年薪挂钩考核。

第四十八条 出现下列情况的，视情节轻重，依照分级负责的原则，分别给予单位主要负责人和分管财务负责人以经济和行政处罚：

1. 不认真执行本资金收支管理办法，造成现金流失控现象。
2. 隐瞒销售收入，截留、转移资金，私设“小金库”。
3. 未经公司批准或授权，擅自进行对外投资。
4. 违反规定，擅自为公司之外的公司提供经济担保。
5. 违反规定，对外拆借资金。
6. 违反本办法其他规定，情节严重的。

第四十九条 公司对资金管理工作取得显著成效的单位和个人将给予表彰和奖励。对资金管理工作不力的单位和个人要给予批评和处罚，给公司造成经济损失的，要承担赔偿责任，情节严重构成犯罪的，移送司法机关依法追究刑事责任。

4.6 应收票据管理办法

应收票据管理办法

第一条 为确保公司权益，减少坏账损失，有效管理应收票据，依据有关营业处理办法的规定，特制订本办法。

第二条 公司各营业部门应详细进行客户征信调查，并随时调查客户信用的变化（可以利用机会通过A客户调查B客户的信用情况），签注于征信调查表相关栏内。

第三条 营业部门所收票据，自销售日算起，至票据兑现日止，以120天为限。如超过此期限，财务部将根据查得的资料，就其超限部分的票据编列明细表，并通知营业部门加收利息费用。

第四条 赊销货品收受支票时，要注意以下事项：

1. 注意发票人有无权限签发支票。

2. 非本人签发的支票，应要求交付支票人背书。

3. 注意查明支票有效的必要记载事项，如文字、金额、到期日以及发票人盖章等是否齐全。

4. 注意所收支票账号号码越少，表示与该银行往来期越长，信用较为可靠（可直接向银行查明或请财务部协办）。

5. 注意所收支票账户与银行往来的期间、金额以及退票记录情形（可直接向付款银行查明或请财务部协办）。

6. 支票上文字有无涂改、涂销、更改或字迹不清。

7. 注意支票记载何处不能修改（如大写金额），可更改处如有修改是否于更改处加盖原印鉴，如有背书人时应同时盖章。

8. 注意支票上的文字记载（如禁止背书转让字样）。

9. 注意支票期限，如已逾到期日1年的支票属失效支票。如有背书人，应注意支票提示日期是否超过第六条的规定。

10. 尽量利用各种机会和信息通过A客户来了解B客户支票（或客票）信用。

第五条 公司收受的支票提示付款期限，最迟应于到期日后6日内予以处理；一般公司收受的本埠支票到期日当日兑现，近郊到期日两日兑现。

第六条 所收支票已缴交者，如退票或因客户存款不足，或其他因素要求退回兑现或换票时，营业单位应填写“票据撤回申请书”，经部门主管签字后送财务部办理。营业部门取回原支票后，必须先向客户取得相当于原支票金额的现金或其他担保品，也可以新开支票将原支票交付，但仍须依上列规定办理。

第七条 当遇有销货退回时，应于交货日起60天内将交寄收据及原统一发票一并取回，送交会计人员办理（如不能取回时，应向客户取得销货退回证明），其折让或退回部分，应设“销货折让”科目表示，不得直接从销货收入项下减除。

第八条 财务部接到银行通知客户退票时，应立即转告营业部门。营业部门用退票无法换回现金或新票时，应立即寄发存证信函，通知发票人及背书人，并迅速拟定善策进行处理。同时营业部门应填送呆账（退票）处理报告表，随附支票正本（副件留营业部门）及退票理由单，直接送上级主管部门依规定处理。

第九条 营业部门对退票申诉案件送请财务部办理时，应提供下列资料：

1. 发票人及背书人的户籍所在地。

2. 发票人及背书人的财产（其中土地应注明所有权人、地段、地号、面积、持分及设定抵押；建筑物或土地改良物也应注明所有权人、建号；其他财产应注明名称、存放地点及现值等）。

3. 发票人及背书人其他投资事项。

第十条 财务部接到呆账（退票）处理报告表，经批准后两日内应依法申诉，并随时将处理情况通知各有关部门、单位。

第十一条 上述债权确定无法收回时，应及时报送财务部，并附税务机关认可的合法凭证（如法院裁定书或当地证明文件、或邮政信函等），呈总管理处核准后，才能冲销应收账款。

第十二条 依法申诉而无法收回债权部分，应取得法院债权凭证，交财务部列册保管。若事后发现债务人（利益偿还请求权时效期15年内）有偿债能力时，应依上列有关规定申请法院执行。

第十三条 公司营业人员不依本准则的各项规定办理或有勾结行为，致使公司权益蒙受损失者，依人事管理规则议处，情节严重者应移送法院办理。

第十四条 本准则经总管理处批准后公布实施。

4.7 存货管理制度

存货管理制度

第一章 总 则

第一条 为规范公司存货管理，严格存货进出、存放管理，确保存货账实相符，盘活存货、加速流转，特制定本制度。

第二条 存货包括原材料、辅助材料、备品备件、外购半成品、自制半成品、库存商品等。

第三条 仓储部必须根据公司自身的生产经营特点制定仓储的总体计划，并考虑工厂布局、工艺流程、设备摆放等因素，相应制定人员分工、实物流动、信息传递等具体管理制度。

存货应当制定各品种最高库存量、最低库存量，明确责任人。同时，凡是库存已达到最高库存量的存货，仓库管理员应当拒绝收货，凡是库存低于保险储备量的存货，仓库管理员要及时上报存货补充计划。

第四条 未经财务部门同意，不得私自设置仓库，分厂尚未使用或剩余的物资在月终盘点时必须全面盘点，不得以任何理由私藏存货；同时，也不得私自增加仓库有关人员。

存货内部控制中的不相容职务应当分离，其中包括：

（1）存货入库和出库经办者与审批者应分离。

（2）实物的验收保管与采购应分离。

（3）审批发料的人员与存货保管员相分离。

（4）存货盘点应由保管、材料核算员及独立于这些职务的其他人员共同进行。

（5）若某职位空缺或相关人员临时外出，应指定替代人员或临时人员负责，避免暂时的职务重叠。

第五条 仓库划分待检区、退货区、合格区、次品区、暂存区和寄放区。

1. 待检区：以黄色标识牌表示，是指已收到采购通知入库但质检部门待查质量而将物资存放的区域。

2. 退货区：以灰色标识牌表示，是指物资在使用过程中经确认属于供应商产品的质量问题，采购部正在或拟向供应商要求退货的物资而将其存放的区域。

3. 合格区：以绿色合格标识牌表示，是指已收到采购通知入库并经质检部门检验质量确认质量合格而将物资存放的区域。

4. 次品区：以蓝色标识牌表示，是指物资在使用过程中经确认不能再使用或不能以正品（合格品）看待而将其存放的区域。

5. 暂存区：以红色标识牌表示，是指已收到采购通知入库但经质检部门检验质量确认质量不合格而将物资暂时存放的区域。

6. 寄放区：以茶色标识牌表示，是指经公司领导同意让供应商寄放或客户采购后寄放而将物资暂时存放的区域。来料加工物资可以独立规划“来料加工区”，在本制度中放入“寄放区”进行规范。

第六条 公司设置废品仓库，并由仓库管理员建立废品台账，单独记账保管。

各仓库不应该存在废品物资，应当定期清理尤其是次品区域的物资应当及时处理，该转入废品仓库的要及时转入废品仓库，仓库管理员应当承担起管理的责任。

第七条 仓库使用的有关单据的格式、联次、报送对象和管理，严格按照公司的规定执行。

第八条 仓库进出物资都必须办理入库手续和出库手续，公司各部门应严格履行先入库、后领用的规定，涉及的所有单据都必须经仓库管理员签字确认才是有效的单据；没有经过仓库的物资，仓库管理员要对物资进行实地盘点，否则不得给予开具单据，也不得给予签字确认。

第九条 待检区、暂存区和寄放区的物资不能内部（主要是分厂）领用和销售，如果经质检部门检验通过后可以使用，必须先办理入库，再办理出库，否则不能发货，以确保账实相符。

寄放区的物资如果是供应商或客户自己使用，也要办理相关手续后才能发放，确保账实相符。

第十条　仓库所有单据的内容必须填写完整、书写工整，不得涂改；否则，视同单据无效，会计收到仓库传来的单据必须认真审核，发现不符合要求的必须及时退回和纠正，确保单据书写规范。

存货实行编码管理。存货编码是以简短的文字、符号或数字、号码来代表存货、品名、规格或类别及其他有关事项的一种管理工具。对存货实行编码管理，有利于增强存货资料的正确性，提高存货管理的工作效率，是进行计算机ERP系统管理的基础。

第二章　存货进出管理

第十一条　存货进出仓库，仓库管理员应当和当事人当面点清数量，当面开具单据（包括入库单、出库单和收据证明单据），做到单据和数量完全相符。

第十二条　存货进出仓库时，仓库管理员必须严格按照公司有关规定和本制度的要求执行，在确保审核审批人员和相关经办人都有签字确认后，才能收货和发货。

第十三条　发货一般要遵循推陈储新、先进先出、频者就近的原则，坚持做到一盘底、二核对、三发货、四减数，坚持单货不符不出库、包装破损不出库、残损变形不出库、手续不全不出库。

对贪图方便，违反发货原则造成物资变质、大料小用、优材劣用以及差错等损失，库管员负经济赔偿责任。

第十四条　原材料、辅助材料、外购商品、备品备件入库：

1. 待检程序：仓库凭采购人员的采购通知单或订单（包括寄库和来料加工都要有关部门的通知）和供应商的送货单或发票按品种、规格型号、数量与供应商当场点清数量后进入待检区，并当天上报质检部门，同时挂上黄色待检标识牌。仓库管理员凭实际收到的物资数量（待检），可先开具临时收料待检单给供应商，并写上“此条为临时收货证据，3天内有效，3天后视同已办理入库或退货而自动作废”。存货物资需经质检部质量检验、过磅检斤后，方可拆除包装，并组织卸货。

2. 检验程序：

（1）质检部负责存货出入库的质量检验与过磅检斤。存货必须经过质量检验合格后，方可过磅检斤，办理出库、入库手续。质量检验不合格的存货，一律不准办理出库、入库手续。

（2）过磅检斤时，至少应两人在场，分别负责司磅和监磅。

（3）过磅计量后，应出具《司磅单》。《司磅单》应经司磅人、监磅人和客户（或者客户代理人）签名，并加盖“已司磅计量”章。电脑打印的司磅记录作为《司磅单》的附件使用。若电脑打印的司磅记录具备《司磅单》原始凭证的各项要素，可直接代替《司磅单》。

3. 入库程序：

（1）质检部过磅检斤无误、质量检验报告合格后，仓库管理员凭质量检验报告确认的品种、规格型号、数量填制“货物验收入库单”，并由质检员签字确认。同时仓储部组织人员卸货将物资转入合格区，挂上绿色合格标识牌。卸货人员应严格按照收货组指定的货位卸货，且严格按照堆码规则进行堆码。原辅料堆码应利于盘点计数。

（2）卸货时，收货组人员应在堆码现场进行指挥和复检。

（3）质量检验报告单、卸货单、司磅单、采购通知单（或订单）和供应商的送货单或发票随同“入库单”报送财务部门。

（4）物资抵库但库管部门尚未收到“订货单”或“采购申请单”等无计划采购时，库管员应先洽询采购部门，确认无误后始得办理入库手续。

4. 退货程序：

（1）如发现单货不符、外包装破损或质量检验报告不合格的物资，应当及时退货，暂时没有退货的应将物资转入暂存区，并挂上红色不合格标识牌。同时，仓库管理员要跟踪退货管理。已入库物资又发生退货的，保管员凭采购部出具的退货通知单，开具“货物验收入库单”红字单，办理退货手续，承运人确认送货签回单等由采购经办人负责跟踪。

（2）原则上单货不符的物资不得接受，如采购部门要收下该物资时，库管员要告知上级，并于单据上注明实际收货情况，并会签采购部门、财务部门。

第十五条　产成品、自制半成品入库。

（1）由质检部门现场检查质量，经检验合格后，仓库管理员开具“入库单”，由工人（或送货人）质检员签字确认，同时将产成品或自制半成品转入合格区，挂上绿色合格标识牌。

（2）如检验不合格，仓库管理员开具“不合格品暂存单”，由工人（或送货人）质检员签字确认，同时将不合格品转入次品区，挂上蓝色标识牌。

第十六条　原辅材料、包装物、外购商品、修理用备品备件、产成品和自制半成品出库。

1. 分厂领用

（1）生产用直接原材料：由分厂统计员统一填写“领料单”，由领料人和分厂班组长、审批人签字，仓库管理员凭“领料单”发货。贵重物资、生产用关键备件、精密仪器和危险品领用，须经分厂厂长、仓储部部长审批。

（2）生产用间接原材料：主要是机物料等维修配件及低值易耗品，由分厂统计员开单，维修性质的领料实行以旧换新，分厂主任签字后，保管员凭单发料，保管员对退回的旧料设账管理；设备、技改性质的领料设备部开具领料单，设备部负责人签批后保管员发料，同时所属分厂统计员应对此类业务进行记录，在项目业务完成时，由设备部、保管员共同组织对所领用机物料配件情况，进行现场验收，分厂负责人要协助确认。财务部将对机物料及备品备件领用及退旧账目进行检查。

2. 销售出库和移库

（1）仓库管理员凭有关部门开具的“发货通知单”发货，销售统计员根据实际发货数量填写“发货单”，提货人（承运人）凭“发货单”办理承运手续以及出门手续：保管员在“发货单”出门证联盖“仓库章”，有关部门办好承运手续后在出门证联盖货运专章，保管及保安据盖章齐全的“发货单”出门证联放行货物。

（2）仓库管理员办理出库时要认真审核“发货通知单”，核查出库批准手续（特别是须先款后货或限额赊销出库的存货，是否经财务部审核）是否齐全，严格依据所列项目办理出库，并核签有关单据，发现计算有误时要立即通知开票人员更正后发货。

（3）销售发出的存货应进行复磅校核，并由质检部出具复磅单，质检部应建立健全销售存货复磅原始记录，复磅人员应在出门证上签字确认，并加盖“已复磅无误”章。门卫凭加盖有复磅章的出门证放行。

3. 免费赠送

（1）免费赠送包括两种情况：一种免费赠送客人，另一种是免费赠送客户。

赠送客人：销售部凭总经理的审批条开具“物资流转发货单”（备注注明赠送），仓库管理员凭单发货，并根据实际发货数量填写流转发货，由提货人签字确认，提货。

赠送客户：有关部门销售统计员凭相关合同或总经理的审批条开具“发货通知单”，仓库管理员凭单发货，并根据实际发货数量填写，由提货人凭“通知单”向销售统计员开具“发货单”并按财务制度规定办理出门手续（加盖货运章），仓库管理员和保安凭单据放行。赠送客户的发票应当在财务部长的指导下进行开具。

（2）免费赠送的相关合同和总经理审批条应当随同“物资流转发货单”同时送交财务部门，反之，按照销售的形式进行核算。

（3）货物赠送要按视同销售业务进行财务处理。

4. 分厂退货

（1）由分厂统计员统一填写“领料单”，填写时使用红字，由送货人、分厂厂长审批和质检员（确认能否再次使用）签字，仓库管理员凭“领料单”（红字）收货，并将物资存放在分厂原位置或仓库相适应的区域（合格区、次品区、退货区）。

（2）库管员要依据退库原因，研判处理对策，如原因系由于供应商所造成的，要立即通知采购部门。

5. 特殊状况处理

（1）已发出货物后，发现品种、数量遗漏。

（2）已发出货物后，发现发错货物品种。

（3）已发出货物后，发现多发。

（4）已发出货物后，客户要求变更。

第十七条 销售退货：

1. 按照公司《销售退货管理制度》有关规定执行，由质检员检验质量，按照质检员确认的品种、规格型号、数量和产品等级（合格品、次品等），由仓库管理员开具“退货验收入库单”，由质检员、送货人签字确认，并将物资存放在相适应的区域（合格区、废品区、退货区）。

2. 不符合《销售退货管理制度》有关规定的，仓库管理员有权拒绝收货，并及时向相关负责人（仓管部长及财务部长）反馈情况。

第十八条 寄放出库：

1. 如果供应商要出库寄放物资，由材料会计凭“供应商书面通知”开具“提货单”，仓库管理员凭“提货单”发货，并根据实际发货数量填写“流转发货单”，“流转发货单”由提货人签字确认，仓库盖章，提货人将“流转发货单”交财务审核无误后，在出门证联加盖财务章，仓库管理员和保安凭单据放行。

2. 如果公司要出库寄放物资，按照以上相关入库和出库条款要求，先办理入库手续再办理出库手续，不得只办理出库手续。

第十九条 内部调拨：

1. 同等级物资内部调拨的，由出货仓库管理员开具“内部调拨单”，由仓库主管审批签字确认后执行，由送货人和进出仓库管理员签字确认后，收货仓库凭“内部调拨单”入账。

2. 不同等级物资内部调拨的，由质检员检验质量，按照质检员确认的品种、规格型号、数量和产品等级（合格品、次品等），由出货仓库管理员开具“内部调拨单”，由质检员、送货人、进出仓库管理员、仓库主管和相应的部门经理签字确认，并将物资存放在相适应的区域（合格区、废品区、退货区），收货仓库凭“内部调拨单”入账。

3. 公司之外异地仓库间调拨的，由仓储部开具物资流转发货单，调出仓库保管员凭单发货出库，承运人签字确认后，保管员在出门联盖仓库章，承运人到有关部门办理出门手续，办好后，在出门证联加盖货运章，保管员及保安凭以放行。收货库保管员凭本单收货，签字确认后，将回单联交有关部门凭以结算运费。货损由承运人承担。

第二十条 存货报废：

1. 各生产分厂由于各种原因报废的材料或自制半成品，必须填列报废材料通知单，并将待报废的材料或半成品，连同报废材料通知单送质量部门检验。

2. 检验结果按工废、料废两种情况填列在报废材料通知单上。

3. 报废的材料、半成品送达指定部门后，各分厂才能补领材料、工具、自制半成品等。由分厂指定人员、物料部门主管人员、质量部门检验人员、废品保管人员签章的报废通知单，是存货减少的依据。

4. 由仓储部长作报废申请报告，经总经理审批后由仓库管理员开具出库单，由质检员检验质量，由质检员、相关参与人员签字确认，并将废品转入废品仓库。

第二十一条 委托加工物资：

1. 从仓库出库，仓库管理员凭有关部门销售统计员开具的“发货通知单”发货，销售统计员根据实际发货数量填写“发货单”，提货人（承运人）凭“发货单”办理承运手续以及出门手续：保管员在“发货单”出门证联盖“仓库章”，有关部门办好承运手续后在出门证联盖货运专章，保管及保安根据盖章齐全的“发货单”出门证联放行货物。

2. 委外加工产品完工后，属于产成品的直接入库成品仓库，通过“产成品入库单”办理入库；属于半成品的由生产部门安排分厂收货，通过“外发加工产品分厂单”办理入库。

第二十二条 委托加工半成品从分厂出库：

1. 生产部门统计员凭外委加工合同开具半成品“提货单”，分厂统计员凭“提货单”发货，并根据实际发货数量填写“出库单”，“出库单”由提货人签字确认、提货人凭“出库单”向生产部门统计员开具“车辆放行单”，分厂统计员和保安凭单据放行。

2. 委托加工半成品不能从仓库出库，分厂统计员发出的半成品要建立备查账，并负责跟踪收回半成品和管理分厂收回半成品时要开具“分厂半成品外发入库单”，同时分厂半成品“出库单”和“入库单”要及时上交财务部。

第二十三条 分厂在产品：

1. 工人完工：各分厂、工序将完工产品（包括半成品和成品）在交给统计员时，由统计员填制“分厂完工产品收料单”，由质检员验收质量并签字确认，由工人和统计员确认。

2. 分厂、工序交接：各分厂、工序将半成品转交下一道分厂、工序时，应当填制“分厂半成品交接单”，由双方统计员签字确认。成品入库通过“入库单”办理入库。

3. 退货：下道工序退回半成品，由分厂统计员负责办理退回手续。

第三章　存货堆放和日常管理

第二十四条　存货的堆放要本着“安全可靠、作业方便、通风良好”的原则合理安排垛位和规定地距、墙距、垛距、顶距。仓库必须设置消防设施，通道必须宽敞，门窗必须符合防盗要求，电力设施必须符合消防部门的要求，以确保存货安全。

第二十五条　存货的储存保管，原则上应以物资的属性、特点和用途规划设置仓库，并根据仓库的条件考虑划区分工，合理有效使用仓库面积，切实做好防火、防霉、防锈、防蛀、防爆、防潮、防烂、防盗、防鼠、防毒等十防工作。仓库管理员必须经常巡查，如发现问题应及时上报上级主管并会同有关部门及时采取防范及补救措施。

第二十六条　物资堆放要讲究科学、合理，区域要分开、清晰，摆列要整齐、有序，高低要适当、均衡；货物存放要尽可能采用“六号定位”管理法（按库号、仓位号、货架号、层号、订单号、物品编号等六号，对物品进行分类叠放，登记造册，并填制物品储位图，便于迅速查找物品的储仓）、五五堆放法（根据各种物料的特性和开头做到“五五成行，五五成方，五五成串，五五成堆，五五成层”使物料叠放整齐，便于点数，盘点和取送）、托盘化管理法（将物品码放在托盘上，卡板上或托箱中，便于成盘，成板，成箱地叠放和运输，有利于叉车将物品整体移动，提高物品的保管和搬运效率）。凡吞吐量大的落地堆放，周转量小的用货架存放。落地堆放以分类和规格的次序排列编号，上架的以分类定位编号。

第二十七条　每堆物资前要统一使用公司的标识牌，并在标识牌上写明物资的名称、品种和数量，确保账（仓库账和会计账上物资的名称和数量）牌（标识牌上物资的名称和数量，下同）和实物相符。

标识牌是区域划分的重要标识，标识牌设计要规范，书写要工整，必须做到“物牌同步变化”，杜绝以任何客观理由影响物牌相符。

标识牌基本内容包括：物资的名称、规格、数量，保质日期，生产厂家、储备定额。

第二十八条　仓库环境卫生要每日清扫并做好保持工作，每次作业完毕要及时清理现场，保证库容整洁。

要按时对仓库物资进行灰尘清理，从而减少因污染所带来的质量问题；通过制定轮值表对物品堆放的周边环境进行清扫和整理，并对仓库洗地板及吸尘工的工作进行监督。

第二十九条　仓库管理员应当定期对物资的生产日期、保质日期进行全面整理，属于已过保质日期的物资应当转入次品区域，并挂上蓝色标识牌。对仓管人员由于违规发放材料造成材料失效、霉变、大料小用、优料劣用以及差错等造成的损失，仓管人员除承担全部经济赔偿损失外，还要接受行政处分。

第三十条 特殊物品的堆放：

1. 特殊物品指的是易燃、易爆、剧毒、放射性、挥发性、腐蚀性等危险物品，堆放时应注意：

（1）危险物品不能混放，如易燃易爆品等不能同剧毒品放在一起。

（2）危险物品最好不要堆放，一定要堆放时，必须要严格控制数量。

（3）堆放时一定要确认并保持其原包装状态良好。

（4）特殊物品不能骑缝堆放。

（5）特殊物品不能倚靠其他物品堆放。

（6）堆放特殊物品的垛之间必须要有适当的间距。

（7）放置于货架上的特殊物品不能堆放。

（8）尽可能满足其特殊性的要求。

2. 具体的堆放物料的方法随物品的种类、性质、包装、使用的器具等不同而各不一样，要区别对待。

第三十一条 保守电脑密码，杜绝仓库管理员以外人员随意动用电脑；杜绝利用电脑做与业务或工作无关的事情；严格遵照操作规程操作电脑，并按电脑维护事项定期对电脑进行维护和保养。

第三十二条 建立和健全出入库人员登记制度，入库人员均须经过仓管员的同意，并经过登记之后，方可在仓管员的陪同下进入仓库，进入仓库的人员一律不得携带易燃、易爆物品，不得在库房内吸烟。

公司内部除存货管理部门及仓储人员外，原则上不得进入仓库，其他部门和人员在下列情况下可进入仓库：

1. 开展存货的年度盘点、月度盘点和不定期盘点。

2. 企业副总级以上管理人员对仓库工作进行检查。

3. 仓储部门经理对仓库工作的开展进行指导。

4. 财务部工作人员根据账实核对工作要求，需进库核对。

其他所有人员进入仓库均需要批准。具体程序如下：

1. 拟进入仓库现场的单位、部门或人员填写企业统一印制的进库申请单，对进库时间、人员、主要事项等进行说明，并由申请单位、部门或人员予以盖章或签字。

2. 仓储处审核进库申请单，根据不同仓库保管环境要求分析进库的合理性和在库时间的长短，提出审核意见，仓储部门经理签字确认。

3. 企业总经理对下列情况进入仓库进行最终审批：

（1）非本单位人员进入仓库。

（2）进入危险品、保密物品以及贵重物品存放仓库的。

仓库管理员有权拒绝闲杂人员进入仓库，严禁串岗。

第三十三条　仓库管理员应对内外搬运工进行指导、监督，确保物资堆放符合仓库要求。存货在装卸、搬运过程中要轻拿轻放，不可倒置，保证存货的完好无损，防止渗、漏、变质等浪费行为，并保持存货仓库现场整洁整齐。

第三十四条　做好安全保卫工作，及时关好门窗，严禁闲人进入库区，确保仓库和物资的安全。建立和健全出入库登记制度，对因工作需要出入库人员、车辆按规定进行盘查和登记，签收“出门证”或填写“出入门证”。夜间定时巡逻，提高警惕。做好防火安全工作，库区内严禁吸烟、携入易燃易爆物品和明火作业。对库区的电灯、电线、电闸、消防器具、设施要经常检查，发现故障及时维修排除，不得擅自挪动或挪用消防器具。经常巡视仓库物资，注意防潮、防变质等防护措施，发现问题及时向有关部门报告。

第三十五条　不良存货清查。

由仓储部长牵头，会同生产、采购和销售经理于每季度末到仓库现场清查不良存货（指在3个月内少用或未用的存货以及保质期届满前两个月的原材料、辅助材料和备品备件等，下同），并在相关的制度范围内盘活处理，或将情况及处理意见，报送财务部处理。

第三十六条　仓库是一个特殊的部门，员工用餐应在规定的时间范围内交替轮流，以保证仓库货物随时供应。仓管员每日下班前应认真检查，确认无人滞留仓库后，关好水源、电源、门窗，方可离开，以确保存货物资安全。

第三十七条　保守仓库业务秘密，杜绝向供应商及其他人透露物资库存等有关业务信息。未经上级同意，不得随意复制、摘抄公司资料；作废文稿应及时妥善解决，以防泄密。保管员调动、换岗、下岗、离职时，应办理财产移交手续，财务部门和相关部门应派人监交，并具备移交清单，经各方签字后，方可办理正式的调动、换岗、下岗、离职手续。

属个人保管（或者使用）的物品，其保管（或者使用）者在移交工作时，应如数移交和具备移交清单，若损失或者短少，应按规定进行赔偿。

第三十八条　叉车司机必须服从仓库主管的安排和调度，同时要按以下要求做好车辆保养、维护和管理工作，保证叉车的工作需求和工作质量：

1. 杜绝驾驶员以外的人随意动用叉车。

2. 驾驶员应严格按照驾驶规程驾驶叉车。

3. 维护叉车的清洁和完整，经常对其质量和性能进行检查，并按规定进行维修和保养。

第四章 存货账表管理

第三十九条 开好单、做好账、编好表、对好账，是仓库账表管理的总要求，是仓库管理员应当具备的基本素质和基本职责。仓库管理员必须做到以账管物，必须重视账表在仓库管理的重要性。

第四十条 仓库账表分为自有物资账表、寄存物资账表、来料加工物资账表和外协物资账表。

1. 自有物资账表：指反映公司自购并存放在自有仓库的进出存物资信息（含厂区内各类有料、无料包装桶），包括账簿信息和表格信息。

2. 寄存物资账表：指反映经公司有关领导同意外部单位暂时存放在公司自有仓库的进出存物资信息，包括账簿信息和表格信息。

3. 来料加工物资账表：指反映外部单位来料加工存放在公司自有仓库的进出存物资信息，包括账簿信息和表格信息。

4. 外协物资账表：指反映公司委托外协单位生产暂时存放在外协单位的进出存物资信息，包括账簿信息和表格信息。

第四十一条 入库单和出库单杜绝涂改，要求使用复写纸书写，书写要工整，字迹要清晰、易认；如果书写出现错误，要求作废并完整保留每一联次。

入库单和出库单每日要报送材料会计等人员。

第四十二条 仓库的账簿和各种报表要按各区域的物资类别进行编制，要求书写要工整，字迹要清晰、易认，以供有关人员及时了解仓库存货的库存结构。

同时，账簿每天要登记入账，各种报表要按时保质保量报送给相关人员。

第四十三条 采购部和销售部有关人员要认真阅读存货报表，通过存货报表信息及时了解存货结构和存货库存量，并及时合理地调整存货库存结构和库存量，以及及时处理不良存货。

第四十四条 认真有效地做好仓库电话记录、交接班记录、磅码单、化验单、运单、发票以及进口物资独立登记等工作。

第四十五条 加强账、牌的核对管理，定期核对账、牌是否相符，如果出现不符，必须及时查明原因，确保账、标牌时刻相符，以充分发挥标牌在日常管理中的作用。

第四十六条 仓库管理员每周与采料会计核对存货借贷余额（数），次月2日核对并签字确认上月存货借贷余额（数），必须确保仓库账和会计账的借贷余额（数）完全相符。在对账确认时，必须将自有物资、寄存物资、来料加工物资等分开核对确认。

第四十七条 仓库账务和各种报表的编制由财务部专职会计人员负责管理和指导，材料核算会计必须严格按照会计制度的要求进行核算，不得自作主张地设置账簿或设计报表。

第五章 存货盘点管理

第四十八条 存货盘点包括在产品盘点和仓库物资盘点：

1. 在产品每月最后一天由各分厂组织盘点，并于次月第一日下班前由分厂统计员上报财务部门；财务部门根据实际情况主动到分厂指导、监督在产品盘点。具体要求按《成本控制管理制度》的规定执行。

2. 仓库物资盘点按照以下相关条款执行。

第四十九条 仓库物资的盘点分为月份盘点、季度盘点、半年盘点、年终盘点和特殊盘点。

月份盘点总量应当占存货总量的60%以上；季度盘点总量应当占存货总量的80%以上；半年盘点总量和年度盘点总量应当对存货全部盘点；特殊盘点（包括外部审计和内部审计需要的盘点）则根据实际需要确定盘点量。

第五十条 仓库物资盘点方法一般采用日常盘点法。日常盘点法是指在不影响存货进出管理的前提下，每月组织有关人员随时对存货进行盘点的一种方法。

第五十一条 每次仓库物资盘点结果，应当确认存货盘盈或盘亏，及时查明原因。合理损耗范围内的，计入生产成本或者当期损益；合理损耗范围外的，应当提出处理意见和明确责任人，并按相关流程处理或审批，月终由财务部门计入当期损益。

第五十二条 仓库物资盘点盘盈或盘亏，根据截止存货盘点日的财务账面结余数和实际盘点数的差数进行确认。

第五十三条 仓库物资盘点时，仓库管理员、财务人员以及参与盘点的人员应当同时在现场。

第五十四条 仓库物资盘点结束后，参与盘点的人员应当在盘点表上签字确认，并由责任保管员及属地行政负责人签字确认。

第五十五条 仓库物资盘点表及相关资料的数据和文字应当书写工整，同时应当归档管理。

第五十六条 仓库物资盘点工作由存货管理部门负责组织，由财务人员进行监盘和业务指导。

第五十七条 仓库物资盘点前，仓库物资管理部门（仓库主管）应当提前一天（以上）知会有关部门或人员，有关部门或人员应当积极配合或参与。

第五十八条 月份盘点、季度盘点、半年盘点和年度盘点由存货管理部门按照以上盘点方法组织盘点；特殊盘点则由存货管理部门按照特定事项（指特定时间、特定地点和特定人员等）的要求组织盘点，特定事项一般由财务部门提出或确定。

第五十九条 盘点一般流程：

1. 仓储部下发仓库物资盘点通知或知会，并做好各项盘点准备工作。

2. 财务人员和仓库管理员对需盘点的存货进行账面确认，必须在账账相符的前提下才能盘点。

3. 盘点时，仓库管理员和财务人员应当独立记录，经核对双方记录数一致后，才能确认为盘点数。

4. 盘点结束后，应当整理盘点资料（即盘点表），并由参与盘点的人员在盘点表上签字确认，同时上报属地行政负责人签字确认。

5. 仓库物资管理部门根据有关惩处制度对盘点结果出现的盘盈或盘亏提出处理意见，并按有关业务流程及《单据使用管理规定》规定的流程上报审批。

6. 财务人员和仓管人员对盘点结果出现的盘盈或盘亏进行账务处理（调整），仓管人员的账务处理应当在财务人员的指导下进行。

第六十条　内外审计有关部门要求的盘点属于特殊盘点范畴，除内部审计部外，特殊盘点一般由财务部统一接受盘点，再决定是否统一安排盘点。内部审计可直接通知盘点，但应当知会财务部。

接到外部审计等有关部门要来盘点时，必须在第一时间内向财务部报告，由财务部统一安排处理。

第六十一条　仓库物资盘点是一项重要的内控管理工作，仓库行政负责人是第一管理责任人，应当高度重视，亲自督导。

第六十二条　仓库物资盘点当天发生的物资进出日期应当填写为次日日期（即盘点日的出入库数量不计在内），并将盘点当天入库的物资独立堆放；截至仓库物资盘点日期的账务应当登记完毕。实际盘点日如果为非盘点截至标准日，则实际盘点日的盘点数量应还原为物资盘点标准截至日的数量，以保证账实口径一致性。

第六十三条　仓库物资盘点表使用统一的格式，由财务部门提供。

第六十四条　特殊盘点期间，除紧急用料外，暂停开展存货进出工作。特殊盘点期间，如遇假日一律停止休假，否则以旷工论处。

第六十五条　除大宗原燃料外盘点应尽量采用精确的计量器，避免用主观的目测、估计甚至伪造数据的方式，每项存货数量，应于确定后，再继续进行下一项盘点，盘点确认后不得更改。

第六十六条　存货损失审批权限：

1. 存货管理部门查明具体原因，提出初步处理意见，编写书面报告，报所在分子公司财务部。

2. 财务部核实存货账面价值，对处理意见进行复核，对财务部部长权限范围内的损失进行审批。

3. 超过财务部部长审批权限的损失，审核后报公司财务总监、总经理审批。

第六章 存货库存控制管理

第六十七条 存货日常库存管理的依据：

1. 与产品生产有关的存货日常管理的凭据是产品材料消耗定额；与企业经营有关存货日常管理的依据是实际需求量。

2. 产品材料消耗定额由工艺部门制订。与经营管理有关的存货的实际需求量，如办公用品、办公用具、低值易耗品等按企业制订标准发放，对超计划的需求由实际需求部门提出申请计划，由主管领导批准后由财务部门监督执行。

第六十八条 公司各库房的存量必须保持在规定的最高储备量和最低储备量之间。各项存货的主管部门和仓库保管人员必须每月组织一次盘点工作，摸清库存情况，及时调整采购计划和生产计划，避免超储、积压、呆滞和脱节。

第七章 存货风险控制

第六十九条 公司在建立并实施存货内部控制制度中，至少应当强化对以下关键方面或者关键环节的风险控制，并采取相应的控制措施：

1. 权责分配和职责分工应当明确，机构设置和人员配备应当科学合理。

2. 存货请购依据应当充分适当，请购事项和审批程序应当明确。

3. 存货采购、验收、领用、盘点、处置的控制流程应当清晰，对存货预算、供应商的选择、存货验收、存货保管及重要存货的接触条件、内部调剂、盘点和处置的原则及程序应当有明确的规定。

4. 存货成本核算方法、跌价准备计提等会计处理方法应当符合国家统一的会计制度的规定。

第七十条 公司应当配备合格的人员办理存货业务。办理存货业务的人员应当具备良好的职业道德和业务素质。

第七十一条 公司应当建立存货业务的授权批准制度，负责存货采购的部门应明确授权批准的方式、程序和相关控制措施，采购人员应按照生产计划按时编制公司物资采购计划，年度物资采购计划要由部门领导及主管副总经理审批，并经相关部门会签后总经理审批。季度和月度采购计划原则上根据年度生产计划安排，由部门领导审批后执行。严禁未经授权的机构或人员办理存货业务。

第七十二条 审批人应当根据存货授权批准制度的规定，在授权范围内进行审批，不得超越审批权限。经办人应当在职责范围内，按照审批人的批准意见办理存货业务。对于审批人超越授权范围审批的存货业务，经办人有权拒绝办理，并及时向审批人的上级授权部门报告。

第七十三条 对存货的管理和控制运用公司计算机系统和网络技术实现，严格按照系统程序进行管理。技术管理部应注意计算机系统的有效性、可靠性和安全性，定期检查运行程序，并制定防范意外事项的有效措施。

4.8　固定资产内部控制制度

固定资产内部控制制度

第一章　总　　则

第一条　为了加强公司对固定资产的内部控制，防止并及时发现和纠正固定资产业务中的各种差错和舞弊，保护固定资产的安全完整，提高固定资产的使用效率，根据国家有关法律、法规和《企业内部控制基本规范》，特制定本制度。

第二条　本制度所称固定资产，是指公司从事经营业务和完成各项工作的主要劳动资料，以下资产应作为固定资产：

1. 使用年限在 1 年以上的房屋建筑物、机器设备、运输工具、仪器仪表、办公设备等生产经营主要设备。

2. 单位价值在2 000元以上、使用年限在 1 年以上的，不属于生产经营主要设备的。

不同时具备以上条件的，列为低值易耗品。临时简易工棚、办公房以及各类属于周转性的生产工具及设施，不论价值大小及使用期限，都不列为固定资产。

第三条　公司在固定资产管理过程中，至少应关注涉及固定资产的下列风险：

1. 固定资产业务违反国家法律、法规，可能遭受外部处罚、经济损失和信誉损失。

2. 固定资产业务未经适当审批或超越授权审批，可能因重大差错、舞弊、欺诈而导致资产损失。

3. 固定资产购买、建造决策失误，可能造成公司资产损失或资源浪费。

4. 固定资产使用、维护不当和管理不善，可能造成公司资产使用效率低下或资产损失。

5. 固定资产处置不当，可能造成公司资产损失。

6. 固定资产会计处理和相关信息不合法、不真实、不完整，可能导致公司资产账实不符或资产损失。

第四条　公司在建立与实施固定资产内部控制过程中，至少应强化对下列关键方面或关键环节的控制：

1. 职责分工、权限范围和审批程序应明确规范，机构设置和人员配备应科学合理。

2. 固定资产取得依据应充分适当，决策过程应科学规范。

3. 固定资产取得、验收、使用、维护、处置和转移等环节的控制流程应清晰严密。

4. 固定资产的确认、计量和报告应符合《会计会计准则》和《企业会计准则——应用指南》的规定。

第二章 职责分工与授权批准

第五条 固定资产业务的岗位责任制：

1. 业务归口办理

（1）固定资产的采购由采购部门办理。

（2）固定资产的建造由公司工程部门归口办理。

（3）固定资产的管理由公司工程部门归口办理。

（4）在用固定资产的保管由使用部门负责。

（5）未经授权的机构或人员，不得办理固定资产业务。

2. 部门职责

（1）使用部门

①提出固定资产的购置、大修申请。

②固定资产的保管、日常维修、维护和保养。

③固定资产处置申请。

④建立本部门的固定资产台账。

（2）工程部门

①提出固定资产购置预算。

②下达固定资产购置计划。

③固定资产建造管理，包括建造过程、工程物资的管理。

④组织固定资产验收。

⑤办理固定资产处置和转移。

⑥建立固定资产台账和卡片。

⑦组织编制固定资产目录。

⑧定期对固定资产安全和使用情况进行检查。

（3）财务部门

①建立固定资产台账。

②对固定资产进行会计核算。

③参与固定资产的验收、检查、处置和转移工作。

④每年年底组织固定资产盘点。

（4）审计部门

①对采购或建造合同进行审计。

②参与固定资产的验收、检查、处置和转移工作。

③参与工程项目审计决算。

第六条　固定资产不相容岗位：

（1）固定资产投资预算的编制与审批。

（2）固定资产投资预算的审批与执行。

（3）固定资产采购、验收与款项支付。

（4）固定资产投保的申请与审批。

（5）固定资产处置的审批与执行。

（6）固定资产取得与处置业务的执行与相关会计记录。

第七条　授权批准制度：

1. 授权方式

（1）公司对董事会的授权由公司章程和股东大会决议。

（2）公司对董事长、总经理的授权，由公司章程规定和公司董事会决议。

（3）总经理对其他人员的授权，年初以授权文件的方式明确。

（4）对经办部门的授权，在部门职能描述中规定或临时授权。

2. 审批权限

审批权限如下表所示：

审批权限

项目	审批人	审批范围和权限
购置	股东大会	涉及总金额在公司净资产10%以上（含10%）的购置计划
	董事会	（1）审批年度购置预算 （2）审批年度购置计划 （3）授权董事长、总经理购置决策
	董事长	（1）董事会闭会期间，在授权范围内购置决策 （2）预算外单项50万元以上，年预算外累计不超过500万元
	总经理	（1）年度预算内购置项目 （2）预算外单项50万元以下，年预算外累计不超过200万元
处置	股东大会	（1）成批处置公司主要生产用设备 （2）处置固定资产总金额超过公司净资产10%以上（含10%）的处置计划
	董事会	（1）批准除需经股东大会批准事项之外的处置计划 （2）授权董事长、总经理审批固定资产处置权限
	董事长	每批固定资产原值50万元至200万元
	总经理	每批固定资产原值50万元以下

3. 审批方式

（1）股东大会批准、董事会批准以决议的形式批准，董事长根据股东大会决议、董事会决议签批。

（2）董事会、总经理以及其他被授权审批人员，以书面批准的方式直接签批。

4. 批准和越权批准处理

（1）审批人根据固定资产业务授权批准制度的规定，在授权范围内进行审批，不得超越审批权限。

（2）经办人在职责范围内，按照审批人的批准意见办理固定资产业务。

（3）对于审批人超越授权范围审批的固定资产业务，经办人有权拒绝并应拒绝办理，并及时向审批人的上一级授权部门报告。

第八条 固定资产增加业务流程及控制要求：

1. 外购固定资产

（1）固定资产外购业务流程

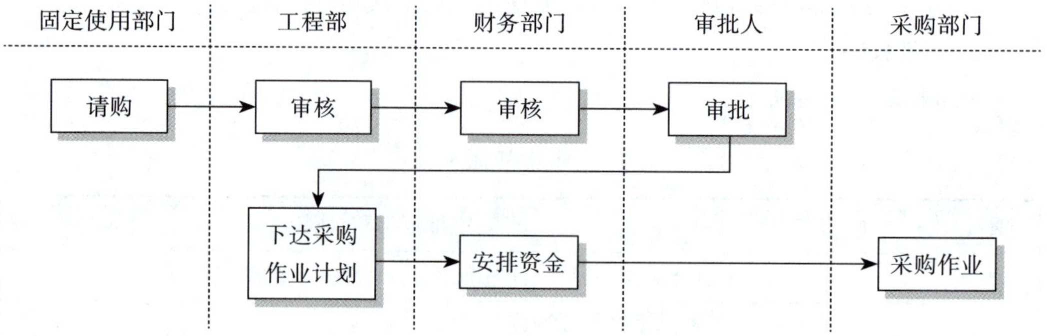

固定资产外购业务流程

（2）外购控制要求

业务操作	操作人	内控要求
采购申请	固定资产使用部门	（1）请购申请的固定资产，年初列入年度预算 （2）采购项目已经可行性论证并且可行 （3）对请购的固定资产的性能、技术参数有明确要求 （4）书面申请
审核	工程部门	（1）核实采购申请是否列入年度计划 （2）审核采购项目是否经过可行性论证并且可行 （3）必要时，征求有关专家的意见
	审计部门	（1）核实采购申请是否列入年度预算 （2）按相关制度进行合同审计

（续表）

业务操作	操作人	内控要求
审批	审批人	（1）按照公司授权，在授权范围内审批 （2）审批时应充分考虑审核部门的意见，未经审核的采购项目的不予审批
采购作业计划	工程部门	（1）未经批准的项目和越权批准的项目不予下达采购作业计划 （2）采购计划一式四份，基建、财务、采购、仓库各一份 （3）采购作业计划须经授权批准人批准
资金安排	财务部门	（1）根据采购作业计划准备资金 （2）未经批准的采购项目不予安排资金
采购作业	采购部门	（1）严格按采购作业计划书规定的规格、型号、技术参数采购 （2）除特殊采购项目外，必须有三家以上的预选供应商 （3）比价采购或招标采购 （4）必须签订采购协议，并经审计部门审计

（3）预算外采购

①50万元以下的预算外采购必须由总经理批准或授权审批批准。

②50万元至200万元的预算外采购由董事长批准。

③200万元以上的预算外采购须经股东大会或董事会批准。

第三章　固定资产投资预算审核审批

第九条　固定资产使用部门根据实际使用情况，编制本部门固定资产投资预算，对于重大（一般为200万元以上）的固定资产投资项目，应考虑聘请独立的中介机构或专业人士进行可行性研究与评价。

第十条　资产管理部门固定资产管理员根据各部门提交的固定资产投资预算，汇总整理成企业固定资产总投资预算，经资产管理经理审核确认后，交财务部审核。

第十一条　财务部对固定资产投资预算的各种数据和其依据资料及其预算的意见进行复核，财务部经理提供审核意见，交财务负责人及总经理审核后，提交董事会批准。

第十二条　各部门严格按照固定资产投资预算购置固定资产，并将固定资产投资严格控制在预算之内。

第四章　固定资产购置申请审批

第十三条　固定资产使用部门填写固定资产采购申请单。

第十四条　采购申请单的批准：

（1）工程部审核采购申请单，审查是否在采购预算范围之内，如果在采购预算范围之内，由工程部分管副总审批。

（2）采购预算外金额在50万元人民币以下固定资产采购申请，由总经理审核批准。

（3）投资预算外金额在50万元人民币至200万元的固定资产购置应报董事长审批。

（4）投资预算外金额在200万元以上的固定资产购置应报董事会集体审批。

第十五条 经审批的采购单交到采购部门，采购部门根据采购申请单，按公司采购相关规定进行采购。

第十六条 质量管理部和技术部相关人员应参与购货订单或购货合同在技术和质量方面的条款的制定。

第十七条 对技术质量要求较高、费用支出较大的设备购货合同，应由不同专业技术人员如采购专家、工程师、生产人员、法律顾问、财务专家组成的小组作最后的审查。

第五章 取得与验收控制

第十八条 公司应建立严格的固定资产交付使用验收制度，确保固定资产数量、质量等符合使用要求。固定资产交付使用的验收工作由固定资产管理部门、使用部门及相关部门共同实施。

（1）公司外购固定资产，应根据合同协议、供应商发货单等对所购固定资产的品种、规格、数量、质量、技术要求及其他内容进行验收，出具验收单或验收报告。验收合格后方可投入使用。

（2）公司自行建造的固定资产，应由制造部门、固定资产管理部门、使用部门共同填制固定资产移交使用验收单，验收合格后移交使用部门投入使用。

（3）公司对投资者投入、接受捐赠、债务重组、公司合并、非货币性资产交换、其他公司无偿划拨转入以及其他方式取得的固定资产均应办理相应的验收手续。

（4）公司对经营租赁、借用、代管的固定资产应设立登记簿记录备查，避免与本公司财产混淆，并应及时归还。

（5）对验收合格的固定资产应及时办理入库、编号、建卡、调配等手续。由固定资产管理部门办理验收入库手续，设立固定资产台账，填写“固定资产入库单”一式三联，第一联由资产管理部门留存，第二联送财务部门记账，第三联由使用部门留存。

第十九条 公司财会部门应按照《企业会计准则》和《企业会计准则——应用指南》的规定，及时确认固定资产的购买或建造成本。

第二十条 对需要办理产权登记手续的固定资产，公司资产管理部门应及时到相关部门办理。

第六章 使用与维护控制

第二十一条 公司应加强固定资产的日常管理工作，授权具体部门或人员负责固定资产的日常使用与维修管理，保证固定资产的安全与完整。

公司应定期或不定期检查固定资产明细及标签，确保具备足够详细的信息，以便固定资产的有效识别与盘点。

第二十二条　公司应根据国家及行业有关要求和自身经营管理的需要，确定固定资产分类标准和管理要求，并制定和实施固定资产目录制度。

第二十三条　公司应依据国家有关规定，结合公司实际，确定计提折旧的固定资产范围、折旧方法、折旧年限、净残值率等折旧政策。折旧政策一经确定，不得随意变更；确需变更的，应按照规定程序审批。

第二十四条　公司应建立固定资产的维修、保养制度，保证固定资产的正常运行，提高固定资产的使用效率。固定资产使用部门负责固定资产日常维修、保养，定期检查，及时消除风险。固定资产大修理应由固定资产使用部门提出申请，按规定程序报批后安排修理。固定资产技术改造应组织相关部门进行可行性论证，审批通过后予以实施。

第二十五条　公司应根据固定资产的性质和特点，确定固定资产投保范围和政策。投保范围和政策应足以应对固定资产因各种原因发生损失的风险。公司应严格执行固定资产投保范围和政策，对应投保的固定资产项目按规定程序进行审批，办理投保手续。对于重大固定资产项目的投保，应考虑采取招标方式确定保险公司。已投保的固定资产发生损失的，应及时办理相关的索赔手续。

第二十六条　公司应定期对固定资产进行盘点。盘点前，固定资产管理部门、使用部门和财会部门应进行固定资产账簿记录的核对，保证账账相符。公司应组成固定资产盘点小组定期对固定资产进行盘点，盘点期限至少每年一次，根据盘点结果填写固定资产盘点表，并与账簿记录核对，对账实不符，固定资产盘盈、盘亏的，编制固定资产盘盈、盘亏表。

第二十七条　固定资产发生盘盈、盘亏，应由固定资产使用部门和管理部门逐笔查明原因，共同制定盘盈、盘亏处理意见，经公司授权部门或人员批准后由财会部门及时调整有关账簿记录，使其反映固定资产的实际情况。

第二十八条　公司应至少在每年年末由固定资产管理部门和财会部门对固定资产进行检查、分析。检查分析应包括定期核对固定资产明细账与总账，并对差异及时进行分析与调整。

固定资产存在可能发生减值迹象的，应计算其可收回金额；可收回金额低于账面价值的，应按照《企业会计准则》的规定计提减值准备、确认减值损失。

第二十九条　对于未使用、不需用或使用不当的固定资产，固定资产管理部门和使用部门应及时提出处理措施，报公司财务部、财务总监、总经理批准后实施。

对由于使用人或保管人使用不当或管理失职造成固定资产受损的，使用人或保管人应承担相应的赔偿责任。

对封存的固定资产，应指定专人负责日常管理，定期检查，确保资产的安全、完整。

第七章 处置与转移控制

第三十条 固定资产报废处理：

1. 固定资产报废条件

（1）机器设备、生产装置的报废条件。使用年限已满，丧失使用效能，无修复价值的；使用年限未满，但因生产条件改变，已丧失原有使用价值的；使用年限未满，但缺乏配件无法修复使用的；固定资产因受自然灾害毁损无修复使用价值的；城建规划，必须拆除且再无利用价值的固定资产；装置更新改造必须拆除更换的；因技术落后必须淘汰的；经国家质量监督部门、环保部门鉴定，不符合安全环保要求又不能修复利用的；整套设备拆除时不能利用的部分；其他符合报废条件的固定资产。

（2）房屋、建筑物的报废条件。由于整体规划或阻碍交通要道的房屋建筑；年久失修，承重墙风化，结构强度不符合抗震标准，也不能修复的房屋建筑；地质条件或自然灾害，损坏严重有倒塌危险的房屋建筑。

2. 固定资产报废审批权限

参照《资产减值与损失处理》。

3. 固定资产报废程序

固定资产因毁损而报废者，应由使用部门填制“固定资产报废申请单”一式四联，注明毁损原因，经技术鉴定小组鉴定后，送固定资产管理部门及财务部门签注处理意见后呈报公司领导批准，经核准后，第一联送固定资产管理部门，第二联送财务部门，第三联送市场部，第四联自存。

对已批准报废的固定资产，由市场部统一处理，各使用单位不得自行处理。

固定资产有偿转让或清理报废的变价净收入与其账面净值的差额，作为营业外收入或者营业外支出。固定资产变价净收入是指转让或变卖固定资产所取得的价款扣除清理费用后的净额。固定资产净值是指固定资产原值减累计折旧后的净额。

第三十一条 固定资产的调拨：

（1）公司范围内的固定资产调拨由工程部开出固定资产调拨单，调入、调出单位签字后办理实物移交手续；财务凭工程部的内部调拨单进行账务处理。

（2）公司对外闲置设备调拨，实行有偿调拨，由公司总经理批准。

第三十二条 固定资产的处置。对拟出售或投资转出的固定资产，应由有关部门或人员提出处置申请，列明该项固定资产的原价、已提折旧、预计使用年限、已使用年限、预计出售价格或转让价格等，审批权限见第七条。

第三十三条 固定资产的处置应由独立于固定资产管理部门和使用部门的其他部门或人员办理。固定资产处置价格应报经公司财会部门和财务总监审批后确定。对于金额重大的固定资产处置，应考虑聘请具有资质的中介机构进行资产评估，并应由公司总经理办公会或董事会采取集体审议制度审批，并建立集体审批记录机制。

第三十四条 固定资产处置涉及产权变更的，应及时办理产权变更手续。

第三十五条 公司出租、出借固定资产，应由固定资产管理部门会同财会部门按规定报经批准后予以办理，并签订合同协议，对固定资产出租、出借期间所发生的维护保养、税负责任、租金、归还期限等相关事项予以约定。

第三十六条 对固定资产处置及出租、出借收入和发生的相关费用，应及时入账，保持完整的记录。

第三十七条 公司对于固定资产的内部调拨，应填制固定资产内部调拨单，明确固定资产调拨时间、调拨地点、编号、名称、规格、型号等，经有关负责人审批通过后，及时办理调拨手续。固定资产调拨的价值应由公司财会部门按账面净值审核批准，并做好相关账务处理。

4.9 工程项目内部控制制度

工程项目内部控制制度

第一章 总 则

第一条 为了加强公司对工程项目的内部控制，防止并发现和纠正工程项目业务实施和管理中的各种差错与舞弊，提高资金使用效益，根据国家有关法律、法规和《企业内部控制基本规范》，特制定本制度。

第二条 本制度所称工程项目，是指公司根据经营管理需要，自行或者委托其他单位进行设计、建造、安装和修护，以便形成新的固定资产或维护、提升既有固定资产性能的活动。工程项目不包括小额（一般为100 000元以下）车辆修理、房屋维修、设备维修等。

第三条 公司在工程项目管理过程中，至少应关注涉及工程项目的下列风险：

1. 工程项目违反国家法律、法规，可能遭受外部处罚、经济损失和信誉损失。

2. 工程项目未经适当审批或超越授权审批，可能因重大差错、舞弊、欺诈而导致资产损失。

3. 立项缺乏可行性研究或者可行性研究流于形式，决策不当，盲目上马，可能导致难以实现预期效益或项目失败。

4. 工程项目概预算编制不当和执行不力，可能造成工程项目建造成本的增加。

5. 工程项目成本失控，可能造成公司经营管理效益和效率低下。

6. 工程物资质次价高，工程监理不到位，项目资金不落实，可能导致工程质量低劣，进度延迟或中断。

7. 竣工验收不规范，最终把关不严，可能导致工程交付使用后存在重大隐患。

8. 工程项目会计处理和相关信息不合法、不真实、不完整，可能导致公司资产账实不符或资产损失。

第四条 公司在建立与实施工程项目内部控制过程中，至少应强化对下列关键方面或关键环节的控制：

1. 职责分工、权限范围和审批程序应明确规范，机构设置和人员配备应科学合理。

2. 工程项目的决策依据应充分适当，决策过程应科学规范。

3. 概预算编制的依据、内容、标准应明确规范。

4. 委托其他单位承担工程项目时，相关的招标程序和合同协议的签订、管理程序应当明确。

5. 价款支付的方式、金额、时间进度应当明确。

6. 竣工决算环节的控制流程应科学严密，竣工清理范围、竣工决算依据、决算审计要求、竣工验收程序、资产移交手续等应当明确。

7. 工程项目的确认、计量和报告应符合《企业会计准则》和《企业会计准则——应用指南》的规定。

第二章 岗位分工和授权批准

第五条 不相容岗位应分离：

1. 项目建议、可行性研究人员与项目决策人员应分离。

2. 概预算编制人员与审核人员应分离。

3. 项目实施人员与价款支付人员应分离。

4. 竣工决算人员与审计人员应分离。

第六条 业务归口办理：

1. 公司的工程项目组织与实施由工程部归口办理。

2. 工程项目价款支付，由公司财务部归口办理。

3. 财务部设置工程项目核算岗位，办理工程项目会计核算业务。

第七条 经办和核算工程项目业务人员的素质要求：

1. 具备良好的职业道德和业务素质。
2. 熟悉国家有关的法律、法规及工程项目管理方面的专业知识。
3. 符合公司规定的岗位规范要求。

第八条　相关部门职责：

1. 工程部

（1）受理项目申请和项目建议。
（2）组织项目的可行性论证和评估。
（3）组织或委托招标。
（4）办理工程开工的前期工作。
（5）组织编制概、预算。
（6）组建项目管理机构。
（7）监督工程质量进度。
（8）审核工程结算（工程量）。
（9）组织项目后评价。
（10）其他职责。

2. 财务部门

（1）参与工程项目的可研论证与评估、决算事项。
（2）工程项目核算。
（3）工程价款支付。
（4）参与工程概预算、结算审核。
（5）参与工程建设监督。

3. 审计部门

（1）工程审计和委托工程审计。
（2）合同审计。
（3）参与工程项目的可研论证与评估、决算事项。
（4）参与工程建设监督。

第九条　授权审批和权责划分：

1. 授权方式

（1）公司对董事会的授权由公司章程规定和股东大会决议。
（2）公司对董事长和总经理的授权，由公司董事会决议。
（3）总经理对下属的授权以年度授权书。

2. 权限如下所示

审批人及其权限

项目	审批人	审批权限
一、工程立项	董事长	单项工程500万元以上
	总经理	单项工程500万元以下
二、工程审批	股东大会	（1）一个工程项目或在设计、技术、功能最终用途等方面密切相关的多项工程的工程造价达到或超过公司净资产的10%以上 （2）工程项目建成使公司的主业或产业结构发生重大变化
	董事会	（1）单项200万元以上至净资产10%以下 （2）对报股东大会审批的工程项目事前提出预案，经董事会决议通过后；报股东大会审批
	董事长	预算外单项50万元至200万元，年预算外累计不超过500万元
	总经理	（1）年度预算内工程项目 （2）预算外单项50万元以下，年预算外累计不超过200万元
三、工程项目外包合同签署	董事长	（1）签署（由股东大会批准的项目） （2）授权总经理签署（一般项目）
	总经理	按授权签署
四、工程项目建设过程事务	授权审批人	按公司授权范围审批

3. 批准和越权批准处理

（1）审批人根据公司对工程项目相关业务授权批准制度的规定，在授权范围内进行审批，不得超越审批权限。

（2）经办人在职责范围内，按照审批人的批准意见办理工程项目业务。

（3）对于审批人超越授权范围审批的工程项目业务，经办人有权拒绝并应拒绝办理，并及时向审批人的上一级授权部门报告。

第三章　工程项目决策控制

第十条　工程项目决策控制程序图如下所示：

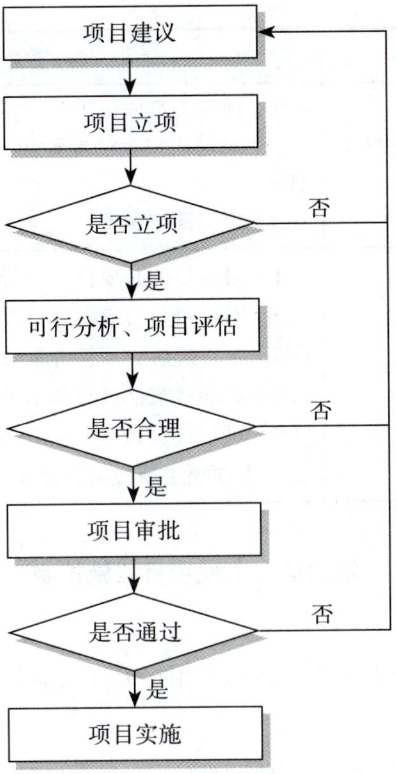

工程项目决策控制程序图

第十一条　工程项目决策控制程序要求如下表所示：

工程项目决策控制程序要求

业务操作	操作人	控制要求
1. 项目立项	董事长或总经理	（1）项目必须符合公司的发展需要，项目应是必要和可行的 （2）项目立项前已进行了初步调查研究，并由相关部门编制项目建议书，无项目建议书一般不予立项
2. 可行性研究	由工程部门会同相关部门	（1）可行性分析应由基建、营销、生产技术、财务等部门派员参加 （2）对项目的必须性和可行性进一步进行研究和分析 ①市场研究分析 ②技术分析 ③财务经济分析等 （3）编制项目可行性研究报告

（续表）

业务操作	操作人	控制要求
3. 项目评估	由工程部门组织相关专家	（1）评估人员应由工程、技术、财会等相关专家参加 （2）对可研报告的完整性、客观性进行技术经济分析和评审 （3）出具评审意见
4. 项目审批	股东大会 董事会 董事长 总经理	（1）对项目的必要性、可行性和项目风险进行再评估 （2）对项目是否审批进行发言表决 （3）项目通过必须符合董事会、股东大会的议事规则 （4）对项目审批过程和结果记录并存入档案 （5）项目决策改变，必须按项目审批的程序执行，不得由一人单独决策或擅自改变决策

第四章　工程项目实施控制

第十二条　招标范围：

公司除下列情形外，所有工程项目均采用招标方式确定施工单位：

（1）自营项目。

（2）小型项目，且按国家及地方政府规定可不招标的项目。

第十三条　招标机构：

1. 除小型项目外由公司委托或招标确定招标代理公司办理。

2. 小型项目由公司工程、技术、财务、审计等部门组成招标小组招标。

第十四条　招投标原则：

1. 公平、公正、公开。

2. 投标单位不得少于3家。

3. 合理设定中标条件。

4. 保密。

第十五条　工程概算：

1. 工程概算，是公司以初步设计文件为基础而编制的，是考核设计方案的经济性和合理性的重要经济指标，是确定工程规模、编制年度财务预算、资金筹措的重要依据。

2. 工程概算是由工程设计人员，依据工程概算定额和各种费用标准编制。

第十六条　工程预算：

1. 工程预算是以施工图设计为基础编制的，是公司进行招投标选择施工单位和设备、控制建设项目工程造价、进行竣工决算、编制资本预算和资金筹措计划的重要依据。

2. 工程预算由工程部门的专业人员或委托专业机构编制。

第十七条 概、预算审核。

工程概、预算由公司审计部门采用下列方式组织审核：

1. 组织工程、技术、财务等部门的相关人员进行审核。

2. 配备专业人员审核。

3. 委托中介机构审核。

第十八条 合同签订：

1. 公司委托施工工程和工程物资采购必须签订合同。

2. 合同条款必须符合《中华人民共和国合同法》的相关规定。

3. 财务部事先必须对合同中的经济利益、财务结算等有关条款进行审查。

4. 在合同签署前，审计部门事前对合同进行审计。

第十九条 合约审批。

按公司内部授权文件规定审批，审批人在授权范围内审批，不得越权审批。

第二十条 合同分发与存档。

工程合同（包括施工合同与采购合同）的正本存入工程档案，副本或复印件至少分送到审计、财务、基建（包括预、结算）采购等部门。

第二十一条 合同履行跟踪。

合同履行部门实时对合同的执行情况进行跟踪和检查，发现异常及时向公司主管领导报告，采取有效措施，避免或降低合同损失。

第二十二条 价款支付控制：

1. 公司办理工程项目价款支付业务，按公司《内控6号——资金》的有关规定办理。

2. 公司办理工程项目采购业务，参照公司采购存货和固定资产的有关规定办理。

第二十三条 工程进度款支付程序如下图所示：

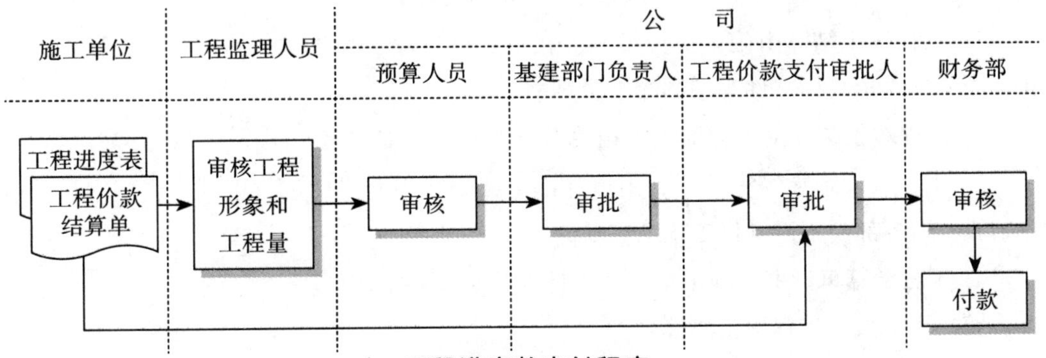

工程进度款支付程序

1. 施工单位根据当月工程完工形象进度和施工图预算，编制工程进度表，根据累计完成进度和已付款情况编制工程价款结算单。

2. 工程监理人员对工程进度上的形象进度和工程量进行审核。

3. 工程预算人员到现场进一步核实工程形象进度、工程量，根据预算单价核实工程进度。

4. 工程部门负责人对工程进度表进行审批。

5. 按照公司授权，价款支付审批人，根据工程进度款和工程价款结算单，审批支付金额。

6. 财务部门进一步核实工程价款结算单，核对工程进度表、发票复核无误后，办理支付。

第二十四条　财务审核和支付：

1. 会计人员对工程合同约定的价款支付方式、有关部门提高的价款支付申请及凭证、审批人的批准意见等进行审查和复核。复核无误后，方可办理价款支付手续。

2. 会计人员在办理支付过程中发现拟支付的价款与合同约定的价款支付方式及金额不符，或与工程实际完工情况不符等异常情况，及时向审批人的上级报告。

3. 因工程变更等原因造成价款支付方式及金额发生变动的，由相关部门提供完整的书面文件和其他相关资料，会计人员应对工程变更价款支付业务进行审核。

第二十五条　工程质保金：

1. 任何工程完工与施工单位办理竣工结算后，按合同规定预留质保金。

2. 质保金，按合同规定到期后，由相关部门提出申请，并经基建部门、工程使用部门、审计部门签署意见，经批准人批准后方能支付。

3. 质保金不得提前支付。

第二十六条　竣工结算。

工程完工后，由基建部门组织相关部门对工程进行竣工验收，审计、财务部门应参加竣工验收，竣工验收后，办理工程竣工结算和决算。

1. 工程竣工结算由施工单位编制。在工程项目竣工验收时，施工单位根据工程承包合同，施工招投标文件等编制竣工决算书。

2. 工程竣工结算由工程部组织相关专业人员进行审核。

3. 工程竣工结算经审核后，由审计部门或委托中介机构进行审计，未经审计的竣工结算，财务部门不得支付工程结算款。

4. 工程结算审计书，施工单位和审计人员必须签字认可。

第二十七条　工程竣工决算：

1. 由公司财务部门编制，其内容包括工程项目从筹建开始到工程竣工交付使用为止的全部建设费用，财务决算报告主要包括竣工工程概况、竣工财务决算报表。

2. 在编制工程竣工决算前，由公司相关部门对所有财产和物资进行清理。

3. 竣工决算由公司有关部门及人员对竣工决算进行审核，重点审查决算依据是否完备，相关文件资料是否齐全，决算编制是否正确。

4. 审计部门应对竣工决算进行审核。

第二十八条　工程项目验收入库。

工程项目验收合格的，工程部门应当及时编制财产清单，办理资产移交入库手续。

第二十九条　工程项目核算与记录。

公司财务部门按公司《会计核算手册》的规定，及时进行会计核算和记录。

第五章　项目后评价

第三十条　工程项目竣工交付生产2～3年后，公司应由基建部门会同相关部门，对项目的立项决策、设计、施工、竣工验收、生产运营全过程进行系统评估，通过评价对项目决策过程进行监督，从已完成项目中总结经验教训，达到改善工程项目的管理水平等目的。

第三十一条　评价的基本内容：

（1）项目效益评价。

（2）项目影响评价包括经济影响评价，环境影响评价，社会影响评价，项目过程评价，项目持续性评价。

第三十二条　评价报告。

对项目评估后，应编写项目后评估报告，包括结果与问题、成功度评价、建议、经验教训等。

第六章　监督检查

第三十三条　监督检查主体：

1. 公司监事会。依据公司章程对公司工程项目管理进行检查监督。

2. 公司审计部门。依据公司授权和部门职能描述，对公司工程项目管理进行审计监督。

3. 公司财务部门。依据公司授权，对公司工程项目管理进行财务监督。

4. 上级对下级进行日常工作监督检查。

第三十四条　监督检查内容：

1. 工程项目业务相关岗位及人员的设置情况。重点检查是否存在不相容职务混岗的现象。

2. 工程项目业务授权批准制度的执行情况。重点检查重要业务的授权批准手续是否健全，是否存在越权审批行为。

3. 工程项目决策责任制的建立及执行情况。重点检查责任制度是否健全，奖惩措施是否落实到位。

4. 概预算控制制度的执行情况。重点检查概预算编制的依据是否真实，是否按规定对概预算进行审核。

5. 各类款项支付制度的执行情况。重点检查是否按规定办理竣工决算、实施决算审计。

第三十五条　监督检查结果处理：

1. 对监督检查过程中发现的工程项目内部控制中的问题和薄弱环节，负责监督检查的部门应当告知有关部门，公司有关部门应当采取措施，及时加以纠正和完善。

2. 公司监督检查部门应当按照内部管理权限向上级有关部门报告工程项目内部控制监督情况和有关部门的整改情况。

4.10　无形资产管理制度

无形资产管理制度

第一章　总　　则

第一条　目的。

为加强本公司无形资产的管理，维护公司权益，规范无形资产的使用，防止无形资产流失，现根据国家相关规定，特制定本制度。

第二条　定义。

无形资产是指没有实物形态、可辨认的非货币性资产。无形资产同时满足下列条件时，才能予以确认：

1. 与该无形资产有关的经济利益很可能流入本公司。

2. 该无形资产的成本能够可靠地计量。

第三条　适用范围。

本制度适用于本公司无形资产管理，各下属单位参照执行。

第四条　职责。

本公司无形资产的管理工作主要由董事会、总经办、财务部和各经办部门负责。具体划分如下表所示。

无形资产的管理部门及职责

职能单位	具体职责	备注
董事会	审批无形资产购置计划	
总经办	1. 审核无形资产购置方案 2. 审核无形资产相关法律文件	
经办部门	1. 提出无形资产购置方案 2. 组织实施无形资产业务取得过程 3. 组织无形资产验收 4. 办理无形资产处置 5. 建立无形资产台账 6. 定期对无形资产安全、适用性进行检查	土地使用权相关业务由行政部负责经办，非专利技术相关业务由研发本部负责经办，软件类无形资产业务由信息中心（或技术部门）负责经办
财务部	1. 建立无形资产台账 2. 对无形资产进行会计核算 3. 参与无形资产的验收、检查、处置工作 4. 定期进行无形资产清查盘点 5. 监督、指导管理部门对无形资产的管理	
审计部	对无形资产的验收、检查、处置工作实施审计	

第二章　无形资产的取得

第五条　取得方式：

1. 外部取得无形资产，包括外购无形资产、通过非货币性交易换入无形资产、投资者投入无形资产、通过债务重组取得无形资产等。

2. 内部自创无形资产，指公司自行研究与开发取得的无形资产。

第六条　无形资产请购流程：

1. 各经办部门根据年度预算提出请购申请

（1）对无形资产采购项目进行可行性论证并且论证结果为可行。

（2）对请购的无形资产的性能、技术参数作出明确且详细的要求。

（3）编制“无形资产购置申请表”并上报审批。

2. 法务部门（或法律顾问）审核合同条款的合规性

3. 财务部审核财务相关条款的适用性

4. 授权审批人及其审批权限如下表所示

无形资产外购业务审批权限表

审批人	审批范围和权限
董事会	1. 审批30万元以上的无形资产购置计划，对总经理决策权限作出授权 2. 审批年度购置预算 3. 审批年度购置计划
总经理	1. 在授权范围内批准或经董事会授权批准购置计划、购置方案 2. 审核并签署购置协议

第三章　无形资产的验收

第七条　外购无形资产的验收：

1. 外购无形资产由各经办部门组织，按照合同、技术交底文件规定的验收标准进行验收。

2. 在办理无形资产验收手续的同时，经办部门应完整地取得产品说明书及其他相关说明资料。

3. 经办部门持发票和相关资料交送财务部进行账簿处理。财务部应按照以下规定对无形资产办理入账手续：

（1）外购无形资产的成本，包括购买价款、相关税费以及直接归属于使该项资产达到预定用途所发生的其他支出。

（2）具有融资性质的无形资产成本，以购买价款的现值为基础确定。实际支付的价款与购买价款的现值之间的差额，除按照《企业会计准则第17号——借款费用》应予资本化的以外，应当在信用期间内计入当期损益。

（3）投资者投入无形资产的成本，应当按照投资合同或协议约定的价值确定，但合同或协议约定价值不公允的除外。

第八条　内部自创无形资产的验收：

1. 自创无形资产研发完成后，由项目负责人向相关管理部门提出验收申请。

2. 自创无形资产由管理部门负责组织验收。

3. 财务部依据研发部门提供的《项目验收报告》、相关验收单据处理相关的账务，将研究过程中的支出计入当期损益，并将开发过程中满足《企业会计准则》相关要求的支出确认为无形资产成本。

第四章　无形资产的管理

第九条　无形资产的日常管理。

无形资产的日常管理由财务部和各相关管理部门共同负责，必须做到以下四点：

1. 无形资产的相关管理部门负责根据无形资产的使用状况，及时维护本部门无形资产台账。

2. 各相关管理部门、财务部定期核对相关账簿、记录和文件，如发现问题，须及时向上级报告和处理，以确保无形资产账务处理和资产价值的真实性。

3. 无形资产管理台账的保管期限为5年。

4. 财务部应对使用寿命有限的无形资产进行摊销，其摊销金额应在使用寿命内系统合理地摊销。

第十条　无形资产的权利保持。

无形资产管理部门应严格按照《知识产权管理规定》执行，保持公司无形资产在寿命时限内的占有权。

第十一条　无形资产的特许使用。

企业特许其他公司使用的无形资产，由无形资产管理部门会同财务部拟订方案，经董事会批准后办理相关手续，签订合同。合同应当明确无形资产特许使用期间的权利和义务。

第五章　无形资产的处置

第十二条　无形资产处置申请。

无形资产不能继续使用时，由无形资产管理部门提出处置申请。

第十三条　处置鉴定。

无形资产管理部门负责组织专业技术人员对处置的无形资产进行技术鉴定，会同财务部门进行分析研究，拟定合理的处置方式，并将“无形资产处置申请表”填写完整。

第十四条　处置审批。

董事会对无形资产管理部门上报的“无形资产处置申请表”进行审查，经签署意见后，无形资产管理部门可予执行。

第十五条　账务处理。

董事会批准对无形资产的处置后，财务部门应及时进行相应的账务处理：

1. 对于企业出售的无形资产，财务部应将取得的价款与该无形资产账面价值的差额计入当期损益。

2. 对于预期不能为企业带来经济利益的无形资产，应当将无形资产的账面价值予以转销。

第六章　监 督 检 查

第十六条　监督检查主体：

1. 审计部

依据公司授权和部门职能描述，对公司无形资产的购置、处置的执行合规性进行审计监督。

2. 财务部

依据公司授权，对公司无形资产管理进行监督。

第十七条 监督检查结果处理：

1. 对监督检查过程中发现的无形资产内部控制中的薄弱环节，审计部应当提请有关部门采取措施加以纠正和完善。

2. 不按照企业流程操作，造成无形资产增加、启用、变更、处置不能及时处理的，按照损失程度承担相应责任。

4.11 无形资产内部控制制度

无形资产内部控制制度

第一章 总 则

第一条 有效的无形资产内部控制制度，能保证财务报告有关无形资产数据反映可靠、准确、合法，更是保护公司无形资产安全的重要保证。根据财政部有关内部控制规范和无形资产的有关管理办法以及集团公司有关规定制定无形资产内部控制制度。

第二章 无形资产内部控制目标与授权批准

第二条 无形资产内部控制目标：

1. 保证对无形资产记录的接触、处理等相关业务均按照适当授权进行，无形资产能得到安全及有效使用。

2. 保证所有无形资产交易或事项以正确的金额在恰当的会计期间及时记录到适当的账户，使会计报表的编制符合会计准则的相关要求。

3. 保证账面无形资产与实存无形资产定期核对相符。

第三条 无形资产内部控制授权批准：

1. 实行不兼容职务相互分离。同一无形资产业务的审批、执行、记录和复核人员的职务相互分离。

2. 设立公司专门管理控制机构。无形资产专门管理控制机构对内部的开发、引进、投资进行总控制；引导无形资产实施、应用于公司生产经营管理活动中；协调与外部有关专业管理机关的关系；维护无形资产的安全完整；考核无形资产的投入产出状况和经济效益情况。

3. 专门管理控制机构在具体办理无形资产的研究与开发、购入或转让时，要经过主管领导的授权，并接受纪审监察法规处监督。根据授权编制无形资产购入或转让计划，经过主管领导审批后方可办理。被授权者应明确相关责任。

第三章　无形资产内部控制环节

第四条　合同控制。购入或转让无形资产时，应与对方签订购买或转让合同，以降低风险。

第五条　业务记录控制。无形资产从经济业务发生到结束，自始至终均应进行完整的记录。无形资产购置、摊销、转让等业务应在相应的明细账和总账中进行登记。

第六条　会计核算控制。明确无形资产相关会计凭证、会计账簿和财务会计报告的处理程序与方法，遵循会计制度规定的核算原则：

1. 无形资产计价方法。无形资产按照实际发生的成本进行初始计量

（1）外购无形资产的成本，包括购买价款、相关税费以及直接归属于使该项资产达到预定用途所发生的其他支出。购买无形资产的价款超过正常信用条件延期支付，实质上具有融资性质的，无形资产的成本以购买价款的现值为基础确定。

（2）自行开发的无形资产，按相关会计准则及公司相关会计政策的有关规定确定。

（3）投资者投入无形资产的成本，按照投资合同或协议约定的价值确定，但合同或协议约定价值不是公允价值的除外。

（4）非货币性资产交换、债务重组取得的无形资产的成本，分别按照相关会计准则的有关规定确定。

2. 无形资产的摊销

使用寿命有限的无形资产，在使用寿命内按直线法摊销，计入当期损益。

3. 研究开发费用

内部研究开发项目的支出分为研究阶段支出与开发阶段支出。研究阶段是为进一步开发活动进行资料及相关方面的探索性准备。开发阶段是已完成研究阶段的工作，在很大程度上具备了形成一项新产品或新技术的基本条件。内部研究开发项目研究阶段的支出，在发生时计入当期损益；内部研究开发项目开发阶段的支出，同时符合以下条件的，确认为无形资产。

（1）完成该项无形资产以使其能够使用或出售在技术上具有可行性。

（2）具有完成该无形资产并使用或出售的意图。

（3）无形资产产生利益的方式，包括能够证明运用该无形资产生产的产品存在市场或无形资产自身存在市场，无形资产将在内部使用的，应当证明其有用性。

（4）有足够的技术、财务资源和其他资源支持，以完成该项无形资产的开发，并有能力使用或出售该无形资产。

（5）归属于该无形资产开发阶段的支出能够可靠地计量。

第七条 无形资产保全控制：

1. 定期核查无形资产价值。公司定期半年及每年年终检查各项无形资产，预计其带来未来经济利益的能力，对预计可收回金额低于账面价值的计提无形资产减值准备，进行相应调整。

2. 记录保护。对无形资产各种文件资料，尤其是资产、财务、会计等资料要妥善保管，避免记录遭受毁损、被盗的可能。对某些重要资料进行后备记录，以便在遭受意外损失或毁坏时得以重新恢复。

第八条 加强内部审计的监督。通过纪审监察法规处对无形资产进行内部审计，一方面对公司无形资产内部控制状况进行评价和检验，另一方面发现内部控制各环节的疏漏之处。

4.12 低值易耗品管理规定

低值易耗品管理规定

第一章 总 则

第一条 财务管理是整个企业管理的重要组成部分，它在企业稳健理财、促进企业发展和提高企业经济效益中担负着重要使命。要提高财务管理水平，担负起企业发展中应有的责任，其中，物资管理水平是重要基石之一，是确保财务数据真实性、可靠性、有效性和科学性的前提；而完善低值易耗品的管理，是企业的资产管理规范化、制度化的一个重要组成部分。因此，为了提高企业资产管理水平，不断挖掘资产管理的潜力，发挥资产的最大使用效益，根据会计准则等相关法律、法规，结合企业实际情况，特制定本低值易耗品管理规定。

第二章 低值易耗品的概念、特点及分类

第二条 低值易耗品是指单位价值在2 000元以下，且使用年限相对较长，不足为固定资产的，重复使用且保持原实物形态的能独立发挥作用的物品。

第三条 低值易耗品的特点：价值低、品种多、数量大、易损耗、使用年限短，购置报废比较频繁，流动性强、风险性大，管理难度大，易产生管理漏洞等。

第四条 低值易耗品与固定资产比较：

1. 相同点：可以重复使用而不改变实物形态，在使用过程中可能需维修，报废时可能有残值。

2. 不同点：使用期限短，价值低，财务核算方法不一样。

第五条 低值易耗品的财务核算方法：

1. 五五摊销法：除劳动保护用品以外的低值易耗品，采用五五摊销法，以及指在领用低值易耗品时，摊销其价值的一半，计入当期生产成本或管理费用；报废时再摊销其价值的另一半。为了反映在库、在用低值易耗品的价值和低值易耗品的摊余价值，财务部应在“低值易耗品”总账科目下分设“在库低值易耗品”“在用低值易耗品”等二级科目。

2. 一次性摊销法：劳动保护用品类的低值易耗品在领用时将其全部价值一次性计入成本或费用。

第六条　低值易耗品按用途分类：

1. 办公用具类：各种办公家具用具，如保险柜、沙发、办公桌、办公椅、档案柜、工作台等。

2. 电器用品类：各种不足以固定资产进行核算的电器用品，如验钞机、电暖器、风扇、饮水机、音响设备、电话机、移动硬盘等。

3. 专用工具类：电脑维修人员、电工、机械维修等特殊工种所使用的专用工具用具，如万用表、手电钻、剥线钳、电流电压测量专用表等。

4. 衡器量器类：价值低于2 000元以下的磅秤、电子秤类衡器以及测量用的千分尺等。

5. 化验仪器类：质检、实验室为做试验、检验所使用的化验仪器。

6. 包装容器类：企业在生产经营过程中可以重复使用的周转箱等。

7. 餐厨具类：宾馆客房使用的配套用品以及餐厅配套厨具、餐具等。

8. 劳动保护用品类：因工作岗位需要而配备的工作服、手套、围裙、帽子、胶鞋等。

9. 其他类：除以上类别以外的属于低值易耗品的其他用具如清洁器械、消防器械，季节性使用的工用器具等。

第七条　在实际管理中，界定不清是否属于低值易耗品的情况的处理办法：

由仓库保管员或核算员及时上报财务部、物资管理部，并结合使用单位或部门，三方共同依据物资的价值、性能和是否可重复使用等方面进行确认。

第八条　财务部不按低值易耗品核算，但从其特性、使用频率等管理所需应按低值易耗品的管理控制方法进行管理的物资，其管理方法另行规定。

第三章　低值易耗品的管理原则

第九条　低值易耗品的账务核算管理原则：账账、账卡、账实三相符，做到日清、月结合一季度一盘存。

1. 财务部的“在库低值易耗品”账必须与仓库保管员的账相符。

2. 财务部的“在用低值易耗品”账必须与核算员账、仓库保管员备查簿登记的领用数量保持一致。

3. 仓库保管员的账、卡、物必须三相符，并做到日清月结。

4. 核算员台账（登记备查簿）上数量必须与所负责的部门或产业单位在用的低值易耗品实物相同。

第九条 低值易耗品的管理原则：

采用计划与核算、控制与监督和主管与分管的管理原则，多方共同参与，相互配合、相互支持和相互控制与监督，各司其职、分工合作。

第四章 低值易耗品相关管理部门的职责划分

第十条 各相关管理部门的具体职责划分：

1. 物资管理部负责低值易耗品的计划管理、过程控制以及相关的物资管理制度的修正、完善与拟订。

2. 仓库保管员负责对低值易耗品的验收、保管与发放。

3. 核算员负责对在用低值易耗品的台账登记、核算管理与控制。

4. 使用部门负责本部门低值易耗品使用过程的具体管理。

5. 财务部门负责低值易耗品的数量进行核算、控制与监督，以及相关的财务制度的修正、完善与拟订。

6. 采购部门负责按计划对低值易耗品进行采购、按规定办理入库手续，并结合生产厂家或供应商提供低值易耗品的保修期限、预计使用期限等性能指标。

7. 监察部负责对低值易耗品的管理、过程控制以及执行情况等方面进行监督、检查。

8. 审计部负责对低值易耗品的使用情况和管理过程进行审计与监督。

第五章 低值易耗品的计划管理办法

第十一条 集团所有低值易耗品的计划管理职责，必须遵循事前预测、事中控制和事后检查的基本原则，由物资管理部负责统筹实施。

第十二条 物资管理部根据集团各部门各产业单位的各岗位性质、工作需要等方面，结合实际拟订低值易耗品配备种类、配备数量和配备计划，以及结合供应部、产业单位分品种、分工种拟订使用期限标准。仓库保管员、核算员根据计划进行出库、领用审核和过程控制，不得出现多发、提前领用的现象。

第十三条 物资管理部对低值易耗品实施计划管理的流程：

1. 在本制度下发以前的低值易耗品计划管理实施流程

（1）调查核实：深入基层，结合各部门、各产业单位各工种各岗位的工作性质、要求、配备目的以及配备低值易耗品的用途等进行实地调查核实，形成文字依据写明配备理由并经产业单位负责人签字核实，作为实施计划管理的重要依据。

（2）分析总结：由物资管理部根据调查核实的依据进行认真分析、总结、统计和汇总，在不违背公司相关文件规定的基础上，分部门或产业单位、分岗位、分工种、分季节等固定低值易耗品配备计划。

（3）拟订落实：拟订配备计划表形成二级制度报分管副总签字后，交总裁办审批下发。

（4）执行与控制：各部门各产业单位必须严格按照配备计划领用低值易耗品；各仓库保管员必须严格按照配备计划进行领用审核，对符合条件或到期限的方可出库并建立备查簿；各核算员必须严格按照配备计划和标准开具低值易耗品领用单，并建立台账进行明细管理。

2. 新增岗位配备低值易耗品的计划管理实施流程

（1）由于新增工种或岗位需要配备以前没有使用过的低值易耗品的计划管理实施流程：由所在部门或产业单位填制"低值易耗品使用计划申请审批表"，按表中规定的流程经审批后，交物资管理部备案，增加配备计划。

（2）在原有工作岗位上新增人员时的计划管理实施流程：由各部门各单位核算员在填制"低值易耗品领用单"时，标注"新员工首次领用"的字样进行说明。

3. 非在编正式人员若因特殊情况需领用低值易耗品的，应由所负责部门或产业单位另行申请，经分管副总签字，物资管理调查核实以及其分管副总并签字后，报总裁特殊审批，并附于"领用单"后，作为领用依据。否则，任何人不得领用。

第十四条　物资管理部、仓库保管员和核算员必须按照配备计划对低值易耗品的领用和使用过程进行严格的管理和控制。

第十五条　物资管理部对低值易耗品应定期不定期地对核算员、仓库保管员的账物进行盘存，按照规定程序审核低值易耗品的增加、减少或报废手续，并将盘存和审核情况上报分管副总，发现问题，及时处理、及时汇报和及时调整。

第十六条　供应部门根据物资管理部的采购计划进行低值易耗品采购。

第六章　低值易耗品的仓储管理办法

第十七条　低值易耗品的入库流程：

1. 低值易耗品购置的审核控制。使用部门报批新增购置计划，物资管理部依据配备标准、计划，首先结合整个公司低值易耗品的使用状态，看是否可从其他部门或产业单位闲置中的低值易耗品进行调配，或有无现成的替代品等，经调查落实后，方可确定是否购置。

2. 仓库保管员对低值易耗品严格执行验收入库制度，首先审查是否属于计划购置范围内的物品，不属于范围内的应附有"低值易耗品使用计划申请审批表"；对凭感观不能检验的物品需由专业人员或使用部门检验验收签字确认后，准予办理入库；保管员以及验收检验人员对入库后的低值易耗品的质量负责。

3. 符合要求的低值易耗品，保管员要及时办理验收入库手续，并根据要求填写“低值易耗品新增验收单”一式两联，一联自存，据此登记在库低值易耗品明细账，一联由业务员随发票到财务报账。验收时可以由保管员，或者使用人及专业人员共同验收。

第十八条 低值易耗品的出库流程：

1. 低值易耗品的出库，领用低值易耗品必须遵循集团公司制定的配备标准以及使用期限标准等，并且执行以旧换新制度（除服装等特殊物品外）；对有专门指定人员管理的低值易耗品，由指定人员按本规定办理出入库手续，并负责低值易耗品的记账、废品回收管理、报废等相关工作。

2. 由使用单位核算员填写“低值易耗品领用单”一式四联，经相关领导签字批准后，使用单位自存一份，物资管理部签字后，物资管理部留存一份，转仓库两份。领用低值易耗品，保管员留存一份，根据“领用单”按物资的类别品名登记减少“在库低值易耗品台账”，月底转财务一份。各使用单位、部门核算员根据领用人或领用单位登记“在用低值易耗品”台账，以备检查。

3. 各使用单位或部门核算员负责在用低值易耗品台账的建立，其台账要按照领用单位、部门或按专用工具的使用人进行登记管理，低值易耗品的台账要写明低值易耗品的类别、品名、生产商或销售商、存放地点以及现状等。物资管理部、核算员要经常深入生产一线，盘点实物，凡是发现账账或账实不符的情况，要及时查找原因，及时进行账务调整。

4. 低值易耗品的领用分为两种情况进行处理：第一种为新增领用，第二种为以旧换新领用。由物资管理部根据配备标准，使用年限标准等规定，来判断和确认各单位新增低值易耗品的情况。属于新增的，只需持“低值易耗品领用单”经相关领导签字批准后直接到仓库领取；属于以旧换新领取低值易耗品的，既要持新低值易耗品的领用单，也要持旧低值易耗品以及旧低值易耗品的报废单，同时到仓库办理领取低值易耗品的手续。

5. 仓库保管员根据“以旧换新”制度收回的废旧低值易耗品，仓库保管员要建立辅助账登记管理，如果本企业其他地方可以再次利用的，不用再办理入库或领用的正式手续，但必须在保管处填写普通领用单，并由保管员建立备查簿。对确实没有使用价值或继续放置的必要，由仓库保管员或指定管理人员提出申请，经物资管理部、审计部、监察部共同确认后，可以按废旧物资销售或报废处理。

第七章 低值易耗品的使用过程管理办法

第十九条 使用部门对“在用低值易耗品”的使用过程管理职责：

1. 按照低值易耗品管理办法对在用低值易耗品实施管理，使用部门发生变动，报废等情况，要及时办理相关手续，确保资产单位与物资管理部与财务部账账相符，账实相符。

2. 各单位或部门核算员建立“在用低值易耗品”管理台账，并将责任落实到具体的使用人，不定期限地进行盘点与抽查，实时监控，做到账实相符。

3. “在用低值易耗品”管理责任人为使用部门的第一负责人：对部门的低值易耗品的购置计划的真实性负责；对部门“在用低值易耗品”的安全性、完整性负责。如在任期内发现低值易耗品的短缺、流失，除集团公司通报批评外，另按公司购进价值的100%进行赔偿，单位或部门第一负责人应负主要责任，其赔偿额由管理团队按公司财产损失赔偿的相关文件规定分解落实。

4. 在各产业单位或部门的第一负责人及核算员调岗或离任的时候，坚决且必须执行离任离职审计制度，由审计部、物资管理部、财务部、监察部、生产单位相关人员参加共同对低值易耗品进行盘点，确认没有问题后给予办理调岗或离职手续，否则，财务不予结算工资。

5. 对集团公司各产业单位或部门配备的低值易耗品，无论是公用或是个人使用中，都要爱护使用，认真管理，延长使用寿命，发挥资产的最大使用效益。

第八章　低值易耗品的财务核算与控制管理办法

第二十条　财务根据发票及低值易耗品新增验收单登记“在库低值易耗品”明细账。根据低值易耗品领用单登记增加“在用低值易耗品”明细账，根据“低值易耗品报废单”登记低值易耗品的减少。

第二十一条　财务对低值易耗品的管理实施控制和监督职能，负责并牵头组织相关部门进行一年一次的年终盘存，协助并配合物资管理部、审计部、监察部等相关部门，做好对各产业单位或部门的低值易耗品使用情况过程管理的定期不定期的盘点、审计等工作，发现管理上的问题，及时查找原因，修正制度，调整管理措施和方案，根据管理办法，出具处理意见，上报集团公司领导。

第九章　低值易耗品的调拨、报废等管理办法

第二十二条　低值易耗品的调拨办理流程：

1. 各产业单位或部门在用低值易耗品建账盘点及新增必须由各产业单位、部门负责人及核算员的签字认可，各单位负责人及核算员对低值易耗品的安全完整性负责，在低值易耗品的使用单位或部门发生变动时，必须办理正式的调拨手续，首先由调出资产部门填写低值易耗品的基本情况，由调入资产单位核算员找相关领导签字批准后，准予办理内部调拨手续。

2. “低值易耗品调拨单”一式四份，调出单位留存一份，核算员据此登记本单位“在用低值易耗品”台账的减少；调入单位一份，核算员据此登记本单位“在用低值易耗品”台账的增加，转物资管理部一份，据此登记相应单位的增加或减少。转财务一份，财务人员根据情况作出处理。

3. 如果是一个法人核算单位之间的调拨，财务部不需作账务处理，由核算员和核算员之间进行内部调拨或登记台账；如果不是同一个法人核算单位之间的调拨，财务部需要进行账务调整。

第二十三条 低值易耗品的结账与报账：

1. 仓库保管员每月28日之前向财务和物资管理部报送低值易耗品出入情况汇总表。

2. 各单位核算员应在每月28日之前向财务和物资管理部报送低值易耗品的增加、减少及在用变动分析表。

3. 保管员、核算员必须贯彻执行管理规定，对不坚持原则，工作马虎给企业造成损失的，按其原值赔偿，严重的调离岗位。

第二十四条 低值易耗品报废环节。

对在用低值易耗品发生报废或者不能继续使用的，各单位或部门使用人或责任人应主动提出报废申请，经物资管理部、监察部、审计部等部门确认予以报废的，由各产业单位或核算员填制“低值易耗品报废单”一式四份，经相关领导签字批准后，各单位核算员自存一份，作为减少本单位“在用低值易耗品”台账的依据，转物资管理部及财务各一份，物资管理部及财务部据此作低值易耗品报废的账务处理，减少相应单位的“在用低值易耗品”台账。转仓库保管员一份备查作为领用新的低值易耗品的依据。

第十章 审计与监督

第二十五条 审计部、监察部对低值易耗品管理实施监督职能：监督检查物资管理部制定的各单位各岗位低值易耗品的配置标准、使用年限标准，对购置审批计划，实际使用管理、控制情况进行监督检查，对不按规定执行的依据处罚条款出具处罚意见，上报集团公司批准处理。

第十一章 罚则

第二十六条 各相关部门必须严格按照本规定执行，对未履行管理、控制和监督职责，造成低值易耗品账账不符，账实不符，给予相关责任人、本部门主管及以上人员分别处以当月工资“1%～3%违反项”的罚款；造成损失的，除按以上规定进行处罚以外，按公司相关规定承担损失。

第二十七条 对由于爱护低值易耗品超过使用年限的仍在继续使用且不影响工作的，时间达3个月以上的，经物资管理、审计、监察、高精办等相关部门共同落实确认并认可后，按所使用的“低值易耗品原价的50%/12”所得的金额每月给予奖励，直到更换新的低值易耗品为止，以激励员工爱护资产，形成良好的风气。

4.13　发票及财务票据管理制度

发票及财务票据管理制度

第一节　总　则

第一条　为了加强集财务票据的管理，弥补漏洞，保证公司资产的安全。根据《中华人民共和国会计法》和《中华人民共和国发票管理办法》及其他有关规定，制定本制度。

第二条　本制度所指财务票据包括普通发票、增值税专用发票、银行结算票据、收款收据及其他财务票据。

第二节　发票的管理职责

第三条　财务部为发票的管理部门，财务部门须指定票据经办人，负责发票的领购、保管、使用。发票、收据分别由销售部、财务部开出，加盖财务专用章或发票专用章。

第三节　发票的日常管理

第四条　财务部门视经营情况向税务机关提出领购申请，及时购买发票。

第五条　发票经管人员发生变动，须与接管人员办理工作交接，交接内容包括未用发票、已用发票存根、发票登记簿等所有相关材料。必要时，应对发票管理状态作出说明。

第六条　发票经管人员设立专门登记簿登记发票的领、用、存情况，并定期与库存核对相符。

第七条　发票领购入库，应履行严格的验收手续。

第八条　发票应保管于公司保险柜（箱）内，与发票专用章、财务专用章及其他财务印章分开保管。

第九条　已开具的发票存根联和发票登记簿，应当保管5年，保管期满，财务部和税务机关查验后销毁，未经批准，不得擅自销毁；未使用的发票，在税务机关更换发票样式及其他格式时，按税务机关要求进行核销。

第四节　监 督 与 检 查

第十条　监督检查权由财务部财务总监行使。

第十二条 监督与检查的主要内容：

（1）授权审批是否符合制度规定。

（2）相关的票据是否真实合法。

4.14 资产减值准备计提与管理办法

资产减值准备计提与管理办法

第一章 总 则

第一条 为加强企业财务管理，统一和规范资产减值准备计提与资产核销的标准和程序，根据国家《企业会计制度》《企业会计准则》及其他有关规定，特制定本办法。

第二条 本办法适用于集团公司、全资子公司、控股公司（以下简称“企业”）。

第三条 企业的各项资产在取得时应当按照实际成本计量，其后应定期对各项资产进行全面检查，至少于每年年末检查一次，并根据谨慎性原则的要求，合理预计各项资产可能发生的损失，计提资产减值准备。

第四条 企业计提减值准备的资产范围包括应收款项（应收账款、其他应收款）、长（短）期投资、存货、固定资产、在建工程、无形资产、委托贷款。

第五条 一项资产是否需要计提减值准备，应综合考虑内部和外部两方面的信息。如果企业认为有一种或多种内部信息或外部信息表明资产存在减值迹象的，应当遵循谨慎性、实质重于形式等会计原则的要求，计提相应的减值准备。

第六条 企业应合理地计提各项资产减值准备，不得计提秘密准备。如有确凿证据表明企业不恰当地运用谨慎性原则计提了秘密准备的，应作为重大会计差错予以更正，并进行追溯调整。

第七条 如果企业判定已确认的资产减值因素发生变化，使得资产的可收回金额大于其账面价值，可以将以前年度已确认的资产减值准备予以全部或部分转回，但转回的金额不得超过已计提减值准备的账面余额。

第八条 对有确凿证据表明应收款项、长（短）期投资和委托贷款确实无法收回以及已毁损报废或无使用价值和无转让价值的存货、固定资产、在建工程和无形资产，企业应根据管理权限，经权力机构批准后予以核销。

第二章 资产减值准备的计提与转回

第九条 企业应当在期末对短期投资按成本与市价孰低计量，对市价低于成本的部分，应当计提短期投资跌价准备。

短期投资市价是指国内外证券交易机构当日公布的股票、债券、基金收盘价。如果期末某项短期投资在该日没有交易，其市价应按最近交易日市价确定。

企业应按单项投资计提短期投资跌价准备。

第十条 企业应当在期末对应收款项（包括应收账款、其他应收款）的可收回性进行全面分析，预计可能产生的坏账损失；对预计可能产生的坏账损失应计提应收款项坏账准备。

集团统一采用余额百分比法与个别认定法结合计提坏账准备。

第十一条 集团成员企业之间形成的应收款项采用个别认定法计提坏账准备。具体计提原则如下：

（1）与公司本部发生的应收款项不计提坏账准备。

（2）与集团其他成员企业发生的应收款项原则上不计提坏账准备。如有确凿证据表明不能收回或收回的可能性不大，应按其不可收回的金额计提坏账准备。

（3）对与本企业兴办的尚未建立产权关系但对其具有实质控制力的其他企业发生的应收款项是否计提坏账准备，应在逐一分析债务方所处行业、财务状况等经营情况的基础上作出判断。如果债务方不存在现金流量严重不足、资不抵债、清理整顿、清算等影响其持续经营的迹象，不计提坏账准备；如果债务方已不能持续经营、或处于已经关停或待关停状态的，按其账面余额与可收回金额的差额计提坏账准备；如果债务方确实无任何可回收的资产，应全额计提坏账准备。

第十二条 对与公司成员企业以外的企业发生的应收款项，原则上采用余额百分比法计提坏账准备，计提比例为3%。

但对有确凿证据表明不能收回或收回的可能性不大的应收款项，如债务单位已撤销、破产、资不抵债、现金流量严重不足、发生严重的自然灾害等导致停产而在短时间内无法偿付债务的，应采用个别认定法全额计提坏账准备。

第十三条 如有确凿证据表明不符合预付性质的预付账款，或者因供货单位破产、撤销等原因已无望再收到所购货物的预付账款，应将其及时转入其他应收款，并按规定计提相应的坏账准备。

企业持有的未到期应收票据，如有确凿证据表明不能收回或收回的可能性不大时，应将其账面余额转入应收账款，并按规定计提相应的坏账准备。转入应收账款核算的应收票据应当在“应收票据备查簿”中登记，属于带息票据的还应在表外继续计息。

第十四条 企业应当在期末对存货进行全面清查，如果存货成本高于可变现净值的，应按其差额部分计提存货跌价准备。

可变现净值，是指企业在正常经营过程中，以存货的估计售价减去至完工估计将要发生的成本、估计的销售费用以及相关税金后的金额。

企业应当按单个存货项目计提存货跌价准备；对数量大、单价较低的存货，也可以按存货类别计提存货跌价准备。

第十五条 当出现与存货有关的下列情形之一时，应当计提存货跌价准备：

（1）市价持续下跌，并且在可预见的未来回升无望的。

（2）用于加工产成品持有的主要原材料，如果用其生产的产成品的可变现净值低于产成品成本，或者因产品更新换代原有库存材料已不适应新产品的需要，并且这些原材料可变现净值低于其账面价值的。

（3）因产成品供需变化、过时或消费者偏好改变等，导致市场价格逐渐下跌的。

（4）已经淘汰的产成品，可以改造的，按原账面价值加其改造费的总成本高于估计售价金额的差额计提跌价准备；不能改造的，按其账面价值高于估计售价金额的差额计提跌价准备。

（5）企业经营建造承包业务，如果发现承揽工程预计存在亏损，应当计提该项工程跌价准备。如承揽的业务因为原材料涨价、工期延误、施工失误等造成项目亏损，应及时按预计亏损计提跌价准备。

第十六条 在预计可变现净值时，应考虑存货的不同情况对“售价”进行估计。企业持有的存货有销售合同的，以合同价为售价；没有销售合同的，以期末物资所属行业例行公布的地区价或法定物资交易中心公布的地区价中最高者为售价；既没有合同价也没有上述报价的，则以最近一次的采购价作为售价；积压1年以上且无法按原存货性质销售的，应以该项存货实际具有转让价值的部分（如组成材料等）确定售价。

第十七条 企业应当在期末对长期投资逐项进行检查，如果由于市价持续下跌、被投资单位经营状况恶化出现现金流量严重不足、资不抵债等情形导致长期投资可收回金额低于其账面价值的，应按其差额部分计提长期投资减值准备。

可收回金额，是指企业投资的出售净价与预期从该投资的持有和到期处置中形成的预计未来现金流量的现值两者之中的较高者。其中，出售净价，是指投资的出售价格减去所发生的处置费用后的余额。

企业应按单项投资计提长期投资减值准备。

第十八条 对有市价的长期投资，可根据下列迹象判断是否应当计提减值准备：

（1）市价持续2年低于账面价值。

（2）该项投资暂停交易1年以上。

（3）被投资单位当年发生严重亏损，亏损额超过年初净资产1/3以上。

（4）被投资单位持续2年发生亏损。

（5）被投资单位进行清理整顿、清算或出现其他不能持续经营的迹象。

长期投资市价，是指国内外证券交易机构当日公布的股票、债券、基金收盘价。如果期末某项长期投资在该日没有交易，其市价应按最近交易日市价确定。

对无市价的长期投资，可根据下列迹象判断是否应当计提减值准备：

（1）影响被投资单位经营的政治或法律环境发生变化，如税收、贸易等法规的颁布或修订，可能导致被投资单位出现巨额亏损，亏损额超过年初净资产1/2以上。

（2）被投资单位所供应的商品或提供的劳务因产品过时或消费者偏好改变而使市场的需求发生变化，导致被投资单位财务状况发生严重恶化。

（3）被投资单位所在行业的生产技术等发生重大变化，被投资单位已失去竞争能力，导致财务状况发生严重恶化，如进行清理整顿、清算等。

（4）有证据表明该项投资实质上已经不能再给企业带来经济利益的其他情形。

第十九条　有市价的长期投资存在计提减值准备迹象的，应按其账面价值高于市价的差额计提减值准备；无市价的长期投资存在计提减值准备迹象的，按其账面价值高于可收回金额的差额计提减值准备。对持续3年以上确实无法与被投资单位取得联系的长期投资，应全额计提减值准备。

第二十条　企业应当在期末对固定资产逐项进行检查，如果由于市价持续下跌、技术陈旧、损坏、长期闲置等原因导致其可收回金额低于其账面价值的，应按其差额部分计提固定资产减值准备。

可收回金额，是指固定资产的销售净价与预期从该固定资产的持续使用和使用寿命结束时的处置中形成的预计未来现金流量的现值两者之中的较高者。其中，销售净价，是指固定资产的销售价格减去处置固定资产所发生的相关税费后的余额。

企业应按单项固定资产计提固定资产减值准备。

第二十一条　出现下列情形之一的固定资产应当全额计提固定资产减值准备：

（1）长期闲置不用，在可预见的未来不会再使用，且已无转让价值的固定资产。

（2）由于技术进步等原因，已不可使用的固定资产。

（3）虽然固定资产尚可以使用，但使用后产生大量不合格品的固定资产。

（4）已遭毁损，以至于不再具有实用价值和转让价值的固定资产。

（5）其他实质上已经不能再给企业带来经济利益的固定资产。

第二十二条　固定资产的可收回金额分别按以下方式计算确定：

同类固定资产有活跃市场的，按市场价格确定市场销售净价，计算销售净价所使用的“售价”参考存货跌价准备“售价”的确定办法。

同类固定资产没有活跃市场的，如果资产的预计尚可使用年限低于尚需计提折旧年限的，将预计尚可使用年限对应的应提折旧额作为可收回金额；如果使用该项设备生产出的产成品成本大于产成品销售价格，并且亏损是因设备折旧和维护成本过高导致的，将当年该设备生产的所有产成品成本减去所有产成品销售额（未实际销售部分按已销售部分的平均价格计算）确认为年预计亏损，然后将资产账面价值与预计总亏损（年预计亏损×预计尚可使用年限）的差额作为可收回金额。

第二十三条 单独估价作为固定资产核算的土地，不计提固定资产减值准备。

第二十四条 企业应定期对在建工程进行全面检查，如果有证据表明在建工程发生减值，应当计提减值准备。

企业应按单项在建工程计提在建工程减值准备，计提时可参考专业评估机构的专项评估报告。

第二十五条 在建工程存在下列一项或若干项情况时，企业计提在建工程减值准备：

（1）该项工程已经停建1年以上并且预计在未来3年内不会重新开工。

（2）所建项目无论在性能上，还是在技术上已经落后，并且给企业带来的经济利益具有很大的不确定性。

（3）其他足以证明在建工程已经发生减值的情形。

第二十六条 企业在期末对无形资产逐项进行检查，如果其可收回金额低于其账面价值的，按其差额部分计提无形资产减值准备。

可收回金额，是指无形资产的销售净价与预期从无形资产的持续使用和使用年限结束时的处置中产生的预计未来现金流量的现值两者之中的较高者。销售净价，即该无形资产的销售价格减去因出售该无形资产所发生的律师费和其他相关税费后的余额。

企业应按单项无形资产计提无形资产减值准备。

第二十七条 当存在下列一项或若干项情况时，计提无形资产减值准备：

（1）某项无形资产已被其他新技术等所替代，使其为企业创造经济利益的能力受到重大不利影响。

（2）某项无形资产的市价在当期大幅下跌，在剩余摊销年限内预期不会恢复。

（3）其他足以证明某项无形资产实质上已经发生了减值的情形。

第二十八条 当存在下列一项或若干项情况时，将该项无形资产的账面价值全部转入当期损益：

（1）某项无形资产已被其他新技术等所替代，并且该项无形资产已无使用价值和转让价值。

（2）某项无形资产已超过法律保护期限，并且已不能为企业带来经济利益。

（3）其他足以证明某项无形资产已经丧失了使用价值和转让价值的情形。

第二十九条 确定无形资产的可收回金额时，其中土地使用权可参考所在地区国土资源部门近期公布的同类土地的交易指导价。专利权、商标权与非专有技术等类无形资产如有市价的，可参考市价确定；没有市价的，可参考专业评估机构的评估价值确定。

第三十条 企业在期末对委托贷款本金逐项进行检查，分析委托贷款的可收回性。如委托贷款的可收回金额低于委托贷款本金，按其差额计提减值准备。

第三十一条 当企业的委托贷款存在下列一项或若干项情况时，计提减值准备：

（1）借款方已不能持续经营，处于关停或待关停状态的，按其不可收回的金额计提委托贷款减值准备。

（2）借款方已撤销、破产、资不抵债、现金流量严重不足、发生严重的自然灾害等导致停产而在短时间内无法偿付债务的，应全额计提委托贷款减值准备。

第三十二条 如果企业已计提减值准备的资产出现下列情况之一，使得资产的可收回金额或可变现净值大于其账面价值，应将以前期间已计提的减值准备转回：

（1）资产的价值回升。

（2）企业所处的经营环境或者产品营销市场已经发生变化，并对企业已经产生有利影响。

（3）欠款单位和被投资单位的财务状况已经好转。

（4）经过资产重组，资产使用方式发生重大有利变化。

（5）其他可能表明资产减值准备转回的情况。

第三章 资产减值准备计提与转回的审核程序

第三十三条 集团对计提资产减值准备实行统一管理；所属全资子公司依据本办法执行，控股子公司可依据本办法制定资产减值准备标准和程序，并报集团备案。

资产减值准备的计提由各企业资产使用部门或资产主管部门根据本办法的规定组织进行。计提时应填写减值准备审批表，由各主管部门审核后报总经理办公会或董事会批准。资产减值准备的转回也应比照上述程序执行。

第三十四条 资产减值准备计提的具体审核程序如下：

（1）计提短期投资减值准备时，由投资管理部门填写“计提短期投资减值准备审批表”，会同财务等相关部门进行审查，并附报短期投资期末市价等相关资料。

（2）计提应收款项坏账准备时，由财务部门填写“计提应收款项坏账准备审批表”，会同销售、清欠等相关部门进行审查，并附报应收款项不能收回或收回可能性很小的确凿证据。

（3）计提存货跌价准备时，由物资管理部门填写“计提存货跌价准备审批表”，会同财务、销售、供应等相关部门进行审查。

（4）计提长期投资减值准备时，由投资管理部门填写“计提长期投资减值准备审批表”，会同财务等相关部门进行审查，并附报被投资单位清理整顿、清算或出现其他不能持续经营的证明文件及最近2年的会计报表等相关资料。

（5）计提固定资产减值准备时，由资产使用单位填写“计提固定资产减值准备审批表”报资产管理部门，由其会同财务资产、技术等部门成立审查小组，对拟减值资产进行审查鉴定。在综合各部门意见的基础上作出是否及如何计提减值准备的决定。

（6）计提在建工程减值准备时，由建设单位填写“计提在建工程减值准备审批表”，会同财务、资产管理等部门进行审查，并附报由相关部门提供的该项资产可收回金额低于其账面价值的证明文件及技术资料。

（7）计提无形资产减值准备时，由技术部门填写“计提无形资产减值准备审批表”，会同财务、生产等部门进行审查，并附报由相关部门提供的该项资产可收回金额低于其账面价值的证明文件及技术资料。

（8）计提委托贷款减值准备时，由财务部门填写“计提委托贷款减值准备审批表”，会同清欠等相关部门进行审查，并附报委托贷款不能收回或收回可能性很小的证据。

（9）企业财务部门和内外部审计机构依据有关迹象判断，认为对某项资产应计提减值准备，而相关责任部门（单位）没有提出计提减值准备的，由财务部门填报计提减值准备审批表，各主管部门审核后报总经理办公会或董事会批准。

（10）上述各项资产减值准备审批表经相关部门审核批准后，由财务部门汇总，并据此进行相关账务处理。

4.15 资产减值准备和损失处理制度

资产减值准备和损失处理制度

第一章 总　　则

第一条 为规范公司运作，真实反映公司财务状况和经营成果，合理预计各项资产可能发生的损失，有效保证资产核销工作的正确，依据《企业会计制度》和相关规定，特制定本制度。

第二条 本制度的制定遵循审慎经营原则。

第二章 职　　责

第三条 分公司财务部职责：

1. 加强对应收账款和其他应收款的管理，减少老账呆账。每月编制应收款项明细表，检查应收账款回收情况并向公司财务部汇报。

2. 及时与仓库核对存货明细账，定期盘库，保证所有存货账实相符。每月编制存货明细表，检查存货跌价情况并向公司财务部汇报。

3. 每月同各使用单位核实分公司负责管理的固定资产的状况，保证账实相符，并将异常情况及时报公司财务部。

第四条　公司财务部职责：

1. 审查各分公司上报的应收账款明细表、存货明细表，及时调查有关分公司固定资产异常情况。

2. 每月对公司在建工程与长短期投资项目的进展情况进行检查，对公司专有知识产权的技术发展动态予以密切关注。

3. 及时发现投资公司可能发生的亏损和潜亏，并总结问题，提交公司董事会解决。

4. 初步制定资产减值准备的计提方法与内部控制方案，提交董事会批准。

5. 核实资产减值实际状况，向总经理和董事会提交资产损失报告。

第五条　公司总经理职责：

1. 向董事会提交损失估计及会计处理的具体方法和依据。

2. 向董事会提供需要核销的资产减值项目涉及的客户财务状况或法院裁决结果。

第六条　董事会职责：

1. 对总经理提交的各项资产减值报告作出专门决议。

2. 批准或否决资产核销报告。

第七条　监事会职责：

1. 切实履行监督职能，对董事会决议提出专门意见，并形成决议。

2. 必要时聘请注册会计师协助对内控制度的制定和执行情况进行检查。

第三章　管 理 程 序

第八条　资产减值准备与损失处理的内控制度制定及实施：

1. 公司财务部在核实各分公司上报情况的基础上，根据公司实际情况和《企业会计制度》要求，草拟资产减值的处理方法。

2. 总经理办公会对财务部上报的处理意见进行讨论并确定资产减值方法。

3. 董事会对资产减值报告作出决议。

4. 监事会对董事会决议履行监督职能，董事会在审议本内部控制制度时，监事列席会议，提出专门意见，并出具报告。

5. 总经理应定期检查公司相关部门及分公司对本制度的执行情况，并责成财务部根据情况变化适时对有关制度进行必要修订。

第九条　资产管理：

1. 公司各部门及分公司应对全体职工进行资产安全教育，确保公司资产的安全、完整和高效运转。

2. 总经理对公司所有资产的安全完整负责，副总经理、各分公司经理对分管的资产的安全完整负责。

第十条 资产减值准备。

每个会计年度中期和年度终了，公司应组织相关部门及各分公司对各项资产进行详查，以确定资产减值准备的数额。各项资产减值计提方法见本制度规定。

第十一条 资产损失核销的权限划分。

公司对已提取减值准备的资产应查明原因，追究责任。对通过各种追讨措施仍未收回的资产，应进行核销。管理层对资产损失核销的管理权限如下：

核销净损失在50万元（含50万元）以下，报总经理办公会审批；

核销净损失在50～100万元（含100万元）以下，报董事会审批；

核销净损失在100万元以上，报股东大会审批。

第十二条 计提资产减值准备的政策一经确定，一个会计年度内不得随意更改。若因实际情况发生变动而确需更改的，需按上述程序重新办理。若需对外公告，应及时进行相关信息披露。

第四章 应收款项

第十三条 应收款项管理：

1. 公司市场部、分公司市场部和财务部及其他相关部门负责确认应收账款的可回收性，其他应收款项的可回收性由各责任部门和相关人员负责。

2. 公司市场部和财务部、分公司市场部、工程处和财务部共同制定应收账款管理政策，主要包括：客户信用调查制度、客户信息反馈制度、客户信用政策、货款回收制度、应收账款定期核对制度、应收账款坏账准备的政策、呆坏账处理制度。

第十四条 应收款项计提坏账准备：

1. 应收款项包括应收账款、其他应收款，采用备抵法计提坏账准备。应收账款全部或部分被确认为坏账时，应根据其金额冲减坏账准备，同时转销相应的应收账款金额。

2. 应收款项计提坏账准备采用账龄分析法。账龄分析法是根据应收款项入账时间的长短来估计坏账损失的方法。年末，公司、分公司分别按汇总之前的应收款项计提坏账准备。计提比率如下：

账龄分析法之计提比率

账龄	计提比例
1年以内（含1年，以下类推）	5%
1～2年	10%
2～3年	20%

（续表）

账　　龄	计提比例
3～4年	35%
4～5年	60%
5年以上	100%

第十五条　除有确凿证据表明该项应收款项不能收回或收回的可能性不大外（如债务单位已撤销、破产、资不抵债、现金流量严重不足、发生严重的自然灾害等导致停产而在短时间内无法偿付债务等，以及5年以上的应收款项），以下应收款项不能全额计提坏账准备：

1. 当年发生的应收账款，以及未到期的应收款项。

2. 已经总经理办公会讨论，决定以应收款项进行债务重组，或以其他方式进行重组的。

3. 与关联方发生的应收款项，特别是母子公司交易或事项产生的应收款项。

4. 其他无确凿证据证明不能收回的应收款项。

第十六条　公司的预付账款，如有确凿证据表明其不符合预付账款性质，或者因供货单位破产、撤销等原因已无望再收到所购货物的，应当将原计入预付账款的金额转入其他应收款，并按规定计提坏账准备。

第十七条　公司持有的未到期应收票据，如有确凿证据证明不能够收回或收回的可能性不大时，应将其账面余额转入应收账款，并计提相应的坏账准备。

第十八条　计提的坏账准备计入当期损益，增加“管理费用”。

第十九条　公司对有确凿证据表明确实无法收回的应收款项，如债务单位已撤销、破产、资不抵债、现金流量严重不足等，根据公司的管理权限批准作为资产损失，冲销已提取的坏账准备。

第五章　存　　货

第二十条　存货计提跌价损失准备：

1. 存货采用成本与可变现净值孰低的方法计提跌价准备。

2. 存货跌价准备指存货遭受毁损、全部或部分陈旧过时或销售价格低于成本等原因，使存货成本高于可变现净值的，应按可变现净值低于存货成本部分，计提存货跌价准备，记入“存货跌价损失”科目；若以后存货价值又得以恢复，在已提跌价准备的范围内转回。

可变现净值，是指公司在正常经营过程中，以预计售价减去预期耗用成本及销售该产品所发生的差旅费、运输费、装卸费、包装费、仓储费及运输途中的合理损耗等费用后的价值。

3. 当存在下列情况之一时，应当计提存货跌价准备：

（1）市价持续下跌，并且在可预见的未来无回升的希望。

（2）公司使用该项原材料生产的产品的成本大于产品的销售价格。

（3）公司因产品更新换代，原有库存原材料已不适应新产品的需要，而该原材料的市场价格又低于其账面成本。

（4）因公司所提供的商品或劳务过时或消费者偏好改变而使市场的需求发生变化，导致市场价格逐渐下跌。

（5）其他足以证明该项存货实质上已经发生减值的情形。

4. 存货可变现净值的选取标准：

（1）对购进的存货，分品种按到当年12月31日为止最后一批购进货物的单价为该种存货的可变现净值。

（2）对销售的存货，分品种按到当年12月31日为止最后一批销售货物的单价为该种存货的可变现净值。

5. 存货跌价准备应按照单个存货项目的成本低于其可变现净值的差额计量。

第二十一条 已提减值准备的存货后来用于投资或债务重组时的处理办法：

1. 已提减值准备的存货用于投资时，先冲回已提的减值准备，再按冲回减值准备后的存货之账面价值加相关税项确定初始投资成本。若取得投资的公允价值小于存货的账面价值，仍按存货的账面价值作为初始投资成本入账，待期末计提投资减值准备时再一并调整。

2. 已提减值准备的存货用于清偿债务时，公司应按存货的账面价值结转存货，同时结转相关的减值准备，并按债务账面价值扣除存货账面价值、增值税销项税额、减值准备等相关费用之后的差额确认为当期损失或资本公积金。

第二十二条 公司施工领用、出售已计提跌价准备的存货，不同时调整已计提的跌价准备，待中期期末或年度终了时再予以调整。

第六章 投 资

第二十三条 短期投资计提跌价准备：

1. 短期投资采用成本与市价孰低法计价。

2. 公司在期末将股票、债券等短期投资的市价与成本比较，按市价低于成本的差额，计提跌价准备，抵减“投资收益”。

3. 公司出售或收回短期投资时，按实际成本转账，不同时调整已计提的跌价准备，待中期期末或年度终了时再予以调整。

第二十四条　长期投资计提减值准备：

1. 公司在期末应对长期投资逐项检查，如果由于市价持续下跌或被投资单位经营状况恶化等原因导致其可收回金额低于账面价值，并且这种降低的价值在可预计的未来不可恢复，应按可收回金额低于长期投资账面价值的差额提取长期投资减值准备，抵减“投资收益”。

2. 对公司目前无市价的长期投资可以根据下列迹象判断是否应当计提减值准备

（1）影响被投资单位经营的政治或法律环境的变化，如税收、贸易等法规的颁布或修订，可能导致被投资单位出现巨额亏损。

（2）被投资单位所供应的商品或提供的劳务因产品过时或消费者偏好改变而使市场的需求发生变化，从而导致被投资单位财务状况发生严重恶化。

（3）投资单位所在行业的生产技术等发生重大变化，被投资单位已失去竞争能力，从而导致财务状况发生严重恶化，如进行清理整顿、清算等。

（4）有证据表明该项投资实质上已经不能再给公司带来经济利益的其他情形。

3. 长期投资减值准备按单项投资项目计算确定。

4. 处理长期投资时，其已计提的长期投资减值准备一并转入投资收益；已确认损失的长期投资价值又得以恢复，在原已确认的投资损失金额内转回。

第二十五条　公司对已提取减值准备的短期投资和长期投资项目应加强管理，尽量减少损失。有确凿证据表明确实无法收回的长、短期投资，如被投资单位已撤销、破产、资不抵债、现金流量严重不足等，可按公司的管理权限批准将其作为资产损失，冲销已计提的坏账准备。

第七章　固定资产与在建工程

第二十六条　公司应当定期或期末对固定资产进行全面清查，如果由于技术陈旧、损坏、长期闲置或其他经济原因，导致其可收回金额低于其账面价值的，应当计提固定资产减值准备。

第二十七条　当存在下列一项或若干项迹象时，应当考虑固定资产已发生减值：

1. 资产的市价在当期大幅下跌，其跌幅大大高于因时间推移或正常使用而引起的下跌。

2. 市场利率或市场的其他投资回报率在当期已经提高，从而很可能影响公司计算资产使用价值时采用的折现率，并大幅降低资产的可收回金额。

3. 公司的净资产账面价值大于其市场资本化金额。

4. 有证据表明，资产已陈旧过时或实体发生损坏。

5. 公司已经总经理办公会讨论，计划终止或重组某项资产所属的经营业务，或计划在以前预定的日期之前处置某项资产。这使得资产使用或预计使用方式或程度已在当期或将在近期发生重大变化，对公司产生负面影响。

第二十八条　如果公司的固定资产实质上已经发生了减值，应当计提减值准备。对存在下列情况之一的固定资产，应当全额计提减值准备：

1. 长期闲置不用，在可预见的未来不会再使用，且已无转让价值的固定资产。

2. 由于技术进步等原因，已不可使用的固定资产。

3. 虽然尚可使用，但使用后会产生大量不合格产品的固定资产。

4. 已遭毁损，以至于不再具有使用价值和转让价值的固定资产。

5. 其他实质上已经不能再给公司带来经济利益的固定资产。

第二十九条　固定资产减值准备，应按单项项目计提；已全额计提减值准备的固定资产，不再计提折旧。

第三十条　已计提减值准备的固定资产应按扣除减值准备后的账面净值计提折旧。

第三十一条　已计提减值准备的固定资产后来用于投资或债务重组时的处理方法：

1. 已提减值准备的固定资产用于投资时，先冲回已提的减值准备，再按冲回减值准备后的固定资产之账面净值确定初始投资成本。若取得投资的公允价值小于固定资产账面净值，仍按该项固定资产账面净值作为初始投资成本入账，待期末计提投资减值准备时再一并调整。

2. 已提减值准备的固定资产用于清偿债务时，公司应先清理固定资产，同时结转相关的减值准备，并按债务账面值扣除固定资产账面净值、清理费用（扣除残值收入）和减值准备之后的差额确认为当期损失或资本公积。

第三十二条　在建工程存在下列一项或若干项情况时，应当计提减值准备：

1. 在建工程因资金、严重自然灾害等原因被迫长期停工。

2. 在建工程完工后长期搁置，未实现预计使用价值。

3. 工程物资锈蚀、毁损，严重影响工程质量。

第八章　无 形 资 产

第三十三条　公司应当在期末对无形资产进行逐项检查，如果由于市价持续下跌、或技术陈旧、损坏、长期闲置等原因，导致其可收回金额低于其账面价值的，应当计提无形资产减值准备。

第三十四条　当存在下列一项或若干项情况时，应当计提无形资产的减值准备：

1. 某项无形资产已被其他新技术所替代，使其为公司创造经济利益的能力受到重大不利影响。

2. 某项无形资产的市价在当期大幅下跌，在剩余摊销年限内预期不会恢复。

3. 某项无形资产已超过法律保护期限，但仍然具有部分使用价值。

4. 其他足以证明某项无形资产实质上已经发生了减值的情形。

第三十五条　无形资产减值准备，应按单项项目计提。

第三十六条　已计提减值准备的无形资产应按扣除减值准备后的账面净值进行摊销。

第三十七条　已计提减值准备的无形资产后来用于投资或债务重组时的处理方法：

1. 已提减值准备的无形资产用于投资时，先冲回已提的减值准备，再按冲回减值准备后的无形资产之账面净值确定初始投资成本。若取得投资的公允价值小于无形资产账面净值，仍按该项无形资产账面净值作为初始投资成本入账，待期末计提投资减值准备时再一并调整。

2. 已提减值准备的无形资产用于清偿债务时，公司应按无形资产的账面净值结转无形资产，同时结转相关的减值准备，并按债务账面值扣除无形资产账面净值、减值准备等相关费用之后的差额确认为当期损失或资本公积。

第九章　监督与信息披露

第三十八条　公司监事会对资产减值内控制度的制定和执行情况进行监督，并列席董事会审议计提和核销资产减值准备的会议。

第三十九条　监事会可视情况聘请注册会计师对内控制度的制定和执行情况进行监督。

第四十条　监事会对董事会有关核销和计提资产减值准备的决议程序是否合法、依据是否充分等提出书面意见，并形成决议向股东大会报告。

第四十一条　公司应在定期报告中披露各项资产减值准备的计提方法、比例和提取金额。

第四十二条　如果资产减值准备提取后，其价值又有较大变动，且对公司财务状况及经营业绩有重大影响，公司将及时作出公告。

4.16　资产清查实施细则

资产清查实施细则

为保证公司资产清查工作的顺利进行，指导和规范资产清查工作的具体操作程序，提高公司资产清查工作的效率，特制定如下实施细则。

第一条　财产清查的目的：

1. 全面摸清公司“家底”，如实暴露公司存在的矛盾和问题，真实、完整地反映公司资产状况、财务状况和经营成果。

2. 通过公司资产清查工作，核实公司资产、权益等状况，规范会计核算和财务报告制度，促进真实反映公司经营实力。

3. 资产清查工作应全面彻底、不重不漏、不虚报、瞒报、账实相符，切实摸清“家底”，保证资产清查工作结果真实、可靠。

第二条　资产清查工作实施日为20××年9月1日，资产清查基准日为20××年8月31日。

第三条　公司实施资产清查工作的主要内容，一般必须包括：账务清理、资产清查、价值重估、损益认定、资本核实和完善管理制度等。

第四条　货币资金的清查。

货币资金的清查包括：现金、银行存款和其他货币资金。其清查损失是指公司清查出的现金短缺和各类银行存款发生的损失。

1. 现金的清查，主要是确定货币资金是否存在，货币资金的收支记录是否完整。

（1）查看库存现金是否超过核定的限额，现金收支是否符合现金管理规定；核对库存现金实际金额与现金日记账户余额是否相符；编制库存现金盘点表。

（2）备用金余额加上各项支出凭证的金额应等于当初设置备用金数额。

（3）截止清查时间点，公司现金日记账的余额与库存现金的盘点金额是否相符，如有差异，说明原因。

2. 银行存款的清查，主要清查公司在开户银行及其他金融机构各种存款账面余额与银行及其他金融机构中该公司的账面余额是否相符；对银行存款的清查，应根据银行存款对账单、存款种类及货币种类逐一查对、核实。检查银行存款余额调节表中未达账项的真实性。

第五条　各项应收和预付账款的清查，包括应收票据、应收账款、其他应收款、预付货款：

1. 逐笔核对各类应收、预付的原始资料，确认其真实存在性。

2. 归集应收款账龄，分析可回收性。

3. 逐一函证应收和预付款项，取得债务单位确认函，对有争议的债权应认真清理、核实，重新明确债权关系；对长期拖欠，要查明原因，积极催收；对经确认难以收回的款项，要明确责任，做好有关取证工作。

4. 认真清理公司职工个人借款并限期收回。

第六条　存货的清查。

存货清查的内容包括：修理用备件、包装物、低值易耗品、外购商品等。

存货的清查分为两部分：

1. 核对账目，财务部负责核对总分类账余额与明细分类账余额；物资管理部门核对库存物资余额是否一致。

2. 核对实物，盘点实物资产，公司要认真组织清仓查库，对所有存货全面清查盘点；推算财产清查基准日的实存数量（清查基准日已盘点的除外），并编制盘点表，若出现盘盈、盘亏及清查出的积压、已毁损或需报废的存货，应查明原因，并提出处理意见。

第七条 固定资产的清查：

1. 公司清查应准备的资料

（1）资产盘点表及明细清单。

（2）租入资产（含经营租赁和融资租赁）的租赁协议、合同。

2. 固定资产清查的方法

公司应对所有固定资产包括房屋及建筑物、机器设备、运输设备、工具器具和土地等（包括账内和账外资产）进行全面清查。

（1）核对账目、卡片

①财务部门负责核对总账与明细账及固定资产卡片合计金额是否一致。

②财务部门与归口管理部门（综合办公室）核对卡片，包括资产编号、名称、型号规格、原始金额等，并与相关产权归属资料进行核对。

③归口管理（综合管理部门）与使用部门核对卡片，包括资产编号、名称、型号规格、数量、原始金额等是否一致。

（2）核对实物，由归口管理部门负责组织使用部门进行固定资产清查、盘点，以卡查物，以物对卡，核对账实，检查是否相符，并编制资产盘点表。在清查中应特别关注以下六种特殊资产的核对：

①有卡无物的资产，要查明原因，属于出租出借的应追查出租出借合同。

②有物无卡的资产，要查明原因，一般有四种情况：

A. 属于正常固定资产盘盈，填报“固定资产盘盈、盘亏申报表”。

B. 属于接受捐赠未入账或作为成本费用支出的固定资产。应按照规定进行会计差错更正，补作账务处理，填制管理卡片。

C. 租入借入固定资产，需要追查有关文书，登记管理备查簿。

D. 用账外资金购入的资产，应先补记入账、填制管理卡片，并查清购买资产的资金来源，避免更大的损失。

上述资产若存在需报废、报损、盘盈、盘亏的情况，应按损失处理方法确认资产损失。

（3）固定资产清查的内容

①查清固定资产原值、净值、已提折旧额，清理出应提折旧与实提折旧差额。

②清理出已提足折旧、待报废和提前报废固定资产的数额及固定资产损失、待核销数额等。

③清理出单独核算长期挂账的固定资产装修费用。

④清理出盘亏、盘盈及以账外购置的固定资产，认真查明原因，分清责任，提出处理意见。

⑤借出的固定资产，要认真清理，将清理结果与对方核对，取得一致，完善相关手续。对于非经营借出和未按规定手续批准转让出去的资产，应尽量回收或补办手续，确实无法收回的，应按公司规定程序处理，并追究有关责任人的责任。

⑥对清查出的各项未使用、不需用的固定资产，要查明购建日期、使用时间、技术状况和主要参数等，按调拨（其价值转入受拨单位）、转生产用、出售、待报废等提出处理意见。

⑦经过清查后的各项固定资产，依据用途（指生产性或非生产性）和使用情况（指在用、未使用或不需用等）进行重新登记，建立健全实物账卡。

第八条 在建工程的清查：

1. 在建工程是指已经开工建设，完成了一定的工作量，尚未交付使用的建设项目，按其性质不同分为：

（1）正在施工的基本项目，技术改造项目。

（2）已完工未使用和已交付使用尚未验收入固定资产的工程。

在建工程要由建设单位负责按项目逐一进行清查，主要登记在建工程的项目性质、投资总额、实际支出、实际完工进度和管理状况。

2. 具体清查内容

（1）核对在建工程明细账、总账，并与相关批复文件进行核对，编制在建工程清单。

（2）依据上述清单与实物资产进行核对，包括对工程进度、工程质量的检查，取得工程管理部门的工程进度报告、质量验收报告或相关文书。

（3）依据在建工程合同、借款协议、工程进度，工程成本支出资料等检查工程资本化核算情况。

（4）对清查出资产价值不实的部分，应根据具体情况调整相关账目或申报资产损失。

（5）对于公司清查出的挂往来账的在建工程支出，应按规定进行调整，计入在建工程核算，完善相关手续；按照会计准则规定的会计差错更正方法由公司自行处理，调整相关账目，不作为损失处理。

第九条 其他资产科目的清查。

其他资产科目的清查包括：应收票据、应收股利、应收利息、长期资产、专项资产、其他长期资产的清查，应比照应收账款、预付账款等债权科目的清查方法进行。取得相关资料，确认资产价值及资产损失。

第十条　负债的清查。

负债清查的范围和内容包括各项流动负债和长期负债。流动负债要清查各种短期借款、应付及预收款项、预提费用及应付福利费等；长期负债要清查各种长期借款、长期应付款等。对负债清查时公司要与债权单位逐一核对账目，达到双方账面余额一致。

第十一条　长短期借款的清查：

1. 编制长期借款、短期借款清单。

2. 检查借款合同，取得授权批准文件。

3. 将明细账与借款合同核对，核实借款期限、金额、利率、借款条件、借款费用的核算。

4. 向银行及有关债权单位进行函证，并与明细账核对，查明不符原因，并书面说明。

5. 查明借款逾期的原因，未计利息的原因及其处理，并书面说明。

第十二条　应付预收款的清查：

1. 核实各项应付款项的真实存在性，与相关的购货发票、入库单进行核对，查明不符的原因，取得不符的证据或说明。

2. 编制各项应付预收科目清单。

3. 选择重要账户进行函证，查明函证不符原因，并书面说明。

4. 对未入账的款项，应查明原因，按规定程序入账核算。

5. 对其中属于应收预付的款项，按照应收预付款项的清查要求进行。

第5章 成本与费用管理制度

5.1 成本管理基础工作制度

成本管理基础工作制度

第一章 总 则

第一条 成本管理的基础工作是公司管理的基础工作，是组织现代化生产、做好成本管理工作的依据，是公司在生产经营活动中为实现公司的经营目标、成本目标和成本管理职能，提供资料依据、共同标准、基本手段和前提条件必不可少的工作。成本管理基础工作提供的信息，经过归纳、整理和分析，就能显示公司生产经营的情况，促使公司改善经营管理，以提高公司的经济效益。因此，必须重视加强和完善成本管理的基础工作。

第二条 企业应在企业负责人和总会计师、总经济师、总工程师的领导下组织各职能部门，认真做好成本和费用管理的基础工作。

第三条 成本管理的基础工作主要内容是：定额管理、原始记录、计量验收、内部价格体系、内部经济核算制。

第二章 定 额 管 理

第四条 企业对各种原材料、工具、燃料动力的消耗，以及劳动工时、设备利用、物资储备、定额流动资金占用、费用开支等，都要制定先进、合理的定额，并定期进行检查、分析、考核和修订。

第五条 各项定额的制定，是一项复杂细致的工作，需要在统一领导下，由各职能部门密切配合进行。在定额制定过程中应遵循以下原则：

1. 要考虑企业生产发展、经营管理水平提高的要求，同时兼顾企业目前的生产能力和管理现状，使定额既先进又可行。

2. 要保持定额相对稳定，以利调动职工积极性，使分析和考核建立在可比基础上。但随着企业生产技术进步和管理水平的提高，对已不适应的定额应适时地进行补充和修订。

3. 要注意各种定额之间的内在联系，防止相互脱节，彼此矛盾的情况出现。

4. 要采取相应的组织措施，定期检查分析，保证定额的贯彻执行。

第三章　原 始 记 录

第六条　企业应根据生产和管理的实际情况，建立、健全下列各项原始记录：

1. 材料物资方面的原始记录，应能反映材料的收、发、领、退等物流过程，包括：材料、物资验收入库单、领料单、限额领料单、委托加工材料单、委托加工入库单、超定额领料单、退料单、材料切割单、材料物资盘点报告单、工具请领单等，并做好工具借交登记簿和材料仓库台账的记账工作。

2. 劳动工资方面的原始记录，应能反映职工人数、调动、考勤、工资基金、工时利用、停工情况、有关津贴等项记录。

3. 设计及工艺改动方面的原始记录，应能反映产品设计改动、工艺路线变化、工时材料定额变动等项的记录，如产品设计修改通知单、工艺路线变动通知单，定额变动通知单等。

4. 生产方面的原始记录，应能反映产品从毛坯投入至验收入库的过程，如工作命令单、加工路线单、毛坯投料单、半成品领用单、转工单、废品通知单、零件短缺报告单，以及零部件和产成品交库单等，并做好产品投入产出数量管理和工时统计工作。

5. 设备使用方面的原始记录，应能反映设备验收、交付使用、维修、封存、调拨、报废的情况，如固定资产验收单、固定资产调拨单、在建工程转固验收单等，并做好固定资产卡片和固定资产台账的登记工作。

6. 动力消耗方面的原始记录，应能反映根据各计量仪表所显示的水、电、汽、风的实际耗用量，并做好能源消耗统计报表。

第七条　企业应指定专职管理原始记录的机构和人员，统一规定各类原始记录的格式、内容、填写、审核、签署、传递、存档等要求，保证原始记录管理的规范化和标准化。

第四章　计 量 验 收

第八条　企业应建立健全各项财产、物资的计量验收制度，并保持计量工具的准确性，对材料、工具、在产品、半成品、产成品等的收发和转移，都必须进行计量、点数和质量验收。

第九条　对于购入材料的计量验收分下列两种方式：

1. 提货验收。在提货时进行现场验收，发现短缺、不足或破损等情况，要及时查明原因，其应由运输机构负责的，要填写物资破损清单，由运输机构签证，明确交接双方的经济责任。

2. 入库验收。材料运达仓库后，由仓库管理人员根据发票所列的品名、规格和数量，分别采取点数、过磅、检尺、量方等适用的计量折算方法，准确计算数量，经检验部门质量检定后，按实际合格数量入库。属于材料的定额损耗，可在规定允许的损耗范围内点收入库。对于数量和质量不符，以及破损等情况，要查明原因，分清责任，要求有关方面赔偿或扣付货款。

第十条 成品、半成品在车间之间或车间内部的转移，应根据工艺流程记录的凭证，经质量检验合格后进行点数、交接。在产品报废或短缺，应及时查清数量和原因，填制有关的原始凭证，以保证投入、产出数量记录的准确性和连贯性。

第十一条 对外发加工的半成品，在拨出和完工入库时，都应进行合格数量的计量和交接，如发生外部责任的报废或短缺，应及时办理索赔。

第十二条 对车间完工的零部件和产成品，应由车间填制入库单，经检验合格签证后，送交仓库点收入库。

第五章 价格体系和内部结算

第十三条 企业内部各单位之间，在生产经营过程中，经常会发生互相提供产品、材料或劳务等经济事项，如生产部门之间转移半成品，辅助生产部门为基本生产部门提供劳务，管理部门为生产部门提供服务等。因此，为了正确评价各单位的工作业绩，分清各自的经济责任，企业必须建立适应市场经济的内部价格体系，实行以货币形式进行等价交换的内部结算。

第十四条 内部结算价格的制定：

1. 内部转移的材料物资等，由物资供应部门以当时市场价格为基础，制定内部计划价格，编制价格目录，经财务部门审核后，作为内部结算价格。

2. 企业辅助部门劳务供应，可以市场价为基础，由企业主管职能部门根据实际成本情况审定结算价格。

3. 企业生产的零部件、半成品在内部转移时，可采用定额成本作为转移价格。企业应当编制全部产品的零部件及整机的定额成本。

第十五条 鉴于产品零件定额成本的制定是一项较大而浩繁的工作，牵涉到各个方面，根据若干企业的经验，特制定以下规定：

1. 此项工作应由企业主要领导牵头，直接监督检查有关职能部门按要求提供下列资料：

（1）产品机件明细表，包括组装件、借用件、随机备件、标准件、电气件等明细表。

（2）产品零件加工及装配工艺路线表，加工工时定额明细表，材料定额明细表，包括原材料、辅助材料、包装材料、油漆材料等。

（3）产品零件外协加工费明细表。

（4）各种材料、外购件的以市场价为基础的计划价格。

（5）以实际成本结合预测成本为基础的工缴定额单位成本。

2. 有关职能部门，负责将数据及资料输入计算机，并指定专人负责日常信息维护及负责填发信息变动通知单。

第十六条 其他内部结算价格，应本着公平合理、利益兼顾、有利于管理的原则，在企业领导下由各有关部门协作制定，经批准后施行。

第十七条 内部结算的方式和组织：

1. 内部结算的方式，本着既满足往来结算的要求，又简化手续的原则，选择使用，一般以厂内支票较为适宜，也可由企业根据其具体情况自行决定。

2. 内部结算的组织，一般有两种形式：一是在财务部门设立结算中心，主要负责企业内部各部门之间的往来结算，核算工作较简单；另一种是厂内银行，具有结算、信贷、控制等职能，但核算工作较复杂，企业可根据管理需要选定适当的组织形式。

第十八条 各种内部结算价格，以每年修订一次为宜，但如客观情况发生较大变动，影响成本的准确性，可在企业领导下，由有关部门协作研究修订，经批准后施行。各单位不得擅自改变价格标准。

第六章 内部经济核算制

第十九条 企业必须建立健全内部经济核算制，在企业统一计划、统一核算的前提下，建立企业各单位（成本中心）分级归口管理的经济核算网络，形成纵向为厂部、车间（分厂）、小组（个人）核算；横向为产品设计、工艺技术、物资供应、生产计划、经营销售及财务等有关职能部门的全面经济核算制。

第二十条 各核算单位都必须配备专职或兼职人员，明确分工职责，结合企业经济责任制和成本管理责任制考核，开展内部经济核算。

5.2 成本预测、计划、控制、分析制度

成本预测、计划、控制、分析制度

第一章 总　　则

第一条 企业必须通过成本计划管理和控制经济活动，以实现有效的成本管理，包括预测、决策、计划、控制、分析等管理工作，达到有效降低成本的目的。

第二条 企业应结合市场和用户调查，掌握市场信息，包括资源、价格、科技发展、产品品种、质量、销量等各种数据信息，并结合价值工程决定产品结构的优化组合，在此基础上，进行产品成本预测，确定目标成本。

第二章 成本预测和目标成本

第三条 成本预测应在生产预测和选择最佳经济效益方案的基础上进行，并以目标成本控制产品设计、工艺技术和生产的耗费，实现产品的最低成本。

第四条 成本预测应包括制定计划阶段的成本预测和计划实施阶段的成本预测：

1. 制定计划阶段成本预测的基本内容是，根据生产经营目标确定成本预测对象，收集整理成本数据和历史资料，分析可能影响成本水平的社会因素，按照技术经济分析提出降低成本的方案，根据目标利润、生产发展及消耗水平，测算目标成本。

2. 计划实施阶段成本预测的基本内容是，分析上一阶段成本计划完成情况，制定下一阶段生产技术经济措施，调查市场物价等社会因素，预计计划期内生产发展水平和降低成本计划的实施效果，预测企业成本计划的完成程度。

第五条 预测目标成本的方法：

1. 根据市场调查制定销售价格，在预测销售收入、应交税费和目标利润的基础上，确定目标成本，计算公式是：

（1）按全部产品进行目标成本预测

目标成本=预计销售收入－预计应交税金－目标利润

对企业的目标利润，可根据企业计划销售利润率或资金利润率，结合期间费用水平计算确定，也可按企业的方针目标测算。

（2）按单项产品进行目标成本预测

单位产品目标成本=预计单位产品销售价格－预计单位产品税金－单位产品目标利润

单位产品目标成本=预计单位产品销售价格×（1－产品税率）－目标利润÷预计销售量

单位产品目标成本=具有竞争力的市场价格÷单位产品售价×单位产品实际成本

2. 预测销售价格有困难的，可以参照企业类似产品或系列产品的成本，或本企业历史先进成本水平作为目标成本。也可按照平均先进定额制定的定额成本或本企业上年实际成本，按企业的成本降低计划测算目标成本。

3. 运用量本利分析法测算保本点，结合产量计划预测在一定生产量条件下的目标成本和一定销售量条件下的目标利润。

第三章 成本计划和费用预算

第六条 为了保证产品目标成本和企业经营目标的落实，企业必须在制定降低成本措施，综合编制企业各专业计划的前提下，编制成本计划，开展经济核算，组织企业内部的成本管理。

第七条 编制成本计划应进行反复试算综合平衡，使其具有可行性、先进性与完整性，避免随意估计，产生保守或冒进偏差。

第八条 成本计划中成本项目的内容、费用的分摊、产品成本的计算，必须和计划期内实际成本核算的方法口径一致，以便检查计划的执行情况。

计划期成本项目内容如有变动和上年实际成本不一致时，要调整上年实际成本的成本项目，以统一核算的口径和内容。

第九条　企业的成本计划和费用预算由下列内容组成：

（1）商品产品成本计划。

（2）主要商品产品单位成本计划。

（3）生产费用及期间费用预算。

（4）机械加工小时成本费计划。

（5）铸铁件成本计划。

上述成本计划和费用预算的格式，除财政或主管部门统一规定外，其余的由企业自行制定。

企业根据成本管理的需要，应编制车间（分厂）产品成本计划或生产费用预算。

第十条　成本计划应根据下列依据进行编制：

1. 成本降低指标。

2. 计划期内企业的生产、劳动工资、物资供应、技术组织措施等计划。

3. 计划期内原料及主要材料、工艺性辅料、燃料、工具等现行消耗定额和劳动工时定额。

4. 计划期内各生产部门的费用预算以及外包、外协加工费计划。

5. 内部计划价格目录以及价格差异水平的预计。

6. 上期成本水平和成本分析资料。

第十一条　成本计划一般按下列步骤编制：

1. 做好准备工作

收集整理各项基础资料和历史资料，掌握计划期内原材料、工时定额、外包外协、工艺技术改进等方面的变化情况，研究降低成本的具体措施。

2. 进行试算平衡

编制成本计划要以提高经济效益为中心，进行生产、供应、销售、外包外协、资金、费用等方面计划的综合平衡。这些平衡关系包括：

（1）产品生产计划，劳动工时计划与成本之间的关系。

（2）物资供应计划与产品材料成本计划之间的关系。

（3）工资计划或核定工资总额基数与产品工资成本计划之间的关系。

（4）各项费用预算与成本计划之间的关系。

（5）外包外协计划与成本计划之间的关系。

（6）资金计划与成本计划之间的关系。

（7）成本计划与利润计划之间的关系。

3. 正式编制计划

根据综合平衡后确定的成本指标，如主要产品单位成本、可比产品成本降低率、百元产值生产费、机械加工小时成本费、铸锻件单位成本等，由财务部门报经企业领导审批后，正式编制成本计划。

第十二条 企业编制成本计划应在总会计师或行使总会计师职权的企业领导人员的领导下，由财务部门牵头，组织各有关职能部门和各方面的有关人员共同参加。

第四章 成本控制和分级归口管理

第十三条 企业应结合内部经济责任制，将成本计划和目标成本的各项指标细化，层层分解，实行成本分级归口管理，并对实际的生产耗费进行严格审核，保证有效地控制经济活动，实现成本控制，完成目标成本和成本计划。

第十四条 企业实行成本分级归口管理和成本控制的基本内容和方法是：

1. 设计成本控制，要从掌握市场信息入手，运用价值工程等方法，合理设计，合理选材，设计性能优良、成本具有竞争力的产品。

2. 材料成本的控制，要从材料采购、价格、计量、检验、入库、领退、下料、用料、委托外部加工、回收等方面加以控制。

（1）采购价格的控制。企业应成立专职的价格监控部门，作为企业物价管理和监督的常设机构，它的主要职责是：

①制订价格审批管理条例和奖惩办法。

②对外购物资和外协加工进行价格监督。

③搜集市场信息，掌握各种物资及外协加工的最低价格的客户资料。

④审批各有关部门的物资采购和外协加工价格审批单。

⑤监督检查审批后价格执行情况。

（2）材料耗用的控制。严格执行限额发料制度和维修用材料的计划发料制度，严格超限额领用和补料的审批制度，严格各项材料收发的手续，严格执行余料退库及假退规定，实行钢材切割下料核算，提高钢材利用率，积极推广修旧利废、代用及综合利用等节约用料的方法，保证降低产品用料单耗。

（3）对铸冶材料的控制。要从炉料配比，浇冒口工艺设计，铁水供应量与计划浇注量之间的平衡，以及焦铁比与型砂消耗量的控制等方面着手，减少废品，提高成品率、优铸率，降低铸件材料单耗。

3. 劳动资料的控制，要控制各种工具、刃具、量具等低值易耗品的消耗，建立限额领用和结合生产量浮动的考核制度。严格执行设备的责任保养制度，加强机器设备、厂房的合理利用，从数量、时间、能力和综合利用等几方面提高设备利用率。

4. 劳动力耗费的控制，要控制定编、定员、保持一线生产工人的比例相对稳定，保证提高出勤率、工时利用率和劳动生产率，及时解决停工、窝工问题，要控制工资总额的增长幅度低于经济效益的增长幅度。

5. 费用开支的控制，要实行费用指标限额管理和考核制度，明确各项费用权责归属，严格费用支出审批手续，控制按计划和限额耗费。

6. 生产投入的控制，要控制生产量的投入，包括投产周期、投产数量、预加报废、库存扣除等，保证按计划投产，控制过量生产，确保均衡完成生产计划。

7. 外包外协加工费的控制，要严格执行货比三家、择优定点的原则，加工点及价格的确定，要实行审批制度。

8. 能源消耗的控制，所有能源消耗都应实行定额管理和考核。控制能源消耗首先要从线路、管道方面划清耗能责任归属，安装计量仪表，减少跑、冒、滴、漏和大功率负荷空载现象，保证能源单耗的降低。

9. 企业应结合各种耗费指标与费用支出，制定具有激励作用的奖惩制度，节约或超支与工资奖金挂钩，以提高降低成本的积极性。

第五章　成 本 分 析

第十五条　为检查成本计划执行情况，查找影响目标成本升降的因素，揭示节约与浪费的原因，制订进一步降低成本的措施，企业必须在正确核算成本的基础上，开展成本分析工作。

第十六条　企业必须建立各级成本分析制度，按月、季、半年、年度定期进行成本分析，对一些影响成本较大或对完成成本计划可能产生重大影响的问题，应及时组织专题分析，查明原因，提出整改措施。

半年和年度的成本分析报告，必须报集团财务部。

第十七条　企业的成本分析应纳入企业经济活动分析的制度。企业成本分析工作，应在总会计师或行使总会计师职权的企业领导人领导下，以财会部门为主，组织全厂职能机构和车间（分厂）共同进行。各车间（分厂）的成本分析应在其单位负责人的主持下，以车间（分厂）的核算人员为主，会同有关职能人员共同进行。

第十八条　企业成本分析应针对成本计划和目标成本与实际数的差异进行分析，内容包括：

1. 成本计划完成情况的总括分析，如生产费用计划完成情况，全部商品产品成本计划的完成情况和可比产品成本计划降低指标完成情况等。

2. 按成本项目进行分析，原材料项目要分析耗用数量的节约或超支情况和采购价格变动情况；工缴费成本分析，要结合工缴费用总额与生产总量的变动情况；废品损失项目要检查废品率升降和大宗报废的主要原因。

对亏损产品和利润下降幅度过大的产品单位成本，要深入查明原因，以便进行成本责任分析。

3. 管理费用等相对固定费用，要按子目发生数结合归口管理部门责任进行分析，对完成全厂成本指标有较大影响的费用超支项目还必须责成有关部门进行重点分析。

4. 车间（分厂）成本分析的主要内容包括生产计划完成情况，原材料消耗定额完成情况，制造费用预算执行情况，小时工缴费升降的原因等。

第十九条　企业的成本分析可采用本期实际数与计划数对比，与上期数对比，与上年同期数对比，与同行业先进水平对比，以及因素分析法等。各级成本分析都要写出书面报告，要有数据资料和文字说明，达到重点突出，原因清楚，措施具体的要求。月度分析可适当简要。

对于成本分析中提出的主要问题，要有整改措施和实施责任人，并列入成本分析会议决议，实行跟踪检查考核。

5.3　生产成本管理控制制度

生产成本管理控制制度

第一章　总　　则

第一条　为加强对生产成本的管理控制，确保生产效益，特制定本制度。

第二条　本制度适用于涉及生产成本管理控制的部门和个人。

第三条　生产成本主要由直接材料费用、直接人工费用和制造费用三部分构成，其中制造费用包括间接材料、间接人工和其他制造费用等。

第四条　生产成本管理控制是指在产品生产制造的过程中，企业对成本形成的各种因素，按照事先拟订的标准进行严格监督，一旦发现偏差及时采取措施加以纠正，从而使生产过程中的各项资源消耗和费用开支限在标准规定的范围之内。

第五条　生产成本控制权责：

1. 生产部负责对直接材料的消耗指标、领用、投料程序、标准工时、加工单价等作出明确的规定。

2. 财务部负责对制造费用分摊作出规范及生产成本的核算，并呈报生产成本绩效。

第二章　生产成本控制的一般性规定

第六条　生产成本控制程序如下图所示。

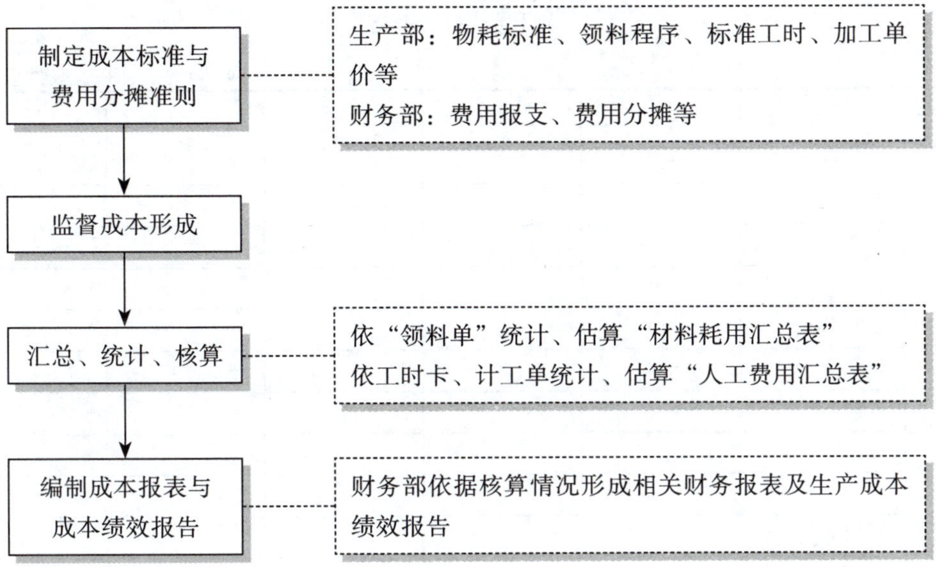

生产成本控制程序图

第七条　直接材料费用主要通过“领料单”来统计、估算，据此编制“材料耗用汇总表”（如下表所示）。

材料耗用汇总表

日期：____年____月____日　　　　　　　　　　　　　　　　　第____页共____页

材料名称			规格		料号				单价		
制造单号	日期	生产车间	计划生产数	实际生产数	标准用量	领用量	退库量	实际用量	超用量	超耗率（%）	
合计											
合计超耗金额			（单价×合计超耗量）								

经理：　　　　　　　　　　　　　　主管：　　　　　　　　　　　　　　制表：

第八条　直接人工费用主要通过“工时卡”“计工单”来统计、估算，并据此编制“人工费用汇总表”（如下表所示）。

人工费用汇总表

编号： 日期：____年____月____日

项目＼部门别						
用人数	本期					
	上期					
	差异					
	期间差异					
	目标差异					
产量	本期					
	上期					
	差异					
	期间差异					
	目标差异					
每人平均产量	本期					
	上期					
	差异					
	期间差异					
	目标差异					
说明						

第九条 核定制造费用时采用预定分摊率，各项实际制造费用发生的金额与已分摊制造费用有差异时，则以多、少分摊处理，并视状况转入成本或损益。

第十条 若采用分步成本制时，月底必须估算在制品的完工程序，以核算产品的产量，在此基础上统计、估算产品生产成本，并编制“产品生产成本比较表”（如下表所示）。

产品生产成本比较表

产品别	单位	产量（A）	直接材料			直接人工			制造费用			合计			总成本差异（C=A/B）
			本月	上月	差异	本月	上月	差异	本月	上月	差异	本月	上月	差异（B）	

经理： 主管： 制表：

日期：____年____月____日 日期：____年____月____日 日期：____年____月____日

第三章　制定成本标准与费用分摊原则

第十一条　控制产品生产成本时，可采用标准成本控制法，其主要特点是把成本的事前计划、事中控制和事后分析考核结合起来。

第十二条　标准成本是在一定条件下制定的直接材料费用、直接人工费用和制造费用的控制标准，是进行生产成本控制的准绳，它应包括成本计划中规定的各项指标。

第十三条　在确定生产成本控制标准之前，必须进行充分的调查、研究和科学的计算。

第十四条　选择合适的方法确定生产成本控制标准。企业常用的方法主要包括计划指标分解法、预算法、定额法三种：

1. 计划指标分解法，即通过将大指标分解为小指标的方法来确定。分解时，可以按部门、单位分解，也可以按不同产品和各种产品的工艺阶段、零部件或工序进行分解。

2. 预算法，即用编制预算的方法来确定成本控制标准，如根据季度的生产销售计划来确定较短期（如月份）的费用开支预算，并将其作为成本控制的标准。

3. 定额法，即确定定额和费用开支限额，并将这些定额和限额作为控制标准进行控制，如材料消耗定额、工时定额等。

第十五条　在确定生产成本标准时，需要正确处理成本指标与其他技术经济指标的关系（如和质量、生产效率等的关系），从完成企业的总体目标出发，经过综合平衡，防止出现片面性的情况。

第四章　生产成本形成过程中的监控

第十六条　监督生产成本形成过程，即根据生产成本控制标准，在开展生产作业的过程中，对成本形成的各个环节、成本指标的执行情况、影响指标值的各项条件（如设备、工艺、工具、工人技术水平、工作环境等），进行经常性的检查、评比和监督。

第十七条　材料费用的日常控制。

1. 材料费用的控制重点

（1）查核直接材料、间接材料成本的计算方法，必须符合企业及国家有关成本核算规定。

（2）查核当期直接材料、间接材料耗用数量及单位用量。

（3）查核领用、退库程序及计价方法必须符合规定。

2. 材料费用监督、控制的职责划分

（1）车间质量检查员要监督生产人员按图纸、工艺、工装要求进行操作，实行首件检查，防止成批报废。

（2）车间设备员按工艺规程规定的要求监督设备维修和使用情况，不符合要求不能开工生产。

（3）仓储部材料员要按规定的品种、规格、材质实行限额发料，监督领料、补料、退料等制度的执行情况。

（4）生产调度人员要控制生产批量，合理下料、合理投料，监督期量标准的执行情况。

（5）生产车间材料费的日常控制，一般由车间材料核算员负责，具体职责包括经常收集材料消耗资料文件，分析对比，追踪原因，并会同有关部门和人员提出改进措施。

第十八条 人工费用的日常控制。

1. 人工费用的控制重点

（1）外包人工必须符合相关的规定。

（2）当期直接人工、间接人工记录及其工作内容。

2. 人工费用控制职责划分

（1）车间劳资员（或定额员）对生产现场的工时定额、出勤率、工时利用率、劳动组织的调整、奖金、津贴等的监督和控制，并负责对上述有关指标进行控制和核算，分析偏差，寻找原因。

（2）生产调度人员要监督车间内部合理安排作业计划，做到合理投产，合理派工，控制窝工、停工、加班、加点等行为。

第十九条 间接制造费用的日常控制

1. 核查生产部的各项管理费用、车间经费等，设有定额的按定额控制，未设定额的按各项费用预算进行控制。

2. 核查生产及非生产部门制造费用发生数是否在预算范围内，有无超支现象。

3. 核查制造费用报支，应依财务管理规范及范围报支。

4. 各个部门、车间、班组分别由有关人员负责控制和监督，并提出改进意见。

5.4 成本核算制度

成本核算制度

第一章 总 则

第一条 为了加强公司的成本管理，统一成本计算方法，寻求降低成本的途径，不断提高经济效益，促进建筑防水材料制造业的发展，根据国家有关规定，特制订《××公司成本核算制度》。

第二条　成本是反映公司生产经营活动的综合性指标。成本管理工作必须坚持党的方针政策，严格遵守国家的法令制度，明确职责分工，讲求经济实效，自觉地运用价值法则，按经济规律办事。

第三条　公司提倡从计划、生产到销售的全过程，对成本实行全面管理，使其处于有效地控制和监督之下，以达到降低成本，增加盈利，提高经济效益的目的。

第四条　成本管理的基本任务是：通过预测、计划、控制、核算、分析、考核，发挥成本管理的功能，反映本公司经营成果，不断挖掘潜力，努力降低成本，提高经济效益。成本管理的主要任务是：

1. 根据上级下达的经济技术指标要求，预测成本水平，编制成本计划，并将有关指标分解落实到车间、科室和班组。

2. 严格执行国家规定的成本范围和开支标准，坚持合理地使用人力、物力和财力，以保证完成成本计划。

3. 正确及时地计算成本，提供生产经营管理方面的有关数据，为领导决策提供参考。

4. 分析成本升降原因，找出降低成本的途径，挖掘公司内部潜力，促使产品成本不断降低。

5. 贯彻经济责任制，结合劳动竞赛，进行成本评比考核，以调动全体职工关心降低成本的积极性。

第五条　公司必须按照统一领导、分级负责的原则，建立厂长领导下的分级分口下的分级分口成本管理责任制。明确公司领导和各职能部门以及生产车间、班组在成本管理上的职责分工和业务范围，组成纵横联结有广泛群众基础的成本管理体系。

第二章　职 责 分 工

第六条　厂长对成本管理工作实行统一领导、全面负责。由厂长领导制定年度成本计划，并组织各部门和车间、班组，充分发动群众，采取有效措施，随时研究解决影响成本的重大问题，保证成本计划的顺利实施。

第七条　公司的生产和计划（包括统计）部门负责提供生产指标，会同财会部门做好成本计划及其与各项计划之间的综合平衡，统一制定全厂的原始记录。并负责生产指挥调度，以及工艺过程的材料消耗和产成品、半成品的统计、计量工作。

第八条　公司的技术部门（包括机械动力、能源、工艺、检验、化验等）负责生产技术、产品质量、能源消耗等各项经济技术指标的制定、修改、执行和考核，并不断采取技术组织措施，保证优质高产和各项定额的先进合理与贯彻实施。

第九条　公司的供销部门负责物资采购、保管、供应和产品销售工作。进厂材料要保质保量及时供应，务使采购价格合理，努力降低采购成本，并严格计量验收，组织定期盘点，加强仓库核算，坚持供管结合，做到账实相符。对消耗材料和低值易耗品实行定额领发料制度，搞好以旧换新，修旧利废和综合利用。对产品销售，要严格执行公司制定物价政策，按照经济合同和计划分配指标及时办理销售手续，控制销售费用的开支，保证完成销售计划。

第十条 公司的劳资部门负责劳动定额、定员和劳动力的调配以及工资基金的管理。尽量压缩非生产人员，严格控制加班加点和使用临时工，不断研究改善劳动组织，节约工资支出，提高劳动生产率，执行批准的工资计划并按规定正确掌握奖金的发放。

第十一条 公司的财会计划部门，会同计划部门编制成本计划，会同有关部门制定内部计划价格和做好成本预测与控制工作。在日常成本管理中，负责监督成本开支，正确及时地计算实际成本，定期进行成本分析与考核，提出降低成本的建议与措施。并负责指导车间、班组及仓库的经济核算工作。对违反国家财经纪律和不符合成本范围的开支，财务会计部门应履行职责，予以拒付和不予报销。

第十二条 公司的生产车间（包括基本生产车间、辅助生产车间和汽车队等），应由车间主任（或车队长）直接领导车间的成本管理工作。按照厂部下达的成本指标，层层分解落实到班组、机台或个人，组织车间的成本计算和成本分析，监督考核各项定额指标的执行情况，提出改进措施，并负责推动班组（机台）经济核算工作，达到降低成本、提高经济效益的目的。

第十三条 公司的生产班组在成本管理上的主要职责是：

1. 根据下达的生产指标，严格执行各项消耗定额。
2. 坚持班组经济核算，按时核算和公布有关生产技术经济指标。
3. 分析和检查各项消耗定额指标的执行情况，发现问题及时采取措施。
4. 组织班组全体成员参加成本管理，把指标分解到个人，实行定期考核评比。

第三章 成本开支范围

第十四条 下列各项开支可进入成本：

1. 生产经营中实际消耗的各种原材料、辅料、备品备件、外购半成品、燃料、动力、包装物的原价和运输、装卸、整理费用。
2. 固定资产折旧费、修理费、租赁费及按产量提取的维简费。
3. 本公司内部的科研机构进行科学研究、技术研究和新产品试制所发生的不构成固定资产的费用，购置样品样机和一般测试仪器的费用。
4. 按国家规定列入成本的职工工资、原料节约奖、合理化建议奖以及提取的职工福利基金。
5. 按规定比例提取的工会经费和按规定列入成本的职工教育经费。
6. 废品损失、残次品削价损失、产品“三包”损失、经同级财政部门批准核销的坏账损失。

7. 财产和运输的保险费、契约和合同的公证费、鉴证费、专有技术的转让费、使用费、咨询费、生产过程中按规定应列入成本的排污费。

8. 流动资金贷款利息。

9. 销售产品的广告费、包装费、运输费和销售机构的管理费用。

10. 办公费、差旅费、会议费、消防费、检验费、仓库费、展览费、商标注册费、冬季取暖费、劳动保护费等管理费用。

11. 停工期间支付的工资、福利费及其他费用。

12. 生产过程中破坏的国家不征用的土地，所支付的土地损失补偿可以列入或者分期列入生产成本。

14. 经财政部门审查批准进入成本的其他费用。

第十五条　下列各项开支不准进入成本：

1. 应在基本建设投资和各种专项基金中开支的费用。

2. 应在本公司留利中开支的奖金。

3. 基建和专项借款的利息（行政部另有规定除外）、流动资金贷款的罚息以及各种赔偿金、滞纳金、违约金、罚款。

4. 超出国家规定开支标准的各项费用，与生产经营活动无关的一切费用。

第十六条　按照《中华人民共和国公司法》规定，本公司有权拒付任何机关和单位的各种摊派。

第四章　基 础 工 作

第十七条　本公司必须在总经理的直接领导下，以财务部门为主，会同公司各职能部门，认真做好定额管理、财产物资盘点、计量验收、原始记录等成本管理基础工作。

第十八条　本公司对所消耗的原材料、燃料、工具以及工时、设备利用、资金占用，费用开支等，都要根据近期已达到的水平，制定各项平均先进的定额，实行定额管理制度。定额确定之后，年内一般不予变更。有关单位和部门必须定期检查定额完成情况，保证定额实现。

第十九条　本公司必须建立计量验收制度，设置完备的计量检测器具，对生产过程的各种消耗、物资收发领退进行严格的计量检验，为成本核算提供正确的数据。

本公司的计量验收工作要有专人负责，对各种计量器具、仪表加强维护，定期维修校验，使之准确无误。

第二十条　本公司的一切财产物资，都必须进行定期与不定期的盘点，做到账物相符。

第二十一条　本公司对产量、质量、原材料、动力消耗、设备运转、工时利用、在产品转移、产成品入库等各个生产环节要认真填制原始记录，提供完整准确、责任清楚的资料。

原始记录的格式，应由本公司计划统计部门会同财务部门共同制定，力求简便易行。

第五章　成本管理责任制

第二十二条　生产、计划、供销、技术、质量检验、设备、劳动等各职能门对成本管理应负的责任按照《实施细则》，做到分工明确、责任清楚、奖惩分明。

第二十三条　本公司财务部门对成本管理的责任制是：

1. 制定本公司的成本管理制度。
2. 参与制定各项定额、计划价格。
3. 编制全厂的财务成本计划，并分解落实到各基层单位。
4. 检查、考核成本计划执行情况。
5. 组织成本核算，指导车间成本管理和成本核算。
6. 进行成本预测、控制、监督和分析工作。

第六章　成本计划和控制

第二十四条　本公司在国家计划的指导下，按照经济体制所赋予的权限，在编制年度生产财务计划的同时编制成本计划，确立生产、财务及成本目标。

第二十五条　本公司编制成本计划必须进行深入的调查研究，掌握市场信息，包括资源、物价、科技发展以及品种、销售、质量等动态，据以分析本公司产品和成本的竞争能力。

第二十六条　成本计划既要做到指标先进、措施得力，又要注意留有余地、切实可行，力争以最少的成本耗费取得最理想的经济效益。

第二十七条　本公司成本计划的主要内容应包括：

1. 生产费用预算。

2.. 全部商品单位成本（分列可比产品与不可比产品）。

3. 主要产品单位成本。

4. 车间经费和本公司管理费预算。

5. 文字说明（包括技术组织措施和增产节约计划）。

第二十八条　成本计划一经批准，本公司的财会部门就应会同有关部门进行指标分解，分级分口落实到各职能部门、车间班组以及个人，确保成本计划的完成。

第二十九条　本公司应采取控制定额、执行预算、审核支出等手段，对生产经营活动全过程进行严格的控制。本公司对材料费用应从消耗和采购成本加以重点控制；对工资费用应从工时定额和工资基金两方面控制；对综合费用的日常控制，应按费用性质和使用单位进行管理，财务部门按预算监督执行。

成本管理与控制要发动广大群众参加，把专业核算与群众核算结合起来。

目标成本是成本控制的有效手段，本公司应创造条件积极推行。

第七章　成 本 分 析

第三十条　产品成本是考核公司经营管理质量的经济技术指标之一。为揭示产品成本升降原因，寻求进一步降低成本的途径，公司必须在搞好成本核算的基础上，认真开展成本分析工作。

第三十一条　公司的成本分析，应作为经济活动分析的主要内容，建立按年、按季、按月的各级成本分析制度。全厂的成本分析会由厂长、总会计师或分管财务会计的副厂长主持，财务部门提供资料。车间的成本分析会，由车间主任主持，成本专业人员提供资料。各专业职能部门应对归口指标进行专题分析。生产班组可进行小指标的考核与分析。

第三十二条　成本分析的内容一般包括：

1. 生产费用计划执行情况的评价。

2. 全部产品（包括可比产品与不可比产品）成本计划完成情况的分析。

3. 按产品成本项目的分析。

4. 主要产品单位成本的分析。

第三十三条　成本分析的方法，一般采取对比分析法，即报告期的实际成本与计划成本对比，与上期或上年同期同类产品的实际成本对比，与本公司历史最好水平对比，与同行业同类产品的实际成本水平对比。

第三十四条　公司在成本分析中，除进行对比分析法外，还必须采用因素分析法，按成本项目逐项进行分析，找出成本升降的原因。成本升降因素主要有：

1. 产量、质量和品种变化对成本的影响。

2. 原材料、燃料、动力消耗定额增减和价格变动对成本的影响。

3. 生产工艺、设备变化对成本的影响。

4. 职工人数的增减、劳动生产率的高低、工资总额变动等对成本的影响。

5. 费用增减对成本的影响。

6. 严重气候和重大责任事故及其他原因对成本的影响。

第三十五条　采用目标成本（定额成本）方法计算成本的公司，应着重进行按成本项目进行实际与定额的差异分析。

1. 实际与定额的差异：指实际消耗数量比定额消耗数量节约或超支的差异。

2. 定额变动差异：指材料、工时等消耗定额变动产生的差异。

3. 材料成本差异：指材料购入价格和材料采购费用的变动而产生的与材料计划成本的差异。

第三十六条 加强技术经济分析与成本分析的结合，如应用价值工程分析，消除过剩功能，降低产品成本；开展产品质量分析，减少废次品，降低产品成本以及应用变动成本法，进行产量—成本—利润的分析，等等。

第三十七条 进行成本分析，必须发动群众，深入实际，调查研究，找出原因，采取措施，解决实际问题，为进一步降低成本作出努力。成本分析的资料反馈，为成本的预测和控制提供信息，进一步完善全面成本管理的循环体系。

第八章 班组核算管理

第三十八条 班组核算是加强基层建设、开展群众性经济核算和依靠群众搞好成本管理的一项重要措施。公司的财务会计部门负责班组核算的业务指导，车间主任必须支持班组核算员的工作，及时总结经验并加以推广。

第三十九条 班组核算员是负责班组核算和经济管理的工人核算员，应由群众选举产生，其职责如下：

1. 组织班组工人当家理财，宣传发动群众对生产耗费进行管理，搞好经济核算，实现增产节约，提高经济效益。

2. 参加讨论和拟定各项消耗定额及费用指标，根据班组考勤员、记录员、材料员提供的有关资料，核算班组的实际生产耗费。

3. 及时公布班组有关指标和定额完成情况，开展经济分析，集中群众智慧，向有关领导提出增产节约、降低消耗、改进成本管理的意见。

第四十条 班组核算的内容应突出重点，简便易行，讲究实效。班组核算要同劳动竞赛、评比奖励相结合，要坚持群众核算同专业核算相结合，使班组、车间和厂部形成完整的厂内经济核算体系。

5.5 日常费用支出管理办法

日常费用支出管理办法

第一章 总 则

第一条 为加强公司日常费用的管理，规范内部财务行为，根据国家有关法律、法规，结合公司实际情况，特制定本办法。

第二条　本办法所指的日常费用支出，是指公司在经营管理过程中发生的各项费用开支。其中，行政管理部门（总部）为组织和管理经营活动而发生的日常费用计入期间费用；项目管理职能部门为开发项目而发生的日常费用计入开发成本的间接开发费。

根据目前公司业务情况及管理需要，本办法将费用分为十四个类别：

1. 职工薪酬

（1）职工工资、奖金、补贴和津贴。

（2）职工福利费。

（3）社会保险金：养老保险、医疗保险、失业保险、工伤保险、生育保险。

（4）住房公积金。

（5）补充养老保险。

（6）补充医疗保险。

（7）工会经费。

（8）职工教育经费。

（9）非货币性福利。

（10）因解除与职工的劳动关系给予的补偿。

（11）其他与获得职工提供的服务相关的支出。

2. 保险费

3. 修理费

4. 业务招待费

5. 差旅费

（1）市内交通费。

（2）市外出差交通费。

（3）市外出差住宿费。

（4）出差误餐费。

6. 办公费用

（1）日常办公费。

（2）办公用品费。

（3）通信费。

（4）水电费。

（5）会务费。

（6）其他办公费。

7. 车辆使用费

（1）汽油燃料费。

（2）停车费。

（3）路桥费。

（4）维修保养费。

（5）车辆用品费。

（6）车辆保险费。

（7）司机津贴补贴。

（8）规费及其他费用。

8. 税金

9. 租赁费

10. 诉讼费

11. 聘请中介机构费

12. 咨询费

13. 董事会费

14. 其他费用

第三条 费用开支管理实行“预算控制、计划管理、适当授权”的原则，坚持在支持业务发展和促进经济效益增长的前提下，合理控制费用的支出。

1. 预算控制是指费用管理的全过程要贯彻预算管理的原则，结合开发项目预算、年度经济工作情况编制年度费用预算，在预算范围内进行费用控制管理。

2. 将费用预算控制列入职能部门计划管理范围。

3. 坚持在总经理统一审批的前提下，根据费用开支的性质及费用开支计划，采取总经理授权，子公司计划内负责审批的形式。

第二章 费用分类管理

第四条 职工薪酬。职工薪酬是指公司为获得职工提供服务而给予各种形式的报酬以及其他相关支出，包括职工工资、奖金、补贴和津贴；职工福利费；养老保险、医疗保险、失业保险、工伤保险、生育保险等社会保险费；住房公积金；工会经费和职工教育经费；非货币性福利；因解除与职工的劳动关系给予的补偿；其他与获得职工提供服务相关的支出。

1. 工资、奖金、补贴和津贴。员工的工资、奖金、补贴和津贴是由人事管理部门负责具体管理，人事管理部门根据公司《薪酬管理办法》《月度绩效考核管理办法》确定每个员工的工资标准，根据绩效考核结果确定应发工资、奖金的金额。

新增员工薪酬标准与员工薪酬变动须经总经理批准后，呈送董事长审批执行，并交财务管理部门备案。

发放《薪酬管理办法》未规定的奖金、补贴和津贴的需附签报或者会议纪要等相关文件，注明人员、标准等。

2. 职工福利费。职工福利费主要用于为员工报销医药费、员工因工负伤赴外地就医路费、员工生活困难补助、对伤病员工及家属的慰问费、员工工作餐费以及按国家规定开支的其他员工福利支出。支出标准按照《薪酬管理办法》执行，《薪酬管理办法》未作规定的应附有公司签报或者会议纪要等相关文件，注明人员、标准等。

员工工作餐费是公司为安排员工早、中、加班工作餐及对外单位人员的招待工作餐所发生的费用，具体管理按公司《招待费管理办法》执行。

领用伙食费，需由综合管理部每月月初根据员工人数、招待工作餐人次及工作餐定额标准，计算工作餐费并填写工作餐费《预支单》。

工作餐费定额标准由综合管理部根据实际情况制定，经总经理办公会审批后执行。

3. 社会保险费是公司为员工缴纳养老保险费、医疗保险费、失业保险费、工伤保险费、生育保险费及为员工缴纳的补充养老保险、补充医疗保险等。企业支付退休员工的退休金、医药费、易地安家补助费、员工退职金、6 个月以上病假人员工资、员工丧葬费、抚恤费等。

人事管理部门负责员工社会保险费的管理工作，于每月 5 日前将当月应缴纳的养老保险、医疗保险、失业保险、工伤保险、生育保险及其他保险明细表交财务管理部门进行核对并入账，财务管理部门负责与办理网上申报及缴纳手续；若有异动，人事管理部门负责于每月 8 日前，在社会保障部门办理异动申报手续，并将异动后的缴纳明细表交财务管理部门入账。

4. 住房公积金是指公司根据国家相关规定为员工缴存的住房公积金。住房公积金中员工个人缴纳部分由公司在其当月工资中代扣代缴。人事管理部门根据国家、地方法规制度与公司《薪酬管理办法》确定员工缴纳基数，于每月5日前将当月应缴纳的住房公积金明细表交财务管理部门进行核对并入账，财务管理部门负责办理网上申报及缴纳手续；若有异动，人事管理部门负责于每月 8 日前，在住房公积金管理部门办理异动申报手续，并将异动后的缴纳明细表交财务管理部门入账。

5. 工会经费是公司根据国家相关规定，按员工工资总额的2%计提的费用。工会经费是工会工作专项经费，其使用由公司分工会按《工会法》以及公司《分工会管理办法》的有关规定执行，报销时发票应经专业委员签字确认，分工会主席审批，并加盖分工会印章。

6. 职工教育经费是公司根据国家相关规定，按员工工资总额2.5%计提、为员工学习先进技术和提高知识水平而支付的费用。员工教育经费管理由人力资源管理部按公司《培训管理办法》执行，报销时需附送公司审批文件、培训通知、发票等单据。

7. 非货币性福利，指公司以自己的产品或以其他有形资产发放给职工作为福利，向职工无偿提供自己拥有的资产，以及为职工无偿提供类似医疗保健服务等。由公司指定资产管理部门负责办理支付及发放相关手续。

8. 因解除与职工的劳动关系给予的补偿，指公司因与职工解除劳动关系给予的经济补偿。补偿金额由人事管理部门按照《合同法》和《薪酬管理办法》进行确定。

9. 其他与获得职工提供服务相关的支出，是支付退休员工的相关费用、易地安家补助费、员工退职金、员工丧葬费、抚恤费及其他与获得职工提供服务相关的支出。

第五条　保险费指除公司为员工缴纳的社会保险费以外的公司实际发生的各项保险费用，如财产保险等，根据保险的性质确定负责办理部门，报销时需附送公司审批文件、保单、发票等单据。

第六条　修理费指公司办公房屋及办公用固定资产等维修费用的支出，包括房屋维修和办公设备维修，修理费用由资产管理部门负责管理，报销时需附送公司审批文件、维修记录、验收手续、成本审核、发票等单据。

第七条　业务招待费是公司为经营业务需要而支付的招待费用。业务招待费的管理坚持合理、节约的原则。业务招待费由综合管理部门负责统一管理，具体管理按公司《招待费管理办法》执行。

业务招待费应一事一报，招待用品报销应附送综合管理部门出具的验收入库手续，根据公司审批的招待费月度资金支出计划，由综合管理部门进行审核，计划外的招待费开支应报董事长认可后方可报销，报销时需附送综合管理部的验收手续、发票、清单等单据。

第八条　差旅交通费是员工因公出差所发生的交通费、住宿费、出差补助费等出差过程中发生的费用，包括员工探亲和经批准赴外地就医的车船费等，包括：市内交通费、市外出差交通费、市外出差住宿费、误餐津贴等，报销时需附送公司审批文件、发票等单据。

1. 市内交通费是员工上班期间因公发生的市内交通费。报销程序按公司《市区内公务交通费管理办法》执行。

2. 市外出差交通费

（1）到市外地区出差的人员须事先填写《市外出差申请单》或公司签报等文件，注明出差事由、目的地、所需天数和使用的交通工具等，经总经理审批后方可开支。

（2）申请单须作为费用报销附件。

（3）出差人员需借支差旅费的，按借支手续办理。

（4）超过开支标准的费用或员工出差期间非工作需要的参观、游览等费用开支，由个人自理。

（5）市外出差乘用的交通工具报销标准，按综合管理部门出台的管理办法执行。

（6）部门负责人以下人员若因出差路途遥远或出差任务紧急需乘坐飞机，须经总经理审批。陪同公司领导出差的随行人员可一同乘坐相同的交通工具。

（7）市外出差期间办理公务时乘坐出租车可据实报销，须在发票背面注明起止地点、事由。乘坐公共交通工具可按票据据实报销。

3. 市外出差住宿费报销标准，按综合管理部门出台的管理办法执行。

（1）出差住宿费凭住宿发票报销，不得同其他费用报销，特殊原因需提高住宿标准的，须经总经理审批。

（2）出差人员由接待单位招待，无住宿发票的不再另行报销住宿费。外出参加会议、学习，其费用中已包含住宿费的不再另行报销住宿费。

第九条　办公费用是指公司发生的日常办公费、办公用品费、通信费、水电费、会务费等费用，由综合管理部门负责管理。

1. 日常办公费是公司日常办公所支付的物业管理费、绿化维护费、报刊杂志费及日常办公设施维修维护费等。

2. 办公用品费是购买日常办公所需的笔、纸、复印耗材等办公用品的开支，由综合管理部按公司《办公用品管理办法》执行，报销时应附上明细购买清单、综合管理部门的验收手续、发票等单据。

3. 通信费是办公支出的电话费，手机通信费等费用。办公区域的固定电话费用经批准后可到银行办理托收，财务管理部门每月取得托收发票后直接入账。

员工手机通信费用按统一标准包干使用，具体标准，按综合管理部门出台的管理办法执行。

4. 水电费是办公支出的水费、电费，由综合管理部凭发票办理报销手续。

5. 会务费是公司因业务开展所需召开的会议费用及参加外单位会议所缴纳的会务费。

（1）会务费实行计划管理、预算控制。

（2）各部门因业务需要召开会议，须事先列出会务计划，会同综合管理部编制会议费用预算，经总经理审批后实施。

（3）需预借会务费的按借支手续办理。

（4）会议主办部门须在会议结束后 1 周内，会同综合管理部对照会议预算报告办理报销手续。

（5）如需向参加会议有关人员支付咨询费等劳务报酬的，一律列明清单，由领用人签收，并按税法规定扣除须由公司代缴的个人所得税。

（6）参加外单位组织的各种会议，须事先凭会议通知，经总经理审批后方可参加。会务费凭审批的会议通知与相关票据，经财务负责人审核，呈送总经理审批后办理报销手续。

6. 其他办公费是其他日常办公所发生的零星费用，如因工作需要购置的学习资料、书籍或在外复印图纸、装订资料等费用。

第十条　车辆使用费综合管理部门负责车辆使用费的管理，实行定点加油、定点维修，并按单车进行核算。因用车不当而导致车辆损坏造成损失的，由事故责任人承担修理等费用。公司车辆出险可获保险赔款的，保险赔款一律先打入公司账户，事故责任人在支付修理、赔偿等费用后，凭相关票据限额报销。损失金额在获赔保险款限额内全额报销，超过部分由事故责任人自行承担。车辆使用费包括：汽油燃料费、停车费、路桥费、维修保养费、车辆用品费、车辆保险费、规费及其他费用，具体管理按公司《车辆使用办法》执行。

1. 汽油燃料费是车辆使用燃料所发生的费用，油卡由综合管理部负责统一购置与管理，车辆使用者按需到综合管理部领取油卡，并办理登记手续。报销时由经办人、车队负责人确认油票对应的车辆。

2. 停车费是公司租用固定停车场、车辆使用者因工外出临时停车缴纳的费用，停车费一律凭停车发票据实报销。

3. 路桥费是车辆行驶过程中缴纳的过路费与过桥费，按发票据实报销。

4. 维修保养费是为保证车辆正常运行所做的故障维修、例行保养等费用，报销时须送附维修清单、公务车辆维修及保养申请表等单据，公司注册车辆必须在相应所属公司报销，领导车辆按薪酬划分在相应所属公司报销。

5. 车辆用品费是购置车辆所需用品发生的费用。车辆用品的采购经总经理审批后由综合管理部统一购置，个人不得自行购买。

6. 车辆保险费由综合管理部选择保险公司办理保险事宜，保单由综合管理部统一保管，费用报销时凭保险发票与保单复印件办理。

7. 规费及其他费用是按规定需缴纳的其他各项车辆费用，凭相关缴款发票按程序报销。

第十一条　税金。税金是指公司按国家税法规定申报缴纳的印花税、城镇土地使用税、房产税、车船税等，由综合管理部门和财务管理部门按国家相关规定填报纳税申报表，办理缴税事宜。

第十二条　租赁费。租赁费是指非生产性资产的租赁费用，由综合管理部门根据实际发生情况办理支出手续。

第十三条　诉讼费。诉讼费是指公司为向人民法院提起诉讼程序或者应诉而发生的费用，包括案件受理费和其他拆讼费用等，报销时需附送法院出具的相关文书、公司审批文件、发票等单据。

第十四条　聘请中介机构费。聘请中介机构费是公司根据业务需要聘请会计、评估、税务师事务所或造价师事务所、法律事务所等中介机构发生的业务费用。聘请中介机构一律事先签订合同，报销时需附送合同协议、发票等单据。

第十五条　咨询费。咨询费是指公司向有关咨询机关进行科学技术、经营管理咨询时支付的费用，包括聘请经济技术顾问、法律顾问等支付的费用，报销时需附送公司审批文件、合同协议、发票等单据。

第十六条　董事会费。董事会费是指公司董事会所发生的费用支出，包括董事会成员津贴、会议费和差旅费等。董事会费支出由董事会秘书负责办理，开支时需附送会议通知、出席人员数量、地点等相关资料。

第十七条　其他费用是上述第四条至第十六条费用之外的费用开支，按审批程序及相关制度规定办理。

第三章　工作程序要求

第十八条　公司发生的一切费用开支，须由公司员工经手办理。若经办人或经办部门获批准将相关事务委托外单位或外单位人员办理，所发生的费用须由委托事务的职能部门经办人办理报销手续，公司财务管理部门不受理外单位人员办理费用报销。

公司现金结算起点为5 000元，具体执行按照公司的《财务管理办法》执行。

第十九条　向外单位支付款项时，经办人须索要有效票据，票据要求如下：

1. 报销票据包括但不限于：发票（财政票据）、购买（结算/发放）清单、出（入）库单、相关文件（公司签报或会议纪要）等票据。

2. 发票的真伪由报销人负责，验证真伪可拨打12366税务热线查询，核实票据纳税人名字、发售时间或验证时间是否与票面一致等。

3. 发票应加盖开票单位的发票专用章，发票专用章的印迹必须清楚，且发票专用章包含纳税人名称和纳税人税务登记号。财政票据应加盖开票单位的财务专用章。

4. 发票（财政票据）的项目内容或品名，必须符合发票开具人（发票章名称）的实际经营范围，发票（财政票据）应具备以下内容：单位名称，填制日期，款项内容（用途），品名、数量、单价、金额等要素。票据填写字迹要清楚，不得涂改、挖补，大小写金额必须相符。

5. 除定额发票以外，所有发票（财政票据）的公司名称抬头均为相应付款公司全称，错字漏字多字不得报销。如，××地产公司发生的日常费用，取得的发票应写“××地产开发有限公司”，特别是招待费用，不得写“个人”。

6. 凡涉及办公用品、招待物品或礼品等物件费用的报销，需到综合管理部办理相应的验收手续。

7. 凡应附领款清单的，应附上领用（款）人签名的清单；凡应附结算清单、购买清单的，清单上应加盖和发票一致的发票专用章且清单价格必须符合市场公允价格。

8. 年内取得的发票（财政票据），应在本年内报销，如遇特殊情况，第四季度取得的发票可延迟到次年的第一季度报销。本月取得的发票，应在本月或次月报销，最长不超过3个月。

第二十条　报销审批要求：

1. 由经办人发起费用审批程序，整理齐全并粘贴整齐，将报销金额写在报销单上，并在报销单上签字，经办人员为代办人员的，委托人员应在报销单上签字。

2. 部门负责人审批费用款项经济业务是否属实，并在票据单上签字后，方能审批。

3. 财务部门审核报销票据是否符合规定，如金额、票据真伪、票据时效性及合理性、票据抬头是否正确等其他要求，审核后，在报销票据上加盖审核印章。对不符合规定的报销票据，财务人员可拒绝报销，并提请报销人取得合法合规的报销票据。

4. 报销审批完后，由报销人打印，并在报销审批单上签名，到财务登记和付款。

5. 计划外日常费用报销必须经董事长审批后，方可报销。

第二十一条　日常费用对外结算须严格按公司《财务管理办法》执行。

第二十二条　各职能部门须认真做好费用台账及物品台账的管理，记录核算本部门的各项费用。综合管理部门需设置业务招待用品、办公用品台账，严格管理物品的购买、使用、结存。对业务招待礼品、办公用品须在台账中准确核算物品的数量、单价、金额，做到购进入库、领用出库，按规定程序办理。

第二十三条　支出证明单的使用。公司严格限制支出证明单使用范围及金额，由于客观原因，小额（50元）的零星支出（如车辆临时路边补胎修理费用、临时搬运货物等）无法取得发票，而只取得收款收据或其他收条，报销时应填写支出证明单，并注明无法取得发票的原因。

5.6　费用管理制度

费用管理制度

第一章　总　　则

第一条　为加强公司费用管理，控制不合理费用开支，提高经济效益，特制定本制度。公司费用管理通过预算管理、额度管理和行政管理三种方法。除公司特别规定的项目外，严禁先列支后报销。所有报销的原始凭证不得涂改，如有涂改，在报销时扣除该费用金额。

第二条　本制度执行基本原则，制度凡无明示则禁止，需申请批准后执行。

第二章　业务招待费

第三条　招待费是指招待客人而产生的支出，包括餐费、礼品/金、娱乐活动、旅游景点门票等。职能部门的招待费采用预算管理和行政管理相结合的方法，经营业务部门的招待费实行预算管理和额度管理相结合的方法。

第四条　招待费用发生前，采用口头或书面的形式填写《业务招待费用申请表》向行政领导提出本次费用计划（特殊情况可事后补办，如领导出差等），单次费用金额≥200元必须采用书面申请，申请内容包括事由、参加人数、发生次数、预计金额。

第五条　在公司指定签单招待餐馆就餐的，经有签单权的负责人同意后，事先报餐，就餐完毕由授权负责人签字确认。财务人员对转来的无签单权限的人员签署的就餐结算单据不予承认。

第六条　招待费报销须附《业务招待费申请表》，无此表财务作退回补办相关手续处理，出差期间的招待费须与差旅费同时报销。

第七条　如有高一级别主管人员参加，须有最高一级主管作为报销人。

第三章　办公费

第八条　办公费是指公司内各单位办公文具、办公家具、办公通信器材、电器以及电脑配件、易耗材料等的购置费用。办公费实行额度管理与预算管理。

第九条　公司办公费用涉及物品由行政部（电脑及耗材由系统管理员）在预算额度内按需求购买、管理，办公用品购置实行定点采购管理。

第十条　行政部设专人对办公用品进行管理。办公用品采购审批程序：各职能部门填写《采购申购单》报行政部审核，并经总经理/财务总监审批后到定点单位采购。

第十一条　行政部应按月将办公用品领用及费用分配表报财务部，财务部将费用划转入各职能部门。

第十二条　行政部建立领用大金额办公物品登记簿，做好办公用品的管理工作。

第十三条　严禁公司内部各单位自行采购有关办公用品，否则，由此发生的费用，将不予报销。

第四章　通讯费

第十四条　通信费（含网络、邮寄费）是指公司内各单位和相关人员安装、使用电话、宽带所支出的费用（包括移动电话费用补贴）。

第十五条　公司管理人员及特殊岗位人员移动电话费标准实行定额度管理，补贴标准及执行办法参照公司有关文件执行。

第十六条　公司内总机、各部门所属直拨电话、传真机电话费用由行政部进行管理。

第十七条　公司本部派出的国内临时出差人员发生的临时电话、传真、邮寄等费用计入差旅费用，并参照本章第十三条执行。

第五章　差　旅　费

第十八条　差旅费是指因公外出发生的各种交通费、住宿费、伙食费补助等。因公出差按出差地点分为：国内临时出差、国内长期出差（外派）、境外出差。差旅费实行行政管理。

第十九条　员工国内临时出差所发生的差旅费按国内差旅费开支标准。

差旅费标准

项目＼职务级别		总经理 财务总监	总经理助理 大区经理 总监	部门经理 副经理	部门助理 部门主管 业务经理	职员
在途交通	飞机	按实报销	按实报销		控制报销	
	火车、汽车		软卧	硬卧		
	轮船		二等舱位	三等舱位	四等舱位	
出差生活补贴	京沪穗深		100			
	省会、单列市		80			
	其他城市		60			
住宿费标准	京沪穗深	实报	400	300	150	
	省会单列市		300	260	120	
	其他城市		200	180	100	
市内交通	京沪穗深	按实报销				
	省会、单列市					
	其他城市					
说明	①省会城市还包括天津、重庆两个直辖市，自治区政府所在城市。 ②单列市主要是指经济发达城市，包括：大连、青岛、宁波、厦门、珠海、苏州。 ③西藏、港澳等特殊地区另行规定。					

1. 长途交通费总监级以下人员未经总经理/财务总监批准，擅自乘坐飞机的费用，按其级别所对应的标准报销，超额自理。

2. 原则上不允许乘坐软卧、客轮、飞机商务舱和豪华舱，夜间行走超过8小时方可乘坐硬卧。特殊情况下，经总经理/财务总监书面批准，凭票据报销80%，否则凭票据只能报销50%费用。

3. 员工多人一起出差要安排两人间或三人间住宿，住宿费按原标准的70%执行。出差人员中有异性的，可单独按标准报销。

4. 出差期间内报经授权主管批准业务招待费开支或市内的士费支出报销人员，该费用发生差旅区域内相应的所有伙食补贴或市内交通补贴，一概不予报销。

5. 公司委派的各种会议的费用开支，凭会议通知上注明的相关费用报销；已包食宿的，相关住宿费、伙食补贴不予报销。

6. 公司派出接受培训人员的费用和补贴标准依据举办单位通知和培训合约确定。

7. 公司因外延发展需要派驻外地长期工作的人员的差旅费及补贴标准由公司另行规定，不适用本办法。

8. 外派员工回集团公司差旅费根据实际情况经审批后报销。

9. 出差人员按标准内凭票据实报销伙食补贴、住宿费等。

第二十条 国内临时出差实行事先申报制度。经理（含）以下人员当日未往返地区出差实行事前申请制度，依据差旅费标准和预计出差时间填报《出差申请表》，因特殊原因未能事前申请的，应于回公司后一周内补办申请审批手续。没有经过批准的《出差申请表》，财务部不予借款和报销。

第二十一条 国内长期出差参照公司规定差旅费开支标准范围内申报长期出差人员的费用开支标准和管理办法，报总经理/财务总监审批后，报财务部备案。

第二十二条 员工境外（含港、澳地区）出差所发生的差旅费另行规定。

第二十三条 出差借款程序：

1. 各类出差人员需借款者，在填报《出差申请表》同时填报《借款单》（注明累计借款额及逾期借款额），参照审批权限报经核准后，转财务部门复查并办理借款。对借款额及逾期情况注明不符者，财务有权退回当事人进行更正，重新报批。

2. 出差后的各类发票、单据，按业务招待费、差旅费（长途交通费、住宿费）分类填报。《差旅费用报销单》附于《费用报销单》，其中业务招待费填写《业务招待费申请表》，长途交通费、住宿费填写《差旅费报销单》，短途交通费、机场建设费、行李托运费、电话费等杂费汇总填写在《差旅费报销单》的其他栏中，并入差旅费报销。差旅期间发生的共同费用报销，报销单需有同行人员签名确认。

3. 严禁人为将同批次差旅开支项目拆零分次报销，绕避监管。一经发现，财务有权不予受理未报销拆零部分，并在报销单上标识核销。

4. 新招聘的外地专业人员，原则上不报销前来报到发生的各项费用，包括单程路费及行李托运费用。特殊情况需要报销的，应由本人申请，报总经理审批。

第六章　交　通　费

第二十四条　交通费是指用于车辆的燃油费、停车费过路过桥费等及市内发生的出租车费、公交车费等，发货（取货）运输费归为交通费，交通费实行预算管理、行政管理相结合的原则。

第二十五条　车辆燃油费实行预购加油卡管理，未经总监以上主管签批（附文字说明）的现金加油发票，财务不予以报销受理。

第二十六条　车辆管理部门应于加油卡金额使用完毕时（再次购买前）报各部门使用情况及折算使用金额，财务部据此分摊费用。

第二十七条　公务用车订车流程、费用标准（对外租车）、审批程序，由车辆归口管理部门拟定相应管理办法执行。

第二十八条　市内交通费按实报销，原则上以公交车、地铁为主，无特殊情况不得乘坐出租车；若有特殊情况的，事先向主管经理提出申请，批准后方可乘坐。坐出租车的，在报销车费时，须在出租车票空白处，写明：乘坐原因、起讫地点，不写明的，在报销时财务部门作退回处理。

第七章　三 项 经 费

第二十九条　三项经费是指员工福利费、职工教育经费、工会经费。

第三十条　福利费、员工餐费实行预算管理和额度管理相结合的办法：

1. 本公司提供员工午餐，发生的费用在预算范围内可据实报销。

2. 加班餐费，员工加班应根据公司相关考勤制度执行，不发放加班餐费，特殊情况报领导审批后按公司员工餐标准凭票报销。

3. 员工因本市内出差未能返回公司就餐（午餐），不分职务级别，本公司员工餐费标准（暂定为20元/人）凭票报销。

4. 公司为集团外派员工提供住宿，相关费用据实报销。

第三十一条　职工教育经费，实行预算管理及行政管理：

1. 按国家规定的必须接受相关教育的费用，可据实报销，如会计后续教育等。

2. 购买工作专用的法律、法规书籍、接受培训等其他事项，需经批准后报销。

第三十二条　工会经费，另作规定。

第八章　费用管理方法及报销程序

第三十三条　公司费用管理通过预算管理、额度管理和行政管理三种方法：

1. 预算管理是指各职能部门、业务单位事先向财务部提出下期本部门所有费用的计划（金额≥1 000元的大额财产购置、修理、装潢，需另单独预算申请），财务部统一报总经理或财务总监批准后，确定单位下期费用预算金额。实际费用报销时，财务部门根据费用预算，准予报销或另行处理。

2. 额度管理是指费用在一定的额度范围内控制使用，额度确定的依据是销售额、工作职务、员工人数等。

3. 行政管理是指费用报销人在费用产生前，采用口头或书面的形式向行政领导提出本次费用计划，经行政领导同意后，产生的费用方能按费用报销流程到财务部门报销费用。

管理方法①：采用预算管理和额度管理相结合的费用项目有办公费、运输费、所有部门的手机费。

管理方法②：采用预算管理和行政管理相结合的费用项目有职能部门的招待费、所有部门的差旅费、其他相对变动费用。

管理方法③：除此之外的相对固定费用采用预算管理。

4. 其他变动费用项目是：交通费、车管费、会务费、装修费、佣金、除手机费外的其他通信费。

5. 相对固定费用。除上述变动性费用项目外的所有费用均列入相对固定费用，采用预算管理方法。

第三十四条　具体实施按如下规定办理：

1. 预算管理

（1）目前公司对所有费用按月预算，每月25日前，各职能、经营部门向财务部提交下月的《费用预算表》，审批核准后的预算在月底前发回各单位。

（2）各职能部门、各业务单位未能在规定时间内提交《费用预算表》，则该部门的费用报支顺延1个月。

（3）实际发生费用超过预算的，请各部门说明情况后报总经理或财务总监批示。

2. 额度管理

（1）根据销售额确定额度的费用项目是招待费。招待费超额度本期内不予报销。

（2）根据工作职务确定额度的费用项目是手机费。手机费超额度部分不予报销。

（3）根据员工人数确定额度的费用项目是办公费。办公费超额度部分本期内不予报销。

3. 行政管理

单项费用金额≥200元必须采用书面申请。无批准的书面申请，在报销时财务部门作退回处理。行政领导层次：职员→部门主管→总经理/财务总监。

第三十五条　费用内容及管理分类详见附表1。

第三十六条　签批权限及流程：

1. 预算管理，经审批的行政费用预算，费用发生时，在预算范围内由部门经理（主管）执行。

2. 额度管理，按本条第1款执行。

3. 行政管理，200元以下的费用，为提高工作效率，建议由各部门经理（主管）参照本制度执行，200元以上的费用需申请批准执行。

4. 相关签批权限及流程参考附表2。

5. 本制度所规定的费用等款项支付最终签批权限由总经理/财务总监负责。

第三十七条　费用报销单填列规范：

1. 费用报销单必须用蓝、黑水笔书写，用胶水粘贴附件，不得使用订书针、大头钉、回形针串别。不符合规定的，财务部门作退回处理。

2. 报销的原始发票要求是正规发票，确实无法取得，可以采用《付款凭单》代替，但需写明原因，且金额不得超过100元。发票级次：增值税发票—普通发票—正式收据。

3. 对其他部门委托办理的事项，费用需由委托部门承担的，报销单应由经办部门填写，并经委托部门经理签字确认，无委托部门经理签字的，费用记入经办部门账。

4. 报销单据。

（1）报销单使用说明

报销单使用说明

单据名称	使用说明
《费用报销单》	各种费用的报销，按所列部门进行行政审批流程
《出差申请表》	为《费用报销单》的附件，差旅费用报销的必要条件
《差旅费报销单》	为《费用报销单》的附件，详细填列发生的各项费用
《业务招待费申请表》	为《费用报销单》的附件，超过200元招待费报销的必要条件
《采购申请单》	申购物品签批使用，报销时为《费用报销单》的附件
《借款单》	用于借款、冲账的时候为《费用报销单》的附件

（2）费用报销使用注意事项

大于（含）10 000元的行政费用、行政采购、项目施工采购请款必须附加相关合同、申购单、入库单、发票作为审核依据。报销的大额日常费用、货款（≥1 000元）支付，原则上以支票形式为主。

第三十八条　费用报销的步骤和流程：

1. 经办人填写《费用报销单》并附相关附件，参照本制度并按费用报销单上所列部门逐一进行审核签批。

2. 总经理/财务总监审批后，到财务部领款，完成报销程序。

第三十九条　借支规定：

1. 公司不开放除差旅费外的其他各种个人借款。

2. 个人因公借款，需附批准后的《出差申请单》《业务招待费申请表》《采购申请单》、合同等。

3. 借款最高限额能够完成需要或满足业务周转的最低量。

第九章　责任及处罚规定

第四十条　报销人营私舞弊、弄虚作假，对违规违纪金额不予报销。对已经报销的，除退回违规报销金额外，同时对报销人予以违规报销金额5%～20%的罚款。

第四十一条　部门经理（主管）在资料不全、原始凭证不充分、项目不真实的情况下签名准予报销的，对部门经理（主管）予以违规报销金额3%～15%的罚款。

第四十二条　财务审核人员审核不严使公司造成损失的，或者未执行本办法规定处罚责任，擅用职权受理违规费用报销者，对财务审核人员并处违规报销金额3%～15%的罚款。

第四十三条　如果违反上述开支标准或手续不齐全，报账时列入其他项目而隐瞒实际金额或超预算报销，财务有权拒绝受理。

第四十四条　借款逾期满30天，当事人未能及时提供经总监以上主管核准的有效书面情况说明，并办理延期手续者，财务有权在当事人借款逾期当月工资中扣回欠款。

第四十五条　因审核过失造成费用借款人未有效报账冲销借款，或者无法从工资扣回逾期借款者，由经办责任人（含各级审批人）应承担不低于流失款总额50%的经济责任。按责任人基本工资比例分别承担相应损失金额，并在坏账当期应发工资中扣还。

第四十六条　本期发生的费用，原则上应于费用生成的当期报销，差旅费报销应于出差人员返回公司当月报销，超过上述期限的票据金额，报销人书面陈述原因经总经理/财务总监批准后报销。

附表1　费用内容及管理分类

管理方法	费用项目	费用内容
预算管理 额度管理	业务部门的招待费	招待客人的餐费、礼品、娱乐活动、旅游景点门票等
	手机费	因工作需要而实际已支付的手机费
	办公费——其他办公用品	日常办公支出，如购买纸笔、印制名片等

（续表）

管理方法	费用项目	费用内容
预算管理 行政管理	职能部门的招待费	招待客人的餐费、礼品、娱乐活动、旅游景点门票等
	差旅费	出差的在途车费、住宿费、市内交通费、出差生活补贴
	交通费	市内出差、办事所花费车费 车辆花费费用，如：汽油、养路费分摊、过桥路费等
	装修费	办公场地、仓库等的装修费用
	佣金	支付的代理费用
	其他通信费	除移动通信费之外的其他通信费
预算管理	除上述变动性费用项目外的所有费用项目均列入相对固定费用	

附表2　签批权限及流程（略）。

5.7　财务报销制度及报销流程

财务报销制度及报销流程

第一章　总　　则

第一条　为了加强公司内部管理，规范公司财务报销行为，倡导一切以业务为重的指导思想，合理控制费用支出，特制定本制度。

第二条　本制度根据相关的财经制度及公司的实际情况，将财务报销分为日常办公费用、工薪福利及相关费用、税费支出、项目相关支出及专项支出等，以下分别说明报销相关的借款流程及各项支出的具体财务报销制度和报销流程。

第三条　本制度适用公司全体员工。

第二章　借支管理规定及借支流程

第四条　借款管理规定：

1. 出差借款：出差人员凭审批后的《出差申请表》按批准额度办理借款（借款金额不可超出本人工资，如超出需副总特批），出差返回后3个工作日内办理报销还款手续。

2. 其他临时借款，如业务费、周转金等，借款人员应及时报账，除周转金外其他借款原则上不允许跨月借支。

3. 各项借款金额超过5 000元应提前一天通知财务部备款。

4. 借款销账规定：借款销账时应以借款申请单为依据，据实报销，超出申请单范围使用的，须按《报销流程审批》，否则财务人员有权拒绝销账。

5. 借款未还者原则上不得再次借款，逾期未还借支者转为个人借款从工资中扣回。

6. 员工私人借款的额度不得超过本人当月工资50%，返款日为下次发放工资之前，否则将在发放工资时扣除借款。

第五条　借款流程：

1. 借款人按规定填写《借款单》，注明借款事由、借款金额（大小写须完全一致，不得涂改）、支票或现金。

2. 审批流程参照《财务审批流程》。

3. 财务付款：借款凭审批后的借款单到财务部办理领款手续。

第三章　日常费用报销制度及流程

第六条　日常费用主要包括差旅费、电话费、交通费、办公费、低值易耗品及备品备件、业务招待费、培训费、资料费等。在一个预算期间内，各项费用累计支出原则上不得超出预算。

第七条　费用报销的一般规定：

1. 报销人必须取得相应的合法票据（相关规定见发票管理制度）。

2. 填写报销单应注意：根据费用性质填写对应单据；严格按单据要求项目认真填写，注明附件张数；金额大小写须完全一致（不得涂改）；简述费用内容或事由。

3. 按规定的审批程序报批。

4. 报销5 000元以上需提前一天通知财务部以便备款。

第八条　费用报销的一般流程参照《财务审批流程》。

第九条　差旅费报销制度及流程：

1. 报销范围

本细则适用于公司国内出差的报销及外地长驻人员。

2. 出差审批办法

（1）出差申请程序：因工作需要出差，无论是否借款，出差前均应填写“出差计划”，明确出差任务、出行路线、逗留时间及随行人员等相关事宜，出差申请单应由部门主管审核签字。若同次出差任务涉及多部门员工的，应按部门分别填制出差申请单。未经过审批的，不予借支和报销差旅费。“出差申请单”由财务部留存，并作为部门费用考核依据。

（2）如需借款，应填写“领款凭单”，根据出差申请单确定借款金额。

（3）财务部实行“前账不清、后账不借”的原则。

（4）差旅费报销程序

①出差人填写好差旅费报销单，将票据粘在粘贴单上，由报销人签字，经部门主管或经理确认。

②负责人审批签字。

③会计审核制单，预借款予以冲销，款项多退少补。

④会计复核凭证。

⑤出纳办理：现金、支票收付。

（5）出差住宿标准如下表所示（附全国城市定位：一线、二线、三线、四线）。

出差住宿标准

人员级别	城市住宿费标准		补助标准
	三线、四线城市	一线、二线城市	全线城市
普通职员、（副）主管、副经理	100元/天 120元/天	140元/天	20元/天
经理（含）以上总经理以下级别	140元/天	180元/天	20元/天
总经理	实报实销	实报实销	实报实销

注：（1）报销时均以实际有效票据为准，超出标准的部分公司不予报销，公司将低于标准的部分的50%作为奖励

（2）住宿原则，如是同性别2人或多人出差，采用拼房合住方式，计算标准同上

（3）以上表格中若（客户或第三方）公司已经承担食宿费，则不另行报销

（4）订货会、大型培训及公司活动由组织部门统一领款报销，则不另行报销

（5）出差补助发放标准：支持（巡查）长沙市区（包括星沙）以外市场或门店可享有20元/天的出差补助

（6）订货会、大型培训及公司组织活动均不享有出差补助

（7）出差补助计算方式：按自然天数计算，出差半天按半天计算出差补助，夜间乘车（下午18：00以后且连续乘车7小时到达）计算半天出差补助

（8）出差补助发放形式：由出差人员填写报销单，单据上注明出差天数与补助金额，报销时统一办理

（9）出差补助从2012年1月1日开始试行，试行部门为销售部、货品部，其他部门暂时不推行，若后期执行范围扩大将出具修改文件说明

（10）长期驻外补贴：同一地点连续出差10天以上为长期出差，不发放出差补助，可申请长期驻外补贴，长期补贴根据城市定位不同，进行分级，具体为：一线、二线城市500元/月，三线、四线城市300元/月

（6）乘坐工具标准如下表所示。

乘坐工具标准

级别 项目	普通职员、（副）主管、副经理	经理（含）以上总经理以下级别	总经理
飞机	不允许乘坐	不允许乘坐	按实报销
“动车”	不允许乘坐	普通列车7小时内到达，可选择“动车”	按实报销
火车	7小时之内到达目的地标准为硬座，7小时以上可选择规定标准硬卧铺	7小时以上到达目的地标准为硬座，7小时以上可选择规定标准硬卧铺	按实报销
市内公交车、出租车	市内公交车票按标准报销，不予报销出租车票	按月标准凭票报销	按实报销

3. 差旅费报销原则

（1）住宿费报销条件：根据出差计划表预算，结合出差住宿标准核算，超出预算部分不予报销。

（2）交通费报销原则：根据交通乘坐标准，结合出差计划表进行报销，超出预算部分不予报销。

（3）交通补贴：凡有交通补贴的员工严格按照标准报销，超出标准部分不予报销。交通补贴只针对长沙市内交通费，因出差产生的其他城市市内交通费按照出差标准报销。

（4）出租车费用报销：参照“乘坐工具标准”执行，但考虑大部分员工对出差地乘坐路线、工具不清晰，特规定，单次出差由汽车（火车）站至目的地，由目的地至车站，车程20元以内可乘坐出租车，超出标准外应乘坐巴士（或超出部分出租车费不予以报销）。

（5）出差期间，若发生招待费（须获得上级批准），报销时须单独填报，要求写明发生费用原因，被招待对象及其联系电话和就餐金额。

（6）代理商要求长沙公司委派人员常驻的，该人员工资由当地代理商承担发放，根据员工职位不同，薪资不同，该项工资为特殊工资，另行计算。

（7）出差的行程路线须与出差申请单上表明路线相符，不得乘坐旅游专线汽车，不得绕行。违反规定的，其超出标准的金额，自行承担，并减除多行走天数已发生的费用，且多行走的天数按旷工处理。

（8）出外学习、培训和参加会议的人员，如果主办单位统一安排食宿，食宿费已包含学习、培训、会议费用中的，凭会议证明和发票，在审核后按实报销学习、培训、会务费，不再另报住宿费及补助。如经审查后，发现有弄虚作假者，按多报住宿费及补助的5倍罚款，给予其所在部门或分管领导2倍的罚款。

（9）公司组织订货会、大型培训及公司活动应严格按照安排流程执行，不得违反规定私自操作。违反规定的，因其产生的金额，自行承担。若有超出安排时间的，超出部分按照旷工处理。

（10）严格控制出差人数，多派人出差的部门领导处以多派人出差费用的2倍罚款。

（11）出差人员应在回公司后3个工作日报账，需延期报销的应有书面申请并有部门领导和分管领导审批，否则按应报金额的10%进行处罚，同时对部门领导罚款50元/次。

第十条 电话费报销制度及流程：

1. 费用标准

（1）移动通信费：为了兼顾效率与公平的原则，根据员工工作性质以及公司的实际情况设定报销标准，如公司招商部员工每月移动话费补助100元，于每月工资中发放，超出标准之外招商部员工自行负责。

（2）固定电话费：公司为员工提供工作必需的固定电话，并由公司统一支付话费；不允许员工在上班期间打私人电话。

2. 报销流程

（1）财务部通知招商部有话费补助的员工于每月（10日前）按话费标准将发票交财务部，以便会计做账。

（2）固定电话费由行政部指定专人按日常费用审批程序及报销流程办理报销手续，若遇电话费异常变动情况应到电信局查明原因，特殊情况报副总经理批示处理办法。

第十一条 交通费报销制度及流程：

1. 费用标准

（1）员工因公需要用车可根据公司相关规定申请公司派车，经行政部车辆管理人员同意后方可用车，特殊情况经经理批准方可乘坐出租车；

（2）市内因公公交车费应保存相应车票报销。

2. 报销流程

参照《财务审批流程》。

第十二条 办公费、低值易耗品等报销制度及流程：

1. 管理规定

为了合理控制费用支出，此类费用由公司行政部统一管理，集中购置，并指定专人负责。

2. 报销流程

（1）购置申请：公司行政部每季度根据需求及库存情况按预算管理办法编制购置预算，实际购置时填写购置申请单按资产管理办法规定报批。

（2）报销程序：报销人先填写费用报销单（附出入库单），按日常费用审批程序报批。审批后的报销单及原始单据（包括结账小票）交财务部，按日常费用报销流程付款或冲抵借支。

（3）费用归集：财务部按月根据行政部提供的各部门领用金额统计表，归集核算各部门相关费用。库存用品作为公共费用，待实际领用时分摊。

第十三条　招待费、培训费、资料费及其他报销制度及流程：

1. 费用标准

（1）招待费：为了规范招待费的支出，大额招待费应事前征得副总经理的同意。

（2）培训费：为了便于公司根据需要统筹安排，此费用由公司人力资源部门统一管理，各部门培训需求应及时报送人力资源部。人力资源部根据实际需要编制培训计划报副总经理审批。

（3）资料费：在保证满足需要的前提下，尽量节约成本，注意资源共享。一般来说公司所有资料、用品购买均由行政部负责，特殊情况除外。

（4）其他费用：根据实际需要据实支付。

2. 报销流程

参照《财务审批流程》。

第四章　工薪福利及相关费用支出制度及流程

第十四条　工薪福利等支出包括工资、临时工资、社会保险及各项福利等，此类费用按照资金支出制度相关规定执行。

第十五条　工薪福利支付流程：

1. 工资支付流程

（1）每月13日由人力资源部将本月经公司总经理审批后的工资支付标准（含人员变动、额度变动、扣款、社会保险等信息）编制标准格式的工资表。

（2）具体审批流程参照《财务审批流程》。

（3）每月18日由财务部通过银行代发形式支付工资。

（4）每月18～25日员工到人事部领工资条并与工资卡内资金进行核实。

2. 临时工资支付流程同工资支付流程。

3. 社会保险支付流程

（1）由人力资源部将由公司副总经理审批后的支付标准交财务部进行相关的财务处理。

（2）社会保险金由财务部协助人力资源部办理银行托收手续，财务部收到银行托收单据应交人力资源部专人签字确认，若有差异应查明原因并按实际情况进行调整。

4. 其他福利费支出由公司人力资源部按审批后的支付标准填写报销单，具体流程参照《财务审批流程》

第五章　专项支出财务报销制度及流程

第十六条　专项支出主要包括软件及固定资产购置、咨询顾问费用、广告宣传活动费及其他专项费用等。

第十七条　软件及固定资产购置报销财务制度及流程：

1. 填写购置申请：按公司《资产管理制度》相关规定填写《资产购置申请单》并报批。

2. 报销标准：相关的合同协议及批准生效的购置申请。

3. 结账报销

（1）资产验收（软件应安装调试）无误后，经办人凭发票等资料办理出入库手续，按规定填写报销单（经办人在发票背面签字并附出入库单）。

（2）按资金支出规定审批程序审批。

（3）财务部根据审批后的报销单以银行转账/支票形式付款。

（4）若需提前借款，应按借款规定办理借支手续，并在事后的第一个报销日内办理报销手续。

第十八条　其他专项支出报销制度及流程：

1. 费用范围：其他专项支出包括其他所有专门立项的费用（含咨询顾问费、广告及宣传活动费、公司员工活动费用、办公室装修及其他专项费用）支出。

2. 费用标准：此类费用一般金额较大，由主管部门经理根据实际需要向副总经理提交请示报告（含项目可行性分析、费用预算及相关收益预测表等），经副总经理签署审核意见后方可执行。

3. 财务报销流程

（1）审批后的报告文件到财务部备案，以便财务备款。

（2）签订合同：由直接负责部门与合作方签订正式合作合同（合同签订前由公司法律顾问审核，合同应注明付款方式等）。

（3）付款流程

①由经办人整理发票等资料并填写费用报销单（填写规范参照日常费用报销一般规定）。

②按审批程序审批。

③财务部根据审批后的报销单金额付款。

④若需提前借款，应按借款规定办理借支手续，并在返回公司后3个工作日内办理报销手续。

第六章　报销时间的具体规定

第十九条　为了协调公司对内、对外的业务工作安排，方便员工费用报销，财务部将报销时间具体安排如下：

1. 财务报销：出纳报销时间为周一至周五的13：00～17：00。为了便于财务部集中时间月末结账，每月28日后不进行账务报销。

2. 借支及其他业务不受以上的时间限制，可随时办理。

5.8　成本费用内部控制制度

成本费用内部控制制度

第一章　总　　则

第一条　为了加强某某公司（以下简称“公司”）成本费用的内部控制，降低成本费用耗用水平，提高公司经济效益，根据国家有关法律、法规和《企业内部控制基本规范》，制定本制度。

第二条　本制度所称成本，是指可归属于产品成本、劳务成本的直接材料、直接人工和其他直接费用，以及商品采购成本和采购费用，不包括为第三方或客户垫付的款项。费用，是指公司在日常活动中发生的、会导致所有者权益减少的、与所有者分配利润无关的、除成本之外的其他经济利益的总流出。

公司应合理划分期间费用和成本的界限。期间费用应直接计入当期损益；成本应计入所生产产品、出售商品、提供劳务的成本。

第三条　公司在成本费用管理过程中，至少应关注涉及成本费用的下列风险：

1. 成本费用支出违反国家法律、法规，可能遭受外部处罚、经济损失和信誉损失。

2. 成本费用支出未经适当审批或超越授权审批，可能因重大差错、舞弊、欺诈而导致损失。

3. 成本费用预测不科学、不合理，可能因成本费用支出超预算或者预算外支出导致公司权益受损。

4. 成本费用的核算和相关会计信息不合法、不真实、不完整，可能导致公司财务报告失真。

第四条 公司在建立与实施成本费用内部控制过程中，至少应强化对下列关键方面或关键环节的控制：

1. 职责分工、权限范围和审批程序应明确规范，机构设置和人员配备应科学合理。

2. 成本费用定额、成本计划编制的依据应充分适当，成本费用事项和决策过程应明确规范。

3. 成本费用预测、决策、预算、控制、核算、分析、考核的控制流程应清晰严密，对成本费用核算、内部价格的制订和结算办法、责任会计及有关成本费用考核等应有明确的规定。

第二章 岗位分工及授权批准

第五条 公司应建立成本费用业务的岗位责任制，明确内部相关部门和岗位的职责、权限，确保办理成本费用业务的不相容岗位相互分离、制约和监督。同一岗位人员应定期作适当调整和更换，避免同一人员长时间负责同一业务。

成本费用业务的不相容岗位至少包括：

（1）成本费用定额、预算的编制与审批。

（2）成本费用支出与审批。

（3）成本费用支出与相关会计记录。

第六条 公司应配备合格人员办理成本费用的核算业务。办理成本费用核算的人员应具备良好的业务知识和职业道德，遵纪守法，客观公正。公司应通过培训，不断提高他们的业务素质和职业道德水准。

第七条 公司应对成本费用业务建立严格的授权批准制度，明确审批人对成本费用业务的授权批准方式、权限、程序、责任和相关控制措施，规定经办人办理成本费用业务的职责范围和工作要求。

第八条 审批人应根据成本费用授权批准制度的规定，在授权范围内进行审批，不得超越审批权限。

经办人应在职责范围内，按照审批人的批准意见办理成本费用业务。

第三章 成本费用预测、决策与预算控制

第九条 公司应根据本单位历史成本费用数据、同行业同类型标杆公司的有关成本费用资料、料工费价格变动趋势、人力、物力的资源状况，以及产品销售情况等，运用量本利分析、投入产出分析、变动成本计算和定量、定性分析、价值链成本比较分析等专门方法，对未来公司成本费用水平及其发展趋势进行科学预测，制订科学、合理的成本费用管理目标。

第十条　开展成本费用预测，应本着费用最少、效益最大的原则，明确合理的期限，充分考虑成本费用预测的不确定因素，确定成本费用定额标准。

第十一条　成本费用预测应服从公司整体战略目标，考虑各种成本降低方案，从中选择最优成本费用方案。

第十二条　公司对成本费用预测方案进行决策，应对产品设计、生产工艺、生产组织、零部件自制或外购等环节，运用价值分析、生产工序、生产批量等方法，寻找降低成本费用的有效措施。

第十三条　公司应根据成本费用预测决策形成的成本目标，建立成本费用预算制度。通过编制成本费用预算，将公司的成本费用目标具体化，加强对成本费用的控制管理。成本费用预算编制程序应符合《内部控制制度——预算》的有关规定。

第四章　成本费用执行控制

第十四条　公司应按照《内部控制制度——采购》的有关规定合理确定材料供应商和采购价格，并运用经济批量法确定材料采购批量，控制材料采购成本和储存成本。

公司应根据成本费用预算、定额和支出标准，分解成本费用指标，落实成本费用责任主体，保证成本费用预算的有效实施。

公司应明确制造费用支出范围和标准，采用弹性预算等方法，加强对制造费用的控制。

第十五条　公司应建立成本费用支出审批制度，根据费用预算和支出标准的性质，按照授权批准制度所规定的权限，对费用支出申请进行审批。

财务部门会同相关部门对成本费用开支项目和标准进行复核。

第十六条　公司应指定专人分解成本费用目标，记录有关差异，及时反馈有关信息。

第十七条　公司应规范成本费用开支项目、标准和支付程序，从严控制费用支出。对未列入预算的成本费用项目，如确需支出，应按照规定程序申请追加预算；对已列入预算但超过开支标准的成本费用项目，应由相关部门提出申请，报上级授权部门审批。

第十八条　公司内部相互提供劳务和转移产品零部件等，其成本费用确认方法，应本着有利于转出、转入双方和公司整体利益的原则，制定相应的控制制度。

第十九条　公司会计机构或人员在办理费用支出业务时，应根据经批准的成本费用支出申请，对发票、结算凭证等相关凭据的真实性、完整性、合法性及合规性进行严格审核。

第五章　成本费用核算

第二十条　公司应建立成本费用核算制度，制定必要的消耗定额，建立和健全材料物资的计量、验收、领发、盘存以及在产品的移动管理制度。制定内部结算价格和结算方法，明确与成本费用核算有关的原始记录及凭证的传递流程和管理制度等。

第二十一条 成本费用的归集、分摊应遵循下列要求：

1. 成本的确认和计量应符合《企业会计准则》和《企业会计准则——应用指南》的规定。

2. 成本费用核算应与客观经济事项相一致，以实际发生的金额计价，不得人为降低或提高成本。

3. 成本费用核算应为公司未来决策提供有用信息。

4. 成本费用应分期核算。

5. 一定期间的成本费用与相应的收入应配比。

6. 成本费用的核算方法应前后一致。

7. 成本费用归集、分摊、核算应考虑重要性原则。

第二十二条 公司应根据本单位生产经营特点和管理要求，选择合理的成本费用核算方法。成本费用核算方法一般有品种法、分批法、分步法等。

第二十三条 公司应建立合理的成本核算、费用确认制度。成本费用核算应符合《企业会计准则》和《企业会计准则——应用指南》的规定，对生产经营中的材料、人工、间接费用等进行合理的归集和分配，不得随意改变成本费用的确认标准及计量方法，不得虚列、多列、不列或者少列成本费用。

成本计算方法应在各期保持一致。变更成本计算方法应经过有效审批。

第六章 成本费用分析与考核

第二十四条 公司应建立成本费用分析制度。

公司可以运用比较分析法、比率分析性、因素分析法、趋势分析法等方法开展成本费用分析，检查成本费用预算完成情况，分析产生差异的原因，寻求降低成本费用的途径和方法。

第二十五条 公司应建立成本费用内部报告制度，实时监控成本费用的支出情况，发现问题应及时上报有关部门。

第二十六条 公司应建立成本费用考核制度，对相应的成本费用责任主体进行考核和奖惩，通过成本费用考核促进各责任中心合理控制生产成本及各种耗费。

成本费用考核工作主要包括修订成本费用预算、确定成本考核指标和分析、评价业绩等。

第二十七条 公司在进行成本费用考核时，可以通过目标成本节约额、目标成本节约率等指标和方法，综合考核责任中心成本费用预算或开支标准的执行情况，保证业绩评价公正、合理。

第二十八条　公司应加强对成本费用的监督检查，制定制度，明确监督检查人员的职责权限，定期和不定期地开展检查工作。检查内容包括：

（1）成本费用业务相关岗位及人员的设置情况。

（2）成本费用授权批准制度的执行情况。

（3）成本费用预算制度的执行情况。

（4）成本费用核算制度的执行情况。

第二十九条　公司应通过宣传培训和奖惩措施，增强全体员工自觉地节约成本费用的意识。

第6章　会计核算管理制度

6.1　企业会计核算办法（常规业务）

企业会计核算办法（常规业务）

第一章　总　　则

第一条　为规范企业的会计核算，提供准确、完整的会计信息，根据《企业会计制度》及其补充规定，结合工业企业行业核算特点，特制定本办法。

第二条　企业填制会计凭证、登记会计账簿、管理会计档案等要求，按照《中华人民共和国会计法》《会计基础工作规范》和《会计档案管理办法》的规定执行。

第三条　会计年度：自公历一月一日起至十二月三十一日止为一个会计年度。

第四条　企业的会计核算以人民币为记账本位币。

第五条　企业采用权责发生制原则对收入、成本费用等经济业务事项进行合理的确认和计量。

第六条　企业在进行会计核算时，收入与其成本、费用应当相互配比，同一会计期间内的各项收入与其相关的成本、费用，应当在该会计期间内确认。

第七条　企业财务部门，在单位行政负责人的领导下，统一组织、管理企业的会计核算工作。

第二章　会计科目设置

第八条　按照《企业会计制度》及其补充规定的要求，结合工业企业业务特点，具体分为资产类科目、负债类科目、权益类科目、成本类科目、损益类科目五大类。

序号	编号	会计科目名称	序号	编号	会计科目名称
		一、资产类			二、负债类
1	1001	现金	30	2101	短期借款
2	1002	银行存款	31	2111	应付票据
3	1009	其他货币资金	32	2121	应付账款
4	1101	短期投资	33	2131	预收账款
5	1111	应收票据	34	2151	应付工资

（续表）

序号	编号	会计科目名称	序号	编号	会计科目名称
6	1121	应收股利	35	2153	应付福利费
7	1122	应收利息	36	2161	应付股利
8	1131	应收账款	37	2171	应交税金
9	1133	其他应收款	38	2176	其他应交款
10	1141	坏账准备	39	2181	其他应付款
11	1151	预付账款	40	2191	预提费用
12	1161	应收补贴款	41	2301	长期借款
13	1201	物资采购	42	2331	专项应付款
14	1211	原材料			三、所有者权益类
15	1231	低值易耗品	43	3101	实收资本
16	1243	库存商品	44	3111	资本公积
17	1301	待摊费用	45	3121	盈余公积
18	1401	长期股权投资	46	3131	本年利润
19	1402	长期债权投资	47	3141	利润分配
20	1501	固定资产			五、损益类
21	1502	累计折旧	48	5101	主营业务收入
22	1601	工程物资	49	5102	其他业务收入
23	1603	在建工程	50	5201	投资收益
24	1701	固定资产清理	51	5203	补贴收入
25	1801	无形资产	52	5301	营业外收入
26	1901	长期待摊费用	53	5401	主营业务成本
27	1911	待处理财产损溢	54	5402	主营业务税金及附加
		四、成本类	55	5405	其他业务支出
28	4101	生产成本	56	5501	营业费用
29	4105	制造费用	57	5502	管理费用
			58	5503	财务费用
			59	5601	营业外支出
			60	5701	所得税
			61	5801	以前年度损益调增

第三章　会计核算程序

第九条　根据企业的规模和具体业务特点，采用如下会计核算程序：

1. 根据原始凭证或原始凭证汇总表，编制各种记账凭证。

2. 根据收付款凭证及所附的原始凭证或原始凭证汇总表，逐笔登记现金和银行存款日记账。

3. 根据记账凭证及原始凭证或原始凭证汇总表，登记各种明细账。

4. 根据各种记账凭证编制记账凭证汇总表，即科目汇总表。

5. 根据科目汇总表登记总分类账。

6. 将总分类账与日记账、明细账进行核对，并保证账账相符。

7. 根据总分类账和明细账有关记录编制会计报表。

第四章　货币资金核算

第十条　货币资金包括库存现金、银行存款和其他货币资金，是以货币形态存在的资产。

第十一条　货币资金核算会计科目设置：

1.　库存现金核算

企业收入现金时，借记“现金”科目，贷记有关科目；支出现金时，借记有关科目，贷记“现金”科目。

企业月终清点现金发生溢缺时，应通过“待处理财产损溢”及时进行账务处理：属于现金短缺，应查明原因，分别借记“其他应收款”（责任人赔偿）、“管理费用”（无法查明原因）等科目，贷记“待处理财产损溢”科目；属于现金溢余，应查明原因，借记“待处理财产损溢”，贷记“其他应付款”（应支付有关单位或个人）、“营业外收入”（无法查明原因）等科目。

为反映库存现金的收支和结存情况，企业应设置现金日记账，逐日逐笔登记，日清月结，保证账款相符。

2.　银行存款核算

企业银行存款增加时，根据有关银行收款凭据，借记“银行存款”科目，贷记有关科目；以银行存款支付时，借记有关科目，贷记“银行存款”科目。

为反映银行存款的收支和结存情况，企业应设置银行存款日记账，逐日逐笔登记，按月与银行对账单核对相符。如有不符，应及时查明原因，属于记账错误的，应按规定方法更正；属于未达账项引起的，应编制银行存款余额调节表调节相符。

3.　其他货币资金核算

企业如有外埠存款、信用证（卡）存款等，应借记“其他货币资金”科目，贷记

"银行存款"科目。

第五章　存 货 核 算

第十二条　存货包括各类材料、燃料、包装物、低值易耗品、外购商品、在产品、半成品、产成品等。

第十三条　企业存货按实际成本核算，发出存货可采用先进先出法、加权平均法（包括移动加权平均法和月末一次加权平均法）及个别计价法计价。

第十四条　存货核算会计科目设置：

1. 原材料核算（含燃料、包装物）

企业购入原材料（含燃料、包装物）时，根据当月已认证抵扣的增值税专用发票和材料验收入库单等原始凭证，借记"原材料""应交税金——应交增值税（进项税额）"科目，贷记"应付账款""银行存款""现金"等科目。对于当月未认证抵扣的增值税专用发票，月末按未认证的增值税专用发票金额（不含税）暂估入账，次月初用红字冲回，待增值税专用发票认证后，按正常程序核算。若企业未取得增值税专用发票，则根据普通发票和材料验收入库单等原始凭证直接借记"原材料"科目，贷记"应付账款""银行存款""现金"等科目。

企业发出原材料（含燃料、包装物）时，根据材料领用单及用途，分别借记"生产成本——直接材料""制造费用""管理费用""营业费用""其他业务支出"等科目，贷记"原材料"科目。

2. 低值易耗品核算

企业购入低值易耗品时，根据购货发票和验收入库单，借记"低值易耗品""应交税金–应交增值税（进项税额）"科目，贷记"应付账款""银行存款""现金"等科目。

企业发出低值易耗品时，采用一次摊销法，根据低值易耗品领用单及用途，分别借记"制造费用""管理费用""营业费用""其他业务支出"等科目，贷记"低值易耗品"科目。若一次摊销金额较大，影响成本、费用的合理、均衡负担，可通过"待摊费用"科目，按预计使用期限摊销，但最长摊销期限以一年为限。

第十五条　企业应定期对存货进行盘点，每年至少盘点一次。发生存货盘盈、盘亏和毁损时，应通过"待处理财产损溢"及时进行账务处理：属于存货盘亏和毁损，应查明原因，分别借记"其他应收款"（责任人赔偿）、"管理费用"（自然损耗、计量收发差错、管理不善）、"营业外支出"（自然灾害、意外事故）等科目，贷记"待处理财产损溢"科目；属于存货盘盈，应查明原因，借记"待处理财产损溢"，贷记"管理费用"科目。

第十六条 为反映存货的收入、发出和结存情况，企业应按存货类别和品种设置明细账，通过定期清查，保证账实相符。

第六章 固定资产核算

第十七条 固定资产是指使用寿命超过一个会计年度，为生产商品、提供劳务、出租或经营管理而持有的房屋及建筑物、设备、器具、运输工具等。不属于生产经营主要设备的物品，单位价值在2000元以上，并且使用年限超过2年的，也作为固定资产。

第十八条 企业固定资产分为房屋及建筑物、机器设备、运输工具、电子设备、其他设施（含与生产经营活动有关的器具、工具、家具等）五大类。

第十九条 企业采用年限平均法（又称直线法）计提固定资产折旧。各类固定资产折旧年限、预计净残值及折旧率如下：

类别	净残值率（%）	使用年限（年）	年折旧率（%）
房屋及建筑物	5～10	20	4.5～4.75
机器设备	5～10	10	9～9.5
运输工具、电子设备及其他	5～10	5	18～19

第二十条 固定资产核算会计科目设置：

1. 固定资产购建核算

（1）外购固定资产核算

企业购入不需安装的固定资产，按照实际支付价款（包括附加费和税费）借记“固定资产”科目，贷记“银行存款”“现金”“应付账款”等科目。

企业购入需要安装的固定资产，按照实际支付价款（包括附加费和税费）借记“在建工程”科目，贷记“银行存款”“现金”“应付账款”等科目。发生安装费用，借记“在建工程”科目，贷记“银行存款”“现金”“应付账款”“应付工资”等科目或借记“在建工程”科目，贷记“应交税金—应交增值税（进项转出）”“原材料”科目。安装完工结转固定资产，借记“固定资产”科目，贷记“在建工程”科目。

企业境外出资者以机器设备出资，根据设备进口报关单、设备价值鉴定证书等有关凭据，借记“固定资产”科目，贷记“实收资本”科目。需要安装的固定资产，通过“在建工程”科目核算。

（2）自行建造固定资产核算

①自营方式建造固定资产核算

企业购入为工程准备的物资，根据购货发票和物资验收入库单等有关凭据，借记“工程物资”科目，贷记“银行存款”“现金”“应付账款”等科目；工程领用物资，根据物资领用单借记“在建工程”科目，贷记“工程物资”科目；计提工程人员工资，借记“在建工程”科目，贷记“应付工资”科目；工程领用原材料，借记“在建工程”科目，贷记“应交税金——应交增值税（进项转出）”“原材料”科目；工程完工交付使用，借记“固定资产”科目，贷记“在建工程”科目。

②出包方式建造固定资产核算

企业预付工程款，借记“预付账款”科目，贷记“银行存款”科目；结算工程款并补付剩余工程款，根据工程结算单据借记“在建工程”科目，贷记“银行存款”“预付账款”科目；工程完工交付使用（达到预定可使用状态），借记“固定资产”科目，贷记“在建工程”科目。

2. 固定资产折旧核算

企业根据月初各类固定资产原值和折旧率计算当月应计提的折旧额，并根据固定资产的使用地点和用途，分别借记“制造费用”“管理费用”“营业费用”“其他业务支出”等科目，贷记“累计折旧”科目。

3. 固定资产修理核算

企业固定资产的日常维修，根据固定资产的使用地点和用途，分别借记“制造费用”“管理费用”“营业费用”等科目，贷记“银行存款”“现金”“应付账款”等科目。

企业固定资产的大修费用，采用待摊方法核算。根据固定资产大修费用金额大小及预计大修间隔期限长短（税法规定按固定资产尚可使用年限），借记“待摊费用”或“长期待摊费用”科目，贷记有关科目。摊销时，分别借记“制造费用”“管理费用”“营业费用”等科目，贷记“待摊费用”或“长期待摊费用”科目。

4. 固定资产处置核算

企业因出售、报废、毁损等原因减少固定资产，通过“固定资产清理”科目核算。

固定资产转入清理时，借记“固定资产清理”（净值）、“累计折旧”（已提折旧）科目，贷记“固定资产”科目。

固定资产清理过程中发生清理费用，借记“固定资产清理”科目，贷记“银行存款”“现金”“应付账款”等科目。

企业销售固定资产，按税法规定计缴有关税金时，借记“固定资产清理”科目，贷记“应交税金——应交增值税或营业税”等科目。

企业收回出售固定资产的价款、报废固定资产的残料价值和变价收入时，借记“银行存款”“现金”“原材料”等科目，贷记“固定资产清理”科目。

企业计算或收到应由保险公司或责任人的赔偿款时，借记“银行存款”或“其他应收款”科目，贷记“固定资产清理”科目。

固定资产清理后发生的净收益，应区别不同情况进行处理：属于企业筹建期间的，借记“固定资产清理”科目，贷记“长期待摊费用——开办费”科目；属于生产经营期间的，借记“固定资产清理”科目，贷记“营业外收入——处置固定资产净收益”科目。固定资产清理后发生的净损失，也应区别不同情况进行处理：属于企业筹建期的，借记“长期待摊费用——开办费”科目，贷记“固定资产清理”科目；属于生产经营期间的正常损失，借记“营业外支出——处置固定资产净损失”科目，贷记“固定资产清理”科目；属于生产经营期间由于自然灾害等原因造成的非正常损失，借记“营业外支出——非常损失”科目，贷记“固定资产清理”科目。

5. 固定资产清查核算

企业应对固定资产定期或至少每年盘点一次。对于清查过程中发现盘盈或盘亏的固定资产应及时进行账务处理：

盘盈的固定资产，借记“固定资产”（市场价格减去估计折旧）科目，贷记“待处理财产损溢”科目；报经批准后，借记“待处理财产损溢”科目，贷记“营业外收入——固定资产盘盈”科目。

盘亏的固定资产，借记“待处理财产损溢”（账面价值）“累计折旧”（已提折旧）科目，贷记“固定资产”（原值）科目；报经批准转销时，借记“营业外支出——固定资产盘亏”科目，贷记“待处理财产损溢”科目。

第二十一条 企业固定资产按其类别、名称和使用部门分别编号、建卡、设账。

第二十二条 对于海关监管的固定资产单独建账，其进口报关单原件单独装订保管。超过监管期的固定资产，及时申请解除监管。

第七章 无形资产及其他资产核算

第二十三条 企业无形资产主要包括专利权、非专利技术、商标权、著作权、土地使用权、特许经营权。

第二十四条 无形资产核算会计科目设置：

1. 无形资产取得核算

企业外购的无形资产，按实际支付的价款借记“无形资产”科目，贷记“银行存款”等科目。

企业自行开发并按法定程序取得的无形资产，按依法取得时发生的注册费、聘请律师费等费用借记“无形资产”科目，贷记“银行存款”等科目。在研究与开发过程中发生的材料费、直接参与研究与开发人员的工资及福利费、开发过程中发生的租金、借款费用等，直接计入当期损益。

2. 无形资产摊销核算

企业无形资产自取得当月起按规定的收益期限（一般按10年期限，投资或受让的无形资产可按合同约定的期限，外购软件可按2年期限）平均摊销，借记“管理费用——无形资产摊销”科目，贷记“无形资产”科目。

企业购入的土地使用权，在尚未开发或建造自用项目前，按合同期限平均摊销；企业因利用土地建造某自用项目时，应将土地使用权的账面价值全部转入在建工程成本，借记“在建工程”科目，贷记“无形资产”科目。同一块土地如果开发项目多且不能完全确定所有开发项目时，为简化核算，可全部作为无形资产，按合同期限平均摊销。

第二十五条　企业发生的长期待摊费用按费用项目实际发生数，借记“长期待摊费用”科目，贷记“银行存款”等科目；按确定的受益期限（已提足折旧的固定资产改建支出，按固定资产尚可使用年限；租入固定资产的改建支出，按合同约定的剩余租赁年限；其他长期待摊费用不低于3年）平均摊销，借记“制造费用”“管理费用”“营业费用”等科目，贷记“长期待摊费用”科目。

企业筹建期间发生的开办费，在“长期待摊费用”科目归集，于生产经营当月一次摊销，借记“管理费用”科目，贷记“长期待摊费用”科目。

如果长期待摊费用项目不能使以后会计期间受益的，应当将尚未摊销的该项目摊余价值全部转入当期损益。

第二十六条　企业在判断某项费用是否需通过“待摊费用”或“长期待摊费用”科目核算时，除了考虑受益期限的长短外，还应考虑该项费用金额的大小即重要性。如果某项费用金额较小，不足以影响各期成本费用水平的均衡负担，即使受益期限较长，亦可简化核算，将该项费用直接列入当期有关成本费用项目，而不必通过“待摊费用”或“长期待摊费用”科目核算。

第八章　债权债务核算

第二十七条　企业债权主要包括应收票据、应收账款、预付账款、应收补贴款和其他应收款等。企业债务主要包括短期借款、长期借款、应付票据、应付账款、预收账款、应付工资、应付福利费、应交税金、其他应交款和其他应付款等。

第二十八条　企业发生的与商品购销、接收和提供劳务有关的债权债务业务，根据其具体核算内容分别通过应收票据、应收账款、预收账款、应付票据、应付账款、预付账款科目核算。

企业销售商品、材料、提供劳务，根据合同、销货（劳务）发票等凭据，借记“应收账款”“应收票据”“预收账款”等科目，贷记“主营业务收入”“其他业务收入”“应交税金——应交增值税（销项税额）”等科目；收到货款，借记“银行存款”“现金”等科目，贷记“应收账款”“应收票据”“预收账款”等科目。

企业购买商品、接受劳务，根据合同、购货（劳务）发票等凭据，借记“原材料”“低值易耗品”“制造费用”“管理费用”“营业费用”“应交税金——应交增值税（进项税额）”等科目，贷记“应付票据”“应付账款”“预付账款”等科目；支付货款，借记“应付票据”“应付账款”“预付账款”等科目，贷记“银行存款”“现金”等科目。

应收票据到期不能收回，按其账面余额借记“应收账款”科目，贷记“应收票据”科目；应付票据到期，企业无力支付票款，按其账面余额借记“应付票据”科目，贷记“应付账款”科目。

第二十九条　企业出口货物按规定计算的应退税额，会计核算时借记“应收补贴款”科目，贷记“应交税金——应交增值税（出口退税）”科目；按免抵税额，借记“应交税金——应交增值税（出口抵减内销产品应纳税额）”科目，贷记“应交税金——应交增值税（出口退税）”科目；收到退回的税款，借记“银行存款”科目，贷记“应收补贴款”科目。

第三十条　企业向银行等金融机构、其他单位和个人借入的款项，根据其借款期限的长短，借记“银行存款”科目，贷记“短期借款”“长期借款”（一年以上）科目。

企业短期借款预提未付利息，借记“财务费用”科目，贷记“预提费用”科目；企业长期借款预提未付利息，借记“财务费用”“在建工程”（资本化部分）等科目，贷记“长期借款——应付利息”科目。

企业归还借款本息，借记“短期借款”“长期借款”“预提费用”“长期借款——应付利息”等科目，贷记“银行存款”科目。

第三十一条　企业应支付给员工的基本工资、奖金、津贴、补贴等工资总额一律通过“应付工资”科目核算。分配当月工资时，分别借记“生产成本——直接人工”“制造费用”“营业费用”“管理费用”“在建工程”等科目，贷记“应付工资”科目；发放工资时，借记“应付工资”科目，贷记“其他应付款–社会保险费”（个人部分）“其他应付款——住房公积金”（个人部分）“应交税金——应交个人所得税”“制造（管理）费用——水电费”（个人负担部分）“管理费用——伙食费”（个人负担部分）“现金”“银行存款”等科目。企业实际支付社会保险费、住房公积金、个人所得税、水电费、伙食费时，借记“管理费用——社会保险费”（单位部分）“其他应付款——社会保险费”（个人负担部分）“管理费用——住房公积金”（单位部分）“其他应付款——住房公积金”（个人负担部分）“应交税金——应交个人所得税”“制造（管理）费用——水电费”“管理费用——伙食费”等科目，贷记“现金”“银行存款”等科目。

第三十二条　企业为员工支付的除社会保险费、住房公积金以外的其他福利费，直接借记“生产成本——直接人工”“制造费用”“营业费用”“管理费用”等科目，贷记“现金”“银行存款”等科目；外资企业从税后利润中提取的职工福利及奖励基金，则通过“应付福利费”科目核算。

第三十三条　企业发生的除应收票据、应收账款、预付账款等以外的其他各种应收、暂付款项通过“其他应收款”科目核算；企业应付、暂收其他单位和个人的款项通过“其他应付款”科目核算。

第三十四条　企业债权债务按往来单位和个人设置明细账，应定期核对，及时结算。

第九章　营业收入核算

第三十五条　营业收入的范围。

营业收入是指企业在销售商品、提供劳务等经营活动中实现的收入，包括主营业务收入和其他业务收入。

1. 主营业务收入是指企业在生产经营活动中，销售产品、提供劳务所取得的收入，包括产品销售收入、来料加工收入。

2. 其他业务收入是指企业从事主营业务以外的其他经营活动所取得的收入，如材料销售收入、废品处理收入、房屋出租收入、无形资产转让收入等。

第三十六条　营业收入的确认：

1. 销售商品：在商品所有权上的主要风险和报酬转移给购货方，公司不再对该商品实施与所有权有关的继续管理权，也没有对已出售的商品实施控制，与交易相关的经济利益能够流入企业，相关的收入和成本能够可靠地计量时，确认收入的实现。

2. 提供劳务：在同一年度内开始并完成的劳务，在完成劳务时确认收入；劳务的开始和完成分属不同的会计年度，且在资产负债表日能对该项劳务交易的结果作出可靠估计的，按完工百分比法确认劳务收入。

3. 他人使用本企业资产：在与交易相关的经济利益能够流入企业，收入的金额能够可靠地计量时确认收入。

第三十七条　企业当年度营业收入必须计入当年度损益，不得提前或延后。

第三十八条　营业收入核算会计科目设置：

1. 主营业务收入核算

企业销售产品、提供劳务取得收入时，根据发票及发货单等票据借记“现金”“银行存款”“应收账款”等科目，贷记“主营业务收入”“应交税金——应交增值税（销项税额）”等科目。

2. 其他业务收入核算

企业销售材料、处理废品等取得其他收入时，根据相关原始凭证借记“现金”“银行存款”“应收账款”等科目，贷记“其他业务收入”“应交税金——应交增值税（销项税额）”等科目。

以上科目必须按收入类别进行明细核算。期末应将“主营业务收入”“其他业务收入”科目的余额转入“本年利润”科目。

第十章 成本费用核算

第三十九条 企业成本费用核算应遵循收入成本配比原则，按照不同业务类别分别归集各自成本费用。

第四十条 为了准确核算成本费用，企业必须划分以下成本费用界限：

1. 生产经营成本和非生产经营成本的界限

只有正常的生产经营活动消耗才能计入生产经营成本。非生产经营活动消耗，如投资活动，筹资活动；非正常损失消耗，如灾害盗窃损失、违约金、滞纳金等赔偿支出、资产减值损失等，均不能计入生产经营成本。

2. 生产经营成本与期间费用的界限

凡与企业直接生产经营活动无关的经营管理性支出均作为期间费用直接计入当期损益，一般包括营业费用、管理费用和财务费用。

3. 不同会计期间的成本费用界限

根据权责发生制原则确定当期的成本费用，合理划分不同会计期间的成本费用界限，正确、谨慎地使用“待摊费用”和“预提费用”科目。

4. 不同成本核算对象的费用界限

根据管理需要，按产品品种、劳务种类或收入类别核算成本费用。各成本核算对象发生的成本费用，直接计入该成本核算对象成本；不能直接计入各成本核算对象的成本费用，采取合理的方法分配计入各成本核算对象。

第四十一条 成本费用科目设置及核算内容。

企业设置“生产成本”“制造费用”“营业费用”“管理费用”“财务费用”科目核算企业的成本费用：

1. 生产成本核算

指企业进行工业性生产，包括生产各种产品（产成品、自制半成品、提供劳务等）自制材料、自制工具、自制设备等所发生的各项生产费用，分设直接材料、直接人工和制造费用三个成本项目：

（1）直接材料

指形成产品实体的主要原料、外购件及虽不构成产品实体但有助于产品形成的辅助材料等。

企业发生直接材料耗用时，根据材料领用单或材料领用汇总表，借记“生产成本——（成本核算对象）直接材料”科目，贷记“原材料”科目。

（2）直接人工

指企业产品生产过程中，基本生产工人的工资及福利费支出。为简化核算，也可将基本生产工人的福利费支出列入“制造费用”。

企业分配生产工人工资时，根据工资表借记“生产成本——（成本核算对象）直接人工”科目，贷记“应付工资”科目。

（3）制造费用

指企业为生产产品和提供劳务而发生的各项间接费用，即车间一级发生的间接费用。具体包括：

①工资：指企业支付的车间管理人员和后勤人员的基本工资、奖金、津贴、补贴等。

②福利费：指企业实际为车间管理人员和后勤人员支付的除社会保险费、住房公积金以外的其他诸如伙食费、医药费、员工探亲路费、员工通勤车费、员工房屋租金、电话费补助、体检费、洗理费、困难补助等福利费用。

③折旧费：指企业计提的生产部门固定资产折旧费。

④修理费：指企业生产部门固定资产发生的维护、修缮、修理费用。

⑤办公费：指企业生产车间发生的办公用品费、电话费、邮电费、报刊杂志费及其他办公费用。

⑥水电费：指企业发生的水费、电费支出。

⑦机物料消耗：指企业生产过程中发生的诸如机油、清洗产品或机床用的汽油、抹布等其他物耗支出。

⑧劳动保护费：指企业员工的劳动保护用品、高温高危有害作业津贴费支出。

⑨低值易耗品摊销：指企业生产车间使用的低值易耗品（包括不构成固定资产的工具、模具、量具、器具）摊入本期的金额。

⑩其他费用：指车间一级发生的不属于以上项目的费用，若费用金额较大的，应单列项目反映。

企业发生各项制造费用时，根据发票、材料领用单及自制原始凭证等，借记“制造费用”科目，贷记“现金”“银行存款”“原材料”“累计折旧”“应付工资”等科目。期末，应将“制造费用”科目余额按合理的方法（生产工人工时、生产工人工资、机器工时、直接材料成本、直接生产成本等）分配计入产品成本，借记“生产成本——（成本核算对象）制造费用”科目，贷记“制造费用”科目。该科目应按费用项目设置明细账。

企业产品完工验收入库时，按实际成本借记“库存商品（产成品）”科目，贷记“生产成本”科目。该科目期末借方余额，反映企业尚未加工完成的各项在产品的成本。

企业产品成本计算的一般程序：

①根据公司的生产计划（指令），按产品批别和成本项目归集和分配生产费用，先

计算出各批别的产品成本，然后再计算出各产品品种成本；

②确定生产成本在完工产品与在产品之间的分配方法。完工产品成本可按下列公式计算：

本期完工产品成本＝期初在产品成本+本期生产成本发生额—期末在产品成本

期末在产品成本可根据各生产部门提供的月末“在产品盘点表”计算（可只计算原材料成本）：

期末在产品成本＝∑（在产品数量×单价）

2. 营业费用核算

指企业销售商品过程中发生的各项费用。具体包括：

（1）工资：指企业支付的营销部门人员的基本工资、奖金、津贴、补贴等。

（2）福利费：指企业实际为营销部门人员支付的除社会保险费、住房公积金以外的其他诸如伙食费、医药费、员工探亲路费、体检费、洗理费、困难补助等福利费用。

（3）折旧费：指企业计提的营销部门固定资产折旧费。

（4）修理费：指企业营销部门固定资产发生的维护、修缮、修理费用。

（5）办公费：指企业营销部门发生的办公用品费、电话费、邮电费、报刊杂志费及其他办公费用。

（6）运杂费：指商品销售过程中支付的运输费、装卸费、搬运费、临时仓储费等费用。企业货物运输使用的货车所发生的路桥费、燃油费以及材料采购过程中发生的小额零星、不便直接计入相应材料采购成本的运杂费，也可在此项目中反映。

（7）包装费：指商品销售过程中发生的不单独计价的各类包装材料及与商品包装相关的其他费用。

（8）保险费：指企业向保险公司投保财产险和产品责任险支付的费用。

（9）报关费：指企业办理货物进出口报关业务所发生的费用。

（10）业务招待费：指企业营销过程中实际支付的业务应酬费、礼品费。

（11）业务宣传费：指企业发生的形象宣传、产品宣传费用支出，包括未通过媒体的广告性支出。

（12）广告费：指企业发生的符合规定条件（经工商部门批准的专门机构制作、已支付款项并取得发票、通过媒体传播）的广告支出。

（13）展览费：指企业为举办展览而发生的费用。

（14）差旅费：指企业营销人员出外办理业务发生的车船费、机票费、住宿费、市内交通费、误餐费等费用。营销部门使用的小车所发生的路桥费、燃油费也可在此项目中反映。

（15）其他费用：指企业发生的不属于以上项目的费用，若费用金额较大的，应单列项目反映。

企业发生各项营业费用时，根据发票、材料领用单及自制原始凭证等，借记“营业费用”科目，贷记“现金”“银行存款”“累计折旧”“应付工资”等科目。期末，应将“营业费用”科目余额转入“本年利润”科目。该科目应按费用项目设置明细账。

3. 管理费用核算

指企业为组织和管理企业生产经营所发生的各项费用，包括企业的董事会和行政管理部门在企业的经营管理中发生的，或者应当由企业统一负担的公司经费。具体包括：

（1）工资：指企业支付的管理人员和后勤人员的基本工资、奖金、津贴、补贴等。

（2）福利费：指企业实际为行政管理人员和后勤人员支付的除社会保险费、住房公积金以外的其他诸如伙食费、医药费、员工探亲路费、体检费、洗理费、困难补助等福利费用。

（3）折旧费：指企业计提的管理部门固定资产折旧费。

（4）修理费：指企业管理部门固定资产发生的维护、修缮、修理费用。

（5）社会保险费：指企业按照国家有关规定为员工支付的养老保险、医疗保险、工伤保险、生育保险、失业保险费。

（6）住房公积金：指企业按照国家有关规定标准为员工支付的住房公积金。

（7）工会经费：指企业拨付给工会组织的经费及支付的工会活动费用。

（8）职工教育经费：指企业为员工支付的教育培训费用（含学习资料费）。

（9）低值易耗品摊销：指企业使用的低值易耗品摊入本期的金额。

（10）办公费：指企业行政管理部门发生的办公用品费、电话费、邮电费、报刊杂志费及其他办公费用。

（11）差旅费：指企业行政管理部门人员出外办理业务发生的车船费、机票费、住宿费、市内交通费、误餐费等费用。行政管理部门使用的小车所发生的路桥费、燃油费也可在此项目中反映。

（12）董事会费：指企业召开董事会议所发生的费用。

（13）审计顾问费：指企业支付的审计、咨询、顾问费用。

（14）诉讼费：指企业支付的司法诉讼、律师费用。

（15）业务招待费：指企业管理过程中实际支付的业务应酬费、礼品费。

（16）税金：指企业依法缴纳的房产税、土地使用税、车船使用税、印花税等税金。

（17）技术转让费：指企业购买技术、图纸资料等所支付的费用。

（18）产品研发费：指企业发生的用于产品研究、开发方面的所有支出。

（19）无形资产摊销：指企业无形资产按规定标准摊销计入本期的金额。

（20）排污费：指企业按政府有关规定标准支付的污水、污物、废气等排放费用。

（21）存货盘亏或盘盈：指企业对存货进行实地盘查而发生的实存数与账存数的差额（扣除责任人赔偿）按规定计入管理费用的部分。

（22）计提的坏账准备：指企业按规定标准和方法计提的坏账准备金。

（23）计提的存货跌价准备：指企业按规定标准和方法计提的存货跌价准备金。

（24）其他费用：指企业发生的不属于以上项目的费用，若费用金额较大的，应单列项目反映。

企业发生各项管理费用时，根据发票、材料领用单及自制原始凭证等，借记“管理费用”科目，贷记“现金”“银行存款”“累计折旧”“应付工资”等科目。期末，应将“管理费用”科目余额转入“本年利润”科目。该科目应按费用项目设置明细账。

4. 财务费用核算

指企业为筹集生产经营所需资金等而发生的费用（不包括为购建固定资产的专门借款所发生的借款费用，在固定资产达到预定可使用状态前按规定应予资本化的部分）。具体包括：

（1）利息支出（减利息收入）。

（2）汇兑损失（减汇兑收益）。

（3）金融机构手续费。

（4）其他费用。

企业发生各项财务费用时，借记“财务费用”科目，贷记“预提费用”“长期借款”“银行存款”等科目；企业存款利息收入，借记“银行存款”科目，贷记“财务费用”科目。期末，应将“财务费用”科目余额转入“本年利润”科目。该科目应按费用项目设置明细账。

第四十二条 主营业务成本和其他业务支出的核算。

企业设置“主营业务成本”和“其他业务支出”科目核算与“主营业务收入”“其他业务收入”相对应的成本费用：

1. 主营业务成本核算

企业的主营业务成本应当与其主营业务收入相互配比。当月实现的主营业务收入，应当与其相关的主营业务成本同时登记入账。结转主营业务成本时，借记“主营业务成本”科目，贷记“库存商品（产成品）”科目。期末，应将“主营业务成本”科目余额转入“本年利润”科目。“主营业务成本”科目的明细账应与“主营业务收入”科目的明细账设置相对应。

2. 其他业务支出核算

企业发生的与取得“其他业务收入”相对应的有关成本费用支出，借记“其他业务支出”科目，贷记“现金”“银行存款”“原材料”“应交税金”等科目。期末，应将“其他业务支出”科目余额转入“本年利润”科目。“其他业务支出”科目的明细账应与“其他业务收入”科目的明细账设置相对应。

第十一章　所有者权益核算

第四十三条　所有者权益是指所有者在企业资产中享有的经济利益，其金额为资产减去负债后的余额。

第四十四条　所有者权益科目设置及核算内容。

企业设置“实收资本”“资本公积”“盈余公积”“本年利润”“利润分配”科目核算企业的所有者权益：

1. 实收资本核算

出资者以货币资金投入企业时，按实际收到或存入资本金账户的金额，借记“银行存款”科目，贷记“实收资本”科目；出资者以非货币性资产投入企业时，按投资各方确认的价值，借记“固定资产”“无形资产”等科目，贷记“实收资本”科目；外方出资者以进口设备投入企业时，按价值鉴定书确认的价值，借记“固定资产”科目，贷记“实收资本”科目。

2. 资本公积核算

企业发生资本溢价（超投资本）接受捐赠非现金资产准备、接受现金捐赠、股权投资准备、拨款转入及其他资本公积时，借记有关科目，贷记“资本公积”科目；企业用资本公积转增资本时，借记“资本公积”科目，贷记“实收资本”科目。

3. 盈余公积核算

企业按规定提取盈余公积时，借记“利润分配——提取法定盈余公积、提取任意盈余公积”科目，贷记“盈余公积——法定盈余公积、任意盈余公积”科目；

外商投资企业按规定提取储备基金、企业发展基金、职工奖励及福利基金时，借记“利润分配——提取储备基金、提取企业发展基金、提取职工奖励及福利基金”科目，贷记“盈余公积——储备基金、企业发展基金”“应付福利费——职工奖励及福利基金”科目。

企业经股东大会或类似机构决议，用盈余公积转增资本时，借记“盈余公积”科目，贷记“实收资本”科目；企业用盈余公积弥补亏损时，借记“盈余公积”科目，贷记“利润分配——盈余公积补亏（其他转入）”科目；企业用盈余公积分配利润时，借记“盈余公积”科目，贷记“应付股利”科目。

4. 本年利润核算

企业期末结转收益类科目时，借记“主营业务收入”“其他业务收入”“营业外收入”“投资收益”等科目，贷记“本年利润”科目；结转成本费用类科目时，借记“本年利润”科目，贷记“主营业务成本”“其他业务支出”“营业外支出”“主营业务税金及附加”“营业费用”“管理费用”“财务费用”“所得税”等科目。

5. 利润分配核算

企业将年度净利润转入利润分配时，借记“本年利润”科目，贷记“利润分配——未分配利润”科目。年度终了，企业应将“利润分配”科目下的其他明细项目余额转入利润分配——未分配利润项目，结转后，除“利润分配——未分配利润”项目外，利润分配其他项目应无余额。

第十二章 外币业务核算

第四十五条 外币业务是指以记账本位币以外的货币进行的款项收付、往来结算等业务。

第四十六条 企业发生的外币业务采用当月1日或外币业务发生当日的基准汇率折合为记账本位币；实收的外币资本采用外币业务发生时的基准汇率折合为记账本位币。

第四十七条 企业收汇时，借记“现金（币种）”“银行存款（币种）”等科目，贷记“预收账款”“应收账款”“短期借款”“长期借款”“实收资本”等科目；付汇时，借记“应付账款”“预付账款”“短期借款”“长期借款”等科目，贷记“现金（币种）”“银行存款（币种）”等科目；结汇时，借记“银行存款（人民币）”“财务费用——汇兑损益”等科目，贷记“银行存款（币种）”科目。

第四十八条 资产负债表日，企业各种外币货币性项目（企业持有的货币资金和将以固定或可确定的金额收取的资产或者偿付的负债，如银行存款、现金、应收账款、应付账款、其他应收款、短期借款、长期借款等）的余额，应当按照当日（即资产负债表日）基准汇率折合为记账本位币，因资产负债表日基准汇率与初始确认时或者前一资产负债表日基准汇率不同而产生的汇兑差额（即按照当日基准汇率折合的记账本位币金额与账面记账本位币金额的差额），作为汇兑损益，计入“财务费用——汇兑损益”科目；属于筹建期间的，计入“长期待摊费用——开办费”科目；属于与购建固定资产有关的借款产生的汇兑损益，按照借款费用资本化的原则进行处理。

资产负债表日，企业以历史成本计量的各种外币非货币性项目（如存货、固定资产等）仍采用交易发生日的基准汇率折算，不改变其记账本位币金额。

第十三章 流转税费核算

第四十九条 企业涉及的流转税费种类为增值税、营业税、消费税、城市维护建设税、教育费附加、堤围防护费。

第五十条 企业销售商品、材料及提供增值税应税劳务取得收入时，按适用税率计算增值税销项税额，借记“现金”“银行存款”“应收账款”“预收账款”等科目，贷记“主营业务收入”“其他业务收入”“应交税金——应交增值税（销项税额）”等科目。

第五十一条　企业取得消费税应税收入时，按适用税率计提消费税，借记“主营业务税金及附加”“其他业务支出”等科目，贷记“应交税金——应交消费税”科目。

需要缴纳消费税的委托加工物资收回后，委托方直接用于销售的，应将受托方代收代缴的消费税计入委托加工物资成本，借记“委托加工物资”科目，贷记“银行存款”科目；委托加工物资收回后，委托方用于连续生产，按规定准予抵扣消费税的，借记“应交税金——应交消费税”科目，贷记“银行存款”科目。

第五十二条　企业取得营业税应税收入时，按适用税率计提营业税，借记“主营业务税金及附加”“其他业务支出”等科目，贷记“应交税金——应交营业税”科目。

第五十三条　企业以实际计缴的增值税(含免抵税额)、营业税和消费税为基数，按适用税率计提城市维护建设税、教育费附加，借记“主营业务税金及附加”“其他业务支出”等科目，贷记“应交税金——应交城市维护建设税”“其他应交款——应交教育费附加”科目。（外资企业暂免）

第五十四条　企业取得的各项营业收入，包括主营业务收入和其他业务收入，按适用费率计提堤围防护费，借记“管理费用”“其他业务支出”等科目，贷记“其他应交款——应交堤围防护费”科目。

第十四章　会 计 报 表

第五十五条　根据《企业财务会计报告条例》的规定及财政、税务等部门的要求，企业定期编报财务会计报告，包括资产负债表、利润表、现金流量表和会计报表附注。

第十五章　附　　则

第五十六条　本办法主要规范企业常规业务的会计核算，其他非常规业务或较少发生的业务，会计核算按照《企业会计制度》的相关规定执行。

6.2　会计核算管理制度（连锁加盟企业）

会计核算管理制度（连锁加盟企业）

第一章　总　　则

第一条　为能准确地反映公司营业成果及财务状况，使经营主体间具有可比性，特制订本会计核算制度。本制度依照相关的国家公示的会计法规及准则的内容，并结合公司实际经营所需进行相应设计。

第二条　本制度适用于××连锁配送有限公司及其所辖各加盟店、新食材门店。

第三条　本制度主要包括“基础会计制度”“基本核算设置”“资产的核算”“负债的核算”“所有者权益的核算”“收入的核算”“成本和费用的核算”“采购销售业务财务核算方法”等。

第二章　基础会计制度

第四条　会计核算实行会计电算化，由公司统一规划，分步实施。

第五条　会计术语：

1. 会计年度：采用公历年制，以每年7月1日起至次年6月30日止。

2. 会计核算基础：采用权责发生制。

3. 会计科目：采用分类三级制，其编号采用十位数十进法。

4. 会计凭证：指处理会计事务过程中所应用的表单及各种文件。

5. 会计账簿：本制度除设置普通日记账、总分类账及明细账外，并配合需要设置备查簿。有关现金收付的登记，另设置现金日记簿。

6. 会计报告：分日报、月报、季报、年报，各按照规定编制。

第六条　会计科目设置原则及核算要求:

1. 各单位必须按统一下发的会计核算制度的要求建立相应的科目及账务核算体系。

2. 会计核算口径必须一致、相互可比，会计核算方法在年初初始化确定后不得随意变更。

3. 会计核算中所涉及的会计科目及费用项目、库位、供应商分类、客户分类、产品分类由总公司会计管理部统一设置，各单位不得随意新增、修改、删除，如确有必要变动，须填写申请表，经核准后下发，在全公司进行统一。

第七条　会计凭证：

1. 会计凭证意义

会计凭证，是记录经济业务事项的发生和完成情况，明确经济责任，并作为记账依据的书面证明，是会计资料的重要组成部分，是实行会计监督的条件。填制会计凭证，是会计核算的首要环节，会计凭证是否真实、完整，对会计信息质量有十分重要的影响，可以说是保证会计信息质量的基础。

2. 会计凭证种类

会计凭证按其填制程序和用途的不同来划分，可分为原始凭证和记账凭证。

（1）原始凭证

原始凭证是在经济业务发生或完成时，由经济业务的当事者取得或填制的，载明经济业务具体情况和发生及完成情况，明确经济责任的一种具有法律效力的证明文件。依其来源不同，可分为外来凭证、对外凭证、内部凭证三大类。

①外来凭证：系自公司以外取得的足以证明会计事项经过的凭证，如发票、银行收（付）款通知单、缴纳税单、合约及外来的其他收（付）款单等。

②对外凭证：系由公司所制发给其他单位的各项足以证明会计发生的凭证，如发票等。

③内部凭证：系公司基于内部经营管理上需要而自行设计制存的各项足以证明会计事项的发生、经过与责任归属的各项表单凭证书据，如商品收货单、出库单、付款申请单、费用报销单等。

（2）记账凭证

记账凭证是会计人员根据审核后的原始凭证进行归类、整理，并确定会计分录而编制的凭证，是直接凭以登账的依据。记账凭证具有一定的格式，为会计实务分析账项重要的工具。总公司记账凭证按各采购区域的省份简称分类，如：××市采购办凭证为“×字记账凭证”，总公司本部凭证为“总字记账凭证”。其他独立核算单位不作分类，统称“记账凭证”。记账凭证编制要点：

①编制记账凭证之前应根据公司的规定，查核原始凭证是否符合规定，不符合者应退回原单位或经办人。

②编制记账凭证应采用规定的会计科目，同样会计事项所使用的会计科目，应前后一致。

③每张记账凭证应列示总账及明细账科目。

④记账凭证所附原始凭证张数，应详加检查并于记账凭证上注明，如需另行保管时，应注明“凭证另存”。

⑤记账凭证编妥后应由主管审核并签章。

3. 会计凭证审核

（1）原始凭证审核

会计人员对于入账的原始凭证应详加审核，遇有不符合政府法令或会计制度者，应予退回，并不得入账，对原始凭证的审核，主要包括两个方面：

①从形式上审核凭证的真实性，如手续是否齐全，数字是否真实，内容是否齐备，填制是否清楚及时等。

②从实质上检查凭证的合理、合法性，如是否符合财经政策和会计制度，有无违反计划、预算、合同，费用开支是节约或是浪费，是否注意经济效益等。

原始凭证应粘贴于规定的单据粘贴单上，并经审核权限内的主管签核。出纳在已支付完毕的原始凭证上必须加盖财务核销章后，才能交于会计进行账务处理；会计检查无漏盖现象后，方可编制记账凭证并装订于会计凭证后。

（2）记账凭证审核

①对记账凭证的审核，需审核记账凭证是否附有原始凭证，记账凭证的经济内容是否与所附原始凭证的内容相同；应借应贷的会计账户（包括二级或明细账户）对应关系是否清晰、金额是否正确；记账凭证中的项目是否填制完整，摘要是否清楚，有关人员的签章是否齐全。

②财务人员必须坚持执行财务制度的规定，凡违反规定的收支应说明不合规定的理由，否则不予办理。对内容不全、手续不齐、数字差错的原始凭证，应退回，补充办理更正手续，如发现伪造、涂改以及企图报冒领的凭证，应拒绝办理，并及时报告，依规定处理。

③相同会计事项所使用的会计科目应前后一致。

④记账凭证金额以人民币分为最小单位。

⑤记账凭证上填写原始凭证张数，并依时间先后序时编号入账。

⑥记账凭证的“摘要”栏应详细记载，以能充分说明其会计事项为原则。

4. 会计凭证保管

会计凭证在完成经济业务手续和记账之后，就成为企业重要的会计档案和历史资料，这些档案资料是企业以后了解经济活动情况，检查工作，明确经济责任的证明。因此，必须要妥善保管，既要保证其安全又要查阅方便。会计凭证需指定专人保管，出纳人员不得兼管会计档案。

（1）会计凭证装订：每月必须在次月10日前完成会计凭证装订及归档工作

①分类整理，按顺序排列，检查日数、编号是否齐全。

②整理检查凭证顺序号，如有颠倒要重新排列，发现缺号要查明原因。再检查附件有否漏缺。

③记账凭证上有关人员（如财务主管、复核、记账、制单等）的签章是否齐全。

④每本封面上填写好凭证种类、起止号码、凭证张数、会计主管人员和装订人员签章。

⑤在封面上编好卷号，按编号顺序入柜，并要在显露处标明凭证种类编号，以便于调阅。

（2）会计凭证借阅

会计凭证原则上不得借出。如有特殊需要，经本单位负责人批准，可以提供查阅或者复制，并办理登记手续。查阅或者复制会计凭证的人员，严禁在会计凭证上涂画、拆封和抽换。

分公司应当建立健全会计档案查阅、复制登记制度。

（3）会计凭证保管期限

根据《会计档案管理办法》规定，会计凭证保管期限如下：

档案名称	保管期限
原始凭证	15年
记账凭证	15年
汇总凭证	15年

5. 会计凭证销毁

（1）保管期满的会计档案，可以按照以下程序销毁：

①由财务部门提出销毁意见，编制会计凭证销毁清册，列明销毁会计凭证的册数、起止年度、应保管期限、已保管期限、销毁时间等内容。

②单位最高主管在会计凭证销毁清册上签署意见。

③销毁会计凭证时，应当由单位最高主管指定部门和财务部门共同派员监毁。

④监毁人在销毁会计凭证前，应当按照会计凭证销毁清册所列内容清点核对所要销毁的会计凭证；销毁后，应当在会计凭证销毁清册上签名盖章，并将监销情况报告单位最高主管。

（2）保管期满但未结清的债权债务原始凭证和涉及其他未了事项的原始凭证，不得销毁，应当单独抽出立卷，保管到未了事项完结时为止。单独抽出立卷的会计凭证，应当在会计凭证销毁清册和会计档凭证保管清册中列明。

第八条　会计账簿：

1. 设置意义及原则

（1）设置意义：会计账簿是由具有一定格式、相互联系的账页所组成，用来序时、分类地全面记录一个企业、单位经济业务事项的会计簿籍。设置和登记账簿可以全面、系统地记载和提供企业经济活动的各种数据，是会计核算工作的重要环节，它对加强经济核算，改善和提高经营管理水平具有重要的作用。

（2）设置原则：根据会计法规和会计准则的要求，同时又要根据公司管理的需要和经营活动的特点来确定。

2. 会计账簿分类

本公司会计账簿分为三大类：

（1）序时账簿，也称日记账，是按照经济业务发生的时间先后顺序，逐日逐笔登记经济业务的账簿，包含现金日记账、银行日记账。

（2）分类账簿是对全部经济业务进行分类登记的账簿，包含总分类账、明细分类账。

（3）备查账簿是对某些在日记账簿和分类账簿中未能记载或记载不全的经济业务进行补充登记的账簿。备查账簿是非正式的账簿，其记载仅为会计事项的备查及参考。

格式大小与内容无固定形式，根据自身业务实际需要而定。

3. 会计账簿装订

会计账簿应定期打印装订、会计账簿装订可使用专用文件夹装订或手工装订。如用手工装订，账簿需装订整齐，编好科目目录、页码，用线绳系死，然后贴上封皮，在封皮上写明账簿的种类、单位、时间，会计主管人员和装订人（经办人）签章。在账簿的脊背上，也要写明账簿种类、时间。

4. 会计账簿保管

根据《会计档案管理办法》规定，会计账簿保管期限如下：

档案名称	保管期限	备　往
总账	15年	包括日记总账
明细账	15年	
日记账	15年	现金和银行存款日记账保管25年

5. 会计账簿销毁

会计账簿的销毁要求，适用本章第四条第（五）款的要求。

第九条　会计报告：

1. 会计报告说明

（1）编制目的

适时表达公司的财务状况及经营成果，使企业内部管理者从各种会计报告中，了解企业生产经营活动情况及其结果，作为加强管理、拟订决策或改进措施的依据，进而增强公司的经营获利能力。

（2）报告对象

①对外报告：提供股东或因各主管机关的规定所编制，其种类、格式、份数及编制时间，由财务部门视需要编制。

②对内报告：管理单位需要的内部统计报告。

（3）报告时间

①定期报告：经事前编定须按期编制的报告，其种类、格式、份数及编制时间均有一定的规定。依编制期限可分日报、月报、半年报及年报等。

②不定期报告：未事前编定，不须按期编制的报告。

（4）报告原则

①编制对外的会计报告，应当根据真实的交易或事项以及完整、准确的账簿记录等资料，并按照国家统一的会计制度规定的编制基础、编制依据、编制原则和方法进行，做到内容完整、数字真实、计算准确、报送及时。

②编制对内的会计报告应尽量以例外或重要性原则编制，以协助管理及决定经营决策。

（5）报告种类

①日报：现金日报表、银行存款日报表等，应每日编制的报告。

②月报：资产负债表、损益表等，应每月编制的报告。

2. 财务报表

（1）报表内容

各分公司需编制的报表由总部财务中心统一制定。

（2）报表要求

①报送时间：各独立核算单位的财务报表每月3日以前提交，财务月度分析每月5日前（季度预算评估分析8日前）提交，会计管理部每月5日前完成集团报表汇总，8日前完成集团财务分析。财务管理部每季10日前完成集团季度预算评估分析报告。每季季末不报月度财务分析，只报送季度预算评估分析。

②报送对象：各单位报表及月度分析报送对象为本事业单位总经理或省级执总、财务中心会计管理部核算经理；预算评估分析报送对象为财务管理部经理，集团汇总报表报送对象为财务中心部长、财务中心会计管理部总监、财务中心财务管理部总监。集团月度财务分析及季度预算评估分析报告报送对象为总裁、财务中心部长、财务中心会计管理部总监、财务中心财务管理部总监。

③报送要求：报告内容应真实、完整，上报时间应准时；在月报中应及时反映特殊的、不常有的财务收支情况，并详细附以文字说明。

第三章　基本核算设置

第十条　账套设置。

目前公司使用的软件分为NC系统、用友U8、用友T6、金算盘等，其中总公司、各子公司纳入NC系统在集团账套下分不同核算主体进行核算，连锁产品的采购物流业务纳入总公司体系核算，一般平台产品的采购物流业务纳入各子公司体系核算，加盟店按原冻品行账套设置不变，新食材门店纳入子公司核算。

第十一条　产品销售类型设置。

向各新食材门店、加盟店调拨的连锁产品和一般平台产品，分为销售、代采两类，连锁产品为销售类型，一般平台产品为代采类型。连锁产品销售业务记入“主营业务收入——平台销售收入”和“主营业务成本——平台销售成本”科目、其他平台产品代采业务记入“其他业务收入——平台代采收入”和“其他业务成本——平台代采成本”科目。

第十二条　仓库在财务账套中的设置：总公司按区域设置连锁产品仓库，子公司采购部按存货性质设置代采商品总仓、代采商品中转库、代采商品代销库，子公司门店、各加盟店根据实际仓库的分库情况可设置大仓库、门店营业库。

第十三条 存货编码设置：为了便于数据统计汇总，所有单位财务账套中，平台产品及连锁产品存货编码须按OA平台系统产品编码进行统一设置，不可擅自修改，各单位地采产品按区设置编码，新增地采产品编码须报总公司会计管理部备案。

第十四条 科目设置：

1. 所有单位各级会计科目各由总公司统一设置，不可私自增加、删减和修改。

2. 费用、低值易耗品、无形资产、待摊和预提等科目均分项目进行核算，其中费用项目由总公司统一设置。

3. 应收账款、应付账款分客户、供应商进行辅助核算。

4. 个人往来科目按个人进行辅助核算。

第十五条 账套中各模块核算原则：

1. 应收账款、应付账款、库存商品、固定资产科目的核算须全部在相应的管理模块中操作，不可直接在总账模块中录入记账凭证，并且总账模块与以上科目相应模块中的数据须一致。

2. “主营业务收入”“其他业务收入——平台代采收入”科目的贷方金额必须与销售模块中相关的销售及调拨数据一致。

第十六条 产品自定义分类：

1. 按产品管理分类分为连锁产品、一般平台产品、地采产品，虾类产品通过存货分类来区分。

2. 按产品结算形式分为：代销产品、自存产品。

3. 根据不同的管理部门分为：一部产品、二部产品、其他产品。

第十七条 同一独立核算单位内部仓库调拨在库存管理模块中作转仓处理，子公司发往本区新食材门店的一般平台产品作为调拨处理。

第十八条 平台产品所有供应商均进行分区管理，即本区一般平台产品发往所有地区的货物，均由本区负责采购，记本区采购额，由各子公司财务部会计负责与供应商对账结算。连锁产品由产品中心负责下达采购指令单，各区负责采购收货和销售发货工作，总公司财务中心负责账务处理和供应商的对账工作，并根据对账情况与供应商进行货款的结算。

第十九条 各加盟店、新食材门店在平台上的采购业务中，连锁产品的采购业务与总公司进行结算，由总公司财务中心负责进行账务处理和核对，一般平台产品与发货单位进行结算，由各发货单位财务部负责进行账务处理和核对。

第二十条 其他收入和支出的处理：

1. 各区调拨所产生的标准运费收入、运输成本均记入“其他业务收入——货运收入（分区域线路核算）”和“其他业务成本——货运成本”（分区域线路核算）科目。

2. 加盟店、新食材门店以及总公司连锁产品采购支付的长途运费计入采购成本。

3. 各单位各项合同收入、赠品收入等按收入类别记入“营业外收入”各二级科目中。

4. 各单位存货盘盈、盘亏、报损经审批后由公司承担的部分记入营业外收支各二级科目中，由个人承担的部分计入个人往来。

第二十一条　门店销售使用总公司统一印制的销售单，按公司单据的管理方式进行单据的管理、业务的传递以及财务的核算。

第二十二条　总公司与子公司合同收入划分：

1. 总公司合同收入

（1）连锁产品内部供应收入。

（2）物流合同的返利收入。

（3）电子平台信息收入。

（4）媒介及品牌活动收入。

（5）供应商合同约定的厂商固定返利收入。

（6）供应商合同约定的网络营销奖励收入。

（7）供应商的上架费收入。

（8）加盟店上交的贸易产品服务收入。

（9）加盟店上交的加盟费收入。

（10）向良信达收取的代理收入。

（11）其他属于总公司的营业外收入。

2. 子公司收入

（1）除物流合同返利收入之外的其他物流收入。

（2）仓储收入。

（3）其他属于子公司的营业外收入。

第二十三条　合同收入的收取：

1. 一般平台产品供应商合同收入均由各子公司采购部负责收取，需要账扣的由子公司财务部在与供应商对账时确认，付款时扣回按第二十二条的规定分别记入子公司收入科目和应付总公司合同收入往来科目。

2. 连锁产品供应商合同收入由总公司产品中心负责收取，需要账扣的由财务中心在与供应商对账时确认，付款时扣回。

3. 如同一供应商既有连锁产品也有一般平台产品的，按以下方法处理：

（1）固定合同收入及达量返利由子公司负责收取，按第二十二条的规定分别记入子公司收入科目和应付总公司合同收入往来科目。

（2）按采购比例每月收取的合同收入，连锁产品由总公司负责收取记入收入科目，一般平台产品由子公司负责收取，按第二十二条的规定分别记入子公司收入科目和应付总公司合同收入往来科目。

第四章　资产的核算

第二十四条　货币资金的核算：

1. 货币资金所涉及的科目：库存现金、银行存款、其他货币资金。

2. 货币资金由总公司资金管理部集中管理，各单位日常零星费用开支所需资金，以备用金的管理方式进行核算。

3. 客户货款直接汇入总部指定的银行账户，各单位不得自行设置收款账户。超过5 000元以上的款项支付业务，由各单位填写付款申请单，通过总公司进行支付。总公司与各单位代办的资金收付往来通过内部银行进行核算。

第二十五条　应收款项的核算：

1. 应收款项包括应收票据、应收股利、应收利息、应收账款、预付账款、其他应收款，其中预收客户货款须单独设置预收账款反映，不得与应收账款合并核算。

2. “应收账款”科目按客户设置辅助核算，并设置为应收系统受控科目，其所有业务在应收款管理模块中进行处理，由模块自动生成凭证后，“应收账款”科目不得手工修改数据信息。每月应收款管理模块和总账模块的应收账款各明细客户余额需保持一致。

3. 其他应收款分个人往来、关联单位、非关联单位、押金等设置二级科目。个人往来中按个人借支、员工保险、备用金分设三级科目核算。

4. 每年年末，按外部应收账款余额的3%计算并补充调整坏账准备余额，发生坏账损失，上报总公司批准后可冲减坏账准备。

第二十六条　存货的核算：

1. 公司存货指自有库存商品、委托代销库存商品，统一按库存商品进行核算，自有库存商品按取得时的实际成本核算，委托代销商品按委托单位提供的成本核算。领用或发出的存货，采用移动平均法确定其实际成本。

2. “材料采购”科目在本单位的核算中，属于商品采购入库时的过渡科目，可用于检查采购业务在财务核算中是否全部完成。

3. 库存商品科目属于存货系统受控科目，其所有增减业务需通过存货核算模块进行处理，该科目自动生成后不得手工修改。

4. 库存商品在存货核算模块中分仓库进行核算，在总账模块中汇总管理，每月各相关模块需保持一致。

5. 子公司收到的供应商赠品按零成本入库，以直接降低采购成本的方式核算；加盟店收到的赠品暂沿用原核算方法，按采购价格入库，作营业外收入处理。

6. 每周对贵重商品进行一次抽盘，每2个月对所有存货进行一次全面盘点，盘盈的存货，按同类存货的实际成本入账，盘亏的存货，分不同情况按账面成本进行相关处理。

7. 月末结账按存货对应有金额无数量的库存商品进行调整处理，结平账面余额。

8. 每年年末，按自有库存商品的1%计算并补充调整存货跌价准备余额，发生存货跌价损失或货损损失，上报总部批准后可冲减存货跌价准备。

第二十七条　待摊费用的核算。

待摊费用是指应由本期和以后期分别负担的、分摊期在1年以内（含1年）的各项费用，为了简化核算，低于1 000元的可在支付时一次性计入费用。待摊费用须按月摊销，摊销时制作“摊销费用表”由财务负责人、总经理或执总签字后入账。

第二十八条　低值易耗品及固定资产的核算。

1. 低值易耗品是指价值高于100元低于500元，或者使用年限在1年以内（含1年）的资产，其采用五五摊销法、通过设置项目进行核算。

2. 固定资产是指价值高于500元，并且使用年限在一年以上的资产。

3. 固定资产的核算包括固定资产原值、累计折旧、固定资产减值准备、在建工程、固定资产清理等。

4. 本公司固定资产的折旧方法是采用平均年限法，按固定资产的不同类别进行分类核算，所有固定资产的净残值率均按5%计提。

固定资产的不同类别折旧

类　别	折旧年限	残值率	备　注
1. 房屋及建筑物	20年	5%	限具有产权的建筑物
2. 运输设备	10年	5%	限机动车辆
3. 冷柜、冷库设备	8年	5 %	限冰柜、风柜、冷库、风幕机
4. 机器设备	5年	5%	包含小冰柜、锯骨机、真空机
5. 电脑设备	5年	5%	台式电脑、笔记本电脑
6. 其他	3年	5%	热水器、电子秤、考勤机

5. 固定资产计价方式

（1）购入的，按照买价加上运输费、保险费、包装费、安装成本以及缴纳的税金进行计价。

（2）自行建造的，按照建造过程中实际发生的全部支出计价，所发生支出是否计入固定资产，以是否办理竣工结算为限。

（3）在原有基础上进行改良扩建的，按照固定资产的原价，加上改良扩建发生的支出，减去改扩建过程中发生的固定资产变价收入后的余额计价。

（4）投资者投入的，按照评估确认或合同、协议约定的价值计价。

（5）接受捐赠的，按照发票账单所列金额加上由企业负责的运输、安装调试、保险等费用计价，无发票的，按照同类市价计价。

（6）盘盈的，按照同类固定资产的重置完全价值计价。

第二十九条 其他资产的核算：

1. 无形资产是指公司长期使用而没有实物形态的资产，包括财务软件、商誉、发明专利等。无形资产按实际成本入账，分受益期分摊，其中财务软件分5年摊销。

2. 长期待摊费用是指受益期超过1年待摊费用，如开办费。开办费是自公司正式成立1年后开始摊销，摊销期为3年。

3. 待处理财产损溢包括待处理流动资产损溢和待处理固定资产损溢，主要反映盘盈、盘亏和毁损的财产物资。在尚未批准处理前，账户有余额，每年年末上报总部批准转销后，此科目无余额。在日常核算中，此科目需由总公司审批才可使用。

第五章 负 债 的 核 算

第三十条 短期借款和长期借款的核算：短期借款主要核算向金融机构借入或向总部借入的期限在1年以内（含1年）的借款，借款期限超过1年的作为长期借款核算。凭借款单据按实际金额入账，借款利息可按月预提，记入“财务费用”借方和“预提费用”的贷方。

第三十一条 应付款项的核算：

1. 应付款项包括应付票据、应付账款、预收账款、应付职工薪酬、应交税费、其他应付款，其中预付供应商货款须单独设置预付账款反映，不得在应付账款中核算。

2. “应付账款”科目按供应商设置辅助核算，并设置为应付系统受控科目，其所有业务在应付款管理模块中进行处理，由模块自动生成凭证后，“应付账款”科目不得手工修改数据信息。每月应付款管理模块和总账模块的应付账款各明细客户余额需保持一致。

3. 应付职工薪酬下设工资、工会经费等二级科目。“工资”主要核算预提和发放员工工资、奖金，“工会经费”主要核算按工资和奖金总额计提和上缴的工会经费。

4. “应交税费”科目核算按规定计提的当月应交纳的各项税费。

5. 其他应付款下设个人往来、非关联单位、应付合同收入、中转货款、保证金等二级科目。“其他应付款——应付合同收入”是核算子公司已收取，应上交总部的合同收入；“其他应付款——中转货款”是核算子公司入库的中转货物，待发出后此科目即无余额；“其他应付款——保证金”主要是核算公司因业务需要向其他单位收取的各项押金、保证金等，待业务结束后可收回的款项。

第三十二条　预提费用是指按权责发生制的原则，预先提取已经发生但尚未支付的各项费用，除工资奖金的预提记入“应付职工薪酬”科目外，其他均分项目在“预提费用”科目核算。预提费用须按月计提，制作“费用预提表”由财务负责人、总经理或执总签字入账。

第六章　所有者权益的核算

第三十三条　所有者权益的核算主要包括实收资本、本年利润和未分配利润。

第三十四条　实收资本是根据股本性质分别设普通股及优先股进行二级核算。优先股结合公司的优先股政策进入及退出机制进行相应的账务处理，普通股为公司投入的总股本，无公司出具的书面通知该二级账目不能随意调整。

第三十五条　本年利润是公司本年度经营过程中所实现的利润。

第三十六条　未分配利润是公司在以年年度经营过程中所实现的利润留存在公司所形成的。

第七章　收 入 的 核 算

第三十七条　主营业务收入主要核算商品销售收入。

第三十八条　每年年末，各门店按当年商品销售收入的0.5‰计提并补充调整食品风险基金余额，因食品风险发生的相关费用，上报总公司批准后可冲减食品风险基金。

第三十九条　其他业务收入主要核算平台代采收入、物流收入、仓储收入、电子商务收入等。

第四十条　平台代采收入主要核算各子公司对各加盟店、其他区直营门店除连锁产品以外的其他平台产品的供应。

第四十一条　物流收入按性质分设货运收入、物流服务收入等。

第四十二条　仓储收入主要核算向库存前移供应商收取的仓储服务收入。

第四十三条　电子商务收入主要核算平台信息收入、媒介及品牌活动收入等。

第四十四条　营业外收入按性质下设厂商固定返利、贸易产品服务收入、网络营销奖励收入、赠品收入、无法支付的往来、存货盘盈、奖励收入、罚款收入、赞助收入等二级科目进行核算。

第八章　成本和费用的核算

第四十五条　主营业务成本主要核算商品销售成本。

第四十六条 其他业务成本主要核算平台代采成本、物流服务成本、货运成本等。

第四十七条 平台代采成本主要核算各子公司对各加盟店、其他区直营门店除连锁产品以外的其他平台产品的代采成本。

第四十八条 物流服务成本主要核算实际的物流费用支出（不包括长途运费）。

第四十九条 货运成本主要核算支付给长途物流商的物流运费。

第五十条 长途物流运费的核算：

1. 将物流运费作为其他业务收入和成本来核算，目的是便于进行期间运费收入和支出的统计分析。

2. 纳入其他业务收入和成本核算的物流运费包括：向客户收取的由本单位发货的运费，物流商向我们收取的运费。

3. 向客户收取的运费随NC销售发票进行账务处理，原则是由谁承担运费成本就由谁向客户收取。

4. 应付给月结物流商的运费，由物流部在发货时与物流商签订运输协议，物流司机签字后，红联和黄联随送货司机同行，蓝联于当天随同发货单一起交财务入账，财务随供应业务一同进行账务处理。

5. 月底，物流商凭我们收货客户签字的红联，与财务进行账务核对，核对无误后，可支付该月运费。

6. 财务部在审核当天的所有销售出库单时，须关注物流托运的问题，每张外地发货单，是否同附运输协议。包括现付和自提的，也需将运输协议蓝联随发货单一起交财务，便于财务审核，现付的红联可作为付款人报账的凭据。

7. 未使用的空白运输协议，须由财务进行保管，物流处在财务签字领用，财务部每天进行核销登记。

第五十一条 费用主要包括营业税金及附加、营业费用、管理费用和财务费用。

第五十二条 凡应由本期负担而尚未支付的费用，应作为预提费用计入本期费用；凡已支付，应由以后各期负担的费用，应作为待摊费用，分期摊销。

第五十三条 期间费用分项目进行核算，其中银行手续费、利息收支费用、员工红利计入财务费用，其他费用分部门的不同分别计入管理费用和营业费用，其中，各子公司、加盟店中，总经办、人资部、财务部的费用计入管理费用，其他部门费用计入营业费用；总公司总裁办、人事行政中心、财务中心费用计入管理费用，其他部门按费用性质进行划分，如是经营性费用，则计入营业费用，如是管理性费用，则计入管理费用。

第五十四条 营业外支出按性质分设赠品支出、存货盘亏、罚款支出、固定资产清理损失、经营赔偿金、联盟产品推广费、达量返利支出和其他等二级科目。存货盘亏核算正常的盘点损失，非正常盘点损失由责任人赔偿，不在此科目核算。

第九章　采购销售业务账务处理方法

第五十五条　连锁产品、一般平台产品的采购、销售、代采的财务核算流程见附件2。

第五十六条　连锁产品、一般平台产品的采购、销售、代采账务处理方法。

1. 采购账务处理

（1）采购入库后，财务中心和子公司财务部门根据采购部门交来的相关单据进入系统进行如下操作：进入采购模块生成采购发票，采购发票审核（如有运费，需录入运费发票，将运费计入成本进行核算）后进入应付款管理模块，对相应的应付款进行审核后生成凭证。

借：材料采购

　贷：应付账款

再进入存货核算模块对相应的采购入库单进行记账，如有随货同行的赠品，需检查采购入库单上是否有赠品标记，审核记账后生成凭证：

借：库存商品

　贷：材料采购

注意：以上两条会计分录尽量连号，以便查询。

以上凭证附件：采购订单、供应商送货单（可为传真件）、采购入库单、收货日报表。

（2）每月付款时，须根据合同约定扣除供应商各项合同费用，根据付款情况，总公司财务中心或子公司财务部会计在应付款模块中录入付款单（实付金额和扣款金额分开录入），生成凭证：

借：应付账款

　贷：其他应付款——应付合同收入（子公司核算扣除的应由总部收取的合同费用，按供应商和收入项目列出明细）

贷：相关收入科目

　贷：银行存款

以上凭证附件：打印的内部银行付款单、对账确认函、采购入库单结算联。

（3）每月25日前，各子公司根据“其他应付款——应付合同收入”列出明细传总公司确认后，将款项转入总公司账户，总公司和子公司进行相应的账务处理。

子公司转出时：

借：其他应付款——应付合同收入（分项目）

　贷：银行存款——内部银行

总公司收到款项时：

借：银行存款——内部银行

　贷：相关收入科目

2. 销售和调拨的账务处理

（1）直发

财务中心或子公司财务部收到子公司签字确认的销售出库单（或调拨出库单）、物流托运单、发货日报表后，进行如下账务处理：

根据销售出库单生成销售发票并审核（连锁产品由产品中心产品经理操作），进入应收款管理模块对相应的应收单进行审核，如是调拨出库单，则需要进入内部交易进行相关内部交易结算，生成凭证：

借：应收账款

　贷：主营业务收入——平台销售收入（如是一般平台产品则为“其他业务收入”）

　　　其他业务收入——货运收入等

　　　其他相关科目

同时，凭物流托运单，在应付款管理模块中按不同的物流商录入其他应付单，审核后生成凭证：

借：其他业务成本——货运成本

　贷：应付账款——××物流商

如是连锁产品，总公司财务中心则根据销售出库单中的运费信息，按发货子公司直接在总账中录入凭证：

借：其他业务成本——货运成本

　贷：其他应收款——关联单位（子公司）

子公司连锁产品的发货运费，直接向总公司收取，财务凭物流部交来的托运单以及出库单的记录，在应付款管理模块中按不同的供应商录入其他应付单，审核后生成凭证：

借：其他应收款——关联单位（总公司）

　贷：应付账款——××物流商

以上凭证附件：物流托运单、销售出库单（或调拨出库单）、发货日报表。以上三类凭证，尽量连号，以便原始单位的查询。

（2）中转

①连锁产品中转

A. 始发单位

子公司财务部在收到中转的其他出库单（含赠品）、物流托运单后（如没有运费，则不作任何账务处理，仅对单据进行单独保管），在子公司账簿中根据托运单记录在应付款模块录入物流商的应付单，进行如下账务处理：

借：其他应收款——关联单位（总公司）（按转仓出库单中记录的应收客户运费金额结算）

贷：应付账款——××物流商

其他业务收入——物流收入——货运收入（如有差异，在此科目核算，亏损以负数表示）

以上凭证附件：货物转仓的其他出库单、物流托运单、发货日报表。

B. 中转收货单位

收货时，子公司财务不作任何账务处理，但本单位的其他入库单须留存与发货单据同时作为发货记账的附件。

发货时，如没有运费，子公司财务部仅对单据进行单独保管，不作任何账务处理，如有运费，则子公司财务根据物流托运单以及销售出库单（或调拨出库单）上的运费记录，在子公司账套应付模块根据托运单应付金额录入物流商的应付单，进行如下账务处理：

借：其他应收款——关联单位（总公司）（按销售出库单中记录的应收客户运费金额结算）

贷：应付账款——××物流商

其他业务收入——物流收入——货运收入（如有差异，在此科目核算，亏损以负数表示）

以上凭证附件：销售出库单、物流托运单、发货日报表。

C. 总公司

财务中心收到相关的发货信息后，依据产品中心的销售发票，进入应收模块进行应收单审核，生成如下凭证：

借：应收账款

贷：主营业务收入——平台销售收入

其他业务收入——货运收入（始发单位+中转单位运费）

其他相关科目

同时，根据相关出库单的运费信息在总账中直接录入凭证：

借：其他业务成本——货运成本

贷：其他应收款——关联单位——××子公司（始发单位）

——××子公司（中转单位）

注意：连锁产品中转货物如存在赠品，全部作为转仓转入中转单位。

以上凭证附件：见NC系统单据。

②一般平台产品中转

A. 始发货单位

始发货单位的账务处理同直发一样，根据发货单与订货单位直接记账，同时通知中转单位注意收货。另外按中转金额，根据公司收费标准支付中转单位中转服务费用（此费用暂时传真确认，后期公司将开发协同凭证来完成）：

借：其他业务成本——物流成本——其他物流成本

贷：其他应收款——关联单位（中转单位）

以上凭证附件：除直发流程所需单据外，还需附中转服务费用确认函

B. 中转收货单位

中转收货时，子公司财务部会计在收到确认入库的始发单位销售出库单、本单位的中转入库单、中转收货日报表后，进行如下账务处理：

在库存管理模块按始发单位的销售出库单货物金额（包括赠品）录入其他入库单，注明始发货单位，审核记账后生成凭证：

借：库存商品——中转库

贷：其他应付款——中转货款——××子公司（货款）

以上凭证附件：确认入库的始发单位销售出库单、本单位的中转入库单、中转收货日报表。

中转发货时，子公司财务部会计在收到确认出库的中转出库单、物流托运单、中转发货日报表后（与一般发货日报表为一张表），进行如下操作：

a. 在库存管理模块录入按中转发货单货物金额（包括赠品）录入其他出库单，审核记账后生成凭证：

借：其他应付款——中转货款——××子公司（货款）

贷：库存商品——中转库

b. 同时在应收系统根据中转单位应收需求单位的中转运费等费用，录入其他应收单审核后生成凭证：

借：应收账款——需求单位（中转运费等费用）

贷：其他业务收入——物流收入——货运收入等

根据中转单位应收始发单位的中转费用，在以上生成的凭证中增加以下两条分录：

借：其他应收款——关联单位——始发单位（中转服务费用，暂通过传真方式确认，后期将开发协同凭证完成）

贷：其他业务收入——物流收入——其他物流收入

c. 同时，凭本区新增的物流托运单，在应付款管理模块中按不同的物流商录入其他应付单，审核后生成凭证：

借：其他业务成本——货运成本

　贷：应付账款——××物流商

以上凭证附件：物流托运单、中转出库单、中转服务费用确认函、中转发货日报表。以上三类凭证，尽量连号，以便单据的查询。

下班前，在库存管理模块，一般平台产品由各子公司财务部对子公司当天的所有销售或调拨所自动生成的销售出库单进行审核，连锁产品由总公司主管会计进行销售成本的结算，然后进入存货核算模块记账后生成凭证：

借：主营业务成本（如是一般平台产品则为"其他业务成本"）

　贷：库存商品

3. 赠品的处理（适用包括新食材在内的子公司）

（1）采购的处理

①赠品入库和普通商品出入库在一张采购订单上完成，采购订单上有赠品标示，各子公司在录入采购订单的同时，应将赠品录入订单并勾选"赠品"标示。

②由采购订单生成采购入库单的时候，赠品和正常商品可生成一张采购入库单，其中赠品须勾选"赠品"标示，赠品单价为零，所有入库的仓库选择一般平台产品仓库或总公司连锁产品仓库。

（2）销售的处理

①由于我们的一些特殊需求NC系统不能满足，经公司讨论允许各子公司对NC销售订单中错误价格以及所需赠品根据实际情况作相应的修改，但绝不允许私自修改客户需求数量及价格，因私自修改订单中客户需求数量及价格造成对方异议的，子公司须承担全部责任，并对修改人处以不低于100元/次的罚款。

②OA订单转换为NC销售订单后，子公司采购部根据是否有赠品发放情况，对销售订单进行相应修改，将赠品加入订单并勾选"赠品"标示，赠品单价为零。

③发货时，根据销售订单（或调拨订单）将正常商品和赠品生成一张销售出库单（或调拨出库单），其中赠品须勾选"赠品"标示，赠品单价为零，出库仓库为同一仓库。

④子公司之间要货如有赠品也需在调拨订单上注明，生成的调拨出库单和调拨入库单上，赠品须有"赠品"标示并且单价为零。

⑤系统中根据采购入库单和销售出库单生成的采购发票和销售发票上赠品的价格须同样显示为零，采购入库结转入库成本时，是以正常商品和赠品数量之和在存货核算中以降低采购单价的形式平均分摊到同类产品中，结转销售成本时，赠品参与成本结算。

⑥如是单独发生的赠品（样品）收入和赠品（样品）支出的，则通过其他入库单

和其他出库单处理，按同类商品价格进行核算，收发类别选“赠品（样品）入库”或“赠品（样品）出库”，进入营业外收入和营业外支出科目核算。

第五十七条　加盟店、新食材采购、销售业务核算流程及账务处理方法：

1. 加盟店、新食材采购

（1）平台采购部分，在平台上下达请购单，收到子公司销售出库单后，采购专员须将销售发票打印出来交保管收货，保管收货后开具入库单交采购专员，采购专员核对无误后，在入库单上签字，并将子公司销售发票、保管开具的入库单一起交财务部，财务部进行采购的账务处理，处理方法参照第五十二条关于采购业务的账务处理方法。

（2）连锁产品采购往来款项一律与总公司记账，每月由总公司财务中心统一与各加盟店、新食材门店进行核对和结算；一般平台产品采购往来款项按发货单位与各子公司记账，由各子公司财务部与各单位进行核对和结算。

（3）地采部分，采购专员填制采购订单，财务和执总审核后实施采购，并通知保管收货，保管收货时依据供应商送货单验收，验收无误后，开具入库单，将入库单结算联交供应商作为结算依据（或由采购专员保管，财务凭此结算），记账联随同供应商送货单交采购专员，采购专员核对无误后在入库单上签字，同时将入库单和供应商送货单交财务进行账务处理。

以上业务在财务软件的相关模块进行处理后生成凭证：

借：材料采购

　贷：应付账款

同时，在存货核算模块处理后生成凭证：

借：库存商品

　贷：材料采购

注意：以上两条会计分录尽量连号，以便查询。

以上凭证附件：供应商送货单（或子公司销售发票）、入库单。

2. 加盟店、新食材销售

当日业务结束后，由业务员对门店销售进行汇总，填制业务日报表，与收银员进行核对无误后，将销售单据、业务日报表、相关的赊销凭证交财务部，财务部商品会计根据销售单据进行销售录入工作，当天销售统一处理后生成销售凭证：

借：现金（或银行存款、应收账款）

　贷：主营业务收入

每天结转一次成本，生成凭证：

借：主营业务成本

　贷：库存商品

以上凭证附件：业务日报表、出纳的现金收据、赊销凭证等，销售单据按日装订后单独保管。

3. 加盟店赠品核算

（1）加盟店赠品通过营业外收支科目进行单独核算。

①入库时，根据入库单记录在库存管理模块直接录入其他入库单，单价以最近一次采购价格为准，生成凭证：

借：库存商品

贷：营业外收入——赠品收入——××供应商

凭证附件：保管开具的其他入库单、供应商送货单。

注意：如是随采购入库的，须与相关采购凭证保持连号，便于原始单据的查询。

②出库时，根据出库单在库存管理模块直接录入其他出库单，单价以系统自动带出为准，如系统不能带出，则按结存成本手工录入，生成凭证：

借：营业外支出——赠品支出——××客户

贷：库存商品

凭证附件：保管开具的其他出库单、销售单。

注意：随同销售发出的赠品，须在每天结转销售成本时一同制证，便于单据查询。

（2）如是单独赠送的样品或赠品，则须按审批流程严格履行审批手续，财务入账除以上附件外，还须有相关审批表。

第五十八条　配送业务核算流程及账务处理方法。

新食材配送业务统一由门店分“配送组”核算，配送前，需由相关业务人员开具销售单，配送人员凭销售单进行配送，每天业务结束后同门店销售业务一样，需填制业务日报表，其他流程及账务处理方法与门店销售相同。

第十章　罚　　则

第五十九条　财务人员应遵守公司会计核算管理办法，严格按会计核算规定及项目设置说明、会计业务标准分录模板进行内部会计核算，对于不按内部会计核算规范操作者，财务负责人可根据违规条款处以操作者每次50元的单项罚款；屡教不改者，处以每次100元的单项罚款；情节严重者由财务负责人提议调离财务工作岗位。

第六十条　各单位擅自增减会计科目、费用项目，不按总公司统一部署进行仓库、供应商、客户以及产品分类的，对责任人处以每次100元的经济处罚。

第六十一条　各单位管理者均应充分尊重财务核算工作的专业性和独立性，不得强制要求财务人员违背会计核算管理办法和财务规定进行账务处理，有类似违规行为将给予各单位每次500～2 000元的处罚。

6.3 资产核算管理办法

资产核算管理办法

第一章 总 则

第一条 目的。

为规范企业会计核算工作，根据《中华人民共和国股份有限公司会计制度》规定，参考相关的行业会计制度，结合本公司的情况，特制定本办法。

第二条 适用范围。

适用于企业对资产核算进行管理的相关事宜。

第二章 货币资金

公司的货币资金通过“库存现金”“银行存款”“其他货币资金”科目来核算。

第三条 “库存现金”科目核算公司的库存现金：

1. 应设置“现金日记账”，由出纳人员根据收款、付款凭证，按照业务发生顺序逐笔登记。

2. 每日终了，应计算当日的现金收入合计数、现金支出合计数和结余数，并将结余数与实际库存数核对，做到账款相符。

3. 现金等价物的确定标准为：期限短、流动性强、易于转换为已知金额，价值风险变动很小的投资。

第四条 “银行存款”科目核算公司存入银行的各种存款：

1. 公司如有存入其他金融机构的存款，也在本科目核算。

2. 应按开户银行和其他金融机构、存款种类等，分别设置“银行存款日记账”科目。

3. “其他货币资金”科目核算公司的外埠存款、银行汇票存款、银行本票存款、信用卡存款、信用证保证金存款等各种其他货币资金。

（1）本科目应设置“外埠存款”“银行汇票”“银行本票”“信用卡”“信用证保证金”等明细科目，并按外埠存款的开户银行，银行汇票或本票、信用证的收款单位等设置明细账。

（2）公司应在“信用卡”明细科目中按开出信用卡的银行和信用卡种类设置明细账。

第三章 外币核算

第五条 公司发生的外币业务，应当将外币金额折合为人民币记账，并登记外国货币金额和折合率。

第六条 外币金额折合为人民币记账时，可按业务发生时的国家外汇中间汇价作为折合率。

第七条　月份终了，公司应将外币账户的外币余额按照月末国家外汇中间汇价折合为人民币，作为外汇账户的期末人民币余额。

第八条　调整后的各外币账户人民币余额与原账面余额的差额，与在建固定资产有关的予以资本化，无关的作为汇兑损益，列作当期财务费用。

第四章　应收款项及坏账准备、预付账款

第九条　"应收票据"科目核算公司因销售商品、产品、提供劳务等而收到的商业汇票（包括银行承兑汇票和商业承兑汇票）。

公司应设置"应收票据备查簿"，逐笔登记每一应收票据的种类、号数和出票日期、票面金额、票面利率、交易合同号和付款人、承兑人、背书人的姓名或单位名称、到期日、背书转让日、贴现日期、贴现率和贴现净额，以及收款日期和收回金额、退票情况等资料，应收票据到期结清票款或退票后，应在备查簿内逐笔注销。

第十条　"应收股利"科目核算公司因股权投资而应收取的现金股利，公司应收其他单位的利润，也在本科目核算。本科目应按被投资单位设置明细账。

第十一条　"应收账款"科目核算公司因销售商品、产品、提供劳务等，应向订货单位或接受劳务单位收取的款项。该科目应按不同的订货单位或接受劳务单位设置明细账。

应收账款计价采用总价法，即直接以发票价格为依据对应收账款入账。

第十二条　"其他应收款"科目核算公司除应收票据、应收账款、预付账款等以外的其他各种应收、暂付款项，包括不设"备用金"科目的公司拨出的备用金，应收的各种赔款、罚款，应向职工收取的各种垫付款项等，本科目应按其他应收款的项目分类，并按不同的债务人设置明细账。

第十三条　公司提取的坏账准备通过"坏账准备"科目核算。

1. 坏账损失确认标准：

——因债务人破产或死亡，以其破产财产或遗产清偿后，仍不能收回的应收款项。

——因债务人逾期未履行偿债义务，已超过3年，仍无法收回造成的债权损失，可确认为坏账损失。

2. 公司对应收账款、其他应收款进行账龄分析，按照账龄分析法计提坏账准备，计入当期损益，计提标准为：

账龄	计提比例
1年以内	0.5%
1～2年	6%
2～3年	10%
3年以上	20%

第十三条 “预付账款”科目核算公司按照购货合同规定预付给供应单位的款项。本科目应按供应单位设置明细账。

第五章 存 货

第十四条 存货是指公司在生产经营过程中为销售或者耗用而储存的各种资产，包括原材料、产成品、半成品、在产品以及各类材料、燃料、包装物、低值易耗品等。各种存货按取得时的实际成本核算。

第十五条 公司的存货通过“在途物资”“原材料”“包装物”“低值易耗品”“库存商品”“委托加工物资”“委托代销商品”“受托代销商品”“存货跌价准备”科目核算。

1. “在途物资”科目核算公司购入尚未验收入库的各种物资的实际成本。在途物资包括各种材料、商品等。公司购入的自建工程所需要的材料、机器设备等，应在“工程物资”科目核算，不包括在本科目的核算范围内。本科目应按供货单位设置明细账。

2. “原材料”科目核算公司库存的各种原材料及主要材料、辅助材料、外购半成品（外购件）、修理用备件（备品备件）、燃料等的实际成本。本科目应按原材料的保管地点（仓库）、材料的类别、品种和规格设置原材料明细账（或原材料卡片)。原材料明细账应根据收料凭证和发料凭证逐笔登记。

3. 原材料按计划成本核算，月份终了，按照发出各种原材料的计划成本计算应负担的成本差异。

股东投入的原材料，按照评估并被确认的价值入账，盘盈的存货以重置价值入账，接受捐赠的存货，按照该实物的发票、报关单、有关协议及同类实物的国内、国际市场价格等资料而确定的价值入账。

4. “包装物”科目核算公司库存的各种包装物的实际成本，按包装物的种类设置明细账。包装物于领用时采用一次摊销法摊销。

5. “低值易耗品”科目核算公司库存的低值易耗品的实际成本，按低值易耗品的类别、品种规格进行数量和金额的明细核算。低值易耗品于领用时采用一次摊销法摊销。

6.“库存商品”科目核算公司库存的各种商品的实际成本，包括库存的外购商品、自制商品产品、自制半成品、存放在门市部准备出售的商品、发出展览的商品等。公司接受外来原材料加工制造的代制品和为外单位加工修理的代修品，在制造和修理完成验收入库后，视同公司的产品，在本科目核算。本科目按商品种类、名称、规格设置明细账。公司采用加权平均法计算销售商品的实际成本。

7. “委托加工物资”科目核算公司委托外单位加工的各种物资的实际成本。本科目按加工合同和受托加工单位设置明细科目，反映加工单位的名称、加工合同号数，发出加工物资的名称和数量，发生的加工费用和运杂费，退回剩余物资的数量、实际成本，以及加工完成物资的实际成本等资料。

8. “委托代销商品”科目核算公司委托其他单位代销的商品的实际成本。本科目按受托单位设置明细账。

9. “受托代销商品”科目核算公司接受其他单位委托代销的商品。本科目按委托单位设置明细账。

10. 期末结存的存货，按比例计提存货变现损失准备。通过“存货跌价准备”科目核算公司提取的存货跌价准备。

（1）存货跌价准备确认标准：期末由于存货遭受损毁、全部或部分陈旧过时或销售价格低于成本等原因，使存货成本高于其可变现净值的部分，应提取存货跌价准备。

（2）存货跌价准备计提方法：存货跌价准备按期末单个存货项目的成本高于其可变现净值的差额提取，并计入当期存货跌价损失。已确认跌价损失的存货价值又得以恢复时，应在原已确认的存货跌价损失的金额内转回。

第十六条　各种存货应定期进行清查盘点，对于发生的盘盈、盘亏以及过时、变质、损毁等需要报废的应及时进行处理，计入当期损益。

第六章　待 摊 费 用

第十七条　公司设置“待摊费用”科目，核算公司已经支出但应由本期和以后各期分别负担的分摊期在1年以内（包括1年）的各项费用，如低值易耗品摊销、预付保险费、固定资产修理费用，以及一次购买印花税票和一次交纳印花税税额较大需分摊的数额。

第十八条　开办费、超过1年以上摊销的固定资产修理支出和租入固定资产改良支出以及摊销期限在1年以上的其他费用，应在“长期待摊费用”科目核算，不在本科目核算。

第十九条　本科目应按费用种类设置明细账。

第二十条　待摊费用按受益期限分期摊销。

第七章　对 外 投 资

第二十一条　公司拥有的各种能够随时变现并且持有时间不超过1年的投资归为短期投资，反之，为长期投资。长期投资又可分为长期债权投资和长期股权投资。

第二十二条　公司的短期投资通过“短期投资”科目进行核算，“短期投资”科目应按短期投资的种类设置明细账。

1. 短期投资按取得时的实际成本（即实际支付的价款扣除已宣告发放的现金股利或利息）计价。

2. 短期投资的现金股利或利息，应于实际收到时冲减投资的账面价值，但收到的、已记入应收项目的现金股利和利息除外。

第二十三条　“短期投资跌价准备”科目核算公司提取的短期投资跌价准备：

1. 短期投资跌价准备确认标准：持有的短期投资，在期末时应以成本与市价孰低计价，市价低于成本的部分，应提取短期投资跌价准备。

2. 短期投资跌价准备计提方法：期末单个投资项目的市价低于成本的，按其差额分别提取，计入当期损益。已确认跌价损失的短期投资的价值又得以恢复，应在原已确认的投资损失的金额内转回。

第二十四条　公司的长期债权投资通过“长期债权投资”科目进行核算，长期债权投资指公司购入的在1年内（不含1年）不能变现或不准备随时变现的债券和其他债权投资。公司进行债券投资支付的税金和手续费等各项费用不通过本科目核算，应直接计入当期财务费用，投资收益采取成本法核算。

1. 本科目设置以下两个明细科目进行核算：

（1）债券投资

（2）其他债权投资

2. 公司长期债权投资按实际支付款项入账，实际支付款项中包括应计利息的，应当将这部分利息单独记账。

3. 溢价或者折价购入的债券，其实际支付的价款与债券面值的差额，应当在债券到期前分期摊销；债券投资在存续期内的应计利息，以及出售时收回的本息与债券账面成本及尚未收回应计利息的差额，应当计入当期损益。

4. 其他债权投资按期计算的应收利息确认为当期投资收益。

5. 一次还本付息的债权投资，应计未收利息应于确认时增加投资的账面价值；分期付息的债权投资，应计未收利息应于确认时作为应收项目单独核算，不增加投资的账面价值。

第二十五条　公司的长期股权投资通过“长期股权投资”科目进行核算，长期股权投资指公司投出的在1年以上（不含1年）各种股权性质的投资，包括购入的股票和其他股权投资。

1. 本科目设置以下两个明细科目进行核算：

（1）股票投资

（2）其他股权投资

2. 公司的长期股票投资和其他股权投资中，按实际支付的价款加经纪人的佣金计价；投资额占被投资企业有表决权资本总额20%以下，或虽占20%或20%以上，但不具有重大影响的，采用成本法核算；投资额占被投资企业有表决权资本总额20%或20%以上，或虽不足20%但有重大影响的，采用权益法核算；投资额占被投资企业有表决权资本总额超过50%（含）或者拥有公司实际控制权时，需编制合并会计报表。

3. 公司“长期股权投资”中记录的投资额与按比例享有的被投资单位净资产的差额，在“长期股权投资——股权投资差额”科目进行核算，按10年平均摊销。

4. 公司对外投资的资产重新估值后，估价金额与账面价值之间的差额，属于短期投资的，作为当期损益；属于长期投资的，作为递延投资损益，在投资期内逐年摊销。

第二十六条　“长期投资减值准备”科目核算公司提取的长期投资减值准备。

1. 长期投资减值准备确认标准：由于市价持续下跌或被投资单位经营状况恶化等原因导致其可收回金额低于账面价值，并且这种降低的价值在可预计的未来期间内不可能恢复，预计不可收回部分应计提持有的长期投资减值准备。

2. 长期投资减值准备计提方法：期末按长期投资个别项目的估计未来可收回金额低于投资账面价值的差额提取长期投资减值准备，并计入当期损益。已确认跌价损失的长期投资的价值又得以恢复，应在原已确认的投资损失的金额内转回。

第二十七条　1年内到期的长期投资，应当在流动资产下单列项目反映。

第八章　固定资产及折旧

公司通过“固定资产”“累计折旧”“工程物资”“在建工程”“固定资产清理”等科目来进行固定资产的核算。

第二十八条　“固定资产”科目核算公司固定资产的原值。

1. 公司的使用期限超过1年的房屋、建筑物、机器、机械设备、运输工具以及其他与生产经营有关的主要设备、器具工具等列作固定资产。不属于生产经营主要设备的物品，其单位价值在2 000元以上，并且使用期限超过2年的，也应当作为固定资产。公司设置“固定资产登记簿”和“固定资产卡片”，按固定资产类别、使用部门和每项固定资产进行明细核算。

2. 公司的固定资产应当按照下列规定，确定其原价，登记入账：

（1）购入的固定资产应按实际支付的买价、包装费、运输费、安装成本、交纳的有关税金等记账。

（2）自行建造的固定资产，按在建造过程中实际发生的全部支出记账。

（3）投资者投入的固定资产，按评估确认的原价记账。

（4）融资租入的固定资产，按租赁协议确定的设备价款、发生的运输费、途中保险费、安装调试费等支出记账。

（5）在原有固定资产的基础上进行改建、扩建的，按原固定资产的价值，加上由于改建、扩建而发生的支出，减改建、扩建过程中发生的变价收入记账。

（6）盘盈的固定资产，按重置完全价值记账。

（7）接受捐赠的固定资产，按同类资产的市场价格，或根据所提供的有关凭据记账。接受捐赠固定资产时发生的各项费用应当计入固定资产价值。

3. 用借款购建固定资产，其发生的借款费用，在固定资产交付使用前，计入所购建固定资产的成本。如固定资产的购建发生非正常中断时间较长的，其中断期间发生的借款费用，不计入所购建固定资产的成本，应将其计入当期损益，直到购建重新开始，但如中断是使购建的固定资产达到可使用状态所必需的程序，则中断期间所发生的借款费用，仍应计入所购建固定资产的成本。

4. 已投入使用但尚未办理移交手续的固定资产，可先按估计价值记账，待确定实际价值后，再行调整。

5. 已经入账的固定资产，除发生下列情况外，不得任意变动：

（1）根据国家规定对固定资产价值重新估价。

（2）增加补充设备或改良装置。

（3）将固定资产的一部分拆除。

（4）根据实际价值调整原来的暂估价值。

（5）发现原记固定资产价值有错误。

6. 固定资产大修理可以采取预提或待摊方法进行核算。大修理费用采用预提办法的预提数额按预计发生数和大修理周期确定。实际发生数超过预提的部分，可以计入成本，费用少于预提的部分，冲减当年的成本。采用待摊方法的，摊销期限与大修理周期相同。

第二十九条　公司设置“累计折旧”科目核算固定资产的折旧，本科目只进行总分类核算，不进行明细分类核算。

1. 公司一般应当按月提取折旧。固定资产提足折旧后仍继续使用的，不再计提折旧，提前报废的固定资产不补提折旧，当月增减的固定资产相应在下1月份增减折旧额。

2. 公司的固定资产按直线法计提折旧，采用个别折旧率。具体的固定资产分类及使用年限列示如下：

固定资产类别	使用年限（年）	残值率	年折旧率
房屋建筑物	30～40	4%	2.4%～3.2%
机器设备	8～18	4%	5.33%～12%
仪器仪表	5～10	4%	9.6%～19.2%
运输设备及其他	6～12	4%	8%～16%

第三十条　公司设置“工程物资”科目来核算公司库存的用于建造或修理本公司固定资产工程项目的各种物资的实际成本。购入的工程物资按实际成本记账。

盘盈、盘亏、报废、损毁的工程物资，扣除保险公司、过失人赔偿部分，工程项目尚未完工的，计入或冲减所建工程项目的成本；工程项目已经完工的，计入营业外收支。

第三十一条　公司设置“在建工程”科目核算公司为建造或修理固定资产而进行的各项建筑和安装工程，包括固定资产新建工程、改扩建工程、大修理工程等所发生的实际支出，以及改扩建工程等转入的固定资产净值。购入不需要安装的固定资产不通过本科目核算。

1. 本科目应按工程项目设置明细账。公司自营工程所发生的有关支出，包括工程领用工程物资、工程应负担的职工工资、工程领用本公司的原材料、公司进行工程而使用本公司的商品、生产车间或经营部门为工程提供的水电、安装、修理和运输等劳务，均按实际发生额或实际成本记入该科目，包括应转出的增值税进项税额和应交纳的增值税销项税额，交付使用之前发生的工程借款利息和外币折合差额计入在建固定资产的成本，在建工程在交付使用前所取得的收入，冲减在建工程成本。

2. 在建工程于交付使用之时转作固定资产。在建工程发生单项或单位工程报废或损毁，扣除残料价值和过失人或保险公司等赔款后的净损失计入继续施工的工程成本；如为非常原因造成的报废或损毁，或在建工程项目全部报废或损毁，其净损失，在筹建期间的计入开办费，在投入生产经营后的计入营业外支出。

第三十二条　公司设置“固定资产清理”科目核算公司因出售报废和损毁等原因转入清理的固定资产净值及其在清理过程中所发生的清理费用和清理收入等。本科目应按被清理的固定资产设置明细账。

第九章　无 形 资 产

第三十三条　公司设置“无形资产”科目核算公司的专利权、非专利技术、商标权、著作权、土地使用权、商誉等各种无形资产的价值。本科目应按无形资产类别设置明细账。

第三十四条　公司取得的无形资产应按下列规定入账：

1. 股东投入的无形资产，按评估确认的价值入账。

2. 购入的无形资产，按实际支付的价款入账。

3. 自行开发并按法律程序申请取得的无形资产，按依法取得时发生的注册费、聘请律师费等费用入账。开发过程中发生的费用，计入当期费用。

第三十五条　无形资产在预计收益期限内平均摊销，具体为：

类　　别	摊销年限（年）
房屋使用权	10 ~ 40
土地使用权	30 ~ 50
商标使用权	5 ~ 10

第十章　其 他 资 产

第三十六条　公司设置“开办费”科目核算公司在筹建期内发生的费用，包括人员工资、办公费、培训费、差旅费、印刷费、注册登记费以及不计入固定资产价值的借款费用。开办费从开始生产经营的当月起，按5年平均摊销。

第三十七条　公司设置“长期待摊费用”科目核算公司已经支出，但摊销期限在1年以上（不含1年）的除开办费以外的其他各项费用，包括固定资产修理支出、租入固定资产的改良支出以及摊销期限在1年以上的其他待摊费用、本科目按费用的种类设置明细账。

长期待摊费用在规定期限内平均摊销，具体为：

类　别	摊销年限
固定资产大修理支出、租入固定资产改良支出	大修间隔期、租赁期
职工家属分房补贴	10年
车间等装修改造及其他	预计受益年限

第三十八条　公司设置“待处理财产损溢”科目核算公司在清查财产过程中查明的各种财产物资的盘盈、盘亏和损毁。

1. 本科目设置以下两个明细科目：

（1）待处理固定资产损溢。

（2）待处理流动资产损溢。

2. 公司清查的各种财产物资的损益，应在办理年终决算前查明原因，并报经批准处理，未能在年终决算前处理完毕的，应在会计报表附注中予以说明。

6.4　固定资产核算管理办法

固定资产核算管理办法

第一章　总　　则

第一条　目的。

为准确、及时、全面地反映和监督本公司固定资产的实物增减及价值损耗，保持固定资产的安全完好，提高使用效率，特制定本核算管理办法。

第二条　固定资产的标准。

1. 凡列入本公司的固定资产必须同时具备以下三个条件：

（1）使用年限在2年以上。

（2）单位价值在人民币2 000元以上（含2 000元）。

（3）可单独使用。

2. 凡不能同时满足以上三条，但价值在200元以上的设备物品，列为低值易耗品，即“准固定资产”，另行核算与管理。

第三条　对固定资产的分类如下：

（1）生产设备，生产车间使用的全部设备。

（2）电子设备，包括计算机系统（主机和外部设备）、备品和个人办公用计算机。

（3）运输设备，包括轿车、面包车等载人车辆。

（4）办公设备，包括复印机、传真机、打印机、办公家具等。

（5）房屋建筑物。

第四条　固定资产的计价。本公司的固定资产应以原价登记入账，其原价计算标准为：

1. 购进的固定资产以购买价加装运、保险等费用和所缴纳的税款为原价。

2. 投资者投入的固定资产按评估确定的原价记账，按评估确认的净值作为实收资本，两者之间的差额，记作已提取的折旧。

3. 接受捐赠的固定资产以受赠实物的客观价格（如发票价格、报关价格及国内或国际市场价格等）加装运、保险等费用和所缴纳的税款为原价。

4. 盘盈的固定资产，以完全重置价格为原价。

5. 因扩充、更新和翻新而增价的固定资产，以所发生的有关支出及其净值为原价。

6. 需要安装的固定资产，其安装费一并计入原价。

7. 已投入使用尚未办理移交手续的固定资产，可先按估计价值记账，待确定实际价值后，再行调整。

第五条　固定资产的改良和修理：

1. 本公司现有的固定资产进行扩充、改良和技术改造而发生的支出为资本性支出，其会计处理为：

（1）使固定资产增加价值的，应按本办法第四条规定相应调整该固定资产的原价。

（2）使固定资产延长使用年限的，应适当延长其折旧年限，并相应调整计算折旧。

2. 固定资产扩充、改良和技术改造工程先通过“在建工程”科目核算，工程完工交付使用后再转入“固定资产”。

3. 对本公司原有的固定资产进行维修，使其恢复其原有性能，确保其正常使用和预期寿命的中、小修理支出为收益性支出，其会计处理为将下列费用记入各有关费用科目：

（1）车辆维修费。

（2）设备维修费。

第六条　固定资产管理的原则。

本公司固定资产的管理应贯彻“财务部集中核算，主管部门归口管理”和“管、用结合，谁用谁管”的原则，即将核算管理责任根据固定资产的使用条件，落实到有关部门和责任者。

第七条　责任部门：

1. 财务部为核算部门，负责制定“固定资产核算管理办法”并监督实施，集中核算固定资产的增减变动，正确计提折旧，统一办理固定资产的购入、领用、报废、清理等结算手续，并进行相应的会计处理。

2. 设备部为生产设备主管部门，行政部为其他设备和房屋建筑物主管部门。

3. 主管范围原则区分：

（1）生产设备类固定资产由设备部负责日常管理。

（2）其他非生产设备类固定资产由行政部负责日常管理。

4. 主管部门负责按本办法规定制定相应的使用管理细则；监督使用部门进行固定资产的保养、维护、计量、修理等日常管理；保证其安全完好和运转正常。

第八条　固定资产管理的权限界定：

1. 本公司生产设备类固定资产的购置由经营部负责；非生产设备类固定资产的购置由采购部负责。

2. 本公司固定资产领用、报废、清理等事宜，均须按照本制度所规定的权限和程序审批，并统一由相应主管部门办理。

3. 凡本公司固定资产的外借，应按照有关固定资产的授权程序，报批后方可进行。

第九条　固定资产的基础工作：

1. 本办法第八条所规定的责任部门应按其分管业务，强化固定资产的基础管理，以准确反映本公司固定资产的增减变化和使用转移等情况。

2. 编制“固定资产编码”。财务部会同主管部门根据本公司的特点编制固定资产编号，对全部固定资产实行统一编号。

3. 设置“固定资产明细账”和“固定资产台账”“固定资产档案卡”。“明细账”由财务部按固定资产类别设置；“固定资产台账”“固定资产档案卡”由主管部门分别按其主管的固定资产类别设置，主管部门应记录有关固定资产的验收、启用、拆迁、移动、清理等情况。

第十条　科目设置。

一级科目：固定资产。

二级科目：生产设备、运输设备、办公设备、房屋建筑物、电子设备。

会计分录：上述设备按购建、安装和足以延长其使用期限或增加其价值的改良等支出，以及增值、捐赠之数，从在建工程完工验收结转之数记入借方；转让、盘亏、毁损、报废清理等记入贷方。

一级科目：累计折旧。

二级科目：生产设备、运输设备、办公设备、房屋建筑物、电子设备。

会计分录：计提之数记入贷方；转让、盘亏、毁损、报废清理时冲销已提折旧之数记入借方。

一级科目：固定资产清理。

会计分录：转让、盘亏、毁损、报废清理转入清理时的净值，以及发生的清理费用，结转清理后的净收益，记入借方；出售收入、赔偿收入，以及结转清理后的净损失，记入贷方。

第十一条　低值易耗品的基本规定。

"存货"科目下设置"低值易耗品"科目，记录低值易耗品的购入、领用和计价等。购入低值易耗品记入"低值易耗品"借方，领用时记入"低值易耗品"贷方。低值易耗品领用时一次性记入相关费用科目。

第二章　固定资产的购建和取得

第十二条　固定资产的购建申请：

1. 对单价在部门预算以内并且属于预算内项目的固定资产购建，应由请购部门根据预算提出购建申请，详细说明购建的依据和必要性，经审批后采购。

2. 对单价超出部门预算或属于预算外的固定资产购建，请购部门应按预算外审批流程进行审批。

第十三条　固定资产的购入手续：

1. 凡固定资产的购入，应由负责部门先按本办法第十二条的规定报批后，根据已批准的"固定资产购建申请"等手续统一由经营部或采购部根据固定资产类别完成对固定资产购入。

2. 对于生产设备应于购进公司之日起的3个工作日，由经营部组织并会同设备部、财务部完成对该生产设备的清点以及外观检验，出具"设备签收单"。

3. 设备部组织相关部门进行设备的安装调试验收，并将验收报告提交经营部。

4. 验收合格后，经营部将验收单、商业发票、请购单等凭证上交财务部。

5. 固定资产购入的会计处理：

（1）如购入的生产设备类固定资产无须安装，则财务部根据收到的验收单、商业发票、请购单等办理固定资产转账，记入"固定资产"科目。

（2）如购入的固定资产需要安装，设备部应于固定资产购进公司之日向财务部递交“签收单”，财务会计根据“签收单”计入“在建工程”；在领用材料、发生安装费用、与承包单位结算的工程价款等均应计入“在建工程”；在建工程完工后的1个月内，主管部门负责组织完成对该在建工程的验收，填制“验收单”，财务会计据此办理在建工程的结转，由“在建工程”转入“固定资产”。

6. 设备部设立填写“固定资产登记卡”，更新“固定资产登记表”。

第十四条 固定资产的捐赠：

1. 公司接受捐赠固定资产后，应按本办法规定的分类并及时交其主管部门保管。

2. 主管部门于接管该固定资产后3个工作日内，组织完成对固定资产的验收和原价确定，填制“验收单”，财务会计据此办理固定资产验收单的入账手续。

3. 主管部门设立填写“固定资产登记卡”，更新“固定资产登记表”。

第十五条 固定资产的盘盈。

本公司固定资产盘盈的核算，按本办法第六章第二十九条的规定进行。

第三章 固定资产的使用保管

第十六条 固定资产的使用保管制度：

1. 主管部门应按照固定资产管理原则和制度，建立健全固定资产移交、领用、使用、维修、保管等责任制度及一切手续，落实归口分级管理。

2. 主管部门应根据其分管固定资产的特点，制定“移交领用保管须知”。

第十七条 固定资产的内部移动。

对因实际需要而发生固定资产内部转移，主管部门会同使用部门填制“固定资产内部转移表”，经批准后，由使用保管部门和财务会计各执一份，据以进行“固定资产登记表”的明细核算。

第四章 固定资产的转让、盘亏、毁损、报废

第十八条 固定资产的减少。

由于经营原因发生的固定资产转让、盘亏、毁损、报废清理等减少事项时，应严格按照本办法规定的程序和手续办理，以避免或减少公司的损失。上述事项通过“固定资产清理”科目核算。

第十九条 固定资产的转让和变卖。

固定资产的转让和变卖，应由该项固定资产的使用保管部门于转让行为发生之前按下述流程办理有关手续：

1. 填制“固定资产特别事项申请”，报总经理审批。

2. 根据有偿转让、合理定价的原则，对外签订“转让、变卖合同”，并开具商业发票。

3. 主管部门应将已批准的上述文件一并送交财务部，由财务部对该固定资产的原价进行调整及转让价款的结算，主管部门更新“固定资产登记表”。

第二十条　固定资产的盘亏。

本公司固定资产盘亏的核算，按本办法第六章第二十九条的规定进行。

第二十一条　固定资产的毁损和报废：

1. 对本公司毁损、报废或提前报废的固定资产，应由其使用保管部门及时书面申请，主管部门负责组织有关人员进行现场检验和调查鉴定。

2. 对人为毁损和报废的固定资产，应认真分析原因，查明过失责任，由主管部门报告保险公司。

3. 在检验调查的基础上，使用保管部门应详细填写损毁和报废事项，主管部门根据“现场检验报告”和“鉴定结论”签署处理意见。报总经理批准后，交财务部审核验算。

4. 主管部门应于批准报废后的1个月内，负责完成毁损、报废固定资产的拆除变卖、净值回收、清理费用的结算和保险公司的索赔等，凭证齐备后，更新“固定资产明细账”和“固定资产登记表”，进行相应的会计处理。

第五章　固定资产的折旧

第二十二条　固定资产的折旧。

固定资产折旧是指推定和计算固定资产在使用过程中的损耗价值，折旧由财务部固定资产会计负责核算。

第二十三条　固定资产折旧的计算要素：

1. 折旧方法

固定资产折旧采用“直线法”平均计算。

2. 折旧年限

根据本办法第三条规定的固定资产具体分类，各具体类别的折旧年限细分如下：

类别	年限
生产设备	10
电子设备	5
运输设备	5～10
办公设备	5
房屋建筑物	20～40

3. 残值的确定

本公司固定资产估计残值一般以原价的5%计算；对个别价值较高、情况较特殊需要少留残值的，应报请税务部门据实分别确定。

4. 折旧额、折旧率的计算：

$$某类固定资产月折旧率=\frac{1-该类固定资产估计残值占原价的\%}{该类固定资产折旧年限\times 12}$$

5. 折旧的实际业务：

（1）财务部根据本办法确定的固定资产的类别，按月初在用各类固定资产账面原价计算相应的类别月折旧率，并按月计算汇总固定资产月折旧额计入当前成本。

（2）累计折旧按各项固定资产单独计算，汇总后作为固定资产的减项反映在资产负债表中。

6. 资产折旧区分：

（1）当月增加的固定资产从次月起计提折旧，当月减少的固定资产从次月起停提折旧。

（2）闲置及未使用的固定资产不计提折旧。

（3）已提足折旧仍继续使用的固定资产不再计提折旧。

（4）提前毁损报废的固定资产不补提折旧。

第二十四条 折旧计算的变更。

本办法所确定的折旧计算，自本办法批准之月起不再随意变更，如确有必要变更则分别处理如下：

1. 对改直线法为其他折旧方法和低于税法规定最短年限的加速折旧事宜应申报税务机关审核。

2. 对不低于税法规定最短年限的折旧年限变更和个别固定资产残值调整事宜，应报经税务机关批准。

3. 对批准后的上述变更，应自新的会计年度开始时变更，并在变更年度的财务情况说明书中予以说明。

第六章 固定资产盘点

第二十五条 盘点方式。

本公司固定资产实行实地盘点制，按盘点程序进行。

第二十六条 盘点时间。

全部固定资产的盘点，每年定期进行四次，时间规定为每年3月下旬和6月下旬，9月下旬和12月下旬每次盘点期为一天。

第二十七条 盘点组织。

本公司固定资产盘点由固定资产主管部门组织实施，使用部门、财务部固定资产会计参加。

第二十八条　盘点内容：

1. 清查实物，盘点数目。

2. 实物清查应全面彻底，查物核账，务求不重不漏，做到账物相符。

3. 检验实物，查明质量。

4. 结合实物清查，应需同时查明质量，即查明固定资产的使用状况和完好程度，采取对策，促进固定资产的有效使用。

5. 填单编表。

6. 主管部门应通过盘点，填制“固定资产盘点清单”，并于每年3月末、6月末、9月末和12月末提交固定资产盘点情况的书面报告。

第二十九条　盘盈盘亏的处理：

1. 盘盈盘亏的处理程序

对盘点中发生的固定资产盘盈盘亏，主管部门、使用保管部门应及时查明原因，核实情况，分清责任，提出处理意见，填制“固定资产特别事项申请表”。报总经理批准后，送交财务部审核验算，进行会计处理。

2. 盘盈盘亏的会计处理

（1）盘盈、盘亏应先通过“待处理财产损溢”科目核算，报经批准处理时，再转入有关科目。

（2）盘盈的固定资产以重置完全价格为原价，按其新旧程度和尚可使用年限估计累计折旧，原价扣除累计折旧后的余额计入营业外收入。

（3）盘亏的固定资产应冲减原价和累计折旧，并将原价扣除累计折旧和过失人或保险公司赔款的差额，列为营业外支出。

第三十条　盘盈、盘亏固定资产的会计处理时间，最迟在本会计年度内处理完毕。

第七章　固定资产目录

第三十一条　以本公司会计制度和本办法的统一分类，进行大类别、中类别及组类别编号。

第三十二条　本公司固定资产编号体系的表示方法：固定资产编号为1行（不同类别编号之间用“—”联结），如下所示。

××	××××
固定资产类别	固定资产编号

6.5 负债核算管理制度

负债核算管理制度

第一章 总 则

第一条 目的。

为了规范企业负债核算管理工作，保证负债核算的准确性，特制定本制度。

第二条 适用范围。

本制度适用于企业流动负债与长期负债的核算管理工作。

第二章 流动负债核算

第三条 企业的流动负债是指将在一年内偿还的债务，包括短期借款、应付账款、应付工资、应交税费，其他应付款等。

第四条 企业各种流动负债应按期偿还，以提高企业信誉和知名度，按期发放工资，无特殊原因职工工资必须于次月1日前发放，以提高职工的积极性，增强企业凝聚力。

第五条 各种流动负债应当按实际发生数记账。负债已经发生而数额需要预计确定，应当合理预计，待实际数额确定后进行调整。

第六条 企业发生短期借款、应付票据、短期债券融资，到期时要有足够的资金来源。为了正确计算各期的盈亏，应将需支付的利息按月预提，计入财务费用。

第七条 应付账款是指企业因向外购买材料、商品或接受劳务等而发生的债务。发生应付账款必须有材料、商品已经验收入库，接受的劳务已经发生的证明单，并及时报送财务部门。如物资和发票账单不是同时到达企业，业务部门应将物资和应付债务按合同等约定，在发生时估价向财务部门报账确认。未向财务报账的应付账款，视同个人行为。

第八条 应付职工薪酬是企业对职工个人的一种负债，按企业劳动工资规定确定。发放职工薪酬的账务处理过程如下：

1. 向职工支付工资、奖金、津贴、福利费等，从应付职工薪酬中扣还的各种款项（代垫的家属药费、个人所得税）等，借记“应付职工薪酬”科目，贷记“银行存款”“库存现金”“其他应收款”“应交税费——应交个人所得税”等科目。

2. 支付工会经费和职工教育经费用于工会活动和职工培训，借记“应付职工薪酬”科目，贷记“银行存款”等科目。

3. 按照国家有关规定缴纳社会保险费和住房公积金，借记“应付职工薪酬”科目，贷记“银行存款”科目。

4. 企业将其自产产品发放给职工的，借记“应付职工薪酬”科目，贷记“主营业务收入”科目，同时，还应结转产成品的成本。涉及增值税销项税额的，还应进行相应的处理。支付租赁住房等资产供职工无偿使用所发生的租金，借记“应付职工薪酬”科目，贷记“银行存款”等科目。

5. 企业以现金与职工结算的股份支付，在行权日，借记“应付职工薪酬”科目，贷记“银行存款”“库存现金”等科目。

6. 企业因解除与职工的劳动关系给予职工的补偿，借记“应付职工薪酬”科目，贷记“银行存款”“库存现金”等科目。

第九条　应付股利是企业分配给投资者的现金股利或利润，在实际未支付前形成的负债。企业分配的股票股利不在本科目核算。

第十条　应付税费是按有关税收法规规定核算的，企业依法应纳的税金和各种费用。在会计和税法规定不一致时，应作纳税调整。

第十一条　应付利息是按照合同约定应支付的利息，包括吸收存款、分期付息到期还本的长期借款、企业债券等应支付的利息等。

第十二条　其他应付款主要核算经营性租入固定资产和包装物等应付租金、存入保证金、应付统筹退休金、工会经费、代扣款项等暂收应付款。

第三章　长期负债核算

第十三条　长期负债分为长期借款、应付债券、其他长期负债。

第十四条　借款费用的处理：

1. 购建固定资产而发生的长期借款费用，在固定资产尚未达到预定可使用状态前予以资本化，计入所建造的固定资产价值。

2. 为建造固定资产而发生的长期借款费用，在固定资产达到预定可使用状态后所发生的，直接计入当期损益（财务费用）。

3. 属于流动负债性质的借款费用或者虽然是长期借款性质，但不是用于购建固定资产的借款费用，直接计入当期损益，即使是需要经过相当长时间才能达到销售状态的存货，也不将借款费用计入所生产的存货的价值内。

4. 如果是为投资而发生的借款费用，不予以资本化，直接计入当期损益。

5. 在筹建期间发生的长期借款费用（为购建固定资产而发生的长期借款费用除外），计入当期损益。

6. 在清算期间发生的长期借款费用，计入清算损益。

第十五条　长期负债的本金、利息、外币折合差额和债券面值、债券溢价、债券折价分别在长期借款和应付债券科目中设二级科目核算。

第十六条　长期负债的应计利息应按月预提，债券的溢价或折价在存续期间按直线法摊销。

第十七条 长期应付款主要核算补偿贸易引进国外设备价款、融资租入固定资产的租赁费等。

第十八条 专项应付款核算企业接受国家拨入的、具有专门用途的拨款以及从其他来源取得的款项。拨款项目完成后，分别转入资本公积及其他相应科目。

6.6 所有者权益核算规定

所有者权益核算规定

第一条 目的。

为规范企业会计核算工作，根据《中华人民共和国股份有限公司会计制度》规定，参考相关的行业会计制度，结合本公司的情况，特制定本规定。

第二条 适用范围。

适用于企业对所有者权益核算进行管理的相关事宜。

第三条 股本。

1. 公司设置“股本”科目核算按照公司章程的规定，股东投入公司的股本。超过股票面值发行所得的溢价收入，在“资本公积”科目核算，不记入本科目。

2. 公司应在核定的股本总额及核定的股份总额范围内发行股票。公司发行的股票应于收到现金及其他资产时，按面值登记入账，并按股票种类及股东单位或姓名设置明细账，进行明细核算。核定的股本总额、股数、每股面值以及已认股本等，应当在备查簿中详细记录。

3. 公司股本除下列情况外，不得随意变动：

（1）符合增资条件，并经有关部门批准增资。

（2）公司按法定程序报经批准减少注册资本。

4. 公司经有关部门批准增资的，在实际取得股东的出资时，登记入账，并按上述有关规定，进行会计处理。

5. 股东按规定转让出资的，应于有关的转让手续办理完毕时，将出让方所转让的出资额，在股东账户有关明细账及备查记录中转为受让方。

6. 股份公司按法定程序报经批准减少注册资本的，在实际发还股款或注销股本时，登记入账。采用收购本企业股票方式减资的，在实际购入本企业股票时，登记入账。公司应将因减资而消除股份、发还股款或注销每股部分金额以及因减资需更换新股票的变动情况，应在股本账户的明细账及有关备查簿中详细记录。

第四条　公积金：

1. 公司设置“资本公积”科目核算取得的资本公积。

（1）下设八个明细科目：

①股本溢价。

②接受捐赠实物资产。

③住房周转金转入。

④资产评估增值。

⑤股权投资准备。

⑥被投资单位接受捐赠准备。

⑦被投资单位评估增值准备。

⑧被投资单位股权投资准备。

（2）公司溢价发行股票，在收到现金筹资时，按实际收到的金额与发行价之间的差额记入本科目。公司发行股票支付的手续费或佣金、股票印制成本等，溢价发行的，从溢价中抵销；无溢价的，或溢价不足以支付的部分，作为长期待摊费用，分期摊销。

（3）公司接受捐赠的固定资产，按同类资产的市场价格或根据所提供的有关凭据所确定的价值与发生的相关费用之间的差额记入本科目。公司接受的除固定资产以外的其他实物资产捐赠，按同类资产的市场价格或根据所提供的有关凭据所确定的价值记入本科目。

（4）因被投资单位外币折算等引起的被投资单位所有者权益的变动，公司应按分享的份额，相应调整长期股权投资和资本公积的账面价值。因投资单位外币折算等引起的所有者权益的增加，公司按持股比例计算本公司所拥有的权益增加额；反之，计算减少额。

（5）公司按规定可以将资本公积转增股本，但资本公积中接受的捐赠实物资产价值、资产评估增值以及投资准备等部分，不能转作股本。

2. 公司设置“盈余公积”科目核算从净利润中提取的盈余公积。

（1）下设三个明细科目：

①法定盈余公积。

②任意盈余公积。

③法定公益金。

（2）公司应按照规定，从缴纳所得税后的利润中提取盈余公积，自利润分配账户转入盈余公积账户。企业的盈余公积可以用于弥补亏损，也可以用盈余公积分派股利和转增资本。用于弥补亏损的盈余公积，应转入有关利润分配账户；用于转增资本的盈余公积，应转入股本账户；用于分派股利的盈余公积，应转入应付股利账户。

第五条　利润及利润分配核算规定：

1. 公司设置“本年利润”科目核算公司实现的利润（或发生的亏损）总额。

2. 公司设置“利润分配”科目核算公司利润的分配（或亏损的弥补）和历年分配（或弥补）后的积存余额。

（1）本科目应设置以下八个明细科目：

①盈余公积转入。

②提取法定盈余公积。

③提取法定公益金。

④应付优先股股利。

⑤提取任意盈余公积。

⑥应付普通股股利。

⑦转作股本的普通股股利。

⑧未分配利润。

（2）年度终了，公司应将全年实现的净利润，自“本年利润”科目转入本科目，同时，将“利润分配”科目下的其他明细科目的余额转入本科目的“未分配利润”明细科目。结转后，除“未分配利润”明细科目外，本科目的其他明细科目应无余额。

（3）公司税后利润应按下列顺序分配：

①弥补以前年度亏损。

②提取法定公积金。

③提取法定公益金。

④经股东会决议，提取任意盈余公积金。

⑤支付普通股股利。

⑥分配给普通股股东的股利。

⑦已分配给股东的利润和提取任意盈余公积金后的余额，为未分配利润，留待以后年度进行分配。

3. 公司实现的利润和利润分配应分别核算，利润构成及利润分配各项目应设置明细账，进行明细核算。应交所得税、提取的法定公积金、法定公益金、提取的任意公积金、分配的普通股股利以及年初未分配利润（或未弥补亏损）、上年利润调整数、期末未分配利润（或未弥补亏损）等，均应在利润分配表中分别列项予以反映。

6.7　收入核算规定

收入核算规定

第一章　总　　则

第一条　目的。

为规范企业会计核算工作，根据《中华人民共和国股份有限公司会计制度》规定，参考相关的行业会计制度，结合本公司的情况，特制定本规定。

第二条　适用范围。

适用于企业对收入核算进行管理的相关事宜。

第二章　收入核算规定

第三条　主营业务收入。

1. 公司设置“主营业务收入”科目来核算公司经营主要业务所取得的收入。主营业务收入指公司经营按照营业执照上规定的主营业务内容所发生的营业收入，主营业务以外的其他附带经营的业务收入，在“其他业务收入”科目下核算。

2. “主营业务收入”科目按主营业务的种类设置明细账。

3. 公司应按以下规定确认营业收入实现，并按已实现的收入记账，计入当期损益：

（1）商品销售，公司已将商品所有权上的重要风险和报酬转移给买方，公司不再对该商品实施继续管理权和实际控制权，相关的收入已经收到或取得了收款的证据，并且与销售该商品有关的成本能够可靠地计量时确认营业收入的实现。

（2）提供劳务（不包括长期合同），按照完工百分比法确认相关的劳务收入。如果提供的劳务合同在同一年度内开始并完成的，也可在劳务完成时确认营业收入的实现。

第四条　其他业务收入：

1. 公司设置“其他业务收入”科目核算公司除主营业务收入以外的其他销售或其他业务的收入，如材料销售、技术转让、代购代销、包装物出租等收入。

2. 本科目应按其他业务的种类，如“材料销售”“技术转让”“代购代销”“包装物出租”等设置明细科目。

3. 其他业务收入的实现原则，与主营业务收入实现原则相同。

第五条　折扣与折让。

1. 公司设置“折扣与折让”科目核算公司销售商品时按合同规定为了及早收回货款而给予买方的销货折扣和因商品品种质量原因而给予买方的销货折让。

2. 在销售时，销售货款中已经扣除的折扣与折让不在本科目核算。

3. 本科目设置以下两个明细科目：

（1）销货折扣。

（2）销货折让。

第六条 投资收益。

公司设置“投资收益”科目核算公司对外投资所取得的收入或发生的损失。本科目按投资收益的种类设置明细账。

第七条 补贴收入。

公司设置“补贴收入”科目核算公司取得的各种补贴收入（包括退还的增值税）。本科目按补贴收入项目设置明细科目。

第八条 营业外收入。

公司设置“营业外收入”科目核算公司发生的与其生产经营无直接关系的各项收入，包括固定资产盘盈、处理固定资产净收益、资产再次评估增值、债务重组收益、接受捐赠转入、罚款净收入、确实无法支付而按规定程序报经批准后转作营业外收入的应付款项等。本科目按收入项目设置明细账。

6.8 成本和费用核算规定

成本和费用核算规定

第一章 总 则

第一条 为规范公司成本和费用核算方法、核算程序和核算步骤，根据公司的生产特性、生产工艺和生产步骤，特拟订本成本和费用核算制度。公司的成品生产加工和各个部门的各项费用核算，严格按本制度的要求统一进行业务处理。

第二条 本制度所涉及公司的成本费用核算包含以下两个部分：成品成本核算、期间费用核算。

第二章 成品成本核算

第一节 基 本 原 则

第三条 公司成品成本的核算按会计准则的规定执行。

第四条 公司主要成品为××等。

第五条 成本指产品加工生产过程中所耗费的原辅包装、燃料动力、直接人工工资和其他支出，即在产品制造过程中所发生的一切费用支出。

第六条 公司产品成本包括下列各项：

1. 直接材料。

2. 燃料及动力。

3. 直接人工。

4. 制造费用。

第七条　公司采用品种法计算产品的成本，成本计算以产成品品种为成本核算的对象。

第八条　产品成本的核算应提出单位成本的分析资料，以作为生产管理或决策的参考，超过物资消耗定额时，应查明原因，作出成本说明。

第二节　材料成本的核算

第九条　计入成本的材料：

1. 直接材料

直接材料直接计入产品成本：生产所需的原辅材料、包装材料进入直接材料成本项目。

2. 间接材料

间接材料是指企业生产单位在生产过程中耗用的，但不能或无法归入某一特定产品的材料费用。如机器的润滑油、修理备件等。间接费用的归集一般可以根据“材料费用分配表”等原始记录进行。计入制造费用的总账和明细账。

第十条　材料成本的计价原则。

材料成本的计价，应遵循历史成本原则。购进的材料成本应包括买价、运费、税金、在途保险和验收入库费用等。外购材料的实际成本应由以下几部分组成：

1. 购入价格应根据发票不含税金额确认。

2. 附带成本包括购入材料发生的包装费、运杂费、保险费、运输途中的合理损耗、入库前的挑选整理费用等。

第十一条　材料成本的核算。

材料成本的核算采用材料入库时，按照材料的实际成本计入原材料科目，出库时，按照加权移动平均法计算材料出库成本。

1. 账户设置

材料成本核算应设置“原材料”“包装物”“委托加工材料”“应付账款”“预付账款”“应付票据”等账户。

（1）“原材料”账户是资产类账户，核算公司库存的各种材料，包括各种原材料及主要材料、辅助材料、公司的自制半成品、修理用备件（备品备件）、五金杂品、劳保用品、燃料等的实际成本。该账户的借方登记公司库存原材料增加的实际成本，贷方登记原材料减少的实际成本。余额在借方，反映公司库存原材料的实际成本。

（2）“包装物”账户是资产类账户，核算公司库存的各种包装物。该账户的借方登记公司库存包装物增加的实际成本，贷方登记包装物减少的实际成本。余额在借方，反映公司库存包装物的实际成本。

（3）“委托加工材料”账户是资产类账户，核算公司委托加工产品所提供的主要原材料、包装物。该账户的借方登记公司委托加工产品所提供给受托方的各种原材料、包装物的实际成本，贷方登记公司收回完成委托加工的产品后，从“委托加工材料”科目转入“产成品成本”科目的各种原材料、包装物的实际成本，余额在借方，反映受托方尚未完成委托加工所剩余的各种原材料、包装物的成本。

（4）“应付账款”账户是负债类账户，核算公司因购买材料、商品及接受劳务等应支付给供应单位的款项。贷方登记应付未付款项和结转的预付款项，借方登记偿还的应付未付款项和支付的预付款项，贷方余额表现为公司债务大于债权的差额，借方余额表现为债权大于债务的差额。该账户按供应单位的户名设置明细账进行明细核算。

（5）“应付票据”账户是负债类账户，核算公司对外发生债务所开具、承兑的商业汇票。贷方登记公司因采购材料、商品等开出并承兑的商业汇票的金额，借方登记已支付的商业汇票以及商业汇票逾期不能承兑按规定转入“应付账款”账户的金额。期末贷方余额，反映公司承兑的期末尚未到期的商业汇票金额。

2. 材料领用及退回需办理以下手续

（1）材料的领用及退回均应填具领、退料单，办理进、退料手续。

（2）领、退料单应依规定填写并经权限主管核准。

（3）发料人员应将领料、退料或发货单据加以连续编号，于规定日期送交财务部登入存货明细账。

（4）供应部保管人员应于每月月末将本月的原材料、包装物收发存月报表送财务部核对。

第三节　人工成本的核算

第十二条　人工成本是公司付给职工的工资、加班费、各项津贴补贴和奖金以及按工资总额提取的福利费。

第十三条　人工成本应依照人力资源部提供的职工人员清册区分为直接人工和间接人工。

第十四条　直接人工指生产车间直接从事生产操作、维护人员的工资、加班费、各项津贴补贴和奖金以及按工资总额提取的福利费。

第十五条　间接人工指生产车间管理人员的工资、加班费、各种津贴补贴和奖金以及按其工资总额提取的福利费等。

第十六条　财务部根据人力资源部核算的生产人员的工资总额按工作岗位进行归集，分别进入直接人工和制造费用的工资项目。

第十七条　财务部依据产品耗工工时比例编制“工资、福利费分配表”，并依据

"工资、福利费分配表"编制记账凭证并登记入账。

第四节 燃料及动力费的核算

第十八条 燃料及动力费指直接用于产品生产的外购及自制的各种燃料和动力费用（包括水、电、蒸汽等）。

第五节 制造费用的核算

第十九条 制造费用是指公司生产车间为组织和管理生产发生的间接费用和不能直接计入产品成本的直接费用，包括工资及福利费、折旧费、修理费、办公费、水电费、劳动保护费、试验检验费、运输费、低值易耗品摊销、租赁费、差旅费、机物料消耗费、保险费以及其他制造费用。

第二十条 制造费用的归集及分配：

1. 生产车间发生的制造费用，按其用途和发生的地点，通过"制造费用"账户进行归集及分配。

2. 制造费用的分配依据产品耗工工时比例编制"制造费用分配表"，并依据"制造费用分配表"编制记账凭证计入各种产品成本。

3. 制造费用发生时应按其性质根据有关的原始凭证编制记账凭证，各项费用于每月终了结账后编制"制造费用明细表"。

第三章 期间费用核算

第一节 基 本 原 则

第二十一条 公司期间费用的核算按照国家现行的《会计法》《企业会计制度》等法规的规定执行。期间费用包括营业费用、管理费用和财务费用。期间费用直接计入当期损益，并在利润表中分别项目列示。

第二节 营业费用的核算

第二十二条 营业费用是指公司在销售产品过程中发生的费用，包括公司销售产品所发生的费用，具体项目为产品销售提成费用和专设销售机构的员工工资及福利费、差旅费、办公费、修理费、低值易耗品摊销、租赁费、业务招待费、折旧费等经营费用，以及公司在销售商品过程中发生的运输费、装卸费、保险费、宣传费和广告费等。

第二十三条 账户设置：

1. 公司为了归集和结转营业费用，设置"营业费用"总分类账户。本账户属于损益类性质。本账户按费用项目设置明细账，进行明细核算。期末，将本账户的余额转入"本年利润"账户，结转后本账户无余额。期末，编制《营业费用明细表》。

公司在销售商品过程中发生的运输费、装卸费、保险费、宣传费和广告费等，借记本科目，贷记"银行存款""应付账款"等科目。

2. 公司发生的为销售本公司商品而专设的销售机构的员工工资、福利费、差旅费、办公费、修理费、低值易耗品摊销、租赁费、业务招待费、折旧费等经营费用，借记本科目，贷记“应付工资”“应付福利费”“银行存款”等科目。

3. 产品销售提成费用，根据当期的产品销售收入发生额和公司的销售政策提取。借记本科目，贷记“预提费用”科目。收回销售货款，支付产品销售提成费用时，借记“预提费用”科目，贷记“银行存款”“现金”科目。

第二十四条　业务核算。

本账户按费用项目设置明细账，进行明细核算。

1. 工资：核算销售机构员工的工资总额，包括工资、奖金、津贴等。销售市场销售人员的工资也在本科目核算。

2. 职工福利费：核算公司按规定提取的销售机构员工的福利费。销售市场销售人员的福利费也在本科目核算。

3. 差旅费：核算员工因公出差发生的途中交通费、住宿费、市内交通费、出差补贴等。销售机构发生的会议费（包括销售工作总结会）、销售市场的差旅费也在本科目核算。

4. 办公费：核算电话费、邮寄费、办公用品费等。销售市场的办公费也在本科目核算。

5. 修理费：核算销售机构日常修理固定资产、低值易耗品的费用。

6. 低值易耗品摊销：低值易耗品的摊销采用一次摊销方法。低值易耗品是指不能作为固定资产的，并且单位价值在200元以上2 000元以下的各种用具物品。

7. 运输费：核算销售商品过程中发生的运输费、装卸费、保险费，以及发运车辆消耗的汽油费、停车费和其他日常杂费等。

8. 市场开发费：核算销售人员开发市场的费用。

9. 完成目标任务奖励支出：核算按公司销售方案计发的销售机构完成目标任务的奖励支出。

10. 广告宣传费：核算支出的广告费、宣传费以及发出样品的成本等（含销售市场学术推广会费用）。

11. 租赁费：核算销售机构办公场地、退货成品库等的租赁费。销售市场的租赁费也在本科目核算。

12. 业务招待费：核算因销售业务需要而发生的各项招待费、应酬费。

13. 折旧费：核算销售机构使用固定资产计提的固定资产折旧。

14. 工会经费：核算销售机构提取的工会经费。

15. 职工教育费：核算销售市场提取的职工教育经费。

16. 其他费用：核算上述明细科目不能列支的费用。

第三节　管理费用的核算

第二十五条　管理费用是指公司为组织和管理生产经营所发生的管理费用，包括公司的董事会和行政管理部门在公司的经营管理中发生的，或者由公司统一负担的公司经费，具体项目为行政管理部门员工工资及福利费、修理费、低值易耗品摊销、办公费和差旅费、工会经费、劳动保险费、董事会费（包括董事会成员津贴、会议费和差旅费等）、聘请中介机构费、咨询费（含顾问费）、业务招待费、房产税、土地使用税、印花税、无形资产摊销、职工教育经费、研究与开发费、排污费、存货盘亏或盘盈计提的坏账准备等。

第二十六条　账户设置：

1. 公司为了归集和结转管理费用，设置“管理费用”总分类账户。本账户属于损益类性质。本账户按费用项目设置明细账，进行明细核算。期末，将本账户的余额转入“本年利润”账户，结转后本账户无余额。期末，编制《管理费用明细表》。

2. 发生的行政管理部门员工的工资及福利费，借记本科目，贷记“应付工资”“应付福利费”科目。

3. 行政管理部门计提的固定资产折旧，借记本科目，贷记“累计折旧”科目。

4. 支付的办公费、修理费等，借记本科目，贷记“银行存款”科目。

5. 支付业务招待费、聘请中介机构费、咨询费、研究开发费时，借记本科目，贷记“银行存款”等科目。

6. 按规定计算出应交的房产税、土地使用税，借记本科目，贷记“应交税费”科目。

7. 无形资产按规定摊销时，借记本科目，贷记“无形资产”科目。

8. 按规定计提的坏账准备，借记本科目，贷记“坏账准备”科目。

第二十七条　业务核算。

本账户按费用项目设置明细账，进行明细核算。

1. 工资：核算行政管理部门员工的工资总额，包括工资、奖金、津贴等。

2. 职工福利费：核算公司按规定提取的行政管理部门员工的福利费。

3. 差旅费：核算员工因公出差发生的途中交通费、住宿费、市内交通费、出差补贴等。行政管理部门发生的会议费也在本科目核算。

4. 劳动保险费：核算公司按规定为全体员工购买的基本养老保险费、生育保险费、工伤保险费和失业保险费。为员工购买的由单位承担部分的基本医疗保险费，从“应付福利费”中列支。由员工个人承担的前述各项社会保险费，从员工个人的应发工资中扣缴。

5. 工会经费：核算公司按规定提取的工会经费，按全体员工工资总额的2%提取。

6. 职工教育费：核算公司按规定提取的职工教育经费，按全体员工工资总额的

1.50%提取。

7. 业务招待费：核算行政管理部门发生的各项招待费、应酬费。

8. 税金：核算公司应交和缴纳的土地使用税、房产税、印花税等。

9. 坏账准备：核算公司提取的坏账准备，计提坏账准备按照公司的会计政策于每年年度终了提取。

10. 排污费：核算公司向政府部门交纳的排污费。

11. 住房公积金：核算公司按规定为全体员工购买的住房公积金。由员工缴纳的住房公积金，从员工个人的应发工资中扣缴。

12. 办公费：核算电话费、办公用品费等。

13. 修理费：核算行政管理部门日常修理固定资产、低值易耗品的费用（含车辆修理费）。

14. 低值易耗品摊销：低值易耗品的摊销采用一次摊销方法。低值易耗品是指不能作为固定资产的、并且单位价值在200元以上的各种用具物品。

15. 咨询费（含顾问费）。

16. 审计费：核算公司聘请中介机构进行审计的费用。

17. 汽车使用费：核算车辆使用的汽油费、停车费、过路费和其他日常杂费。车辆的日常修理费不在本科目核算。

18. 董事会费：核算公司董事会成员津贴、会议费和差旅费等。

19. 存货损失：核算存货的盘亏或盘盈，以及不能用或不合格存货的销毁等。

20. 财产保险费：核算公司财产的保险费，如车辆保险费等。

21. 租赁费：核算行政管理部门办公场地等的租赁费等。

22. 折旧费：核算行政管理部门计提的固定资产折旧。

23. 研究开发费：核算公司新药研发方面的研究与开发费，以及新药研发机构员工的工资及福利费、差旅费、办公费、技术咨询费等。符合资本化条件的研发项目予以资本化。取得生产批文产品所购买的对照品进入“制造费用——试制试验费”，未取得生产批文产品所购买的对照品进入本项目核算。

24. 无形资产摊销。

25. 评估费：核算公司聘请中介机构对公司资产进行评估的费用。

26. 其他费用：核算上述明细科目不能列支的费用。

第四节　财务费用的核算

第二十八条　财务费用是指公司为筹集生产经营所需资金等而发生的费用，包括应当作为期间费用的利息支出、利息收入以及相关的手续费等。为购建固定资产的专门借款所发生的借款费用，在固定资产达到预定可使用状态前按规定应予以资本化的部分，不属于财务费用。

第二十九条　账户设置。

公司为了归集和结转财务费用，设置“财务费用”总分类账户。本账户属于损益类性质。本账户按费用项目设置明细账，进行明细核算。期末，将本账户的余额转入“本年利润”账户，结转后本账户无余额。期末，编制《财务费用明细表》。

发生的财务费用，借记本科目，贷记“预提费用”“银行存款”“长期借款”等科目。发生的应冲减财务费用的利息收入，借记“银行存款”等科目，贷记本科目。

第三十条　业务核算。

本账户按费用项目设置明细账，进行明细核算：

1. 利息支出。

2. 利息收入。

3. 手续费。

第7章　账款管理制度

7.1　客户信用管理制度

客户信用管理制度

第一章　总　　则

第一条　为规范和引导业务人员和销售经理的营销行为，有效控制商品销售过程中的信用风险，降低财务风险，特制定本制度。

第二条　销售经理和业务人员应严格执行本制度的规定，对客户实施有效的信用管理，加大货款回收力度，防范信用风险，减少呆坏账。

第三条　公司董事会和经营班子根据本制度及公司相关规定，对公司客户信用管理实施指导、检查，并对责任人进行考核和奖惩。

第四条　释义：

1. 信用风险指××股份公司的客户到期不付货款或者到期无能力付款的风险。
2. 授信指销售公司对各区域内的客户所规定的信用额度和回款期限。
3. 信用额度指对客户进行赊销的最高额度，即客户占用我方资金的最高额度。
4. 回款期限指给予客户的信用持续期间，即自发货至客户结算回款的期间。

第二章　授信原则与流程

第五条　授信原则。

销售经理、业务员对客户授信时应遵循以下原则：

1. 销售公司对现有客户应坚持回多少款发多少货的销售原则，原则上应采取措施减少应收账款，不再增加赊销业务、扩大赊销额度或延长回款期。

2. 销售公司在授信时，应实施以下控制措施：

股份公司对销售公司实施授信总额控制，原则上销售公司授信总额不能超过20××年1月1日应收账款的余额。

销售公司应根据客户的信用等级实施区别授信，确定不同的信用额度。

在销售合同中注明客户的信用额度或客户占用我方资金的最高额度，但在执行过程中，应根据客户信用变化的情况，及时调整信用额度。

第六条　授信流程。

销售公司销售经理或业务人员对客户授信时应遵守以下规程：

第一步：客户资信调查。

第二步：客户信用等级评定。

第三步：根据客户信用等级确定其信用额度。

第四步：客户授信的执行和监督。

第五步：客户授信的检查与调整。

第三章　客户资信调查

第七条　客户资信调查是指销售公司对客户的资质和信用状况所进行的调查。

第八条　客户资信调查的要点。

客户资信调查的要点主要包括：

1. 客户基本信息。
2. 主要股东及法定代表人或主要负责人。
3. 主要往来结算银行账户。
4. 企业基本经营状况。
5. 企业财务状况。
6. ××股份公司与该客户的业务往来情况。
7. 该客户的业务信用记录。
8. 其他需调查的事项。

第九条　客户资信资料可以从以下渠道取得：

1. 向客户寻求配合，索取有关资料。
2. 对客户的接触和观察。
3. 向工商、税务、银行、中介机构等单位查询。
4. 销售公司所存客户档案和与客户往来交易的资料。
5. 委托中介机构调查。
6. 其他。

第十条　销售公司的业务人员负责进行客户资信调查，保证所收集客户资信资料的真实性，认真填写《客户信用调查评定表》，报公司财务主管、片区经理、销售总公司经理、公司产销副总经理审核，填表人应对《客户信用调查评定表》内容的真实性负全部责任。

第十一条　股份公司财务主管负责对报送来的客户资信资料和《客户信用调查评定表》进行审核，重点审核以下内容：

1. 资信资料之间有无矛盾。
2. ××股份公司与该客户的业务往来情况。
3. 该客户的业务信用记录。

4. 其他需重点关注的事项。

第十二条　非××用品客户资信资料和《客户信用调查评定表》每季度要全面更新一次，如果期间发生变化，应及时对相关资料进行补充修改。

××用品客户资信资料和《客户信用调查评定表》每年要全面更新一次，如果期间发生变化，应及时对相关资料进行补充修改。

第四章　客户信用等级评定

第十三条　所有与××股份公司发生交易客户均需进行信用等级评定。××股份公司将其客户的信用等级分为A、B、C三级，相应代表客户信用程度的高、中、低三等。

第十四条　评为信用A级的客户应同时符合以下条件：

1. 双方业务合作1年或以上。
2. 过去2年内与我方合作没有发生不良欠款和其他严重违约行为。
3. 守法经营、严格履约、信守承诺。
4. 最近连续2年经营状况良好。
5. 资金实力雄厚、偿债能力强。
6. 年度回款达到公司制定的标准。

第十五条　出现以下任何情况的客户，应评为信用C级：

1. 过往2年内与我方合作曾发生过不良欠款或其他严重违约行为。
2. 经常不兑现承诺。
3. 出现不良债务纠纷，或严重地转移资产行为。
4. 资金实力不足，偿债能力较差。
5. 经营状况不良，严重亏损，或营业额持续多月下滑。
6. 发现有严重违法经营现象。
7. 出现国家机关责令停业、整改情况。
8. 有被查封、冻结银行账号危险的。

第十六条　原则上新开发或关键资料不全的客户不应列入信用A级。不符合A级、C级评定条件的客户定为B级。

第十七条　销售公司总经理以《客户信用调查评定表》等客户资信资料为基础，会同经办业务员、片区经理、公司财务主管一起初步评定客户的信用等级，并填写《客户信用等级分类汇总表》，报公司产销副总经理审批。

第十八条　在客户信用等级评定时，应重点审查以下项目：

1. 客户资信资料的真实性。
2. 客户最近的资产负债和经营状况。
3. 与我方合作的往来交易及回款情况。

第五章　确定客户信用额度

第十九条　授信中有关赊销概念的界定：

1. 赊销指客户未支付货款，货物已经由我方向客户方发生转移的销售业务活动。

2. 长期赊销指在签署的销售合同中，允许客户按照一定的信用额度和回款期限进行赊销的业务活动。

3. 临时赊销指在签署的销售合同中，不允许客户进行赊销，但在实际销售业务中，由于特殊情况，经过审批，按照相对较小的信用额度和较短的回款期限，个别进行赊销的业务活动。

第二十条　对于A级客户，可以给予一定授信，但须遵循以下原则：

1. 对于原来没有赊销行为的客户，不应授信；实际的经营过程中，在非常必要的特殊情况下，由销售总公司经理批准后可以给予临时赊销，原则上赊销信用额度最高不超过该客户的平均月回款额，回款期限为1个月以内。

2. 对于原来已有赊销行为的客户，由销售公司总经理批准后，可以根据其销售能力和回款情况给予长期赊销信用，原则上赊销信用额度最高不超过该客户的2个月回款额。如果原有赊销额低于本条款标准的，信用额度按从低标准执行，并应逐步减少至回款期限为1个月以内。

第二十一条　对于B级客户，原则上不予授信；确有必要，必须严格办理完备的不动产抵押等法律手续后，由销售公司总经理上报公司产销副总经理审批，经批准后才可执行长期赊销或临时赊销，其赊销信用额度必须不超过该客户的平均月回款额，同时不超过抵押资产额度。如果原有赊销额低于本条款标准的，信用额度按从低标准执行，并应逐步减少。其长期赊销回款期限为1个月，临时赊销回款期限为15天。

第二十二条　对于评为C级的客户，销售公司不得增加授信和给予任何新的赊销，并派专人回收账款。

第二十三条　依据《客户信用调查评定表》及销售公司目前交易客户的赊销情况，销售公司还应将赊销（或代销）客户（包括授信客户和虽不是授信客户但已发生赊销、代销行为的客户）进行汇总，并填写《赊销、代销客户汇总表》，报公司产销副总经理批准。

第二十四条　客户授信额度由公司产销副总经理审批后，《客户信用调查评定表》《客户信用等级分类汇总表》《赊销、代销客户汇总表》和销售合同、相关资料复印件交给公司财务主管保管，作为日常发货收款的监控依据。

第六章　客户授信执行与监督

第二十五条　销售公司及业务人员应严格执行客户信用管理制度，按照公司授权批准的授信范围和额度区分A、B、C类客户进行销售，同时加大货款清收的力度，确保公司资产的安全。

1. 公司财务主管具体承担对销售公司授信执行情况的日常监督职责，应加强对业务单据的审核，对于超出信用额度的订单，必须在得到上级相关部门的正式批准文书之后，方可办理。发生超越授权和重大风险情况，应及时上报公司产销副总经理。

2. 对于原赊销欠款或代销铺底金额大于所给予信用额度的客户，应采取一定的措施，在较短的期间内压缩至信用额度之内。

3. 对于原来已有赊销欠款或代销铺底的不享有信用额度的客户，应加大货款清收力度，确保欠款额或铺底额只能减少不能增加，同时采取一定的资产保全措施，如担保、不动产抵押等。

4. 对于赊销代销客户必须定期对账、清账，上次欠款未结清前，原则上不再进行新的赊销和代销。

5. 合同期内客户的赊销或代销欠款要回收清零1次。合同到期前1个月内，销售公司应与客户确定下一个年度的合作方式，并对客户欠款全部进行清收。

6. 销售公司应建立欠款回收责任制，将货款回收情况与责任人员的利益相挂钩，加大货款清收的力度。

7. 公司财务部每月必须稽核销售公司的授信及执行情况。

第七章 客户授信的检查与调整

第二十六条 销售公司必须建立授信客户的月度、季度检查审核制度，对客户授信实施动态管理，根据客户信用情况的变化及时调整授信，确保授信安全，发现问题立即采取适当的解决措施。

第二十七条 业务员每月要对享有信用额度客户的经营状况作出书面汇报，汇报的内容应包括总体销售情况、该客户销售××股份公司产品情况、任务完成情况等方面的内容，并对汇报的真实性负全部责任。

第二十八条 公司财务主管负责提供相应的财务数据及往来情况资料，每月填写《客户授信额度执行评价表》后交公司产销副总经理审核，财务主管对财务数据的真实性负责。

第二十九条 销售公司总经理审核业务员和财务部的书面汇报后，签署书面评价意见，必要时可对客户的信用额度进行调整，报公司产销副总经理批准后作为销售公司及财务部门下一步的监控依据。

第三十条 原则上，调整后的信用额度应低于原信用额度。

第八章 罚　则

第三十一条 销售公司对业务员或公司其他人员超出授信范围从事业务经营的行

为，须令其限期纠正和补救，并视越权行为的性质和造成的经济损失对其主要负责人和直接责任人予以下列处分：

（1）警告。

（2）通报批评。

（3）追究行政责任。

（4）经济处罚。

（5）追究法律责任。

7.2　OEM客户信用管理制度

OEM客户信用管理制度

第一章　总　　则

第一条　目的：

1. 强化客户资信管理，防范销售中的信用风险。
2. 控制应收账款，加快资金周转，提高公司财务管理质量。
3. 加强欠款追收，减少呆账、坏账损失，提高公司经营利润。
4. 规范赊销作业，提高公司市场竞争力。
5. 建立公司内部信用风险管理制度，提高公司管理水平。

第二条　本制度适用于公司OEM业务。

第三条　定义：

1. 信用指在交易过程中，买方以将来“给付承诺”的方式从卖方提走产品或服务的能力。

2. 信用政策：公司对应收账款管理采取的原则性规定，包括信用额度、信用期限、支付方式。

3. 信用额度：根据客户综合的付款能力，授予每一个客户的赊销标准。

4. 信用管理：信用管理部门按公司信用政策，对交易的全过程实施信用监控，达到防范或减少信用风险之目的。具体包括以下三个方面的工作：

（1）事前控制：指在正式交易（签约或发货）之前，对客户资信调查和评估。

（2）事中控制：指在交易过程中，对客户的信用额度、信用期限、支付方式实施严格把关。

（3）事后控制：指交货后，做好应收账款管理和回收，及逾期账款追讨工作。

第四条　职责：

1. OEM业务部职责：

（1）销售人员如实填写客户/代理商资信调查表，并对所填内容的真实性负责。

（2）销售经理负责审核销售人员提交的资信调查表，并签署意见。

（3）关注客户经营状况，若发现异常，要及时发出预警，并通报商务处。

（4）负责接收客户提交的信用申请表，转交销售经理签字确认。

2. 商务处职责：

（1）制定规范的客户/代理商资信调查表，供销售人员使用。

（2）客户档案建立、维护及更新。

（3）客户信用评估。

（4）授信客户管理，包括信用分级、筛选及监控。

（5）审核销售部门提交的客户信用申请表。

（6）应收账款管理。

（7）逾期账款追讨。

（8）公司信用管理体系建立与完善。

3. 财务职责：

（1）出纳负责OEM客户预付款到户确认。

（2）开发票。

（3）应收账款到户确认。

（4）配合商务定期对账。

（5）财务部长负责审核商务提交的客户信用申请表。

4. 主管财务副总负责审批商务提交的客户信用申请表。

5. 总经理负责批准商务提交的客户信用申请表。

第二章　客户信息管理

第五条　信息收集：销售人员如实填写资信调查表。

第六条　信息交叉验证：销售人员提供的客户资料、客户自行提供的资信资料、商务外围调查资料、税务海关等资料进行交叉验证。

第七条　档案建立：商务汇总、整理客户相关资料，录入系统中，建立和维护OEM客户档案。

第三章　客户信用评估

第八条　评估指标：主要从客户付款超期比率、平均回款周期、行业背景、历史交易记录四个指标进行考核，具体规则如下表。

客户信用评估指标

评价指标	权重	计算公式	评分规则	指标意义
付款超期比率	40%	（1）绝对指标 客户本期应收账款逾期的总金额 （2）相对指标 a. 付款超期比率=本期应收账款逾期的金额/本期应收账款总额×100% b. 付款超期比率=本期付款超期次数÷本期交易次数×100%（按超期次数）	a. 客户三项指标都为0，该项满分为40分 b. 逾期金额以5万元为单位，每增加5万扣10分，逾期金额超过30万，该项计0 c. 超期比率以10%为单位，每增加10%扣5分，超期比率超过50%，该项计0	指标反映： （1）客户到期未付款严重程度 （2）客户付款的习惯及合作诚意
平均回款周期	20%	平均回款周期=本期货款回收天数累计/本期交易次数 注：本期货款回收天数是指从销售发票开立之日至收到银行电子联行收付款通知	a. 客户在合同规定的期限内付清每一笔货款，该项为满分20分 b. 逾期一周扣2分，累计逾期2个月，该项计0	指标反映：客户应收账款周转变现能力
行业背景	10%	（1）属银行、税务、国防、教育等政府采购行为 （2）属传统行业，如煤炭、纺织、冶金等 （2）属中小代理商或规模较小私营机构	a. 客户隶属（1），此项可给满分10分 b. 客户隶属（2），拖款可能性较大，此项需酌情扣分 c. 客户隶属（3）且不知货物最终去向，此项可直接给0	指标反映：坏账和拖款的可能性
不良记录	销售人员（15%）	（1）负责的客户有取消或减少订单行为，使公司库存变呆料而蒙受损失 （2）吹嘘客户订单大，但实际订单履行较少 （3）隐瞒事实真相，误导公司及代表处签署合同 （4）未经公司授权而擅自与客户签署合同 （5）未经公司同意而擅自更改公司认可的与客户的合作方式及合同条款（包括产品配置、质量、价格、服务、供货、付款方式等内容）	销售人员过去有过此不良记录，每项扣2分	考核销售人员的信用（从公司本期存货原因可得知）

（续表）

评价指标	权重	计算公式	评分规则	指标意义
不良记录	销售人员（15%）	（6）按照合同内容实际履行合同义务而使公司陷入诉讼或非诉讼纠纷 （7）为接单，过分压低价格而使公司蒙受损失的行为 （8）客户有明显的异常行为而不及时通报者	销售人员过去有过此不良记录，每项扣2分	考核销售人员的信用（从公司本期存货原因可得知）
	客户、代理商（15%）	（1）预付订金迟迟不到位 （2）付款日期经常变更 （3）大额付款开始拖延 （4）催款时常以老板不在为借口、银行账号频繁更换 （5）提货量锐减，也不作任何解释或通报 （6）虚假付款行为（如撤销电汇、支票透支、空头支票等） （7）找借口取消或减少合同交货数量 （8）越权与我司签订合同，但实际无法履行付款义务 （9）客户回款手续非常复杂	客户过去有过直接或类似行为，每项扣2分	从商务应收账款管理及回收记录中可得知

第九条 客户/代理商信用分级：将OEM客户进行信用分A、B、C、D、E五级，其中A、B、C级授予信用额度，D、E级不授予信用额度。如下表所示。

客户/代理商信用分级

客户信用级别	信用评分	是否授予信用额度	信用额度	信用期限	支付方式
A	90分以上	是			
B	80～90分	是			
C	70～80分	是			
D	60～70分	否	若授予专项信用，必须签署担保协议	0	现金提货
E	60分以下	否	0	0	现金提货

第四章　客户信用政策制定

第十条　确定A、B、C级信用客户的授信标准（即授信额度、信用期限和支付方式）。

第十一条　授信标准：主要考察客户“5C”，具体规则如下表。

客户5C	评价标准				
客户品德	信誉好	信誉好	信誉好	信誉好	信誉好
客户能力	>1 000万	>500万	>100万	>50万	>30万
客户资本	>5 000万	>1 000万	>500万	>180万	<180万
资产抵押	有	有	有	有	有
经营情况	良好	良好	良好	良好	良好
授信额度	100万	50万	20万	10万	5万
信用期限	45天	30天	15天	15天	15天
支付方式	银行转账	银行转账	银行转账	银行转账	银行转账

注释：客户“5C”具体为——客户的品德（Character）：指客户愿意履行其付款承诺的可能性
客户的能力（Capacity）：指客户的支付能力或者偿还货款的能力
客户的资本（Capital）：指客户的财务状况，包括全部净资产和无形资产价值
抵押（Collateral）：有无资产抵押；或签订第三方《担保协议》
情况（Condition）：指能对客户的偿付能力产生影响的社会经济发展趋势

第五章　客户信用政策执行

第十二条　OEM客户在没有进行信用评估前，一律执行现款提货（除非总经理特批）。

第十三条　新客户一般要通过信用部门半年账款回收考核，才有机会成为公司信用客户。

第十四条　与公司长期合作的代理商、同盟军，其信用额度有效期为3～6个月，到期根据表现进行上下调整。

第十五条　单宗交易的客户，每一单都要单独进行信用审核。

第十六条　每年至少两次根据客户经营状况，调整信用资格和信用额度。

第十七条　定期拜访大客户，了解经营状况，每月进行应收账款确认。

第十八条　建立信用高风险客户名单，及时通报销售部门，并进行定期跟踪。

第十九条　信用政策执行要考虑公司的销售策略、客户的实际情况。如承接项目是公司要重点发展的领域，可考虑向客户提供特别的信用方式。

第六章 客户信用额度申请及审批流程

第二十条 申请条件：

1. 正式签署购销合同。

2. 以往信用良好，还款及时。

3. 销售部授权客户、代理商操作大型项目，向其提供资金支援。

4. 特殊情况下的信用额度申请。

第二十一条 申请流程：客户填写《信用申请表》→销售人员部门审核→商务经理审核→财务部长审核→主管财务副总审批→总经理批准。

第二十二条 异常处理：商务经理在审核时，发现客户信用额度、信用期限任何一项超标，应立即冻结该客户《信用申请表》，提请销售部门核实原因。如有特殊情况或特殊性订单，则由销售经理向总经理作专项汇报，总经理同意特批后，则改填《信用申请》特批表。

第二十三条 公司对OEM客户的信用额度处理原则：每单的申请和审批。

第七章 应收账款管理

第二十四条 应收账款管理：

1. 应收账款管理原则：①“前账不清、后账不立”；②应收账款一律以发票开立之日为统计基准点，与财务核算保持相同的口径。

2. 在正式启用电子商务系统前，仍由商务负责手工维护《客户订单追踪管理表》和《客户应收账款管理表》。

3. 应收账款管理指标：

应收账款管理指标

指标	计算公式	目标	指标意义
应收账款总额	=期初应收账款总额+本期销售额−本期已付款金额		当前应收账款绝对数
逾期账款比率	=逾期总额÷应收账款总额×100%	<5%	到期未回款状况
账龄结构	每一笔业务从发生之日起到结清之日止的时间间隔		账龄分布
坏账比率	=坏账总额÷应收账款总额×100%	<1%	坏账率
应收账款周转率	=本期赊销净额÷［（期初应收账款+本期应收账款）÷2］×100% 注：赊销收入净额=销售收入−现金提货−销售退回、折让、折扣		应收账款有效性和周转速度

（续表）

指标	计算公式	目标	指标意义
短期未付销售额	=本期应收账款 ÷（销售额 ÷ 天数）		DSO水平，用于跟同行比较

4. 应收账款监控：

（1）商务人员随时跟踪应收账款动态，定期汇总和分析上表中的六个指标。

（2）商务经理每月定期向财务部、销售部门及总经理办公室通报账款回收状况。

第二十五条　应收账款追收：

1. 应收账款追收第一责任人为OEM销售人员，应收账款信息由商务人员提供。

2. 对于严重逾期的货款，应责成销售人员限期追回，否则按公司相关处罚制度追究个人责任。

3. 在追收无效的情况下，提请公司转入法律诉讼。

4. 追收原则：5万元以下应收账款，到期前1～2天电话通知客户；5万元以上应收账款到期前一周电话通知客户，并发出书面《付款通知》。

5. 回款到户确认：由商务提请财务出纳确认。若到期未收到货款，则提请销售人员催款，必要时商务协助发出正式的《催款函》，锁定客户出货申请，停止供货，直至货款追回。

6. 对于经常拖欠货款客户：取消信用资格，并列入高风险名单，执行现金提货。

7. 委托公司法律顾问或律师事务所追收流程：

（1）在我司追讨无效的情况下，提请公司领导审批是否委托律师事务所追收，若获批准，选聘律师事务所并与其签订追讨协议。

（2）律师事务所追回货款，则正式结案。

7.3　应收账款管理制度

应收账款管理制度

第一章　总　　则

第一条　本制度内的应收账款是指公司在正常的经营活动中，公司的工程经过双方确认工程量，且按照合同客户方应该付款，但由于种种原因没有付款所形成的往来款项。

第二条　根据合同规定，客户应该预付工程款，且已实际付款形成的预收工程款，也纳入本制度管理。

第三条 应收票据管理也适用本制度。

第四条 应收账款管理的基本目标是支持公司营销活动，降低公司应收账款的投资损失和管理成本，最大限度提高公司的经济效益。

第二章 应收账款管理的职责

第五条 公司的应收账款管理分别由总经理、财务部、经营部、项目部负责，各部门各司其职，分别对应收账款管理活动中不同的职能负责。

第六条 总经理的职责：

1. 总经理对公司应收账款管理负全部责任。
2. 总经理负责审批客户的信用等级和信用额度。
3. 负责审批具体客户的收账方针和策略。
4. 负责确定在应收账款管理活动中相关部门、员工的责任。

第七条 财务部的职责：

1. 财务部负责应收账款的核算工作，应该在应收账款发生之日或应该确认之日及时准确地确认应收账款。预收账款发生后，及时组织收款并进行会计核算。
2. 财务部负责应收账款对账工作，应该根据实际情况定期或不定期和客户财务部核对往来款项，并取得客户对往来账户发生额、余额的书面认可。
3. 对账工作的频率要根据和客户往来的频繁程度确定，一般应该不少于半年一次。
4. 财务部负责具体收款手续的办理，在项目部、经营部和客户达成付款一致意见后，财务部可以派人到客户方完成收款工作。特殊情况下，项目部、经营部可以代替财务部办理收款手续，但必须在银行汇票、银行承兑汇票、转账支票、银行汇款的方式下才可以代替，且事后收款的工作结果必须得到财务部的认可。
5. 财务部要定期对应收账款进行账龄分析，督促各责任部门按时回收工程款。
6. 财务部负责编制应收账款催收通知书，交业务人员、项目部进行账款催收。
7. 对经过长期催收，确实没有回收可能性的应收账款，财务部负责组织材料申报核销。
8. 应收账款经批准核销后，财务部应该设立专门的登记簿登记已核销的应收账款，并且要定期检查，如果日后能够回收，应该及时回收。
9. 财务部负责公司应收账款的信用管理，负责公司信用标准、信用条件的制定，负责审查客户的信用条件、经营部的信用调查报告和给客户信用额度的最终审定。
10. 财务部要主动和客户方财务部门建立联系，必要时协助收款。

第八条 经营部的职责：

1. 负责和客户协调，解决应收账款回收过程中出现的矛盾，对账款的回收承担最终责任。

2. 在项目生产期间，项目部是主要的收款责任人，经营部负责协助。项目结束后，在没有工程质量纠纷等条件下，工程尾款的回收由经营部负责。如果有工程质量纠纷等情况，由项目部负责解决纠纷，经营部协助，纠纷解决后经营部负责收取甲乙双方确认的工程尾款。

3. 经营部在合同签订后，应该弄清楚客户工程款付款程序、不同部门在收款工作中所承担的责任、主要负责人、联系方式等内容，以便公司的相关部门对口开展工作，保证工程款的按时回收。

4. 经营部负责按照规定的信用调查标准，开展信用调查，提交信用调查报告，经审定后通知客户。

第九条 项目部职责：

1. 项目部负责和客户方协商确认工作量，按时把经过甲方、乙方和监理公司确认的工程量结算书移交财务部，财务部根据工程量结算书确认工程收入和应收账款。

2. 项目部在施工期间，每月负责按照公司规定的进度款比例按进度向甲方催收进度款，具体比例年初由公司总经理确定。

3. 项目结束后，项目部负责和甲方确认全部的工程量和全部的工程收入，确认完毕后相关资料移交财务部、经营部。工程款催收的责任也同时移交经营部。

4. 项目生产期间发生的和甲方及其他部门之间的纠纷，有项目部负责处理，处理结果要及时通报财务部、经营部。

5. 项目生产期间发生的向甲方索赔、追加工程量（款）等增加公司收入的事件，项目部要及时把相关的协议、书面确认资料移交财务部以便确认收入。

第三章 应收账款的核算

第十条 项目部申报工程量经甲方、监理公司确认后，项目部负责人要直接将工程量结算书及时传递回财务部进行账务处理。

第十一条 财务部会计在收到工程量结算书后，要及时进行账务处理，不得拖延到月底集中处理。

第十二条 为了便于对项目部的考核，工程结算收入要按项目部设置二级科目，实行分项目部核算。

第十三条 应收账款要按客户核算，一个客户和公司有两个或两个以上的项目，为便于核对往来账，必要时按客户、项目分开核算应收账款。

第十四条 当收到工程量结算书时，财务部按以下分录进行账务处理，确认应收账款：

借：应收账款——客户——项目部

  贷：工程结算收入——项目部

第十五条 当实际收到工程款时，按实际收到的款项按以下分录处理账务：

借：银行存款——账户名

　贷：应收账款——客户——项目部

第十六条　当公司收到的是银行承兑汇票或商业承兑汇票时，要及时把款项从应收账款账户中转到应收票据账户。

第十七条　预收账款是指公司和客户签订的合同中，要求客户在协议开始履行前，预付给公司的工程款。当公司预收账款数额比较小时，可以直接在应收账款账户核算，收到款项时记账户的贷方，收入确认时记借方。

第十八条　当发生以资产抵付应收账款的情况时，要把款项以协议规定的抵债额度从应收账款账户中转出，按物资评估的价值记入资产账户，发生的损失记入当期费用。

第四章　应收账款信用管理

第十九条　公司的应收账款管理实行以客户信用额度为中心的管理方法。

第二十条　客户信用额度是指公司根据应收账款管理政策的规定，对客户最高赊欠的额度。

第二十一条　应收账款管理政策是指公司对应收账款管理与控制而确立的基本原则与行为规范。

第二十二条　公司应收账款管理政策由财务部负责，经营部参与制定，总经理审核、执行董事审批通过下发执行。

第二十三条　应收账款管理政策包括的主要内容：

1. 信用标准：是客户获得公司商业信用额度所具备的最低条件，以预期的坏账损失率表示。

2. 信用条件：是客户享受公司给予信用期限时所要承担的其他条件。

3. 应收账款收账政策：是指客户违反信用条件，拖欠甚至拒付账款时企业所采取的收账策略与措施。企业在组织催收时，也必须权衡催账费用与预期的催账收益的关系问题。

第二十四条　经营部负责对客户信用水平的调查，填写客户信用调查表。

第二十五条　财务部负责审核，提出客户的信用评级，根据工程量大小，确定客户的信用额度，上报总经理审批确定客户的信用等级和信用额度。经营部负责通知客户的信用等级和信用额度。

第二十六条　客户信用等级和信用额度实行动态管理，一般1年进行一次，特殊情况下根据实际情况随时调整。

第二十七条　财务部负责监控公司应收账款信用管理的执行，项目部负责具体的实施。项目部在生产过程中，要严格控制信用额度，不得超额生产。

第二十八条　项目部、经营部在执行过程中要密切注意客户的经营状况、付款情况及其他情况，多渠道地掌握客户资料，分析预测客户的未来发展情况及存在的偿债风险。

第五章　应收账款分类

第二十九条　公司应收账款实行分类管理，分类以账龄为基本标准，并结合客户经营情况和还款意愿。

第三十条　应收账款分为正常应收账款、逾期应收账款、呆滞应收账款和呆账，具体标准如下：

1. 正常应收账款：账龄在信用期内或超过信用期不足20天。
2. 逾期应收账款：账龄超过信用期20天且在90天内。
3. 呆滞应收账款：账龄超过信用期90天且在360天内。
4. 呆账：账龄超过信用期360天以上。

第三十一条　发生了以下情况，应收账款可以直接划入呆账：

1. 债务人经法院宣告破产或进入破产程序。
2. 债务人明示拒绝还款。
3. 债务人虽然有还款意愿，但其经营状况急剧恶化，从较长时期看没有好转的可能。
4. 债务人遭受了巨大的自然灾害，短期内难以恢复。
5. 其他在公司年度应收账款管理政策中规定的情况。

第三十二条　财务部负责应收账款的分类，每月在进行账龄分析的同时进行应收账款的分类。

第三十三条　经营部、项目部负责收集客户的经营信息并及时通知财务部进行分类调整。

第三十四条　公司要对逾期类应收账款和呆滞给予特别关注，要采取各种方式努力清收。

第三十五条　公司要对呆账应收账款指定专人负责采取必要的手段清收，年末要从公司的整体绩效考核利润指标中全额扣除呆账应收账款，以后实际收回时计入当年绩效考核利润指标里。具体扣除标准要由年度应收账款管理政策规定。

第六章　应收账款的催收

第三十六条　财务部每月要对应收账款进行账龄分析，根据账龄和应收账款的状态，填写应收账款催款通知书，总经理签发后交经营部经理和项目部经理负责催收。

第三十七条　财务部每季度要组织召开由总经理主持的应收账款评审会，评价各客户应收账款收回的可能性，确定具体客户的收账方针。

第三十八条　基本的营收账款收账政策根据应收账款回收可能性确定，可以按以下标准把握：

1. 回收可能性在90%以上，一般不要打扰客户，等待客户主动付款。

2. 回收可能性在70%～90%，可以措辞委婉地催收，尽量取得客户方对催收应收账款的理解。

3. 回收可能性在50%～70%，应频繁地用信件催款、电话催询及人员上门催收。

4. 回收可能性在50%以下，应措辞严厉，必要时提请有关部门仲裁或提请诉讼。

第三十九条 负责催收应收账款的员工要根据公司确定的收账方针对不同的客户采取不同的手段，无论是否能够收回款项，每次必须取得对方承诺还款的书面记录，交财务部存档。

第四十条 负责催收应收账款的员工每次催款要填写收款情况报告表。

第四十一条 应该由项目部收回的应收账款而项目部实际没有收回，以后经营部收回，相应部分的绩效考评奖励由经营部领取。

第四十二条 催收应收账款发生的费用要列入部门费用管理，一般要包括差旅费、必要的招待费、人员工资和诉讼费。年初计划阶段，经营部要根据当年应收账款催收计划，制定相应的费用计划，经审批后执行。

第四十三条 当发生以资产抵付应收账款的情况时，财务部要及时组织相关人员对抵债物资进行评估，如果有损失及时确认。抵债物资收回后，如果公司生产经营需要，则交相关部门使用，否则，尽快组织拍卖变现。

第四十四条 发生以资产抵付应收账款的事件后，如果造成了损失，要区分经营部和项目部的收款责任，按各自应该收款的额度分摊损失额，然后再乘以赔偿比例，具体比例在公司的年度应收账款管理政策中规定。

第七章 应收账款的损失确认

第四十五条 符合下列条件的应收账款可以确认损失：

1. 债务人被依法宣告破产、撤销，其剩余财产确实不足清偿的应收账款。

2. 债务人死亡或依法被宣告死亡、失踪，其财产或遗产确实不足清偿的应收账款。

3. 债务人遭受重大自然灾害或意外事故，损失巨大，以其财产（包括保险赔偿等）确实无法清偿的应收账款。

4. 债务人逾期未履行偿债义务，经法院裁决，确实无法清偿的应收账款。

5. 逾期3年以上仍未收回的应收账款。

6. 公司根据管理的需要设定的应收账款核销条件。

第四十六条 应收账款的损失确认由财务部负责申报，经营部、项目部负责收集材料，经执行董事批准后执行。

第四十七条 应收账款损失确认后，财务部要组织召开由总经理主持的责任讨论会，分析应收账款损失的原因、相关的责任人及给予的处罚。

第四十八条　财务部负责其他应收账款核销后的事务处理，包括向税务局申报应收账款损失。

第四十九条　财务部向税务局申报损失最迟不得超过第二年后45日，超过后税务局不予核销，由于税务局不核销给公司造成不能抵扣所得税的损失，财务部要按损失的____%赔偿，具体计算公式如下：

赔偿金额＝应收账款损失×33%×赔偿比率

第五十条　核销后的应收账款经过公司员工努力又重新收回或部分收回，公司根据回收额的____%给予奖励。

第五十一条　本公司坏账损失采用直接转销法，实际发生坏账时，确认坏账损失，计入期间费用，同时注销该笔应收账款。

第八章　应收票据管理

第五十二条　应收票据包括银行承兑汇票和商业承兑汇票。公司在收到票据后，要交专人保管。

第五十三条　应收票据在到期前或办理贴现前，要和公章印鉴分开存放，严禁提前背书。

第五十四条　应收票据到期后，财务部要及时到银行办理委托收款手续，如果因为财务部延期办理导致该票据项下款项无法收回，财务部负责追回该笔款项并承担由此引起的利息损失、追款费用。

第五十五条　公司资金不足时，经总经理批准，财务部可以持承兑汇票到银行办理贴现。

第五十六条　应收票据无法收到现金时要及时从应收票据账户转到应收账款账户。

第五十七条　公司在收到承兑汇票时，要根据承兑汇票到期日计算贴现费用，业绩考评计算回款时要扣除贴现费用。

7.4　应收账款及预付款管理制度

应收账款及预付款管理制度

第一章　总　　则

第一条　为保证公司能最大可能地利用客户信用拓展市场以利于销售公司的产品，同时又要以最小的坏账损失代价来保证公司资金安全，防范经营风险，并尽可能地缩短应收账款占用资金的时间，加快企业资金周转，提高企业资金的使用效率，特制定本制度。

第二条 本制度所称应收账款，包括发出产品赊销所产生的应收账款和公司经营中发生的各类债权，具体有应收销货款、预付账款、其他应收款三个方面的内容。

第三条 应收账款的管理部门为公司的财务部门和业务部门，财务部门负责数据传递和信息反馈，业务部门负责客户的联系和款项催收，财务部门和业务部门共同负责客户信用额度的确定。

第二章 客户资信管理制度

第四条 信息管理基础工作的建立由业务部门完成，公司业务部应在收集整理的基础上建立以下几个方面的客户信息档案，各相关业务员在规定时间内输入ERP由业务经理复核后保存，业务经理为该档案的最终责任人，客户信息档案包括（尽可能详细）：

1. 客户基础资料：有关客户最基本的原始资料，包括客户的名称、地址、电话、所有者、经营管理者、法人代表及他们的个人性格、兴趣、爱好、家庭、学历、年龄、能力、经历背景，与本公司交往的时间，业务种类等。这些资料是客户管理的起点和基础，由负责市场产品销售的业务人员对客户的访问收集来的。

2. 客户特征：主要包括市场区域、销售能力、发展潜力、经营观念、经营方向、经营政策、经营特点等。

3. 业务状况：包括客户的销售实绩、市场份额、市场竞争力和市场地位、与竞争者的关系及于本公司的业务关系和合作情况。

4. 交易现状：主要包括客户的销售活动现状、存在的问题、客户公司的战略、未来的展望及客户公司的市场形象、声誉、财务状况、信用状况等。

第五条 客户的基础信息资料由负责各区域、片的业务员负责收集，凡与本公司交易次数在两次以上，且单次交易额达到1万元人民币以上的均为资料收集的范围，时间期限为达到上述交易额第二次交易后的1个月内完成并交业务经理汇总建档。

第六条 客户的信息资料为公司的重要档案，未经业务经理同意不得随意修改。

第七条 客户的信息资料应根据业务员与相关客户的交往中所了解的情况，随时汇总整理后交业务经理定期予以更新或补充。

第八条 实行对客户资信额度的定期确定制，成立由负责各市场区域的业务主管、业务经理、财务经理、管理中心、分管副总等参与，在总经理主持下的“客户资信评审会”，按季度对客户的资信额度、信用期限进行一次确定。确定每个客户可以享有的信用额度和信用期限，建立《信用额度期限表》，由业务部门和财务部门各备存一份。

第九条 初期信用额度的确定应遵循保守原则，根据过去与该客户的交往情况（是否通常按期回款），及其净资产情况（经济实力如何），以及其有没有对外提供担保或者跟其他企业之间有没有法律上的债务关系（潜在或有负债）等因素。凡初次赊销信用的新客户信用度通常确定在正常信用额度和信用期限的50%，如新客户确实资信状况良好，须提高信用额度和延长信用期限的必须经“总经理办公会议”形成一致意见后报请总经理批准后方可。

第十条　客户的信用额度和信用期限原则上每季度进行一次复核和调整，公司市场管理委员会应根据反馈的有关客户的经营状况、付款情况随时予以跟踪调整。

第三章　产品赊销的管理

第十一条　发货环节。

在市场开拓和产品销售中，凡利用信用额度赊销的，以《信用额度期限表》为准，相关人员进行审批《核价单》，由业务经理严格按照预先对每个客户评定的信用限额内签批后，仓库管理部门凭签批后的《发货通知单》办理发货手续；凡超过信用额度或非正常价等销售发货，业务经理需在发货通知单上注明，并一律经总经理特批后予以发货。

注：发生赊销的单位，必须签订有效的《销售合同》，必须取得托运单或收货确认单原件。

如销售《核价单》注明是现款交易的，到会计开具收款收据，后附发货单，出纳按收款收据金额收取现金，并加盖现金收讫章并签名，仓库按收据联、发货单发货。

第十二条　确认应收账款、入账。

财务部以销售合同为依据，对核价单、出库单、发货通知单、客户确认单等进行比对，确认是否正确无误，并归档；对于比对有问题的业务，及时通知有关部门处理。对核对无误的业务确认应收账款；非正常业务销售的，如单价不按出厂价等的，要通过非正常流程进行处理，先通过总经理批准执行后再办理。

第十三条　按要求开具销售发票。

《销售合同》必须对开票事项有作特别约定的或在《核价单》上有注明为含税价销售的，货发出后，由业务员填写开票申请单，经主管副总、总经理审批后，财务部门安排办理。销售发票的管理：销售发票按批准后的开票申请单开具好后，登记销项发票登记本，由领取人在登记本上进行登记后领取，做到责任明确。

第十四条　回款管理。

财务部门主管应收账款的会计每10天对照《信用额度期限表》核对一次债权性应收账款的回款和结算情况，严格监督每笔账款的回收和结算。超过信用期限10天内仍未回款的，应及时通知主管的财务部门经理，由财务经理汇总并及时通知业务部门立即联系客户清收。

第十五条　凡前次赊销未在约定时间结算的，除特殊情况下客户能提供可靠的资金担保外，一律不再发货和赊销。

第十六条　业务员在签订合同和组织发货时，都必须参考信用等级和授信额度来决定销售方式，所有签发赊销的销售合同都必须经总经理签字盖章后方可发出。

第十七条 对信用额度在50万元以上、信用期限在3个月以上的客户，业务经理每年应不少于走访一次；信用额度在100万元以上、信用期限在3个月以上的，除业务经理走访外，主管市场的副总经理（在有可能的情况下总经理）每年必须走访一次以上。在客户走访中，应重新评估客户信用等级的合理性和结合客户的经营状况、交易状况及时调整信用等级。

第四章 应收账款监控制度

第十八条 财务部门应于每月5日前，与相关销售内勤核对无误后，提供一份当月尚未收款的《应收账款账龄明细表》，提交总经理。经主管及总经理批准进行账款回收工作。

第十九条 业务部门应严格对照《信用额度表》和财务部的《账龄明细表》，及时核对、跟踪赊销客户的回款情况，对未按期结算回款的客户及时联系和反馈信息给主管副总经理。

第二十条 业务人员在与客户签订合同或协议书时，应按照《信用额度表》中对应客户的信用额度和期限约定单次销售金额和结算期限，并在期限内负责经手相关账款的催收和联系。如超过信用期限者，按以下规定处理：

超过1～10天时，由经办人上报部门经理，并电话催收。

超过11～60天时，由部门经理上报主管副总经理，派员上门催收，并扣经办人该票金额30%的计奖成绩。

超过61～90天时，并经催收无效的，由业务主管报总经理批准后作个案处理（如提请公司法律顾问考虑通过法院起诉等催收方式），并扣经办人该票金额60%的计奖成绩。

第二十一条 业务员在外出收账前要仔细核对客户欠款的正确性，不可到客户处才发现数据差错，有损公司形象。外出前需预先安排好路线，经业务主管同意后才可出去收款；款项收回时，业务员需整理已收的账款，并填写应收账款回款明细表，若有折扣时需在授权范围内执行，并书面陈述原因，由业务经理签字后及时向财务交纳相关款项并销账。

第二十二条 清收账款由业务部门统一安排路线和客户，并确定返回时间，业务员在外清收账款，每到一客户，无论是否清结完毕，均需随时向业务经理电话汇报工作进度和行程。收到货款应及时回笼至公司财务部。

第二十三条 业务员收账时应收取现金或票据，若收取银行票据，应注意开票日期、票据抬头及其金额是否正确无误，如不符应及时联系退票并重新办理。收汇票时需客户背面签名，并查询银行确认汇票的真伪性；如为汇票背书时要注意背书是否清楚，注意第一次背书时的背书印章是否与汇票抬头一致，背书印章是否为发票印章。

第二十四条　收取的汇票金额大于应收账款时，非经业务经理同意，现场不得以现金找还客户，而应作为暂收款收回，并抵扣下次账款。

第二十五条　收款时客户现场反映价格、交货期限、质量、运输问题，在业务权限内时可立即同意，若在权限外时需立即汇报主管，并在3个工作日内给客户答复。如属价格调整，回公司应立即填写价格调整表告知相关部门并在相关资料中做好记录。

第二十六条　业务人员在销售产品和清收账款时不得有下列行为，一经发现，一律予以严肃处理（包括开除），并限期补正或赔偿，严重者移交司法部门。

1. 收款不报或积压收款。
2. 退货不报或积压退货。
3. 转售不依规定或转售图利。

第五章　坏账管理制度

第二十七条　业务人员全权负责对自己经手赊销业务的账款回收，为此，应定期或不定期地对客户进行访问（电话或上门访问，每季度不得少于两次）。访问客户时，如发现客户有异常现象，应自发现问题之日起1日内填写“问题客户报告单”，并建议应采取的措施，或视情况填写“坏账申请书”呈请批准，由业务主管审查后提出处理意见，凡确定为坏账的须报总经理批准后按相关财务规定处理。

第二十八条　业务人员因疏于访问，未能及时掌握客户的情况变化和通知公司，致公司遭受损失时，业务人员应负责赔偿该项损失25%以上的金额（注：疏于访问意味着未依公司规定的次数，按期访问客户者）。

第六章　预付账款管理

第二十九条　所有因采购业务产生的预付账款，原则上是凭经审批有效的《购销合同》条款进行审核预付，产生预付账款后，业务部门与财务部门各自进行相应的管理，业务部门负责《购销合同》的业务正常进行，如不能如期进行应及时进行情况说明报财务部及总经理；财务部门每月进行预付账款账龄分析，重大合同应进行个别跟进，对于未能如期进行的业务进行监督汇报。

产生坏账的，参照第五章进行管理。

第七章　其他应收款管理

第三十条　其他应收款管理包括：公司内部员工借款、公司与公司间借款等。其他应收款的产生：原则上公司内部员工借款属业务上临时借款的，参照公司费用报销流程进行管理，如未能在费用报销后如期归还的，公司财务部有权在工资发放时进行扣回；内部员工非业务上的借款，必须经总经理特批，如未能按期归还的，财务部门有权进行催款处理。

外公司向本公司借款的，须经总经理特批，经办人员做好相关借款手续办理，未能如期收回的，经办人员应向总经理汇报说明，财务部门有权向总经理作个别汇报。

产生坏账的，参照第五章进行管理。

7.5 采购与付款内部控制制度

采购与付款内部控制制度

第一章 总 则

第一条 为了加强对公司物资采购与付款环节的内部控制，堵塞采购漏洞，防范采购与付款过程中的差错和舞弊，减少采购风险，根据《中华人民共和国会计法》等相关法律、法规，结合本公司的实际情况，特制定本制度。

第二条 本制度所称采购是指本公司购进的用于生产经营或提供劳务消耗的各种物资（包括原材料、半成品、成品及低值易耗品等）的行为，付款是指支付与上述物资有关的款项的行为。

第三条 采购与付款内部控制制度的基本要求是采购与付款中的不相容职务应当分离，其中包括：

1. 付款审批人员和付款执行人员不能同时办理寻求供应商和洽谈价格的业务。
2. 采购合同的洽谈人员、订立人员和采购人员不能由一人同时担任。
3. 货物的采购人员不能同时担任货物的验收和记账工作。

第四条 请购依据应当充分适当，请购事项应当明确，所有采购与付款事项应当严格按照本流程执行。

第二章 分工与授权

第五条 公司采购与付款业务相关人员职责：

1. 生产总监，负责以下工作

（1）在公司总经理直接领导下，与财务总监共同制定公司年度采购预算。

（2）在公司总经理直接领导下，与财务总监共同审批公司大宗商品的采购工作，包括确定供应商、洽谈采购合同等。

（3）对采购部提供的合格供应商名单进行审批，并报总经理审批。

（4）组织和管理公司物资采购及保管工作，确保物资采购正常进行。

（5）制定并贯彻执行本部门和下辖各岗位职责和规章制度，确保采购物资和原、辅材料的质量符合公司标准。

2. 采购部主管，负责以下工作

（1）按照采购计划，与财务总监共同审批各部门的采购申请单。

（2）按各部门的采购申请单，按时、保质、按量采购价格低、品质好的商品。严格执行公司对各种商品库存量的规定，防止商品积压造成不必要的损失。

（3）监督和做好物资的验收工作。所有物资必须由使用部门、仓库管理员、采购员、质检部进行验收。不需要质检的物资，质检部可不参与。严格把好品种、数量、质量和价格关，督导及配合仓库管理员做好签收、进仓及保管工作。

（4）经常进行市场物资行情调查，搜集市场新资料，及时了解货源供求和价格动向，对供应商的资质、信誉、供货的质量保证能力进行调查和评审，并向生产总监、总经理提供合格供应商名单，所有采购应在经总经理批准的合格供应商中采购，在非合格供应商中采购需事先经公司总经理批准。

（5）严格执行财务制度，及时办好结账报销工作，采购物资以及有关费用开支必须取得有效的报销凭证，并在当月报销入账。

3. 仓库管理员，负责以下工作

（1）负责与采购员、质检员、物资使用单位指定的负责人做好入库商品的验收工作，填写验收单。

（2）所有库存物资必须做好其收入、发出、盘存记录手续，建立完备的物资簿记，收、发货凭证、单据齐全。

（3）随时掌握库存物资动态，对低于最低库存量的物资及时提醒生产部主管等相关部门领导进行申购，并报知生产总监。

（4）必须具备一定的商品知识，正确处理物资的储存保管方法，做好物资的防火、防潮、防腐、防鼠、防盗窃，以保证所保管物资的完整、完好及安全。

（5）定期进行清仓盘点，按时完成月度仓库盘点表及其他报表。

4. 采购员

按采购指令和操作规范的要求完成具体采购作业，对供应商实施招投标或询比价程序，跟踪供应商备货，记录和回馈采购业务的基本情况和异常情况，负责收集、汇总和上报供应市场行业信息，提出供应商规划建议，合理建议付款安排并及时催收货物和增值税专用发票。

5. 出纳员

办理按照经审批后的付款申请单办理货币资金支付业务。

6. 会计

负责稽核采购申请、付款申请与验收单等是否相符，审批手续是否齐全等。并依据验收单、发票、付款申请单等原始单据填制记账凭证。可根据需要参加物资验收。

7. 财务总监

负责与生产总监审批采购申请单、付款申请单。

第六条 公司根据具体情况（一般不超过3年）对采购主管进行岗位轮换。

采购人员应当具备良好的职业道德，忠于职守，廉洁奉公，遵纪守法。严禁收受商业贿赂行为。

第三章 月请购与审批流程控制

第七条 公司采购部门应根据不同物资的具体消耗情况制定主要物资最低库存量，对低于最低库存量的物资应当及时提出采购申请单。无采购申请单的物资，仓库不得验收入库，财务部不得给予报账。

第八条 公司物资采购权由采购部集中行使，未经公司总经理授权，其他部门一律不得自行采购。

第九条 公司物资采购原则上都要签订购销合同（在所在地市场购买的零星物资除外），明确采购物资的名称、规格、质量执行标准、数量、价格、交货日期、运输方式、付款方式、违约责任等要素，合同印章要由专人保管，发现有越权签订合同的行为，印章保管人有权拒绝盖章并向合同签订人的上级授权部门报告。

第十条 公司建立供应商档案制度，由采购部负责维护。

在选择供应商时，应当考虑的主要因素包括：

1. 价格

物美价廉的商品是每个企业都想获得的。各个供应商提供的价格连同各种折扣是最明显的比较，价格的高低是选择供应商的一个重要指标。

2. 质量

质量的选择应根据实际情况而定，公司应用最低的价格买到最适合本企业的质量要求的产品。

3. 服务

在选择供应商时，服务也是一个很重要的考虑因素。例如，更换残次品、指导设备使用、修理设备等。类似这样的一些服务在采购某些项目时可能会在选择过程中起到了关键性的作用。

4. 位置

供应商所处的位置对送货时间、运输成本、紧急订货与加急服务的回应时间等都有影响。当地购买有助于发展地区经济，形成社区信誉以及良好的售后服务。

5. 供应商存货政策

如果供应商的存货政策要求自己随时持有备件存货，拥有安全库存则将有助于突发事件的解决。

生产总监每季度对档案中的供应商进行一次业绩评价，以便确认合格供应商，优胜劣汰。

第十一条　请购与审批流程：

1. 制定采购计划。公司采购计划由采购部会同生产部、财务部，根据下月物资的消耗情况并结合相关物资的实际库存制定，报生产总监、财务总监、总经理批准后执行。

2. 提出采购申请单。公司凡需要购买物品的均需要填写采购申请单，相关部门负责人签批后交给采购部门进行采购。

3. 审批。采购申请单首先由部门领导审核签字，生产总监在采购计划内审核批准，在采购申请单上签字，对大额的非经常性物资采购应当及时向总经理汇报。对超出采购计划的采购申请报财务总监批准，如果超出年度计划，应当经公司总经理批准。

4. 确定供应商。采购部根据需求说明在供应商档案中选择成绩良好的供应商，通知其报价，或登报公告等方式公开征求供应商，采取竞标、邀标等方式确定供应商。

5. 核价、签订供货合同。确定可能的供应商后，由采购部主管与其进行价格谈判，金额超过10万元的采购合同生产总监应参与谈判。公司财务部、审计部应定期到市场了解价格，并根据政府公布的市场价格及其他价格信息进行核价，对于公司长期使用的物资，财务部应根据实际对市场的调查制定物资采购价格限定表。价格谈妥后，应办理订货签约手续。公司采购合同由生产总监或总经理签署，合同签署程序按照《合同管理办法》执行。

6. 合同追踪。合同签订后，为保证供应商的如期、如质、如量交货，采购部主管应依据合约规定及时督促供应商按规定交运，如发现对方有违约现象，及时向生产总监报告，以便控制违约后果。

第四章　采购与验收流程控制

第十二条　公司采购的物资内容包括原材料、半成品、成品及低值易耗品。

1. 原材料、半成品、成品采购的要点

（1）遵照采购部的工作方针及工作原则开展工作，以市场为导向，做到价比三家、货比三家，保质、保量、保供应。

（2）严格执行采购计划，根据物资使用部门的使用要求，保证质量和数量，不超过计划采购。

2. 低值易耗品采购的要点

严格执行采购计划，质高、价低，及时满足供应。

第十三条　所有物资验收应有采购员、仓库管理员、物资使用部门、质检部（根据物资检验需要）进行验收。

第十四条　参加验收的人员应严格把关，不得徇私舞弊、弄虚作假，发现问题及时上报生产总监或审计部。

第十五条 采购与验收流程：

1. 发出订单。采购部根据物资管理使用部门提出的采购申请单向已签订合同的供应商发出订单，订单应当明确交货的时间、地点。若合同已约定上述事项的，可不再单独发出订单。

2. 验收。物资到达后，应当由采购人员、仓库管理员、物资使用部门、质检部（根据物资检验需要）一同对供应商提供的物资进行现场验收。所有参加验收人员应当在验收单上签字。验收单一式三联：一联由采购部自存，一联交财务部，一联交供货单位。如果验收时发现有不符合要求的原料，由物资使用部门负责人填写退货单并注明退货原因，当即退货，并通知采购员补买。

3. 登记库管账。仓库管理员对仓库保管的货物登记收、发、存明细账。

4. 制单。会计根据现场验收确认的验收单以及供应商提供的发票编制记账凭证。每月月底，会计应当将本月已验收入库但发票未到的采购物资暂估入账。供应商提供发票时再以红字冲销。

5. 记账。会计人员审核会计处理是否正确后确认记账凭证，生成账簿。

6. 对账。会计应当每月按原材料大类与采购部门核对本月的出入库金额和月末余额。

第五章 付款流程控制

第十六条 公司按照《现金管理暂行条例》《支付结算办法》和本流程的规定办理采购付款业务，并按照国家统一的会计准则的规定进行核算和报告。

第十七条 按合同约定需要预付购货款的，由采购人员提供合同复印件并填写付款申请单，注明付款事由、合同编号、项目编号及名称、付款金额、对方单位名称、开户银行及账号等，按批准物资采购的权限经财务总监、总经理批准后，交出纳办理预付货款业务。

第十八条 公司每月月末由会计与供应商核对应付账款、应付票据、预付账款等往来款项。如有不符，应当查明原因，及时处理。

第十九条 采购付款流程：

1. 申请。采购物资结账由采购人员填写付款申请单，经生产总监审核，交财务总监、总经理依次审核、批准。

付款申请单后应当附上采购申请单，验收单、合法发票、合同等原始单据。

2. 限额内批准。生产总监、财务总监、总经理根据其职责、权限和相应程序对付款申请单进行审批。对不符合规定的货币资金支付申请，批准人应当拒绝批准。

3. 审核。会计应当对批准后的货币资金付款申请单及其附件进行审核，审核货币资金付款申请的批准范围、权限、程序是否正确，手续及相关合同或证明资料是否真实完整、合法合规，金额计算是否准确，支付方式、支付单位是否妥当等。审核无误后，由审核人在货币资金付款申请单上签字并交由出纳人员办理支付手续。

4. 支付。出纳人员应当根据审核无误并经审核人员签字的付款申请单，办理货币资金支付手续。

5. 制单。会计应当根据审核无误的支付申请编制记账凭证。

6. 记账。会计人员审核会计处理是否正确后确认记账凭证，生成账簿。

第六章　监 督 检 查

第二十条　公司审计部、财务部在各自职权范围内对本公司的采购与付款内部控制情况进行检查监督。

第二十一条　对采购与付款业务检查监督的主要内容包括：

1. 采购与付款业务岗位设置和批准权限的授权和执行情况。

2. 申请物资采购的程序是否正确，审批物资采购是否有越权行为。

3. 物资采购合同的订立情况，合同要约是否完整、规范、合法有效。

4. 物资采购专属权的执行情况。重点检查物资采购是否由采购部门集中办理，其他部门办理物资采购是否获得批准并经采购部门授权。

5. 付款环节的控制。重点检查付款通知书填写是否完整，审批手续是否正确有效，是否凭付款申请单支付购货款。

第二十二条　对监督检查过程中发现的采购与付款内部控制中的薄弱环节，应要求被检查单位纠正和完善，发现重大问题应写出书面检查报告，向有关领导和部门汇报，以便及时采取措施，加以纠正和完善。

第二十三条　对严重积压物资超过规定的限额，扣发采购申请部门当月奖金，次月仍未控制住的，取消年终奖。

第二十四条　对违反上述有关岗位职责及流程控制相关规定的人员，除有特别规定外，发现一次扣罚奖金50元，并提出警告，累计3次以上者报总经理办公会决定予以处罚。

7.6　销售与收款业务内部控制制度

销售与收款业务内部控制制度

第一章　总　　则

第一条　为了加强公司对销售业务的内部控制，规范销售行为，防范销售过程中的差错和舞弊，根据国家有关法律、法规和《企业内部控制基本规范》，特制定本制度。

第二条　本制度所称销售，主要是指公司销售商品并取得货款的行为。公司提供服务并收取价款，可以参照本制度的规定执行。

第三条 公司在销售过程中，至少应关注涉及销售业务的下列风险：

1. 销售行为违反国家法律、法规，可能遭受外部处罚、经济损失和信誉损失。

2. 销售未经适当审批或超越授权审批，可能因重大差错、舞弊、欺诈而导致损失。

3. 销售政策和信用政策管理不规范、不科学，可能导致销售不畅、库存积压、资产运营效率低下、经营难以为继。

4. 合同协议签订未经正确授权，可能导致资产损失、舞弊和法律诉讼。

5. 应收账款和应收票据管理不善，账龄分析不准确，可能由于未能收回或未能及时收回欠款而导致收入流失和法律诉讼。

第四条 公司在建立与实施销售内部控制过程中，至少应强化对下列关键方面或关键环节的控制：

1. 职责分工、权限范围和审批程序应明确规范，机构设置和人员配备应科学合理。

2. 销售政策和信用管理应科学合理，销售与发货控制流程应规范严密。

3. 应收账款应有效管理，及时催收；往来款项应定期核对，如有差错，及时改正。

4. 销售的确认、计量和报告应符合《企业会计准则》和《企业会计准则——应用指南》的规定。

第二章 职责分工与授权批准

第五条 不相容岗位分离:

1. 销售部门的销售业务与发货业务分离。

2. 销售业务、发货业务与会计业务分离。

3. 发运员与仓库保管员分离。

4. 销售政策和信用政策的制定人员与执行人员分离，信用管理岗位与销售收款岗位分设。

5. 销售业务人员与发票开具人员分离。

6. 公司不由同一部门或个人办理销售与收款业务的全过程。

第六条 业务归口办理:

1. 销售业务部门主要负责处理订单、签订合同、执行销售政策和信用政策、催收货款。

2. 发货业务部门主要负责审核发货单据是否齐全并办理发货的具体事宜。

3. 财务部门主要负责销售款项的结算和记录、监督管理货款回收。

4. 销售收据和发票由财务部门指定专人负责开具。

5. 严禁未经授权的部门和人员经办销售业务。

第七条 岗位定期轮换。

办理销售业务的人员定期进行岗位轮换。

第八条 经办销售业务人员的素质要求：

1. 具备良好的职业道德和业务素质。

2. 熟悉公司产品的生产工艺和流程。

3. 熟悉国家有关的法律、法规，国际惯例以及对外贸易知识。

4. 符合公司规定的岗位规范要求。

第九条 授权批准：

1. 授权方式

（1）销售业务除公司另有规定，需经股东大会或董事会批准的销售事项外，由公司总经理审批。

（2）公司总经理对各级人员的销售业务授权，以文件的方式明确。

2. 审批权限

销售业务审批权限

项　　目	审批人	审批权限
1. 销售政策、信用政策	总经理	（1）制定和修订 （2）以总经理办公会议形式审定 （3）以内部文件等形式下发执行
2. 销售费用预算	董事会	（1）按《预算管理实施办法》的规定审批
3. 销售价格目录表和折扣权限控制表	总经理或授权审批人	（1）制定和修订 （2）以经理办公会议形式审定 （3）以文件或其他方式下达执行人员执行
4. 销售价格确定和销售合同签订	总经理授权审批	按公司授权审批
5. 超过公司既定销售政策和信用政策规定范围的特殊事项	总经理	总经理办公会或其他方式集体决策

3. 审批方式

（1）销售政策和信用政策、销售价格目录和折扣权限控制表等政策性事项，由总经理召开总经理办公会议或授权总经理决定，并以文件或其他形式下达执行。

（2）销售业务的其他事项审批，在业务单或公司设定的审批单上签批。

4. 批准和越权批准处理

（1）审批人根据公司对销售业务授权批准制度的规定，在授权范围内进行审批，不得超越审批权限。

（2）经办人在职责范围内，按照审批人的批准意见办理销售业务。

（3）对于审批人超越授权范围审批的销售业务，经办人有权拒绝并应当拒绝，并及时向审批人的上一级授权部门报告。

第三章 销售和发货控制

第十条 政策控制：

1. 公司对销售业务制定明确销售目标，列入年度预算，确立销售管理责任制。

2. 公司对销售进行定价控制，由公司制定产品销售价格目录表，折扣政策、付款政策等并督促执行人员严格执行。

3. 公司对客户进行信用控制，在选择客户时，由销售部门的信用管理人员对客户进行信用评价，充分了解和考虑客户的信誉、财务状况等情况，降低货款坏账风险。

第十一条 客户信用管理：

1. 销售部负责进行客户信用调查，填写“客户调查表”，建立客户信用档案；根据客户信用，确定客户信用额度、信用期限、折扣期限与现金折扣比率。

2. 销售部门确定的客户信用额度，必须经公司授权审批人批准后方可执行。

3. 对客户信用进行动态管理，每年至少对其复查一次，出现大的变动，要及时进行调整，调整结果经公司授权审批人批准。

4. 对于超过信用额度的发货，必须按公司授权进行审批。

第十二条 赊销控制：

1. 业务流程

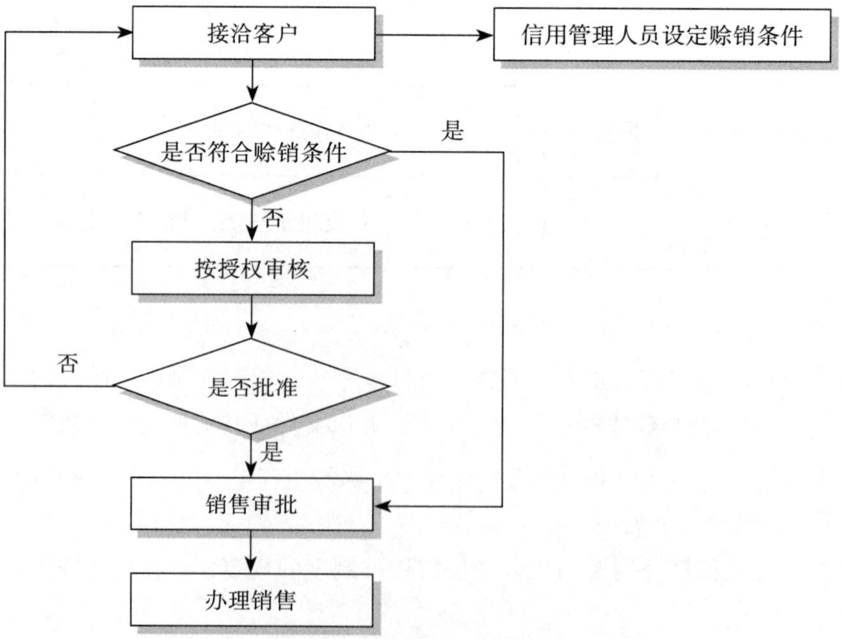

赊销控制业务流程

2. 控制要求

（1）销售人员严格遵循规定的销售政策和信用政策。

（2）对符合赊销条件的客户，按公司授权，经审批人批准方可办理赊销业务。

（3）超过销售政策和信用政策规定的赊销业务，按公司权限集体决策审批。

第十三条　销售和发货业务流程：

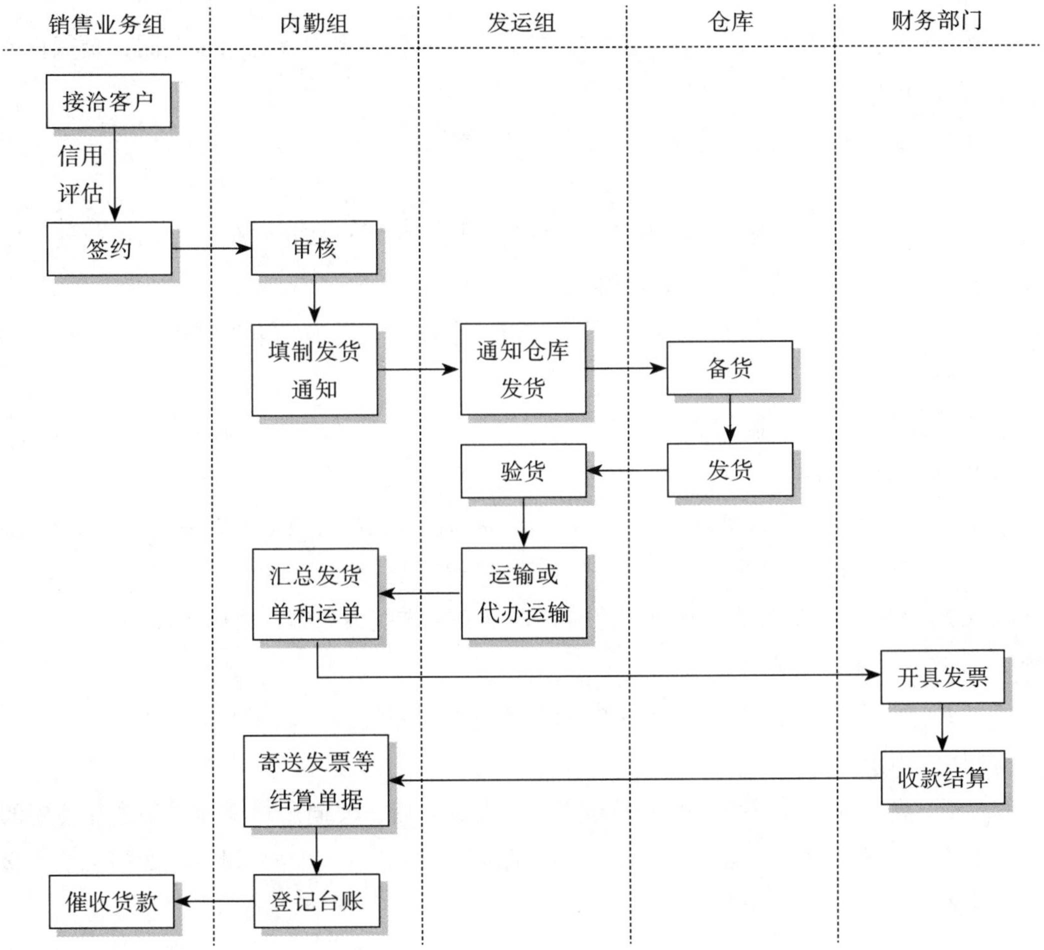

销售和发货业务流程

第十四条　接单和签约控制：

1. 接单和销售谈判

（1）销售业务员负责客户订货的管理，收到每一份购货订单必须在“购货订货登记簿”上登记。

（2）在销售合同订立前，由公司业务员就销售价格，信用政策、发货及收款方式等具体事项与客户进行谈判。

（3）重大合同的谈判，谈判人员至少有两人以上。

（4）销售谈判的全过程应有完整的书面记录。

2. 合同订立

（1）合同订立前，信用额度由信用管理人员经信用评估后确定。

（2）超过信用额度的合同，必须按公司授权，事前进行审批，未经审批，合同不得签订。

（3）合同签订按公司授权，由经授权的有关人员与客户签订销售合同，金额重大的销售合同的订立，应当征询法律顾问或专家的意见。

（4）合同条款应符合《中华人民共和国合同法》。

3. 合同审批

（1）销售部门内勤人员应当对合同进行审核，主要审核销售价格，信用政策、发货及收款方式等项目是否违反公司规定。

（2）公司签订的销售合同按公司授权进行审批，合同未经审批程序，不得将合同交予客户。

第十五条 发货控制：

1. 发货期的确定

业务员在接受订货、签订合同时，根据产品库存情况和公司生产周期确定交货期限：

（1）全部有库存的客户订货，按客户要求确定交货期。

（2）库存不足的订货，根据产品生产周期和生产能力与客户协商确定交货期。

2. 产品生产和开发

（1）库存不足的订单，由销售内勤人员与生产部门协调，发出生产任务单，由生产部门组织生产。

（2）业务员在接到用户提出的新产品开发意向后，要向用户全面收集产品使用的条件及有关技术参数，由业务员填写“新产品开发建议书”，经公司有关部门会签后交技术中心或事业部组织开发。

3. 发货通知

（1）发货通知单由销售部内勤人员根据客户订单或合同填写。

（2）发货通知单一式六联。

（3）发货通知由发运组负责办理发货和运输事宜。

4. 发货控制

（1）仓储部门根据“发货通知单”组织备货、发货，仓储部门发货后，按实填写实发数，并盖章注明“已发货”字样，以免重复发货。

（2）由专人不定期对出库通知单与装箱进行核对检查。

5. 发运控制

（1）发运组对发货通知单与发货实物进行核对相符。

（2）发运组根据合同要求组织运输或代办运输。

（3）发运组必须要求承运人在发货通知单上签名，并向承运人取得相关运输凭证，及时交内勤人员送财务部门。

第十六条　销售发票开具控制：

1. 销货发票由财务部门指定的专人负责开具。

2. 开票人员必须以客户的购货合同和业务员开出的发货通知单、运单为依据。

3. 开票人员按税务部门的规定开具销售发票。

4. 开具的发票必须从主管税务部门购买或经主管税务部门批准印制的税务发票。

5. 财务部定期对销售发票开具进行检查。

第四章　销售货款收取控制

第十七条　货款催收和办理：

1. 催收

（1）货款催收由销售部门办理，财务部门督促销售部门加紧催收，并协助办理。

（2）对催收无效的逾期应收账款，由销售部门会同财务部门申请，经财务总监审核，总经理批准，通过法律程序予以解决。

2. 催收记录

（1）销售部门在向客户催收货款时，应做好催收记录，并尽可能取得客户的签证。

（2）公司销售部门会同财务部门定期或不定期向客户发出催收函，并将发函凭证保存，作为催收记录的依据。

3. 收款业务办理

（1）公司财务部门应当按照《内控6号——资金》等规定，及时办理销售收款业务。

（2）财务部门应将销售收入及时入账，不得账外设账，不得擅自坐支现金。销售人员除事先经财务部门授权外，应当避免接触销售现款。

第十八条　应收货款管理：

1. 应收账款台账

（1）公司销售部门内勤组、业务员按责任范围建立应收账款台账，及时登记每一客户应收账款余额的增减变动情况和信用额度使用情况。

（2）财务部门按客户进行应收账款核算，对长期往来客户的应收账款，按客户设立台账登记其余额的增减变动情况。

（3）销售部门内勤人员、业务员定期与财务部门核对应收账款余额和发生额，发现不符，及时查明原因，并进行处理。

（4）销售部门信用管理人员应对长期往来客户建立完善的客户资料，并对客户资料实行动态管理，及时更新。相关资料由内勤人员、业务员和财务部门提供。

2. 与客户核对应收账款

（1）销售部门业务员或内勤人员每半年与客户核对应收货款余额和发生额，发现不符，及时查明原因，向财务部门报告，并进行处理。

（2）财务部门每年至少一次向客户寄发对账函，对金额重大的客户，财务部门认为必要时或销售部门提出申请时派员与客户对账，发现不符，及时向上级报告，会同相关部门及时查明原因，并进行处理。

3. 账龄分析和坏账处理

（1）财务部门定期对应收账款账龄进行分析，编制账龄分析表，对逾期账款进行提示，并建议相关部门采取加紧催收措施或其他解决措施。

（2）对可能成为坏账的应收账款，按《内部19号——资产减值准备坏账损失处理》的规定办理。

（3）公司财务部门对已核销的坏账，应当进行备查登记，做到账销案存，已注销的坏账又收回时，应当及时入账，防止形成账外款。

4. 应收票据管理

（1）公司应收票据的取得和贴现必须由保管票据以外的主管的书面批准。

（2）公司由出纳保管应收票据，对于即将到期的应收票据，应及时向付款人提示付款；已贴现票据应在备查簿中登记，以便日后追踪管理。

（3）对逾期未能实现的应收票据，经财务经理批准，转为应收账款，并通知相关责任人员及时催收。

第五章　销售记录控制

第十九条　销售过程记录。

公司在销售与发货各环节设置相关的记录，填制相应的凭证，对销售过程进行完整登记。

第二十条　销售台账：

（1）销售部门应设置销售台账，及时反映各种商品、劳务等销售的开单、发货、收款情况。

（2）销售台账应当记载有客户订单、销售合同、客户签收回执等相关购货单据资料。

（3）销售部门的销售台账定期与财务部门核对。

第二十一条　销售档案管理。

销售部门应定期对销售合同、销售计划、销售通知单、发货凭证、运货凭证、销售发票、客户签收回执等文件和凭证进行相互核对，并整理存档。

第六章 销 售 退 货

第二十二条 控制目标：

1. 防止销售退货业务中的差错和舞弊。
2. 减少退货损失。
3. 规范销售退货业务行为。

第二十三条 销售退货条件。

公司售出的产品出现下列情况应该允许退货：

1. 产品本身缺陷，如质量问题、贮运、损坏。
2. 产品品种、规格、型号与合同不符。
3. 经授权批准人批准的其他原因。

第二十四条 销售退货程序。

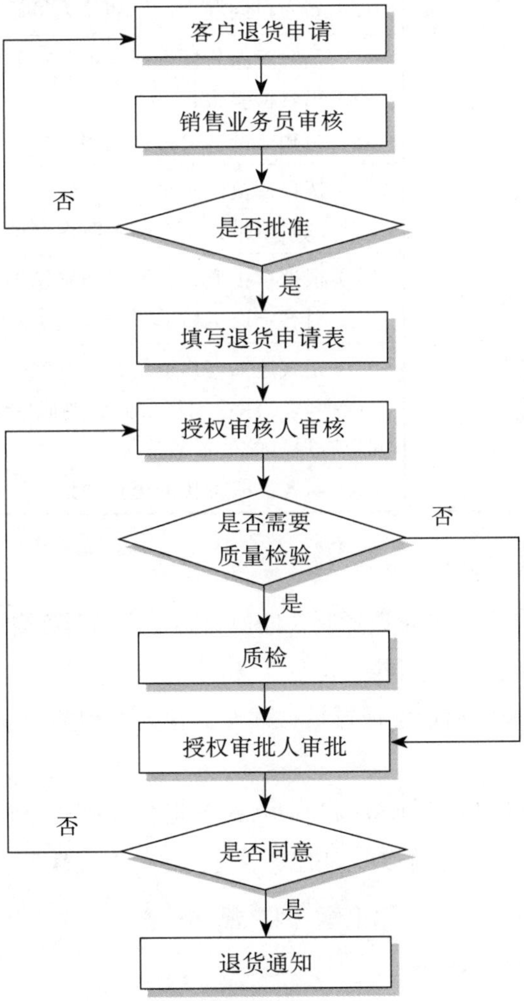

销售退货程序

第二十五条　退货审批内控要求。

退货审批内控要求

项　目	操作人	内控要求
1. 客户退货申请（通知）	客户	（1）有明确理由，附有质量不符或与合同不符的检验报告 （2）一般通知经办业务员或销售业务组
2. 退货申请审核	销售业务员	（1）核实退货原因 （2）填写退货申请并签署建议 （3）提取退货样本或依据公司退货政策或合同，通知客户退货
	销售内勤	（1）对退货申请和客户提供的退货资料进行审核，填写退货审批表，登记退货申请台账 （2）属质量问题，通知质检人员质检
3. 质检	质检员	（1）及时对退货样本或从退货产品中抽样检验 （2）出具检验报告 （3）与相关部门分析，提出质量改善措施
4. 审批	授权审批人	（1）按授权范围审批 （2）及时审批，审批后及时送交销售内勤
5. 退货、换货通知	销售内勤	（1）根据审批意见，及时通知销售业务员转告客户退货 （2）对客户退货后返货（换货）的，通知发运组发货
	销售业务员	（1）正式通知客户退货，并与客户商定退货补偿方式：退款或换货（注：销售合同已明确的除外，并且一般销售合同应有退货的处置条款） （2）向客户取得相关退货凭证

第二十六条　退货、换货处理：

1. 公司对退货一般采用退货返货制，即换货制（合同明确应退款的除外）。

2. 授权审批人审批后，方可执行退货业务。

3. 货物退回公司或公司指定地点后，须经质检人员检验和仓库人员清点后，办理入库手续。

4. 需要办理退款的退货，财务部门应对检验报告、退货接收报告以及退货方出具的退货凭证等进行审核后，方可以办理退款手续，支付退货款须经授权审批人审批。

第七章　监 督 检 查

第二十七条　监督检查主体：

1. 公司监事会。依据公司章程对公司销售与收款管理进行检查监督。

2. 公司审计部门。依据公司授权和部门职能描述，对公司销售管理进行审计监督。

3. 公司财务部门。依据公司授权，对公司销售管理进行财务监督。

4. 上级对下级进行日常工作监督检查。

第二十八条　监督检查内容：

1. 销售与收款业务相关岗位及人员的设置情况。重点检查是否存在销售与收款业务不相容职务混岗的现象。

2. 销售与收款业务授权批准制度的执行情况。重点检查授权批准手续是否健全，是否存在越权审批行为。

3. 销售的管理情况。重点检查信用政策、销售政策的执行是否符合规定。

4. 收款的管理情况。重点检查销售收入是否及时入账，应收账款的催收是否有效，坏账核销和应收票据的管理是否符合规定。

5. 销售退回的管理情况。重点检查销售退回手续是否齐全、退回货物是否及时入库。

第二十九条　监督检查结果处理。

对监督检查过程中发现的销售与收款内部控制中的薄弱环节，公司有关责任部门和责任人应当采取措施，及时加以纠正和完善。

7.7　坏账损失审批内部控制制度

坏账损失审批内部控制制度

第一章　总　　则

第一条　控制目标：

（1）防止坏账损失管理中的差错和舞弊。

（2）减少坏账损失。

（3）规范坏账损失审批的操作程序。

第二条　适用范围。

本制度适用于公司的坏账损失审批，控股子公司可参照执行。

第三条　制定依据：

（1）《中华人民共和国会计法》。

（2）《内部会计控制规范——基本规范（试行）》。

（3）《内部会计控制规范——销售与收款（试行）》。

（4）国家其他相关法律、法规及公司的相关规定。

第四条　确认坏账损失的条件和范围：

1. 确认条件

公司对符合下列标准的应收款项可确认为坏账。

（1）债务人死亡，以其遗产清偿后，仍然无法收回。

（2）债务人破产，以其破产财产清偿后，仍无法收回。

（3）债务人较长时期内未履行偿债义务，并有足够的证据表明无法收回或收回的可能性极小。

（4）催收的最低成本大于应收款额的款项。

2. 应收款项的范围

应收款项包括下列款项：

（1）应收账款。

（2）其他应收款。

（3）确有证据表明其不符合预付款性质，或因供货单位破产、撤销等原因已无望再收到所购货物也无法收回已预付款额的公司预付账款（在确认坏账损失前先转入其他应收款）。

（4）公司持有的未到期的，并有确凿证据证明不能收回的应收票据（在确认坏账损失前，先转入应收账款）。

第二章　岗位分工和授权审批

第五条　不相容岗位分离：

（1）坏账损失核销申请人与审批人分离。

（2）会计记录与申请人分离。

第六条　业务归口办理：

（1）坏账损失核销申请由业务经办部门提出。

（2）财务部门归口管理核销申请，并对申请进行审核。

（3）坏账损失核销审批，在每年第四季度办理。

第七条　授权批准：

1. 授权方式

（1）公司对董事会的授权由公司章程规定和股东大会决定。

（2）公司对总经理的授权，由公司董事会决定。

（3）总经理以下人员（包括事业部、分公司经理），无权对坏账损失核销进行审批。

2. 审批方式

（1）由董事会、股东大会审批的坏账损失核销，经决议后，由董事长签批。

（2）总经理在授权范围内审批的坏账损失核销，经总经理办公会议通过后，由总经理审批。

（3）单笔坏账金额较小（10 000元以内）可由总经理直接审批。

3. 审批权限

审批权限见下表。

审 批 权 限

审批人	审批范围
股东大会	（1）单笔损失达到公司净资产1%或年度累计金额达5% （2）关联
董事会	（1）除须经股东大会批准的事项和授权总经理批准的外，由董事会审批
总经理	（2）单笔金额在1万元以内，或年度累计金额在50万元以内

第三章　坏账损失核销审批程序及审批要求

第八条　核销申请报告：

1. 收集证据

经济业务的承办部门（或承办人）应向债务人或有关部门获得下列证据：

（1）债务人破产证明。

（2）债务人死亡证明。

（3）催收最低成本估算表。

（4）具有明显特征能表明无法收回应收款的其他证明。

2. 核销申请报告的内容

公司出现坏账损失时，在会计年度末，由经济业务承办部门（或承办人）向有关方获取有关证据，由承办部门提交书面核销申请报告，书面报告至少包括下列内容：

（1）核销数据和相应的书面证明。

（2）形成的过程及原因。

（3）追踪催讨过程。

（4）对相关责任人的处理建议等。

第九条　核销审批要求：

1. 财务部汇总和审核

财务部对坏账损失的核销申请报告进行审核，并提出审核意见，并汇总连同汇总表报财务总监审查，财务部应对申请报告核销申请的金额、业务发生的时间、追踪催讨的过程和形成原因进行核实。

2. 财务总监审查

财务总监对申请报告并财务部门的审核意见进行审查，并提出处理建议（包括对涉及相关部门与相关人员的处理建议），报公司总经理审查。

3. 总经理审查和审批

公司总经理审查后并根据财务总监提出的处理建议，作出处理意见，在总经理授权范围内，经总经理办公会通过后，对申请报告签批；超过总经理授权范围的，经总经理办公会通过后，由公司总经理或公司总经理委托财务总监向董事会提交核销坏账损失的书面报告。书面报告至少包括以下内容：

（1）核销数额和相应的书面证据。

（2）坏账形成的过程及原因。

（3）追踪催讨和改进措施。

（4）对公司财务状况和经营成果的影响。

（5）涉及的有关责任人员处理意见。

（6）董事会认为必要的其他书面材料。

4. 董事会和股东大会审批

（1）在董事会授权范围内的坏账核销事项，董事会根据总经理或授权财务总监提交的书面报告，审议后逐项表决，表决通过后，由董事长签批后，财务部门按会计规定进行账务处理。

（2）需经股东大会审批的坏账审批事项，在召开年度股东大会时，由公司董事会向股东大会提交核销坏账损失的书面报告，书面报告至少包括以下内容：

①核销数额。

②坏账形成的过程及原因。

③追踪催讨和改进措施。

④对公司财务状况和经营成果的影响。

⑤对涉及的有关责任人员处理结果或意见。

⑥核销坏账涉及的关联方偿付能力以及是否会损害其他股东利益的说明。

（3）董事会的书面报告由股东大会逐项表决通过并形成决议，如股东大会决议与董事会决议不一致，财务部对决议不一致的坏账，按会计制度的规定进行会计调整。

（4）公司监事会列席董事会审议核销坏账损失的会议，必要时，可要求公司内部审计部门就核销的坏账损失情况提供书面报告。监事会对董事会有关核销坏账损失的决议程序是否合法、依据是否充分等方面提出书面意见，并形成决议向股东大会报告。

第四章 财务处理和核销后催收

第十条 财务处理：

1. 财务部根据董事会决议进行账务处理。

2. 坏账损失在会计年度末结账前尚未得到董事会批准的，由财务部按公司计提坏账损失准备的规定全额计提坏账准备。

3. 坏账经批准核销后，财务部及时将审批资料报主管税务机关备案。

4. 坏账核销后，财务部应将已核销的应收款项设立备查簿逐项进行登记，并及时向负有赔偿责任的有关责任人收取赔偿款。

第十一条　核销后催收。

除已破产的企业外，公司财务部门、经济业务承办部门和承办人，仍应继续对债务人的财务状况进行关注，发现债务人有偿还能力时及时催收。

第8章 企业内部控制与稽核管理制度

8.1 集团公司内部审计制度

集团公司内部审计制度

第一章 总 则

第一条 为了规范集团公司的经营管理，加强内部控制与审计监督，保障公司财产物资的安全、完整，保证经营目标的顺利实现，为公司各级管理部门使用客观、真实、有效的经营管理信息提供合理保障，保证各部门、各单位的经营活动按照集团公司的经营方针、政策进行，降低经营管理风险，提高绩效。根据《审计法》《内部审计准则》及集团公司的基本管理制度等外部法律、法规和内部规章，特制定本制度。

第二条 内部审计是公司内部进行的一种独立的咨询、评价、控制和监督活动。它通过系统、规范的方法，审查、评价公司各级组织经营活动及目标实现、内部控制建立执行、资源利用状况等，并提供相关的分析、建议，协助、监督管理人员认真地履行职责。

第三条 内部审计的目的是促进内部控制的建立健全，有效地控制成本，改善经营管理，规避经营风险，增加公司价值。

第四条 集团公司本部、全资和控股子公司及其下属公司依照本制度接受审计监督。

第五条 集团公司的内部审计部门负责审计工作的组织实施，它独立于子公司、公司分支机构和部门来发挥作用。

第六条 内部审计人员在实施审计工作时，必须遵守本制度有关规定，其责任是对出具的审计意见和审计报告的真实性、客观性、公正性承担审计责任，不承担会计责任和经营责任。内部审计人员不得审查自己过去曾负有权力和职责的任何活动。

第二章 机构设置及职责

第七条 授权经营企业中财务收支金额较大或所属单位较多的企业应设立独立的内审机构，其他业务较少的企业，可以设置专职内部审计人员。

第八条 集团公司设置的内审部门为法审部，受集团公司总经理（或主管副总）直接领导，对其负责并报告工作。集团公司所属全资、控股和具有实际控制权的子公司所设的内审部门，受本单位负责人和集团公司法审部的双重领导，业务上以集团法审部领导为主，行政上服从本单位领导，要对本单位领导及集团法审部负责并报告工作。

第九条　公司法审部为公司内部审计的常设机构，代表公司实行审计监督。其具体职责是：

1. 按照有关法律、法规和集团公司的要求，起草内部审计制度、管理办法和工作流程等。

2. 制定年度和季度审计计划。

3. 负责组织实施内部审计监督，并向总经理（或主管副总）报告审计结果。

4. 指导监督下属单位建立健全内部审计机构，配备内部审计人员。

5. 负责集团公司及所属单位内部审计机构的业务指导和管理工作。

6. 负责集团公司及所属单位委托社会审计事项（上市公司除外）。

7. 协助上级审计机关对集团公司的审计工作。

8. 负责审计人员的业务学习、岗位培训和内部审计理论研究等。

9. 总结、交流、宣传内部审计工作经验，表彰内部审计先进单位和个人。

10. 完成领导交办的其他审计事项。

第十条　根据审计工作的需要成立内部审计工作小组，内部审计小组负责对内部审计项目实施审计，完成公司下达的内部审计任务，执行公司的内部审计业务。

第三章　审 计 人 员

第十一条　集团下属公司审计机构负责人及审计人员任免或调动，应当事先征求集团公司法审部的意见。

第十二条　审计人员要逐步实行持证上岗制度，具体要求遵照中国内部审计协会《内部审计人员岗位资格证书实施办法》有关规定执行。审计人员必须接受继续教育和专项审计业务培训，不断更新专业知识，提高业务能力，具体要求遵照中国内部审计协会《内部审计人员后续教育实施办法》执行。

第十三条　内部审计人员应具备的职业能力：

1. 熟悉有关的政策、法律、法规、规章制度和现代企业制度。

2. 具备审计专业方面必需的知识和技能，能熟练应用内部审计标准、程序和技能。

3. 具有较高的经营管理及其他相关专业知识，有一定的审计、财会或其他相关专业工作经验。

4. 熟悉本单位经营管理及生产、技术知识。

5. 具有较强的组织协调、调查研究、综合分析、专业判断、文字表达及电脑操作能力。

6. 具有足够的有关防止舞弊的知识，并能够识别出可能已经发生的舞弊行为。

第十四条　审计人员在进行审计工作时，应当运用重要性原则，保持应有的职业谨慎。

第十五条 依法保护内审人员正常开展的内部审计工作，不受其他部门或个人的干涉。任何组织和个人不得打击报复坚持工作原则的内部审计人员。对违反审计工作规定的单位和个人，由集团公司根据情节轻重给予行政处分、经济处罚，或者提请有关部门处理。

第四章 审计范围和权限

第十六条 各级内审部门根据集团公司不同时期的工作重心，依照国家法律、法规和政策以及集团公司的有关规章制度，全方位、多层次地开展审计工作，以确保集团公司内部经营管理活动的真实性、合法性和效益性。

第十七条 各级内审部门对本级及所属全资、控股和具有实际控制权的子公司的下列事项进行审计：

1. 财务收支及其有关的经济活动。
2. 资产、负债、损益情况的真实性、合规性、效益性。
3. 对内部控制制度和其他各项管理措施的健全性、有效性进行审查、评价，并提出改进建议。
4. 对所属单位全面预算的执行情况进行审查、评价。
5. 因合并、分立、撤销等事项引起的资产变化。
6. 投资项目（基本建设、技改等）概（预）算、决算。
7. 企业对外投资的立项、签订、投出和收回、经营状况及效益活动等情况。
8. 企业单位对外签订的采购、借款、担保、承发包合同、产品营销等合同、契约、协议。
9. 根据“谁任命、谁审计”“先审计、后任命，后离任”的原则，对所属总经理、经理、部长等进行任期经济责任的期中或终结审计。
10. 根据“先审计，后兑现”的原则，集团成员企业法定代表人的经营承包指标，未经审计不得兑现年终效益奖。
11. 企业经营管理中重要问题的专项调查，为领导决策提供依据。
12. 集团公司及本单位领导和上级内审部门交办的其他任务。

第十八条 各级内审部门的主要权限是：

1. 根据内部审计工作的需要，要求有关单位按时报送计划、预算、决算、报表和有关文件、资料等。
2. 审核凭证、账表、决算，检查资金和财产，查阅有关文件和资料。
3. 检查管理和核算财务收支的计算机系统及其反映的电子数据和有关资料。
4. 参加或召开与审计事项有关的会议。
5. 对审计涉及的有关事项进行调查，并索取有关文件、资料等证明材料。

6. 对正在进行的严重违反财经法规，将会造成损失或浪费的行为，经有关单位负责人同意，作出临时制止决定。

7. 对阻挠、妨碍审计工作以及拒绝提供有关资料的情况，经有关单位负责人批准，可以采取必要的临时措施，并提出追究有关人员责任的建议。

8. 对改进管理、提高效益的建议和纠正、处理违反财经法规行为的意见。

9. 对严重违反财经法规和造成严重损失和浪费的直接责任人员，提出处理的建议。

10. 对可能转移、隐匿、篡改、毁弃的会计凭证、会计账簿、会计报表以及其他与财务收支有关的资料，经本单位领导批准，有权暂时予以封存。

第十九条　各级内审部门的工作成果，未经本单位负责人批准，不得对外披露。

第二十条　集团公司授予法审部如下权利：

1. 没收审计中查处的账外资金上缴集团公司。

2. 对严重违反财经法规的行为提出处理建议。

3. 有权对下属内审机构和内审人员的业务进行监督指导，有权调阅下属企业的内审资料。

4. 有权临时抽调下属企业的内审人员参与某项内审工作。

第五章　审 计 程 序

第二十一条　各级内审部门根据企业年度工作计划，企业领导要求和集团公司总体部署，拟定年度及季度审计工作计划，确定具体审计项目，报经领导批准后实施。

编制年度和季度审计工作计划应注意以下事项：

1. 审计计划要全面，一般包括：上级内审部门统一布置的审计项目和审计专题调查项目、单位领导交办的审计项目、按有关规定自行安排的审计项目。

2. 应充分利用本部门已占有的审计资料，突出重点，尽量避免审计项交叉重复，在一个单位实施一项重要审计事项时，考虑能否尽可能地带一些其他项目审计。

3. 要经本单位主管领导审批，审批后的计划应报上一级内审部门。

4. 主要内容应包括：项目名称、立项依据、审计要点、预计完成时限、实施该项目所要达到的审计目标、审计的方式和方法、审计实施的总体安排等，应力求简约、高度概括。

5. 年度预编审计工作计划上报内审部门时间为当年的2月月末前。

第二十二条　审计程序是指具体审计项目从确立到结束的整个工作过程。无论是何种审计，其程序均应分为计划、实施、终结三个阶段，对有些审计项目，还需实施后续审计。

第二十三条　审计项目的计划阶段是指审计项目从确定到实施前制定具体审计方案的过程，该过程主要是确定审计目标、制定审计方案，以明确各项工作的主次、先后次序等。各级内审部门对企业实施审计前，应当充分做好准备工作，以利于提高工作效率，尽量缩短现场审计时间，减轻企业负担。计划阶段应做好以下工作：

1. 收集和了解被审计单位的基本情况，收集、了解与审计事项有关的法律、法规、规章、政策和其他文件资料；了解被审计单位原有审计档案资料；确定审计目标和审计重点。

2. 编制审计方案，并报内审机构负责人审批，主要内容如下：

（1）编制审计方案的依据。

（2）被审计单位名称和基本情况。

（3）审计范围、方式、内容、目标、重点、实施步骤和预定时间。

（4）审计组组长、审计组成员名单、分工和责任。

（5）编制时间及方案审批人（内审部门负责人、重大项目应报内审部门主管领导人）签字。

（6）被审计单位应做的迎审准备工作及需要提供文件资料，一般要求被审计单位提供以下资料：

①企业在银行及非银行金融机构设立的全部账户，包括几经注销的账户。

②企业章程、内部机构设置、职责分工等材料。

③会计报表、账簿、凭证及其他有关会计资料。

④重大投资项目及其实施结果，对外投资明细表及有关的协议、合同、会议纪要、决定等。

⑤重大经营决策事项的决策材料及相关会议纪要、决定。

⑥财务管理及有关经济活动的内部管理制度。

⑦有关经济监督管理部门及检察机构对企业检查后提出的报告、处理意见、检查结论和处罚决定。

⑧上级内审部门或委托社会审计组织出具的审计报告、验资报告、评估报告以及办理企业合并、分立等事宜出具的有关报告。

⑨前次接受审计、检查的情况。

⑩其他需要了解的情况。

3. 明确审计任务和审计事项的分工，并完成项目实施前的其他准备事项，如：实施审计工作需要的各种表格、底稿和工具等。

4. 下达审计通知书，并要求被审计单位做好迎审准备工作。

审计通知书是审计人员依法行使审计监督权的书面证明，一般应在审计实施5日前向被审计单位送达（专项调查可以根据需要不下达审计通知），内容包括：

（1）被审计单位名称。

（2）审计的依据、范围、内容、方式和时间。

（3）审计组长及其他成员名单。

（4）对被审计单位配合审计工作的具体要求。

（5）派出或委派审计组单位领导人签字、加盖公章及签发日期。

此外，内审部门认为需要被审计单位自查的，应当在审计通知书写明自查的内容、要求和期限。必要时，可聘请内审部门以外的专业技术人员共同参加某些审计项目或专门问题进行鉴定。

5. 向被审计企业提出书面的承诺要求。

实行被审计企业向内审部门的承诺制度，在送达审计通知书的同时，被审计企业的法定代表人和财务主管人员应当按照承诺书的有关事项要求作出承诺，并签字后按规定时间送交审计组，审计组及审计人员应当将被审计企业提交的承诺书列入审计取证材料清单，作为审计证据编入审计工作底稿。

第二十四条　审计工作的实施阶段主要调查、核实经济事项，收集审计证据等，主要做好以下工作：

1. 进场后首先召开与被审计单位见面会。

（1）审计组长宣读审计通知书，说明来意，提出有关审计工作要求事项和自律纪律。

（2）听取或审阅被审计单位自查报告或述职报告或情况介绍。

2. 根据进一步掌握的被审计单位的具体情况，确定审计的重点、专题、人员分工是否需要进行调整。

3. 依据审计通知的要求收集有关审计资料和借阅被审计单位会计资料，并办理借阅手续。

4. 通过审核会计资料和相关资料，核查实物和调查询问，座谈了解等方法实施审计。对审计发现的问题及疑点，做好审计记录和取证工作。对审计事项进行审计、调查时，审计人员不得少于2人。

（1）审计证据有以下几种：

①以书面形式存在并证明审计事项的书面证据。

②以实物形态存在并证明审计事项的实物证据。

③以录音录像或计算机存储的、处理的证明审计事项的视听材料。

④与审计事项有关的人员提供的证言材料。

⑤专门机关或专门人员的鉴定结论和勘测笔录。

⑥其他证据。

（2）审计人员收集证明材料，必须遵守以下要求：

①客观公正、实事求是，防止主观臆断，保证证明材料的客观性。

②对收集的证明材料进行分析判断，决定取舍，保证证明材料的相关性。

③收集足以证明审计事实真相的证明材料，以保证证明材料的充分性。

④严格遵守法律、法规的规定，保证证明材料的合法性。

⑤审计人员向有关单位和个人取得的证明材料，应当有提供单位和个人的盖章或签名，未取得提供单位和个人盖章或签名的，应当注明原因。

⑥审计中如有特殊需要，可以指派或聘请专业部门、单位或专业知识人员，对审计事项中某些专业问题进行鉴定。

（3）审计人员实施审计时，应当对审计工作进行记录，编制审计工作底稿。

①审计工作底稿的主要内容

A. 被审计单位名称。

B. 审计项目名称以及实施的时间。

C. 审计过程记录。

D. 编制人员姓名及编制时间。

E. 复核人员姓名及复核时间。

F. 索引号及页次。

G. 其他应说明的事项。

②审计工作底稿中的审计过程记录主要包括

A. 实施审计具体程序、审计测试评价、审计方案的调整变更记录。

B. 审计人员的判断、评价、处理意见和建议。

C. 审计复核记录。

D. 其他与审计事项有关的记录和证明材料。

③审计工作底稿的附件主要包括下列证明材料

A. 与被审计单位财务收支有关的证明材料。

B. 与被审计单位审计事项有关的法律文书、合同、协议、往来函件、鉴定资料等原件或复印件或摘录件。

C. 其他有关审计资料。

D. 审计工作底稿所附的审计证明材料应经审计部门或其他提供证明资料者的认定签证。

④审计工作底稿分为分项审计工作底稿和汇总审计工作底稿

A. 编制分项审计工作底稿，应由审计人员根据审计方案审定的项目内容逐项编制，必须是一项一稿或一事一稿，以利于编制汇总。

B. 编制汇总审计工作底稿，应在详细审阅审计分项工作底稿，并确定其实事清楚、证据确凿、手续完备之后，再进行分析整理，按其性质和内容分类归集。

⑤审计组长应对审计工作底稿进行检查和复核，对审计组成员的工作质量和审计目标的完成情况进行监督

对已确认的违纪违规问题和重要事项要编写审计工作底稿。审计工作底稿要写明事实情况，使用法规制度，处理意见，经审计组长审阅后，送交被审计单位认证签署意见。

凡是审查审计工作底稿事实不清、证据不充分、手续不完备的应作必要的修正或重新取证，补足必要的手续和资料。

审计组对实施审计过程中遇到的重大问题，经审计组长全面复核并确认后，应向本单位内部审计部门负责人请示汇报。

⑥内部审计部门负责人应当采取有效方式和途径，对审计组的审计工作情况进行监督检查

第二十五条　审计工作的终结阶段。

1. 审计组组长运用审计工作底稿提供的材料，编写审计报告。

审计报告是审计人员对被审计单位（项目）的经济活动审核后进行评价，提出意见、建议，作出结论的文件。因此要做到：审计报告应当有恰当的标题，明确的署名和报告日期，做到格式规范、事实可靠、证据充分、定性准确、结论公正、建议可行、语言简练、表达确切、观点鲜明。审计报告的主要形式和内容如下：

（1）标题。

（2）主送单位或单位行政负责人名称。

（3）被审计企业概况。

（4）审计的内容、范围、方式、时间等。

（5）采用的主要审计程序和审计方法。

（6）审计结果。

（7）发现的主要问题。

（8）审计建议。

（9）审计组成员签字。

（10）报告日期。

2. 各级内审部门应依据单位管理权限范围内授权的经济处理权限，对审计的问题提出处理、处分的意见或建议。

3. 各级内审部门应建立审计报告复核制度。审计报告完成后，由内审部门指定专人复核，应重点复核如下事项并提出复核意见：

（1）与审计事项有关的事实是否清楚。

（2）收集的证明材料是否具有客观性、相关性、充分性和合法性。

（3）适用法律、法规、制度和具有普遍约束力的决定、命令等是否正确。

（4）审计评价是否恰当。

（5）问题定性、业务处理、违纪处分、改进建议是否适当。

（6）审计程序是否符合规定。

4. 审计组应在审计事项实施终了后10日内完成审计报告并送达被审计单位，征求被审计单位对审计报告的意见。被审计单位应自收到审计报告之日起5日内，提出书面意见；在规定日期内没有提出书面意见的，视为无异议。

如果被审计单位对审计报告有异议，审计组应进一步核实、研究。如认为被审计单位的意见正确，应当修改审计报告；如果认为其意见不正确，应将不同意见作为报告的附件一并上报。

5. 被审计单位与审计组双方意见不能达成一致时，审计组应将最终定稿的审计报告、被审计单位的书面报告、审计工作底稿、审计证据等有关资料一并报内审部门负责人审定，主要审定以下内容：

（1）与审计事项有关的事实是否清楚。

（2）被审计单位对审计报告的意见书和复核人员提出的复核意见是否正确。

（3）审计评价意见及建议是否恰当。

（4）定性、处理、处分建议是否合法、适当。

6. 内审部门负责人审核后，应依据上述资料签发审计意见，集团内审部门负责的审计项目报请集团主管领导批示；集团下属企业内审部门负责审计的项目报请本单位负责人批示。审计意见书应当包括以下内容：

（1）审计的范围、内容、方式和时间。

（2）对审计事项的评价意见和评价依据。

（3）被审计单位违反财经纪律行为的叙述；问题的定性、处理意见及其依据。

（4）对严重违反财经法规和造成严重损失浪费的直接责任人员移送有关部门处理的建议。

（5）对单位加强经营管理和提高经济效益的意见和建议。

7. 依据经主管领导批示的《审计意见书》，形成《审计决定》送达被审计单位，被审计单位必须执行审计决定。

8. 被审计单位按照《审计决定》处理完毕后，应填写《审计决定处理情况报告单》，将处理情况向下达《审计决定》的内审部门提出书面报告。

被审计单位对审计决定如有异议，可在收到《审计决定》后15日内向作出决定的单位主要领导人申请复议。受理单位或领导应在收到申请复议报告30日内进行复议或裁定。在此期间，仍按原审计决定执行。

9. 内审部门应自《审计决定》送达之日起3个月内，了解审计决定的落实情况，监督审计决定的执行情况。

第二十六条 各级内审部门应建立以下报告制度：

1. 各单位内审部门向本单位主要负责人实行定期（季度、年度）报告制，重大问题特别（及时）报告制。

2. 各单位内审部门向上一级内审部门实行定期（季度、年度）报告制，重大问题特别（及时）报告制；依据上级布置的专项审计或调查，实行专项报告制。

3. 审计项目计划执行情况报告的主要内容是计划进度、发现的问题及处理的方式、建议、措施等。

4. 各级内审部门应建立后续审计制度。

后续审计是内审部门派员到被审计单位，检查审计决定中规定的事项是否认真执行而进行的审计，是保证审计工作发挥应有效力的必要手段，其内容为：

（1）检查采纳审计建议和审计决定执行情况。

（2）了解采纳审计建议和执行审计决定中的困难与问题。

（3）通过审计，被审计单位在严格自律强化管理方面的新措施、新变化。

第六章 职业道德和审计纪律

第二十七条 内部审计是集团公司内部控制体系的重要组成部分，审计人员是审计工作的实施主体，是集团实行审计监督的执行人员，因此必须讲求职业道德，严格遵守审计工作纪律，树立良好的职业形象。

第二十八条 审计人员应具备的职业道德是：

1. 坚持原则，依法审计。审计人员作为经济执法人员，必须严格依照国家的财经法规从事审计监督活动，实施依法审计，坚持原则，勇于同违反财经法纪的行为和不良倾向作斗争，维护国家财经法规的严肃性，打击经济领域内各种经济犯罪和违纪行为活动，从而达到审计查错纠弊、改善管理、提高经济效益的目的。

2. 实事求是，客观公正。在具体实施审计中应将被审计单位取得的成绩、经验、问题和教训如实反映；在处理被审计单位或个人违反财经纪律的问题时，应依据经济法规条款处理，特别应注意经济法规颁布的时间与违反财经纪律的时间界限，现有制度不完善、不健全界限，有意和无意（业务水平低）等界限，尊重事实，以理服人，做到一审二帮三促进；审计报告所作出的审计结论和评价，要坚持公平、公正、公允的原则。

3. 廉洁奉公，不徇私情。审计人员必须带头遵守国家法律、法规，执行财经纪律和企业内部规章制度，严以律己，廉洁奉公，不利用职权谋取私利。审计人员在执行任务时，必须依法审计，不徇私情，刚正不阿，做到“一身正气，两袖清风”。

4. 工作认真，细致负责。审计工作的性质和特点要求审计人员必须以认真、细致、负责的态度对待审计工作，以真实的内容实现审计的目的。

5. 保守秘密，忠于职守，恪尽职责。忠于职守是审计人员应尽的职责，对被审计单位需要保守的商业秘密应予以保密，以保护被审计单位的合法权益，有利于保证审计工组的顺利进行。

6. 谦虚谨慎，平等待人。审计人员应树立良好的职业形象。

7. 审计人员办理审计事项，与被审计事项有利害关系的，应当回避。

第二十九条 审计人员实施审计时，必须认真执行以下审计纪律：

1. 对审计出的重大问题不得隐匿不报，否则是重大失职行为。

2. 不得与被审计单位串通，编制虚假审计报告。

3. 不得干预被审计单位的经营管理活动。

4. 不得接受被审计单位的馈赠、报酬、福利待遇，不得在被审计单位报销费用。

5. 不得在实施审计期间内参加被审计单位以外用公款的宴请、娱乐、旅游等活动以及利用职权为个人谋取私利。

6. 不得泄露审计涉及被审计单位的秘密。

第三十条 审计人员必须保守下列秘密：

1. 企业产品、成本价格、销售计划、生产批量。

2. 内部掌握的招标的标底，对外承包工程指标、劳务合作价格等。

3. 对外投资的可行性报告、调查报告等。

4. 其他需要保密的文件、材料等。在审计过程中，所有审计文件、审计材料、记录稿纸包括被审计单位提供的各种文件、材料等，要妥善保管，不得随意乱放和丢弃，不得带到公共场所。用过和作废的记录本和记录用纸，审计项目完成后应交给审计组长，除立卷归档者外，应定期清理，按规定销毁。

5. 对审计工作提出的问题及审计及其审计处理意见，应按规定和程序与被审计单位有关人员交换意见。未经领导批准，不得向其他单位、部门和人员透露。

6. 对审计报告（含原始材料）、审计决定和领导批示，未经审计报告签发者同意不得向外透露，更不得公开发表。

7. 对向内审部门揭发问题的人、群众来信，以及外单位转来的有关资料，不管本人是否提出为其保密的要求，审计人员都要为其保密。

8. 印发审计文件资料，应按规定划注密级，印发范围应严格按有关规定执行，不得随意扩大。未经对外公布的审计文件材料，不得带至公共场所，审计文件材料未经本单位领导批准，不得外借。

第七章 审计档案

第三十一条 审计档案是内审部门在审计活动中形成的具有保存价值的各种形式的真实记录，是考察审计工作、研究审计历史的依据，是各单位档案的重要组成部分。建立和管理审计档案是内审部门的重要任务。

第三十二条　审计档案的立卷工作应实行“谁审计，谁立卷”“按项目立卷”“边审计、边整理、审结卷成”的原则，定期移交，集中管理，不得长期存放在承办单位和个人手中。

第三十三条　审计档案资料主要包括：

1. 内审部门下发的文件。

2. 上级和集团公司及本单位领导对审计工作的批示、决定、讲话和批复等。

3. 审计中形成的审计通知书、审计报告、审计工作底稿、审计意见书、审计决定、审计建议、有关文件和年度财务报表、账证、录音（像）带、照片等取证材料。

4. 内审部门对被审计单位采取临时措施的文件决定。

5. 后续审计材料。

6. 职工来信来访及查处情况资料。

7. 社会审计部门或集团公司所属内审部门报送备案的重要审计事项。

8. 审计统计报表、年度审计项目计划、重要审计会议材料、审计工作总结、经验、制定的审计制度及其他有保存价值的文件资料。

第三十四条　审计项目档案立卷应注意以下事项：

1. 一个审计项目可立一个卷或几个卷，一般不得将几个审计项目的文件材料合并立一个卷；跨年度审计项目，在项目审计终结年度立卷。

2. 立卷材料排列一般顺序是：

（1）结论性文件材料：采用逆审计程序按文件材料形成的顺序。

（2）证明性文件材料：按与审计报告所列问题和审计评价意见相对应的顺序。对审计证据、审计汇总工作底稿、分项目审计工作底稿、审计法规依据进行排列。

（3）立项性文件材料：按文件材料形成的时间顺序。

（4）审计案卷内每份或分组文件之间的排列规则是：

①正件在前，附件在后。

②定稿在前，修改稿在后。

③批复在前，请示在后。

④批示在前，报告在后。

⑤重要文件在前，次要文件在后。

⑥汇总性文件在前，原始性文件在后。

（5）审计项目卷宗的归档时间：一般在该项目审计完后3个月内归档；年度审计项目的必须在次年6月月末完成归档。

（6）审计项目卷宗归档，应采用适当的卷宗方法排列，并编制卷宗、案卷、目录等序号，以便于检索或查询。

第三十五条 审计档案的借阅应建立严格的登记手续，经单位负责人批准，按期归还。

第三十六条 审计档案应分长久、长期、短期进行保存，对超过期限的档案，应鉴定造册，内审部门提出申请并经内审部门所在单位领导批准方可销毁，并派人监销。审计档案的具体保存期限如下：

1. 永久保存。上级内审部门及本单位领导交办的重大审计事项的通知、工作方案、审计报告、决定、审计底稿、证明材料等；重大的审计调查事项以及专案检查事项的有关材料。

2. 长期保存（15～50年）。重要审计事项的审计通知、工作方案、审计报告、决定、审计底稿、证明材料等；比较重要的审计调查事项及专案检查事项的有关材料；员工来信来访的有关材料。

3. 短期保存（5年以上，15年以下）。上级内审部门、集团公司领导及委托社会审计组织进行一般审计事项的审计通知、工作方案、审计报告、决定、审计底稿、证明材料等；一般的审计调查事项及专案检查事项的有关材料；基层内审部门上报的审计计划、总结、报告、决定、信息及其他一般性的相关材料。

8.2 公司离任审计制度

公司离任审计制度

第一章 总 则

第一条 目的。

为了加强对离任人员所负经济及项目责任的审计监督，促进其在任职期间增强自我约束的意识，同时通过对工作移交情况的监督和检查，以保持离任后原岗位工作的延续性，根据《华为公司基本法》及《华为公司内部审计制度》的有关规定，特制定本制度。

第二条 定义。

负有经济及项目责任的人员包括：

1. 公司所属各子公司、事业部、公司各大职能系统以及各片区、办事处、国内合资合作厂、境外分支机构、代表处、境外合资企业等机构的第一负责人。

2. 各大系统内部与经济及投资工作关系密切的业务负责人及主要业务人员，这些业务包括但不限于财务、采购、市场、外协及各类合同管理和投资管理。

3. 其他特殊岗位的人员。离任审计是指上述负有经济及项目责任的人员因任期届满、调动、辞职等原因不再担任原职务时，对其任职期间所负经济及项目责任的落实情况，离任时工作移交的完整性，涉及技术及商业秘密人员的保密承诺情况以及离职时个人与公司之间债权债务的结算情况进行核实和报告的内部鉴证和评价活动。

第三条　适用范围。

公司所属各子公司、事业部、公司各大职能系统以及各片区、办事处、国内合资合作厂、境外分支机构、代表处、境外合资企业等机构的第一负责人在任期届满、内部调动和辞职时都须接受离任审计。

其他负有经济及项目责任的人员的离任审计适用范围，以各大系统的离任审计实施细则中的规定为准。

第二章　离任审计的管理

第四条　管理机构。

公司离任审计的方针和政策由公司人力资源委员会确定。公司审计部负责对整个离任审计工作进行组织、协调和监督。

第五条　分级负责原则：

1. 公司任命的各子公司、事业部、公司各大职能系统的第一负责人的离任审计由公司审计部组织实施。

2. 国内合资合作厂、境外分支机构、境外代表处、境外合资企业的第一负责人的离任审计由公司审计部组织实施，也可以委托外部独立审计机构实施。

3. 其他负有经济及项目责任的人员的离任审计由各大系统主管指定内部审计机构或其他内部管理部门负责，离任审计意见报公司审计部备案。

第六条　人员：

1. 实施离任审计工作时应成立审计小组，审计小组的成员应当具备较高的政策水平，具备与审计业务相适应的专业知识和业务能力。审计过程中要充分利用公司内部各方面专家的力量，如有必要，经审计总监批准，可以聘请公司外部的有关专家或专业机构参与全程或部分审计事项。

2. 审计人员与被审计人员有利害关系的，应当主动申请回避；被审计人员认为审计人员与其有利害关系可能影响审计公正的，有权申请审计人员回避。审计人员是否回避，由审计部门主管和被审计人员的上级领导共同商定。

3. 审计人员必须坚持客观、公正的原则，必须保守实施离任审计中得悉的公司秘密。

第七条　工作职权。

实施离任审计的人员具有下列职权：

1. 检查会计报表、账簿、凭证、资金和财产。

2. 经管理部同意，查阅有关的文件、资料。

3. 参加有关的会议。

4. 对审计中的有关事项进行调查并索取证明材料。

5. 对严重违反公司制度和规定以及侵犯公司权益的人员，提出追究责任的建议。

6. 对阻挠破坏审计工作以及拒绝提供有关资料的，经公司批准，可以采取必要的临时措施，并提出追究有关人员责任的建议。

7. 提出改进管理、提高效益的建议及纠正、处理违反公司各项规章制度的行为的意见，检查审计结论的落实情况。

8. 根据离任审计工作的需要，公司领导赋予的其他职权。

第三章 离任审计的内容及审计分工

第八条 审计内容。

1. 对公司所属各子公司、事业部、公司各大职能系统以及各片区、办事处、国内合资合作厂、境外分支机构、代表处、境外合资企业等机构第一负责人进行的离任审计的内容包括：

（1）所负经济责任的落实情况：

①对财、物等方面的内部控制是否存在重大缺陷。

②财务收支等经济活动的真实性、合法合规性。

③债权债务的真实性及重大合同的执行情况。

④有无严重损失浪费和其他严重损害公司利益的行为。

（2）离任时工作移交是否完整、正确

需移交的内容包括：

①述职报告（包括对任职期内工作的回顾和总结以及对本岗位下步工作的计划）。

②工作中的遗留问题及处理建议。

③个人所保管的业务档案、工作记录等。

④其他需移交的内容。

（3）离职时个人所欠公司的债务是否结算清楚

（4）其他需要审计的事项

2. 对其他负有经济及项目合作责任的人员进行的离任审计的内容包括：

（1）所负经济及项目责任的落实情况

①任职期间涉及财务收支的经济活动的真实性、合法合规性，有无严重损失浪费或其他损害公司利益的行为。`

②任职期间涉及的各项经济合同的执行情况、债权债务的清理和催收情况。

③对外合作中的投资管理情况：如经济方面和文档等方面的管理。这些合作包括顾问合作项目和技术合作等。

（2）离任时工作移交是否完整、正确

需移交的内容包括：

①述职报告（包括对任职期内工作的回顾和总结以及对本岗位下步工作的计划）。

②工作中的遗留问题及处理建议。

③商务活动中的债权债务关系：包括公司与对方公司之间及公司代表与对方代表或公司之间的债权债务关系。

④个人所保管的业务档案、工作记录等。

⑤其他需要移交的内容。

（3）离职人员要签署离职员工保密承诺书

（4）离职时个人所欠公司的债务是否结算清楚

第九条 审计分工。

1. 上述离任审计的内容实行审计责任人分工负责制。分工原则如下：

（1）经济内容：审计部门、财务部门和被审计部门的指定人员。

（2）工作内容：本部门直接主管、接任人或指定人，审计部人员参与。

（3）涉密内容（分技术、商务、公共关系等）：公司或直接主管指定专人。

2. 对每一位离任人员进行审计，要填相应的表格。表格中要明确写出每类内容参与审计的具体人。为保证审计效果，该表中审计人员要经过相关部门负责人批准方可进入审计。

3. 在审计中，被审计人员认为审计人员不宜审计的部分内容可向相关最高负责人提出指定专人审计。

第四章 离任审计的工作程序

第十条 通知：

1. 公司人力资源部和各系统管理部，根据本制度及实施细则中的规定，将需要进行离任审计的人员名单通知相应的审计机构。

2. 承担离任审计任务的审计机构，对被审计单位发出审计通知书。

第十一条 准备：

1. 被审计单位接到审计通知书后，通知离任人员在5个工作日内准备好如下资料：

（1）离任时的述职报告及对遗留问题的解决办法和处理建议。

（2）工作移交的有关记录。

2. 对子公司、事业部、各片区、办事处等机构的第一负责人进行审计时，被审计单位依照审计小组的要求提供有关资料，如单位财会和业务统计资料、单位历年年度工作总结报告、单位章程及内部管理制度、公司内部和外部检查机构出具的检查报告、离任时工作移交的审核记录、审计小组认为需要的其他资料。

3. 审计机构对被审计人员的述职报告和被审单位所提供的资料进行分析研究，初步确定审计重点，拟就提纲，安排审计实施计划（包括审计范围、内容、小组成员、时间安排、工作分工等）。

第十二条 就地审计：

1. 离任审计工作一般采取就地审计的方式。

2. 审计小组到达被审计单位后，立即召开一次有被审计人员（重要岗位离任时的审计还应有接任者）及被审计单位部分人员在场的会议，由审计小组介绍审计实施计划，离任时的审计还要确定离、接任责任的时间界限。

第十三条 述职。

对各子公司、事业部、公司各大职能系统以及各片区、办事处、合资合作厂等机构第一负责人进行离任审计时，在审计小组参与下，根据具体情况，由被审计人员在本单位（中层以上）干部会议或其他适当的会议上作述职报告，并回答有关询问。

第十四条 取证方式。

审计小组通过查阅有关的文件、资料，检查实物资产，向有关单位和个人查询等方式进行审计，并取得审计证据。

第十五条 审计报告：

1. 离任审计报告分详式离任审计报告和简式离任审计意见书两种。

2. 离任审计报告的内容包括：对被审计人员述职报告中所负经济责任落实情况真实性的审计意见、任职期内应由被审计人员承担责任的主要经济问题、对被审计人员工作移交情况的审计意见、其他审计意见和建议。离任审计报告应征求被审计人员及其上级领导的意见，并由被审计人员及其上级领导、审计小组三方认可。若无法达成一致意见，审计小组应将离任审计报告和被审计人员的书面意见一并上报审计机构的领导审定。

3. 离任审计结束时由公司审计部出具离任审计意见书，离任审计意见书要送被审计人员及其上级领导、公司人力资源管理机构。

第十六条 申诉。

被审计单位或被审计人员对离任审计意见书如有异议，可在接到离任审计意见书之日起10日内向上一级审计机构或公司人力资源委员会申请复审。受理复审的单位，应当在接到申请后30日内提出复审意见书，送被审计单位、被审计人员和有关部门。

第十七条 审计期限：

1. 审计期限是指从审计小组进驻被审单位开始，至提出离任审计意见书的时间。

2. 对内部调动的审计应在15天内完成，对离职人员的审计可视具体情况确定审计期限，对市场人员出具离任审计意见书的时间不应超过6个月，对其他人员不应超过3

个月。

第十八条　立卷归档。

审计工作终结，组织实施审计的机构应将审计全过程中取得的资料立卷归档。

第五章　奖 励 及 处 理

第十九条　奖励建议。

离任审计中发现被审计人员在业务经营和管理活动中效益显著、成绩突出的，审计小组可以向管理部门领导提出奖励建议。

第二十条　审计处理：

1. 对于重要岗位人员（经济、涉密）的审计，公司保留追诉权，并且对重要岗位的离职人员要有相应的经济担保。

2. 审计过程中出现下列情况之一者，审计小组有权通知公司相关部门暂时冻结被审计人员在公司的权益：

（1）被审计人员工作移交不顺利、不清楚，致使上级主管无法接受。

（2）被审计人员没有提供任职期间的所负经济责任的情况报告。

（3）被审计人员经济账目尚未交代清楚，需要进一步查证落实。

（4）被审计人员经济账目虽已交代清楚，但所欠公司款项未作出偿还。

3. 审计人员在审计中，如发现被审计人员有侵犯公司利益的行为，应立即向上级领导汇报，并通知有关部门冻结其在公司的所有权益；情节严重者可依照诉讼法的程序对其提起诉讼，以维护公司的合法利益。

8.3　集团公司内部稽核制度

集团公司内部稽核制度

第一章　总　　则

第一条　为加强和规范集团公司的内部管理，建立和完善内部稽核制度，以保护公司资产的完整与安全，降低成本费用，防止内部管理过程的失控，履行各所属公司、各部门经济责任，实现集团公司经济效益最大化，特制定本制度。

第二条　本制度适用于公司和所属公司。

第三条　集团公司内部控制实行“统一领导，分级管理”的内部管理体制。

第四条　实施内部稽核制度的目标有：

1. 维护公司资产的完整和安全。

2. 及时提供可靠的相关信息。

3. 减少不必要耗费，降低成本，实现集团公司经济效益最大化。

4. 避免或减少经营风险、财务风险、税务风险。

5. 促使集团公司及所属公司经营行为合理化。

6. 明确生产经营管理各环节的经济责任，保证所赋予的职责得到正确履行。

第五条 集团公司内部控制的组织机构。

内部控制由集团公司分管领导直接领导，总裁办、人资行政部、资金结算部、研发中心、生产部、市场策划部等负责或参与实施。

第六条 内部稽核制度的内容包括：

1. 研究开发过程内部稽核制度。

2. 生产、采购过程内部稽核制度。

3. 销售过程内部稽核控制制度。

4. 费用、支出内部稽核制度。

5. 对外投资内部稽核制度。

6. 对外经济担保内部稽核制度。

7. 公司资金内部稽核制度。

第二章 研究开发过程内部稽核制度

第七条 研究开发过程内部稽核控制的目的是为了合理地规划、使用研究开发费用，减少损失，以较少的资金投入，争取最大的经济效益。

第八条 研究项目必须根据集团公司的研发程序进行分步实施，严格按照《设计开发控制流程》执行。研发项目的立项应该形成文件，通知相关部门。研发项目实行承包责任制。

第九条 集团公司按计划批准的研究开发项目，应按项目编制研究开发项目详细进行资金预算，经集团公司主管领导审批后交公司财务部备案，财务部按进度计划拨付资金。

第十条 研发部门严格按预算使用资金，加强成本控制和费用管理。

第十一条 研发部门应对每一个研发项目要进行中期论证和中期审计，以减少风险。

第十二条 研究开发项目完成后，财务部应及时按项目编制决算报告，报公司审批后，结转研究开发成本。超过预算部分由主管领导批准后方能结转，并与研发项目承包责任制挂钩决算。

第十三条 研究开发项目中途停止或失败，应及时分析原因，并提出处理意见，形成书面报告后报请公司审批. 对由于个人营私舞弊或责任事故造成研发项目重大损失的，应追究直接责任人的经济、法律责任和主要领导的相关责任。

第三章　生产、采购过程内部稽核制度

第十四条　生产、采购过程内部稽核的目的是为了保证采购的物料能满足生产的需要；在保证存货质量的前提下，以最低的采购成本或生产成本取得所需要的存货；保证库存存货的真实性、合理性，将存货损失降低到最低程度，避免生产过程中的不合理损耗。

第十五条　所属各公司的生产计划、生产预算和生产日程安排与销售管理、存货管理相协调，有独立的生产部门和质量检验部门。

第十六条　生产部门、财务部门须定期、准确和及时地向管理层提供繁简适度的生产报告和成本报告。

第十七条　生产中的领料单、人工耗费单、工时卡由生产部门负责编制，并由生产监管人负责审核。

第十八条　负责成本核算的会计人员汇总领料单、工时卡上的记录并与生产报告上的物料耗费、工时记录进行核对，如有差异，应及时向财务负责人汇报，财务负责人应在报送给管理层的会计报告中指出重大的差异。

第十九条　所属各公司必须实行物料采购职务三分离制度，物料采购部门与采购审批部门相分离，货物采购人和货物验收人相分离，付款审批人和付款执行人相分离。

第二十条　采购部门根据生产计划、物料储备定额和库存情况编制材料采购计划，据此编制采购资金预算。采购部门应起到物料控制部门的作用。

第二十一条　生产部门提出货物采购申请，经采购部门会同财会部门对采购计划和采购资金预算进行审核，由生产经营主管领导批准后，采购部门办理订货。对外订货必须签订订货合同，明确相关的条款。

第二十二条　所属各公司采购部门在广泛收集市场价格、供应商信息的基础上，必须对大额的采购应通过招标的方式选择供应商，在确保物料质量的情况下（经质检部门认可），以最低价格取得所需物料。

第二十三条　对日常生产过程中经常使用的材料在实现比价格、比质量情况下，应实行定点采购，以提高材料质量和降低采购成本。

第二十四条　货物验收的责任是在收到货物的数量和质量上达到订单的要求。对采购中的货物短缺、质量问题，应及时查明原因，明确责任，并出具验收报告，验收报告一式多联，分送会计、仓库和采购部门。

第二十五条　实现招标采购和定点采购的货物，要求供货单位有一定量的铺底资金。

第二十六条　在特殊情况下，确需预付采购货款的，由采购部门负责人和财务部门负责人审批，报经主管领导批准后，办理付款。付款后，采购业务人员必须在半个月内

取得发票，仓库将货物验收入库，将发票和入库单交财务销账。在规定时间内未取得发票或未收到货物，将预付货款转作对采购业务员个人的应收款处理。

第二十七条 建立和健全存货管理制度，在任何情况下，仓库保管部门要有适当的凭证来证明货物流动，领料单、出库单和提货单等单据应顺序编号，妥善保管，严格控制。

第二十八条 建立和健全存货盘存制度，在平时仓库保管员保持良好的存货永续盘存记录的基础上，及时与总分类账进行核对。定期盘点，对原料、辅料、包装材料的盘盈、盘亏、毁损，应及时填制“盘存报告单”，及时查明原因，明确责任。

第二十九条 对于库存存货的超定额损耗和由于仓库保管部门责任原因造成的盘亏、毁损，由仓库保管部门及责任人承担责任。

第三十条 由于采购等因素造成材料毁损或报废的，应区分责任，分别由采购部门或其他相应部门及责任人承担责任。

第三十一条 定期对存货进行盘点。盘点由存货保管人以外的人员参与，并把盘点结果记录于盘点表。盘点表由专人审核。存货盘盈、盘亏、毁损和呆滞，形成书面文件，报请相关部门领导审批后才能予以正确入账。

第四章 销售过程内部稽核制度

第三十二条 销售过程内部稽核的目的是为了保证集团公司的营销目标和营销战略落实、营销价格政策符合集团公司整体利益，保证应收账款的真实性和可收回性，保证销售折扣的适度性和销售退回的合理处理。

第三十三条 制定与组织目标和组织战略协调一致的营销目标和营销战略，形成书面文件，并由董事会审核批准。所属各公司的营销政策应根据集团公司整体发展规划由集团公司统一制定有效的营销政策，合理确定销售价格、折扣率、销售提成等。

第三十四条 集团公司应对各所属公司营销政策的执行情况进行监督及检查。

第三十五条 向营销部门和会计部门、审计部门提供产品价目表。销售价格实现最低、最高限价制度，销售折扣率由集团公司统一制订，并有管理层的书面批准。集团公司应定期或不定期抽查价格执行情况。对违反价格政策的行为，一经发现，必须追究相关人员及主要领导的责任，并列入年终考核。

第三十六条 所属各公司销售、生产部门在接到销售人员的销售业务时，根据顾客的购货订单，编制产品需求和生产通知单，同时必须提供客户的资信情况，经营销负责人及公司财务部门审核后填报“销售合同申请表”，并将客户资信情况报公司财务部门备案。

第三十七条 所属各公司销售部门定期向管理层报告销售的实际情况以及实际与预算相比较的有关信息，报告内容的分类和详略程序应能落足高层管理的需求。应将销售额回笼作为对销售过程考核的一个最主要指标，以减少应收账款，增加经营活动现金流量。

第三十八条 应收账款应按客户、业务员及区域分设明细账，由专职财会人员负责电算化账的输入及辅助备查登记。登记内容除金额以外，还要包括合同号、销售单、销售日期、发票号等。回笼货款时，必须核对这些内容后逐笔核销。

第三十九条 应收账款由销售经办人员负责催收。财务部门应确定应收款回笼期（通常为3～6个月），应收账款年底按一定比例计提坏账准备，从考核费用中扣减，待应收款回笼后予以冲回。计提比例由所属各公司根据实际情况报公司董事会确定，以最大限度地减少坏账损失。

第四十条 所属各公司财务部门应收账款明细账与销售台账应逐月核对相符。同时要求各公司财务部门必须至少按单位函证核实。对金额巨大、年限较长的重点客户和特殊客户，财会人员应会同销售人员进行实地核查，核实中出现的问题应区分责任及时按规定处理。

第四十一条 财会部门在季末对应收账款应进行账龄分析，对挂账时间长、资信较差的客户，应提醒有关人员及时催收。对财务部门已提出警告，发现擅自赊账销售应收款不能收回的，应追究相关部门和人员的责任。

第四十二条 产品销售由销售人员提出销售申请，营销部负责人审核报财务有关人员，审核价格、客户资信无误后交财务部开票。由于财务部门审核不当，造成错开销售单数量、品种，由财务部及相关人员承担一切损失，并列入年终考核。

第四十三条 物流部门负责产品销售货物运输，由专人检查发货单等有关凭证，并通过招标方式选择运输单位，并经过双方的协商和谈判签订货运合同。

第四十四条 非常规性销售（例如，销售使用过的办公室家具、车辆、办公设备、无用的生产设备和其他设备）需经管理层审批，并形成书面文件，报财务部进行相应的账务处理。对废品、废料的销售做好记录。

第四十五条 对营销部门职员进行适当的定向培训并对其提供多种职业发展机会。

第五章 费用支出内部稽核制度

第四十六条 费用支出内部稽核的目的是通过有效控制，降低费用支出，提高公司经济效益。

第四十七条 费用支出控制的范围包括管理费用、销售费用、财务费用以及捐赠性支出。

第四十八条 销售费用、管理费用实行严格的预算控制制度。根据年初批准下达给各部门的预算，由各部门领导负责审核控制，单位财务部门把关，严格按预算执行，因特殊情况需要调整预算，各部门必须说明理由，报公司相关领导审查批准。

第四十九条 严格执行销售费用、管理费用报销审批手续制度，公司实行总经理“一支笔”审核制度，具体按《费用成本管理细则》执行。

第五十条 财务部门对费用报销负有审核和支付责任。对超过预算而未经公司领导批准，手续不齐或违反规定的不予报销，并视不同情况列入年终考核。

第五十一条 对销售费用、管理费用中的可控费用支出超预算不得报销，也不得转入下年度列支。财务部门应及时向各部门通报预算执行情况。

第五十二条 财务部门对集团公司各部门和下属各公司销售费用、管理费用控制中存在的问题应及时报主管领导，采取措施予以解决，发现问题而未及时上报，由财务部门承担责任。

第五十三条 管理费用中重点控制的可控费用项目为：办公费、差旅费、交际应酬费、会议广告费、修理费等。

第五十四条 差旅费开支按公司《差旅费管理规定》执行。

第五十五条 办公费用由办公室在年度预算范围内负责控制，对其中的印刷费应实行招标以降低印刷成本，通信费用严格按公司规定标准报销。办公费用超过预算，由办公室承担责任。

第五十六条 交际应酬费由各部门领导负责控制，超过预算部分财务部不予报销。

第五十七条 销售费用的控制原则上必须实行销售收入和销售费用相匹配。

第五十八条 销售费用应实行严格的预算管理制度，根据销售预算确定销售费用预算。由于客观因素需要调整销售费用预算的，必须根据预算制度规定的程序实行严格的逐级审批制度，未经规定程序审批而擅自增加的支出由单位主要负责人承担一切责任。

第五十九条 销售费用控制的重点项目是前期投入费用、广告费用、网络建设费用、促销及提成费用、运费等项目。

第六十条 促销、提成费用及时间让利以回笼为基础按月结算支付，由销售单位财务部门和销售办事处控制。各月按实际回笼计算支付的费用不得超支，费用控制由各单位财务部门承担责任。

第六十一条 广告费用按广告费用预算控制。广告代理商按全年广告费用预算编制广告发布计划，交公司审批。广告发布后，各单位财务等部门根据年度预算及计划进度审查后支付。超预算及计划进度广告费用，财务部门拒绝支付。并定期审查组织外部的广告和促销代理机构提供的广告和促销服务。注意查明三点：①合同的适当性；②向外部的广告和促销代理机构支付的费用的正确性；③与代理机构联系的密切性。

第六十二条 运输费根据销售数量实行随量控制，由各单位财务部门和物流储运部门承担责任。

第六十三条 财务费用控制的原则是合理地筹集生产经营所需的资金，并努力降低财务费用，减少财务风险。

第六十四条　资金结算部根据生产经营计划以及对外投资计划确定银行借款年度计划，报分管财务领导审批。

第六十五条　合理安排资金，及时办理银行借款的借入和归还手续。对逾期归还贷款而增加的逾期利息，若由于主观原因造成，由资金结算部门相关人员承担责任。

第六十六条　集团公司及下属公司应控制对外赞助和捐赠支出，公司赞助和捐赠支出，由公司领导统一审批，并报财务部门备案及进行相关的账务处理。

第六章　对外投资内部稽核制度

第六十七条　对外投资内部稽核的目的是保证对外投资经过合理的审批程序和投资行为的合理性，确保投资收益的最大化，并使投资收益得到合理揭示。

第六十八条　对外投资内部稽核的范围包括集团公司本部及下属各公司对外股权投资（含全资子公司和控股子公司）和非控股股权投资。集团公司下属公司对外投资必须按规定程序报集团公司批准或由所在企业董事会批准。

第六十九条　公司对外投资方向的选择应考虑公司发展战略，原则上以占用市场份额的盈利为基础，并与集团公司现有产业结构形成互补，充分利用集团公司现有优势资源。

第七十条　公司对外投资应充分考虑公司的投资能力，原则上对外投资总额不应超过公司净资产的50%，对投资回报时间短、投资收益大的项目，可适当加大投入。

第七十一条　对外投资形式可采用控制股权投资、管理股权投资，应尽可能地减少现金投资。

第七十二条　对外投资收益率的要求应视不同情况而定。对普通对外投资和非控股形式的股权投资，应规定最低收益率，原则上每年分红率不低于当年资本市场平均净资产收益率。对零净资产收购项目或被收购企业效益较差的公司战略投资项目，实现低成本扩张，并通过制定详细重整措施，促使其扭亏为盈。

第七十三条　投资项目确定，公司投资管理部门应会同有关部门进行严格的科学的可行性分析，按集团公司投资决策程序审批后执行。

第七十四条　公司对外投资方案实施后，投资部门应及时对投资进行跟踪监督，定期提供投资资金使用情况、投资收益预测与发展前景等分析材料。

第七十五条　公司投资管理部门负责审查被投资单位年度会计报表，及时收取投资收益。

第七十六条　对收益高的投资项目，投资管理部门应就扩大投资或及时获利了结作出分析，形成书面报告交集团公司管理层审批。

第七十七条　对外投资应实行跟踪及动态管理，一旦发现投资中出现问题，投资管理部门应及时提出处理意见，供公司管理高层决策。

第七章　对外经济担保内部稽核制度

第七十八条　对外经济担保内部稽核的目的是为了有效地控制负债的发生，减少公司财务风险。

第七十九条　集团公司除为互保企业及下属公司提供一定额度的贷款担保外，不得对其他企业提供担保。

第八十条　对互保企业的选择必须谨慎，互保企业必须具有与本公司同等的财务状况、经营成果和资信等级。

第八十一条　集团公司财务部门在全面了解财务状况和经营成果及资信情况的基础上，选择合适的互保企业，并经公司管理高层或董事会批准。

第八十二条　集团公司下属企业及互保企业的担保额度由需担保企业填写担保审批表，由集团公司资金结算部负责人审核，并出具书面意见后，报集团公司财务负责人和公司分管领导审核后，报董事会批准。

第八十三条　集团公司财务部门负责对互保企业的担保进行跟踪，如发生意外情况，应及时报请集团公司管理高层，采取相应的措施。

第八十四条　由于对互保企业的担保未能进行及时跟踪，而给公司造成损失的，根据责任大小及责任原因由资金结算部、财务负责人承担一定的责任，并列入绩效考核。

第八十五条　集团公司下属企业未经公司或其董事会批准不得为其他企业提供任何经济担保。根据需要，经公司或董事会批准，可以在当地选择一家已具相当规模、财务状况良好的互保企业进行互保，互保额度必须报集团公司批准。未经批准，擅自对外提供经济担保，集团公司应追究经办人的一切相关责任。

第八十六条　集团公司下属企业因互保单位选择不当或为互保企业提供的担保未进行及时跟踪而造成损失的，应追究下属企业财务部门负责人及有关领导的责任，并列入年终考核。

第八十七条　集团公司各下属企业月末应编制对外担保情况表上报集团公司，并应附相关说明。

第八章　集团资金内部稽核制度

第八十八条　集团公司资金内部稽核的目的是合理调配使用集团公司资金，提高资金使用效率，减少或有效控制资金风险。

第八十九条　集团公司内部资金控制制度包括货款支付控制制度和借款控制制度。

第九十条　集团公司内部支付货款控制的目的是合理节约地使用资金，并对企业生产计划执行实施全面的监控。

第九十一条　生产部门因特殊原因（如季节性采购等）临时需要大量资金而不能解决时，报经集团公司财务部门审核、分管领导批准后由集团公司支付（按内部借款利率计算利息），从以后月份支付的货款中扣回。

第九十二条　集团公司内部货款支付由集团公司财务部、资金结算部负责人及部门负责人承担责任。

第九十三条　集团公司内部生产部门采购货物要根据生产预算编制采购计划，确定采购资金需用量。

第九十四条　采购部门根据采购计划采购，待货物入验收入库后，向财务部门提出付款申请，经财务负责人审核，企业主管领导批准后方可付款。

第九十五条　非特殊紧缺材料，未经财务负责人和分管领导批准不得预付货款。

第九十六条　对大宗招标材料采购，按招标价付款。实现招标采购和定点采购材料要求对方有一定数量铺底资金作为基数，基数以上部分据实支付。

第九十七条　考虑货币时间价值，生产部门采购材料与支付货款之间应有一定间隔期。

第九十八条　财务部应逐日编制“财务收支情况表”（含每日货币资金收入、支出及结余情况）交各集团公司财务部负责人和分管领导。

第九十九条　集团公司内部借款控制的目的是合理调度资金，降低财务费用，提高内部资金使用效率。

第一百条　集团公司根据实际情况赋予下属公司一定额度的贷款权，根据集团公司实际情况下达指定性贷款额度。

第一百零一条　集团公司本部及各借款企业应根据实际情况灵活安排负债结构，充分利用或争取有利条件，尽可能降低资金成本。除特殊情况，不得有高于当前利率借款，否则经办人员及资金结算部负责人、财务负责人必须作出解释并承担相应的责任。

第一百零二条　集团公司本部及下属公司无权对外提供贷款，否则，要追究经办人员及有关负责人的责任。

第一百零三条　集团公司及有贷款权的下属公司应重视贷款的及时归还，非客观原因发生逾期而造成罚息或其他损失的，应追究直接责任人及有关负责人的责任。

第一百零四条　集团公司根据下属各公司资金余缺情况及实际需要，有权在公司成员公司之间进行调剂。

第一百零五条　为提高资金使用效率，公司对内部借款实现计息制度，除特殊情况，内部借款公司必须及时归还借款，并支付利息。

第九章 责 任 处 罚

第一百零六条 研究开发过程由于责任事故或个人营私舞弊造成项目失败而给公司造成损失的，由相关人员及领导承担相应责任，列入绩效考核，并由公司领导作出处罚决定，触犯法律的，移送公安机关处理。

第一百零七条 在生产、采购过程以及技改过程中，违反资金支付规定而给企业造成损失的，由相关业务人员及财务部门负责人承担责任，列入绩效考核，并根据情节，由各公司领导作出处罚决定。

第一百零八条 在供产销过程中由于非客观原因造成原材料、半成品、产成品等存货盘亏、毁损而给公司造成损失的，由仓库保管人员及部门负责人承担责任，列入绩效考核，并根据情节由各企业领导作出处罚决定。

第一百零九条 对销售过程中不按规定回笼货款、挪用公款，由责任人员及其部门负责人承担责任，由各企业领导作出处罚决定，责任人员移送司法机关处理。

第一百一十条 资金结算部未对担保及时跟踪而给公司造成损失的，由经办人员及部门负责人承担责任，列入绩效考核，由各公司领导作出处罚决定，其中如果由于营私舞弊而给公司造成损失的，移送司法机关处理。

第一百一十一条 集团公司下属公司未按规定报批，擅自对外投资、对外捐赠而给企业造成损失的，或违反集团公司规定给企业造成损失的，由下属公司领导承担责任，列入绩效考核，并由集团公司管理高层作出处罚决定。

8.4 财务稽核管理办法

公司财务稽核管理办法

第一章 总 则

第一条 为了进一步提高××公司（以下简称“公司”）财务管理水平，严肃财经纪律，加强财务监督职能，规范公司财务行为，根据《企业会计准则》《会计基础工作规范》《××有限责任公司财务管理办法》和《××有限责任公司财务稽核管理办法》等规定，结合实际，特制定本办法。

第二条 本办法适用于公司本部及所属各单位。

第二章 财务稽核岗位设置与职责

第三条 财务部门设置专职稽核岗位。

第四条 财务稽核人员直接向财务部门负责人及总会计师负责，并根据岗位授权办理稽核事宜。

第五条　财务稽核人员应熟悉国家财经方针、政策、制度，熟悉公司及所属各单位内部控制程序及各项财务工作流程。

第六条　财务稽核工作职责：

1. 检查公司及所属各单位贯彻执行国家有关财经法律、法规和集团公司及公司有关财务制度的情况。

2. 检查公司及所属各单位内部财务约束和监督机制建设是否有效运行。

3. 检查公司及所属各单位会计核算工作的及时性、准确性、完整性。

4. 检查公司及所属各单位资产管理及资金使用情况。

5. 检查公司及所属各单位的财务收支、成本费用、工程预决算等方面的违规违纪事项。

6. 其他需要稽核的经济业务事项。

7. 通过稽核及时发现公司及所属各单位经营和管理中存在的问题，并提出处理和整改意见与建议。

第三章　财务稽核方法和工作程序

第七条　财务稽核采用定期和不定期稽核的方法。

1. 定期稽核是指公司对所属各单位根据年度计划安排进行的财务稽核。定期稽核时，提前通知被稽核单位，明确稽核的时间、要求和内容。

2. 不定期稽核是指公司根据工作需要或财务活动中发现的问题，及时对相关单位进行稽核。随时稽核时，不提前通知相关单位，不告知稽核内容。

第八条　财务稽核工作程序：

1. 财务稽核根据财务工作的整体部署，制定年度稽核工作计划。

2. 确定不同阶段稽核工作重点和稽核对象。

3. 向被稽核单位下达稽核通知书。

4. 查阅被稽核单位的财务报告、会计凭证、会计账簿及其他有关资料，并要求被稽核单位作出说明。

5. 对稽核中发现的问题，作出详细、准确的记录，形成书面的稽核报告。根据稽核结果，对被稽核单位提出建议和整改意见。

6. 稽核人员在工作结束之日起的十个工作日内向财务部门负责人及总会计师报送客观、真实的稽核工作报告，认为需要报送总经理的，应同时及时报送。稽核工作报告包括下列内容：

（1）稽核对象、稽核时间、稽核内容。

（2）被稽核单位的基本情况。

（3）全面、客观、公正的评价单位财务管理状况，对有关问题提出处理或整改意见和建议。

（4）其他需要报告的事项。

7. 公司财务部门对本部财务稽核纳入日常工作。

第四章 财务稽核内容和报告

第九条 财务稽核工作内容：

1. 稽核财务部门贯彻执行国家财经法律、法规制度的情况。

2. 稽核财务部门贯彻执行集团公司相关财务管理制度、规定的情况。

3. 稽核财务部门贯彻执行公司有关财务管理制度和规定的情况，具体内容如下表所示。

稽核项目与内容

稽核项目	内容
稽核企业财务支出是否合法合规	（1）是否存在改变资金用途的行为 （2）是否采取预提或待摊的办法，“人为”调节成本费用支出 （3）是否违规转移资产 （4）违反财经纪律的其他支出
稽核财务部门会计基础工作的规范及会计信息的真实情况	1. 对原始凭证及会计凭证的稽核 （1）稽核原始凭证是否合法、内容是否真实、手续是否完备、数字是否正确。有关人员的签章是否齐全 （2）稽核记账凭证的经济内容是否与所附原始凭证内容相符，金额是否正确 （3）稽核会计科目是否使用正确、对应关系是否清楚、各项辅助核算的项目设置是否规范、合理 （4）稽核记账凭证中的各项要素是否填制完整、摘要是否适当、有无遗漏、转账是否合理，有关人员的签章是否齐全 （5）稽核单据的粘贴是否规范 2. 对会计账簿、报表、台账的稽核 （1）稽核会计账簿是否按规定设置、记账是否清楚、结账是否规范、是否做到账证、账账相符 （2）稽核会计报表编制是否做到数字真实、计算准确、内容完整，表内、表间钩稽关系是否无误、是否做到账表相符。是否符合现行会计制度规定的编报要求，是否反映了企业的真实情况 （3）内部单据的传递是否依照规定手续办理，各种台账登记簿是否按规定建立健全并及时登记 3. 对各项账面资产的稽核 （1）检查库存现金是否账实相符，有无白条抵库，有无超出核定库存限额，是否私设小金库

（续表）

稽核项目	内　　容
稽核财务部门会计基础工作的规范及会计信息的真实情况	（2）检查现金支付是否符合中国人民银行制定的《现金管理暂行条例》的有关规定 （3）检查银行存款余额调节表，查看未达账项情况 （4）核查库存材料的结存和计价情况，防止红库存及“人为”调整成本的现象 （5）检查应收款项的回收和往来对账情况，防止呆、坏账的发生 （6）检查固定资产卡片的填写是否按要求进行，资产的变动情况是否按规范进行操作，是否做到账实相符 （7）对账销案存资产，应核实其备查登记情况；检查资产处置程序的合理性及账务处理的规范性
对业务流畅性的稽核	1. 每天是否及时传递票据，如有积压，应查明其原因；各项工作是否做到日清 2. 工作过程中是否存在相互推诿、扯皮现象 3. 月末各项经济报表及分析资料是否及时上报
对档案资料管理的稽核	1. 各种账簿启用、移交及编制明细账目等是否完备，打印的账页是否符合制度规定的格式，扉页及封面填写是否完整 2. 各种会计档案的保管、传递、查阅是否按规定进行，账簿的毁销是否依照规定期限及手续办理 3. 各种财务收发文件的归档保管情况 4. 稽核企业全面预算管理工作的执行情况和开展情况，主要管理制度包括《××公司全面预算管理手册》 5. 稽核所属各单位与公司签订的目标责任书中有关财务指标的完成情况 6. 稽核工资、奖金的发放是否按公司的计划或批复，有无乱发钱物的现象 7. 稽核固定资产、库存物资是否完整 8. 企业基建、技改等工程项目是否按规定程序报批，资金来源是否合规合法，工程支出是否超预算

第十条　稽核工作报告经公司相关领导同意后，以文件形式向被稽核单位送达。被稽核单位在收到稽核工作报告之日起的15个工作日内向公司上报整改报告。

第五章　稽核工作纪律及考核

第十一条　在稽核工作中，各单位财务部门要密切配合，提供有关的凭证、账簿、报表及其他相关资料；提供必要的工作条件，如实地反映和提供真实情况；不得拒绝、隐匿、伪报。

第十二条　稽核人员独立行使职权，不受其他部门或人员的干涉和影响。稽核工作人员不得向无关人员透露稽核报告内容，不得泄露在稽核工作中了解和掌握的被稽核单位的商业秘密。

第十三条 稽核人员要认真掌握有关制度和规定，法律和法规，要认真学习财务、金融、审计、法律及技术等方面的专业知识，提高综合分析和判断能力，坚持原则、清正廉洁，忠实履行职责，维护公司以及被稽核单位的利益。

第十四条 对稽核出的问题不能姑息迁就，积极督促有关单位进行整改，被稽核单位要按时上报整改报告；对不按规定纠正的，在月度考核中予以兑现。对稽核工作中发现的重大问题，应及时向有关领导汇报；对因未尽职尽责而造成影响和损失的，应追究稽核人员的责任。

8.5 会计稽核制度

会计稽核制度

第一章 总 则

第一条 为规范完善会计稽核制度，根据《中华人民共和国会计法》以及《会计基础工作规范》等有关规定，结合本公司实际，特制定本制度。本公司各部门稽核工作，由财务部随时指定适当人员执行稽核工作。

第二条 会计稽核制度是组织和从事会计工作所遵循的规范与准则，是会计基础工作规范化考核验收的主要内容之一，是会计机构内部的监督环节。本公司稽核业务范围，分为原始凭证、记账凭证、账簿、财务报表、其他五项，除另有规定之外，悉以本办法规定办理。

第三条 稽核工作以事前稽核为主，采用逐步审查方式，具有经常性、持续性、有效性的特点。

第二章 人员设置及岗位职责

第四条 财务部门设兼职稽核人员。

第五条 出纳人员不得兼管稽核工作。出纳工作必须经过稽核人员事前稽核，方能办理收支，出纳员只能对已稽核的会计凭证进行事中复核，并办理有关财务收支手续。

第六条 稽核工作人员的职责。

1. 审查各项财务收支：应根据国家财务会计制度对各项财务收支进行逐笔审核，对于不符合规定的收支，应及时提出意见，并向领导汇报，采取措施，进行处理。

2. 复核会计凭证：会计凭证的复核应每日随着经济业务发生逐笔进行复核，不能拖拉积压，贻误记账，对其审核的凭证应签名或盖章。

3. 复核账簿：对账簿复核应规定日期进行抽查，并对抽查日期登入抽查簿，发现错误应提出更正意见，让其主管记账员更正。

4. 复核会计报表：会计报表的复核应按季按年进行审核。

第三章 稽核人员的权限

第七条 根据《会计人员职权条例》的有关规定，稽核工作人员有以下权限：

1. 对不合理、不合法的一切开支，有权拒绝付款和报销。

2. 对手续不完备，数字计算不准确以及不符合规定的原始凭证，应退还给经办人，并限期补办手续或更正。

3. 对拒绝付款，拒绝报销，拒绝执行的事项应及时向领导报告。

第四章 稽核工作的依据

第八条 稽核工作的依据主要有：

1. 财经法律、法规。

2. 根据《中华人民共和国会计法》和国家统一会计制度的具体实施办法或者补充规定。

3. 根据本公司制定的内部财务管理制度。

第五章 稽核的过程和要求

第九条 稽核人员，除依照规定审核各单位所送凭证账表外，应分赴各单位实地稽查，每年稽查次数视事实需要而定。

第十条 稽核人员在稽核之前，应先准备和收集有关资料，拟订计划及进度表，事前应将单位已往审核及检查报告仔细研究以作参考。

第十一条 稽核人员有保守职务上所稽得秘密的责任，除呈报外，不得泄露或预先透露予检查单位。

第十二条 稽核事务涉及其他部门时，应会同各该有关部门办理，且应作会同报告。意见不一致时，须单独提出，与书面报告，一并呈核。

第十三条 稽核人员对本公司执行稽核事务时，如有疑问，可随时向有关部门详尽查询，并调阅账册、表格及有关档案，必要时请其出具书面说明。

第十四条 稽核人员执行工作时，除将稽核凭证（或公文）交由受稽核单位主管验明，应保持良好的工作态度。

第十五条 稽核人员于稽核事务完妥后，应据实缮写检查报告书呈核。稽核人员对所审核的事项，应负责任，必要时，应在有关账册簿据上签章。

第六章 稽核的具体内容

第十六条 原始凭证的稽核。

1. 原始凭证的名称，填制日期，填制单位名称或填制人姓名，接受单位名称，经济业务的内容，数量，接受单位名称，经济业务的内容，数量，单位是否正确。

2. 从外单位取得的原始凭证是否盖有填制单位公章；从个人取得的原始凭证必须有填制人员的签名或者盖章；自制原始凭证是否有单位领导人或指定人员签字或盖章；对外开出的原始凭证是否已加盖本单位公章。

3. 稽核原始凭证的大小写金额是否相符。

4. 职工借款凭据，是否已附在记账凭证之后，收回借款时，应当另开收据，不是退还原借款收据。

5. 经上级有关部门批准的经济业务，是否将批准文件作为原始凭证附件。批准文件需要单独归档的，是否在凭证上注明批准机关名称，日期和文件字号。

6. 原始凭证不得涂改，挖补。发现原始凭证有错误的，应当由开出单位重开或者更正，更正处应当加盖开出单位的公章。

7. 由外单位提供的原始凭证如丢失，应取得原单位盖有公章的证明，并注明原凭证号码、金额等内容，严禁外单位提供的白条凭证。

第十七条　记账凭证的稽核。

1. 记账凭证的填制日期、编号、业务摘要是否正确。

2. 会计分录是否正确，转账是否合理，借贷方数字是否相符。

3. 应加盖的戳记及编号等手续是否完备，有关人员的签名或盖章是否齐全。

4. 现金或银行存款的记账凭证是否已由出纳员签名或盖章。

5. 除结账或更正错误记账凭证可以不附原始凭证外，其他记账凭证所附有原始凭证是否齐全、合法。

第十八条　记账凭证的审核或检查时，应注意下列事项：

1. 每一交易行为发生，是否按规定填制传票，如有积压或事后补制者，应查明原因。

2. 会计科目、子目、细目有无误用，摘要是否适当，有无遗漏、错误以及各项数字的计算是否正确。

3. 转账是否合理，借贷方数字是否相符。

4. 应加盖的戳记编号等手续是否完备，有关人员的签章是否齐全。

5. 传票所附原始凭证是否合乎规定、齐全、确实及手续是否完备。

6. 传票编号是否连贯，有无重编、缺号现象，装订是否完整。

7. 传票的保存方法及放置地点是否妥善，是否已登录日记簿或日计表。

8. 传票的调阅及拆阅是否依照规定手续办理。

第十九条　账簿的稽核。

1. 各项账簿的记录内容是否与记账凭证相符，应复核者，是否已复核，保证账证相符。

2. 现金日记账收付总额是否与库存表当日收付金额相符；银行存款日记账账面余额是否定期与银行对账单相核对。

3. 审核不同会计账簿之间的账簿记录是否相符，保证账账的相符。

4. 各项账簿记录错误的纠正划线，结转过页等手续是否依照规定办理，误漏的空白账页是否注销，并由记账人员签名或盖章。

5. 各科目明细分类账各户或子目之和或未转销完的各笔科目余额之和是否与总分类账各科目余额相等，是否按日或定期核对，相关科目的余额是否相符。

6. 账簿记录发生的错误，不准涂改、挖补、刮擦或者用药水消除字迹，不准重新抄写，应按规定办法更正。

7. 是否按规定定期结账。

第二十条　账簿检查时，应注意下列事项：

1. 各种账簿的记载，是否与传票相符，应复核者，是否已复核，每日应记的账，是否当日记载完毕。

2. 现金收付日记账收付总额，是否与库存表当日收付金额相符。

3. 各科目明细分类账各户或子目之和或未销讫各笔之和是否与总分类账各该科目之余额相等，是否按日或定期核对。相对科目之余额是否相符，有无漏转现象。

4. 各种账簿记载错误的纠正划线、结转等手续，是否依照规定办理，误露的空白账页，有否划“×”形红线注销，并由记账员及主办会计人员在“×”处盖章证明。

5. 各种账簿启用、移交及编制明细账目等，是否完备，并送该管税捐稽征机关登记。

6. 各种账簿有无经核准后而自行改订者。

7. 活页账页的编号及保管，是否依照规定手续办理，订本式账簿有无缺号。

8. 旧账簿内未用空白账页，有无加划线或加盖“空白作废”戳记注销。

9. 各种账簿的保存方法及放置地点，是否妥善，已否登记备忘簿，账簿的毁销，是否依照规定期限及手续办理。

第二十一条　会计报表的稽核。

1. 会计报表之间，会计报表各项目之间，凡有相对应关系的数字是否一致；本期会计报表与上期会计报表之间有关数字是否相互衔接；如果不同会计年度会计报表中各项目内容和核算方法有变更的，是否在年度会计报表中加以注明。

2. 会计报表的数字有无篡改，是否真实，计算是否准确。

3. 报表的编号、装订是否完整，鉴章是否齐全、送报有无缺漏。

第二十二条　报表检查，应注意下列事项：

1. 各种报表是否按规定期限及份数编送有无缺漏。

2. 各种报表的内容是否与账簿上的记载相符。

3. 数字计算是否正确，签章是否齐全。

4. 报表编号、装订是否完整及符合规定。

5. 报表保存方法及放置地点是否妥善。

第二十三条 检查有价证券时，应与有关账表核对，并注意下列事项：

1. 购入及出售有无核准，手续是否完备。

2. 证券种类、面值及号码，是否与账簿记载相符。

3. 债券附带的息票是否齐全，并与账册相符。

4. 本息票有无到期或是否齐全，并与账册相符。

第二十四条 银行存款、现金的审核制度。

1. 支票印鉴由两人保管，财务监察员保管支票公章，财务主管保管经理私章，每日工作完后，分别锁入各自的办公抽屉。

2. 银行支票以及其他托收、承付、票汇等空白凭证及备用金，由出纳员负责保管，每日工作完毕后，由出纳员全部锁入保险柜内，并配给出纳员大保险柜一个。

3. 财务部长及工资核算员每月不定期检查两次库存现金，并做好记录。

4. 出纳员每月做到现金日清月结，月底最后一天，应将现金关账，现金日记账余额与实际库存余额核对相符。

5. 每月经济业务终了，次月 3 日前，出纳员要编制银行调节表，并交财务主管审核。

第二十五条 库存检查时，须注意下列事项：

1. 检查库存现金或随到随查，如在营业时间之前，应根据前1日库存中所载今日库存数目查点，如在营业时间之后应根据现金簿中今日库存数目现款、银行存款查点，如在营业时间之内应根据前1日现金簿中今日库存数目加减本日收支检点。支票签发数额与银行存款账卡是否相符，空白未使用支票是否齐全，作废部分有无办理注销。

2. 现金是否存放库内，如有另存他处者，应立即查明原因。

3. 库存现金有无以单据抵充现象。

4. 托收未到期票据等有关库存财物，应同时检查，并须核对有关账表、凭证单据。

5. 检查库存除查点数目核对账簿外，应注意其处理方法及放置区域是否妥善，币券种类是否分清。

6. 汇出汇款寄回的收据，是否妥为保存，有无汇出多日尚未解讫的汇款。

7. 内部往来账，是否按月填制未达账明细表，查对账单是否依序保管。

8. 内部往来账或单位往来账，是否经常核对。

9. 销售日报表的记载是否与银行存款相符。

10. 检查各单位各种周转金及准备金时，应注意其限额是否适当。有无零星付款的纪录，所存现款与未转账的单据合计数，是否与周转金、准备金相符，有无不当的垫款或已付款，而久未交货的零星支付。

第二十六条　检查各种质押品、寄存品及其他有价值的凭证单据时，应注意其是否存放库内，并应根据开出收据的存根副本及有关账册与库存查核者相符有无漏记，如有另存其他地点者，应查询原因并检阅其有关单据。

第二十七条　其他会计资料（如文件、补充资料、台账）统一由财务主管审核或财务主管指定专人审核。

8.6　财产清查制度

财产清查制度

第一章　总　　则

第一条　为提高××有限公司的经营管理水平，保证各类财产的安全与完整，确保账实相符、会计资料真实可靠，根据《中华人民共和国会计法》及相关制度的规定，结合本单位实际情况，特制定本制度。

第二条　本制度适用于××有限公司。

第三条　各单位财产清查坚持统一领导、归口管理的原则，由公司财务处牵头，其他部门配合。

公司负责人为财产清查工作的负责人，有关处室（单位）按照各自担负的职能进行分工，领导、监督本系统和本部门的财产清查工作。

第二章　财产清查的组织程序

第四条　公司在进行财产清查时，应根据财产清查的需要成立相应的财产清查机构，指定财产清查人员。财产清查必须有公司主要负责人、各职能部门负责人参加。

第五条　公司应在财产清查工作开始前，制定财产清查方案，经公司负责人批准后实施。财产清查方案一般包括：财产清查的目的、方法、步骤、人员及要求等。

第六条　为保证财产清查工作的顺利进行，公司内部与财产清查有关的财会、实物保管等部门要在实施财产清查前做好各项准备工作。

第七条　对在财产清查工作中发现的问题，财产清查机构或财产清查人员要查明原因、及时处理；无权处理的，应立即向公司负责人报告。

第八条　通过清查、核实，要查明财产物资的实存数量与账面数量是否一致、各项结算款项的拖欠情况及其原因、材料物资的实际储备情况、各项投资是否达到预期目的、固定资产的使用情况及其完好程度等。在清查、核实后，财产清查机构或财产清查人员要出具清查报告，将清查、核实的结果及其处理办法向上级报告。

第三章　财产清查范围

第九条　财产清查范围如下。

1. 流动资产：

（1）存货类：原料、燃料、辅助材料、产成品、自制半成品、备品备件、仪器仪表、低值易耗品、委托加工材料。

（2）往来账项：包括应收账款、预付账款、其他应收款、应付账款、预收账款、其他应付款等。

2. 固定资产：包括房屋及建筑物、机器设备、运输设备、工具器具、电子设备及其他，以及在建工程、工程物资等。

3. 无形资产：包括专利权、著作权、商标权、商誉权、非专利权、土地使用权。

4. 长期投资：包括长期股权投资、长期债权投资。

第四章　财产清查时间

第十条　财产清查时间如下。

财产清查采用定期清查和不定期清查两种方法：

1. 定期清查以每年11月30日（存货类以12月31日零点）为时点。

2. 不定期清查根据公司安排或各部门需要可随时进行。

第五章　财产清查归口

第十一条　财产清查归口部门：

1. 物资供应部门：原材料、燃料、边角料、辅助材料、低值易耗品、包装物、备品备件、不构成固定资产的小型机电产品、在低值易耗品中核算的大宗件等。

2. 生产部门：自制半成品。

3. 销售部门：产成品。

4. 工程管理部门：在建工程、工程物资。

5. 设备管理部门：固定资产。

6. 技术管理部门：无形资产。

7. 财务部门、销售部门、物资供应部门共同负责：应收账款、预付账款、其他应收款、应付账款、预收账款、其他应付款等。

8. 财务部门：长期投资、货币资金、应收票据、应付票据、长期应付款、专项应付款等。

第六章　财产清查的方法

第十二条　财产清查要实事求是，如实填报。核算不规范的，要在清查之前进行账务调整。

第十三条　财产清查的方法，可采用实地盘点法和技术推算法。

1. 实物财产的清查：物资管理人员首先对各项财产逐项盘点，进行账、物、卡三方核对，分细类汇总，然后与财务账面核对，尤其对未达账项要认真核对、调整，经财务部门确认后盖章。对盘盈、盘亏、积压、需报废的财产，要分析原因，列出明细单独上报。属于人为因素造成的不良资产要追究当事人责任，并附处理意见。

2. 货币资金的清查包括现金、银行存款和其他货币资金的清查：现金清查要通过实际盘点法确定库存现金的实存数，并与现金日记账的金额相核对；银行存款的清查要把银行对账单和银行存款日记账相核对，查明经过未达账项的调节后是否相符；其他货币资金的清查可参照银行存款的清查方法，与银行进行核对。

3. 往来款项的清查：要与对方单位核对账目的方法进行清查。清查时，要按明细填报，同时标明发生时间。已确定无法收回的应收账款、预付账款、其他应收款，要写明原因。经法律部门确认的坏账，要附上法律文书复印件或破产、关闭等有关说明。有关单位清欠或抵账回收的各类资产，能办理入库进账的，必须在11月30日之前办妥；不具备办理入库条件的，要填报物资清单，注明交货单位、原欠款金额、拟抵账金额等事项。

4. 长期投资的清查：主要包括被投资单位的资金去向、经营状况和盈利水平等。

第七章　财产清查结果的处理

第十四条　财产盈亏、报废处理方法：

对于盘盈、盘亏、毁损及报废的各类财产，需编制清查盈、亏、毁损报告表，及时查明原因，写出文字专题分析，并根据管理权限，经公司总经理、董事会批准后，在期末结账前处理完毕。

审批权限规定如下：

1. 一次性处理流动资产账面价值在10万元以下，公司总经理行使审批权；一次性处理流动资产账面价值在10万元以上20万元以下，公司经理行使审核权，并报××上级部门总经理和财务部长审批联签；一次性处理流动资产账面价值在20万元以上，××上级部门总经理和财务部长行使审核权，并报××上级部门董事会审批通过。

2. 一次性处理固定资产账面价值在50万元以下，公司经理行使审批权；一次性处理固定资产账面价值在50万元以上100万元以下，公司经理行使审核权，并报××上级部门总经理审批联签；一次性处理固定资产账面价值在100万元以上，××上级部门总经理行使审核权，并报××上级部门董事会审批通过。

3. 在期末结账前尚未经批准的，在对外提供财务会计报告时应按上述规定进行处理，并在会计报表附注中作出说明；如果其后批准处理的金额与已处理的金额不一致，要按其差额调整会计报表相关项目的年初数。

4. 流动资产盘盈、盘亏的处理：

（1）原材料库、成品库、辅料库、备件库盘盈、盘亏、毁损和报废扣除过失人或保险公司赔偿和残料价值后，计入管理费用。

（2）物资盘盈、盘亏，属于内部计量误差形成的，调整生产成本或制造费用，属于管理不善形成的，调整管理费用。

（3）非正常损失部分，扣除过失人或保险公司赔偿后计入营业外支出。

5. 固定资产盘盈、盘亏的处理：

（1）盘盈的固定资产，需填报固定资产盘盈报告，说明盘盈原因以及资产的重置价值和预计可使用的年限等，估算累计折旧和净值，将原值计入“固定资产”，已提折旧计入“累计折旧”，净值计入“待处理财产损益”。待上报批准后，由“待处理财产损益”转入“营业外收入”。

（2）固定资产的盘亏，要查出盘亏原因和责任并填报固定资产盘亏报告，根据公司的管理权限，经董事会、××上级部门总经理、本公司总经理批准后，在期末结账前处理完毕。

（3）公司财务处要按照××上级部门规定的时间和要求将清查结果上报，并写出书面分析报告，针对查出问题，制定出相应的改进措施。

第十五条　相关责任人员的处理。

由于人为原因给单位造成损失的，由有关部门视情节轻重对相关责任人给予通报批评、经济处罚、调离岗位、解除劳动合同等处分；给单位造成重大损失，构成犯罪的，移交司法部门依法追究其刑事责任。

第9章　财务分析管理制度

9.1　财务报告与财务分析管理制度

财务报告与财务分析管理制度

第一章　总　　则

第一条　为了规范××集团总公司及全资、控股子公司（以下简称子公司）财务报告的编制和分析工作，保证集团财务会计报告的真实、完整，强化集团内部财务管理，提高集团整体经济效益，根据《会计法》《内部会计控制规范——基本规范（试行）》等有关法律、法规的规定，特制定本制度。

第二条　本制度所称财务报告，是指××集团总公司及子公司根据国家统一会计制度要求和××集团总公司内部管理需要编制的，反映××集团总公司及子公司某一特定日期财务状况和某一会计期间经营成果、现金流量的文件。

本制度所称财务分析，是指××集团总公司及子公司以财务报告为基本依据，并结合其他有关资料，运用比率分析、趋势分析、因素分析等方法，对××集团总公司及子公司财务状况、经营情况和现金流量情况所作的分析、判断与评价。

第三条　××集团总公司及子公司应当重视财务报告的编制、报送和财务分析工作，并将财务报告与财务分析作为财务工作考核和绩效评价的重要内容。财务报告与财务分析工作由××集团总公司财务部组织实施，分级归口管理。

第四条　××集团总公司总经理和子公司法定代表人对本公司财务报告和财务分析工作的真实性、完整性负总责。

任何组织和个人不得编制和报送虚假的或者隐瞒重要事实的财务报告和财务分析报告。

任何组织和个人不得授意、指使、强令公司会计人员编制和报送虚假的或者隐瞒重要事实的财务报告和财务分析报告。

第二章　财务报告的编制和报送

第五条　××集团总公司及子公司编制和报送的财务报告应当符合《会计法》《企业财务会计报告条例》和国家统一会计制度的规定。××集团总公司可以根据内部管理的需要要求各子公司编制和报送统一会计制度以外的财务报告。

第六条　××集团总公司及子公司编制的财务报告分为年度、半年度、季度和月度财务报告。

年度、半年度财务报告应当包括：

1. 会计报表。

2. 会计报表附注。

3. 财务情况说明书。

会计报表应当包括资产负债表、利润表、现金流量表、主营业务收支明细表、成本明细表、费用明细表。

季度和月度财务报告仅指会计报表中的资产负债表、利润表、主营业务收支明细表、成本明细表、费用明细表。

第七条 年度、半年度会计报表至少应当反映两个年度或者相关年度两个期间的比较数据。

第八条 ××集团总公司及子公司应当按照国家统一会计制度的规定内容和方法编制和报送会计报表附注和财务情况说明书。

会计报表附注至少应当包括下列内容：

1. 不符合基本会计假设的说明

（1）重要会计政策和会计估计及其变更情况，变更原因及其对财务状况和经营成果的影响。

（2）或有事项和资产负债表日后事项的说明。

（3）关联方关系及其交易的说明。

（4）重要资产转让及其交易的说明。

（5）企业合并、分立。

（6）重大投资、融资活动。

（7）会计报表中重要项目的明细资料。

（8）有助于理解和分析会计报表需要说明的其他事项。

2. 财务情况说明书至少应当对下列情况作出说明

（1）企业生产经营的基本情况。

（2）利润实现和分配情况。

（3）资金增减和周转情况。

（4）对企业财务状况、经营成果和现金流量有重大影响的其他事项。

第九条 ××集团总公司及子公司编制财务报告，应当根据真实的交易或事项以及完整、准确的账簿记录等资料，并按照国家统一会计制度规定的编制基础、编制依据、编制原则和方法。

在国家统一会计制度规定的框架内，各子公司根据需要改变财务报告的编制方法，需要报请××集团总公司财务部审查批准。

第十条　各子公司在编制财务报告前，应当按照国家统一会计制度的规定要求结账，并按规定做好对账工作。

编制年度财务报告和终止营业时财务报告，应当全面清查资产、核实债务。

第十一条　各子公司报送的财务报告应当按照国家有关规定装订成册，加盖公章，并由公司负责人、财务负责人、会计机构负责人签名并盖章。设有总会计师的公司，还应当由总会计师签名并盖章。

第十二条　各子公司应当按照规定时间报送财务报告。

1. 年度经审计后的财务报告应当在年度终了后两个半月内报送××集团总公司财务部。

2. 月、季度财务报告应当在月度终了后10天，季度终了后15天内报送××集团总公司财务部。

第十三条　××集团总公司及其子公司应当依照法律、行政法规等相关要求，及时对外提供财务会计报告。

个别子公司除向××集团总公司报送财务报告外，还应当依照公司章程的规定，向其投资者提供财务会计报告。

第十四条　××集团总公司应当按照统一会计制度的规定编制和对外提供企业集团合并财务报告。

第三章　会计政策与会计估计

第十五条　各子公司采用的重要会计政策和重要会计估计，除符合第十六条规定的条件外，前后各期应保持一致，不得随意改变。

重要会计政策的范围包括：所得税会计处理方法、建造合同收入确认方法、存货计价方法、长期股权投资核算方法、借款费用资本化方法、研究与开发费用处理方法、无形资产计价方法、财产损益处理方法、非货币性交易资产计价方法、债务重组核算方法等。

重要会计估计的范围包括：应收账款和其他应收款的坏账提取比例、存货跌价损失准备提取比例、固定资产折旧年限、固定资产残值预计比例、无形资产摊销年限、长期待摊费用摊销年限、建造合同完工比例、劳动合同完成比例等。

第十六条　子公司会计政策和会计估计的变更必须符合下列条件之一：

1. 法律或会计准则、会计制度等行政法规、规章的要求。

2. 这种变更能够反映更加可靠、相关的有关公司财务状况、经营情况和现金流量的会计信息。

第十七条　子公司变更会计政策和会计估计，应当向××集团总公司财务部提出书面报告，阐明会计政策和会计估计变更的情况、变更的原因以及变更后对子公司财务状况和经营成果的影响。

××集团总公司财务部应当对子公司的会计政策和会计估计变更报告进行审核分析，并提交××集团总公司董事局或总裁办公会批准，然后下达执行。

第四章 财务分析

第十八条 ××集团总公司及子公司应当建立财务分析制度。由集团总经理室或财务部定期召开财务分析会议，全面掌握集团财务状况、经营情况和现金流量情况，研究、落实解决集团经营管理中存在问题的政策措施。

第十九条 ××集团总公司财务部及各子公司财务部门应当以财务报告为基本依据，并充分收集有关财务、业务、市场、技术、管理、政策、法规等方面的有关信息，根据不同情况有效地开展财务分析工作。

第二十条 财务分析的内容一般应当包括：

1. 财务能力分析，具体包括偿债能力、营运能力、获利能力和发展能力。

2. 财务质量和收益质量分析，具体包括资产质量分析、营业质量分析、利润质量分析等。

3. 财务结构分析，具体包括资产结构分析、负债结构分析、成本费用结构分析、收入和利润结构分析。

4. 财务成长性分析和经营成长性分析。

5. 财务预算分析。

6. 综合财务分析。

第二十一条 ××集团总公司及子公司应当根据不同情况，分别采用比率分析、比较分析、因素分析、平衡分析、趋势分析等方法，从定量和定性两个层面充分反映公司财务状况和经营成果的现状、发展趋势及其所存在的问题和发展潜力。

第二十二条 ××集团总公司及子公司应当编制财务分析指标表。

财务分析指标表应当包括如下财务分析指标：

1. 偿债能力分析指标包括：资产负债率，流动比率或速动比率，现金比率，现金流动负债比率，经营活动现金净流量对当期到期的长期负债之比等。

2. 获利能力分析指标包括：总资产报酬率，净资产收益率，营业利润率等。

3. 营运能力分析指标包括：总资产周转率，流动资产周转率，应收账款周转率，存货周转率等。

4. 发展能力分析指标包括：资本增长率，资本积累率，技术投入比率等。

5. 财务质量分析指标包括：不良资产比率，资产综合减值率等。

6. 收益质量分析指标包括：营业活动收到的现金对营业收入之比，营业活动产生的现金流量净额对营业利润之比等。

7. 资产结构分析指标包括：现金资产比重，应收款比重，存货比重，对外投资比重，不良资产比重，非经营用资产比重等。

8. 负债结构分析指标包括：流动负债比重，长期借款比重等。

9. 财务成长性分析指标包括：资产增长率，净资产增长率，经营活动现金流量净额增长率等。

10. 经营成长性分析指标包括：营业收入增长率，净利润增长率等。

第二十三条　财务分析指标表应当至少并列公司连续3年的财务分析指标，以便于开展财务趋势分析，观察和评价公司发展的趋势。

各子公司还应当在财务分析指标表中列示各项指标的预算数值和历史最好数值。有条件的子公司，还应当将指标的行业平均数值列示在财务分析指标表之中。

第二十四条　××集团总公司及子公司应当根据财务报告和财务分析指标表以及其他有关资料，运用比较分析、因素分析等方法，从定量和定性两个层面对本公司进行单项财务分析和综合财务分析，并按如下要求编制财务分析报告：

1. 财务分析报告的内容应当涵盖财务能力分析、财务质量分析、财务结构分析、财务成长性分析、财务预算分析等单项财务分析及综合财务分析的各项主要内容。

2. 财务分析报告应当揭示发生重大变动或重大差异的财务指标的变动原因，并就这些变动对公司财务和经营情况的影响进行充分地说明。

3. 财务分析报告应当充分、客观地分析总结公司经营管理中存在的主要问题，并提出相应的解决措施或建议。

第二十五条　随同年度和半年度财务报告报送的财务分析报告应当按照如下格式编制：

第一部分：公司概况。
第二部分：财务指标的比较分析和因素分析。
第三部分：财务预算差异及其原因分析。
第四部分：财务综合分析。
第五部分：主要经营和财务问题。
第六部分：主要对策建议。

第二十六条　子公司的财务分析指标表和财务分析报告应当装订成册，加盖公章，由公司负责人、财务负责人、会计机构负责人签名并盖章。设有总会计师的公司，还应当由总会计师签名并盖章。

第二十七条 子公司的财务分析指标表和财务分析报告应当随同年度和半年度财务报告一并报送××集团总公司。季度和月度只需报送财务分析指标表。

××集团总公司财务部在汇总分析子公司财务分析指标表和财务分析报告的基础上，编制集团总体的财务分析指标表和集团财务分析报告。并连同子公司财务分析指标表和财务分析报告，一并提交集团总经理办公会，作为总经理办公会进行决策的重要参考。

9.2 财务报告编制与披露管理制度

财务报告编制与披露管理制度

第一章 总 则

第一条 为了规范公司财务报告编制与披露，防范不当编制与披露行为可能对财务报告产生的重大影响，保证会计信息的真实、完整，根据国家有关法律、法规和《企业内部控制基本规范》《企业内部控制应用指引》等制定本制度。

第二条 本制度所称财务报告，是指公司对外提供的反映公司某一特定日期财务状况和某一会计期间经营成果、现金流量等会计信息的文件。

财务报告包括财务报表及其附注和其他应当在财务报告中披露的相关信息和资料。财务报表包括资产负债表、利润表、现金流量表、股东权益变动表等报表。

附注是对在资产负债表、利润表、现金流量表和股东权益变动表等报表中列示项目的文字描述或明细资料，以及对未能在这些报表中列示项目的说明等。

附注应当披露财务报表的编制基础，相关信息应当与资产负债表、利润表、现金流量表和股东权益变动表等报表中列示的项目相互参照。

第三条 本制度重点关注涉及财务报告编制与披露的下列风险：

1. 财务报告编制与披露违反国家法律、法规，可能遭受外部处罚、经济损失和信誉损失。

2. 财务报告编制与披露未经适当审核或超越授权审批，可能因重大差错、舞弊、欺诈而导致损失。

3. 财务报告编制前期准备工作不充分，可能导致结账前不能及时发现会计差错。

4. 纳入合并报表范围不准确、调整事项或合并调整事项不完整，可能导致财务报告信息不真实、不完整。

5. 财务报告披露程序不当，可能因虚假记载、误导性陈述、重大遗漏和未按规定及时披露导致损失。

第四条　财务报告编制与披露内部控制的基本要求：

1. 职责分工、权限范围和审批程序应当明确规范，机构设置和人员配备应当科学合理。

2. 有关对账、调账、差错更正、结账等流程应当明确规范。

3. 起草财务报告、校验、编制财务情况说明书、审核批准等流程应当科学严密。

4. 财务报告的报送与披露流程应当符合有关规定。

第二章　岗位分工与职责安排

第五条　公司应当建立财务报告编制与披露的岗位责任制，明确相关部门和岗位在财务报告编制与披露过程中的职责和权限，确保财务报告的编制与披露和审核相互分离、制约和监督。

第六条　公司全体董事、监事和高级管理人员对财务报告的真实性和完整性承担责任。

第七条　公司财会部门是财务报告编制的归口管理部门，其职责包括：收集并汇总有关会计信息；制定年度财务报告编制方案；编制年度、半年度、季度、月度财务报告等。

第八条　公司内部参与财务报告编制的各单位、各部门应当及时向财会部门提供编制财务报告所需的信息，并对所提供信息的真实性和完整性负责。

第九条　公司应当建立投诉举报机制，在确保维护举报人员权益的同时，及时向董事会及其审计委员会报告财务舞弊或造假行为。

第十条　公司有关人员对授意、指使、强令编制虚假或者隐瞒重要事实的财务报告的情形，有权拒绝并及时向有关部门和人员报告。

第三章　财务报告编制准备及其控制

第十一条　公司财会部门应当制定年度财务报告编制方案，明确年度财务报告编制方法、年度财务报告会计调整政策、披露政策及报告的时间要求等。年度财务报告编制方案应当经公司财务部负责人核准后签发至各参与编制部门。半年度、季度、月度财务报告，可以参照年度财务报告编制方案。

第十二条　公司应当制定对财务报表可能产生重大影响的交易或事项的判断标准。对财务报表可能产生重大影响的交易或事项，应当将其会计处理方法及时提交董事会及其审计委员会审议。

公司不得随意变更会计政策，调整会计估计事项。公司应当将涉及变更会计政策、调整会计估计的事项，及时提交董事会及其审计委员会审议。

公司在编制年度财务报告前，应当全面进行资产清查、减值测试和核实债务，并将清查、核实结果及其处理方法向董事会及其审计委员会报告。

第十三条 公司应当避免出现漏记或多记、提前确认或推迟确认报告期内发生的交易或事项的情形，对交易或事项所属的会计期间实施有效控制。

第十四条 公司必须在会计期末进行结账，不得为赶编财务报表而提前结账，更不得预先编制财务报表后结账。

第十五条 公司应当及时对账，将会计账簿记录与实物资产、会计凭证、往来单位或者个人等进行相互核对，保证账证相符、账账相符、账实相符。

公司应当建立规范的账务调节制度和各项财产物资和结算款项的清查制度，明确相关责任人及相应的处理程序，避免发生账证不符、账账不符、账实不符的情形。

公司应当根据实际情况制定重大调账事项的标准，明确相应的报批程序。

第四章 财务报告编制及其控制

第十六条 公司应当按照国家统一的会计准则制度规定的财务报表格式和内容，根据登记完整、核对无误的会计账簿记录和其他有关资料编制财务报表，不得漏报或者任意进行取舍。

第十七条 公司可以通过人工分析或利用计算机信息系统自动检查财务报表之间、财务报表各项目之间的钩稽关系是否正确，重点对下列项目进行校验。

1. 财务报表内有关项目的对应关系。

2. 财务报表中本期与上期有关数字的衔接关系。

3. 财务报表与附表之间的平衡及钩稽关系。

第十八条 公司应当真实、完整地在财务报表附注和财务情况说明书中说明需要说明的事项。

第十九条 公司发生合并、分立情形的，应当按照国家统一的会计准则制度的规定，作出恰当的会计判断，选择合理的会计处理方法，编制相应的财务报告。财会部门应将会计处理方法及其对财务报告的影响及时提交董事会及其审计委员会审议。

第二十条 公司在终止营业和清算期间，应当全面清查资产和核实债务，按照国家统一的会计准则制度的规定，编制财务报告。

第二十一条 公司编制合并财务报表时，应当按照国家统一的会计准则制度的规定，明确合并财务报表的编制范围，不得随意调整合并报表的编制范围。财会部门应将确定合并财务报表编制范围的方法以及发生变更的情况及时提交董事会及其审计委员会审议。

第五章 财务报告的报送与披露及其控制

第二十二条 公司应当明确财务报告报送与披露的程序，确保在规定的时间，按照规定的方式，向内部相关负责人及其外部使用者及时报送财务报告。并根据国家法律、法规及部门规章的规定，及时披露相关信息，确保所有财务报告使用者同时、同质、公平地获取财务报告信息。

第二十三条　公司应当根据国家法律、法规和有关监管规定，聘请会计师事务所对公司年度财务报告进行审计，并对选聘会计师事务所作出明确的规定，严格执行相应的标准和程序，报董事会及其审计委员会审议，并报股东大会批准。

第二十四条　公司财务部负责人和总经理应与负责审计的注册会计师就其所出具的初步审计意见进行沟通。沟通的情况及意见应经公司财务部负责人和总经理签字确认后，及时提交审计委员会审议。

第二十五条　审计委员会应当审议会计师事务所正式出具的审计报告，评价本年度会计师事务所的审计工作情况，提出下一年度会计师事务所的选聘意见，审议、评价及选聘意见应及时报送董事会审批，并根据国家法律、法规和有关监管规定履行相关信息披露义务，确保信息披露的真实和完整。

第二十六条　公司应当按照国家法律、法规和有关监管规定，将经过审计的财务报告装订成册，加盖公章，并由公司法定代表人、主管会计工作的公司负责人、会计机构负责人签名。

附：

集团有限公司财务分析报告撰写要求

为了规范公司的财务分析内容和格式，切实做好财务分析工作，根据集团财务分析制度的相关规定，现就企业财务分析报告的撰写工作，提出如下要求。

一、报告内容

主要分为：报告目录、重要提示、报告摘要、财务状况分析、问题重点综述及相应的改进措施六部分。报告目录是指报告所分析的内容及所在页码；重要提示是指本期报告新增的内容，或须加以重大关注的问题；报告摘要是对本期报告内容的高度概括。

二、报告摘要的具体内容

（一）对利润表的分析

利润表分析内容

季度实际	预算数	同比%	累计实际	预算数	同比%
销售收入					
毛利					
毛利率					

（续表）

季度实际	预算数	同比%	累计实际	预算数	同比%
销售费用					
管理费用					
财务费用					
利润					

1．销售收入变化原因：与预算和同期都要比较；上升/下降的主要产品；由于价格变化的收入或由于销量变化的收入。

2．毛利：绝对值和毛利率变化原因。

3．费用：变化原因。

4．利润：变化原因。

（二）对资产负债表和现金流量表的分析

资产负债表和现金流量表分析内容

期末余额	年初余额	变化%
存货		
应收账款		
超半年应收账款		
超1年应收账款		
负债		
现金流量		

1．存货变化原因：分原材料和产成品。

2．应收款变化原因：特别是超半年和超1年款项的变化原因。

3．负债变化原因。

4．现金流变化原因。

三、财务状况分析和问题重点综述

财务状况分析和问题重点综述及相应的改进措施为分析报告的正文部分，要求各项指标都要同预算和同期进行比较，说明增减变化原因，具体内容及要求见第六条至第十三条。

四、生产经营状况分析

销售收入的变化原因，主要分析产品的各项影响因素，及各项影响因素的影响金额，以及新产品对销售收入的影响等。

五、成本费用分析

（一）营业成本与上期对比增减变化情况，对变化原因作出分析说明。

（二）毛利收入变化原因，尤其是主要品种的毛利的变化原因，并根据具体情况分析降低产品单位成本的可行途径。

（三）管理费用、营业费用和财务费用的增减变化情况（与上年同期对比）并分析变化的原因。管理费用变化原因，除分析主要变化原因外，要注明每期工资、存货核销的额度；销售费用变化原因，重点分析广告费用的变化原因，如有新产品推出要重点分析新产品广告费投入情况，其余非广告支出营业费用变化也要注明变化原因；财务费用变化原因，重点分析利息收入变化原因及利息支出变化原因。

（四）分析其他营业外收入/支出变化原因。

六、利润分析

（一）分析主要业务利润占利润总额的比例。

（二）对各项投资收益、汇总损益及其他营业收入作出说明。

（三）分析利润完成情况及其原因。

（四）分析所得税税率变化原因。

（五）分析少数股东损益变化原因。

七、资金的筹集与运用状况分析

（一）存货分析

1. 根据产品销售率分析本公司产销平衡情况。

2. 分析存货积压的形成原因及库存产品完好程度。

3. 本期处理库存积压产品的分析，包括处理的数量、金额及导致的损失。

（二）应收账款分析

1. 分析应收账款周转天数变化的原因。尤其是对较大额度的应收账款形成原因及处理情况，包括催收或上诉的进度情况。

2. 本期未取得货款的收入占总销售收入的比例，如比例较大的应说明原因。

3. 应收账款中非应收货款部分的数量，包括预付货款、定金及借给外单位的款项等，而挂应收账款科目的款项应单独列出并作出说明。

4. 季度、年度分析应对应收账款进行账龄分析，予以分类说明。

（三）应付账款分析

分析应付账款周转天数变化的原因，尤其是对较大额度的应付账款形成的原因及预计支付的时间。

八、负债分析

（一）根据负债比率、流动比率及速动比率分析企业的偿债能力及财务风险的大小。

（二）分析本期短期、长期借款的变化原因，新增借款要注明借款的去向。

（三）季度分析和年度分析应根据各项借款的利息率与资金利润率的对比，分析各项借款的经济性，以作为调整借款渠道和计划的依据之一。

（四）分析应付工资的变化原因。

九、现金流分析

（一）现金流入分析。对经营、投资、筹资活动现金流入的途径进行分析，分析各项现金流入所占比例及增减变动原因。并统计当期企业持有的银行承兑汇票额及计划使用的途径。

（二）现金流出分析。对经营、投资、筹资活动现金流出的途径进行分析，分析各项现金流出所占比例及增减变动原因。

（三）流入流出比分析。分析经营活动流入流出比、投资活动流入流出比，筹资活动流入流出比及原因。

（四）需要特别说明的，影响现金流变化的因素。

十、其他事项分析

（一）财务分析模板强调的事项分析

1. 分析息税折旧摊销前利润的变动原因，主要从财务费用、所得税、折旧、摊销几个方面分析原因。

2. 根据报表分析模板统计新增固定资产、新增在建工程以及主要变动原因和固定资产投资计划。

3. 分析净贷款的变动原因。

4. 分别计算净贷款/分析息税折旧摊销前利润、净贷款/股东权益、分析息税折旧摊销前利润/利息支出，公司将根据实际情况制定考核以上三项指标的标准。

（二）对发生重大变化的有关资产和负债项目作出分析说明（如长期投资等）

（三）对数额较大的待摊费用、预提费用超过限度的现金余额作出分析

（四）对其他影响企业效益和财务状况较大的项目和重大事件作出分析说明

十一、通过财务报表对存在的问题，提出解决措施和途径

主要包括：

（一）根据分析结合具体情况，对企业生产、经营提出合理化建议。

（二）对现行财务管理制度提出建议。

（三）总结前期工作中的成功经验和整改后的效果。

9.3　财务报告管理制度

财务报告管理制度

第一条　目的。

为进一步加强集团公司及各下属公司的财务基础工作，促进各企业及时、准确、完整、规范地编制和报送各项财务报告，根据《财务会计报告条例》《××控股集团预算管理制度》等法律、法规，结合集团的实际情况，特制定本制度。

第二条　适用范围。

集团公司和各下属公司均需遵照执行。

第三条　职责。

1. 财务管理部负责整个集团财务报告的收集、汇总和审核。

2. 审计部负责定期对企业进行检查、审计，出具的年度审计报告为最终确认版。如审计部的审计报告与企业原编制的财务报告存在差异，企业财务部门应向集团财务中心进行书面解释，集团财务中心在进行情况核实后，决定是否对企业的企管报表进行追溯调整，如涉及的金额较大，应向总裁书面报告，同时提出相关处理意见（包括对已发放的奖金进行扣发或追回）。

3. 各下属公司总经理对上报财务报告的真实性、准确性、完整性承担管理责任，为财务工作的开展创造内外部环境。

4. 各下属公司财务部负责人负责组织所属公司财务部门做好财务报告的编制，并按税务局等相关政府部门及集团统一要求进行审核、报送相关财务报告。

各企业财务部门遇有税务、银行、审计等方面的问题，应及时向集团财务中心汇报，财务中心应及时组织研究、解决。

第四条　财务报告组成及基本编制要求。

企业财务报告由会计报告和财务管理报告组成：

1. 企业会计报告有：资产负债表、利润表、科目余额表（一级、末级）、纳税申报表。以上报表作为一套完整的会计报表按月度编制，年度还需提供企业所得税汇算清缴报告

《××集团统一格式会计报表》详见附件1。

2. 财务管理报告主要由年度经营预算和企管报表及财务分析报告两部分组成。年度经营预算报表按年度编制，企管报表按月度编制，财务分析报告按月度/季度/半年度/年度编制

《××集团统一格式预算和企管报表格式（集团公司、房地产公司、其他公司）》详见附件2。

企管报表的组成：主表、副表及附表。

（1）主表包括经济指标一览表、资产负债表、经营损益表、现金流量表和销售成交表（销售成交表仅适用于房地产公司）。

（2）副表分为集团公司及其他公司、房地产公司、酒店类，具体如下：

①集团公司及其他公司副表：包括主营业务收入表、主营业务成本表、其他业务收支表、应交税费表、营业费用表、管理费用表、财务费用表、人力资源费用表、各部门费用表。

②房地产公司副表：包括主营业收入表、主营业务成本表、其他业务收支表、开发成本表、工程用款表、开发间接费表、应交税费表、销售费用表、管理费用表、财务费用表、人力资源费用表、成本指标分析表、项目开发进度与基本情况表、各部门费用表。

③酒店类副表：包括主营业务收入表、主营业务成本表、其他业务收支表、应交税费表、营业费用表、管理费用表、财务费用表、人力资源费用表、成本指标分析表、各部门费用表。

（3）附表是指主表、副表之外的，与企管报表密切相关的其他表格及有关编制说明，除集团统一格式，各下属公司可自行设置格式。

3. 基本编制要求

（1）会计报表是企管报表的基础和核心，各企业应在编制好月度会计报表的基础上，按照《××控股集团预算管理制度》及集团财务中心的要求，进行收入、成本、费用的归集，编制好月度企管报表。

（2）严禁通过任何方式违反《××控股集团预算管理制度》，人为调节收入、成本及费用支出，以实现或达到企业预算目标或其他预算目的。如严禁提前（或延后）确认收入、成本、费用，严禁虚增（或虚减）收入、成本、费用，严禁将预算外的收入计入预算内，等等。

以上情况，一经发现并核实后，由集团财务中心及集团行政人力资源部对企业财务部门负责人及企业负责人严肃处理。

（3）各企业涉及以前年度的损益调整，其中调整事项在企业负责人任期内发生的，计入当期企管损益。如出现人为调整情况的，收入计入前期企管损益，成本、费用计入当期企管损益；非任期内发生的，计入以前年度损益调整。

（4）未经集团财务中心审批，严禁各项费用之间相互替代使用。

（5）根据《××控股集团预算管理制度》的规定，预算是否调整由集团决策委员会决定。

（6）《经济指标公式》详见下表。

经济指标公式

序号	项　　目	经济指标公式
一	绝对指标	
1	营业收入（万元）	主营业务收入净额+其他业务收入净额
2	资金回款（万元）	当年销售回笼的资金+当年回笼以前年度销售的资金
3	净利润（万元）	利润总额－所得税－以前年度损益调整
4	摊销前利润（万元）	（1）不含营业外收支、所得税、以前年度损益调整、非经营费用（固定资产折旧、长期待摊费用和无形资产两项摊销、房产税、土地使用税、融资费用）的管理利润 （2）包含所有财务费用、职工宿舍租金、设备保养及维护、其他业务收支（酒店类使用）
5	销售成交额（万元）	销售成交净额（房地产企业－按签约）
6	现金净流量（万元）	现金流入－现金流出
7	经营性现金流量净额（万元）	经营性现金流入－经营性现金流出
8	可控现金净流量（万元）	经营性现金净流量－购建固定资产、无形资产和其他长期资产所支付的现金
9	工程用款（万元）	含土地、建安工程、设计、其他开发支出等用款（房地产企业）
10	施工面积（平方米）	年内在建施工项目的总建筑面积（房地产企业）
11	竣工面积（平方米）	年内取得交楼前必备的所有政府验收批文项目的建筑面积（房地产企业）
12	住宅销售面积（平方米）	住宅销售成交面积（房地产企业）
13	人员编制指标（人）	全年平均职工人数（每月月末在职员工人数之和÷12）
二	相对指标	
1	开房率	实际开房数÷总可用房间数（房务部、KTV适用）
2	中餐成本率	中餐成本÷中餐收入×100%
3	西餐成本率	西餐成本÷西餐改入（扣除会议收入）×100%
4	KTV成本率	KTV成本÷KTV收入×100%
5	桑拿成本率	桑拿成本÷桑拿收入×100%

（续表）

序号	项目	经济指标公式
6	经营费用率	经营费用÷营业收入×100%（经营费用包含营业费用、管理费用）
6.1	人工费用比率	人工费用（含员工福利）÷营业收入×100%
6.2	能耗费用比率	能耗费用÷营业收入×100%
7	营业费用率	营业费用÷营业收入×100%
8	管理费用率	管理费用÷营业收入×100%
9	平均房价（元）	房务部收入（不含早）÷实际开房数（房务部适用）
10	房均消费（元）	KTV收入÷实际开房数（KTV适用）
11	销售成交增长率	（当年销售成交额－上年销售成交额）÷上年销售成交额×100%（房地产企业）
12	营业收入增长率	（本年营业收入净额－上年营业收入净额）÷上年营业收入净额×100%）
13	本年度管理费用收取率	本年度管理收取率=本年实收管理费用（1～12月）÷本年应收管理费（1～12月）
14	以前年度管理费收取率	以前年度管理费收取率=本年实收以前年度管理费÷应收以前年度管理费
15	百元人力成本创收水平（元）	（1）（营业收入÷人力资源总成本）×100（元） （2）（销售成交额÷人力资源总成本）×100元（房地产企业）
16	全员人均创收	（1）营业收入÷全年平均职工人数 （2）销售成交÷全年平均职工人数（房地产企业）

第五条 报表的编制说明：

1. 企管报表编制口径与年度经营预算报表编制口径一致

《××集团年度经营预算报表编制说明》详见附件3。

2. 财务分析报告

通过财务分析报告，集团各级管理层可以获得各企业预算执行进度、主要经济指标完成情况及分析建议，能够对后续月度/年度的经营有所预见与指导。

财务分析主要包括以下内容：

主要经济指标预算完成情况，重要差异（指实际与预算相比，超过某一设定百分比或某一设定金额或连续若干月差异持续增长）产生的原因进行解释，并对后续月度可能产生的影响作出判断，提出改善经营、消除不利差异的措施。

人力资源费用由各企业财务部提供数据，各企业人力资源部分析差异原因直接向总裁汇报并告知财务部。

第六条　报送要求：

1. 会计报表和企管报表，目前统一以××版Excel编制，财务中心暂不接收其他格式的报表

2. 以OA方式报送到集团财务中心报表、文件夹命名规则

（1）文件夹命名：财务报表和报告，附所属期间、公司（代号、编号、简称）、报送时间，例：20××. 06财务报表和报告（A0101集团公司）20××07081030。

（2）会计报表名称：××集团统一格式会计报表，附公司（代号、编号、简称、年份），例：××集团统一格式会计报表（A0101集团公司—20××）. xlsx。

（3）年度经营预算和企管报表名称

①年度经营预算报表名称：××集团统一格式年度经营预算报表，附公司（代号、编号、简称—年份），例：××集团统一格式年度经营预算报表（A0101集团公司—20××）. xlsx。

②企管报表名称：××集团统一格式企管报表，附公司（代号、编号、简称—年份），例：××集团统一格式企管报表（A0101集团公司—20××）. xlsx。

公司代号、编号、简称详见下表。

各公司报表报送名称表

序号	公司代号	公司编号	公司简称	报表公司名称
1	A	001	集团汇总	A001集团汇总
2	A	0101	集团公司	A0101集团公司
3	D	0201	××地产	D0201××地产
4	K	0301	科技股份	K0301科技股份
5	W	0501	××物业	W0501××物业
6	J	0601	××酒店	J0601××酒店
7	J	0602	××酒店	J0602××酒店
8	A	0401	暂未设定	A0401暂未设定

说明：新增公司往下顺延，公司代号为字母，公司编号为4位阿拉伯数字，4位文字性公司简称

3. 报送至集团财务中心会计报表和企管报表，各企业财务负责人必须认真审核，

并通过OA直接发送，不得通过其他财务人员间接发送

第七条　报送时间：

1. 次月8日前，集团公司和各下属公司向集团财务中心报送上月财务报告。次月10日前，集团财务中心向总裁报送整个集团上月财务报告。

2. 每季度终了次月12日前，集团公司和各下属公司向集团财务中心报送季度或半年度财务报告。每季度终了次月15日前，集团财务中心向总裁报送整个集团季度或半年度财务报告。

3. 每个财务年度结束后20日前，集团公司和各下属公司报送上一年度财务报告。每个财务年度结转后30日前，财务中心向总裁报送整个集团上一年度财务报告。

报送至税务局、银行等政府部门的报告，按其要求报送并报备财务中心。

第八条　报送流程:

1. 各公司版

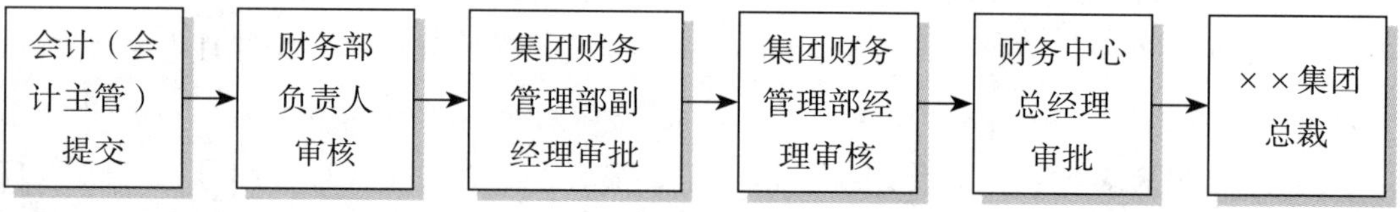

2. 集团财务中心确定版

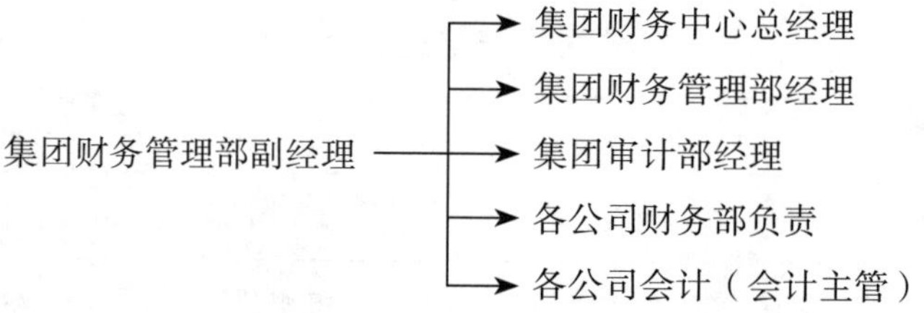

第九条　考核评分。

为进一步加强各企业的财务基础工作，促进各企业财务部门及时、准确、完整、规范地编制和报送各项财务报告，适当评价其工作绩效，集团财务中心对各企业财务部门报送的各项财务报告进行考核评分，具体按照《××集团报表考核评分办法》（附件4）实施。

评分结果将作为集团财务中心对各企业财务负责人年度工作绩效考核的重要依据，报送集团行政人力资源部备案，作为行政人力资源部门对企业财务部门负责人岗位调整的参考依据之一。

第十条　保密规定。

财务报告属企业商业机密，未经批准不得向外界提供和透露。财务报告经财务部门

负责人和集团财务中心审核同意后方可报出。

各级财务人员务必自觉遵守《××集团保密协议》（附件5），如有违反保密协议的行为，将按情况轻重给予警告、罚款、解聘处理，情节严重的，还将追究其经济和法律责任。

第十一条　生效时间及解释部门。

本制度由××控股集团财务中心负责解释、修订和补充，签发之日起实施。

附件：

1. ××集团统一会计报表格式（略）。

2. ××集团统一格式预算和企管报表格式（集团公司、房地产公司、其他公司）（略）。

3. ××集团年度经营预算报表编制说明（略）。

4. 《××集团报表考核评分办法》（略）。

5. 《××集团保密协议》（略）。

9.4　内部控制制度——财务报告

内部控制制度——财务报告

第一章　总　　则

第一条　为了规范某某公司（以下简称“公司”）财务报告的编报，保证会计信息的真实、完整，根据《中华人民共和国会计法》《企业内部控制基本规范》等法律、法规，特制定本制度。

第二条　本制度所称财务报告（又称财务会计报告，下同），是指对外提供的反映公司某一特定日期的财务状况和某一会计期间的经营成果、现金流量等会计信息的文件。

财务报告包括财务报表和其他应在财务报告中披露的相关信息和资料。财务报表至少应当包括资产负债表、利润表、现金流量表、所有者权益变动表等报表和附注。

第三条　公司在财务报告编制与报送过程中，应加强以下风险控制并采取相应控制措施：

1. 财务报告编制与报送不得违反《中华人民共和国会计法》《企业会计准则》《企业会计准则——应用指南》《股票上市规则》等相关法律、法规的规定，避免遭受外部处罚、经济损失和信誉损失。

2. 财务报告编制与报送必须经过授权审批和适当审核，避免发生重大差错、舞弊、欺诈而导致损失。

3. 财务报告编制的准备工作应充分及时，确保及时发现会计差错，核实合并报表范围的准确性，减少由于差错可能导致的损失。

4. 财务报告的编制不得存在虚假记载、误导性陈述、重大遗漏或对重大业务职业判断的偏差，避免导致损失。

5. 财务报告的报送程序应适当，避免未按规定报送而导致损失。

第四条 公司在建立与实施财务报告编报的内部控制过程中，应加强对下列关键方面或关键环节的控制：

1. 职责分工、权限范围和审批程序应明确规范，机构设置和人员配备应当科学合理。

2. 有关对账、调账、差错更正、结账等流程应明确规范。

3. 财务报告的编制、审核、批准等流程应科学严密。

4. 财务报告的报送流程应符合有关规定。

第二章 职责分工与授权批准

第五条 公司应建立财务报告编制与报送的岗位责任制，明确相关部门和岗位的职责权限，确保财务报告的编制与报送和审核相互分离、制约和监督。

第六条 公司负责人对财务报告的真实性、完整性负责，公司全体董事、监事和高级管理人员对财务报告的真实性和完整性承担责任。

第七条 公司财务部门是财务报告编制的归口管理部门，其职责应包括但不限于：收集并汇总有关会计信息；制定年度财务报告编制方案；编制年度、半年度、季度、月度财务报告等。

第八条 公司内部参与财务报告编制的各单位、各部门应及时向财务部门提供编制财务报告所需的信息，并对所提供信息的真实性和完整性负责。

第三章 财务报告编制准备阶段的控制

第九条 公司财务部门应制定年度财务报告编制办法，明确年度财务报告编制方法、年度财务报告会计政策及报送的时间要求等。

年度财务报告编制方案应经公司财务负责人核准后签发至各参与编制部门。半年度、季度、月度财务报告编制办法可以参照年度财务报告编制办法执行。

第十条 公司应制定对财务报表可能产生重大影响的交易或事项的判断标准。

对财务报表可能产生重大影响的交易或事项，应将其会计处理方法及时提交董事会及其审计委员会审议。

公司应根据实际情况制定重大调账事项的标准，不得随意变更会计政策，调整会计估计事项。公司应将涉及变更会计政策、调整会计估计的事项，及时提交董事会及其审计委员会审议。公司应对交易或事项所属的会计期间实施有效控制，不得漏记或多记、提前确认或推迟确认报告期内发生的交易或事项。

第十一条　公司在编制年度财务报告前，应全面进行资产清查、减值测试和核实债权债务，并将清查、核实结果及其处理方法向董事会及其审计委员会报告。

公司应建立规范的资产管理制度和各项财产物资、结算款项的清查制度，明确相关责任人及相应的处理程序，并及时对账，将会计账簿记录与实物资产、会计凭证、往来单位或者个人等进行相互核对，保证账证相符、账账相符、账表相符、账实相符。

第十二条　公司必须在会计期末进行结账，不得为赶编财务报表而提前结账，更不得预先编制财务报表后结账。

第四章　财务报告编制的控制

第十三条　公司应按照《企业会计准则》和《企业会计准则——应用指南》规定的财务报表格式和内容，根据登记完整、核对无误的会计账簿记录和其他有关资料编制财务报表，不得漏报或者任意进行取舍。

在报表编制过程中，对会计科目的合并、冲抵、分类、调整等过程应有适当审核，并保留相关记录。

第十四条　公司应通过人工检查分析并利用计算机信息系统自动检查财务报表之间、财务报表各项目之间的钩稽关系是否正确，重点对下列项目进行校验：

1. 财务报表内有关项目的对应关系。

2. 财务报表中本期与上期有关数字的衔接关系。

3. 财务报表与财务报告中相关信息之间的平衡及钩稽关系。

第十五条　公司应真实、完整地在报表附注中披露需要说明的事项，但不应以附注披露代替在财务报表中的确认和计量。

第十六条　公司发生合并、分立情形的，应按照《企业会计准则》《企业会计准则——应用指南》等相关制度的规定，作出恰当会计判断，选择合理的会计处理方法，编制相应的财务报告。

财务部门应将会计处理方法及其对财务报告的影响及时提交董事会及其审计委员会审议。

第十七条　公司在清算期间，应全面清查资产和核实债权债务，按照《企业会计准则》《企业会计准则——应用指南》的规定编制财务报告。

第十八条　公司应按照《企业会计准则》《企业会计准则——应用指南》的规定，定期检查合并财务报表的编制范围，不得随意调整合并报表的编制范围。财务部门应将确定合并财务报表编制范围的方法以及发生变更的情况及时提交董事会及其审计委员会审议。

第五章 财务报告报送的控制

第十九条 公司应建立财务报告报送的管理制度，确保在月末、季末、年末，以电子文档、纸质文档等方式，向公司财务部门、财务负责人、公司负责人、董事会、监事会及外部使用者及时报送财务报告。

公司应根据国家法律、法规和有关规定，履行相关信息披露义务，确保信息披露的真实和完整，及时披露相关信息，确保所有财务报告使用者同时、同质、公平地获取财务报告信息。

第二十条 公司应根据国家法律、法规和有关规定，聘请会计师事务所对公司财务报告进行审计。公司应建立聘请会计师事务所的制度，明确选聘的标准和程序，严格执行相应的标准和程序，报董事会及其审计委员会审议，经董事会及其审计委员会批准后，上报股东大会审议。

第二十一条 公司财务负责人和审计委员会应与负责审计的注册会计师就其所出具的审计意见进行沟通。最终沟通的情况及意见应经财务负责人签字确认后，及时提交审计委员会及董事会审议。

第二十二条 审计委员会应审议会计师事务所正式出具的审计报告，评价本年度会计师事务所的审计工作情况，提出下一年度会计师事务所的选聘意见，审议、评价及选聘意见应及时报送董事会审批。

第二十三条 公司应按照《企业会计准则》《企业会计准则——应用指南》的规定，将经过注册会计师审计的财务报告装订成册，加盖公章，并由公司负责人、财务负责人、会计机构负责人签名并盖章，并及时将经过审计的财务报告报送监管部门及有关部门备案。

9.5 财务分析报告管理制度

财务分析报告管理制度

第一章 总 则

第一条 为有效地控制经营过程，促进××设备有限公司（以下简称“××公司”或“公司”）及下属各控股子公司围绕经营目标，挖掘现有潜力，找出差距和存在问题，采取有效措施，保证公司总体经营目标的实现，特制定本制度。

第二条 本制度所称财务分析报告是财务分析的书面文件，包括：公司概况，分析的内容，公司在经营活动过程中存在的问题和关键环节，针对问题和关键环节采取的措施，加强经营管理工作的建议和意见。财务分析报告要求内容真实、数字确凿、信息可靠。

第三条　本制度适用××公司以及所属各控股子公司（××、××、××等）。分公司若未特别提及，等同于子公司运用本制度。

第二章　财务分析报告编制

第四条　各子公司财务部门应于年度终了、季度终了、月度终了，按照公司财务部统一部署编制年、季、月财务会计报表，收集其他部门提供的分析资料，将各项分析指标进行对比，对其差异进行分析，找出原因，提出改进措施和加强管理的建议。

第五条　各子公司的财务分析报告应按规定时间报送，季度财务分析报告于季末次月15天内报送宏华公司财务部，年度财务分析报告于年后20天内报送。

第六条　财务分析报告以财务报表和其他资料为依据和起点，统一采用对比分析法（与计划、与上年同期实际比），系统分析和评价公司的过去和现在的经营成果、财务状况及其变动，财务分析要遵循"差异—原因分析—建议措施"的原则，最终形成财务分析报告。

第七条　财务分析报告的框架：报告目录—重要提示—报告摘要—具体分析—问题重点综述及相应的改进措施建议。

（1）"报告目录"告诉阅读者本报告所分析的内容及所在页码。

（2）"重要提示"主要是针对本期报告在新增的内容或须加以关注的重大问题事先作出说明，旨在引起领导的高度重视。

（3）"报告摘要"是对本期报告内容的高度浓缩，一定要言简意赅，点到为止。无论是"重要提示"，还是"报告摘要"，都应在其后标明具体分析所在页码，以便领导及时查阅相应分析内容。

（4）"具体分析"部分，是报告分析的核心内容。该部分要有一个好的分析思路。宏华公司财务报告的分析思路是：总体指标分析—总部情况分析—各子公司情况分析；在每一部分里，按本月分析—本年累计分析展开；再往下按盈利能力分析—销售情况分析—成本控制情况分析展开。如此层层分解，环环相扣，各部分间及每部分内部都存在着紧密的钩稽关系。

（5）"问题重点综述及相应的改进措施"，一方面是对上期报告中问题执行情况的跟踪汇报，同时对本期报告"具体分析"部分中揭示出的重点问题进行集中阐述，旨在将零散的分析集中化，再一次给领导留下深刻印象。

第三章　财务分析报告的运用

第八条　财务分析报告可以为公司领导层的经营决策提供有力的财务支持，是各公司内部报表，属于公司内部财务信息，只能由公司高层领导全面把握。

（1）子公司的财务分析报告，原则上只由子公司财务部门负责人、分管副总、总经理及宏华公司财务总监、财务部主任、审计部主任、分管副总、总经理、董事长查询并掌握。若子公司职能部门有查询财务分析报告信息的需求，应由子公司总经理审批。

（2）××公司财务分析报告，原则上只由财务总监、财务部主任、审计部主任、分管副总、总经理、董事长查询并掌握。若公司职能部门有查询各公司财务分析报告的需求，应由总经理审批。

第九条 财务分析报告作为财务分析例会重要的书面材料：

（1）各子公司必须定期召开财务分析例会，每季1次，于季末次月中旬召开。会议由总经理主持，各部门领导和有关人员参加。分析以财务部门为主分析，其他有关部门补充。发言人应对有关指标完成情况进行分析，找出主要原因和关键环节，提出整改措施。

（2）各子公司应指定专人负责记录，负责汇总整理分析资料并对会上讨论的问题和形成的决议整理成书面材料，连同财务分析报告上报××公司财务部。

（3）××公司财务部根据下属子公司报来的财务分析报告应于10日内完成汇总整理，并由总经理主持召开××公司的财务分析会，对各子公司存在的问题和解决问题的措施、建议形成会议纪要下发执行。半年和年度财务分析应向××公司董事会汇报。

附件

子公司财务分析报告提纲（参考样例）

一、行业分析（条件允许时考虑此部分并逐步完善）

1. 行业发展状况：行业销售规模（数量、价格）、增长率，细分市场（公司产品）销售规模、增长率，产品技术的改进、工艺技术的改进。（由战略投资部门提供资料）

2. 客户的状况：客户数量的变化，客户的发展状况，客户需求预测，客户最关注的产品性能、服务方面。（由市场部门提供资料）

3. 供应商状况：主要原材料供应商数量的变化，供应商的发展状况，供应成本方面的变化、原材料质量方面的变化、付款条件的变化。（由采购部门提供资料）

4. 竞争者状况：主要竞争者市场份额的变化，竞争者的产能规模，销售价格，销售条件的变化，竞争者的基本策略。（由战略投资部门和市场部门提供资料）

5. 潜在的市场进入者。（由战略投资部门和市场部门提供资料）

6. 替代品的威胁。（由战略投资部门和市场部门提供资料）

7. 机会与威胁。以上方面对公司而言的机会和威胁（由战略投资部门提供资料）

二、竞争策略分析（条件允许时考虑此部分并逐步完善）

1. 公司竞争策略和主要措施，计划目标的实现程度。（由战略投资部门提供资料）

2. 公司财务对竞争策略和主要措施支持的分析。（主要是资金数量）

三、财务分析

1. 基本分析框架：资本收益率=销售利润率×资产周转率×财务杠杆

$$或=\frac{利润}{销售收入}\times\frac{销售收入}{资产}\times\frac{资产}{资本}$$

2. 销售利润率分析（损益表分析）

根据损益表分析公司各项成本费用占销售收入比率的历史比较和与竞争对手的比较：销售成本（原材料、工资、制造费用）、财务费用、销售费用、管理费用、税收、利润相对上期增减变化情况，及其占销售收入比例的变化，对变化原因作出分析说明，并提出改进建议。

3. 资产周转率分析

（1）总资产周转率

历史比较与横向比较，原因分析与建议。

（2）流动资金周转率

历史比较与横向比较，原因分析与建议。

（3）应收账款周转率

历史比较与横向比较，原因分析与建议。

（4）存货周转率

历史比较与横向比较，原因分析与建议。

（5）应付账款周转率

历史比较与横向比较，原因分析与建议。

$$应收账款周转天数=\frac{应收账款平均占用额\times 30}{本月赊销收入净额}$$

历史比较与横向比较，原因分析与建议。

（6）流动资金周转天数 $=\dfrac{全部流动资金平均占用额\times 30}{本月销售收入净额}$

历史比较与横向比较。

（7）存货周转天数 $=\dfrac{存货平均占用额\times 30}{本月销售成本总额}$

历史比较与横向比较，原因分析与建议。
4. 财务杠杆
（1）流动比率
历史比较与横向比较，原因分析与建议。
（2）速动比率
历史比较与横向比较，原因分析与建议。
（3）资产负债率
历史比较与横向比较，原因分析与建议。
（4）已获利息倍数
历史比较与横向比较，原因分析与建议。
（5）资本负债率
历史比较与横向比较，原因分析与建议。
（6）财务杠杆
历史比较与横向比较，原因分析与建议。
5. 其他事项分析
（1）对发生重大变化的有关资产和负债项目的分析说明（如长期投资等）。
（2）对数额较大的待摊费用、预提费用的分析。
（3）对其他影响企业效益和财务状况较大的项目和重大事件作出分析说明。
四、建议
1. 对市场部门的建议。
2. 对生产部门的建议。
3. 对技术开发部门的建议。
4. 对物料部门的建议。
5. 对其他部门的建议。
五、预测
1. 销售量与销售额预测。
2. 销售成本预测。
3. 销售利润率预测。
4. 销售费用预测。
5. 管理费用预测。
6. 利润预测与资本收益率预测。

PART 2

世界500强企业财务管理流程

第10章 财务岗位工作流程

10.1 会计核算员工作流程

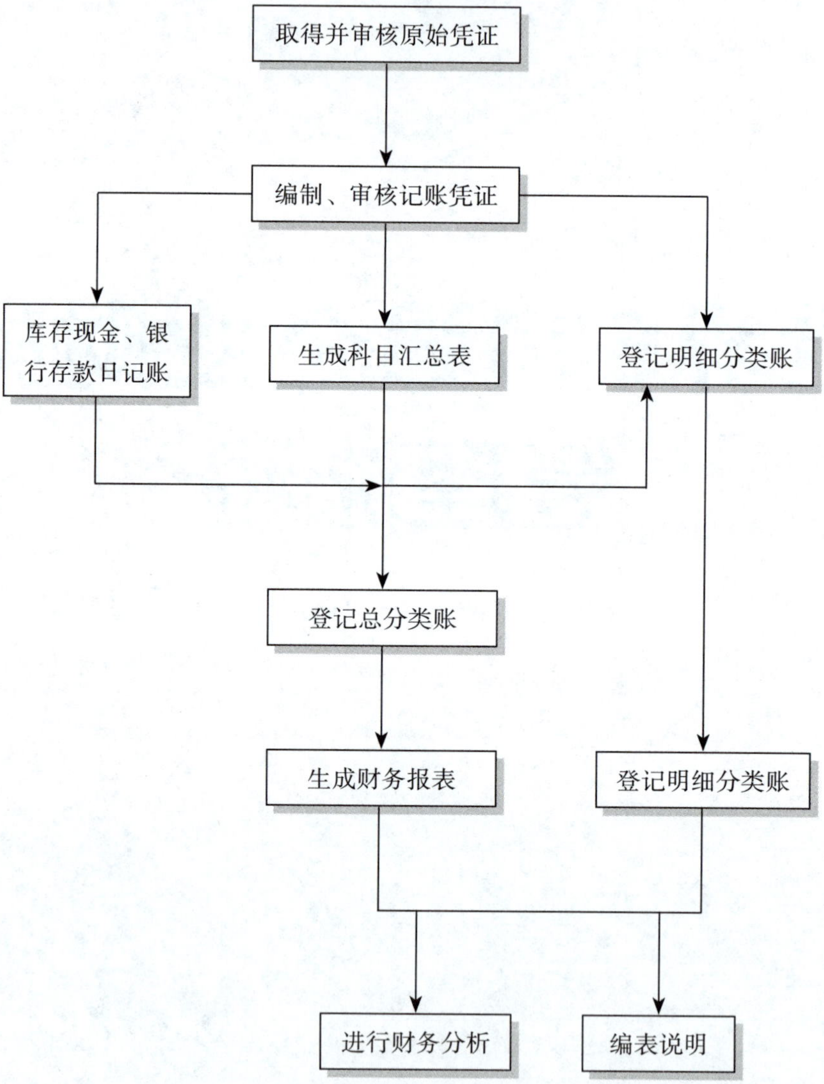

会计核算员工作流程图

10.2　出纳员工作流程

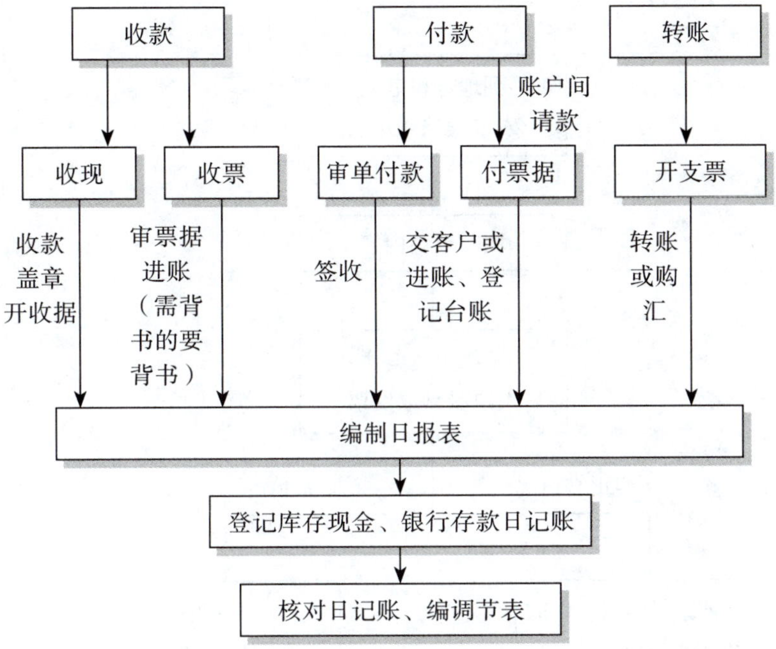

出纳员工作流程图

10.3　税务员工作流程

10.3.1　办税员报税工作流程

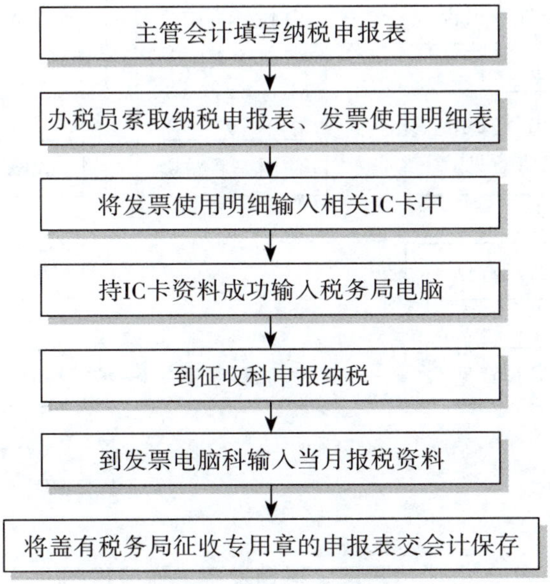

办税员报税工作流程图

10.3.2　办税员领取、缴销发票工作流程

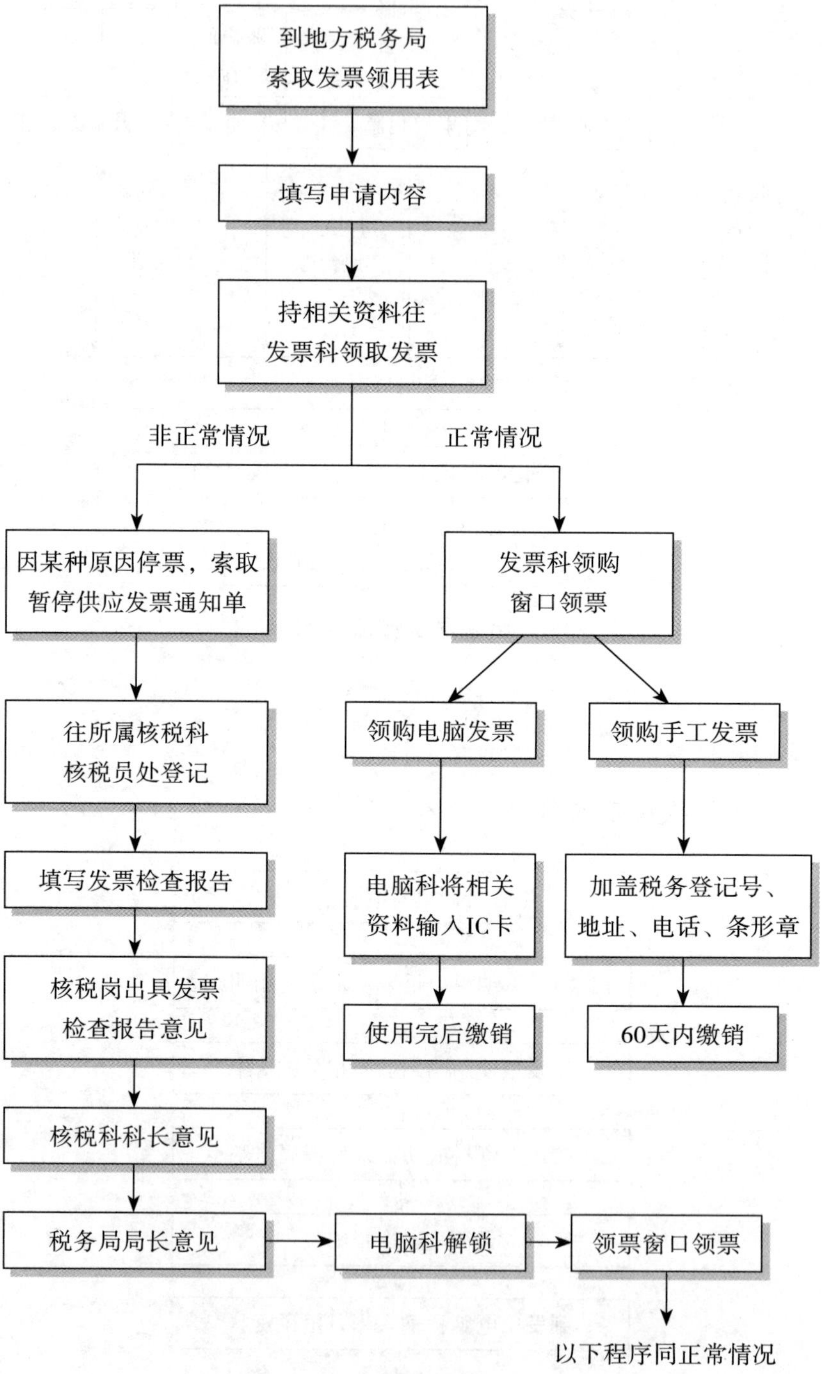

办税员领取、缴销发票工作流程图

10.3.3　办税员办理一般纳税人资格年审工作流程

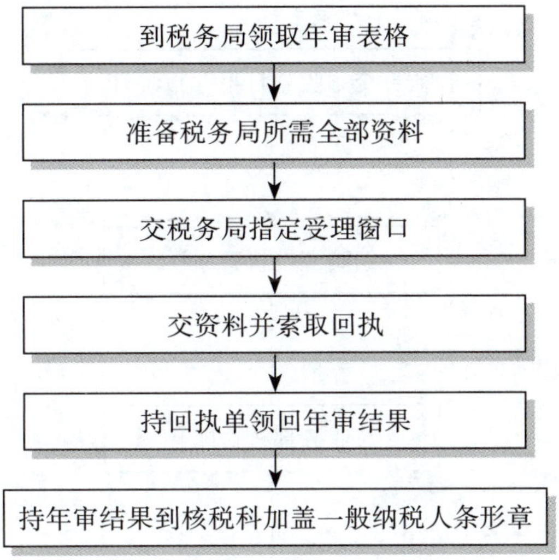

办税员办理一般纳税人资格年审工作流程图

10.4　统计员工作流程

10.4.1　预算检查执行工作流程

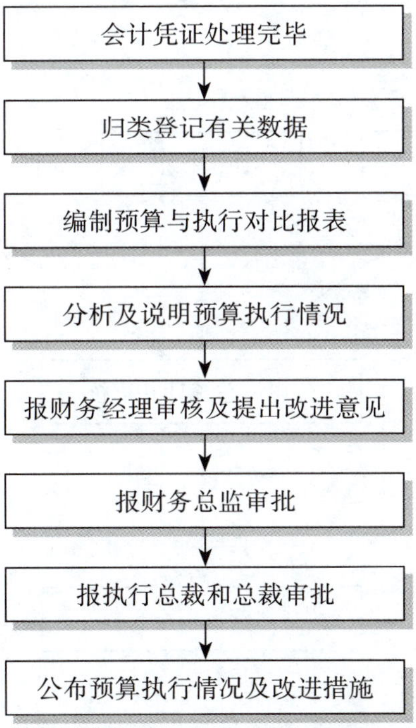

预算检查执行工作流程图

10.4.2 销售统计工作流程

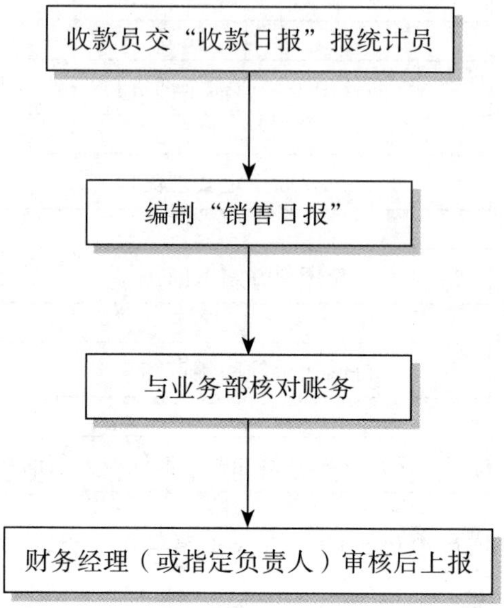

销售统计工作流程图

10.4.3 “营运资金日报”编制流程

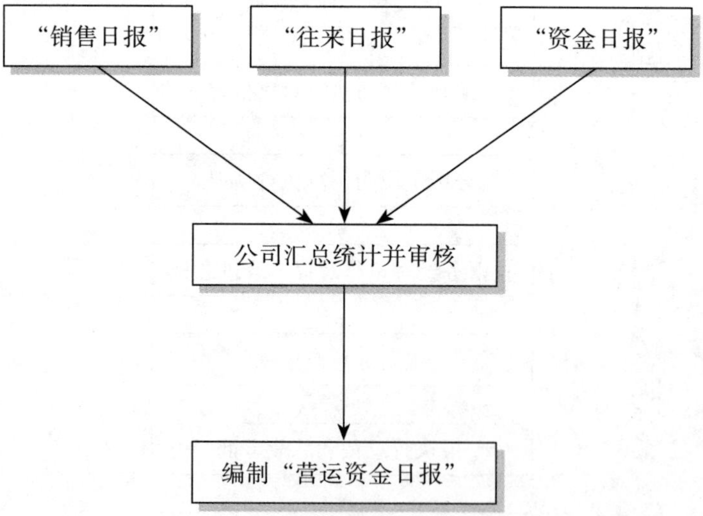

“营运资金日报”编制流程图

10.5　会计人员交接工作流程

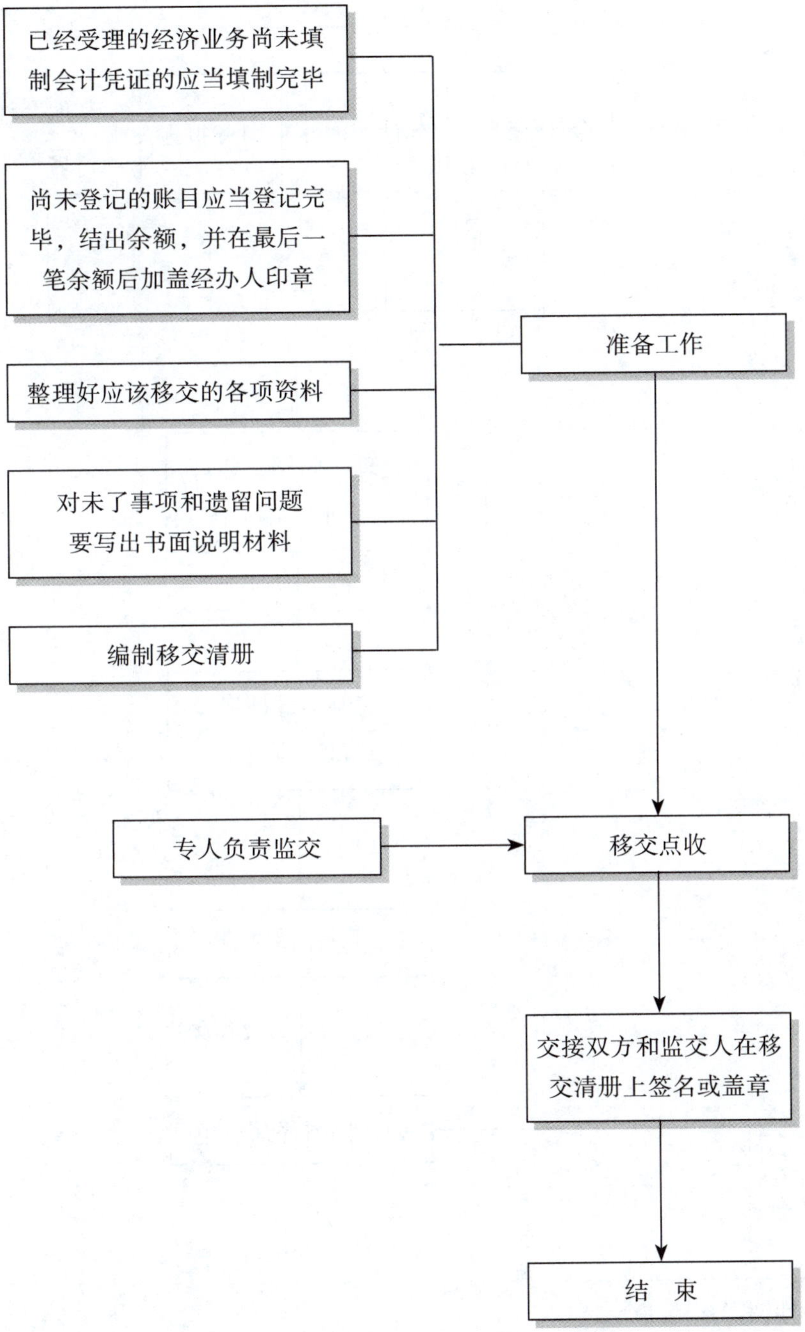

会计人员交接工作流程图

10.6 会计档案存档管理流程

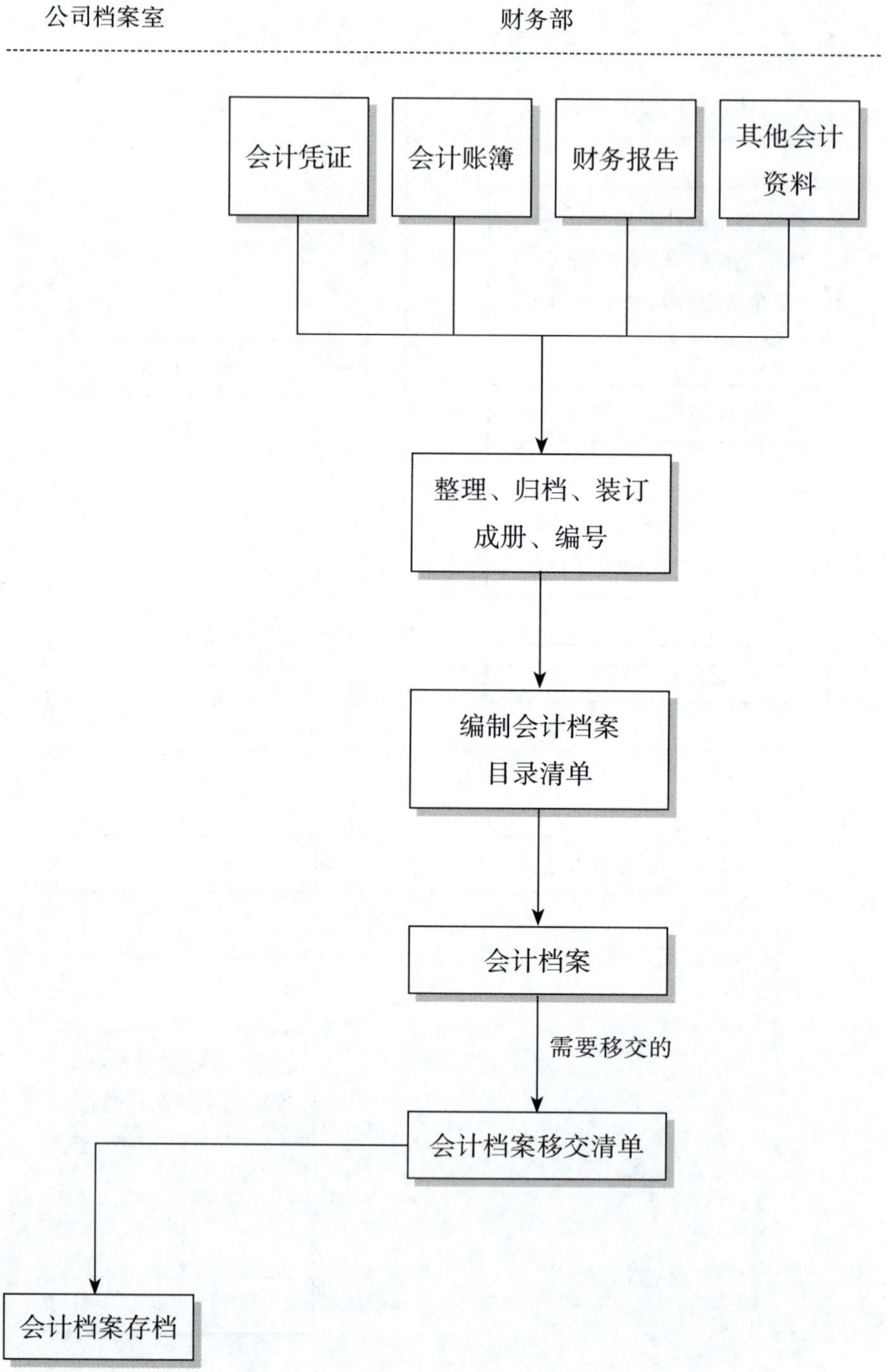

会计档案存档管理流程图

10.7　会计档案调阅作业流程

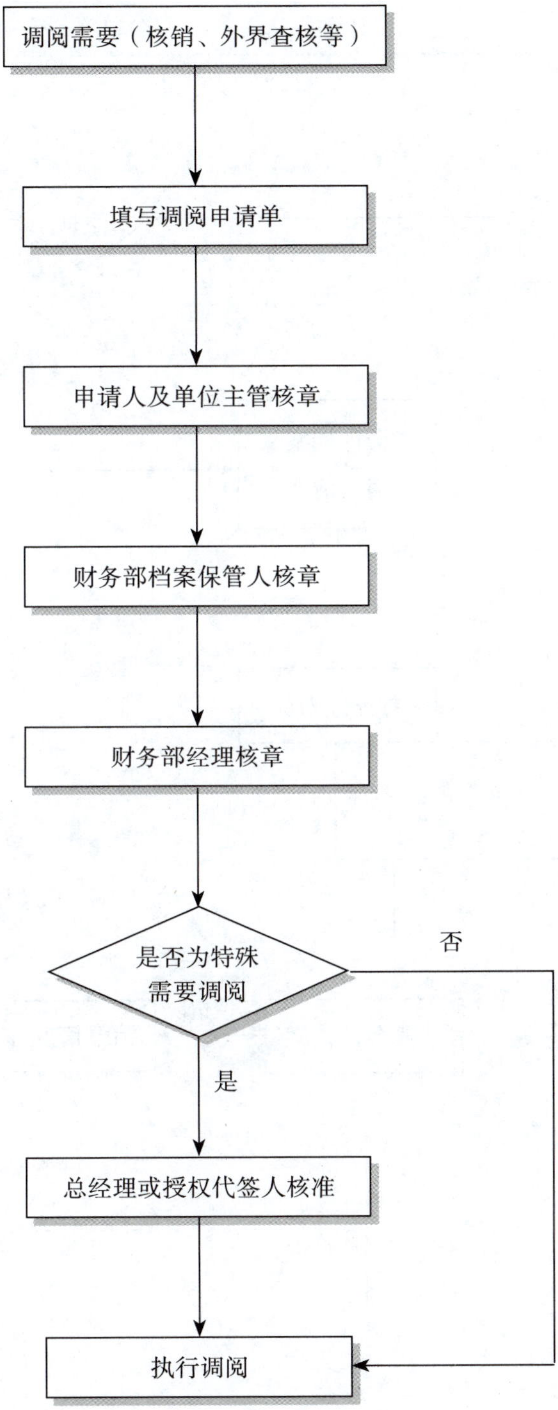

会计档案调阅作业流程图

10.8 会计档案清理销毁作业流程

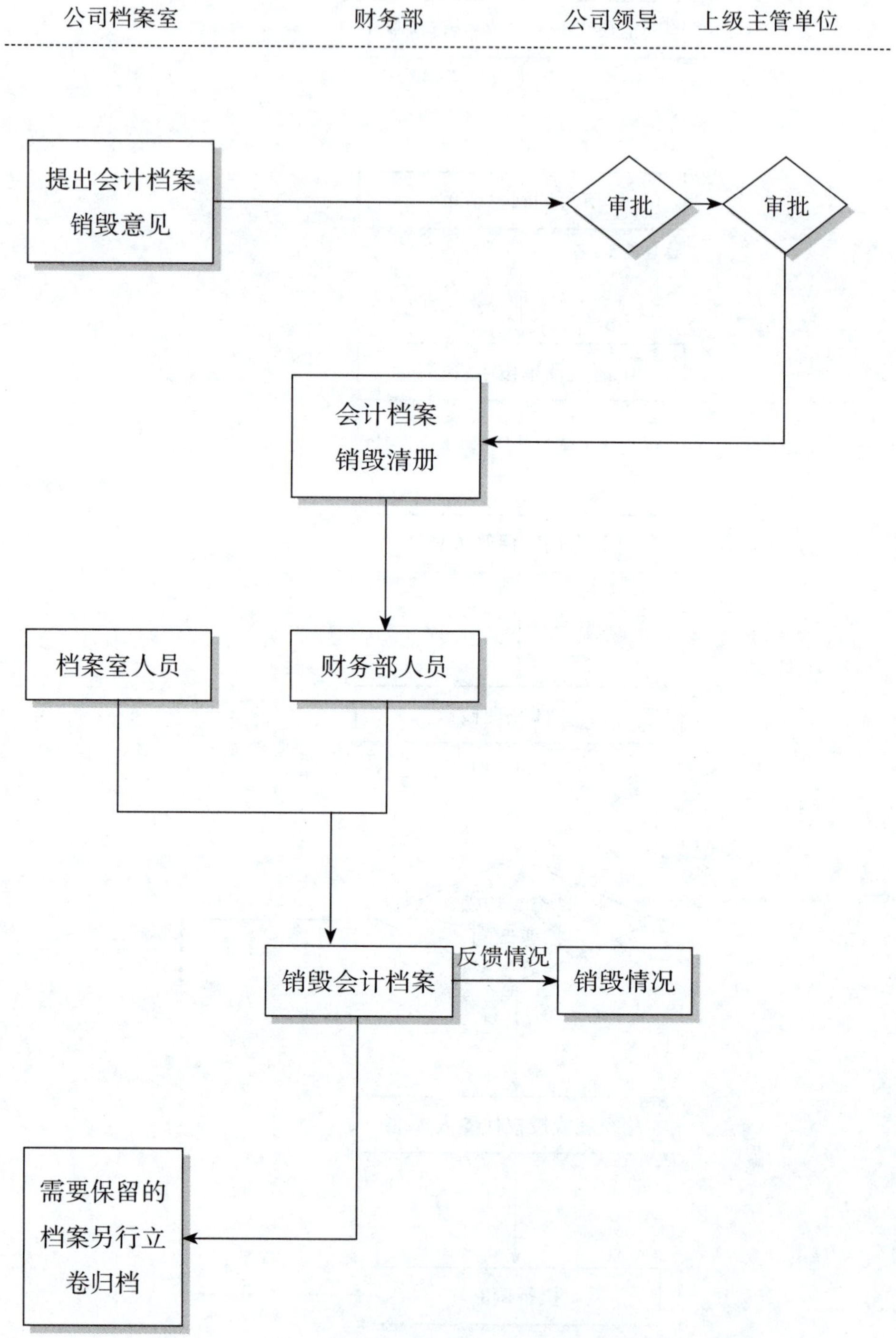

会计档案清理销毁作业流程图

10.9　现金出纳岗位工作流程

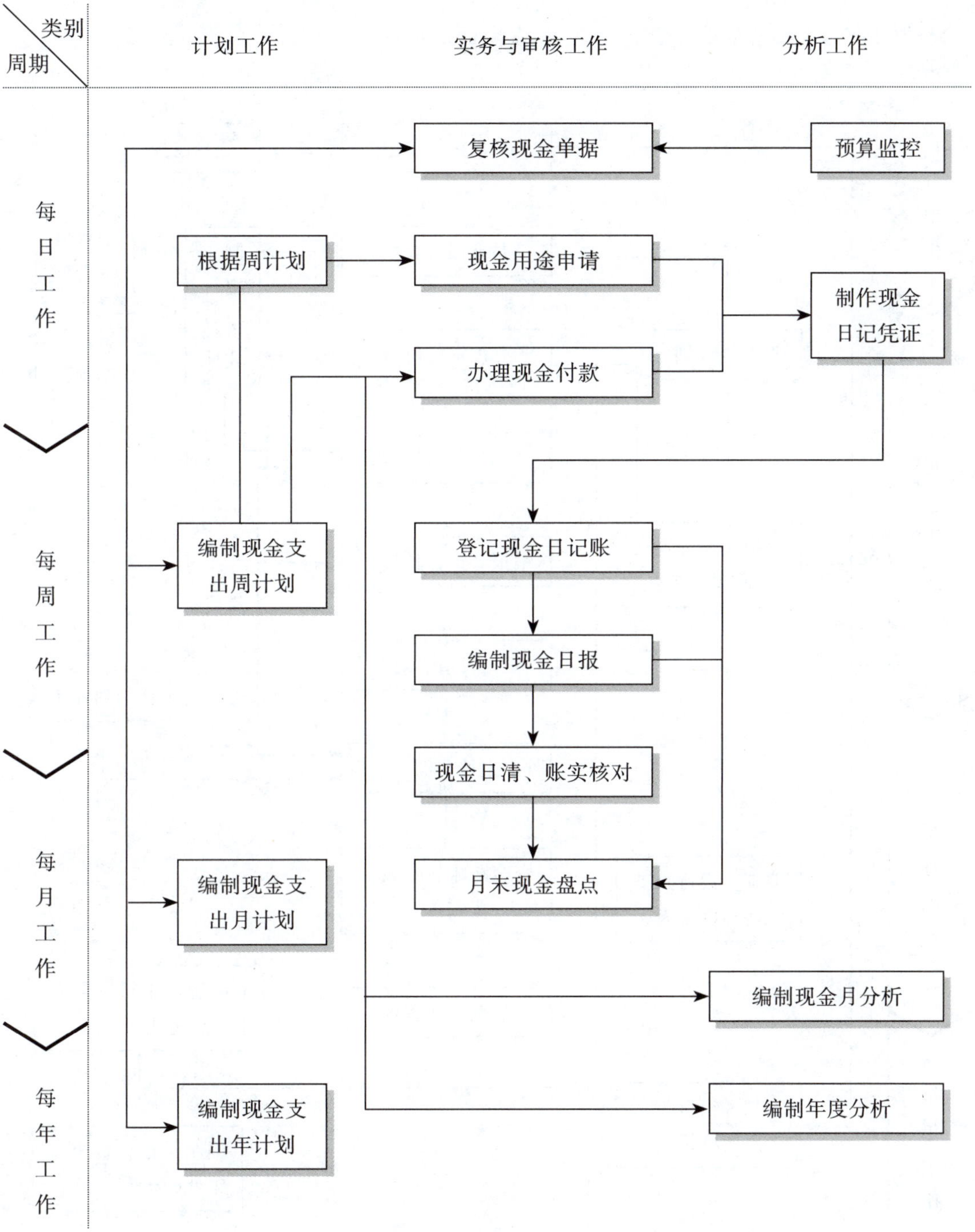

现金出纳岗位工作流程图

10.10　银行出纳岗位工作流程

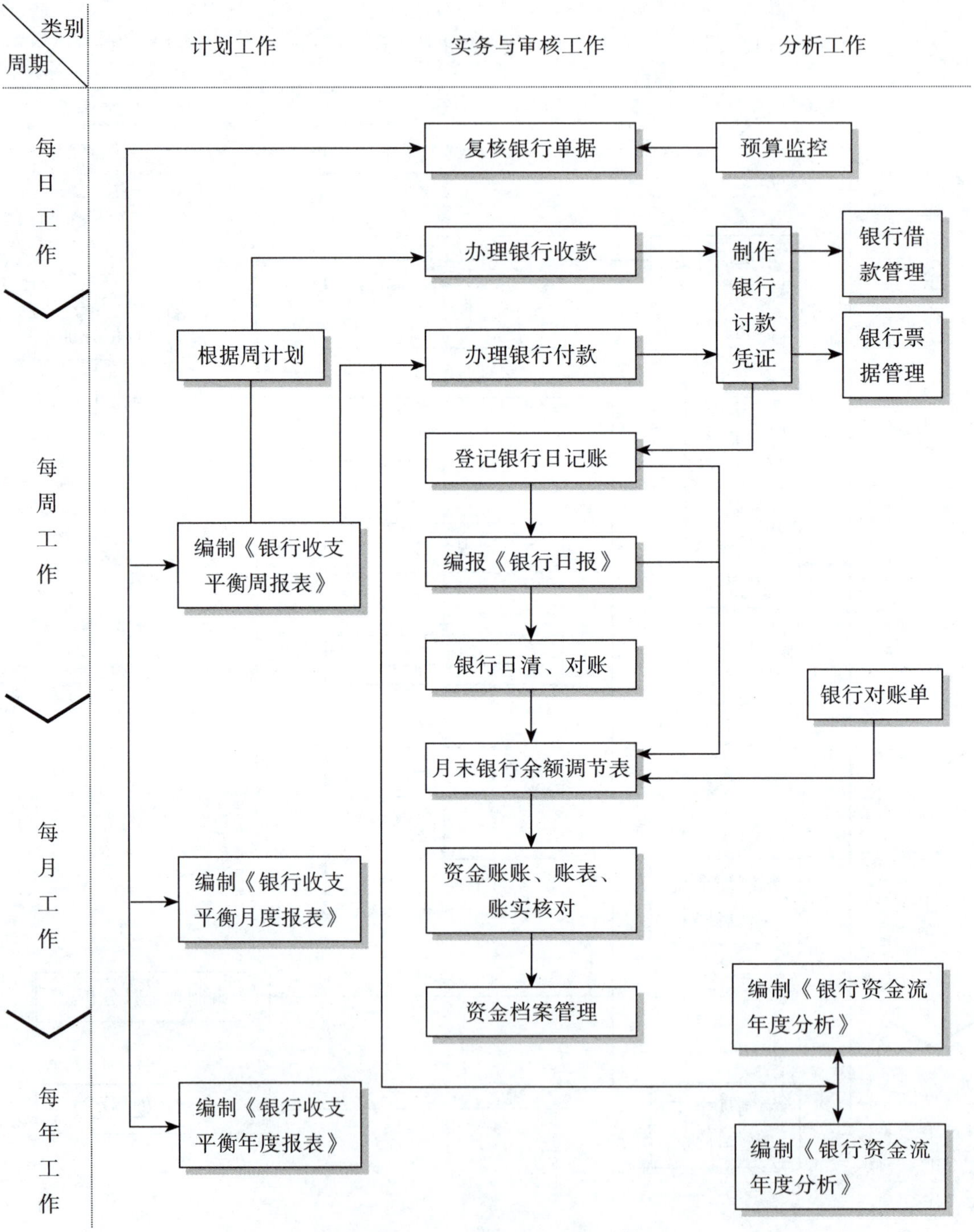

银行出纳岗位工作流程图

10.11 材料会计岗位工作流程

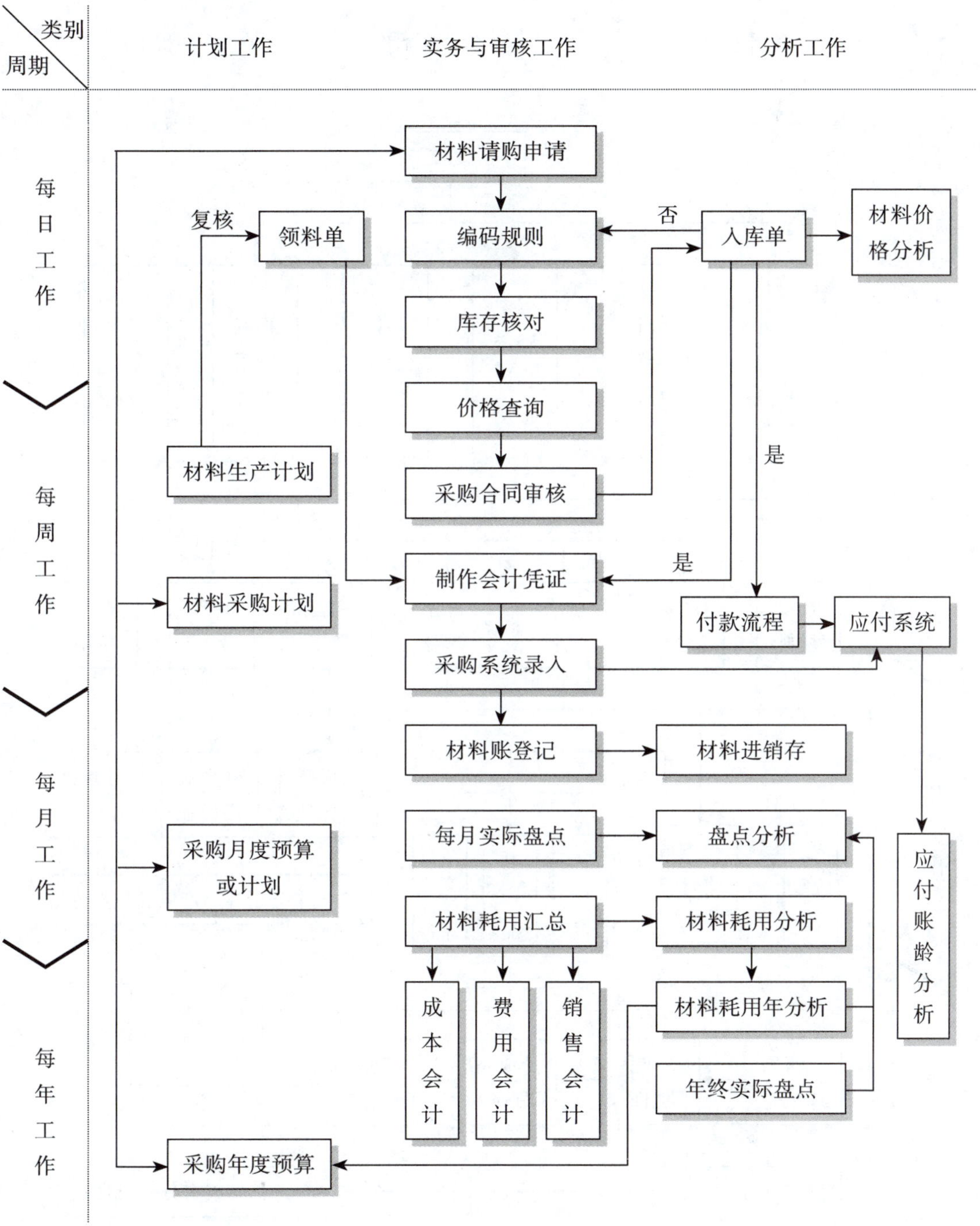

材料会计岗位工作流程图

10.12　成本会计岗位工作流程

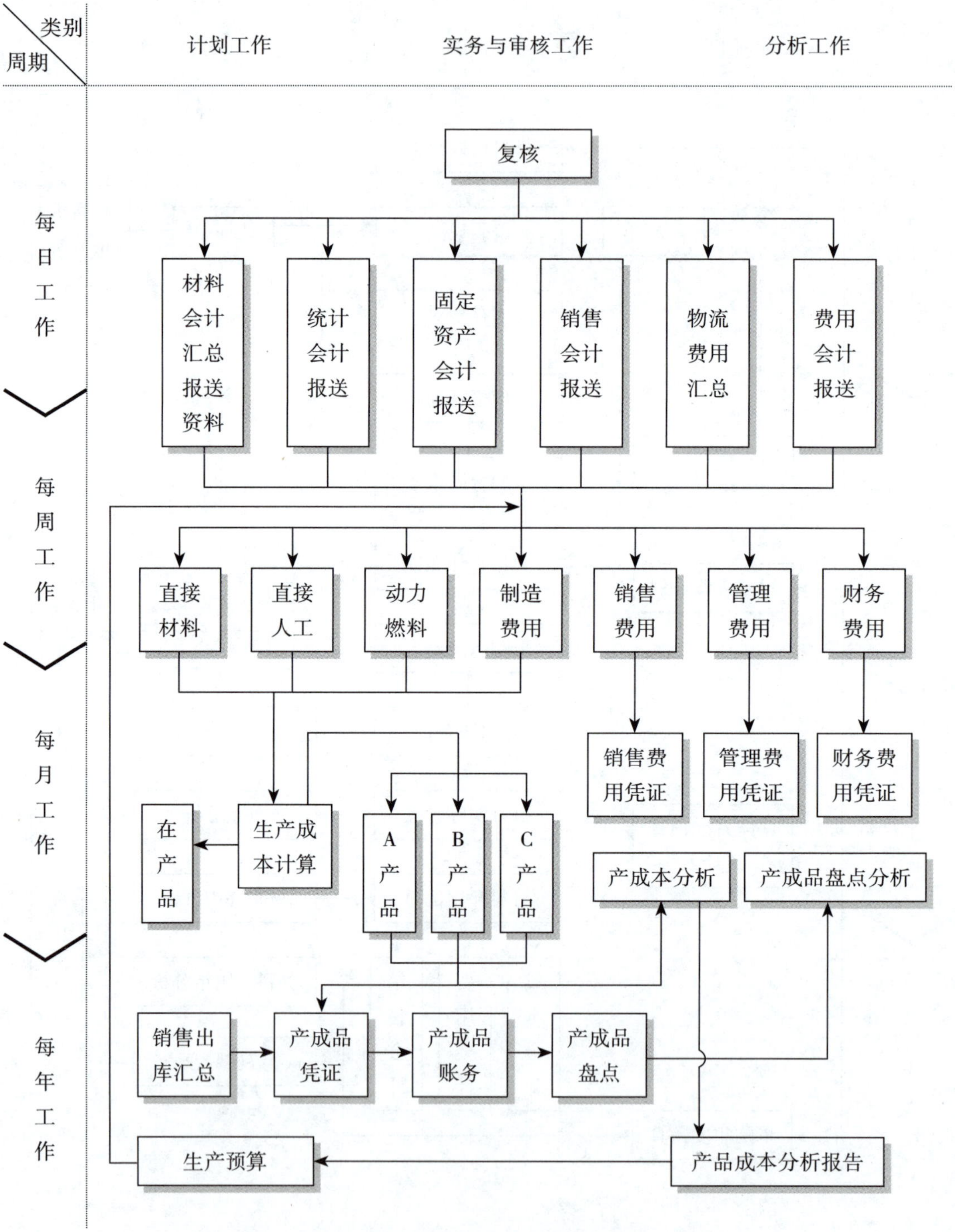

成本会计岗位工作流程图

10.13　总账会计岗位工作流程

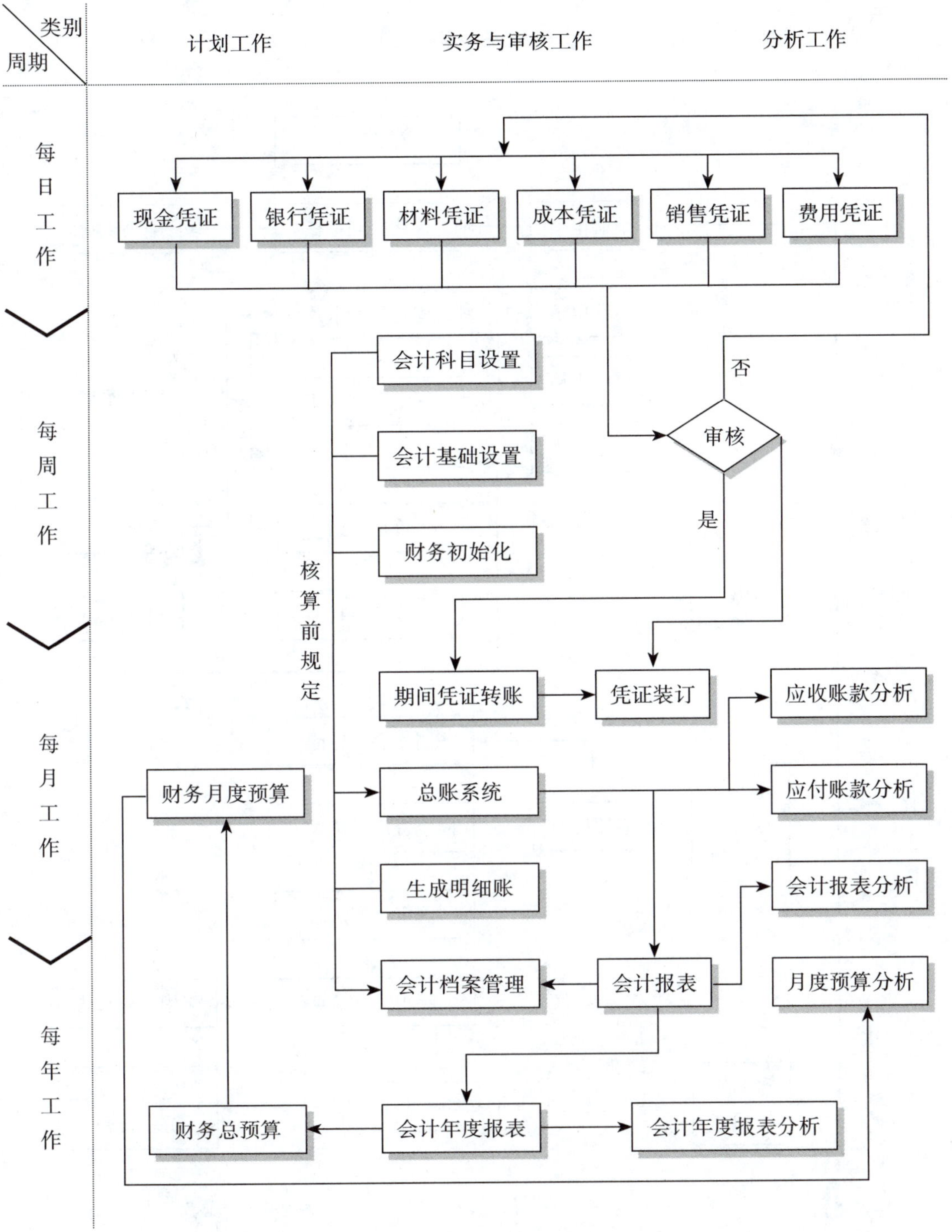

总账会计岗位工作流程图

10.14　固定资产会计岗位工作流程

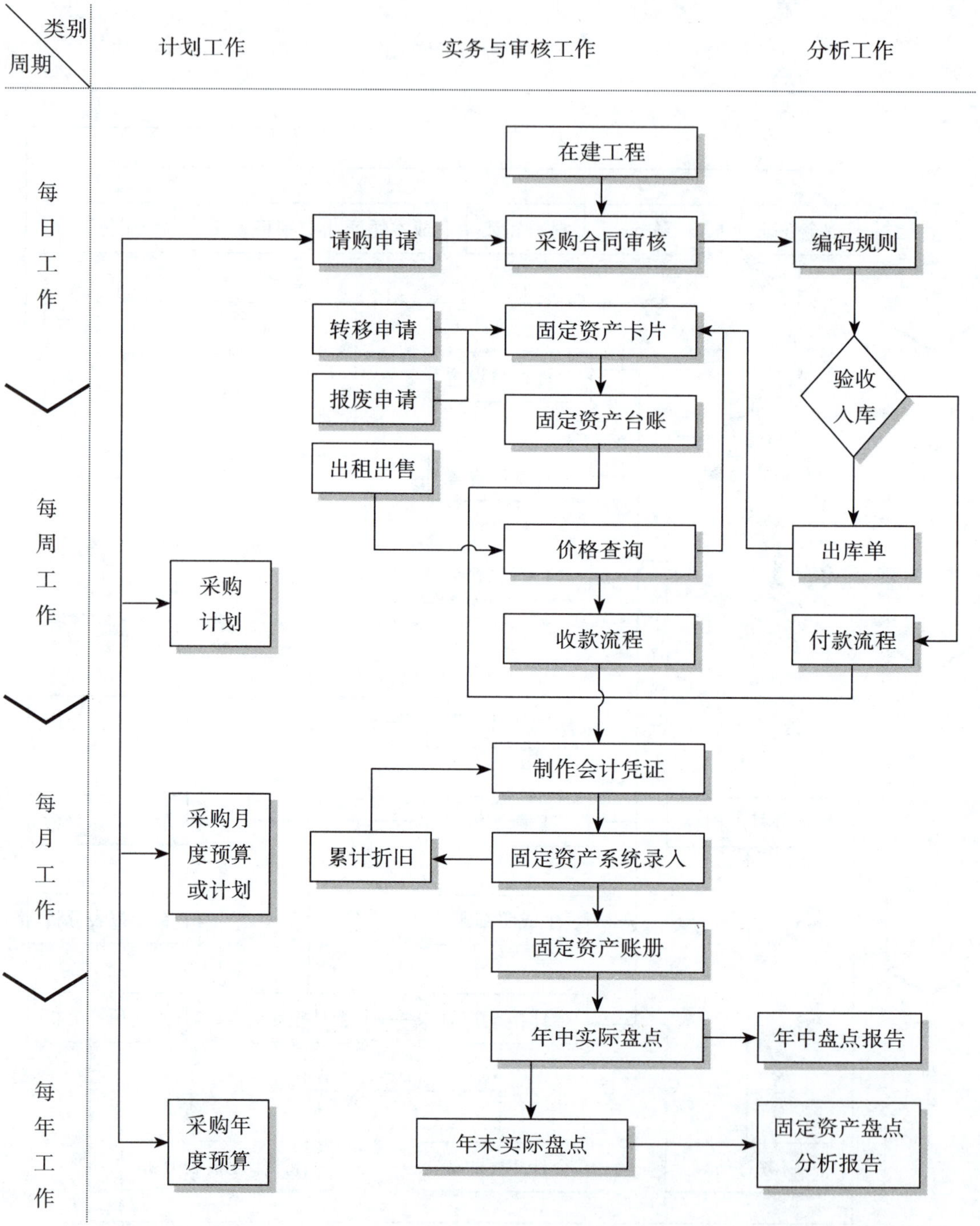

固定资产会计岗位工作流程图

10.15 销售会计岗位工作流程

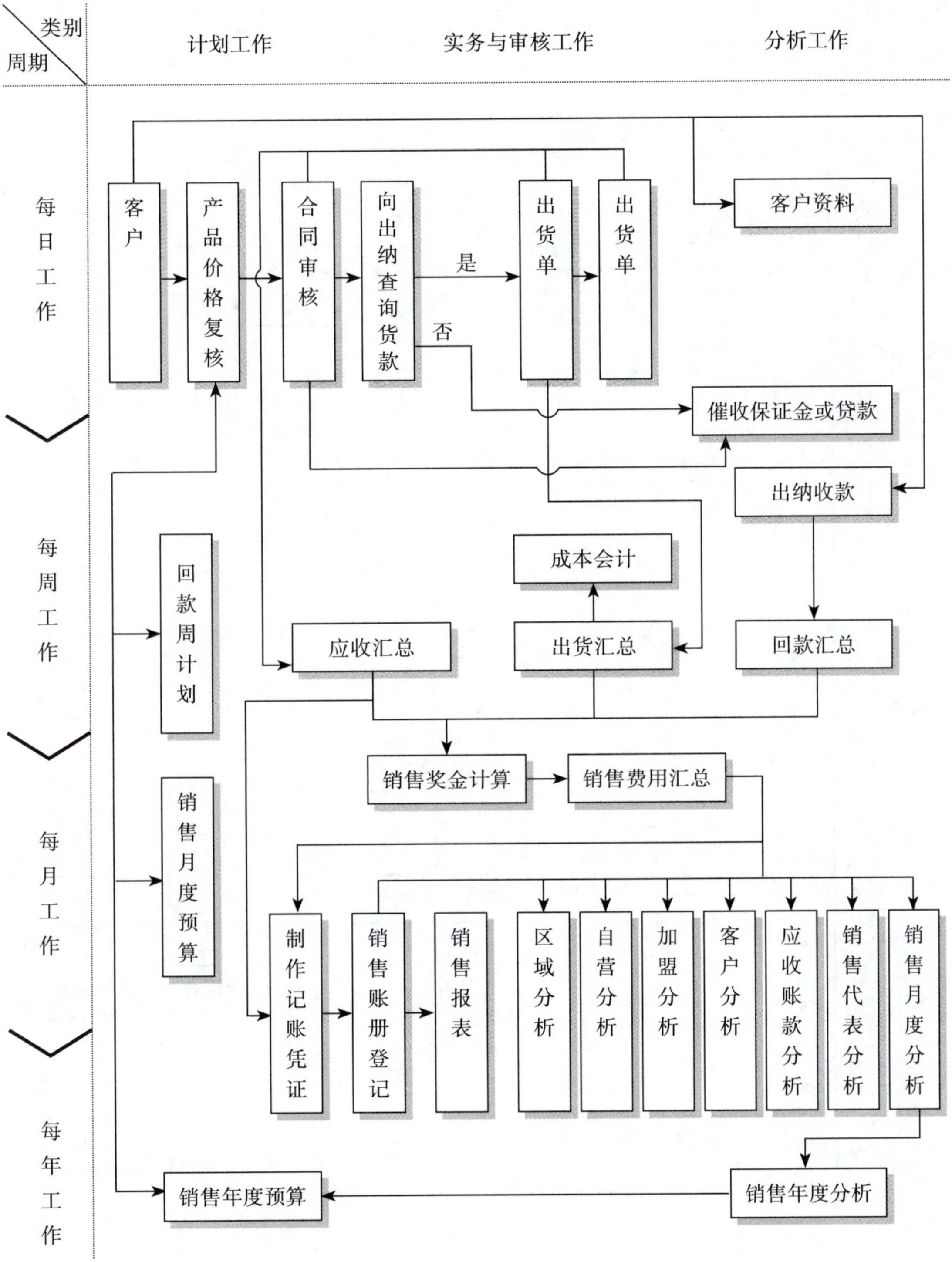

销售会计岗位工作流程图

10.16 费用会计岗位工作流程

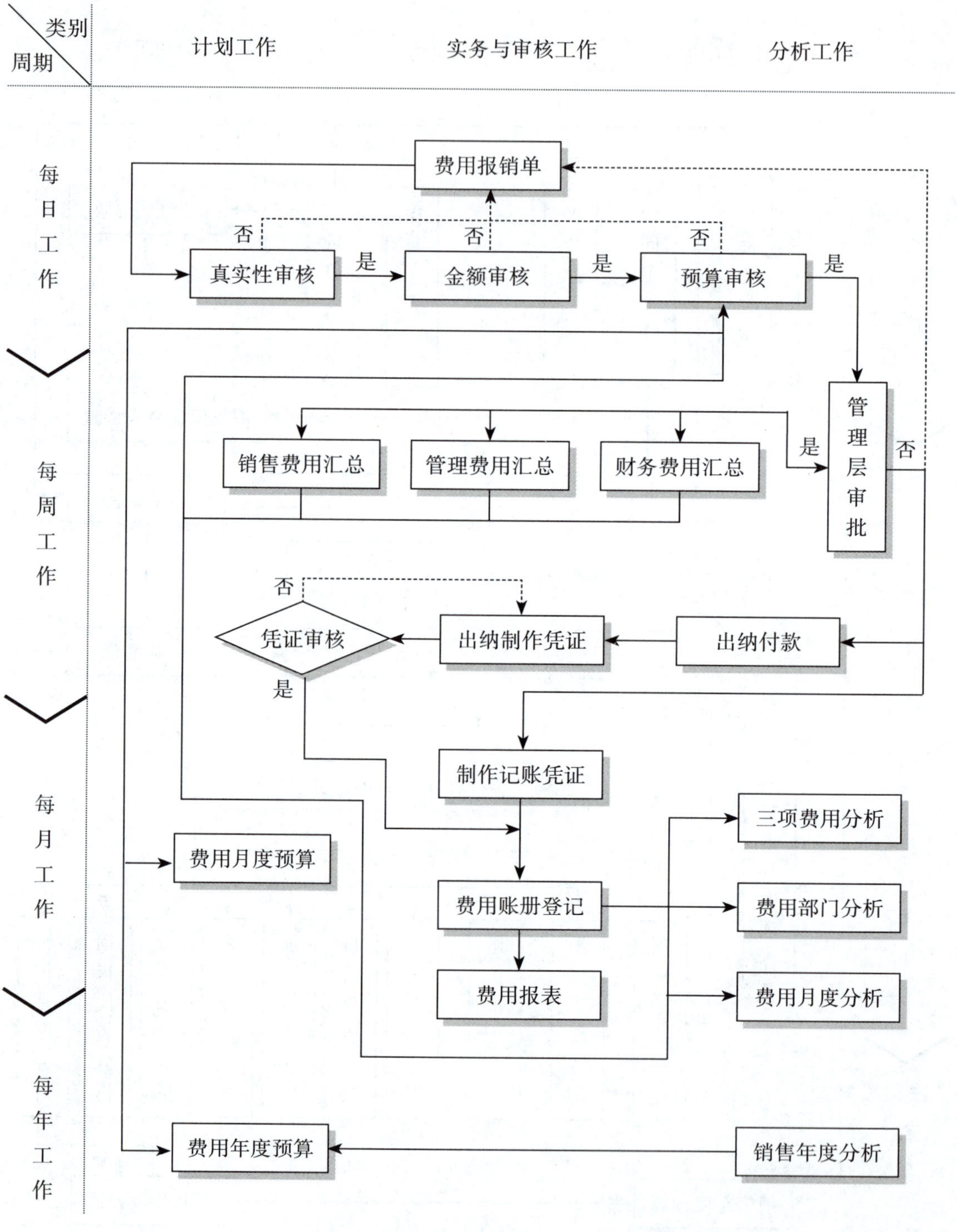

费用会计岗位工作流程图

10.17　物流会计岗位工作流程

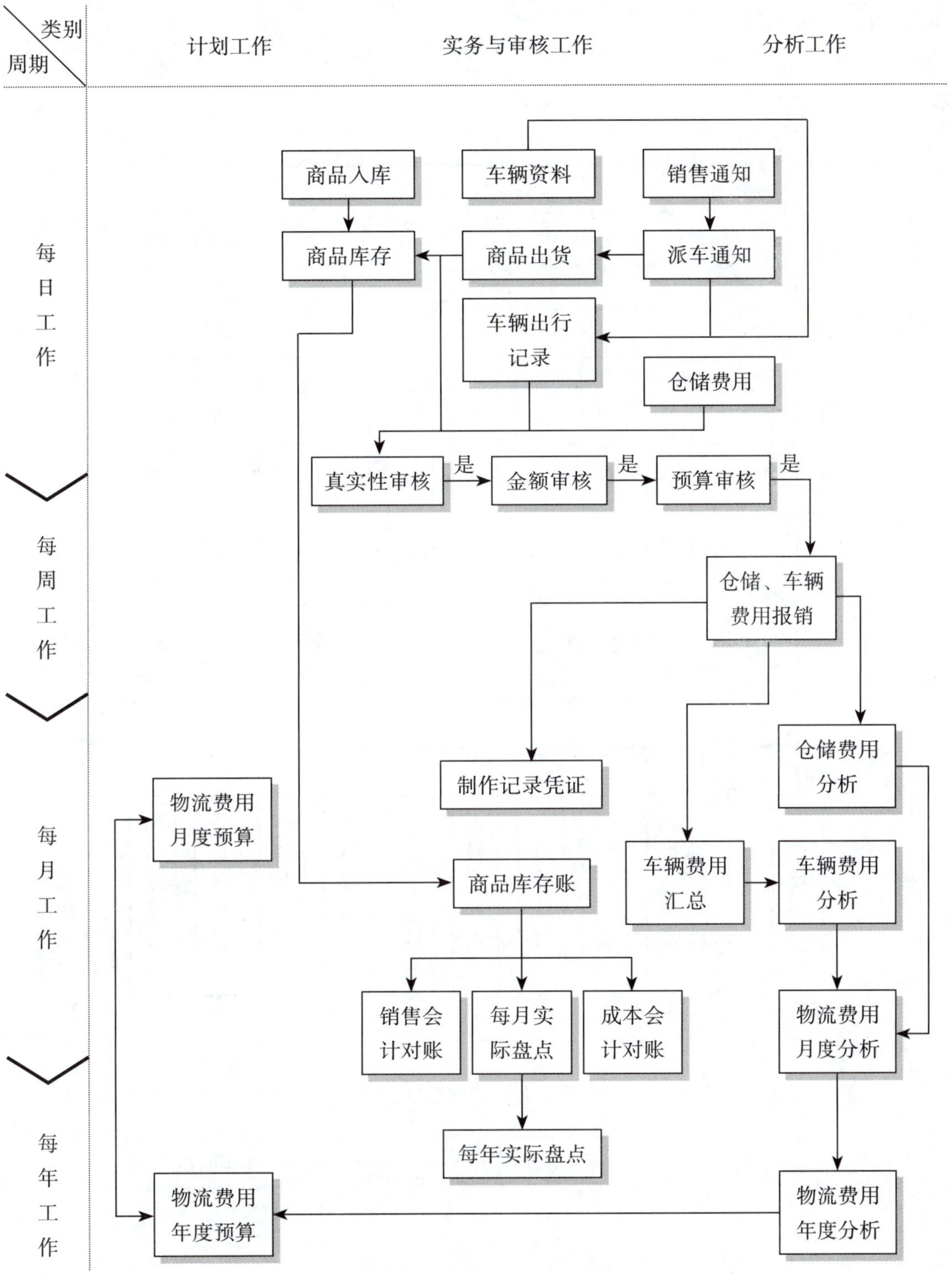

物流会计岗位工作流程图

10.18 统计会计岗位工作流程

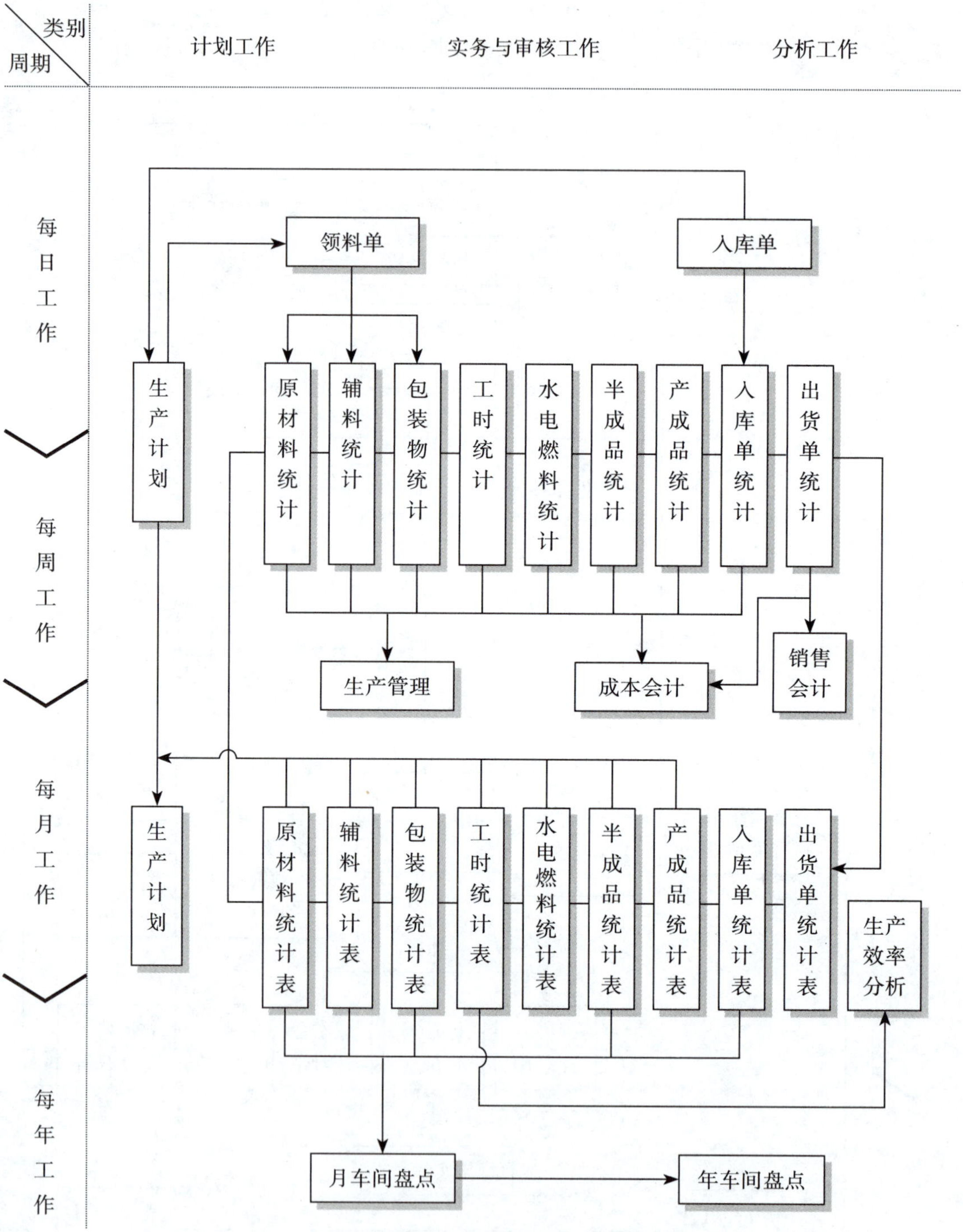

统计会计岗位工作流程图

10.19 税务会计岗位工作流程

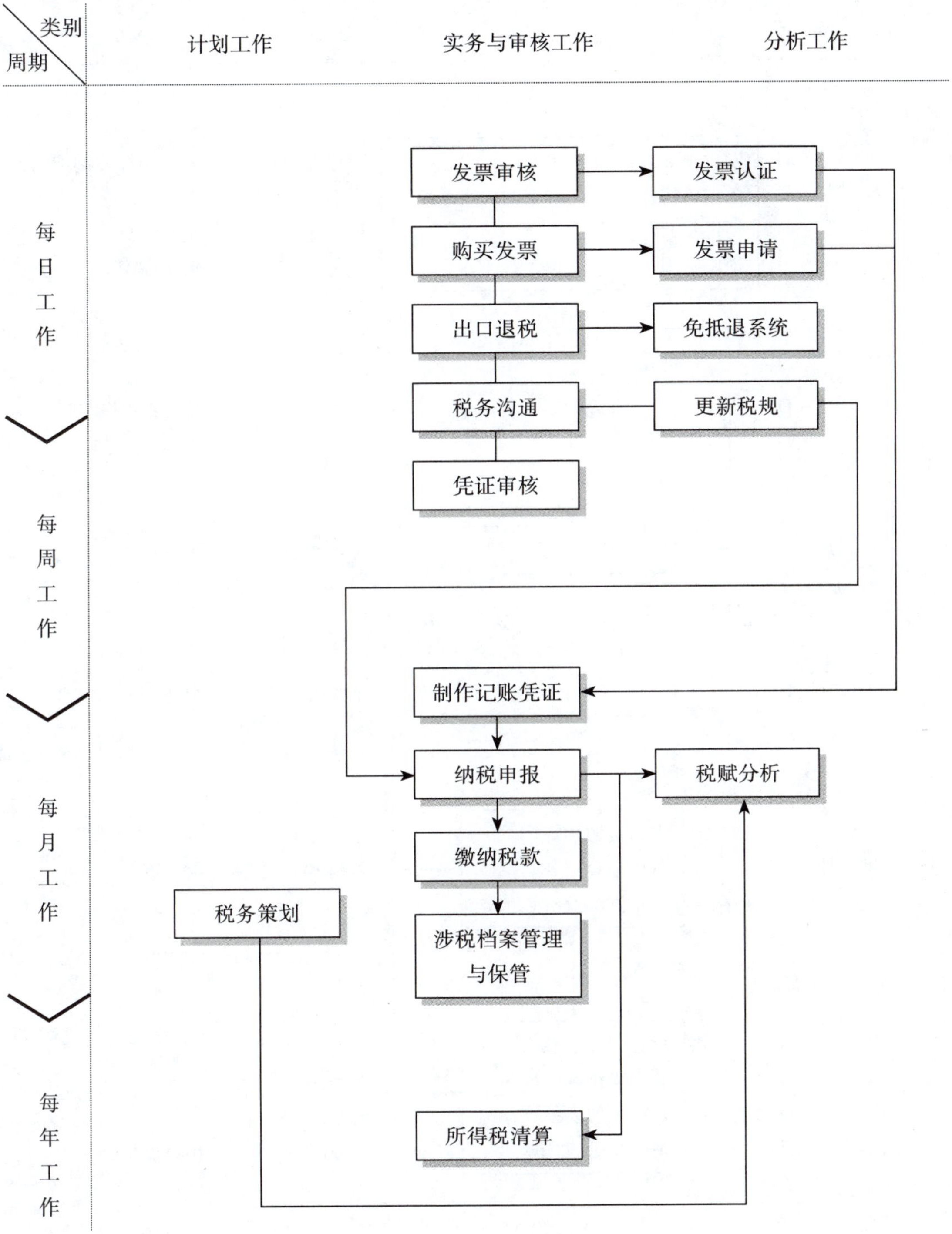

税务会计岗位工作流程图

10.20 预算会计岗位工作流程

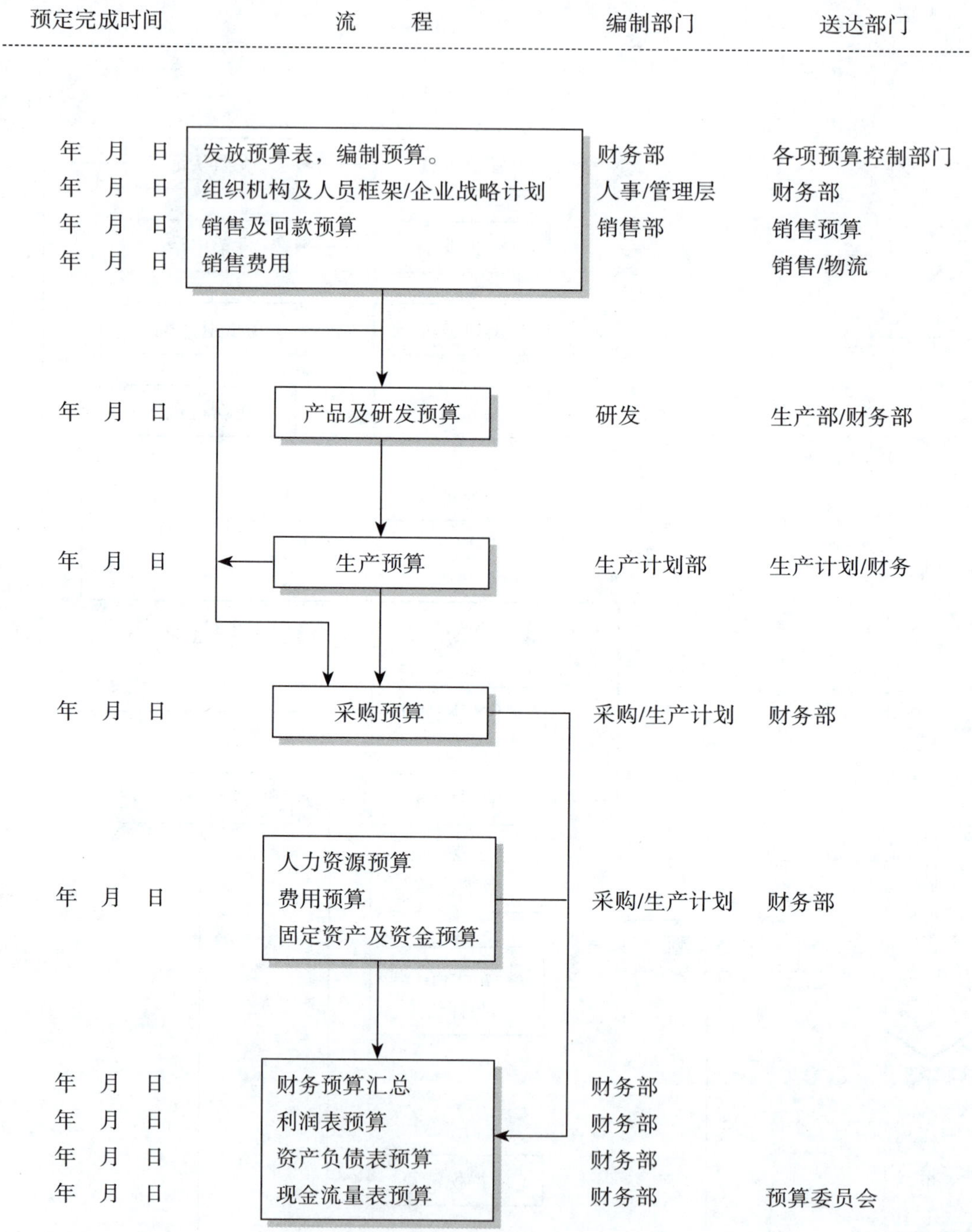

预算会计岗位工作流程图

10.21　内控管理岗位工作流程

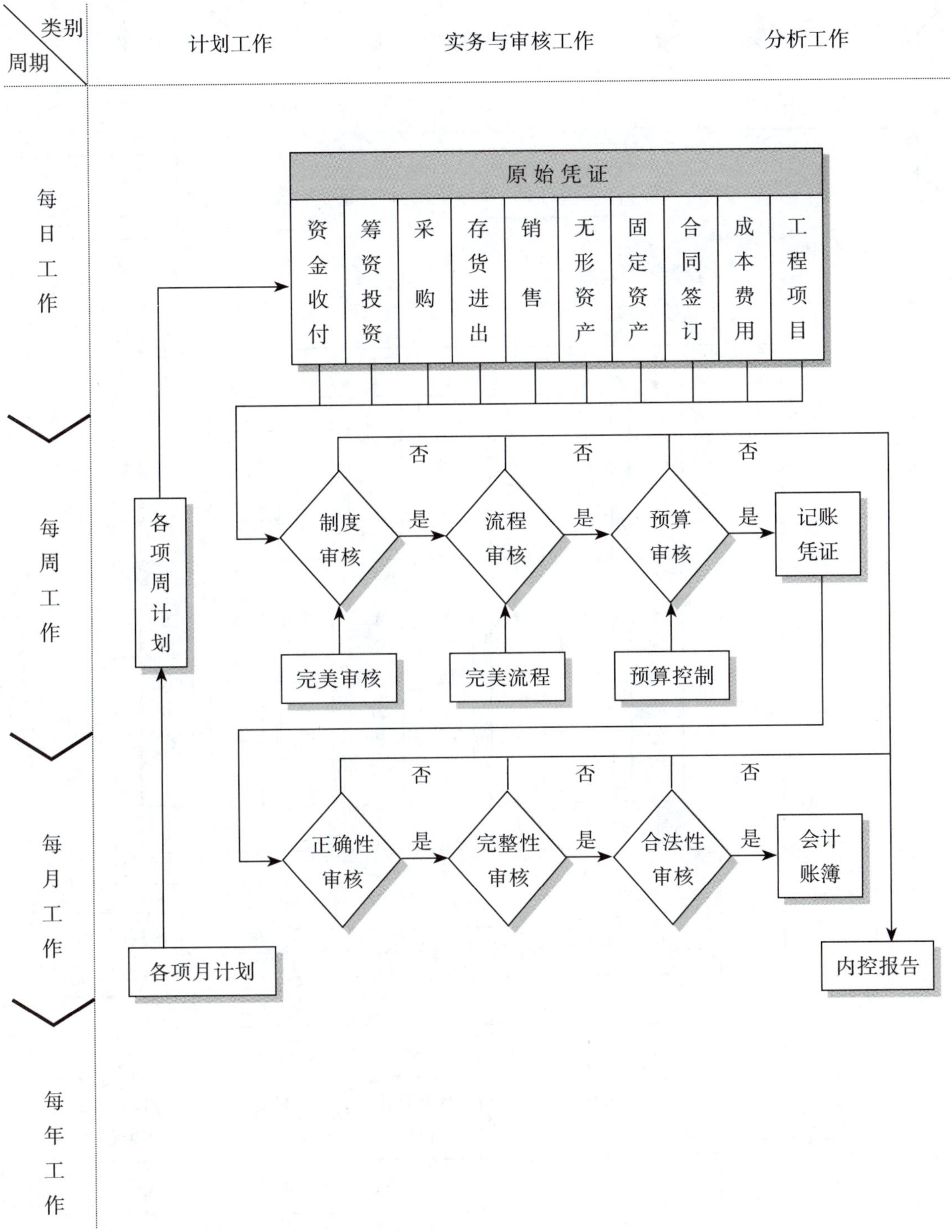

内控管理岗位工作流程图

10.22　财务分析岗位工作流程

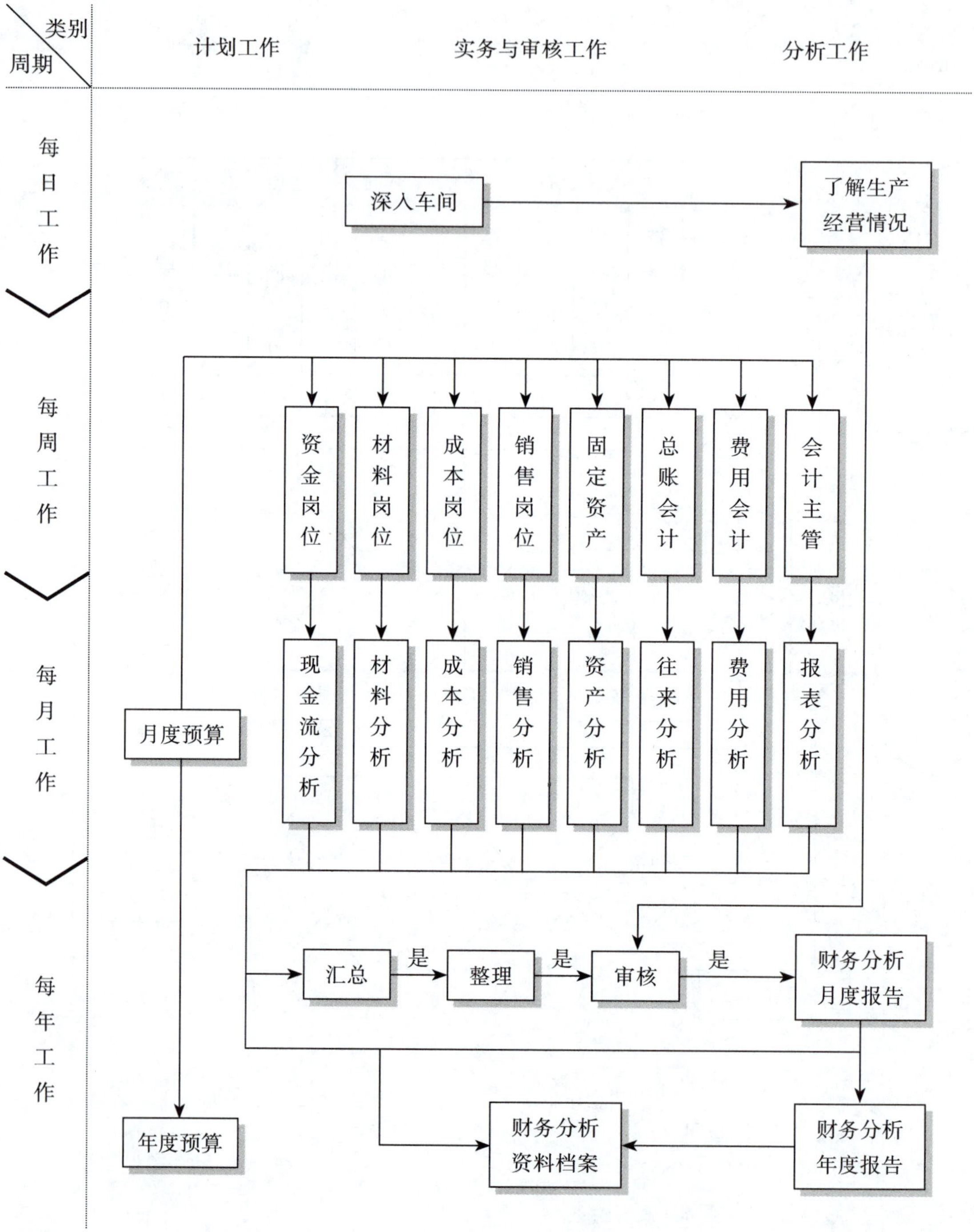

财务分析岗位工作流程图

10.23　ERP管理岗位工作流程

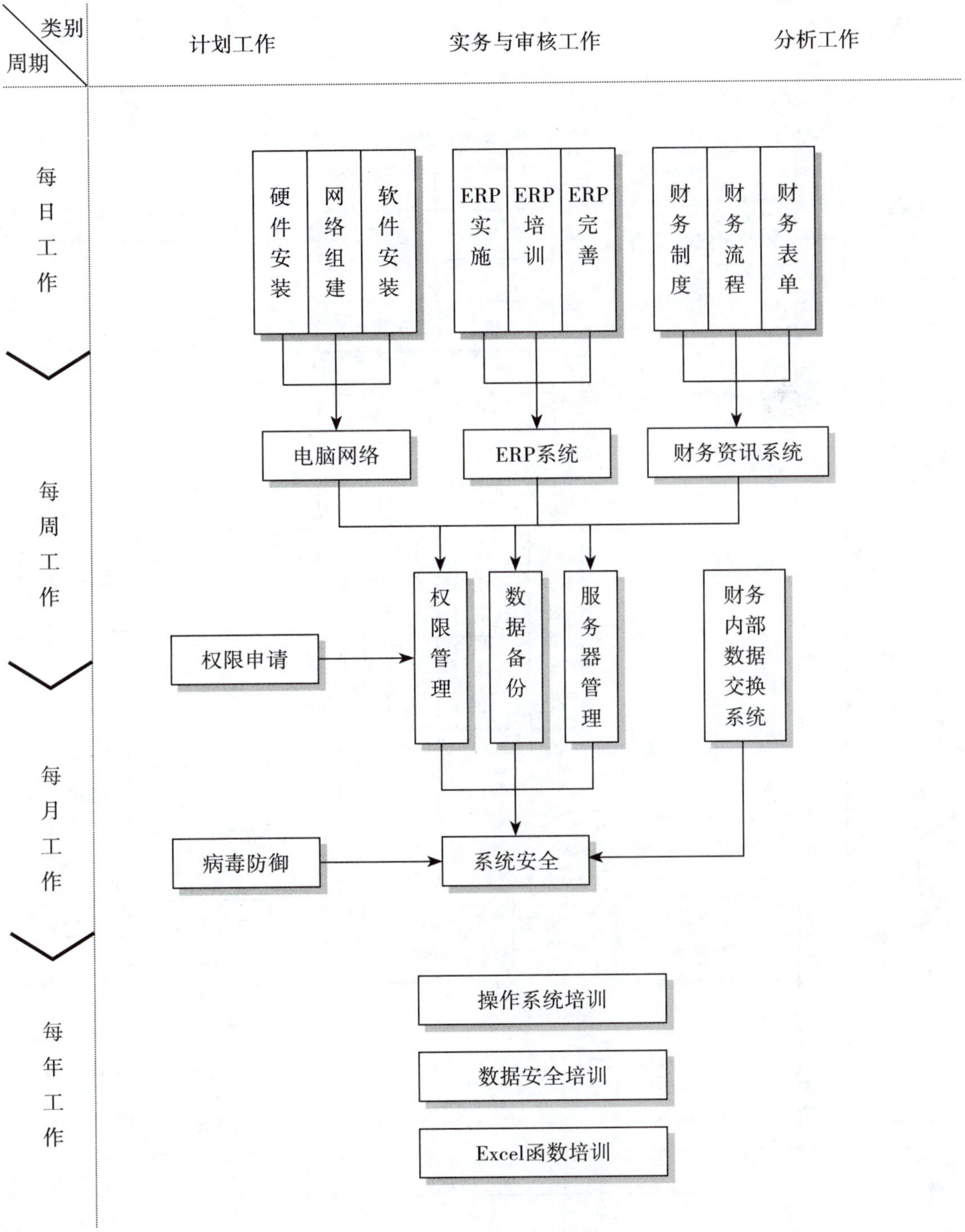

ERP管理岗位工作流程图

10.24 资金主管岗位工作流程

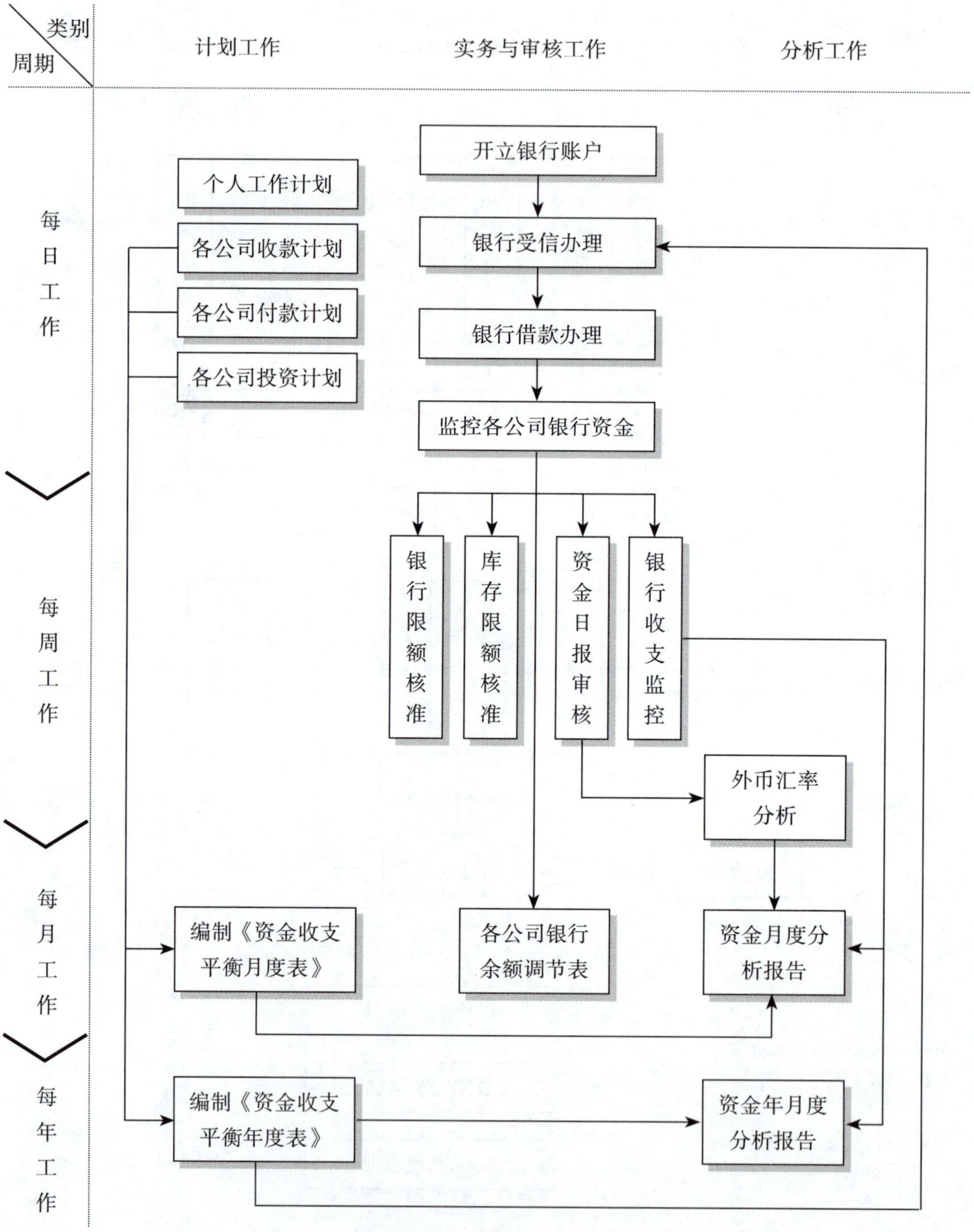

资金主管岗位工作流程图

10.25　会计主管岗位工作流程

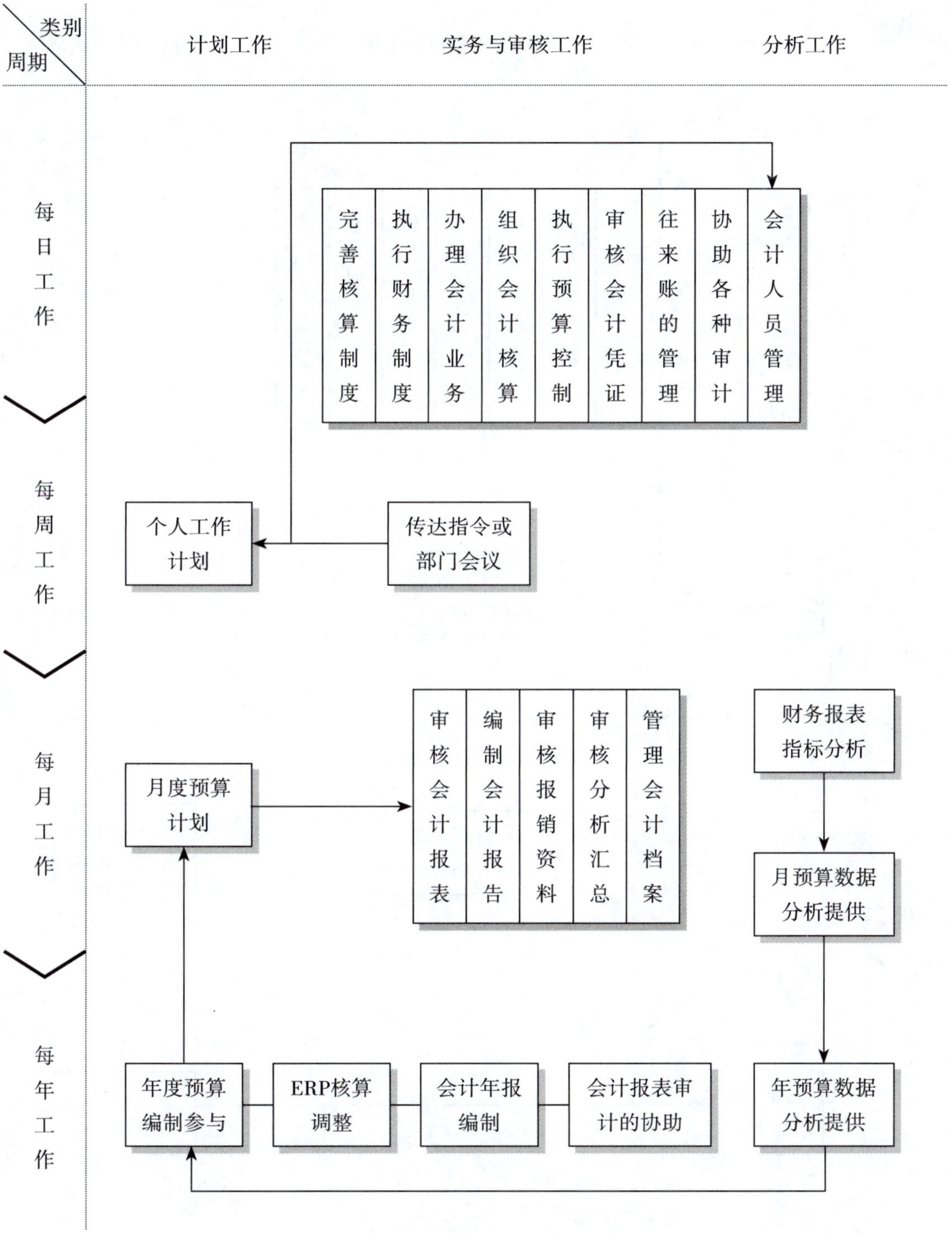

会计主管岗位工作流程图

10.26　管理主管岗位工作流程

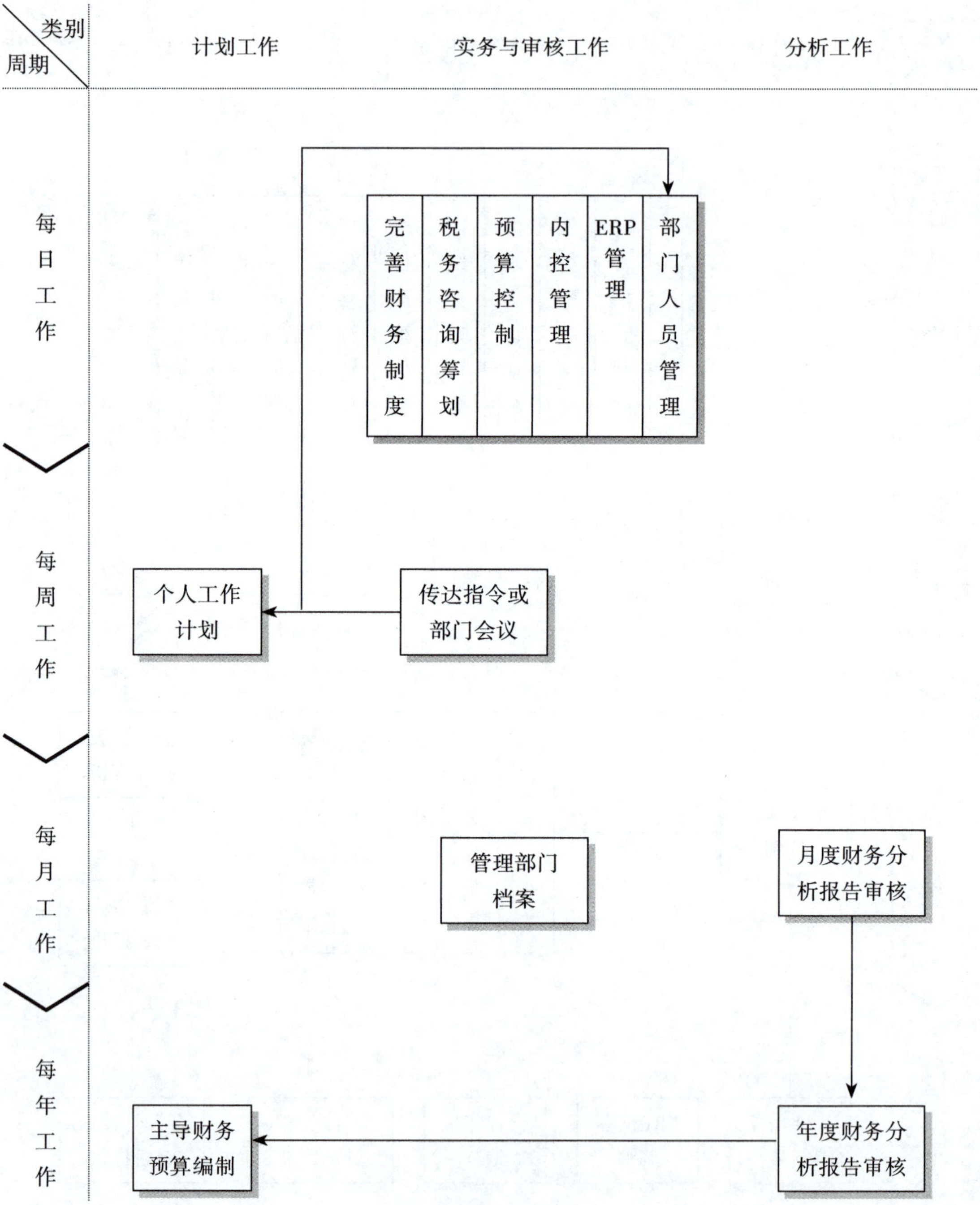

管理主管岗位工作流程图

10.27 财务主管岗位工作流程

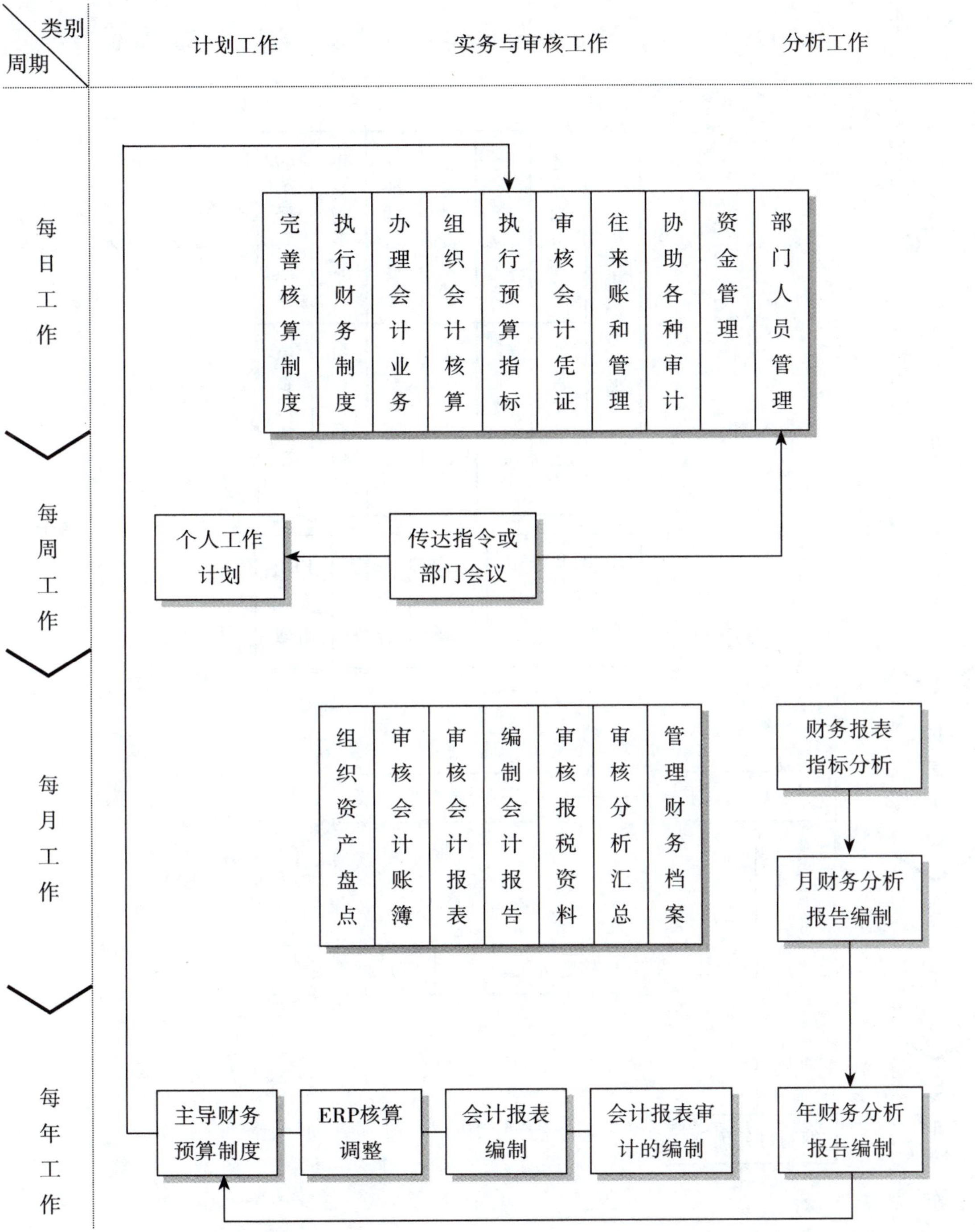

财务主管岗位工作流程图

10.28 财务经理岗位工作流程

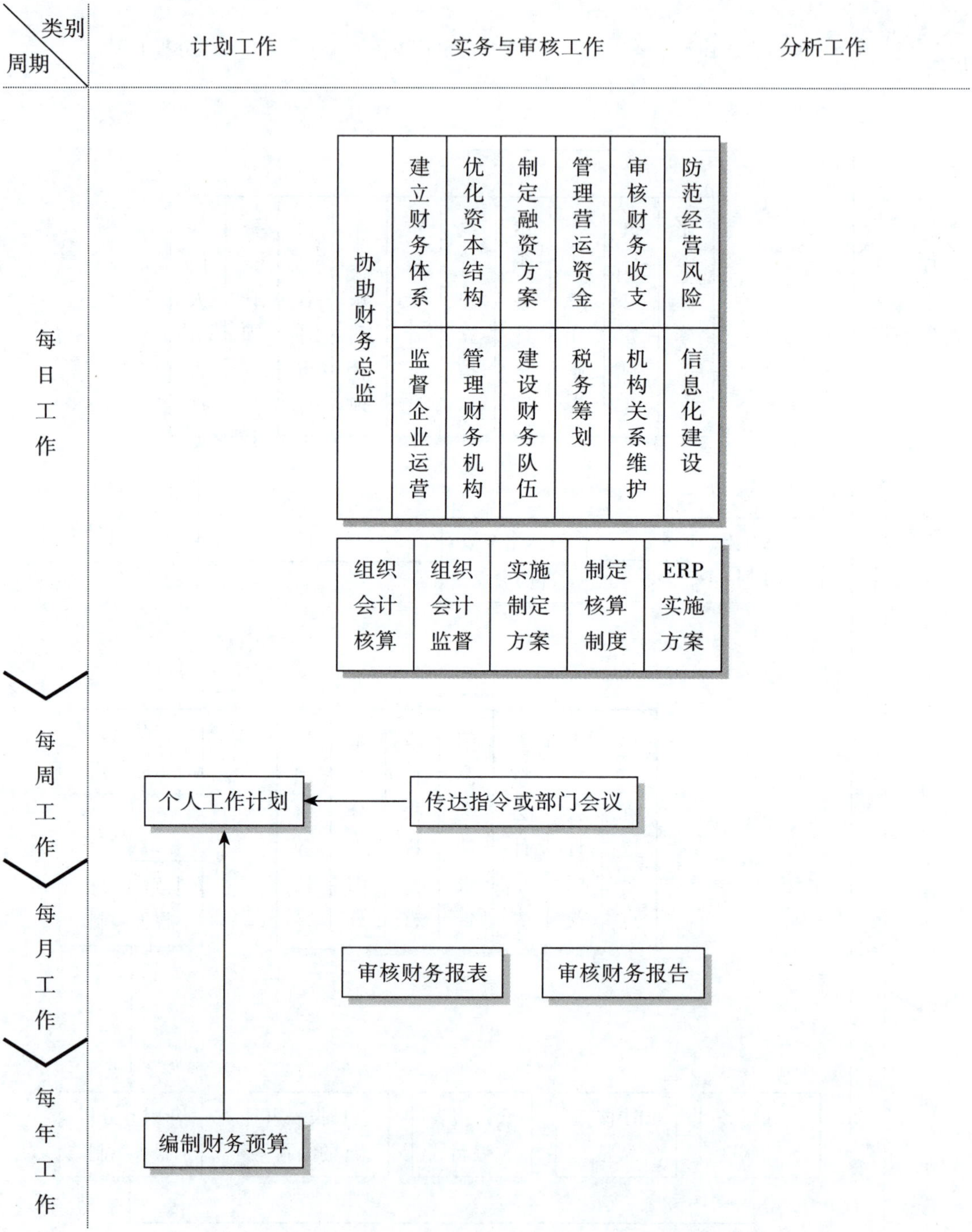

财务经理岗位工作流程图

10.29　财务总监岗位工作流程

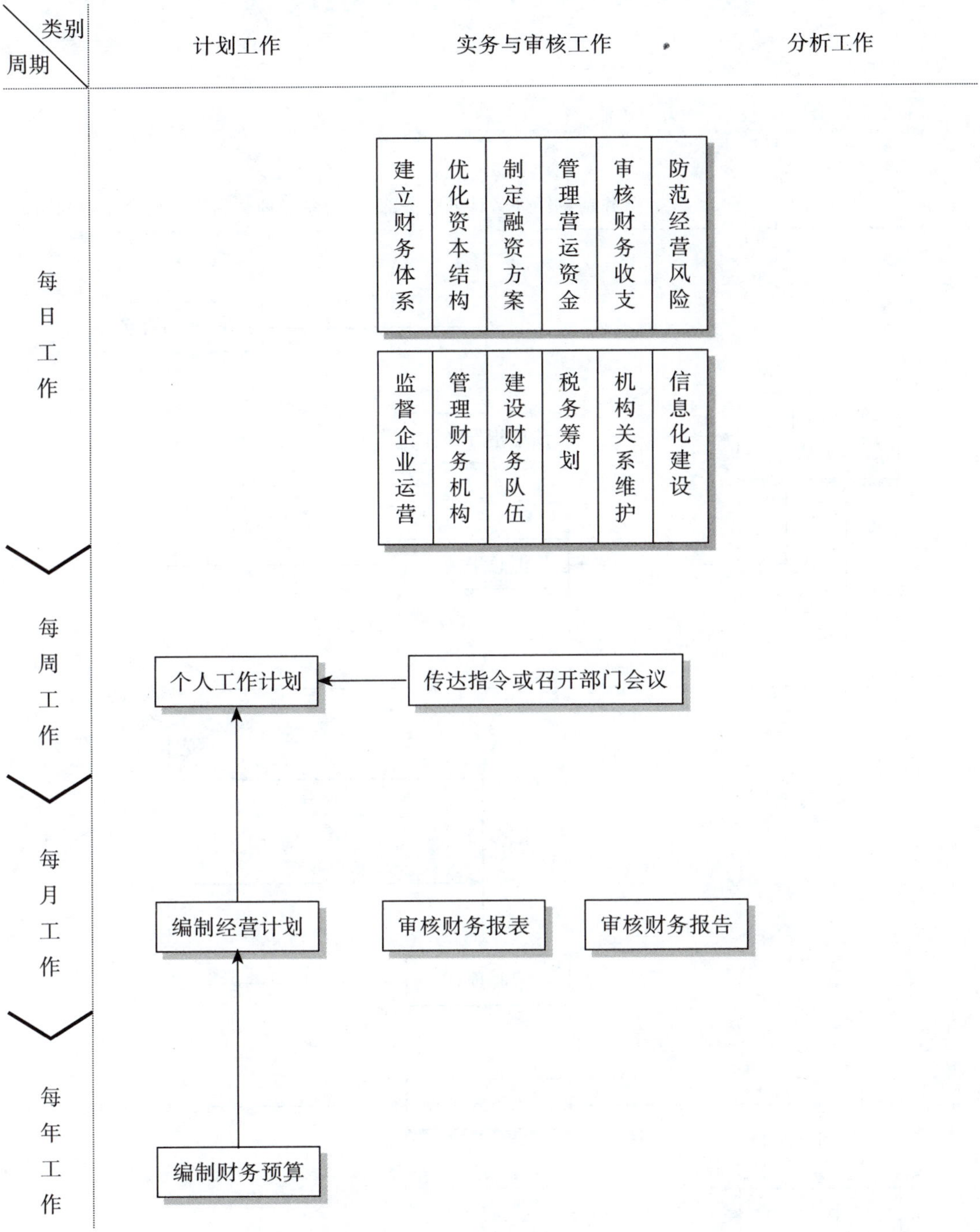

财务总监岗位工作流程图

第11章　财务预算管理流程

11.1　总公司预算编造流程

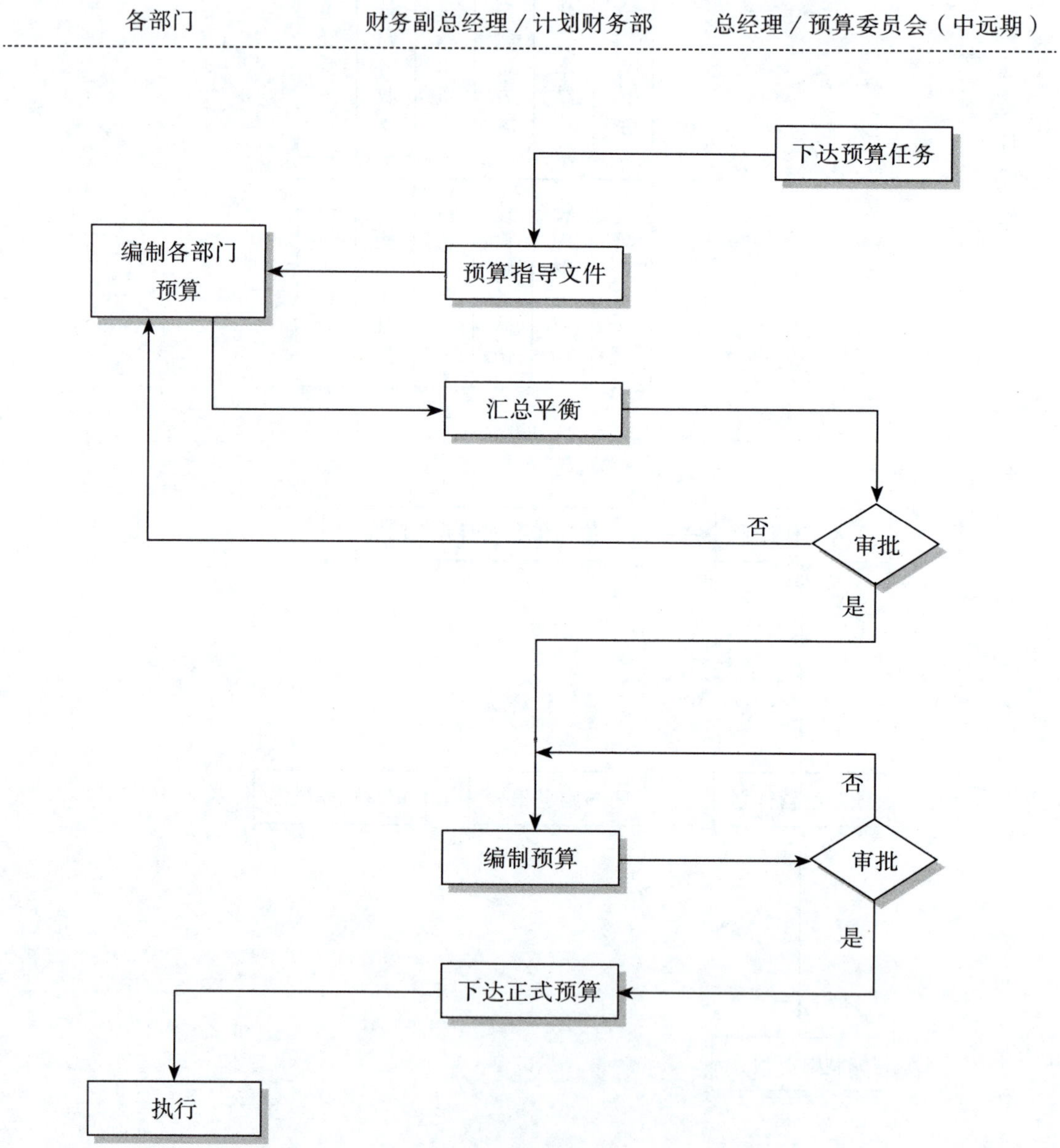

总公司预算编造流程图

11.2　子公司预算编造流程

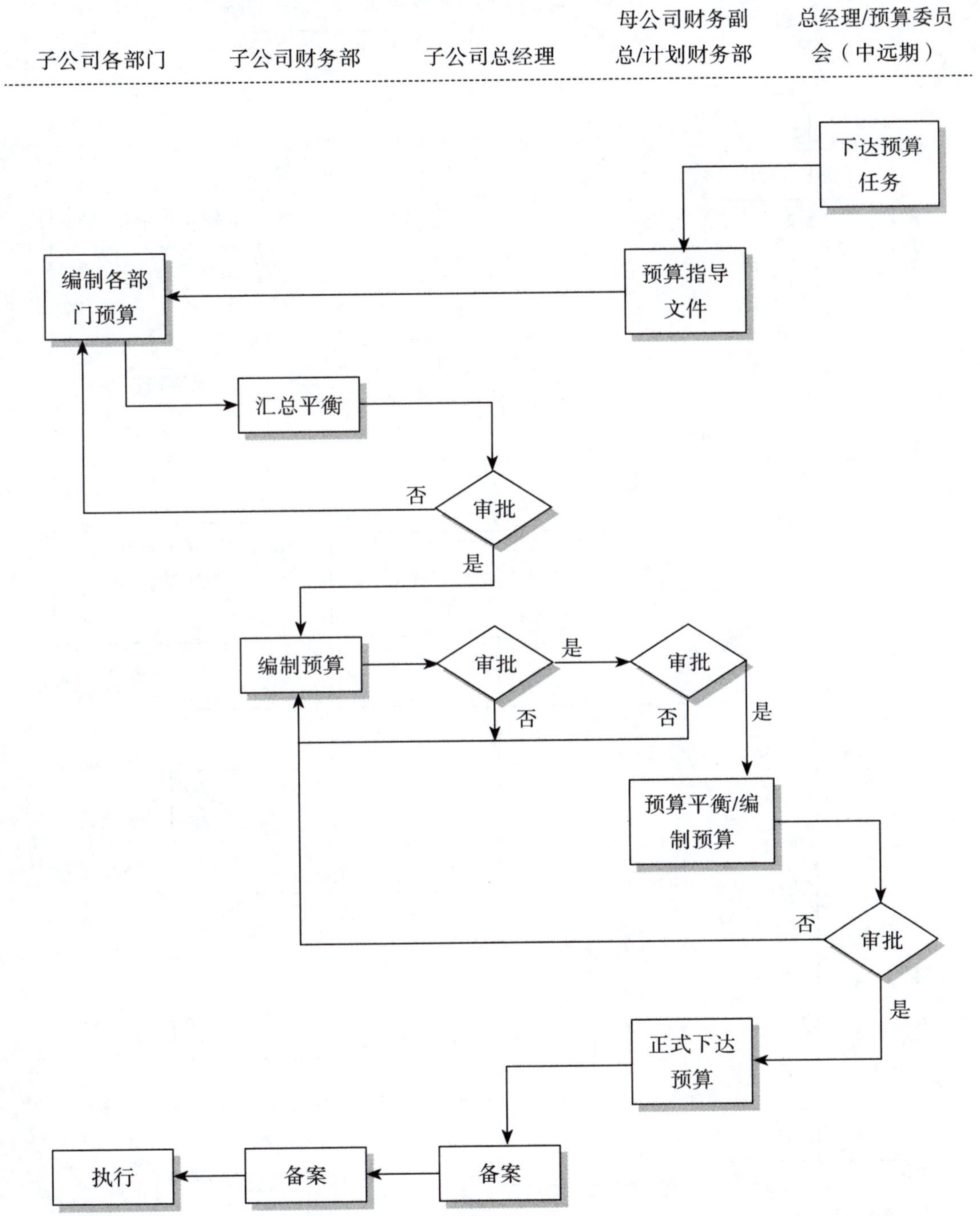

子公司预算编造流程图

11.3　预算修正流程

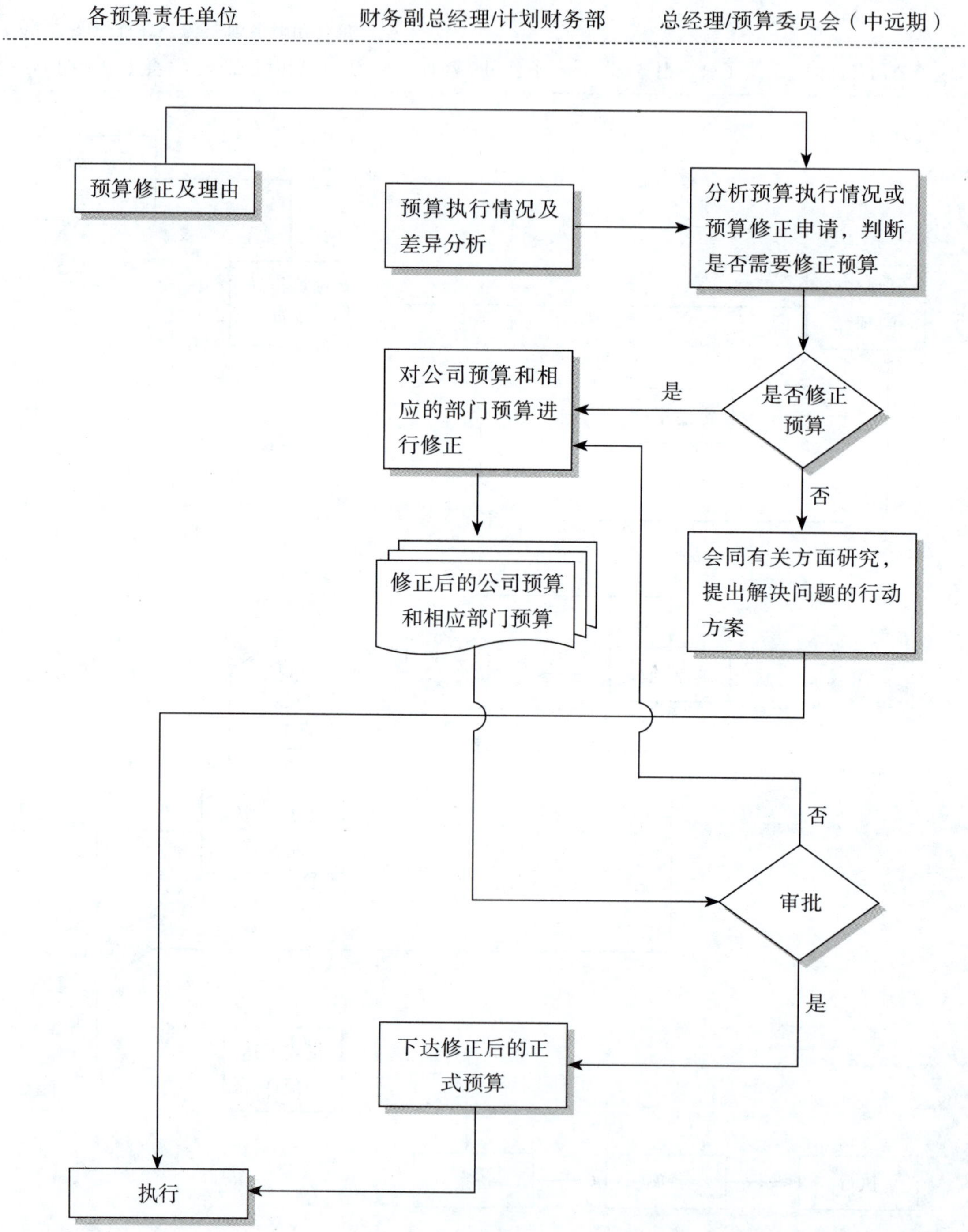

预算修正流程图

11.4　全面预算管理组织机构流程

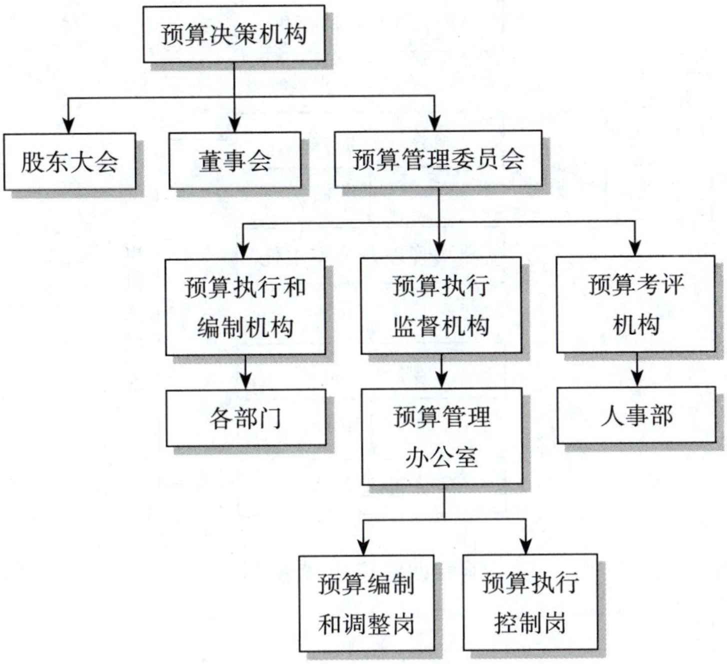

全面预算管理组织机构流程图

11.5　一般预算编制流程

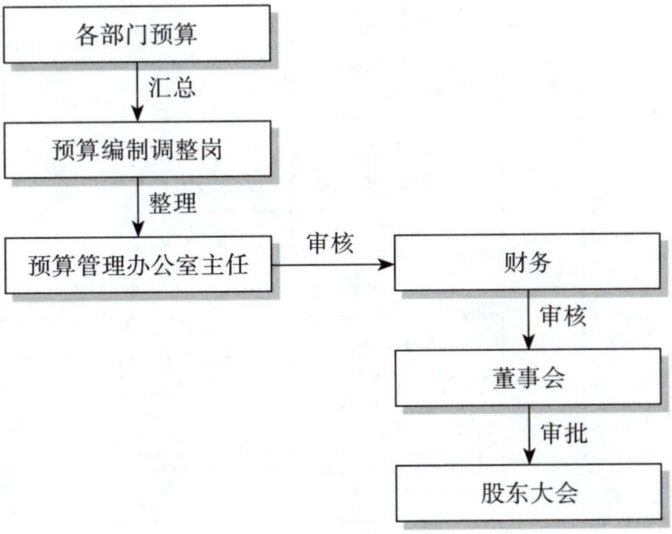

一般预算编制流程图

11.6　预算调整审批流程

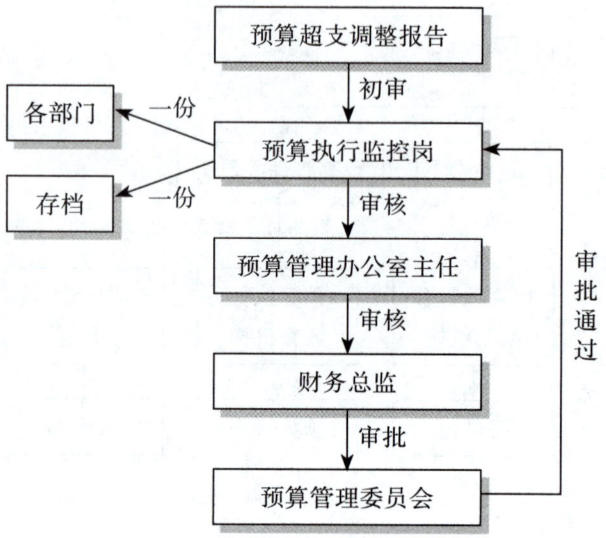

预算调整审批流程图

11.7　月度预算执行情况编制流程

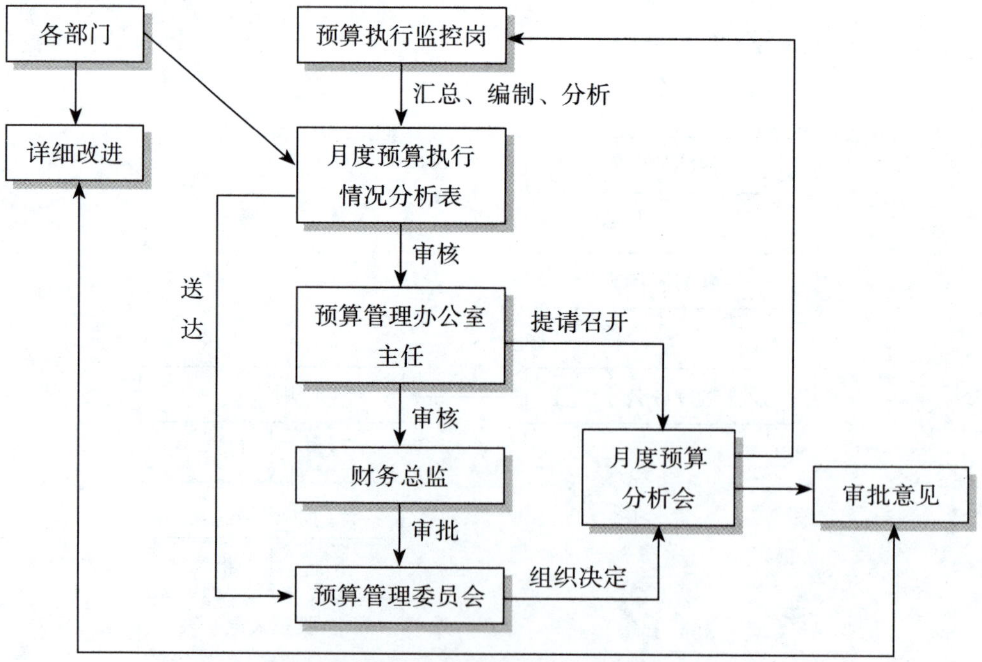

月度预算执行情况编制流程图

11.8　年度预算执行报告编制流程

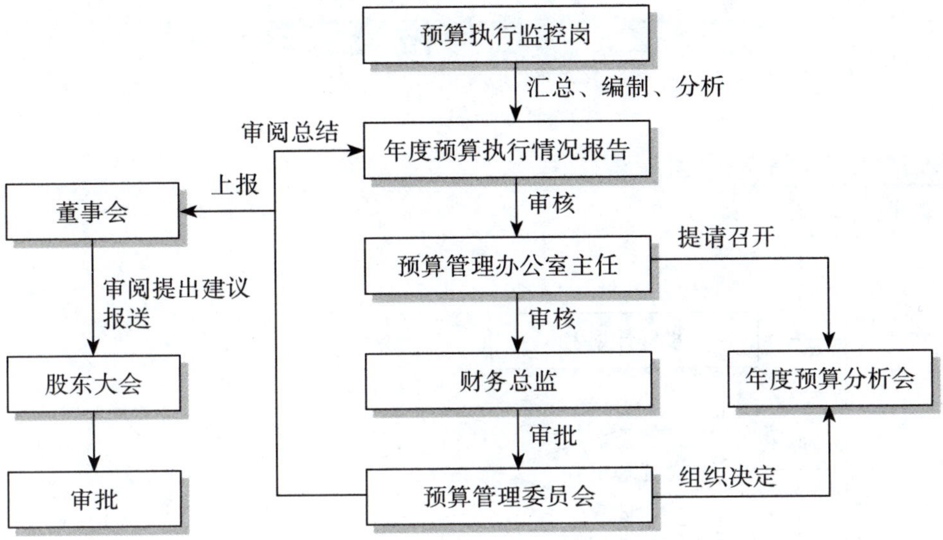

年度预算执行报告编制流程图

11.9　财务预算考核标准流程

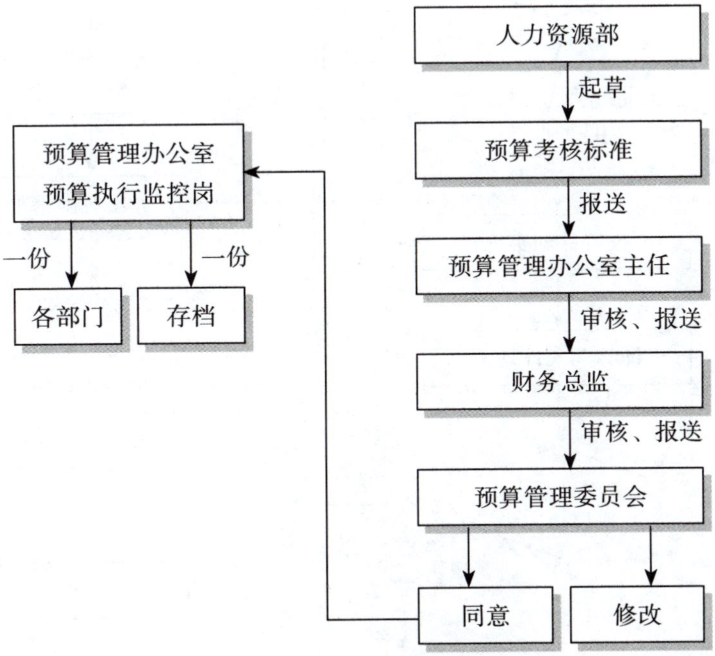

财务预算考核标准流程图

第12章　筹资与投资管理流程

12.1　短期投资控制流程

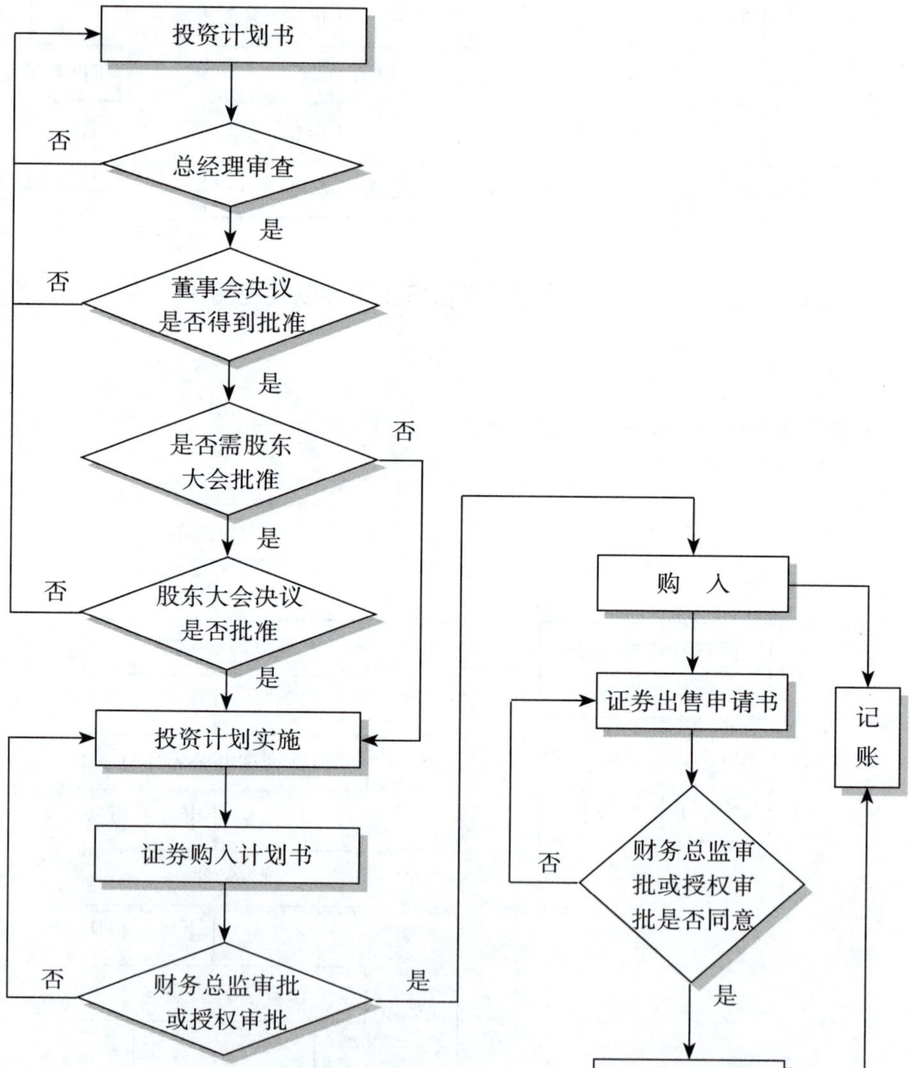

短期投资控制流程图

12.2　投资控制流程

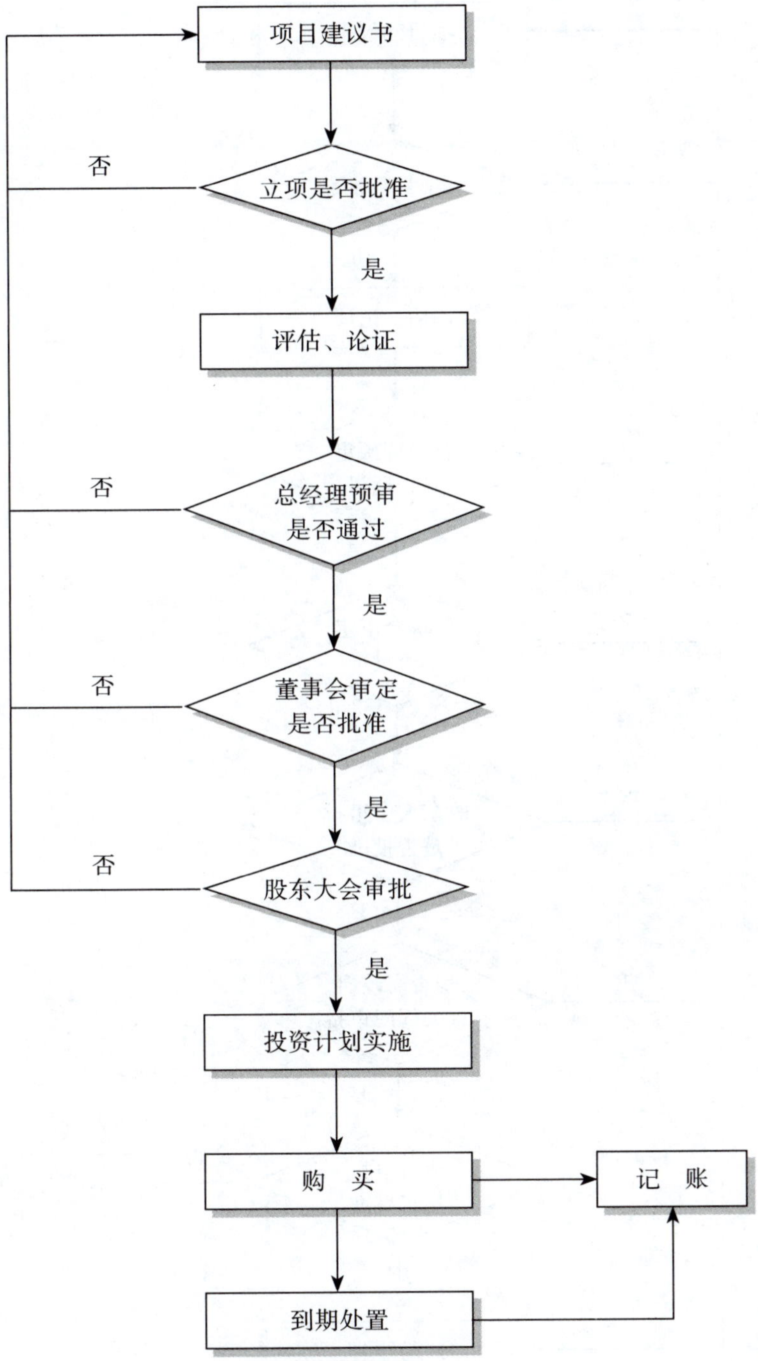

投资控制流程图

12.3 投资决策控制流程

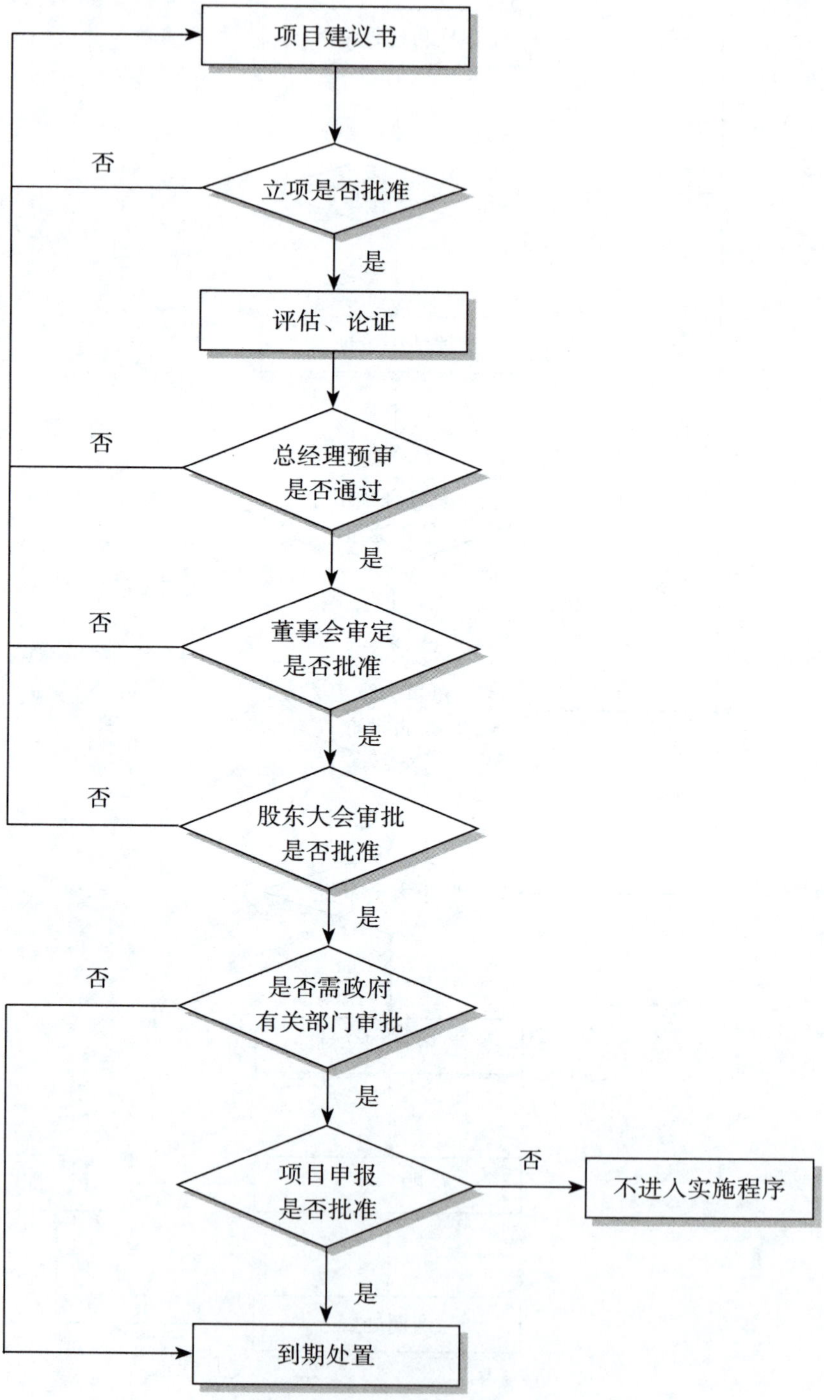

投资决策控制流程图

12.4 投资实施和监控流程

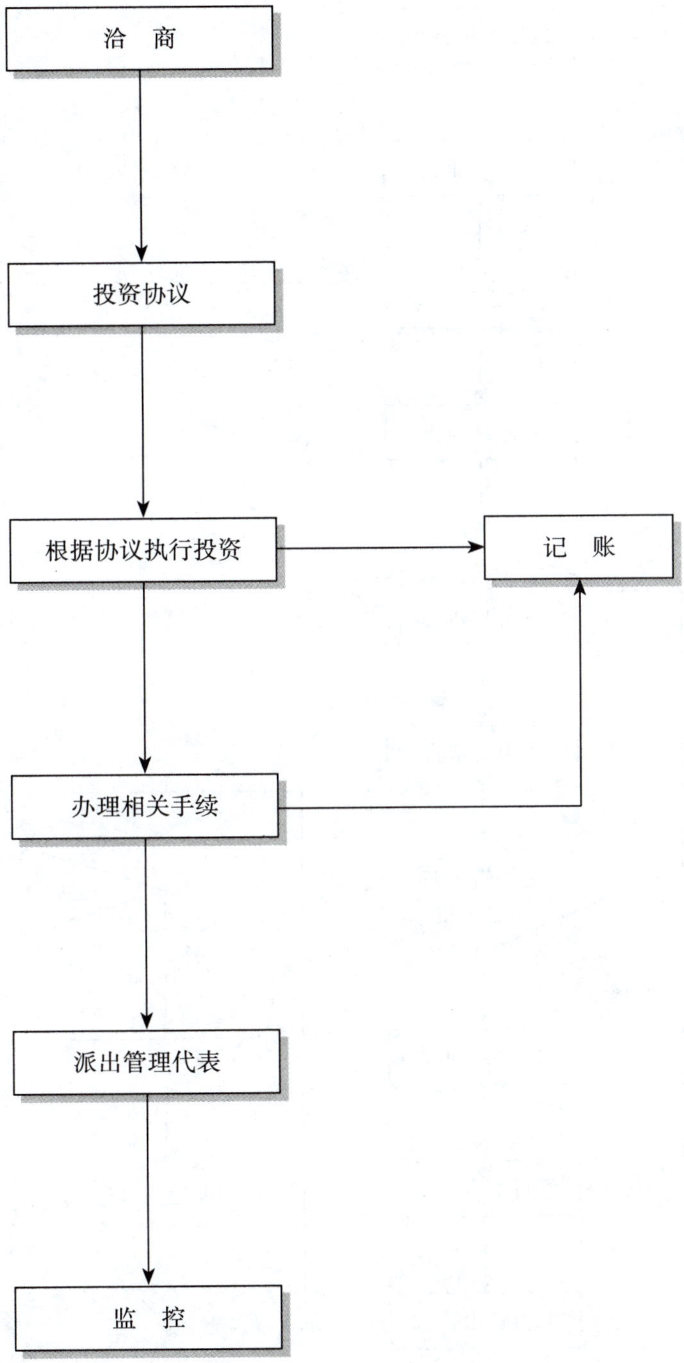

投资实施和监控流程图

12.5　筹资业务流程

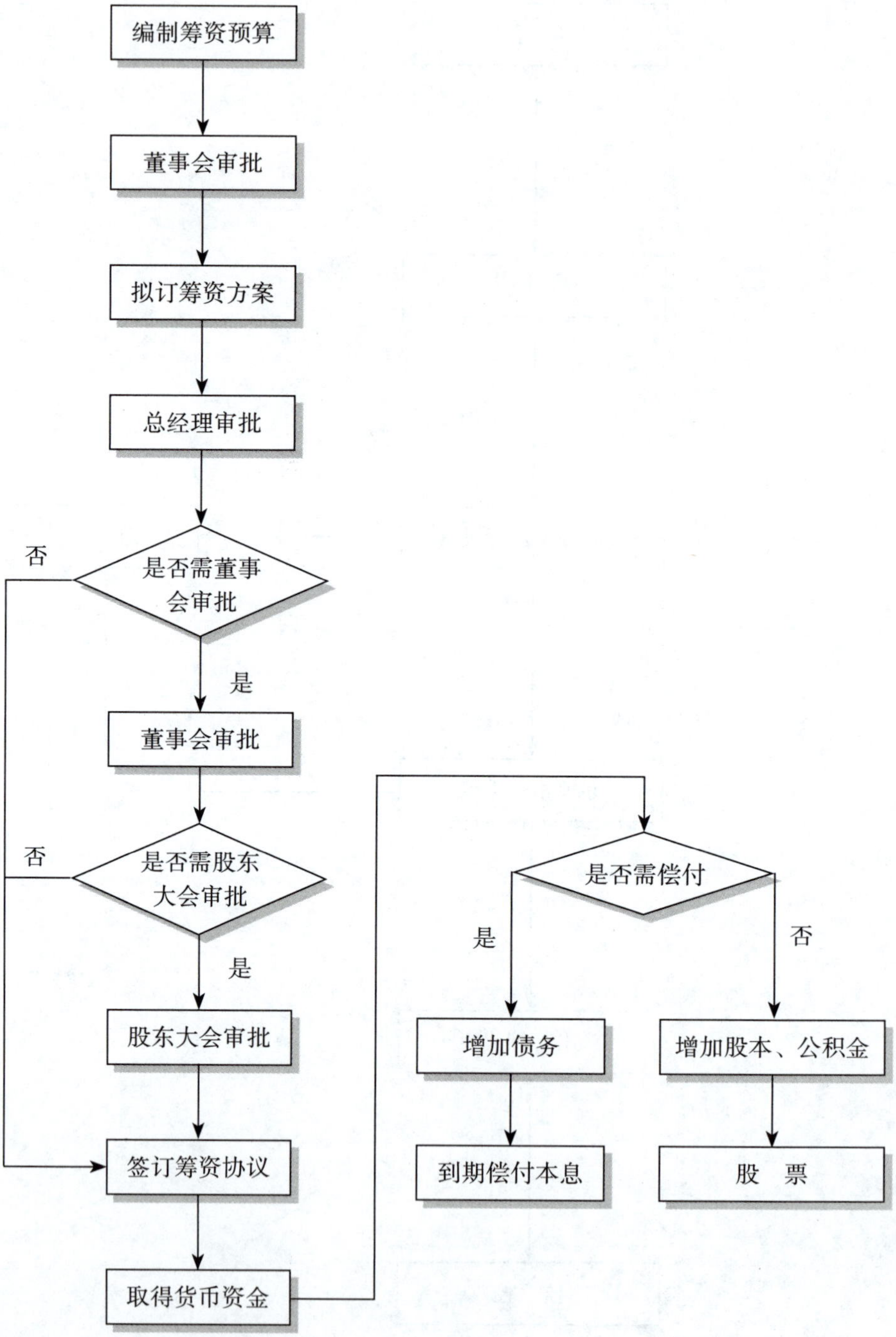

筹资业务流程图

第13章　资产管理流程

13.1　子公司资金计划编制流程

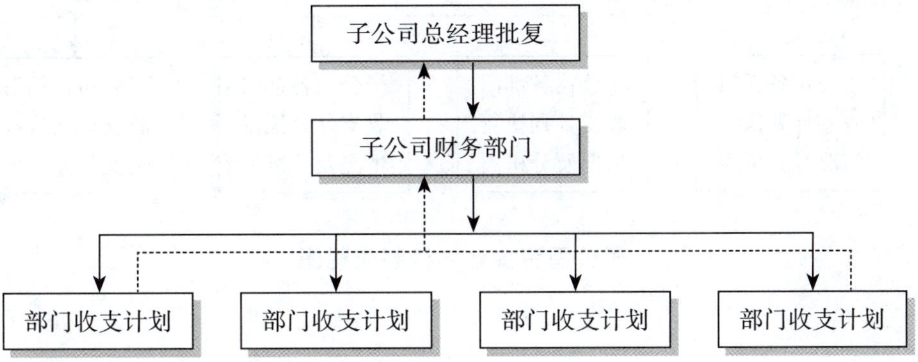

注：虚线为上报线，实线为下达线，以下同

公司资金计划编制流程图

13.2　总部资金计划编制流程

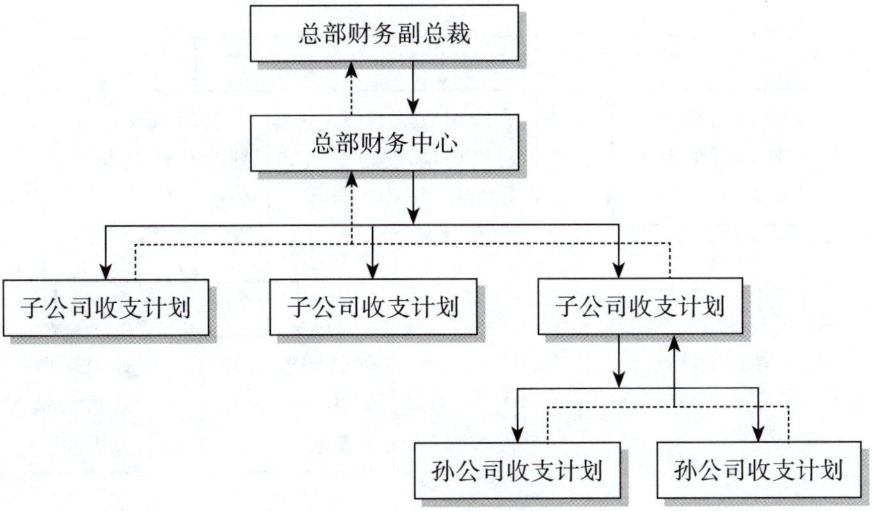

总部资金计划编制流程图

13.3　子公司资金计划控制流程

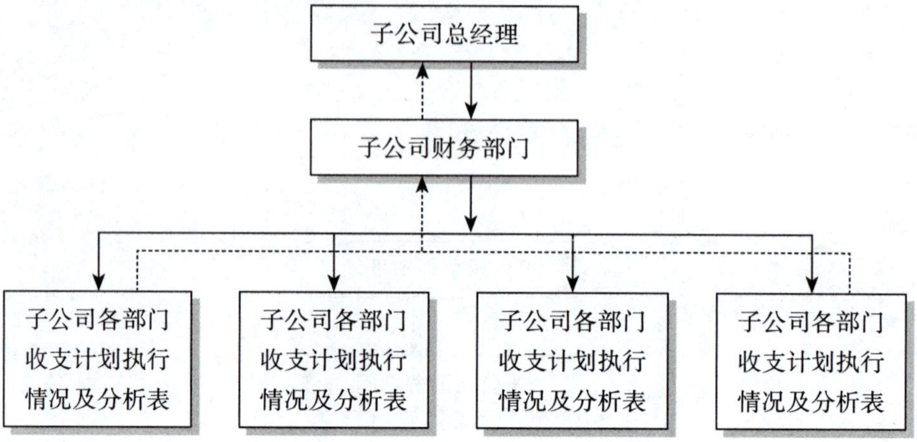

子公司资金计划控制流程图

13.4　总部资金计划控制流程

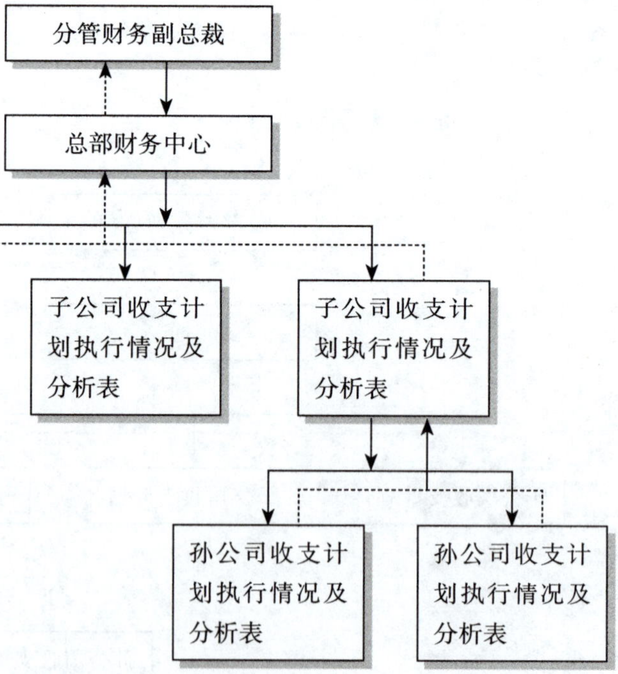

总部资金计划控制流程图

13.5　付款业务流程

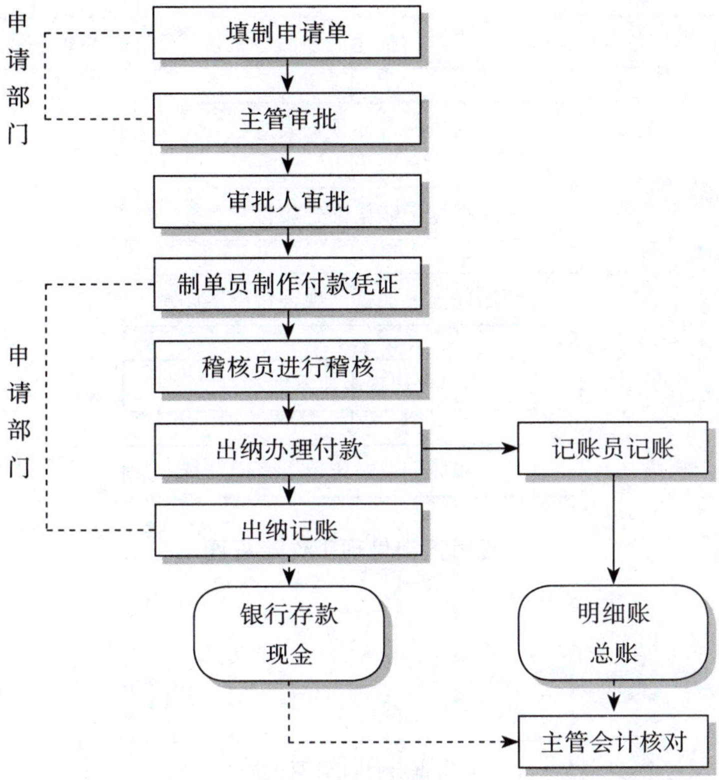

付款业务流程图

13.6　收款业务流程

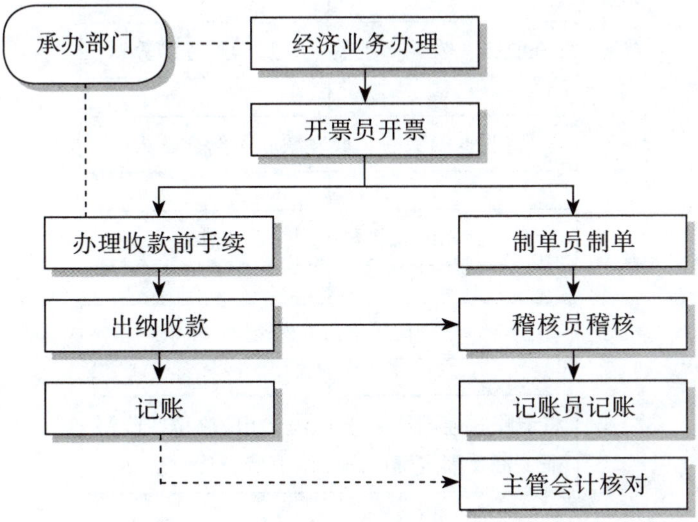

收款业务流程图

13.7 费用报销付现工作流程

审核各会计岗传来的现金付款凭证金额与原始凭证金额是否一致

↓

检查并督促领款人签名

↓

根据记账凭证金额付款

↓

在原始凭证上加盖“现金付讫”印章

↓

登记现金流水账

↓

将记账凭证及时传给主管岗复核

费用报销付现工作流程图

13.8 出纳收现工作流程

根据会计岗开具的收据（销售会计开具的发票）收款

↓

检查收据开具的金额是否正确、大小写是否一致、有经手人签名

↓

在收据（发票）上签字并加盖财务结算章

↓

将收据第②联（或发票联）给交款人

↓

凭记账联登记现金流水账

↓

登记票据传递登记本

↓

将记账联连同票据登记本传相应岗位签收制证工资及固定资产岗（水电费、代收款项）

出纳收现工作流程图

13.9　人工费、福利费发放工作流程

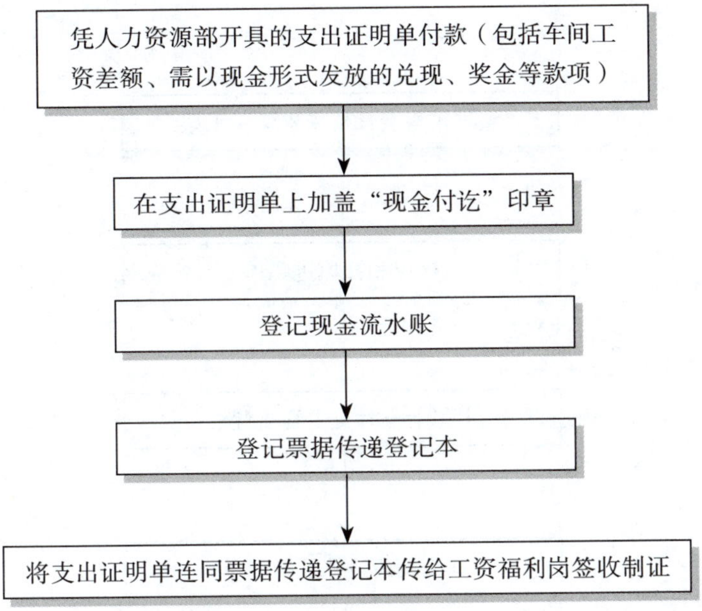

人工费、福利费发放工作流程图

13.10　现金存取及保管工作流程

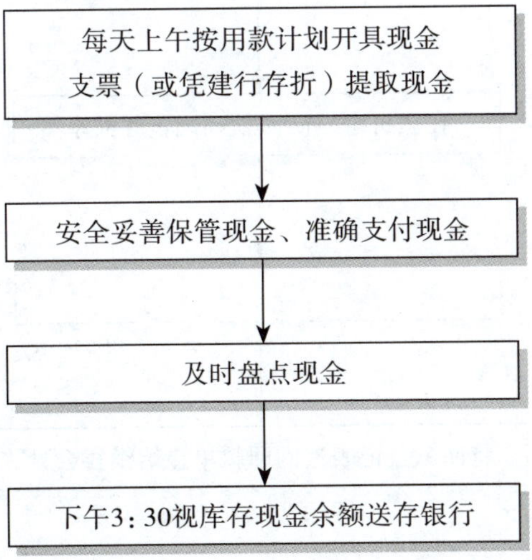

现金存取及保管工作流程图

13.11　银行存款收款工作流程

13.11.1　收货款

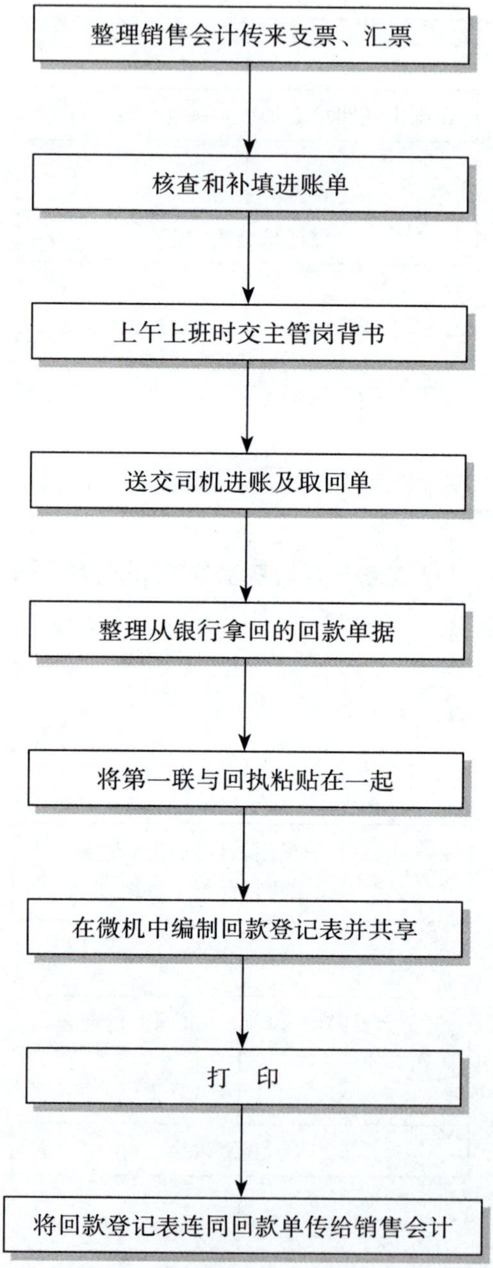

现金存取及保管工作流程图

13.11.2　其他项目收款

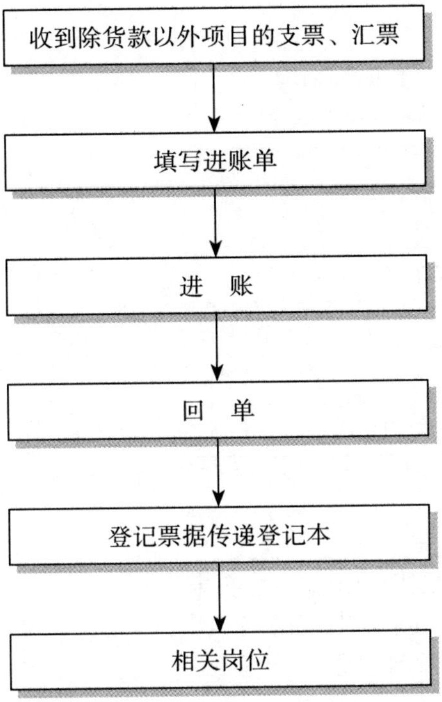

其他项目收款流程图

13.11.3　贷款

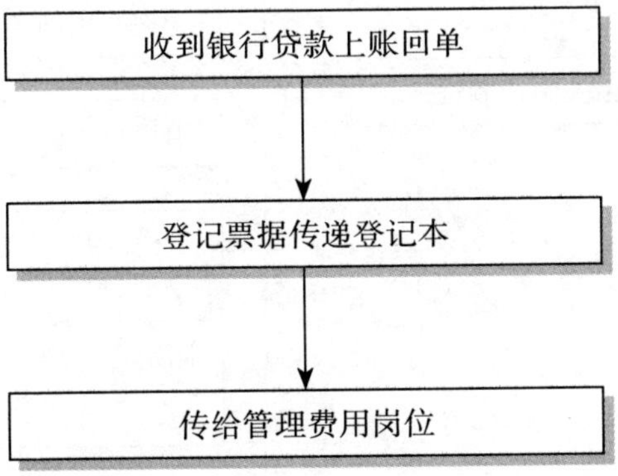

贷款流程图

13.12 日常性业务款项付款工作流程

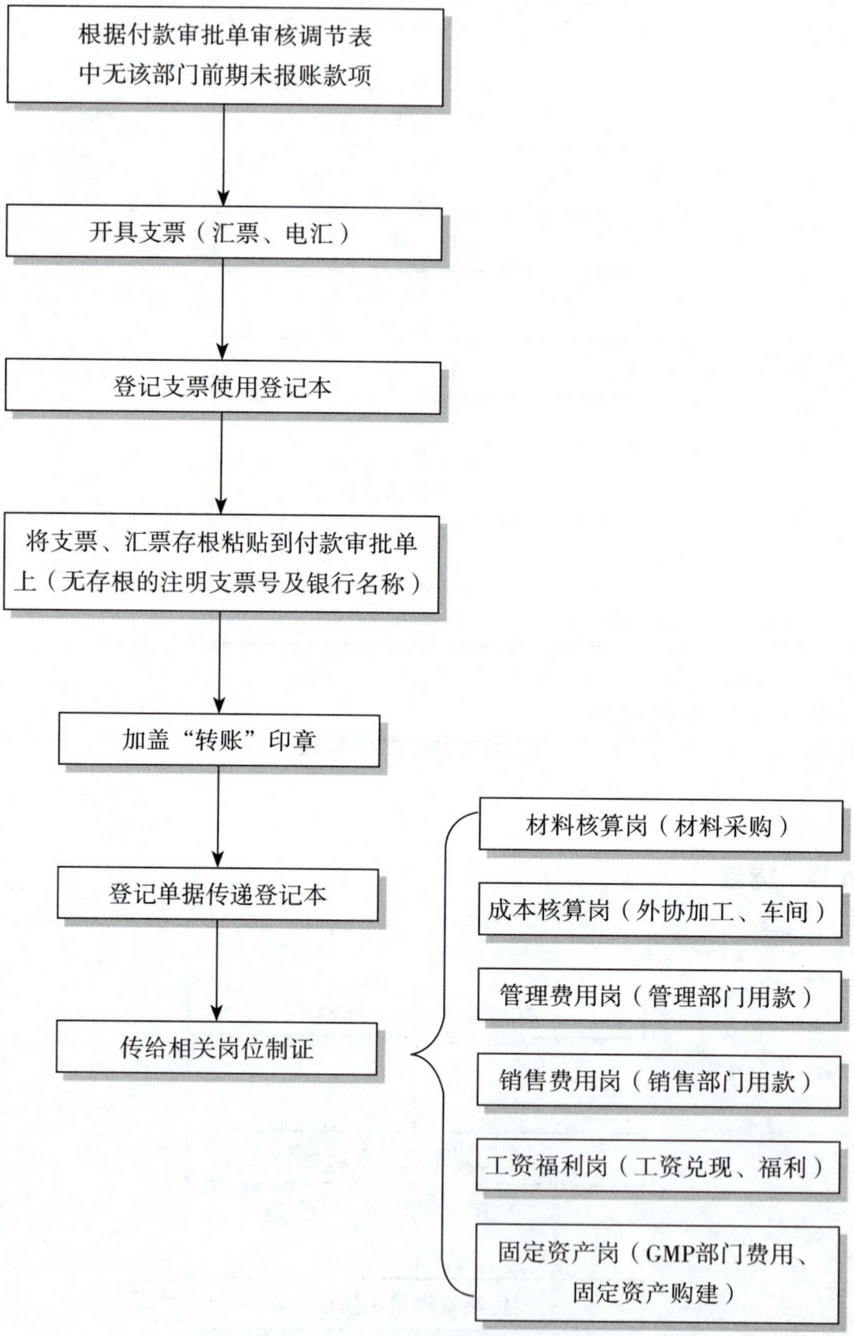

日常性业务款项付款工作流程图

13.13　打卡工资支付工作流程

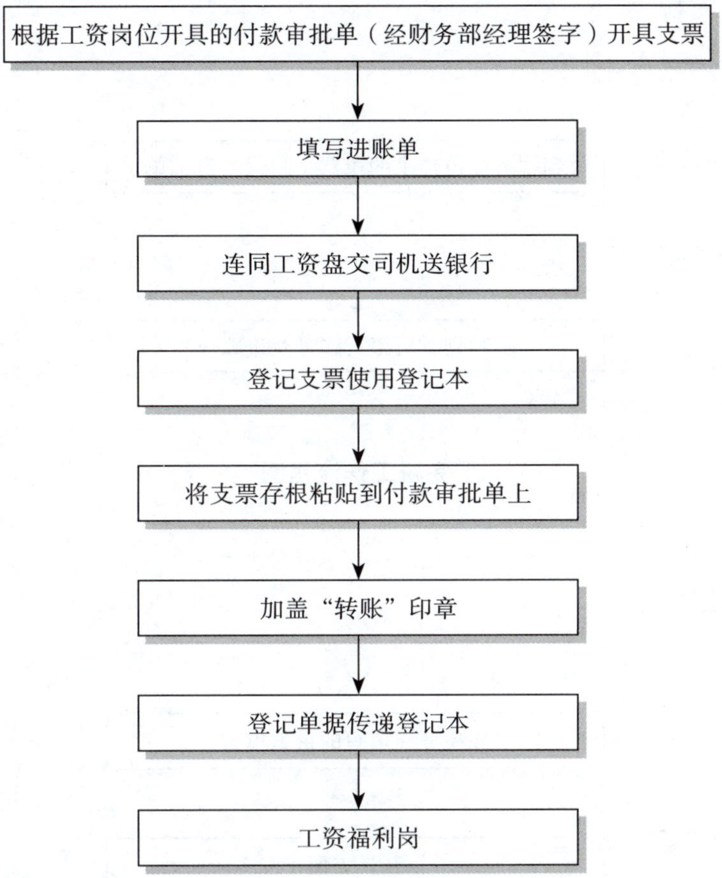

打卡工资支付工作流程图

13.14　还贷及银行结算工作流程

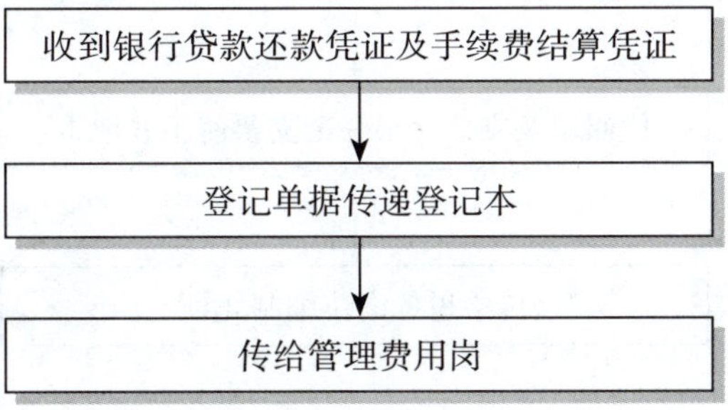

还贷及银行结算工作流程图

13.15 交税工作流程

13.15.1 完税

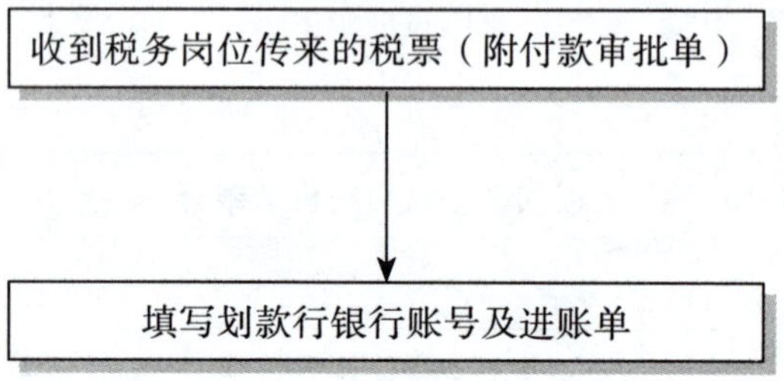

完税工作流程图

13.15.2 进税卡

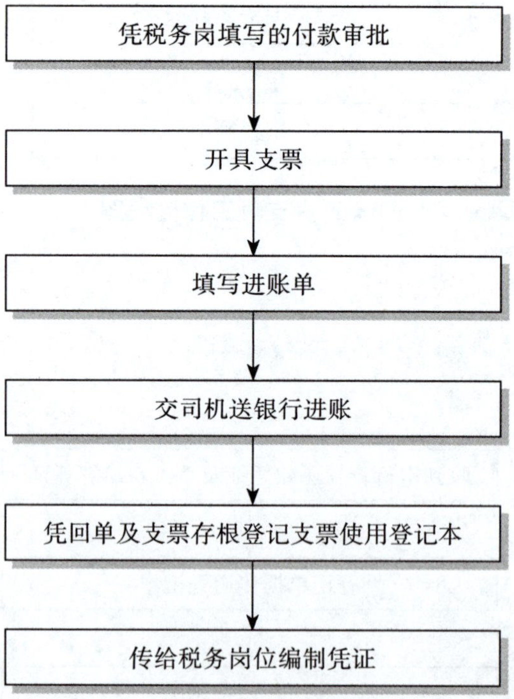

进税卡流程图

13.15.3　从税卡交税

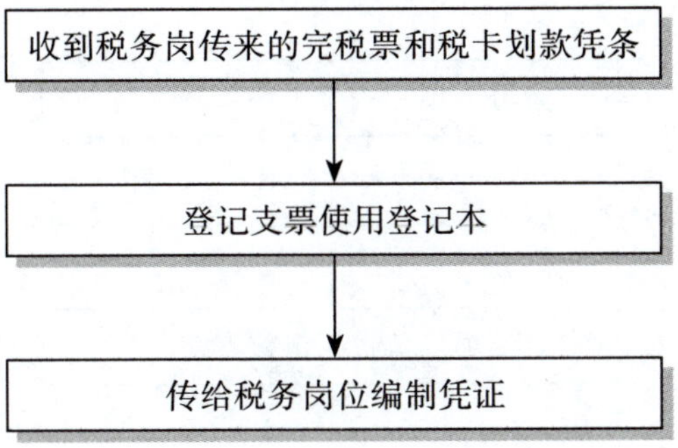

完税流程图

13.16　固定资产、在建工程等长期资产投资支出基本流程

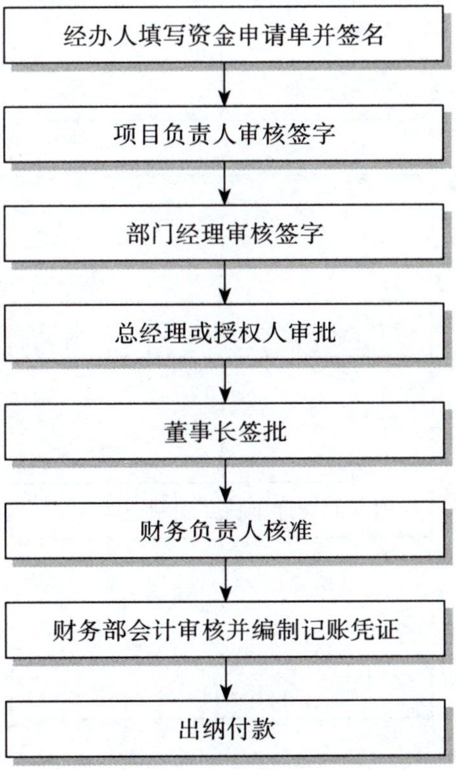

固定资产、在建工程等长期资产投资支出基本流程图

13.17 对外长、短期投资和非经营性资金往来支出基本流程

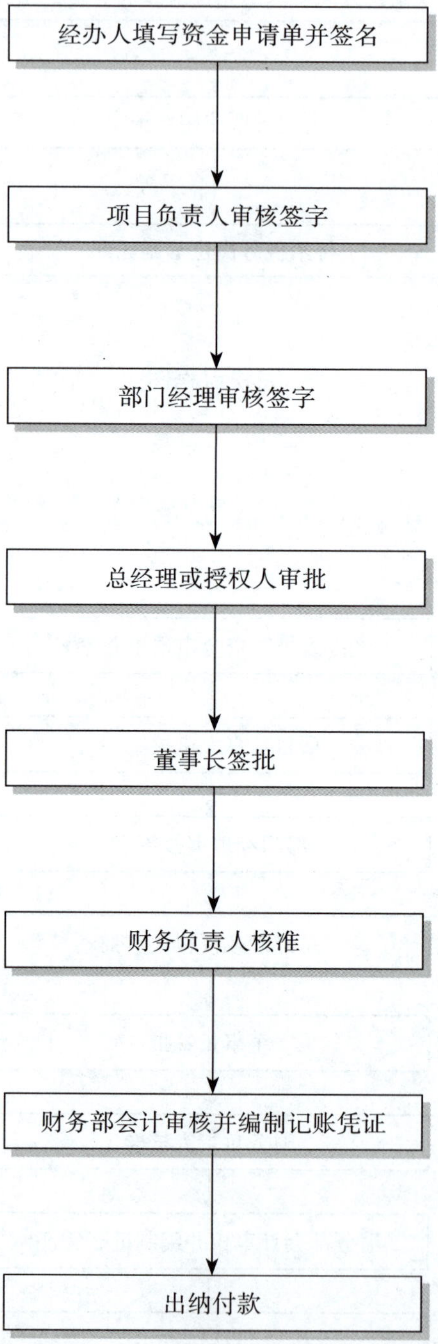

对外长、短期投资和非经营性资金往来支出基本流程图

13.18　日常经营管理费用支出和研发费用支出基本流程

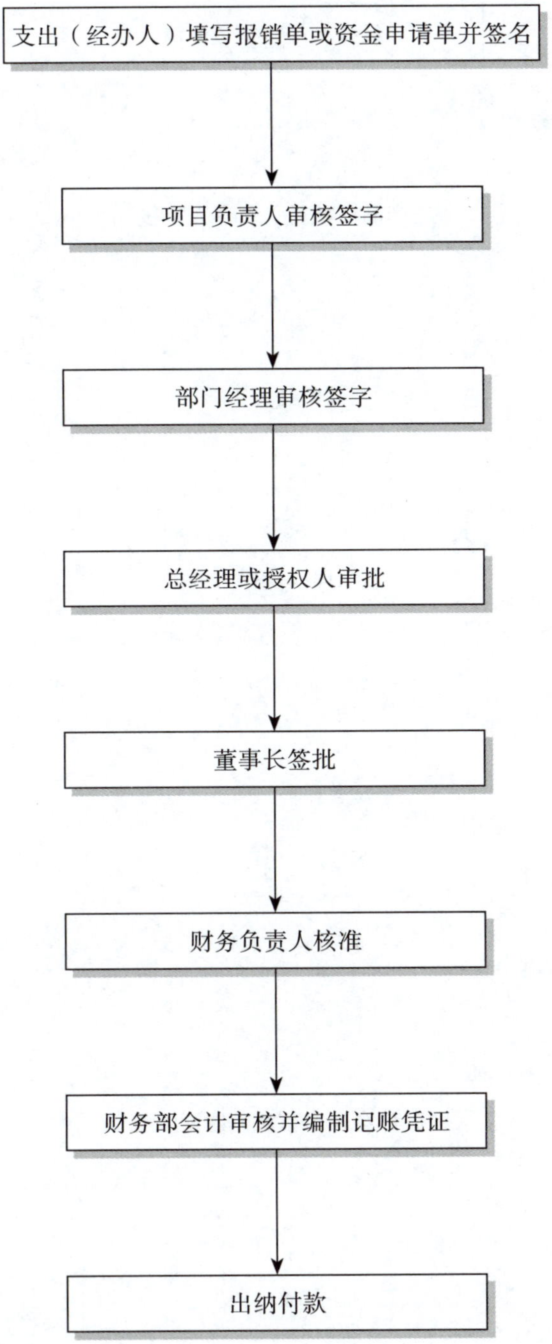

日常经营管理费用支出和研发费用支出基本流程图

13.19 经营采购支出基本流程

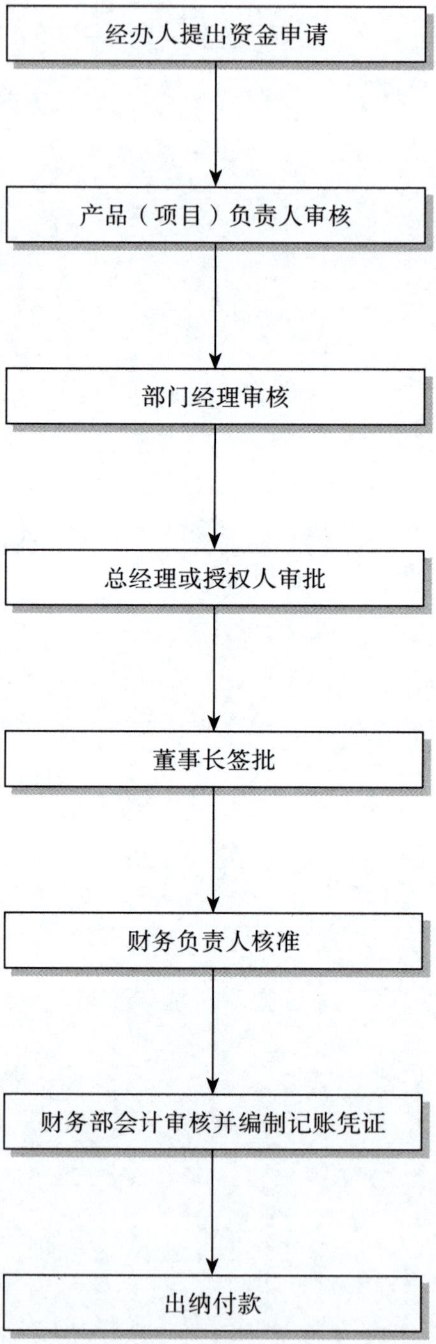

经营采购支出基本流程图

13.20　固定资产外购业务流程

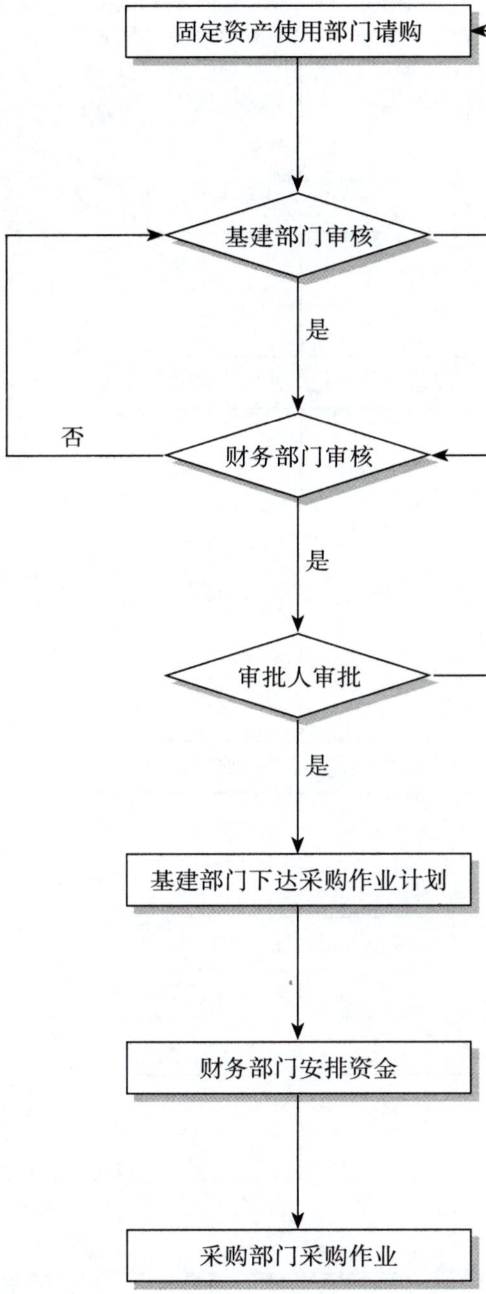

固定资产外购业务流程图

13.21 固定资产处置业务流程

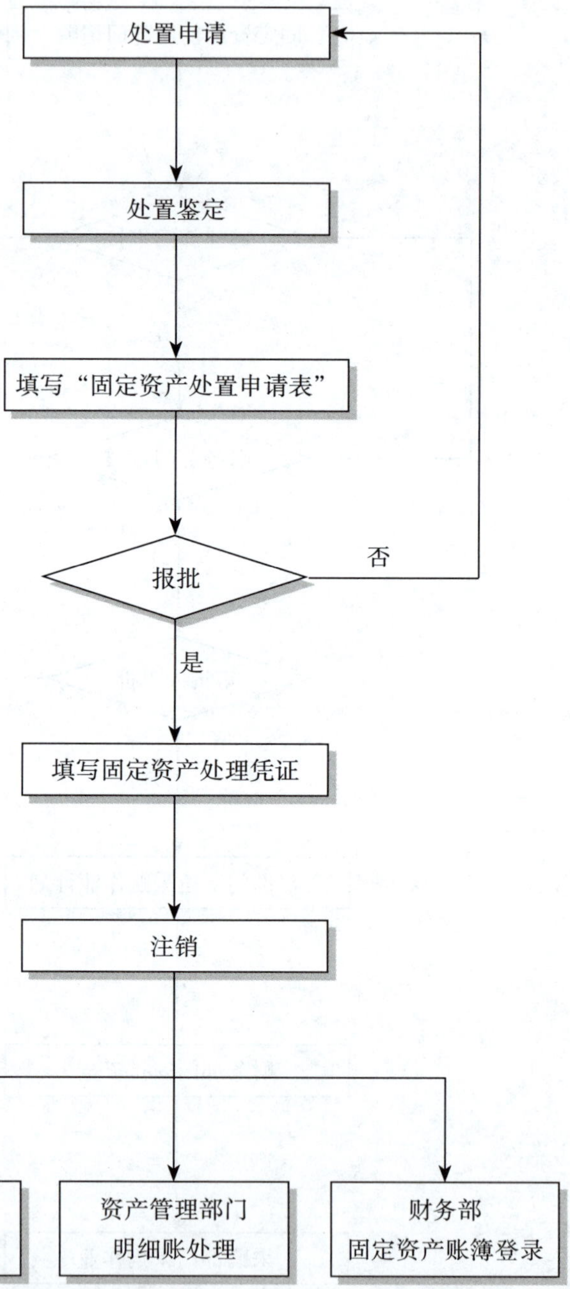

固定资产处置业务流程图

13.22 存货取得业务控制流程

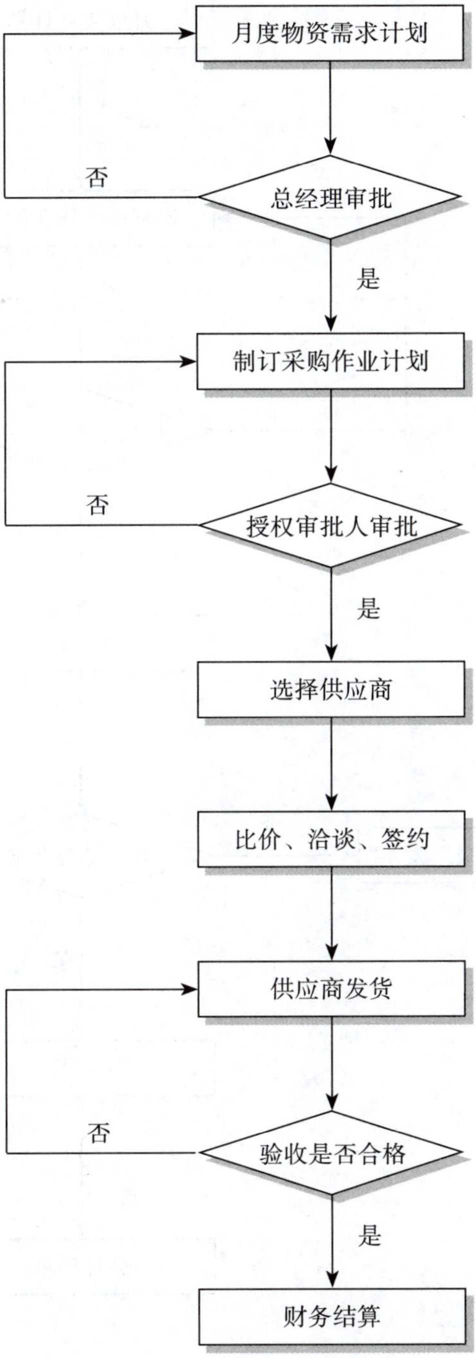

存货取得业务控制流程图

13.23 存货制造控制流程

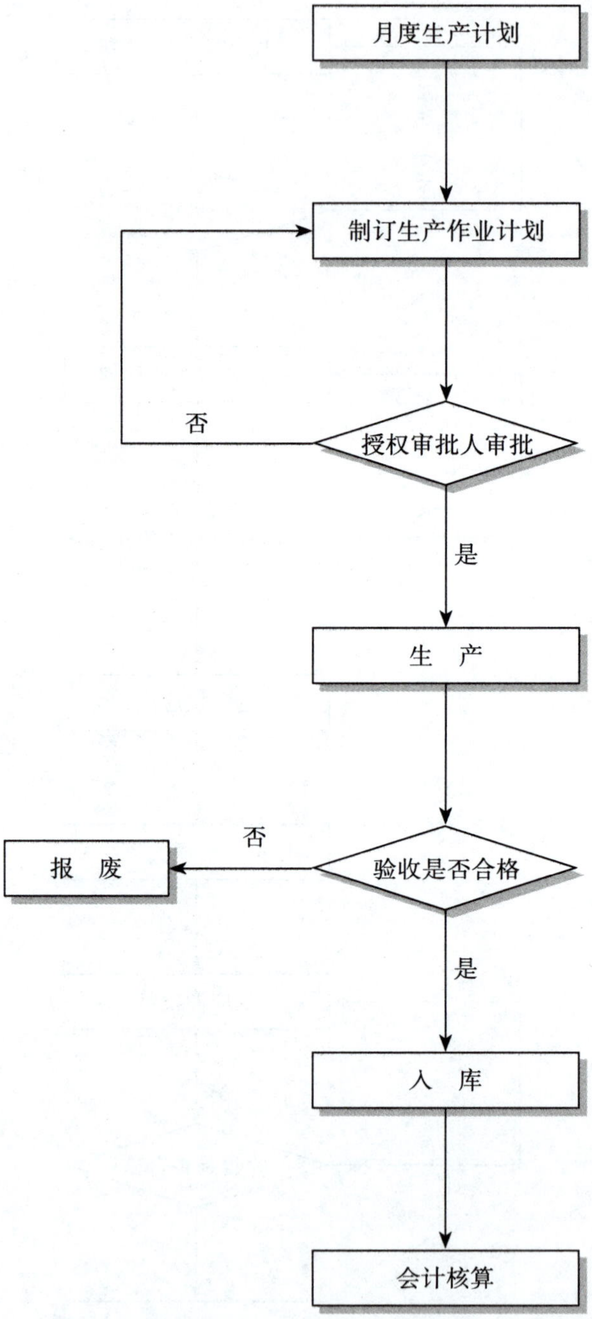

存货制造控制流程图

13.24　存货领用控制流程

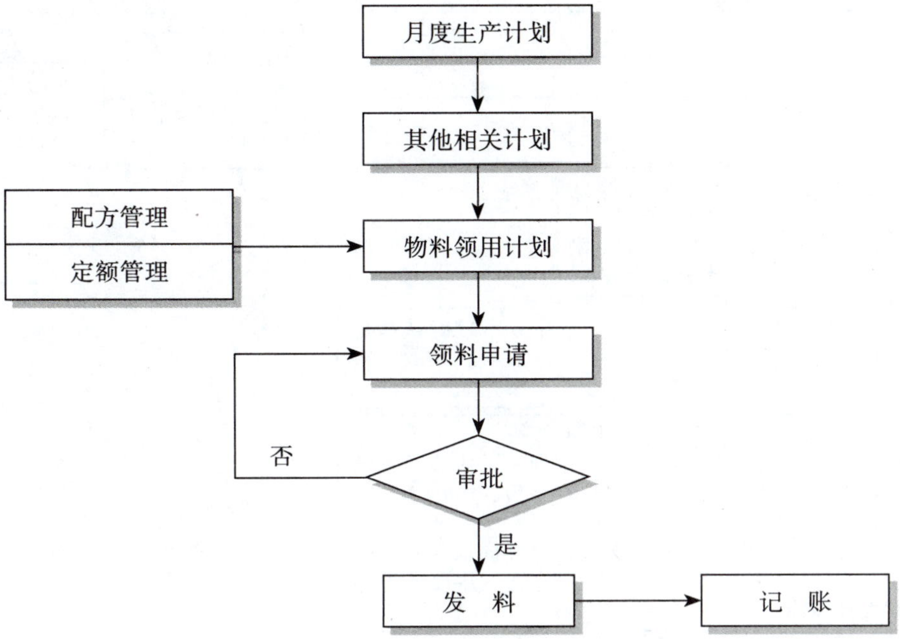

存货领用控制程序图

13.25　存货处置控制流程

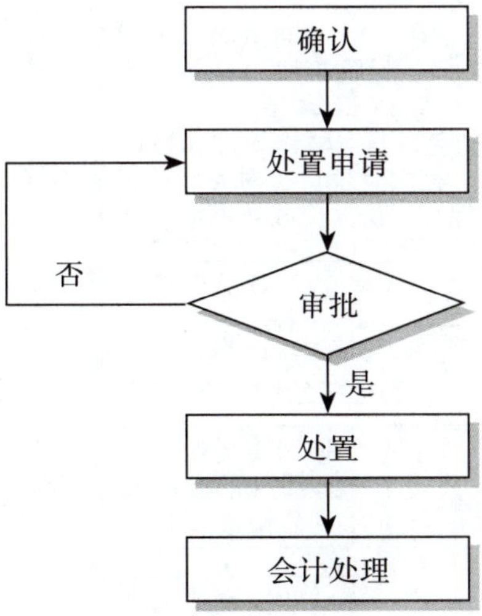

存货处置控制流程图

13.26　应收票据（收取、保管、承兑）控制流程

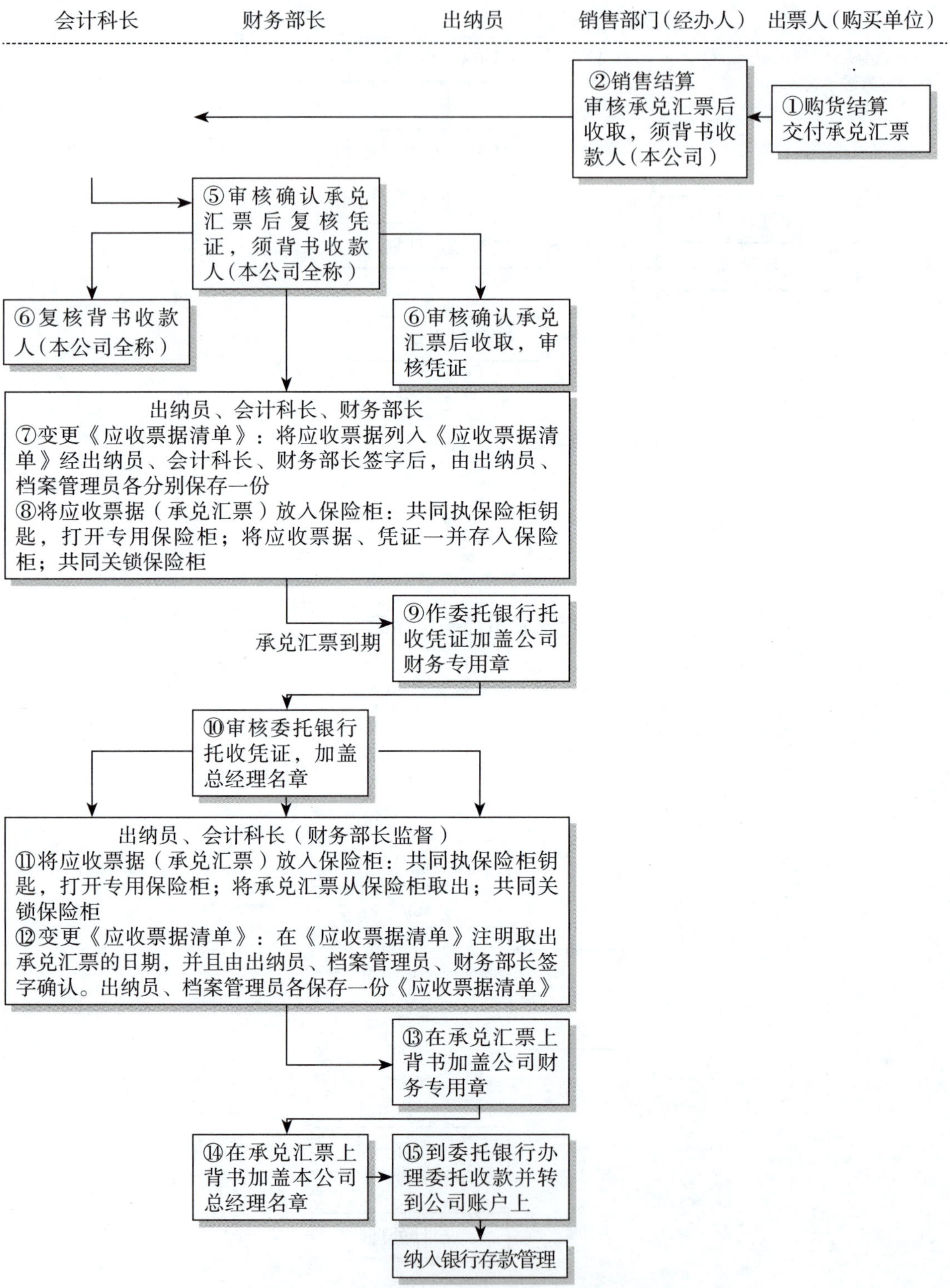

应收票据（收取、保管、承兑）控制流程图

13.27　银行存款（支票/网银/银行承兑）支付控制流程

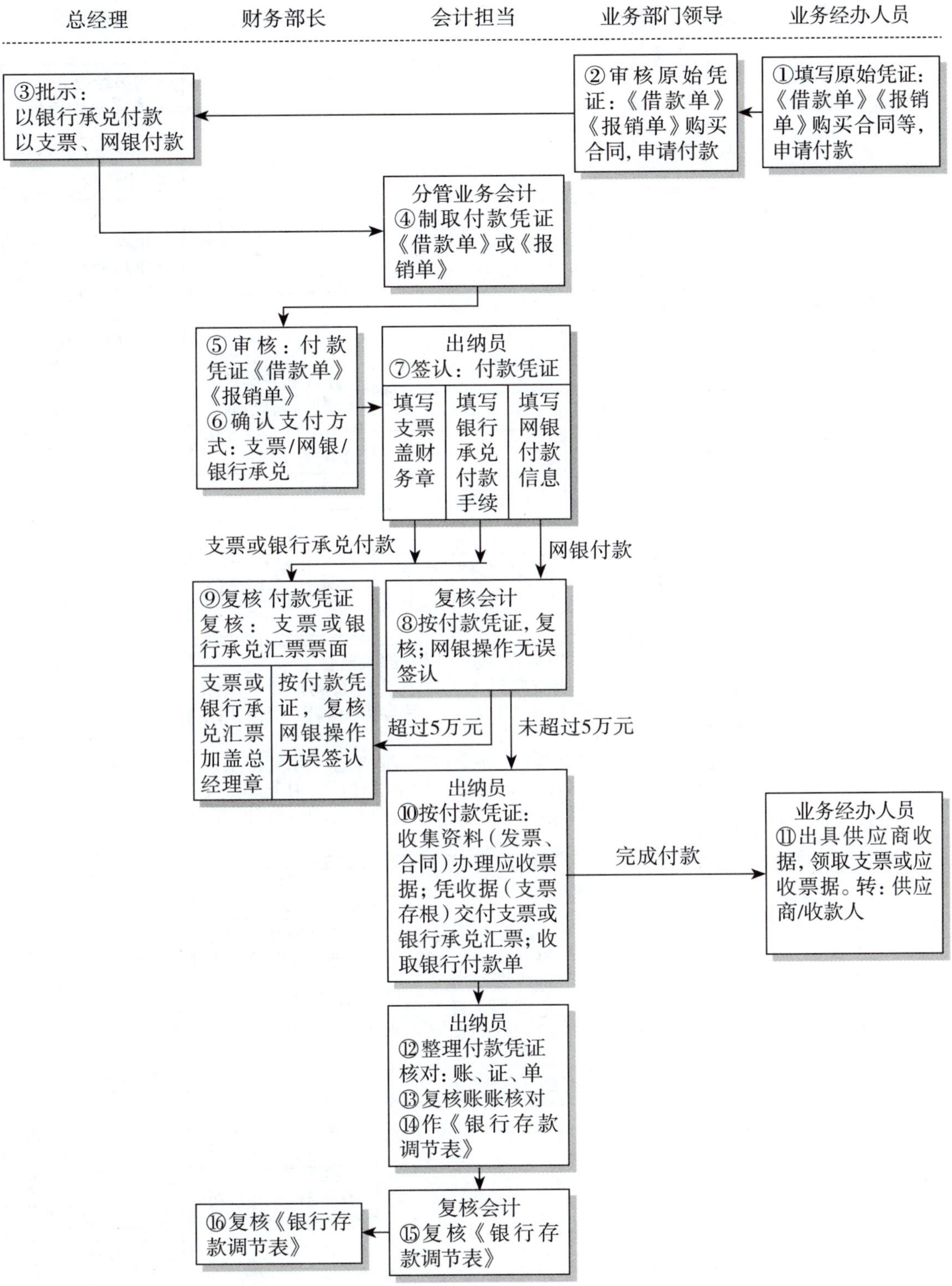

银行存款（支票/网银/银行承兑）支付控制流程图

13.28 库存承兑汇票控制流程

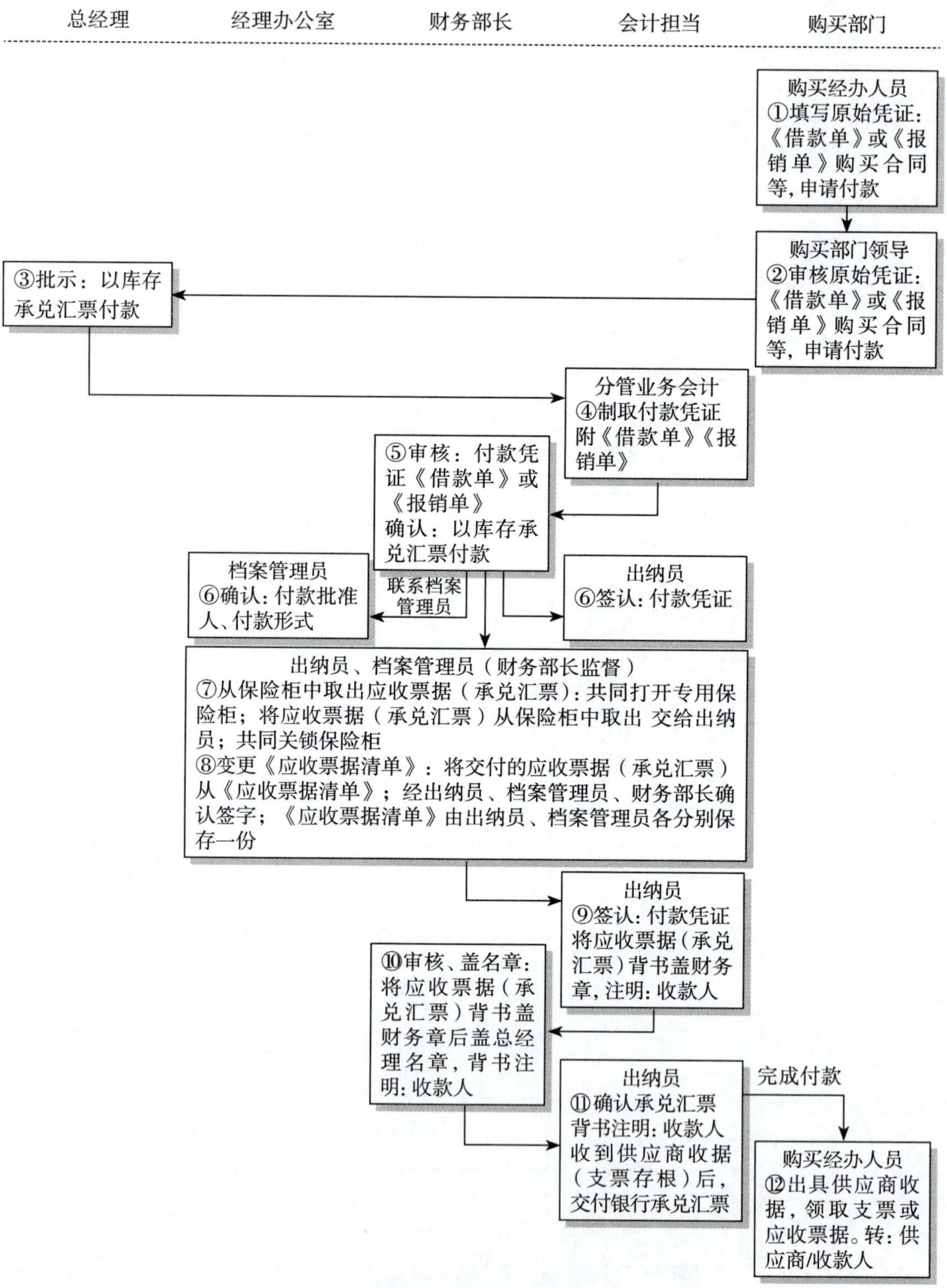

库存承兑汇票控制流程图

第14章 成本费用管理流程

14.1 标准成本控制业务流程

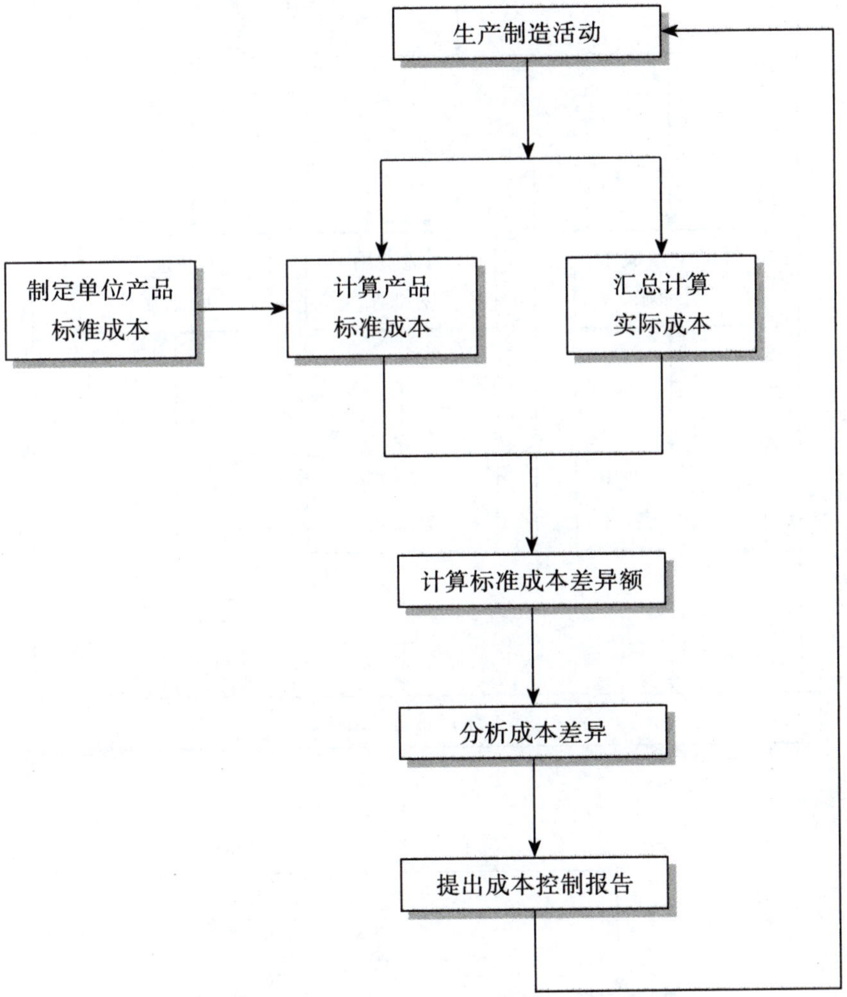

标准成本控制业务流程图

14.2　成本核算基本流程

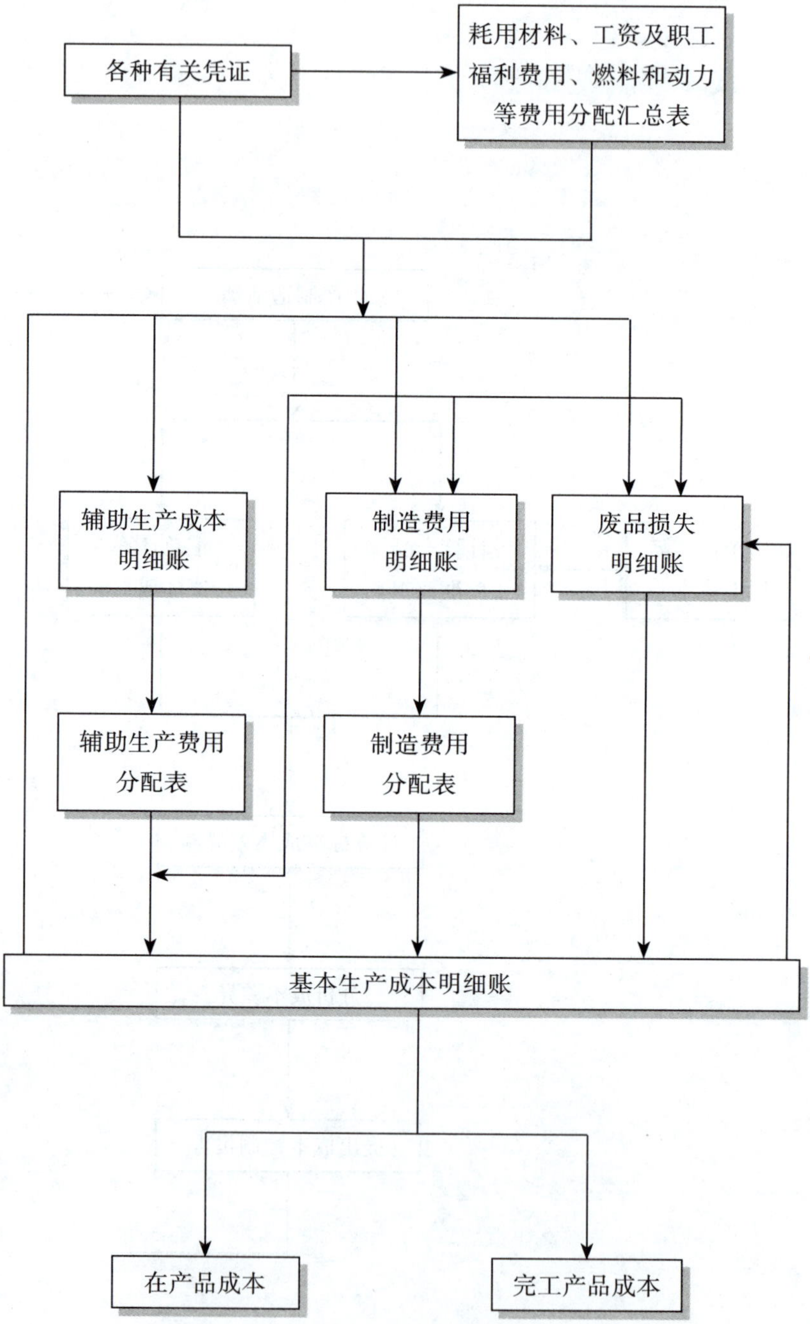

成本核算基本流程图

14.3　生产成本核算流程

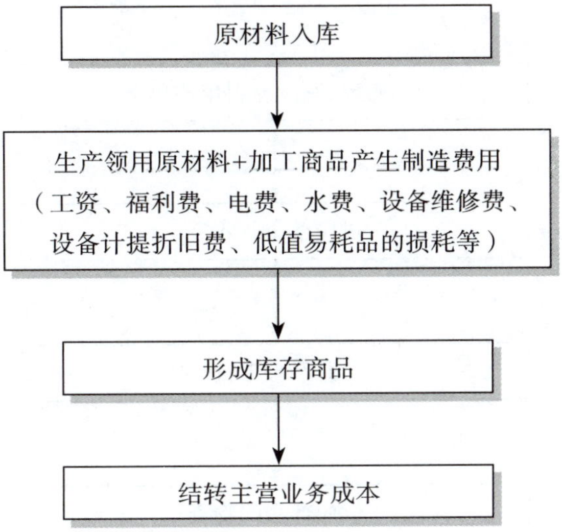

生产成本核算流程图

14.4　费用报销基本流程

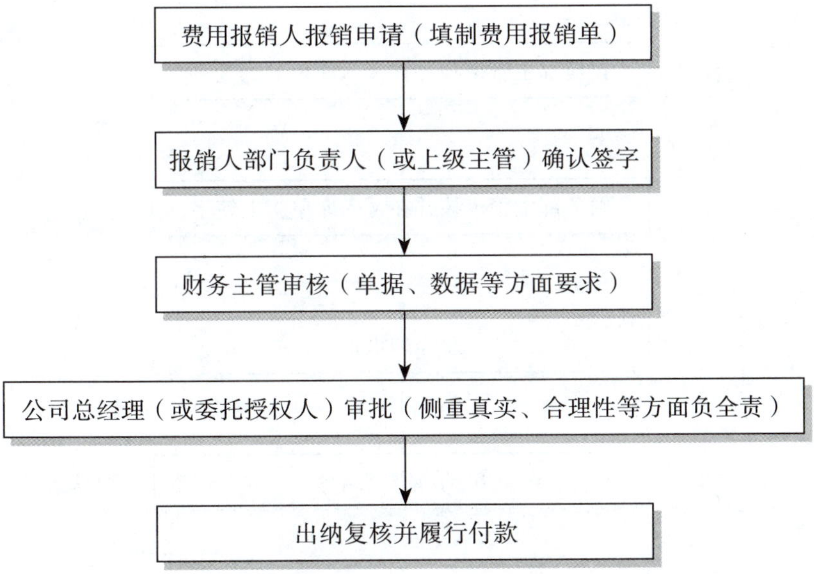

费用报销基本流程图

14.5 原辅材料现款采购审批及资金支付流程

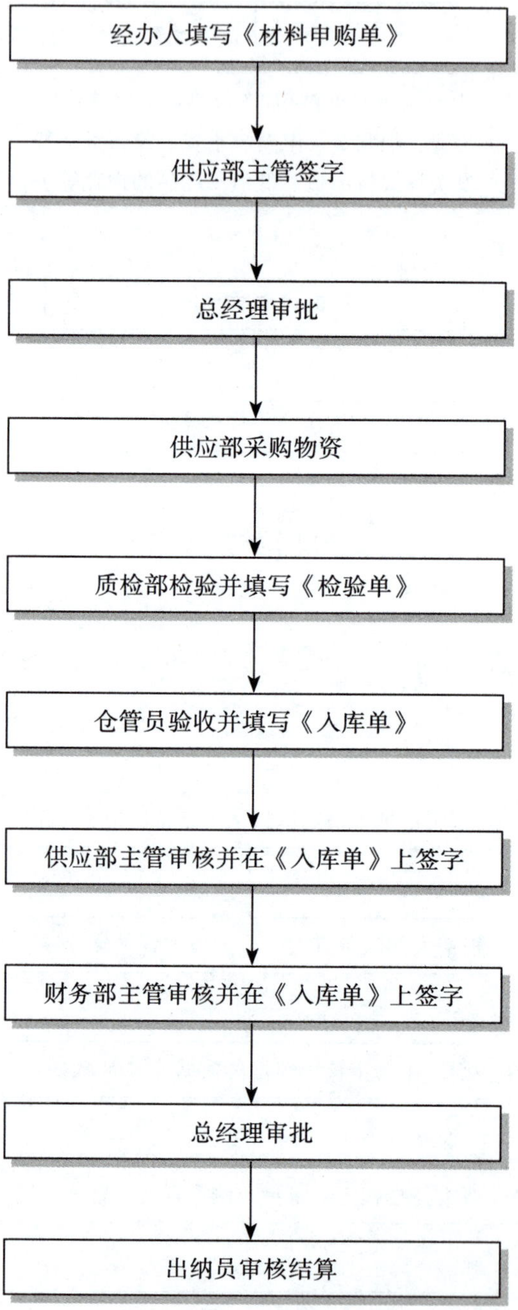

原辅材料现款采购审批及资金支付流程图

14.6　原辅材料赊销采购审批流程

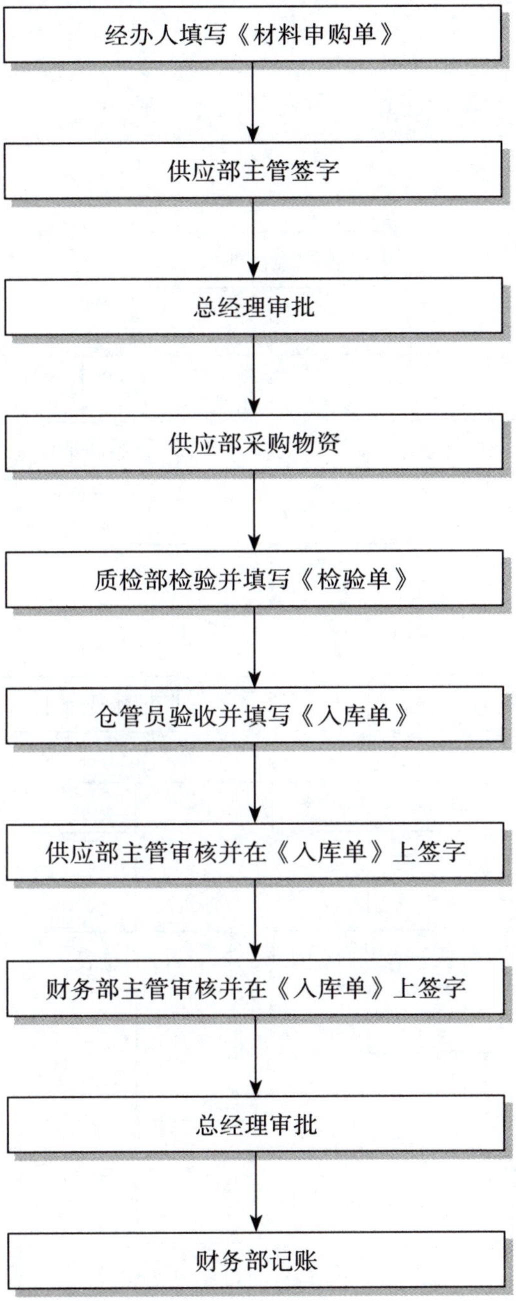

原辅材料赊销采购审批流程图

第15章　会计核算管理流程

15.1　会计核算组织流程

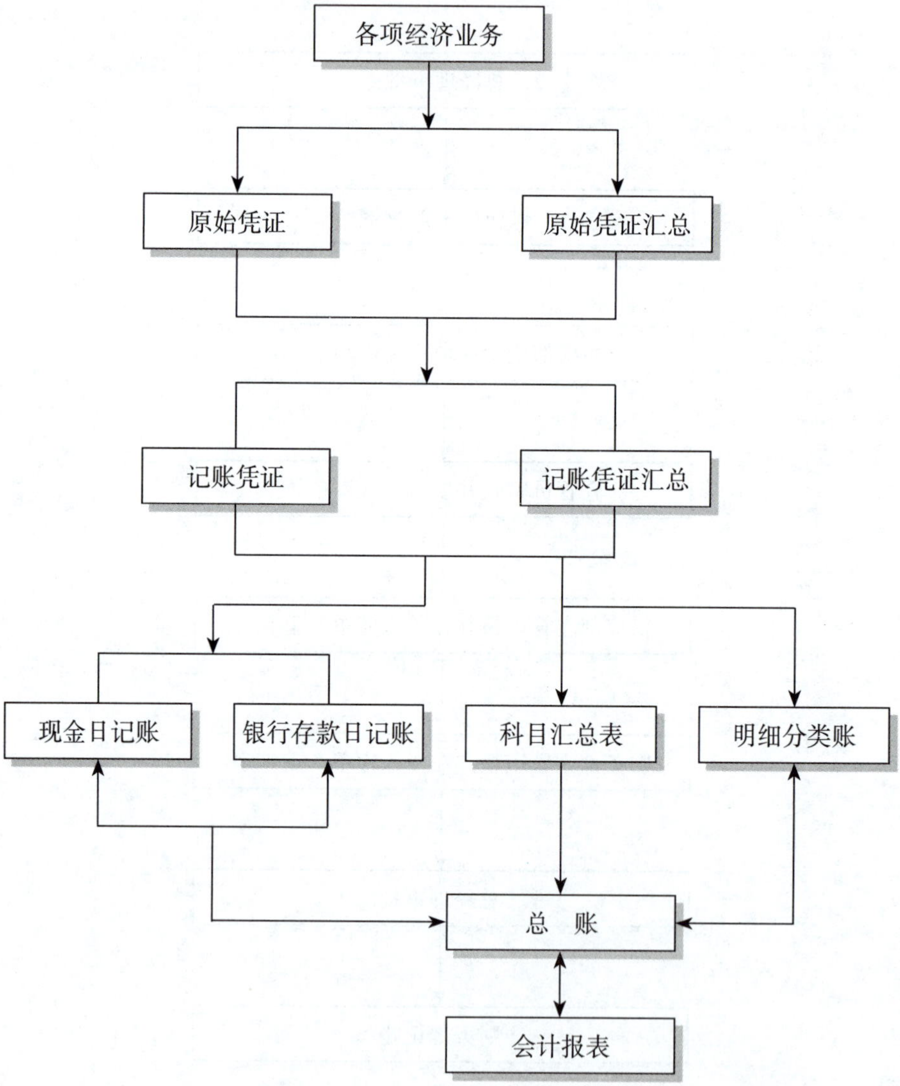

会计核算组织流程图

15.2　账簿记录组织流程

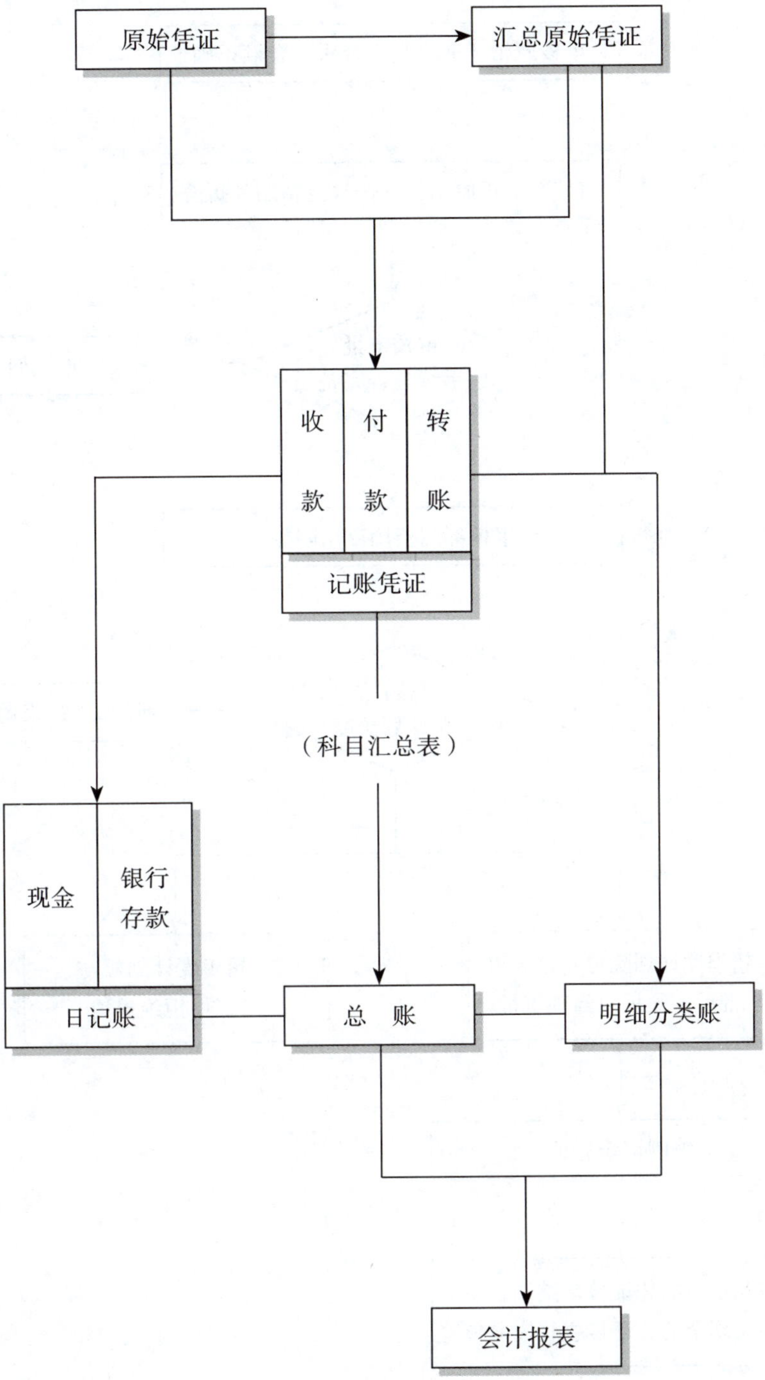

账簿记录组织流程图

15.3 部门日常费用核算工作流程

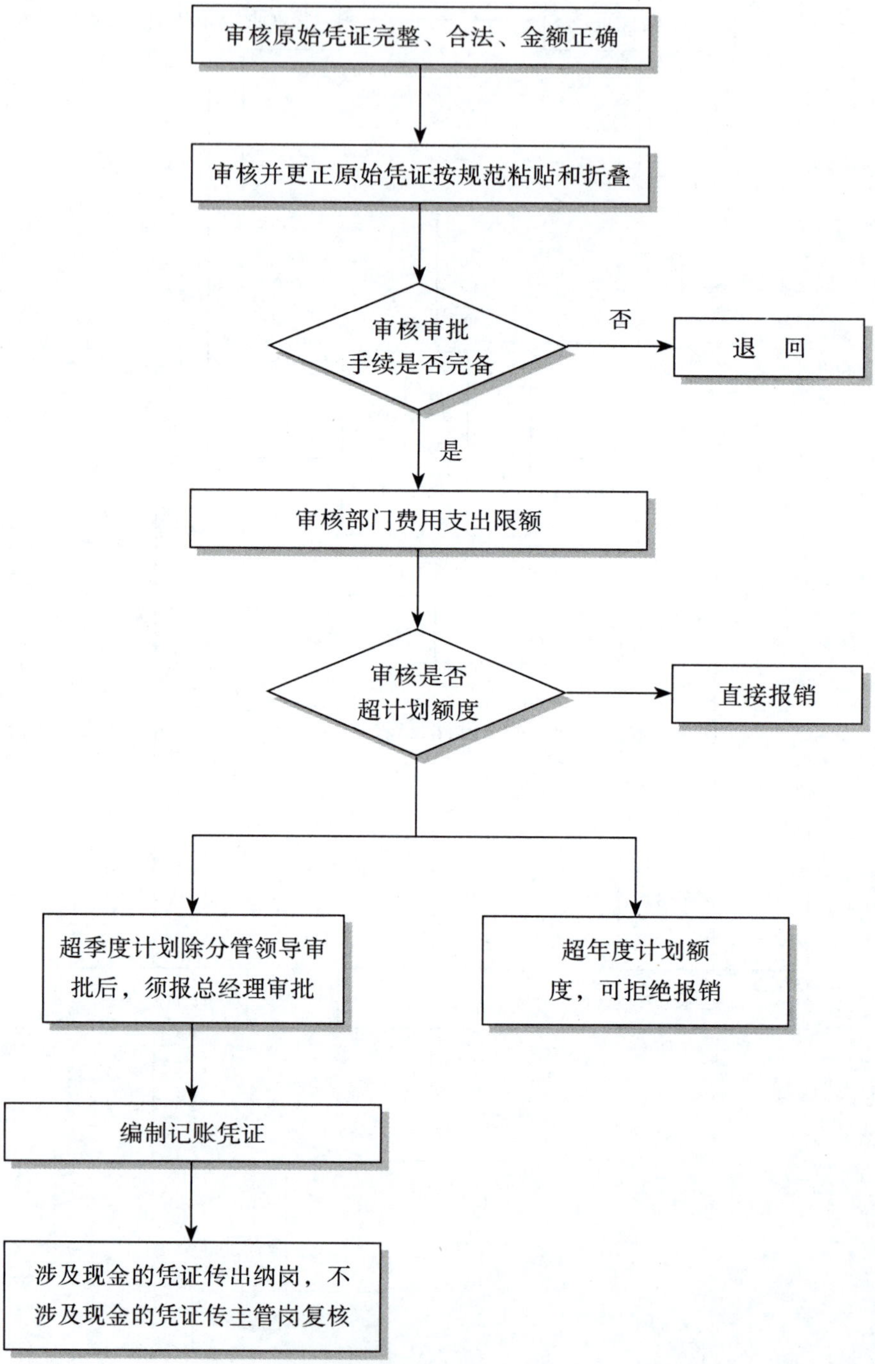

部门日常费用核算工作流程图

15.4　审核付款及报账流程

15.4.1　审核付款流程

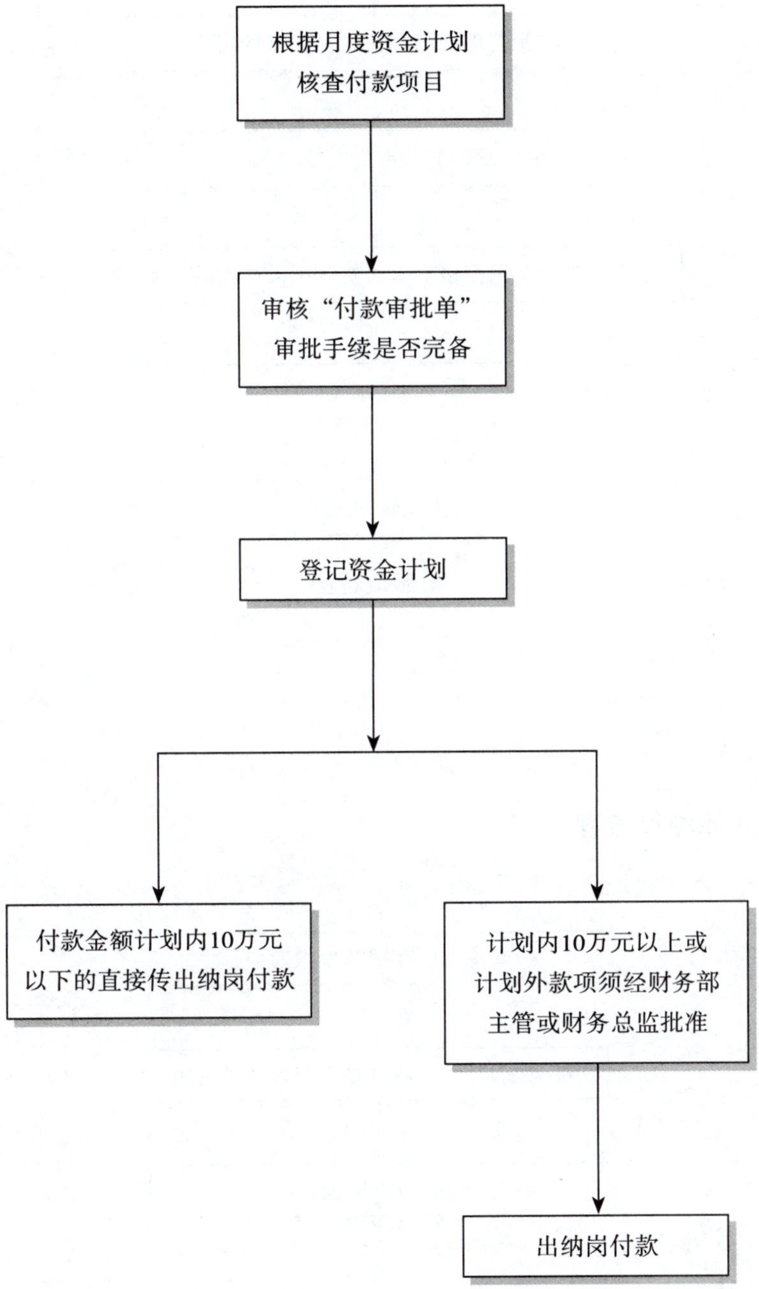

审核付款流程图

15.4.2 报账流程

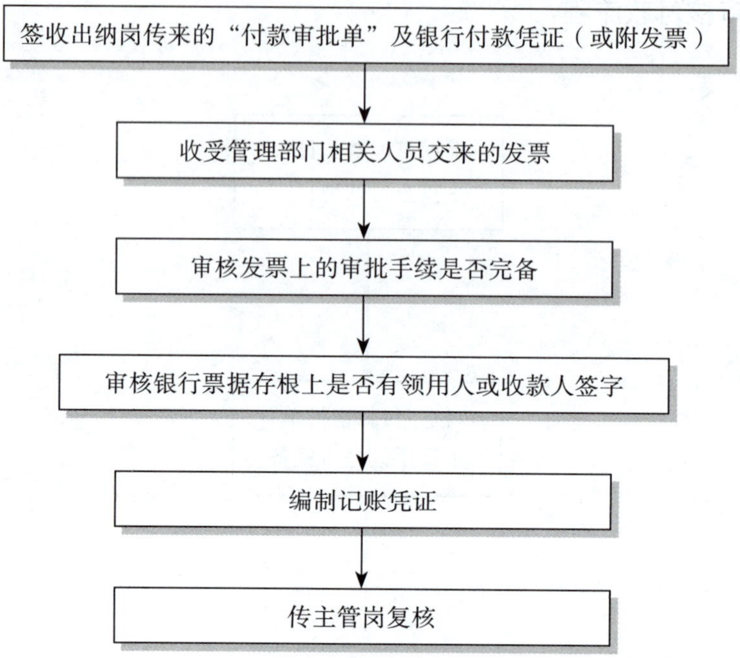

报账流程图

15.5 办公用品入库与领用核算流程

15.5.1 入库核算流程

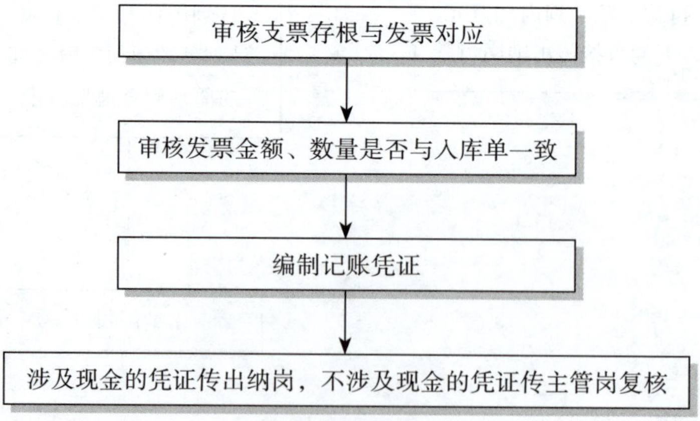

入库核算流程图

15.5.2　领用核算流程

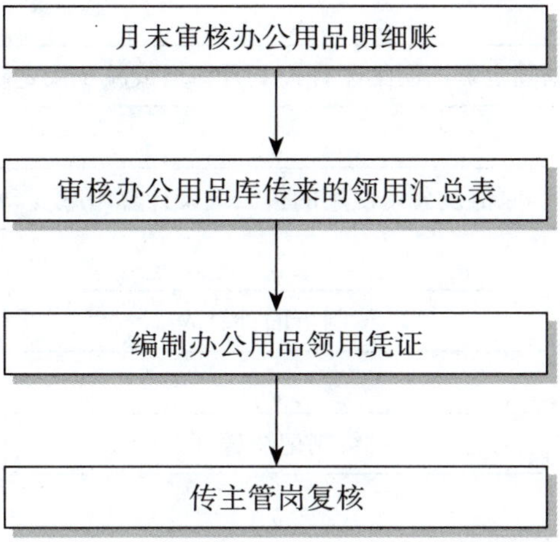

领用核算流程图

15.6　固定资产购进核算流程

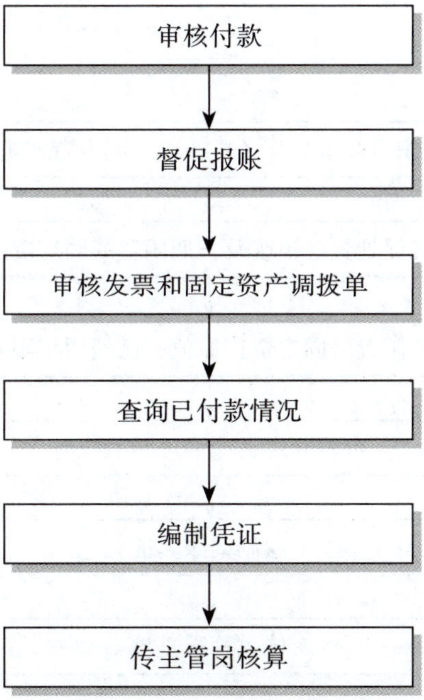

固定资产购进核算流程图

15.7 固定资产提取折旧核算工作流程

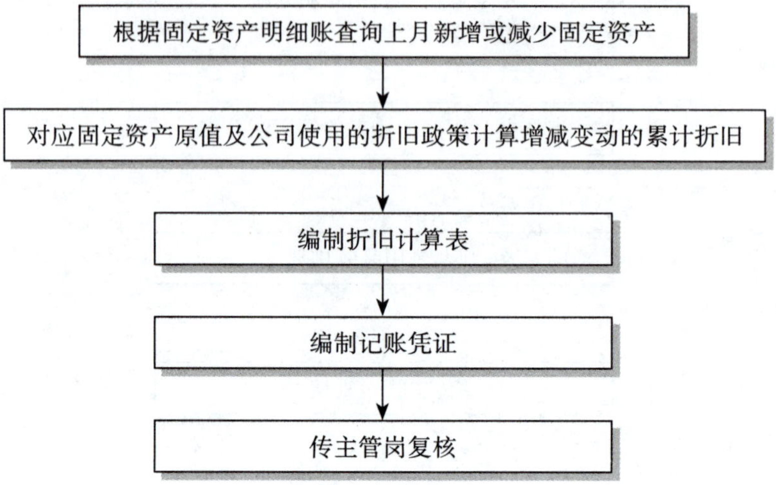

固定资产提取折旧核算工作流程图

15.8 固定资产清理报废核算工作流程

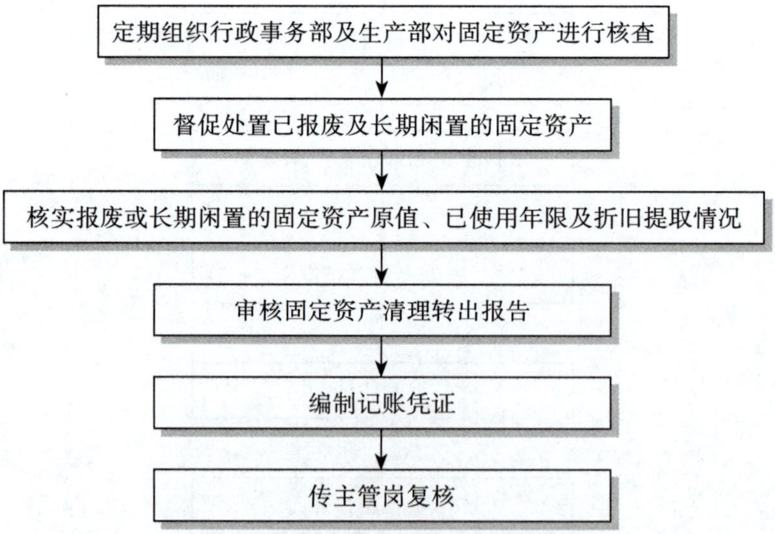

固定资产清理报废核算工作流程图

15.9　工程款项付出及报账流程

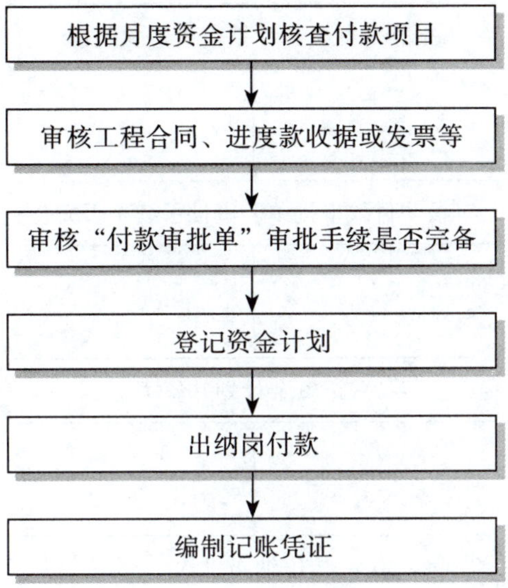

工程款项付出及报账流程图

15.10　材料采购报账核算流程

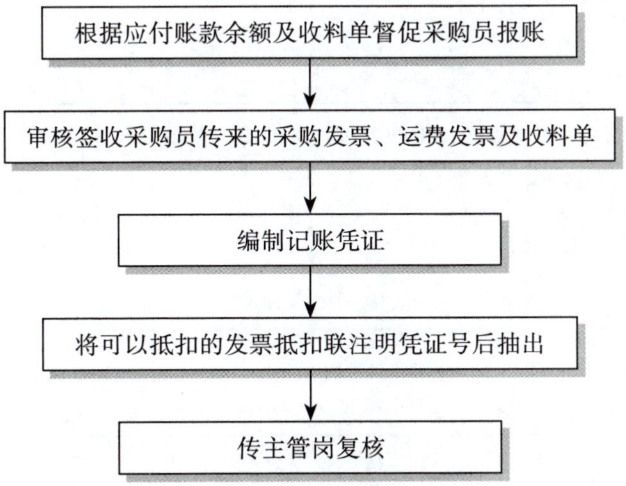

材料采购报账核算流程图

15.11　审核采购付款流程

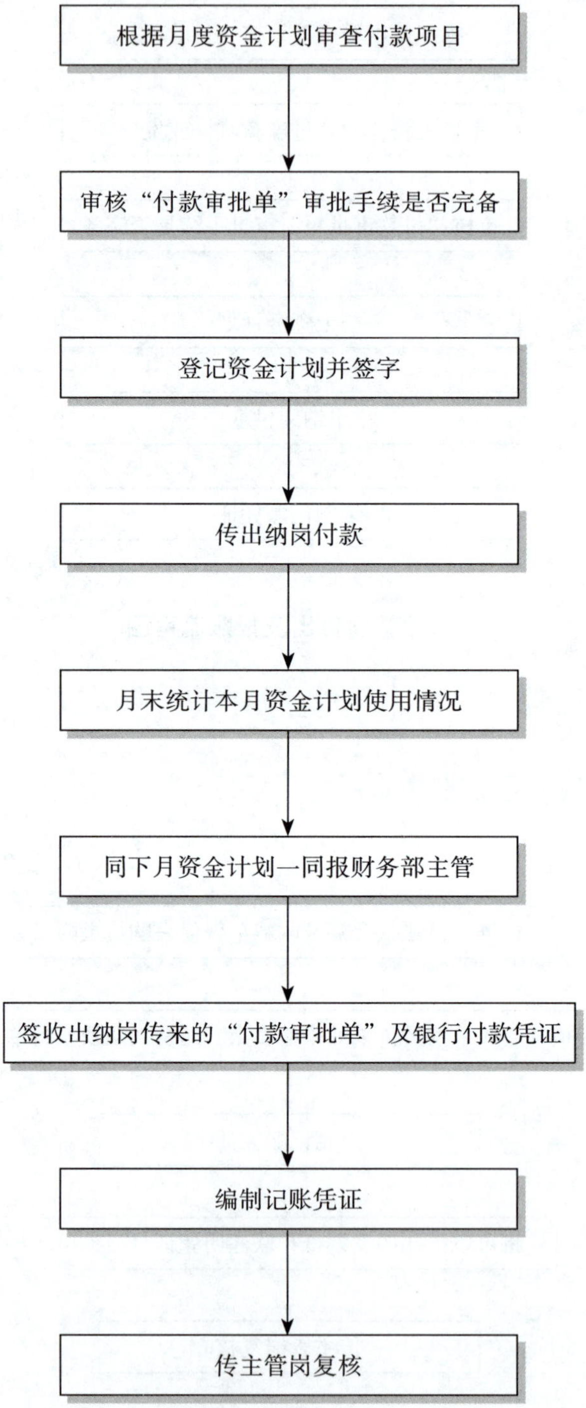

审核采购付款流程图

15.12　应付账款核算流程

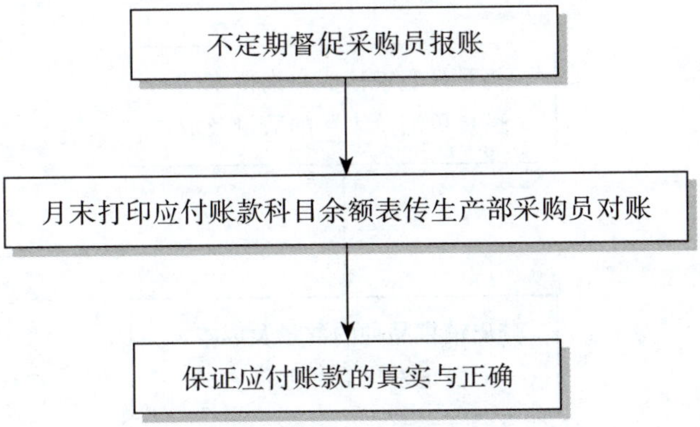

应付账款核算流程图

15.13　库存商品核算流程

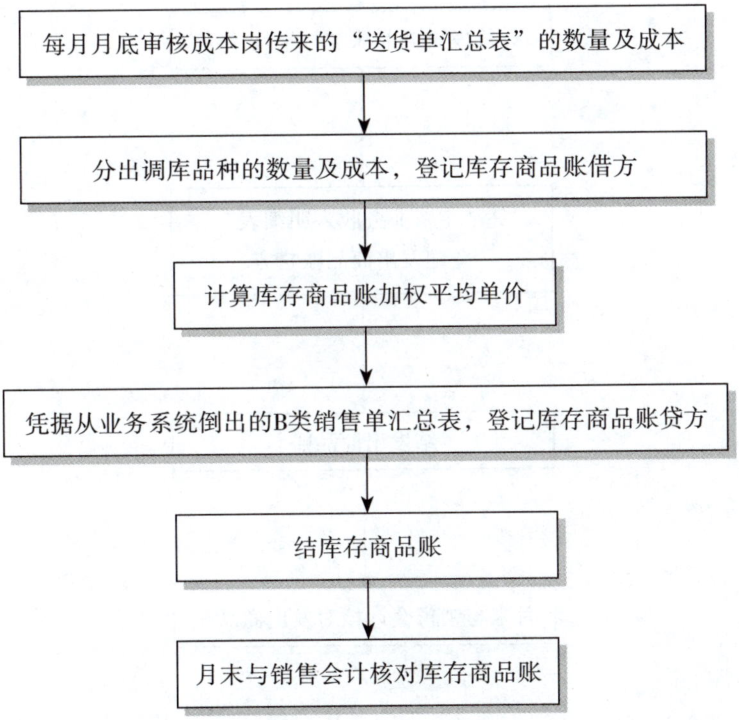

库存商品核算流程图

15.14　发出商品的核算工作流程

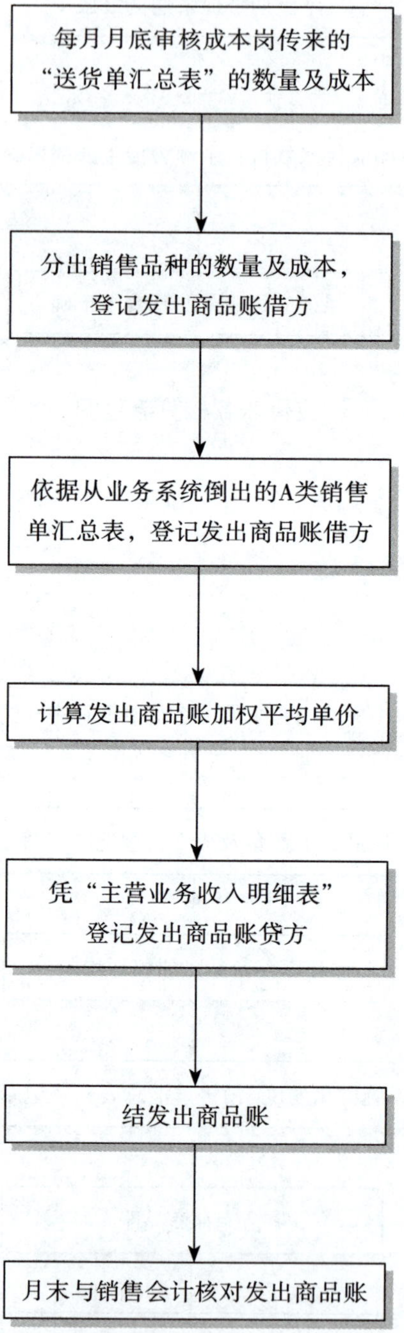

发出商品的核算工作流程图

15.15　退货的核算工作流程

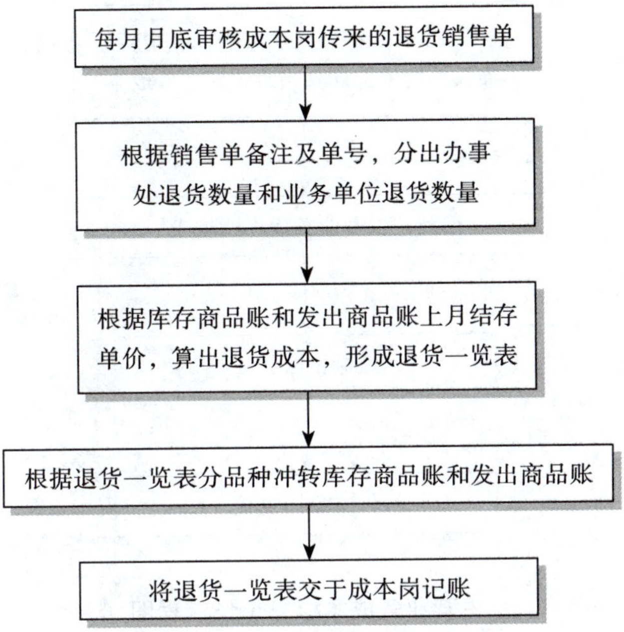

退货的核算工作流程图

15.16　正常销售收入核算工作流程

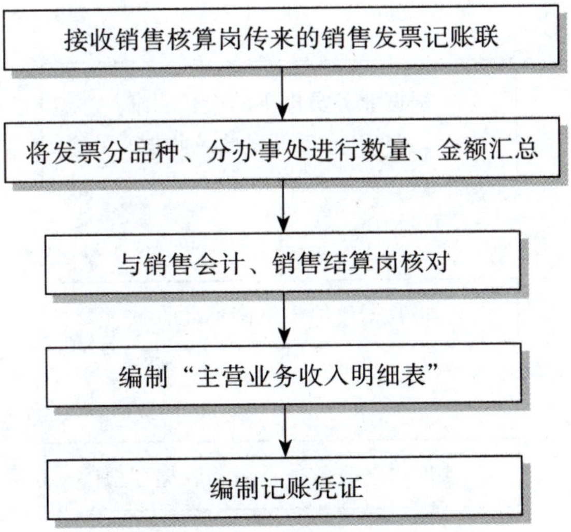

正常销售收入核算工作流程图

15.17 主营业务成本核算工作流程

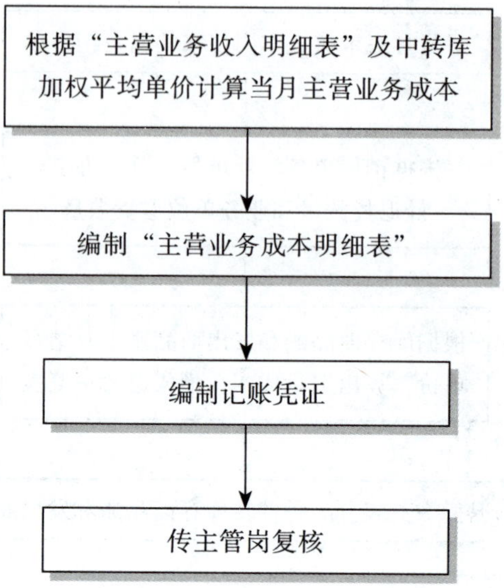

主营业务成本核算工作流程图

15.18 回款核算流程

15.18.1 开收据

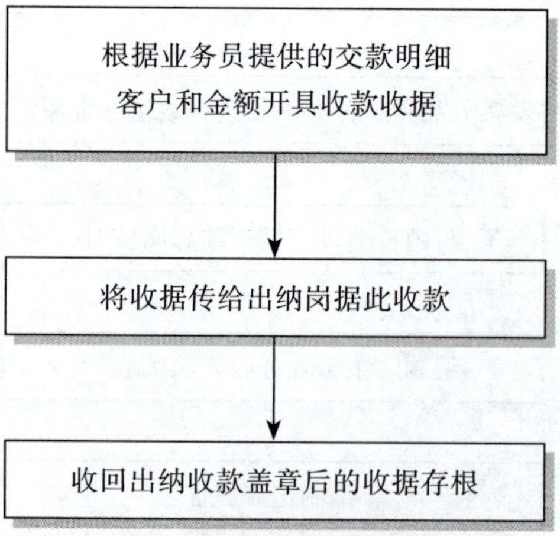

开收据流程图

15.18.2　编制回款凭证

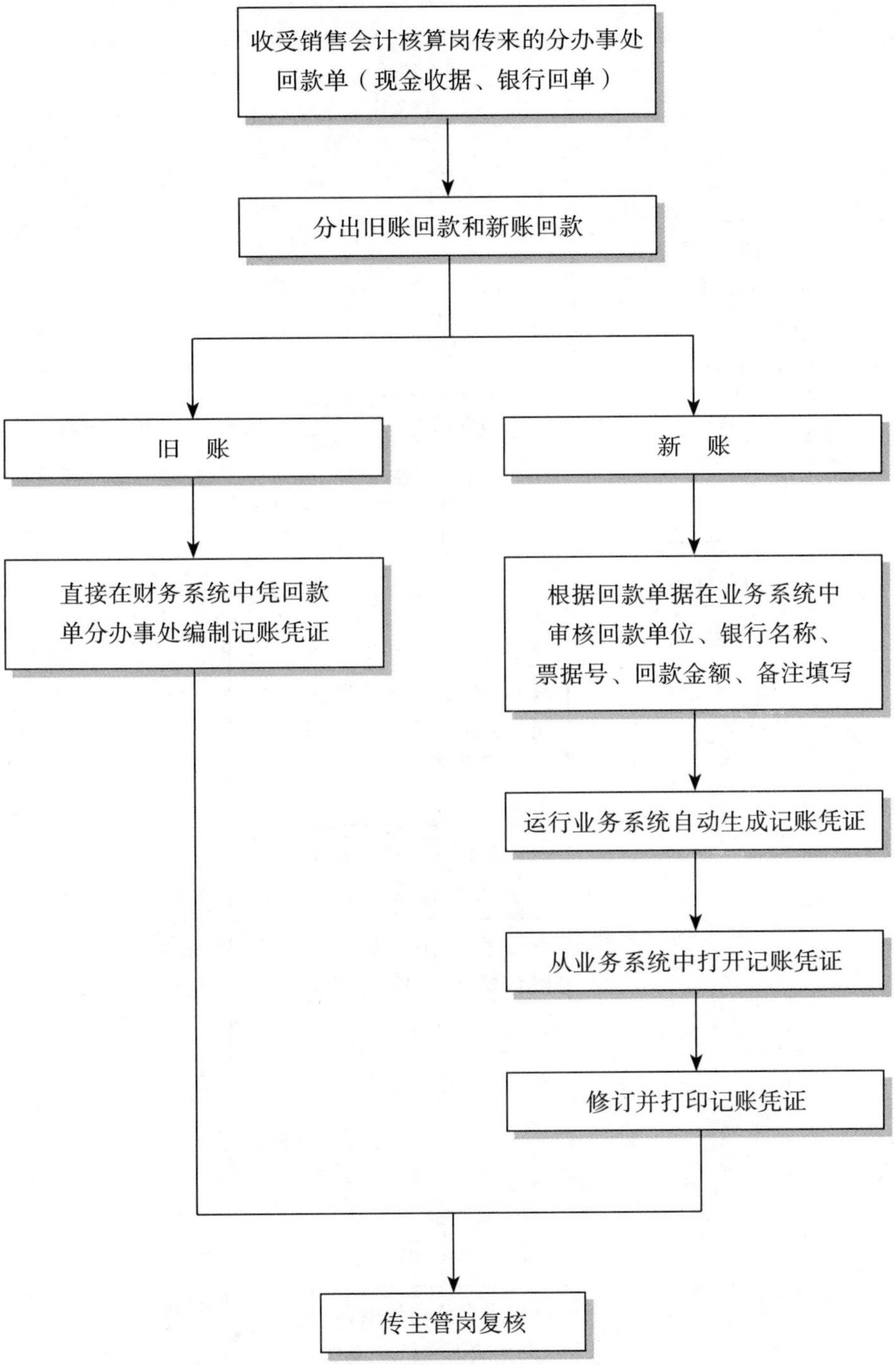

编制回款凭证流程图

第16章　账款管理流程

16.1　客户信用评定流程

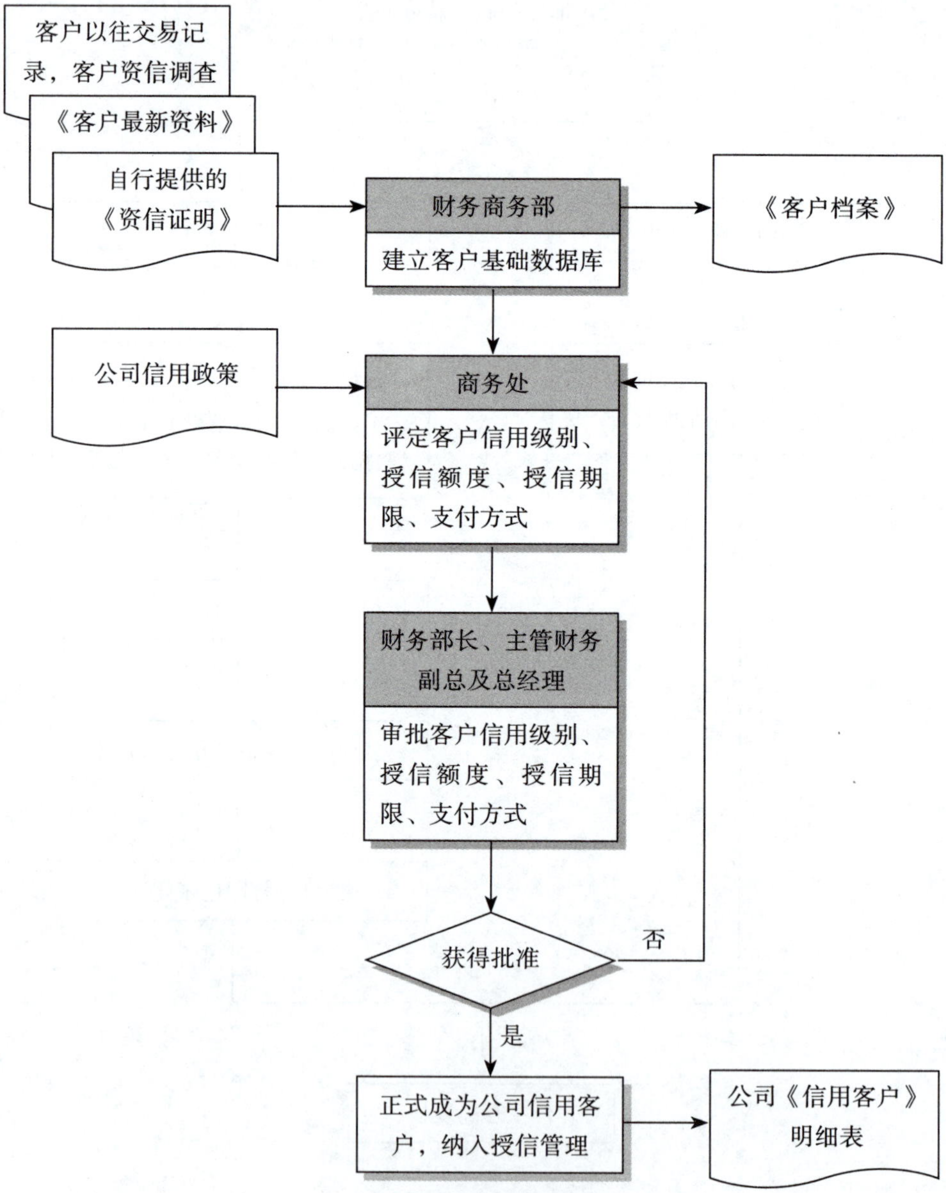

客户信用评定流程图

16.2 客户信用申请审批流程

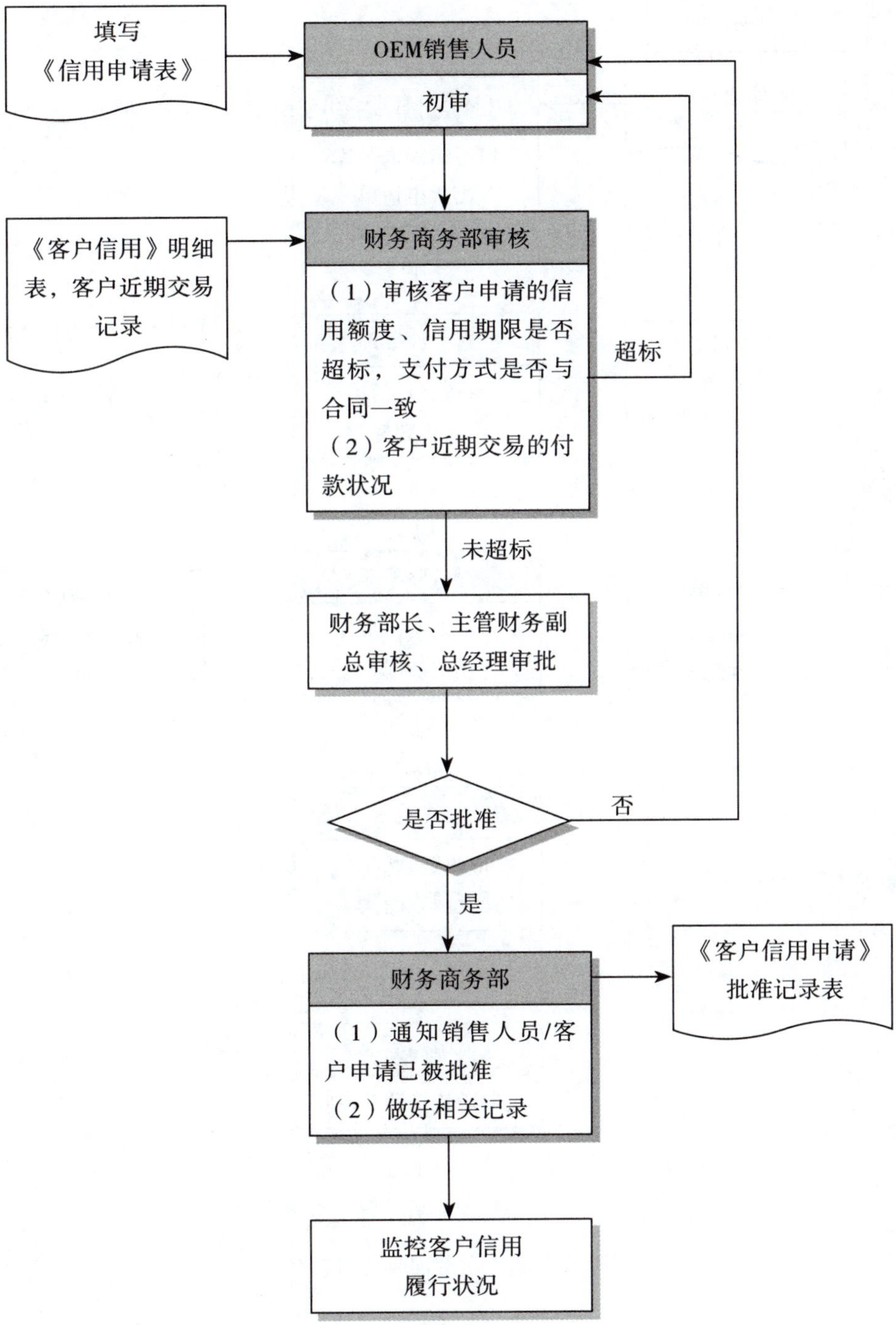

客户信用申请审批流程图

16.3 客户应收账款管理流程

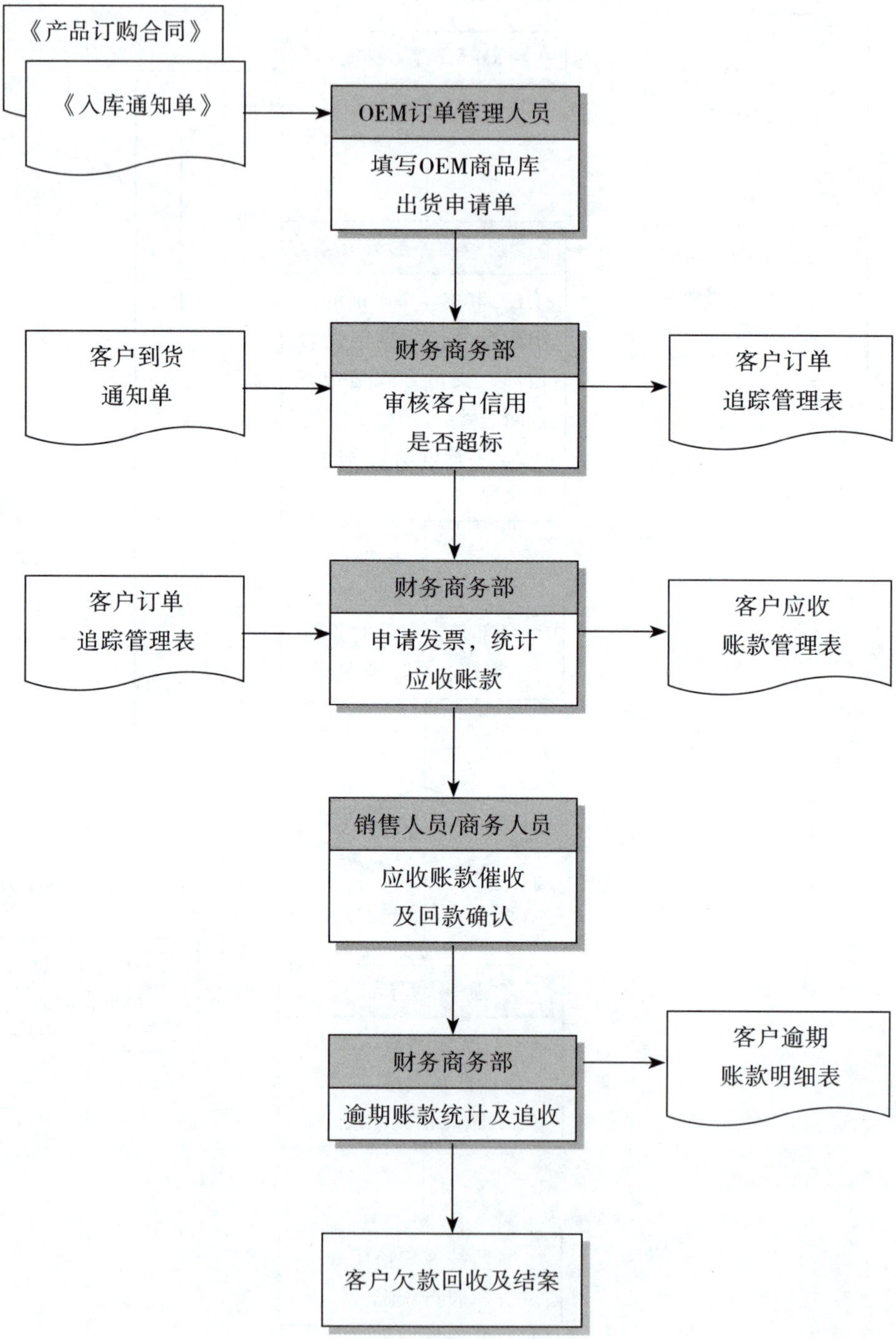

客户应收账款管理流程图

16.4　账款管理系统流程

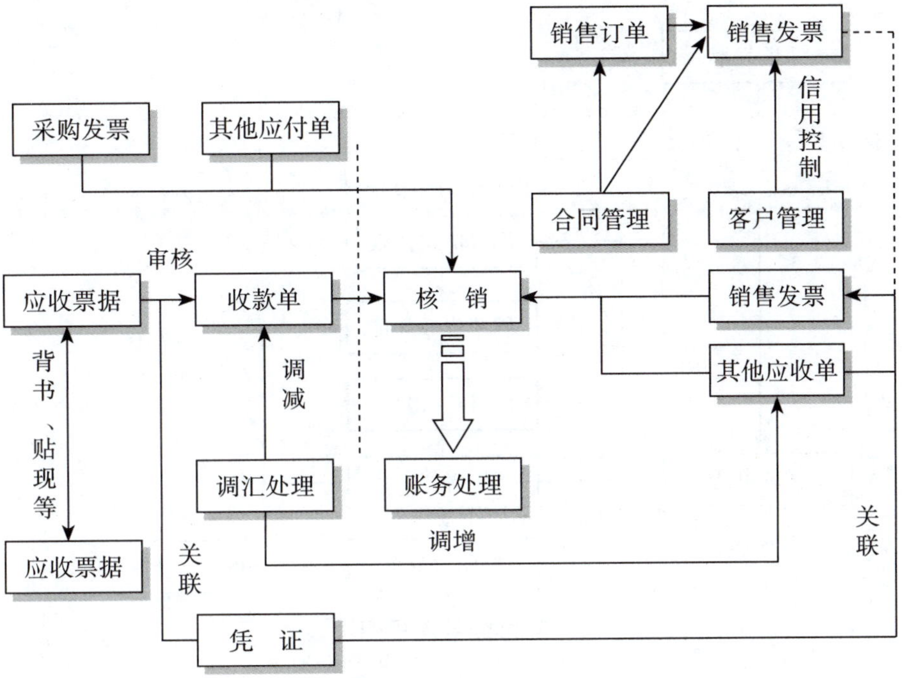

账款管理系统流程图

16.5　ERP应付账款总流程

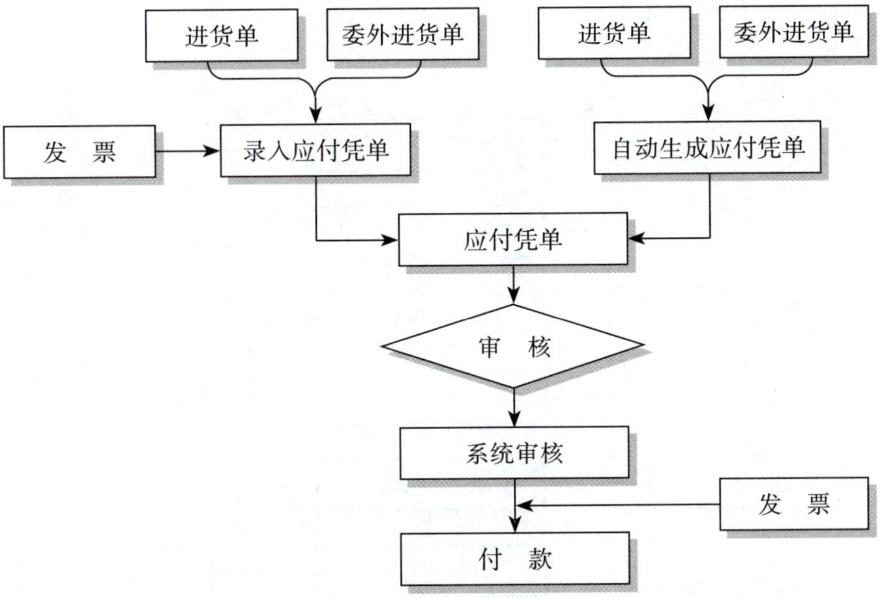

ERP应付账款总流程图

16.6 应付账款流程

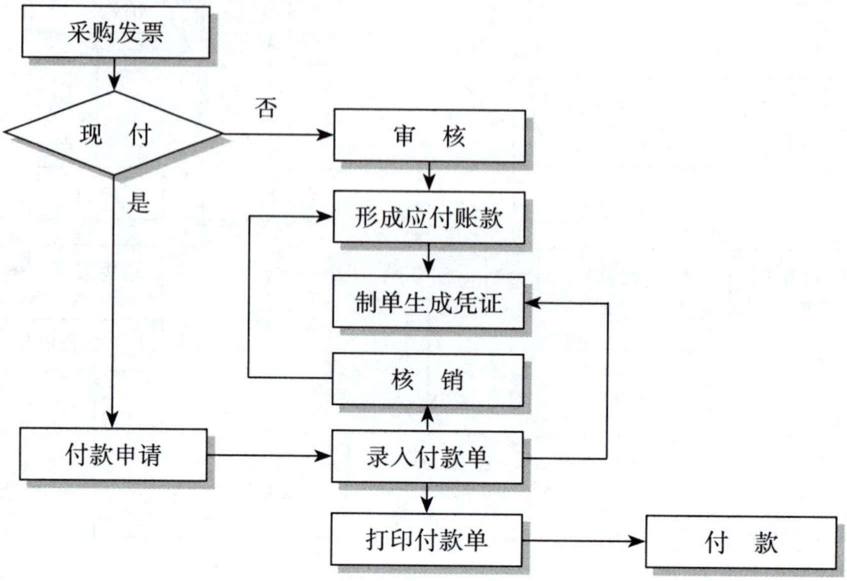

应付账款流程图

16.7 应收账款挂账及核销管理流程

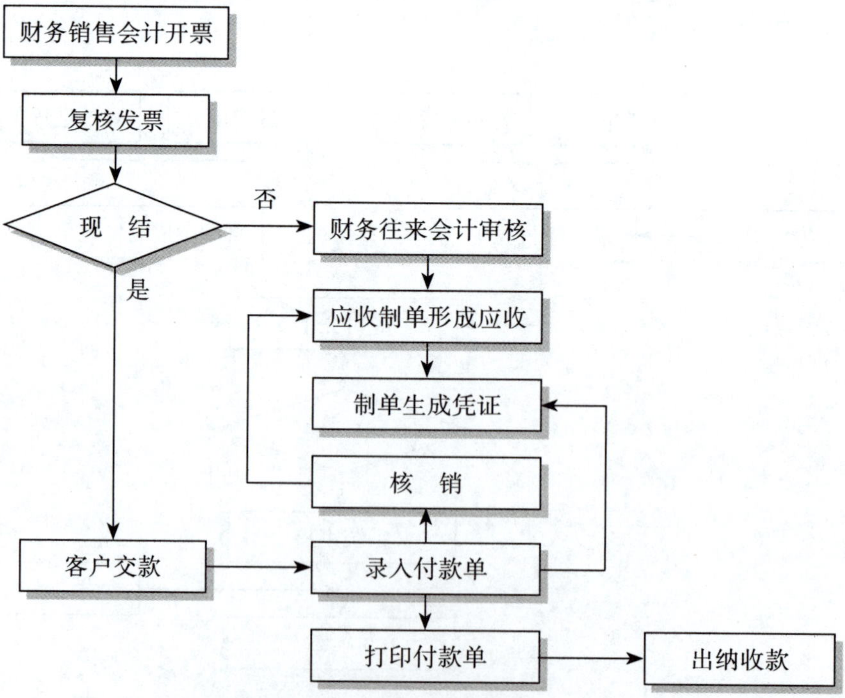

应收账款挂账及核销管理流程图

16.8　赊销控制流程

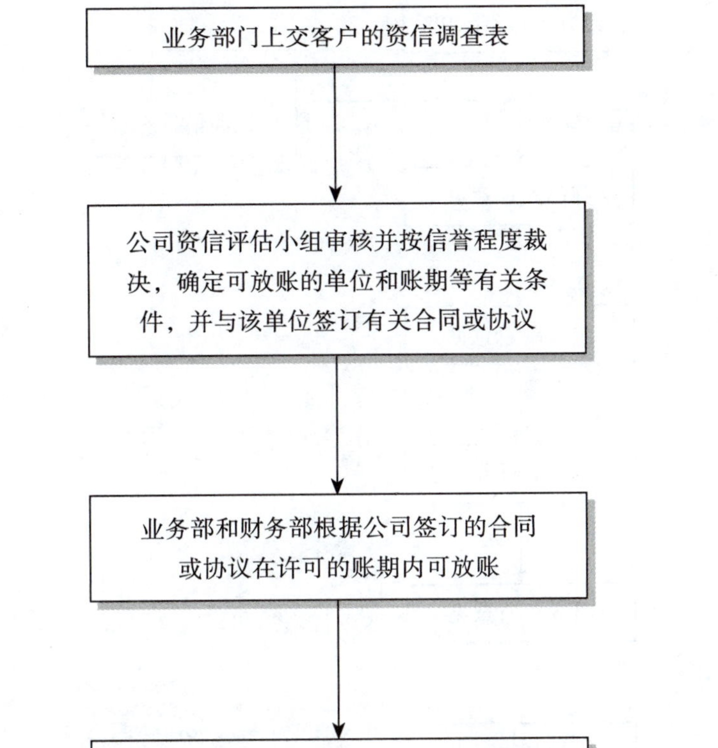

赊销控制流程图

16.9　请款（现金）工作流程

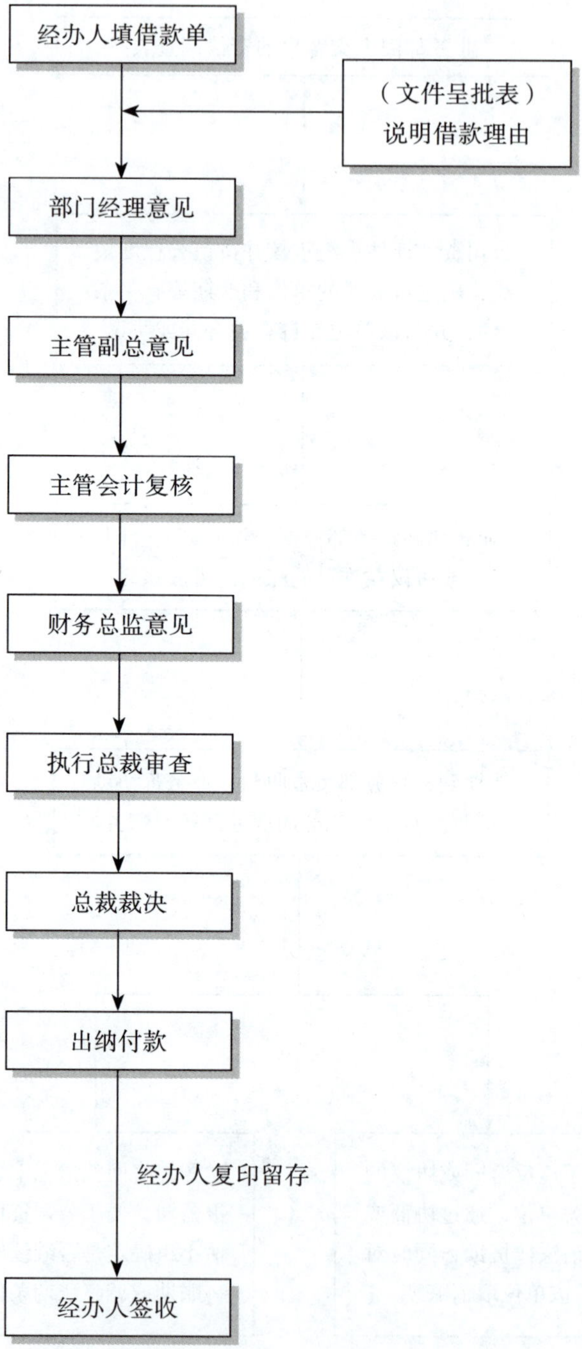

请款（现金）工作流程图

16.10 请款（支票）工作流程

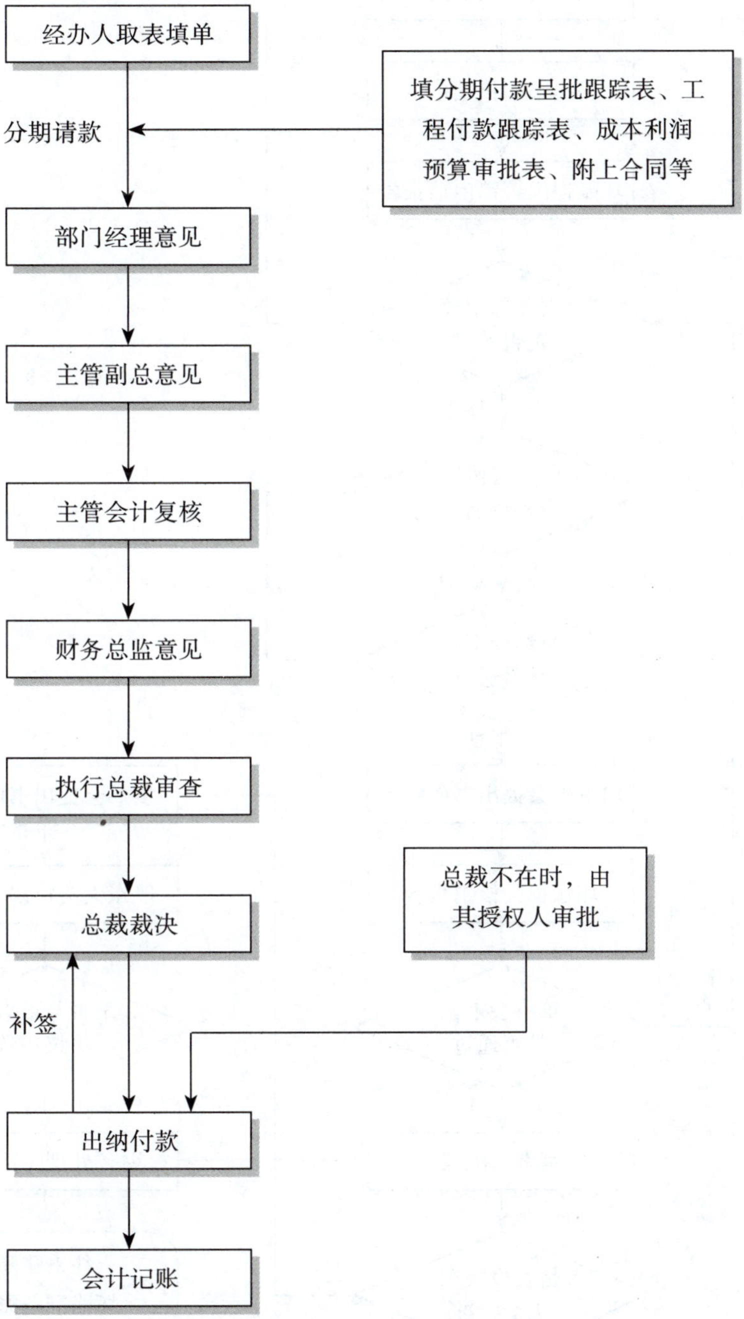

请款（支票）工作流程图

16.11 坏账损失审批流程

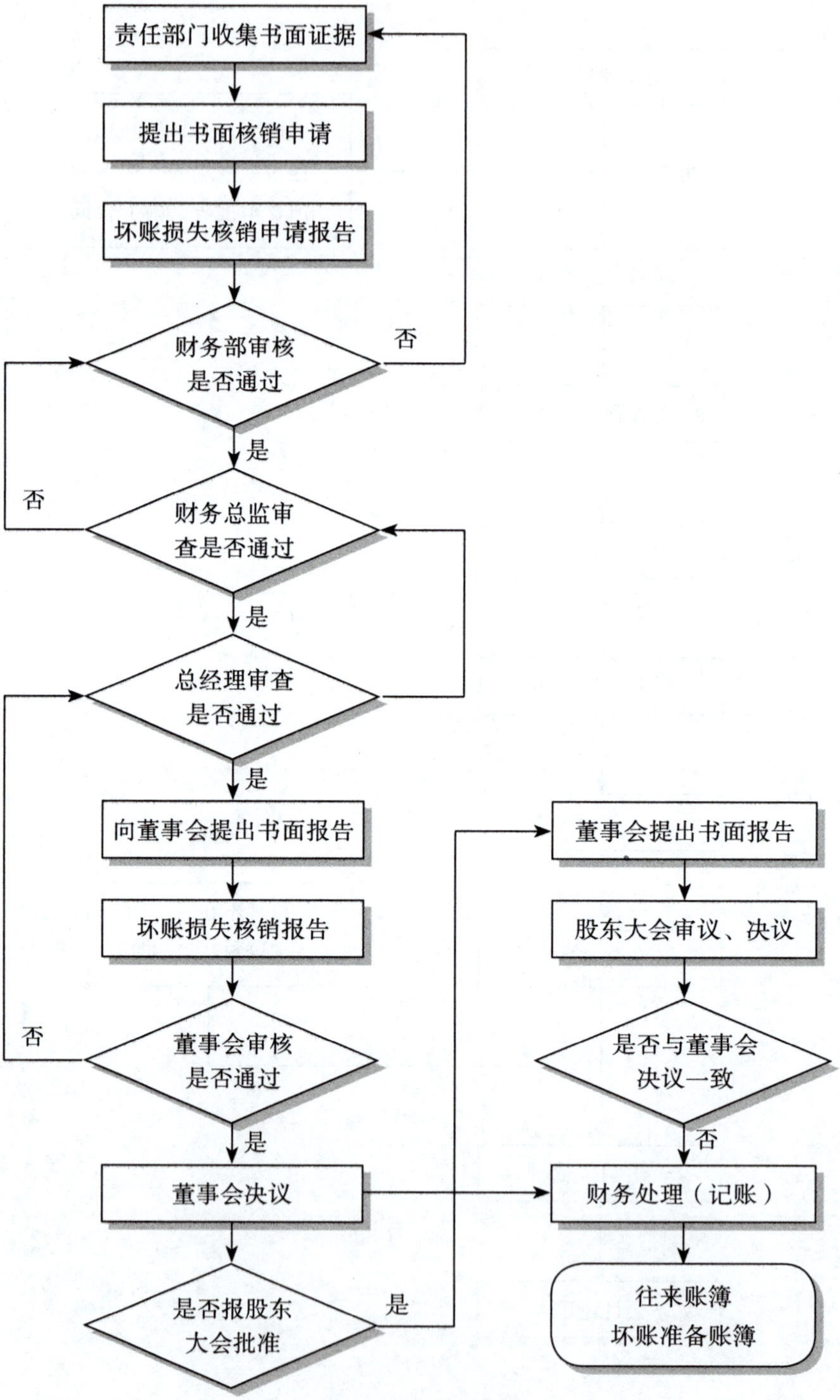

坏账损失审批流程图

第17章　企业内部审计管理流程

17.1　企业内部审计工作流程

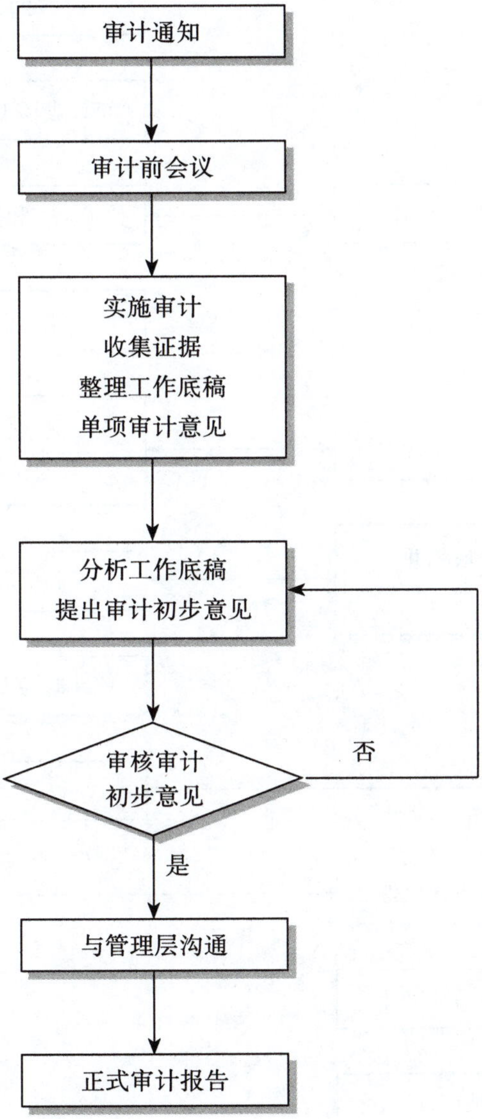

企业内部审计工作流程图

17.2 企业内部审计作业流程

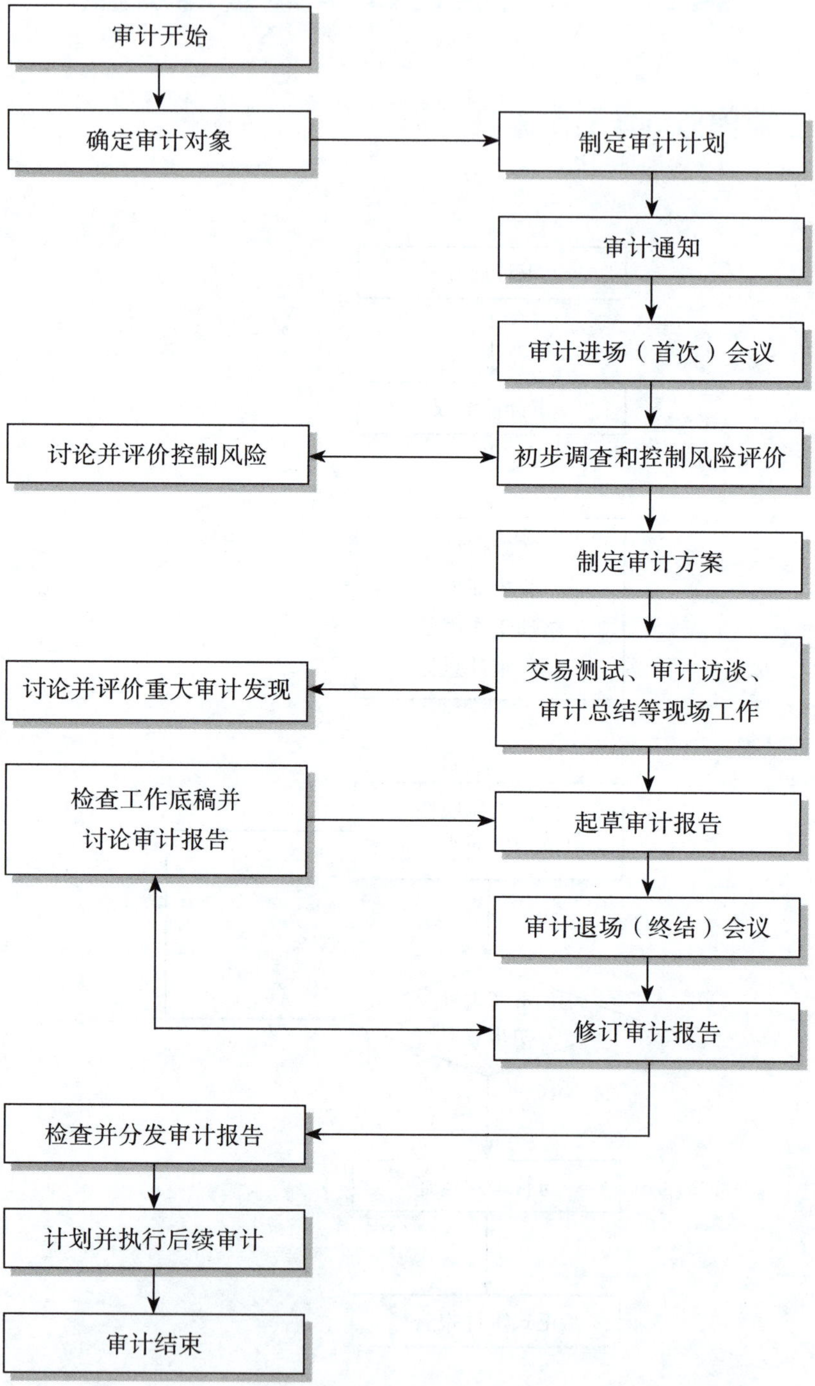

企业内部审计作业流程图

第18章　财务分析管理流程

18.1　会计报告作业流程

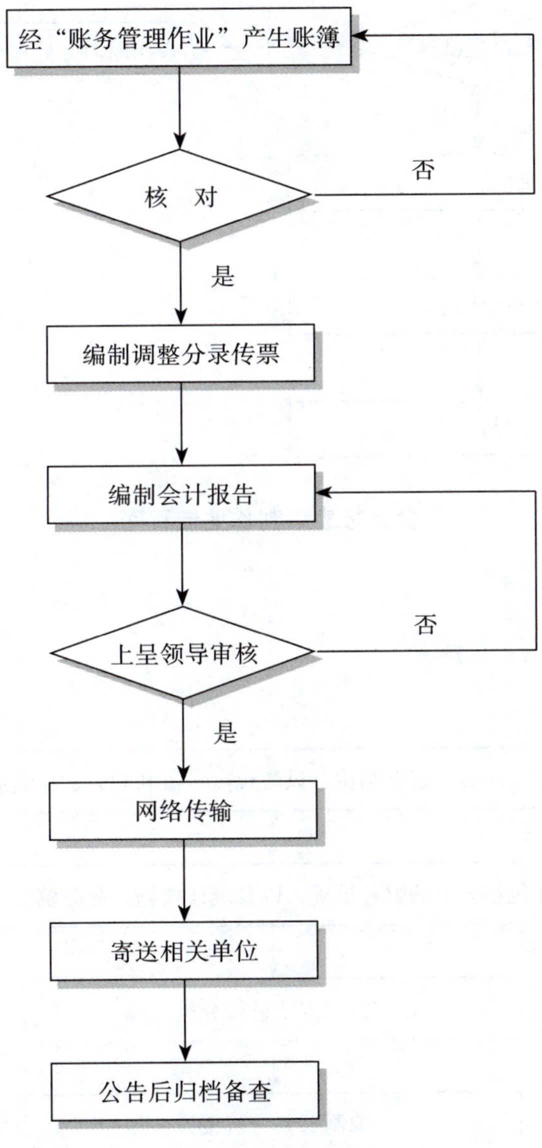

会计报告作业流程图

18.2 会计报表编制作业流程

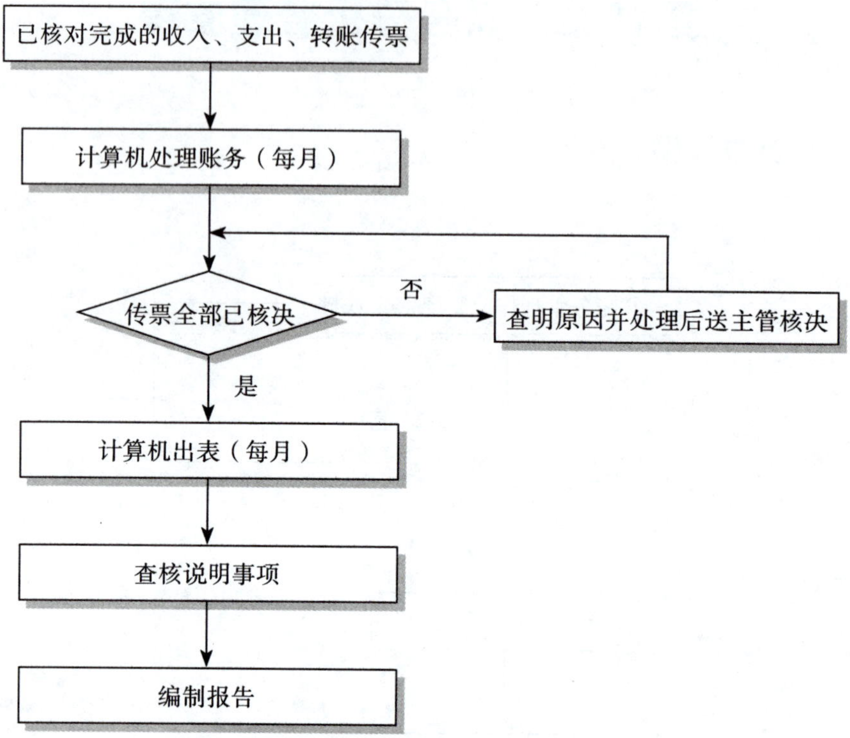

会计报表编制作业流程图

18.3 财务分析作业流程

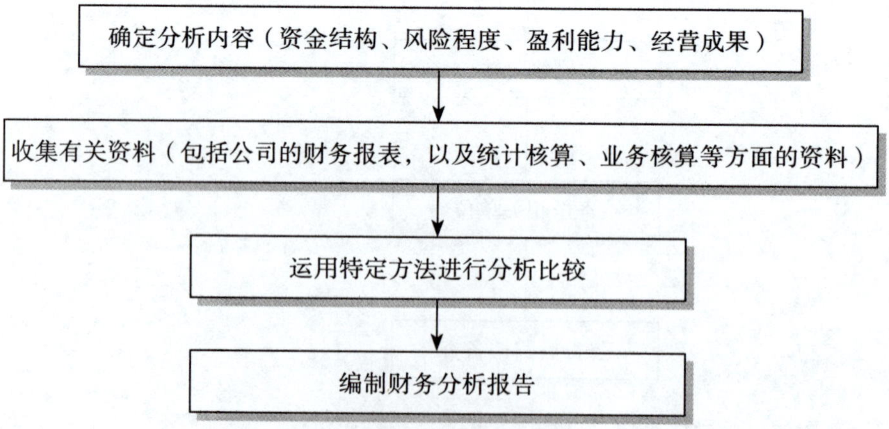

财务分析作业流程图

18.4　财务报告编制控制流程

18.4.1　年度财务报告方案编制流程

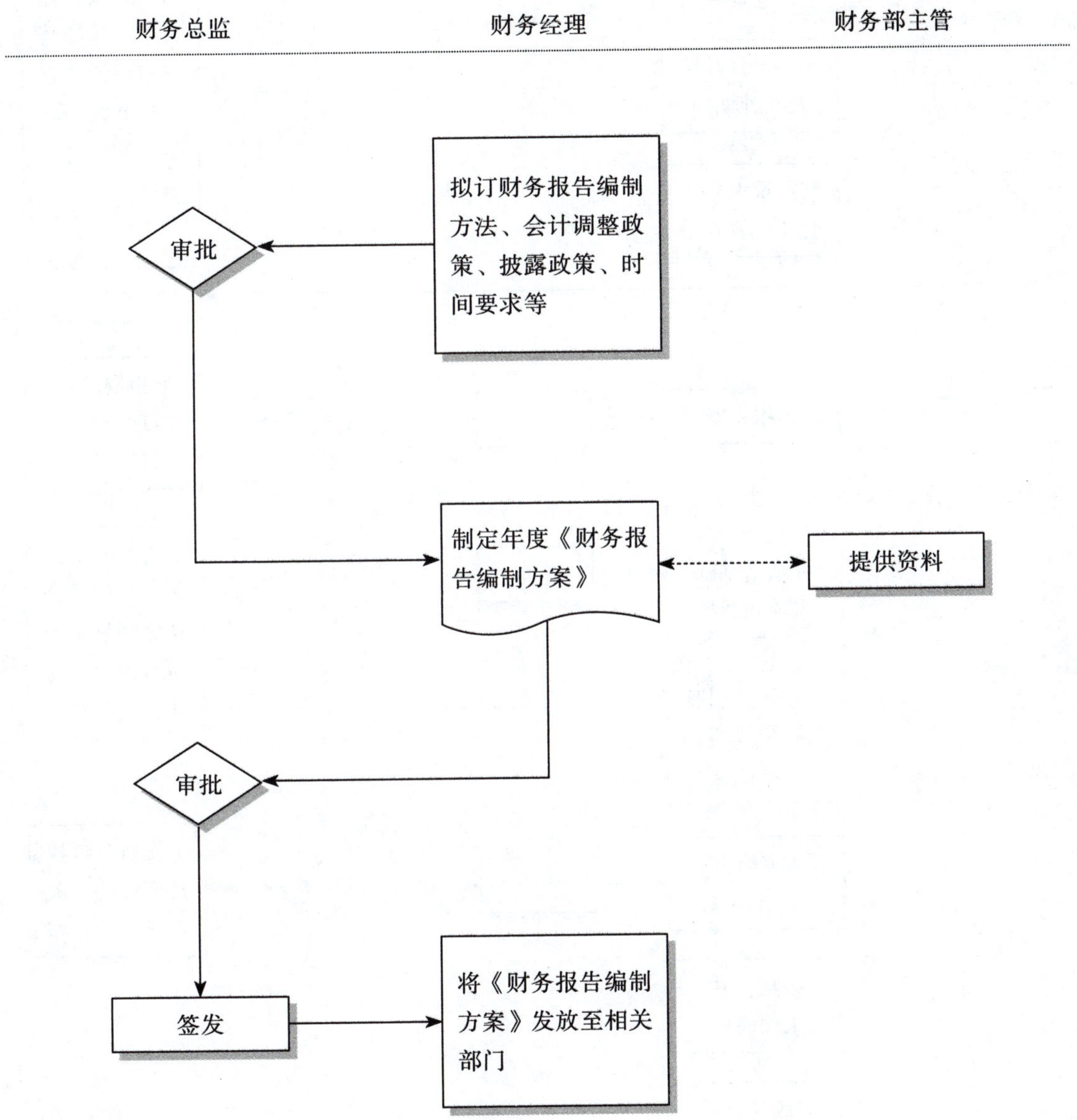

年度财务报告方案编制流程图

18.4.2 母子公司《合并财务报表》编制流程

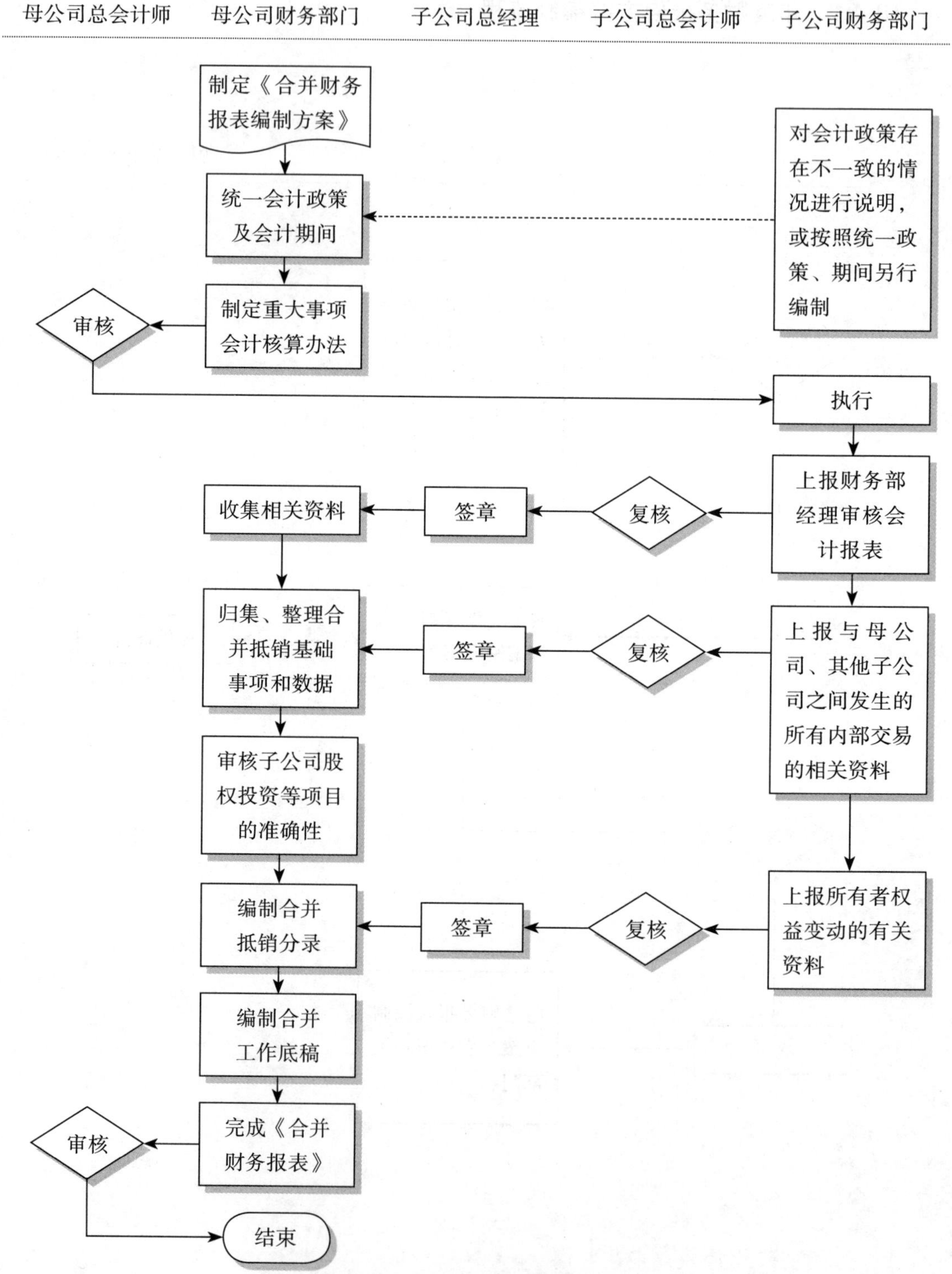

母子公司《合并财务报表》编制流程图

18.4.3　合并会计报表编制范围变更流程

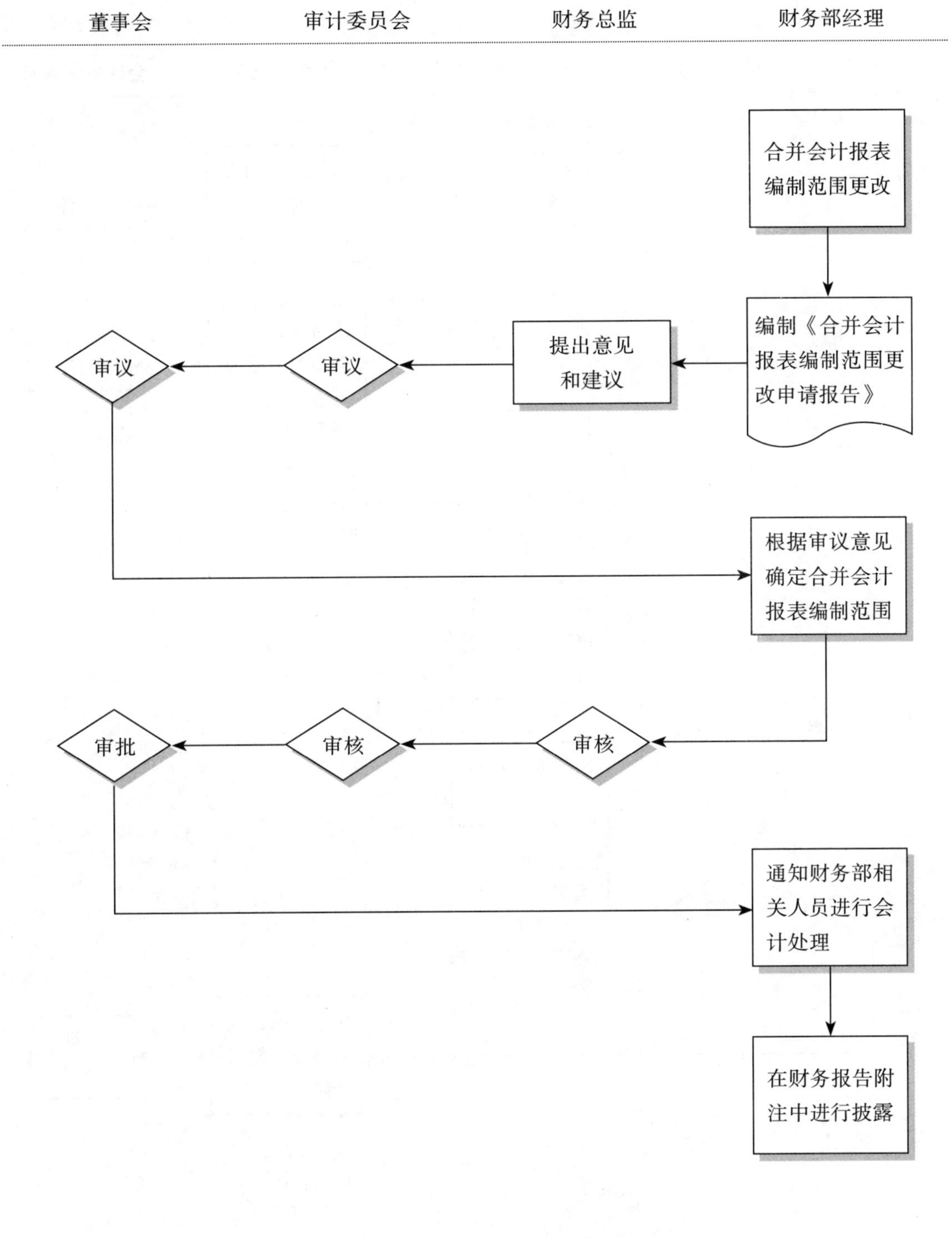

合并会计报表编制范围变更流程图

18.5　财务报告对外提供控制流程

18.5.1　会计师事务所评选审核流程

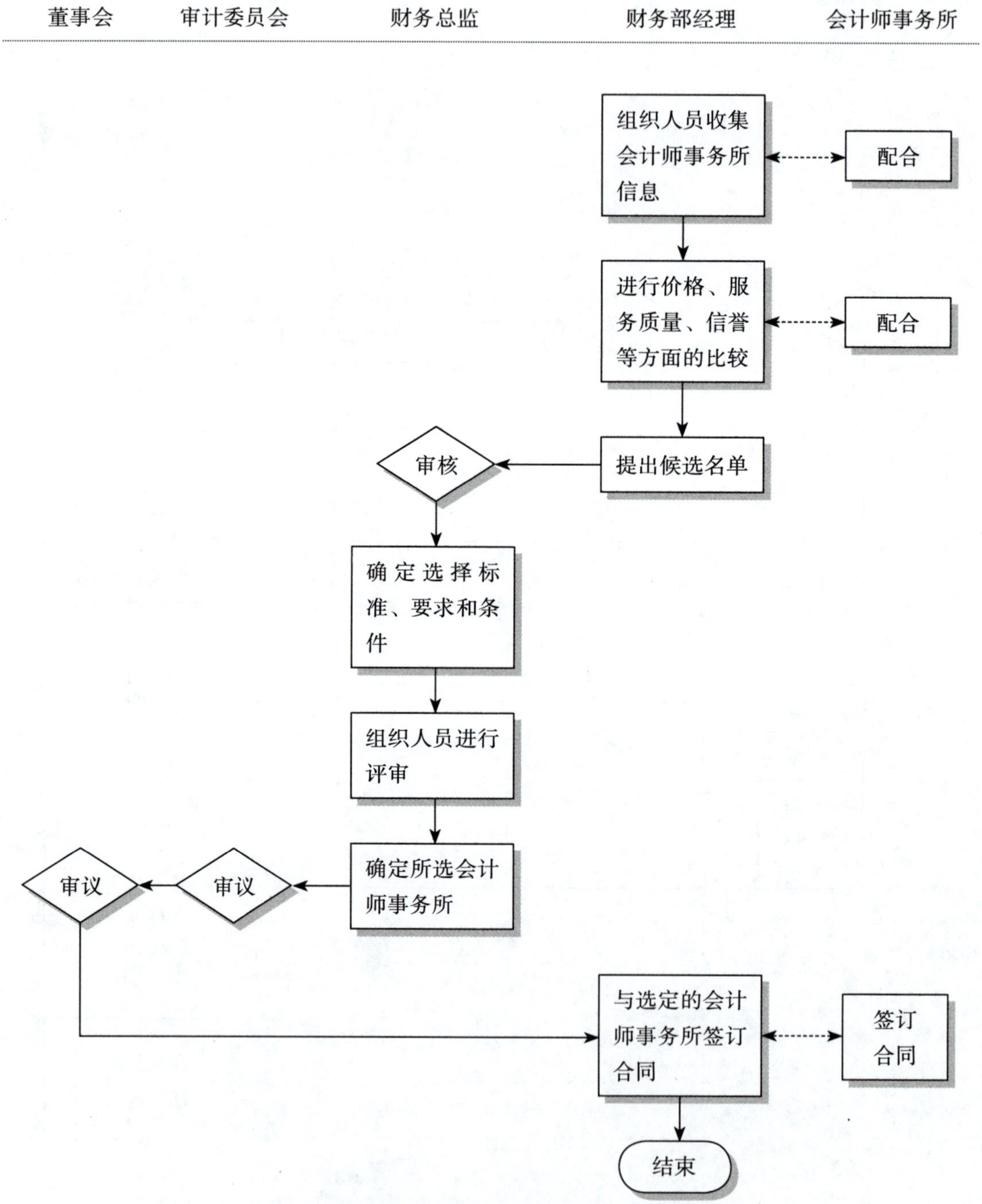

会计师事务所评选审核流程图

18.5.2　会计师事务所《初步审计意见》审批流程

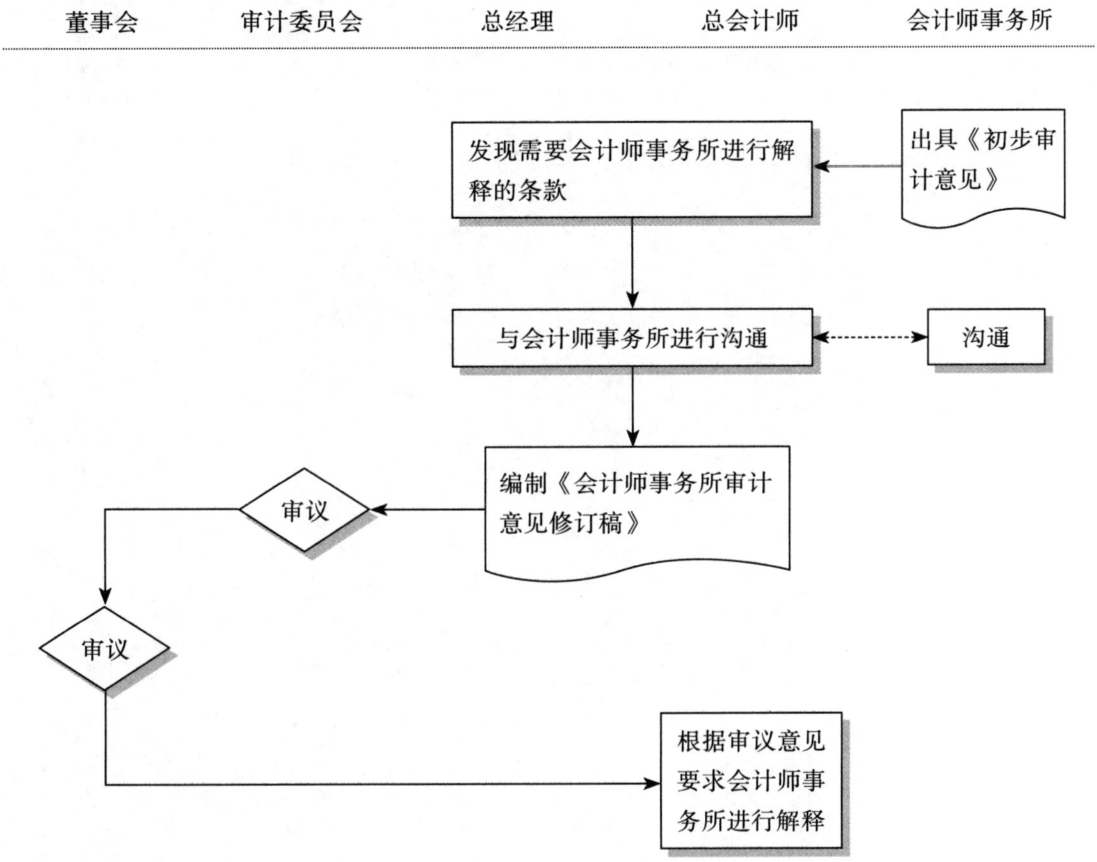

会计师事务所《初步审计意见》审批流程图

PART 3

世界500强企业财务管理表格

第19章 财会人员管理表格

19.1 财务日常工作时间表

财务日常工作时间表

序号	工作内容	报送单位	完成报出时间	总会审阅时间	部长审阅时间	分管副部长审核时间	责任人	经办人一	上报时间	上报内容	经办人二	上报时间	上报内容
一	月度工作												
1	会计月报（底稿）												
2	中央预算部门执行情况统计表	集团											
3	会计月报	集团											
4	月应收账款风险评估	集团											
5	会计月报（报表管理、报表汇总）	集团											
6	集团考核指标测算	总会计师											
7	会计月报	公司领导											
8	管理会计三张报表	集团											
10	月度考核指标报告	战略部											
11	存货考核指标	战略部											
12	会计快报	总会计师											
13	月度资金平衡会资料（含改革资金报表）	总会计师											
14	月度税金申报表	税务局											

（续表）

序号	工作内容	报送单位	完成报出时间	总会审阅时间	部长审阅时间	分管副部长审核时间	责任人	经办人一	上报时间	上报内容	经办人二	上报时间	上报内容
15	月度社保资料	社保局											
16	月度大企业税收数据采集资料	集团公司经开地税											
二	季度工作												
1	季度逾期应收账款监控报表	集团											
2	季度成本领先总结	集团											
3	信息化运行季报（含浪潮服务情况表）	集团											
4	总会计师重大事项独立报告	集团											
5	季度经济运行分析会资料	战略部											
6	季度经济运行分析会资料	总会计师											
7	季度车间考核资料	战略部											
8	季度中干考核资料（含年度考核资料）	组干部											
9	董事会资料	总会计师											
10	季度税金申报表	税务局											
三	年度工作												
1	下年度的全面预算												
1.1	内部预算（一上）	预算管理委员会											

（续表）

序号	工作内容	报送单位	完成报出时间	总会审阅时间	部长审阅时间	分管副部长审核时间	责任人	经办人一	上报时间	上报内容	经办人二	上报时间	上报内容
1.2	内部预算（二上）	预算管理委员会											
1.3	内部预算（三上）	预算管理委员会											
1.4	上报集团预算（一上）	集团											
1.5	上报集团预算（二上）	集团											
1.6	上报集团预算（三上）	集团											
2	滚动预算	预算管理委员会											
3	全面预算应用指南	总会计师											
4	分子公司管理会计报告	总会计师											
5	财务决算报表	集团											
6	年度税金申报资料	税务局											

19.2　外派财务人员审批表

外派财务人员审批表

填表日期：　　年　月　日

姓名		性别		出生年月	
现部门		拟派往单位			
现职务		拟派往单位职务			
毕业学校		专业		学位	

（续表）

简历	签名：　　　　　　　　　年　　月　　日
管理经验、专业能力介绍	签名：　　　　　　　　　年　　月　　日
财务管理部意见	签名：　　　　　　　　　年　　月　　日
拟派往单位意见	
人力资源部意见	签名：　　　　　　　　　年　　月　　日
公司财务总监意见	签名：　　　　　　　　　年　　月　　日
公司总经理意见	签名：　　　　　　　　　年　　月　　日

19.3　外派财务人员结束外派审批表

财务外派人员结束外派审批表

填表日期：　　年　月　日

姓名		工号		出生年月	
外派时间		外派子公司		担任职务	
轮岗工作意向					

（续表）

外派期间业绩简介	
轮岗安排意见	（财务管理部）
子公司领导意见	签名： 年 月 日
公司财务总监意见	
公司总经理意见	签名： 年 月 日

19.4 财务外派人员结束外派离任工作交接表

财务外派人员结束外派离任工作交接表

交接单位			交接工作期间	年 月至 年 月		
离任人员		接任人员		监督交接人		
基础工作交接						
项目	内 容					
业务交接	一类： 制度文档	具体内容 （没有内容的可填无）	交接形式 书面/电子	接交人	接收人	监交人
	会计核算	会计报表				
		会计档案				
		企业使用会计政策				
		会计估计				
		会计科目及下级科目使用说明				

（续表）

项目	内容					
业务交接	一类：制度文档	具体内容（没有内容的可填无）	交接形式书面/电子	接交人	接收人	监交人
	会计核算	减值计提政策				
		收入/成本政策				
		流动资产核算/管理				
		存货核算/管理				
		存货盘点记录				
		固定资产核算/管理				
		固定资产表				
		长期投资核算/管理				
		往来核算/管理				
		业务合同				
		负债核算/管理				
		其他				
	企业资金管理	出纳管理制度				
		票据				
		现金情况				
		银行账户情况				
		定期对账情况				
		个人借款情况				
		专项资金情况				
		其他				
	税务	税务发票				
		税务申请表				
		证书				
		税务卡				
		税务通知书				
		其他				

（续表）

<table>
<tr><td>项目</td><td colspan="6">内 容</td></tr>
<tr><td rowspan="24">业务交接</td><td>一类：
制度文档</td><td>具体内容
（没有内容的可填无）</td><td>交接形式
书面/电子</td><td>接交人</td><td>接收人</td><td>监交人</td></tr>
<tr><td rowspan="4">预算</td><td>预算制度</td><td></td><td rowspan="4"></td><td rowspan="4"></td><td rowspan="4"></td></tr>
<tr><td>年度预算文件</td><td></td></tr>
<tr><td>定期预算月/季报告</td><td></td></tr>
<tr><td>预算执行报告</td><td></td></tr>
<tr><td>部门人事</td><td></td><td></td><td></td><td></td><td></td></tr>
<tr><td>内部控制</td><td></td><td></td><td></td><td></td><td></td></tr>
<tr><td>成本控制</td><td></td><td></td><td></td><td></td><td></td></tr>
<tr><td>工作分析报告</td><td></td><td></td><td></td><td></td><td></td></tr>
<tr><td>投资管理</td><td></td><td></td><td></td><td></td><td></td></tr>
<tr><td rowspan="2">筹资管理</td><td>贷款合同</td><td></td><td rowspan="2"></td><td rowspan="2"></td><td rowspan="2"></td></tr>
<tr><td>票据贴现</td><td></td></tr>
<tr><td>其他</td><td></td><td></td><td></td><td></td><td></td></tr>
<tr><td>二类：
实物资产</td><td>具体内容</td><td>接收人</td><td>交接形式</td><td colspan="2">是否交接</td></tr>
<tr><td>财务档案</td><td></td><td></td><td></td><td colspan="2"></td></tr>
<tr><td>业务合同</td><td></td><td></td><td></td><td colspan="2"></td></tr>
<tr><td>工作书面记录</td><td></td><td></td><td></td><td colspan="2"></td></tr>
<tr><td>纳税上报材料</td><td></td><td></td><td></td><td colspan="2"></td></tr>
<tr><td>各类发票</td><td></td><td></td><td></td><td colspan="2"></td></tr>
<tr><td>财务印鉴</td><td></td><td></td><td></td><td colspan="2"></td></tr>
<tr><td>各类企业证书</td><td></td><td></td><td></td><td colspan="2"></td></tr>
<tr><td>办公用品</td><td></td><td></td><td></td><td colspan="2"></td></tr>
<tr><td>交通工具</td><td></td><td></td><td></td><td colspan="2"></td></tr>
<tr><td>其他</td><td></td><td></td><td></td><td colspan="2"></td></tr>
</table>

（续表）

<table>
<tr><td>项目</td><td colspan="6">内 容</td></tr>
<tr><td rowspan="6">业务交接</td><td>三类：
其他</td><td>具体内容</td><td>接收人</td><td colspan="2">交接形式</td><td>是否交接</td></tr>
<tr><td>账户信息</td><td></td><td></td><td colspan="2"></td><td></td></tr>
<tr><td>公司邮箱</td><td></td><td></td><td colspan="2"></td><td></td></tr>
<tr><td>系统权限</td><td></td><td></td><td colspan="2"></td><td></td></tr>
<tr><td>其他</td><td></td><td></td><td colspan="2"></td><td></td></tr>
<tr><td colspan="6"></td></tr>
<tr><td colspan="7">责任期内重点关注项目配合</td></tr>
<tr><td>约定项目</td><td colspan="3">约定内容</td><td colspan="2">是/否
完成</td><td>完成质量
（总经理签）</td></tr>
<tr><td>重点项目1</td><td colspan="3"></td><td colspan="2"></td><td></td></tr>
<tr><td>重点项目2</td><td colspan="3"></td><td colspan="2"></td><td></td></tr>
<tr><td>重点项目3</td><td colspan="3"></td><td colspan="2"></td><td></td></tr>
<tr><td>其他</td><td colspan="3"></td><td colspan="2"></td><td></td></tr>
<tr><td colspan="7">历史问题说明及后续待办事宜：</td></tr>
<tr><td colspan="7">其他需要说明事项：</td></tr>
<tr><td colspan="7">责任期整体评估：</td></tr>
<tr><td>签名确认</td><td colspan="2">离任人员：
年　　月　　日</td><td colspan="2">接任人员：
年　月　日</td><td colspan="2">总经理：
年　月　日</td></tr>
</table>

19.5 财务工作交接表

财务工作交接表

交接人姓名		所属项目	
职务		工作交接原因	□ 离职 □ 调动 □ 临时离岗
接替人姓名			
交接清单	（空格不够可另附页）		
遗留问题说明			
交接人签字：	接替人签字：	监交人签字：	

19.6 财务经理交接清单

分公司财务交接表

交接单位： 交出人： 交接日期：

交接前提

截止交接日，相关会计报表打印成册，会计凭证处理完毕，会计档案整理归档，会计账簿登记完毕。

1. 税务事项

（1）发票管理

1.1 购进尚未使用的发票（发票号码，购进日期）

1.2 购进已用的发票

1.3 已核销的发票

1.4 可抵扣进项发票的复印件（装订成册）

1.5 开票税控机操作资料/用户名/手册

（续表）

（2）纳税申报资料 2.1 营业税申报表 2.2 所得税申报资料 2.3 涉税会计报表 （3）涉税相关资料/证件/申请/税务批复 （4）增值税相关管理的资料. 文件，联系人等信息 2. 会计报表（要求所有报表均需要打印成册，并经单位负责人签字） （1）对外报表 报表明细 （2）对内报表 报表明细 （3）科目余额表（包括核算项目） 3. 会计凭证 （1）交接日以前月份的所有会计凭证（装订成册） （2）交接日当年度会计凭证及未装订凭证（几份） （3）截至交接日，凭证代替事项 4. 软件账号及密码 （1）金蝶系统操作用户及密码 （2）金蝶处理情况 （3）重要文件未处理记录，公文转发情况 5. 会计账簿 （1）历年账套的磁盘备份 （2）历年的会计账簿明细账，总账打印件（要求列明科目、所属期间等） 6. 往来账 （1）交接日上月往来账明细表 （2）交接日上月客户应收账款核对表，交接日上月与总部往来明细核对表 （3）交接日上月客户对账函，截至上季度的客户询证函，客户对账清单 7. 固定资产和低值易耗品 （1）固定资产盘点表 （2）后附明细表 8. 托管商品 （1）商品盘点表（每月，电子文档和签字文档） （2）盘盈盘亏处理登记表 9. 货币资金 （1）库存现金：盘点表（截止交接日的盘点表） （2）银行存款：交接日上月或当月银行对账单为准，银行余额调节表，未达账项明细表 10. 客户合同 （1）物流合同（平时对账的依据）

（续表）

（2）保证金合同（编号：有效期，是否在有效期内） 11. 重要文件及资料 12. 财务证件及资料 （1）国税及地税登记本正、副本 （2）税务查账报告，年审报告及开票资格认证书等 （3）银行开户许可证，公司用银行储蓄存折（列出当日余额）/密码等 （4）验资报告 （5）办公室钥匙 （6）财务专用章 13. 保证金项下相关资料 （1）合同 （2）对账函 （3）客户基础资料 （4）其他 14. 其他资料 （1）电脑内存储资料清单 15. 待处理事项 （1） （2） 移交人：　　　　　　　　接收人：　　　　　　　　监交人：

19.7 财务人员工作交接单

财务人员工作交接单

移交人姓名		工号	
接收人姓名		工号	
交接材料		接收人	监交人
纸质交接材料			

（续表）

交接材料		接收人	监交人
电子版交接材料			
待办事项交接			
其他工作交接			
备注：本表一式三份，移交人、接收人、监交人各一份			

19.8　财务人员工作交接清册

财务人员工作交接清册

（共　　页）

单位名称：

移交人：（签名）　　　　　　　　职务：

接交人：（签名）　　　　　　　　职务：

监交人：（签名）　　　　　　　　职务：

交接日期：　　年　　月　　日

财务人员工作交接清册

移交人：　　　　　　　　接交人：　　　　　　　　监交人：

岗位描述	
岗位职责	

（续表）

<table>
<tr><td rowspan="15">工作移交内容</td><td colspan="3">一、财务、会计资料</td></tr>
<tr><td>序号</td><td>资料内容</td><td>附件数</td></tr>
<tr><td></td><td></td><td></td></tr>
<tr><td></td><td></td><td></td></tr>
<tr><td></td><td></td><td></td></tr>
<tr><td colspan="3">二、物品</td></tr>
<tr><td>序号</td><td>物品名称</td><td>数量</td></tr>
<tr><td></td><td></td><td></td></tr>
<tr><td></td><td></td><td></td></tr>
<tr><td></td><td></td><td></td></tr>
<tr><td colspan="3">三、待处理事项及有关事项说明</td></tr>
<tr><td>序号</td><td>事项</td><td>附件</td></tr>
<tr><td></td><td></td><td></td></tr>
<tr><td></td><td></td><td></td></tr>
<tr><td></td><td></td><td></td></tr>
</table>

19.9 财务工作委托（指定）移交审批单

财务工作委托（指定）移交审批单

所属公司（全称）： 申请日期： 年 月 日

<table>
<tr><td>财务部门名称</td><td colspan="2"></td><td colspan="2">工作交接岗位</td><td></td></tr>
<tr><td>移交人</td><td></td><td>接交人</td><td></td><td>监交人</td><td></td></tr>
<tr><td>委托移交申请</td><td colspan="5">原因：

申请人（签名）： 职务：

代理移交人（签名）： 职务：
日期：</td></tr>
</table>

（续表）

指定移交申请	原因： 申请人（签名）：　　　　职务： 代理移交人（签名）：　　　　职务： 日期：		
审批	审批意见： 审批人（签名）：　　　　职务： 日期：		
交接过程情况说明	代理移交人（签名）：　　　　日期： 接交人（签名）：　　　　日期：	备注	

19.10　财务人员工作交接考评表

财务人员工作交接考评表

考评部门：

所属公司（全称）					
所属部门			工作交接岗位		
移交人		接交人		监交人	
工作交接日期：　　年　　月　　日			规定考评日期：　　年　　月　　日		
交接考评记录	一、移交工作存在的问题：				

（续表）

<table>
<tr><td rowspan="2">交接考评记录</td><td colspan="3">二、接交工作存在的问题：

三、监交工作存在的问题：

四、其他问题：

考评人（签字）：　　　　日期：</td></tr>
<tr><td>移交人意见：

签字：
日期：</td><td>接交人意见：

签字：
日期：</td><td>监交人意见：

签字：
日期：</td></tr>
<tr><td>新奥能源财务部门</td><td>接收人：
日期：

反馈人：
日期：</td><td colspan="2">处理意见：

签字：　　　　日期：</td></tr>
<tr><td>备注</td><td colspan="3"></td></tr>
</table>

19.11　财务人员工作交接管理台账

单位：　　　　　　所属年度：　　年　　　财务负责人：　　　　填表人：

序号	登记时间	交接单位岗位名称	交接时间	交接性质与内容（摘要）	移交人		接交人		监交人		存档文件			工作交接后反馈问题	备注
					姓名	职务	姓名	职务	姓名	职务	工作交接清单	工作交接说明书	上级财务部门备案		

19.12 财务部经理岗位考核指标组成表

19.12.1 财务部经理岗位业绩考核指标组成表

财务部经理岗位业绩考核指标组成表

考核指标及权重	信息来源	考评人	考评标准			
			优	良	中	差
拟订公司年度预算、财务收支计划、信贷计划，并监督、指导有关计划的实施工作（20%）	直接上级	直接上级	拟订公司年度财务预算、财务收支计划、信贷计划及时、合理、详细、有据可依、可操作；对有关计划的实施工作给予积极有力的监督、指导，及时发现并解决问题，确保计划顺利完成	拟订公司年度财务预算、财务收支计划、信贷计划及时、合理；对有关计划的实施工作给予监督、指导，发现并解决问题，确保计划完成	拟订公司年度财务预算、财务收支计划、信贷计划基本及时和合理；对有关计划的实施工作未给予有效监督、指导，未能及时发现和解决问题，少数计划没有完成	拟订公司年度财务预算、财务收支计划、信贷计划不及时、不合理、缺少依据；对有关计划的实施工作未给予监督、指导，未能发现和解决问题，部分计划无法完成
			优	良	中	差
审核公司应缴税款，完成公司税务策划工作（15%）	有关记录	直接上级	公司应缴税款审核及时、准确、无差错；全面、深入地掌握有关税务知识，及时学习、了解国家、地方税务的新规定；合理利用有关条款，完成税务策划工作；无差错	公司应缴税款审核准确、极少出现差错；熟悉有关税务知识，学习国家、地方税务的新规定；做好税务策划工作；差错率不超过1%	公司应缴税款审核基本准确、偶尔出现差错；了解有关税务知识，对新规定未能及时学习、了解；未能有效利用有关条款，税务策划工作有待提高；差错率超过1%，但不超过2%	公司应缴税款审核不及时、不准确、经常出现差错；对有关税务知识了解不够，不了解有关新规定；税务策划工作存在问题；差错率超过2%
			优	良	中	差
审核有关统计报表（10%）	有关报表	直接上级	统计报表审核及时、准确；所报送的报表中无差错	统计报表审核准确；所报送的报表中极少出现差错	统计报表审核基本准确；所报送的报表中偶尔出现差错	统计报表审核不及时、不准确；所报送的报表中经常出现差错

（续表）

<table>
<tr><th>考核指标及权重</th><th>信息来源</th><th>考评人</th><th colspan="4">考评标准</th></tr>
<tr><td>提交财务分析报告（20%）</td><td>有关报告</td><td>直接上级</td><td colspan="4">按照规定定期提交财务分析报告；由直接上级按照以下方面对报告考核
考核因素：报告上交及时（20分），内容全面（20分），报告数据准确（20分），问题分析（20分），建议合理（20分）
本项得分为：考评期内所有成本分析报告平均分数×本项权重（20%）</td></tr>
<tr><td rowspan="2">与银行部门沟通，取得信用援助（10%）</td><td rowspan="2">直接上级</td><td rowspan="2">直接上级</td><td>优</td><td>良</td><td>中</td><td>差</td></tr>
<tr><td>经常与银行部门沟通联系，关系良好，取得良好信誉，能及时获得所需信贷</td><td>与银行部门关系良好，取得信誉，能获得所需信贷</td><td>与银行部门沟通不足，未能及时获得所需全部信贷</td><td>未与银行部门进行沟通，关系差，无法获得所需信贷</td></tr>
<tr><td>对下属绩效考核（10%）</td><td>绩效考评委员会</td><td>绩效考评委员会</td><td colspan="4">（1）绩效考评委员会根据本岗位对本部门员工绩效考评工作情况进行评分（百分制）
（2）本项得分为：本岗位绩效考评工作情况得分（百分制）×本项权重系数（10%）</td></tr>
<tr><td>内部管理（15%）</td><td>直接上级</td><td>直接上级</td><td colspan="4">（1）实际得分×权重
（2）未能及时建立健全本部门的规章制度，工作流程混乱，每发现一次本项指标扣2分
（3）未能有效贯彻传达公司的规章制度，每发现一次本项指标扣2分
（4）因部门内部原因造成公司任务未完成，每发现一次本项指标扣2分
（5）内部管理混乱，下属士气低落，抱怨较多，每发现一次本项指标扣2分
（6）未能有效配合其他部门的工作，遭到投诉，每发现一次本项指标扣5分
（7）实际得分：100－被扣掉的分数总和</td></tr>
</table>

19.12.2 财务部经理岗位能力与态度考核指标

财务部经理岗位能力与态度考核指标

<table>
<tr><td rowspan="2">能力指标</td><td>指标一：领导能力
权重：30%</td><td>指标三：团队合作
权重：20%</td><td>指标五：沟通能力
权重：10%</td></tr>
<tr><td>指标二：专业知识和技能
权重：25%</td><td>指标四：解决问题的能力
权重：15%</td><td></td></tr>
</table>

（续表）

态度指标	指标一：是否能严守期限，达成目标 权重：30%	指标三：是否要求以身作则 权重：20%	指标五：是否及时准确向上级汇报工作 权重：15%
	指标二：是否关注公司长期的发展方向及长期目标的实施 权重：20%	指标四：是否遵守上级指示 权重：15%	

19.13　生产核算主管考核指标组成表

19.13.1　生产核算主管岗位业绩考核指标组成表

生产核算主管岗位业绩考核指标组成表

考核指标及权重	信息来源	考评人	考评标准			
			优	良	中	差
指导、监督和检查本室有关核算工作（40%）	直接上级	直接上级	对本室有关核算工作给予耐心细致的指导；监督和检查本室人员的有关工作，及时上报和解决发现的有关问题；确保本室有关工作及时、准确完成；无重大差错，或一般性差错不超过5次	对本室有关核算工作给予指导；监督和检查本室人员的有关工作，上报和解决发现的有关问题；确保本室有关工作准确完成；无重大差错，或一般差错超过5次，但不超过10次	能回答本室有关工作中的问题；监督和检查本室人员的有关工作；本室有关工作基本按时完成，有少数错误出现；有1次重大差错出现，但未造成经济损失，或一般差错超过10次，但未超过15次	未对本室有关工作给予足够指导；对本室人员的有关工作监督和检验不够；本室部分工作未按时完成或经常出现差错；有重大差错出现，且造成经济损失，或一般差错超过15次
			优	良	中	差
抽查本室凭证、记录的填写、留存情况（20%）	有关记录	直接上级	不定期对本室凭证、记录的填写和留存情况进行抽查；客观记录抽查结果，及时解决有关问题；每月5日前完成上述工作，有日记录	不定期对本室凭证、记录的填写和留存情况进行抽查；记录抽查结果，解决有关问题；每月7日前完成上述工作，有周记录	对本室凭证、记录的填写和留存情况未进行有效检查；凭证填写和留存存在少数问题；每月9日前完成上述工作，有月记录	对本室凭证、记录的填写和留存情况未进行检查；凭证填写和留存存在一些问题；每月9日前未能完成上述工作，无记录

（续表）

考核指标及权重	信息来源	考评人	考评标准			
			优	良	中	差
提交生产（材料）资金计划表（20%）	有关报表	直接上级	提交生产（材料）资金计划表及时、准确；无差错	提交生产（材料）资金计划表准确；差错额不超过10万	提交生产（材料）资金计划表基本及时、准确；差错额超过10万，但不超过50万	提交生产（材料）资金计划表基本不及时、不准确；差错额超过50万
提交生产核算室工作报告（10%）	有关报告	直接上级	按照规定定期提交生产核算室工作报告；由直接上级按照以下方面对报告考核： （1）考核因素：报告上交及时（20分），内容全面（20分），报告数据准确（20分），问题分析（20分），建议合理（20分） （2）本项得分为：考评期内所有工作报告平均分数×本项权重（10%）			
保守工作秘密（10%）	部门经理有关部门	直接上级	（1）由部门经理或有关部门查实本岗位违反有关保密规定的行为 （2）本项得分为：发生违反有关保密规定的行为扣掉全部10分，扣完为止			

19.13.2　主管岗位能力与态度考核指标组成表

能力指标	指标一：准确性 权重：30%	指标三：计划和组织 权重：20%	指标五：沟通能力 权重：10%
	指标二：专业知识和技能 权重：20%	指标四：解决问题的能力 权重：20%	
态度指标	指标一：是否认真完成任务 权重：30%	指标三：是否遵守上级指示 权重：20%	指标五：是否及时准确向上级汇报工作 权重：10%
	指标二：是否有责任感，愿意承担更多的责任 权重：30%	指标四：是否虚心好学，要求上进 权重：10%	

19.14　成本核算会计岗位考核指标组成表

19.14.1　成本核算会计岗位业绩考核指标组成表

成本核算会计岗位业绩考核指标组成表

考核指标及权重	信息来源	考评人	考评标准			
提供各类成本核算明细表（30%）	有关报表	直接上级	优	良	中	差
			各类成本核算明细表提交及时，数据准确，计算正确；错误率不超过1%	各类成本核算明细表准确；迟交1次，或错误率超过1%，但不超过2%	各类成本核算明细表提交基本及时、准确；迟交2次，或错误率超过2%，但不超过3%	各类成本核算明细表提交不及时、不准确；迟交超过2次，或错误率超过3%
提供产品、配件建议价格表（20%）	有关报表	直接上级	优	良	中	差
			各类产品、配件建议价格表提交及时，数据准确，计算正确；错误率不超过1%	各类产品、配件建议价格表准确；迟交1次，或错误率超过1%，但不超过2%	各类提供产品、配件建议价格表提交基本及时、准确；迟交2次，或错误率超过2%，但不超过3%	各类提供产品、配件建议价格表提交不及时、不准确；迟交超过2次，或错误率超过3%
提交成本分析报告（20%）	有关报告	直接上级	按照规定定期提交成本分析报告；由直接上级按照以下方面对报告考核： （1）考核因素：报告上交及时（20分），内容全面（20分），报告数据准确（20分），问题分析（20分），建议合理（20分） （2）本项得分为：考评期内所有成本分析报告平均分数×本项权重（20%）			
完成有关制证工作（20%）	有关凭证	直接上级	优	良	中	差
			有关凭证填写完整、准确、清晰；制证及时、规范，保存完好；发生错误不超过5次	有关凭证填写完整、准确；制证规范，保存完好；发生错误超过5次，但不超过10次	少数凭证填写不准确；制证不够及时，少数凭证缺失；发生错误超过10次，但不超过15次	部分凭证填写不准确；制证不够及时，部分凭证缺失；发生错误超过15次
保守工作秘密（10%）	部门经理有关部门	直接上级	（1）由部门经理或有关部门查实本岗位违反有关保密规定的行为 （2）本项得分为：发生违反有关保密规定的行为扣掉全部10分，扣完为止			

19.14.2 成本核算会计岗位能力与态度考核指标组成表

成本核算会计岗位能力与态度考核指标组成表

能力指标	指标一：准确性 权重：30%	指标三：团队合作 权重：20%	指标五：沟通能力 权重：10%
	指标二：专业知识和技能团队合作 权重：30%	指标四：解决问题的能力 权重：10%	
态度指标	指标一：是否认真完成任务 权重：30%	指标三：是否遵守上级指示 权重：20%	指标五：是否及时准确向上级汇报工作 权重：10%
	指标二：是否有责任感，愿意承担更多的责任 权重：20%	指标四：是否虚心好学，要求上进 权重：20%	

19.15 （质量）成本核算会计岗位考核指标组成表

19.15.1 （质量）成本核算会计岗位业绩考核指标组成表

（质量）成本核算会计岗位业绩考核指标组成表

考核指标及权重	信息来源	考评人	考评标准			
提供质量成本报表（25%）	有关报表	直接上级	优	良	中	差
			各类质量成本报表提交及时，数据准确，计算正确；错误率不超过1%	各类质量成本报表准确；迟交1次，或错误率超过1%，但不超过2%	各类质量成本报表提交基本及时、准确；迟交2次，或错误率超过2%，但不超过3%	各类质量成本报表提交不及时、不准确；迟交超过2次，或错误率超过3%
提供产品、配件建议价格表（20%）	有关报表	直接上级	优	良	中	差
			各类产品、配件建议价格表提交及时，数据准确，计算正确；错误率不超过1%	各类产品、配件建议价格表准确；迟交1次，或错误率超过1%，但不超过2%	各类提供产品、配件建议价格表提交基本及时、准确；迟交2次，或错误率超过2%，但不超过3%	各类提供产品、配件建议价格表提交不及时、不准确；迟交超过2次，或错误率超过3%

（续表）

考核指标及权重	信息来源	考评人	考评标准			
提供各类成本核算明细表（15%）	有关报表	直接上级	优	良	中	差
			各类成本核算明细表提交及时，数据准确，计算正确；错误率不超过1%	各类成本核算明细表准确；迟交1次，或错误率超过1%，但不超过2%	各类成本核算明细表提交基本及时、准确；迟交2次，或错误率超过2%，但不超过3%	各类成本核算明细表提交不及时、不准确；迟交超过2次，或错误率超过3%
提交成本分析报告（10%）	有关报告	直接上级	按照规定定期提交成本分析报告；由直接上级按照以下方面对报告考核 （1）考核因素：报告上交及时（20分），内容全面（20分），报告数据准确（20分），问题分析（20分），建议合理（20分） （2）本项得分为：考评期内所有成本分析报告平均分数×本项权重（10%）			
完成有关制证工作（20%）	有关凭证	直接上级	优	良	中	差
			有关凭证填写完整、准确、清晰；制证及时、规范，保存完好；发生错误不超过5次	有关凭证填写完整、准确；制证规范，保存完好；发生错误超过5次，但不超过10次	少数凭证填写不准确；制证不够及时，少数凭证缺失；发生错误超过10次，但不超过15次	部分凭证填写不准确；制证不够及时，部分凭证缺失；发生错误超过15次
保守工作秘密（10%）	部门经理有关部门	直接上级	（1）由部门经理或有关部门查实本岗位违反有关保密规定的行为 （2）本项得分为：发生违反有关保密规定的行为扣掉全部10分，扣完为止			

19.15.2　（质量）成本核算会计岗位能力与态度考核指标组成表

（质量）成本核算会计岗位能力与态度考核指标组成表

能力指标	指标一：准确性 权重：30%	指标三：团队合作 权重：20%	指标五：沟通能力 权重：10%
	指标二：专业知识和技能团队合作 权重：30%	指标四：解决问题的能力 权重：10%	

（续表）

态度指标	指标一：是否认真完成任务 权重：30%	指标三：是否遵守上级指示 权重：20%	指标五：是否及时准确向上级汇报工作 权重：10%
	指标二：是否有责任感，愿意承担更多的责任 权重：20%	指标四：是否虚心好学，要求上进 权重：20%	

19.16 财务核算会计岗位考核指标组成表

19.16.1 财务核算会计岗位业绩考核指标组成表

财务核算会计岗位业绩考核指标组成表

考核指标及权重	信息来源	考评人	考评标准			
对各种成本、费用、税款及收入进行核算（50%）	有关报表	直接上级	优	良	中	差
			各类核算及时、全面、准确；能及时反映和解决核算中所发现的问题；差错率不超过1%	各类核算准确；能及时反映核算中所发现的问题；差错率超过1%，但不超过2%	各类核算基本准确；未能及时反映核算中所发现的问题；差错率超过2%，但不超过3%	核算不及时、不准确；经常出现延迟现象，经常出现差错，差错率超过3%
提交财务核算报告（10%）	有关报告	直接上级	按照规定定期提交财务核算报告；由直接上级按照以下方面对报告考核 （1）考核因素：报告上交及时（20分），内容全面（20分），报告数据准确（20分），问题分析（20分），建议合理（20分） （2）本项得分为：考评期内所有成本分析报告平均分数×本项权重（10%）			
完成有关制证工作（30%）	有关凭证	直接上级	优	良	中	差
			有关凭证填写完整、准确、清晰；制证及时、规范，保存完好；差错率不超过1%	有关凭证填写完整、准确；制证规范，保存完好；差错率超过1%，但不超过2%	少数凭证填写不准确；制证不够及时，少数凭证缺失；差错率超过2%，但不超过3%	部分凭证填写不准确；制证不够及时，部分凭证缺失，差错率超过3%
保守工作秘密（10%）	部门经理有关部门	直接上级	（1）由部门经理或有关部门查实本岗位违反有关保密规定的行为 （2）本项得分为：发生违反有关保密规定的行为扣掉全部10分，扣完为止			

19.16.2　财务核算会计岗位能力与态度考核指标组成表

财务核算会计岗位能力与态度考核指标组成表

能力指标	指标一：准确性 权重：30%	指标三：团队合作 权重：20%	指标五：沟通能力 权重：10%
	指标二：专业知识和技能团队合作 权重：30%	指标四：解决问题的能力 权重：10%	
态度指标	指标一：是否认真完成任务 权重：30%	指标三：是否遵守上级指示 权重：20%	指标五：是否及时准确向上级汇报工作 权重：10%
	指标二：是否有责任感，愿意承担更多的责任 权重：20%	指标四：是否虚心好学，要求上进 权重：20%	

19.17　材料核算会计岗位考核指标组成表

19.17.1　材料核算会计岗位业绩考核指标组成表

材料核算会计岗位业绩考核指标组成表

考核指标及权重	信息来源	考评人	考评标准			
			优	良	中	差
核算材料采购成本、发出成本（40%）	有关报表	直接上级	各类材料成本核算及时，数据准确，计算正确；差错率不超过1%	各类材料成本核算准确；差错率超过1%，但不超过2%	各类材料成本核算结果提交基本及时、准确；差错率超过2%，但不超过3%	各类材料成本核算结果提交不及时、不准确；经常出现延迟现象，经常出现差错；差错率超过3%
			优	良	中	差
管理出入库单据、发票；期末盘点库房，核查有关账目（20%）	有关凭证有关报表	直接上级	提供出入库单据、发表及时、准确；期末盘点全面、准确，账账相符，督促库管员账实相符，并查明有关原因；差错率不超过1%	提供出入库单据、发表准确；期末盘点准确，经查实后账账相符，账实相符；差错率超过1%，但不超过2%	提供出入库单据、发表基本准确；期末盘点时账账基本相符，账实基本相符，存在少数差错；差错率超过2%，但不超过3%	提供出入库单据、发表不准确；期末盘点时账账不符，账实不符，存在一些差错；差错率超过3%

（续表）

考核指标及权重	信息来源	考评人	考评标准			
提交材料盘点分析报告（20%）	有关报告	直接上级	按照规定定期提交材料盘点本分析报告；由直接上级按照以下方面对报告考核 （1）考核因素：报告上交及时（20分），内容全面（20分），报告数据准确（20分），问题分析（20分），建议合理（20分） （2）本项得分为：考评期内所有成本分析报告平均分数×本项权重（20%）			
完成有关制证工作（10%）	有关凭证	直接上级	优	良	中	差
			有关凭证填写完整、准确、清晰；制证及时、规范，保存完好；差错率不超过1%	有关凭证填写完整、准确；制证规范，保存完好；差错率超过1%，但不超过2%	少数凭证填写不准确；制证不够及时，少数凭证缺失；差错率超过2%，但不超过3%	部分凭证填写不准确；制证不够及时，部分凭证缺失；差错率超过3%
保守工作秘密（10%）	部门经理有关部门	直接上级	（1）由部门经理或有关部门查实本岗位违反有关保密规定的行为 （2）本项得分为：发生违反有关保密规定的行为扣掉全部10分，扣完为止			

19.17.2　财务部生产核算材料核算会计岗位能力与态度考核指标组成表

财务部生产核算材料核算会计岗位能力与态度考核指标组成表

能力指标	指标一：准确性 权重：30%	指标三：团队合作 权重：20%	指标五：沟通能力 权重：10%
	指标二：专业知识和技能团队合作 权重：30%	指标四：解决问题的能力 权重：10%	
态度指标	指标一：是否认真完成任务 权重：30%	指标三：是否遵守上级指示 权重：20%	指标五：是否及时准确向上级汇报工作 权重：10%
	指标二：是否有责任感，愿意承担更多的责任 权重：20%	指标四：是否虚心好学，要求上进 权重：20%	

19.18　营销核算主管岗位考核指标组成表

19.18.1　营销核算主管岗位业绩考核指标组成表

营销核算主管岗位业绩考核指标组成表

考核指标及权重	信息来源	考评人	考评标准			
			优	良	中	差
指导、监督和检查本室有关核算工作（40%）	直接上级	直接上级	对本室有关核算工作给予耐心细致的指导；监督和检查本室人员的有关工作，及时上报和解决发现的有关问题；确保本室有关工作及时、准确完成；无重大差错，或一般性差错不超过5次	对本室有关核算工作给予指导；监督和检查本室人员的有关工作，上报和解决发现的有关问题；确保本室有关工作准确完成；无重大差错，或一般差错超过5次，但不超过10次	能回答本室有关工作中的问题；监督和检查本室人员的有关工作；本室有关工作基本按时完成，有少数错误出现；有1次重大差错出现，但未造成经济损失，或一般差错超过10次，但未超过15次	未对本室有关工作给予足够指导；对本室人员的有关工作监督和检验不够；本室部分工作未按时完成或经常出现差错；有重大差错出现，且造成经济损失，或一般差错超过15次
			优	良	中	差
抽查本室凭证、记录的填写、留存情况（20%）	有关记录	直接上级	不定期对本室凭证、记录的填写和留存情况进行抽查；客观记录抽查结果，及时解决有关问题；每月5日前完成上述工作，有日记录	不定期对本室凭证、记录的填写和留存情况进行抽查；记录抽查结果，解决有关问题；每月7日前完成上述工作，有周记录	对本室凭证、记录的填写和留存情况未进行有效检查；凭证填写和留存存在少数问题；每月9日前完成上述工作，有月记录	对本室凭证、记录的填写和留存情况未进行检查；凭证填写和留存存在一些问题；每月9日前未能完成上述工作，无记录
			优	良	中	差
对驻外会计进行管理（20%）	有关记录	直接上级	对驻外会计的工作给予积极的指导和监督，及时、客观通报有关情况，解决工作中出现的问题；每月10日之前出通报	对驻外会计的工作给予指导和监督，通报有关情况，解决工作中出现的问题；每月15日前出通报	对驻外会计的工作未给予有效的指导和监督，未能及时解决工作中出现的问题；每月15日后出通报	对驻外会计的工作未给予指导和监督，未能解决工作中出现的问题；无通报

（续表）

考核指标及权重	信息来源	考评人	考评标准
提交费用预警分析报告和应收账款分析报告（10%）	有关报告	直接上级	按照规定定期提交有关分析报告；由直接上级按照以下方面对报告考核 （1）考核因素：报告上交及时（20分），内容全面（20分），报告数据准确（20分），问题分析（20分），建议合理（20分） （2）本项得分为：考评期内所有分析报告平均分数×本项权重（10%）
保守工作秘密（10%）	部门经理有关部门	直接上级	（1）由部门经理或有关部门查实本岗位违反有关保密规定的行为 （2）本项得分为：发生违反有关保密规定的行为扣掉全部10分，扣完为止

19.18.2 营销核算主管岗位能力与态度考核指标组成表

营销核算主管岗位能力与态度考核指标组成表

能力指标	指标一：准确性 权重：30%	指标三：计划和组织 权重：20%	指标五：沟通能力 权重：10%
	指标二：专业知识和技能 权重：20%	指标四：解决问题的能力 权重：20%	
态度指标	指标一：是否认真完成任务 权重：30%	指标三：是否遵守上级指示 权重：20%	指标五：是否及时准确向上级汇报工作 权重：10%
	指标二：是否有责任感，愿意承担更多的责任 权重：30%	指标四：是否虚心好学，要求上进 权重：10%	

19.19 销售核算会计岗位考核指标组成表

19.19.1 销售核算会计岗位业绩考核指标组成表

销售核算会计岗位业绩考核指标组成表

考核指标及权重	信息来源	考评人	考评标准			
			优	良	中	差
提交销售核算明细表及有关报表（40%）	有关报表	直接上级	销售核算明细表及有关报表提交及时，数据准确，	销售核算明细表及有关报表准确；极少出现延	销售核算明细表及有关报表提交基本及时、准确；偶尔	销售核算明细表及有关报表提交不及时、不准确；

（续表）

考核指标及权重	信息来源	考评人	考评标准			
提交销售核算明细表及有关报表（40%）	有关报表	直接上级	计算正确；无重大差错	迟现象，极少出现差错；出现差错，但未造成经济损失或影响，发生次数不超过2次	出现延迟现象，偶尔出现差错；出现差错，但未造成经济损失或影响，发生次数超过2次，但不超过4次，或出现1次造成经济损失或影响的差错	经常出现延迟现象，经常出现差错；出现差错，但未造成经济损失或影响，发生次数超过4次，或出现1次以上造成经济损失或影响的差错
			优	良	中	差
开具销售单（10%）	有关单据	直接上级	开具销售单及时、清晰、准确、符合要求；无延迟，差错率不超过1%	开具销售单准确、符合要求；极少出现延迟现象，极少出现差错；差错率超过1%，但不超过2%	开具销售单基本及时、准确；偶尔出现延迟现象，偶尔出现差错；差错率超过2%，但不超过3%	开具销售单不及时、不准确；经常出现延迟现象，经常出现差错；差错率超过3%
			优	良	中	差
结算运费（10%）	有关单据	直接上级	运费支付、结算及时、准确；无延迟、无差错	运费支付、结算准确；极少出现延迟现象，极少出现差错	运费支付、结算基本及时、准确；偶尔出现延迟现象，偶尔出现差错	运费支付、结算不及时、不准确；经常出现延迟现象，经常出现差错
			优	良	中	差
开具、邮寄发票（10%）	有关单据	直接上级	开具、邮寄发票及时、清晰、准确、符合要求；无延迟、无差错	开具、邮寄发票准确、符合要求；极少出现延迟现象，极少出现差错	开具、邮寄发票基本及时、准确；偶尔出现延迟现象，偶尔出现差错	开具、邮寄发票不及时、不准确；经常出现延迟现象，经常出现差错
			优	良	中	差
核对账务（20%）	有关账务	直接上级	每月及时、全面核对往来账务，对对账结果及时进行处理和调整，分析账务中存在问题，改进有关工作	每月核对往来账务，对对账结果进行处理和调整	核对往来账务不及时、不全面，对对账结果处理不及时	未对往来账务进行核对

（续表）

考核指标及权重	信息来源	考评人	考评标准
保守工作秘密（10%）	部门经理有关部门	直接上级	（1）由部门经理或有关部门查实本岗位违反有关保密规定的行为 （2）本项得分为：发生违反有关保密规定的行为扣掉全部10分，扣完为止

19.19.2 销售核算会计岗位能力与态度考核指标组成表

销售核算会计岗位能力与态度考核指标组成表

能力指标	指标一：准确性 权重：30%	指标三：团队合作 权重：20%	指标五：沟通能力 权重：10%
	指标二：专业知识和技能团队合作 权重：30%	指标四：解决问题的能力 权重：10%	
态度指标	指标一：是否认真完成任务 权重：30%	指标三：是否遵守上级指示 权重：20%	指标五：是否及时准确向上级汇报工作 权重：10%
	指标二：是否有责任感，愿意承担更多的责任 权重：20%	指标四：是否虚心好学，要求上进 权重：20%	

19.20 驻外会计岗位考核指标组成表

19.20.1 驻外会计岗位业绩考核指标组成表

驻外会计岗位业绩考核指标组成表

考核指标及权重	信息来源	考评人	考评标准			
			优	良	中	差
片区合同管理（20%）	直接上级	直接上级	对有关销售合同及时进行整理，上报给公司总部；无延迟现象，无差错；每月5日前上报总部	对有关销售合同进行整理，上报给公司总部；极少出现延迟现象，极少出现差错；每月8日前上报总部	对有关销售合同进行整理，上报给公司总部基本及时；偶尔出现延迟现象，偶尔出现差错；每月10日前上报总部	对有关销售合同进行整理，上报给公司总部不及时；经常出现延迟现象，经常出现差错；每月10日后上报总部

（续表）

考核指标及权重	信息来源	考评人	考评标准			
			优	良	中	差
片区台账管理（20%）	有关账目	直接上级	片区有关台账登记及时、准确、细致、清晰；无差错；取得客户对账函达到95%以上	片区有关台账登记准确；极少出现差错；取得客户对账函达到80%以上	片区有关台账登记基本及时、准确；偶尔出现差错；取得客户对账函达到70%以上	片区有关台账登记不及时、不准确；经常出现差错；取得客户对账函未达到70%
			优	良	中	差
片区配件管理（20%）	直接上级	直接上级	定期清点片区配件，核对有关账目，及时上报、协助解决发现的问题；协助制订合理的配件计划；每月5日前将配件盘存和配件收款情况上报总部	定期清点片区配件，核对有关账目，上报发现的问题；协助制订配件计划；每月10日前将配件盘存和配件收款情况上报总部	基本做到定期清点片区配件，核对有关账目，未及时上报发现的问题；未积极参与配件计划；每月10日后才将配件盘存和配件收款情况上报总部	未做到定期清点片区配件，核对有关账目，未上报发现的问题；未参与配件计划，未进行配件盘存，未将配件收款情况上报总部
			优	良	中	差
整理、上报片区各种财务数据（20%）	直接上级	直接上级	片区各种财务数据整理、上报及时、准确；无差错	片区各种财务数据整理、上报准确；极少出现差错	片区各种财务数据整理、上报基本及时、准确；偶尔出现差错	片区各种财务数据整理、上报不及时、不准确；经常出现差错
			优	良	中	差
完成办事处交办的其他工作（10%）	直接上级	直接上级	积极、及时完成办事处交办的其他工作，工作态度热情	完成办事处交办的其他工作，工作态度好	能够完成办事处交办的大部分任务，工作态度一般	对办事处交办的有关任务不认真对待，不能及时完成，工作态度差
保守工作秘密（10%）	部门经理有关部门	直接上级	（1）由部门经理或有关部门查实本岗位违反有关保密规定的行为 （2）本项得分为：发生违反有关保密规定的行为扣掉全部10分，扣完为止			

19.20.2　驻外会计岗位能力与态度考核指标组成表

驻外会计岗位能力与态度考核指标组成表

能力指标	指标一：准确性 权重：30%	指标三：团队合作 权重：20%	指标五：沟通能力 权重：10%
	指标二：专业知识和技能团队合作 权重：30%	指标四：解决问题的能力 权重：10%	
态度指标	指标一：是否认真完成任务 权重：30%	指标三：是否遵守上级指示 权重：20%	指标五：是否及时准确向上级汇报工作 权重：10%
	指标二：是否有责任感，愿意承担更多的责任 权重：20%	指标四：是否虚心好学，要求上进 权重：20%	

19.21　综合核算主管岗位考核指标组成表

19.21.1　综合核算主管岗位业绩考核指标组成表

综合核算主管岗位业绩考核指标组成表

考核指标及权重	信息来源	考评人	考评标准			
			优	良	中	差
指导、监督和检查本室有关核算工作（20%）	直接上级	直接上级	对本室有关核算工作给予耐心细致的指导；监督和检查本室人员的有关工作，及时上报和解决发现的有关问题；确保本室有关工作及时、准确完成；无重大差错，或一般性差错不超过5次	对本室有关核算工作给予指导；监督和检查本室人员的有关工作，上报和解决发现的有关问题；确保本室有关工作准确完成；无重大差错，或一般差错超过5次，但不超过10次	能回答本室有关工作中的问题；监督和检查本室人员的有关工作；本室有关工作基本按时完成，有少数错误出现；有1次重大差错出现，但未造成经济损失，或一般差错超过10次，但未超过15次	未对本室有关工作给予足够指导；对本室人员的有关工作监督和检验不够；本室部分工作未按时完成或经常出现差错；有重大差错出现，且造成经济损失，或一般差错超过15次

（续表）

考核指标及权重	信息来源	考评人	考评标准			
			优	良	中	差
抽查本室凭证、记录的填写、留存情况（20%）	有关记录	直接上级	不定期对本室凭证、记录的填写和留存情况进行抽查；客观记录抽查结果，及时解决有关问题；每月5日前完成上述工作，有日记录	不定期对本室凭证、记录的填写和留存情况进行抽查；记录抽查结果，解决有关问题；每月7日前完成上述工作，有周记录	对本室凭证、记录的填写和留存情况未进行有效检查；凭证填写和留存存在少数问题；每月9日前完成上述工作，有月记录	对本室凭证、记录的填写和留存情况未进行检查；凭证填写和留存存在一些问题；每月9日前未能完成上述工作，无记录
提交综合核算室分析报告（50%）	有关报告	直接上级	按照规定定期提交综合核算室工作报告；由直接上级按照以下方面对报告考核 （1）考核因素：报告上交及时（20分），内容全面（20分），报告数据准确（20分），问题分析（20分），建议合理（20分） （2）本项得分为：考评期内所有成本分析报告平均分数×本项权重（10%）			
保守工作秘密（10%）	部门经理有关部门	直接上级	（1）由部门经理或有关部门查实本岗位违反有关保密规定的行为 （2）本项得分为：发生违反有关保密规定的行为扣掉全部10分，扣完为止			

19.21.2　综合核算主管岗位能力与态度考核指标组成表

综合核算主管岗位能力与态度考核指标组成表

能力指标	指标一：准确性 权重：30%	指标三：计划和组织 权重：20%	指标五：沟通能力 权重：10%
	指标二：专业知识和技能 权重：20%	指标四：解决问题的能力 权重：20%	
态度指标	指标一：是否认真完成任务 权重：30%	指标三：是否遵守上级指示 权重：20%	指标五：是否及时准确向上级汇报工作 权重：10%
	指标二：是否有责任感，愿意承担更多的责任 权重：30%	指标四：是否虚心好学，要求上进 权重：10%	

19.22 报表会计岗位考核指标组成表

19.22.1 报表会计岗位业绩考核指标组成表

报表会计岗位业绩考核指标组成表

考核指标及权重	信息来源	考评人	考评标准			
完成财务会计报表的编报工作（40%）	有关报表	直接上级	优	良	中	差
			及时提交有关财务会计报表，数据准确，格式规范，内容完整；每月10日以前上交，无迟交现象，无差错	提交有关财务会计报表，数据准确；极少出现迟交现象，极少出现差错；主要指标无差错	少数财务会计报表提交不及时，提交的报表中存在少数差错；对外披露报表主要经济指标差错不超过2处	部分财务会计报表提交不及时，提交的报表中存在一些差错；对外披露报表主要经济指标差错超过2处
完成证监会有关财务资料的编报工作（30%）	有关材料	直接上级	优	良	中	差
			及时提交证监会有关财务资料的编报工作，资料附上有关规定，数据准确，格式规范，内容完整，有关说明充分明了；无迟交现象，无差错	提交证监会有关财务资料的编报工作，资料附上有关规定，数据准确；极少出现差错，差错不超过1处	证监会有关财务资料的编报工作少数未及时完成，提交的资料中存在少数差错，差错超过1处，但不超过3处	证监会有关财务资料的编报工作部分未及时完成，提交的资料中存在一些差错，差错超过3处
完成有关制证工作（20%）	有关凭证	直接上级	优	良	中	差
			有关凭证填写完整、准确、清晰；制证及时、规范，保存完好；出现差错不超过5次	有关凭证填写完整、准确；制证规范，保存完好；出现差错超过5次，但不超过10次	少数凭证填写不准确；制证不够及时，少数凭证缺失；出现差错超过10次，但不超过15次	部分凭证填写不准确；制证不够及时，部分凭证缺失；出现差错超过15次
保守工作秘密（10%）	部门经理有关部门	直接上级	由部门经理或有关部门查实本岗位违反有关保密规定的行为 本项得分为：发生违反有关保密规定的行为扣掉全部10分，扣完为止			

19.22.2 报表会计岗位能力与态度考核指标组成表

报表会计岗位能力与态度考核指标组成表

能力指标	指标一：准确性 权重：30%	指标三：团队合作 权重：20%	指标五：沟通能力 权重：10%
	指标二：专业知识和技能 权重：30%	指标四：解决问题的能力 权重：10%	
态度指标	指标一：是否认真完成任务 权重：30%	指标三：是否遵守上级指示 权重：20%	指标五：是否及时准确向上级汇报工作 权重：10%
	指标二：是否有责任感，愿意承担更多的责任 权重：20%	指标四：是否虚心好学，要求上进 权重：20%	

19.23 统计员岗位考核指标组成表

19.23.1 统计员岗位业绩考核指标组成表

统计员岗位业绩考核指标组成表

考核指标及权重	信息来源	考评人	考评标准			
			优	良	中	差
编制对外统计报表（50%）	有关报表	直接上级	及时提交有关对外统计报表，数据准确，所有分析指标有具体的解释说明；无迟交现象，无差错	提交有关对外统计报表，数据准确，分析指标有解释说明；极少出现迟交现象，极少出现差错；迟交1次，或差错率不超过1%	统计报表中的分析指标缺少部分解释说明；少数统计报表提交不及时，提交的报表中存在少数差错；迟交2次，或差错率超过1%，但不超过2%	没有对统计报表中的分析指标进行解释说明；部分统计报表提交不及时，提交的报表中存在一些差错；迟交3次，或差错率超过2%

（续表）

考核指标及权重	信息来源	考评人	考评标准			
			优	良	中	差
为公司提供内部统计数据（40%）	有关凭证	直接上级	及时提交有关统计报表，数据准确，所有分析指标有具体的解释说明；无迟交现象，无差错	提交有关统计报表，数据准确，分析指标有解释说明；极少出现迟交现象，极少出现差错；迟交1次，或差错率不超过1%	统计报表中的分析指标缺少部分解释说明；少数统计报表提交不及时，提交的报表中存在少数差错；迟交2次，或差错率超过1%，但不超过2%	没有对统计报表中的分析指标进行解释说明；部分统计报表提交不及时，提交的报表中存在一些差错；迟交3次，或差错率超过2%
保守工作秘密（10%）	部门经理有关部门	直接上级	（1）由部门经理或有关部门查实本岗位违反有关保密规定的行为 （2）本项得分为：发生违反有关保密规定的行为扣掉全部10分，扣完为止			

19.23.2 统计员岗位能力与态度考核指标组成表

统计员岗位能力与态度考核指标组成表

能力指标	指标一：准确性 权重：30%	指标三：团队合作 权重：20%	指标五：沟通能力 权重：10%
	指标二：专业知识和技能 权重：30%	指标四：解决问题的能力 权重：10%	
态度指标	指标一：是否认真完成任务 权重：30%	指标三：是否遵守上级指示 权重：20%	指标五：是否及时准确向上级汇报工作 权重：10%
	指标二：是否有责任感，愿意承担更多的责任 权重：20%	指标四：是否虚心好学，要求上进 权重：20%	

19.24　税务会计岗位考核指标组成表

19.24.1　税务会计岗位业绩考核指标组成表

税务会计岗位业绩考核指标组成表

考核指标及权重	信息来源	考评人	考评标准			
完成税务报表的编报工作（50%）	有关报表	直接上级	优	良	中	差
			及时提交有关税务报表，报表编制附有关规定，数据准确，内容完整，格式规范；无迟交现象，无差错	提交有关税务会计报表，数据准确；极少出现迟交现象，极少出现差错；迟交1次，或差错率不超过1%	少数税务会计报表提交不及时，提交的报表中存在少数差错；迟交2次，或差错率超过1%，但不超过2%	部分税务会计报表提交不及时，提交的报表中存在一些差错；迟交3次，或差错率超过2%
负责公司专用增值税发票的填开（20%）	直接上级	直接上级	优	良	中	差
			填开准确，无差错、附有关规定；无差错	填开准确，极少出现差错；发生错误不超过5次	填开基本准确，出现少数差错；发生错误超过5次，但不超过10次	填开不准确，出现一些差错；发生错误超过10次
对税收政策的学习掌握（40%）	直接上级	直接上级	优	良	中	差
			及时了解、学习、掌握有关税务政策、法规；及时汇报，并能够提出可行性分析方案；能及时准确回答有关税务政策的咨询	了解、掌握有关政策；能够回答有关税务政策的咨询，但不够全面	对税务政策理解不透彻；回答有关税务政策的咨询不及时，不清楚	未对税务政策进行学习，或理解有偏差；不能回答有关税务政策的咨询
保守工作秘密（10%）	部门经理有关部门	直接上级	（1）由部门经理或有关部门查实本岗位违反有关保密规定的行为 （2）本项得分为：发生违反有关保密规定的行为扣掉全部10分，扣完为止			

19.24.2 税务会计岗位能力与态度考核指标组成表

税务会计岗位能力与态度考核指标组成表

能力指标	指标一：准确性 权重：30%	指标三：团队合作 权重：20%	指标五：沟通能力 权重：10%
	指标二：专业知识和技能 权重：30%	指标四：解决问题的能力 权重：10%	
态度指标	指标一：是否认真完成任务 权重：30%	指标三：是否遵守上级指示 权重：20%	指标五：是否及时准确向上级汇报工作 权重：10%
	指标二：是否有责任感，愿意承担更多的责任 权重：20%	指标四：是否虚心好学，要求上进 权重：20%	

19.25 出纳主管岗位考核指标组成表

19.25.1 出纳主管岗位业绩考核指标组成表

出纳主管岗位业绩考核指标组成表

考核指标及权重	信息来源	考评人	考评标准			
			优	良	中	差
审核现金及银行存款（30%）	有关记录	直接上级	对现金及银行存款的审核及时、认真负责、细致准确；确保有关记录准确，现金安全，无差错；督察日清月结，督察每周现金盘点，督察每月银行存款对账无误，督促每月10日前编制调节表	对现金及银行存款的审核细致；确保有关记录准确，现金安全，无差错；督察每10日盘点一次，督促每月15日前编制调节表	对现金及银行存款进行审核；少数差错漏查；督察每半个月盘点一次，督促每月20日前编制调节表	对现金及银行存款审核不及时、不准确；部分差错漏查；月末未完成调节表的编制，每月进行1次盘点

（续表）

考核指标及权重	信息来源	考评人	考评标准			
审核出纳填写的支票并签章（30%）	有关凭证	直接上级	优	良	中	差
			对出纳填写的支票审核及时、认真负责、细致准确；按有关规定签章，及时、清晰；无差错	对出纳填写的支票审核细致；按有关规定签章；发生未审核出支票填写错误，但未造成经济损失的情况不超过10次	对出纳填写的支票进行审核并签章；发生未审核出支票填写错误，但未造成经济损失的情况超过10次，但未超过20次	对出纳填写的支票审核不及时，不细致；签章不符合有关程序；发生未审核出支票填写错误，但未造成经济损失的情况超过20次，或发生未审核出支票填写错误且造成经济损失的情况
对原始凭证进行审核，并协助完成有关报销工作（针对银行利息收支的审核）（30%）	有关凭证直接上级	直接上级	优	良	中	差
			对原始凭证的审核及时、认真负责、细致准确；及时、准确按有关规定完成有关报销工作；服务热情	对原始凭证的审核细致准确；按有关规定协助及时完成有关报销工作；服务态度良好	对原始凭证进行审核；未及时按有关规定完成有关报销工作；服务态度一般	对原始凭证的审核不细致，存在问题；未按有关规定完成有关报销工作；服务态度差
保守工作秘密（10%）	部门经理有关部门	直接上级	（1）由部门经理或有关部门查实本岗位违反有关保密规定的行为 （2）本项得分为：发生违反有关保密规定的行为扣掉全部10分，扣完为止			

19.25.2　出纳主管岗位能力与态度考核指标组成表

出纳主管岗位能力与态度考核指标组成表

能力指标	指标一：准确性 权重：30%	指标三：计划和组织 权重：20%	指标五：沟通能力 权重：10%
	指标二：专业知识和技能 权重：20%	指标四：解决问题的能力 权重：20%	
态度指标	指标一：是否认真完成任务 权重：30%	指标三：是否遵守上级指示 权重：20%	指标五：是否及时准确向上级汇报工作 权重：10%

（续表）

态度指标	指标二：是否有责任感，愿意承担更多的责任 权重：30%	指标四：是否虚心好学，要求上进 权重：10%	

19.26 现金出纳岗位考核指标组成表

19.26.1 现金出纳岗位业绩考核指标组成表

现金出纳岗位业绩考核指标组成表

考核指标及权重	信息来源	考评人	考评标准			
			优	良	中	差
完成现金收付工作（30%）	有关账目	直接上级	及时、准确地完成现金收付和报账工作，服务热情；做到日清月结，现金收付无差错	准确的完成现金收付和报账工作，服务态度良好；3日盘点一次，现金收付差错不超过5次	完成现金收付和报账工作，服务态度一般；5日盘点一次，现金收付差错超过5次，但不超过10次	对现金收付和报账工作不认真负责，服务态度差；5日以上盘点一次，现金收付差错超过10次
			优	良	中	差
签发、填写支票、汇款单（20%）	有关凭证	直接上级	签发、填写支票、汇款单及时、严密，服务热情；无差错	签发、填写支票、汇款单严密，服务态度良好；发生出现错误但未造成经济损失的情况不超过10次	签发、填写支票、汇款单，服务态度一般；发生出现错误但未造成经济损失的情况超过10次，但不超过20次	签发、填写支票、汇款单不及时，服务态度差；发生出现错误但未造成经济损失的情况超过20次，或发生出现错误且造成经济损失的情况
			优	良	中	差
登记现金日记账（20%）	有关账目	直接上级	现金日记账登记及时、准确；当日登记，差错率不超过2%	现金日记账登记准确；极少出现差错，差错率超过2%，但不超过5%	现金日记账登记基本及时、准确；偶尔出现差错，差错率超过5%，但不超过8%	现金日记账登记不及时、不准确；经常出现差错，差错率超过8%

（续表）

考核指标及权重	信息来源	考评人	考评标准			
			优	良	中	差
票据保管（20%）	有关票据	直接上级	票据保管安全、完整、及时，登记准确无误	票据保管安全、完整，登记中出现错误不超过5次	票据保管安全、完整，登记中出现的错误超过5次	存在票据缺失现象
保守工作秘密（10%）	部门经理有关部门	直接上级	（1）由部门经理或有关部门查实本岗位违反有关保密规定的行为 （2）本项得分为：发生违反有关保密规定的行为扣掉全部10分，扣完为止			

19.26.2 现金出纳岗位能力与态度考核指标组成表

现金出纳岗位能力与态度考核指标组成表

能力指标	指标一：准确性 权重：50%	指标三：专业知识和技能 权重：10%	指标五：沟通能力 权重：10%
	指标二：团队合作 权重：20%	指标四：解决问题的能力 权重：10%	
态度指标	指标一：是否认真完成任务 权重：30%	指标三：是否遵守上级指示 权重：20%	指标五：是否及时准确向上级汇报工作 权重：10%
	指标二：是否有责任感，愿意承担更多的责任 权重：30%	指标四：是否虚心好学，要求上进 权重：10%	

19.27 银行出纳岗位考核指标组成表

19.27.1 银行出纳岗位业绩考核指标组成表

银行出纳岗位业绩考核指标组成表

考核指标及权重	信息来源	考评人	考评标准			
			优	良	中	差
完成银行账款的收付工作（35%）	直接上级	直接上级	银行账款收付及时、准确，主动及时索取回单并转交有关岗位进行核算；无差错；在本地银行进账后次日取回回单	银行账款收付准确，索取回单并转交有关岗位进行核算；极少出现差错；回单索取滞后不超过3天	完成银行账款收付工作；偶尔出现差错；回单索取滞后不超过5天	银行账款收付工作不及时；经常出现差错；回单索取滞后超过5天
			优	良	中	差
完成有关制证工作（20%）	有关凭证	直接上级	有关凭证填写完整、准确、清晰；审核细致认真；制证及时、规范，保存完好；当日制证	有关凭证填写完整、准确；审核认真；制证规范，保存完好；2日内制证	少数凭证填写不准确；对凭证进行审核；制证不够及时，少数凭证缺失；5日内制证	部分凭证填写不准确；审核不认真；制证不及时，部分凭证缺失
			优	良	中	差
完成银行日记账对账工作（35%）	直接上级	直接上级	银行日记账对账工作及时、准确；无差错；每月10日前完成对账工作，编制银行存款调节表，未达账查明原因	银行日记账对账工作准确；极少出现差错；每月10日前完成银行存款调节表	完成银行日记账对账工作；偶尔出现差错；每月15日前完成银行存款调节表	银行日记账对账工作不及时；经常出现差错；未编制银行存款调节表，银行对账不清
保守工作秘密（10%）	部门经理有关部门	直接上级	（1）由部门经理或有关部门查实本岗位违反有关保密规定的行为 （2）本项得分为：发生违反有关保密规定的行为扣掉全部10分，扣完为止			

19.27.2　银行出纳岗位能力与态度考核指标组成表

银行出纳岗位能力与态度考核指标组成表

能力指标	指标一：准确性 权重：30%	指标三：团队合作 权重：20%	指标五：沟通能力 权重：10%
	指标二：专业知识和技能 权重：30%	指标四：解决问题的能力 权重：10%	

（续表）

态度指标	指标一：是否认真完成任务 权重：30%	指标三：是否遵守上级指示 权重：20%	指标五：是否及时准确向上级汇报工作 权重：10%
	指标二：是否有责任感，愿意承担更多的责任 权重：30%	指标四：是否虚心好学，要求上进 权重：10%	

19.28　工资核算会计岗位考核指标组成表

19.28.1　工资核算会计岗位业绩考核指标组成表

工资核算会计岗位业绩考核指标组成表

考核指标及权重	信息来源	考评人	考评标准			
编制员工工资表（60%）	有关报表	直接上级	优	良	中	差
			根据人力资源部所提供的资料，及时做好工资调整与核定工作；编制员工工资表及时、准确；差错不超过10人次	根据人力资源部所提供的资料，做好工资调整与核定工作；编制员工工资表准确；差错超过10人次，但不超过20人次	编制员工工资表；差错超过20人次，但不超过30人次	编制员工工资表不及时；差错超过30人次
完成有关制证工作（30%）	有关凭证	直接上级	优	良	中	差
			有关凭证填写完整、准确、清晰；制证及时、规范，保存完好；无差错	有关凭证填写完整、准确；制证规范，保存完好；差错不超过2次	少数凭证填写不准确；制证不够及时，少数凭证缺失；差错超过2次，但不超过5次	部分凭证填写不准确；制证不够及时，部分凭证缺失；差错超过5次
保守工作秘密（10%）	部门经理有关部门	直接上级	（1）由部门经理或有关部门查实本岗位违反有关保密规定的行为 （2）本项得分为：发生违反有关保密规定的行为扣掉全部10分，扣完为止			

19.28.2 工资核算会计岗位能力与态度考核指标组成表

工资核算会计岗位能力与态度考核指标组成表

能力指标	指标一：准确性 权重：30%	指标三：团队合作 权重：20%	指标五：沟通能力 权重：10%
	指标二：专业知识和技能团队合作 权重：30%	指标四：解决问题的能力 权重：10%	
态度指标	指标一：是否认真完成任务 权重：30%	指标三：是否遵守上级指示 权重：20%	指标五：是否及时准确向上级汇报工作 权重：10%
	指标二：是否有责任感，愿意承担更多的责任 权重：20%	指标四：是否虚心好学，要求上进 权重：20%	

第20章　财务预算管理表格

20.1　长期投资和短期投资预算表

长期投资和短期投资预算表

预算年度：______年

预算编制单位：　　　　　　　　　　　　　　　　　　　　单位：人民币元

预算投资项目	出资方式及投资时间	出资金额	资金来源	备注
合计				

制表：　　　　　　　　　　　　　　　　　　　　复核：

注：该表的数据将会影响现金流量

20.2　固定资产购置预算表

固定资产购置预算表

预算期间：______年

预算编制单位：　　　　　　　　　　　　　　　　　　　　单位：人民币元

拟购置资产名称	规格型号	数量	预计金额	购买方式	预计投入使用时间

制表：　　　　　　　　　　　　　　　　　　　　复核：

注：该表中的数据将会影响现金流量和折旧费

20.3 销售收入预算总表

销售收入预算总表

预算期间：______年

预算编制单位：　　　　　　　　　　　　　　　　　　单位：人民币元

月份	期初应收款	当月销售总额	当月回款	转入下月应收款	备注
1月					
2月					
3月					
4月					
5月					
……					
12月					
合计					

制表：　　　　　　　　　　　　　　　　复核：

注：该表中的销售总额由后续的产品销售预测以及服务收入预测汇总得出

20.4 ××商品销售预测表

××商品销售预测表

预算期间：______年

预算编制单位：　　　　　　　　　　　　　　　　　　单位：人民币元

月份	商品数量	单价	金额	备注
1月				
2月				
3月				
4月				
5月				
……				
12月				
合计				

制表：　　　　　　　　　　　　　　　　复核：

注：分不同产品进行预测，该表应该根据市场部门提供的预测表进行预计

20.5　××服务收入预算表（含项目开发）

××服务收入预算表（含项目开发）

预算期间：______年
预算编制单位：　　　　　　　　　　　　　　单位：人民币元

月份	金额	备注
1月		
2月		
3月		
4月		
5月		
……		
12月		
合计		

制表：　　　　　　　　　　　　　　复核：

20.6　销售成本预算总表

销售成本预算总表

预算期间：______年
预算编制单位：　　　　　　　　　　　　　　单位：人民币元

月份	金额	备注
1月		
2月		
3月		
4月		
5月		
6月		
……		
12月		
合计		

制表：　　　　　　　　　　　　　　复核：

20.7　××商品销售成本预测表

××商品销售成本预测表

预算期间：______年

预算编制单位：　　　　　　　　　　　　　　　　　　　　　　单位：人民币元

月份	商品数量	单位成本	金额	备注
1月				
2月				
3月				
4月				
5月				
……				
12月				
合计				

制表：　　　　　　　　　　　　　　　　　　　　复核：

20.8　采购现金支出预测表

采购现金支出预测表

预算期间：______年

预算编制单位：　　　　　　　　　　　　　　　　　　　　　　单位：人民币元

月份	期初应付款总额	当月采购总额	当月现金支出	转入下月应付款款	备注
1月					
2月					
3月					
4月					
5月					
6月					
……					
12月					
合计					

制表：　　　　　　　　　　　　　　　　　　　　复核：

20.9　××存货预测表

××存货预测表

预算期间：______年

预算编制单位：　　　　　　　　　　　　　　　　　　单位：人民币元

项目	1月			2月			3月			4月			5月			6月		
	数量	单价	金额	数量	单价	金额	数量	单价	金额	数量	单价	金额	数量	单价	金额	数量	单价	金额
一、期初余额																		
二、本期采购																		
1. 采购																		
2. 其他方式购入																		
小计																		
三、本期出库																		
1. 销售出库																		
2. 其他出库																		
小计																		
四、库存余额																		

项目	7月			8月			9月			10月			11月			12月		
	数量	单价	金额	数量	单价	金额	数量	单价	金额	数量	单价	金额	数量	单价	金额	数量	单价	金额
一、期初余额																		
二、本期采购																		
1. 采购																		
2. 其他方式购入																		
小计																		
三、本期出库																		
1. 销售出库																		
2. 其他出库																		
小计																		
四、库存余额																		

制表：　　　　　　　　　　　　　　　　　　复核：

20.10 销售税金及附加预算表

销售税金及附加预算表

预算期间：______年

预算编制单位：

单位：人民币元

月份	应交增值税	营业税	城建税	教育费附加	合计
1月					
2月					
3月					
4月					
5月					
6月					
……					
12月					
合计					

制表：　　　　　　　　　　复核：

20.11 费用预算总表

费用预算总表

预算期间：______年

预算编制单位：

单位：人民币元

月份	金额	当年付现金额	备注
1月			
2月			
3月			
4月			
5月			
……			
12月			
合计			

制表：　　　　　　　　　　复核：

20.12 月度费用预算表

月度费用预算表

预算期间：______年

预算编制单位：　　　　　　　　　　　　　　　　　　　　　　　　单位：人民币元

费用大类	费用明细	1月	2月	3月	4月	5月	6月	7月	8月	9月	10月	11月	12月	备注
人力成本支出	工资													
	职工福利费													
	职工教育经费													
	工会经费													
	社保费													
按人均预计费用	公杂费													
	通讯费													
	交通费													
基本固定的费用	房产税													
	土地使用税													
	车船税													
	租赁费													
	财产保险费													
	水电管理费													
	折旧费													
与收入直接相关费用	业务招待费													
	广告宣传费													
	稿费													
	业务代理费													
	差旅费													
其他	维修费													
	低值易耗品													
	劳保费													
	汽车费													
	邮寄费													
	印刷费													
	印花费													
	中介费													
	培训费													
	其他													
合计														

制表：　　　　　　　　　　　　　　　　　　　　复核：

20.13 现金流量预算表

现金流量预算表

预算期间：______年

预算编制单位： 单位：人民币元

项目	1月	2月	3月	4月	5月	6月	7月	8月	9月	11月	11月	12月
一、期初余额												
二、本期流入												
1，商品销售收入												
2，应收款流入												
3，其他流入												
小计												
三、本期支出												
1，采购支出												
2，应付款支出												
3，日常费用支出												
4，税金支出												
5，固定资产购置支出												
6，投资支出												
7，还贷支出												
8，其他支出												
四、余额												
五、需筹资金额												

制表： 复核：

20.14 财务费用预算表

财务费用预算表

预算期间：______年

预算编制单位： 单位：人民币元

筹资金额	利率	计息期间	金额	备注

制表： 复核：

20.15　利润预算表

利 润 预 算 表

预算期间：______年

预算编制单位：　　　　　　　　　　　　　　　　　　　　　　单位：人民币元

项目	1月	2月	3月	4月	5月	6月	7月	8月	9月	10月	11月	12月
一、销售收入												
减：销售折扣												
主营业务成本												
营业税金及附加												
二、主营业务利润												
减：管理费用												
营业费用												
财务费用												
三、营业利润												
加：其他业务利润												
投资收益												
营业外收支净额												
减：所得税												
四：净利润												

制表：　　　　　　　　　　　　　　　　　　复核：

20.16　预计损益表

预 计 损 益 表

项目	一季度	二季度	三季度	四季度	全年
销售收入					
减：变动生产成本 变动生产成本 销售及管理费用					
变动成本小计					

（续表）

项目	一季度	二季度	三季度	四季度	全年
贡献毛益					
减：期间费用 销售费用 管理费用 财务费用					
期间费用小计					
减：销售税金					
税前利润 减：所得税					
税后净利					

20.17　预计资产负债表

预计资产负债表

预算期间：______年

预算编制单位：　　单位：人民币元

项目	1月	2月	3月	4月	5月	6月	7月	8月	9月	10月	11月	12月
流动资产												
货币资金												
短期投资												
应收票据												
应收账款												
预付账款												
其他应收款												
待摊费用												
其他流动资产												
流动资产合计												
长期投资												
固定资产原值												

（续表）

项目	1月	2月	3月	4月	5月	6月	7月	8月	9月	10月	11月	12月
累计折旧												
固定资产净值												
长期待摊费用												
其他长期资产												
资产总额												
流动负债												
短期借款												
应付票据												
预收账款												
应付账款												
应付工资												
其他应付款												
应交税费												
其他应交款												
预提费用												
其他流动负债												
流动负债合计												
长期借款												
其他长期负债												
负债合计												
实收资本												
资本公积												
公积金												
未分配利润												
所有者权益合计												
负债和所有者权益合计												

20.18 资本性支出预算表

20.18.1 资本性支出预算表——设备及其他

资本性支出预算表——设备及其他

编制时间：

预算期间：　　　　　　　　　　　　　　　　　　　　　　　　单位：元

设备名称及规格	合同编号	合同总金额	累计已付款	本期预计购置量				预计本期支付金额						项目编号及名称	备注
				单位	单价	数量	金额	预计支付前期欠款	预计支付本期欠款	合计	上旬	中旬	下旬		

制表：　　　　　　　　　　　　　　　　审核：

20.18.2 各部门资本性预算明细汇总表

各部门资本性预算明细汇总表

编制部门：

第____张，共____张　　　　　　　　　　　　　　　　　　单位：元

部门	项目编号	项目总金额	预计本期支付金额						累计付款	备注
			预计支付前期欠款	预计支付本期欠款	合计	上旬	中旬	下旬		
生产技术部										
生产部										
职能部门合计										
其中：行政部										
运营部										
研究院										

（续表）

部　门	项目编号	项目总金额	预计本期支付金额						累计付款	备注
			预计支付前期欠款	预计支付本期欠款	合计	上旬	中旬	下旬		
供应部										
质监部										
财务部										
人力资源部										
营销人力资源中心										
总裁办										
开发部										
研发部										
销售部门										
其中：××区										
××区										
××区										
工程部门										
其中：工程部										
发展部										
合计										

编制：　　　　　　　　　　　　　　　　　　　　　审批：

20.19　融资预算表

融 资 预 算 表

编制部门：

第____张，共____张　　　　　　　　　　　　　　　　单位：元

项　目	前期累计数	预计本期融资	预计本期还款	预计本期累计数
银行借款				
其中：短期借款				
长期借款				
应付票据				

（续表）

项　目	前期累计数	预计本期融资	预计本期还款	预计本期累计数
其中：银行承兑汇票				
商业承兑汇票				
银行本票				
其他票据				
应付债券				

20.20 制造费用预算表

制造费用预算表

编制部门：　　　　　　　　　　　　编制日期：

第____张，共____张　　　　　　　　预算期间：

序号		费 用 项 目	预算依据	上旬	中旬	下旬	全月合计
1	燃料及动力						
2	变动费用	劳动保护费					
3	固定费用	非计件人员工资					
4		非计件人员福利费					
5		折旧费					
6		修理费					
7		办公费					
		其中包括：电话费					
		低值易耗品					
		邮递费					
		交际应酬费					
		文具纸张等杂费					
8		机物料消耗					
9		其他					

（续表）

序号		费 用 项 目	预算依据	上旬	中旬	下旬	全月合计
9	固定费用	其中包括：租赁费					
		差旅交通费					
		教育培训费					
		员工保险支出					
制造费用合计							
减：非付现费用							
现金支出的费用							

制表：　　　　　　　　　　　　　　　　　　审核：

20.21　销售费用预算明细表

销售费用预算明细表

编制部门：　　　　　　　　　　预算期间：　　　　　　　　　　单位：元

类别	费 用 项 目	预算依据（%）		预算金额	支付时间		
		占收入	比上期+、-		上旬	中旬	下旬
固定费用	一、经常性项目						
	租赁费						
	广告费						
	其中：媒体广告						
	宣传物品						
	促销活动费用						
	其他广告宣传费						
	办公费						
	挂靠管理费						
	员工保险支出						
	上级分摊费用						
	其中：						
	折旧						
	递延资产摊销						

（续表）

类别	费用项目	预算依据（%）		预算金额	支付时间		
		占收入	比上期+、-		上旬	中旬	下旬
固定费用	二、非经常性项目						
	教育培训费						
	行政扣罚损失						
	低值易耗品						
	小计						
变动费用	工资及福利费						
	差旅及交通费						
	电话费						
	交际应酬费						
	运输及装卸搬运费						
	小计						
税金	增值税						
	增值税附加						
	其他税金						
	小计						
财务费用							
销售费用合计							

制表：　　　　　　　　审核：

20.22　直接成本预算表

直接成本预算表

编制部门：　　　　　　　　编制日期：

第____张，共____张　　　　　　　　预算期间：

产品名称及规格	生产数量	直接材料		直接人工		预算直接成本	
		每件定额	预算金额	每件定额	预算金额	单位成本	总成本
合计							

制表：　　　　　　　　审核：

20.23　管理费用预算表

管理费用预算表

编制时间：　　　　　　　　　　预算期间：　　　　　　　　　　金额单位：元

费用项目	预算依据	上旬	中旬	下旬	全月合计
1. 工资及福利支出					
2. 办公用品费					
3. 邮递费					
4. 电话费					
5. 低值易耗品					
6. 差旅交通费					
7. 公司车辆费用					
8. 租赁费					
9. 交际应酬费					
10. 教育培训费					
11. 员工保险支出					
12. 水电费					
13. 财务费用					
14. 装卸搬运费					
15. 修理费					
16. 劳动保护费					
17. 机物料消耗					
18. 其他管理费用					
19. 固定资产折旧					
管理费用合计					
本期付现费用					

制表：　　　　　　　　　　　　审核：

20.24 产品成本预算表

产品成本预算表

编制部门：

产品名称及规格	生产数量	直接材料		直接人工		制造费用			预算制造成本	
		每件定额	预算金额	每件定额	预算金额	分配比例	单位成本	总成本	单位成本	总成本
合计										

制表：　　　　　　　　　　审核：

20.25 采购资金预算表

采购资金预算表

类别	预计期初资金占用	本期预增采购资金				预计耗用量	预计期末资金占用
		上旬	中旬	下旬	合计		
原材料							
包装物							
备损件							
其他物料							
合计							

制表：　　　　　　　　　　审核：

20.26 低值易耗品汇总采购预算表

低值易耗品汇总采购预算表

制表部门：　　　　　　　　　　　　预算期间：

品名及规格	单位	单价	需求量	本月末计划库存量	上月末库存量	预计采购量	预计采购金额
合计							

制表：　　　　　　　　　　　　审核：

20.27 生产量预算表

生产量预算表

编制部门：　　　　　　　　　　　　预算期间：

1. 产品名称及规格	2. 单位	3. 预计本月销售量	4. 成品本月末计划库存量	5. 成品上月末计划库存量	6. 预计生产量
合计					

制表：　　　　　　　　　　　　审核：

20.28 销售收入、销售费用预算明细汇总表

销售收入、销售费用预算明细汇总表

部门 预算项目	合计		营销部	其中：××联络处
收入				
销售收入				
现金收入				
其他收入				
收入合计				
支出				
原材料（商品）采购				
燃料及动力				
直接人工				
制造费用				
销售费用				
其中：广告宣传费				
物流费用				
管理费用				
财务费用				
缴交增值税及附加				
缴交企业所得税				
其他支出				
支出合计				
余额				
其中：销售费用				
其中：财务费用				
税金合计				
缴交增值税及附加				
缴交企业所得税				

制表：　　　　　　　　　　审核：

20.29　销售收入及回款预算表

销售收入及回款预算表

编制部门：　　　　　　　　　　　　预算期限：　　　　　　　　　　金额单位：元

品名及规格	销售收入						销售回款						预计本月应收余额
	单位	预计销售量	单价	预计收入	其中：本月铺货金额	预计上月应收余额	前期回款	当期回款	上旬	中旬	下旬	全月合计	

制表：　　　　　　　　　　　　　　　审核：

20.30　预算利润表

预 算 利 润 表

制表部门：　　　　　　　　　　　　预算期限：　　　　　　　　　　金额单位：元

项　目	行次	本期	数目来源	备注
商品销售收入（含税）	1			
减：销售费用	2			
商品销售成本	3			
商品销售税金及附加	4			
应交增值税销售税	5			
商品销售利润	6			
减：管理费用	7			
（其中财务费用：元）	8			
利润总额	9			
减：所得税费用	10			
净利润	11			

制表：　　　　　　　　　　　　　　　审核：

20.31 备品备件及其他物料采购预算表

备品备件及其他物料采购预算表

制表部门： 预算期限： 金额单位：元

物品名称及规格	单位	单价	生产需用量	本月末计划库存量	上月末库存量	预计采购量	预计采购金额	预计本期支付采购资金					
								预计支付前欠货款	预计支付本期货款	合计	上旬	中旬	下旬
合计													

制表： 审核：

20.32 低值易耗品及办公用品需求预算表

低值易耗品及办公用品需求预算表

编制部门：

第____张，共____张 预算期间：

品名及规格	计量单位	预计单价	预算依据	需求数量	预计金额
合计					

制表： 审核：

20.33　燃料及动力需求预算表

燃料及动力需求预算表

制表部门：

项　目	预计本期耗用数量	本期采购数量	预计单价	总金额
煤				
油类				
水				
电				
合计				

20.34　燃料及动力采购资金预算表

燃料及动力采购资金预算表

制表部门：　　　　　　　　　　　　预算期间：

项目	预计期初库存量	预计期初资金占用	本期耗用数量	本期采购数量	预计期末库存量	单价	本期采购资金				预计期末资金占用
							上旬	中旬	下旬	合计	
煤											
油类											
水											
电											
合计											

制表：　　　　　　　　　　　　审核：

20.35 原辅材料及包装材料需求预算表

原辅材料及包装材料需求预算表

编制部门：

第____张，共____张　　　　　　　　　　　　预算期间：

品名	规格	计量单位	预计单价	预算依据	需求数量	预计金额	备注
合计							

制表：　　　　　　　　　　　　　　审核：

20.36 辅助材料采购预算表

辅助材料采购预算表

制表部门：　　　　　　　　预算期间：　　　　　　　　金额单位：元

物品名称及规格	单位	单价	生产需用量	本月末计划库存量	上月末库存量	预计采购量	预计采购金额	预计本期支付采购资金					
								预计支付前欠货款	预计支付本期货款	合计	上旬	中旬	下旬
合计													

制表：　　　　　　　　　　　　　　审核：

20.37 成本预算执行反馈月（季、年）报

成本预算执行反馈月（季、年）报

部门：________ ____年____月____日 金额单位：

项目		本期预算	本期发生额	预算差异	本季累计额	本年累计额
可控成本						
变动成本	直接材料					
	直接人工					
	变动制造费用					
	其他制造费用					
固定成本	固定制造费用					
	其他固定成本					
不可控成本						
成本合计						

20.38 费用预算执行反馈月（季、年）报

费用预算执行反馈月（季、年）报

部门：________ ____年____月____日 金额单位：

费用项目	本期预算	本期实际	差异额	预算完成率	备注
工资					
福利费					
办公费					
水电费					
差旅费					
业务招待费					
修理费					
……					
合计					

20.39 利润预算执行反馈月（季、年）报

利润预算执行反馈月（季、年）报

编报部门：________ ____年____月____日 金额单位：

项目	本期预算	本期实际	差异额	预算完成率	备注
销售净额					
变动成本：					
变动生产成本					
变动销售费用					
变动成本合计					
贡献毛益					
固定成本：					
酌量性固定成本					
约束性固定成本					
固定成本合计					
营业利润					
资产平均占用额					
资产周转率					
销售利润率					
投资报酬率					

20.40 预算反馈报告频率表

预算反馈报告频率表

项　　目	日报	周报	月报	季报	年报
销量及销售收入		√	√	√	√
产量及生产成本		√	√	√	√
采购量及采购成本		√	√	√	√
成本预算执行月报			√	√	√
费用预算执行月报			√	√	√
成本预算执行季报			√	√	√
费用预算执行季报			√	√	√
经营活动现金流量	√	√	√	√	√
利润表			√	√	√
现金流量表			√	√	√

第21章　筹资与投资管理表格

21.1　资本成本分析表

资本成本分析表

项　目	年	年	年	差量
权益筹资				
负债筹资				
筹资总额				
息税前利润				
减：利息				
税前利润				
减：所得税				
税后利润				
减：应提特种基金				
提取盈余公积				
本年可分配利润				
本年股本利润率				
本年负债筹资成本率				

21.2　筹资需求分析表

筹资需求分析表

时间：____年____月____日

项　　目	上年期末实际（元）	占销售额的比例	本年计划（元）
资产			

（续表）

项　　目	上年期末实际（元）	占销售额的比例	本年计划（元）
流动资产			
长期资产			
资产合计			
负债和所有者权益			
短期借款			
应付票据			
预提费用			
长期负债			
负债合计			
实收资本			
资本公积			
留存收益			
股东权益			
融资需求			
总　　计			

21.3　融资风险变动分析表

融资风险变动分析表

项目	年				年				差异（比重）	
	年初数	期末数	平均数	比重	年初数	期末数	平均数	比重	比重差	幅度
流动负债										
长期负债										
负债合计										
所有者权益										
筹资总额										

注：表中平均数还可以采用按月、按季平均的方式计算以便更精确

21.4　企业融资成本分析表

企业融资成本分析表

单位：元

对比分析期项目	年	年	差值
主权融资（所有者权益） 负债融资 融资总额 息税前利润 减：利息等负债融资成本 税前利润 减：所得税税后利润 减：应交特种基金 　　提取盈余公积金 本年实际可分配利润			
本年资本（股本）利润率			
本年负债融资成本率			

21.5　实收资本（股本）明细表

实收资本（股本）明细表

股东名称	期初余额		本期增加		本期减少		期末余额	
	外币	人民币	外币	人民币	外币	人民币	外币	人民币
合计								

21.6 发行股票申请表

发行股票申请表

时间：____年____月____日　　　　　　　　　　　　　　　　　　单位：

<table>
<tr><td colspan="2">企业名称</td><td colspan="2">（盖章）</td><td colspan="2">负责人姓名</td><td colspan="2"></td></tr>
<tr><td colspan="2">地址</td><td colspan="2"></td><td colspan="2">电话</td><td colspan="2"></td></tr>
<tr><td colspan="2">企业性质</td><td></td><td>员工人数</td><td></td><td>银行账号</td><td colspan="2"></td></tr>
<tr><td colspan="2">工商登记证字号</td><td colspan="3"></td><td>批准日期</td><td colspan="2"></td></tr>
<tr><td colspan="2">企业注册资金额</td><td colspan="3"></td><td>自有资金总额</td><td colspan="2"></td></tr>
<tr><td colspan="2">上级主管部门</td><td colspan="6"></td></tr>
<tr><td colspan="2">申请发行额</td><td colspan="3"></td><td>每股面额</td><td colspan="2"></td></tr>
<tr><td rowspan="4">股票</td><td colspan="4">每股（元）</td><td colspan="3"></td></tr>
<tr><td rowspan="3">分配办法</td><td colspan="3">甲种：只计红利，不计股息</td><td colspan="3" rowspan="3">若经营失利，投资者共负有限经济责任，但以投资额为限</td></tr>
<tr><td colspan="3">乙种：股息年利率×%，股息有红利</td></tr>
<tr><td colspan="3">合计不超过投资额15%</td></tr>
<tr><td colspan="8">个人收入股息、红利按规定由企业代扣代缴个人所得税调节税20%</td></tr>
<tr><td colspan="2">申请理由</td><td colspan="6"></td></tr>
<tr><td colspan="2">上级主管部门意见</td><td colspan="2">（盖章）</td><td>初审银行意见</td><td colspan="3">（盖章）</td></tr>
<tr><td colspan="2">分行复审意见</td><td colspan="2">（盖章）</td><td>银行主管处审批</td><td colspan="3">银（　　）第号
批准日期：　年　月　日</td></tr>
</table>

21.7　企业借款申请书

企业借款申请书

日期：____年____月____日

<table>
<tr><td>企业名称</td><td colspan="2"></td><td>开户银行和账号</td><td></td></tr>
<tr><td>年、季度借款计划</td><td colspan="2"></td><td>已借金额</td><td></td></tr>
<tr><td>申请借款金额</td><td colspan="2"></td><td>借款用途</td><td></td></tr>
<tr><td>借款种类</td><td colspan="2"></td><td>借款期限</td><td></td></tr>
<tr><td>借款原因</td><td colspan="4"></td></tr>
<tr><td>还款计划</td><td colspan="4"></td></tr>
<tr><td>主管部门意见</td><td colspan="3">（盖章）</td><td>借款单位公司章
法人代表章</td></tr>
<tr><td rowspan="2">银行审查意见</td><td>批准金额（大写）</td><td></td><td>批准期限</td><td></td></tr>
<tr><td colspan="2">法人代表章</td><td colspan="2">经办人章
日期：　年　月　日</td></tr>
</table>

21.8　长期借款明细表

长期借款明细表

____年____月____日　　　　单位：万元

借款单位	金　额				利率（%）	借入时间	期限	还本付息方式	下年需还
	年初数		年末数						
	本金	利息	本金	利息					
合计									

21.9 短期借款明细表

短期借款明细表

____年____月____日　　　　单位：万元

贷款银行	贷款种类	借入时间	金额				利率（%）	已用额度	可用额度	期限	还款方式	备注
			年初数		年末数							
			本金	利息	本金	利息						

21.10 借款明细分类表

借款明细分类表

银行名称：

日期			凭证号码	摘要	借款种类	抵押品内容	约定偿还日期	记号		利率（%）	借款金额	偿还金额	结余金额	备注
年	月	日						借	贷					

21.11　银行短期借款明细表

银行短期借款明细表

截止时间：　　　　　　　　　　　　　　　　　　　　　　　　　单位：元

序号	贷款银行	贷款种类	贷款额度	利率	期限	已动用额度	尚可动用额度	备注

21.12　借款余额月报表

借款余额月报表

时间：____年____月____日　　　　　　　　　　　　　　　　　　单位：

借款数	长期借款	短　期　借　款				贴现票据	合计
		短期借款	营业额抵押借款	存款抵押	合计		

21.13 企业年度投资计划表

企业年度投资计划表

编号： 日期：____年____月____日

投资项目名称	投资原因	投资金额	预计收益	备 注
项目一				
项目二				
项目三				
项目四				
项目五				
……				
合计				
填表人		审核人		审核日期	

21.14 投资绩效预测表

投资绩效预测表

投资项目名称	投资种类				预计投资金额	已支付金额	估计收益情况			
	产品	产量	财务	其他			金额	收益期间	回收期	收益率（%）

21.15 长期股权投资明细表

长期股权投资明细表

被投资单位名称	持股比例	投资时间	投资方式	初始投资成本	期初余额	本期增加	本期减少	期末余额	核算方法	投资文件索引号	备注
合计											

编制说明：

（1）投资方式指现金出资、发行权益性证券、投资者投入、非货币性资产交换、债务重组、企业合并等

（2）投资文件指产权登记表、投资协议、出资证明、验资报告等

（3）备注栏可填写本年新增加、处置投资是否有授权批准或其他说明事项

21.16 持有至到期投资测算表

持有至到期投资测算表

项目名称	面值①	到期日	票面利率②	实际利率③	年初摊余成本④	测算数			账面数		差异		差异原因
						投资收益⑤=④×③	应收（计）利息⑥=①×②	年末摊余成本⑦=④+⑤−⑥	应收（计）利息⑧	投资收益⑨	应收（计）利息⑩=⑧−⑥	投资收益11=⑨−⑤	

21.17 交易性金融资产监盘表

交易性金融资产监盘表

盘点日实存交易性金融资产						资产负债日至盘点日增加（减少）		资产负债日实存交易性金融资产					账面结存交易性金融资产			差异	备注
项目名称	数量	面值	总计	票面利率	到期日	数量	面值	数量	面值	总计	票面利率	到期日	数量	面值	总计		

出纳人员：　　　会计主管：　　　监盘地点：　　　监盘时间：　　　监盘人员：

21.18 投资收益分析表

投资收益分析表

编号：　　　　　　　　　　　　　　　　　　　　　日期：____年____月____日

投资编号	投资名称	回收期间	投资金额		收回金额		回收率		收益率		备注
			计划	实际	预计	实际	预计	实际	预计	实际	

21.19　长期投资月报表

长期投资月报表

编号：　　　　　　　　　　　　　　　　　　　日期：____年____月____日

项　目		期初余额	本期增加	本期减少	期末余额	备注
长期股权投资						
	小计					
长期债券投资						
	小计					
其他投资						
	小计					
合计						

21.20　短期投资月报表

短期投资月报表

编号：　　　　　　　　　　　　　　　　　　　日期：____年____月____日

项　目		期初余额	本期增加	本期减少	期末余额	备注
股权投资						
	小计					
债券投资						
	小计					
其他投资						
	小计					
合计						

第22章 资产管理表格

22.1 资金支出计划表

资金支出计划表

20　　年　　月（季度、年度）　　　　　　　　　　　　　　　　　　　　单位：元

需付款项目（或单位）名称	审定金额或合同金额	累计支付金额	对方合同履行或劳务提供情况	本月计划支付金额	预计该月支付时间	用款部门	备注

编制人：　　　　　　　　　　　　审核：　　　　　　　　　　　　审批：

22.2 集团××子公司××部门用款计划表

集团××子公司××部门用款计划表

计划部门：　　　　　　　　　　　　　　　　　　____年____月____日　报出

收报单位：财务部　　　　　　　　　　　　　　　____年____月____日　收到

序号	用款项目	上年同期数	计划金额	形式			批准金额	审批人	备注
				现金	银行存款	借记卡			
合计									

计划单位负责人：　　　　　　资金负责人：　　　　　　部门负责人：　　　　　　制表人：

22.3　资金收入、支出计划表

资金收入、支出计划表

计划单位：　　　　　　　　　　　____年____月____日　　　　　　　　　　　　单位：元

项　　目		上年度（季度、月度）	本年度（季度、月度）	审批数	备注
期初现金、借记卡和银行存款					
收入金额	销售收入				
	劳务收入				
	退税收入				
	其他收入				
	收入合计				
支出金额	土地				
	房屋建筑物				
	机器设备				
	偿还借款支出				
	其中：本金支出				
	利息支出				
	支出小计				
	材料支出				
	薪资支出				
	税款支出				
	制造费用				
	其他支出				
	经营支出合计				
	期间费用：				
	管理费用				
	销售费用				
	财务费用				
	费用小计				
现金余缺					
银行借款及其他					
银行存款和现金					

审批人：　　　　　　计划单位负责人：　　　　　　资金负责人：　　　　　　制表人：

22.4 集团总部用款计划汇总表

集团总部用款计划汇总表

收报单位：财务中心

序号	用款公司	计划金额（元）	批准金额（元）	备注
合计				

审批人：　　　　财务中心负责人：　　　　制表人：

22.5 集团总部收入计划汇总表

集团总部收入计划汇总表

序号	单位名称	收入计划额 年（季、月）	批准收入额	备注
合计				

审批人：　　　　财务中心负责人：　　　　制表人：

22.6　集团××子公司用款计划执行情况表

集团××子公司用款计划执行情况表

单位名称：　　　　　　　　　　　　　　　　　　　　　　　　　　日期：

序号	（季、月）计划用款项目	审批金额	实际用款	剩余金额	超支金额	备注
合计						

22.7　集团××子公司收入计划执行情况表

集团××子公司收入计划执行情况表

单位名称：　　　　　　　　　　　　　　　　　　　　　　　　　　日期：

序号	收入计划额年（季、月）	实际收入额	差异	差异率	备注
合计					

计划单位负责人：　　　　资金负责人：　　　　复核人：　　　　制表人：

22.8 集团总部用款计划执行情况汇总表

集团总部用款计划执行情况汇总表

单位名称： 日期：

序号	用款公司	审批金额	实际用款	剩余金额	超支金额	备注
合计						

审批人： 财务中心负责人： 制表人：

22.9 集团总部收入计划执行情况汇总表

集团总部收入计划执行情况汇总表

日期： 单位：元

序号	单位名称	收入计划额 年（季、月）	实际收入额	差异	差异率	备注
合计						

审批人： 财务中心负责人： 制表人：

22.10 货币资金周（日）报表

货币资金周（日）报表

20　　年　　月第　　周　　　　编制日期：____年____月____日　　　　　　　单位：元

摘要		本周收支额			本月累计	下周预计	备注
		现金	存款	合计			
上周余额							
收入							
	收入合计						
支出							
	支出合计						
本周现金存款							
本周存款提取							
本周余额							

出纳：　　　　　　　　　　　　　财务经理：

22.11 周转资金检查单

周转资金检查单

名称	金额	已报未收	已付未报	实存	合计	备注
共计						

22.12 银行存款明细账

银行存款明细账

年度： 银行名称： 存款账号：

日期		摘要	支票发票日			支票号码	收入	支出	结余
月	日		年	月	日				

22.13 现金盘点报告表

现金盘点报告表

		面值	数量	金额	盘点异常及建议事项
现金及周转零用金					
小计					盘点结果及要点报告
其他项目：未核销费用					
员工借支					
总计					
账面数					
盘盈（盘亏）					
项 目	张数	金额	盘点数	盘盈（亏）	左列款项及票据于____年____月____日____时盘点时本人在场并如数归还无误。 保管人： 盘点人：

核准： 复核： 盘点人：

22.14　银行存款余额调节表

银行存款余额调节表

账号：　　　　　　　　　　　　　　____年____月____日

项　目	金　额	项　目	金　额
银行存款日记账余额		银行存款对账单余额	
调节后余额		调节后余额	

22.15　货币资金明细表

货币资金明细表

开户银行及分行名称/保存现金单位名称	账户号码	货币种类	原币金额	账面人民币余额	其中：			年利率（%）	备注
					期限在3个月以内（含3个月）的定期存款	期限在3个月以上的定期存款	活期存款		
货币资金合计									
一、银行存款小计									
其他银行存款（请另外分列明细）									
二、现金小计									
其他现金									
三、其他货币资金小计									
1. 外埠存款									
2. 银行汇票存款									
3. 银行本票存款									
4. 信用卡存款									

（续表）

开户银行及分行名称/保存现金单位名称	账户号码	货币种类	原币金额	账面人民币余额	其中：			年利率（%）	备注
					期限在3个月以内（含3个月）的定期存款	期限在3个月以上的定期存款	活期存款		
5. 信用证存款									
6. 存出投资款									
7. 委托投资款									
8. 其他									

22.16 货币资金变动情况表

货币资金变动情况表

编制单位： ____年____月____日 单位：万元

项　目	银行存款账号			现金	凭证起讫号	合计	备注
	××	××	××				
周初账面金额							
本周增加金额							
营业收入							
融资收入							
投资收回							
其他收入							
本周减少金额							
营业支出							
归还贷款							
投资支出							
其他支出							
本周账面余额							
未记账增加							
未记账减少							
本周账面余额							

会计主管： 出纳： 制表：

22.17 现金收支日报表

现金收支日报表

<table>
<tr><th rowspan="2">昨日库存</th><th colspan="2">本日收入</th><th colspan="2">本日支出</th><th rowspan="2">今日库存</th></tr>
<tr><th>收款金额</th><th>银行提现</th><th>付款支出</th><th>解交银行</th></tr>
<tr><td></td><td></td><td></td><td></td><td></td><td></td></tr>
<tr><td></td><td colspan="2">收款凭证从第　号到第　号</td><td colspan="2">付款凭证从第　号到第　号</td><td></td></tr>
<tr><td>备注</td><td colspan="5"></td></tr>
<tr><td>出纳员</td><td colspan="5"></td></tr>
</table>

22.18 货币资金日报表

货币资金日报表

____年____月____日　　　　单位：元

货币资金类别	昨日余额	本日收入	本日支出	本日余额
合计				

22.19　费用申请单

费 用 申 请 单

申请日期：____年____月____日　　　　　　　　　　编号：

申请单位		申请人	
申请金额			
付款方式	□现金　□汇款　□支票		
预计需求日期			
用途说明			
□广告费 □印刷费 □租赁费 □培训费 □物品防护费 □维护修理费 □劳保用品费 □其他			

第一联　存根

核准：　　　　审批：　　　　审核：　　　　主管：

22.20　业务招待费申请表

业务招待费申请表

填写日期：____年____月____日

申请人姓名		部门		职务	
拟招待对象		预计花费金额			
业务招待目的					
预计参与人员	.	类型	□用餐：________ □赠礼：________ □其他：________		
预计发生日期	___/___/___/至___/___/___/				
总经理核批：	财务负责人审批：	部门主管审核：	经手人签字：		

*本表须于实际发生日前提出申请，经核准后，方可开支

*实际费用报销时，请附本申请表

22.21　资金支出签呈单

资金支出签呈单

呈签日期：____年____月____日　　　　签（　　年）字第　　号

呈签单位				经办人		
总经理核批		审批		审核		复核	
主旨：							
说明：							

22.22　票据及存款日报表

票据及存款日报表

票据/支票	收入						支出					
	收款处	种类	收款额	兑现日期	兑现银行	处理	支付对象	种类	支付金额	支付日期	支付银行	备注

（续表）

	银行名称	前日余额	本日存款额	应收进账额	本日兑现进账	本日提款额	本日支票开出额	票据偿付额	本日余额	摘要
存款										
明细	本日存款			特殊事项						
	应收进账									
	兑现进账									
	本日提款									
	支票开出									
	票据偿付									

总经理：　　经理：　　主管：　　制表：

22.23 应收票据备查簿

应收票据备查簿

出票人	收款人	票号	金额	出票日期	到期日	出票银行	前手	后手	商票	银票	备注

22.24　固定资产登记表

固定资产登记表

部门名称：　　　　　　　　　　　　　　　　登记表编号：

类别编号		类别名称	
资产编号		增加方式	
资产名称		规格型号	
原值		购置数量	
购置时间		存放地点	
经办人签字		使用人签字	
报废时间			
附属设备			
备注			

备注：本表一式三份，固定资产使用部门留存一份，办公室备查一份，财务部门存档一份

22.25　固定资产台账

固定资产台账

所属单位：　　　　　　　　____年____月____日

序号	编号	名称	规格	计量单位	数量	起用时间	使用寿命	年折旧率	原值	净值	使用部门	位置	变动情况	备注

22.26 维护固定资产主数据申请表

维护固定资产主数据申请表

编号：

公司代码		申请部门	
联系人		电话	
维护类型	□ 新增 □ 变更		
归口管理部门填列			
资产名称			
资产类别		资产类别码	
资产编码（存货号）		成本中心	
存放地点		归口管理成本中心	
设备出厂编码		是否封存	□ 是
技术规格			
制造商			
归口部门主管审核			
签字		投资号	
资产会计填列			
折旧年限		残值比例	
固定资产号		注：该号在财务主管审批后补充填列	
财务主管审核			
签字： 日期：			
说明："改良"资产主数据时根据具体变更内容填写相应内容，无须后续流程审批，直接提交财务部门			

22.27 固定资产报废申请书

固定资产报废申请书

申请单位： 报送日期：____年____月____日 申请书编号：

<table>
<tr><td>资产编号</td><td></td><td>资产名称</td><td></td><td>型号规格</td><td></td></tr>
<tr><td>制造国、厂</td><td></td><td>制造年份</td><td></td><td>投产年份</td><td></td></tr>
<tr><td>使用单位及安装地点</td><td></td><td>分类折旧年限</td><td></td><td>已使用年限</td><td></td></tr>
<tr><td>资产原值</td><td></td><td>已提折旧</td><td></td><td>残值</td><td></td></tr>
<tr><td colspan="6">报废原因、更新设备条件及处理意见：

单位领导： 检查人： 经办人：</td></tr>
<tr><td colspan="6">设备部门意见：</td></tr>
<tr><td colspan="3">主管领导批示：</td><td colspan="3">财务部门：
年 月 日</td></tr>
</table>

注：使用单位、设备部门、财务部门各一份

22.28 固定资产增减表

固定资产增减表

会计科目	财产编号	资产名称	规格	增减原因	单位	本月增加				本月减少					备注
						数量	金额	使用寿命	月折旧额	数量	金额	使用寿命	已提折旧	月折旧额	

22.29 闲置固定资产明细表

闲置固定资产明细表

管理部门：　　　　　　　　　　　　　　　　　　制表日期：____年____月____日

资产编号	资产名称	数量	单位	账面价值			使用情况（年限）			闲置原因	拟处理意见
				总价	已提折旧	净值	取得时间	使用年限	已用时间		

管理部门经理：　　　　　　　　　　　　　　　　　财务部经理：

22.30 固定资产累计折旧明细表

固定资产累计折旧明细表

____年____月____日至____年____月____日　　　　　　　　单位：元

项目	期初余额	本期增加额	本期减少额	期末余额	备注

填写说明：

（1）按房屋、机器设备等分别列明

（2）如需经重新估价，应分别按成本及重估增值逐项列明

22.31　无形资产及其他资产登记表

无形资产及其他资产登记表

____年度　　　　　　　　　　　　　　　　　　　　　　　　　单位：元

项　目	年初余额	本年增加	本年摊销	本年减少	年末余额	备注
1. 无形资产						
（1）专利权						
（2）						
（3）						
小计						
2. 其他资产						
（1）						
（2）						
（3）						
小计						
合计						

22.32　固定资产盘盈盘亏报告单

固定资产盘盈盘亏报告单

单位名称：　　　　　　　　　　____年____月____日

编号	名　称	计量单位	盘　盈			盘　亏			备注
			数量	重置价值	估计折旧	数量	原价	已提折旧	
盘盈盘亏原因									
审批意见									

部门负责人：　　　　　　　　保管员：　　　　　　　　清点人：

22.33 流动资产盘盈盘亏报告单

流动资产盘盈盘亏报告单

名称：　　　　　　　　　　　　　　　　　　　　　____年____月____日

<table>
<tr><th rowspan="3">编号</th><th rowspan="3">类别及名称</th><th rowspan="3">计量单位</th><th rowspan="3">单价</th><th colspan="2">实存</th><th colspan="2">账存</th><th colspan="4">对比结果</th><th rowspan="3">备注</th></tr>
<tr><th rowspan="2">数量</th><th rowspan="2">金额</th><th rowspan="2">数量</th><th rowspan="2">金额</th><th colspan="2">盘盈</th><th colspan="2">盘亏</th></tr>
<tr><th>数量</th><th>金额</th><th>数量</th><th>金额</th></tr>
<tr><td></td><td></td><td></td><td></td><td></td><td></td><td></td><td></td><td></td><td></td><td></td><td></td><td></td></tr>
<tr><td></td><td></td><td></td><td></td><td></td><td></td><td></td><td></td><td></td><td></td><td></td><td></td><td></td></tr>
<tr><td></td><td></td><td></td><td></td><td></td><td></td><td></td><td></td><td></td><td></td><td></td><td></td><td></td></tr>
<tr><td></td><td></td><td></td><td></td><td></td><td></td><td></td><td></td><td></td><td></td><td></td><td></td><td></td></tr>
<tr><td></td><td></td><td></td><td></td><td></td><td></td><td></td><td></td><td></td><td></td><td></td><td></td><td></td></tr>
<tr><td></td><td></td><td></td><td></td><td></td><td></td><td></td><td></td><td></td><td></td><td></td><td></td><td></td></tr>
<tr><td colspan="2">盘盈盘亏原因</td><td colspan="11">待查</td></tr>
<tr><td colspan="2">审批意见</td><td colspan="11"></td></tr>
</table>

部门负责人：　　　　　　　　　　保管员：　　　　　　　　　　清点员：

22.34 资产清查中盘盈资产明细表

资产清查中盘盈资产明细表

序号	资产名称	规格型号	计量单位	取得日期	取得方式	存放地点	使用部门	使用人	累计使用年限	资产原值	资产净值	申请入账金额	备注

22.35　低值易耗品新增验收单

低值易耗品新增验收单

填制单位：　　　　　　　　　　　　　　　　　　　　　　时间：____年____月____日

资产名称	型号规格	数量	单价	金额	备注
销售商（或生产商）					
验收意见					
物资管理部签字			采购人员签字		
验收人签字			保管员签字		
备注：本单一式两联，先由保管员填写资产的基本情况，一联自存，登记低值易耗品台账，一联随发票到财务报账，并登记低值易耗品明细账					

22.36　低值易耗品领用单

低值易耗品领用单

填制单位：　　　　　　　　　　　　　　　　　　　　　　时间：____年____月____日

序号	资产名称	资产型号或规格	数量	单价	金额	是否以旧换新	备注
领用人签字				使用人签字			
单位领导审批				分管副总签字			
物资管理部签字				保管员签字			
备注	本表一式四联，先由领用单位填写领用单，经相关领导签字后，领用单位核算员存档一份，转物资管理部一份，其余两份转仓库保管员。仓库保管员据此发货自存一份，转财务一份						

制单人：

22.37 低值易耗品报废单

低值易耗品报废单

填制单位：　　　　　　　　　　　　　　　　　　　　　　　　时间：____年____月____日

序号	名称	型号或规格	数量	单价	金额	使用人（或使用单位）	是否有再利用价值
报废原因							
使用人签字			单位领导审批				
分管副总签字			物资管理部				
保管员签字			财务主办会计				
审计部			监察部				
总裁审批							
备注	本表一式四联，先由使用单位填写报废单，经相关领导签字后，使用单位核算员留底，物资管理部一份，一份转财务作报废处理，转仓库保管员一份。若是在规定使用期限内的正常报废，不需总裁审批；若是未到规定使用期限的非正常报废，必须经总裁审批后准予报废						

制单人：

22.38 低值易耗品调拨单

低值易耗品调拨单

填制单位：　　　　　　　　　　　　　　　　　　　　　　　　时间：____年____月____日

序号	资产名称	资产型号或规格	数量	单价	金额	调拨原因
调出单位				调入单位		
调出单位或部门负责人意见				调入单位或部门负责人意见		
核算员				核算员		

（续表）

物资管理部意见		分管副总意见	
财务主办会计		使用人	
备注	本表一式四联，先由调出单位填写资产的基本情况，转由调入单位资产管理员找相关领导签字后，调出单位和调入单位核算员各一份。据此登记低值易耗品台账，一联物资管理部，一联财务		

制单人：

22.39　低值易耗品出入库汇总表

低值易耗品出入库汇总表

仓库：

序号	品名	规格型号	入库汇总			出库汇总			备注
			数量	单价	金额	数量	单价	金额	

制单人：

22.40　在用低值易耗品变动分析表

在用低值易耗品变动分析表

编制单位：

本期增加					本期减少				
品名	规格型号	数量	性质	备注	品名	规格型号	数量	性质	备注

注：性质可以根据实际情况填：领用、调入、盘盈、调出、盘亏、报废等

制表人：

22.41　低值易耗品领用登记簿

低值易耗品领用登记簿

领用单位或部门：　　　　　　　　　　　　　____年度　　　　　　　　　　　责任人：

序号	领用日期	品名	规格（型号）	数量	单价	金额	领用人	使用人	放置地点	使用期限	备注

制表人：

22.42　计提应收款项坏账准备审批表

计提应收款项坏账准备审批表

填报单位：　　　　　　　　　　　　　　　　　　　　　　　　　　____年____月____日

欠款单位名称			
欠款单位类别		欠款单位现状	
欠款日期		欠款经办人	
欠款金额		欠款原因	
已提坏账准备金额		拟提坏账准备金额	
提取减值准备主要原因			
销售部门意见	主管领导：	鉴定责任人：	____年____月____日
清欠部门意见	主管领导：	鉴定责任人：	____年____月____日

（续表）

财务部门意见	主管领导：	鉴定责任人：	____年____月____日
企业意见	主管领导：	鉴定责任人：	____年____月____日

22.43　计提存货跌价准备审批表

计提存货跌价准备审批表

填报单位：　　　　　　　　　　　　　　　　　　　　____年____月____日

存货名称			
存货类别		存货现状	
计量单位		账面价值	
估计售价		预计完工成本	
预计销售费用		已提跌价准备金额	
拟提跌价准备金额			
提取跌价准备主要原因			
销售部门意见	主管领导：	鉴定责任人：	____年____月____日
供应仓储部门意见	主管领导：	鉴定责任人：	____年____月____日
财务部门意见	主管领导：	鉴定责任人：	____年____月____日
企业意见	主管领导：	鉴定责任人：	____年____月____日

22.44　计提长（短）期投资减值准备审批表

计提长（短）期投资减值准备审批表

填报单位：　　　　　　　　　　　　　　　　　　　　　　　　　____年____月____日

被投资单位名称			
被投资单位性质		被投资单位现状	
开始投资年度		股权比例	
核算方法		原始投资成本	
期末账面价值		拟提减值准备金额	
已提减值准备金额			
提取减值准备主要原因			
相关部门意见	主管领导：	鉴定责任人：	____年____月____日
财务部门意见	主管领导：	鉴定责任人：	____年____月____日
企业意见	主管领导：	鉴定责任人：	____年____月____日

22.45　计提在建工程减值准备审批表

计提在建工程减值准备审批表

填报单位：　　　　　　　　　　　　　　　　　　　　　　　　　____年____月____日

工程名称			
工程类别		开工日期	
目前状况		已停工时间	
已提减值准备金额		拟提减值准备金额	

（续表）

提取减值准备主要原因			
基建部门意见	主管领导：	鉴定责任人：	____年____月____日
生产部门意见	主管领导：	鉴定责任人：	____年____月____日
技术部门意见	主管领导：	鉴定责任人：	____年____月____日
财务部门意见	主管领导：	鉴定责任人：	____年____月____日
企业意见	主管领导：	鉴定责任人：	____年____月____日

22.46　计提固定资产减值准备审批表

计提固定资产减值准备审批表

填报单位：　　　　　　　　　　　　　　　　____年____月____日

资产编码		出厂日期	
资产名称		投产日期	
规模型号		停产日期	
计量单位		效用年限	
数量		已用年限	
原值		未来可用年限现金净流量现值	
累计折旧			
净值		可变现净值	

（续表）

已提减值准备金额		拟提减值准备金额	
原折旧率		现折旧率	
折现率			
提取减值准备主要原因			
资产管理部门意见	主管领导：	鉴定责任人：	____年____月____日
技术部门意见	主管领导：	鉴定责任人：	____年____月____日
生产部门意见	主管领导：	鉴定责任人：	____年____月____日
财务部门意见	主管领导：	鉴定责任人：	____年____月____日
企业意见	主管领导：	鉴定责任人：	____年____月____日

22.47 计提无形资产减值准备审批表

计提无形资产减值准备审批表

填报单位：　　　　　　　　　　　　　　　　　　　　　　____年____月____日

资产名称			
资产类别		原值	
累计摊销		账面净值	

（续表）

已提减值准备金额		拟提减值准备金额	
提取减值准备主要原因			
生产部门意见	主管领导：	鉴定责任人：	____年____月____日
技术部门意见	主管领导：	鉴定责任人：	____年____月____日
财务部门意见	主管领导：	鉴定责任人：	____年____月____日
企业意见	主管领导：	鉴定责任人：	____年____月____日

22.48　计提委托贷款准备审批表

计提委托贷款准备审批表

填报单位：　　　　　　　　　　　　　　　　　　　　　　____年____月____日

借款单位名称			
借款单位类别		借款单位现状	
借款日期		贷款经办单位	
借款金额		贷款原因	
已提减值准备金额		拟提减值准备金额	
提取减值准备主要原因			

（续表）

清欠部门意见	主管领导： 鉴定责任人： ____年____月____日
财务部门意见	主管领导： 鉴定责任人： ____年____月____日
企业意见	主管领导： 鉴定责任人： ____年____月____日

22.49 减值准备转回审批表

减值准备转回审批表

填报单位： ____年____月____日

资产名称		资产类别	
转回减值准备的截止日期			
已提减值准备的金额			
逆转回减值准备的金额			
相关部门意见			
财务部门意见			
主管领导意见			

第23章　成本费用管理表格

23.1　产品标准成本表

产品标准成本表

标准总产量：

品　名	标准损耗率	材料		直接人工		制造费用		标准单位成本
		取得成本	制成成本	分摊率	单位成本	分摊率	单位成本	

核准：　　　　　　　　　复核：　　　　　　　　　制表：

23.2　标准成本资料卡

标准成本资料卡

产品名称：　　　　　　　　　　　　标准设定日期：

<table>
<tr><td rowspan="5">原料</td><td>代号</td><td>数量</td><td>标准单价</td><td>一部门</td><td>二部门</td><td>三部门</td><td>四部门</td><td>合计</td></tr>
<tr><td></td><td></td><td></td><td></td><td></td><td></td><td></td><td></td></tr>
<tr><td></td><td></td><td></td><td></td><td></td><td></td><td></td><td></td></tr>
<tr><td></td><td></td><td></td><td></td><td></td><td></td><td></td><td></td></tr>
<tr><td>合计</td><td></td><td></td><td></td><td></td><td></td><td></td><td></td></tr>
<tr><td>人工</td><td>作业编号</td><td>标准工时</td><td>标准工资
产量/小时</td><td></td><td></td><td></td><td></td><td></td></tr>
<tr><td rowspan="3">制造费用</td><td>标准工时</td><td colspan="2">标准分摊率 / 人工小时</td><td></td><td></td><td></td><td></td><td></td></tr>
<tr><td></td><td colspan="2"></td><td></td><td></td><td></td><td></td><td></td></tr>
<tr><td colspan="3"></td><td></td><td></td><td></td><td></td><td></td></tr>
<tr><td></td><td colspan="7">每单位制造成本合计</td><td></td></tr>
</table>

23.3 每百件产品直接人工定额

每百件产品直接人工定额

产品名称及规格：

1. 工序（岗位）名称	2. 定员人数	3. 工价	4. 每件产品人工定额	5. 每百件产品人工定额

23.4 每百件产品直接材料消耗定额

每百件产品直接材料消耗定额

产品名称及规格：　　　　　　　　预算期间：　　　　　　　　单位：元

1. 材料名称	2. 计量单位	3. 理论消耗量	4. 损耗率（%）	5. 实际消耗量	6. 材料单价	7. 消耗定额	8. 每件产品消耗定额

编制：　　　　　　　　审批：

23.5 成本费用明细表

成本费用明细表

填报时间：____年____月____日　　　　　　　　金额单位：万元

行次	项　　目	金　额
1	一、销售（营业）成本合计（2+7+13）	
2	1. 主营业务成本（3+4+5+6）	
3	（1）销售商品成本	
4	（2）提供劳务成本	

（续表）

行次	项　　目	金　额
5	（3）让渡资产使用权成本	
6	（4）建造合同成本	
7	2. 其他业务支出（8+9+10+11+12）	
8	（1）材料销售成本	
9	（2）代购代销费用	
10	（3）包装物出租成本	
11	（4）相关税金及附加	
12	（5）其他	
13	3. 视同销售成本（14+15+16）	
14	（1）自产、委托加工产品视同销售成本	
15	（2）处置非货币性资产视同销售成本	
16	（3）其他视同销售成本	
17	二、其他扣除项目合计（18+26）	
18	1. 营业外支出（19+20+…+25）	
19	（1）固定资产盘亏	
20	（2）处置固定资产净损失	
21	（3）出售无形资产损失	
22	（4）债务重组损失	
23	（6）罚款支出	
24	（7）非常损失	
25	（8）其他（包括三项减值准备）	
26	2. 税收上应确认的其他成本费用（27+28）	
27	（1）资产评估减值	
28	（2）其他	
29	三、期间费用合计（30+31+32）	
30	1. 销售（营业）费用	
31	2. 管理费用	
32	3. 财务费用	

经办人（签章）：　　　　　　　　　　　法定代表人（签章）：

23.6 材料运输费用分配表

材料运输费用分配表

____年____月____日

分配对象	分配标准（材料重量）	分配率	分配金额
合计			

部门负责人： 复核人： 制表人：

23.7 材料采购成本计算表

材料采购成本计算表

____年____月____日

成本项目	A材料		B材料	
	总成本	单位成本	总成本	单位成本
买价				
运费				
合计				

部门负责人： 复核人： 制表人：

23.8 电费分配表

电 费 分 配 表

____年____月____日

项　　目		用电量（度）	单 价	金 额
总账科目	明细科目			
生产成本	甲产品			
	乙产品			
制造费用				
管理费用				
合计				

部门负责人： 复核人： 制表人：

23.9　固定资产折旧费计算分配表

固定资产折旧费计算分配表

____年____月____日

部　门	会计科目	固定资产原始价值	月折旧率	本月折旧额
车间	制造费用			
行政管理部门	管理费用			
合计				

部门负责人：　　复核人：　　制表人：

23.10　待摊费用（报刊费）摊销分配表

待摊费用（报刊费）摊销分配表

____年____月____日

部　门	会计科目	本月应摊销额
车间	制造费用	
行政管理部门	管理费用	
合计		

部门负责人：　　复核人：　　制表人：

23.11　预提费用（借款利息）摊销计算表

预提费用（借款利息）摊销计算表

____年____月____日

借款科目	借款期限	本月发生额	年利率	月利息额
合计				

部门负责人：　　复核人：　　制表人：

23.12 工资费用分配表

工资费用分配表

____年____月____日

项 目			工 资 费 用		
总账科目	明细科目	定额工资	生产工人	管理人员	合计
生产成本	甲产品				
	乙产品				
	小计				
制造费用					
管理费用					
合计					

部门负责人： 复核人： 制表人：

23.13 职工福利费计提分配表

职工福利费计提分配表

____年____月____日

项 目		职工福利费		
总账科目	明细科目	工资总额	提取比例	应提福利费金额
生产成本	甲产品			
	乙产品			
	小计			
制造费用				
管理费用				
合计				

部门负责人： 复核人： 制表人：

23.14　制造费用分配表

制造费用分配表

____年____月____日　　　　单位：元

分配对象	分配标准（生产工时）	分配率	分配金额
甲产品			
乙产品			
合计			

部门负责人：　　　　复核人：　　　　制表人：

23.15　产品生产成本计算表

产品生产成本计算表

____年____月____日

成本项目	A产品（产量：件）		B产品（产量：件）	
	总成本	单位成本	总成本	单位成本
直接材料				
直接人工				
其他直接费用				
制造费用				
合计				

部门负责人：　　　　复核人：　　　　制表人：

23.16　员工出差及费用申请单

员工出差及费用申请单

<table>
<tr><td rowspan="2">出差人</td><td>职别</td><td></td><td rowspan="2">代理人</td><td>职别</td><td></td><td rowspan="2">签认</td><td rowspan="2"></td></tr>
<tr><td>姓名</td><td></td><td>姓名</td><td></td></tr>
<tr><td>出差
地点</td><td colspan="3"></td><td>出差
时间</td><td colspan="3">自____年____月____日____时起
至____年____月____日____时止
共____日</td></tr>
</table>

（续表）

拟办事项						
批示：			主管：		申请人：	
日期	起讫地点	交通工具	交通费	住宿费	杂费	合计
合计						
合计金额（大写）	万 仟 佰 拾 元 角 分				附凭证 张	

会计： 主管： 申请人：

23.17 出差旅费报销单

出差旅费报销单

部门： ____年____月____日

月	日	地点		车费	膳费	住宿	其他	合计	说明
		起	讫						
旅费总额			暂支旅费额			应付（收）额			

经理： 会计： 主管： 出差人：

23.18　费用报销单

费 用 报 销 单

单位：　　　　　　　　　　　　____年____月____日　　　　　　　　　　　　单位：元

<table>
<tr><th colspan="3">摘　要</th><th colspan="3">预算项目</th><th colspan="3">附件（张）</th><th colspan="3">金额</th></tr>
<tr><td colspan="3"></td><td colspan="3"></td><td colspan="3"></td><td colspan="3"></td></tr>
<tr><td colspan="3"></td><td colspan="3"></td><td colspan="3"></td><td colspan="3"></td></tr>
<tr><td colspan="3"></td><td colspan="3"></td><td colspan="3"></td><td colspan="3"></td></tr>
<tr><td colspan="3"></td><td colspan="3"></td><td colspan="3"></td><td colspan="3"></td></tr>
<tr><td colspan="3"></td><td colspan="3"></td><td colspan="3"></td><td colspan="3"></td></tr>
<tr><td colspan="3"></td><td colspan="3"></td><td colspan="3"></td><td colspan="3"></td></tr>
<tr><td colspan="3"></td><td colspan="3"></td><td colspan="3"></td><td colspan="3"></td></tr>
<tr><td colspan="9">合计（大写）：　拾　万　仟　佰　拾　元　角　分</td><td colspan="3">¥：</td></tr>
<tr><td colspan="2">资金来源</td><td colspan="2">预算　内 □　外 □</td><td colspan="2">已借资金</td><td colspan="2"></td><td colspan="2">应还资金</td><td colspan="2"></td></tr>
</table>

单位领导：　　　　　　　　　　会计：　　　　　　　　　　报账员：

23.19　费用申请单（代支出传票）

费用申请单（代支出传票）

编号：

<table>
<tr><td>日期</td><td colspan="2"></td><td>申请单位</td><td></td><td colspan="2">归属利润中心</td><td></td></tr>
<tr><th rowspan="2">费用类别</th><th rowspan="2">事由摘要</th><th rowspan="2">金额</th><th rowspan="2">已付</th><th rowspan="2">未付</th><th colspan="2">凭证</th><th rowspan="2">备注</th></tr>
<tr><th>有</th><th>无</th></tr>
<tr><td></td><td></td><td></td><td></td><td></td><td></td><td></td><td></td></tr>
<tr><td></td><td></td><td></td><td></td><td></td><td></td><td></td><td></td></tr>
<tr><td></td><td></td><td></td><td></td><td></td><td></td><td></td><td></td></tr>
<tr><td></td><td></td><td></td><td></td><td></td><td></td><td></td><td></td></tr>
<tr><td></td><td></td><td></td><td></td><td></td><td></td><td></td><td></td></tr>
<tr><td></td><td></td><td></td><td></td><td></td><td></td><td></td><td></td></tr>
<tr><td></td><td></td><td></td><td></td><td></td><td></td><td></td><td></td></tr>
<tr><td colspan="3">附发票收据　　张</td><td colspan="2">会计：
出纳：</td><td colspan="3">主管批示经费：</td></tr>
</table>

23.20 借款单

借 款 单

借款人		借款日期	
借款事由			
借款金额	大写：（￥：）		
预计还款期	我将于____年____月____日之前还款		领导审批意见
借款说明	该笔借款由借款人在预计还款期之前负责偿还。临近还款期时由出纳负责催要或协同借款人的领导处理；若在财务检查中出现不良借款（超出还款期仍未归还的借款）未及时处理，将按照相应财务规定处罚责任出纳		

23.21 业务招待费用申请表

业务招待费用申请表

部门： 申请日期：____年____月____日

申请人		部门		职务	
被接待主要人员情况说明				我司陪同人员	
姓名					
职务					
备注				共 人	
接待事由说明：					
费用项目					小计
预计金额（元）					

总经理（授权人）： 经理（主管）： 业务经办：

23.22　出差申请表

出差申请表

部门：　　　　　　　　　　　　　　　　　　　　　申请日期：____年____月____日

<table>
<tr><td>出差人姓名</td><td></td><td>部门</td><td></td><td>职务</td><td></td><td colspan="2">费用预算（元）</td></tr>
<tr><td colspan="6">出差起止时间：　　年　　月　　日至　　年　　月　　日</td><td>长途交通费</td><td></td></tr>
<tr><td colspan="6">陪同人员：</td><td>住宿费</td><td></td></tr>
<tr><td colspan="6" rowspan="5">地点与事由：</td><td>业务招待费</td><td></td></tr>
<tr><td>其他</td><td></td></tr>
<tr><td></td><td></td></tr>
<tr><td>合　计</td><td></td></tr>
<tr><td colspan="6">拟定借款金额：
万　仟　佰　拾　元　角　分</td><td colspan="2">长途交通工具：</td></tr>
</table>

总经理（授权人）：　　　　　　　　经理（主管）：　　　　　　　　业务经办：

23.23　差旅费报销单

差旅费报销单

<table>
<tr><td>出差人姓名</td><td></td><td>部门</td><td></td><td colspan="2">费用（元）</td></tr>
<tr><td colspan="4">出差起止时间：　　年　　月　　日至　　年　月　　日</td><td>长途交通费</td><td></td></tr>
<tr><td colspan="4" rowspan="2">陪同人员签字：</td><td>在途交通费</td><td></td></tr>
<tr><td>住宿费</td><td></td></tr>
<tr><td colspan="4" rowspan="4">备注：</td><td>业务招待费</td><td></td></tr>
<tr><td>餐费</td><td></td></tr>
<tr><td>其他</td><td></td></tr>
<tr><td></td><td></td></tr>
<tr><td colspan="4">借款金额：
报销金额：</td><td colspan="2">合计：</td></tr>
</table>

备注：在途交通费包括出租车费、保险费等

第24章 会计核算管理表格

24.1 账簿启用和经管人员一览表

账簿启用和经管人员一览表

账簿名称：________________ 单位名称：________________

账簿编号：________________ 账簿册数：________________

账簿页码：________________ 启用日期：________________

会计主管（签章）：________________ 记账员（签章）：________________

移交日期			移交人		接管日期			接管人		会计主管	
年	月	日	姓名	签章	年	月	日	姓名	签章	姓名	签章

24.2 会计账册登记表

会计账册登记表

账册名称		使用年度		年度	起用日期	编号	保管人	备注
		单一	跨年					
1								
2								
3								
4								
5								
6								
…								

24.3　进账日报表

进 账 日 报 表

地区	进账人	进　账　明　细					款项回收额	进账不足金额
		现金	费用	银行汇入	转账	进账总额		

24.4　财务日报表

财 务 日 报 表

____年____月____日

<table>
<tr><td rowspan="9">现金、存款</td><td colspan="2">类　别</td><td>前日结存</td><td>收入</td><td>支出</td><td>本日结存</td><td>摘要</td></tr>
<tr><td colspan="2">现金</td><td></td><td></td><td></td><td></td><td></td></tr>
<tr><td colspan="2">活期存款</td><td></td><td></td><td></td><td></td><td></td></tr>
<tr><td rowspan="5">甲种存款</td><td>银行</td><td></td><td></td><td></td><td></td><td></td></tr>
<tr><td>银行</td><td></td><td></td><td></td><td></td><td></td></tr>
<tr><td>银行</td><td></td><td></td><td></td><td></td><td></td></tr>
<tr><td>银行</td><td></td><td></td><td></td><td></td><td></td></tr>
<tr><td>银行</td><td></td><td></td><td></td><td></td><td></td></tr>
<tr><td colspan="2">小计</td><td></td><td></td><td></td><td></td><td></td></tr>
</table>

（续表）

借款	借款处	前日余额	借入	偿还	余额	摘要
	小计					
应收票据	银行名称	原持有票据	应收票据	兑现	余额	摘要
	小计					
应付票据	银行名称	未偿还	开出票据	偿还	余额	摘要
	小计					
赊购	区　分	部	部	部	部	摘要
	前日余额					
	采购金额					
	偿付款					
	本日余额					
赊销	前日余额					
	销售金额					
	收款					
	本日余额					

财务经理：　　　　　　　　会计：　　　　　　　　填表：

24.5 记账凭证

记 账 凭 证

____年____月____日　　　　　　____字____号

摘 要	会计科目	明细科目	借 方									贷 方									记账
			百	十	万	千	百	十	元	角	分	百	十	万	千	百	十	元	角	分	
合计　（附件　张）																					

会计主管：　　　　审核：　　　　制证：　　　　记账：

24.6 收款凭证

收 款 凭 证

借方科目：　　　　____年____月____日　　　　____字____号

摘 要	贷方科目	明细科目	借或贷	金额										
				万	千	百	十	万	千	百	十	元	角	分
合计														

附单据　张

财务主管：　　记账：　　出纳：　　审核：　　制单：

24.7　资产负债表——月报

资产负债表——月报

编制单位：　　　　××××年×月×日　　　　单位：元

资　　产	期末余额	年初余额	负债和所有者权益（或股东权益）	期末余额	年初余额
流动资产			**流动负债**		
货币资金			短期借款		
以公允价值计量且其变动计入当期损益的金融资产			以公允价值计量且其变动计入当期损益的金融负债		
衍生金融资产			衍生金融负债		
应收票据			应付票据		
应收账款			应付账款		
预付款项			预收款项		
应收利息			应付职工薪酬		
应收股利			应交税费		
其他应收款			应付利息		
存货			应付股利		
持有待售资产			其他应付款		
一年内到期的非流动资产			持有待售负债		
其他流动资产			一年内到期的非流动负债		
流动资产合计			其他流动负债		
非流动资产			流动负债合计		
可供出售金融资产			**非流动负债**		
持有至到期投资			长期借款		
长期应收款			应付债券		
长期股权投资			其中：优先股		
投资性房地产			永续债		
固定资产			长期应付款		
在建工程			专项应付款		

（续表）

资　　产	期末余额	年初余额	负债和所有者权益（或股东权益）	期末余额	年初余额
工程物资			预计负债		
固定资产			清理递延收益		
生产性生物资产			递延所得税负债		
油气资产			其他非流动负债		
无形资产			非流动负债合计		
开发支出			负债合计		
商誉			**所有者权益（或股东权益）**		
长期待摊费用			实收资本（或股本）		
递延所得税资产			其他权益工具		
其他非流动资产			其中：优先股		
非流动资产合计			永续债		
			资本公积		
			减：库存股		
			其他综合收益		
			盈余公积		
			未分配利润		
			所有者权益（或股东权益）合计		
资产总计			负债和所有者权益（或股东权益）总计		

单位负责人：　　　　财务负责人：　　　　制表人：

24.8　利润表——月报

利润表——月报

编制单位：　　　　××××年×月×日　　　　单位：元

项　　目	本期金额	上期金额
一、营业收入		
减：营业成本		

（续表）

项　　目	本期金额	上期金额
营业税金及附加		
销售费用		
管理费用		
财务费用		
资产减值损失		
加：公允价值变动收益（损失以“-”号填列）		
投资收益（损失以“-”号填列）		
其中：对联营企业和合营企业的投资收益		
二、营业利润（亏损以“-”号填列）		
加：营业外收入		
其中：非流动资产处置利得		
减：营业外支出		
其中：非流动资产处置损失		
三、利润总额（亏损总额以“-”号填列）		
减：所得税费用		
四、净利润（净亏损以“-”号填列）		
五、其他综合收益的税后净额		
（一）以后不能重分类进损益的其他综合收益		
1. 重新计量设定受益计划净负债或净资产的变动		
2. 权益法下在被投资单位以后不能重分类进损益的其他综合收益中享有的份额		
……		
（二）以后将重分类进损益的其他综合收益		
1. 权益法下在被投资单位以后将重分类进损益的其他综合收益中享有的份额		
2. 可供出售金融资产公允价值变动损益		
3. 持有至到期投资重分类为可供出售金融资产损益		
4. 现金流经营期损益的有效部分		

（续表）

项　　目	本期金额	上期金额
5. 外币财务报表折算差额		
……		
六、综合收益额		
七、每股收益		
（一）基本每股收益		
（二）稀释每股收益		

单位负责人：　　　　　　　　　　财务负责人：

24.9　现金流量表——月报

现金流量表——月报

公司名称：　　　　____年____月____日　　　　单位：元

项　　目	行次	本月数	本年累计数
一、经营活动产生的现金流量：			
1. 销售商品、提供劳务收到的现金			
2. 收到税费返还			
3. 收到的其他与经营活动有关的现金			
现金流入小计			
1. 购买商品、接受劳务支付的现金			
2. 支付给职工对职工支付的现金			
3. 支付的各项税费			
4. 支付的其他与经营活动有关的现金			
现金流出小计			
经营活动产生的现金流量净额			
二、投资活动产生的现金流量：			
1. 收回投资所收到的现金			
2. 取得投资收益所收到的现金			

（续表）

项　　目	行次	本月数	本年累计数
3. 处理固定资产、无形资产和其他长期资产而收到的现金净额			
4. 收到的其他与投资活动有关的现金			
现金流入小计			
1. 购建固定资产、无形资产和其他长期资产所支付的现金			
2. 投资所支付的现金			
3. 支付的其他与投资活动有关的现金			
现金流出小计			
投资活动产生的现金流量净额			
三、筹资活动产生的现金流量：			
1. 吸收投资所收到的现金			
3. 借款所收到的现金			
3. 收到的其他与筹资活动有关的现金			
现金流入小计			
1. 偿还债务所支付的现金			
2. 分配股利或利润或偿付利息所支付的现金			
3. 支付的其他与筹资活动有关的现金			
现金流出小计			
筹资活动产生的现金净流量净额			
四、汇率变动对现金的影响额			
五、现金及现金等价物净增加额			

单位负责人：　　　　　　　　财务负责人：　　　　　　　　　　　制表人：

项　　目	行次	本月数	本年累计数
补充资料			
一、将净利润调节为经营活动的现金流量			
净利润			
加：计提的资产减值准备			
固定资产折旧			

（续表）

项　　目	行次	本月数	本年累计数
无形资产摊销			
长期待摊费用摊销			
待摊费用减少（减：增加）			
预提费用的增加（减：减少）			
处置固定资产、无形资产和其他长期资产的损失（减：收益）			
固定资产报废损失			
财务费用			
投资损失（减：收益）			
递延税款贷项（减：借项）			
存货的减少（减：增加）			
经营性应收项目的减少（减：增加）			
经营性应付项目的增加（减：减少）			
其他			
少数股东本期收益			
经营活动产生的现金流量净额			
二、不涉及现金收支的投资和筹资活动			
债务转为资本			
一年内到期的可转换公司债券			
融资租入固定资产			
其他			
三、现金及等价物净增加情况			
现金的期末余额			
减：现金的期初余额			
加：现金等价物的期末余额			
减：现金等价物的期初余额			
现金及现金等价物的净增加额			

单位负责人：　　　　　　　　财务负责人：　　　　　　　　制表人：

24.10 应收账款明细及账龄分析表——月报

应收账款明细及账龄分析表——月报

公司名称：　　　　　　　　　　＿＿年＿＿月＿＿日　　　　　　　　　　单位：元

对方名称	期末余额	账龄							
		1年以内		1～2年		2～3年		3年以上	
		金额	比例	金额	比例	金额	比例	金额	比例
一、外部单位及个人：									
二、内部单位：									
合计									

说明：往来款项的账龄分析仅针对集团外单位分析，对于集团内单位的往来款项不必进行账龄分析，只填写明细余额即可

24.11 应付账款明细及账龄分析表——月报

应付账款明细及账龄分析表——月报

公司名称：　　　　　　　　　　＿＿年＿＿月＿＿日　　　　　　　　　　单位：元

账龄							
1年以内		1～2年		2～3年		3年以上	
金额	比例	金额	比例	金额	比例	金额	比例

说明：往来款项的账龄分析仅针对集团外单位分析，对于集团内单位的往来款项不必进行账龄分析，只填写明细余额即可

24.12　其他应收款明细及账龄明细表——月报

其他应收款明细及账龄明细表——月报

公司名称：　　　　　　　　　____年____月____日　　　　　　　　　　　　单位：元

期末余额	账龄							
	1年以内		1～2年		2～3年		3年以上	
	金额	比例	金额	比例	金额	比例	金额	比例

说明：往来款项的账龄分析仅针对集团外单位分析，对于集团内单位的往来款项不必进行账龄分析，只填写明细余额即可

24.13　其他应付款明细及账龄明细表——月报

其他应付款明细及账龄明细表——月报

公司名称：　　　　　　　　　____年____月____日　　　　　　　　　　　　单位：元

对方名称	期末余额	账龄							
		1年以内		1～2年		2～3年		3年以上	
		金额	比例	金额	比例	金额	比例	金额	比例
一、外部单位及个人									

（续表）

对方名称	期末余额	账龄							
		1年以内		1～2年		2～3年		3年以上	
		金额	比例	金额	比例	金额	比例	金额	比例
二、集团内部单位									
三、其他									
合计									

说明：往来款项的账龄分析仅针对集团外单位分析，对于集团内单位的往来款项不必进行账龄分析，只填写明细余额即可

24.14　预收预付账款明细表——月报

预收预付账款明细表——月报

公司名称：　　　　____年____月____日　　　　单位：元

预收账款		预付账款	
名称	金额	名称	金额
合计			

24.15 短期借款、长期借款明细表——月报

短期借款、长期借款明细表——月报

公司名称：　　　　　　　　　　　____年____月____日　　　　　　　　　　　单位：元

借款银行	借款金额	借款日期	还款日期	借款期限	借款利率	借款性质
合计						

24.16 实收资本明细表——月报

实收资本明细表——月报

公司名称：　　　　　　　　　　　____年____月____日　　　　　　　　　　　单位：元

投资方	投资金额	所占资本比率
合计		

24.17 资金周报表（按账户）——周报

资金周报表（按账户）——周报

公司名称：　　　　　　　　　　　　　____年____月____日　　　　　　　　　　单位：元

序号	开户行	账号	现金	银行存款	备注
1					
2					
3					
4					
5					
6					
7					
8					
	合计		—	—	

大额收支说明：

24.18 收支周报表

收支周报表

公司名称：　　　　　　　　　　　　　____年____月____日　　　　　　　　　　单位：元

序号	收入项目	收入金额	支出项目	支出金额
1				
2				
3				
4				
5				
6				
7				
…				
	合计		合计	

24.19　收支月报表——月报

收支月报表——月报

公司名称：

上月结存：　　　　　　　　　　　　____年____月____日　　　　　　　　　　　　单位：元

本月收入			本月支出		
序号	项目	金额	序号	项目	金额
合计			合计		

本月余额：

24.20　短期投资明细表——月报

短期投资明细表——月报

公司名称：　　　　　　　　　　　　____年____月____日　　　　　　　　　　　　单位：元

期初数	本期增加	本期减少	期末数

24.21 长期投资明细表——月报

长期投资明细表——月报

公司名称：　　　　　　　　　　　____年____月____日　　　　　　　　　　　单位：元

项　　目	所持股份比例	期末余额	其中			
			投资成本	股权投资差额	损益调整	股权投资准备
一、长期股权投资合计						
其中：对子公司投资						
对其他公司投资						
二、长期债权投资合计						
其中：长期债券投资						
其他长期债权投资						
合计						

24.22　固定资产明细表——月报

固定资产明细表——月报

公司名称：　　　　　　　　　　　　　　____年____月____日　　　　　　　　　　　　　　单位：元

资产名称	使用日期	使用年限	原值	月折旧	以前年度累计折旧	本年前期已提折旧	本月计提折旧	期末净值	资产使用情况			情况说明
									在用	闲置	待报废	

24.23　无形资产、长期待摊费用明细表——月报

无形资产、长期待摊费用明细表——月报

公司名称：　　　　　　　　　　　　　　____年____月____日　　　　　　　　　　　　　　单位：元

无形资产		长期待摊费用	
名称	金额	名称	金额
合计			

24.24　收入结构明细表——月报

收入结构明细表——月报

公司名称：　　　　　　　　　　　　____年____月____日　　　　　　　　　　　　　单位：元

项　　目	本月数	本年累计数	本年累计 占总收入比率
一、主营业务收入			
二、其他业务利润			
三、投资收益			
四、营业外收入			
五、以前年度损益调整			
合计			

24.25　投资收益明细表

投资收益明细表

公司名称：　　　　　　　　　　　　____年____月____日　　　　　　　　　　　　　单位：元

项　　目	本月数	本年累计数
一、短期投资收益		
二、长期股权投资收益		
其中：对子公司投资收益		
对其他公司投资收益		
三、长期债权投资收益		
合计		

说明：短期投资只有在处置时才确认投资收益

24.26　费用结构明细表——月报

费用结构明细表——月报

公司名称：　　　　　　　　____年____月____日　　　　　　　　单位：元

项目	本月数	本年累计数	本年累计 占总收入比率
一、营业费用			
二、管理费用			
三、财务费用			
合计			

24.27　高级管理人员费用明细表——月报

高级管理人员费用明细表——月报

____年____月____日　　　　　　　　单位：元

	差旅费	交通费	交际应酬费	汽油费	通信费	修车费	其他	合计
本月								
累计								
本月								
累计								
本月								
累计								
本月								
累计								
本月								
累计								
本月								
累计								

第25章 账款管理表格

25.1 客户信用调查评定表

客户信用调查评定表

1. 基本信息			
客户名称			
公司地址			
企业性质	□国有 □集体 □合资 □私企 □个体 □有限责任公司		
营业执照登记机关			
企业负责人		成立时间	

2. 主要股东和主要负责人					
姓名	性别	职位	办公电话	手机	出生年月

3. 主要往来结算开户银行			
项　　目	往来银行		
银行名称			
账户号码			
账户名称			
开户日期			
经常存款余额（位数）			

4. 基本经营状况	
（1）主营产品	
（2）年销售收入	

（续表）

（3）盈利状况	□良好 □一般 □较差		
（4）最近连续2年经营状况	□良好 □一般 □较差		
（5）客户资金实力	□雄厚 □一般 □较差		
（6）客户偿债能力	□良好 □一般 □较差		
（7）没有严重违法经营行为	□是 □否		
（8）该客户经营风险及未来盈利能力的预测			
5. 与该客户的业务往来情况			
（1）与××公司合作时间满1年	□是 □否	（2）历年采购××公司产品总额	
（3）该客户采购额占××公司产品在该地区的销售总额比例		（4）年度回款是否达到公司制定的标准	□是 □否
6. 该客户的业务信用记录			
（1）以前的结算方式		（2）以前核定的信用额度	
（3）没有超信用额度记录	□是 □否	最高欠款额	
（4）没有跨月结算现象	□是 □否	跨月结算现象是否频繁	□是 □否
（5）最近合作2年内没有发生不良欠款行为	□是 □否	（6）最近合作2年内没有发生严重违约行为	□是 □否
7. C级信用客户核定标准			
（1）过往2年内与我方合作曾发生过不良欠款或其他严重违约行为	□是 □否		
（2）经常不兑现承诺	□是 □否		
（3）出现不良债务纠纷，或严重的转移资产行为	□是 □否		
（4）资金实力不足，偿债能力较差	□是 □否		
（5）经营状况不良，严重亏损，或营业额持续多月下滑	□是 □否		
（6）最近销售我方产品出现连续严重下滑现象，或有不公正行为	□是 □否		
（7）发现有严重违法经营现象	□是 □否		
（8）出现国家机关责令停业、整改情况	□是 □否		
（9）有被查封、冻结银行账号危险的	□是 □否		

（续表）

8. 该客户信用额度核定 注：A. 核定为A级信用的客户须在本表第4、5、6项中所有选项获最优评价 B. 在本表第7项中有任何一条评为“是”，即应核定为C级信用	
（1）业务员对客户信用的综合分析研判（包括企业规模、经营盈亏分析、偿债能力、其他注意事项等）：	
（2）财务主管对客户信用的综合分析研判（包括过往信用记录、对××公司产品销售贡献、其他注意事项等）：	
（3）对该客户信用限额及结算方式建议：	
（4）对该客户的信用评级（A、B、C）：	
信用限额核定人：	片区经理（市场处处长）审查意见：
销售公司总经理审批意见：	公司产销副总经理审核意见：

注：本表每季度更新一次

25.2 客户信用等级分类汇总表

客户信用等级分类汇总表

编号：　　　　　　　　执行期限：　　　　　　　　填表时间：____年____月____日

序号	客户名称	信用等级	评定时间	有效期	不良记录	备注

填表：　　　　　　　　销售公司总经理审核：　　　　　　　　公司产销副总经理审定：

25.3　赊销客户汇总表

赊销客户汇总表

编号：　　　　　　　　　　　　　填表时间：____年____月____日

序号	赊销客户名称	信用等级	结算方式	本年月均回款额	欠款余额	是否是授信客户	授信		有效期	是否担保	备注
							信用额度	回款期限			

填表：　　　　　　　　　　　　　　　　片区经理（市场处处长）审查：

销售公司总经理审核：　　　　　　　　　产销副总经理审定：

注：对于已有赊销欠款的非授信客户，以及现有赊销欠款大于信用额度的授信客户，应在备注栏中注明压缩赊销欠款的具体货款清收措施

25.4　客户授信额度执行评价表

客户授信额度执行评价表

客户名称：

时间	月初信用额度	本月提货金额	本月回款金额	期末累计欠款余额	期末欠款超信用额度金额	建议信用额度	不良记录	月末信用额度	备注
	A	B	C	D	E=D−A	F=（A+C）/2	G	H	I

注：所有的信用额度含在途

填表人：　　　　　　　　销售公司总经理审核：　　　　　　　　公司产销副总经理审定：

25.5 客户资信档案

客户资信档案

一、企业基本情况

客户名称	
经营地址	
联系电话	
法人代表	
工商注册号	
成立日期	
注册资金	
登记机关	
经营期限	
所属行业	
经营范围	
结算方式	

二、人力资源信息

<table>
<tr><td rowspan="2">法人代表</td><td>姓名：</td><td>性别：</td><td>年龄：</td></tr>
<tr><td colspan="2">职务：</td><td>在职时间：</td></tr>
<tr><td rowspan="5">主要股东</td><td>主要股东</td><td>出资金额</td><td>持股比例</td></tr>
<tr><td></td><td></td><td></td></tr>
<tr><td></td><td></td><td></td></tr>
<tr><td></td><td></td><td></td></tr>
<tr><td></td><td></td><td></td></tr>
<tr><td rowspan="6">经营管理者</td><td>姓名</td><td>职务</td><td>在职时间</td></tr>
<tr><td></td><td></td><td></td></tr>
<tr><td></td><td></td><td></td></tr>
<tr><td></td><td></td><td></td></tr>
<tr><td></td><td></td><td></td></tr>
<tr><td></td><td></td><td></td></tr>
</table>

（续表）

<table>
<tr><td rowspan="3">在职人员</td><td>在职人员总数______人</td></tr>
<tr><td>人员素质：硕士及以上______人；本科______人
专科______人；专科以下______人</td></tr>
<tr><td>职员构成：管理人员______人；技术人员______人；
销售人员______人；商务财务人员______人</td></tr>
</table>

三、物资资源信息

<table>
<tr><td>生产经营场所</td><td>□自有______平方米；
□市区 □郊区
地址为：________________________________；
□租借______平方米。</td></tr>
<tr><td>固定资产</td><td>公司车辆：□有______辆，□无。
公司自有房产：
有，地址为：____________________________；
□无。
主要设备：____
____
____</td></tr>
</table>

四、经营管理状况

<table>
<tr><td rowspan="3">管理状况</td><td>岗位设置</td><td colspan="2">□岗位设置混乱；□岗位设置不完整；□岗位设置合理</td></tr>
<tr><td>现场营运管理</td><td colspan="2">□工作现场杂乱无序，员工工作职责不明确
□工作现场一般，员工无明确工作职责
□工作现场秩序良好，员工工作职责明确</td></tr>
<tr><td>收发货手续规范程度</td><td colspan="2">□手续不规范，有单据；□手续规范，单据齐全</td></tr>
<tr><td rowspan="7">经营状况</td><td>主营业务</td><td>销售地域</td><td>主要客户</td></tr>
<tr><td></td><td></td><td></td></tr>
<tr><td></td><td></td><td></td></tr>
<tr><td></td><td></td><td></td></tr>
<tr><td></td><td></td><td></td></tr>
<tr><td></td><td></td><td></td></tr>
<tr><td>市场对客户的产品需求状况</td><td colspan="2">□需求很大 □需求较大 □需求一般 □需求较小</td></tr>
</table>

五、财务及银行信用记录

<table>
<tr><td rowspan="6">主要财务数据</td><td>上年度年销售收入</td><td colspan="2"></td></tr>
<tr><td>净利润</td><td colspan="2"></td></tr>
<tr><td>流动资产</td><td colspan="2"></td></tr>
<tr><td>净资产</td><td colspan="2"></td></tr>
<tr><td>负债总额</td><td colspan="2"></td></tr>
<tr><td>流动负债</td><td colspan="2"></td></tr>
<tr><td rowspan="5">银行及信用记录</td><td>开户银行</td><td colspan="2">银行账号</td></tr>
<tr><td></td><td></td><td></td></tr>
<tr><td></td><td></td><td></td></tr>
<tr><td></td><td></td><td></td></tr>
<tr><td></td><td></td><td></td></tr>
</table>

六、关联企业信息

关联企业信息	□有母公司，□无母公司 名称：______________________ □有子公司，□无子公司 名称：______________________ ______________________ ______________________ □有分公司，□无分公司 名称：______________________ ______________________ ______________________ 其他关联公司：________________ ______________________ ______________________

七、行业发展趋势

客户所在行业的现状	
客户在行业中的地位及未来发展趋势	

25.6　应收账款登记表

应收账款登记表

____年度

日期		科目	厂商名称	摘要	金额	冲转日期		采购单号码	进库单号码	备注
月	日					月	日			

25.7　应收账款日报表

应收账款日报表

____年____月____日

应收账款					应收票据				
销货日期		客户	订单号	金额	收单日期		客户名称	银行名称	金额
合计					合计				

25.8 应收账款明细表

应收账款明细表

编制单位：　　　　　　　　____年____月____日　　　　　　　　单位：元（旬表）

项　目	户　数	金　额	占全部应收款（%）	备注
______元以上				
1. A公司 2. B公司 ……				
______元以上				
1. A公司 2. B公司 ……				
______元以下				
1. A公司 2. B公司 ……				
合计				

25.9 应收账款月报表

应收账款月报表

____年____月____日　　　　　　　　单位：元

序号	客户名称	月初余额	本月增加	本月减少	月末余额	账款类别
1						
2						
3						
4						
5						
6						
…						
合计						

25.10　应收账款分析表

应收账款分析表

月份	销售额	累计销售额	未收账款	应收票据	累计票据	未贴现金额	兑现金额	累计金额	退票金额	坏账金额
1月										
2月										
……										
12月										
分析										
对策										

25.11　应收账款变动表

应收账款变动表

____年____月____日

客户名称	上期余额（A）	本期增加			本期减少				本期余额（A+B−C）	备注
		销货额	销货税额	合计（B）	收款	折让	退货	合计（C）		

核准：　　　　主管：　　　　制表：

25.12 问题账款报告书

问题账款报告书

基本资料栏	客户名称			
	公司地址		电话	
	工厂地址		电话	
	负责人		联系人	
	开始往来时间		交易项目	
	平均每月交易额		授信额度	
	问题账金额			
问题账形成原因				
处理意见				
附件明细				

核准： 复核： 制表：

25.13 应收账款控制表

应收账款控制表

____年____月____日

客户名称	上月应收账款	本月出资	本月减项				本月底应收账款
			回款	退款	折让	合计	
合计							

总经理： 主管： 制表：

25.14　应收账款账龄分析表

应收账款账龄分析表

____年____月____日　　　　金额单位：元

账龄	A公司		B公司		C公司		合计	
折扣期内	金额	比重（%）	金额	比重（%）	金额	比重（%）	金额	比重（%）
过折扣期但未到期								
过期1～30天								
过期31～60天								
过期61～90天								
过期91～180天								
过期181天以上								
合计								

25.15　应收账款催款通知单

应收账款催款通知单

____年____月____日

户名	结欠		结欠期间				对策	备注
	日期	金额	2个月	3～6个月	6～12个月	1年以上		
合计								

以上应收账款均已结欠超过2个月以上，请加速催收为荷。

此致

财务部

____年____月____日

填写说明：本表由财务部填写两份，一份备查、一份送业务部门

25.16 催款通知书

催款通知书

××公司财务部：

贵公司20××年×月×日向我公司订购×××，货款计金额×××元，发票号为×××，该货款至今尚未支付给我公司，影响了我公司的资金周转。接到本通知后，请即结算，逾期按银行规定加收×%的罚金。如有特殊情况，望及时和我公司财务部×××联系。

我公司地址：

银行账号：

电话：

××有限公司财务部（盖章）

20××年××月××日

25.17 付款申请单（1）

付款申请单（1）

厂商编号：

厂商名称：　　　　月份：　　　　申请日期：

年/月/日	摘要（收货单号）	申请金额	核发金额	订购单号
合计				

核准：　　　　主管：　　　　制表：

说明：（1）采购单位每月按厂商分类编制一表，以利于审核

（2）适宜采购厂商较多的公司使用

25.18　付款申请单（2）

付 款 申 请 单（2）

编号：　　　　　　　　　　　　____年____月____日

收款单位（人）			厂商代码		
说　明					
银行信息	开户行				
	账　号				
付款方式		转账支付 / 现金支付 / 支票支付 / 电汇 / 其他			
发票号码					
付款金额		大写：			
		小写：			
到期日			核销借款	借款人：　　借款单编号：	
附件数			备注		
总经理：		副总经理：	部门经理：	处室经理：	经办人：

25.19　付款申请单（3）

付 款 申 请 单（3）

申请部门		申请时间	
收款单位		付款金额	
收款单位银行资料		付款时间	
		付款方式	
事由			
大写金额			
申请人：	部门负责人：	审核：	审批：

25.20 预付款申请单

预付款申请单

日期：

申请部门：□采购科　　□总务科

□定金（尚未开发票）

□分批交货暂支款

金额：

说明：

冲销日期：

经理________　主管________　申请人________

会计________　冲账________

25.21 分供方付款审批表

分供方付款审批表

项目名称：　　　　申请日期：____年____月____日

1. 付款基本情况			
供应商名称：		本单编号：	
材料名称：		合同编号：	
合同名称：		本期付款为该合同下第　次付款	
合同总额：		付款方式：□现金　□支票　□电汇　□其他	
合同形式：□固定价　□固定单价　□其他		收款人开户银行：	
付款形式：□一次性付款　□多次付款　□其他		收款人开户行账号：	
付款性质：□预付款　□进度款　□材料尾款　□材料保修款			
2. 付款统计情况			
数据类别	数据内容	金额	备注
实际结算价款			
累计已付款			
累计未付款			
本次计划付款金额	大写：		

（续表）

3. 付款审批			
审批人员	签 名	审 批 意 见	签字日期
商务经理			
项目经理			
物资部			
工程技术部			
商务合约部			
财务部			
副总经理			
总经理			
4. 实际付款记录			
财务负责人			
本次实际付款金额	大写:	支票号	

25.22　劳务（　）月份包付款计划

劳务（　）月份包付款计划

编制单位:　　　　　　　　　　　　　　填报日期: ____年____月____日

序号	分包单位名称	分包项目名称	合同编号	合同价款	人工费	机械费	材料费	扣保修金	实际结算额	已付金额	未付金额	本月拟付金额	付款日期	备注
	合计													

工程技术部:　　　　　　　　物资部:　　　　　　　　总经济师:

商务合约部:　　　　　　　　财务部:　　　　　　　　副总经理:

25.23 材料月付款计划

材料月付款计划

编制单位：　　　　　　　　　　　　　　　　　　　　填报日期：____年____月____日

序号	供应商名称	物资名称	合同编号	合同价款	实际结算额	扣保修金	已付金额	应付金额	本月拟付金额	付款日期	备注
	合计										

项目经理：　　　　　　　　工程技术部：　　　　　　　　总经济师：

商务经理：　　　　　　　　商务合约部：　　　　　　　　副总经理：

注：此表报财务部备案

25.24 项目资金周（增项）计划表

项目资金周（增项）计划表

编报单位：　　　　　　　　　　　　　　　　　　　　申请日期：____年____月____日

序号	款项名称	数量	单价	金额	付款日期	收款单位	备注
合计							

（续表）

责任人	签名	日期	审核意见
商务经理			
项目经理			
商务合约部			
工程技术部			
物资部			
财务部			
总经济师			
副总经理			
总经理			

25.25　分包商付款审批表

分包商付款审批表

项目名称：　　　　　　　　　　　　　　　　　　申请日期：____年____月____日

1. 付款基本情况	
分包商名称：	本单编号：
合同名称：	合同编号：
合同总额：	本期付款为该合同下第　次付款
合同形式：□ 固定价　□ 固定单价　□ 其他	付款方式：□ 支票　□ 电汇　□ 其他
付款形式：□ 一次性付款　□ 多次付款　□ 其他	收款人开户银行
付款性质：□ 预付款　□ 进度款　□ 尾款　□ 保修款	收款人开户银行账号

2. 付款统计情况				
数据类别	序号	数据内容	金额	备注
本期应付款	1	本期完成合同内付款		
	2	本期完成合同外付款		
累计应付款	3	至本期止累计应付款		
本期扣款	4			
	5			

（续表）

数据类别	序号	数据内容		金额	备注
累计扣款	6	至本期止累计扣款合计			
累计已付款	7				
累计未付款	8				
本次计划付款金额	大写：				
3. 付款审批					
审批人员	签名	签字日期	审批意见		
商务经理					
审批人员	签名	签字日期	审批意见		
项目经理					
商务合约部					
工程技术部					
财务部					
副总经理					
总经理					
4. 实际付款记录					
财务负责人					
本次实际付款金额	大写：			支票号	

25.26 坏账损失申请书

坏账损失申请书

客户的名称		负责人姓名	
营业地址		电话号码	
申请理由			
不能收回的原因			
业务部意见			
财务部意见			
总经理意见			

25.27　客户信用限度核定表

客户信用限度核定表

<table>
<tr><td>客户编号</td><td colspan="7"></td></tr>
<tr><td>客户名称</td><td colspan="7"></td></tr>
<tr><td>地　址</td><td colspan="7"></td></tr>
<tr><td>负 责 人</td><td colspan="7"></td></tr>
<tr><td>部 门</td><td>以往交易已兑现额</td><td>最近半年平均交易额</td><td>平均票期</td><td>收款及票据金额</td><td>原信用限度</td><td>新申请信用限度</td></tr>
<tr><td></td><td></td><td></td><td></td><td></td><td></td><td></td></tr>
<tr><td></td><td></td><td></td><td></td><td></td><td></td><td></td></tr>
<tr><td></td><td></td><td></td><td></td><td></td><td></td><td></td></tr>
<tr><td></td><td></td><td></td><td></td><td></td><td></td><td></td></tr>
<tr><td></td><td></td><td></td><td></td><td></td><td></td><td></td></tr>
<tr><td colspan="3" rowspan="2">主办信用综合分析研判（包括申请表的复查、品德、风评、经营盈亏分析、偿债能力、核定限度的附带应注意事项等）</td><td colspan="3">信限的核定或审查意见</td><td>签章及日期</td></tr>
<tr><td>主办信用</td><td colspan="2"></td><td></td></tr>
<tr><td colspan="3"></td><td>业务主任</td><td colspan="2"></td><td></td></tr>
<tr><td colspan="3"></td><td>区经理</td><td colspan="2"></td><td></td></tr>
<tr><td colspan="3"></td><td>总公司</td><td colspan="2"></td><td></td></tr>
<tr><td colspan="3"></td><td>生效日期</td><td colspan="2"></td><td></td></tr>
</table>

填报人（签名）：　　单位负责人（签名）：　　填报时间：

25.28 应付票据明细表

应付票据明细表

票据类别	票据关系人			合同号	出票日期	票面金额	已计利息	到期日期	利息率	到期应计利息	付息条件	备注
	出票人	承兑人	收款人									

编制说明：

（1）票据类别应按商业承兑汇票、银行承兑汇票分别列示

（2）与收款人是否存在关联关系，在“备注”栏中说明

（3）如果涉及非记账本位币的应付票据，应注明外币金额和折算汇率

25.29 业务员客户情况调查表

业务员客户情况调查表

客户名称			编号			
地址	公司		邮编		电话	
	项目部		邮编		电话	
主要联系人	公司法人代表		联系方式			
	总经理		联系方式			
	公司主要联系人		联系方式			
	项目经理		联系方式			
	其他重要关系人		联系方式			
营业执照号码			注册资金			

（续表）

项　目		状　态	得分	权重	加权得分
公司表面现象	客户经营规范性	□较好　□一般　□较差		2%	
	业务人员素质	□较好　□一般　□较差		1%	
	业务员士气	□较好　□一般　□较差		1%	
	客户面临的经营环境	□较好　□一般　□较差		2%	
公司内部管理	客户内部管理制度	□较好　□一般　□较差		2%	
	人员变动情况	□较好　□一般　□较差		1%	
	客户工作的计划性	□较好　□一般　□较差		2%	
	客户财务管理和信用管理	□较好　□一般　□较差		4%	
设备与市场	客户设备先进性	□较好　□一般　□较差		2%	
	客户的市场前景	□扩大　□保持现状　□下降		1%	
	客户业务发展趋势	□扩大　□保持现状　□下降		1%	
	客户经营活动市场范围	□全球　□全国　□地区		2%	
市场竞争力	客户在其行业内规模	□平均以上　□平均　□平均以下		3%	
	客户竞争对手情况	□少有对手　□有个别强有力对手 □众多对手		1%	
	客户市场地位	□市场领导者　□市场跟随者 □市场挑战者		2%	
	客户在其行业内的名气	□较高　□一般　□较小		1%	
经营管理	决策者的实践经验	□较强　□一般　□较差		1%	
	决策者投资方式	□平稳　□保守　□激进		2%	
	客户投资项目	□长期　□短期　□即期		3%	
	客户领导风格	□民主　□专制　□自由放任		4%	
发展前景	客户业务发展前景	□发展　□保持　□衰退		1%	
	国家宏观政策的支持	□大力支持　□不明确　□限制		2%	
	客户与我方发展前景	□发展　□保持　□衰退		4%	

（续表）

项　　目	状　　态	得分	权重	加权得分
此交易产生的利润	□超过平均利润　□平均利润 □低于平均利润		10%	
公司满足客户工期的要求	□能满足　□有一定困难　□很困难		5%	
公司满足客户质量的要求	□能满足　□有一定困难　□很困难		5%	
本交易对本企业的影响	□重要　□一般　□无足轻重		8%	
本交易对本企业市场战略的影响	□重要　□一般　□无足轻重		6%	
客户提供的债权保障	□现金或担保抵押　□货到付款 □赊销		5%	
该客户能否被其他客户替代	□不可替代　□一般 □全可以被替代		6%	
客户对商业债务的付款情况	□按时　□有时拖欠　□经常性拖欠		5%	
客户对银行贷款偿还情况	□按时全部偿还　□部分按时偿还 □基本无法按时偿还		5%	
合计得分				

填表说明：表内打分项分四种情况：

第一种情况分值在100—80之间，90为中值

第二种情况分值在60—80之间，70为中值

第三种情况分值在40—60之间，50为中值

第四种情款为不知道，直接打分为60

公司内部了解客户的其他人（执行董事、总经理、经营部经理等）如也可以利用此表打分，每人打分后，可以计算算术平均数或加权平均数（权重将来根据具体情况定）

25.30　客户供应商咨询评价函

客户供应商咨询评价函

尊敬的××公司××先生：

我公司与我们的客户××公司有业务往来，该企业为证明其良好的信用状况，推荐我们向贵公司和您咨询，如果您能够提供我们需要的更多信息，我们将不胜感谢。

贵公司和您提供的信息将被严格审查和保密。如果贵公司也有类似的要求，我们将十分乐意提供。

请回答以下问题：

1. 客户名称、地址是否准确	□准确　□不准确
2. 贵公司和该公司业务时间多长	□半年内　□1年内　□2年内　□2年以上
3. 贵公司目前给该公司的信用额度是多少	□1万元以下　□5万元以下　□10万元以下 □10万元以上
4. 贵公司给予的信用期限是多长	□30天内　□60天内　□90天内　□90天以上
5. 该企业的付款是否及时	□绝对及时　□很少拖欠　□拖欠　□经常拖欠
6. 除了业务往来关系，贵公司是否有其他人员、财务、管理等方面的关系	□没有关系　□有关系
7. 在过去9个月内，贵公司是否曾经停止向该企业发货或采取措施追收逾期账款	□是　□否

使用说明：

第1题：准确100分，不准确0；权重10%

第2题：办年内25分，1年内50分，2年内75分，2年以上100分；权重10%

第3题：1万元以下25分，5万元以下50分，10万元以下75分，10万元以上100分；权重20%

第4题：30天以内25分，60天以内50分，90天以内75分，90天以上100分；权重20%

第5题：绝对及时100分，很少拖欠75分，拖欠50分，经常拖欠25分；权重20%

第6题：没有关系100分，有关系0分；权重10%

第7题：是0分，否100分；权重10%

以上调查得到被调查企业的认可，请于____年____月____日反馈给我公司，对此我公司再次表示对贵公司和您个人表示感谢。

××有限公司

____年____月____日

根据每一个调查对象计算客户的调查结果加权得分，然后把不同调查对象所计算的得分求算术平均数，所得到的分值参与信用等级评定。

25.31 公司内部客户交易记录表

公司内部客户交易记录表

截至：____年____月____日

账号名称	日期	债务总额	应收账款账龄分布（天）					评价得分
			信用期内	1～30	31～60	61～90	90+	
	A	B	C	D	E	F	G	J
××公司								
	最后得分							

使用说明：债务总额是客户在该月月底累计欠款总额

应收账款账龄分布是累计欠款总额的账龄分布

每个客户选最近的6个月的交易记录，计算每个月的得分

最后得分是 6 个月得分的算术平均数

评分标准：基准分100

应收账款全部在信用期内不扣分

逾期天数在1～30天内，扣除20×D÷B

逾期天数在31～60天内，扣除20×D÷B+40×E÷B

逾期天数在61～90天内，扣除20×D÷B+40×E÷B+60×F÷B

逾期天数在90天以上，扣除20×D÷B+40×E÷B+60×F÷B+80×G÷B

25.32 客户财务报表评价得分表

客户财务报表评价得分表

指　　标	上两年	上一年	当年	指标值	得分	权重	加权得分
流动比率（流动资产÷流动负债）						10%	
速动比率［（流动资产−存货）÷流动负债］						25%	
资产负债率（总负债÷总资产）						15%	

（续表）

指　　标	上两年	上一年	当年	指标值	得分	权重	加权得分
主营业务利润率（主营业务利润÷主营业务收入）						10%	
总资产利润率（净利润÷总资产）						10%	
经营现金流动负债比率（经营现金净流量÷流动负债）						30%	

使用说明：计算客户3年的指标值，然后计算3年指标值的加权平均值，填入指标值一栏

权重分布：上2年25%，上1年25%，当年50%

流动比率得分计算　100×（指标值－不允许值）÷（满意值－不允许值）

速动比率得分计算　100×（指标值－不允许值）÷（满意值－不允许值）

资产负债率得分计算　100×（指标值－不允许值）÷（满意值－不允许值）

主营业务利润率得分计算　100×（指标值－不允许值）÷（满意值－不允许值）

总资产利润率得分计算　100×（指标值－不允许值）÷（满意值－不允许值）

经营现金流动负债比率得分计算　100×（指标值－不允许值）÷（满意值－不允许值）

不允许值和满意值根据公司面临的具体经营环境情况预先设定

最高分为100分，超过100分的按100分计算

25.33　信用等级评定表

信用等级评定表

业务员调查得分		外部咨询得分		内部交易记录得分		财务报表分析得分		信用等级	预计工程总额	信用额度
权重	分值	权重	分值	权重	分值	权重	分值			
30%		10%		20%		40%				
得分		得分		得分		得分				
总得分										

使用说明：公司信用等级分类：A、B、C、D

信用等级A得分90分以上

信用等级B得分70～90分

信用等级C得分60～70分

信用等级D得分60分以下

新客户没有内部交易记录，分值取外部咨询得分

没有财务报表的取60分

25.34 信用额度计算表

信用额度计算表

信用等级 范围	A	B	C	D
500万元以下				
500万～1 000万元				
1 000万元以上				

使用说明：根据信用等级和工程量总额结合公司内部的资金供求状况决定给予客户的信用额度

25.35 客户信用限度核定审批表

客户信用限度核定审批表

<table>
<tr><td>客户编号</td><td colspan="3"></td></tr>
<tr><td>客户名称</td><td colspan="3"></td></tr>
<tr><td>地址</td><td colspan="3"></td></tr>
<tr><td>负责人</td><td colspan="3"></td></tr>
<tr><td colspan="2">原信用额度</td><td colspan="2">新申请信用额度</td></tr>
<tr><td colspan="2"></td><td colspan="2"></td></tr>
<tr><td colspan="3">信用额度审核或审批意见</td><td>签章及日期</td></tr>
<tr><td>业务员</td><td colspan="2"></td><td></td></tr>
<tr><td>经营部经理</td><td colspan="2"></td><td></td></tr>
<tr><td>财务部经理</td><td colspan="2"></td><td></td></tr>
<tr><td>总经理</td><td colspan="2"></td><td></td></tr>
<tr><td colspan="3">生效日期</td><td></td></tr>
</table>

使用说明：此表为内部审批使用，在完成了客户信用等级评定和信用额度计算后，经过会议讨论，决定授予客户信用额度，会后，业务员要填写此表，相关人签字同意后，才可以正式给予客户信用额度。为日后分清责任，此表一式两份，财务部、经营部各一份存档

25.36　信用审核书

信用审核书（核准）

尊敬的××公司

××小姐/先生：

我们很荣幸地通知您，贵公司20××年××月××日的信用申请，我们已经审核。我们批准给予贵公司的信用总额度为×××元人民币（以前给予的信用额度自动取消），可循环使用，信用期限为工程量确认后的×天。

如有任何问题，欢迎随时打电话与我公司财务部联系，

电话：×××××××，

传真：×××××××

E-mail：××××@××××××××. com

真诚希望与贵公司保持长期的合作关系。

×××财务总监　　　　××有限公司财务部

信用审核书（未核准）

尊敬的××公司

××小姐/先生：

贵公司20××年××月××日的信用申请，我们已经审核。但是，我们非常遗憾和抱歉，我们暂时无法给予贵公司新的信用额度。我们建议我们的业务部门与贵公司从事现款业务，待几笔业务后再重新审核贵公司申请的额度。

如有任何问题，欢迎随时打电话与我公司财务部联系，

电话：×××××××，

传真：×××××××

E-mail：××××@××××××××. com

真诚希望与贵公司保持长期的合作关系。

×××财务总监　　　　××有限公司财务部

25.37　收款情况报告表

<table>
<tr><td>顾客名称</td><td></td><td>信用等级</td><td>每月业务往来金额</td><td></td><td>每年业务往来金额</td><td></td></tr>
<tr><td colspan="3">收款情况</td><td colspan="4">收款不顺利的原因</td></tr>
<tr><td colspan="3">1. 收款金额
预定收款金额________元
实际收款金额________元
差额________元</td><td colspan="4" rowspan="4">1. 对方资金周转不灵
2. 对方恶意拖欠
3. 对方未收到账单
4. 对方未收到对方项目部工程量结算书
5. 对方的甲方拖欠资金
6. 我方和对方人员关系协调不好
7. 其他</td></tr>
<tr><td colspan="3">2. 延迟付款日数
约定付款日期
实际收款日期
迟延日数______天</td></tr>
<tr><td colspan="3">3. 付款方式上的差异
合同规定　现金____%　票据____%
实际收到　现金____%　票据____%
差距　　　现金____%　票据____%</td></tr>
<tr><td colspan="3">4. 有关该公司的舆论传言
□未曾听说
□听到的内容</td></tr>
<tr><td colspan="7">总经理的决策指示：1. 终止业务往来（1）立刻终止（2）暂停往来（3）伺机停止往来
2. 继续业务往来（1）限制每月的赊欠金额
（2）改善收款条件后继续往来
（3）维持现状，继续催收
3. 其他</td></tr>
</table>

25.38　应收账款可回收性分析表

应收账款可回收性分析表

客户名称	金额	账龄	比重	可回收性	判断的基本因素
合计					

25.39　应收账款可回收性判断因素一览表

应收账款可回收性判断因素一览表

客户名称：　　　　　　　　　　　　　　　　　　　　　　分析日期：____年____月____日

判断因素	回收可能性	权重
客户发展前景		20%
客户资金状况		20%
客户和公司继续合作的意愿		20%
关键人物的个人个性		20%
其他		20%
总体回收可能性		100%

使用说明：判断因素可以根据实际情况添加或减少，主要看有利于判断结果的可靠性

权重分配也是要基于那个因素对回款最关键

总体回收可能性用来决定下一步催收应收账款的力度和措施

判断的基本因素选最重要的一个就可以了

25.40　逾期询问函

逾 期 询 问 函

××公司：

我公司财务部提醒我们，我公司的发票号为________________项下的账款尚未收到，此笔账款已经逾期____天，可能贵公司尚未发现这个情况。

请贵公司务必在____月____日前支付这笔欠款，或提前告之原因。

签章：

注：逾期追讨函在逾期7～10天发出，语气相对缓和

25.41　逾期催款函（严重）

逾期催款函（严重）

××公司：

根据我们双方协议，我公司给予贵公司的信用额度是发票日期后××天，目前账款已过期____天。这个账款过期时间已经超过我方提出的付款宽限期限，将产生严重后果。请贵公司立即

（续表）

支付上述迟付工程款并告知我方迟付的真实原因，并在____月____日之前给我们答复，否则我方会不再给予贵公司信用额度，暂时停止生产，并将采用必要方式追收该账款。希望本信函能够引起贵公司注意，以便我们的交易继续顺利进行。 签章：

注：这个函件的语气开始加重，对债务人施加更大压力，表明企业对此事严肃认真的态度

25.42 账龄结构分析

账龄结构分析

公司名称： 时间：____年____月 单位：元

项目	今年月度计划		上月		本月	
	比率	余额	比率	余额	比率	余额
1. 总应收账款 2. 逾期账款 3. 逾期账龄 过期1～30天 过期31～60天 过期61～90天 过期91～180天						
总计						
4. 应收账款周转率（销售额/总应收） 5. 正常应收账款 6. 逾期应收账款 7. 呆滞应收账款 8. 呆账应收账款						
合计						
9. 应收账款按主要客户分类 客户一 客户二 客户三						
总计						

第26章　财务控制与审计稽核管理表格

26.1　资产盘点统计表

资产盘点统计表

被盘点部门（区域、库位）　　____年____月____日　　第____页

品名	编号	单位	数量	数量	数量	数量	数量	合计

复盘人：　　会点人：　　盘点人：

盘点说明：

1. 同一物品堆置不同地方或分次点计时，根据数量栏内逐一列计，事后再加以合计
2. 盘点时，由盘点人点数称重，由会点人填记
3. 盘点人同会点人签章（复写），再送盘点人及其主管（复盘人）签认
4. 盘点人应将盘点统计数量，转计入盘存表

26.2　资产盘存表

资 产 盘 存 表

经管部门：　　____年____月____日　　NO：

项次	品名	料品资产编号	规格	单位	账载数量	盘点数量	差异数	差异原因

主管审核：　　监盘人：　　盘点人：

26.3 资产盘点报告表

资产盘点报告表

部门（区域、库位）：　　　　____年____月____日　　　　第____页

品名	资产编号	规格	单位	单价	账面数量	盘点数量	盘盈		盘亏		差异原因说明	拟处理对策及建议
							数量	金额	数量	金额		

主管审核：　　　　　　　　　　　　报告人：

注：本表一式三联，分别按下列程序报送：

财务部门—经管部门—财务部门—总经理—经管部门（白色）

财务部门—经管部门—财务部门—总经理—财务部门（红色）

财务部门—经管部门—财务部门—总经理—总经理室（黄色）

26.4 库存现金及票据盘点报告

库存现金及票据盘点报告

盘点部门：　　　　　　　　盘点日期：____年____月____日

库存现金及零用金	金额	差异原因分析及改善建议
盘点金额		
加：未报销费用		
借支		
合计		
账面结存金额		
盘盈亏金额		

（续表）

数量及金额 / 票据项目	账面数		盘点数		盘盈亏数		差异原因分析及改善建议
	张数	金额	张数	金额	张数	金额	
应收票据：代收							
库存							
小计							
应收保证金							
合计							

总经理		部门主管		主管		保管人		会点人	

注：本报告一式三联，分别按下列程序报送：

会计部门—财务部门—总经理室—财务部门（白色）

会计部门—财务部门—总经理室—会计部门（红色）

会计部门—财务部门—总经理室（黄色）

26.5 财务状况监控表

财务状况监控表

____年____月____日

项目	数量	项目	数量
应收账款		应付账款	
昨日金额		昨日余额	
本日销货		本日发票付账	
本日退货折让		折让退回	
现金销货		支付票据	
货款回收		支付现金	
本日金额		本日余额	
应收票据		应付票据	
昨日余额		昨日余额	

（续表）

项目	数量	项目	数量
本日收入		本日支付票据	
本日兑现		本日到期	
本日余额		本日余额	

银行	昨日结存	本日存入	本日支出	本日结存	明日应付额
合计					

核准：　　　　　　　　复核：　　　　　　　　制表：

26.6 资金调度监控表

资金调度监控表

____年____月____日　　　　　　单位：

年		收入					支出					银行存款余额
月	日	押汇收入	现销收入	应收票据	贴现贷款	收入合计	应付票据	水电薪资	利息支出	偿还贷款	支出合计	
合计												

审核：　　　　　　　　制表：

26.7　应收账款动态监控表

应收账款动态监控表

____年____月____日

客户名称	上月应收账款余额	本月赊销增加	本月减项				本月月底应收账款余额			
			回款	退回	折让	合计				
合计										

核准：　　　　　　　　　　复核：　　　　　　　　　　制表：

26.8　物资采购动态监控表

物资采购动态监控表

____年____月____日

供应商名称	品名	本月结存			上月采购			本月月末结存		
		单价	数量	金额	单价	数量	金额	单价	数量	金额

核准：　　　　　　　　　　复核：　　　　　　　　　　制表：

26.9 被审计单位基本情况表

被审计单位基本情况表

<table>
<tr><td colspan="2">被审计单位名称</td><td colspan="2"></td><td colspan="3">产权结构</td><td colspan="3"></td></tr>
<tr><td colspan="2">经济类型</td><td colspan="2"></td><td colspan="3">企业类型</td><td colspan="3"></td></tr>
<tr><td colspan="2">所属行业</td><td colspan="2"></td><td colspan="3">预算管理形式</td><td colspan="3"></td></tr>
<tr><td colspan="2">内部机构设置情况</td><td colspan="8"></td></tr>
<tr><td colspan="2">核算形式及核算方法</td><td colspan="8"></td></tr>
<tr><td colspan="2">财务部门组织及人员分工情况</td><td colspan="8"></td></tr>
<tr><td colspan="2">期末员工人数</td><td colspan="2">期末固定资产</td><td colspan="2">总产值</td><td colspan="2">营业收入</td><td colspan="2">利 润</td></tr>
<tr><td>总数</td><td>其中工人</td><td>原值</td><td>净值</td><td>上年</td><td>本年</td><td>上年</td><td>本年</td><td>上年</td><td>本年</td></tr>
<tr><td></td><td></td><td></td><td></td><td></td><td></td><td></td><td></td><td></td><td></td></tr>
<tr><td>单位负责人</td><td></td><td>财务总监</td><td></td><td>总经济师</td><td></td><td>财务经理</td><td></td><td>业务经理</td><td></td></tr>
</table>

审核：　　　　　　　　　　　　　　　　填表人：

26.10 审计工作规划表

审计工作规划表

<table>
<tr><td>被审计部门名称</td><td></td><td>审计方式</td><td></td></tr>
<tr><td>编制依据</td><td></td><td>计划工作时间</td><td></td></tr>
<tr><td colspan="4">审计主要内容和范围：</td></tr>
<tr><td colspan="4">审计难点及对策：</td></tr>
<tr><td rowspan="2">审计组成员</td><td colspan="3">组长：</td></tr>
<tr><td colspan="3">成员：</td></tr>
<tr><td rowspan="2">审 批</td><td colspan="3">部门意见：</td></tr>
<tr><td colspan="3">总经理意见：</td></tr>
</table>

审核：　　　　　　　　　　　制表：　　　　　　　　　　　____年____月____日

26.11　审计分项工作计划表

审计分项工作计划表

审计项目	审计方法	审计人员	起止日期	应收集的审计资料	审计重点与难点

经理：　　　　　　　　　　审计组长：　　　　　　　　　　编制人：

26.12　审计工作底稿：经营环境及状况调查表

审计工作底稿：经营环境及状况调查表

单位名称：　　　　　　　　　　年度

工作项目	重要事项说明
1. 查阅被审计单位所属行业资料	1. 外部环境：
2. 参观生产过程和办公场所	2. 企业生产条件：
3. 询问管理当局和内审人员	3. 市场分析：

26.13 审计工作底稿：横向趋势分析表

审计工作底稿：横向趋势分析表

单位名称：　　　　　　　　　　　　　　____年度　　　　　　　　　　　　　　　　单位：元

会计报表项目	年	年	年比　年增长		说　明
	已审数	未审数	金额	百分比(%)	
序　号	①	②	③=②-①	④=③/①	
营业收入					____年未审会计报表项目同年审定会计报表项目的比较分析：
营业成本					
营业毛利					
利润总额					
净利润					
存货					
应收账款					
速动资产					
流动资产					
流动负债					
流动资产净额					
固定资产					
在建工程					
资产总额					
负债总额					
实收资本					
净资产额					

备注：说明栏仅分析增减比例超过10%以上的项目

26.14　审计工作底稿：资产负债表纵向分析表

审计工作底稿：资产负债表纵向分析表

单位名称：　　　　　　　　　　　　____年度　　　　　　　　　　　　单位：元

会计报表项目	年		年		增减数	说　明
	已审数	百分比（%）	未审数	百分比（%）		
行　次	①	②	③	④	⑤=④-②	
流动资产						____年未审会计报表项目同年审定会计报表项目的比较分析：
长期投资						
固定资产净额						
在建工程						
递延资产						
无形及其他资产						
待处理财产净损失						
资产合计						
流动负债						
长期负债						
负债合计						
实收资本						
其他权益						
负债及权益合计						

备注：说明栏仅分析增减比例超过10%以上的项目

26.15　审计工作底稿：损益表纵向趋势分析表

审计工作底稿：损益表纵向趋势分析表

单位名称：　　　　　　　　　　　　____年度　　　　　　　　　　　　单位：元

会计报表项目	____年		____年		增减数	说明
	已审数	百分比（%）	未审数	百分比（%）		
行　次	①	②	③	④	⑤=④-②	
一、主营业务收入						____年未审会计报表项目同年审定会计报表项目的比较分析：
减：营业成本						
销售费用						
管理费用						
财务费用						
营业税金及附加						
二、主营业务利润						
加：其他业务利润						
三、营业利润						
加：投资收益						
营业外收入						
补贴收入						
减：营业外支出						
四、利润总额						
减：所得税						
五、净利润						

备注：说明栏仅分析增减比例超过5%以上的项目

26.16　审计工作底稿：内部控制调查问卷

审计工作底稿：内部控制调查问卷

被审计单位名称：　　　　　　　　　　　　　　____年度

目　　录	说明
一、管理机构、管理制度的调查	
1. 控制环境调查记录	
2. 会计系统控制调查记录	
①会计系统	
②计算机系统	
3. 控制环境和会计系统内控调查小结	
二、业务循环调查	
1. 销售与收款循环内控问卷	
2. 购置与付款循环内控问卷	
3. 生产循环以及工薪与人事循环内控问卷	
4. 仓储与存货循环内控问卷	
5. 融资与投资循环内控问卷	
三、各业务循环控制评价	
结论：	

26.17　审计工作底稿：控制环境调查记录表

审计工作底稿：控制环境调查记录表

单位名称：　　　　　　　　　　　　　　　　____年度

应调查项目内容	评述
1. 决策和管理方面 （1）董事会是否独立，能否有效地对经营、管理实施控制？ （2）董事会是通过哪些措施实施控制的？	

（续表）

应调查项目内容	评述
（3）重大投资、收购合并、财产抵押、购置重要资产和签订重要合同、协议是否经董事会批准？（摘录或复印董事会有关决议） （4）重大购销业务，大额资金借贷和现金支付、资产调整、长期工程合同签订等是否经总经理核准？ （5）高层管理人员是否重视和了解内控？（与总经理交谈）是否及时采纳外部、内部审计人员所提出的建议？ （6）管理当局是否参与计划和预算的编制和审核？ （7）总经理层是否对财务报表进行独立的检查和分析？ （8）总经理层是否对有关经济业务的内部报告进行独立的检查和分析？ （9）总经理层是否对那些属于“非常或例外”事项及时作出反应？ （10）总经理层是否对财务和经营业务中失控情况，及时采取应急措施以使之恢复正常？ （11）会计系统和控制环境发生变化时，是否经总经理核准？（如有，请企业提供书面核准程序）	
2. 组织机构方面 （1）公司本部、分部和子公司在重大生产经营方面的决策权限是否划分清楚？ （2）生产、经营和管理部门是否健全？（获取企业组织机构图复印件） （3）上述部门所拥有的权力和应承担的责任是否有明确规定？组织内各级人员是否均已正确理解权、责划分情况？（请企业提供企业经济责任制复印件） （4）采购和销售业务的执行、记录、交易和资产保管职能是否分开？（获取管理人员分工图）	
3. 管理制度方面 （1）对重大投资和购置活动是否有可行性研究并经财务部门会审制度？ （2）企业内部是否有较严格的经济责任制，并对各部门完成业绩的好坏进行考核和奖惩？ （3）是否实行目标成本管理制度？（如有请企业提供复印件） （4）是否有费用预算限额开支制度？（如有请企业提供复印件） （5）是否有费用与成本分析考核制度？ （6）是否有材料与工时定额管理制度？（如有请企业提供复印件） （7）是否对资金实行归口管理制度？（如有请企业提供复印件） （8）资金使用前是否编制计划及授权审批？ （9）对存货是否有定期盘点制度？（请企业提供存货管理与盘点制度） （10）对固定资产是否 1 年至少盘点一次？（请企业提供固定资产管理盘点制度） （11）对企业主要资产是否有财产保险制度？	

26.18　审计工作底稿：会计系统控制调查表

审计工作底稿：会计系统控制调查表

单位名称：　　　　　　　　　　____年度

应调查项目内容	评述
1. 财会主管方面 （1）会计和财务方面的事项，是集中于总部或母公司处理，还是按分权原则，由各子公司或分部分别处理？集中或分散程度如何？ （2）财务主管拥有哪些方面专业知识和技能，掌握的深度和训练程度如何？ （3）财会主管是否能参加企业生产经营的重大决策？ （4）财会主管对重大支出是否亲自核准？	
2. 会计机构和人员方面 （1）财务会计机构是否独立？ （2）财务会计机构是否健全？ （3）财务会计机构人员是否充足？ （4）业务分工是否明确并考虑批准、执行和记录职能分开的内部牵制原则？	
3. 会计核算与管理方面 （1）银行日记账和现金日记账是否采用订本式？ （2）有价证券、应收（付）票据是否设置了备查登记簿？ （3）原始凭证是否都经稽核人员和有关领导审核无误？ （4）是否有企业财务收支审批制度？（如有请企业提供复印件） （5）空白支票和印章是否分开由专人保管？ （6）现金保险箱是否由专人掌握钥匙和密码？ （7）是否有会计核算业务手册？（如有请企业提供复印件） （8）是否有成本核算规程？（如有请企业提供复印件） （9）固定资产总账是否每年与固定资产管理部门台账核对相符？ （10）存货总账是否每月与存货管理部门明细账核对相符？ （11）应收账款、其他应收款是否定期催收清理？	
4. 会计控制系统的变化 （1）近年来财务部门所承担的职能、财会部门组织和内部职责划分方面有何变化？ （2）以前年度审计中是否发现会计系统控制中存在重大问题？（如有，列举问题） （3）本年度会计系统控制有无重大变化？（如有，列举改变内容）	

26.19　审计工作底稿：审计查账记录表

审计工作底稿：审计查账记录表

被审计部门：　　　　　　　　　　问题类别：　　　　　　　　　　单位：元

年		册编号	凭证号码	内容摘要	金额	会计记录		审计结论
月	日					借	贷	

审计组长：　　　　　　审计员：　　　　　　复核：　　　　　　审计日期：

26.20　审计工作底稿：实物核查记录表

审计工作底稿：实物核查记录表

被审计部门：　　　　　　　　　　____年____月____日　　　　　　　　单价：元

品名	规格	计量单价	账面数			盘点数			多 少		备注
			数量	单位	金额	数量	单位	金额	数量	金额	

实物负责人：　　　　清点：　　　　复核：　　　　审计组长：　　　　审计员：

26.21　审计工作底稿：审计结案表

审计工作底稿：审计结案表

审计期间：

被审部门		审计项目	
内容摘要			
所附凭证			
评价及建议			
被审部门意见			

审计组长（主审）：　　　　____年____月____日

26.22　审计计划表

审 计 计 划 表

编号：　　　　填写日期：

被审计部门		审计时间	
审计目标			
审计范围			
主要审计内容			
审计方式			
审计人员			
备注			
领导审批意见： 签名：　　　　日期：			

26.23　审计通知单

审 计 通 知 单

☐ 定期　☐ 不定期　　　　　　　　　　　　　　　　　　　　____月____日

审计单位：	审计日期：
审计内容：	
配合事项：	

总经理：　　　　　　　　　　　　制单：

26.24　审计工作记录

审计工作记录

编号：　　　　　　　　　　　　填写日期：

审计事项					
审计部门					
审计记录	单据	数量	金额	正确性	说明
评语					

26.25 审计查账记录表

审计查账记录表

被审计单位： 问题类别： 单位：

年		证册号	凭证号码	内容摘要	金额	会计记录		审计结论
月	日					借	贷	

审计组长： 审计员： 复核： 审计日期：

26.26 审计工作报告

审计工作报告

审计部门：

审计项目	审计类别	审计期间	抽样比率	审计结果	备注
审计意见					

制表： 审计专员： 审计主管： 财务总监：

26.27 审计工作底稿

审计工作底稿

审计对象		审计时间	
审计内容			
发现的问题			
处理意见			
附件			
审计人员签字		被审计对象签字	

第27章　财务分析管理表格

27.1　财务分析提纲

财务分析提纲

一、主要指标完成情况
（一）产量
（二）产值
（三）销售收入
（四）利税
1. 利润
2. 税金
（五）销售回款
1. 内贸回款
（1）配套市场
（2）维修市场
2. 外贸回款
（六）出口交货值
（七）二项资金占用
1. 应收账款占用
2. 产成品占用
二、主要财务状况分析
（一）盈利能力
1. 销售利润率：（利润总额 ÷ 销售收入）× 100%
2. 成本费用利润率：（利润总额 ÷ 成本费用总额）× 100%
（二）偿债能力指标
1. 资产负债率：（负债总额 ÷ 资产总额）× 100%
2. 流动比率：（流动资产 ÷ 流动负债）× 100%
3. 速动比率：（流动资产－存货）÷ 流动负债
4. 利息支付倍数：税息前利润 ÷ 利息费用
（三）营运能力指标
1. 应收账款周转率：（销售收入 ÷ 平均应收账款）× 100%

（续表）

2. 存货周转率：（销售成本 ÷ 平均存货）× 100% （四）上市指标 1. 每股收益：税后利润 ÷ 股本总数 2. 净资产收益率：净利润 ÷ 平均股东权益 3. 销售毛利率：（销售收入 − 销售成本）÷ 销售收入 × 100% 4. 销售净利率：（净利润 ÷ 销售收入）× 100% **三、资金收支分析** ______ ______ ______ **四、成本费用分析** ______ ______ ______ **五、存在的问题及建设** ______ ______ ______

27.2 财务状况控制表

财务状况控制表

日期：____年____月____日

应收账款		应付账款	
昨日余额		昨日余额	
本日销货		本日发票付账	
本日退货折让		折让退回	
现金销货		支付票据	
货款收回		支付现金	
本日余额		本日余额	
应收票据		应付票据	

（续表）

昨日余额		昨日余额	
本日收入		本日支付票据	
本日兑现		本日到期	
本日余额		本日余额	

银行存款	昨日结存	本日存入	本日支出	本日结存	明日应付款

核准：　　　　　　　　　复核：　　　　　　　　　制表：

27.3　现金流量表纵向趋势分析表

现金流量表纵向趋势分析表

项　　目	上年金额	本年金额	本年比上年增长	
			金　额	百分比（%）
	①	②	③=②-①	④=③÷①
1. 经营活动产生的现金流量				
（1）销售商品、提供劳务收到的现金				
（2）收到的税费返还				
（3）收到的其他与经营活动有关的现金				
（4）现金流入小计				
（5）购买商品、接受劳务支出的现金				
（6）支付给职工以及为职工支付的现金				
（7）支付的各项税费				
（8）支付的其他与经营活动有关的现金				
（9）现金流出小计				
（10）经营活动产生的现金流量净额				
2. 投资活动产生的现金流量				
（1）收回投资所收到的现金				
（2）取得投资收益所获得的现金				

（续表）

项　　目	上年金额	本年金额	本年比上年增长	
			金　额	百分比（%）
	①	②	③=②−①	④=③÷①
（3）处置固定资产、无形资产和其他长期投资所收回的现金净额				
（4）收到的其他与投资活动有关的现金				
（5）现金流入小计				
（6）购建固定资产、无形资产和其他长期资产所支付的现金				
（7）投资所支付的现金				
（8）支付的其他与投资活动有关的现金				
（9）现金流出小计				
（10）投资活动产生的现金流量净额				
3. 筹资活动产生的现金流量				
（1）吸收投资所收到的现金				
（2）取得借款所收到的现金				
（3）收到的其他与筹资活动有关的现金				
（4）现金流入小计				
（5）偿还债务所支付的现金				
（6）分配股利、利润和偿付利息所支付的现金				
（7）支付的其他与筹资活动有关的现金				
（8）现金流出小计				
（9）筹资活动产生的现金流量净额				
4. 汇率变动对现金的影响				
5. 现金及现金等价物增加额				
补充资料				
1. 将净利润调节为经营活动现金流量				
净利润				
加：计提的资产减值准备				

（续表）

项目	上年金额	本年金额	本年比上年增长	
			金额	百分比（%）
	①	②	③=②-①	④=③÷①
固定资产折旧				
无形资产摊销				
长期待摊费用摊销				
待摊费用减少（减：增加）				
预提费用增加（减：减少）				
处置固定资产、无形资产和其他长期资产的损失（减：收益）				
固定资产报废损失				
财务费用				
投资损失（减：收益）				
递延税款贷项（减：借项）				
存货的减少（减：增加）				
经营性应收项目的减少（减：增加）				
经营性应付项目的增加（减：减少）				
其他				
经营活动产生的现金流量净额				
2. 不涉及现金收支的投资和筹资活动				
债务转为资本				
一年内到期的可转换公司债券				
融资租入固定资产				
3. 现金及现金等价物净增加情况				
现金的期末余额				
减：现金的期初余额				
加：现金等价物的期末余额				
减：现金等价物的期初余额				
现金及现金等价物净增加额				

27.4　资产负债表纵向趋势分析表

资产负债表纵向趋势分析表

会计报表项目	上年金额	本年金额	本年比上年增长	
			金额	百分比（%）
	①	②	③=②−①	④=③÷①
流动资产				
长期投资				
固定资产净额				
在建工程				
长期待摊费用				
无形资产及其他资产				
待处理财产损失				
资产合计				
流动负债				
长期负债				
负债合计				
实收资本				
其他权益				

27.5　利润表纵向趋势分析表

利润表纵向趋势分析表

会计报表项目	上年金额	本年金额	本年比上年增长	
			金额	百分比（%）
	①	②	③=②−①	④=③÷①
1. 主营业务收入				
减：主营业务成本				
2. 营业税金及附加				
3. 主营业务利润				
加：其他业务利润				

（续表）

会计报表项目	上年金额	本年金额	本年比上年增长	
			金额	百分比（%）
	①	②	③=②-①	④=③÷①
减：存货跌价损失				
销售费用				
管理费用				
财务费用				
4. 营业利润				
加：投资收益				
营业外收入				
减：营业外支出				
加：以前年度损益调整				
5. 利润总额				
减：所得税				
6. 净利润				

27.6　月份财务分析表

月份财务分析表

资产项目	上月价值	本月价值	净增加	负债项目	上月金额	本月金额	净增加
现金				应付账款			
银行存款				应付票据			
应收账款				暂收款			
应收票据				其他			
在制品库存				小计			
在制品价值				借款			
原料库存				股本			
物料库存				本期盈余			
				累积盈余			

（续表）

资产项目	上月价值	本月价值	净增加	负债项目	上月金额	本月金额	净增加	
其他				合计				
小计				存货类别	原料	物料	在制品	制成品
固定资产				上期结存				
折旧				本期入库				
存出保证金				折让				
暂存款				本期结存				
其他				本期出库				
小计				生产耗用				
合计				其他耗用				

27.7 年度财务分析表

年度财务分析表

盖章单位：

指标名称	本期数	上年同期数	增减率	指标名称	本期数	上年同期数	增减率
营业收入（元）				总产值（元）			
利润（元）				应收账款周转天数（天）			
创汇额（美元）				流动资金周转天数（天）			
存货（元）				存货周转天数（天）			
借款总额（元）				销售利润率（%）			
应收账款（元）				产品销售率（%）			
员工人数（人）				负债比率（%）			
				投资收益率（%）			
本年度财务状况分析							

27.8　财务状况分析表

财务状况分析表

项次	检讨项目	检　讨	评　核		
			良	可	差
1	投入成本	□ 投资事业过多　□ 增资困难			
2	资金冻结	□ 严重　□ 尚可　□ 轻微			
3	利息负担	□ 高　□ 中　□ 低			
4	设备投资	□ 过多未充分利用　□ 可充分利用 □ 设备不足　□ 设备陈旧			
5	销售价格	□ 好　□ 尚有利润　□ 差			
6	销售量	□ 供不应求　□ 供求平衡　□ 竞争利害 □ 销售水平差			
7	应收款	□ 赊销过多　□ 尚可　□ 甚少			
8	应收票据	□ 期票过多　□ 适中　□ 支票甚少			
9	退票坏账	□ 很多　□ 尚可　□ 甚少			
10	生产效率	□ 高　□ 尚可　□ 差			
11	附加价值	□ 低　□ 尚可　□ 差			
12	材料库存	□ 多　□ 适中　□ 短			
13	采购期	□ 过长　□ 适中　□ 短			
14	耗料率	□ 高　□ 中　□ 理想			
15	产品良品率	□ 高　□ 中　□ 低			
16	人工成本	□ 高　□ 适中　□ 低			
17	成品库存	□ 多　□ 适中　□ 少			
18	在制品库存	□ 多　□ 适中　□ 少			

27.9 商品产销平衡趋势分析表

商品产销平衡趋势分析表

商品名称		产量		销量								
				合计			合计			合计		
		数量	金额	数量	金额	百分比（%）	数量	金额	百分比（%）	数量	金额	百分比（%）
年												
	合计											
年												
	合计											
年												
	合计											
年												
	合计											

27.10　运营状况分析表（1）：存货周转状况分析表

运营状况分析表（1）：存货周转状况分析表

金额单位：元

项　　目	年	年	年
销货成本			
存货年末余额			
存货周转率（次数）			
存货周转天数（天）			
综合分析：			

27.11　运营状况分析表（2）：固定资产周转状况分析

运营状况分析表（2）：固定资产周转状况分析

金额单位：元

项　　目	年	年	年
销售收入净额			
固定资产年末余额			
固定资产平均净值			
固定资产周转率（次数）			
固定资产周转天数（天）			
综合分析：			

27.12　运营状况分析表（3）：流动资产周转状况分析

运营状况分析表（3）：流动资产周转状况分析

金额单位：元

项　　目	年	年	年
产品销售收入净额			
流动资产年末余额			
流动资产平均余额			
流动资产周转率（次数）			
流动资产周转天数（天）			
综合分析：			

27.13　运营状况分析表（4）：总资产周转状况分析

运营状况分析表（4）：总资产周转状况分析

金额单位：元

项　　目	年	年	年
销售收入净额			
全部资产年末余额			
全部资产平均余额			
全部资产周转次数（次）			
综合分析：			

27.14　运营状况分析表（5）：应收账款周转状况分析

运营状况分析表（5）：应收账款周转状况分析

金额单位：元

项　　目	年	年	年
赊销收入净额			
应收账款年末余额			
应收账款平均余额			
应收账款周转率（次数）			
应收账款周转天数（天）			
综合分析：			

27.15　融资风险变动分析表

融资风险变动分析表

项　　目	年				年				差异（比重）	
	年初数	期末数	平均数	比重	年初数	期末数	平均数	比重	比重差	升降幅度
流动负债										
长期负债										
负债合计										
所有者权益										
融资总额										

27.16 生产经营状况综合评价表

生产经营状况综合评价表

指　　标	单位	权数	上期实际数	本期目标数	本期实际数	与上期比评分	与目标比评分
（一）经营收益		26					
资产报酬率 销售利润率 人均利润率	% % 元/人	12 8 6					
（二）经营安全		24					
产品适销率 优质产品率 资产负债率	% % %	8 8 8					
（三）经营效率							
劳动生产率 固定资产利用率 原材料利润率	元/人 % %	10 5 8					
（四）经营周转							
产品销售率 存货周转率 应收账款周转率	% 次数 次数	5 5 5					
（五）经营发展							
产品更新率 销售收入增长率 利润总额增长率	% % %	5 5 5					
生产经营状况		100					

27.17　资金收支预算执行考核表

资金收支预算执行考核表

月份：

摘　要	实际金额	预算金额	差异金额	差异（%）	说　明
收入：					
销货收入					
废料收入					
短期借款					
其他收入					
收入合计					
支出：					
工资					
原料					
物料					
间接材料					
维护修理					
设备零件					
电力动力					
水电费					
工程、机器设备					
运费					
交通费					
员工福利					
劳工保险					
保险费					
利息					
伙食费					
交际费					

（续表）

摘 要	实际金额	预算金额	差异金额	差异（%）	说 明
广告费					
其他费用					
支出合计					
收支差额					

复核： 制表：

27.18 成本利润趋势变动表

成本利润趋势变动表

金额单位：元

项 目	年	年	年
1. 商品销售毛利			
2. 商品经营利润			
3. 营业利润			
4. 利润总额			
5. 净利润			
6. 销售成本			
7. 商品经营成本			
8. 营业成本			
9. 税前成本			
10. 税后成本			
11. 销售成本毛利率=1÷6			
12. 经营成本利润率=2÷7			
13. 营业成本利润率=3÷8			
14. 税前成本利润率=4÷9			
15. 税后成本净利率=5÷10			

27.19　投资回报分析表

投资回报分析表

年度：

投资项目		投资类别				预计投资金额	已支付金额	完成程度		估计收益状况			
		产品	产量	财务	其他			已完	（%）	金额	收益期	回收年限	收益率
合计													

27.20　资本结构弹性分析表

资本结构弹性分析表

项　目		年初数	年末数	差异
弹性融资	流动负债			
	长期借款			
	应付债券			
	未分配利润			
	盈余公积（公益金）			
	弹性融资合计			
非弹性融资	长期应付款			
	实收资本			
	资本公积			
	盈余公积（非公益金部分）			
	非弹性融资合计			
总融资	融资合计			
弹性	资本结构弹性（　　）			
备注				

27.21 企业资产结构分析表

企业资产结构分析表

项　　目	年初（%）	年末（%）	差异率（%）	相邻两项之和	相邻两项之差
流动资产					
货币资金					
短期投资					
应收票据					
应收账款					
减：坏账准备					
应收账款净额					
预付账款					
其他应收款					
存货					
待摊费用					
待处理流动资产损失					
一年内到期的长期债券					
投资					
其他流动资产					
流动资产合计					
长期投资					
短期投资					
固定资产					
固定资产原价					
减：累计折旧					
固定资产净值					
固定资产清理					
在建工程					
待处理固定资产损失					
固定资产合计					
无形及递延资产					
无形资产					
递延资产					
无形及递延资产合计					
其他长期资产					
固定及长期资产合计					
资产总计					

27.22　资产负债表项目结构分析表

资产负债表项目结构分析表

项　目	年初（%）	年末（%）	差 异
流动资产：			
货币资金			
短期投资			
应收票据			
应收账款			
减：坏账准备			
应收账款净额			
预付账款			
存货			
待摊费用			
待处理流动资产损失			
一年内到期的长期债券投资			
流动资产合计			
长期投资：			
长期投资			
固定资产：			
流动负债：			
短期借款			
应付票据			
应付账款			
预收账款			
其他应付款			
应付工资			
未交税金			
未付利润			
预提费用			
一年期内到期的长期负债			
流动负债合计			
长期负债：			
长期借款			
应付债券			

27.23 资产负债表项目趋势分析表

资产负债表项目趋势分析表

单位：元

项目	年 月 日			年 月 日			年 月 日		
	金额	%	趋势	金额	%	趋势	金额	%	趋势
资产									
流动资产									
现金及银行存款									
应收款项									
存货									
其他									
长期投资及基金									
固定资产									
递延资产									
其他资产									
资产合计									
负债及净值									
流动负债									
短期借款									
应付款项									
其他									
长期负债									
递延负债									
其他负债									
负债合计									
资本									
公积及盈余									
本期损益									
净值合计									
负债及净值合计									

27.24　核心财务指标趋势分析表

核心财务指标趋势分析表

项　目			最近5年财务指标趋势				
			年	年	年	年	年
财务结构	负债占资产比率						
	长期资金占固定资产比率						
偿还能力	流动比率						
	速动比率						
	利息保障倍数						
经营能力	应收款项周转率（次）						
	应收款项收现天数（天）						
	存货周转率						
	平均售货天数（天）						
	固定资产周转率（次）						
	总资产周转率（次）						
获利能力	资产报酬率（%）						
	股东权益报酬率（%）						
	占实收资本比率（%）	营业利益					
		税前纯益					
	收益率（%）						
	每股盈余（元）						
现金流量	现金流量比率（%）						
	现金再投资比率（%）						

27.25 预算损益执行情况表

预算损益执行情况表

项　　目	单位	去年同期	预算	实际	对比			备注
					差异	%	比上年增长	
①	②	③	④	⑤	⑥=⑤-④	⑦=⑥÷④	⑧=（⑤-③）÷⑤	
产量								
收入								
销售成本								
其中：原材料								
工资								
制造费用								
毛利								
毛利率								
管理费用								
其中：研发费用								
财务费用								
销售费用								
税金及附加								
利润								
利润率								

27.26 财务指标评价分析表

财务指标评价分析表

项　　目	计算公式	本期数	上期数	对比分析	备注
1. 财务效益状况					
①净资产收益率	净利润÷平均净资产				

（续表）

项　　目	计算公式	本期数	上期数	对比分析	备注
②总资产报酬率	（利润总额+利息支出）÷平均资产总额				
③资本保值增值率	调整后的期末所有者权益÷期初所有者权益				
④销售（营业）利润率	销售利润÷销售收入净额				
⑤成本费用利润率	利润总额÷成本费用总额				
2. 资产营运状况					
①总资产周转率	销售收入净额÷平均资产总额				
②流动资产周转率	销售收入净额÷平均流动资产总额				
③存货周转率	销售成本÷平均存货				
④应收账款周转率	赊销收入净额÷平均应收账款余额				
⑤不良资产比率	年末不良资产总额÷年末资产总额				
⑥资产损失比率	待处理财产损失净额÷年末资产总额				
3. 偿债能力状况					
①资产负债率	负债总额÷资产总额				
②已获利息倍数	息税前利润÷利息支出				
③流动比率	流动资产÷流动负债				
④速动比率	速动资产÷流动负债				
⑤现金流动负债比率	年经营现金净流入÷流动负债				
⑥长期资产适合率	（所有者权益+长期负债）÷（固定资产+长期投资）				
⑦经营亏损挂账比率	经营亏损挂账÷年末所有者权益				
4. 发展能力状况					
①销售（营业）增长率	本年销售增长额÷上年销售总额				
②资本积累率	本年所有者权益增长额÷年初所有者权益				
③总资产增长率	本年总资产增长额÷年初资产总额				
④固定资产成新率	平均固定资产净值÷平均固定资产原价				

____年____月____日

27.27 应收账款分析表

应收账款分析表

单位： 单位：元

账 龄	金额	比例	可收回金额	可收回比率	预计收款费用	预计坏账损失	备注
1至6个月							
6个月至1年							
1～2年							
2～3年							
3年以上							
评价分析：							

27.28 存货分析表

存 货 分 析 表

单位： 单位：元

项 目	期初	期末	完好程度	损失	备注
原材料					
半成品					
产成品					
低值易耗品					
包装物					
其他					
评价分析：					

27.29　利润分析表

利 润 分 析 表

单位：

项　　目	单位	金额	占利润总额比	备注
主营业务利润				
其他营业收入				
营业利润				
投资收益				
其他				
利润总额				
评价分析：				

27.30　财务比率综合分析表

财务比率综合分析表

指　　标 ①	重要性系数 ②	标准值 ③	实际值 ④	关系比率 ⑤=④÷③	综合系数 ⑥=②×⑤
流动比率	0.15				
速动比率	0.1				
资产负债率	0.1				
应收账款周转率	0.05				
存货周转率	0.1				
总资产周转率	0.13				
销售利润率	0.1				
总资产收益率	0.1				
所有者权益收益率	0.15				
合计	1				

PART 4

世界500强企业财务管理文本

第28章　财务岗位说明书

28.1　财务总监岗位说明书

岗位名称	财务总监	岗位编号	
直属上级	总经理	所属部门	财务部
工资级别		直接管理人数	
岗位目的	组织协调公司上下、内外关系，保证公司运作正常		

工作内容

1. 与老板沟通并汇报重要工作，取得老板支持，并提醒老板注意重要事项。
2. 全面掌握公司的运营状况，为公司总经理的经营决策提供信息和建议。
3. 与公司副总和部门经理沟通并取得支持，协调与各个部门的关系。
4. 参与公司重要会议并参与经营管理决策。
5. 协调与税务、海关、外汇、银行、政府等部门的关系。
6. 掌握相关政策，善用优惠政策，监控公司的重大经济活动，防范财务风险。
7. 总管公司财务、会计、报表工作，提供财务报告。
8. 组织公司有关部门开展经济活动，编制公司利润、成本、资本投资等财务计划。
9. 为财务部和直接管理的员工寻求资源和支持，创造有利于他们工作的环境。
10. 为财务部和直接管理的员工制定目标，分配任务，评估绩效。
11. 招聘，指导和训练下属员工，对直接下属员工的重要工作进行监督。
12. 审批资金支出，发现潜在问题，并完善相应的流程与公司政策。

工作职责

1. 对为公司领导决策提供辅助支持负责。
2. 对公司内、外部工作关系的协调负责。
3. 对公司经营决策的贯彻、落实负责。
4. 对公司财务、会计工作负责。

与上级的沟通方式

接受老板和总经理的口头及书面指导，与公司所有高层保持沟通。

同级沟通

与各部门负责人、对外企业管理人员保持沟通协调。

给予下级的指导

对本部门员工进行业务指导，与其他部门员工保持业务联系。

（续表）

岗位资格要求
教育背景：大专以上学历，企业管理、经济管理等相关专业。 经验：具有8年以上的工作经历，5年以上的大中型企业相关岗位管理工作经验。
岗位技能要求 专业知识：精通财会专业知识，通晓企业会计制度、税收政策法规、财政政策等相关业务知识。 能力与技能：较强的组织、沟通协调能力，文字表述能力和公关社交能力；计算机使用熟练。

28.2　财务部经理岗位说明书

岗位名称	财务部经理	岗位编号	
直属上级	财务总监	所属部门	财务部
工资级别		直接管理人数	
岗位目的	协助财务总监全面负责对公司会计核算，财务管理，经营过程实施财务监督		
工作内容 1. 与财务总监沟通并汇报工作，协助财务总监制定财务规划。 2. 及时准确地向公司领导提供决策信息及建议，为公司重大决策服务。 3. 参与公司重大财务问题的决策。 4. 组织公司成本核算，提出成本控制指标建议。 5. 按期完成申报缴纳各种税款，妥善保管税务发票，独立完成企业年检工作。 6. 负责公司财产及物资采购的监督，定期组织存货盘点。 7. 定期编制各种财务报表、会计报表，按要求及时上报财务总监。 8. 编制财务收支计划，合理安排资金运用，保证满足经营活动资金需求。 9. 对日常各项费用开支报销单据进行审核，杜绝不合理的费用报销。 10. 协调本部门与其他部门间的关系，解决争议。 11. 监督、指导直接下属人员的财务、会计工作，并督促下属员工及时完成工作计划。 12. 完成总经理及管理总监交付的其他任务。 **工作职责** 1. 对财务信息的真实性、完整性负责。 2. 对提交报表的准确性和及时性负责。 3. 对税收核算的合法性、准确性负责和对税务发票的安全性负责。 4. 对下属财务、会计人员的工作进度及完成情况负责。			
与上级的沟通方式 接受总经理和财务总监的口头及书面指导。			
同级沟通 与生产部、PMC等各部门负责人、涉外单位人员保持沟通协调。			

（续表）

给予下级的指导 对本部门财务、会计人员予以业务指导。
岗位资格要求 教育背景：大专以上学历，财务管理、会计等相关专业。 经验：具有5年以上的会计工作经验，2年以上财务管理工作经验。
岗位技能要求 专业知识：熟悉首饰制造行业、涉外企业的有关政策法规以及相关业务知识。 能力与技能：较好的组织、沟通协调能力、文字表述能力和公关社交能力。

28.3 财务会计主管岗位说明书

岗位名称	财务会计主管	岗位编号	
直属上级	财务部经理	所属部门	财务部
工资级别		直接管理人数	
岗位目的	统筹安排会计人员日常工作，实施会计监督		
工作内容 1. 与财务部经理沟通并汇报工作，协助财务部经理制定财务部工作计划。 2. 审核各类凭证、报销单据，确保财务数据的准确性和会计资料的齐备、完整性。 3. 协助健全内部控制制度，不断整合财务资源及作业流程，以提高财务部整体协同能力。 4. 监督指导会计分类记账，填制传票，保证各类凭证准确、真实、完整。 5. 监督审核各类日记账、总账、分类账填制。 6. 监督公司现金存款与出纳管理。 7. 负责公司财务会计人员队伍建设，提出对下属人员的调配、培训、考核意见。 8. 负责指导下属员工制定阶段工作计划，并督促执行。 9. 对公司员工进行财务支持，对其他部门能够进行财务监督、协助和沟通。 10. 完成财务总监及财务部经理交付的其他任务。 **工作职责** 1. 对会计信息的真实性、完整性负责。 2. 对会计凭证的准确性和会计报表的及时性负责。 3. 对会计工作的有效性和有序性负责。			
与上级的沟通方式 接受财务总监和财务部经理的口头及书面指导。			
同级沟通 公司各部门负责人的协调沟通。			

（续表）

给予下级的指导 对本部门下属员工明确分工和业务指导。
岗位资格要求 教育背景：大专以上学历，财务管理、会计等相关专业，有会计师资格。 经验：具有5年以上的会计工作经验，3年以上外企主管会计工作经验。
岗位技能要求 专业知识：全面的专业知识、账务处理及财务管理经验；熟悉财政及税务的政策法规。 能力与技能：有较强的沟通能力，有良好的纪律性、自律性以及对工作认真、细致、负责的态度，并能在压力下工作；熟练使用用友财务软件和Excel、Word等信息技术工具。

28.4　成本会计主管岗位说明书

岗位名称	成本会计主管	岗位编号	
直属上级	财务部经理	所属部门	财务部
工资级别		直接管理人数	
岗位目的	制定标准成本，实施成本控制，编制成本报表和进行成本分析		
工作内容 1. 负责制定公司成本管理制度，规范成本核算实施细则。 2. 负责会同有关部门制定与完善产品的标准成本，对成本实施过程控制。 3. 负责对生产成本标准定额的执行实施情况进行监督、检查和控制，对各项定额的情况进行分析。 4. 负责定期出具成本报表、财务分析报告给管理层，提出降低成本的控制措施和建议。 5. 负责组织对公司的各项财产进行定期或不定期盘点，定期监督库存实物盘点工作。 6. 协助建立和完善公司的财务管理制度体系。 7. 结合公司实际情况及产品生产特点，制定有效成本的核算及控制模式。 8. 根据公司业务发展，不断改进成本核算方法，配合公司对各车间成本进行考核控制。 9. 负责监督、稽核成本核算会计的工作，并就出现问题及时上报。 10. 完成直接上级交办的临时任务。 **工作职责** 1. 对成本核算资料的真实性、完整性、准确性和保密性负责。 2. 对成本控制方法的建立与管控负责。 3. 对成本报表和成本分析报告编报的合理性、及时性负责。			
与上级的沟通方式 接受财务总监和财务部经理的口头及书面指导。			
同级沟通 公司各部门负责人的协调沟通。			

（续表）

给予下级的指导 对本部门下属员工明确分工和业务指导。
岗位资格要求 教育背景：本科以上学历，财务管理、会计等相关专业。 经验：具有5年以上的成本会计工作经历，3年以上在制造企业从事成本核算实务工作经验。
岗位技能要求 专业知识：具备全面的财务理论知识和实际操作能力，熟悉制造业成本核算流程和ERP系统。 能力与技能：具备良好的沟通能力、部门协作和团队合作的技巧，高度责任心和敬业精神；熟练使用Excel、Word、PowerPoint等办公软件。

28.5 总出纳岗位说明书

岗位名称	总出纳	岗位编号	
直属上级	财务会计主管	所属部门	财务部
工资级别		直接管理人数	
岗位目的	公司银行存款和现金的总额收支与管理		
工作内容 1. 及时反映企业资金信息，并向老板、总经理、财务总监报送，保证资金监督和预算工作的开展。 2. 对核算会计传递的原始凭证与录入的记账凭证进行检查、监督。 3. 负责办理公司大额资金收支结算业务工作。 4. 定额拨付给出纳所需资金，保证公司经营活动的正常业务需要。 5. 定期与会计、出纳核对银行存款、现金收支账，确保账账、账款相符。 6. 负责银行票据、收款收据、发票的申购、保管、合法使用和及时缴销。 7. 妥善保管印章、现金、票据和有价证券，发现遗失应及时报告。 8. 工资发放日，协助财务人员办理配、换、找零现金事宜。 9. 完成直接上级交办的临时任务。 **工作职责** 1. 对资金调度和资金使用计划汇报的准确性、及时性负责。 2. 对银行存款账户和账户余额的准确性、保密性负责。 3. 对货币资金和各种票据的安全性负责。			
与上级的沟通方式 接受财务总监和财务部经理的口头及书面指导。			
同级沟通 部门员工。			

（续表）

给予下级的指导
岗位资格要求 教育背景：中专以上学历，财会相关专业。 经验：熟悉出纳岗位工作内容，从事过财会工作3年以上。
岗位技能要求 专业知识：熟悉会计基础知识、现金管理知识。 能力与技能：具有良好的职业操守和沟通能力，很强的责任心，计算机操作熟练。

28.6 出纳岗位说明书

<table>
<tr><td>岗位名称</td><td>出纳</td><td>岗位编号</td><td></td></tr>
<tr><td>直属上级</td><td>财务会计主管</td><td>所属部门</td><td>财务部</td></tr>
<tr><td>工资级别</td><td></td><td>直接管理人数</td><td></td></tr>
<tr><td>岗位目的</td><td colspan="3">公司银行存款和现金的收支与管理</td></tr>
<tr><td colspan="4">工作内容
1. 现金的日常收支和保管，银行账户的开户与销户。
2. 清点各部门交来的各种款项，做到有问题当时问清并及时处理。
3. 按财务规定做好报销工作和每天现金盘点，核对账目，补充备用金，定期编制出纳报表。
4. 查实、汇报各银行账户余额，定期向财务总监汇报具体银行存款及备用金情况。
5. 登记现金日记账，并结出余额，每月同会计对账与总分类账核对。
6. 登记银行存款日记账，每月根据银行对账单进行核对，并同会计对账与总分类账核对。
7. 收款收据、发票、空白银行票据的保管与开具，定期整理装订银行对账单。
8. 办理工资银行卡，发放工资，办理各类信用卡，交存现金。
9. 在保障安全、准确、及时办理资金收付业务的前提下，适当协助会计人员办理外勤工作。
10. 完成直接上级交办的临时任务。
工作职责
1. 对银行存款账户和账户余额的准确性、保密性负责。
2. 对货币资金和各种票据的安全性负责。</td></tr>
<tr><td colspan="4">与上级的沟通方式
接受财务总监和财务部经理的口头及书面指导。</td></tr>
<tr><td colspan="4">同级沟通
部门员工。</td></tr>
<tr><td colspan="4">给予下级的指导</td></tr>
</table>

（续表）

岗位资格要求 教育背景：中专以上学历，财务、会计相关专业。 经验：熟悉出纳岗位工作内容，从事过财会工作1年以上。
岗位技能要求 专业知识：熟悉会计基础知识、现金管理知识。 能力与技能：具有良好的职业操守和沟通能力，很强的责任心，工作细致，认真负责，能够承受一定的工作压力；能适应快节奏的工作步调；熟练操作计算机及财务软件。

28.7 资金会计岗位说明书

岗位名称	资金会计	岗位编号	
直属上级	财务会计主管	所属部门	财务部
工资级别		直接管理人数	
岗位目的	资金核算，编制资金需求与使用情况报表，应付账款工作统筹，内部账务处理		
工作内容 1. 负责公司资金核算，按月编制公司资金需求预算报表。 2. 拟定公司资金管理办法，制定资金使用计划，并监督实施。 3. 负责应收账款、应付账款的管理与核算，以及承发包工程款项的结算与支付。 4. 及时清理债权债务，按权责发生制做好各项应收、应付款项的挂账工作。 5. 统筹应付账款工作，复核应付账款报表，进行应付账款的账龄分析。 6. 协助应付账款会计结账，定期与供应商、账务会计对账。 7. 负责编制内部财务管理所需的各类费用、成本报表。 8. 负责内部账务处理，单据保管、整理、装订成册和归档保管工作。 9. 审核收付款单据，监督收付款情况。 10. 完成上级交办的临时任务。 **工作职责** 1. 对资金需求和资金使用情况报表编制的真实性、准确性、及时性负责。 2. 对内部财务管理各类费用、成本报表编制的及时性、准确性负责。 3. 对应付账款统计分析的准确性负责。 4. 对内部报表及凭证的保密性、安全性负责。			
与上级的沟通方式 接受财务总监和财务部经理的口头及书面指导。			
同级沟通 部门员工。			

（续表）

给予下级的指导
岗位资格要求 教育背景：中专以上学历，会计相关专业。 经验：具有3年以上财会工作经验。
岗位技能要求 专业知识：熟悉会计核算和会计法规。 能力与技能：良好的与内部和外部客户的沟通技巧，很强的责任心，工作细致认真，善于思考，良好的计算能力、统计能力，具备一定的判断力，能承受一定工作压力，计算机操作熟练。

28.8　应付会计岗位说明书

岗位名称	应付会计	岗位编号	
直属上级	财务会计主管	所属部门	财务部
工资级别		直接管理人数	
岗位目的	应付账款的核算，结账与付款，应付账款报表编制		
工作内容 1. 确保公司的支出及交易、采购、支付等政策得到严格有效的执行。 2. 审核采购提供的供应商基本资料，在应付账款管理系统中正确建立供应商资料。 3. 做好供应商采购订单跟踪管理，发票校验和付款申请工作。 4. 月底与仓库、采购对结账，月初与月结与供应商对结账，确保应付账款的准确、无误、数据一致。 5. 检查已验收尚未收到发票的采购，如果超过合同期限应追查是否采取措施索取发票。 6. 每月5日前编制对账单，每月10日前编制应付账款报表，账龄分析报表，交资金会计审核。 7. 根据财务总监和总经理审核过的付款申请书，及时安排付款，对逾期付款业务作跟踪处理。 8. 积极参与公司应付账款业务、结算流程及其他相关工作流程的设计、改进和提高。 9. 协助资金会计编制材料采购、外发加工付款预算。 10. 完成上级交办的临时任务。 **工作职责** 1. 对应付账款资料的收集整理及时性、完整性负责。 2. 对应付账款明细核算的真实性、准确性负责。 3. 对供应商对账单和应付账款报表编制的及时性、准确性负责。			
与上级的沟通方式 接受财务总监和财务部经理的口头及书面指导。			
同级沟通 部门员工。			

（续表）

给予下级的指导
岗位资格要求 教育背景：中专以上学历，会计相关专业。 经验：具有2年以上财会工作经验。
岗位技能要求 专业知识：熟悉会计核算和会计法规，参加过电算化会计知识培训。 能力与技能：良好的沟通能力和职业操守，很强的责任心，工作细致认真，善于思考，能承受一定的工作压力，计算机操作熟练。

28.9　账务会计岗位说明书

岗位名称	账务会计	岗位编号	
直属上级	财务会计主管	所属部门	财务部
工资级别		直接管理人数	
岗位目的	日常账务处理，会计报表编制，登记及保管各类账簿		
工作内容 1. 负责公司的会计核算业务，正确设置会计科目和会计账簿。 2. 负责公司日常账务处理，审查原始单据，整理会计凭证，编制记账凭证。 3. 负责编制公司的会计报表及财务分析报告。 4. 负责编制细化的公司财务分析报告，报领导备案决策。 5. 负责总分类账、明细分类账、费用明细账、固定资产账簿的登记与保管。 6. 负责分摊各种费用，计提固定资产折旧，核算各项税金。 7. 负责企业资产管理，并编制管理报表，做好固定资产账务盘点。 8. 定期对账，发现差异查明原因，处理结账时有关的账务调整事宜。 9. 审核、装订及保管各类会计凭证。 10. 完成上级交办的其他事项。 **工作职责** 1. 对记账凭证填制的正确性、及时性、完整性负责。 2. 对会计报表及财务报告编制的真实性、准确性负责。 3. 对分管账簿登记工作的正确性、完整性、及时性负责。 4. 对会计档案资料的完整性、安全性负责。			
与上级的沟通方式 接受财务总监和财务部经理的口头及书面指导。			
同级沟通 部门员工。			

（续表）

给予下级的指导
岗位资格要求 教育背景：大专以上学历，会计及财务相关专业，初级以上会计师职称。 经验：具有5年以上财会工作经验。
岗位技能要求 专业知识：熟悉国家会计法规、税务相关政策。 能力与技能：良好的沟通能力和职业操守，很强的责任心，工作踏实，做事严谨认真，细致认真，人品正直，能够承受较大的压力；熟练使用财务软件及办公软件。

28.10　电算会计岗位说明书

岗位名称	电算会计	岗位编号	
直属上级	财务会计主管	所属部门	财务部
工资级别		直接管理人数	
岗位目的	定期编报对外报表，用友软件凭证录入及报表生成，登记及分管存货账簿		
工作内容 1. 按规定定期向有关部门报送相关报表（如统计报表、外资报表）与资料。 2. 负责公司用友财务软件的科目设置，记账凭证的录入。 3. 负责公司财务账目电脑查询，电算化资料备份和保管。 4. 负责公司原材料、生产成本、产成品等存货账簿的登记与保管。 5. 负责公司免抵退税申报系统的操作。 6. 完成上级交办的其他事项。 **工作职责** 1. 对外报表编制的准确性、及时性负责。 2. 对电算化资料的安全性负责。 3. 对分管账簿登记工作的正确性、完整性、及时性负责。			
与上级的沟通方式 接受财务总监和财务部经理的口头及书面指导。			
同级沟通 部门员工。			
给予下级的指导			

（续表）

岗位资格要求 教育背景：中专以上学历，会计及财务相关专业。 经验：具有3年以上财会工作经验。
岗位技能要求 专业知识：熟悉国家会计法规、税务相关政策。 能力与技能：良好的沟通能力与学习能力，很强的责任心，工作踏实，做事细致认真，能够承受一定的压力，熟练地使用财务软件及办公软件。

28.11　成本会计岗位说明书

岗位名称	成本会计	岗位编号	
直属上级	成本会计主管	所属部门	财务部
工资级别		直接管理人数	
岗位目的	成本核算资料的收集，成本报表的编制，成本资料的保管		
工作内容 1. 负责生产成本、制造费用、产成品的核算工作，编制有关的成本报表。 2. 负责BOM表与工单资料的收集、整理与核对，以及相关资料数据的系统录入。 3. 负责标准成本的计算，协助工程部门制定产品标准工时。 4. 负责制造费用的分摊。 5. 负责生产报表以及盘点表的收集查对、期末分摊计算在制品、制成品成本。 6. 结转成本并根据公司的需要提供各种成本数据并对成本提出合理化建议。 7. 负责指导、监督车间核算员、仓库管理人员做好财务数据收集工作。 8. 负责原材料库、成品仓库报表的审核和对账工作。每月编制存货分析表。 9. 负责组织对经管的各项存货进行定期或不定期盘点，监督盘点工作。 10. 完成直接上级交办的临时工作。 **工作职责** 1. 对成本核算资料收集整理的准确性、完整性、及时性负责。 2. 对成本报表编制数据的真实性、可比性、准确性负责。 3. 对分管账簿登记工作的正确性、完整性、及时性负责。 4. 对存货盘点负监督责任。			
与上级的沟通方式 接受财务总监和财务部经理的口头及书面指导。			
同级沟通 部门员工。			

（续表）

给予下级的指导
岗位资格要求 教育背景：大专以上学历，会计及财务相关专业。 经验：具有2年以上财会工作经验。
岗位技能要求 专业知识：精通成本会计、财务管理，熟悉审计、计算机、ERP系统等方面的知识。 能力与技能：具备实际操作能力，良好的沟通能力、部门协作与团队合作技巧，高度的责任心和敬业精神，保守公司秘密、恪守职业道德，电脑使用熟练。

28.12　工资会计岗位说明书

岗位名称	工资会计	岗位编号	
直属上级	成本会计主管	所属部门	财务部
工资级别		直接管理人数	
岗位目的	工资核算，工资表编报与工资发放，会计对外事务的外勤工作		
工作内容 1. 负责公司管理层的薪资核算与薪资档案的保管。 2. 负责工资核算文员工作的监督与核查。 3. 负责公司个人所得税申报。 4. 负责银行代发工资资料的报送，以及银行工资卡的发放管理。 5. 负责公司社保登记、申报、缴交工作。 6. 负责工资发放，工资分析报表的编制。 7. 负责会计对外事务的外勤工作。 8. 完成上级交办的临时工作。 **工作职责** 1. 对薪资核算的准确性、保密性、及时性负责，对薪资档案的安全性负责。 2. 对工资明细核算员的工作负监督、核查之责任。 3. 对编制的工资分析报表数据的合理性、可比性、准确性负责。 4. 对外报送资料的正确性、及时性负责。			
与上级的沟通方式 接受财务总监和财务部经理的口头及书面指导。			
同级沟通 部门员工。			

（续表）

给予下级的指导
岗位资格要求 教育背景：大专以上学历，会计及财务相关专业。 经验：具有2年以上财会工作经验。
岗位技能要求 专业知识：熟悉会计核算和会计法规，统计学，税收法规等方面的知识。 能力与技能：有工资核算经验，良好的沟通能力，工作细心谨慎，能承受工作压力，电脑操作熟练。

28.13　材料会计岗位说明书

岗位名称	材料会计	岗位编号	
直属上级	核算分部经理	所属部门	财务部
工资级别		直接管理人数	
岗位目的	建立、健全材料及采购核算体系，实现高效能的材料库存管理		
工作内容 1. 负责材料核算的总体业务，组织进行材料核算和分析，完成材料的核算和管理。 2. 负责核算与监督原材料购入和领用的财务业务。 3. 负责对库存的原材料、委托加工物资、应付账款的核算工作。 4. 负责公司内部材料结算、计划价格制定与修改及相关的管理活动。 5. 负责应付与预付账款的管理工作。 6. 负责原材料、委托加工物资的管理、清查、核对工作。 7. 其他交办的工作。			
领导或参与的主要流程 1. 驱动、参与财务核算的相关工作。 2. 定期检查、盘点，分析存货物资的实际状况。			
关键业绩指标（KPI） 1. 本岗位核算业务的准确性。 2. 会计账簿、会计凭证及其他会计资料的完整性。 3. 会计账目及相关报表的准确性、完整性。 4. 其他财务人员对其工作的满意度。			

（续表）

任职条件 教育背景：财会类及相关专业本科及以上学历，会计师及以上专业技术职务任职资格。 经验：具有3年以上相关岗位工作经验；初次任职35岁以内。
岗位技能要求 专业知识：熟悉国家财务、会计、税务、政策及有关法律、法规。 能力与技能：有较强的判断及分析能力，熟练操作财务软件，有较强的专业技能，并具备较强的数据处理和分析能力。
品行要求 严谨、协作、廉洁、保密、正义。

28.14 费用会计岗位说明书

岗位名称	费用会计	岗位编号	
直属上级	核算分部经理	所属部门	财务部
工资级别		直接管理人数	
岗位目的	加强费用控制管理职能，确保公司费用管理有序进行		
工作内容 1. 负责公司管理、财务、销售、制造费用和其他应收款、其他应付款的核算和管理工作。 2. 按照国家会计法和公司会计制度的规定控制预算，并核算各项费用开支。 3. 归集分配工资、福利费用的核算工作。 4. 公司工会经费、教育经费的管理与核算工作。 5. 负责对公司费用定期进行分析，定期对其他应收款进行催收、消化，提出合理化建议降低费用支出。 6. 其他临时交办的工作。			
领导或参与的主要流程 1. 驱动、参与费用核算的相关工作。 2. 定期分析公司的费用状况和预算执行情况，提高公司资金使用率。			
关键业绩指标（KPI） 1. 本岗位核算业务的准确性。 2. 会计账簿、会计凭证及其他会计资料的完整性。 3. 会计账目及相关报表的准确性、完整性。 4. 对费用控制管理的协调性和组织性。 5. 其他应收款控制的有效性。 6. 其他财务人员对其工作的满意度。			

（续表）

任职条件 教育背景：财会类相关专业本科及以上学历，会计师及以上专业技术职务任职资格。 经验：具有3年以上相关岗位工作经验，35岁以内。
岗位技能要求 专业知识：熟悉国家财务、会计、税务政策及有关法律、法规，熟练操作财务软件。 能力与技能：有较强的判断及分析能力；有较强的专业技能，并具备较强的数据处理和分析能力。
品行要求 严谨、协作、廉洁、保密、正义

28.15 融资会计岗位说明书

岗位名称	融资会计	岗位编号	
直属上级	资金分部经理	所属部门	财务部
工资级别		直接管理人数	
岗位目的	负责公司资本运作，为公司经营活动提供充沛、及时的资金保障		
工作内容 1. 负责公司资金筹集、管理（含贷款、集资与融资）的总体工作。 2. 负责银行往来业务日常结算和对账及管理工作。 3. 负责银行保函及承兑业务，办理贷款担保及清算业务。 4. 负责资金的筹集预算及使用状况分析，加速资金周转。 5. 负责会计凭证、会计账簿、会计报表和其他会计资料保管和管理工作。 6. 固定资产业务的管理、核算工作。 7. 负责计算并控制公司融资成本。 8. 其他临时交办的工作。			
领导或参与的主要流程 1. 驱动、参与公司融资的相关工作。 2. 定期分析公司资金状况。			
关键业绩指标（KPI） 1. 本岗位核算业务的准确性。 2. 会计账簿、会计凭证及其他会计资料的完整性。 3. 会计账目及相关报表的准确性、完整性。 4. 资金筹集的及时性、安全性，资金周转率的提高。 5. 其他财务人员对其工作的满意度。			

（续表）

任职条件 教育背景：财会类相关专业本科及以上学历，会计师及以上专业技术职务任职资格。 经验：具有3年以上相关岗位工作经验，35岁以内。
岗位技能要求 专业知识：熟悉国家财务、会计、税务、政策及有关法律、法规，熟练操作财务软件。 能力与技能：有较强的判断、分析及沟通能力，有较强的专业技能，并具备较强的数据处理和分析能力。
品行要求 严谨、协作、廉洁、保密、正义

28.16　税务会计岗位说明书

岗位名称	税务会计	岗位编号	
直属上级	资金分部经理	所属部门	财务部
工资级别		直接管理人数	
岗位目的	有效的管理公司货币资金，保证公司经营活动正常开展		
工作内容 1. 负责公司购销业务有关的银行转账结算业务。 2. 负责银行往来业务日常结算，办理现金收付业务，办理现金支票、转账支票、票汇、信汇、电汇、信用卡业务。 3. 现金、银行存款的核对工作，保证公司货币资金的安全完整及管理工作。 4. 税款结交和货款拒付业务。 5. 公司各项费用报销账务审核及现金收付业务。 6. 负责资金使用状况分析，提出合理化建议，加速资金周转，提高资金使用率。 7. 编制现金流量表。 8. 其他临时交办的工作。			
领导或参与的主要流程 1. 公司货币资金的保管工作。 2. 公司银行结算业务的内理工作。			
关键业绩指标（KPI） 1. 本岗位核算业务的准确性。 2. 货币资金的安全性、完整性、高效性。 3. 会计账目及相关报表的准确性、完整性。 4. 其他财务人员对其工作的满意度。			

（续表）

任职条件 教育背景：财会类相关专业本科及以上学历，会计师及以上专业技术职务任职资格。 经验：具有3年以上相关岗位工作经验，35岁以内。
岗位技能要求 专业知识：熟悉国家财务、会计、税务政策及有关法律、法规，熟练操作财务软件。 能力与技能：有较强的判断及分析能力，有较强的专业技能，并具备较强的数据处理和分析能力。
品行要求 严谨、协作、廉洁、保密

第29章　财务人员管理文本

29.1　财务部20××年目标责任书

财务部20××年目标责任书

甲方：×××　　××有限公司　总经理

乙方：×××　　××有限公司　财务总监

×××　　××有限公司　财务经理

各部门管理目标的实现是公司整体战略目标实现的前提和保障。为充分发挥各部门的主观能动性，实现公司20××年战略目标，特签订此目标责任书，以明确各部门、利润体的经营管理目标以及其负责人的相关权利和责任。

本目标责任书的周期为年度，即：20××年1月1日至20××年12月31日。实行季度考核评分。

一、财务部年度工作目标

1. 资金方面目标

（1）融资额：20××年6月30日前银行融资金额达到4 000万元，奋斗目标为5 000万元。

（2）融资成本目标：银行贷款年息8%，信托基金年息15%，民间借款年息20%。

（3）财务费用：灵活运用有利于公司的付款方式，提高资金使用效率，不断强化资金利息的收入增长，包括银票付款率和利息最大化，具体财务费用达成目标为60万元，争取到100万元。

（4）关注银行贷款的发放，到期归还等情况，合理调度资金，杜绝资金风险。按揭回款指标：提交银行齐全资料后15个工作日到账。（客户自己办理20个工作日）

（5）做好资金月度和年度的预测分析，参与项目资金风险可行性分析。

2. 税务筹划目标

（1）及时收集相关财税法规各项资料，建立和充实税收资料库，不断调整税收策略，组织进行税收筹划和管理。

每月和每季度的10日前完成税款及时缴纳与申报。

总体税负率控制在20%以内。总体税负率奋斗目标为18.5%。

（续上）

定期进行内部税务自查，杜绝税务风险。

有效配合税务和稽查部门工作，使公司税务风险最小化。

3. 预决算管理目标

（1）制定公司年度、月度各项预算计划的编制工作。

（2）每月8日前对上月预算执行情况进行实时跟踪、审核、反映和定期分析工作。并制定《预算执行分析报表》。

配合行政部每月提交财务考核数据。

4. 财务管理目标

（1）会计核算体系的完整性达到100%。

（2）科目设置的合理规范及数据的可提取性98%以上。

（3）会计凭证和会计报表以及合同台账的准确性和及时性。

（4）表格100%系统化。

（5）编制适合公司业务发展的财务操作手册，并进行岗前培训。于20××年3月30日前完成。

5. 财务审计目标

年度保证至少四次进行项目与项目之间的内部突击互审工作。

6. 人才培养目标

20××年至少培养2名通过公司考核的财务副经理上岗。

二、考核权重、内容及指标

季度及年度绩效考核内容、权重、数据提供部门规定如下：

指标类别	考核内容	权重	考核指标	完成时间
业务指标	融资额	15%	融资金额	20××年6月30日前
	财务费用	15%	财务费用	每季度
	融资成本目标	10%	融资成本	每季度
	税务筹划	15%	税务申报表5%	每季度
			税负率10%	
管理指标	预决算管理	15%	预算与实际偏差	每月
			项目预算	20××年1月30日
			项目进度分析	每月
	财务管理	10%	财务报告管理	每季度
			财务体系建设	每季度
			账务处理	每季度

（续上）

（续表）

指标类别	考核内容	权重	考核指标	完成时间
管理指标	财务审计	10%	互审四次	每年
	人员培养	10%	2名财务副经理	20××年12月31日
合计		100%		

考核指标评估说明：

（1）资金管理

A. 融资额：20××年6月30日前新增银行融资4 000万元，达到5 000万元，奖励超出4 000万元部分的0.5%。未达到4 000万元，扣10分，并罚款财务部半个月工资总额。

B. 财务费用：20××年度财务费用达成目标为60万元，财务费用达到100万元，奖励超出60万元部分的10%。其中一季度为12.49万元，二季度为14.60万元，三季度为12.71万元，四季度为20.38万元，季度考核时财务费用未达到以上金额扣5分。

C. 融资成本目标：银行贷款年息8%，信托基金年息15%，民间借款年息20%。融资成本未控制在以上任何一项范围内的扣5分。

（2）税务筹划

A. 税务申报表：每月和每季度的10日前完成税款的缴纳和申报，每逾期1天，扣5分；滞后3天，该项目不得分。

B. 税负率：项目总体税负率控制在20%以内，该项目不扣分，每降低1%给予相关人员（包括其他部门相关人员）奖励20万元。到20××年年底进行税负率预估。税负率每超出1%给予相关人员罚款1个月工资并扣5分，累计超出2%后该项目得分为0。总体税负率奋斗目标为18.5%。

（3）预决算管理

A. 项目预算：在20××年1月30日前，完成公司年度预算计划的编制工作，滞后1天扣5分，累积3天，本项目得分为0。

B. 项目进度分析：每月8日前完成预算执行情况及财务分析，滞后1天扣5分，累积3天，本项目得分为0。

C. 预算与实际偏差：确保财务部预算差异率控制在5%～10%以内，每超出或低于1%，扣3分。超出或低于2%以上（含2%），该项目得分为0。

（4）财务管理

A. 财务报告管理：会计报告及时，滞后1天，扣5分，滞后2天，不得分。

B. 账务处理：会计科目设置正确，流程组织合理，电算化水平高、会计档案保存良好。经检查存在每个缺陷点扣5分。累计发现有2处缺陷点的，该项目得分为0。

（续上）

C. 财务体系建设：于20××年3月30日前编制财务操作手册。每滞后1天，扣5分。

（5）财务审计

保证每年进行4次项目与项目之间的内部审计工作。满4次，不扣分。每少1次，扣5分。累计少2次，该项目得分为0。

（6）人员培养

20××年度至少培养2名通过公司领导层考核合格的财务副经理上岗。每少完成1名，扣5分。

三、职业操守

（1）乙方应以公司利益为重，尽职、积极地履行工作职责。

（2）乙方应公正廉洁，不利用职务之便牟取私利，不私设小金库。

（3）乙方应以身作则，带头遵守公司各项管理制度。

（4）乙方应严格保守公司商业秘密。

四、考核结果运用

根据考核节点的运用：

（1）财务体系建设：于20××年3月30日前编制财务操作手册。按时完成此项工作奖励财务部1个月的工资总额，滞后完成罚款财务部半个月工资总额。

（2）根据季度考核得分运用：实行季度考核评分制，季度考核共分3个季度考核，指20××年前3个季度。具体考核的内容、权重、数据规定如下：

季度考核得分范围	奖励方案	实际发放标准	发放节点
90～100分	0.5个月工资总额	=月工资总额×0.5×季度在职月数/3	每季度

五、节点奖金的发放和预留

考核奖励经行政部审核审批后的1周内予以发放。

每一项节点完成后，节点奖励经行政部审核审批后的1周内（遇节假日顺延）予以发放，每次发放金额为80%，剩余20%在2012年1月10日前一并发放。

六、注意事项

1. 因目标责任书涉及年度考核节点，因此在进行季度考核时行政部根据考核总分调整考核内容。

2. 20××年所有节点奖金发放须提供财务认可的有效发票或直接扣除个人所得税。

3. 乙方因违反本责任书规定的职业操守，并因虚报、瞒报财务状况的，除由有关部门依照《中华人民共和国会计法》《企业会计准则》等有关法律、法规处理外，视情节扣发绩效年薪，并给予免职或解聘处理；触犯刑律的，依法移送司法机关追究刑事责任。

（续上）

4. 乙方不得接受合作方的红包、礼物或宴请，如有发现并经证实，公司将对其进行处罚，除勒令上缴红包、礼物或退还合作方宴请费用外；每接受宴请1次，处以乙方年薪1%的罚款；每收受礼物1次，处以乙方年薪5%的罚款；每收受红包1次，处以乙方年薪10%的罚款；接受商业贿赂的，一经查实立即解除劳动合同，情节严重的移交司法机关处理。

5. 因违反本责任书规定的职业操守，并因虚报、瞒报财务状况的，除由有关部门依照《中华人民共和国会计法》《企业会计准则》等有关法律、法规处理外，酌情扣发年薪，并给予免职或解聘处理；触犯刑律的，依法移送司法机关追究刑事责任。

6. 甲乙双方一致同意本目标责任书中所有人员涉及的加班费用全部包含在节日奖励里。

本合同一式两份，甲乙双方各执一份。

甲方：（签字）　　　　　　乙方：（签字）

______年____月____日　　　　　　______年____月____日

29.2 20××年财务总监目标责任协议书

20××年财务总监目标责任协议书

甲方：××有限责任公司

乙方：×××

为加强公司人力资源管理，提高公司高管人员积极性，明确甲乙双方劳动关系，经甲乙双方友好协商，特签订本目标责任协议书。

一、聘用岗位和时间

甲方聘用乙方担任甲方<u>　财务总监　</u>职务，全面负责财务系统管理的________工作，聘任、考核时间为<u>　20××年1月1日至20××年12月31日　</u>，考核结束后，双方根据实际情况，签订下年度目标责任协议书。

二、乙方的主要岗位职责

（一）财务战略规划目标

负责利用财务核算与会计管理原理为公司经营决策提供依据，协助总经理制定公司战略，并主持公司财务战略规划的制定，12月20日前提交本年度财务分析报告及下年度

（续上）

财务预测分析。

（二）财务体系建设目标

1. 3月1日前，建立财务核算体系和财务监控体系，进行有效的内部控制。

2. 3月1日前，制定公司资金运营计划，监督资金管理报告和预、决算。

（三）现金及报表管理目标

1. 负责审核财务报表，提交财务管理工作报告，内外财务报表无差错。

2. 负责对公司投资活动所需要的资金筹措方式进行成本计算，并提供最为经济的酬资方式，资金成本率低于普通银行借款利息率。

3. 负责筹集公司运营所需资金，保证公司战略发展的资金需求，审批公司重大资金流向，保证企业重大项目资金供给不断流。

（四）风险管理目标

1. 负责主持对重大投资项目和经营活动的风险评估、指导、跟踪和财务风险控制，无重大财务风险事故（含信用事故）发生，应收账款周转率大于3。

2. 负责协调公司同银行、工商、税务等政府部门的关系，维护公司利益，全年无重大财务事件发生。

三、乙方的薪酬结构及收益说明

1. 乙方工资结构为“固定工资+绩效工资+利润分红（年终奖金）”（参考）。其中，固定工资为：________；绩效工资为：________；年终奖金为：________。

2. 收益说明：

（1）固定工资：与日常职责履行挂钩，具体参照《岗位工作分析表》。

（2）绩效工资：与月度绩效考核挂钩，具体参照《岗位月度绩效考核表》。

（3）年终奖金：为公司利润增长部分的%；

四、乙方全年绩效考核指标与方法

（一）乙方绩效考核表

考核评分表（年度）

考核期间：　　年　月

<table>
<tr><td colspan="2">姓名</td><td colspan="2"></td><td>岗位</td><td colspan="4">CFO</td></tr>
<tr><td rowspan="3">任务绩效</td><td rowspan="2">序号</td><td rowspan="2">考核项目</td><td rowspan="2">权重</td><td rowspan="2">指标要求</td><td rowspan="2">评分等级</td><td colspan="3">得分</td></tr>
<tr><td>自评</td><td>上级</td><td>结果</td></tr>
<tr><td>1</td><td>预算管理</td><td>30%</td><td>实现年度预算且全年预算误差率控制在5%以内</td><td>年度预算误差率控制在5%以内30分
6%以内20分
6%以为0</td><td></td><td></td><td></td></tr>
</table>

（续上）

（续表）

	序号	考核项目	权重	指标要求	评分等级	得分		
						自评	上级	结果
任务绩效	2	信息管理及报表管理	20%	全年财务信息汇报及时、准确，且准确编制相关报表	全年财务信息汇报无差错且报表准确20分 全年财务信息或报表出现差错1次扣5分，直至为0			
	3	税务管理	30%	指税务安全与税务准确	全年税务稽查率为0，报税合理，税点在5.5%以内30分 少一项扣10分，直至为0			
	4	财务团队建设	5%	培训财务团队不少于24小时，培养财务主管10名以上	按时培训并考核通关，并完成培养5分 未达标为0			
	5	财务管理	5%	指审计所有财务流程、执行制度	全年财务流程及财务制度执行无差错为5分 有差错为0			
	6	财务系统建设	10%	指按照进度导入财务系统	按照进度，10分 未导入为0			
	加权合计							

	序号	行为指标	权重	指标说明	考核评分	自评	上级	结果
行为考核	1	领导力	25%	1. 任命员工合理 2. 能正确评价员工付出与回报协调性 3. 对员工业绩与态度进行客观评价 4. 掌握岗位精确工作技术及全面专家；并组织实施产生良好效果，培训员工为胜任力者 5. 影响力大，员工自愿追随并做出贡献	一级5分 二级10分 三级15分 四级20分 五级25分			
	2	商业保密	25%	1. 明知商业技术及信息的范围及要点 2. 工作期间遵守单位保密协议，并积极宣传正面信息	一级5分 二级10分 三级15分 四级20分			

（续上）

（续表）

	序号	行为指标	权重	指标说明	考核评分	自评	上级	结果
行为考核	2	商业保密	25%	3. 不进行商业性信息交易，不透露单位发展的技术及战略 4. 维护公司商业机密并有实际案例 5. 影响他人做好商业保密，离职后5年不脱密的职业操守	五级25分			
	3	承担责任	25%	1. 承认结果，而不是强调愿望 2. 承担责任，不推卸，不指责 3. 着手解决问题，减少业务流程 4. 举一反三，改进业务流程 5. 做事有预见，有防误设计	一级5分 二级10分 三级15分 四级20分 五级25分			
	4	财务清楚	25%	1. 不违反财务制度 2. 没有任何财务问题，并主动接受监督 3. 不因自身利益而破坏游戏规则 4. 主动节省费用，并不影响工作质量 5. 因为财务清楚，对其他成员产生影响力与威慑力	一级5分 二级10分 三级15分 四级20分 五级25分			
	加权合计							
总分	总分=业绩考核得分×　%+行为考核得分×　%=							
考核人	签字： 年　月　日							

（二）考核成绩与奖金系数对应表

考核分数	绩效工资系数（K）
95分以上	1.2
90～94分	1.0
85～89分	0.9
80～84分	0.8

（续上）

（续表）

考核分数	绩效工资系数（K）
75～79分	0.7
70～74分	0.6
65～69分	0.5
60～64分	0.4
60分以下	0

注：考核奖金总额=考核奖金基数×K

五、乙方义务

1. 乙方必须保守甲方的商业信息，如有泄露商业信息要追究乙方的法律责任。

2. 乙方在工作期间，不得利用职权进行违规作业。

3. 乙方若工作非常突出，贡献较大，甲方可适当对乙方进行额外嘉奖。

4. 若乙方在不满服务期主动离开公司，则取消服务期满后的绩效奖励资格；若乙方在不满服务期被动离开公司，则按服务的期限考核兑现。

六、“电网”指标

1. 公物私用。

2. 不按标准用人。

3. 回扣。

4. 非公司行为行贿。

5. 泄露机密。

6. 公款私用。

7. 虚报假账。

8. 旷工。

9. 煽动虚假消息。

10. 利用信息获得私人利益。

11. 销毁证据。

12. 虚假预算获得物质开支。

13. 违反品行指标。

14. 利用职务之便制造假数据获得利益。

15. 违法。

乙方触及“电网”指标，甲方有权对乙方进行停职、降职、降薪、换岗、调离

（续上）

或解约。

七、其他

1. 本责任书一式二份，甲乙双方各执一份。
2. 如果中间有变化，经双方友好协商调整。
3. 如岗位变更，工资也随之变化。
4. 未尽事宜双方协商确定。

甲方：　　　　　　　　　　　　　　乙方：（签字盖章）

签名：

签名（第一负责人）：

______年____月____日　　　　　　　______年____月____日

29.3 总会计师年度经营管理目标责任状

总会计师年度经营管理目标责任状

责任人职位：总会计师

甲方（签字）：

乙方（签字）：

签状时间：____年____月____日

责任约定、说明附后：共3项

一、签状合约

甲方（发状方）：　　　　　　　　　职位：董事长

乙方（承状方）：　　　　　　　　　职位：总会计师

经甲乙双方论证商定，就本年度企业生产经营目标完成及相关事项达成一致，签订此责任状。

1. 乙方应将本状所立的《年度经营管理责任目标》的完成作为第一要务，努力实

（续上）

现企业价值最大化。

2.　双方确认每季度对本状的履行情况进行一次综合盘点，对双方认为有必要的方面或条款进行修订或终止履行。

3.　甲方按照有关企业委托经理人经营管理企业的相关规定，对乙方的全部行政工作给予合理授权，其责任、权利以公司制发的《年度经营管理责任目标》《财务总监职位说明、职责、权限》为准。

4. 在本状规定的责任期内，甲方对乙方的薪酬支付及绩效考核规定为：乙方年薪金税前67 200元（人民币），每月支付工资4 000元按公司统一规定正常考核，年度薪金共计48 000元，其余19 200元作为年度绩效工资纳入本年度绩效考核。

5.　考核办法：

月度考核，按公司统一制定的“月度绩效考核管理规定”执行。

年度考核，由甲方按年度对乙方的绩效工资进行一次性考核。

（1）年度绩效工资的40%按本年度利润总额完成程度考核计发：利润考核实得绩效工资=绩效工资总额×40%×利润项实际得分。

（2）年度绩效工资的60%按综合各项指标完成程度考核计发：综合考核实得绩效工资=绩效工资总额×60%×实际完成综合指标项目百分比（注：综合指标共14项，每项完成按分值比例发放奖金，单项没完成单向比例年薪全部扣除）。

6. 甲方为了激励乙方努力获取经营效益，在年度终了，以当年实现利润总额基数1 200万元以上超额部分，按30%比例计提利润目标超额奖，给予总经理为代表的整体团队奖励，超额奖按照公司《20××年度利润目标完成超额奖励说明》规定，对本公司主要贡献的管理职能部门及人员进行奖励的再分配，分配给个人利润的所得税由个人缴纳。

7. 甲方为乙方提供能够正常开展工作的人、财、物等软、硬件条件，保证乙方能够按约履行职责和开展工作。

8. 乙方保证遵守执行国家法令和企业规章，履行职业经理人职业标准规范，完成或超额完成所承担的《年度经营管理责任目标》规定的任务量；甲方根据乙方《年度经营管理责任目标》的完成情况进行奖罚考核，于下年度第一季度内予以兑现。

9. 乙方无条件接受和支持甲方授权派出的审计、考核等机构人员的工作。

10.　本状经甲乙双方确定签字后，在本年度内具有法律效力。

11.　本状因不可抗力导致无法执行，甲乙双方应善意协商解决。

12.　本状只限于20××年，以自然年度计算。

13.　年度经营管理责任目标、财务总监职位说明、职责、权限以书面形式附后

特别约定：甲、乙双方商定，乙方承诺：乙方在甲方离职后，3年内不得在同业企

（续上）

业从业或自己开办同类企业（包括兼职），并且不得向同行透露甲方的技术、工艺、管理、财务、客户等内部信息。如有违约并给甲方造成的直接、间接损失，承担一切损失责任并退还双倍薪资。

二、总会计师职位说明

1. 职位概要

领导主持公司财务战略的方案制定，设计及组织实施财务管理体系、会计核算体系及财务成本控制办法及方案，组织编制和完成企业经营财务预算、财务预测、经营分析。建立完善企业财务规章和制度体系，运用财务软件系统及ERP系统，规划财务会计体制和技术方法模式，领导财务行政职能有效运行。

2. 工作职责

（1）运用财务管理与会计核算职能为公司经营预测、决策提供财务数据信息依据，协助总经理实施和完成公司当期、中长期生产经营战略目标。

（2）贯彻国家会计准则和财务政策，领导和组织设立规范的财务机构部门、岗位配备、管理及核算程序、制度规定。设计科学、系统符合企业实际情况的会计核算体系、财务预算体系和财务监控体系方法。建立和运行有效的财务系统模式，按规范完成账务和报表基础管理工作。

（3）主持编制公司各期财务预算，对经公司制定下达的整体经营计划目标和财务年度预算，分期落实执行和实施财务成本控制。

（4）组织制定公司财务资金收支预算，有效平衡使用资金资源，对公司所需要的资金筹措方案进行成本测算，并提供最为经济的筹资方式；保证公司运营发展的资金需求，控制和审批公司重大资金流向，对公司运营中的现金流量实施全过程监控。

（5）组织公司产品价格管理，提出对新老产品的定价、调价财务预算数据。

（6）主持对重大投资项目和经营活动的财务风险评估，指导、跟踪和进行财务风险控制，提供财务测算数据和可行性论证解决方案。

（7）对公司纳税进行整体筹划与管理，提出各期各税缴纳预算方案，运用税收政策合理避税。

（8）健全优化资金、收入、税费、成本、费用核算与管理方法体系，组织、设计和提出公司运营中的经营收入、成本费用、财务资金状况、资产清查等的分析和控制活动数据和模式方案，定期组织召开专题会议予以发布和实施。

（9）组织配置财务系统软件工程及公司ERP系统运用管理的设计与实施，在规定时限内达到要求进度和功能。在运行中提高实用效率和预期效果。

（10）设计与采用科学实用的成本费用核算方法，及时准确地提供产品成本费用数据。组织产品生产消耗定额和人员工时产量、设备机时产量等生产统计方法的设计

（续上）

与运用。

（11）贯彻国家财经法规，审定经营收支业务、财务报表及财务文件，定期向总经理提交财务管理业务工作报告。

3. 工作权限

（1）企业经营当、中、远期预算规划的制定、建议权。

（2）公司财务制度制定、发布、执行和监督权。

（3）出席公司高层会议，对重大经营事项预测、决策有建议权。

（4）对财务管理、会计核算、统计方法等模式有设计、发布权。

（5）年度财务政策、财务预算、收支计划的制定、执行的发布权。

（6）所管财务系统机构设置、人员配备决定权、中层干部的任免建议权。

（7）企业日常财务收支管理及会计核算数据的审批决定权。

（8）企业重大投资项目、购销合同及财务预测、决策的参与和建议权。

（9）生产经营资金调度权。

（10）资金收支业务执行规定标准和各项资产使用效率的审定、监督权。

（11）公司全部会计、统计业务数据资料的调用、审定、发布权。

三、20××年度经营管理责任目标

考核分类	序号	考核目标		考核细则		备注
		指标项目	目标值要求	标准分数	扣分标准	
利润项	1	利润总额（万元）	1 550万元	40	每少完成1%扣2分	净利润
综合指标项	2	销售收入（万元）	≥9 000万元	5	每少完成1%扣1分	含税
	3	产品销售回款率	≥100%	2	每降1%扣1分	
	4	产品综合销售毛利率	≥50%	4	每超1%加1分，每降1%扣1分	
	5	税负	≤6.5%	10	每超0.1%扣2分，每少0.1%加2分	
	6	公司三项期间费用	≤34.84%（其中：管理费用<8.5%、财务费用<0.3%），销售费用<23.2%，技术及研发费用2%，城教税费0.84%	6	每超0.5%扣2分，少0.5%加2分	按不含税收入6 837万元计算

（续上）

（续表）

考核分类	序号	考核目标		考核细则		备注
		指标项目	目标值要求	标准分数	扣分标准	
综合指标项	7	年末应付账款占用	全年采购额的20%	3	每少2%扣1分，每多2%加1分	
	8	固定资产、流动资产安全完整	当年无实物资产损失、报废积压	2	发生一笔万元以上损失扣2分	
	9	有效运行预、决算管理、核算体系	在财务管理的全过程贯彻预、决算5月1日前	8	缺1项扣2分，没实施扣全分	
	10	每季度进行一次资产清查及问题处理	4次	4	少查或不处理一次扣2分	
	11	纳税体系筹划方案	实用3月1日前完成	2	纳税业务中每发生一起差错扣0.5分	
	12	财务软件全面实施	联网实用	2	没有全面实施扣2分	
	13	融资	4 000万元以上	8	每少5%扣1分	
	14	财务风险及费用控制	≤5万元	3	每增加10%扣1分，每减少10%加1分	
	15	领导交办的其他临时工作	100%	1	一次拖拉、推诿扣0.5分，一次未完成扣1分	

29.4　财务部人员目标责任书

财务部人员目标责任书

一、财务部人员安全职责

1. 认真贯彻“安全第一，预防为主”的安全生产方针，深化安全生产的“双基”工作。

2. 严格遵守国家及各级政府、主管部门制定的安全生产法律、法规并自觉接受监督。

（续上）

3. 财务部要做好财务账簿、保险柜的管理工作，做好防火、防盗、防破坏工作，积极协助其他部门做好安全生产工作。

4. 严格执行已制定的《安全投入保障制度》，确定安全费用提取标准，专项用于安全生产，保证资金到位。

5. 加强工作责任心，提高安全意识，认真做好本职工作，对财务账簿等妥善保管，做好“四防”工作。

6. 积极参加公司组织的各类安全培训、教育活动。

二、目标

1. 安全、环保、职业健康安全零事故。

2. 按计划参加培训率达90%。

3. 部门办公区域危险源控制率100%。

4. 安全生产投入资金到位率100%。

三、奖惩办法

1. 年内公司将对以上目标进行考核，达到目标要求的，进行表彰奖励，达不到目标要求的，公司视情节给予处罚。

2. 自觉履行法定义务，完成年度目标，可评为安全生产工作先进个人。

3. 对未达标的个人，实行一票否决，公司取消其评比先进的资格。

4. 对于玩忽职守，工作不负责任造成一定后果的人员，公司将根据情节轻重严肃处理，直至追究刑事责任。

5. 因管理不力致使区域内存在的重大安全隐患不能及时整改或造成重大安全事故的，对有关责任人员按照国务院《关于特大安全事故行政责任追究的规定》给予行政处分；构成犯罪的，依法追究刑事责任。

责任人签字：　　　　　　　　　　日期：

部门主管签字：　　　　　　　　　日期：

29.5　财务人员职业守则承诺书

财务人员职业守则承诺书

为了加强会计诚信建设，提高职业道德和专业技术水平，促进会计工作，规范会计行为，维护市场经济秩序，本人对会计工作作出如下承诺：

（续上）

一、认真执行《会计法》，依法履行本人在公司的会计职责

1. 按规定审核、填制或取得原始凭证。对不真实、不合法的原始凭证，不予受理；对弄虚作假、严重违法的原始凭证、予以扣留，请求查明原因，追究责任；对记载不明确、不完整的原始凭证，予以退回，要求经办人员更正补充。

2. 按规定填制、审核记账凭证，内容完整，印章齐全。

3. 按规定设置会计账簿，正确使用会计科目，账簿封面与启用表内容填写齐全，并按要求办理建账监管手续。对伪造、变造、故意毁损会计账簿或账外设账行为，予以制止和纠正，并向有关部门报告。

4. 正确运用会计处理方法，不随意变更；正确使用会计更正方法，账簿无涂改、挖补、刮擦现象。

5. 按规定核对会计账簿，做到账证、账账、账表、账实相符。运用会计电算化记账时，要做到电子数据与纸质资料数据相符。

6. 按规定编制和报送财务会计报告，保证会计信息真实、完整。对指使、强令编造、篡改财务会计报告的行为予以制止和纠正，并向有关部门报告。

7. 按规定装订、保管会计资料。运用会计电算化记账时，做好数据备份，保证不毁损、灭失。

8. 调动工作或离职时，与接管人员办清交接手续。

9. 按规定建立健全并认真执行内部会计控制制度，堵塞漏洞，提高管理水平和经济效益。

10. 自觉接受财政、税务、审计等部门的监督，如实提供会计凭证、会计账簿、会计报表和其他会计资料以及有关情况，不拒绝、隐匿、谎报。

二、遵守会计职业道德规范，恪守职业道德

1. 爱岗敬业。热爱会计工作，尽心尽力，尽职尽责。

2. 诚实守信。言行一致，不弄虚作假、不欺上瞒下，信守承诺，保守公司的商业秘密。

3. 廉洁自律。不收受贿赂，不贪污钱财，按法律、法规自我约束自己的言行。

4. 客观公正。按会计业务事项的本来面目反映，不掺杂个人的主观意愿，也不为他人意见左右，不偏不倚地处理会计业务事项。

5. 坚持准则。在处理会计业务事项过程中，时时刻刻严格按会计法律制度办事。

6. 提高技能。不断更新知识，使会计专业技能适应新形势的需要。

7. 参与管理。积极参与财务管理，间接参与公司的其他管理活动，为公司的发展和管理完善献计献策。

（续上）

8. 强化服务。在公司的内外交往中，具有文明的服务态度、强烈的服务意识和优良的服务质量。

三、严格按照税法及相关法规，依法办理涉税事务

1. 按时申报纳税，按规定提取、缴纳国家税款，不延期申报，不参与偷、逃、抗、骗税。

2. 按税务机关要求办理其他涉税事务。

四、遵守会计从业资格管理办法，不断更新知识，及时办理注册登记事宜

1. 按规定办理会计从业资格证书注册登记事项，会计从业资格证书不得涂改和转借。

2. 按规定完成继续教育学时和内容。

五、纪律追究

财务人员应严格遵守财务纪律，坚持依法办事，严格审核把关。凡不符合财务规定或手续不全的开支，非正规的发票和单据，会计人员一律不予受理。违反财务纪律和财务制度的行为一经发现，将依照法律、法规和内部规定追究有关人员的责任。

我承诺遵守以上承诺，如有违反，愿意接受公司给予的相应的处罚，并承担相应的法律责任。

本承诺书一式两份，公司存档一份，本人一份。

承诺人（签名）：　　　　　　　　分管负责人（签名）：

公司公章

______年____月____日

29.6　财务人员保管保密协议书

财务人员保管保密协议书

甲方：____________________　　　　乙方：____________________

法定代表人：______________　　　　身份证号码：______________

户籍所在地：______________

现居住地：________________

联系电话：________________

（续上）

鉴于乙方在甲方财务部门任职，双方当事人就乙方在职期间所担负的甲方现金支票、印鉴、档案资料的保管，以及在职或离职以后保守甲方的财务信息、技术信息及经营信息等商业秘密的有关事项，双方协商确定，为保护甲方的正当合法权益，根据国家的相关法律、法规，本着平等、自愿、公平、诚信的原则，双方经充分协商一致后，共同订立本协议，以资信守。

一、现金支票、印鉴、档案资料的保管

乙方在甲方财务部任职期间，主要负责现金支票、印鉴、档案资料等的管理工作，在工作期间必须遵守甲方以下管理规定。

1. 现金支票保管

（1）所有现金支出应该经过最高管理者或授权人签字批准，并符合国家和公司规定的使用范围。

（2）办理现金出纳业务，必须做到按日清理，按月结账。应对当日的经济业务进行清理，全部登记日记账，结出库存现金账面余额，并与库存现金实地盘点数核对相符。

（3）限额内的库存现金及支票当日核对清楚后，一律存放在保险柜内，不得放在办公桌内过夜。

（4）必须将自己保管使用的保险柜密码严格保密，不得向他人泄露，以防为他人利用。

2. 印鉴的保管

（1）保管人受公司委托保管并管理财务印鉴使用，对印鉴负有安全保管以及安全使用的责任。

（2）印鉴保管人应遵循谨慎、认真、负责的态度行使权利，所有加盖文件、合同、票据的相关条款必须符合国家法律、合乎公司制度。

（3）票据付款需要加盖印鉴时，必须附有已经过权限人批准的支付证明和相关凭据，付款票据应填写完整，收款人和金额处不得留有空白。

（4）如无需要，不得随意加盖印鉴；对于已加盖印鉴但不需使用的资料，应立即用碎纸机破碎处理。

（5）加盖印鉴时，印鉴持有保管人应认真阅读需加盖印鉴的文件，如不明确所盖内容的重要性，或发现文件中有损害公司利益或造成公司负面影响的，应先汇报征得总经理批准后方可加盖公章。加盖印鉴时，印鉴保管人确认在合适的位置进行加盖，不得将印鉴交他人代盖。

（6）印鉴加盖应清晰、完整、规范有效，以减少退换带来的不便以及避免由此引起的财务风险。

（续上）

（7）任何情况下都应争取将加盖印鉴资料带回公司加盖，如实在需要将印鉴带出公司的，必须填写《财务印鉴外携申请表》交保管人留底，并由行政副总经理批准后方可外带，外带时必须两人同行办理，当天必须将印鉴还回保管人，并登记外携记录，填写归还日期和归还人亲笔手写签名。

（8）印鉴不需使用时，必须放在加密的保险柜内保管。如需拿出使用时，应立即使用，不得久放在桌面或其他容易被拿到的地方，使用完毕后应立即放回保管处。

3. 档案资料的保管

（1）财务档案是指公司在经营活动中所形成的各种合同、协议、申请、说明、报表、凭证、票据、文件、账簿等有参考价值的原始资料和电子文档。

（2）对应归档的材料加以分类、整理，编制两张目录表即档案总目录表和明细分类目录表，并制定分类编号，以便快速检索。

（3）对档案库要采取防火，防盗、防蛀、防强光、恒温、恒湿等措施。对以上设施要经常检查，发现问题要马上向财务部经理报告，并协助经理采取补救措施。

（4）对入库档案随时进行更改补充工作，每半年清点一次，检查档案是否完整、准确。账目与实物是否相符，对破损、载体及变质的档案及时修复和区别登记。

二、保密协议

乙方在甲方财务部任职期间，需对甲方之财务信息、技术信息、经营信息、人力资源管理信息等进行严格保密，具体保密范围包括（但不限于）如下。

1. 保密范围

（1）财务信息：各项销售费用、利润数据、种类凭证、各项报表包括对外财务报表、内部管理报表、预决算报表等，及公司享受的税务政策；内部预算流程、操作手册；财务制度等。

（2）技术信息：是指公司所属系统产品开发、生产或制造过程中的秘密技术、非专利技术成果、专有技术，包括：产品方案、设计、制造方法、流程、技术报告、图纸、样品等，质量控制和管理方面的技术知识以及相关领域的制度、流程、规则等内容。

（3）经营信息：是指与公司经营范围相关之经营活动当中所涉及的相关战略规划、情报、计划、方案、方法、程序、经营决策，包括：推销计划、进货渠道、产品价格、供求状况、客户名单、合作协议、行销计划、采购资料、定价政策、财务资料以及相关领域的经营数据等制度、流程、规则等内容。

（4）人力资源管理信息：是指公司人力资源管理活动中所涉及的人力资源现状分析、诊断及战略规划、计划，定岗定编方案，人力资源费用预算、重要岗位的管理或技

（续上）

术人员的招聘、培训动态、考核、薪资、档案，相关人力资源合同以及相关人力资源政策、制度、流程、规则等内容。

2. 不泄露、不使用商业秘密

乙方同意，在甲聘用期间以及聘用期终止之后，未经甲方书面同意，绝不公开发表或对其他人泄露甲方的任何商业秘密，绝不为其他目的而使用甲方的任何商业秘密，绝不复印、转移含有甲方商业秘密的资料。

3. 限制竞争性行为

乙方同意，自己在受甲方聘用期间，绝不直接地或者间接地从事同甲方业务具有竞争性的业务，绝不同时接受甲方竞争对手的聘用，绝不对甲方竞争对手提供咨询性、顾问性服务，绝不聘用甲方的任何其他职工为自己工作，也不唆使甲方的任何其他职工接受外办聘用。

4. 蓄谋恶意损坏行为

鉴于乙方受聘用期间职位的特殊性，可能会掌握甲方更多、保密等级更高的商业秘密。乙方承诺：无论在甲方聘用期间或者聘用结束后，无论出自任何原因，乙方到工商、税务、劳动等相关单位进行所谓的投诉、举报等发泄私愤的行为的，均为蓄谋恶意损坏甲方名誉及利益的行为，由此造成的一切后果均由乙方自行承担。

三、协议期限

1. 乙方在职期内。

2. 乙方离职后至甲方宣布相关保密内容解密或者秘密信息实际上已经公开前，将承担保密义务，但其中竞业禁止期限为乙方离职之日起两年。

四、违约责任

1. 乙方违反以上条款，甲方有权给予经济、行政处罚。

2. 乙方违反本协议造成甲方商业信誉、企业经营与企业形象上受到损害，处罚金等不足以弥补甲方所承受损失时，乙方应赔偿不足部分的损失。造成重大损失的，有权追究其民事、刑事责任。

五、附则

本合同未尽事宜，按国家法律、法规的规定执行，自双方签字、盖章之日起生效。本合同一式两份、具有同等效力，双方各执一份。

甲方（盖章）：　　　　　　　　　乙方（签字）：

代表（签字）：

时间：______年____月____日　　　　时间：______年____月____日

29.7　财务经理工作交接书

财务经理工作交接书

移交人原任财务部经理赵××因另有任用，公司决定将财务部的工作移交给新任部长孙××接替。现按公司财务管理制度的规定，办理如下交接事项。

一、财务部人员与分工

钱××：分管货币资金核算

李××：分管综合财务

张××：分管成本核算

徐××：分管投资、债券、存货、负债核算

郑××：分管损益与所有者权益、固定资产核算

二、会计账簿、凭证及报表

1. 20××年度至20××年度总分类账和各类明细账共××本。
2. 20××年度至20××年度“会计凭证”××册。
3. 20××年度至20××年度：月份和季度、年度会计报表各一份。
4. 20××年度至20××年度各季度、年度财务计划和财务情况说明书，均按年度装订成册，共计4册。

三、印鉴

1. 财务部印章壹枚。
2. 财务专用章壹枚、增值税发票专用章壹枚。
3. 银行往来专用章壹枚。
4. 现金付讫印章壹枚。
5. 现金收讫印章壹枚。
6. 法定代表人名章壹枚。

四、其他事宜

各种遗留、待办事项等。

五、交接日期

交接工作于20××年××月××日结束，在交接过程中，因账务处理等原因出现的工作交叉，仍由财务部原具体经办人负责。

六、本交接书一式四份

移交人、接管人、监交人各执一份，厂部存档一份。

移交人：××（签章）

（续上）

接管人：××（签章）
监交人：××（签章）
财务总监（或总经理）：××（签章）
20××年××月××日

29.8　会计工作交接书

会计工作交接书

因工作调动，经公司财务部决定，×××同志将会计岗位的各项工作移交给×××同志。根据《会计人员工作管理规范》，办理如下交接手续。

（1）移交前由移交人负责的各种账目明细表、存货核算明细表等业务，都已填写、处理完毕；对没有填写、处理的业务，列出详细的明细表，标明没有处理的原因和情况说明信息。

（2）对签署的各种经济合同中已履行的和未履行的合同，按签订的时间顺序，向接管人逐一交代清楚；并确保经济合同印花税已全部缴纳。

（3）任期内对各种仓储报单的存根按时间编辑成册、存档。经接管人点收无误。

（4）移交人各种账目明细表记录的各种信息，经核对后，由接管人确认相符无误。

（5）移交人将各种账簿登记后，在账目明细表的最后一项款项进行记录，并盖上移交人的签章。会计专用章已交出，经接管人点收无误。

（6）移交人把会计账目核算过程中涉及的各种计算程序及工作中各种应注意的问题，已向接管人交代清楚。

（7）移交后，发现移交前的会计业务中出现违反财会制度及纪律等问题，由移交人负责。

（8）应移交的各种账簿名册：

1）采购账簿：×本。

2）销售收入账簿：×本。

3）库存账簿：×本。

……

（9）此交接书一式四份，由移交人、接管人、监督人和财务部各执一份。

移交人：×××（签章）

（续上）

接管人：×××（签章）
监督人：×××（签章）
总会计师：×××（签章）
财务部：（签章）
交接日期：20××年×月×日

29.9　出纳工作交接书

出纳工作交接书

移交人：
接交人：
监交人：

根据单位轮岗的要求，出纳__________调离财务部，其工作由__________接替。需书面交接的事项如下。

一、货币资金移交

1. 现金：____年____月____日，现金日记账余额______元，实存现金______元，双方清点核对无误。

2. 银行存款：____年____月____日。银行存款总账余额______元，银行存款日记账记录的各开户银行及账户余额合计______元，与总账相符。银行存款日记账分开户银行、账户、余额如下：

	开户银行名称	账号	日记账余额	银行实际余额
（1）				
（2）				
合计				

二、印章

1. 印章名章1枚。
2. 印章名章1枚。
3. 作废章1枚。

三、空白票据

1. 银行票据：

（1）现金支票：No.________至No.________　共________份。

（续上）

（2）转账支票。

2. 收款收据。

往来款收据1本50份：No.________至No.________。

四、账簿

1. 现金日记账1本。

2. 银行日记账______本。

3. 银行票据登记簿______本。

上述账簿，移交人已经在账簿的最后一笔余额处划上红线，加盖了移交人印章。

五、其他事项

1. 保险箱钥匙____把，密码由接交人自己更换。

2. 本交接书一式三份，移交人、接交人各执一份，会计档案存档一份。

移交人：

接交人：

监交人：

______年____月____日

29.10 财务经理任命书

财务经理任命书

为适应新形势下公司经营发展需要，经公司股东会议决议，决定对以下人员进行新的人事任命，现予以公布：

任命__________为××有限公司财务经理，主持公司财务部门的日常工作，履行工作职责。详见公司财务会计岗位工作责任制度。

以上任命决定自发布之日起即开始执行。

股东：　　　　股东：　　　　股东：

（印章）

______年____月____日

第30章　财务预算管理文本

30.1　财务预算报告模板

财务预算报告模板

一、预算编制基础

概括说明确定本年度预算目标的依据，包括：

（1）对预算年度宏观经济形势的总体预测与分析，说明企业编制预算的宏观经济形势基础。

（2）企业编制年度预算所选用的会计政策，说明折旧率、资产减值等重大会计政策及会计估计发生变更的原因，对损益的影响金额。

（3）年度预算报表的合并范围说明，未纳入及新纳入年度预算报表编制范围的子企业名单、级次、原因以及对预算的影响等情况。

二、预算编制目标

概括说明本年度预算的收入、利润目标。

三、预算编制情况

1. 财务收支预算

财务收支预算是企业编制年度预算的基础，企业应在深入开展业务板块分析、重要子企业调查的基础上，对主要业务板块的发展趋势及生产经营情况进行客观的预测，对企业产生重大影响的生产经营决策进行说明。至少应包括以下内容。

（1）收入预算

结合本企业整体战略规划、所处行业地位、市场供求关系及价格变动等情况，按主要业务板块说明生产经营指标增减变动情况和收入、成本等变动情况，以及指标变动对企业效益的影响程度等。

（2）成本费用预算

预算年度各项成本费用情况，包括材料费、外协费、人工成本、折旧费、差旅费、业务招待费、日常管理费、财务费用等预计发生金额、年度增减变动情况。成本费用占营业收入比重变动情况以及本年度拟采取的费用增长控制措施及落实方法。

其中预算年度企业人工成本情况，具体包括：预算年度内企业人工成本支出情况、人工成本占营业收入及成本费用比重变动情况、职工数量变化等情况。如果人工成本总额、人均人工成本或工资增幅超过收入及利润增幅，应详细说明原因。

（3）投资收益

预算年度投资收益预计发生金额、年度增减变动情况。

（4）营业外收支

预算年度营业外收支预计发生金额、年度增减变动情况。

2. 投资预算

（1）说明企业预算年度内拟安排的重大固定资产投资项目的目的、总规模、预期收益及预计实施年限等情况，对资金来源与资金保障情况应重点说明。

（2）说明企业预算年度拟计划实施的重大长期股权投资情况，具体包括：投资目的、预计投资规模、资金来源、持股比例、预计收益等情况。

说明预算年度拟清理的长期股权投资，以及拟采取的清理手段和措施。

（3）分类说明企业预算年度内拟安排的债券、股票、基金等风险业务的资金占用规模、资金来源和预计投资回报率等情况。

3. 筹资预算

说明企业预算年度内拟安排的重大筹资项目目的、筹资规模、筹资方式和筹资费用等情况，分析未来偿债能力和风险。

4. 资金预算

预算年度内资产负债及现金流量情况，重点说明经营性现金流量变化情况，说明企业为保障资金安全所采取的具体应对措施。如加强应收款项回收管理、提高库存流动性、跟踪高负债子企业和亏损企业、加强重大工程项目资金管控等。

四、实现预算目标的措施

预算年度为了实现预算目标拟采取的措施，如增收节支、成本管控、过程控制等的措施。

五、预算年度重大事项说明

（1）预算年度内拟出售固定资产、债务重组等重大营业外收支项目的原因、金额、对象、方式等情况。

（2）说明企业预算年度内担保、抵押等或有事项的规模控制情况，并说明对逾期担保等或有事项拟采取的清理措施。

（3）详细说明企业预算年度内对外捐赠支出项目、支出规模、支出方案等预算安排情况。

（4）其他需要说明的情况。

30.2 预算执行情况分析报告模板

预算执行情况分析报告模板

一、业务预算分析

1. 产品及项目销售分析

单位：万元

类别	去年同期		本月预算		本月实际		比去年同期增长率	完成预算%
	销量	收入	销量	收入	销量	收入		
合计								

分析判断：配销量分析图

2. 产品项目销售毛利分析

单位：万元

类别	本月销售单价	预算销售单价	本月销售成本	预算销售成本	实际销售毛利	预算销售毛利	实际毛利率	预算毛利率

分析判断：

3. 产品生产预算分析

单位：

类别	本月产量	预算产量	去年产量	预算差异	与去年差异	预算差异率	去年同期差异率
合计							

分析判断：配图表

4. 产品成本预算分析

（1）原料成本分析

①原材料耗量差异分析

单位：

项目	本月耗量	预算耗量	去年同期	上月耗量	预算差异	去年同比差异	上月差异	预算差异率
原料1								
原料2								
原料3								
原料4								
原料5								

分析判断：

②原材料耗用单价分析

单位：万元

项目	实际数量	实际单价	预算单价	上月单价	预算单价差异	预算价差异率	实际耗料成本	预算耗料成本	耗料成本差异	耗成本差异率
原材料1										
原材料2										
原材料3										
原材料4										

分析判断：

（2）人工成本分析

单位：万元

项目	本月实际	本月预算	上月数	去年同期	预算差异	与上月差异	与去年差异

分析判断：

（1）预算差异分析

（2）与上月差异分析

（3）制造费用分析

单位：万元

项目	本月	上月	预算	去年	与上月差异	预算差异	与去年差异

分析判断：

（1）预算差异分析

（2）与上月差异分析

（3）与去年差异分析

（4）产品成本分析

单位：万元

类别	本月成本	去年同期成本	上月成本	预算成本	去年达成率	上月达成	预算达成率

分析判断：

5. 材料采购预算分析

单位：万元

项目	本月采购	预算采购	上月采购	预算差异	上月差异	预算差异率	上月差异率
材料1							
材料2							
材料3							
材料4							

分析判断：

6. 成本费用预算分析

单位：万元

项目	本月额	上月额	预算额	与上月差异	与预算差异	与上月差异率	与预算差异率
营业成本							
营业费用							
管理费用							
财务费用							

分析判断：

二、财务预算执行分析

1. 现金预算分析

单位；万元

项目	本月实际	本月预算	预算差异	实际累计	预算累计	累计差异
期初现金余额						
经营现金流入						
经营现金流出						
经营现金余额						
借入金额						
还款金额						
资本支出						
现金余额						

分析判断：

2. 资产运营效率分析

项目	本期实际	本期预算	上期	上年同比	与行业优秀比
总资产周转率					
流动资产周转率					
应收款周转率					
存货周转率					
资产负债率					
股东权益比率					
营业周期					

分析判断：

3. 应收账款分析

单位：万元

账龄	金额	所占比率	坏账几率	处理办法
1～60天				
61～120天				
121～365天				
365天以上				
合计				

分析判断：结构分析（配图）

4. 主要存货分析

单位：万元

类别	期初数	期初预算	期初差异	期末数	期末预算	期末差异
合计						

分析判断：

（1）存货结构分析

（2）期初差异及对期末的影响

（3）期末差异

三、预算损益表执行分析

单位：万元

项目		主营业务收入	主营业务成本	主营业务利润	销售毛利率	利润总额	销售利润率
本月实际数							
本年累计数							
预算	预算						
	预算同比增减						
	完成预算%						
	预算本年累计						
去年同期	去年同期						
	去年同比增减						
	去年同比增减%						
	去年累计数						
上月数	上月数						
	上月同比增减						
	上月同比增减%						

分析判断：

四、预算分析总结

30.3　预算执行分析报告模板

预算执行分析报告模板

二〇××年第一季度至第×季度

财务管理处

20××年×月×日

一、总体情况

20××年×季度实现税利××万元，完成预算××万元的××%，占全年预算的××%；税金××万元，完成预算××万元的××%，占全年预算的××%；利润总额

（续上）

××万元，完成预算××万元的××%，占全年预算的××%。

20××年第一至第×季度实现税利××万元，完成年度预算××万元的××%；其中：税金××万元，完成年度预算××万元的××%；利润总额××万元，完成年度预算××万元的××%。收入××万元，完成年度预算××万元的××%；成本××万元，完成年度预算××万元的××%；销售费用××万元，完成年度预算××万元的××%；管理费用××万元，完成年度预算××万元的××%；投资收益××万元，完成年度预算××万元的××%。

商业企业主要预算指标执行情况表

项　目	1～×季度实际	年度预算	执行率%
税利			
税金			
利润			
收入			
成本			
销售费用			
管理费用			
投资收益			

二、费用预算

1. 总体情况

20××年×季度三项费用支出××万元，完成预算××万元的××%，占全年预算的××%；第一至第×季度三项费用支出××万元，完成年度预算××万元的××%。其中：销售费用××万元，完成年度预算××万元的××%；管理费用××万元，完成年度预算××万元的××%。

商业企业费用预算情况表

单位：万元

项　目	1～×季度实际	年度预算	执行率%
三项费用			
销售费用			
管理费用			
财务费用			

（续上）

第一至第×季度预算费用中与其平均执行率差异在10%的费用有（文字分析产生差异的原因，平均执行率是指年初预算编制时已分解到该季度的累计数除以年度预算数）：

1. ______

2. ______

3. ______

2. 省公司本级费用预算情况（市县公司不写，省公司本级分析）

20××年×季度公司本级三项费用支出××万元，完成预算××万元的××%，占全年预算的××%；第一至第×季度三项费用支出××万元，完成年度预算××万元的××%；销售费用××万元，完成年度预算××万元的××%；管理费用××万元，完成年度预算××万元的××%。

省公司本级费用预算情况表

项　目	1～×季度实际	年度预算	执行率%
三项费用			
销售费用			
管理费用			
财务费用			

公司本级第一至第×季度预算费用中与其平均执行率差异在10%的费用有（文字分析产生差异的原因）：

（1）______

（2）______

（3）______

3. 重点费用预算情况

商业企业重点费用预算执行情况表

项　目	1～×季度实际	年度预算	执行率%
业务招待费			
广告宣传及促销费			
涉外费用			
会议费			
车辆运行费			

（续上）

（1）业务招待费××万元，完成年度预算××万元的××%。

（2）广告宣传及促销费××万元，完成年度预算××万元的××%。

（3）涉外费用××万元，完成年度预算××万元的××%。

（4）会议费××万元，完成年度预算××万元的××%。

（5）车辆运行费××万元，完成年度预算××万元的××%。

（若有重点费用实际发生与其平均执行率差异在10%的情况，需文字分析产生差异的原因）

三、产品销售预算

20××年×季度国产A产品销售××万元，完成预算××万元的××%，占全年预算的××%；第一至第×季度国产A产品销售××万元，完成年度预算××万元的××%；一类产品××万元，完成年度预算××万元的××%；二类产品××万元，完成年度预算××万元的××%；三类产品××万元，完成年度预算××万元的××%；四类产品××万元，完成年度预算××万元的××%；五类产品××万元，完成年度预算××万元的××%。

进口B产品××万元，完成年度预算××万元的××%。

商业企业产品销售预算执行情况表

项　目	1～×季度实际	年度预算	执行率%
一类产品小计			
二类产品小计			
三类产品小计			
四类产品小计			
五类产品小计			
国内产品合计			
进口产品合计			

四、原材料预算情况

20××年第一至第×季度C产品销售收入××万元，完成年度预算××万元的××%；销售成本××万元，完成年度预算××万元的××%；销售毛利××万元，完成年度预算××万元的××%。

收购成本××万元，占年度预算××万元的××%；C产品生产投入××万元，占年度预算××万元的××%；原材料基础设施建设××万元，占年度预算××万元的

（续上）

××%；期末结存C产品××万担，占年度预算的××%。

商业企业产品销售预算执行情况表

项　目	1～×季度实际	年度预算	执行率%
期初库存数量（万担）			
期初库存金额（万元）			
收购数量（万担）			
销售数量（万担）			
销售收入（万元）			
收购成本（万元）			
C产品生产投入（万元）			
原材料基础设施建设（万元）			
销售成本（万元）			
单担毛利（元/担）			
销售毛利（万元）			
期末结存数量（万担）			
期末结存金额（万元）			

五、专项打假管理费用预算

20××年×季度专项打假费用××万元，完成预算××万元的××%，占全年预算的××%；第一至第×季度专项打假费用××万元，完成年度预算××万元的××%；打假经费××万元，完成年度预算××万元的××%；专项管理经费××万元，完成年度预算××万元的××%；其他费用××万元，完成年度预算××万元的××%。

商业企业销售预算执行情况表

项　目	1～×季度实际	年度预算	执行率%
打假经费预算			
专项管理经费预算			
其他费用预算			
合　计			

（续上）

打假经费中，与其平均执行率差异在10%的费用有：（分析产生差异的原因）

1. 举报费××万元，与预算××万元相比增加××万元，主要是……

2. ______

3. ______

专项管理经费中，与其平均执行率差异在10%的费用有：（分析产生差异的原因）

1. ______

2. ______

3. ______

其他费用中，与其平均执行率差异在10%的费用有：（分析产生差异的原因）

1. ______

2. ______

六、资本性支出预算

20××年第一至第×季度资本性支出××万元，完成年度预算××万元的××%。其中：固定资产投资项目××万元，年度预算××万元，执行率××%；信息化投资项目××万元，年度预算××万元，执行率××%；多元化投资项目××万元，年度预算××万元，执行率××%；境外投资项目××万元，年度预算××万元，执行率××%；利用外资项目××万元，年度预算××万元，执行率××%；其他项目××万元，年度预算××万元，执行率××%；非项目管理项目××万元，年度预算××万元，执行率××%。

×季度资本性支出预算新增项目××个，预算增加××万元，第一至第×季度资本性支出预算合计新增项目××个，预算增加××万元。

第一至第×季度资本性支出超预算或无预算支出项目××个，超支金额××万元，超支项目如下：（文字逐项分析超支原因）

1. ______

2. ______

3. ______

商业企业资本性支出预算执行表

项　目	1～×季度实际	年度预算						执行率%
		合计	年初预算	一季度增加	二季度增加	三季度增加	四季度增加	
一、固定资产投资项目预算								

（续上）

（续表）

项　目	1～×季度实际	年度预算						执行率%
		合计	年初预算	一季度增加	二季度增加	三季度增加	四季度增加	
二、信息化投资项目预算								
三、多元化投资项目								
四、境外投资项目预算								
五、利用外资项目预算								
六、其他项目预算								
七、非项目管理项目预算								
合计								

商业企业资本性支出明细预算表

项　目	1～×季度实际	年度预算						执行率%
		合计	年初预算	一季度增加	二季度增加	三季度增加	四季度增加	
合计								
国家局已批复项目小计								
省级已批复项目小计								
地市级已批复项目小计								
其他项目小计								
非项目投资汇总数								

七、捐赠预算

20××年×季度捐赠支出××万元，完成预算××万元的××%，占全年预算的××%；第一至第×季度捐赠支出合计××万元，完成年度预算××万元的××%；公益性捐赠××万元，年度预算××万元，执行率××%；救济性捐赠××万元，年度预算××万元，执行率××%；其他捐赠××万元，年度预算××万元，执行率××%。

（续上）

商业企业捐赠预算执行表

单位：万元

项　目	1～×季度实际	年度预算	执行率%
合计			
公益性捐赠			
救济性捐赠			
其他			

30.4 关于集团财务预算执行无效的分析报告

关于集团财务预算执行无效的分析报告

总裁阁下：

您好！

集团公司从20××年开始在总部及各子（分）公司推行财务预算，由于缺乏系统的财务预算管理制度，加之公司在预算管理上的经验不足，预算执行效果极不理想。现将有关情况进行总结分析如下，以供参考。

一、20××年预算管理存在的主要问题

1. 预算未能得到应有的重视。本年集团公司尚未真正建立科学可行、贯彻整个集团上下的预算管理制度，各预算单位没把财务预算和实际的生产经营活动相结合，有章不循的现象比较普遍，使预算成为摆设。

2. 预算与公司经营目标相脱节。年初预算根本没有围绕本公司今年的发展战略、经营目标、投资计划进行编制，或者说公司经营目标本身不够明确、不切合实际，投资缺乏计划性，缺少量化的数据。不少子（分）公司尤其是煤炭行业年初制定了挺不错的经营目标，并据此制定了相关的财务预算，表面上表现出一定的积极性，但由于经营目标不切合实际，管理基础差，所编制的预算从一开始就缺乏生命力，难以对各项费用、收入支出进行有效控制。

3. 缺乏清晰的预算编制流程及标准的预算编制方法，造成各部门在其预算编制的具体过程中操作口径不统一。

4. 预算管理中只是强调上下级的垂直命令与控制，缺乏客观性、科学性；公司内部缺乏纵向和横向的沟通，造成各部门对制定的预算存在理解上的偏差。

（续上）

5. 预算管理缺乏弹性，对市场变化反应迟钝。今年上半年煤炭市场突变，采购价格、销售价格与往年差异很大；这些异常变化导致编制本年预算的基础依据已经发生变化，但我们的预算却没有根据市场变化相应作调整。

6. 编制预算存在固定费用和变动费用区分不清，造成预算编制、控制和分析产生方向性错误。例如："办公费"编制预算时列在固定费用中，既然是固定费用，又怎会在1～7月期间"办公费"的汇总数同期相比超支××%？占全年预算比例××%？7月单月同期相比更是超支××%！财务部初步分析认为有以下两种原因：

（1）预算数据编制本身基础较差。

（2）由于"办公费"列在固定费用项下的误导，造成"办公费"管理控制不力。编制预算按照财务管理和费用控制管理的角度分析，"办公费"是一个具有一定弹性的管理费用，具有一定的潜力可挖。

7. 费用预算项目与责任中心概念模糊不清。例如办公费、车辆费等，各部门都有费用发生，责任中心却单是办公室。举例说明：从责任中心来说，业务部门由于业务需要使用车辆，办公室必须安排，就该费用的控制而言，对业务部来说，是属于可控可调节的（其可选择公交、出租车、本公司车辆等），对办公室来说是不可控的。但预算费用却算在办公室！这样严重违背了科学预算管理的初衷，不利于对费用的有效控制和责任中心的考核。

8. 公司某些领导存在预算管理概念上的严重偏差。偏差一，费用预算，认为执行比预算少就是节约，是好事。但从科学的预算管理角度来分析：首先，应该剔除业务相关联影响因素及特殊、突发事件（可单独列示、分析）；其次，如果偏差还是较大，那么就应该仔细分析总结预算制定的依据是否充分，计算是否科学。发现问题应及时调整，为下期预算编制提供一些有用的经验。偏差二，预算只看汇总，认为汇总差异不大预算管理就很成功。每个汇总预算都是由各预算单位、各明细项目组成。比如费用预算，如果只看汇总数而不分析各项明细就会掩盖各项目正、负差异太大，汇总又相互抵销的现象（相关资料可查看费用预算汇总表）！从而误导管理当局，影响下一年集团的经营目标和预算的编制。

9. 没有对每月、每季度、每半年的定期预算执行情况进行差异分析（相关分析数据已定期提供），并对按照实际经营活动进行及时的调整。使预算数据成为一纸空文，预算管理成为空谈。

二、针对以上情况，财务部对预算管理提出以下几点建议

公司的经营、财务活动进行预算管理，对整个集团具有重要的意义。预算的全面性，可以使集团管理当局全面了解集团公司及各子（分）公司的收支和资金运作的质

（续上）

量，及时调整经营决策；预算包括实时监控和业绩考核等内容，可以提高公司员工的积极性；预算具有一定的前瞻性，需要全体员工的共同努力才可以达到的目标，可以提高整个集团公司的凝聚力；财务预算是集团公司整个预算的组成部分，其制定以及完成的优劣，很大程度上决定集团经营目标的实现。因此，制定预算管理制度和保障预算的顺利完成是预算管理的关键，财务部经过分析认为应从以下方面进行改进：

1. 制定一套完整的预算管理制度和预算编制流程，使预算编制、执行、调整、控制、稽核有章可循，有据可靠。

2. 预算的编制要客观、实事求是、切实可行。预算的编制一般应按照“上下结合、分级编制、逐级汇总”的程序进行，在这个过程中，要根据集团公司的目标和发展规划，综合考虑内部和外部因素的影响，客观准确地编制预算。比如，内部因素有生产经营能力、员工素质、资金筹措和流动状况等，外部因素有市场需求变化、竞争对手的营销策略的变化、国家在整个行业的政策变化等。另外还要考虑历史的和未来的因素等。财务预算由多个具体的分部预算组成，比如，业务预算、资本预算、筹资预算等，这些预算相互关联，环环相扣地组成财务预算。因此，任何一个部分的预算如果编制不客观，都会影响到整个预算的编制和执行。提高编制质量是保障预算完成的基础。编制完成的预算由企业权力机构下达执行，正式下达执行的财务预算，一般不予调整。但是，财务预算执行单位在执行中由于市场环境、经营条件、政策法规等发生重大变化，致使财务预算的编制基础不成立，或者将导致财务预算执行结果产生重大偏差的，可以调整财务预算。

3. 必须要有实时监控措施，以保障预算的顺利完成。财务预算一经批复下达，各预算执行单位就必须认真组织实施，将财务预算指标细化，层层分解，从横向和纵向落实到内部各部门、各单位、各环节和各岗位，形成全方位的财务预算执行责任体系。做到用制度安排岗位，按岗位确定人员，每一个岗位必须做到责任明确，岗位之间界限清楚，任何一个部分出现问题，都可以找到相应的责任中心直至责任人。如果没有这一条，编制的预算形同虚设。

4. 财务预算的期末分析。集团公司应当建立财务预算分析制度，由财务管理部门会同各预算执行单位定期（可考虑按月、季）召开财务预算执行分析会议，全面掌握财务预算的执行情况，研究、落实解决财务预算执行中存在问题的政策措施，纠正财务预算的执行偏差。分析预算执行情况也需要综合有关财务、业务、市场、技术、政策、法律等方面的有关信息资料，根据不同情况分别采用比率分析、比较分析、因素分析、平衡分析等方法，从定量与定性两个层面充分反映预算执行单位的现状、发展趋势及其存在的潜力。所以，当预算数和实际完成数不同时，这个分析既要考虑客观情况的影响，

（续上）

也要考虑主观因素的影响，找出差异的原因，以利于以后预算的制定和企业经营策略的调整。

5. 必须要有业绩考核和奖惩措施。企业财务预算执行考核是企业效绩评价的主要内容，应当结合年度内部经济责任制考核进行，与预算执行单位负责人的奖惩挂钩，并作为企业内部人力资源管理的参考。因此，建立完整的考核指标也是保障预算执行的重要举措。

三、保障集团预算管理顺利实施的其他对策

1. 健全相应的组织机构。集团的董事长作为企业的法定代表人，要对财务预算的管理工作负总责，财务预算的组织机构往下还包括企业财务管理部门、企业内部职能部门、企业所属基层单位等。各机构、部门即要密切协同、相互配合，又要责权明晰，各行其道。

应当注意的是，财务预算管理不只是集团总部的事，各子（分）公司也应当同时实施财务预算管理。

财务管理部门在集团的财务管理预算中具有举足轻重的地位，发挥着不可替代的作用，扮演着财务预算管理的“牵头单位”和“操盘手”双重角色，在财务预算的编制、执行与控制，调整、分析与考核中不可或缺。

2. 完善激励考核机制。“凡事预则立，不预则废。”企业集团是一个多层次的组织机构，通过预算管理来明确各方责任与利益，落实集团经营目标。预算制定好以后，需要有人来执行，因此财务预算的核心就是人本主义的法治，要达到制度约束与人性化自我控制机制的统一，管理科学与管理艺术的统一。财务预算工作的生命线是考核与奖惩，要通过科学的方法进行考核，发挥员工的积极性和创造性。

3. 积极开展内部审计，严把监督关口。加强内审机构的权威和职能，健全内部审计监督控制制度，使内部审计与监督不应仅仅对财务会计信息和经营业绩真实性与合法性的结果审计与监督，更重要的是对集团公司及各子（分）公司预算制度和预算过程贯彻执行情况的过程性审计和监督，将更多的精力放到预算管理审计中去，强化事前预防和事中控制，保证集团各项经营活动都在预算严格的程序中进行。实现经营管理处处有章可循，事事受程序制度约束。

祝

商琪！

集团财务部

20××年8月

30.5　成本费用预算报告

成本费用预算报告

一、计算期的确定

本项目计算期是根据项目建设进度和主要设备折旧年限确定。项目建设期2年，投产期2年，达产期14年，项目总测算期为16年。

二、生产规模及产品方案

（略）

三、总成本和费用测算

成本中各项费用计算说明：

（1）外购原材料、外购燃料及动力。外购原材料及燃料动力费用以建设期的市场价格为参考依据，适当考虑物价上涨因素进行测算。

（2）工资总额和职工福利费。该两项费用按员工人数（设计定员）乘以工资及福利费指标计算。

项目年工资总额=183人×6 000元/人=110（万元）

职工福利费=110×14%=15（万元）

（3）折旧费。固定资产折旧按类别采用直线折旧法分别计算。房屋、建筑物折旧年限20年，年折旧率4.5%，机器及设备折旧年限10年，年折旧率9%。为简化计算，预备费用、固定资产投资方向调节税、建设期利息计入固定资产原值。

（4）无形资产及递延资产摊销。土地使用权、技术转让费、勘察设计费等无形资产，按10年摊销。建设单位管理费、工程前期费用、生产员工培训费、联合试运转费、办公生活家具购置费、城市基础设施建设费等递延资产（费用），按5年摊销。

（5）修理费。大中小型修理费分别列入制造费用或管理费用，为计算方便不单独列项计算，按折旧费的50%估算。

（6）生产经营期发生的长期借款利息、流动借款利息等均以财务费用的形式计入总成本费用。固定资产投资借款按综合加权平均资金成本率14.24%计算，流动资金借款按年利息10.98%计算。

（7）其他费用。为计算方便，将制造费用和管理费用、销售费用等作适当的归并（按销售收入的15%计算），均列入其他费用中。

附表：主要产品单位成本测算表（略），间接费用测算表（略），成本、费用测算表（略）

______有限公司财务部

______年____月____日

30.6 筹资预算报告

筹资预算报告

一、固定资产投资估算

（1）工程费用。主要生产项目包括：中药前处理及提取车间、片剂车间、粉针分装车间、胶囊车间、水针车间等估算为××万元，其中前处理车间利用已建厂房价值××万元。

辅助生产项目包括：化验与药检、动物房、中药库、成品库、五金库等估算为××万元。除动物房需新建外，其余全部利用已建房改建，原有厂房价值××万元。

公用工程包括：给排水、电讯、全厂电气、工艺外管、总图运输等估算为××万元，其中煤库、变电所、锅炉房、渣场利用已有建筑，价值××万元。

服务工程包括：门卫、厕所、办公楼、招待所、食堂等估算为××万元。

工具及生产家具购置费估算为××万元。

工程费用估算为××万元，其中利用原有建筑物等××万元。

（2）其他费用。包括：土地使用费、建设单位管理费、技术转让费、生产员工培训费、勘察设计费、联合试运转费、办公和生活家具购置费、城市基础设施配套建设费等。根据国家规定的费率和标准估算为××万元。其中土地使用权由合资方入股，价值××万元。

（3）预备费用。包括基本预备费和涨价预备费。根据国家其他相关费用收费标准，基本预备费按全部费用扣除已有建筑物等××万元的××%计算，在建设期考虑物价上涨因素，涨价预备费按工程费用扣除已有建筑物××万元，根据今年用款计划，每年按6%计算，该部分费用估算为××万元。

（4）根据《中华人民共和国固定资产投资方向调节税暂行条例》的规定，按本项工程全部投资完成额的5%纳税。该部分估算为××万元。

（5）建设期利息。本项目固定投资中申请银行贷款××万元，贷款年利率××%，系统内各公司筹资××万元，年利率××%，借款利息当年支付，以单利计算，经计算，建设期利息为××万元。

二、流动资金估算

本项目采用扩大指标法估算，参照同类生产企业流动资金占用和周转情况，正常年份所需流动资金按每百元销售收入占用××元计算，正常年份所需流动资金××万元（其中投产后第1年需××万元，第2年需××万元，第3年需××万元）。

项目投资由固定资产投资和流动资金构成，经测算，本项目投资数额××万元，其中固定资产投资××万元，流动资金××万元（逐年投入）。

（续上）

三、资金筹措方式与筹资成本

（1）项目总资金筹措及项目筹资成本。本项目总投资××万元，自有资金××万元，由总公司拨付，土地使用权和已建房屋作价××万元，银行贷款××万元，年利率××%，总公司系统内各分公司集资××万元，年利率××%，尚有××万元需自筹或申请银行贷款。项目总资金成本为年利率××%。

（2）固定资产投资资金筹措和筹资成本。项目固定资产投资总额××万元，自有现金××万元，土地使用权和已建房屋作价××万元，申请银行贷款××万元，年利率××%，××集团总公司系统内部集资××万元，年利率××%，尚有××万元需追加银行贷款解决。固定资产投资筹资成本为年利率××%。

（3）流动资金筹措和筹资成本。项目建成后正常年份所需流动资金××万元，按生产负荷逐年投入。项目自有资金××万元，由集团总公司承诺。其余，尚需企业自筹或申请银行解决。第1年需××万元，第2年需××万元，第3年需××万元。

________有限公司财务部

________年____月____日

30.7　投资预算报告

投资预算报告

总经理办公室：

关于本公司在技术改造中决定增设____吨油压生产线和监控系统的投资问题，有关部门已提出三个投资方案。现对这三个方案（以下简称甲乙丙方案）的净现值作如下计算和分析比较：甲方案一次投资10万元，有效使用期为4年，期末无残值；乙、丙方案一次投资均为20万元，有效使用期均为5年；乙期末有残值5 000元，丙无残值。三个方案的利率均为18%。

三个方案的净现值计算分析表

金额单位：千元

	净利	年份	甲方案	乙方案	丙方案	每年现金净流量合计	净利	折旧	每年现金净流量合计
1	40	25	65	50	39.9	89.9	50	40	90

（续上）

（续表）

	净利	年份	甲方案	乙方案	丙方案	每年现金净流量合计	净利	折旧	每年现金净流量合计
2	40	25	65	50	39.9	89.9	50	40	90
3	40	25	65	50	39.9	89.9	50	40	90
4	40	25	65	50	39.9	89.9	50	40	90
5	—	—	—	50	39.9	89.9	50	40	90
合计	160	100	260	250	199.5	449.5	250	200	450

一、甲方案

查1元的年金现值表，4年、18%的年金现值系数为2.69。

甲方案未来报酬的总现值=每年现金净流量折成的现值

=65 000×2.69=174 850（元）

甲方案的净现值=未来报酬总现值−投资额=174 850−100 000=74 850（元）

二、乙方案

查1元的年金现值表，5年、18%的年金现值系数为3.127。

查1元的现值表，5年、18%的复利现值系数为0.437。

乙方案未来报酬总现值=每年现金净流量折成现值＋残值折成现值

=89 900×3.127＋5 000×0.437

=281 117＋2185

=283 302（元）

乙方案净现值=未来报酬总现值−投资额=283 302−200 000=83 302（元）

三、丙方案

因为1～5年现金净流量不等，不能采用与甲、乙两个方案类似的年金法，应按普通复利计算。查1元的现值表，复利现值系数分别为：1年、18%，0.847；2年、18%，0.718；3年、18%，0.609；4年、18%，0.516；5年、18%，0.437。

每年现金净流量折成现值：

第1年：60 000×0.847=50 820（元）

第2年：80 000×0.718=57 440（元）

第3年：90 000×0.609=54 810（元）

第4年：140 000×0.516=72 240（元）

第5年：80 000×0.437=34 960（元）

（续上）

丙方案未来报酬的总现值=50 820 + 57 440 + 54 810 + 72 240 + 34 960

= 270 270（元）

丙方案净现值=270 270−200 000=70 270（元）

通过上述计算，可以看出：甲、乙、丙三个方案净现值均为正数，都有可行性。如果不考虑投资时间长短及投资额多少，则乙方案最优；如果考虑这两个因素，则甲方案为最优。我们的意见也是以采用甲方案为好。以上测算，仅供参考。

_______有限公司财务部

_______年____月____日

第31章　资产管理文本

31.1　20××年年终资产盘点安排

20××年年终资产盘点安排

为加强公司资产管理，保证账实相符，确保资产数据的准确性，为生产计划及财务成本核算提供准确有效的数据，真实反映公司的资产使用及财务状况，需对公司全部资产进行盘点清查，并明确资产管理责任，加强资产的监督及有效管理。

一、盘点原则

严肃认真、实事求是、准确无误、账物相符。

二、盘点要求

1. 所有盘点人员需认真负责，分工合作，明确盘点责任。

2. 初盘人员确保对公司所有物资进行盘点（含固定资产、呆滞品及废品）。

3. 初盘人员对已盘点所有物资进行整理、归类，并作相应的标示，以便清楚反映物资的存放位置及数量等。

4. 初盘人员对已盘点的数据进行整理、汇总，做好物资盘点表，为复盘提供有效数据。

5. 核对盘点数据，对盘盈盘亏状况进行分析，并核查差异原因。

6. 提出盘盈盘亏处理方案，并依据公司领导决定进行处理。

7. 盘点结束后进行总结、分析。

三、盘点时间安排

初盘：20××年12月30日前

复盘：20××年12月30日至20××年12月31日

四、参加盘点人员及分工

初盘负责人及复盘人员主要职责：

1. 指导、监督盘点小组的盘点工作。

2. 协调盘点小组的盘点工作和与相关部门的沟通工作。

3. 审核、抽查、汇总、上报以上盘点小组的盘点结果。

分五个盘点小组，分组如下：

（续上）

分组	初盘负责人	复盘人	盘点内容
第一组	陈××	许××、向××、杨××	总部及厂区所有固定资产、办公用品
第二组	匡××、孙××、李××、赖××	赖××、许××、朱××、孙××、世××	仓库、生产现场、外发加工及研发部所有原材料、在制品、半成品、成品；所有生产设备、工具、模具
第三组	谭××、刘××	向××、谢××	仓库所有物料
第四组	各办事处负责人	易××、秦××	办公设备
第五组	各工地项目经理	谭××	外地工地库存、办公设备及办公用品

五、盘点具体工作安排

1. 盘点安排

于20××年12月30日早上8点30分将安排、要求及相关规定发到各小组负责人手中。

2. 盘点前各部门工作准备及要求

（1）各相关部门：将以前领用的仍存于办公室的试验产品、零部件、电器件、展示品、模具、其他借用品于12月27日以前全部归还仓库，如工作需要继续使用需从新办理借用手续。

（2）仓库：于12月29日前将库存物资整理完毕。

（3）车间：于12月29日前对生产现场物资进行清理、归类。

（4）采购部：于12月29日下午下班前，配合仓库做好需要退供应商的物资的工作。

（5）复盘负责人：于12月29日下午下班前，将初盘物资表格及盘点数据填报完整，并交至财务部，仓库必须准备好盘点卡。

3. 盘点具体工作安排

（1）复盘负责人12月30日组织本小组成员进行盘点。

（2）各盘点小组负责人在20××年1月7日下午下班前负责组织将盘点数据整理好，并单独列明需要重新审查、重新确认价值的物料，并将盘点表（含盘点电子文档）交到财务部。

（3）财务部在20××年1月8日下午下班前把需要重新审查、重新确认价值的物料明细表汇总上报领导处。

（4）财务部在20××年1月10日下午下班前把盘盈盘亏的物料明细表汇总交到领导处。

（5）由领导对需要重新审查、重新确认价值的物料或需要报废的物资进行审查、

（续上）

确认，并提出处理意见，于20××年1月15日下午下班前完成，并交到有关部门进行相关处理.

（6）由财务部负责在20××年1月20日下午下班前提交20××年年终大盘点总结报告。

××有限公司

20××年12月15日

31.2 固定资产盘点计划书

固定资产盘点计划书

一、盘点总体要求

固定资产管理员必须严格按照固定资产盘点计划的要求和程序执行到位，对固定资产进行分类，认真填写盘点明细表，保证不漏盘、不重盘，并在明细表备注上表明哪些固定资产盘盈或者哪些固定资产盘亏，对盘盈、盘亏、报废的固定资产要必须查明原因并加以文字说明，由相关领导在盘点明细表及文字说明材料上签字加以确认。

二、盘点范围

公司本部所有固定资产。

三、盘点工作期限

20××年×月×日至20××年×月×日。

四、盘点步骤

按固定资产类别对固定资产进行盘点工作，盘点工作与整理资料工作交叉进行，计划如下：

1. 根据财务部海图固定资产模块对固定资产的分类方法，设置固定资产类别（见附件1）。时间：20××年5月23日。

2. 制作固定资产盘点表（见附件2）。时间：20××年5月23日。

3. 根据资产类别设置，安排好盘点安排（见附件3），按资产类别进行实地盘点，并登记在固定资产盘点表上。时间：20××年5月24日至20××年5月26日。

4. 整理盘点底稿和财务的固定资产明细账进行核对，核对一致的在盘点底稿上标注资产编码，盘盈、盘亏、报废的在备注栏里面标识清楚。时间：20××年5月30日。

5. 将整理好的固定资产盘点表打印出来，交相关领导签署意见，对盘盈、盘亏以及报废的固定资产要根据签署意见及时处理。时间：20××年5月30日。

（续上）

6. 固定资产管理员根据固定资产盘点表和财务固定资产明细账登记固定资产台账（见附件4）。时间：20××年6月2日。

7. 根据固定资产台账做好固定资产卡片（见附件5），并在对应的固定资产上粘贴美观、牢固以备查。时间：20××年6月8日。

希望这次固定资产盘点工作各部门予以配合和大力支持。

附件1：固定资产类别

附件2：固定资产盘点表

附件3：盘点计划

附件4：固定资产台账

附加5：固定资产卡片

20××年××月××日

附件1

固定资产类别

序号	资产类别	资产列示
1	电子计算机及外围设备	服务器、电脑、笔记本、打印机、复印机、碎纸机、扫描仪、办公软件等类似或相关资产
2	通信设备	传真机、交换机、电话终端、电话机等类似或相关资产
3	家具用具及其他类	音响数码设备、办公桌椅柜、饮水机、窗帘、地毯等类似或相关资产
4	汽车	小车等类似或相关资产
5	生产用房	知春里等类似或相关资产
6	非生产用房	密云房产等类似或相关资产
7	非生产用设备及器具	密云设备等类似或相关资产

附件2

固定资产盘点表

资产类别：　　　　____年____月____日

序号	资产编号	资产名称	规格型号	单位	数量	使用地点	备注

公司领导：　　　　综合部经理：　　　　资产管理员：

（续上）

附件3

盘 点 安 排

资产类别	完成时限	备注
电子计算机及外围设备	20××年5月24日至20××年5月25日	
通信设备	20××年5月25日	
家具用具及其他类	20××年5月26日	
汽车	20××年5月26日	
生产用房	20××年5月26日	
非生产用房	20××年5月26日	
非生产用设备及器具	20××年5月26日	

附件4

固定资产台账

类别：

序号	资产编码	资产名称	规格型号	入账时间	入账价值	单位	数量	折旧年限	生产厂家	使用部门	使用人	备注

附件5

固定资产卡片

设备名称		设备编号	
规格型号		设备类别	
入账时间		入账价值	
使用部门		使用人	
生产厂家			

31.3　关于公司固定资产盘点的通知

关于公司固定资产盘点的通知

公司各部室：

为及时掌握长期资产的变动情况，进一步加强资产监督管理，保证资产的完整性，建立并完善公司各部门资产管理的台账，保证资产运用符合充分、经济及有效的原则，经中心领导研究，决定于20××年12月26日至20××年1月10日开展固定资产和低值易耗品的全面盘点工作，现将有关事项通知如下。

一、开展资产清查盘点的范围

公司拥有的所有固定资产和低值易耗品。

（1）固定资产是指企业使用期限超过1年且单位价值在500元及以上的房屋及建筑物、机器机械设备、运输工具以及其他与研发、设计、工程、经营有关的电脑打印等电子设备、测量器具、办公家具等。

（2）低值易耗品是指单位价值在500元之内且使用年限超过1年的经营、办公用资产，如固定电话、计算器、测量工具、手推车、万用表、工作台灯、微波炉、耳机、耳麦、多孔插座（5头及以上）等物品。

二、资产清查盘点的基准时间

本次资产清查盘点基准日为20××年12月25日，即在此时间之前购建的固定资产及低值易耗品均在盘点之列。

三、工作进度安排

1. 盘点表的发放（20××年12月26日）

固定资产及低值易耗品的盘点表由财务室李××发放给各部门资产管理员。

2. 自查盘点阶段（20××年12月26日至12月28日）

各部门应按实际占有、使用的资产，采取以物对账、以账对物、逐一核对盘点的方式进行，主要核对固定资产、低值易耗品的财务账、部门台账、资产实物是否一致，固定资产、低值易耗品标签是否粘贴完整以及资产是否完好等情况。

自查盘点工作结束后，各部门资产管理员根据盘点情况据实填写《中心固定资产盘点表》及《低值易耗品盘点表》中的实盘、盘盈、盘亏的数量，并对用于出借和需要报废的资产统一在备注栏中说明，于12月28日下班前将固定资产盘点表的电子版及经部门主管领导签字的纸质盘点表交给财务部李××处。

3. 抽查盘点阶段（12月29日至12月30日）

自查盘点结束后，财务部抽盘并检查资产标签粘贴情况。

4. 盘点报告阶段（20××年1月4日至1月10日）

财务部整理盘点资料并进行全面总结，统计盘盈、盘亏数量并查找其原因，出具盘点报告。财务部负责编制并出具盘点报告，由公司管理层作出处理意见。

四、盘点注意事项

1. 盘点方式

固定资产采取边盘点边贴资产标签的方式，同时资产管理员要做好资产台账登记。盘点人员需根据实物逐一盘点，在盘点表内注明实盘、盘盈或盘亏数量，根据资产使用状况，在盘点表中注明在用或闲置或报废等状态，同时登记并完善各部门的资产台账。

2. 资产编码编制及标签粘贴

标签内容主要是资产编码。固定资产、低值易耗品的资产编码已在盘点表中体现，各部门资产管理员根据已知的编码粘贴到对应的实物。已盘点过的资产需核对资产编码，如有变动需在备注中说明。

3. 盘点人员

资产自盘人员：各部室资产管理员

财务抽盘人员：财务室人员

财务协作人员：财务室出纳

五、工作要求

（1）固定资产清查盘点是各部门资产管理工作的重要内容，各部门必须高度重视，各部门需层层落实，确保此次资产清查盘点工作按期圆满完成。

（2）各部门应按实际使用的资产应据实填报。用于出借和需报废的资产在备注中说明，统一在固定资产盘点表中体现。

（3）提交资产电子数据同时提交打印好的纸质材料，纸质材料需经部门主管、资产管理员都签字认可。

（4）各部门主管必须在提交的材料上签字，并对固定资产、低值易耗品的真实性和完整性负责。

××有限责任公司

20××年12月19日

31.4 清理登记固定资产工作方案

清理登记固定资产工作方案

为了规范和加强集团公司各单位固定资产管理，维护固定资产安全，根据集团公司

（续上）

党委决定，结合我司实际，决定自20××年11月16日至12月5日对集团公司所属各单位及二级企业开展固定资产清理登记工作。具体实施方案如下。

一、工作目标

（1）核实财产、查清家底，做到账实相符。

（2）对集团公司所有固定资产进行造册登记，并对残损报废的固定资产按照有关规定进行处理。

（3）进一步建立健全固定资产管理的各项规章制度，形成一套适合我司实际的固定资产管理长效机制，防止国有资产流失，保证固定资产的安全和完整。

二、工作范围

单位价值在200元（含200元）以上的各类在用及未用物品均在清理登记范围。主要包括：

（1）专用设备类。指各类具有专门性能和专门用途的设备，包括各种仪器和机械设备等。如搅拌机、升降机、水平测试仪、电工类设备、物业类专用设备、保洁设备等。

（2）交通运输类设备。包括汽车、摩托车、电动车等。

（3）电气设备类。包括空调、消毒柜、电风扇、饮水机、电水壶等。

（4）电子产品及通信装备类。包括电话、手机、电脑、各种办公软件、复印机、打印机、传真机。

（5）文艺体育设备类。包括体育器材、音响设备。

（6）图书、文物及陈列品类。

（7）家具用具及其他类。家具用具指办公桌椅、文件柜、沙发、茶几等。

（8）其他类固定资产指未能包括在上述各项内的固定资产。

三、工作内容

（1）要对集团内使用和管理的固定资产进行全面清理和造册登记，已列入固定资产账的以固定资产卡片明细为准，未列入固定资产账的以实际物品为准，并指定资产管理员专人具体负责填报。

（2）在清理登记工作中发现存在固定资产流失、损失或被占用、借用等问题，要及时追回已流失或被占用、借用的固定资产。

（3）集团公司会计核算中心和办公室对全司固定资产进行核对，并建立真实、规范、统一的固定资产账目。

（4）建立健全固定资产管理办法。

四、方法步骤

（1）摸底清理统计阶段（11月16日至11月26日）。根据固定资产清理、登记的统一

（续上）

要求，各单位要相应成立固定资产清理工作小组，指定专人负责，按时组织人员严格进行固定资产清理、统计，建立账目。认真、如实、规范填写《集团总公司固定资产清查登记表》，并在登记表上明确资产使用人、责任人。

（2）核查阶段（11月27日至12月5日）。根据各单位上报的固定资产摸底情况，集团公司组织人员进行核实，做到账实相符，不重不漏。如属于已报废固定资产未及时作销账处理的，经查属实后，要作销账处理，同时要建立"账销案存"管理制度。

（3）固定资产入账汇总整理阶段（12月6日至12月10日）。经核实无误后的固定资产统一编号后，录入电脑。同时填写《集团总公司固定资产汇总表》。

（4）总结完善阶段。进一步完善资产管理，健全制度。并根据相关规定，制定《集团总公司固定资产管理办法》及其他涉及资产管理的制度。通过清理登记资产，要及时发现固定资产管理中的好经验好办法，认真总结推广，对管理不善造成财产损失的，要吸取教训，找出存在问题，改进管理措施。

五、工作要求

（1）加强领导。为了认真搞好这次固定资产清理登记工作，加强对固定资产清理登记工作的领导，成立以×××、×××、×××为成员的清理登记固定资产的工作领导小组，领导小组下设办公室，由×××负责具体工作。

（2）落实责任。此次清理登记工作时间紧、任务重，各单位要充分认识开展此项工作的重要性和必要性，积极配合固定资产清理登记工作组人员的清查登记工作。各单位部门负责人为第一责任人，切实履行好责任人的职责，认真抓好对本部门固定资产的监管工作。对所有的固定资产账目进行一次梳理，在各部门自行清查登记的基础上，各单位财务部门对应账目进行核对，并建立真实、规范、统一的固定资产账目。同时，要研究一个对固定资产进行有效管理的具体办法，清理登记固定资产的工作领导小组要对清查登记工作进行全程监督，发现有违规违纪的按纪按规进行处理。

（3）要实事求是。凡是在清理登记阶段能主动揭露问题、如实填报情况、及时采取整改措施的，对相关责任人员原则上不追究责任。对故意隐瞒、不如实填报的，对有关责任人将严格责任追究，予以通报批评、警告或党纪政纪处分，绝不姑息迁就。

（4）完善制度。通过本次固定资产清理登记工作，要克服清理不彻底、前清后不清的情况出现。采取切实可行的整改措施，建立切实可行的工作机制，在加快清理工作节奏的同时，加大内部管理力度，形成和完善长效管理机制。

20××年××月××日

31.5　关于印发《总公司清理登记固定资产工作方案》的通知

关于印发《总公司清理登记固定资产工作方案》的通知

集团公司所属各单位：

为全面准确掌握集团公司各单位及下属二级企业固定资产情况，维护固定资产安全，经集团公司党委研究决定，在集团公司范围内开展固定资产清理登记工作。现将《集团总公司清理登记固定资产工作方案》印发给你们，请认真贯彻执行。

附：《集团总公司清理登记固定资产工作方案》

二〇××年××月××日

31.6　固定资产盘点报告

固定资产盘点报告

一、基本情况介绍

1. 盘点目的：为了全面掌握固定资产的使用情况。

2. 盘点期间：20××年11月21日至20××年11月22日。

3. 盘点人员：×××、×××、×××。

4. 盘点方式：这次固定资产清查盘点工作主要是以核对账表方式进行逐一盘点。

为了全面掌握公司固定资产的使用情况，行政部与财务部于20××年11月21日组织固定资产逐一盘点，参与人员包括行政部刘作靖、石颖以及财务部×××。这次盘点总共历时两天，在大家的共同努力下顺利完成。本次盘点主要是对资产的数量、位置、使用人及其使用情况进行确认。

二、固定资产盘点范围及说明

1. 盘点范围

本次盘点，主要是针对为经营管理而持有的，使用寿命超过1年的机器设备、工具及其他与经营有关的工器具等。该资产有关的经济利益很可能流入公司，且成本能够可靠地计量时确认为固定资产。

2. 资产使用状况说明

本次报告中将分为放映设备、美食设备、运营设备、办公设备等几类进行梳理列示。

（1）放映设备

内容：主要包括数字电影放映机、3D设备、音频播放微机、银幕架等一些大型的放映机器设备。

（续上）

使用情况：经盘查，所有都在正常的使用当中，并未出现任何损毁等现象。主要设备均在正常运转，其中Schneider-普通35镜头2个（设备原值18 200.00元，已提折旧1 729.02元）、Schneider-ES一体镜55镜头一个（设备原值20 480.00元，已提折旧1 945.62元）、Schneider-ES一体镜52.5镜头一个（设备原值20 480.00元，已提折旧1 945.62元）全新闲置未使用。

（2）美食设备

内容：主要包括现调机工作台、爆米花机、净水系统等。

使用情况：主要设备均在正常运转。其中#8233E热狗连面包机（设备原值17 800.00元，已提折旧1 690.98元）全新闲置未使用。一台Hec-25L开水机（设备原值3 500.00元）损坏已无使用价值。

（3）运营设备

内容：LED全彩显示屏、PDP显示屏、触摸屏、自动售票机、票纸打印机等。

使用情况：主要设备均正常运转，其中三星PDP显示屏（设备原值4 600.00元，已提折旧436.98元）一台闲置存放于场务库房。

（4）办公设备

内容：主要包括服务器，蓄电池、嵌入式网络硬盘录像系统、IBM级服务器、交换机、电脑、铁卷柜、打印机等。

使用情况：主要设备均正常运转。其中一台惠普4321笔记本被员工×××带至北京。两把密码锁（设备原值3 827.2，已计提折旧363.58元）损坏，已无使用价值和可回收价值。

3. 具体盘点情况见附表（双击）

三、盘点资产存在的问题

固定资产作为公司总资产的重要组成部门，各部门（包括公司所有在职人员）均需要有足够的重视。不能有随意丢弃，或者其他不正确使用甚至损坏的行为。在此次盘点工作中发现，部分人员对自己工段的资产不够了解，存放地点不明确，这对部门以及公司对资产的管理造成不便。固定资产的认定及归类也不明确。比如说：

1. 3D眼镜、折叠椅等单价较小的物品不应计入固定资产，3D眼镜期初1 150个，20××年4月份购进450个作为低值易耗品入账，结余1 178个，实际损耗422个，这种前后的不一致性，影响财务数据的明晰性和准确性。

2. 在各个部门之间存在工器具相互借用和移动，但没有相关记录，容易导致资产的流失，也对资产盘查造成困难。

3. 资产盘点表中有些资产实际已经损坏或者报废，但由于没有办理相关手续而未

（续上）

及时更新相关信息。

4. 其中闲置的固定资产，计提折旧又不能为企业带来经济利益的流入，实际上是一种浪费。

四、盘点总结及建议

1. 固定资产入账的确认

对于新入账的固定资产，在公司财资部统一管理固定资产的原则下，按照固定资产的类别和管理要求，由有关部门负责归口分管，根据固定资产的使用地点，由各使用单位负责具体管理，并进一步落实到部门和个人，同时必须做好相关记录。

2. 加强固定资产的管理

（1）各部门派专人负责管理资产，定期组织固定资产的盘点，将资产的使用变更情况做好记录，并逐级上报，便于领导随时了解资产的相关信息。

（2）对于借入借出设备进行登记，设备转移，必须做好资产的交接工作。

（3）注意日常维护工作，以延长资产使用年限，尤其是机器设备，最好可以定期进行检查，避免因为设备问题影响产品质量。

（4）需要维修的资产，要及时上报。

3. 资产的后续管理

（1）财资部定期对固定资产进行清查，固定资产清查从盘点实物开始。在盘点过程中要认真核对账面价值，重新鉴定质量，查明存在的各种问题。合理计提资产的减值准备。

（2）盘点中如果发现盘盈、盘亏和毁损的固定资产，由负责保管或使用的部门查明原因，写出书面报告。固定资产盘亏、损毁系人为原因的，要及时追究相关人员赔偿责任。

（3）对于报废的固定资产，各个部门要及时办理相关申请、审批，并及时清理该资产，避免造成资产虚增。完好但未使用的设备要指定专人保管。

财务部

20××年××月××日

31.7　合同款项支付申请书

合同款项支付申请书

________：

我司与贵司于______年______月______日签订的“××合同”，总服务费为人民币

××元整。

我司按合同内容完成××工作，并得到××认可。现向贵司申请按照合同相关内容约定，支付合同款：

合同款为人民币________万元整，故本次应付款为：人民币__________万元整（¥__________）请贵司给予办理。我司提供下列收款银行账户资料：

开户名称：

开户银行：

银行账号：

贵公司按上述资料付款，如因我单位提供收款银行账户资料错误，导致相关款项支付不到位，由此产生的一切经济纠纷和责任由我单位承担。我单位承诺若上述收款银行账户资料发生变化会及时通知贵公司。

联系地址：

经办人：

联系电话：

QQ邮箱：

××有限公司

20××年××月××日

31.8 关于上报资金使用计划的通知

关于上报资金使用计划的通知

公司各部门、各子公司：

为了规范和加强公司资金使用的监督与管理，便于公司合理地调度资金，提高资金利用率，现规定如下。

一、为使公司各项费用开支做好事前有效控制，公司各部门、各系统、各子公司，每月依据年度计划编制《月度资金使用计划》

1. 各部门及系统资金支出实行“月度计划”或“项目计划”管理的办法。

（1）各部门的费用支出，根据发生业务的轻重缓急情况编报《月度资金使用计划》。

（2）研发系统的各科研课题按项目单独列支资金使用计划；要求列明项目的预算总额、已支出额、实施进度情况、资金需求额。

（3）销售公司、技术服务运营公司结合年度计划、已回款情况、单位盈利情况对

（续上）

日常经营费用、代理费单独编报《月度资金使用计划》；代理费支出要根据总额分月控制支付。

（4）销售公司、技术服务公司在上报《月度资金使用计划》同时加报《月度资金收入计划》。

2. 采购资金支出根据年度计划结合当月经营进度对下月生产、执行合同发货的预测安排作出“采购计划”。

资金使用部门按生产及发货计划和库存情况编制《月度资金使用计划》，明确购买的材料名称、对应的生产计划、销售合同、供应商、价格及数量、付款计划时间及最迟付款时间等。

3. 各子公司执行自签合同所需材料、配套仪器采购计划，由公司采购部统一申报。

4. 资本性支出计划：凡属固定资产购置的，如办公设备、检验设备等应参照公司固定资产管理制度，报固定资产管理部门备案并手续完备后申报。

5. 申报审批程序：《月度资金使用计划》经部门负责人审批，报主管副总审核签批后，按规定时间报公司财务部汇总（同时报送电子文档）；总裁财务助理召开资金计划会初审；财务审核后报总裁审批。

二、各部门、各系统及各子公司每月必须在25日以前上报下月的资金使用计划

××公司

20××年××月××日

31.9　关于实行月度资金计划工作的通知

关于实行月度资金计划工作的通知

公司各部门：

为准确掌握公司资金来源及运用情况，统筹各部门资金使用额度，减少资金冗余，提高资金使用效益。现决定自3月份起在全公司范围内实行月度资金计划工作。由各运营部门（含：××事业部、××事业部、××事业部、贸易部、工程分公司、××公司）和财务部分别填列，其他职能部门相关费用作为“管理部门其他费用”暂由财务部询问填列。具体要求如下：

1. 每月1日至31日为一个资金计划周期；本月最后一周总经办会议前3天，各运营部门将负责人审核签字后的下月月度资金计划表按时报公司财务部（同时报Excel电子

（续上）

文档一份，文档格式请勿修改变化），财务部汇总月度资金计划表，在本月最后一周的总经理办公会议上进行资金平衡，并将会议通过的月度资金计划表下发各部门及财务部执行。3月份月度资金计划表在3月8日前报送公司财务部，在3月10日的总经理办公会议上进行资金平衡。

2. 资金使用按照先计划后使用的原则，未列入月度资金计划的开支，财务部当月不予支付；确属临时紧急支付又未列入计划项目，作为计划外资金可单独申请支付。

3. 因各运营部门独立核算，请报此资金计划时充分考虑各自资金平衡，若已落实运营部门之间调剂资金来源的资金，在“内部拆借收入”或“内部拆借支出”填列。如拆借后自有资金仍不足，需从公司借入资金的，在“拨入贷款收入”填列。除前期核定拨付资金外新增拨入贷款，公司会提前通知归还，运营部门应列入资金计划，归还时在“归还贷款支出”填列。

4. 每月资金计划周期结束，财务部会将各部资金计划完成情况以资金偏差表方式在次月首次总经理办公会议中予以反馈。

5. 此通知的财务部工作对接人为董宏兵，联系电话××××××××。

6. 附件：新疆万通人钢结构有限公司月度资金计划表（样本）。

此通知自下发之日起执行。

××有限公司

20××年3月3日

附：

××有限公司月度资金计划表（样本）

部门：　　　　　　　　　　20××年3月份（3月1日至3月31日）

资金类别			明细说明	1日至10日	11日至20日	21日至31日	合计金额
各事业部及贸易公司填列项	本期资金收入	1. 销售回款	每月销售实际收到款包括预收和清欠				
		2. 租赁收入	设备租赁收入				
		3. 拨入贷款收入	公司拨入的外部贷款收入				
		4. 内部拆借收入	事业部之间按借款程序办理的借款				
		5. 其他收入	处置废料收入				

（续上）

（续表）

	资金类别		明细说明	1日至10日	11日至20日	21日至31日	合计金额
各事业部及贸易公司填列项	本期资金收入合计						
	本期资金支出	1. 设备支出	外购设备				
		2. 主材支出	主材支出				
		3. 辅材支出	辅材支出包括现金购买及挂账滚动结算材料				
		4. 在建工程支出	在建工程支出				
		5. 大修理费	大修理费				
		6. 材料运输费及吊装费	材料运输费及吊装费				
		7. 工资性支出	包含生产销售及事业部管理人员工资				
		8. 内部拆借支出	事业部之间按借款程序办理的还款				
		9. 归还贷款支出	贷款到期前归还公司前期拨入的外部贷款				
	本期资金支出合计						
公司财务部填列项	公司大项固定收入	1. 融资借款收入					
		2. 利息收入					
		3. 补贴收入					
		4. 个人往来借款			~	~	
	本期资金收入合计						
	公司大项固定支出	1. 公司在建工程支出					
		2. 管理部门工资	扣除事业部应承担的部门工资				
		3. 公司社保					
		4. 电话费					

（续上）

（续表）

	资金类别		明细说明	1日至10日	11日至20日	21日至31日	合计金额
公司财务部填列项	公司大项固定支出	5. 税金					
		6. 水电费					
		7. 归还贷款					
		8. 归还个人借款					
		9. 管理部门其他费用	扣除工资及折旧摊销金额外的管理费用				
		10. 销售部门其他费用	扣除工资及折旧摊销金额外的管理费用				
		11. 财务费用					
		12. 总经办支出					
		13. 培训费					
	本期资金支出合计						

审批：　　　　　　　　　　　　　　　　制表：

第32章　成本费用管理文本

32.1　财务成本分析报告

财务成本分析报告

今年，我公司根据集团加强成本控制的统一部署，采取各种措施强化内部管理，增收节支。半年来，通过增产增收措施，在提高劳动生产率、加速资金周转、增加盈利方面取得了较好效果。根据我公司的具体情况，现将生产、利润、成本三方面的经济活动进行初步分析。

一、经济指标完成概况

1. 工业总产值：完成53.74万美元，为年计划的53.70%，比上年同期增长15.70%。

2. 产品产量：甲产品完成1 190.84单量（标准套），为年计划的47.60%，比上年同期增产4.46%；乙产品完成917件，为年计划的44.10%，比上年同期增产16.70%；丁产品完成155副，为年计划的77.50%，比上年同期增长307.90%。

3. 全员劳动生产率：为16.28美元／人，比去年同期提高10.50%。

4. 产品销售收入：实现52.27万美元，占工业总产值的97.26%，比上年同期上升33.10%。

5. 利润：

（1）实现利润总额4.57万美元，为年计划的57.13%，比上年同期增长18.80%。

（2）应缴利税2.52万美元，为年计划的63%，其中应缴所得税2.21万美元（已按期缴纳）；资金占用费0.25万美元，已全部按期缴纳。应缴上年利润0.15万美元，已全部按期缴纳。

（3）企业留利2.55万美元，比上年全年实际所得增长55.90%，其中，分配上年超收尾数0.1万美元。

6. 成本：全部商品总成本45.19万美元，比上年同期上升17.40%；百元产值成本84.07美元，比上年同期上升1.21%。

7. 资金：定额流动资金周转天数148.4天，比计划加速11.60%，比上年同期加速28.6%。

百元产值占用金额流动资金40.08元，比上年同期下降8.72%。

定额流动资金平均占用金额43.08万美元，比上年同期下降2.24万美元。

（续上）

在以上各项指标中可见：工业总产值、利润、资金周转已分别超过了历史最高水平。

二、生产任务完成情况分析

从产品结构变化看：

表1 ××公司产品结构对比表

产品名称	本年1~6月占比重	上年同期占比重	本年比上年
甲	55.2%	61.4%	-6.2%
乙	21.5%	16.0%	8.0%
丙	18.0%	17.9%	+0.1%
丁	2.3%	0.6%	+1.7%
其他	3.0%	3.3%	-0.3%

从增产比看：

表2 ××公司产品增产情况

产品名称	本年比上年增产（万美元）	占增产百分比
甲	1.15	15.8%
乙	3.76	51.6%
丙	1.39	19.2%
丁	0.98	13.4%
合计	7.28	100.1%

从完成供货合同看，乙、丙产品均在90%以上，而甲仅完成53%。

以上数值表明，我公司上半年抓乙和丙的增产效果较好，成绩显著。这两种产品产值的增长占全部增产的70%。

甲产品虽然也有增产，但幅度不大，与同年计划相比还未过半。在结构上，它在全厂产值中的比例由去年61.40%下降到今年的55.20%，同时由于不能严格执行供货合同，拖期交货情况较为突出，从而影响了经济效益的全面提高。因此，如何组织好甲产品生产，按时保质完成供货合同，不断满足市场需要，成为下半年摆在我公司面前极为紧迫的任务。

三、利润指标分析

1. 产品销售利润因素分析

（续上）

表3 ××公司产品销售利润因素分析表

影响因素	单位	本年1～6月实际	上年同期实际	本年比上年	影响利润总额
销售收入	美元	522 678.00	392 700.00	+129 987.00	+15 638.00
销售成本率	%	83.26	82.97	+0.29	−1 515.00
销售现金率	%	6.56	5.00	+1.56	−8 154.00
销售利润率	%	10.18	12.03	−1.85	+5 696.00

2. 其他销售利润及营业外支出因素分析

表4 ××公司其他利润及营业支出因素分析表

影响因素	单位	本年1～6月实际	上年同期实际	影响利润
其他销售利润	美元	4 375.00	1 815.00	+2 560.00
营业外支出	美元	9 384.00	8 105.00	−1 279.00
合计				+1 281.00

以上数据表明：今年我公司产品销售利润与上年相比是下降的，主要原因是销售税率的上升，上半年我公司由于税率上升1.56%，多缴税8 154美元，减利8 154美元。同时销售成本率上升0.29%，减利1 515美元。但是，上半年我公司大抓了产品销售工作，同上年相比，增加销售收入129 978美元，收入增加使利润实现额上升15 638美元，增减因素相抵后，净增利润7 246美元。因此，今年利润总额上升的主要因素是销售收入的增长。同时要看到，虽然我公司今年增产和销售上升幅度较大，但是产品销售成本并没有下降，经济效益并没有提高，这就应进一步从产品成本上分析原因。

四、成本分析

1. 从百元产值成本指标对比分析说明公司成本升降原因

表5 ××公司产品成本分析

项目	单位	本年1～6月实际	上年同期实际	本年比上年
产品产值	万美元	53.74	46.46	+7.28
全部产品总成本	万美元	45.19	38.50	+6.69
百元产值成本	美元	84.09	82.58	+1.51
其中：材料	美元	32.98	24.85	+8.13
工资	美元	11.79	14.11	−2.32
费用	美元	39.32	43.92	−4.60

（续上）

增产、提高劳动生产率使百元产值中的工资成本相对下降。其中，工资相对下降2.32%，费用下降4.60%。突出的因素是材料成本上升8.13%，从而抵销了工资、费用的下降，净升1.21%。

2. 按产品类别分析单位产品平均材料成本

表6 ××公司单位产品平均材料成本

主要产品名称	单位	本年实际	上年实际	本年比上年
甲	美元/套	88.89	61.77	+27.12
乙	美元/根	54.88	49.97	+4.91
丙	美元/件	24.20	20.00	+4.20

从上表看出，每一种产品的原材料上升幅度都较大。其中甲产品每套上升27.12美元，乙产品每根上升4.91美元，丙产品每件上升4.20美元，按总产量计算，材料总成本共上升43 694美元。

××有限公司

20××年×月×日

32.2 ××公司电子商务的成本分析报告

××公司电子商务的成本分析报告

一、电子商务的定价目标

网上购物的成本包括上网费、信息费、网上支付、信息安全以及送商品到客户家庭等所有费用的总和。这种费用的总和只有在低于传统方式购物的情况下，顾客才会乐于采用。此外，商品的外观、质量保证和送达时间、售后服务等一系列购物操作，必须能够满足顾客的购物心理，而且这种满足感至少不能低于传统方式购物的度量指标。

但总的来说，电子商务必须要让所有的用户体会到“更快捷、更方便、更价廉”的基本特点，必须满足网上交易用户“放心、满足”的购物心态，这是电子商务定价的终极目标。

二、电子商务的成本分析

电子商务的成本指客户应用其中的软硬件配置、学习和使用、信息获得、网上支付、信息安全、物流配送、售后服务以及商品在生产和流通过程中所需的费用总和。

（一）技术成本

1. 软、硬件成本。

（续上）

2. 学习成本。

3. 维护成本等。

（二）安全成本

1. 软、硬件的安装使用。

2. 安全协议规章的学习。

3. 培训。

4. 技术学习等。

（三）配送成本

1. 存储费用。

2. 运输费用。

3. 配送人员的开支等。

（四）客户成本

1. 上网费。

2. 咨询费。

3. 交易成本。

4. 操作学习费用等。

（五）法律成本

1. 网上交易纠纷的司法裁定、司法权限；跨国、跨地区网上交易时，法律的适用性、非歧视性等。

2. 安全与保密、数字签名、授权认证中心（CA）管理。

3. 网络犯罪的法律适用性：包括欺诈、防伪、盗窃、网上证据采集及其有效性。

4. 进出口及关税管理，各种税制。

5. 知识产权保护：包括出版、软件、信息等。

6. 隐私权：包括对个人数据的采集、修改、使用、传播等。

7. 与网上商务有关的标准统一及转换：包括各种编码、数据格式、网络协议等。

（六）风险成本

风险成本是一种隐形成本，成本的形成是由不好确定、不易把握的因素构成的，如网站人才的流失，病毒、黑客的袭击，新技术的迅速发展所导致的硬件、软件的更新换代等。

三、问题分析

（略）

四、建议与意见

（略）

32.3 产品成本分析报告

产品成本分析报告

××公司成本核算工作分为以下三大部分独立进行：PTC车间成本核算、装配1（四楼）车间成本核算及装配2（三楼）车间成本核算。现根据（ ）月份的成本计算结果，结合目标成本（定额成本）的执行情况，简要分析如下。

一、（ ）月份××公司各车间产品种数及其盈亏状况

（ ）月份××公司各车间产品种数及其盈亏状况，如下表。

车间/部门	产品种数	盈利产品	亏损产品
PTC车间			
装配1车间			
装配2车间			

亏损产品成本资料：详见“××公司目标成本控制结算表”

二、对产品盈亏状况简要分析如下

1. PTC车间

（1）据统计，（ ）月份PTC车间生产产品____种，其中盈利产品____种，占____%；亏损产品____种，占____%。

（2）盈利的____种产品中，按边际贡献率由大到小排列，前____名产品见下表。

序号	边际贡献率	品名/规格	本月产量
1			
2			
3			
4			
5			
6			
7			
…			

（3）亏损的____种产品中，按边际贡献率绝对值从大到小，倒数____种产品排列如下：

（续上）

序号	边际贡献率	品名/规格	本月产量
1			
2			
3			
4			
5			
6			
7			
8			
9			
10			
…			

2. 装配1车间

（1）……

（2）……

（3）……

3. 装配2车间

（1）……

（2）……

（3）……

三、对主要产品成本项目简要分析如下

1. 本次分析将①______、②______、③______……确定为主要产品，其相关成本资料见“主要产品单位成本表”。

2. 对“主要产品单位成本表”作如下分析。

（1）从表中数据可知，______产品的“本月实际”单位成本（　）元比本年计划（　）上升/下降了____元（上升/下降百分比为____%）；比上年实际（　）元上升/下降了____元（上升/下降百分比为____%）；比历史先进水平（　）元上升/下降了____元（上升/下降百分比为____%）。

（2）根据上述变动结果，现对______产品各成本项目作如下分析：

（Ⅰ）直接材料成本项目分析。［见后（Ⅳ）①主要材料成本分析］

（续上）

主要产品单位成本表

产品名称：　　　　产品销售单价：
规格：　　　　本月实际产量：
计量单位：　　　　本年累计产量：
编制单位：　　　　年　　月　　　　金额单位：元

成本项目	历史先进水平	上年实际平均	本年计划	本月实际	本年累计实际平均
直接材料 直接人工 制造费用 产品单位成本					
主要经济技术指标	用量	用量	用量	用量	用量
1. 主要材料 a. b. c. 2. 耗用电费					

（Ⅱ）直接人工成本项目分析（采用差额计算分析法）。

××产品单位直接人工成本对比表

	单位产品工时	每小时工资	直接人工成本
计划/目标	a_0	b_0	C_0
本月实际	a_1	b_1	$C1$
差异	Δa	Δb	ΔC

由此可见，××产品直接人工成本本月实际比计划/目标成本降低（升高）了ΔC元，有关计算如下：

单位产品工时变动的影响=（a_1-a_0）$\times b_0=x_1$

每小时工资变动的影响=$a_1\times$（b_1-b_0）=x_2

影响程度合计=$x_1+x_2=x$（元）

以上计算表明：该产品直接人工成本节约（超支）ΔC元，完全是单位产品工时消耗节约的结果，而每小时的工资费用则是超支的，它抵销了一部分由于工时消耗节约所

（续上）

产生的成本降低额。应该进一步查明单位产品工时消耗节约和每小时工资费用超支的原因。

（Ⅲ）制造费用成本项目分析：

××产品单位制造费用成本对比表

	单位产品工时	每小时制造费用	制造费用成本
计划/目标	a_0	b_0	C_0
本月实际	a_1	b_1	C_1
差异	Δa	Δb	ΔC

由此可见，××产品制造费用成本本月实际比计划/目标成本降低（升高）了ΔC元，现采用差额计算分析法对其进行分析，有关计算如下：

单位产品工时变动的影响=（a_1-a_0）×$b_0=x_1$

每小时制造费用变动的影响=a_1×（b_1-b_0）$=x_2$

影响程度合计$=x_1+x_2=x$（元）

以上计算结果表明：该产品制造费用成本超支（节约）了ΔC元，完全是由每小时制造费用超支造成的，而从单位产品工时消耗来看，还是节约的，它抵销了一部分由于每小时制造费用超支带来的制造费用成本超支额。应该进一步查明单位产品工时消耗节约和每小时制造费用超支的原因。

（Ⅳ）主要经济技术指标项目的分析：

①主要材料：

××产品单位直接材料成本对比表

某 某 材 料

	材料消耗量（单位）	材料单价（元/单位）	直接材料成本（元）
计划/目标	a_0	b_0	C_0
本月实际	a_1	b_1	C_1
差异	Δa	Δb	ΔC

从上表可以看出，××产品某某直接材料成本本月实际比计划/目标成本节约（超支）了ΔC元，现采用差额计算分析法对其影响因素进行分析，有关计算如下：

材料消耗数量变动的影响=（a_1-a_0）×$b_0=x_1$

材料单价变动的影响=a_1×（b_1-b_0）$=x_2$

（续上）

影响程度合计＝$x_1+x_2=x$（元）

以上计算结果表明：该产品由于材料超定额消耗Δa单位，是材料成本超支了x_1元；而由于材料价格降低（由b_0元降为b_1元），使材料费用节约了x_2元。相抵之后，净节约x元。由此可见，该种产品材料价格降低的节约掩盖了材料超额消耗所引起的材料成本的超支，直接材料成本虽然账面上显示为节约了ΔC元，却不是成本管理工作的成绩。应进一步查明材料超额消耗的原因，并于生产管理中采取措施减少浪费。

②耗用电费（参考上述方法进行分析）。

四、有关建议

根据以上几点分析可知，××车间仍未摆脱成本居高不下的状况。主要表现为材料损耗较大，返修率高，工薪制定不够合理，产量不饱和及生产效率不高等方面。针对以上问题，提出以下建议：

（1）严格执行各产品的材料消耗定额，实行限额领料制度，控制生产成本。

（2）继续加强材料消耗的跟单盘点工作，严格办理对多余物料的退仓手续。

（3）增加产量，提高生产效率，进而降低产品的单位直接人工成本。

（4）实行对车间可控成本的控制，减少开支，从而使产品费用最小化。

（5）严格控制产品质量，实行制度化的控制，以减少质量事故的发生。

（6）挖掘产品成本潜力，调整产品结构。

……

32.4 公司生产成本分析报告

公司生产成本分析报告

根据我公司情况，现将生产、主营利润、成本进行初步分析。

一、基本情况

1. 产量及其变化情况

20××年3月，我公司产量为_____吨，比上年同期减产。其中，_____（产品名）本月产量_____吨，比上年同期减产_____吨，割板本月产量_____吨，比上年同期减产_____吨，来料加工本月生产_____吨，比上年同期减产_____%，工具本月产量_____吨，比上年同期减产_____%。

公司本年产量及其变化见下表：

（续上）

产量及其变化

项目	本年累计产量（1–3月）	上月产量	本月产量	本月比上月增长
锻件				
模块				
割板				
来料加工				
工具				
合计				

2. 产品销售收入及其变化情况

20××年3月，我公司实现销售收入______元，比上年同期增长______%。其中，公司本月生产销售收入______元，比上年同期减少______%；其他业务收入______元，比上年同期增长______%。

公司本年销售收入及变化见下表。

收入变化情况表

项目	本年累计收入（1～3月）		本月收入		本月比上月增长		其他销售收入
	生产销售收入	其他销售收入	其他销售收入	生产销售收入	其他销售收入	生产销售收入	
锻件							
模块							
割板							
来料加工							
合计							

3. 主营业务利润

20××年3月，我公司生产实现主营业务利润______元，比上年同期减少______%。公司本年主营业务利润及变化见下表。

（续上）

利润变化情况表

项目	本年累计利润（1～3月）	上月利润	本月利润	本月比上月增长
锻件				
模块				
割板				
来料加工				
合计				

4. 生产成本

20××年3月，我公司产品生产成本为______元，比上年同期增长______%。

成本变化情况表

项目	本年累计成本（1～3月）	上月成本	本月成本	本月比上月增长
锻件				
模块				
割板				
来料加工				
合计				

二、本月成本分析

20××年3月，我公司生产销售收入为______元，生产成本为______元，生产亏损______元。其中，锻件亏损______元，模块盈利______元，割板盈利______元，来料加工盈利______元。

1. 产品总成本分析

对产品总成本的分析，一般来说，分为按成本项目和按产品种类来分析。我们采用按成本项目进行本公司的成本分析。

产品的成本由材料、人工、制造费用三部分构成。结合我公司的实际情况，便于公司管理层对成本的控制。我公司的产品成本构成可分为：直接材料、辅料、电、煤、人工、废品损失、制造费用七个部分。

（续上）

20××年3月，我公司成本构成比率为：直接材料成本比率______，辅料成本比率______、电成本比率______、煤成本比率________、人工成本比率______、制造费用成本比率______。2月份构成比率为：直接材料为______、辅料为______、电为______、煤为______、人工成本为______、制造费用为______、废品损失为______。根据上面各项构成比率可以看出，本月构成比上月有较大变动，由于20××年2月，我国的传统节日——春节——发生在当月，造成比率有较大的变动，我们采用20××年1月为对比对象。20××年1月，我公司成本构成比率为：直接材料为______%、辅料为______%、电为______%、煤为______%、人工为______%、制造费用为______%、废品损失为______%。通过3月与1月对比，可以看出本月比1月有较大变动，应当进一步查明这些变动的原因以及变动是否合理。通过对比，我们发现直接材料比率比1月增加______，其他成本构成比率均比1月减少，甚至有些比率变动不大。我们对其中变动较大的构成比率进行分析。我公司20××年3月产量为______吨，领用原材料______吨，均比1月的产量为______吨和领用的原材料多______吨，而导致材料成本比率上升。因此，我们认为，材料成本的变动是不合理的。3月的制造费用比1月减少______元，其原因为工资、修理费、劳防用品费用的减少。因此，我们认为这些变动是合理的。

在实际工作中，我们可以通过计算两个性质不同而又相关的指标的比率，来反映企业经济效益的好坏，称之为相关指标比率分析。一般来说，我们通过产值成本率、销售收入成本率、成本利润率三个比率来反映。产值成本率和销售收入成本率高的企业经济效益差，这两种比率低的企业经济效益好。而成本利润率则与之相反，成本利润率高的企业经济效益好，成本利润率低的企业经济效益差。

20××年3月，我公司产值成本率为______%，销售收入成本率为______%，成本利润率为______%。通过这三种比率，我们可以看出我公司的经济效益。

2. 产品单位成本分析

20××年3月，我公司锻件销售______元，销售成本______元，亏损______元；模块销售______元，成本______元，盈利______元；割板销售______元，成本______元，盈利______元；来料加工销售______元，成本______元，盈利______元。由以上数据，我们发现，锻件本月处于亏损状态。我们将对其进行分析，查找其亏损原因。通过对锻件销售的各产品的分析，我们选取了主营业务亏损额度大于______元的产品进行分析。

具体见下表。

（续上）

产品单位成本分析

客户	合同号	销售单价（含税）	销售收入		生产成本					亏损金额
					总计		成本项目			
			开票重量或数量	金额（不含税）	生产重量	成本金额	直接材料	直接人工	制造费用	

通过上表，我们发现，锻件产品的亏损主要是由以上____种产品的亏损造成的，总额为____元。由于公司存在开票重量和生产重量不一致而致使产品发生亏损，而上述产品没有出现这种情况，需进一步查明原因。我们决定对其各主要成本项目进行分析。

比 重 分 析

客户	合同号	直接材料比率	直接人工比率	制造费用比率

我们发现，上述产品的生产完工时间均在本年度。因此，我们采用各成本项目比率与本年总比率进行对比的方法，来查找原因。20××年度（1～3月）我公司直接材料成本比率为______，直接人工成本比率为______，制造费用成本比率为______。上述产品的成本项目与本年相比，直接材料成本比率增加了______、直接人工比率减少了______、制造费用比率减少了______。各产品成本项目与本年对比见下表。

（续上）

各产品成本项目与本年对比表

客户	合同号	直接材料比率		直接人工比率		制造费用比率	
		本月	比本年增减	本月	比本年增减	本月	比本年增减
总计							

通过对比，我们发现，上述产品的直接材料比率比本年比率平均高出______。因此，我们认为是材料的原因导致产品成本的偏高。

第33章　账款管理文本

33.1　资信等级评估委托协议书

资信等级评估委托协议书

甲方：××信用评价有限公司

乙方：____________________（企业全称）

为推进企业信用体系建设，提升企业信用水平，优化企业融资环境，有效地防范和化解银行信贷风险，维护金融稳定，根据《中华人民共和国中小企业促进法》和《中国人民银行信用评级管理指导意见》的要求，以及各地市人民银行结合实际情况组织各商业银行制定的《银行借款企业信用评级工作方案》，现就委托开展信用评级事宜，甲乙双方达成如下协议：

一、乙方义务

1. 按资信评估（信用诚信认证）通行惯例，乙方向甲方提供以下评估资料：

（1）申请文本。乙方应按填写须知要求如实填写申请文本。

（2）前3年经审计或推荐银行审核的财务报表（资产负债表、利润表、现金流量表）。凡3月31日以后申报的企业，应加报最近月份的报表。财务报表须经会计师事务所审计，如因特殊原因未能审计，需经主管部门签章确认。

（3）营业执照（副本）、组织机构代码证和机构信用代码证复印件。

（4）企业和法定代表人拥有的相关资质、专利、荣誉等证书复印件。

（5）其他需要说明的材料。

2. 乙方保证所提供的财务报表和各种文件资料的真实性、准确性和完整性，如因乙方原因提供的文件资料不及时、不完整，致使甲方未能按期完成评级工作的，甲方不承担违约责任。

3. 乙方同意按照物价部门统一核准的收费标准向甲方支付资信评估费。

双方商定，乙方支付评估费用为______元。

4. 乙方同意在资信等级有效期内，接受甲方对乙方评级结果在有关媒体上的统一公告和后续跟踪调查，并向甲方提供所需真实资料。甲方如需对乙方的情况和资料进行调查、核实，乙方应给予支持配合和提供工作方便。

（续上）

5. 在资信等级有效期内，乙方应将企业在经营、财务及人事等方面影响企业的重大变化及时告知甲方，如因乙方未告知、未及时或未全部告知而影响企业所评等级发生变化的，甲方不负违约责任。

二、甲方义务

1. 甲方遵照独立、客观、公正、科学的原则，根据人民银行总行、分行有关借款企业信用评级的规范要求，结合国家有关政策，做好信用评级专业工作，并为乙方严守商业秘密。

2. 甲方负责将评估结果通知乙方，乙方自收到《信用评级分析报告》之日起5个工作日内，如对评级结果有任何异议，可以书面形式提出一次性复评要求，并提交复评补充资料。否则，视为乙方对评级结果无异议。

3. 甲方对评估结果的真实性（因乙方原因导致结果不真实的情况除外）承担有限责任。

4. 甲方负责向乙方出具企业资信等级证书、评级报告和铭牌。

三、乙方权利

1. 乙方有权向甲方咨询评级工作进展情况和相关内容。

2. 乙方有权阐述对具体问题的意见和建议。

3. 乙方对所评等级有异议，在收到评估结果通知后5个工作日内，有权向甲方提出复评申请。甲方应在收到乙方复评要求及相关材料后3个工作日内作出是否受理复评的答复，如甲方受理复评，则复评期限不应超过15天，并出具《复评报告》。

4. 如甲方评级人员不按协议履行其职责，给乙方造成经济损失，乙方有权要求甲方更换评级人员，直至终止协议并要求甲方承担相应的赔偿责任。

四、甲方权利

1. 在评级过程中，甲方有权进行现场专访，乙方应给予积极配合，并如实客观反映情况。

2. 在评级过程中，如乙方提供的资料不明确时，甲方可向乙方发出书面函件，乙方应及时给予书面回复。

3. 在评级过程中，甲方有权对乙方与本次评级业务相关联的其他方就有关评级问题进行专访或查询。

五、资信等级评定结果有效期为1年，自颁证之日起计算

六、本协议经甲、乙双方法定代表人（或主要负责人）签章并加盖单位公章后生效

七、本协议如有未尽事宜，由双方协商解决

（续上）

八、协议一式二份，甲、乙双方各执一份，具有同等法律效力

甲方：××信用评价有限公司	乙方：
法定代表人：	法定代表人：
	（或主要负责人）：
地址：	地址：
邮编：	邮编：
电话：	电话：
传真：	传真：
联系人：	联系人：
E～mail：	
网址：	

签约日期：____年____月____日

33.2　客户资信确定报告

关于××客户××年度认定××级××客户并核定授信××万元的调查报告

××客户为我公司20××年度××级××客户，年度授信××万元。20××年年末及调查日（20××年××月××日），该客户在我公司非低风险信用余额分别为××万元和××万元。经调查，拟认定该客户为20××年度××级××客户，并申请核定授信金额××万元。

本事项采取的调查方法、调查程序、基本可以认定真实的相关资料及认定依据、无法认定是否真实的相关资料及无法认定的原因等情况说明。

客户基本情况为：

（一）历史沿革、注册地、注册资本、实收资本（实收资本小于注册资本的，尚需说明实收资本有未按规定期限到位，未到位的资本金是否能够按规定、到限到位）、出资人、股权结构，占地面积、建筑面积、土地及厂房权证办理情况、员工人数及结构，主要出资人背景状况及实力；其中注册资本及构成要求调查人员对注册资本来源、真实性、有无虚假出资和抽逃资金等情况进行确认。

（二）组织架构、内部决策管理及财务管理模式；存在哪些关联企业，这些关联企

（续上）

业概况及经营情况简况，集团性客户还须介绍各成员企业、组织架构、业务分工、财务管理模式等。

（三）高级管理人员的主要经历、信用记录、管理经验和经营业绩等情况。

（四）发展战略、经营范围、主导产品、技术保障及研发能力；并确认有无盲目扩张、脱离主业经营等情况。

（五）所从事的行业受国家宏观经济政策、产业政策、行业政策的影响、行业发展趋势；

（六）生产经营的合法性，如营业执照、贷款卡等证照的年检情况。

××有限公司（公章）

____年____月____日

33.3　资信证明申请书

资信证明申请书

致：××银行××支行

我公司现因参加××招标公司举办的编号为××的招标项目，需向其出具资信证明，证明我公司在贵行无贷款和欠款记录，结算无不良记录。

具体情况如下：

开户行：××

银行××

支行账户名称：××

公司账号：××

我公司承诺：贵行出具的资信证明系根据我单位要求出具，仅限投标使用，我单位用于其他用途或其他第三方因使用而造成的后果，概与贵行无关。

特此申请

××有限公司（公章）

____年____月____日

33.4 收款信息确认函

收款信息确认函

××有限公司：

请将款额______元，大写：________________________________

汇入我公司下列账户：

户名：

开户行：

账号：

贵公司将款项汇入上述账户后，我公司将及时为贵公司出具收款收据。本传真件与原件内容一致，具有法律效力！

现金打卡手续费由收款方承担。

谢谢合作！

经办人：

收款方：××有限公司（公章）

____年____月____日

33.5 预付款申请书

预付款申请书

致________：

我公司承建贵司______________项目，并已和贵司签订《______合同》，根据该合同____条款规定“____________________”，特此向贵司提出支付预付款申请。

请贵司尽快付款，谢谢！

本合同总价为：大写：____________________________，小写：________。

本次应支付预付款总额为合同总价的________：大写：______________________，小写：________。

申请人：__________

日期：____年____月____日

33.6　合同款项支付申请书

合同款项支付申请书

××××：

我司与贵司于____年____月____日签订的“××××合同”，总服务费为人民币××××元整。

我司按合同内容完成×××工作，并得到×××××认可。现向贵司申请按照合同相关内容约定，支付合同款：

合同款为人民币×××万元整，故本次应付款为：人民币××××元整（¥××××）请贵司给予办理。我司提供下列收款银行账户资料：

开户名称：

开户银行：

银行账号：

贵公司按上述资料付款，如因我单位提供收款银行账户资料错误，导致相关款项支付不到位，则由此产生的一切经济纠纷和责任由我单位承担。我单位承诺若上述收款银行账户资料发生变化会及时通知贵公司。

联系地址：

经办人：

联系电话：

QQ邮箱：

××有限公司

20××年××月××日

33.7　××公司20××年度“坏账损失”专项报告

××公司20××年度“坏账损失”专项报告

××国税局：

我公司20××年12月对部分无法回收的3年以上应收账款进行了核销，现分别就部分坏账损失的相关情况作如下专项报告：

1. 20××年1月，我公司销售给××公司复合面料共计货款4 423.24元，后多次电话催要，一直未能收回；此后一直未与该公司发生销售业务。

2. 20××年2～4月份，我公司销售给××有限公司的复合面料两笔共计货款

（续上）

3 929.93元，我公司多次催要，对方以产品质量有问题拒付货款，此后一直未与该公司发生销售业务。

3. 20××年5月，我公司销售给××有限责任公司海绵2 368米计货款5 233.28元，所欠尾款66.08元，多次催要仍未能收回。此后一直未与该公司发生销售业务。

4. 20××年8月，我公司销售××有限公司海绵共计货款483.20元，后多次催要一直未能收回，此后一直未与该公司发生销售业务。

以上四笔应收账款共计8 902.45元，实际已逾期4年以上且确实无法收回，故会计上已作坏账处理，特此报告！

附：相关资料复印件10份

××有限公司

20××年5月2日

33.8 关于核销部分坏账损失的专项公告

关于核销部分坏账损失的专项公告

本公司及董事会全体成员保证公告内容真实、准确、完整，没有虚假记载、误导性陈述或重大遗漏。

××科技股份有限公司（以下简称“公司”）决定对部分无法回收的应收账款进行核销，现分别就部分坏账损失的相关情况作如下专项报告：

一、应收客户上海××发展公司的坏账核销情况报告

我公司应收上海××发展公司项目转让余款430万元自20××年至今多次催要，仍未能收回。依据会计准则有关规定，公司就此项款项每年都计提了应收账款的坏账准备，20××年将余额（172万元）全额计提完毕。鉴于上海××发展公司在20××年10月29日被上海市工商行政管理局吊销营业执照，公司决定核销此项坏账损失并保留追索权利。

二、应收客户北京××电子公司的坏账核销情况报告

我公司子公司北京××置业有限公司（以下简称“北京置业”）应收北京××电子公司往来借款余款250万元，自20××年至今多次催要，仍未能收回。为真实反映公司资产情况，北京置业于20××年计提150万元坏账准备，20××年将余额（100万元）全

（续上）

额计提完毕。鉴于北京××电子公司在20××年2月13日被北京市工商行政管理局吊销营业执照，公司决定同意北京置业核销此项坏账损失并保留追索权利。

上述两项坏账损失均在以前年度全额计提坏账准备，故对报告期及以后年度利润无影响。

三、公司董事会于12月5日召开的第七届董事会第十三次会议上，以8票同意，无反对票和弃权票批准本公司核销上述坏账损失430万元、批准北京置业核销上述坏账损失250万元。

四、独立董事、监事会意见

本次核销应收账款430万元坏账损失以及其他应收款250万元坏账损失，符合公司的实际情况；此两项坏账准备已在以前年度全额计提，本次核销对公司当期利润不会产生影响；此次核销程序合法，依据充分，没有损害公司和股东利益。经核查，本次坏账损失430万元属公司客户形成，250万元属控股子公司北京国农置业有限公司与北京北大方正指纹电子公司往来借款，均与公司无关联关系。

监事会对此发表意见，认为本次坏账核销程序合法、依据充分，符合相关会计政策要求，同意公司对上述坏账进行核销。

特此公告。

××科技股份有限公司

董事会

20××年××月××日

33.9　企业坏账损失所得税税前扣除申请报告

企业坏账损失所得税税前扣除申请报告

××税务所：

我单位（全称）____________________，企业性质是________，我单位经营范围：____，注册资金__________元。____年度，发生坏账损失______元，具体情况如下：

1. 坏账形成的原因及催讨情况注①

（1）详细说明债务人的基本情况

（2）债务人破产、死亡、撤销或失踪以及被依法注销、吊销营业执照，其清算财

（续上）

产不足清偿的情况

（3）债务人逾期3年以上未清偿，且有确凿证据证明已无力清偿债务情况

（4）债务人因自然灾害、战争等不可抗力导致无法收回的情况

（5）债务重组损失情况

（6）企业提供与本身应纳税收入有关的担保而发生的担保损失情况

（7）国务院财政、税务主管部门规定的其他条件而发生的损失情况

2. 有关部门（法院、工商、政府等）下达法律文书、证明、文件等情况

3. 坏账损失，已计入当年损益情况

4. 上级批复意见注②

为此，我单位____年度发生坏账损失________元，根据相关规定，向贵所申请我单位坏账损失________元，在20____年度所得税税前扣除。

特此报告

××有限公司（公章）

二〇××年三月二十八日

注①：坏账损失原因（2）～（6），企业若涉及哪一类情形的，自己可以选择并进行说明

注②：上级批复意见是指董事会等权力机构决议或上级公司批复（国有企业由国有资产监管机构或由其授权的部门的批复）

第34章　内审与稽核管理文本

34.1　年度内部审计监察工作计划

年度内部审计监察工作计划

一、指导思想

20××年内部审计工作将紧密围绕集团公司发展目标，树立科学的审计理念，坚持“围绕中心、突出重点、求真务实”的工作方针，即围绕增强集团公司经济效益这个中心，重点对集团公司的热点和难点问题以及带有普遍性和倾向性的问题进行专项审计，同时还要及时对重大经济事项进行专项审计调查，求真务实即是审计工作要合理地分析评价事项，辩证地作出评价结论。努力构建与集团公司发展态势相适应的审计监督模式和审计服务体系，着力于提升审计服务质量，切实履行审计监督职能，为集团公司的发展提供保障。

二、工作目标

紧紧围绕着20××年经济工作目标，依据各项法律、法规、制度，认真履行公司赋予监察审计部门的各项职责，全面的监督财务收支的真实、合法、效益性，突出重点领域、项目、资金和环节，在加大常规监察审计力度的同时，更加注重事后整改和事前跟踪过程控制，以监督促过程，从治理机制和完善制度的层面揭示问题，提出建议，改善公司经营，提高可持续发展的能力。

（1）进一步建立健全内部审计制度，建立并完善《内部审计工作手册》

加强审计制度的建设，通过审计制度的建立和完善，明确预防机制、监督机制和纠错机制，实现内部审计工作的科学化、制度化和规范化。

（2）加强审计人员培训，进一步提升审计工作质量，力争审计报告优秀率（由上级评价90分以上为优秀）达30%以上

加强审计队伍综合素质能力建设，满足内审工作要求的适应程度、提高内审业务质量。

（3）参照《企业内部控制基本规范》和《企业内部控制配套指引》，对本企业内部控制有效性进行一次全面、系统的评价

审计评估公司内部控制制度的合理性、合规性、适时性，对内部控制环境、经营风险、控制活动等进行评估和测试。

（续上）

企业内部控制规范体系的建设与实施，一是加强和规范企业内部控制的需要。各类企业需要根据内控规范要求，对原有制度进行修改、完善和提升；构建企业内控制度和管控流程。二是有助于全面提升企业经营管理水平和风险防范能力，促进企业可持续发展。

（4）以财务收支审计为基础，开展对所属公司（事业部）经济责任和经济效益审计一次

财务收支审计是监督各单位能否合法、合规和遵守财经纪律的有效措施，是开展各项审计业务的基础。定期对所属公司资产、负债、权益和损益的真实性、合法性和效益性及内部控制制度的建立和执行情况进行的监督和评价，是建立领导干部监督约束机制，促进各级领导干部增强大局意识、责任意识、绩效意识的重要手段。

（6）建立审计结果落实反馈制度，加强对审计意见落实情况的跟踪，审计意见落实率达90%以上

建立审计结果落实反馈制度。对下发整改通知责令限期整改的单位，及时进行回访，监督审计意见的落实，使公司存在的问题逐渐减少，同样的问题不再重复出现，从而达到查违纠偏、防患于未然、强化管理、规避风险的目的。

三、工作措施（计划）

（1）制订并完善《内部审计工作手册》，计划于20××年6月完成。

（2）计划安排对现有的内审人员进行两次（每个人一次）脱产审计业务培训（为期一周），计划于20××年6—8月完成。继续组织参加国际内审师资格考试，不断丰富业务知识，提高审计人员自身素质，适应新形势、新任务的需要。

（3）深入学习并理解《企业内部控制基本规范》和《企业内部控制配套指引》内容，对本企业内部控制有效性进行一次全面、系统的评价。计划于20××年11月完成。

（4）结合预算执行情况，对所属公司（事业部）20××年上半年的经济责任和经济效益情况进行审计（必要时延伸至以前年度）。计划于20××年10月完成。

（5）建立审计结果落实反馈制度，计划于20××年2月完成。同时，加强对审计意见落实情况的跟踪。

（6）结合效能监察，重点开展活动项目、大宗物资采购等支出性经济合同事前审计工作，充分发挥事前审计的预防作用。

（7）开展重要领域、重点活动项目的专项审计。

（8）开展各项常规性审计工作。主要审计内容包括：财务收支、经济往来的真实性、合法性；各经营单位的经济效益审计；经营管理人员经济责任审计；检查国家财经法规和企业财务规章制度的执行情况；对公司经营管理中的重要问题开展专项审计调

（续上）

查等。

（1）对物资采购管理进行审计，特别是对印刷采购、投递费采购管理、办公用品、设备、项目活动物资等采购管理活动进行审计监察。

四、重要事项

（1）制订并完善《内部审计工作手册》。

（2）深入学习并理解《企业内部控制基本规范》和《企业内部控制配套指引》内容，对本企业内部控制有效性进行一次全面、系统的评价。

（3）结合预算执行情况，对所属公司（事业部）20××年上半年的经济责任和经济效益情况进行审计。

五、主要资源

20××年审计室将保持现有组织架构及人员配置不变，通过提高工作效率和工作质量，来保证各项目标任务的完成。

六、费用预算（略）

附：20××年度内部审计工作计划表

20××年度内部审计工作计划表

序号	项目	工作目标与内容	时间安排	负责人
1	常规审计	包括财务收支、经济往来的真实性、合法性；各经营单位的经济效益审计；经营管理人员经济责任审计；检查国家财经法规和企业财务规章制度的执行情况；对公司经营管理中的重要问题开展专项审计调查等	20××年1—12月	审计室
2	审计制度	完成审计结果落实反馈制度、《内部审计工作手册》两项内审制度	第一个制度：20××年1—3月 第二个制度：20××年1—6月	审计室
3	重大费用支出审计	印刷费、投递费审计	20××年4—6月	审计室
4	半年度审计（经济责任和经济效益审计）	审核各经营单位上半年度经营情况、半年度考核目标完成与预算执行情况	20××年7—10月	审计室

（续上）

（续表）

序号	项目	工作目标与内容	时间安排	负责人
5	内控审计评价	参照《企业内部控制基本规范》和《企业内部控制配套指引》，对本企业内部控制有效性进行一次全面、系统的评价	20××年4—11月	审计室
6	后续审计	审计问题整改	不定期穿插进行	审计室
7	项目活动审计	选取重点活动项目，实行跟踪审计，实施过程监督。根据公司实际需要，按照公司领导提出的要求，进行专项审计工作或临时性审计工作	20××年1—12月	审计室
8	物资采购审计	重点开展活动项目、大宗物资采购等支出性经济合同事前审计工作及物资采购管理活动审计监察	不定期穿插进行	审计室
9	其他	领导交办的责任审计	不定期穿插进行	审计室
10	内审人员培训	脱产审计业务培训 参加国际内部审计师资格考试	20××年6—8月 20××年11月	审计室

34.2 公司20××年度内部审计工作计划

××公司20××年度内部审计工作计划

××公司按照《上市公司规范运作指引》《企业内部控制基本规范》《××公司内部审计制度》以及国家的法律、法规、规章制度制定20××年度审计计划。内部审计工作计划以防范风险、防止舞弊行为、规范财务流程和财务纪律、提高管理水平为出发点，对公司募集资金的使用与保管、大宗固定资产购置、财务信息披露为年度重点审计项目。

一、20××年度内部审计工作目标

（1）每季度向审计委员会报告季度工作计划执行情况和季度工作报告。

（2）对公司经济活动做到事前了解情况、事中审计监督、事后总结报告. 对重大合同、对外担保、关联交易、大额度资金往来进行重点监控，确保财务信息的合法性、合规性、正确性。

（3）加强公司内部控制制度的执行力度，强化公司治理结构，完善公司从事证券投资、委托理财、套期保值业务等高风险投资防范治理机制。

（续上）

二、审计资源

内审部现有3名工作人员，工作的开展主要通过财务资料、归档文件、部门管理文件、OA流程等资料的获取，以及对相应工作人员的访谈，获取所需资料。

三、20××年度内部审计项目

1. 对上一年度财务报告及20××年季度报、半年报财务信息进行内部审计

审计级次：一级（重点项目）。

审计安排：全年。

审计目标：上一年度年报、季报、半年报财务报表合法性、合规性、真实性和完整性的内部审计。

审计内容：财务报表是否遵守《企业会计准则》及相关规定；会计政策与会计估计是否合理，是否发生变更；是否存在重大异常事项；是否满足持续经营假设；与财务报告相关的内部控制是否存在重大缺陷或重大风险；各项财务信息准确完整。

2. 募集资金的使用和保管

审计级次：一级（年度重点项目）。

审计安排：每季度一次。

审计目标：募集资金按《××公司募集资金管理办法》进行管理和使用，审批控制手续完备、账务记录准确、完整。

审计内容：

（1）检查募集资金三方监管协议是否有效执行，支付款审批权限是否按公司规定执行。

（2）是否存在未履行审议程序擅自变更募集资金用途、暂时补充流动资金、置换预先投入、改变实施地点等情形。

（3）募集资金使用与已披露情况是否一致，项目进度、投资效益与招股说明书是否相符。

（4）监督募集资金购买的大额固定资产项目是否签订合同，合同履行是否正常，合同审批权限是否符合授权规定。

3. 固定资产审计。

审计级次：一级（年度重点项目）。

审计安排：半年度检查一次。

审计目标：固定资产内部控制管理制度有效运行；固定资产的购置符合授权审批的规定，入账手续齐全，计价符合会计准则和会计政策要求；半年度、年度固定资产的盘点情况。

审计内容：

（1）固定资产购置的审批授权权限、签订购买合同是否经过审批程序，入账是否

准确及时，核算和折旧、减值准备的计提等是否符合公司财务制度的要求。

（2）固定资产购买所签订合同是否按合同条款予以执行，每年度抽查合同×××份以上。

（3）固定资产的保管、使用、管理、维护、盘点等是否符合内部控制制度的要求。

（4）检查购入资产的运营状况是否与合同所标的的功能相一致。

4. 常规性审计项目

审计级次：二级。

审计安排：按季度或月度时间点进行。

审计目标：财务信息的管理控制。

审计内容：

（1）每月对公司各内部机构以及子公司的会计资料、财务收支环节及有关的经济活动的合法性、合规性、真实性和完整性进行审计。

（2）每月根据财务凭证和支付款项目抽查采购与付款、固定资产、销售与回款等环节的财务控制项目，进行合规性检查。

（3）每月抽查物料领料程序的审批、出库、使用、欠料、退料等是否符合公司内部控制管理制度。

（4）每月抽查成品出库程序，出库指令是否符合公司规定、出库单是否严格按审批流程签字确认。

5. 突发性审计或临时性审计

根据公司实际需要，按照公司董事会、审计委员会、公司管理者提出的需要，进行内部突发性审计工作或临时性审计工作。

四、内部控制程序评价

20××年度审计评估公司内部控制制度的合理性、合规性、适时性，对内部控制环境、经营风险、控制活动等进行评估和测试。

五、后续审计的必要安排

内审部将执行公司内部审计制度，接受公司既定的后续审计政策。

我们有责任对审计报告中认为有问题的每一审计项目实施后续审计，安排相关后续审计计划、审计范围和目标，实施相关后续审计程序，其目的是确定有无采取纠正措施，向公司董事会和管理层报告这些措施，并评价它们对纠正审计过程中发现的缺陷的效果。同时，我们有责任和义务发送与后续审计有关的报告。

××有限公司内审部

20××年××月××日

34.3 关于成立公司审计部的通知

关于成立公司审计部的通知

各子公司、各部门：

为提升公司经营管理水平，加强集团公司对各成员公司的监管力度，实现集团战略规划目标，降低经营风险，经研究，决定成立集团公司审计部，现将相关的事宜通知如下：

一、审计部职责

1. 内部审计职责

（1）负责某某实业集团内部审计体系建设和完善。

（2）负责统筹安排、监督执行全集团年度内部审计计划。

（3）负责某某实业集团内高级管理干部的离任审计。

（4）对审计执行机构进行业务指导、检查和监督。

（5）执行全集团年度经营审计工作。

（6）负责领导交办的其他专项审计任务。

2. 内部监督职责

（1）某某实业集团制定战略决策的贯彻执行。

（2）公司经营方针及年度预算目标的落实。

（3）集团制度以及各成员公司财务、业务、运营等制度的执行。

（4）财务、业务信息的真实。

（5）资产、资金的保护与使用。

（6）经营行为的效率与效益。

（7）管理行为的恰当。

二、内部审计机构权利

1. 要求被审计单位提供工作所需要的资料和必要的工作条件。

2. 列席所属单位及被审计单位的有关经营管理会议。

3. 对审计证据进行复印、复制、现场观察、询问、拍照等，并可要求相关人员办理确认手续。

4. 对正在进行的严重损害公司利益的行为作出临时的制止决定。

5. 对拒绝、阻挠和破坏审计工作的被审计单位和人员，采取封存有关账册、资产等临时措施，并提出追究有关人员责任的建议。

6. 抽调集团内部的相关工作人员协助审计工作。

7. 某某实业集团审计部可以对各成员公司进行审计。

（续上）

三、审计部的组织规划

1. 在某某实业集团设立审计部，受集团经营管理团队直管，向董事长直接负责。

2. 随着企业发展，审计部可发展为审计管理体系，在各产业板块管理公司设立审计部，由某某实业集团审计部直管。

3. 设审计经理一名，审计主管一名，审计助理一名。

特此通知

××有限公司审计部

20××年××月××日

34.4 关于对××（单位）××（项目）进行审计的通知

关于对××（单位）××（项目）进行审计的通知

××（单位）：

根据（集团）公司年度审计计划和经理安排，决定派出审计组，自____年____月____日起对你单位20××年度××（项目）进行审计，必要时将追溯其他年度或延伸审计其他单位。请予积极配合，并提供有关资料和必要的工作条件。

特此通知

组长：×××　　职务：×××

主审：×××

成员：×××

××有限公司审计部（盖章）

____年____月____日

34.5 审计通知书

审计通知书（存根）

（　　）审字第　　号

______________：

（续上）

根据公司经营管理目标和审计部工作安排，经总经理批准，特派下列人员：______
______________________________对你单位进行就地（送达）审计。现将审计有关事宜通知如下：

审计项目：____

审计目标：____

审计内容：____

审计时间：从____年____月____日开始，预计____天。

请给予积极配合，提供审计所需资料（含电子资料）和必要的工作条件，对提供资料的真实性和完整性作出书面承诺，并对审计人员遵守审计纪律的情况进行监督。

主审：　　　　　　　　　　　　成员：

签章：

____年____月____日

………………………………………………………………………………………………

审 计 通 知 书

（　　）审字第　　号

____________：

根据公司经营管理目标和审计部工作安排，经总经理批准，特派下列人员：______
______________________________对你单位进行就地（送达）审计。现将审计有关事宜通知如下：

审计项目：____

审计目标：____

审计内容：____

审计时间：从____年____月____日开始，预计____天。

请给予积极配合，提供审计所需资料（含电子资料）和必要的工作条件，对提供资料的真实性和完整性作出书面承诺，并对审计人员遵守审计纪律的情况进行监督。

主审：　　　　　　　　　　　　成员：

签章：

____年____月____日

34.6 配合审计承诺书

配合审计承诺书

审计部审计工作小组：

我们郑重承诺：本次为审计小组提供的审计所需资料（含电子资料）真实、完整，不存在弄虚作假的现象。

部门负责人签字：

经办人签字：

签章：

____年____月____日

34.7 关于 × × 进行审计的通知

关于 × × 进行审计的通知

________（审计对象部门）：

根据________________（审计项目来源），决定派出审计组，自____年____月____日起，对__________________（审计对象部门）进行审计。请予以积极配合，提供有关资料和必要的工作条件。

审计项目经理：

审计项目组员：

审计部

____年____月____日

主送：______（对象部门领导及大部门领导）

抄送：______（主要业务人员、审计部领导等）

附：需要被审单位协助审计的工作清单

（附表作为推荐使用，可视具体项目增减清单内容）

序号	需协助的工作内容			
一	协助审计工作的主要人员名单			
	姓名	工号	联系电话	所承担的协助工作

（续上）

（续表）

序号	需协助的工作内容			
1				
2				
3				
二	需被审计单位准备的主要资料清单			
	资料名称（审计人员填写）		被审计单位反馈	
1				
2				
3				
三	其他需被审计单位提供的协助			
	其他需协助的事项（审计人员填写）		被审计单位反馈	
1				
2				
3				
四	如您对上表的内容有疑问，请与审计部以下人员联系：			
	姓名：	工号：	电话：	传真：

感谢您对审计工作的支持！

34.8　审计报告

审 计 报 告

一、背景情况

根据审计计划的安排，从20××年5月11日起至20××年8月上旬，对××××与××××（以下简称“××××”“××××”）进行了全面审计，本次的审计目的：查错规弊，规范内部控制；防范风险；清查梳理历史账务。本次的审计范围：20××年至20××年××××、××××所发生的经济业务。主要涉及的内容：货币资金、采购与付款、工程项目、固定资产、成本费用、往来款，其中以货币资金、固定资产、成本费用、往来款为重点。

（续上）

二、审计实施情况

第一周主要通过询问同事和查找资料了解大体的经营情况，结合服务企业现金收支频繁、业务循环较简单的经营特点，确定审计实施方式：按金额重要性通过大样本抽查现金与银行存款收支凭证，由此辐射至其他审计内容，辅以往来款分析和其他在审计过程中应关注的内容，完成审计项目。

凭证抽查审计从5月18日开始到7月7日结束，累计抽取了1 346份凭证，其中××××866份，××××480份，汇总有需关注问题的凭证共310份，其中××××191份，××××119份。因审计过程中发现营业收入的确认标准模糊，延伸审计了营业收入的相关内容。

三、审计评价

从业务收入的发展趋势看，20××年至20××年处于飞速上升阶段，××××的3年收入平均增长率为53.92%，××××为15.45%。

附：收入发展曲线图

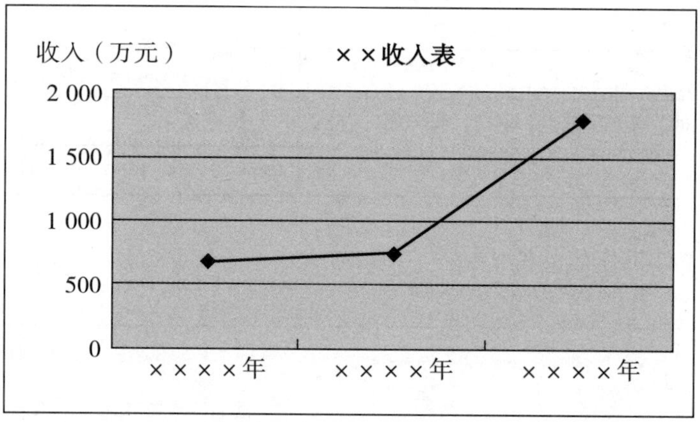

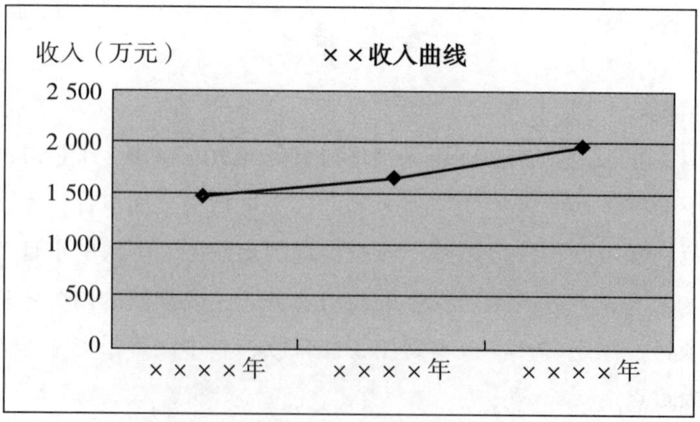

（续上）

一般企业在高速发展阶段往往会关注收入发展而相对放松内部管理控制制度的建设，作为人事局的下属企业，这两家企业在审计中暴露出这同一问题。从3年经营活动的审计过程来看，涉及的各审计内容都存在比较严重有可能制约企业长远发展（如上市）的不利因素。本次审计发现的问题涉及组织结构、业务流程管理、财务管理制度与会计实务、凭证文档保管、ISO规范等各方面。

从整体上看，如不考虑政府机关下属企业集团这一背景，结合目前的事业单位改革进程的加快，最后的发展方向应是转为企业，从审计反映出的问题结合目前的市场竞争情况，企业面临的风险属于中等偏高，个别问题如不及时解决会影响企业的长期发展。

四、审计发现的问题

1. 会计政策误用或缺乏谨慎性（索引：××-1601-002. ×a-1601-009）

（1）固定资产折旧政策缺乏谨慎性。办公设备按3年摊销，税法规定最低折旧年限为5年。

（2）低值易耗品摊销缺乏谨慎性。采用一次性进损益，不考虑金额大小，未根据合理的可使用期限摊销。

（3）无形资产摊销会计政策误用。采用一次性进损益，而会计政策规定是直线法摊销，有使用年限的按受益年限摊销，无使用年限的，按不少于10年摊销。因而资产负债表上无形资产均无余额。

（4）营业收入的确认采用收付实现制。采用的确认收入的标准：服务已提供，并开具发票给客户。未按照权责发生制确认收入。

（5）经营租入固定资产改良会计政策滥用。此问题非常严重，严重影响了各年的损益，企业采用付款时一次进损益。按照会计准则规定，经营租赁方式租入的固定资产发生的改良支出，应单设“1503经营租入固定资产改良”科目核算，并在剩余租赁期与租赁资产尚可使用年限两者中较短的期间内，采用合理的方法单独计提折旧。

（6）坏账准备未按会计准则处理。企业会计准则规定对其他应收款应做账龄分析，符合坏账定义的应计提坏账准备，审计发现对其他应收款多年挂账的××公司、××公司未计提坏账。

注：会计政策执行情况见“会计政策调查记录表”

2. 财务部岗位职责分离问题（索引：××-1601-001. ×a-1601-001）

（1）银行存款余额调节表的编制未实现分离。银行存款余额调节表的编制一直由出纳编制，从各年抽取的调节表看，均未见审核痕迹，并且调节表的编制方法不对，出纳是按照出纳账的记录编制调节表，在存在出纳与会计月月对账对平的情况下，调节表的编制基础是正确的，但这一控制环节未得到充分执行，另外未达账清单记录的时间未按

（续上）

未达账相关单据实际时间登记。由于未实现职责分离与进行检查，存在挪用公款的隐患。

（2）单据复核人与主办会计的职责分工不利于规范控制。单据审核先由复核人确定款项可以开支后，主办会计主要负责对发票的金额正确性、是否超过限额作出审核。报销单据审核控制重心主要集中在主办会计身上，而且审核的工作更多是对发票合法性、金额正确性、开支限额合规作审核，会造成两种弊端：一是对除发票外附件没有完整的审核控制，忽视了附件审核能反映的种种业务操作流程的控制点，长期执行很难通过单据附件反映变化了的市场情况与业务流程，产生会业脱节；二是违反了会计内控规定，会计内控规定凭证的审核、记录、保管应分离，由主办会计负责实质的审核工作又负责入账，入账后又难以保证及时充分的凭证审核。在一个环节实现了两个有前后顺序的控制工作且缺少后续检查控制，因而导致凭证抽查出现明显的会计差错，基本所有的凭证除发票外都无有效的附件能证明凭证事项。

3. 货币资金基础管理问题（索引：××–1601–001. ×a–1601–001. ×a–1601–010/011）

（1）现金盘点制度的执行情况模糊。因无现金盘点检查记录，现金定期盘点无法判断，存在资金安全隐患。

（2）现金坐支情况严重，经询问，在20××年开支不允许坐支，抽查20××上半年现金日记账，发现仍有少数坐支；现金收付频繁，交易金额较大，超出现金使用限额规定，不易进行货币资金管理，也不易保障资金及人身安全。

（3）因出纳、会计岗位职责未能充分分离，个别长期未达账项未及时处理。

（4）出纳与会计未月月核对账表，××××同××××都出现账表不一的情况，主要原因是出纳出账与会计入账时间不同。

（5）业务员上门收款能够接触现金，产生不相容人员限制接触资产的控制失效，存在资金安全隐患。

（6）收款系统的开发和实际使用问题较多，涉及多个业务内容，需要尽快解决会业核对问题。

4. 固定资产增减变动控制问题（索引：×a–1601–002）

（1）固定资产增减变动内控财务环节存在漏洞：凭证无附件；查找到的附件无法提供完整的背景说明、交接记录和合理的数据支持，因而无法对变动的合理性和准确性作出判断；存在多家关联公司经济往来，资金流同账务处理不一致，缺少内部备查记录。

（2）违背关联方交易的会计处理规定。不同法人之间、关联企业之间的经济活动应产生资源的流入流出，香港物业的使用情况与之违背，无偿使用产权属于××××的资产。

（续上）

（3）出现外部审计可认定为重大会计舞弊的事项。经查××大厦的权属证明，资产权属证明很明确不属于××××，而该项资产已在20××年12月计入固定资产，并在20××年开始计提折旧，由此导致××××资产虚增；计提折旧导致成本虚增，如被税务机关查出，属于偷税行为。凭证没有附件，预转固价值的认定和折旧计提缺乏合理性证据。

5. 采购与付款控制缺失（索引：×a–1601–003）

（1）固定资产的采购与付款实际操作同文件规定不符。通过凭证与合同抽查，发现实际操作并未遵循财务管理制度的相关规定，除车辆购置、个别电脑购置单据齐全外，其他购置均附件不足或无附件。

（2）采购与付款循环主要内控点缺失，不能有效防止供应商偏好与保证价格合理性，容易产生内部采购人员舞弊。在供应商选取、合同定价、合同条款的审核等重要环节缺少内部控制，无供应商入围的相关制度、无招标比价制度、无委托招标制度、合同的审批更多的是停留在部长这一级，具体条款的审核工作较为单一，缺乏规范的审核。财务部在整个循环中更多的充当按合同条款付款的角色。

（3）关联企业间经济业务混淆，有转移利润的嫌疑。抽查中发现“××呼叫系统”合同签订方为××××，账务入到××××，是明显的会计差错，也不符合企业会计准则对关联企业会计处理的规定。

6. 工程项目主要控制点缺失（索引：×a–1601–004）

（1）缺乏对工程项目的事前控制。在审计中没有发现工程项目的财务可行性审核、工程合同的条款审核的痕迹。

（2）没有工程预结算制度，难以防范内部舞弊。财务部未有专人负责审核工程预决算，也未对工程项目预结算发外委托审核，工程价格多通过承办部门同施工方议价确定，议价过程也少有会议纪要。抽查的工程合同中有很多采用包干价，对需要重点控制的料、量、价、图纸、装修商资质未进行控制，这对于很容易产生舞弊与质量问题的工程项目难以进行财务监控。

（3）重大会计差错。审计发现对工程项目的账务处理采用一次性损益，违背了企业会计准则的规定：经营租赁方式租入的固定资产发生的改良支出，应单设“1503经营租入固定资产改良”科目核算，并在剩余租赁期与租赁资产尚可使用年限两者中较短的期间内，采用合理的方法单独计提折旧。

7. 往来款特别混乱（索引：×a–1601–005）

（1）员工借款存在一定的资金风险。审计时作账龄分析发现至2015年底1年以上员工借款所占比例仍然较高。

（续上）

（2）账务处理出现重大会计差错。审计发现对××证券的投资款会计处理存在重大会计差错，关联方间资金拆借非常频繁，资金占用不收取占用费；资金审批手续简单，大额资金的划转手续过于简单随意。

（3）往来科目控制点缺失。未对往来科目作账龄分析，内部往来多方交易过多，交易余额很高，清理复杂；凭证附件不支持账务处理，不能反映经济业务的实质；账务系统对往来科目的科目设置不合理，明细科目“其他”中内部、外部往来混入一个科目，缺乏辅助核算；会业核对控制严重缺失，代收代付业务数据难以匹配。

（4）对外投资处理不规范。主要存在两个问题：一是事业单位允许对外投资，但需要有完备的审批手续；二是对外投资的账务处理错误，明显是对外投资入内部往来，凭证附件又不支持此会计操作，银行回单的收款方和入账明细方不符。

8. 成本费用混乱（索引：×a−1601−006. ××−1601−ZJ−02. ××−1601−ZJ−02）

（1）违背权责发生制原则。审计过程发现费用跨期的现象较多，较多票据的开具时间跨期，甚至严重跨期，具体情况见索引文件。

（2）违背会计处理谨慎性原则。具体可见前述相关会计操作文字部分。

（3）费用开支审核、会计入账、凭证装订都存在控制缺陷。主要是发票开具不完整、费用开支附件不充分、账务处理不规范、凭证附件保管不规范，主要情况见前述相关文字及索引。

（4）对福利费和临聘人员劳务费的会计处理可见严重的控制风险与组织职能缺失问题。福利费开支经常没有任何票据，留存的请示所体现的审批痕迹也缺乏完整性，涉及金额较大。临聘人员劳务费的开支根本体现不出有人力资源部参与的控制痕迹，将可能存在两种情况：一是存在人事管理对临聘人员进出企业的控制缺失，业务部门有可能以此达到变相多分利润，造成部门资金截留或局部变相二次分配；二是在外部检查时有被认定为存在弄虚作假的可能，因为前述的控制缺失和较多凭证票据的出票时间在入账时间之后，且劳务费费用开支没有计算依据和标准，也很难提供劳务协议和证明领取人的合法身份。

（5）会计处理有长期存在被认定为偷逃税款的风险。从费用开支凭证的装订、附件和入账方式可见。

9. 广告费用开支缺乏监控（索引：×a−1601−007）

（1）大额广告支出无合同。抽查广告合同发现大额广告支出没有签订经济合同，对经济资源流出的监控显得随意。

（2）对广告活动缺少完整的控制规定。审计发现从广告代理商入围选取、广告费的价格确定、广告发布后双方确认广告标的的是否完整、符合合同条款这一系列流程缺

（续上）

乏完整的控制，很难在一个广告项目中得到完整体现。

（3）对广告业务这种价格弹性极大的经济业务由一个部门独立承办，缺乏内部职责分离机制，容易产生舞弊。

10. 营业收入确认标准显失公允（索引：×a-1601-008）

（1）确认收入的标准为收付实现制，会计处理出现重大差错。审计发现营业收入的确认标准未按权责发生制认定，只要开出发票，收到款项，就将所有的收到款项确认为收入，不考虑提供服务的时间，大量的预收款被确认为当期收入。

（2）组织职能定义缺失，营收款业务缺少营业稽核。收款循环主要控制环节在一个业务部门内形成，缺乏财务之外的营业操作稽核，组织职能设置缺少这方面的规定，没有营业稽核职能定义也就使得相关的控制无法建立，造成会计核对工作不足的深层次原因。

（3）会计核对工作精细度不够，硬件条件较差。收费系统与业务部门明细表不能全面支持会计核对，给财务营收款管理带来硬件方面的限制。

（4）个别业务存在违规收费，带来诉讼风险。对异地转入收取手续费，而按规定是不应收取的。

五、审计意见和建议

1. 对组织结构的各职能定义向公司领导建议进行调整。从审计过程发现的问题来看，涉及的多个重大控制问题是存在组织职能定义空白或定义不明确、缺乏实操性，导致个别业务循环出现管理上的“真空地带”。建议对组织职能定义不足之处提出可行性建议后报管委办讨论，对组织结构和职能进行完善，从制度上建立和完善重要内部控制点。迫切需要定义的有采购管理职能、业务稽核职能、物资管理职能、招投标管理职能、比价职能、临工招募与管理职能。建议对月度考核与奖金的发放职能在适当时予以调整，分散组织内部的管理风险。

2. 重新组织全集团的ISO规范学习，建立内审员制度。审计过程中附带发现部分管理同ISO的规范要求有所差距，如管理流程标准文档的设计、合同未编号的问题、合同未分类保管的问题、各管理与业务流程的标准化定义问题等，建议对此逐步、分阶段自上而下的予以完善。

3. 不相容职责充分分离。建议采用两种方式：一种是组织结构的不相容职责充分分离；另一种是财务部内部不相容职责充分分离。前一种可通过前述组织结构职能定义的调整而分离，后一种需要财务部内部自查后对不相容职责予以分离。财务部内部需要充分分离的主要有出纳与会计、会计入账与单据审核这两个职责，其中会计入账与单据审核的职责和工作分界点需要明晰，模糊的定义会导致审计中出现抽查的单据基本无合

（续上）

理附件的情况，这种情况在面对外部具有超凡独立性的部门，如审计局、审计署，将非常不利。

4. 调整成本账务处理，清理内外部往来款。对审计抽查情况表中提到的较为严重的成本入账问题及时调整账务，如××固定资产的问题、装修费用、预提费用的问题等；对外部往来中年份较长的主动联系对方，确定款项的可收回性，决定是否作坏账处理，对代收代付款做好会业核对工作，保证代收的资金、账务、业务经营数据与财务数据这几者间相互匹配；对内部往来按月作变动表跟进，对大额的资金拆借建议签订借款合同，有偿提供收取使用费，长期大金额挂账的内部往来制定进度计划，在下半年清理完毕。

5. 规范财务基础管理工作。对凭证附件的完整性、合理性予以充分把关，提高凭证审核的质量，避免再出现福利费列账随意、无合法票据、附件审批手续不齐的现象；对临工劳务费的审核要体现财务制度的严谨性和事项的逻辑合理性，体现人力资源部的监控参与和避免出现票据时间大于入账期间的不合逻辑的现象。对已发现问题的凭证能补充附件、票据的应予以补充，对出现逻辑合理性问题的单据查找原因，视产生原因处理。

34.9　年终资产清查工作安排方案

年终资产清查工作安排方案

为全面反映公司20××年度的财务状况、经营成果和现金流量情况，确保财务会计报告的数据真实、准确和完整，公司在进行年度会计决算之前，必须进行全面的财产清查。具体工作安排如下。

一、清查盘点截止期限

各类财产物资一律以12月26日止的账面数字与实际盘点数为准，凡提前或拖后截止盘点时点的数字，一律按12月26日的数字轧齐。

二、清查盘点的范围及分工

1. 货币资金

（1）现金：由财务部门经理主持，和出纳一起，通过实地盘点的方法确定库存现金的实存数额，再与现金日记账的账面余额进行核对，以查明盈亏情况。

（2）银行存款：由财务部门经理主持，采用与开户银行核对账目的方法进行。在同银行核对账目之前，先由出纳自查，应先详细检查本公司银行存款日记账的正确性

（续上）

及完整性，然后根据银行对账单逐笔核对，核对完毕后编制《银行存款余额调节表》存档。

2. 债权债务清查包括：应收账款、预收账款、应付账款、预付账款、其他应收款、其他应付款等往来核算账户

负责部门：财务部门和业务经办部门共同负责。财务负责以上核算账户的会计人员，专司债权债务清查之职。在业务部门的配合下，核对后的往来账项，必须填写“往来账项对账单”并存档。

3. 财产物资清查包括：固定资产、库存商品、办公设施等低值易耗品

（1）固定资产清查：由财务部门和归口管理部门、使用部门共同负责。采取查物点数、核对账目的方法。

①主要核对每台设备的实存与账存是否相符，核对存放地点与记录备案的是否相符。发现盘盈、盘亏或毁损的，要认真记录，查明原因，弄清责任，上报领导。

②检查固定资产的保管、使用及维护情况。弄清固定资产有无使用不当，保管维护不够精心的情况，发现毁损的要建议及时修复，保证设备完好，发现报废的设备，查明原因后，立即办理报废手续。

③对清查的结果，要编制《固定资产清查报告》正确反映固定资产的账存、实存数量和金额，以及盘盈、盘亏、报废的数量和金额，并说明盘盈、盘亏、报废的原因等情况。

（2）库存商品的盘点：由财务部门和库房共同负责。通过实地盘点，依据《库存商品盘点制度》规定事项开展本项工作。

三、清查盘点的具体要求

1. 财务部门：要在进行财产清查之前，将有关账目登记齐全，结出账面余额，并抓紧与仓库等部门核对账面数字，确保于12月10日前将全部账目核对完毕，做到账簿记录完整、计算正确、账账相符、账证相符，为财产清查提供正确可靠的账面记录依据。

2. 仓储部门：应及时将截止到清查日止的所有业务，办好出入库手续，全部入系统登记入账并结出余额。对所保管的库存商品，排列整齐，挂上标签，标明品种、规格、结存数量，以便盘点核对。

3. 储运、办公室：对所保管、使用的财产填列清册。

4. 报告：各个部门根据各自分工，将财产盘点资料于12月15日前报财务部门，财务审核汇总后于12月20日报总经理审批，经总经理批准后的财产清查报告，于年终决算前按公司财务制度规定处理账务。

20××年××月××日

34.10 关于开展20××年度资产清查的通知

关于开展20××年度资产清查的通知

公司各单位：

根据××××××号文《关于开展20××年资产清查通知》要求，为加强和规范资产管理，维护资产安全与完整，决定开展年度资产清查工作，现将有关事项通知如下。

一、资产清查范围及目的

1. 清查范围

公司所属全部资产，主要包括：货币资金及有价证券、往来款项、存货（包含原材料、半成品、在产品、成品等）、固定资产。

2. 清查目的

（1）保证各项资产盘点资料真实、清晰，实现“账实、账账、账表”相符。

（2）规范资产管理的内部控制制度和流程，保证资产的完全与完整。

（3）挖掘实物资产潜力，提高资产利用效率。

二、清查时间及基准日

（1）清查时间：20××年12月1日至12月25日。

（2）资产清查基准日：20××年12月25日。

三、清查方法

1. 货币资金及有价证券。包括库存现金、银行存款、财务公司存款、结算中心存款、应收票据、应付票据。清查盘点后按财务制度要求编制货币资金及有价证券盘点表，盘点人、监盘人及出纳共同签字并加盖印章。对出现差异要及时查明原因，与网上结算系统进行核对，不允许出现未达账项。

2. 存货、固定资产。包括主辅材料和综合材料（包括工序内）、在产品、半成品、委外产品、受托产品、成品、在建工程、固定资产、无形资产。实行实地盘存，并做好盘点记录并妥善保存。存在账实不符的，应查明原因，各单位应将查明结果和形成原因经部门负责人签字确认后于12月25日前与盘存表一并报送资产清查组，财务部门、库存管理部门分情况进行相应账务处理。

3. 往来款项。包括应收账款、预付账款、其他应收款、应付账款、预收账款、其他应付款。要采取函证或上门对账等方法核对往来挂账款项，如果双方挂账情况不符，应查明原因，及时将对账结果和原因于12月25日经各往来业务部门负责人签字确认后报送资产清查组，资产清查组分析情况作相应账务处理，并妥善保存对账资料。对集团内部往来单位，要及时索取对账资料，数据不符要查找原因并及时进行处理。

（续上）

四、清查要求

1. 公司领导牵头，主管领导负责。资产管理部门主管领导、部门负责人要高度重视资产清查，认真组织并有序开展各项资产清查工作。要成立专门的资产清查小组，资产的使用、管理、监督等部门共同参与，明确分工，保证清查工作的顺利进行。

2. 资产清查资料客观真实，及时整理。清查人员要实事求是，全面、详细清查资产情况，如实记录清查结果，不得虚报、瞒报资产情况，确保资产清查材料的真实性。清查工作结束后，要认真做好清查资料的整理及归集，编制“资产清查清单”和“资产盘点明细表”，盘盈盘亏的资产要详细进行记录，严禁以资抵账、固定资产管理台账等代替盘点清查表。清查报告、盘点表等由参盘人共同签字盖章后分别交给资产使用部门、资产管理部门和财务部门存档。

3. 完善、修订资产管理制度。清查工作完成后，各单位要认真进行归集总结，对在清查过程中发现的管理不规范之处及存在的问题及时进行整改，同时要认真分析、查漏补缺，完善相应的资产管理制度。财务部门在完成资产清查工作后，对盘盈、盘亏、毁损的资产严格按照集团公司相关文件要求进行上报审批。

五、明确分工，成立资产清查小组

为确保资产清查工作有序、定期完成，成立资产清查小组。

资产清查组组长：总经理×××

资产清查组副组长：×××

资产清查组成员：销售部、财务部、生产管理中心、设备动力部、综合管理部、党群工作部、质量监察和技术部、××分厂、××分厂、××分厂、××分厂。

明确分工：根据第三项需要清查内容，依据各部门业务性质，明确分工，责任到人，保证资产清查工作的顺利完成。

（1）货币资金及有价证券。根据货币资金的特殊性，有财务部门依据集团公司相关规定进行盘存，编制盘存表。负责清查部门：财务部，部门负责人：×××。

（2）存货、固定资产。根据实物资产的特点，按公司内各部门分管资产进行分类盘点。

主辅材料、综合材料（包括工序内）：盘存负责部门：生产管理中心分管原材料和综合材料部门，部门负责人：×××。

工序内在产品、库存半成品、成品、副产品：盘存负责部门：生产管理中心分管产品部门，部门负责人：×××。

委外产品、受托产品：盘存负责部门：生产管理中心分管外委加工和受托加工部门，部门负责人：×××。

（续上）

在建工程、固定资产、无形资产：设备动力部盘存资产内容：生产设备、生产车辆，部门负责人：×××；综合管理部盘存资产内容：电子设备、办公机具、低值易耗品、办公车辆、无形资产，部门负责人：×××；生产管理中心盘存资产内容：公司基建设施，包括生产厂房、办公房屋及建筑物。

上述资产进行盘存时，财务部、党群工作部要参与盘点过程，监督核实盘存结果。盘存负责部门要根据盘存结果与资产台账、库存账进行核对，财务部门要对库存账、财务部门库存账进行核对，对账实、账账不符的，及时查找原因，及时调整，并将不符资产汇总上报。

（3）往来款项。按照各往来款项内容，结合各业务部门主要业务，对往来款项核对工作实行部门负责。

应收账款、预收账款：负责部门：销售部。

预付账款、应付账款：设备动力部负责业务内容：设备款、动力；生产管理中心负责业务内容：工程款、委外加工费等与生产和工程相关业务；综合管理部负责业务内容：各项劳务等与经营管理相关业务。

其他应收款：负责部门：财务部。

其他应付款：综合管理部负责业务内容：社保金。其余业务有财务部门负责核对。

财务部要积极配合各部门往来款项核对工作，并将各项业务内容分块将余额提供给各业务负责部门，业务负责部门要高度重视，要有认真负责的工作态度，按期完成往来款项的核对。

各部门对所分管盘存的资产，盘点后根据本通知的要求，编制盘存表、资产盘存差异表（报告）报送财务部，财务部汇总并总结盘存结果。各部门主管领导是部门资产清查负责人，各单位要本着严谨、认真、客观、负责的工作态度，积极、稳妥、合理地安排资产清查相关事宜，确保按期完成年度资产清查工作。

20××年12月11日

34.11 企业资产清查报告

企业资产清查报告

各位股东：

受各位股东委托，我公司对贵公司20××年6月20日基准日的资产进行核查，核查

（续上）

工作已经结束，现将清算工作情况作如下报告，请各位股东审议。

一、企业基本情况

贵公司成立于____年____月____日，是有限责任公司，企业产品主要有×××和××系列二十几个品种。经过几十年的建设，到“十三五”期末为国家实现利税×××万元，曾为我国化工行业的发展作出了较大的贡献。企业现有在职职工××人，离退休职工××人，企业总占地面积×××平方米，总建筑占地面积×××平方米，总建筑面积×××平方米。

由于企业建厂较早，长期投入不足，设备陈旧，技术落后，产品结构调整缓慢，不能适应市场经济的发展，加之企业技术改造不足，产品成本高，效益低，缺乏竞争能力。同时，企业管理混乱，盈亏不实，损失浪费现象比较严重，生产经营水平日趋下降。

自20××年起企业开始出现亏损，债务负担日趋沉重，只能勉强维持生产，直至流动资金枯竭，使企业陷于困境。针对企业生产经营逐步恶化的状况，20××年××月×日，经市政府批准对该厂实施了关停整顿，企业全面停止了生产。该厂停产后，经过2年多的认真整顿，始终没有产品方向，工厂停产，职工放假，出现了内外交困、步履艰难、资产流失越来越严重、资产负债越来越高的局面。

因企业无力清偿到期债务，债权人纷纷起诉，工厂的银行账户、运输车辆、仓库多次被法院查封，企业已无法维持正常的生产经营。由于工厂长期停产，拖欠职工工资、医药费高达××××万元，造成职工生活困难，特别是许多职工几乎全家都在工厂工作，生活更无基本保障，曾发生过集体上访事件，形成了不安定因素。在这种情况下，企业被迫申请破产。

二、财产清算与评估情况

由于××企业是一个老企业，再加上多年来管理混乱，给清算工作带来极大困难。清算组进驻后，在留守人员配合下，根据企业现状并尽量收集有关清算资料，利用3个多月的时间，完成了企业资产、债权、债务的清理、认定和评估等工作。

1. 企业资产认定及清理情况

流动资产：

货币资金：

应收账款：

其他应收款：

存货：

合计：

固定资产：　　　　　　　　　　　原值：

（续上）

折旧：

净值：

其中工会福利设施：　　　　　　　　原值：

净值；

在建工程：

合计：

无形资产：

用电使用权：

土地使用权：

其中福利设施占地（价值）：

资产总额：

2. 破产企业的债权清回情况

该企业在申请破产时账面债权为×××万元，总计677家，清算组通过与企业原销售、财务人员认真对账、核查，编制了应收账款清理明细账，对已知债务人单位，清算组全部发出催收通知信函，因地址不详，债务单位地址迁移等原因退回信件××封，仅收到回信××封，并多数表示对该债务不予承认或提出异议，清算组还组织了××人的专门清收组，在全国范围内进行了较大规模的清讨工作，共清回欠款×××××万元，退货价值××元，并取回有关证据××份，由于该企业应收账款形成的情况十分复杂，陈年老账多，管理十分混乱，经多次催讨，效果不够理想，其中主要原因是：

（1）欠款单位许多已解体、倒闭、破产或原法定代表人及经办人出走、死亡、出逃；如：××公司欠××××万元，××化工厂欠××万元，等共计××家，累计金额××万元。

（2）欠款单位只同意退货或以物顶账，由于质次价高，甚至合不上运费，无法将货物发回。如：××厂欠××××元等共8家，累计金额××××元。

（3）对于路途远、欠款金额小的单位差旅费将大于清收的数额，故只能发函并电话联系，但皆无音讯或百般搪塞。如：××欠××元等共××家，累计金额×××元。

（4）受一些行业及单位经济状况普遍恶化的影响，这一部分欠款虽经反复催讨，仍无法追回。如：××欠××××元等共计25家，累计金额××××元。

（5）有很大部分单位的欠款时间已超过法定的诉讼时效期间；如：××公司欠××××元等共××家，累计金额×××××元。

（6）由于企业管理混乱及历史遗留问题错综复杂等原因，企业内债无清讨效果。

3. 负债及所有者权益的清理认定

（续上）

××企业的应付账款账面数为××××元，债权人×××家，对已知债权人清算组逐一发出了申报债权通知，按法定程序申报的有×××家，申报金额为××××元，其中含有中国工商银行×××支行抵押贷款××××元（申报额为××××元，超出部分按普通债权对待），普通债权总额为××××元。对上述申报，经清算组反复对账、核实，依法予以确认。债权申报通知、公告期满后没有申报债权的有×××家，金额为××××元，依法应视为自动放弃。

该企业原有实收资本×××元，但经过多年生产经营，因经营管理不善等原因，出现严重亏损，亏损额高达×××××元，已严重资不抵债，扭亏无望。

各位代表，近4个月来，清算组在法院的具体指导下，在有关方面，特别是许多债权人的支持配合下，经过大家的共同努力，已完成了法律赋予及法院指定的破产清算工作。现将清算报告提请债权人会议审议。

第35章　财务分析管理文本

35.1　关于印发《财务分析制度》的通知

关于印发《财务分析制度》的通知

集团所属各企业：

为进一步提高集团公司的管理水平，全面展示经济活动及其效果，及时有效规避企业财务风险、经营风险，切实发挥财务分析在企业管理中的作用，集团在完善原有财务分析工作的基础上，制定了《××集团有限公司财务分析制度》，现印发给你们，请认真遵照执行，并将相关工作具体落实到人，确保分析报告上报的质量和时间。

附件：《××集团有限公司财务分析制度》。

××集团有限公司

二〇××年××月××日

35.2　财务分析报告（参考模板）

财务分析报告（参考模板）

（说明：该分析报告模板，仅供各企业参考使用，不作统一要求。分析报告的内容，请各企业依据实际情况进行修改或补充。重点是对经营情况的分析和说明，财务经营指标可以简化）

年度情况整体说明，主要描述内容为：反映20××年度公司取得的经营业绩（比上年有较大增长、大幅度下滑或与上年度基本持平），实现营业收入____亿元，净利润____万元等情况。对当年经营情况产生较大影响的因素，拟采取的主要措施，以及其他或有事项等可能产生影响的未确定因素。（具体描述内容请各企业依据实际情况进行修改或补充，分析数据以“万元”为单位）

（续上）

公司20××年度经营指标完成情况表

项　　目	20××年预算	20××年实际	完成计划%
营业收入			
净利润			

第一部分　20××年度公司财务概况

一、总况（合并报表）

1. 截至20××年年末，公司资产总额____万元，负债总额____万元，少数股东权益____万元，所有者权益____万元。

2. 20××年度公司实现营业收入____万元，利润总额____万元，扣除所得税____万元和少数股东损益____万元，公司净利润____万元。

3. 20××年集团上缴国家各项税金共计____万元。

4. 20××年上缴院国科控股利润____万元。

5. 主要财务指标情况

（1）资产负债率____%

（2）流动比率____%

（3）总资产报酬率____%

（4）净资产收益率____%

（5）国有资产保值增值率____%

（6）其他比率____%。

二、合并数据说明

1. 20××年度上报董事会的公司财务决算数据包括合并企业户数家，与20××年度相比，增加（减少）了××公司、××公司____户。增加（减少）原因是：______。

2. 由于会计政策的××××××××××××方面发生了变化，由原来的××××××××××××××××变更为××××××××××××，导致合并报表发生较大变化，具体为：________________________________。

第二部分　报告期内主要经营情况及财务状况分析

一、公司经营情况

截至报告期，按照公司各控股公司上报的合并报表数据，20××年度公司实现营业收入____万元，净利润____万元。

（续上）

公司20××年度营业收入、净利润构成情况表

金额单位：万元

序号	控股公司	营业收入		净利润	
		金额	比例（%）	金额	比例（%）
1	公司本部				
2	××公司				
3	××公司				
4	××公司				
5	××公司				
6	××公司				
7	××公司				
8	××公司				
9	××公司				
合并数			100%		100%

1. 公司本部经营情况

（1）收入情况（大幅增长、减少、持平）

20××年度公司本部主营业务收入____万元，完成预算指标____%，同比增长（减少）____%。

①20××年公司本部仍然以业务（产品、项目）为主，共取得收入____万元，占全部收入______%，比上年度增加（减少）______万元。增加（减少）的主要原因是____________________。

②20××年度公司本部第二大收入为产品（项目），取得收入______万元，占全部收入的______%，比上年度增加（减少）______万元。增加（减少）的主要原因是____________________。

③20××年度公司本部其他收入为_______和________，共取得收入______万元，占全部收入的________%，比上年度增加（减少）________万元；增加（减少）的主要原因是____________________。

（2）成本情况

20××年度公司本部主营业务成本____万元，同比增长____%，与收入增长率相比

高（低）____个百分点。成本增加（减少）的主要原因是________________。（多因素分析法进行分析）

（3）管理费用情况

20××年度公司本部管理费用支出____万元，比20××年增加（减少）____万元。主要原因是____。（多因素分析法进行分析）

（4）财务费用情况

20××年财务费用______万元，比20××年度增加（减少）_____万元，主要原因是________________________。

（5）投资收益情况

①20××年度公司投资收益____万元，主要构成情况为：________________。

②20××年度实际收到上缴利润情况。

持股企业上缴利润明细表

持股公司名称	上年度上缴	本年度预算	本年度实际上缴
合计			

（6）纳税情况

税种	上年度缴纳	本年度缴纳	增长比例
合计			

说明：

（续上）

（7）现金流量情况

20××年度本部现金总流入____万元，现金总流出____万元，现金净流入____万元。其中：经营活动的现金净流入____万元，投资活动净流入____万元，筹资活动现金净流入____万元。

2. 控股公司经营情况

（1）××公司

××公司合并营业收入____万元，净利润____万元，分别完成预算指标的____%和____%。

原因分析：××公司销售收入持续稳定增加（减少），但由于主要是原材料（或其他原因）上涨幅度过大（减少），年度净利润同比有较大下降，加上________原因的影响，净利润同比减少了____万元。

（2）××公司

××公司20××年进一步调整公司业务结构，突出重点发展主业，经营收入和净利润均较好地完成全年预算指标。

全年销售收入____万元，同比增长____%，其中公司主营类业务产品销售收入____万元，占总收入____%，同比增长____%。公司成本费用合计____万元，同比增长____%，低于收入增长率，比预算减少支出____万元；

公司经营净利润____万元，同比增长____%，超额完成年度预算的____%。

3. 公司财务状况

截至20××年年末，公司合并报表资产总额____万元，负债总额____万元，少数股东权益____万元，所有者权益____万元。

公司财务状况比较表

单位：万元

项目	年初数	年末数	增长数	增长率
资产总额				
负债总额				
少数股东权益				
所有者权益				

（1）资产总额比年初增加（减少）____万元，主要是流动资产净增加（减少）____万元，其中存货增加（减少）____万元；应收款项增加（减少）____元，预付账款

（续上）

增加（减少）____万元，货币资金增加（减少）____万元、短期投资增加（减少）____元；长期投资增加（减少）____元，固定资产增加（减少）____元、无形资产增加（减少）____万元等（重要项目大幅增减的原因进行说明）。

（2）负债总额比年初净增加（减少）____元，主要是预收账款增加（减少）____万元，其他应付款增加（减少）____万元和长短期借款增加（减少）____万元等。

公司资产、负债大量增加，主要受××公司报表的影响。××公司20××年末资产总额比年初增加（减少）____元，其中：流动资产增加（减少）____万元、长期投资增加（减少）____万元。负债总额增加（减少）____万元，其中预收款增加（减少）____万元，其他应付款增加（减少）____万元，长短期借款增加（减少）____万元（重要项目大幅增减的原因进行说明）。

（3）所有者权益比年初增加（减少）____万元，国有资产保值增值率为____%。

20××年度公司所有者权益由当年实现经营净利润增加（减少）____万元，外币报表折算差额、未确认投资损失等因素影响增加（减少）____万元，扣除所属子公司调整报表年初未分配利润增加（减少）____万元和上缴××利润____万元，公司所有者权益净增加____万元（重要项目大幅增减的原因进行说明）。

（4）现金流量比年初增加（减少）____万元。其中经营性现金净流量______。

二、公司重要财务事项说明

1. 或有负债情况

（1）对外担保情况

公司本部对外担保情况表

单位：万元

借款单位	担保金额	期限	备注
			本年度增加____亿元，另有反担保____亿元
			反担保情况
合计			

（2）诉讼情况

（3）其他情况（如贷款情况等）

2. 本年新增（减少）投资、股权转让、子公司清理情况

（1）新增对××公司投资

（续上）

（2）股权转让工作

20××年____月____日公司以____万元转让持有××有限责任公司____%股权，扣除投资成本和历年累计增值，20××年计入股权转让收益____万元。

（3）完成××公司清算工作

××有限责任公司成立于____年____月，注册资本____万元，公司投资____万元，占股____%。____年____月××公司股东会作出决定注销该公司，当即组成清算小组，对公司资产进行清算审计。

根据清算审计报告，对该公司截至20××年____月____日的剩余资产，按照各股东持股比例进行分配。20××年____月，公司实际清理收回货币资金____万元，固定资产____万元；按照原始出资额____万元，扣除清理收回资金____万元及××公司____年____月交回的____费____万元，该项投资实际损失约____万元。

（4）××公司减资，股东相应股权减值

____年____月，对××公司清产核资结果作出批复，××公司于20××年____月办理减资手续，注册资本由原____万元减至____万元，相应我公司____%股权的出资额减为____万元。

3. 应收款项追回情况

（1）经董事会批准，____年____月公司以________________（原因）借给××公司____万元。截至20××年____月，全部（部分）收回借款____万元，除本金外，20××年取得利息收入____万元。

（2）应收账款收回情况。

4. 基本建设情况

（1）经股东会____年____月____日决定，在（地址）进行基本建设。该项目总概算为____万元，建筑面积____平方米。

（2）该项目已经中科院（或地方部门）于____年____月____日批准（文号）。该项目总概算为____万元，建筑面积____平方米。

（3）该项目于____年____月____日取得了施工许可证，并于____年____月____日开工。总投资额目前情况为：________________________________。

5. 其他情况

三、年度报表审计情况

公司20××年度会计审计报告将由××会计师事务所出具，审计报告意见类型为____。

35.3　××公司盈利能力分析报告模板

××公司盈利能力分析报告模板

一、××行业及××股份有限公司现状分析

1. ××行业现状

（××行业整个行业的经营情况、销售情况、收入情况、利润情况等，以及国家政策等）

2. ××股份有限公司现状

（××股份有限公司简介，公司的经营情况、销售情况、收入情况、利润情况等财务情况，在行业所处的地位等）

二、××股份有限公司资本经营盈利能力分析

1. 资本经营盈利能力趋势分析

（“净资产收益率”指标20××～20××年3年趋势分析，趋势分析计算表、趋势分析图和文字分析）

2. 资本经营盈利能力因素分析

（“净资产收益率”指标20××年因素分析计算及文字分析）

3. 资本经营盈利质量分析

（“净资产现金回收率”“盈利现金比率”指标20××～20××年3年盈利质量分析，指标计算分析表、趋势分析图和文字分析）

4. 资本经营盈利能力同行业分析

［“净资产收益率”指标20××年同行业分析取样本至少以10家上市公司（可按股票价格高低排序、总资产规模排名等选择），同行业分析计算表、比较分析图和文字分析］

三、××股份有限公司资产经营盈利能力分析

1. 资产经营盈利能力趋势分析

（“总资产报酬率”指标20××～20××年3年趋势分析，趋势分析计算表、趋势分析图和文字分析）

2. 资产经营盈利能力因素分析

（“总资产报酬率”指标20××年因素分析计算及文字分析）

3. 资产经营盈利质量分析

（“全部资产现金回收率”指标20××～20××年3年盈利质量分析，指标计算分析表、趋势分析图和文字分析）

4. 资产经营盈利能力同行业分析

［“总资产报酬率”指标20××年同行业分析取样本至少以10家上市公司（可

（续上）

按股票价格高低排序、总资产规模排名等选择），以分析计算表、比较分析图和文字分析］

四、××股份有限公司商品经营盈利能力分析

1. 收入利润率指标趋势分析

［收入利润率（5个指标）指标20××～20××年3年趋势分析，趋势分析计算表、趋势分析图和文字分析］

2. 成本利润指标趋势分析

［成本利润率（4个指标）指标20××～20××年3年趋势分析，趋势分析计算表、趋势分析图和文字分析］

3. 商品经营盈利质量分析

（"销售获现比率"指标20××～20××年3年盈利质量分析，指标计算分析表、趋势分析图和文字分析）

4. 商品经营盈利能力同行业分析

［"营业收入利润率"指标20××年同行业分析取样本至少以10家上市公司（可按股票价格高低排序、总资产规模排名等选择），同行业分析计算表、比较分析图和文字分析］

五、××股份有限公司上市公司盈利能力分析

1. 每股收益

（1）趋势分析

（20××～20××年3年趋势分析，趋势分析计算表、趋势分析图和文字分析）

（2）同行业分析

［20××年同行业分析取样本至少以10家上市公司（可按股票价格高低排序、总资产规模排名等选择），同行业分析计算表、比较分析图和文字分析］

2. 普通股权益报酬率

（1）趋势分析

（20××～20××年3年趋势分析，趋势分析计算表、趋势分析图和文字分析）

（2）同行业分析

［20××年同行业分析取样本至少以10家上市公司（可按股票价格高低排序、总资产规模排名等选择），同行业分析计算表、比较分析图和文字分析］

3. 每股市价

（1）趋势分析

（20××～20××年3年趋势分析，趋势分析计算表、趋势分析图和文字分析）

（续上）

（2）同行业分析

［20××年同行业分析取样本至少以10家上市公司（可按股票价格高低排序、总资产规模排名等选择），同行业分析计算表、比较分析图和文字分析］

4. 每股经营现金流量

（1）趋势分析

（20××～20××年3年趋势分析，趋势分析计算表、趋势分析图和文字分析）

（2）同行业分析

［20××年同行业分析取样本至少同行业10家上市公司（可按股票价格高低排序、总资产规模排名等选择），同行业分析计算表、比较分析图和文字分析］

六、××股份有限公司盈利能力评价及建议

1. ××股份有限公司盈利能力评价

（1）资本经营盈利能力

（2）资产经营盈利能力

（3）商品经营盈利能力

（4）上市公司盈利能力

2. ××股份有限公司盈利能力改进建议

____

35.4 财务分析报告（一）

财务分析报告（一）

董事会：

下面我就公司财务管理进行分析总结。

一、公司概况

我公司是以生产电子产品为主，以加工半成品为辅的电子产品公司。公司注册资金____万元，设备先进。主要市场包括本地市场和国内市场，另外，公司正积极开发国际市场。公司的主打产品是P1产品，外加开发了行业领先的P2、P3产品，实现以高科技产品为主，大众产品为辅的生产模式。公司上年盈利____多万元，在行业竞争能力中排行第二，产品占的市场份额较大，前景光明。

二、管理概况

1. 管理层讨论与分析

（续上）

（1）报告期内公司经营情况的回顾

公司总体经营情况：____年度，公司坚持走以质量取胜的道路，坚持诚信经营的理念，坚持市场份额与经济效益并重的原则，坚持携带经销商、供应商共谋发展，共建双赢的发展模式，依靠自主创新。销售P2、P3产品，价格较高，盈利较多。公司实现销售收入____万元，比上年增长____%，实现利润____万元，比上年增长____万元，净资产收益为____万元，取得较佳盈利。

（2）公司主营业务及其经营状况

公司主营业务范围：生产电子产品，生产P2、P3产品。生产所需的原材料比预算中昂贵，库存等费用也有所下降，成本下降会给公司经营带来较好的盈利，有利于成本最优。

2. 公司未来发展的展望

（1）公司市场份额将进一步提高

未来公司将继续坚持以技术质量取胜的发展思路，坚持自主创新，坚持精品战略，不断提升产品的技术创新能力和质量水平，不断提升产品品牌的知名度和含金量，不断完善独具特色的营销模式，抓住行业快速整合的机会，进一步提高市场份额，巩固行业领先地位。

（2）加速开发国际市场

出口方面，随着与海外客户交流的不断增加，公司的技术质量优势越来越得到海外客户的认同。因此，公司P3产品价格虽然比国内同行高一些，海外客户也愿意接受。____年订单大幅增长，预计至少增长____%。

（3）未来2年资本性开支增大

随着公司销量的不断增大，公司也将相应投资增加产能；同时为了进一步提高技术质量水平，降低成本，确保稳定可控的关键原材料的供应，公司希望投资提高生产设备的先进性。

综上所述，____年公司经营具体目标是：销售收入增长____%以上，利润增长____%以上。

三、财务报告

审计意见：标准无保留审计意见。

财务报表：见后附件1、附件2。

四、整体财务状况分析

1. 财务状况评述

（1）财务结构范围合理

____年，本公司总资产____万元。其中，负债____万元，占资产总额的____%；所

（续上）

有者权益____万元，占资产总额的____%。

（2）所有者权益增长比较快

____年总资产为____万元，较上1年减少____%；负债总额____万元，较上1年增长____%；所有者权益总额为____万元，减少率为____%。除了负债增长外，资产和所有者权益都减少了。公司的经营比上年稍有下降，负债增加很难衡量公司的能力，但风险增加是一定的，应尽量避免。

2. 资产状况分析

（1）流动资产比重最大

资产总额____万元，其中流动资产____万元，占总资产的____%；长期投资____万元，占总资产的____%；固定资产____万元，占总资产的____%；无形资产及其他资产____万元，占资产总额的____%。从资本结构看，流动资产和固定资产占的比例仍相对较高，流动资产和固定资产的质量和使用效率对上市公司的经营状况起决定性作用。

（2）资产总体出现负增长

____年公司的资产比前年减少____%。主要是因为销售额的减少。总体而言，流动资产、固定资产、无形资产均较上1年减少。

3. 负债和所有者权益状况分析

（1）所有者权益大于债权人权益

____年公司负债总额____万元，其中，流动负债为____万元，占资产总额的____%。长期负债及其他为____万元，占资产总额的____%；公司所有者权益为____万元，占资产总额的____%。从负债和所有者权益构成来看，公司承担的所有者权益所占比例最高，即公司的经营压在股东对公司的信任上，不是一件很有保障的事。流动负债也占比较高的比重，对公司的债务风险起决定性作用。

（2）负债与未分配利润增长比较大

从负债和所有者权益占总资产比重来看，上1年公司的流动负债比率为____%，长期负债比率为____%，所有者权益的比率为____%。说明公司经营性负债水平比较高，日常生产经营活动重要性增强，风险增大。在负债和所有者权益的变化中，流动负债增长表明公司的短期融资活动增加，经营业务波动性较高。公司长期负债增长，该项数据增加，表明公司借助增加部分长期负债来筹措资金，说明公司的发展对长期负债的依赖性有所增强。

____年公司未分配利润比去年减少了____万元，表明公司当年减少了盈余；未分配利润所占结构性负债的比重比去年也有所下降，说明企业筹资和应付风险的能力比去年有所降低。总体上，公司长期和短期的融资活动比去年有所减少。公司是以负债资金为主来开展经营性活动，资金成本相对比较高。

（续上）

五、经营成果总体评述

公司____年总体经营是净盈利____万元，尽管比上年有少许下降，但下降幅度不大，说明公司的总体策略是正确的。公司今年销售P2、P3产品的份额跟去年差不多，但运输费用、库存费用等成本开支有所下降，说明公司在节约成本上做得比较好，这也是作为生产企业应该调节的。

______有限公司财务部

______年____月____日

附件1

比较资产负债表（　　年）

单位：万元

资　　产	行次	年初数	期末数
流动资产：			
货币资金	1		
短期投资	2		
减：跌价准备	3		
短期投资净额	4		
应收票据	5		
应收利息	7		
应收账款	8		
减：坏账准备	9		
应收账款净额	10		
预付账款	11		
其他应收款	13		
存货	14		
减：跌价准备	15		
存货净额	16		
待摊费用	17		
其他流动资产	19		
流动资产合计	20		
长期股权投资	21		

（续上）

（续表）

资　　产	行次	年初数	期末数
长期债权投资	22		
长期投资合计	23		
减：减值准备	24		
长期投资净额	25		
固定资产：			
固定资产原价	26		
减：累计折旧	27		
固定资产净额	28		
在建工程	30		
固定资产清理	31		
固定资产合计	32		
无形资产	34		
长期待摊费用	35		
其他长期资产	36		
资产总计	39		
流动负债：			
短期借款			
应付票据	41		
应付账款	42		
预收账款	43		
代销商品款	44		
应付工资	45		
应付福利费	46		
应付股利	47		
应交税费	48		
其他应交款	49		
其他应付款	50		
预提费用	51		

（续上）

（续表）

资　　产	行次	年初数	期末数
预计负债	52		
一年内到期的长期负债	53		
其他流动负债	54		
流动负债合计	55		
长期负债：			
长期借款	56		
应付债券	57		
长期应付款	58		
专项应付款	59		
其他长期负债	60		
长期负债合计	61		
递延税款			
递延税款贷项	62		
负债合计	63		
所有者权益	64		
股本	65		
资本公积	66		
盈余公积	67		
未分配利润	68		
负债和所有者权益总计	69		

附件2

利　润　表

编报单位：　　　　有限公司　　　　　年　　月　　日　　　　　　　　计量单位：万元

项　　目	1	本月数	本年累计数
一、主营业务收入	2		
减：主营业务成本	3		
营业税金及附加	4		

（续上）

（续表）

项　　目	1	本月数	本年累计数
二、主营业务利润	5		
加：其他业务利润	6		
减：营业费用	7		
管理费用	8		
财务费用	9		
三、营业利润（亏损以“-”填列）	10		
加：投资收益	11		
补贴收入	12		
营业外收入	13		
减：营业外支出	14		
四、利润总额（亏损以“-”填列）	15		
减：所得税	16		
五、净利润（净亏损以“-”填列）	17		

35.5 财务分析报告（二）

财务分析报告（二）

____年集团下属企业，坚持以提高效益为中心，以搞活经济、强化管理为重点，深化企业内部改革，深入挖潜，调整经营结构，扩大经营规模，进一步完善了企业内部经营机制，努力开拓，奋力竞争。销售收入实现____万元，比去年增加____%以上，并在取得较好经济效益的同时，取得了较好的社会效益。

一、主要经济指标完成情况

本年度商品销售收入为____万元，比上年增加____万元。其中，商品流通企业销售实现____万元，比上年增加____%，工业产品销售____万元，比上年减少____%，其他企业营业收入实现____万元，比上年增加____%。全年毛利率达到____%，比上年提高____%。费用水平本年实际为____%，比上年升高____%。全年实现利润____万元，比上年增长____%。其中，商业企业利润____万元，比上年增长____%，工业利润____万元，比上年下降____%。销售利润率本年为____%，比上年下降____%。其中，商业企业为____%，上升____%。全部流动资金周转天数为128天，比上年的110天慢了18天。

（续上）

其中，商业企业周转天数为60天，比上年的53天慢了7天。

二、主要财务情况分析

1. 销售收入情况

通过强化竞争意识，调整经营结构，增设经营网点，扩大销售范围，促进了销售收入的提高。

2. 费用水平情况

集团商业的流通费用总额比上年增加____万元，费用水平上升____%。其中：①运杂费增加____万元；②保管费增加____万元；③工资总额增加____万元；④福利费增加____万元；⑤房屋租赁费增加____万元；⑥低值易耗品摊销增加____万元。

从变化因素看，主要是由于政策因素影响：①调整了“三资”“一金”比例，使费用绝对值增加了____万元；②调整了房屋租赁价格，使费用增加了____万元；③企业普调工资，使费用相对增加____万元。扣除这三种因素的影响，本期费用绝对额为____万元，比上年相对减少____万元。费用水平为____%，比上年下降____%。

3. 资金运用情况

年末，全部资金占用额为____万元，比上年增加____%。其中：商业资金占用额____万元，占全部流动资金的____%，比上年下降____%。结算资金占用额为____万元，占____%，比上年上升了____%。其中：应收货款和其他应收款比上年增加____万元。从资金占用情况分析，各项资金占用比例严重不合理，应继续加强应收账款的清理工作。

4. 利润情况

企业利润比上年增加____万元，主要因素是：

（1）增加因素：①由于销售收入比上年增加____万元，利润增加了____万元；②由于毛利率比上年增加____%，使利润增加____万元；③由于其他各项收入比同期多收____万元，使利润增加____万元；④由于支出额比上年少支出____万元，使利润增加____万元。

（2）减少因素：①由于费用水平比上年提高____%，使利润减少____万元；②由于税率比上年上浮____%，使利润少实现____万元；③由于财产损失比上年多____万元，使利润减少____万元。以上两种因素相抵，本年度利润额多实现____万元。

三、存在的问题和建议

（1）资金占用增长过快，结算资金占用比重较大，比例失调，特别是其他应收款和销货应收款大幅度上升，如不及时清理，对企业经济效益将产生很大影响。因此，建议各企业领导要重视，应收款较多的单位，要领导带头，抽出专人，成立清收小组，积

（续上）

极回收。也可将奖金、工资同回收货款挂钩，调动回收人员的积极性。同时，要求企业经理要严格控制赊销商品管理，严防新的欠账产生。

（2）经营性亏损单位有增无减，亏损额不断增加。集团企业未弥补的亏损额高达____万元，比同期大幅度上升。建议各企业领导要加强对亏损企业的整顿、管理，做好扭亏转盈工作。

（3）各企业程度不同地存在潜亏行为。集团待摊费用高达____万元，待处理流动资金损失为____万元。建议各企业领导要真实反映企业经营成果，该处理的处理，该核销的核销，以便真实地反映企业经营成果。

______有限公司财务部

______年____月____日

35.6　企业盈利能力分析报告

企业盈利能力分析报告

总会计师：

本企业自____年开始在加大内部自主创新力度的同时，强化了外部投资的竞争力，在减少对外投资的前提下仍取得可观的投资收益。为准确把握企业的盈利能力，为将来企业的发展提供数据支持，按照企业的要求，对企业的盈利能力作出如下分析。

一、盈利能力基本情况

我企业____年的营业利润率为____%，资产报酬率为____%，净资产收益率为____%，成本费用利润率为____%。企业实际投入自身经营业务的资产为____万元，经营资产的收益率为____%，而对外投资的收益率为____%（近3年的营业利润率如下表所示）。

营业利润率明细表

时　间	年	年	年
营业利润率	%	%	%

二、内部经营资产和对外长期投资的盈利能力

我企业____年内部经营资产的盈利能力为____%，与____年的____%相比变化不

（续上）

大。____年对外投资业务的盈利能力为____%，与____年的____%相比有较大幅度的提高，提高____个百分点。

三、对外投资的盈利能力

尽管对外投资收益有较大幅度的下降，但对外投资总额的下降幅度更大，相对来看，本期对外投资的盈利能力有较大幅度的提高（见近3年对外投资收益率增长表）。

近3年对外投资收益率明细表

时　间	年	年	年
对外投资额	万元	万元	万元
对外投资收益率	%	%	%

四、内外部资产盈利能力比较

从企业内外部资产的盈利情况来看，对外投资的收益率大于内部资产收益率，内部经营资产收益率又大于企业实际贷款利率，说明对外投资的盈利能力是令人满意的。

五、资本收益率

____年净资产收益率为____%，与____年的____%、____年的____%相比增长缓慢。具体如下表所示。

净资产收益率明细表

时　间	年	年	年
净资产收益率	%	%	%

六、资本收益率变化原因

____年净资产收益率比____年高的主要原因如下：____年净利润为____万元，与____年的____万元相比有较大增长，增长____%；____年所有者权益为____万元，与____年的____万元相比有所增长，增长____%。净利润增长速度快于所有者权益的增长速度，致使净资产收益率提高。

七、资产报酬率

____年总资产报酬率为____%，与____年的____%相比变化不大。具体如下表所示。

总资产报酬率明细表

时　间	年	年	年
总资产报酬率	%	%	%

（续上）

八、资产报酬率变化原因

____年总资产报酬率比____年提高的主要原因是：____年息税前收益为____万元，与____年的____万元相比有较大增长，增长____%。____年平均总资产为____万元，与____年的____万元相比有较大增长，增长____%。息税前收益增长速度快于平均总资产的增长速度，致使总资产报酬率提高。

九、成本费用利润率变化情况

____年成本费用利润率为____%，与____年的____%相比变化不大。____年期间费用投入的经济效益为____%，与____年的____%相比有所提高，提高____个百分点。

十、资本收益率变化原因

____年净资产收益率比____年提高的主要原因是：____年净利润为____万元，与____年的____万元相比有较大增长，增长____%。____年所有者权益为____万元，与____年的____万元相比有所增长，增长____%。净利润增长速度快于所有者权益的增长速度，致使净资产收益率提高。

______有限公司财务部

______年____月____日

35.7　新产品盈利能力分析报告

新产品盈利能力分析报告

各位董事：

下面就我公司的新产品盈利能力进行分析。

我公司自____年从国外引进A产品以后，经济效益有了较大的提高。为单独观察这一新产品的盈亏平衡点和盈利状况，该公司对该产品的产、销、利，进行了以下四方面的计算和分析。

一、对盈亏平衡点的计算

据计算，每吨A产品的销售价格为2 350元，每吨的变动成本为1 980元，每年固定成本总额为407万元。而根据这些数据再按方程式法计算出来的盈亏平衡点的销量应为11 000吨。而对比××公司去年的实际销售情况，本年度已经达到17 400吨，超过盈亏平衡点6 400吨，盈利236万元。

（续上）

（1）盈亏平衡点上的销量=4 070 000÷（2 350－1 980）=11 000（吨）

（2）按去年实际销量计算的利润总额=（17 400×2 350）－（17 400×1 980）－4 070 000=40 890 000－34 452 008－4 070 000 =2 368 000（元）（税前利润）

从以上情况可以看出，这个新产品具有两个鲜明的特点：一是盈亏平衡点的销量较高；二是销量越过盈亏平衡点之后，盈利的数额和增长幅度大。这是由引进设备的一次性投资较大，固定成本总额偏高所致。但只要产量、销售量达到一定程度，效益还是相当可观的。

二、利润总额达到400万元时的销售量

按以上数据计算，在公司A产品的利润总额要求达到400万元时，这种新产品的销售量必须达到21 810吨，才能实现。

（4 000 000＋4 070 000）÷（2 350－1 980）=21 810（吨）

而从今年上半年的实际销售情况来看，由于销售渠道逐步打通，出口数量增多，这种新产品的销售量已达13 412吨。如不发生特殊情况，预计全年销售量可实现25 000吨，利润总额也可以达到518万元左右。

销售量达到2.5万吨的利润。

（25 000×2 350）－（25 000×1 980）－4 070 000

=58 750 000－49 500 000－4 070 000

=5 180 000（元）

三、销量达到3万吨时的利润总额

如果按引进设备的设计能力计算，A产品的最高年产量可以达到3万多吨。若在美国国内销售和出口美国数量每年能达到3万吨，仅这一项新产品即可创利703万元，就是在扣除外缴税费之后，企业留利至少也可以达到360万元左右。这既是该产品创利的最高点，也是为公司创利最多的产品。

销量到3万吨时的利润。

（30 000×2 350）－（30 000×1 980）－4 070 000

=70 500 000－59 400 000－4 070 000

=7 030 000（元）

为确保数字计算的可靠，以上所用产品销售价格都是按最低价计算的。如售价升高，创利数还可增多一些。

四、市场调查的预测销量

A产品的销售量，从订货情况看，由于公司产品质量已经赶上日本和法国等国，而且价格也略低于国际市场的平均价。所以如果出厂价格能保持在每吨420～430美元，

（续上）

仅两家外商即可包销2万吨以上。至于美国国内市场，在几个大城市便可卖出1万吨左右。只是目前的生产因引进设备尚处于调整阶段，还不具备满负荷运行的条件，预计明年能达到设计能力。如电力供应充足，最高年产量则可达到3.3万吨左右。从而达到产、销、利的最高限。

______有限公司财务部

______年____月____日

35.8　运营能力分析报告

运营能力分析报告

各位董事：

下面就我公司的企业运营能力进行分析。

今年，电子产品也进入微利时代。本公司经过考虑，调整经营战略，树立自己的品牌，取得了良好的效果。上1年税后利润达____万元，本年度年税后利润为____万元。资产净报酬率超过____%。但由于公司处于业务扩展期，管理上、营销上尚有漏洞，短期偿债能力有所下降。公司的宗旨是：负重经营，立足长远。

下面我们结合资产负债表和偿债能力、营运能力指标来分析这一战略。

一、流动比率

流动比率是指企业流动资产与流动负债的比率，简称为流动比，又称营运资金比率。计算公式为：

$$流动比率=\frac{流动资产}{流动负债}$$

式中：流动资产包括现金、应收账款、有价证券、存货等；流动负债包括应付账款、应付票据、短期内到期的长期债务、应交税费和其他应付费用等。

在具体计算流动比率时，流动资产和流动负债数额可以从附件的资产负债表中“流动资产合计”和“流动负债合计”两项目的期初数、期末数中查到。

如附表所示：本年度资产负债表中“流动资产合计”项目期初数为12 040 680元，期末数为13 079 000元，“流动负债合计”项目期初数为6 523 280元，期末数为6 947 120元，则流动比率为：

（续上）

流动比率（本年度）=流动资产 ÷ 流动负债

=13 079 000 ÷ 6 947 120

=1.88

流动比率（上1年）=流动资产 ÷ 流动负债

=12 040 680 ÷ 6 523 280

=1.85

一般来说，企业的流动比率越高，说明企业的短期偿债能力越强。国际上一般认为流动比率要保持在2左右才能表示企业财务状况稳定。显然公司的流动比率本年度虽然比上1年略有提高，但总的来讲是偏低。其实，这个标准并不绝对。因为流动比率常常很大程度上受营业周期的制约。企业营业周期短，则材料、产品等存货库存较少，应收账款周转速度也快，流动比率相对较低；相反营业周期较长的企业，其存货量必然加大，应收账款的周转速度也较慢，因而流动比率也必然较高。正是由于营业周期的差别，各行业的平均流动比率差别也较大。

二、速动比率

速动比率是企业的速动资产与流动负债的比率，它是衡量企业短期偿债能力的另一项重要指标。企业的速动资产就是流动资产与流动资产扣除存货和待摊费用及待处理损失后的余额，主要包括货币资金、短期投资、应收票据、应收账款等各项可迅速支付流动负债的资产。

在实际工作中，如果待摊费用等项目金额较小，也可采用一种简化算法，即：

速动资产=流动资产－存货

据此可知我公司的速动比率为：

速动比率（本年度）=（13 079 000－7 203 060）÷ 6 947 120=0.85

速动比率（上1年）=（12 040 690－6 036 980）÷ 6 523 280=0.92

对债权人而言，速动比率是越高越好，因为速动比率越高，说明企业短期偿债能力越强。一般认为，企业正常的速动比率应为1，即速动资产刚好能抵付短期债务，假如企业一旦面临财务危机或办理清算时，在存货及待摊费用毫无价值或价值不大的情况下，也可支付流动负债。相对而言，公司上1年、本年度的速动比率都偏低。不过，确定速动比率多大为好，还须视企业的性质和其他因素综合评价。首先，不同行业则对速动比率会有不同的要求，有的行业可能允许低于1；而有的行业则要求高于1。例如商品零售业，由于都是现金销售，一般没有应收账款，因此允许保持一个大大低于1的速动比率，这对正常短期偿债能力不会有不良影响，因为商品零售业的存货即库存商品在其流动资产中所占比重较大，而且其变现能力也较强。其次，由于计算速动比率时剔除了变现能力较强而数额占流动资产比重又最大的存货项目以及待摊费用项目，速动比率比

（续上）

流动比率更能有效地反映企业的短期偿债能力。但速动资产中的应收账款本身也有不确定性，它的变现能力对速动比率的准确性往往有很大影响。因为在应收账款中，有的收账期可能在信用期限内，有的则可能超出该期限已很长时间，有的早已成为坏账，这些都影响速动比率的真实性。所以，在评价速动比率指标时，还应结合应收账款周转率指标分析应收账款的质量。

三、现金比率

现金比率是企业现金类资产与流动负债的比率，它是衡量企业短期偿债能力的又一项重要指标。

在企业的流动资产中，货币资金包括现金和各种存款，其流动性最强，可以直接用于偿还流动负债；短期投资（包括1年内到期的长期债券投资）也能通过证券市场迅速转变为现金。我们把货币资金和短期投资合称为现金类资产。将现金类资产与流动负债对比，就可以得出现金比率。其计算公式为：

$$现金比率=\frac{现金率资产}{流动负债}$$

$$=\frac{货币资金+短期投资+1年内到期的长期债券投资}{流动负债}$$

公式中的货币资金、短期投资、1年内到期的长期债券投资都可以从资产负债表的相应项目中查到。

根据附表所示，可以计算我公司的现金比率：

现金比率（本年度）=（2 012 160 + 84 480 + 60 000）÷ 6 947 120=0.31

现金比率（上1年）=（2 578 820 + 93 240 + 80 000）÷ 6 523 280=0.41

显然，我公司的现金比率本年度与上1年相比有较大幅度下降，相应地企业短期偿债能力有所下降。但也不能把现金比率看得过重。因为在大多数情况下，作为债权人不可能要求企业保持足够还债的现金类资产，企业也不会同意。因为这会降低企业的获利能力。现金比率的最大作用在于反映在最坏情况下的偿债能力。在正常情况下它只是债权人从稳健原则出发考察企业偿债能力的一个参考指标。

四、应收账款周转率

应收账款周转率是企业赊销收入净额与平均应收账款金额的比率。用公式表示为：

$$应收账款周转率=\frac{赊销收入净额}{平均应收款余额}$$

我公司应收账款周转率：

（续上）

应收账款周转率（本年度）=15.90（次）

应收账款周转率（上 1 年）=18.36（次）

应收账款周转率越高，说明企业应收账款回收越快，坏账损失与收账费用越少，这样应收账款流动性就提高了，从而企业的短期偿债能力就越强。计算表明，我公司的应收账款周转率本年度比去年有所下降，相应地企业的短期偿债能力有所降低。

______有限公司财务部

______年____月____日

附表

资 产 负 债 表

编制单位：××公司　　　　年　　月　　日　　　　单位：元

资　产	年初数	期末数	负债和所有者权益	年初数	期末数
流动资产：			**流动负债：**		
货币资金	257 882	2 012 160	短期借款	714 000	1 008 000
短期投资	93 240	84 480	应付票据	373 480	450 240
应收票据	160 000	120 000	应付账款	1 537 300	1 712 400
应收账款	1 900 000	2 100 000	预收账款	162 520	200 760
减：坏账准备	9 000	10 500	其他应付款	160 900	180 000
应收账款净额	1 891 000	2 089 500	应付工资	200 000	211 840
预付账款	425 460	285 640	应付福利费	428 340	563 660
应收补贴款	—	—	未交税金	385 260	164 320
其他应收款	417 900	760 760	未付利润	160 000	1 200 000
存货	6 036 980	7 203 060	其他未交款	23 560	382 220
待摊费用	237 280	303 400	预提费用	197 920	273 680
待处理流动资产净损失	100 000	120 000	一年内到期的长期负债	500 000	500 000
一年内到期的长期债券投资	80 000	60 000	其他流动负债	60 000	100 000
其他流动资产	20 000	40 000	流动负债合计	6 523 280	6 947 120
流动资产合计	12 040 680	13 079 000	**长期负债：**		
			长期借款	1 968 000	117 140
长期投资	1 172 000	1 572 000	应付债券	1 668 000	1 788 000
固定资产			长期应付款	400 000	200 000
固定资产原价	12 292 400	13 092 600	其他长期负债	30 000	30 000
减：累计折旧	6 018 260	7 077 020	其中：住房周转金	30 000	30 000
固定资产净值	6 274 140	6 015 580	长期负债合计	4 066 000	3 069 040
固定资产清理	180 00	300 000	递延税项		

（续上）

（续表）

资　产	年初数	期末数	负债和所有者权益	年初数	期末数
在建工程	1 392 460	1 452 780	递延税款贷项	—	—
待处理固定资产净损失	160 000	200 000	负债合计	10 589 280	10 016 160
固定资产合计	8 006 600	7 968 360	**所有者权益：**		
无形及递延资产	375 680	281 760	实收资本	8 000 000	8 000 000
无形资产	684 000	608 000	资本累积	1 214 580	1 693 240
递延资产	1 059 680	889 760	盈余公积	2 429 060	3 486 400
无形及递延资产合计			其中：公益金	809 690	1 162 240
			未分配利润	126 060	423 320
其他长期资产	80 000	110 000			
递延税项			所有者权益合计	11 769 700	13 602 960
递延税款借项	22 358 960				
资产总计		23 619 120	负债和所有者权益总计	223 588 960	23 619 120

35.9　偿债能力分析报告

偿债能力分析报告

董事会：

下面我就公司偿债能力进行分析总结：

我公司是一家生产××的公司，公司的主导产品是A和B。近几年我公司抓住国内经济高速发展的契机，公司业务得到了大规模扩张。随着国内宏观经济形势与国内市场的变化，公司利用稳健经营的战略，减少负债，增加资产，提高自身的偿债能力。其中紧紧围绕增强盈利这一核心，公司经营越来越好（有关资料如附件1、附件2、附件3所示）。

评价企业长期财务状况和偿债能力的指标主要有资产负债率、长期资产与长期资金比率、利息保障倍数。

一、资产负债率

资产负债率是企业负债总额与资产总额的比率。计算公式为：

$$资产负债率=\frac{负债总额}{资产总额}$$

（续上）

公司资产负债率为：

资产负债率=（235 000+157 000）÷632 000=0.62

二、所有者权益比率

所有者权益比率是企业所有者权益与资产总额的比率。计算公式为：

$$\text{所有者权益比率}=\frac{\text{所有者权益总额}}{\text{资产总额}}$$

$$=\frac{202\,000+22\,080+15\,920}{632\,000}=0.37$$

所有者权益比率反映企业全部资产中有多大比重属于所有者的。实际上，所有者权益比率与上述资产负债率是相对应的比率，两者之和为100%。所有者权益比率越小，资产负债率就越大，所有者权益为债务风险提供的缓冲也越小。

三、负债和所有者权益比率

负债和所有者权益比率反映了两者的比例关系，也可衡量企业清算时对债权人利益的保护程度。计算公式为：

$$\text{负债和所有者权益比率}=\frac{\text{负债总额}}{\text{所有者权益}}$$

这个公式的分母也可用有形净资产来替代，即将从所有者权益中减去无形资产、递延资产等很难变现或没有变现价值的长期资产后的净额来与负债总额进行比较。这时，计算公式修改为：

$$\text{保守的负债和所有者权益比率}=\frac{\text{负债总额}}{\text{所有者权益}-\text{无形资产及递延资产}}$$

$$=\frac{235\,000+157\,000}{202\,000+22\,080+15\,920}=1.63$$

四、长期资产与长期资金比率

长期资产与长期资金比率是企业的长期资产与企业可长期运用的资金的比率。它从企业的资源配置结构来反映企业的财务状况和偿债能力。企业长期资金筹集有两个途径：一是所有者投入的资本；二是借入的长期债务。因此该比率也有两种计算方式：

$$\text{长期资产与长期资金比率}=\frac{\text{长期资产}}{\text{长期负债}+\text{所有者权益}}$$

$$\text{长期资产与所有者权益}=\frac{\text{长期资产}}{\text{所有者权益比率}}$$

一般来说，企业的长期资产如长期投资、固定资产、无形资产等由所有者权益与长期负债这些企业可以长期运用的资金来支持。因此，长期资产与长期资金比率应低于100%，有的认为在80%左右为好。如果该比率高于100%，说明企业长期资产的一部分是由短期负债支持的，这样则会影响企业的短期偿债能力。至于长期资产与所有者权益的比率，从债权人的角度来看，以低于100%为佳。

公司长期资产与长期资金比率计算公式为：

$$\text{长期资产与长期资金比率}=\frac{\text{资产总额}-\text{流动资产}}{\text{长期负债}+\text{所有者权益}}$$

$$=\frac{632\ 000-366\ 400}{157\ 000+240\ 000}=0.66$$

$$\text{长期资产与所有者权益比率}=\frac{632\ 000-366\ 400}{240\ 000}=1.10$$

五、利息保障倍数

利息保障倍数是企业在一定期间所赚取的全部利润与全部费用的比率。企业利润越高，债权人的利息收入就越有保障。因此，该比率为长期债权人所常用，以评价长期债务安全程度。其计算公式为：

$$\text{利息保障倍数}=\frac{\text{利润总额}+\text{全部利息费用}}{\text{全部利息费用}}$$

从长远来看，利息保障倍数一般至少要大于1；否则，就不能举债经营。

六、资产负债表项目总体结构百分比

该项分析是通过计算各期资产各项目占总资产的比重以及负债和所有者权益各项目占负债和所有者权益总额的比重，并通过前后时期各项目结构百分比的变动比较，来评价各项目的构成比重是否合理，财务状况是否健康。我公司期末与期初比，流动资产与长期资产结构发生了较大变化，流动资产比重增加了11.05%。从各项目看，主要是短期投资和存货增加引起的，因而还需从销售和生产看存货增加是否由正常原因所致；而长期资产比重下降主要是长期投资减少所致。从负债和所有者权益来看，本期资金金额有较大增长，主要是由于长期负债增加所致。

______有限公司财务部

______年____月____日

（续上）

附件1

公司比较资产负债表

单位：千元

项　　目	20××年12月31日	20××年12月31日
资产		
流动资产		
货币资产	33 680	37 000
短期投资	1 600	42 000
应收账款（净额）	96 775	134 080
存货	88 025	150 570
待摊费用	2 800	2 750
流动资金合计	222 880	366 400
长期投资	119 800	10 000
固定资产原值	162 000	197 900
减：累计折旧	65 000	74 000
固定资产净值	97 000	123 900
在建工程	26 800	30 700
无形资产	8 500	11 000
资产总计	474 980	632 000
负债和所有者权益		
流动负债		
短期负债	142 000	130 800
应付账款	29 750	70 000
其他应付款	21 000	32 200
未交税金	1 250	2 000
流动负债合计	194 000	235 000
长期负债		
长期借款	48 400	157 000
所有者权益		
实收资本	202 000	202 000
资本公积	22 080	22 080
盈余公积	8 500	15 920
负债和所有者权益总计	474 980	632 000

（续上）

附件2

公司比较利润表

项 目	20××年度	20××年度
产品销售收入	650 000	787 000
减：产品销售成本	558 720	681 000
产品销售费用	1 000	1 200
产品销售税金及附加	36 870	44 600
产品销售利润	53 410	60 200
加：其他业务利润	8 500	12 200
减：管理费用	20 000	22 800
财务费用	1 100	1 500
营业利润	40 810	48 100
加：投资收益	13 000	11 800
营业外收入	2 120	3 000
减：营业外支出	18 500	16 000
利润总额	37 430	46 900

附件3

资产负债表项目总体结构百分比

项 目	20××年12月31日		20××年12月31日	
	金额	结构百分比	金额	结构百分比
货币资金	33 680	7.09%	37 000	5.85%
短期投资	1 600	0.34%	42 000	6.65%
应收账款（净额）	96 775	20.37%	134 080	21.21%
存货	88 025	18.53%	150 570	23.82%
待摊费用	2 800	0.59%	2 750	0.43%
流动资产合计	222 880	46.92%	366 400	57.97%
长期投资	119 800	25.22%	100 000	15.83%
固定资产（净值）	97 000	20.42%	123 900	19.60%
在建工程	26 800	5.64%	30 700	4.86%
无形资产	8 500	1.80%	11 000	1.74%
资产总计	474 980	100%	632 000	100%
短期负债	142 000	29.90%	130 800	20.70%
应付账款	29 750	6.26%	70 000	11.08%

（续上）

（续表）

项　　目	20××年12月31日		20××年12月31日	
	金额	结构百分比	金额	结构百分比
其他应付款	21 000	4.24%	32 200	5.08%
未交税金	1 250	0.26%	2 000	0.32%
流动负债合计	194 000	40.84%	235 000	37.18%
长期负债	48 400	10.20%	157 000	24.84%
所有者权益				
实收资本	202 000	42.53%	202 000	31.97%
资本公积	22 080	4.65%	22 080	3.49%
盈余公积	8 500	1.78%	15 920	2.52%
负债和所有者权益总计	474 980	100%	632 000	100 %

35.10 财务报表分析报告

财务报表分析报告

一、资产负债表

主要财务数据如下：　　　　金额单位：万元

项　　目	当期数据			上期数据			增长情况		
	公司	行业	偏离率（%）	公司	行业	偏离率（%）	公司	行业	偏离率（%）
货币资金									
应收账款									
存货									
流动资产									
固定资产									
总资产									
流动负债									
负债总额									
未分配利润									
所有者权益									

（续上）

1. 企业自身资产状况及资产变化说明

公司的资产规模位于行业内的中等水平，公司本期的资产比去年同期增长____%。资产的变化中固定资产增长最多。企业将资金的重点向固定资产方向转移。分析者应该随时注意企业的生产规模、产品结构的变化，这种变化不但决定了企业的收益能力和发展潜力，也决定了企业的生产经营形式。因此，建议分析者对其变化进行动态跟踪与研究。

流动资产中，货币性资产的比重最大，占____%，存货资产的比重次之，占____%。

流动资产的增长幅度为____%。在流动资产各项目变化中，信用类资产的增长幅度明显大于流动资产的增长，说明企业对货款的回收不够理想，企业受第三者的制约增强，企业应该加强货款的回收工作。存货类资产的增长幅度明显大于流动资产的增长，说明企业存货增长占用资金过多，市场风险将增大，企业应加强存货管理和销售工作。总之，企业的支付能力和应付市场的变化能力一般。

2. 企业自身负债和所有者权益状况及变化说明

从负债和所有者权益占总资产比重看，企业的流动负债比率为____%，长期负债和所有者权益的比率为____%。说明企业资金结构的稳定性高，独立性强。

企业负债和所有者权益的变化中，流动负债增长____%，股东权益增长____%。

流动负债的增长幅度为____%，营业环节的流动负债的比重比去年上升，表明企业的资金来源是以营业性质为主，资金成本相对较低。

本期和上期的长期负债占结构性负债的比率分别为____%、____%，该项数据增加，表明企业借助增加部分长期负债来筹措资金，但是长期负债的比重较大，说明企业的发展依赖于长期负债，企业的自有资金的实力比较匮乏。未分配利润比去年增长了____%，表明企业当年增加了一定的盈余。未分配利润所占结构性负债的比重比去年也有所提高，说明企业筹资和应付风险的能力比去年有所提高。企业是以负债资金为主来开展经营性活动，资金成本相对比较高。

3. 企业的财务类别状况在行业中的偏离

流动资产是企业创造利润、实现资金增值的生命力，是企业开展经营活动的支柱。企业当年的流动资产偏离了行业平均水平____%，说明其流动资产规模位于行业水平之下，应当引起注意。结构性资产是企业开展生产经营活动而进行的基础性投资，决定着企业的发展方向和生产规模。企业当年的结构性资产偏离行业水平____%，我们应当注意企业的产品结构、更新改造情况和其他投资情况。流动负债比重偏离行业水平____%，企业的生产经营活动的重要性和风险要高于行业水平。

二、利润及利润分配表

主要财务数据和指标如下：

（续上）

金额单位：万元

项　　目	当期数据			上期数据			增长情况		
	公司	行业	偏离率（%）	公司	行业	偏离率（%）	公司	行业	偏离率（%）
主营业务收入									
主营业务成本									
营业费用									
主营业务利润									
其他业务利润									
管理费用									
财务费用									
营业利润									
投资收益									
补贴收入									
营业外收支净额									
利润总额									
所得税									
净利润									
毛利率（%）									
净利率（%）									
成本费用率（%）									
净收益营运指数									

1. 收入分析

本期公司实现主营业务收入____万元。与去年同期相比增长____%，说明公司业务规模处于较快发展阶段，产品与服务的竞争力较强，市场推广工作成绩很大，公司业务规模很快扩大。本期公司主营业务收入增长率低于行业主营业务收入增长率____%，说明公司的收入增长速度明显低于行业平均水平，与行业平均水平相比，本期公司在提高产品与服务的竞争力，提高市场占有率等方面都存在很大的差距。

2. 成本费用分析

（1）成本费用构成情况

本期公司发生成本费用共计____万元。其中，主营业务成本____万元，占成本费用总额____%；营业费用____万元，占成本费用总额____%；管理费用____万元，占成本

（续上）

费用总额____%；财务费用____万元，占成本费用总额____%。

（2）成本费用增长情况

本期公司成本费用总额比去年同期增加____万元，增长____%；主营业务成本比去年同期增加____万元，增长____%；营业费用比去年同期增加____万元，增长____%；管理费用比去年同期增加____万元，增长____%；财务费用比去年同期增加____万元，增长____%。

3. 利润增长因素分析

本期利润总额比上年同期增加____万元。其中，主营业务收入比上年同期增加利润____万元，主营业务成本比上年同期减少利润____万元，营业费用比上年同期减少利润____万元，管理费用比上年同期减少利润____万元，财务费用比上年同期减少利润____万元，投资收益比上年同期减少利润____万元，补贴收入比上年同期减少利润____万元，营业外收支净额比上年同期增加利润____万元。

本期公司利润总额增长率为____%，公司在产品与服务的获利能力和公司整体的成本费用控制等方面都取得了很大的成绩，说明公司利润积累有了极大增加，为公司增强自身实力、将来的迅速发展打下了坚实的基础。本期公司利润总额增长率低于行业利润总额增长率____%，公司的利润增长速度明显低于行业平均水平。与行业平均水平相比，本期公司在产品与服务的结构优化、市场开拓以及经营管理等方面都存在很大的差距。

4. 经营成果总体评价

（1）产品综合获利能力评价

本期公司产品综合毛利率为____%，综合净利率为____%，成本费用利润率为____%。分别比上年同期提高了____%、____%、____%，平均提高____%，说明公司获利能力处于稳定发展阶段。本期公司在产品结构调整和新产品开发方面，以及提高公司经营管理水平方面都取得了一些成绩，公司获利能力在本期获得稳定提高，提请分析者予以关注，因为获利能力的稳定提高为公司将来创造更大的经济效益，迅速发展壮大提供了条件。本期公司产品综合毛利率、综合净利率、成本费用利润率比行业平均水平高出____%、____%和____%，说明公司获利能力略低于行业平均水平，公司产品与服务竞争力稍弱。

（2）收益质量评价

净收益营运指数是反映企业收益质量，衡量风险的指标。本期公司净收益营运指数为____，比上年同期提高了____%，说明公司收益质量变化不大，只有经营性收益才是可靠的，可持续的，因此未来公司应尽可能提高经营性收益在总收益中的比重。本期公司净收益营运指数比行业平均水平低____%，说明公司收益质量与行业平均水平相当，

（续上）

公司整体的营运风险与行业平均水平基本持平。

（3）利润协调性评价

公司与上年同期相比主营业务利润增长率为____%，其中，主营业务收入增长率为____%，说明公司综合成本费用率有所下降，企业对市场竞争的适应能力有所提高，收入与利润协调性很好，未来公司应尽可能保持对企业成本与费用的控制水平，进一步巩固企业产品的综合竞争能力。主营业务成本增长率为____%，说明公司综合成本率有所下降，毛利贡献率有所提高，成本与收入协调性很好，未来公司应尽可能保持对企业成本的控制水平，不断提高企业在市场中的竞争能力。营业费用增长率为____%。说明公司营业费用率有所下降，营业费用与收入协调性很好，营销费用率的有效降低，使企业的营业利润率进一步提高，未来公司应尽可能保持对企业营业费用的控制水平。管理费用增长率为____%。说明公司管理费用率有所上升，提请公司管理者予以重视。管理成本率的快速增加，将会降低企业的营业利润率，应提高管理费用与利润协调性，加强企业管理费用的控制水平，使管理成本率进一步降低。财务费用增长率为____%。说明公司财务费用率有所下降，财务费用与利润协调性很好。财务成本率下降，说明企业所筹资金的使用效率进一步提高，未来公司应尽可能保持对企业财务费用的控制水平。

三、现金流量表

主要财务数据和指标如下：

项　　目	当期数据			上期数据			增长情况		
	公司	行业	偏离率（%）	公司	行业	偏离率（%）	公司	行业	偏离率（%）
经营活动产生的现金流入量									
投资活动产生的现金流入量									
筹资活动产生的现金流入量									
总现金流入量									
经营活动产生的现金流出量									
投资活动产生的现金流出量									
筹资活动产生的现金流出量									
总现金流出量									
现金流量净额									
现金流入负债比									
全部资产现金回收（%）									
销售现金比率（%）									

（续上）

（续表）

项　目	当期数据			上期数据			增长情况		
	公司	行业	偏离率（%）	公司	行业	偏离率（%）	公司	行业	偏离率（%）
每股营业现金净流量									
现金满足投资比率									
现金股利保障倍数									
现金营运指数									

1. 现金流量结构分析

（1）现金流入结构分析

本期公司实现现金总流入____万元。其中，经营活动产生的现金流入为____万元，占总现金流入的比例为____%；投资活动产生的现金流入为____万元，占总现金流入的比例为____%；筹资活动产生的现金流入为____万元，占总现金流入的比例为____%。

（2）现金流出结构分析

本期公司实现现金总流出____万元。其中，经营活动产生的现金流出为____万元，占总现金流出的比例为____%；投资活动产生的现金流出为____万元，占总现金流出的比例为____%；筹资活动产生的现金流出为____万元，占总现金流出的比例为____%。

2. 现金流动性分析

（1）现金流入负债比

现金流入负债比是反映企业由主业经营偿还短期债务的能力的指标。该指标越大，偿债能力越强。本期公司现金流入负债比为____，较上年同期大幅提高，说明公司现金流动性大幅增强，现金支付能力快速提高，债权人权益的现金保障程度大幅提高，有利于公司的持续发展。低于行业平均水平____%，表示公司的现金流动性一般，债权人权益的现金保障程度与行业平均水平基本持平。

（2）全部资产现金回收率

全部资产现金回收率是反映企业将资产迅速转变为现金的能力。本期公司全部资产现金回收率为____%，较上年同期基本持平，说明公司将全部资产以现金形式收回的能力与上期相比基本相同，现金流动性变化不大，未来公司对现金流量的管理需要进一步加强。低于行业平均水平____%，表示公司将全部资产以现金形式收回的能力一般，现金的流动性与行业平均水平基本持平。

3. 获取现金能力分析

（1）销售现金比率

（续上）

本期公司销售现金比率为____，较上年同期基本持平，说明公司获取现金能力基本未变，未来公司在营销政策的制定与执行方面还应有所加强，尽可能提高收益的实现程度。本期公司销售现金比率低于行业平均水平____%，表示公司的收益实现程度一般，公司获取现金能力与行业平均水平基本持平。

（2）每股营业现金净流量

本期公司每股营业现金净流量为____元，较上年同期大幅提高，说明公司获取现金能力迅速提高，公司每股资产含金量的快速提高，为公司提高收益的实现程度，有效降低公司经营风险，更好地实现经济效益打下了坚实的基础。本期公司每股营业现金净流量高于行业平均水平____%，表示公司的收益实现程度很高，公司每股资产含金量远高于行业平均水平。

4. 财务弹性分析

（1）现金满足投资比率

现金满足投资比率是反映财务弹性的指标。本期公司现金满足投资比率为____，较上年同期大幅降低，说明公司财务弹性快速缩小，财务环境非常紧张，现金流量满足投资与经营需要的压力沉重。本期公司现金满足投资比率低于行业平均水平____%，表示公司财务弹性与行业平均水平基本持平，公司现金流量状况对投资与经营的满足程度与行业平均水平相比基本持平。

（2）现金股利保障倍数

现金股利保障倍数是反映股利支付能力的指标。本期公司现金股利保障倍数为____。本期公司现金股利保障倍数低于行业平均水平____%，表示公司股利支付能力远远低于行业平均水平，现金流量对股利政策的支持力度明显弱于行业平均水平，公司经营风险远低于社会平均水平。

5. 获取现金风险分析

现金营运指数是反映企业现金回收质量，衡量风险的指标。理想的现金营运指数应为1，小于1的现金营运指数反映了公司部分收益没有取得现金，而是停留在实物或债权的形态，而实物或债权资产的风险远大于现金。本期公司现金营运指数为____，较上年同期大幅提高，说明公司现金回收质量快速提高，停留在实物或债权形态的收益比重大幅降低，大大降低了公司的营运风险。本期公司现金营运指数高于行业平均水平____%，表示公司现金回收质量略高于行业平均水平，公司的营运风险不高。

______有限公司财务部

______年____月____日

附　录

附录一

2019年世界500强企业名单排行榜

排名	公司名	国家
1	沃尔玛（WALMART）	美国
2	中国石油化工集团公司（SINOPEC GROUP）	中国
3	荷兰皇家壳牌石油公司（ROYAL DUTCH SHELL）	荷兰
4	中国石油天然气集团公司（CHINA NATIONAL PETROLEUM）	中国
5	国家电网公司（STATE GRID）	中国
6	沙特阿美公司（SAUDI ARAMCO）	沙特阿拉伯
7	英国石油公司（BP）	英国
8	埃克森美孚（EXXON MOBIL）	美国
9	大众公司（VOLKSWAGEN）	德国
10	丰田汽车公司（TOYOTA MOTOR）	日本
11	苹果公司（APPLE）	美国
12	伯克希尔–哈撒韦公司（BERKSHIRE HATHAWAY）	美国
13	亚马逊（AMAZON.COM）	美国
14	联合健康集团（UNITEDHEALTH GROUP）	美国
15	三星电子（SAMSUNG ELECTRONICS）	韩国
16	嘉能可（GLENCORE）	瑞士
17	麦克森公司（MCKESSON）	美国
18	戴姆勒股份公司（DAIMLER）	德国
19	CVS Health公司（CVS HEALTH）	美国
20	道达尔公司（TOTAL）	法国
21	中国建筑工程总公司（CHINA STATE CONSTRUCTION ENGINEERING）	中国
22	托克集团（TRAFIGURA GROUP）	新加坡
23	鸿海精密工业股份有限公司（HON HAI PRECISION INDUSTRY）	中国
24	EXOR集团（EXOR GROUP）	荷兰

（续表）

排名	公司名	国家
25	美国电话电报公司（AT&T）	美国
26	中国工商银行（INDUSTRIAL & COMMERCIAL BANK OF CHINA）	中国
27	美源伯根公司（AMERISOURCEBERGEN）	美国
28	雪佛龙（CHEVRON）	美国
29	中国平安保险（集团）股份有限公司（PING AN INSURANCE）	中国
30	福特汽车公司（FORD MOTOR）	美国
31	中国建设银行（CHINA CONSTRUCTION BANK）	中国
32	通用汽车公司（GENERAL MOTORS）	美国
33	三菱商事株式会社（MITSUBISHI）	日本
34	本田汽车（HONDA MOTOR）	日本
35	好市多（COSTCO WHOLESALE）	美国
36	中国农业银行（AGRICULTURAL BANK OF CHINA）	中国
37	Alphabet公司（ALPHABET）	美国
38	康德乐（CARDINAL HEALTH）	美国
39	上海汽车集团股份有限公司（SAIC MOTOR）	中国
40	沃博联（WALGREENS BOOTS ALLIANCE）	美国
41	摩根大通公司（JPMORGAN CHASE & CO.）	美国
42	俄罗斯天然气工业股份公司（GAZPROM）	俄罗斯
43	威瑞森电信（VERIZON COMMUNICATIONS）	美国
44	中国银行（BANK OF CHINA）	中国
45	安联保险集团（ALLIANZ）	德国
46	安盛（AXA）	法国
47	克罗格（KROGER）	美国
48	通用电气公司（GENERAL ELECTRIC）	美国
49	房利美（FANNIE MAE）	美国
50	卢克石油公司（LUKOIL）	俄罗斯
51	中国人寿保险（集团）公司（CHINA LIFE INSURANCE）	中国
52	日本邮政控股公司（JAPAN POST HOLDINGS）	日本

（续表）

排名	公司名	国家
53	宝马集团（BMW GROUP）	德国
54	Phillips 66公司（PHILLIPS 66）	美国
55	中国中铁股份有限公司（CHINA RAILWAY ENGINEERING GROUP）	中国
56	中国移动通信集团公司（CHINA MOBILE COMMUNICATIONS）	中国
57	瓦莱罗能源公司（VALERO ENERGY）	美国
58	美国银行（BANK OF AMERICA CORP.）	美国
59	中国铁道建筑总公司（CHINA RAILWAY CONSTRUCTION）	中国
60	微软（MICROSOFT）	美国
61	华为投资控股有限公司（HUAWEI INVESTMENT & HOLDING）	中国
62	家得宝（HOME DEPOT）	美国
63	中国海洋石油总公司（CHINA NATIONAL OFFSHORE OIL）	中国
64	日本电报电话公司（NIPPON TELEGRAPH & TELEPHONE）	日本
65	日本伊藤忠商事株式会社（ITOCHU）	日本
66	日产汽车（NISSAN MOTOR）	日本
67	国家开发银行（CHINA DEVELOPMENT BANK）	中国
68	波音（BOEING）	美国
69	美国富国银行（WELLS FARGO）	美国
70	西门子（SIEMENS）	德国
71	花旗集团（CITIGROUP）	美国
72	马拉松原油公司（MARATHON PETROLEUM）	美国
73	SK集团（SK HOLDINGS）	韩国
74	巴西国家石油公司（PETROBRAS）	巴西
75	美国康卡斯特电信公司（COMCAST）	美国
76	雀巢公司（NESTLÉ）	瑞士
77	博世集团（BOSCH GROUP）	德国
78	Uniper公司（UNIPER）	德国
79	Anthem公司（ANTHEM）	美国
80	中国华润有限公司（CHINA RESOURCES）	中国

（续表）

排名	公司名	国家
81	家乐福（CARREFOUR）	法国
82	东风汽车公司（DONGFENG MOTOR）	中国
83	埃尼石油公司（ENI）	意大利
84	戴尔科技公司（DELL TECHNOLOGIES）	美国
85	西班牙国家银行（BANCO SANTANDER）	西班牙
86	俄罗斯石油公司（ROSNEFT OIL）	俄罗斯
87	中国第一汽车集团公司（CHINA FAW GROUP）	中国
88	中国中化集团公司（SINOCHEM GROUP）	中国
89	意大利国家电力公司（ENEL）	意大利
90	德国电信（DEUTSCHE TELEKOM）	德国
91	法国农业信贷银行（CRÉDIT AGRICOLE）	法国
92	意大利忠利保险公司（ASSICURAZIONI GENERALI）	意大利
93	中国交通建设集团有限公司（CHINA COMMUNICATIONS CONSTRUCTION）	中国
94	现代汽车（HYUNDAI MOTOR）	韩国
95	墨西哥石油公司（PEMEX）	墨西哥
96	标致（PEUGEOT）	法国
97	太平洋建设集团（PACIFIC CONSTRUCTION GROUP）	中国
98	软银集团（SOFTBANK GROUP）	日本
99	汇丰银行控股公司（HSBC HOLDINGS）	英国
100	杜邦公司（DUPONT）	美国
101	中国邮政集团公司（CHINA POST GROUP）	中国
102	日立（HITACHI）	日本
103	乐购（TESCO）	英国
104	法国巴黎银行（BNP PARIBAS）	法国
105	JXTG控股有限公司（JXTG HOLDINGS）	日本
106	信实工业公司（RELIANCE INDUSTRIES）	印度
107	国家能源投资集团（CHINA ENERGY INVESTMENT）	中国
108	州立农业保险公司（STATE FARM INSURANCE COS.）	美国

（续表）

排名	公司名	国家
109	强生（JOHNSON & JOHNSON）	美国
110	法国电力公司（ELECTRICITÉ DE FRANCE）	法国
111	中国南方电网有限责任公司（CHINA SOUTHERN POWER GRID）	中国
112	中国五矿集团公司（CHINA MINMETALS）	中国
113	Equinor公司（EQUINOR）	挪威
114	国际商业机器公司（INTERNATIONAL BUSINESS MACHINES）	美国
115	巴斯夫公司（BASF）	德国
116	索尼（SONY）	日本
117	印度石油公司（INDIAN OIL）	印度
118	日本永旺集团（AEON）	日本
119	正威国际集团（AMER INTERNATIONAL GROUP）	中国
120	安赛乐米塔尔（ARCELORMITTAL）	卢森堡
121	中国人民保险集团股份有限公司（PEOPLE ‘S INSURANCE CO. OF CHINA）	中国
122	塔吉特公司（TARGET）	美国
123	空中客车公司（AIRBUS）	荷兰
124	德国邮政敦豪集团（DEUTSCHE POST DHL GROUP）	德国
125	日本生命保险公司（NIPPON LIFE INSURANCE）	日本
126	Engie集团（ENGIE）	法国
127	皇家阿霍德德尔海兹集团（ROYAL AHOLD DELHAIZE）	荷兰
128	房地美（FREDDIE MAC）	美国
129	北京汽车集团（BEIJING AUTOMOTIVE GROUP）	中国
130	泰国国家石油有限公司（PTT）	泰国
131	松下（PANASONIC）	日本
132	联合包裹速递服务公司（UNITED PARCEL SERVICE）	美国
133	美国劳氏公司（LOWE ‘S）	美国
134	中粮集团有限公司（COFCO）	中国
135	英特尔公司（INTEL）	美国
136	美国邮政（U.S. POSTAL SERVICE）	美国

（续表）

排名	公司名	国家
137	中国中信集团有限公司（CITIC GROUP）	中国
138	中国恒大集团（CHINA EVERGRANDE GROUP）	中国
139	京东集团（JD.COM）	中国
140	中国兵器工业集团公司（CHINA NORTH INDUSTRIES GROUP）	中国
141	中国电信集团公司（CHINA TELECOMMUNICATIONS）	中国
142	大都会人寿（METLIFE）	美国
143	雷诺（RENAULT）	法国
144	中国化工集团公司（CHEMCHINA）	中国
145	慕尼黑再保险集团（MUNICH RE GROUP）	德国
146	宝洁公司（PROCTER & GAMBLE）	美国
147	丸红株式会社（MARUBENI）	日本
148	联合技术公司（UNITED TECHNOLOGIES）	美国
149	中国宝武钢铁集团（CHINA BAOWU STEEL GROUP）	中国
150	交通银行（BANK OF COMMUNICATIONS）	中国
151	中国航空工业集团公司（AVIATION INDUSTRY CORP. OF CHINA）	中国
152	联邦快递（FEDEX）	美国
153	第一生命控股有限公司（DAI-ICHI LIFE HOLDINGS）	日本
154	百事公司（PEPSICO）	美国
155	ADM公司（ARCHER DANIELS MIDLAND）	美国
156	保德信金融集团（PRUDENTIAL FINANCIAL）	美国
157	三井物产株式会社（MITSUI）	日本
158	马来西亚国家石油公司（PETRONAS）	马来西亚
159	Seven & I 控股公司（SEVEN & I HOLDINGS）	日本
160	印度石油天然气公司（OIL & NATURAL GAS）	印度
161	中国电力建设集团有限公司（POWERCHINA）	中国
162	丰田通商公司（TOYOTA TSUSHO）	日本
163	瑞士罗氏公司（ROCHE GROUP）	瑞士
164	欧尚集团（AUCHAN HOLDING）	法国

（续表）

排名	公司名	国家
165	艾伯森公司（ALBERTSONS COS.）	美国
166	三菱日联金融集团（MITSUBISHI UFJ FINANCIAL GROUP）	日本
167	联合利华（UNILEVER）	英国/荷兰
168	Centene公司（CENTENE）	美国
169	中国医药集团（SINOPHARM）	中国
170	华特迪士尼公司（WALT DISNEY）	美国
171	韩国浦项制铁公司（POSCO）	韩国
172	西斯科公司（SYSCO）	美国
173	惠普公司（HP）	美国
174	法国兴业银行（SOCIÉTÉ GÉNÉRALE）	法国
176	西班牙电话公司（TELEFÓNICA）	西班牙
177	碧桂园控股有限公司（COUNTRY GARDEN HOLDINGS）	中国
178	东京电力公司（TOKYO ELECTRIC POWER）	日本
179	哈门那公司（HUMANA）	美国
180	布鲁克菲尔德资产管理公司（BROOKFIELD ASSET MANAGEMENT）	加拿大
181	恒力集团（HENGLI GROUP）	中国
182	阿里巴巴集团（ALIBABA GROUP HOLDING）	中国
183	莱茵集团（RWE）	德国
184	Facebook公司（FACEBOOK）	美国
185	LG电子（LG ELECTRONICS）	韩国
186	日本制铁集团公司（NIPPON STEEL CORPORATION）	日本
187	迪奥公司（CHRISTIAN DIOR）	法国
188	招商银行（CHINA MERCHANTS BANK）	中国
189	广州汽车工业集团（GUANGZHOU AUTOMOBILE INDUSTRY GROUP）	中国
190	卡特彼勒（CATERPILLAR）	美国
191	伊塔乌联合银行控股公司（ITAÚ UNIBANCO HOLDING）	巴西
192	百威英博（ANHEUSER-BUSCH INBEV）	比利时
193	韩国电力公司（KOREA ELECTRIC POWER）	韩国

（续表）

排名	公司名	国家
194	Energy Transfer公司（ENERGY TRANSFER）	美国
195	西农（WESFARMERS）	澳大利亚
196	美洲电信（AMÉRICA MÓVIL）	墨西哥
197	洛克希德-马丁（LOCKHEED MARTIN）	美国
198	辉瑞制药有限公司（PFIZER）	美国
199	中国太平洋保险（集团）公司（CHINA PACIFIC INSURANCE （GROUP））	中国
200	雷普索尔公司（REPSOL）	西班牙
201	诺华公司（NOVARTIS）	瑞士
202	绿地控股集团有限公司（GREENLAND HOLDING GROUP）	中国
203	中国建材集团（CHINA NATIONAL BUILDING MATERIAL GROUP）	中国
204	高盛（GOLDMAN SACHS GROUP）	美国
205	德国大陆集团（CONTINENTAL）	德国
206	万喜集团（VINCI）	法国
207	Finatis公司（FINATIS）	法国
208	德国联邦铁路公司（DEUTSCHE BAHN）	德国
209	日本三井住友金融集团（SUMITOMO MITSUI FINANCIAL GROUP）	日本
210	Alimentation Couche-Tard公司（ALIMENTATION COUCHE-TARD）	加拿大
211	山东能源集团有限公司（SHANDONG ENERGY GROUP）	中国
212	联想集团（LENOVO GROUP）	中国
213	兴业银行（INDUSTRIAL BANK）	中国
214	河钢集团（HBIS GROUP）	中国
215	蒂森克虏伯（THYSSENKRUPP）	德国
216	上海浦东发展银行（SHANGHAI PUDONG DEVELOPMENT BANK）	中国
217	沃达丰集团（VODAFONE GROUP）	英国
218	摩根士丹利（MORGAN STANLEY）	美国
219	巴西JBS公司（JBS）	巴西
220	浙江吉利控股集团（ZHEJIANG GEELY HOLDING GROUP）	中国
221	巴西布拉德斯科银行（BANCO BRADESCO）	巴西

（续表）

排名	公司名	国家
222	MS&AD保险集团控股有限公司（MS&AD INSURANCE GROUP HOLDINGS）	日本
223	法国BPCE银行集团（GROUPE BPCE）	法国
224	东京海上日动火灾保险公司（TOKIO MARINE HOLDINGS）	日本
225	思科公司（CISCO SYSTEMS）	美国
226	圣戈班集团（SAINT-GOBAIN）	法国
227	起亚汽车（KIA MOTORS）	韩国
228	Orange公司（ORANGE）	法国
229	信诺（CIGNA）	美国
230	电装公司（DENSO）	日本
231	住友商事（SUMITOMO）	日本
232	中国民生银行（CHINA MINSHENG BANKING）	中国
233	伍尔沃斯集团（WOOLWORTHS GROUP）	澳大利亚
234	西班牙对外银行（BANCO BILBAO VIZCAYA ARGENTARIA）	西班牙
235	美国国际集团（AMERICAN INTERNATIONAL GROUP）	美国
236	印度国家银行（STATE BANK OF INDIA）	印度
237	腾讯控股有限公司（TENCENT HOLDINGS）	中国
238	苏黎世保险集团（ZURICH INSURANCE GROUP）	瑞士
239	德意志银行（DEUTSCHE BANK）	德国
240	拜耳集团（BAYER）	德国
241	HCA 医疗保健公司（HCA HEALTHCARE）	美国
242	中国保利集团（CHINA POLY GROUP）	中国
243	中国船舶重工集团公司（CHINA SHIPBUILDING INDUSTRY）	中国
244	招商局集团（CHINA MERCHANTS GROUP）	中国
245	日本KDDI电信公司（KDDI）	日本
246	必和必拓集团（BHP GROUP）	澳大利亚
247	邦吉公司（BUNGE）	美国
248	法国国家人寿保险公司（CNP ASSURANCES）	法国
249	物产中大集团（WUCHAN ZHONGDA GROUP）	中国

（续表）

排名	公司名	国家
250	中国机械工业集团有限公司（SINOMACH）	中国
251	中国铝业公司（ALUMINUM CORP. OF CHINA）	中国
252	沙特基础工业公司（SABIC）	沙特阿拉伯
253	沃尔沃集团（VOLVO）	瑞典
254	万科企业股份有限公司（CHINA VANKE）	中国
255	俄罗斯联邦储蓄银行（SBERBANK）	俄罗斯
256	加拿大皇家银行（ROYAL BANK OF CANADA）	加拿大
257	美国航空集团（AMERICAN AIRLINES GROUP）	美国
258	丰益国际（WILMAR INTERNATIONAL）	新加坡
259	和硕（PEGATRON）	中国
260	达美航空（DELTA AIR LINES）	美国
261	韩华集团（HANWHA）	韩国
262	中国联合网络通信股份有限公司（CHINA UNITED NETWORK COMMUNICATIONS）	中国
263	陕西延长石油（集团）公司（SHAANXI YANCHANG PETROLEUM （GROUP））	中国
264	特许通讯公司（CHARTER COMMUNICATIONS）	美国
265	印度塔塔汽车公司（TATA MOTORS）	印度
266	采埃孚（ZF FRIEDRICHSHAFEN）	德国
267	麦德龙（METRO）	德国
268	美国纽约人寿保险公司（NEW YORK LIFE INSURANCE）	美国
269	巴西银行（BANCO DO BRASIL）	巴西
270	美国运通公司（AMERICAN EXPRESS）	美国
271	美国全国保险公司（NATIONWIDE）	美国
272	西班牙ACS集团（ACS）	西班牙
273	山东魏桥创业集团（SHANDONG WEIQIAO PIONEERING GROUP）	中国
274	瑞银集团（UBS GROUP）	瑞士
275	巴拉特石油公司（BHARAT PETROLEUM）	印度
276	百思买（BEST BUY）	美国
277	厦门建发集团有限公司（XIAMEN C&D）	中国

（续表）

排名	公司名	国家
278	美国利宝互助保险集团（LIBERTY MUTUAL INSURANCE GROUP）	美国
279	中国远洋海运集团有限公司（CHINA COSCO SHIPPING）	中国
280	怡和集团（JARDINE MATHESON）	中国
281	陕西煤业化工集团（SHAANXI COAL & CHEMICAL INDUSTRY）	中国
282	Talanx公司（TALANX）	德国
283	中国航空油料集团公司（CHINA NATIONAL AVIATION FUEL GROUP）	中国
284	汉莎集团（LUFTHANSA GROUP）	德国
285	默沙东（MERCK）	美国
286	中国华能集团公司（CHINA HUANENG GROUP）	中国
287	法国布伊格集团（BOUYGUES）	法国
288	赛诺菲（SANOFI）	法国
289	中国光大集团（CHINA EVERBRIGHT GROUP）	中国
290	霍尼韦尔国际公司（HONEYWELL INTERNATIONAL）	美国
291	厦门国贸控股集团有限公司（XIAMEN ITG HOLDING GROUP）	中国
292	Iberdrola公司（IBERDROLA）	西班牙
293	美国联合大陆控股有限公司（UNITED CONTINENTAL HOLDINGS）	美国
294	马士基集团（MAERSK GROUP）	丹麦
295	多伦多道明银行（TORONTO-DOMINION BANK）	加拿大
296	英国葛兰素史克公司（GLAXOSMITHKLINE）	英国
297	美国教师退休基金会（TIAA）	美国
298	埃森哲（ACCENTURE）	爱尔兰
299	麦格纳国际（MAGNA INTERNATIONAL）	加拿大
300	三菱电机股份有限公司（MITSUBISHI ELECTRIC）	日本
301	雪松控股集团（CEDAR HOLDINGS GROUP）	中国
302	路易达孚集团（LOUIS DREYFUS）	荷兰
303	力拓集团（RIO TINTO GROUP）	英国
304	德国艾德卡公司（EDEKA ZENTRALE）	德国
305	巴西联邦储蓄银行（CAIXA ECONÔMICA FEDERAL）	巴西

（续表）

排名	公司名	国家
306	泰森食品（TYSON FOODS）	美国
307	甲骨文公司（ORACLE）	美国
308	好事达（ALLSTATE）	美国
309	全球燃料服务公司（WORLD FUEL SERVICES）	美国
310	荷兰国际集团（ING GROUP）	荷兰
311	英国森特理克集团（CENTRICA）	英国
312	美的集团股份有限公司（MIDEA GROUP）	中国
313	费森尤斯集团（FRESENIUS）	德国
314	万通互惠理财公司（MASSACHUSETTS MUTUAL LIFE INSURANCE）	美国
315	意大利联合圣保罗银行（INTESA SANPAOLO）	意大利
316	利安德巴塞尔工业公司（LYONDELLBASELL INDUSTRIES）	荷兰
317	TJX公司（TJX）	美国
318	兖矿集团（YANKUANG GROUP）	中国
319	康菲石油公司（CONOCOPHILLIPS）	美国
320	巴克莱（BARCLAYS）	英国
321	森宝利公司（J. SAINSBURY）	英国
322	中国航天科工集团公司（CHINA AEROSPACE SCIENCE & INDUSTRY）	中国
323	中国航天科技集团公司（CHINA AEROSPACE SCIENCE & TECHNOLOGY）	中国
324	日本明治安田生命保险公司（MEIJI YASUDA LIFE INSURANCE）	日本
325	乔治威斯顿公司（GEORGE WESTON）	加拿大
326	法国国家铁路公司（SNCF MOBILITÉS）	法国
327	大和房建（DAIWA HOUSE INDUSTRY）	日本
328	瑞士ABB集团（ABB）	瑞士
329	迪尔公司（DEERE）	美国
330	Tech Data公司（TECH DATA）	美国
331	加拿大鲍尔集团（POWER CORP. OF CANADA）	加拿大
332	瑞士再保险股份有限公司（SWISS RE）	瑞士
333	苏宁易购集团（SUNING.COM GROUP）	中国

（续表）

排名	公司名	国家
334	日本三菱重工业股份有限公司（MITSUBISHI HEAVY INDUSTRIES）	日本
335	SK海力士公司（SK HYNIX）	韩国
336	巴西淡水河谷公司（VALE）	巴西
337	Enterprise Products Partners公司（ENTERPRISE PRODUCTS PARTNERS）	美国
338	象屿集团（XMXYG）	中国
339	爱信精机（AISIN SEIKI）	日本
340	江苏沙钢集团（JIANGSU SHAGANG GROUP）	中国
341	耐克公司（NIKE）	美国
342	大众超级市场公司（PUBLIX SUPER MARKETS）	美国
343	通用动力（GENERAL DYNAMICS）	美国
344	Exelon公司（EXELON）	美国
345	佳能（CANON）	日本
346	Enbridge公司（ENBRIDGE）	加拿大
347	冀中能源集团（JIZHONG ENERGY GROUP）	中国
348	意昂集团（E.ON）	德国
349	富士通（FUJITSU）	日本
350	日本瑞穗金融集团（MIZUHO FINANCIAL GROUP）	日本
351	三菱化学控股（MITSUBISHI CHEMICAL HOLDINGS）	日本
352	长江和记实业有限公司（CK HUTCHISON HOLDINGS）	中国
353	英国劳埃德银行集团（LLOYDS BANKING GROUP）	英国
354	日本出光兴产株式会社（IDEMITSU KOSAN）	日本
355	意大利邮政集团（POSTE ITALIANE）	意大利
356	日本钢铁工程控股公司（JFE HOLDINGS）	日本
357	铃木汽车（SUZUKI MOTOR）	日本
358	江西铜业集团公司（JIANGXI COPPER）	中国
359	中国中车集团（CRRC GROUP）	中国
360	瑞士信贷（CREDIT SUISSE GROUP）	瑞士
361	青山控股集团（TSINGSHAN HOLDING GROUP）	中国

（续表）

排名	公司名	国家
362	国家电力投资集团公司（STATE POWER INVESTMENT）	中国
363	台积公司（TAIWAN SEMICONDUCTOR MANUFACTURING）	中国
364	中国能源建设集团（CHINA ENERGY ENGINEERING GROUP）	中国
365	广达电脑公司（QUANTA COMPUTER）	中国
366	Plains GP Holdings公司（PLAINS GP HOLDINGS）	美国
367	中国兵器装备集团公司（CHINA SOUTH INDUSTRIES GROUP）	中国
368	阳光龙净集团有限公司（YANGO LONGKING GROUP）	中国
369	金川集团（JINCHUAN GROUP）	中国
370	中国电子科技集团公司（CHINA ELECTRONICS TECHNOLOGY GROUP）	中国
371	东芝（TOSHIBA）	日本
372	英国保诚集团（PRUDENTIAL）	英国
373	澳洲联邦银行（COMMONWEALTH BANK OF AUSTRALIA）	澳大利亚
374	普利司通（BRIDGESTONE）	日本
375	中国电子信息产业集团有限公司（CHINA ELECTRONICS）	中国
376	GS加德士（GS CALTEX）	韩国
377	损保控股有限公司（SOMPO HOLDINGS）	日本
378	住友生命保险公司（SUMITOMO LIFE INSURANCE）	日本
379	斯伦贝谢公司（SCHLUMBERGER）	美国
380	3M公司（3M）	美国
381	艾伯维（ABBVIE）	美国
382	安达保险公司（CHUBB）	瑞士
383	CHS公司（CHS）	美国
384	英美烟草集团（BRITISH AMERICAN TOBACCO）	英国
385	鞍钢集团公司（ANSTEEL GROUP）	中国
386	中国华电集团公司（CHINA HUADIAN）	中国
387	第一资本金融公司（CAPITAL ONE FINANCIAL）	美国
388	友邦保险集团（AIA GROUP）	中国
389	马自达汽车株式会社（MAZDA MOTOR）	日本

（续表）

排名	公司名	国家
390	仁宝电脑（COMPAL ELECTRONICS）	中国
391	前进保险公司（PROGRESSIVE）	美国
392	德国中央合作银行（DZ BANK）	德国
393	现代摩比斯公司（HYUNDAI MOBIS）	韩国
394	台湾中油股份有限公司（CPC）	中国
395	可口可乐公司（COCA-COLA）	美国
396	欧莱雅（L ‘ORÉAL）	法国
397	CRH公司（CRH）	爱尔兰
398	加拿大丰业银行（BANK OF NOVA SCOTIA）	加拿大
399	江森自控国际公司（JOHNSON CONTROLS INTERNATIONAL）	爱尔兰
400	联合服务汽车协会（UNITED SERVICES AUTOMOBILE ASSN.）	美国
401	法国航空-荷兰皇家航空集团（AIR FRANCE-KLM GROUP）	法国
402	首钢集团（SHOUGANG GROUP）	中国
403	康帕斯集团（COMPASS GROUP）	英国
404	慧与公司（HEWLETT PACKARD ENTERPRISE）	美国
405	英国电信集团（BT GROUP）	英国
406	Inditex公司（INDITEX）	西班牙
407	法国威立雅环境集团（VEOLIA ENVIRONNEMENT）	法国
408	雅培公司（ABBOTT LABORATORIES）	美国
409	美光科技公司（MICRON TECHNOLOGY）	美国
410	波兰国营石油公司（PKN ORLEN GROUP）	波兰
411	施耐德电气（SCHNEIDER ELECTRIC）	法国
412	菲尼克斯医药公司（PHOENIX PHARMA）	德国
413	Travelers Cos.公司（TRAVELERS COS.）	美国
414	珠海格力电器股份有限公司（GREE ELECTRICAL APPLIANCES）	中国
415	Coop集团（COOP GROUP）	瑞士
416	美国诺斯洛普格拉曼公司（NORTHROP GRUMMAN）	美国
417	森科能源公司（SUNCOR ENERGY）	加拿大

（续表）

排名	公司名	国家
418	宏利金融（MANULIFE FINANCIAL）	加拿大
419	美敦力公司（MEDTRONIC）	爱尔兰
420	关西电力（KANSAI ELECTRIC POWER）	日本
421	艾睿电子（ARROW ELECTRONICS）	美国
422	菲利普–莫里斯国际公司（PHILIP MORRIS INTERNATIONAL）	美国
423	KOC集团（KOÇ HOLDING）	土耳其
424	纬创集团（WISTRON）	中国
425	联合信贷集团（UNICREDIT GROUP）	意大利
426	三星人寿保险（SAMSUNG LIFE INSURANCE）	韩国
427	SAP公司（SAP）	德国
428	法国邮政（LA POSTE）	法国
429	西北互助人寿保险公司（NORTHWESTERN MUTUAL）	美国
430	西班牙能源集团（NATURGY ENERGY GROUP）	西班牙
431	Migros集团（MIGROS GROUP）	瑞士
432	达能（DANONE）	法国
433	西太平洋银行（WESTPAC BANKING）	澳大利亚
434	KB金融集团（KB FINANCIAL GROUP）	韩国
435	国际航空集团（INTERNATIONAL AIRLINES GROUP）	英国
436	Medipal控股公司（MEDIPAL HOLDINGS）	日本
437	住友电工（SUMITOMO ELECTRIC INDUSTRIES）	日本
438	中国大唐集团公司（CHINA DATANG）	中国
439	新疆广汇实业投资（集团）有限责任公司（XINJIANG GUANGHUI INDUSTRY INVESTMENT）	中国
440	斯巴鲁公司（SUBARU）	日本
441	安徽海螺集团（ANHUI CONCH GROUP）	中国
442	华夏保险公司（HUAXIA LIFE INSURANCE）	中国
443	CFE公司（CFE）	墨西哥
444	三星C&T公司（SAMSUNG C&T）	韩国
445	德科集团（ADECCO GROUP）	瑞士

（续表）

排名	公司名	国家
446	任仕达公司（RANDSTAD）	荷兰
447	拉法基豪瑞集团（LAFARGEHOLCIM）	瑞士
448	海尔智能股份有限公司（HAIER SMART HOME）	中国
449	国际资产控股公司（INTL FCSTONE）	美国
450	英美资源集团（ANGLO AMERICAN）	英国
451	中国太平保险集团有限责任公司（CHINA TAIPING INSURANCE GROUP）	中国
452	曼福集团（MAPFRE GROUP）	西班牙
453	日本中部电力（CHUBU ELECTRIC POWER）	日本
454	PBF Energy公司（PBF ENERGY）	美国
455	国泰人寿保险股份有限公司（CATHAY LIFE INSURANCE）	中国
456	Financi è re de l ‘Odet公司（FINANCIÈRE DE L’ODET）	法国
457	澳新银行集团（AUSTRALIA & NEW ZEALAND BANKING GROUP）	澳大利亚
458	东日本旅客铁道株式会社（EAST JAPAN RAILWAY）	日本
459	奥地利石油天然气集团（OMV GROUP）	奥地利
460	雷神公司（RAYTHEON）	美国
461	铜陵有色金属集团（TONGLING NONFERROUS METALS GROUP）	中国
462	潞安集团（SHANXI LUAN MINING GROUP）	中国
463	CJ集团（CJ CORP.）	韩国
464	大同煤矿集团有限责任公司（DATONG COAL MINE GROUP）	中国
465	山西焦煤集团有限责任公司（SHANXI COKING COAL GROUP）	中国
466	诺基亚（NOKIA）	芬兰
467	喜力控股公司（HEINEKEN HOLDING）	荷兰
468	小米集团（XIAOMI）	中国
469	山西阳泉煤业（集团）有限责任公司（YANGQUAN COAL INDUSTRY GROUP）	中国
470	日本电气公司（NEC）	日本
471	富邦金融控股股份有限公司（FUBON FINANCIAL HOLDING）	中国
472	卡夫亨氏公司（KRAFT HEINZ）	美国
473	海亮集团有限公司（HAILIANG GROUP）	中国

（续表）

排名	公司名	国家
474	伟创力公司（FLEX）	新加坡
475	新兴际华集团（XINXING CATHAY INTERNATIONAL GROUP）	中国
476	阿联酋航空集团（EMIRATES GROUP）	阿拉伯联合酋长国
477	Ceconomy公司（CECONOMY）	德国
478	米其林公司（MICHELIN）	法国
479	澳大利亚国民银行（NATIONAL AUSTRALIA BANK）	澳大利亚
480	亿滋国际（MONDELEZ INTERNATIONAL）	美国
481	阿迪达斯集团（ADIDAS）	德国
482	山西晋城无烟煤矿业集团（SHANXI JINCHENG ANTHRACITE COAL MINING GROUP）	中国
483	荷兰合作银行集团（RABOBANK GROUP）	荷兰
484	河南能源化工集团（HENAN ENERGY & CHEMICAL）	中国
485	中国通用技术（集团）控股有限责任公司（CHINA GENERAL TECHNOLOGY）	中国
486	美国合众银行（U.S. BANCORP）	美国
487	梅西百货（MACY‘S）	美国
488	Fomento Econ ó mico Mexicano公司（FOMENTO ECONÓMICO MEXICANO）	墨西哥
489	Dollar General公司（DOLLAR GENERAL）	美国
490	LG化学公司（LG CHEM）	韩国
491	Onex公司（ONEX）	加拿大
492	台塑石化股份有限公司（FORMOSA PETROCHEMICAL）	中国
493	赛峰集团（SAFRAN）	法国
494	Achmea公司（ACHMEA）	荷兰
495	Rajesh Exports公司（RAJESH EXPORTS）	印度
496	纽柯（NUCOR）	美国
497	蒙特利尔银行（BANK OF MONTREAL）	加拿大
498	泰康保险集团（TAIKANG INSURANCE GROUP）	中国
499	Ultrapar控股公司（ULTRAPAR HOLDINGS）	巴西
500	法国液化空气集团（AIR LIQUIDE）[2]	法国

附录二

2019年世界500强129家中国上榜公司完整名单

排名	上年排名	公司名称（中英文）	营业收入（百万美元）	总部所在城市
2	3	中国石油化工集团公司（SINOPEC GROUP）	414 649.9	北京
4	4	中国石油天然气集团公司（CHINA NATIONAL PETROLEUM）	392 976.6	北京
5	2	国家电网公司（STATE GRID）	387 056.0	北京
21	23	中国建筑工程总公司（CHINA STATE CONSTRUCTION ENGINEERING）	181 524.5	北京
23	24	鸿海精密工业股份有限公司（HON HAI PRECISION INDUSTRY）	175 617.0	台北
26	26	中国工商银行（INDUSTRIAL & COMMERCIAL BANK OF CHINA）	168 979.0	北京
29	29	中国平安保险（集团）股份有限公司（PING AN INSURANCE）	163 597.4	深圳
31	31	中国建设银行（CHINA CONSTRUCTION BANK）	151 110.8	北京
36	40	中国农业银行（AGRICULTURAL BANK OF CHINA）	139 523.6	北京
39	36	上海汽车集团股份有限公司（SAIC MOTOR）	136 392.5	上海
44	46	中国银行（BANK OF CHINA）	127 714.1	北京
51	42	中国人寿保险（集团）公司（CHINA LIFE INSURANCE）	116 171.5	北京
55	56	中国中铁股份有限公司（CHINA RAILWAY ENGINEERING GROUP）	112 132.7	北京
56	53	中国移动通信集团公司（CHINA MOBILE COMMUNICATIONS）	112 096.0	北京
59	58	中国铁道建筑总公司（CHINA RAILWAY CONSTRUCTION）	110 455.9	北京
61	72	华为投资控股有限公司（HUAWEI INVESTMENT & HOLDING）	109 030.4	深圳
63	87	中国海洋石油总公司（CHINA NATIONAL OFFSHORE OIL）	108 130.4	北京
67	--	国家开发银行（CHINA DEVELOPMENT BANK）	103 072.9	北京
80	86	中国华润有限公司（CHINA RESOURCES）	91 986.0	香港
82	65	东风汽车公司（DONGFENG MOTOR）	90 934.2	武汉
87	125	中国第一汽车集团公司（CHINA FAW GROUP）	89 804.7	长春

（续表）

排名	上年排名	公司名称（中英文）	营业收入（百万美元）	总部所在城市
88	98	中国中化集团公司（SINOCHEM GROUP）	89 358.1	北京
93	91	中国交通建设集团有限公司（CHINA COMMUNICATIONS CONSTRUCTION）	88 140.9	北京
97	96	太平洋建设集团（PACIFIC CONSTRUCTION GROUP）	86 622.6	乌鲁木齐
101	113	中国邮政集团公司（CHINA POST GROUP）	85 627.9	北京
107	101	国家能源投资集团（CHINA ENERGY INVESTMENT）	81 977.7	北京
111	110	中国南方电网有限责任公司（CHINA SOUTHERN POWER GRID）	80 963.6	广州
112	109	中国五矿集团公司（CHINA MINMETALS）	80 076.4	北京
119	111	正威国际集团（AMER INTERNATIONAL GROUP）	76 363.1	深圳
121	117	中国人民保险集团股份有限公司（PEOPLES INSURANCE CO. OF CHINA）	75 377.3	北京
129	124	北京汽车集团（BEIJING AUTOMOTIVE GROUP）	72 677.4	北京
134	122	中粮集团有限公司（COFCO）	71 223.3	北京
137	149	中国中信集团有限公司（CITIC GROUP）	70 659.0	北京
138	230	中国恒大集团（CHINA EVERGRANDE GROUP）	70 478.9	深圳
139	181	京东集团（JD.COM）	69 847.6	北京
140	140	中国兵器工业集团公司（CHINA NORTH INDUSTRIES GROUP）	68 777.7	北京
141	141	中国电信集团公司（CHINA TELECOMMUNICATIONS）	68 709.5	北京
144	167	中国化工集团公司（CHEMCHINA）	67 397.5	北京
149	162	中国宝武钢铁集团（CHINA BAOWU STEEL GROUP）	66 310.0	上海
150	168	交通银行（BANK OF COMMUNICATIONS）	65 644.8	上海
151	161	中国航空工业集团公司（AVIATION INDUSTRY CORP. OF CHINA）	65 534.4	北京
161	182	中国电力建设集团有限公司（POWERCHINA）	61 224.0	北京
169	194	中国医药集团（SINOPHARM）	59 980.2	北京
177	353	碧桂园控股有限公司（COUNTRY GARDEN HOLDINGS）	57 308.7	佛山
181	235	恒力集团（HENGLI GROUP）	56 198.6	苏州市
182	300	阿里巴巴集团（ALIBABA GROUP HOLDING）	56 147.2	杭州
188	213	招商银行（CHINA MERCHANTS BANK）	55 063.5	深圳

（续表）

排名	上年排名	公司名称（中英文）	营业收入（百万美元）	总部所在城市
189	202	广州汽车工业集团（GUANGZHOU AUTOMOBILE INDUSTRY GROUP）	55 037.2	广州
199	220	中国太平洋保险（集团）公司（CHINA PACIFIC INSURANCE（GROUP））	53 572.1	上海
202	252	绿地控股集团有限公司（GREENLAND HOLDING GROUP）	52 720.9	上海
203	243	中国建材集团（CHINA NATIONAL BUILDING MATERIAL GROUP）	52 610.6	北京
211	234	山东能源集团有限公司（SHANDONG ENERGY GROUP）	51 245.6	济南
212	240	联想集团（LENOVO GROUP）	51 037.9	香港
213	237	兴业银行（INDUSTRIAL BANK）	50 991.4	福州
214	239	河钢集团（HBIS GROUP）	50 920.6	石家庄
216	227	上海浦东发展银行（SHANGHAI PUDONG DEVELOPMENT BANK）	50 545.7	上海
220	267	浙江吉利控股集团（ZHEJIANG GEELY HOLDING GROUP）	49 665.4	杭州
232	251	中国民生银行（CHINA MINSHENG BANKING）	47 981.3	北京
237	331	腾讯控股有限公司（TENCENT HOLDINGS）	47 272.7	深圳
242	312	中国保利集团（CHINA POLY GROUP）	46 207.1	北京
243	245	中国船舶重工集团公司（CHINA SHIPBUILDING INDUSTRY）	46 114.4	北京
244	280	招商局集团（CHINA MERCHANTS GROUP）	45 925.7	香港
249	270	物产中大集团（WUCHAN ZHONGDA GROUP）	45 435.0	杭州
250	256	中国机械工业集团有限公司（SINOMACH）	45 424.0	北京
251	222	中国铝业公司（ALUMINUM CORP. OF CHINA）	45 383.8	北京
254	332	万科企业股份有限公司（CHINA VANKE）	44 912.6	深圳
259	285	和硕（PEGATRON）	44 453.3	台北
262	273	中国联合网络通信股份有限公司（CHINA UNITED NETWORK COMMUNICATIONS）	43 974.4	北京
263	288	陕西延长石油（集团）公司（SHAANXI YANCHANG PETROLEUM（GROUP））	43 858.1	西安
273	185	山东魏桥创业集团（SHANDONG WEIQIAO PIONEERING GROUP）	43 008.4	滨州

（续表）

排名	上年排名	公司名称（中英文）	营业收入（百万美元）	总部所在城市
277	362	厦门建发集团有限公司（XIAMEN C&D）	42 726.3	厦门
279	335	中国远洋海运集团有限公司（CHINA COSCO SHIPPING）	42 607.7	上海
280	283	怡和集团（JARDINE MATHESON）	42 527.0	香港
281	294	陕西煤业化工集团（SHAANXI COAL & CHEMICAL INDUSTRY）	42 418.8	西安
283	371	中国航空油料集团公司（CHINA NATIONAL AVIATION FUEL GROUP）	42 370.9	北京
286	289	中国华能集团公司（CHINA HUANENG GROUP）	42 280.9	北京
289	322	中国光大集团（CHINA EVERBRIGHT GROUP）	41 879.7	北京
291	360	厦门国贸控股集团有限公司（XIAMEN ITG HOLDING GROUP）	41 437.5	厦门
301	361	雪松控股集团（CEDAR HOLDINGS GROUP）	40 640.8	广州
312	323	美的集团股份有限公司（MIDEA GROUP）	39 581.6	佛山
318	399	兖矿集团（YANKUANG GROUP）	38 887.3	邹城
322	346	中国航天科工集团公司（CHINA AEROSPACE SCIENCE & INDUSTRY）	37 869.8	北京
323	343	中国航天科技集团公司（CHINA AEROSPACE SCIENCE & TECHNOLOGY）	37 727.6	北京
333	427	苏宁易购集团（SUNING.COM GROUP）	37 032.2	南京
338	375	象屿集团（XMXYG）	36 503.7	厦门
340	364	江苏沙钢集团（JIANGSU SHAGANG GROUP）	36 440.9	张家港
347	359	冀中能源集团（JIZHONG ENERGY GROUP）	35 721.3	邢台
352	374	长江和记实业有限公司（CK HUTCHISON HOLDINGS）	35 361.2	香港
358	370	江西铜业集团公司（JIANGXI COPPER）	34 870.0	贵溪
359	--	中国中车集团（CRRC GROUP）	34 673.0	北京
361	--	青山控股集团（TSINGSHAN HOLDING GROUP）	34 242.2	温州
362	395	国家电力投资集团公司（STATE POWER INVESTMENT）	34 229.2	北京
363	368	台积公司（TAIWAN SEMICONDUCTOR MANUFACTURING）	34 218.2	新竹
364	333	中国能源建设集团（CHINA ENERGY ENGINEERING GROUP）	34 176.5	北京
365	354	广达电脑公司（QUANTA COMPUTER）	34 102.6	桃园

（续表）

排名	上年排名	公司名称（中英文）	营业收入（百万美元）	总部所在城市
367	242	中国兵器装备集团公司（CHINA SOUTH INDUSTRIES GROUP）	33 895.8	北京
368	464	阳光龙净集团有限公司（YANGO LONGKING GROUP）	33 394.8	福州
369	--	金川集团（JINCHUAN GROUP）	33 391.6	金昌
370	388	中国电子科技集团公司（CHINA ELECTRONICS ECHNOLOGY GROUP）	33 323.8	北京
375	369	中国电子信息产业集团有限公司（CHINA ELECTRONICS）	33 055.7	北京
385	428	鞍钢集团公司（ANSTEEL GROUP）	32 619.4	鞍山
386	397	中国华电集团公司（CHINA HUADIAN）	32 421.4	北京
388	295	友邦保险集团（AIA GROUP）	32 369.0	香港
390	404	仁宝电脑（COMPAL ELECTRONICS）	32 102.8	台北
394	436	台湾中油股份有限公司（CPC）	31 928.9	高雄
402	431	首钢集团（SHOUGANG GROUP）	31 103.8	北京
414	--	珠海格力电器股份有限公司（GREE ELECTRICAL APPLIANCES）	30 239.4	珠海
424	432	纬创集团（WISTRON）	29 509.5	台北
438	468	中国大唐集团公司（CHINA DATANG）	28 654.9	北京
439	456	新疆广汇实业投资（集团）有限责任公司（XINJIANG GUANGHUI INDUSTRY INVESTMENT）	28 564.0	乌鲁木齐
441	--	安徽海螺集团（ANHUI CONCH GROUP）	28 499.0	芜湖
442	--	华夏保险公司（HUAXIA LIFE INSURANCE）	28 492.8	北京
448	499	海尔智能股份有限公司（HAIER SMART HOME）	27 713.6	青岛
451	465	中国太平保险集团有限责任公司（CHINA TAIPING INSURANCE GROUP）	27 485.8	香港
455	410	国泰人寿保险股份有限公司（CATHAY LIFE INSURANCE）	27 183.4	台北
461	--	铜陵有色金属集团（TONGLING NONFERROUS METALS GROUP）	26 846.7	铜陵
462	495	潞安集团（SHANXI LUAN MINING GROUP）	26 840.5	长治
464	497	大同煤矿集团有限责任公司（DATONG COAL MINE GROUP）	26 697.6	大同
465	--	山西焦煤集团有限责任公司（SHANXI COKING COAL GROUP）	26 692.8	太原

（续表）

排名	上年排名	公司名称（中英文）	营业收入（百万美元）	总部所在城市
468	--	小米集团（XIAOMI）	26 443.5	北京
469	494	山西阳泉煤业（集团）有限责任公司（YANGQUAN COAL INDUSTRY GROUP）	26 290.1	阳泉
471	479	富邦金融控股股份有限公司（FUBON FINANCIAL HOLDING）	26 276.5	台北
473	--	海亮集团有限公司（HAILIANG GROUP）	26 251.0	杭州
475	381	新兴际华集团（XINXING CATHAY INTERNATIONAL GROUP）	26 207.9	北京
482	481	山西晋城无烟煤矿业集团（SHANXI JINCHENG ANTHRACITE COAL MINING GROUP）	25 844.7	晋城
484	496	河南能源化工集团（HENAN ENERGY & CHEMICAL）	25 781.9	郑州
485	--	中国通用技术（集团）控股有限责任公司（CHINA GENERAL TECHNOLOGY）	25 779.1	北京
492	--	台塑石化股份有限公司（FORMOSA PETROCHEMICAL）	25 462.8	麦寮
498	489	泰康保险集团（TAIKANG INSURANCE GROUP）	24 931.7	北京